机构内部治理与高质量可持续发展

——2023 中国房地产估价年会论文集

中国房地产估价师与房地产经纪人学会　主编

中国城市出版社

图书在版编目（CIP）数据

机构内部治理与高质量可持续发展：2023中国房地产估价年会论文集 / 中国房地产估价师与房地产经纪人学会主编. -- 北京：中国城市出版社，2024.10.

ISBN 978-7-5074-3766-9

Ⅰ. F299.233.5-53

中国国家版本馆CIP数据核字第2024UK5954号

责任编辑：毕凤鸣
文字编辑：王艺彬
责任校对：张　颖

机构内部治理与高质量可持续发展
——2023中国房地产估价年会论文集
中国房地产估价师与房地产经纪人学会　主编

*

中国城市出版社出版、发行（北京海淀三里河路9号）
各地新华书店、建筑书店经销
华之逸品书装设计制版
建工社（河北）印刷有限公司印刷

*

开本：787毫米×1092毫米　1/16　印张：57½　字数：1504千字
2024年11月第一版　2024年11月第一次印刷
定价：**180.00**元
ISBN 978-7-5074-3766-9
（904747）

版权所有　翻印必究
如有内容及印装质量问题，请与本社读者服务中心联系
电话：（010）58337283　QQ：2885381756
（地址：北京海淀三里河路9号中国建筑工业出版社604室　邮政编码：100037）

序

近年来，我国房地产市场供求关系发生重大变化，房地产估价行业发展面临新的战略机遇和困难挑战。在新形势、新机遇、新挑战下，估价机构加强自身内部治理尤为重要，不仅有助于有效应对市场变化，也是夯实未来发展基础、保障长期稳健经营、实现高质量可持续发展的关键。多年来，不少估价机构在内部制度建设、人才培养、企业文化建设等许多方面进行了有益探索，取得了一定成效，但在管理层新老交替、业绩考核、股权激励、风险防范等方面仍需要与现代企业管理制度接轨。

长期以来，中国房地产估价师与房地产经纪人学会（以下简称"中房学"）坚持每年主办一次中国房地产估价年会。该年会已成为我国房地产估价行业一年一度的高层次、大规模的交流研讨平台和"思想盛宴"。为引领估价机构不断提升内部治理能力、防范估价执业风险、持续规范健康发展，2023年12月27日，中房学主办了主题为"机构内部治理与高质量可持续发展"的2023中国房地产估价年会。为了办好此次年会，事先公开征集论文，并得到了广大估价机构、估价师和专家学者的积极响应。本次年会共收到论文320余篇，中房学按照与本次年会主题的紧密程度、实际指导意义、研究的前瞻性和引领性、启发思考、涉及问题的深度等标准，从中遴选出较好的论文并经适当编辑完善后汇编成本论文集，公开出版。

本论文集分为估价机构内部治理认识及方向、内部治理体制机制、后续人才培养、管理手段优化、内部制度建设、企业文化建设、高质量发展探索及实践七个部分，系统、翔实地展现了估价机构、估价师和专家学者从不同视角对估价行业发展的真知灼见及前瞻性思考。

今后，中房学还将继续举办中国房地产估价年会，凝聚行业力量，启发行业思考，为房地产估价行业持续健康发展贡献更多的智慧和成果。

中国房地产估价师与房地产经纪人学会
2024年10月

目 录

第一部分　估价机构内部治理认识及方向

估价机构应重视内部治理，为未来发展打下坚实基础 ………………………………… 柴　强 / 002
新发展模式下的房地产估价机构内部治理 ……………………… 胡　晓　李　瑞　潘世炳 / 007
博采众长　兼容并蓄
　　——企业内部治理与高质量可持续发展 …………………………………… 胡建明 / 013
房地产估价机构内部治理：理论认知与发展要领 ……………………………………… 石　丹 / 016
房地产估价机构加强内部治理的必要性及重要性 ……………………… 刘晨光　胡碧畴 / 021
加强房地产估价机构内部治理的必要性
　　——"攘外必先安内" ……………………………………………………………… 金超斐 / 026
估价机构内部治理的重要性及举措 ……………………………………… 高玉荣　杨德志 / 031
估价机构按照现代企业制度完善内部治理之浅见 …………………………………… 武幼韬 / 036
推行现代企业管理制度，完善估价机构内部治理 ………………… 廖双波　康　玲　张济生 / 041
建立现代企业制度，适应新经济时代发展
　　——房地产估价机构发展的基石 ………………………… 沙美丽　张　柳　谷琼琼 / 047
以中国特色现代企业制度引领估价机构内部治理 ……………………… 宋吟樱　蒋德军 / 050
房地产估价机构微创新实践探索 …………………………… 贺肖肖　张　静　骆　杨 / 055
积极进取，开拓房地产估价行业的"专精特新"发展之路 …………………………… 李　韧 / 059
房地产估价机构内部治理的问题及对策探讨 ………… 刘宝香　徐凤琪　余星瑶　孙　悦 / 063
房地产估价机构内部治理的几点建议 …………………… 刘洪帅　何　哲　丁　宁　初永强 / 068
对中小规模房地产评估机构内部治理问题的探讨 ………………… 相　飞　胡　澄　刘红梅 / 072
浅析房地产估价机构内部治理存在的问题及健全完善措施 ……………………………… 蔡莹莹 / 077
浅谈评估机构内部治理和内部管理的互存共生 ……………………………………… 李宇明 / 082
房地产估价机构发展困境及优化治理 ……………………………………… 李忠灿　程玉龙 / 087
房地产估价机构内部管理国际经验借鉴 ………………………………………………… 吴　数 / 091

第二部分　内部治理体制机制

刍议估价机构的管理组织架构设置 ………………………………………… 徐进亮　毛胜波 / 096
估价机构的传承与发展 ……………………………………………………………… 骆晓红 / 101
关于估价机构薪火传承若干问题的思考 …………………………………… 崔太平　杨红祥 / 109
守正创新　行稳致远
　　——新时代发展理念下的估价行业合伙创新探索 ……………… 许　军　佟圣楠　李　婷 / 115
借鉴合伙治理模式实现新老传承 …………………………………………… 徐长林　杨红祥 / 122
引入合伙人机制的思考及探索 ……………………………………… 高喜善　徐莉娜　陈洁琼 / 127
优化股权结构　盘整打造新活力 …………………………………………… 李建中　方黎蕴 / 131
创新股改机制　实现平稳传承 ……………………………………… 廖志旺　高海燕　田　晶 / 137
浅谈估价机构传承接班的时机及条件 ……………………………………… 陈文升　何遵龙 / 142
浅析房地产估价机构规模化发展
　　——以吸收合并为例 ……………………………………………… 孙　雯　杨　斌　丁光华 / 146
房地产估价机构整合与发展研究
　　——以上海为例 …………………………………………………………………… 周志良 / 151
估价机构内部治理模式探析 ………………………………………………………… 白晓旗 / 157
浅论房地产估价机构的内部治理机制研究 ………………………… 薛　江　李　涛　魏劲松 / 161

第三部分　后继人才培养

完善内部治理，探索人才培养创新模式 …………………………………………… 樊　芸 / 168
推行学徒制优化估价人才培养途径 ………………………………… 张弘武　张　帆　高藕叶 / 173
房地产估价行业人才结构优化研究 ………………………………… 李建国　王静静　李荷雯 / 178
基于人力资源视角
　　——浅谈新发展阶段下房地产估价机构的人才队伍建设 ……………… 潘家莲　张　引 / 184
基于"杨三角"模型下人才培养体系构建 ……………… 应斯亮　吴顺可　朱　优　丁　波 / 191
高质量发展阶段估价机构人才培育机制探索 ……………………… 廖　旻　张丽燕　李伟英 / 196
我国房地产估价人才培养的现状与对策
　　——基于咨询顾问服务业务发展的思考 ………………… 刘宝香　余星瑶　徐凤琪　孙　悦 / 202
房地产估价机构在新形势下培养青年人才的思考和建议 …………………………… 汪　灏 / 207
浅谈高质量发展阶段房地产估价机构人才培养对策 ……………… 毛胜波　和战红　翁荔敏 / 212
基于四种人性假设的房地产估价机构激励机制探索 ……………… 金智辉　钟　玲　王海容 / 217
估价机构人才培养现状与改善路径探索 ……… 朱国玲　谢星星　段嘉来　邱海波　孙丹桂 / 221

从估价师到咨询师
　　——房地产估价师的发展之路 ………………………………………… 陈凌岚　黄陈燕 / 225
浅谈估价人才的培养与激励机制 ………………………………… 钟海燕　王晓东　陈圳龙 / 229
房地产估价机构拔尖创新技术人才培养路径探析 ………………… 宋　成　凌　波　罗　震 / 233
估价机构人才培养现状、路径及人才激励机制探索 ……………………………… 范建华　曹　灿 / 238
探索房地产估价机构人才培养体系及激励机制 …………………… 王俊科　苏鹏博　梁思颖 / 242
房地产估价行业环境和人才激励探索 ……………………………………………………… 冉秋琰 / 247
估价人才培养现状及体系建设探讨 ………………………………………………… 陈登登　霍丽娜 / 253
浅析高质量发展阶段估价机构人才吸引和思维培养 ……………… 张永强　迟爱峰　丁　滢 / 258
构建人才数字化管理体系，促进估价机构组织效能提升 ………………………… 王增文　范艳辉 / 263
房地产估价人才队伍培养与激励 …………………………………………………… 李利军　郑战忠 / 269
专业人才是锚定估价行业发展的变中之稳 ………………………………………………… 霍桂英 / 274
适应高质量发展的房地产估价专业人才培养 ……………………… 罗　琳　谢仲芳　李　红 / 278
估价机构人才队伍现状及新时期的培养、激励机制探索 ………………………………… 吴俊杰 / 282
房地产估价机构人才培养机制探索 ………………………………………………………… 李湘峰 / 287
浅析估价机构多维度人才培养体系搭建 …………………………………………………… 胡玉曼 / 292
房地产估价师的与时俱进 …………………………………………………………… 周金红　朱　晓 / 297
房地产估价机构人才培养现状及激励机制探讨 …………………………………………… 郑志忠 / 302

第四部分　管理手段优化

（一）数字化发展

大数据背景下房地产估价机构的数字化转型之路 ………………………………………… 司徒荣轼 / 309
房地产估价机构数字化转型方向与策略研究 ………… 闫旭东　赵　蓓　魏　蓝　袁　艺 / 313
估价机构数字化转型助力精细化内控的实践探索 ………………………………… 童款强　吴　青 / 319
房地产估价机构数字化管理系统的建设之路
　　——基于山西瑞友"九台系统"建设经验的分析 …………… 郝俊英　刘秋爽　高　艳 / 324
致力实现评估机构的数字化转型，畅想人工智能与不动产评估的跨界协作
　　…………………………………………………………………………………… 梁田胜　李　聪 / 330
正确认识并稳步实施估价机构数字化转型 ………………………………………… 韩宣伟　蒋文军 / 336
评估机构数字化转型基本逻辑与路径探索
　　——以瑞联平台数字化建设为例 …………………… 臧曼君　李　娜　王　卓　李　枫 / 342
估价机构数字化转型路径探析 ……………………………………………………… 尚艾群　凌　祥 / 348
估价行业数字化转型路径探索 …………………………… 许　军　顾　欣　李　贺　佟圣楠 / 352

创新探索　赋能发展
　　——估价机构数字化转型初探 ·· 宋生华　虞达锋 / 361
针对地方 AMC 不良资产估值赋能的评估机构数字化融合实践 ············ 张　华　杜云川 / 367
人工智能在房地产估价领域的应用与影响 ···················· 周金红　朱　晓　王　斌 / 374
关于"房地产估价机构数字化转型"的思考 ·································· 朱　晓　周金红 / 379
房地产估价机构数据资产化助力数字化转型 ·································· 邓斯扬　李　枫 / 383
房地产估价机构数字化转型刍议 ·· 杨玉莹　朱　杨 / 388
房地产估价机构数字化实践及发展展望
　　——以深圳市同致诚评估公司数字化转型为例 ········ 张安庆　陈智协　陈　平 / 393
"超时空"智慧办公对估价行业的影响 ·· 陆艳倩 / 398
房地产估价机构数字化转型的现状与路径 ····································· 马佰林　张海洋 / 402
浅议估价机构的数字化转型 ·· 马晓燕　宋宜兰 / 407
数字化评估作业打开行业新篇章 ·· 肖富友 / 412
房地产估价数字化运营管理研究 ··· 姚伯均　汤云照 / 416
漫谈估价机构的数字化转型 ·· 李春明 / 422
浅谈估价机构如何实现数字化转型 ················· 叶志远　黄文毓　陈志鸿 / 426
估价机构数字化转型实践及其影响研究 ··· 李学锋　杨　柳 / 431
房地产估价机构数字化转型分析与探讨 ··············· 贾莲慧　卢　佳　邱海波　孙丹桂 / 437
估价机构如何实现数字化转型升级 ··· 杨　洁 / 442
估价机构在数字化智能时代发展之路探讨 ···················· 胡永强　臧曼君　王小方 / 447
房地产估价机构数字化转型之路研究 ··························· 金智辉　钟　玲　皇甫洋 / 452
估价机构数字化转型路径探讨
　　——基于"点线面体"角度分析 ····························· 曾　南　邵劲松　高向阳 / 458

（二）绩效管理

中小估价机构员工绩效评价优化路径探析 ···································· 凌　祥　常忠文 / 465
估价机构绩效管理中存在的问题及优化路径 ·················· 李　欢　王佳弋　许　可 / 473
估价机构绩效管理问题探究 ··· 李慧朝　索士琦 / 478
征收评估类项目绩效管理优化 ·· 邱　丽　张　磊 / 483
浅谈估价机构如何应用 OKR 工作法完成绩效管理变革 ···· 沈慈勇　傅东栋　沈哲巍 / 487
浅议估价机构员工绩效管理模式、存在的问题及优化路径 ··························· 肖　峰 / 492

（三）分支机构监管

试论房地产估价机构总部对分支机构的监管策略 ············ 金　焱　侯栩基　朱维芝 / 498

直营估价机构对分公司的有效监管及分公司的自我管理实践
.... 阮宗斌　骆晓红　张　悦 / 504
估价机构如何对分支机构实施有效监管 .... 辛照东　吴　芳　鲍俊杰 / 510
房地产估价分支机构存在的问题及强化管理建议 .... 袁瑞英　郝俊英 / 516
协同治理视角下浅谈估价机构对分支机构的监管措施 ...... 金艳芳　张丹妮　胡　晓 / 520
直营估价机构如何对分支机构实施有效监管 .... 隗晶月　杜　康 / 525
浅议有效监管分支机构的必要措施 .... 俞　鹏　王　婷 / 530
估价机构如何实施对分支机构的有效监管 .... 马艳杰　蔡庄宝　刘丽佳 / 535
浅议房地产估价分支机构及其风险防范 .... 刘华荣 / 540
浅析如何对房地产估价分支机构实施有效监管及发展建议 .... 陈春华 / 544
房地产估价分支机构监管制度研究 .... 刘宇宸　丘　文　刘广悦 / 549

第五部分　内部制度建设

加强工作流程建设，促进房地产估价机构高质量发展 .... 何　哲　刘洪帅 / 554
以档案管理为核心的房地产估价机构内部质量控制体系建设
.... 张　柳　沙美丽　赵玉环　张　雪 / 559
房地产估价机构加强业务流程内部控制的必要性及重要性探讨 ...... 彭　飞　刘汉清 / 563
房地产估价机构内部质量管控现状及改进建议 .... 胡新良 / 568
健全质量管理体系　有效防范估价风险 .... 刘辰翔　李　娜 / 574
浅谈中小房地产估价机构投标管理的困境与对策 ...... 郑刘平　孟祥妹　王晓煜　许全丽 / 579
新形势下做好房地产估价档案工作的若干建议 .... 杨海娟　王世春 / 584
浅谈新晋员工系统化培训的必要性 .... 杜俊杰 / 589
房地产估价机构专业人才多元化培训策略探讨 .... 陈　静　张　贞 / 594
建立健全内控制度防范房地产估价机构执业风险 ...... 李　越　胡跃超　刘艾佳 / 599
房地产估价机构如何通过内部治理防范估价风险助力实现高质量发展
.... 高　举　王　奂　张　晔 / 603
全过程风险管理在估价工作中的运用 .... 闵遵荣　廖双波　康　萍 / 609
基于层次分析法研究房地产估价机构如何通过内部治理防范
　估价风险 .... 尚春芳　冯春晓 / 615
新形势下估价机构如何通过内部治理防范估价风险 ...... 张丹妮　金艳芳　贺肖肖 / 622
房地产估价机构防范风险和提升价值对策探讨 .... 李秀荣　林　晓 / 626
首席评估师制度在房地产估价风险防范中的作用 .... 程景民　张　飙 / 631
估价机构如何通过内部治理防范估价风险 .... 廖海燕　李　欢　王佳弋 / 635
创新管理制度，有效防控估价风险 .... 郭丽霞 / 640

| 当前估价机构如何通过内部治理防范估价风险 …… 张曼嘉　林宏恩　孙丹桂　邱海波 / 647 |
| 浅谈估价机构如何通过健全内部管理防范估价执业风险 …………… 邓浩林　彭凤琴 / 651 |
| 估价机构内部治理的困境及风险防范措施 ………………… 谢小龙　聂竹松　廖双波 / 656 |
| 浅析评估机构如何加强内部管理防范与控制估价风险 …………… 张莉菲　何晨欢 / 663 |
| 房地产估价机构风险防范与内部治理的协同效应 ………… 周金红　朱　晓　王　斌 / 667 |
| 估价机构内部防范估价风险探析 ………………………………… 冯兴红　岳连红 / 672 |
| 提升内部管理防范估价风险 ……………………………………… 索士琦　李慧朝 / 676 |
| 估价机构内部治理与防范估价风险之途径 ………………………………… 王建新 / 679 |
| 浅谈基本估价业务的执业风险与防范 ……………………………………… 吴家梁 / 683 |

第六部分　企业文化建设

| 蓄价值观之势　谋新发展之能 ……………………………………………… 王常华 / 690 |
| 浅析非公党建在估价机构内部治理中的实践意义 ………………… 汪姜峰　李明月 / 694 |
| 浅谈房地产估价行业品牌建设现状与建议 ………………………… 张方明　李　瑞 / 698 |
| 估价机构践行 ESG 理念的必要性及实践路径的探索 ……………… 石　莹　赖琳玲 / 701 |
| ESG 因素对估价服务的影响分析 …………………………… 韩　晶　李萍萍　栾雅萌 / 709 |
| ESG 时代下房地产估价机构的角色与实践路径 …………………… 杨丽艳　武建新 / 715 |
| ESG 驱动的房地产估价机构创新发展之路 |
| 　　——以英联先行先试的专精特新实践为例 ……………………… 宋星慧　卢义容 / 720 |
| 践行 ESG 理念及实践路径研究 |
| 　　——基于估价机构视角 …………………………………………… 赵国玲　刘　硕 / 725 |
| ESG 理念对传统估价及估价机构实践的影响 ……………………………… 吴丽娟 / 732 |
| 估价机构践行 ESG 理念的应用场景和实践路径 …………………… 李蕴华　孙芊羽 / 737 |
| 践行 ESG 理念，推动估价行业可持续高质量发展 ………… 曹亚琨　张　勇　孙　绮 / 742 |
| 以 ESG 理念赋能房地产估价机构可持续发展 ……………………………… 王　霞 / 748 |
| 房地产估价机构体现 ESG 理念的具体措施 ………………………………… 白晓旗 / 752 |
| 浅析《中华人民共和国公司法》修订背景下估价行业践行 ESG 理念的必要性 |
| 　　及实践路径 ………………………… 王　凯　龚秋平　柳建林　王鑫国　王　鑫 / 757 |
| 基于 ESG 视角展望估价机构的评估咨询业务 ……………………… 李川川　吕晓英 / 761 |
| 估价机构 ESG 理念践行的必要性及路径浅述 …………… 曾锐昭　殷宇霞　陈　平 / 767 |
| 睹微知著，做可持续发展的践行者 ……………………………… 徐莉娜　杨　诺 / 772 |
| 绿色共生，精铸估价机构 ESG 管理体系 ………………… 刘小方　胡　晓　李士娜 / 776 |

第七部分 高质量发展探索及实践

务本求实 循道而行 努力构建房地产估价专业服务型机构 ………………………… 丁金礼 / 782
基于核心竞争力的房地产估价机构发展分析 ………………………… 钟 凤 程殿卿 / 790
新时期下房地产估价机构可持续发展的研究和探索 ………… 李 丽 刘永新 张鹏涛 / 795
"三驾马车"驱动房地产估价机构持续、健康、高质量发展 ………… 牛炬鹏 谷小颖 / 800
促进中小估价机构高质量发展的路径研究 ………………………… 舒友林 赵 超 / 805
估价机构高质量发展的经验和策略 ………………………… 林子程 林立洲 胡金莉 / 810
房地产机构拓展社会稳定风险评估实践经验分享 ……………………………… 迟爱峰 / 814
房地产估价机构业务多元化拓展及高质量发展 ………………… 孟德友 李俊岭 / 819
高质量发展要求下如何做好涉执房地产司法评估 ………… 高 举 张 晔 李 莎 / 824
保障性租赁住房租金定价研究
——以北京为例 ………………………… 易成栋 刘倍彤 袁佳丽 / 831
招商方案中的底层逻辑分析及租赁咨询服务应用 ……………………………… 韩艳丽 / 838
城市更新：房地产估价行业的突破与创新
——以上海市某"城中村"改造项目为例 ………………………… 许峰林 赵玉安 / 845
北京市产业类更新中的房地产价值评估探析 ………………… 何金锋 薛翠翠 姚慧静 / 850
紧抓机遇 笃定创新 专业护航 谋求突破
——浅析估价机构在新一轮城中村改造大势下的新发展 ……… 刘 武 刘柏平 陈国庆 / 855
房地产评估在老旧社区改造中的应用 ………………………… 王 超 王贤兴 / 862
面朝蓝海，内外兼修
——浅谈估价咨询业务的发展模式优化 ……………………………… 王晓春 / 866
房地产评估咨询机构参与新城规划建设的业务思考与措施建议 ………… 许峰林 肖 军 / 871
把握国有资产盘活新机遇 促进估价机构高质量发展 ………… 阮宗斌 张 悦 王旭东 / 876
浅谈房地产投资决策"算账"咨询服务
——以深圳市某国企上市公司存量产业用地提容扩建项目财务分析为例
………………………………………………………………… 程鹏飞 隗晶月 / 883
经营性物业清退方案的多维度构建
——突破评估咨询服务的"最后一公里" ……………………………… 韩艳丽 / 888
探讨评估行业新业务发展助力乡村振兴 ……………………………………… 杜 刚 / 895
熟悉"两旧一村"新变化 拓展咨询服务新领域 ……………………………… 穆春生 / 902

后 记 ………………………………………………………………………………… 907

第一部分

估价机构内部治理认识及方向

估价机构应重视内部治理，
为未来发展打下坚实基础

柴 强

摘 要： 从我国改革开放以来房地产估价行业总体发展进程看，第一阶段注重估价技术提升，第二阶段注重估价业务发展，现阶段应注重估价机构内部治理。本文提出估价机构现在应加快构建既符合现代企业管理基本原理，又适合房地产估价机构特点和机构自身情况的内部治理体系，特别是建立一套较完整的内部管理制度、规则和程序，并说明了估价机构做好内部治理的若干基本前提，从体制机制、后继人才、管理手段、内部制度、企业文化等方面阐述了内部治理的主要内容，推动估价机构提升内部治理能力，实现高质量、可持续发展。

关键词： 房地产估价；资产评估；内部治理；未来发展

一、估价机构到了重视内部治理的阶段

目前，我国经济已由高速增长阶段转向高质量发展阶段，城市发展已进入城市更新的重要时期，房地产发展已从增量开发建设为主转为存量盘活改造和运营管理为主。同时，受经济增长速度放缓、房地产市场调整、估价机构间竞争激烈等估价行业外部和内部多重因素影响，估价业务不够多。估价机构应利用现在这段较"清闲"的时间练好内功，进行休整、复盘、展望、补短板、强弱项、堵漏洞，准备再出发、向前进、上新台阶。

过去，估价业务快速增长、竞争不是很激烈、客户要求不是很高、执业风险不是很大，导致估价机构对内部治理不够重视，加之内部治理即使做得好，也难以立见成效，甚至影响当前业务发展，使得估价机构对内部治理缺乏动力。现在，房屋征收、土地出让等估价业务量减少，房地产抵押等估价业务收费下降，估价机构生存发展遇到困难。

未来，房地产估价的市场空间和发展前景依然广阔，同时要求估价机构做好内部治理这个底层基础。从我国改革开放以来房地产估价行业总体发展进程看，第一阶段注重估价技术（理论与方法）提升（虽然当前仍需大力提高估价技术水平），第二阶段注重估价业务发展（虽然还需大力巩固、深化和拓展业务），第三阶段应注重估价机构内部治理。而做好机构内部治理需要提高认识、转变观念、调查研究、设计方案、协调利益等，是个"慢工"。因此，现在就要抓紧补上机构内部治理这个短板。

估价机构于2000年"脱钩改制"被推向市场，现有的机构负责人中有一些是原行政事业单位负责人，一些是从事估价技术工作出身，普遍缺乏现代市场经济下企业管理的专业知识和训练，基本上是自己"边干边学"。现在，中房学组织开展估价机构内部治理相关理论研讨、实践总结和经验交流，推动估价机构重视内部治理，加快构建既符合现代企业管理基

本原理，又适合房地产估价机构特点和机构自身情况的内部治理体系，特别是建立一套较完整的内部管理制度、规则和程序，对估价机构提高经营管理水平、防范化解执业风险、保障可持续发展，具有十分重要的意义。

二、估价机构做好内部治理的基本前提

估价机构做好内部治理，有必要从思想上提高相关认识，主要包括以下几个方面。

一是在精神状态上，估价机构及其估价师既要居安思危、增强忧患意识，又要坚定发展信心。"人无远虑必有近忧""信心贵于黄金"。盲目乐观、不正视困难和挑战，会导致不思进取、贻误时机；而消极悲观、看不到机遇和前景，会导致自暴自弃、缺乏激情和活力。未来，各行各业为了生存发展，都要做到高质量发展、科学决策、精细管理等，房地产估价为人们带来好处、减少损失、防范化解风险等作用会更加突出，人们对房地产估价的需求会更多，同时要求也会更高。

二是在发展理念上，估价机构要坚持专业主义、长期主义，平衡好多元化与专业化发展、短期生存与长期发展的关系。多元化发展要适度且与估价专业相关，业务之间能相互促进或能共享资源，应避免盲目、过度多元化。估价机构过去是业务过于单一，现在则有过度多元化的倾向，而不够重视提高估价专业服务水平，不够注重估价高质量发展。

一些估价机构负责人讲估价机构发展"知易行难"，言下之意是希望有速效的"灵丹妙药"。但破解"知易行难"的方法唯有坚持长期主义，要持之以恒做"难而正确的事"，经过日积月累的"进化"，由量变到质变。比如坚持为客户提供高质量的估价服务及相关咨询顾问服务，将新客户变成回头客、老客户变成终身客户，并且有"转介绍"（即老客户推介新客户）。经过一段时间后，客户群体就会越来越大，业务就会"东边不亮西边亮"。

三是在发展战略上，估价机构要走市场化、咨询化、科学化发展之路。市场化发展是不过于依赖"法定评估"业务。从长远看，有内在需求的"自愿评估"业务会更多，更具有成长性、持续性、稳定性。咨询化发展不仅做"鉴证性评估"业务，还要做"咨询性评估"业务，此外还能活学活用房地产估价专业知识，提供房地产市场调研、可行性研究、合理利用、保值增值等相关咨询顾问服务。科学化发展是在估价技术、报告格式等方面不墨守成规，而要守正创新。守正创新不是为了创新而"创新"，不是赶时髦、盲目追求效仿"高大上"、不切实际的创新甚至刻意标新立异，而是为了保证估价质量、提高估价效率、深化拓展估价业务等，既保留现有的好做法，又与时俱进、开拓创新。

四是在发展路径上，估价机构应按做优、做久、做强、做大的顺序发展，从注重追求发展速度和规模转向追求发展质量和效益，不刻意追求做大。根据美国、日本等发达国家的估价行业现状，绝大多数估价机构的规模都不大。因此，估价机构特别是中小机构要"专精特新"发展，小机构只要顺应经济社会及房地产发展大势，坚持把现代市场经济下有持续需求的业务做优、做久，成本控制得当，即做到"小而美"，在未来仍有很大的生存发展空间。

三、估价机构内部治理涉及的主要内容

估价机构内部治理涉及的内容很多，这里列举几个主要方面。

（一）体制机制

一是在组织形式上，目前估价机构有公司制、合伙制，以及市场主体类型登记为公司制而机构内部实质为合伙制等。实践中绝大多数为有限责任公司，组织形式过于单一。不同的组织形式各有优缺点，可了解借鉴律师事务所、会计师事务所、房地产经纪机构、国际房地产咨询顾问机构等专业服务机构的相关做法，依法选择适合自己的组织形式。

二是在治理结构上，应依法依规、结合自身情况建立健全并处理好股东（会）、董事（会）、监事（会）、经理（层）、估价师、一般职工（职代会）等之间的关系。

三是在实际控制人上，实际控制人、大股东或控股股东要勇于担当，不应为了规避个人风险而让小股东甚至非股东的估价师担任机构法定代表人。如果让小股东甚至非股东的估价师担任机构法定代表人，而又不授予相应的权力，往往意味着机构内部治理不会好。未来有关行政管理部门、行业自律性组织将会进一步压实实际控制人责任。

四是在股东（合伙人）加入与退出机制上，应有合理的股份调整规定，特别是事先就对股东退出的情形及退出时的股权转让价格计算方式或标准等作出明确规定。这方面还有待深入研究探索，总结好的做法。

五是在激励机制上，应处理好股东、承揽业务人员、承办业务人员和一般管理人员（如办公室、财务人员等）的关系。探索股权与收益权的关系，在难以给予相关核心人员股权激励的情况下，可以给予收益权的激励。

六是在机构做强做大上，可开展机构之间联合、并购、收购，也可开设分支机构等。估价机构对分支机构应加强管理，并将先进的理念、技术、管理和新型的业务传授给分支机构，带动分支机构所在地（省、市、县等）估价行业更好发展，而不是"卖牌子"，接受"挂靠"，这不仅会导致恶性压价竞争，扰乱当地估价市场，也会给总公司带来麻烦甚至风险。在估价机构监管上，分支机构的不良行为将会记到总公司名下。

（二）后继人才

目前，第一代估价师特别是机构负责人陆续到了退休年龄，进入新老交接阶段。但是，估价机构普遍缺乏中青年高素质专业人才，甚至即使在当前就业难的情况下，也难以招到较好的大学生。为此，要深入思考如何吸引、培养、留住人才，特别是青年人才，如何建设高素质专业化估价队伍，如何待遇留人、事业留人、感情留人、环境留人。

一是要制定青年人才培养计划，特别是开展"估价进校园"活动，与有关高校院系合作，安排在校大学生、研究生到估价机构实习，资助开展课题研究、撰写论文，大力宣传国家房地产估价师职业资格制度，鼓励符合条件的在校大学生、研究生报考房地产估价师。

二是估价机构的办公环境、工作方式要适应现代青年人的生活和工作方式。虽然办公场所不一定要面积大、高档豪华，但要整洁、现代、有生气。

三是要让青年人看到希望，建立阶梯式发展通道，避免"一眼看到头"。如从普通估价师发展为高级估价师、机构估价技术总监或总估价师、首席估价师，再到行业资深估价师乃至估价大师等。

四是关注青年人才的职业发展规划，探索师徒制。做好房地产估价既要有专业知识，又要有实践经验，有些估价"技艺"主要依靠口传心授，甚至只可意会，不可言传，需要在实践中发现问题、分析问题、解决问题；同时，"师傅"严谨的工作作风、良好的职业操守也会潜移默化感染、影响"徒弟"，久而久之会在行业内形成融洽的传承关系和良好的执业氛围，因而需要带徒传技、言传身教。

五是尽早培养讲诚信、有使命、懂估价、会管理的机构接班人,做好交接、传承。

(三) 管理手段

估价机构应重视和采用科学先进的管理手段,以保证估价质量、提高估价效率、降低估价成本等。

一是研究探索数字化转型。党中央、国务院提出加快中小企业数字化转型。估价机构基本上都属于中小企业,要积极研究如何数字化转型,包括如何利用现代科技助力估价,如生产(估价作业)数字化、管理数字化、营销数字化等。目前,由于估价服务对象主要是银行、法院、国有企业、军队等单位和政府部门,估价机构数字化发展方向主要是估价作业和机构管理数字化,如估价对象实地查勘数字化监管等。需注意的是,估价作业数字化并不等于估价自动化或自动估价,更不是用其替代估价师,而是替代其中的重复性工作和一些传统作业方式,辅助估价师更有效率、更科学准确地估价。

二是应用现代项目管理工具。比如相对简单的甘特图(横道图)在估价项目管理上的应用,可以进行进度、质量、成本、风险等管理,使估价工作的质量更好、效率更高、成本更低、风险更小。

三是采用科学合理的绩效评价考核方法。比如 KPI(Key Performance Indicator,即关键绩效指标)、OKR(Objectives and Key Results,即目标与关键成果法)在估价机构绩效管理中的应用等。

(四) 内部制度

估价机构应重视自身内部制度建设,依法依规建立健全各项内部制度,特别应注重以下几个方面。

一是学习培训制度。要建立健全机构内部学习培训制度,成为学习型组织,开展集体学习交流,了解国内外同行经验教训,养成时常复盘、总结的习惯。

二是估价资料库制度。要建立健全估价相关法规政策库、标准规范库、交易实例库、收益实例库、成本实例库、估价参数库、估价案例库、客户资料库等。其中,估价案例库可用于对拟承接的估价对象是否曾经估价过、是否需要回避,前后承接的抵押估价、司法拍卖估价的结果之间是否能自圆其说等,以防范估价执业风险。

三是业务流程和标准制度。要建立健全估价报告内部审核、估价档案管理等制度。

四是风险管理制度。要把握和处理好业务发展与防范风险的关系,明确"底线""红线"行为,且不得逾越"底线""红线",如不得按委托人和估价利害关系人的要求高评或低评,不得出具虚假或有重大差错、重大遗漏的估价报告。近些年,一些估价机构及其负责人在这方面得不偿失、后悔不已。

五是明码实价制度。以恶性压价手段招揽业务不仅违反《中华人民共和国资产评估法》等法律法规,降低估价质量,还导致"劣币驱逐良币",是估价机构和估价行业高质量发展、可持续发展的"大敌",使估价职业和行业失去起码的尊严,得不到基本尊重,特别是带来很大的估价风险隐患。必须依法有效治理以恶性压价手段招揽业务。估价机构应依法明码标价,在经营场所、相关网站、行业自律性组织等场所或渠道公示服务项目、服务内容和收费标准,并在估价项目招标投标等活动中严格执行,即明码实价。

六是机构发展基金和风险基金制度。估价机构宜日积月累,每年从营业收入或利润中计提一定比例的资金,用于学习培训、业务研发、估价创新、人才培养、风险防范化解与补偿等,以构建机构发展的长效机制。

（五）企业文化

估价机构应重视自身企业文化建设，包括本机构的价值观、发展观、使命、愿景等。特别应注重以下几个方面。

一是不唯利是图。不追求短期经济利益最大化，倡导向上向善，有维护和促进估价行业特别是本机构所在地估价行业规范、健康、持续发展的使命，并对自己的未来有一个美好愿景。实际上，这些也是为了估价机构自身的长远发展。

二是避免过度商业化。估价属于高端专业服务，应有必要的职业尊严，估价机构应避免采用业务员（非估价师的专职销售员）承揽业务这种营销方式，估价从业人员特别是估价师的言行举止要体现专业人士的素养。

三是履行社会责任。包括努力践行ESG理念。ESG是Environment，Social and Governance的缩写，从环境、社会和治理三个维度，评估企业的可持续发展能力，强调企业要注重生态环境保护、履行社会责任、提高治理水平。

作者联系方式

姓　　名：柴　强

单　　位：中国房地产估价师与房地产经纪人学会

地　　址：北京市海淀区首体南路9号主语国际7号楼11层

新发展模式下的房地产估价机构内部治理

胡 晓 李 瑞 潘世炳

摘 要：在构建房地产发展新模式的大背景下，房地产估价机构作为房地产市场的重要组成部分，其经营管理面临的问题和挑战也日益凸显。本文将从技术、市场、人事、信息、文化和风控六方面，探讨房地产估价机构内部治理机制，提出建立六大经营管理要素均衡协同发展的经营之道。

关键词：新发展模式；估价机构；内部治理

2022年12月中央经济工作会议、2023年4月中央政治局会议以及2023年11月中央金融工作会议，均多次强调构建房地产发展新模式。当前，我国经济正经历从高速向中高速、从规模速度型向质量效率型转变，从以增量扩能为主转向调整存量和做优增量并举。房地产行业也不例外，正逐步从增量扩张模式转变为存量运营模式、从高速度增长转向高质量发展、从"高负债、高杠杆、高周转"向"价格稳、结构优、质量好"的新发展模式平稳过渡。在存量盘活、城市更新、绿色低碳、智能安全、资产运营和证券化等新兴领域蓬勃发展的背景下，房地产估价行业正进入一个充满机遇与挑战的新发展阶段。这一阶段要求估价机构积极应对市场变化，转变过去单纯关注数量扩张的经营理念，更加注重内部风险防控、业务发展创新、服务质量提升以及专业人才培养等内部治理，以更好地适应新的市场环境，提升其整体竞争力和可持续发展能力。

经过多年积累和发展，房地产估价行业为房地产市场和社会经济发展作出了重要贡献。然而，随着外部形势的变化和内部经营管理的不足，行业仍存在不少亟待改进的问题。

一是重成熟业务，轻创新业务。多数机构主营业务聚焦在抵押、征收、司法等传统成熟型业务，在新型评估咨询、规划咨询、投资咨询等创新型业务方向关注及投入不足。

二是重商务拓展，轻内部管理。多数机构更为重视客户联络、市场推广、业务拓展、收费谈判、商务应酬等要素，对于制度建设、人才培养、绩效薪酬、财务管理、会议培训等内部管理体系不够重视，在"依法治企"方面有待深化。

三是重业务经营，轻党建文化。部分机构更多地考虑企业业务经营状况，对于党建、文化工作不够重视，存在"抓党建又不带来效益""好处不大、事情不少"的消极观念；部分机构没有根据外部环境变化适时调整甚至无视企业文化建设，导致员工不作为、滥用权力、作风粗暴，进而影响员工的凝聚力、向心力。

四是重企业发展，轻风险防控。当前，房地产估价机构面临着来自技术、市场、人事、财务、行政、品牌、企业文化、信息化、监督检查、认识风险等内部管理"十大风险"。由于部分管理人员受专业知识、工作经历的限制，风险防控意识相对淡薄，容易对各类风险抱有侥幸心理。

为促进房地产估价机构可持续发展,建议从以下六个方面强化房地产估价机构内部治理。

一、强化业务创新和技术提升

(一)强化研发驱动

设立专项研发经费,明确研发经费来源、经费类别、经费使用等保障研发工作开展。组建专职研发团队,一方面从公司现有员工中选拔优秀的研发人员,另一方面通过招聘引进外部优秀研发人才。以市场需求为导向,研发工作以"政策、项目、资金"为导向,可与项目执业并行或串联开展;除开展重大业务产品创新研发外,也聚焦提质增效等微小创新。丰富研发成果形式,除课题文本成果外,鼓励以专利、申报软件著作权、国家及行业标准制定、专著、期刊论文、微信原创分析推文等多种形式丰富研发成果。

(二)强化业务创新

围绕三个咨询方向开辟新赛道。评估咨询方向,拓展自然资源评估评价、绿色建筑评估评价、ESG绩效评价、生态补偿价值评估、集体土地入市增值核算等业务。规划咨询方向,谋划政府/企业规划、区域/行业/产业发展规划、专项规划、国土综合整治规划、村庄规划、项目概念策划等业务。投资咨询方向,探索筹资谋划顶层设计、债券融资/证券化/REITs等新型投融资咨询、"保障性住房/平急两用公共基础设施/城中村改造"三大工程相关投资咨询、城市更新/老旧小区改造/低效用地再开发、存量挖潜谋划、EOD咨询模式等。

(三)强化研发推广

一方面积极参与国家高新技术企业、"专精特新"小巨人企业、中小型科技企业、研发平台等高新技术和科技型企业认定工作,争取资金扶持的同时促进品牌形象提升。另一方面加强与住建等行业主管部门、行业协会、高校、科研院所及业内高水平企业的交流联动,如积极组织行业论坛、参与行业调研、与高校在建设研究生工作站、共建实验室、开展示范项目合作、推荐企业导师等方面开展深度校企合作,通过与科研院所签订战略协议等形式,做到以技术的开放融合助力行业高质量发展。

二、加快数字化转型

(一)加快业务数字化研发

研发不动产征收系统、项目全过程管理系统、存量房地产资产管理平台等智慧管理系统,通过大屏展示、项目动态管理、项目地图等功能,用户可以远程掌握项目区域的实时状况,打通项目"盘点、清查、评估和评价、管理、利用"等环节,使项目管理更加清晰透明、安全高效;创新数字化业务孪生交付,即通过系统化管控项目商务、技术、财务全流程,涵盖报告、文件、发票等资料,形成服务产品"ID号",赋予客户账号密码自主查询,实现要素数据全程可追溯,提升业务交付效率。

(二)加快管理数字化探索

系统研发方面,搭建集手机端、网页端于一体的数据管理平台,从技术、信息、市场、财务、人力、监督、行政等模块的数据出发,集成数据产出、采集、治理、应用、共享等多个维度,结合业务场景在人事招聘、培训考试、项目管理、技术审核、印章管理、仓库管理、档案管理方面进行应用拓展,达到降本增效,同时实现数据全流程、全方位管理。并在各模块设置关键用户，结合使用情况对平台进行迭代升级。软件采购方面，采购正版Office办公软件、CAD绘图制图软件、数据库等软件，整理免费开源的办公及专业软件，搭建软件下载、软件学习等平台。

（三）加快数字业务化培育

机构在加快业务数字化的同时，将数字技术和互联网思维融入商业模式和产品服务中，通过对评估数据积淀、挖掘，结合用户洞察等信息化手段，实现业务信息场景的价值创造及转型重构，培育数字化业务增长极。通过探索Python建模、AI训练等手段，在新基建、城市更新、片区开发、智慧交通、数据资产运营等领域催生新动能（图1）。

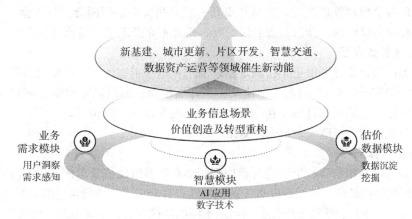

图1 数字业务化示意图

三、创新市场拓展方式

（一）加强基础能力建设

规范机构资质、执业资格、市场入围（库）、典型业绩、业务手册等市场基础工作，从业务、商务、流程等方面开展市场人员岗位培训及上岗考核，动态跟踪，复核考评；梳理客户拜访、商机获取、商务跟进、投标开标、合同签订、项目协调、收款、回访等环节工作要点、注意事项和节点衔接，不断改进优化。

（二）加强招标投标管控

以商务、技术、报价等为投标核心要点，结合不同招标投标方式，梳理从商机接洽、招标投标公告、商务条件分析、标书编制、审核、投标过程应对、标后衔接等节点的工作要点，分类分区域完善管理制度及细则。

（三）加强市场区域管理

以合同、收入、客户等要素确定各专业市场范围边界，同步建立包含区域管理、任务划分、协作机制、考核奖惩等内容的盲区弱区管理细则。

（四）加强服务体系建设

从客户、业务、项目、财务等多维度梳理市场源泉，研究分析关联性及拓展链条，全面系统构建客户服务体系，通过研讨、沙龙、培训、讲座、联谊等形式增强客户黏性，建立微信、网站、抖音、视频号、小红书、今日头条等新媒体矩阵，实现精准传播；建立客户评价机制,设立专职客户服务岗开展客户反馈评价,评价结果纳入年度评先评优考核因素。

（五）加大监督检查力度

建立市场工作监督检查机制,对市场商务活动、项目合作审批流程、招标投标管理及项目成本管控等过程中违反规定的相关人员严肃处理。

四、构建以人力资源为核心的管理体系

（一）制度建设方面

制定覆盖技术管理、研发管理、信息化管理、市场管理、财务管理、人事管理、监督检查、行政管理等全模块管理制度,并每年更新;建立高管会、周例会、月度会、半年度/年度会、专题会等会议机制,会后形成会议纪要,指导工作开展及制度修订。

（二）人才引育方面

由人事部门结合业务发展于年初确定招聘需求及全年招聘计划,中期及时调整,并按照"新人:熟手:专家=6:3:1"的人才配比及序列开展招聘；通过制定青年干部培训班计划以及轮岗交流计划、挂职锻炼计划、在职导师辅导、在职培训、岗位竞聘、岗位AB角配置等人才培养与开发计划,打造复合型人才队伍。

（三）绩效考核方面

采用定量与定性相结合、个性化与通用型相结合的多维度绩效考核方式,将绩效与人才发展、评优评先等相结合,持续激发员工的积极性；在分层次分阶段推进绩效管理的落实上,根据管理、技术、市场、职能等岗位类别制定不同的考核方案,实现考核主体的全覆盖。

（四）新生代员工管理方面

结合90后、00后新生代员工追求创新和多样性的特点,通过拓展品牌形象、优化团建活动等形式与其建立情感链接,如设计企业IP形象周边——表情包、钥匙扣、帆布袋、水杯等,通过组织PPT制作大赛、演讲比赛、体育赛事、节庆团建等形式发至新生代员工,同时注重对新生代员工"微创新"等可行性建议的采纳。

五、推动党建融入企业文化建设和社会责任承担

（一）坚持党建引领、参政议政、企业经营"三结合"

动员思想素质好、政治觉悟高的机构管理层加入人大、政协队伍中,将党建文件学习和机构战略研讨、业务优化、资政建言相结合,紧跟国家政策导向和发展趋势,不断拓宽业务范围,提升参政议政的针对性和专业服务的实效性；各级党组织坚持好"三会一课""主题党日+"活动,引导全体党员以身作则带动全机构依法依规谨慎执业。

（二）发挥工会、团委组织优势,做好企业文化建设

落实职工代表大会、创新司务公开载体,深化民主管理；组织员工体检、节庆活动、读书分享、运动赛事、国内外旅游等多种团建活动；对困难员工采取紧急救助、定期救助等救助活动；弘扬孝道文化,组织优秀员工父母赴国内外旅游；强化对"二代"的关心与关爱,以户外团建、节日礼包、升学奖金发放等形式,丰富员工亲子福利。

（三）积极承担企业社会责任

通过发布社会责任报告,投身绿色环保、乡村振兴、建言献策、灾害救助、捐资助学、

慈善敬老、精准扶贫等公益事业中，将企业发展与社会责任深度融合。

六、严控房地产估价机构内部风险

（一）技术质量方面

组建专门的质量管理部门并制定相关管理制度，开发信息化管理平台，将技术成果三级审核制度通过信息化手段嵌入监督管理流程节点，实现全流程、痕迹化、可追溯的平台保障。同时匹配包括日常考核、定期抽查、月度考核和年度考核等多种监督考核工作。

（二）市场管理方面

依托信息管理系统，定期对商机接洽、招标投标管控、商务分析、合同履约等重要节点的工作要求及目标进行监控、梳理、分析、规范，指导和管理机构的市场管理工作，降低市场管控风险；通过合理划分市场区域、明晰客户层级等方式开展业务拓展。

（三）财务管理方面

细化财务科目类别，推进机构财务数字化转型，实现会计核算、资金集中、全面预算等财务信息集中管理，并结合财税政策、机构实际不断迭代，为机构科学决策提供更有效的数据支持。

（四）人事管理方面

通过严把招聘入口端、指导开展试用期考核、科学进行日常管理等途径及时发现内部纠纷隐患，科学应对各类仲裁、诉讼案件，利用法律手段维护企业合法权益。

（五）品牌建设方面

通过注册品牌商标、明确宣传字体、开展舆情监测、强化版权宣贯等形式开展品牌保护，如遇到"傍品牌""蹭流量"的行为，立即启动商标保护程序，向相应网站提交商标保护的申请，制止侵权行为。

（六）内部控制方面

聘请法律顾问、设置法务岗，从法律角度对可能出现以权谋私的漏洞进行检查，从源头防控风险；组建监督审计等监察部门，拟定红黄线、监督审计等相关管理制度，设立内部举报投诉渠道，常态化开展覆盖高管、部门负责人、骨干及员工的跟踪问效、督查督导、诫勉谈话、离任审计、经营体检等工作，适时采取法律手段进行追偿赔偿。

对于房地产估价机构来说，建立六大经营管理要素均衡协同发展的经营之道是非常重要的，需要把握以下几个关键点：一是机构主要管理人员要提升对经营管理要素均衡协同发展的认识，打破固有思维模式，敢于求变创新，积极学习新的管理理念和方法。二是选拔和培养优秀管理人员，打造具备较高的专业素养、创新能力和团队协作精神的管理团队，实现管理专业化。三是各机构需要根据自身机构发展特点，因地制宜、因企制宜地制定适合自身需求的经营策略及发展路径，使其具有可操作性和可持续性。四是信息化智能化服务已经成为各行各业的重要趋势，机构应该积极拥抱信息化智能化服务，利用先进的技术手段提高工作效率和服务质量，进而提升企业的核心竞争力。

在机构的良性经营和可持续发展上，永远没有终点，也没有完美的管理模式，"唯一不变的就是变化"。企业唯有坚持创新和变革，不断调整和优化管理理念和模式，方能适应市场变化。

作者联系方式

姓　　名：胡　晓　李　瑞　潘世炳

单　　位：永业行土地房地产资产评估有限公司

地　　址：湖北省武汉市武昌区友谊大道303号武车路水岸国际K6-1栋20-23层

邮　　箱：1096293@qq.com

注册号：胡　晓（4220110057）；潘世炳（4219960082）

博采众长　兼容并蓄
——企业内部治理与高质量可持续发展

胡建明

摘　要：本文细致、翔实地论述了高力国际评估的内部治理体系，包括完善组织架构、建立企业制度、数字化信息化建设、营造积极的企业文化、优化决策机制、完善内部监督机制、人才培养和引进等方面，明确了现代企业中领导者、员工及团队各自的职责和作用，为完善估价机构内部治理与外部拓展、促进高质量可持续发展提供了经验借鉴。

关键词：内部治理；外部拓展；ESG 和 OKR；高质量发展

一、高力国际评估内部治理

在现代企业中，企业、团队、员工之间的关系是相互依存、相互促进的。企业为员工提供工作机会、平台、发展空间，以及福利和保障。团队是企业重要的组成部分，由员工组成，共同完成工作任务，实现企业目标，确保企业顺利运转。员工是企业的重要资源，员工的技能、技术、经验是企业发展的重要保障，员工通过不断学习，促进企业持续发展。

高力国际评估的内部治理体系包括完善组织架构、建立企业制度、数字化信息化建设、营造积极的企业文化、优化决策机制、完善内部监督机制、人才培养和引进。通过建立完善的组织架构，以持续化管理助力企业发展，提高企业决策、工作效率。另外，合规在工作过程中也是非常重要的，以程序化管理优化工作机制及人才培养。高力国际评估实现了系统全覆盖，包括招聘管理信息系统、绩效考评系统、工资及福利系统以及在线学习平台，借助多种信息化平台完成对人力资源的全覆盖、全流程、电子化、无纸化管理。

二、企业外部拓展

企业外部拓展主要分为三大类：一是拓展服务范围；二是增加客户类型；三是拓展行业覆盖。

当前，市场及客户的需求、监管机构的要求不断变化，房地产估价师的角色是什么？如何满足市场的要求？对此，企业需要开展多渠道全方位的市场营销，高力国际评估线上有专门的团队做市场更新、新闻洞察、业务推广，比如通过抖音、微信，了解客户的需求并建立联系；线下积极参与技术研讨、行业交流、知名论坛等。另外，探索业务及品牌推广的新模式——电子期刊，也符合 ESG（环境、社会、公司治理绩效）环保的需求。

三、博采众长、兼容并蓄

（一）领导者

领导者在团队中的压力是非常大的，第一要完成企业的目标，第二要带好团队。领导者的角色包括 8 个方面：与客户建立伙伴关系、拥抱挑战、策略远见、绩效赋能、行为榜样、激发人心、变革引领、创造协作。领导者需顺应不同的市场情境变化，厘清工作轻重缓急，动态平衡关键领导角色，从而更灵活高效地发挥领导力，引领团队完成更具挑战性的目标、任务、项目和变革。

（二）员工

员工在团队中的职责更加多样化，同时也需要更加注重团队合作。对员工的要求包括：完成工作任务、参与决策规划、沟通与协作、学习和成长、践行社会责任。

（三）团队

对团队的要求包括建立学习型团队、坚持创新驱动、实现价值共享、践行 ESG 和 OKR（目标与关键结果法）理念。ESG 和 OKR 的正面影响包括吸引人才、有效管理合规性、成本降低、收入增长。

OKR 和 KPI（关键绩效指标）存在一定的差别，OKR 是管理方法，KPI 是绩效考核工具。KPI 对于员工来讲就两个字"压力"，并不适合评估行业，更适合评估工厂流水线的作业。OKR 是根据企业结构将战略目标层层分解，并细化为战术目标，最终实现绩效考核的工具，相对来说比较新，更适合现在的社会。KPI 指标有助于服务企业总体的目标，比如个人考核、团队考核。OKR 本身的目标不是为了考核，而是时刻提醒每个人当前的任务是什么。OKR 多维评分，是为实现目标，侧重关注事情是否完成，而不是考核。二者的不同点如表 1 所示。

OKR 和 KPI 不同点　　表 1

类别	OKR	KPI
定义	是一套定义和跟踪目标及其完成情况的管理工具和方法、工作模式	是根据企业（功能）结构将战略目标层层分解，并细化为战术目标，最终实现绩效考核的工具
实质	管理方法	绩效考核工具
本质	我要做的事	要我做的事
关注点	时刻提醒每一个人当前任务是什么	关注财务和非财务指标，关注结果
导向	做事导向，关注事情是否完成	纯粹的结果导向

高力国际评估每年都会制定 ESG 战略，关注环境影响、低碳环保、践行社会责任，实现供应链管理，完成 ESG 报告。

精诚团结、互利共赢。高力国际评估通过强大的国际业务平台和专业的本土市场经验，积极开拓跨部门和跨区域业务合作，形成丰硕成果；与外部投行、审计、律所、财务顾问、银行等机构通力合作，助力客户取得成功。

作者联系方式
姓　名：胡建明
单　位：高力国际估价及咨询服务中国区
地　址：北京市西城区金融大街 11 号

房地产估价机构内部治理：理论认知与发展要领

石　丹

摘　要：房地产估价机构是估价行业可持续发展的核心载体，其内部质量的优劣直接影响估价服务专业性，更影响整个行业发展水平。故完善房地产估价机构的内部质量保障体系是提高估价工作质量的基本前提，更是促进房地产估价行业持续发展的关键。本文结合可持续发展理论，从房地产估价机构内部治理的现状出发，系统认知其内部治理的"三全—三元—三共"管理逻辑理论，构建自成体系的发展规划路径要领，以期为机构发展提供一定的参考。

关键词：可持续发展；"三全"理论；"三元"理论；"三共"理论

一、房地产估价机构内部治理的相关界定

（一）房地产估价机构

根据估价相关规范可知，房地产估价机构（以下简称"机构"）是经依法设立并取得房地产估价资质，从事房地产估价活动的中介服务机构。根据百科释义可知，机构是由从事房地产估价的专业人员组成的、名称含有房地产估价或房地产评估字样的、一般由自然人出资成立的合伙企业或有限责任公司。换言之，机构是一种企业组织形式，内部有从事房地产估价（含土地估价）业务的专业技术人员。专业技术人员作为机构的核心人才，是推动房地产估价专业服务质量提升的核心，故其内部治理离不开对人才的组织管理与创新培养，更离不开与人才相关的文化、制度和发展战略规划等要素，也离不开与外部环境的协调融合。

（二）可持续发展理论

根据百科释义，可持续发展是一种注重长远发展的经济增长模式，指既满足当代人的需求，又不损害后代人满足其需求的发展，是科学发展观的基本要求之一。换言之，可持续发展要遵守持续性原则，实行公平性原则；还应遵循周期发展规律践行阶跃性原则，按照不同层次的需求发展。对于机构的管理与发展也应如是，在估价业务开展、人员培养、资质提升与机构转型升级等实践中，应让有限资源得到高效利用，发展的同时不断提升培养人才、振兴行业、服务社会的综合水平，以期促进理论指导和规划实践的辩证与统一，助推内部质量提升。

（三）理论逻辑认知

在机构活动系统中，围绕着践行科学有效内部治理的目标，贯穿于全生命周期、区分不同时空阶段、考虑主要影响元素制定机构发展规划，并依据相应机构发展评价标准校验计划执行效果，即按照"三全—三元—三共"的管理逻辑主线厘清机构内部治理的理论内涵：一是全员全过程全方位的逻辑，深化对内部治理对象的理解；二是人员、制度和发展战略

的三元动态治理逻辑，强调内部治理的阶跃性；三是共创共治共享的管理理论逻辑，提升内部治理的公平性和可持续性，从而保障其系统性，有序推进内部治理的科学高效，实现行业可持续发展。

二、房地产估价机构内部治理的现状分析

（一）多无自成系统的内部质量保障体系，难以适应发展需要

按照企业创设及机构资质要求，机构都有能体现自身企业文化特色的管理制度，也有特有的估价报告三审三校制等，但因资质等级、从业年限、经营范围或主要业绩等差异的影响，这些制度也存在未结合实际需要的形式化、缺乏整体统筹协调性、缺乏规范化、配套建设不完善等问题；此外，多数机构没有围绕实现某一既定的发展目标的规划方案设计，更没有与之相互配套的制度建设等，即多数机构并未构建或形成较为完善的内部质量保障体系。

（二）多着眼于答问型的事中或事后控制，难以适应转型需要

多数机构因缺乏较为完善的内部质量保障体系，故而在机构内部质量控制与管理方面，主要集中表现为依据遇到或出现的问题去寻找相应的解决办法，因事而动，因问而答，基本属于事中或事后性控制，而非事前事中事后全过程全动态的原理实践，相对较为缺乏预判能力，对于未来的发展趋势及发展中可能出现的问题或难点，或具体估价实践中可能会出现的问题或风险等不具备事前控制的完全能力，既不利于当下的发展，也不利于未来发展转型的实现。

（三）多将内部治理对象静态集中于一体，难以适应变革需要

机构内部治理可能会集中于出现问题的估价人员或制度等，且很少会因发展阶段的变化而调整。一般地，需要执行内部治理的对象不仅限于估价专业人员、估价报告、作业活动过程或相关管理制度等，也需综合考虑时空变化，厘清近期、中期和远期之间的关系，个体与局部和整体之间的关系；还需衡量全员参与和互利共享的实现程度及其统筹协调情况；更需结合机构自身的发展状态或所处阶段及其变化趋势动态界定内部治理对象，以利于实现内部治理的高效有序。

（四）多弱化了落实执行和监督管理环节，难以适应实务需要

机构内部治理可能更多关注是否执行了治理方案，而对执行力度和监督反馈机制等环节较为弱化。制度规范化的最终落脚点是效果达成度，故制度的实施效果和监督管理的反馈机制至关重要，它是衡量制度本身科学有效性的主要参考；同理，战略方案的执行结果与他方监管反馈信息也是衡量战略科学有效性的主要参考。即与机构内部治理有关的制度、战略或治理方案等不应止步于执行和监督，还得依据其结果反馈进行优化，以利于保障内部治理的系统性。

三、房地产估价机构内部治理的理论认知

（一）"三全"理论

机构内部治理应符合"三全"理论，其中，三全——全员、全过程、全方位。全员是机构内部的决策、管理、技术等各层人员以及与内部治理相互影响的政府职能部门工作人员、行业自律组织人员、社会利益相关者、其他公民等四大类。全过程既是作业全过程，含计

划、组织、实施、检查等环节，也是发展全过程，含成立、发展、稳定和变革等阶段。全方位是综合考虑时间和空间，厘清近期与中期和远期之间的关系、个体与局部和整体之间的关系，即对不同发展阶段采取不同作业活动过程，对不同的成员采取相应的管理方法。

(二)"三元"理论

机构内部治理应符合"三元"理论，其中，三元——人员、制度、战略方案。人员是机构内部估价专业人员（不仅包括注册房地产估价师，还有业务员、技术员、管理员、研究员等开展相关工作的人员）。制度是机构在一定的历史条件下形成的经济关系，包括一些重要规定、章程和行动准则等，是内部治理最一般的对象。战略方案是一定时期内对机构未来发展方向、发展速度与质量、发展点和发展能力等的重大选择、合理规划及策略选择。对于不同发展阶段的估价机构而言，需要明确相应的内部治理核心对象，并结合实际及时动态调整核心对象。

(三)"三共"理论

机构内部治理应符合"三共"理论，其中，三共——共创、共治、共享。共创是共同创造内容，即内部治理须经多人的多重交流协商，针对远期或近期、局部或整体的治理规划进行合理的建构。共治是共同治理，既强调制度建设和贯彻落实的全员普及性，又重视前期质量问题防范和事中或事后管控的共治性。共享是共同分享结果，即全员既要共同分享治理果实，也要共同承担治理责任。从时间维度看，机构要从成立初始到各发展时期贯彻"三共"理念；从空间维度看，个体或局部的发展都要与全局保持一致，同时不违背"三共"理论。

四、房地产估价机构内部治理的规划路径

(一)系统化规划以保障"三全"理论

1. 构建55821内部质管体系

"55821"是5个纵向系统、5个横向层次、8字螺旋上升、2个原动力和1个信息管理平台。其中，第1个"5"是机构运行全过程的领导体制、制度建设和协调管理等决策指挥，业务组织实施、文化建设等质量生产，组织、人事、案例信息等资源建设，机构安全、行政服务、对外联络与合作等支持服务，以及报告质量、人才发展或机构经营管理状态等监督控制；第2个"5"是机构、部门、专业、项目和人员；"8"是事前按目标开展设计、事中按设计组织实施改进、事后按实际激励创新改进等三过程，并在事前和事中实现小循环，在事前和事后实现大循环；"2"是文化营造与制度建构；"1"是内部管理信息化平台，既是数智化要求，也是技术保障。

2. 设计机构发展规划方案

设计与内部质管体系相配套的发展规划。一方面，需考虑机构内部实际情况，结合行业发展实际及未来趋势分析，明确机构自身中长期的发展目标，设计相应的发展规划；另一方面，还需考虑专业职业发展实务的需要，针对估价业务拓展、技能提升、前沿理论研究、管理理念创新等组织设计专项行动规划，以便实践"三全"理论，促进机构内部良性发展。

3. 设计配套年度工作计划

设计与发展规划相配套的年度工作计划。在明确发展规划后，还需进一步将目标细化分解到每一年度，也需明确各年的每一季度或每一个月的各项任务指标，从而有利于机构内

部日常工作与科学管理的有序推进。与此同时，在计划执行的过程中逐一对照检查与监督管理，发现问题及时解决，若有必要也可考虑调整可能不合时宜或与实际脱轨的计划方案。

（二）专题化规划以贯彻"三元"理论

1. 审时度势绘好机构内部发展战略部署

对于小微型机构而言，可能正处于成立之初，除了需系统化规划理念有机融外，更需人心齐一，为了机构可持续存在；对于中型机构而言，可能正处于快速发展状态，除了需系统化规划理念和合理的人员架构外，更需规范的管理制度及其贯彻执行和监督管理力度，对全员奖罚分明，对全过程有效管理；对于大型或先进机构而言，可能正处于发展转型时期，除了需系统化规划理念和合理的人员组织和规范的管理制度外，更需战略部署，明确机构内部发展定位和策略选择，审时度势地界定侧重点，并落实动态调整机制。

2. 精雕细琢架好机构内部制度规范建设

对于发展中的机构而言，制度的规范建设与贯彻执行至关重要，它是影响一个经济组织团体能否持续存在和有序长足发展的关键因素。一方面，机构应严格遵照行业规章制度和企业标准化管理办法等制定内部管理制度，并结合实际及时调整与优化；另一方面，从发展规划和战略部署出发，制定良性循环发展的保障机制体制，如机构内部组织协同联动作业的动态调整机制、人员正向激励与学习促进的良性工作机制、人员综合素养提升培育的递进工作机制、内部工作处理应急预案协同调度工作机制等。此外，制度的效用发挥在于建设但不止于建设，只有建设没有落地即形而上学，故需在实践中检验和校正，并加强重视与管理，进而促进制度建设的完整性、系统性和规范化，并充分发挥创造性，彰显内部治理特色。

3. 因地制宜地做好机构内部人才创新培养

一方面，机构可参考借鉴 SMART 原则组织开展内部人才创新培养。另一方面，对于小微型机构而言，需格外关注"人员"的培养，引进或发展与机构组织架构相配套的人员规模，以实现组织经济合理化，培育或储备与机构未来发展战略相适应的人员，以实现人才发展科学化；对于中型机构而言，需格外关注"制度"的建构，即在估价服务上有所擅长的专业（某个或几个估价目的或不同用途的估价），在机构管理上有与服务质量相适应的制度建设，在机构决策上有较为明确的方向和思维逻辑；对于大型或先进机构而言，需格外关注"战略方案"的设计，即在估价服务上有所擅长的专业方向和前沿理论的探索与实践，在机构管理上有制度规范化建设与优化的能力，在机构决策上能提出建设性意见，或能发展成为决策者。

（三）个性化规划以落实"三共"理论

1. 从时间维度设定相应特色规划

从时间上看，规划都要有与发展阶段相对应的侧重点，并开展相应的探索与实践，尤其是刚成立或发展期的机构可考虑借鉴先进发展经验或适应市场需求并得到迅速发展提升的管理模式。同时还应贯彻共创、共治、共享的"三共"理论开展特色发展规划，让全员承担机构发展重担的同时，享受机构发展的胜利果实；让全员不仅能发挥自身特长，致力于提升职务或职称，还能结合机构发展及行业高质量发展等做好学历提升、职业规划和随机应变的应急预案；让全员在机构内部质量存在问题或困境时，不仅能保持与机构共存亡的意志，还能建言献策、攻坚克难；让全员在近期、中期和长期的发展规划中，能全方位地发挥好效用。

2. 从空间维度设计相关个性规划

从空间上看，个体或局部的发展都要与全局步调一致，同时不与"三共"理论相悖。对转型升级期的机构而言,不应以某部门、专业、项目或成员、标准指标为目标,扩展目标指标,如某一项目标准指标为公开发表至少1篇论文,则不应以1篇论文为目标,而应为2篇或以上;对稳定发展期的机构而言,则可考虑以标准指标为目标,在实现的同时争取更高目标,利于有序进入更高发展期;对上升发展期的机构而言,需考虑设置监测预警值,便于事中及时控制,如某一核心专业人员固步自封,既对学历或职称没考量,又只能胜任某一目的或用途的估价,若未被及时地引导或培养则必将影响发展及内部治理能力;对成立初期的机构而言,若过多偏重制度和战略方案,除非资源不受限制,否则势必制约发展。

3. 从时空维度综合衡定发展规划

从时间和空间两个维度综合来看,个性化规划还需借助当代新兴技术技能加以辅助。一方面,作为机构的专业人员需通过学历深造或技能培训等方式学习自动化估价系统、地理信息系统、大数据分析、人工智能、云计算、互联网、BIM等新技术及其与估价实务的融合作用机理,丰富自身的知识理论体系、提升估价实践操作技能以及估价相关前沿理论研究能力;另一方面,还需建立机构内部质量管理信息化平台,让机构内部实现估价信息数据采集全民化、数据生成或查看即时化、数据运用分析监督管理三共化等,同时也便于机构内部各主体之间协同联动管理,也有利于趋利避害、防范风险,促进"三全—三元—三共"管理逻辑的实现。

参考文献:

[1] 董慧慧,杨智乐,杜修力,等. 基于位移放大型变刚度自复位阻尼器的滞回性能研究[J]. 建筑结构学报,2024,45(8):5,180-191.

[2] 杨浩. 以内部制度建设推进高校治理体系和治理能力现代化[J]. 甘肃教育研究,2023(10):39-42.

[3] 石丹. 基于SMART原则的房地产估价专业人才创新培养[C]. 北京:中国城市出版社,2022:672-679.

作者联系方式

姓　　名:石　丹

单　　位:1.福建中诚信德房地产评估有限公司;2.共青科技职业学院

地　　址:1.福州市鼓楼区湖东路154号中山大厦A座23层;2.江西省共青城市共青大道1号

邮　　箱:641225546@qq.com

房地产估价机构加强内部治理的必要性及重要性

刘晨光　胡碧畴

摘　要：本文探讨了房地产估价机构加强内部治理的必要性及重要性。作为专业从事房地产价值评估的机构，其内部治理的优劣直接关系到估价结果的准确性、公正性和公信力。首先，本文指出了房地产估价机构面临的市场环境、法律法规等方面的挑战，说明了加强内部治理的必要性。其次，从提升企业核心竞争力、增强投资者信心、维护企业声誉和推动企业创新发展的角度出发，阐述了内部治理的重要性。最后，本文提出了完善内部管理制度、提高员工素质、强化内部监督机制和建立激励机制等建议，以加强房地产估价机构的内部治理。通过这些措施，房地产估价机构能够更好地应对市场挑战，提高总体运作效率，提高其在市场上的竞争能力，以达到可持续发展的目的。对企业而言，加强内部治理不仅仅是一项管理制度的完善，更是一次提升企业价值和品质的机遇。

关键词：房地产；估价机构；内部治理

一、引言

随着中国房地产市场的蓬勃发展，房地产估价机构作为市场的重要参与者，发挥着越来越重要的作用。这些机构对各类房地产交易、融资和开发活动进行客观公正的估价，为房地产行业的正常运营提供强有力的支持。然而，在快速发展的同时，由于市场竞争激烈，相关法规不健全，技术要求较高，我国的房地产估价机构还存在着许多挑战。为了应对这些挑战，加强内部治理成为房地产估价机构的迫切需求。本文旨在探讨房地产估价机构加强内部治理的必要性及重要性。通过深入研究，我们期望能够为房地产估价机构提供一些有针对性的建议，协助其改进内部经营结构，提高经营效益，提升市场竞争能力，以达到可持续发展的目的。

强化房地产估价机构的内部治理，对于提升其评估的精确性和公信度、保障市场秩序、保障投资人权益具有重要意义。同时，内部治理的完善有助于提高企业的运营效率和管理水平，强化企业核心能力，促进企业自主创新发展。最后，在中国的经济一体化进程以及社会主义市场经济体制的不断完善下，公司的内部治理作用日益突出，本文的研究也有助于推动企业内部治理体系的完善和发展，也希望唤起更多企业和学者对房地产估价机构内部治理的关注，共同推动行业的健康、稳定和可持续发展。

二、房地产估价机构内部治理现状

近年来,随着中国房地产市场的迅猛发展,房地产估价机构作为行业的重要一环,其内部运营和管理也呈现出一些显著的特点。首先,人才队伍建设成为估价机构的核心关注点。鉴于房地产估价工作中所牵涉的法律、经济和技术等多个方面,因此,越来越需要高素质的专业人才。很多机构已经加大了对员工的培训和选拔力度,努力打造一支既懂技术又具备市场敏感度的专业团队。其次,随着科技的快速进步,信息化、数字化已经成为房地产估价机构的日常运营标配。传统的纸质档案管理逐渐被电子化替代,大大提高了数据存储和查询的效率。同时,一些先进的估价机构还引入了大数据、人工智能等先进技术,助力估价工作更加精准、高效。

然而,也正因为市场的不断变化和技术的快速更新,房地产估价机构在内部治理上也面临着一系列挑战。例如,如何确保估价的独立性和公正性,避免外部干扰和市场操纵,已成为行业内关注的焦点。此外,机构在扩张过程中也面临着管理与效率的平衡问题,如何既保证业务的快速拓展,又确保估价服务的质量不打折扣,是每一个估价机构都需要思考的问题。同时,房地产估价机构的内部管理制度和监督机制也需要进一步完善。尽管大部分机构已经建立了一套相对完善的业务流程和管理规定,但在实际执行过程中仍然存在一些疏漏和不足。加强内部监督和风险控制,确保估价活动的合规性和稳健性,是估价机构不可或缺的工作。

最后,为了应对市场的发展与科技的革新,房地产估价机构也在不断完善自身的内部治理结构,提高自身的经营效率。但面对复杂多变的外部环境,它们仍需不断调整和完善,确保在激烈的市场竞争中保持领先地位,为房地产市场提供更加准确、公正、高效的估价服务。

三、房地产估价机构内部治理的必要性和重要性

(一)房地产估价机构内部治理的必要性

在当前的商业环境下,房地产估价机构的角色日益突出。房地产估价机构不仅为房地产市场提供关键的价值评估服务,其在维护市场稳定、公平、透明等方面发挥着举足轻重的作用。因此,房地产估价机构的内部治理显得尤为重要,以下是其必要性的几点阐述。

1. 遵守法律法规

房地产估价机构作为专业服务机构,其业务涉及大量的法律规定和行业标准。完善的内部治理能够确保机构在复杂多变的法律环境中始终坚守法律底线,合法经营。任何违法行为都可能给机构带来重大的经济和声誉损失,甚至可能触犯法律,导致不可挽回的后果。通过加强内部治理,房地产估价机构可以建立严密的合规机制,确保所有业务活动都严格遵守国家法律法规,维护企业和市场的双重利益。

2. 提高估价准确性

估价的准确性和公信力是房地产估价机构的核心竞争力。一个健全的内部治理体系,可以通过规范化、标准化业务流程,减少人为操作和外界干扰的可能性,从而提高估价的准确性和公正性。在这样的体系下,估价人员能够按照统一的标准和方法进行工作,大大降低估

价误差,提高估价结果的公信力。

3. 增强风险控制能力

房地产市场的运行受多种因素影响,市场风险和信用风险时刻存在。强有力的内部治理可以帮助房地产估价机构建立完善的风险防控机制,对市场风险、信用风险等进行全面、及时的监控和管理,从而确保估价机构在风险面前有足够的应对能力,减少不确定性带来的损失。

4. 促进企业可持续发展

一个健康、稳定的内部治理环境是企业长期发展的基础。通过内部治理的持续优化,房地产估价机构可以建立更加科学、高效的管理模式,形成健康的企业文化,从而吸引和留住更多优秀的人才,推动企业的可持续发展。只有在这种环境下,企业才有更大的机会进行革新,应对瞬息万变的市场,从而获得长远的、稳健的发展。

综上所述,房地产估价机构的内部治理不仅是确保企业合法经营、提高估价准确性、增强风险控制能力的关键,更是促进机构可持续发展的源泉。为了应对日益复杂的市场环境和不断提高的行业标准,房地产估价机构必须重视和加强内部治理,为企业的健康和长久发展奠定坚实基础。

(二)房地产估价机构内部治理的重要性

在现代商业社会中,房地产估价机构的作用日益凸显,它们为房地产市场提供客观、准确的价值评估,为各类交易与决策提供重要依据。而在此背后,一个健全、高效的内部治理体系发挥着不可或缺的作用。

对于房地产估价机构来说,优质的内部治理直接提升了其核心竞争力。一个运作有序,沟通顺畅的企业内在氛围,可以提升整体运作的效能,让企业可以快速地回应市场的改变,并掌握主动权。在这种环境下,企业更易于聚集精英,形成一个充满活力和创造力的集体。

同时,一个透明且规范的内部治理还能显著增强投资者的信心。在资本市场中,投资者往往更青睐那些管理规范、信息公开的企业。因为这意味着更低的投资风险和更持久的商业价值。透明的内部治理使得房地产估价机构能够吸引更多的投资,从而拓展其业务规模,巩固市场地位。

在品牌建设的层面,良好的内部治理对维护企业声誉有着至关重要的作用。一个被公众认可、受市场尊重的房地产估价机构,其背后往往有一套行之有效的治理机制。它确保了企业行为的合规性和公正性,避免了因管理漏洞导致的声誉损失。

更为重要的是,内部治理对于企业的创新和发展起到了推动作用。在一个鼓励创新、宽容失败的企业文化中,员工更愿意尝试新的方法、探索新的市场。这不仅能够帮助企业适应不断变化的市场环境,还能为其长远发展奠定坚实的基础。

因此,房地产估价机构的内部治理不仅是企业内部运转的基石,更是提升核心竞争力、增强投资者信心、维护企业声誉和推动创新发展的关键因素。为了企业的长远利益,加强和完善内部治理是每一个房地产估价机构不可忽视的重要任务。

四、如何加强房地产估价机构内部治理

1. 完善内部管理制度

完善内部管理制度对于房地产估价机构来说具有至关重要的意义。一个科学、合理、完

善的内部管理制度不仅是企业平稳运行的基石，更是保证企业长期发展的关键。为了实现这一目标，房地产估价机构需要明确各个部门的职责权限，确保每个部门能够各司其职，相互协作，避免出现职责模糊、工作重复等问题。此外，规范业务流程也是内部管理制度的重要组成部分，通过明确业务操作规范和标准，可以确保企业在日常运营中高效、准确地完成各项任务。为了满足不断变化的市场环境和业务需求，房地产估价机构还需要对内部管理制度进行及时更新，使其与企业的发展战略和市场需求始终保持匹配。

2. 提高员工素质

提高员工素质是房地产估价机构持续发展的重要保证。在企业中，员工是最有价值的资产，其专业技术、职业道德及综合素养都将影响企业的专业水准与服务水准。因此，房地产估价机构应该注重员工的培训和发展。通过定期组织业务培训，可以提升员工的专业技能和知识水平，使其更加熟悉行业动态和估价技术。同时，加强职业道德教育，能够引导员工树立良好的职业操守，维护企业和客户的利益。另外，通过开设专门的培训课程，为企业的人员创造了更多的学习与发展的机会，激励其继续深造、不断地提高自己的能力，保证自己的技术能够跟上市场的需要，并且能够跟上产业的发展与变革。

3. 强化内部监督机制

强化内部监督机制是确保房地产估价机构健康运行的关键环节。一个有力的监督机制如同企业的"免疫系统"，能够时刻监测企业运行状况，确保其行走在正确的发展道路上。为了实现这一目标，设立独立的内部审计部门显得尤为重要。这个部门应担当起"企业医生"的角色，定期对企业各个业务环节进行全面细致的监督和评估。通过这种方式，问题和风险得以及时发现，避免其进一步发酵成为实际的损失。更为重要的是，内部审计部门还应与管理层形成紧密的互动与沟通，不仅要为管理层提供决策的依据和建议，还要帮助其不断完善企业内部管理，从而形成一个良性循环。

4. 建立激励机制

建立激励机制对于房地产估价机构的持续发展至关重要。在这个充满竞争的市场里，公司最有价值的资产就是员工。他们的积极性和创造力直接关乎企业的成败。因此，为了激发员工的潜力，房地产估价机构必须建立科学、合理的激励机制。这种机制的核心在于确保员工的努力与回报相匹配。例如，设立与业务绩效直接挂钩的奖金制度，可以激励员工更加努力地拓展业务、提高服务质量。同时，为优秀员工提供晋升机会，让他们看到自己在企业中的未来，从而更加珍惜当前的工作机会。

除了物质激励外，精神激励同样不可忽视。企业可以通过设立荣誉制度，定期表彰优秀员工，增强他们的自豪感和归属感。此外，为员工提供职业发展规划和培训计划，让他们感受到企业的关心和重视。但是，激励机制并非简单地给予奖励。它需要精心设计，确保短期与长期激励的平衡，避免员工因追求短期利益而损害企业的长远发展。这要求激励制度具备前瞻性和战略性，不仅要满足员工当前的需求，更要引导他们为企业的未来作出贡献。

最后，加强房地产估价机构的内部治理不仅仅是一项管理任务，更是一项系统工程，需要企业从制度、人员、监督到激励等各个方面进行全方位、多角度的考虑和实施。只有这样，房地产估价机构才能真正建立健康、稳定、高效的内部治理环境，为企业长期发展打下良好的根基，为企业及社会带来更多的效益。

五、结束语

随着房地产市场的日益活跃,房地产估价机构的作用越发凸显。为了确保其在复杂多变的市场环境中稳健发展,加强内部治理成为不可或缺的重要环节。通过完善内部管理制度,房地产估价机构能够确保企业运营有章可循,避免因管理漏洞导致的各种风险。提高员工素质,不仅可以提升业务水平,更是保障服务质量的关键。强化内部监督机制,使得企业能够时刻保持警觉,确保业务合规,及时发现并解决问题。建立激励机制,可以激发员工的潜能,使其为企业创造更大的价值。更为重要的是,加强内部治理对于房地产估价机构的长远发展具有深远意义。一个治理有方、管理有序的企业,更能吸引投资者的目光,赢得市场的信任。只有如此,企业才能在激烈的市场竞争中保持优势,获得可持续发展。

参考文献:

[1] 方建国. 房地产市场治理长效机制建设探析 [J]. 宏观经济管理,2019(3):72-77.

[2] 韩冰,郭玉坤,王晓红,等. 我国房地产评估行业风险防范认知、措施与风险评估调查 [J]. 中国资产评估,2022(10):40-48.

[3] 肖艳. 房地产估价中的建筑物地价分摊方法研究:评《房地产估价教程(第3版)》[J]. 工业建筑,2020,50(7).

[4] 温希锦. 房地产投资环境评价的重要性及路径探析:评《城市房地产投资环境评价》[J]. 房地产经济,2021(7).

[5] 陈平. 产业政策、外部治理与房地产投资:基于非房地产上市公司的经验证据 [J]. 财会通讯,2021(16):70-73.

作者联系方式

姓　　名:刘晨光　胡碧畴

单　　位:河南方正房地产资产评估咨询有限公司

地　　址:郑州市郑东新区商务外环路5号国际商会大厦2202号

邮　　箱:2279594461@qq.com

注册号:刘晨光(4120180047);胡碧畴(4120050101)

加强房地产估价机构内部治理的必要性
——"攘外必先安内"

金超斐

摘　要：房地产估价行业经历30多年的实践与探索，如今已经成为推动我国房地产业发展不可或缺的一部分。随着近些年国际形势的动荡及一些"黑天鹅"事件的发生，房地产估价机构纷纷在这些震荡的余波中尴尬求生，导致行业竞争愈演愈烈，随之而来的风险也不断增加。然而"中国既安，群夷自服。是故夫欲攘外者，必先安内"，想要在行业中提高竞争力，有效降低风险，机构内部应予以高度重视，真正落实股东、合伙人进退机制；加强机构内部治理，强化监管；提高从业人员综合素质。

关键词：大数据；公信力；创新；优化内部治理

提到"攘外必先安内"这句话，大家自然想到了当年的蒋介石，其实这是宋朝宰相赵普在给宋太宗的折子中提出的。如今的房地产估价行业也同样面临着内忧外患的尴尬局面。我国房地产估价机构约5000家，一级机构数量已然破千，房地产估价师人数约七万人，然而如此庞大的行业规模，并不能直接提升房地产估价的行业地位。"房地产估价是科学与艺术的有机结合，是把客观存在的房地产价格揭示、表达出来的过程。"然而这门"艺术"已经被当今的社会发展所影响，变得平庸，甚至廉价，这是历史车轮推动的必然结果，因此，房地产估价机构创新转型的同时，加强内部治理，完善管理体系，提高人员综合素质，是机构发展的"必修课"，只有展现更高的专业性，才能体现出估价行业的真正价值，这也是每个机构的社会责任。

美国哈佛大学商学院教授迈克尔·波特在19世纪提出的企业基本竞争战略，无非是成本领先战略、差异化战略、集中化战略。所谓成本领先并非单纯地降低工资和节约耗材，而是从企业内部完善作业体系，提高作业效率，加速产业循环，减少无谓的损耗。所谓的"大数据估价"也许能克服这些问题，但其中的难度和风险巨大。对于上述理论中的差异化战略，便是在服务、研发、产品上做到与众不同，需要注意的是，这些都伴随着一定的成本投入，自然和成本领先战略背道而驰。如今估价行业规范、各个估价标准都在逐步完善，从同类产品中很难体现差异化，只有开拓不同类型的业务或是提升服务质量也许才有一线生机。而第三个战略便是集中化战略，这有一个前提，便是企业的资源不允许其追求广泛的细分市场，并且在相同的目标细分市场中，其他竞争对手不打算实行重点集中战略，这种战略显然不适宜当今的估价市场，唯有不断创新，打造独有的核心业务，才能使企业可持续发展。任何服务机构中的任何业务类型都不是一成不变的。

一、"大数据时代"导致大众化的传统估价业务举步维艰

2018年8月28日,最高人民法院发布《关于人民法院确定财产处置参考价若干问题的规定》,其中"第二条　人民法院确定财产处置参考价,可以采取当事人议价、定向询价、网络询价、委托评估等方式。""第八条　最高人民法院建立全国性司法网络询价平台名单库。"平台需"具备能够依法开展互联网信息服务工作的资质。"除此之外,各金融机构、产权交易平台等也纷纷自行搭建或签约第三方大数据平台。由此可以看出,以房地产抵押估价及司法鉴定为主要业务来源的房地产估价机构早已面临重大挑战。

面对如此大的压力,众多机构纷纷效仿建立"大数据估价"板块。然而众所周知,大数据估价需要庞大的数据支持,数据的积累并非一朝一夕,需要机构具有更深的底蕴以及完善的估价体系。但受到当今快节奏的工作、生活环境的影响,快速、有效地提供服务已经成为各机构的"基本功",创新转型迫在眉睫。在追求快速、高性价比的同时,随之而来的便是机构面对业务迅捷的反应速度以及高素质估价人员做出的高质量成果,但机构又要考虑成本的压缩,矛盾点显而易见。因此,众多机构都会选择"薄利多销",牺牲产品质量来追求数量,法律风险、经济风险、业务风险等自然不可避免。

二、房地产估价机构内部管理现状

(一)个别机构缺少自我尊重

要想获得他人尊重,首先要自重。然而个别机构以逐利为目的,自降身价,甚至不惜突破道德底线,恶意低价竞争、举报同行,与客户串通提供虚假评估报告,这些都影响了整个行业的市场环境。一味的低价竞争,使得机构成本被迫压缩,运营成本中最主要的人员成本降低,影响人员工作积极性,生产效率和质量随之降低,甚至产生消极情绪,进而可能会导致人员流失或者发生违背职业道德的情况。

(二)房地产估价人员的综合素质不足造成行业公信力下降

房地产区别于其他商品,价值量巨大,面对较为复杂的房地产,人们大多通过估价来获取其价值信息,对其投资、授信贷款、交易、征收补偿等经济行为进行决策。因此房地产估价的准确性变得尤为重要。我国估价人员素质参差不齐,主要存在行业门槛低、缺乏针对性的专业培训、缺少风险意识等问题。尤其在司法鉴定、抵押估价以及征收拆迁等类型业务中,相对的执业风险有时是致命的。在众多诱惑下,往往有一些估价人员存在侥幸心理铤而走险,为图一时小利虚假评估,对国家和企业造成不可挽回的经济损失,被查处后又后悔终身的事情每年都会出现,且屡禁不绝。房地产估价人员执业过程中出现的问题主要体现在:①征收评估中虚构估价对象,受贿,帮助被征收人骗取拆迁款;②抵押评估中没有查勘现场,现场查勘未勤勉尽责,虚编案例,报告中估价对象状况与实际不一致,故意高评;③司法评估中与拍卖公司串通低评,评估方法和比较案例不符合估价规范,产生技术性失误;④土地出让及国有资产交易项目中受贿、低评损害国家利益;⑤其他类型涉及公务员兼职、评估公司贪污公款、私刻公章出具虚假报告、股权纠纷等情形。以上情形会直接导致房地产估价行业公信力受到质疑,失去人们对行业的基本信任。

（三）业务产品规范有余、灵活不足

房地产估价必然要遵循《房地产估价规范》，它是估价工作的路标，并非牢笼。然而现在的估价业务产品"工业化"气息浓重，本着"不求有功但求无过"的心态，过于模板化，以达到快速完成的目的。流水线的作业，导致部分估价人员成为不需要思考的机器，缺少独立的思考和分析能力；面对较为复杂的项目，作业时间及产品质量都会受到影响。例如：委托方会提出在估价报告中更详细地对估价对象进行产业分析和预测；由于自然灾害突发，对房地产造成的不利影响如何考虑等。这些需要估价人员的应变能力和丰富的估价经验，然而估价人员面临这些考验时，大多会变得手足无措，例如：某商业楼房地产市场租金评估项目，估价对象为新竣工的商业楼，还未进行招商，需要评估其房地产市场租金，以惯用的方法，选取同类成交实例，采用比较法进行修正，但往往估价人员容易忽略一个问题，就是对于刚刚开始招商的对象，招商环境、商业氛围都是需要考虑的要素，选取的成交案例基本上都是成熟的商业，租金水平已经趋于稳定，但对于新竣工招商的商业楼，需要考虑搭建商业环境，营造足够的商业氛围，并且房屋所有者还需要进行前期装修改造等一定投入，在正常的租赁市场，往往需要以大力度的优惠以及免租期招揽商户入驻，对于租金来说无法以成熟商业进行比较。因此，按照常规模式进行评估就有些理论化，并没有考虑实际的市场环境和一些特殊情况，做出的评估结论也无法得到客户的认可，房地产估价机构的专业能力就有可能受到质疑。

三、房地产估价机构内部治理建议

房地产估价机构治理就是指所有者（公司股东或合伙人）、经营者（管理团队）、生产者（工作人员）之间的制约关系和监督机制。现代公司制企业在市场经济发展中已经形成一套完整的企业组织制度，其特征是：所有者、经营者和生产者之间，通过公司的权力机构、决策和管理机构、监督机构，有效地形成各自独立、权责分明、相互制衡的关系。包括建立完善的股东及合伙人进退机制、机构内部的风险防控部门、高效的决策机制以及合理的利益分配机制等。估价机构作为营利性企业，服务于市场，但又不可盲目追逐利益而忽视相对应的风险。由此经营风险和经济效益之间便出现了矛盾，机构需加强内部治理，增强风险意识，达到一个相对稳定平衡的矛盾调和点。

（一）真正落实股东、合伙人进退机制

《中华人民共和国资产评估法》规定了两种企业组织形式，"评估机构应当依法采用合伙或者公司形式"，我国的估价机构以公司制机构占绝大多数。然而目前在我国有部分估价机构存在法人、股东并非机构实际拥有者，多为挂名及代持股，在机构内没有实际掌控权及话语权，实际掌控者或被代持股人通常掌控业务渠道和业务来源，因个别原因无法实际持股。还有一些机构存在估价机构为个人独办，其他股东均为形式上的股东，实质为个人独资或家族性质的机构，股权对优秀估价专业人员是封闭的，没有进入机制，更谈不上退出机制。这类机构风险把控完全取决于创办人的个人素质。以上情况屡见不鲜，但又不受法律保护，存在的隐患也很明显，就是因为个别机构实际控制人并非法人，法律约束不够，才肆无忌惮。因此如何打破桎梏，真正实现股东、合伙人机制，建立真正的所有者、经营者和生产者三者相互制衡的关系，是企业发展的关键。如果一味故步自封、搞一言堂，机构必将原地踏步，被社会发展的洪流所淹没摧毁。

（二）优化内部治理体系，完善内控制度及管理制度

《中华人民共和国资产评估法》规定："评估机构应当依法独立、客观、公正开展业务，建立健全质量控制制度，保证评估报告的客观、真实、合理。评估机构应当建立健全内部管理制度，对本机构的评估专业人员遵守法律、行政法规和评估准则的情况进行监督，并对其从业行为负责。"通过相关法律的建立，估价机构有义务对机构自身风险防范、管理制度等进行针对性的完善及有效的实施。当前我国企业主要推动的是内部控制、风险管理、合规管理三位一体的模式，也就是建立统一的内部控制、风险管理、合规体系，以企业战略和经营为核心，建立统一的科学内控风控合规管理流程和规范，确保三位一体、上下贯通、完整有效。

机构建立健全质量控制制度和内部管理制度可降低机构和工作人员的风险。质量管理最重要的是作业标准和流程，实时进行经验积累和技术沉淀，使作业流程规范化、系统化，向工作人员有效传递作业规范及职业道德规范。目前大多机构已经逐步完善质量管理，真正实行最少三级审核制度，并且实行线上操作留痕，做到有据可查，有人可依，但日常的监督工作并未真正落实。机构内部应成立业务管理监督部门，用于管理日常业务，定期统计业务信息，分析机构业务构成，参与机构战略决策，并对现有业务进行实时管控，加强质量管理，及时收集客户反馈，完善服务质量。

（三）完善房地产估价人员专业能力培养机制

从目前的行业现状来看，估价报告主要形式为"套模板"，内容缺少对估价对象的实质分析和估价师见解，这和项目委托方要求完成时间过紧有一定关系，但是也说明了估价工作人员专业能力不足和"不求有功但求无过"的心态，致使机构所出具的估价报告只能看到估价结论，估价对象的有效信息较少。我国的估价师队伍庞大，专业能力良莠不齐，有些估价师虽然取得了估价师执业资格并成功注册，但仅限于理论层面，工作经验不足，实践较少，面对较为复杂的项目仍无法独立完成，专业能力甚至不如非估价师的工作人员，这种情况并不罕见。这就需要机构进行有针对性的专业培训机制，通过日常的抽查、考核判断培训的成效。专业培训可以外部培训和内部培训等方式进行，通过专家座谈、项目复盘、理论讲解等形式开展，增加估价师及估价人员的知识储备，再结合项目进行实践。

四、结束语

房地产估价行业作为我国经济发展的重要组成部分，服务于市场，也随市场的发展而逐步蜕变。房地产估价属于服务行业，而服务的核心在于客户需求、服务质量以及服务创新。任正非说过："人才是企业发展的核心，以人为本是实现企业成功的关键。"因此实现高质量估价服务，在于估价人员，而承载他们的平台自然是各估价机构。稳定机构架构，完善内部管理，强化专业技术能力，培养高质量人才，是各估价机构助推社会经济良性发展不可或缺的一股力量，是每个估价机构必须承担的社会责任。

参考文献：

[1] 孙鑫.简析房地产评估风险防范[J].中国房地产，2022（9）：59-62.

[2] 李俊岭，孟德友.关于河南省房地产估价行业探索高质量发展的几点思考[J].房地产世界，2022（17）：5-8.

[3] 林巧鸾.房地产评估行业存在的问题及对策[J].住宅与房地产,2022(13):10-11.

[4] 赵家莹,王丽薇.互联网时代背景下房地产估价行业转型发展研究[J].住宅与房地产,2023(21):98-100.

作者联系方式

姓　　名:金超斐

单　　位:中兴华咨(北京)房地产评估工程咨询有限公司

地　　址:北京市丰台区万泉寺北路 10 号院 4 号楼 2 层 8205 室

邮　　箱:kimcf@139.com

注册号:1120200028

估价机构内部治理的重要性及举措

高玉荣　杨德志

摘　要：估价机构从成立到发展经历20余年，通过脱钩改制、顺应市场机制等时代变革，根据市场经济规律和社会发展，经历了从无到有、从有到多、从多到优的发展过程，从起步阶段、繁荣阶段、现在进入平稳阶段。国家层面相继对估价机构出台法规类、管理类、专业类等多项政策、文件、规范，对估价行业的繁荣发展起到了极大的推动作用。估价机构内部治理对行业的发展同样起到积极的作用，包括公司的体制问题、公司架构设计、薪酬体系设计、企业文化建设、股权激励机制、人才培养机制、制度建设等。

关键词：估价机构；内部治理；市场主体；设计；机制；建设

房地产估价机构是指依法设立并取得房地产估价资质，从事房地产估价活动的中介服务机构。估价机构专业技术性强，执业人员一般在十几人到上百人，较大规模的机构通常拥有一类或多类涉及房产、土地、资产、测绘、造价、咨询、招标投标代理等方面资质。房地产估价机构由自然人出资，以有限责任公司或者合伙企业形式设立。

一、估价机构现状分析

估价机构在2000年前，大多设在地方房管系统，具备事业单位职能。2000年后，根据国家相关政策和市场经济的发展需要，逐渐开始进行脱钩改制并进入市场，随着我国房地产市场的活跃，我国房地产估价行业也得到蓬勃发展，估价队伍迅速壮大，估价法规不断健全，估价标准逐步完善，估价理论日趋成熟，基本形成了公平竞争、开放有序、监管有力的房地产估价市场。至2022年年底，国内一级房地产估价机构已增长至1047家。

随着行业规模、机构数量、从业人员队伍的不断壮大，行业发展仍然有一些问题有待解决。如行业开拓创新能力不足；专业化服务水平不高；低价恶意竞争；估价业务风险加大；将估价行业变相成了销售行业等。

部分估价机构内部治理不完善，没有形成符合自身发展的系统理论和认知，更不具备科学化管理和高质量发展条件。

当今世界正处在百年未有之大变局之下，后疫情时代影响仍未消失甚至还有持续趋势，部分房地产企业出现大量负债甚至暴雷，房地产一级市场严重萎缩，全球经济呈下滑态势。除此之外，行业外部竞争也较为激烈。一方面，随着金融机构内评机制的产生使得估价机构业务量不仅变少且难度加大；另一方面，随着大数据时代推进，阿里、京东大数据开始进入房地产评估领域并蚕食司法评估业务。

估价机构的传统业务不断受到严重挑战，出现业务量下降、利润下降、收费困难等问题。近两年已经有不少机构经营困难，甚至出现关门潮。如何实现可持续发展、高质量发展，有效应对当前及今后一段时间的不利因素，加强公司的内部治理就显得尤为重要。

二、估价机构内部治理的重要性

（一）公司内部治理的内涵

公司内部治理是一套程序、惯例及机制，影响着如何带领、管理及控制公司。主要是指以企业的董事会、管理者和所有员工为行为主体所实施的，以保证财务报告可靠性、经营高效运转和对各项法律、法规的遵循等为目的的一个综合管理过程。

（二）公司内部治理的必要性

企业实施内部治理是提升企业运行效率，促进企业合法经营，保障会计信息真实可靠，促使企业顺利达成各项战略目标的一种企业管理行为。它既是现代企业管理中各项具体管理工作的基础，也是提升企业管理水平、防范经营风险的有效机制。

首先，企业作为市场经济中的经营主体，追求利润是其本质和最终目标。企业想要以最小的投入获得最大的利润，实现高产、高质、高效，就必须在投资、成本、质量、利润分配等方面建立严格的、自我约束的内部治理机制，并严格地落实实施。所以，建立和实施科学、严密的内部治理机制，是企业实行自我约束的重要手段，是建立现代企业制度的基本要求。

其次，企业在日常的生产经营中所做出的每项决策的正确与否都将关系着企业的经营效益，一些重大决策更事关企业生死存亡。因此，企业必须在内部治理系统中，对决策的方式、步骤、组织等做出明确的规定，通过内部治理分清责任，避免推诿，从而保障决策制定的正确性和执行的高效性，减少决策失误。所以说，加强内部治理是企业进行正确经营决策的必要组织保障。

最后，企业必须通过建立行之有效的内部治理机制，处理好责、权、利三者间的关系，更好地激发企业全体员工的工作激情，保障企业高效经营。

三、估价机构内部治理的举措

（一）捋顺公司体制是发展的根本

公司作为一个市场主体，要参与市场的服务和竞争，那么一个能充分适应经济发展规律的主体和体制是最基础的条件。

公司体制是一个公司的所有权制度及决策制度，即谁当家的问题。

估价机构大多都是有限公司制的企业，那么其体制就要合乎公司法的要求，在公司的实际运行中要真正能做到按公司法的规定执行。

现实中有相当多的公司体制不合理。一种是脱钩改制而来的公司，其组建并不是自由组合，而是由原事业单位人员改制而来，存在股权比较平均、领导核心不明显的问题。因而决策机制难以形成，通常表现为谁都当不了家，谁都说了不算，掣肘太多。因此，这种机制严重影响了机构的健康发展。

还有一种是工商登记的股东和公司实际控制人不一致。估价机构的登记规定股东中估价师占 60% 以上股权。但实际并不是这样，真正在公司工作的估价师只有形式上的股权，没有实质的决策权。所以导致很多公司因为老板不是估价师，只顾眼前利益，不考虑估价技术要求，因而出现很多风险，这种机构往往也难以长久。

随着市场发展的不断深入，各项法律法规的不断完善，体制问题应当只是一个阶段性的问题，因为体制不合理的机构终究是走不远的。需要警觉的是，在一个企业中，无论你是合伙人还是打工者，一定要关注企业的体制，要想长久发展一定要到一个体制合理的企业，这是一个根本问题。

（二）公司架构畅通运营提升效率

公司架构是一个公司实现良好运转的基础。一个公司像一台机器一样，架构设计合理了，就能有序运转，实现一个完整的流程，输出合格的产品和服务。

组织架构首先是一个层级和效率的问题。主要是指股东会、董事会、监事会、经理层等内部机构为主体的责任明确、有效制衡的组织架构。

公司架构依公司属性不同和规模不同可以灵活设计。所要遵循的一个原则是层级合理设置，尽量扁平化，提高效率的同时兼顾培养后备人才。

（三）薪酬体系设计完善激励措施

薪酬体系设计在一个公司内部治理中占据很重要的位置。工作的实质就是获取报酬，因而合理制定薪酬体系对用人、留人以及公司的良好发展都具有重大意义。

在薪酬体系设计方面重点要考量三个方面的问题。一是市场平均水平，关注每个岗位在社会中的平均薪酬水平。二是薪酬的组成部分。有激励作用的薪酬体系是一个重要方面，体现出激励作用，鼓励多劳多得，培养积极进取的员工。三是做好平衡和动态管理。公司内部之间要做好平衡，公平也很重要。实现动态管理就是每年甚至每季度都要关注变化，有不合理的地方及时调整。薪酬管理要做到未雨绸缪，兵马未动、粮草先行，做到让员工积极工作、安心工作。

（四）企业文化建设构建精神内核

企业文化体现的是企业对外的形象展示，是企业品牌的树立，是企业的整体风貌，是员工共同的价值观取向，是企业发展过程中逐步形成的，是一个企业愿景、理念、原则的综合体现，是企业的软实力。公司体制、组织架构、薪酬体系是硬件，有良好的硬件再配上先进的软件才能实现企业的腾飞。

估价机构应当注重文化建设，加强职业道德教育，坚持诚信执业的理念，增强向心力、凝聚力，形成有利于估价机构健康发展的核心价值观。建立企业文化需要企业领导人率先垂范，讲诚信、重协商、谋合作、相互信任、相互尊重，不断地宣讲、应用、影响，从而形成整个企业的文化氛围，形成企业的价值观。

良好的企业文化是一个企业发展的精神力量，企业愿景、企业理念，在实际工作中不断践行，弘扬光大，成为企业良好的风尚，从而助推企业生机勃勃地发展。

（五）股权激励机制催生发展动力

企业想实现长久的发展，必将面临新旧交替、上下传承的过程。包括主要负责人的传承，合伙人交替变化等问题。股权激励机制是凝聚核心人才、提高决策能力的根本制度。股权激励可以在企业设立之初就设计，也可以在企业发展到一定阶段进行设计，包括进入、退出机制。股权激励机制主要实现以下目标：一是分配机制的重要一部分，薪酬体系的补充。二是能够更好地选拔人才，为优秀人才提供发展空间。三是提高核心员工的凝聚力和归属感，有利于公司的稳定发展，实现公司良性发展。

估价机构成立之初规模通常都比较小，一般没有股权激励机制，随着机构不断发展壮大，就需要引入股权激励机制。在这个时候，大多数公司高层都不具备这方面的专业能力，所以建议可以聘请或咨询专业机构来做股权激励架构的设计和落地。企业创始人要把握公司发展现状和未来发展方向，符合事物发展的规律和人性，设计科学、格局长远，企业才能生生不息。

（六）人才培养机制铸就长久根本

估价机构是技术服务型企业，人才是企业的核心竞争力。抓好人才培养是公司治理环节的一个重要因素。在公司架构、薪酬体系、企业文化、股权激励环节其实都蕴含着人才培养的因素。只有好的激励制度和企业文化才有人才成长的好环境，才可以吸引人才。

员工能在企业发展首先是认同企业文化，好的薪酬待遇，提供上升空间、成长空间，这是吸引人才、留住人才的重要举措；除此之外，高层应重视公司的人才培养，并形成一套完整的人才培养体系。

新员工的培养：从入职的培训、适应公司环境、安排老带新等方面开始。让新员工尽快掌握工作需要的技能，并能熟悉公司各项规章制度，可以印发员工手册等学习内容。

管理层的培养：需要增加管理科学的培训，经常安排管理层参加一些专项学习和会议，加强与同行进行交流，熟悉行业规范。

技术骨干的培养：安排技术骨干参加一些专业技术提升的培训课程。同时开展行业专家交流、资深估价师研讨会、职称评定、课题研究、论文写作、外出对客户进行培训等活动，以增加技术骨干的专业度和对外的影响力。

接班人的培养：接班人的培养和产生是人才培养过程中自然产生的过程。既体现主要负责人选人的眼界，也体现集体选择的结果。

人才的培养是一个梯队建设，平衡好老中青，促使优秀人才脱颖而出。

公司要重视人才的培养，在人才培养上要方法多样、舍得投入，这种投入包含时间和财力等方面。

（七）完善制度建设保障平稳发展

公司制度建设也是公司治理中的重要一环。随着企业规模的不断增长，建立完善的制度体系是企业有序发展的保障。

制度的作用是树立规矩，让人知道在公司内部哪些事情能做、哪些事情不能做、什么事情应当怎么做，尽量做到职责清晰、人尽其才、团结协作，它是引导员工行为的准则，也是企业发展理念的具体体现。

约束员工行为的制度：考勤制度、岗位职责、会议制度、保密制度、行为规范等；

待遇方面的制度：薪酬制度、福利制度；

员工晋升方面的制度：岗位竞聘规则、股权激励、绩效考核；

业务管理方面的制度：业务备案制度、质量控制制度、财务管理相关制度、公章管理制度、档案管理制度。

制度建设更重要的一点是制度产生的程序，不搞一言堂。制度的产生首先是需要，其次要做好调研、起草，最后是决策颁布。一个好的制度首先是适应公司管理需要的，符合大多数人意志的产物。通过议事、表决模式发布的制度在执行起来也会更加得民心、顺畅。

四、结语

公司内部治理是一门庞大的学科,既有科学的一面,也有艺术的一面。公司内部治理需要不断发展和完善,不是一朝一夕之功,也不是一蹴而就,需要结合实际,久久为功。企业只有充分根据自身的实际情况,实行一系列满足管理需要的内部治理措施,并严格遵循实施,才能长治久安,才能确保企业持续、稳定、健康地向前发展。

在当前市场低迷的阶段,正是我们加强公司治理、整装待发的时刻。相信通过公司良好的内部治理,我们不仅能度过寒冬,更能在市场好转的时候积蓄足够的能量,更快地实现企业的发展壮大,为我们整个社会经济的高质量发展注入估价机构的力量。

作者联系方式
姓　　名:高玉荣　杨德志
单　　位:河南开源房地产资产评估咨询有限公司
地　　址:郑州市金水区 26 号豫发大厦 B 座四层
邮　　箱:570063206@qq.com
注册号:高玉荣(4119960009);杨德志(4120080035)

估价机构按照现代企业制度完善内部治理之浅见

武幼韬

摘 要：我国估价行业从诞生到现在已逾30年，第一代估价人面临着退出一线的问题，无论是估价企业的所有者，还是经营者，都面临着老企业的积累如何传承的课题，是丢掉它？还是转让？以及如何持续经营等等？如果一个企业的生命周期必须靠所有权人的生命周期延续，或者等于其创始所有权人的执业生命周期，所有权人无法延续时企业即告消亡，对企业价值无疑是较大的损失，对社会也是较大的损失。因此，估价机构按照现代企业制度完善内部治理是延续企业生命力的必由之路。本文仅以"估价企业的基本治理模式及其相应的市场状况"及"估价企业发展与传承面临的重要问题"分析为基础，梳理提出"估价机构如何按照现代企业制度完善内部治理"的部分浅见，以期与行业同仁交流。

关键词：估价企业；规模发展；两权分离；股权市场化流转；企业经营能力建设；培养"新人"

企业是市场主体，必须遵循市场规律；估价机构也是企业，同样应遵循市场规律。现代企业制度是目前市场经济条件下企业立足、发展的主流模式，估价机构应按照现代企业制度完善内部治理，谋求企业更强的市场生命力。

就现阶段而言，企业存在的模式大概分为三种："业主制""合伙制"和"公司制"。这三种企业存在模式基本上也对应地反映出企业的三种内部治理模式："业主制"一般股东单一，股东自己经营，自己经营管理。"合伙制"则基于对企业资源集约化利用的需求，从而建立不同的内部治理方式——有股东层面上的合作；有股东与经营层面上的合作等。"公司制"是现代企业的核心制度，主要是指基于所有权与经营权"两权分离"的内部治理模式，所有权、经营权都有清晰的主体身份界定与职责界定。这三种模式既是企业内部治理的模式，同时也是企业发展壮大的内部治理演变过程。只有实现"两权分离""公司制"的企业，才能称得上是现代企业制度法人治理。

一、估价企业的基本治理模式及其相应的市场状况

我国估价企业虽然在形式上大多以"有限公司"的企业形态设立，但实际内部治理三种运行模式都有：有由估价师自己做老板，自己经营的"业主制"治理模式。有由估价师与相关投资人共同设立并运营的"合伙制"治理模式。脱离"业主制"模式有一定规模的估价企业大部分进入"合伙制"模式及"合伙制"内部治理阶段；真正实现"老板不经营""两权分离"内部治理模式的估价企业相对较少。

仅从一个阶段的经营适应性而言，无论是"业主制""合伙制"或"公司制"并没有什么"优"与"劣"之分，能够适应当期自身与当期市场的治理模式才是"最好的模式"；但从持续经营与发展的角度来讲，尤其是从企业价值传承、资源优化配置的要求上讲，建立"两权分离"治理模式的现代企业制度无疑是"最好的模式"。但是，我们也应当客观地认识到，"两权分离""公司制"模式并不仅仅是一个企业内部制度设计与一厢情愿运行实施的事情，实际是一个市场对企业作用、企业自身适应市场的客观反映。根据目前估价企业生存与发展的市场空间，基本可归纳为：

第一类市场空间：占有相对较小的区域市场，主要为非省会城市等区域，存在与发展的估价企业主要为"业主制"和小型"合伙制"企业。

第二类市场空间：总部设在省会城市，业务面向省级区域，"业主制"经营治理模式仍然存在，但生存空间受到较大的挤压，大部分企业得同时与资质级别相对较高或资质较全的机构进行一定形式的合作才能得以生存与拓展，小规模"合伙制"企业是这一类市场的主流，但同样受到规模性估价企业较大的竞争压力。

第三类市场空间：有能力面向全国市场拓展的估价机构相对较少，目前大多为有较长时间积累且规模发展较大的"合伙制"企业，真正能实现所有权者不经营、"两权分离"现代企业制度内部治理构架的企业相对较少，从制度层面建立起"两权分离"稳定运行内部治理机制的少之又少。

二、估价企业发展与传承面临的重要问题

面对自身生存与发展、企业竞争与市场空间客观，尤其是一些规模性企业价值延续的问题，估价机构均不同程度地面临着多重压力，也引发一些必需的思考与抉择，主要集中于两大方面：

第一方面：规模化及"资本"的来临。尽管我们怀念估价行业以个人职业支撑经营的"业主制"传统模式，但规模化压力和"资本"来临是我们不得不面对的现实。

（1）市场对技术内涵、外延的需求变化，如：信息获取、数据积累、期限内解决当量工作的时效问题等，无不需要估价企业向规模化方向发展。

（2）在过去一个时间阶段与区域市场相对平衡的"业主制"、小型"合伙制"估价企业，受到同行业、相关行业规模性发展带来的市场竞争压力。

（3）估价企业规模化发展不仅使"业主制"企业生存空间受到挤压，单一"人合"性"合伙制"企业也逐渐感到不小的竞争压力，"人"与"资"的结合成为规模化发展必备的需求——"资本"在估价企业的作用开始有所端倪。

估价企业属于咨询服务业，是一个知识密集型经营机构，在工业化时代，其主要是以"人"为载体的经营模式，即企业依托于"经营者"而存在，有经营，则有所有；无经营，则无所有。进入信息时代，相对于工业时代，咨询业、知识密集型企业产生了两个根本性的转变：一是市场对规模的需求——这是不以估价从业人员自我意志为转移的客观事实。二是咨询业也不单是由单一的"知识者"能够完成经营，而是需要大量的配套支持，如业界近年来兴起的"云"服务、大量的应用软件开发等，"钱"在企业中所占的比重越来越大，同时，一个新生估价企业与老企业因时间积累的"时差"价值区别也越来越大。"企业价值"在估价机构中开始显现，并由简单的财产价值逐步向企业资本价值演变，这种价值不仅体现在企业

"品牌"等外在价值方面，同时也体现在企业内部治理价值方面。企业作为一个独立的价值存在，为经营、盈利提供基础的资源价值，形成其"资本"雏形。

第二方面：规模性估价机构的企业价值延续问题。"业主制"与小型的"合伙制"估价企业的经营基本上还是延续"老板在，经营在""老板不在，经营不在"的模式，企业所有权更迭相对简单：能实现价值转让的，尽量转让；不能实现变现转让的，让企业"消亡"或"失灭"也不是什么大问题。但规模性企业则面临着严峻的企业经营与企业价值延续问题，集中体现在：

（1）规模性估价企业的企业价值市场认可问题。企业价值是用长时间的经营投入与资金投入积累起来的，如果不被市场认可、接受，尤其是在法律与规范方面不能有效地保护企业价值与企业所有者权益，则无疑会挫伤企业所有权人创造企业价值的积极性，不利于整体社会发展与行业发展。

（2）所有权流动与价值实现问题。规模性估价机构企业价值量较大，服务型行业本身企业收益率较低，对社会投资的吸引力相对较弱，加之，估价机构管理规定中对估价企业股权结构要求有一定比例的股东必须具备执业资格（如估价企业60%的股份必须由房地产估价师持有），使股份流动受让群体的选择性更小。估价企业所有权流动的活性与价值实现直接关系着估价企业所有权人对企业积累与企业价值的投入思考与选择，也关系着行业后续发展的动力。

（3）规模性估价企业经营管理权的形成，及估价企业"两权分离"现代企业制度内部治理机制的健全与完善问题。企业价值实现有两种方式：一是所有权层面的流转，一次性实现企业价值或股东权益价值；二是经营权层面的独立运行，实现所有权层面分期价值。企业所有权人的经营能力受到生命周期的制约，其延续是有限的，如果没有完善的经营管理层面形成，仅仅依靠所有权的转让实现企业价值，则面临着较大的企业价值损失的市场风险。

我国估价行业从诞生到现在已逾30年，第一代估价人面临着退出一线的问题，无论是估价企业的所有者，还是经营者，都面临着老企业的积累如何传承的课题，是丢掉它？还是转让？以及如何持续经营等等？如果一个企业的生命周期必须靠所有权人的生命周期延续，或者等于其创始所有权人的执业生命周期，所有权人无法延续时企业即告消亡，对企业价值无疑是较大的损失。因此，估价机构按照现代企业制度完善内部治理是延续企业生命力的必由之路。

三、估价机构如何按照现代企业制度完善内部治理

估价机构按照现代企业制度完善内部治理，既包括企业内部治理问题，也包括行业内部治理问题，可能还外延涉及对估价企业管理的相关法律、规范层面问题，需要协同应对，配套解决。

（一）扩大规模仍是最基础的内部治理发展方向

规模扩展不一定是所有估价机构的选项，但肯定是估价机构持续发展的必然方向。只有企业规模的发展，才能适应市场对技术发展内涵、外延不断变化的需求，以及工作时效、效率的需求。只有企业规模的发展，才能适应同行业、相关行业的市场竞争。只有企业规模的发展，才能逐步引入现代企业制度有效的内部管理，实现"两权分离"，实现企业增值与持续发展的态势。

什么样的估价机构具有"两权分离"的可能性，目前条件下须同时具备以下三个条件：一是企业价值有足够的量，经营者无法通过一次性交易取得股权，只能通过分期支付股权价值的方式取得经营权（如果经营者以其购买力可轻松购买取得股权，其就没有必要寻租所有权了）；二是企业持续经营除支付股东收益外，经营管理者要有较丰厚的回报激励其持续经营；三是企业有成熟的内部治理机制，保障所有者、经营者的利益实现。企业只有一定的规模，才能具备适应以上三个条件产生、延续的基础，才能按照现代企业制度完善内部治理。

（二）估价机构必须建立"资金投入"与"人才延续"的再投入机制

估价企业必须建立除所有者、经营者和从业人员以外第四个分配主体与相应的分配机制，给企业"法人"有分配，让企业有钱，以企业的分配建立企业再投入机制。企业通过持续再投入进行"资产"和"人力资源"的采购，形成企业不断的人才价值、资产价值与企业价值积累、更新、延续，实现企业持续的生命力，保障企业价值的保值增值。由于估价企业的利润率相对较低，再投入应"量入为出"，建议按企业营收的5%～10%预算。同时，不建议借贷投资。

（三）估价机构所有权层面的市场化

估价企业要按照现代企业制度进行内部治理，必须在所有权层面市场化。一是要允许投资主体多元化。在估价制度设立之初，以估价师为投资主体设立估价企业，在一定时期起到过积极的作用，但随着市场情势的变化与发展，对估价企业所有者层面的管理也应作出相应的调整，适当减少对估价企业股东资格的条件限制，鼓励适量的资本投资者进入估价企业。通过市场资本主体进入企业，促进估价企业与行业的市场化。二是可试行估价企业"经营股权"的存在与运行机制。三是建议估价企业之间可以企业兼并、股权置换等方式进行股权资源的优化配置。

需要强调的是，顺应现代企业制度进行估价企业的内部治理是优化资源配置、使企业价值保值增值的治理模式，并不是使企业创始人及企业所有权人长期享有股权的制度，恰恰相反，按照现代企业制度法人治理模式，股权应有序地市场化流转，让符合企业发展利益的主体成为企业所有权人，通过股权流转的市场化，保障估价机构股东权益的价值实现，保障估价企业的正常运行与发展。

（四）经营管理团队的建立、形成与发展壮大

估价企业要按照现代企业制度进行内部治理，经营团队的建设与运行机制形成是核心。建议从三个层次逐步进行估价企业经营团队建设，促进其经营能力的成长：一是形成销售团队与销售能力；二是形成管理销售的组织能力；三是形成管理销售与整合技术资源的整体经营能力。三个层次逐次上升，并向下包容，形成估价企业的基本经营能力。

估价企业经营能力的持续过程就是经营者团队发展壮大的过程，建议从以下几个方面着手：一是要按市场化的原则与经营者建立对价合作关系。在企业收益中要为经营者留有有吸引力的利益空间，使经营者有相对合理的或优厚的回报，吸引有经营潜质的人员成为估价机构的经营者。此外，还可建立"经营股权红利"板块，让经营者与所有者分享一定的股权利益。二是对经营者培养的视野要相对扩大。不仅在估价专业人员中培养人，也可在估价专业人员群体之外培养，使更多有潜质的人员成为估价企业的经营者。三是建立"扁平化"的经营结构。改变传统"金字塔式"的企业结构，适当分解一个企业过度依赖总经理、副总经理的经营风险，可设立"事业部"经营体系，"扁平化"地建立经营结构。

（五）不断地培养"新人"

估价从业人员是估价企业最重要且最有价值的资源。估价企业是估价师和估价从业人员生存与发展的平台；估价企业必须为估价从业人员提供良好的从业空间与发展空间。将"以人为本"作为估价企业内部治理的核心目标，使估价企业成为估价师及估价从业人员发展的优秀平台。估价师和估价从业人员也要适应时代的要求和市场发展的需求，承担主体责任。一是承担技术层面发展责任，要与时俱进，不能抱残守缺，要有跨度地认识市场，适应市场需求。二是适应市场发展，承担经营管理者的责任。三是能够承担企业所有权传承的责任。使估价队伍中技术、管理、企业主人才辈出，估价行业基业长青。

参考文献：

[1] 潘承烈.《21世纪的管理挑战》：美经济学家德鲁克1999年新著[J].政策与管理，2000（3）：54-57.

作者联系方式

姓　　名：武幼韬
单　　位：海南汇德土地房地产资产评估造价测绘有限公司
地　　址：海口市国贸路申亚大厦十八楼
邮　　箱：13907699360@126.com
注册号：4620150020

推行现代企业管理制度，完善估价机构内部治理

廖双波　康　玲　张济生

摘　要： 中国估价行业发展至今，历经几十年的发展路程，已形成了一定的规模。在目前市场化进程加速、行业规范化发展、技术进步和信息化、市场竞争加剧、规范管理需要、机构传承需要等发展背景下，估价机构却面临着内部控制制度不健全、缺乏有效的内部监督机制、利益冲突、决策不科学、员工培训和激励机制不足等内部治理问题。因此，估价机构需要通过运用现代企业管理制度完善企业发展中遇到的这些问题。本文旨在通过分析估价行业推行现代企业管理制度的背景，结合现代企业管理制度概述，找出当前估价机构内部治理存在的问题，针对性提出估价行业需要完善的现代企业管理制度以及如何才能让估价行业建立现代企业管理体系。

关键词： 估价；现代企业管理制度；内部治理

一、引言

估价行业是一个相对成熟的行业，有一定的市场规模。随着城市化进程的加速、房地产市场的繁荣、股权投资等活动的频繁，估价及相关咨询的业务需求也在不断增加，业务总量还在逐年增长。

不过，当前估价行业的竞争较为激烈，市场上存在着大大小小、不同类型的众多估价机构，各类公司发展路径、方式各异，大部分的公司还没有形成规模化，公司的制度建设、组织能力、竞争力较弱。如果现有的评估公司不从公司机制、产品、服务、人才、数据等方面升级改造，未来随着国家对估价行业的规范要求和监管越来越严，客户需求越来越多样化、个性化，行业的进一步发展会遇到很大的挑战。

二、估价行业推行现代企业管理制度的背景介绍

（一）估价行业已初具规模

中国的估价行业发展至今，经过了几十年的发展路程，积累了一定的经验，初步具备规模化发展的条件。据统计截至2022年12月31日，全国已有房地产评估公司5762家。其中，不少公司已经形成了自己的发展特色和路径，未来还有进一步提升的需求。

（二）市场化进程加速

随着市场化进程的加速，估价行业也不断适应经济发展的变化和挖掘客户需求，估价机构都期待从传统估价业务向更广阔领域拓展，但同时可能面临更加复杂的业务环境和更高的要求。现代企业管理制度作为一种市场经济体制，能够更好地适应市场的变化和需求，提高

企业的竞争力和效率。

（三）行业规范化发展

随着行业的不断发展和壮大，估价行业需要更加规范化和标准化的管理方式。现代企业管理制度强调企业的自主经营、自我管理和自我发展，能够更好地推动行业做大、做强、做久及规范化发展。

（四）技术进步和信息化

随着计算机技术和信息化技术的发展，估价行业的技术手段也在不断更新。现代企业管理制度强调企业的技术创新和信息化应用，能够更好地适应行业发展的需要，提高企业的竞争力和效率。

（五）市场竞争加剧

随着市场竞争的加剧，估价行业需要更加高效、专业和精细化的管理方式。现代企业管理制度强调企业的战略规划、组织架构、人力资源管理、公司资源配置等方面的优化，保证公司发展具有全局性、长远性、稳定性，能够更好地应对市场竞争的压力。

（六）规范管理需要

由于缺乏规范管理，现在的估价机构普遍存在做不大、做不强、做不久，利润水平低下，管理权经营权不分离，股东分裂的情况，影响企业基业长青。

（七）估价机构传承需要

随着第一代估价机构领导人到龄退休，估价机构需要完成合理的股东、合伙人等新老交替传承。

综上所述，估价行业推行现代企业管理制度的背景是多方面的，包括市场化进程加速、行业规范化发展、技术进步和信息化、市场竞争加剧、企业传承等因素。这些因素共同推动着估价行业向现代企业管理制度的方向发展。

三、现代企业管理制度概述

（一）定义和特点

现代企业管理制度是一种以制度约束为基本手段，以效率服务为宗旨，对企业生产和经营活动全过程实施规范化、程序化、标准化管理的管理制度。它主要包括以下几个方面的内容：

（1）规范化管理：现代企业管理制度强调规范化、标准化，要求企业各项活动符合法律、法规和政策规定，同时也要符合企业内部的规章制度。

（2）程序化管理：现代企业管理制度要求企业各项活动按照一定的程序和步骤进行，明确各个流程环节的责任和要求，确保活动的有效性和效率。

（3）科学化管理：现代企业管理制度注重运用科学的方法和手段，提高企业的管理水平和效率，包括采用现代化的管理工具和方法，如计算机技术、网络技术等。

（4）民主化管理：现代企业管理制度强调发挥员工的积极性和创造力，注重民主参与和监督，通过建立科学合理的决策机制和激励机制，激发员工的创造力和工作热情。

总之，现代企业管理制度是一种系统性的管理模式，旨在通过规范、标准、科学、民主的管理方式，实现企业的长期发展和高效运营。

（二）企业治理结构与内部治理的重要性

企业治理结构是用来支配企业内部组织之间权利的分配，以及不同利益相关者之间相互关系的一套机制。良好的企业治理结构可以提高企业的效率、竞争力，同时也能保护各方的利益。内部治理的重要性体现在以下几个方面：

（1）保证企业的合规性：内部治理结构通过建立明确的企业规章制度，使得企业内部的运营活动有章可循，保障企业的合规性。

（2）提升管理效率：合理的内部治理结构能够明确划分各个部门和岗位的职责，提高管理效率。

（3）保护投资者利益：股东、董事会、监事会和经理层等内部治理机制能够确保投资者的利益得到保护。

（4）增强公司运营稳定性：合理的内部治理结构能够使各个利益相关者形成有效的制衡，从而减少公司运营中的不稳定因素，保证公司的稳定发展。

（5）增强企业信誉：良好的内部治理结构可以增强企业的信誉，提高企业的社会形象，吸引优秀人才加盟，对于企业的长期发展有着重要的促进作用。

因此，企业治理结构和内部治理的重要性在于它们是确保企业健康、稳定和可持续发展的关键因素。它们通过建立良好的内部治理环境，保护投资者和利益相关者的利益，提高企业的管理效率和竞争力，从而推动企业的发展。

四、当前估价机构内部治理的问题分析

（一）内部控制制度不健全

估价机构的内部控制制度应该涵盖各个部门和环节，包括业务操作、专业流程、风险控制、合规管理、内部审计等。如果内部控制制度不完善，可能导致机构运作混乱，增加违规行为和风险。

（二）缺乏有效的内部监督机制

内部监督机制是确保机构内部治理有效性的重要手段，包括内部审计、内部审查等。如果估价机构缺乏有效的内部监督机制，可能导致机构内部的违规行为得不到及时发现和纠正。

（三）利益冲突问题

估价机构可能会面临利益冲突的问题，即员工或管理层可能与外部客户或业务来源之间存在利益关系，这可能导致估价机构在做出决策时受到干扰，无法完全考虑机构的整体利益。有些机构股东或合伙人之间，各自基于各自立场或利益，也会存在利益冲突问题。

（四）决策不科学

老板或少数人决策，缺乏决策的科学性和合理性。

（五）员工培训和激励机制不足

良好的员工培训和激励机制可以确保员工具备必要的技能和知识，提高工作效率和质量，同时也能提高员工的忠诚度和归属感。目前估价行业普遍缺乏对人才的吸引力，也缺乏员工成长机制，会影响员工的工作积极性和专业发展。

五、估价行业需要完善的现代企业管理制度

如上分析，估价行业发展至今，需要建立完善的现代企业管理制度，以促进企业和行业更好地发展，具体包括：

（一）产权制度

首先要明确产权关系，保护企业资产权益，建立清晰的股权结构和治理结构，明确股权转让、退出机制。

（二）治理结构

建立科学、合理的公司治理结构，明确股东会、董事会、监事会和经营管理层的职责和权力，形成权力机构、决策机构、监督机构和执行机构的制衡机制。明确股东会、董事会、监事会和经营管理层的职责和权力分配，确保机构运作的规范性和效率性。

（三）人力资源管理

建立科学的人力资源管理制度，包括招聘、培训、考核等，提高员工的专业素质和创新能力，增强企业的核心竞争力。建立有效的激励机制：包括薪酬制度、晋升机制、福利制度、退出机制等，设定明确的绩效目标、建立合理的考核体系、制定激励和惩罚措施，激发员工的工作积极性和创造力，提高机构整体绩效，形成企业发展的人才基因库。

（四）财税管理制度

建立完善的、合规的财务管理制度，包括财务核算、财务分析、成本控制等，提高企业的财务透明度和经营效率，依法纳税，合规经营。

（五）专业知识体系、产品研发体系及知识产权制度

建立企业专业知识体系，提高专业服务能力，提高估价结果的严谨性，确保专业机构的形象、声誉；建立研发机构，制定产品研发制度及体系，同时保护公司自主研发的知识产权。

（六）客户管理体系及营销管理体系

旨在识别、理解、管理、服务和优化客户价值，提高客户满意度。将客户管理和营销结合起来，提供高质量的产品和专业服务，以确保客户服务的全生命周期管理，以适应市场变化和客户需求的变化。

（七）内部控制体系

建立完善的内部控制体系，包括风险控制、专业流程和标准、内部审计、财务监管等，成立风险管理委员会、绩效管理委员会、财务审计委员会等部门，确保机构内部人员或机构不会滥用职权，损害机构利益。

（八）外部监督机制

引入外部监督机制，如审计、评估机构等，对机构内部治理进行定期评估和监督，确保内部治理的有效性和公正性。

（九）信息化管理制度

加大重视和投入，加强信息化管理，重视企业的数据管理和开发，提高企业信息化水平，优化业务流程，提高工作效率和准确性。

（十）品牌建设

加强品牌建设，打造公信力，提高企业的知名度和美誉度，增强企业的市场竞争力。

通过以上制度的完善，估价行业可以更好地适应市场变化，推动行业的规范化、规模化和可持续发展。

六、如何才能让估价机构接受并实行现代企业管理体系

估价行业要接受和建立现代企业管理体系，需要从以下几个方面着手：

（一）了解并正视估价行业发展的痛点

竞争激烈、发展空间受限、行业吸引力下降、市场环境变化、企业传承等。

（二）加大宣传推广力度

通过各种渠道和方式，向估价行业的从业人员、机构和企业宣传现代企业管理体系的优势和价值，让他们了解现代企业管理体系所带来的变革和机遇，提高他们的认识和接受程度。

（三）加强培训和学习

组织开展现代企业管理体系的培训和学习活动，让从业人员、机构和企业了解和掌握现代企业管理的基本理念、方法和工具，帮助他们更好地应用现代企业管理体系。

（四）开展合作交流

加强估价行业与现代企业管理体系相关的合作交流，促进双方之间的信息共享和经验交流，共同探索适合估价行业的现代企业管理模式和方法。

（五）推广成功案例

通过推广成功案例，让估价行业的从业人员、机构和企业了解现代企业管理体系在实践中取得的成效，激发他们的兴趣和动力，引导他们逐步接受和运用现代企业管理体系。

（六）加强行业监管和引导

政府部门、行业协会等可以加强对估价行业的监管和引导，制定相关政策和标准，规范行业发展，为现代企业管理体系的推广和应用创造良好的环境。

总之，要让估价行业接受现代企业管理体系，需要加大宣传推广力度、加强培训和学习、开展合作交流、推广成功案例、加强行业监管和引导等多方面的措施，引导行业向现代化、规范化、科学化的方向发展。

综上所述，现代企业管理制度强调规范化、科学化和高效化的管理，这有助于提高估价机构的内部治理效率，降低管理成本，提高估价工作的质量和效率，增强风险防控能力，提升行业知名度和社会认可度。估价机构应加大研究及重视推广运用现代企业管理制度，完善内部治理，提升管理水平。

参考文献：

[1] 迟庆峰，丁红玉，王玉来，等. 立足合规运营和风险防控的现代企业制度建设[J]. 化工管理，2023（1）：102-107.

[2] 周艳. 企业内控制度建设存在的问题及完善策略探讨[J]. 时代经贸，2020（7）：60-61.

作者联系方式

姓　名：廖双波　康　玲

单　位：广东均正房地产土地资产评估咨询有限公司

地　　址：广州市天河区黄埔大道163号富星商贸大厦东塔七楼GHI室
邮　　箱：644356261@qq.com
注册号：廖双波（4420120137）；康　玲（6620020016）

姓　　名：张济生
单　　位：广东均正房地产土地资产评估咨询有限公司江苏分公司
地　　址：南京市建邺区云龙山路100号西侧B座1202室
邮　　箱：404415624@qq.com
注册号：3320150069

建立现代企业制度,适应新经济时代发展
——房地产估价机构发展的基石

沙美丽 张 柳 谷琼琼

摘 要:现代企业制度定义为以市场经济为基础,以企业法人制度为主体,以公司制度为核心,以产权清晰、权责明确、政企分开、管理科学为条件的新型企业制度。我国的房地产估价机构自2000年脱钩改制以来,逐步过渡到了以公司制为主体的企业制度,实现了政企分开,但是还不能称得上完善的现代企业制度。建立真正意义上的现代企业制度,在产权清晰、权责明确、管理科学方面还需要加强,以适应未来大经济时代的发展。

关键词:现代企业制度;房地产估价机构;发展的基石

一、现代企业制度及其根本特征

企业是在一定的财产关系基础上形成的,企业的行为倾向与企业产权结构之间有着某种对应关系,企业在市场上所进行的物品或服务的交换,实质上也是产权的交易。现代企业制度是指适应现代社会化大生产和市场经济体制要求的一种企业制度,十四届三中全会把现代企业制度的基本特征概括为"产权清晰、权责明确、政企分开、管理科学"十六个字。建立现代企业制度也是房地产估价机构追求的一个目标。目前,我国的房地产估价机构已经通过2000年以来的脱钩改制建立起了有限责任公司或合伙制单位。但是受到机构组织形式的限制,不能得到快速发展,规模均不大。为此,我国房地产估价机构追求的现代企业制度是以市场经济为基础,以企业法人制度为主体,以公司制度为核心,以产权清晰、权责明确、管理科学为条件的新型企业制度。其现代企业制度的根本特征包括:

(一)以企业法人制度为主体

企业法人制度是依照法律建立起来的使其人格化和获得独立法人地位的企业制度。在这种制度下,企业具有法人的地位,是独立的民事主体,承担独立的民事责任。企业是人格化的主体,主要指企业是独立的市场主体,拥有法人所有权、法人财产所有权。为此需要区别投资者享有的权利和利益。投资者的权利和利益通过股权的方式予以体现,股权不意味着对法人财产的所有权。

(二)以公司制度为核心

公司是企业的一种组织形式,是以盈利为目的的社团法人。公司制度是一个组织为了达到其目的而设立的一系列规则和指南。根据《中华人民共和国公司法》公司分为有限责任公司和股份有限公司。《房地产估价机构管理办法》只规定了有限责任公司和合伙企业两种

组织形式,《中华人民共和国资产评估法》规定了评估机构应当依法采用合伙或者公司形式,突破了有限责任公司的限制。

(三)产权清晰、权责明确、管理科学

产权清晰是指现代企业制度在资产所有权及相关权利方面应明确清楚,产权分配关系清晰明了,充分体现投资者、经营管理者的权利义务关系,做到收益和风险协调平衡。

权责明确是指企业内部职责、权限明确,包括决策部门、经营管理部门、生产作业部门、各个岗位之间的工作职责、权利权限明确区分,各司其职,各负其责,责权利分明,利有所享,责有所归。

管理科学是指通过利用现代化的科学管理方法和手段、措施,有计划、有步骤、有组织地协调企业运作中的关系、矛盾。管理科学的核心问题就是提升组织运营效率,需要解决组织中的优化问题,实现组织的资源最优化配置和专业化分工目标。

二、房地产估价机构建立现代企业制度的差距

(一)机构管理制度制约了房地产估价机构做大做强

《房地产估价机构管理办法》只规定了有限责任公司和合伙企业两种组织形式,其中有限责任公司形式为行业内机构的首选形式。根据《中华人民共和国公司法》,有限责任公司股东为2~50人,也就是说房地产估价机构的最多股东人数为50人,不能设立超过50人的股份有限公司,限制了房地产估价机构在发展过程中的整合,限制了房地产估价机构做大做强。《中华人民共和国资产评估法》对公司制形式有所突破,只规定了可以选择公司形式,但是没有规定只能选择有限公司形式,对股份有限公司形式没有限制,为企业组织形式的选择留有想象空间。

(二)机构责权不清成为建立现代企业制度的障碍

目前国内房地产估价机构一般规模小,北京市有200余家房地产估价机构,规模超过200人的为个位数。完善的股东会制度、董事会制度、监事会制度、董事会与经营管理层的关系均不能与真正意义上的现代企业制度相提并论,董事会制度虚设、董事会与经营管理层权责不清、监事会制度更是形同虚设。权责不清造成了公司制度管理框架无法形成。

(三)公司法人财产所有权造成了产权不清晰

目前,部分房地产估价机构公司法人所有权不能有效得到保障。公私不分成为房地产估价机构内部激励机制建立的主要障碍。现代企业制度要求公司法人为企业财产的所有权人,通过授权经营方式由经营者负责经营管理,经营者获得经营管理的报酬,这种情况下公私是分开的。由于产权不清晰,公私部分的财产权属状况使得这些机构名义上是公司,实际上如同个体户。

(四)分支机构管理监管过于苛刻,企业法人的权能受到限制

根据目前的房地产估价机构管理制度,分支机构不能签订合同、不能出具评估报告,一些地方政府主管部门甚至以此对估价机构进行处罚。总公司具有法人资格,分公司不具备法人资格,分公司不能独立对外以法人身份从事对外业务。按照总分公司的管理惯例,分支机构管理本身属于企业内部的事务性管理范畴,总公司可以通过授权的方式授权分支机构一定的管理权限,形成了类似委托代理的关系。

三、房地产估价机构建立现代企业法人制度的对策与措施

（一）赋予房地产估价机构组织形式选择自主权

建立现代企业制度，最典型的是公司制度。《中华人民共和国资产评估法》明确了资产评估机构的组织形式为合伙制和公司制。建立以公司法人为核心的房地产估价机构的公司组织形式，让股东依法享有资产收益、参与决策和选择管理者的权利，让公司成为企业法人，拥有法人财产权，通过股东大会、董事会、监事会经营层管理制度、企业经营制度等完善管理框架，形成股东、股东大会、董事会、监事会、经理层、工会等互相制约、共同发展的组织体系。

（二）建立完善的现代企业制度

完善的现代企业制度，要求企业内部形成互相监督的企业制度框架，通过公司章程明确公司、股东、董事、监事、高级管理人员的权利义务关系，对公司、股东、董事、监事、高级管理人员形成约束力，规定股东大会、董事会、监事会、经理层的会议规则，对股东大会、董事会、监事会、经理层的权利义务关系形成约束力，让公司成为从事经营活动必须遵守法律、行政法规，遵守社会公德、商业道德，诚实守信，接受政府和社会公众的监督，承担社会责任的主体。

（三）赋予房地产估价机构更多的自主经营权

风险控制为房地产估价机构内部的管理事项，走高风险策略还是低风险策略为房地产估价机构内部事务，尤其是对分支机构的管理应摒弃地区的区域概念，给予房地产估价机构自身确定的委托代理关系，可以委托分支机构，也可以委托机构的内部员工开展对外营销，体现房地产估价机构自身的经营自主权，让更多的合法经营、合规经营的机构成长起来。

总之，建立现代企业制度是房地产估价行业的迫切需求，但是要真正建立现代企业制度需要多方的努力。

参考文献：

[1] 贾旭东. 现代企业管理 [M]. 北京：中国人民大学出版社，2020.
[2] 阮喜珍. 现代企业经营与管理 [M]. 武汉：华中科技大学出版社，2019.

作者联系方式

姓　名：沙美丽　张　柳　谷琼琼
单　位：宝业恒（北京）土地房地产资产评估咨询有限公司
地　址：北京市东城区东直门南大街 9 号华普花园 B 座 204 室
邮　箱：971884650@qq.com；13811060004@163.com；gqq18039960766@163.com
注册号：沙美丽（3220140159）；张　柳（1120210006）

以中国特色现代企业制度引领估价机构内部治理

宋吟樱　蒋德军

摘　要：《中华人民共和国公司法（修订草案三次审议稿）》将"完善中国特色现代企业制度，弘扬企业家精神"开宗明义地作为立法宗旨，开启了构建中国特色现代企业制度的法治新征程，在股权结构、治理结构和功能设定等方面，中国特色的基本特点与突出优势均得以凸显。经过20多年的不断发展，房地产估价行业已成为市场经济中不可或缺的专业服务业，在实体和金融、经济与社会两端彰显着专业支撑。高质量发展阶段，以内部治理为核心的"软实力"直接关系着估价机构自身竞争力和行业生态的可持续性。本文从现代企业制度的"中国特色"出发，提出估价机构要从树立党建引领鲜明旗帜、提高董监高履职要求与责任制约、更好地发挥职代会作用、坚持经济利益与社会责任有机统一、探索与公有制经济协同发展等方面，主动升级优化内部治理结构与机制，以期更好地为经济社会高质量发展服务。

关键词：现代企业制度；中国特色；公司治理；房地产估价行业

一、现代企业制度的中国特色阐述

《中华人民共和国公司法（修订草案三次审议稿）》（以下简称《公司法（三审稿）》）于2023年9月1日起公开征求意见。《公司法（三审稿）》第一条中，将"完善中国特色现代企业制度，弘扬企业家精神"作为立法宗旨。中国特色现代企业制度起源于党的十八大以来对国企党建新理念的推展，而在不断的实践进程中，证明其具备在不同所有制企业之间共通的重要意义。因此，《公司法（三审稿）》将其作为适用于所有市场主体的普适性法律表达。现代企业制度的中国特色，在股权结构上体现为以股权平等性反映公有制经济主体性、治理结构上强调党组织的引领作用、功能设定上促进公司营利目的与社会利益的有机统一。

（一）产权结构上与基本经济制度相协调

我国现行以公有制为主体、多种所有制经济共同发展的基本经济制度。反映在法律表达上，则是以产权结构要素形成了特殊的股权结构，并因此产生了公司功能行政和治理结构的差异。一方面，在法律安排上，公司的股权制度以投资主体的责权利为规范结构要素，并不塑造或强调所有制经济的差异性。另一方面，公有产权以股权形式存续于公司之中，因不同的目标驱动，产生了国有企业与民营企业在治理结构和经营理念上的差异性（陈甦，2023）。

（二）治理结构上创造性地适应具体国情和发展需要

在治理结构上，现代企业制度的中国特色最显著的体现即是创造性地强调党组织在公司治理中的引领地位。党的二十大报告明确部署，"推进国有企业、金融企业在完善公司治理中加强党的领导，加强混合所有制企业、非公有制企业党建工作"。延展到民营企业，如何在公司治理中强化党组织的领导，将党的政治优势转化为经营优势，以党组织、董事会、经理层、监事会、职代会"五位一体"支撑公司治理结构，实现责权利协同和履职效能集成，是在竞争中立的市场环境中实现高质量、可持续发展的重要战略定力。

（三）功能设定上突出体现社会主义市场经济的超越性

作为社会主义与市场经济结合的重要任务，中国特色现代企业制度的建构不仅蕴含适应性的一面，也蕴含超越性的一面（吴波、方莉等，2023），其根本立意在于充分发挥市场在资源配置中的决定性作用的同时，依托社会主义制度的优越性最大限度地抑制市场经济"唯利益论"的弊端。公司制企业的法律性质是营利性法人，但其营利属性并不与社会属性相对立。中国特色的现代企业制度更加强调在维护公司营利目的与公司承担社会责任之间实现平衡。因此，《公司法（三审稿）》进一步深化了公司民主管理和履行社会责任的规定。具体而言，一方面是创新强调工会与职工参与公司治理制度，明确"建立健全以职工代表大会为基本形式的民主管理制度"；另一方面是将履行社会责任提升到公司法核心原则的法律地位，现代企业兼顾经济利益和社会责任具备了更加完善的制度保障。

二、房地产估价机构内部治理现状

从中国房地产估价师与房地产经纪人学会公布的《关于发布2022年度全国一级房地产估价机构排名结果的公告》来看，目前估价机构的法人组织形式以有限责任公司为主，所有制结构主要为民营，在内部治理和内部控制等方面仍存在进一步完善和提升空间。

（一）内部治理机制有待建立健全

一是较多估价机构尚未成立党组织，或党组织在公司治理和经营管理中存在"虚位"现象，未能充分参与和引领内部治理和经营决策。二是"三会一层"履职不够充分、有效，存在职责范围的交叉和决策层次的模糊；部分机构"委托—代理"问题突出，影响了公司经营的效率性、活力性和前瞻性。三是管理团队考核激励机制不够全面、科学，"唯经济业绩论"的短期导向型激励模式仍占据主要地位，导致行业"内卷"严重、生态"内耗"加剧，影响执业质量和行业公信力。四是职工代表大会和工会等民主管理组织的功能尚未充分释放，其参与经营决策和治理监督的职能往往"流于形式"。

（二）风险控制体系有待完善优化

房地产估价行业受国家宏观调控政策影响较为明显。而目前较多估价机构未能建立"网状"的立体式风险控制体系，未将风控理念嵌入公司治理机制、企业文化等"顶层建筑"之中，风控措施多是被动应对型的、点状分散型的。较多机构风险意识不足，风险识别、风险评估、风险防范、风险化解手段和方法较为落后，削弱了其可持续发展能力。

（三）经营管理效率有待提质增效

项目导向思维制约了经营管理的系统性和协调性。估价机构通常以项目为导向，以"成果出具"视同经济行为的终端，经营决策和运营措施在较多情境下成为项目开展的"辅助"与"配合"。但对于有限责任公司制的估价机构而言，其完善的内部治理结构和健全的经营管理决策体系，是保障公司可持续运转、高质量发展的根基，也直接以战略管理、经营运作、企业文化、品牌建设的"隐绩"支撑着估价项目的"显绩"。

（四）社会责任意识有待践行压实

一是履行社会责任意识不足。较多估价机构仍以短期经济利益作为其战略规划和业务布局的"第一优先级",对履行社会责任和释放经济活力的认知存在"非此即彼"的对立意识。二是品牌建设不足。多数估价机构品牌意识滞后、品牌文化定位模糊,在执业过程中对品牌和专业的敬畏感不够,仍存在个别以权谋私等违反行业规范和职业道德行为,损害了估价行业的口碑与公信力。

三、完善房地产估价机构内部治理的思考

(一)将坚持党的领导与完善公司治理相统一

1. 推动在符合条件的估价机构中成立党组织并确立党的领导地位

一是鼓励估价机构成立党组织,并将党建工作写入公司《章程》,彰显党组织的法定地位。将党组织的机构设置、职责分工、工作规范等纳入公司管理制度,将党的领导融入公司治理和运营之中。二是明确界定并动态完善党组织在公司治理和经营决策中的职能边界,以"力量集成"而非简单的"分权制衡"理念统筹党组织与"三会一层"的治理权责。既要尊重和保障、激发和调动各治理主体的积极性、主动性和创造性,又要发挥党组织"把方向、管大局、保落实"的功能定位。依托党组织履职,将企业的政治责任和政治利益纳入经营战略规划和决策研究事项之中,以治理机制的优越性保障市场竞争的先进性和持续性。

2. 充分发挥党组织在促进估价机构内部治理优化中的特殊功能

一是建立适用于估价行业特色的"三重一大"集体决策机制。例如,"重大事项决策"可包括机构战略发展规划,体制机制或组织机构改革,部门新建、合并、分立或解散,业务扩展的中长期规划、重要客户管理与资源整合、重大争议与涉诉纠纷、研发创新等与估价机构"生存发展"密切相关的事项。重要人事决策,可包括合伙人制的探索与实施,领导班子和高管团队的选用、考核与调整,薪酬与激励体系和制度建设,核心业务或敏感岗位人员任免轮换等。重大项目决策,可基于对房地产估价行业整体形势的把控,将高风险项目、前瞻性新兴项目、涉及民生事项的项目、影响范围较广或平衡多方利益相关者的项目、司法项目等界定为"重大项目",以制度化方式明确其各个关键环节的决策程序和监督机制。

二是制定适用于估价行业的党组织前置讨论事项清单。除将以上"三重一大"事项纳入党组织前置讨论范畴外,与承担和履行社会责任、编写发布社会责任报告、支持参政议政和反映社情民意、劳动者权益保护、重大党建活动组织开展等相关的事项也应纳入前置决策清单。

(二)提高董监高的履职要求与责任制约

1. 明确董监高的履职内涵并建立有效的监督机制

一是进一步厘清并完善"三会一层"的功能定位和权责边界,实现治理主体的协调共治。二是建立内部审计和监察机制,对机构经营情况、风险防控情况、董监高履职情况等方面开展定期自查自纠,内部审计和监察直接对董事会、股东会负责,其监督结果应向董事会和股东会报告。有条件的机构,将内部审计和监督结果定期向职工代表大会公示公开。

2. 充实并深化对董监高的业绩考核

一是探索建立短期利益与长远目标相结合、经济责任与社会责任相结合、外部声誉与内部形象相结合的业绩考核体系,逐步消除"唯经济利益论"导向下的短视行为、内卷行为、不正当竞争行为,营造稳定有序、良性积极、公正透明、健康持续的行业生态。二是将员工评议结果纳入董监高业绩考核体系,并切实维护职工代表在董监高任免决策中的合理权益。

3. 探索在符合条件的估价机构中成立专委会

根据估价行业特点，可在有条件的估价机构董事会中组建成立战略与可持续发展委员会、人事薪酬委员会、风控委员会、审计委员会、研发创新委员会等专门委员会，提高董事会决策及监督效率。专委会成员人数应为奇数，并包括一定数量的职工代表。

（三）更好地发挥职工代表大会在公司治理中的作用

一是依法建立健全以职代会为基本形式的民主管理制度。二是支持职代会和工会依法履职并参与经营决策。估价机构涉及经营方针、中长期发展规划、年度计划、财务预决算等重要决策，改制或重大改革措施，重大风险防控措施，重要激励或人员任免，职工劳动安全卫生措施及教育培训计划，重要规章制度修订等事项，在履行内部决策程序前，应当通过职代会等形式听取职工意见。

（四）坚持经济利益与社会责任有机统一

1. 将践行ESG理念有机融入业务发展战略

ESG是一种关注环境、社会、公司治理绩效而非仅仅关注财务与经济绩效的价值理念，已成为当今世界的潮流和趋势。作为估价机构，要将ESG理念纳入业务发展战略与规划，主动探索生态环保领域、"双碳"领域、自然资源领域、公共服务领域、社会治理领域、城乡融合发展领域等方面的新技术、新业务，逐步建立经济价值与可持续价值有机结合、商业转型升级与宏观趋势同频共振的良性循环。

2. 鼓励估价机构定期披露社会责任报告

已有不少研究表明，社会责任报告特质信息含量越高的企业未来经营业绩越好（李四海、李震，2023）。在当今"黑天鹅""灰犀牛"事件不时冒头、经济社会环境波动趋频的背景下，企业将社会责任报告所倡导的可持续发展理念整合到经营战略之中，有利于实现创新升级并强化竞争优势。对于估价机构而言，披露的社会责任报告要更加突出体现口碑形象、职业道德、专业价值以及对ESG理念的践行等行业特色。

3. 探索将社会责任履行与社会形象纳入综合排名体系

目前，中国房地产估价师与房地产经纪人学会对一级房地产估价机构的综合排名体系主要侧重于经济价值和人力资源支撑。为培育孵化并倡导宣贯经济价值与社会价值相结合的可持续发展观，可探索将估价机构履行社会责任和树立社会形象等相关的关键指标或量化指标纳入综合排名体系。

（五）探索与公有制经济借力共赢协同发展

一是鼓励符合条件的估价机构以股权多元助力业务升级。在保证独立性和公正性的前提下，可以采用混改、参股、合作经营等方式，引入公有制股东或与公有制主体合资成立分（子）公司等，实现多元股权所代表的经济发展模式"取长补短"。二是探索与公有制主体和其他市场主体组建生态联盟。树立估价机构在现代经济社会发展进程中"专业技术服务"和"智库"的定位，与公有制主体、科研院所、高校、相关社会组织等协同建立以专业为导向的行业生态联盟，促进行业可持续、高质量发展。

四、结语

当前，房地产政策已由"数量调控"逐步转变为"质量调控"，房地产市场的宏观发展也对估价行业和估价机构的业务转型、治理转型、结构转型等提出了更高的要求。作为专业服务业，新时期的估价机构在以"硬技术"构筑市场竞争"护城河"的同时，也应重视以"软实力"搭建可持续发展的"压舱石"。因此，主动响应和践行中国特色现代企业制度，在其指引下不断完善内部治理机制，逐步实现技术优势与政治站位相促进、经济效益与社会效益相统一，是房地产估价机构在高质量发展阶段的应有之义，更是塑造新时期房地产估价行业新生态的必要途径。

参考文献：

[1] 陈甦. 中国特色现代企业制度的法律表达 [J]. 法治研究，2023（3）：3-17.

[2] 吴波，方莉，陈安妮. 中国特色现代企业制度的历史逻辑、基本特点与特殊优势：基于国企党建的视角 [J]. 探求，2023（5）：33-42.

[3] 蒋大兴. 走向"政治性公司法"：党组织如何参与公司治理 [J]. 中南大学学报（社会科学版），2017，23（3）：27-33.

[4] 何哲，刘洪帅. 试论房地产估价新需求下估价机构内控制度的发展与完善 [J]. 中国房地产估价与经纪，2020（2）：56-60.

[5] 张飒，李进伟. 房地产估价机构发展困境、内控制度建设与风险防范 [C]// 中国房地产估价师与房地产经纪人学会. 房地产估价：回望与前瞻：2021 中国房地产估价年会论文集. 北京：中国城市出版社，2022.

[6] 张宇霖. 竞争中立对民营企业高质量发展的影响研究 [D]. 北京：首都经济贸易大学，2021.

[7] 刘宝香，王栋枝. 风险防范视角下房地产估价机构内控制度优化研究 [C]// 中国房地产估价师与房地产经纪人学会. 房地产估价：回望与前瞻：2021 中国房地产估价年会论文集. 北京：中国城市出版社，2022.

[8] 李四海，李震. 企业社会责任报告特质信息含量的信号效应研究：基于自然语言处理技术的分析 [J]. 中国工业经济，2023（1）：114-131.

[9] 雷雪，贾明，张喆. 实际控制人的政治、经济激励对企业社会责任报告的影响 [J]. 管理评论，2022，34（8）：256-270.

[10] 李四海，马文琪. 共同富裕目标下企业社会责任响应策略：基于社会责任报告的 LDA 主题分析 [J]. 经济管理，2023，45（8）：184-208.

作者联系方式

姓　　名：宋吟樱　蒋德军

单　　位：永业行土地房地产资产评估有限公司

地　　址：湖北省武汉市武昌区友谊大道 303 号武车路水岸国际 k6-1 栋 23 楼

邮　　箱：5654661@qq.com

房地产估价机构微创新实践探索

贺肖肖　张　静　骆　杨

摘　要：随着社会发展和科技进步，房地产估价机构依靠传统的工作方式难以适应新时代发展要求，推进微创新增强发展动能，具有重要现实意义。本文以房地产估价机构为研究对象，通过对房地产估价机构微创新实践案例的分析，总结房地产估价机构面临的难点，并提出微创新推进建议，以推动房地产估价机构的创新发展。

关键词：房地产估价机构；微创新；高质量发展

随着社会发展和科技进步，GPT掀起AI技术革新，房地产估价机构依靠传统的工作方式难以适应新时代发展要求，应将创新发展放在重要地位，创造和保持竞争优势。然而颠覆性创新是一个漫长曲折的过程，不仅需要投入高成本，而且实现难度大。相比之下切口小、投入低的微创新路径，通过逐步改进和优化提升产品或服务的质量，有更强的落地性。房地产估价机构以微创新为支撑，通过落点准、见效快、渐进式的模式，增强发展新动能，具有重要现实意义。本文旨在探讨房地产机构微创新研究方向，结合实践探索，提出发展建议，以期为做优做大做强房地产估价机构提供借鉴和参考。

一、房地产估价机构的微创新实践

微创新是一种针对产品或服务局部细节进行改进和创新的策略，众所周知的微创新案例就是苹果手机，放弃了机械键盘，创造性地把键盘直接嵌入屏幕，强化突出特色功能，营造新的需求卖点。因此房地产估价机构宜结合专业特色，围绕提供估价服务的全流程，推进微创新改革，并注重局部性、持续性和系统性，以实现履职尽责、提高服务质量和提升服务效率。

（一）估价流程微创新

估价流程是房地产估价的主线工作，贯穿估价全生命周期，包含业务管理、派单管理、进度管理、档案管理、风险防控等多个环节，需匹配具备专业能力的人员，奠定工作开展的基础。在业务开展的各个环节，结合委托方的各种需求和估价机构的实际情况可以考虑不同的微创新策略及应用方向。比如在派单管理上，从流程端口限制司法评估、征收评估、税收评估等法定业务的参与人员名单，提升专业技术水平；在进度管理上，增加汇报环节，对流程实施实时监控，及时掌握关键工作节点信息；在成果管理中，运用任务统筹策略，在出具报告上增加二维码便于客户追根溯源，进一步增强报告的可信度和专业性；在风险防控上，尊重估价师的独立决策；同时，针对重要、复杂的项目提出集体决策，通过集思广益，可避免因个人误判而导致的风险。

（二）数据处理微创新

数据处理是房地产估价的关键步骤，是各个环节信息化的基础，也是提高评估产品附加值的重要途径。数据处理涵盖收集、运用、生产等过程，既包括取值参数、法律法规、技术规范和背景资料，也包括成果形式、评估经验和评估结论，因此如何实现经验数据化、数据标准化和数据可视化是微创新的重点研究方向。在实践中，不少估价机构引入现代化的评估工具和方法，逐步提高评估的准确性和效率。比如利用大数据技术和人工智能算法，对海量数据进行挖掘和分析，计算还原率、利润率等参数，提高了评估的精度和深度；还可以挖掘房地产市场数据，通过基础设施、人口、产业等影响因素因子分析，为房地产供应、政策调控等提供专业建议。

（三）估价方法微创新

估价方法是房地产估价的技术模块，是显著区别于其他行业的专业内容。估价方法必须严格遵守《房地产估价规范》《土地估价规程》等，在实践中可建立标准化评估模型，并结合模板渲染技术，在估价报告中预设标签，然后在数据库里面找到对应的数据填到估价报告中，区别于一般的查找替换，模板渲染技术可以实现条件判断插值、插入图片、插入表格等，生成估价技术报告。此外，为了提高估价过程的说服力，在估价方法中可以考虑以地图展示估价对象周边可比实例数量及价格，加入物业名称、定位、建成时间等反映可比性。

（四）估价报告微创新

估价报告是房地产估价的产出成果，是反映产品质量和工作效率的重要环节。结合实践经验，探索报告模块化建设，按章节分解估价内容、编制要点及管控红线，强化规范性管理，促进系统提质增效。在技术人员已熟悉掌握的Excel、Word等办公软件中建立数据信息—模板映射，达到半自动生成报告的效果。比如征收报告分户单，具有数量多、信息量大及成果形式固定等特点，适合采用信息模块化生成，提高工作效率和结果准确度；在报告输出上，运用Python编写代码实现半自动生成评估报告。

（五）估价业务微创新

近年来，传统房地产估价业务需求呈下降趋势，单一的估价业务难以适应新时代发展要求[1]，估价机构要加强与政府职能部门、企事业单位和社会组织的合作与交流，深入了解需求，谋划可拓展的微创新方向。目前很多房地产估价机构都在进行转型发展，聚焦城市更新、乡村振兴、生态文明等领域，积极拓展新的业务，并取得了可喜的进展。比如紧跟行业协会的引领，积极参与社会稳定风险评估培训，拓展土地征收、房地产征收、企业改制等重大决策相关的社会稳定风险评估业务；同时，紧跟政策热点，开拓存量资产盘活、城市更新等咨询服务，不断扩大业务范围，提高公司的知名度和影响力，增强公司的内核力量。

二、房地产估价机构微创新的难点和挑战

（一）创新意识不足

房地产估价机构由于传统思维模式和工作方式的影响，对微创新的重视程度不足，缺乏微创新意识。一是微创新意识传导不足，微创新意识多集中在管理层，未能做到全员普及，难以调动普通员工的参与度和积极性。二是微创新理解偏差，大多数的微创新侧重于理论研究的研发创新，未覆盖估价各个环节的微创新，比如专业定制化开发的微创新投入不足，如资料清单标准化、电子查勘表、审核信息流反馈、项目标签等，未实现资源的高效配置和工

作的协同推进。

（二）技术能力有限

随着市场竞争的加剧，竞争对手不仅来自行业内部，还有很多外来竞争者，如科技公司、信息公司等，面临未知的对手，容易产生恐惧，认为从技术上难以抵御，给估价机构带来了不小压力。部分机构仍依靠传统模式薄利多销在有限的范围内开展工作，未能实施对房地产估价报告的提档升级，未引入信息化人才、综合型人才，也未进行数据化探索，从而限制了自身的发展空间。

（三）推广实施受限

要实现微创新，必须做好推广落地工作。但是很多估价机构或部门的微创新仅局限于某个项目组或者某个部门，未能在更大的层面进行共享，因为信息传导不畅而影响了实施成效。此外，一些估价机构在推进微创新过程中，也存在沟通协调困难、部门之间的配合不够默契等问题，对推广应用的理解造成了偏差，从而影响了微创新的实施效果。

（四）行业壁垒障碍

行业壁垒是指跨行业经营者丢掉擅长的业务而去开拓不擅长业务所遇到的"陌生的困难"，壁垒的高低是由市场竞争、社会发展状况、法律体系完善程度等综合因素决定的。房地产估价机构在开展新业务探索时，受资质所限、人才储备不足、专业能力制约等因素影响，导致难以大展手脚，未能破浪前行。

三、房地产估价机构微创新推进建议

（一）培养创新意识，促进全员参与

房地产估价机构应充分认识微创新的重要性，注重培养创新氛围，强化创新驱动，构建新时代企业创新文化，为企业实现可持续发展树立精神动力。一方面，将树立微创新意识纳入机构的发展战略中，建立"微创新100"机制，并设立奖励制度，从制度层面，培养微创新意识；另一方面，做好微创新工作宣传，将估价流程、数据处理、估价方法等多维度形成的微创新案例定期分享，让全员深度了解微创新的益处，从而激励全员参与。

（二）加强人才培养，激活发展动能

房地产估价机构要创新发展，必然离不开人才建设。一是通过组织政策研究、研讨论坛等形式，促进员工之间的交流合作，实现思想碰撞，逐步建设一批具有微创新意识的人才队伍，为微创新的推进提供人才保障。二是做好多元人才引进，培养综合型人才，为估价机构提供新鲜血液，引入跨专业的实践经验和创新思维，为数字发展、跨专业融合发展提供动能。

（三）挖掘创新深度，扩大服务优势

房地产估价机构应积极推动微创新技术的实践运用，反复推敲实践创新案例，以小切口、小落脚点撬动大成效，以提高评估的效率性和准确性。比如土地市场数据采集，从传统的Excel表收集到开发网页案例制作，实现精准定位、迅速比选；又如以提高估价师效率为切入点，融入房地产估价比较法中区位状况、实物状况调整的影响因素，可以减少部分定性定量分析相关的重复投入。这就是逐渐挖掘微创新深度的典型案例，通过一次跨越一点点，累计跨越了一大步；通过内部需求驱动，提升服务效能。

（四）深化交流合作，促进共同发展

房地产估价机构微创新成果必须注重推广成效，不仅要在内部推广，还要扩大影响力，

积极对外宣传，通过不同受众群体的反馈，提升微创新精准发力，促进共同进步。在公司内部，系统总结各个部门在技术管理、市场开拓等方面的创新管理成果，夯实精细化管理基础，供各个部门学习借鉴并组织实施，引导各个部门积极投身创新实践。从业务跟踪角度，估价机构有必要在成果提交后，做好复盘工作，对客户满意度进行收集，通过用户体验和服务质量启发微创新切入点。从业务拓展角度，估价机构还可以与其他机构、企业、社会组织等开展合作与交流，分享经验和资源，提高工作效率和协同效应，共同探索实践共赢。

（五）迭代更新，驱动高质量发展

房地产估价机构的微创新不应局限于现有产品，也可以从盲区和弱区着手，以客户需求为导向，跟进前端和后端业务，畅通上下游产业链，效仿小米微创新的成功之处，进行手机升级的同时，一步步拓展智能生态家居体系。估价机构急需紧密跟踪政策行业发展，开展突破性的实际操作。比如在保障性租赁住房评估过程中，针对租金调查情况结合职住需求，为主管部门提供纳入保障性租赁住房的区域范围，从单纯估价业务角度提供咨询服务。通过不断的微创新升级，发挥智力叠加效应，从而推动产品的迭代升级，推动估价行业的健康有序发展。

参考文献：

[1] 石春艳，秦萧. 大数据对房地产估价行业带来的改变及展望 [J]. 江苏科技信息，2018（36）.

[2] 杨青. 关于我国汽车行业进入壁垒的几点思考 [J]. 科学与财富，2020（10）.

作者联系方式

姓　　名：贺肖肖

单　　位：永业行土地房地产资产评估有限公司

地　　址：武汉市武昌区友谊大道 303 号武车路福星惠誉水岸国际 k6-1 栋 23 楼

邮　　箱：51874786@qq.com

注册号：4220170028

姓　　名：张　静

邮　　箱：350803068@qq.com

注册号：4220150021

姓　　名：骆　杨

邮　　箱：295004133@qq.com

注册号：4220190055

积极进取，开拓房地产估价行业的"专精特新"发展之路

李 韧

摘 要： 当今，房地产行业的发展逐渐从人们刚需转为"高质量改善型"居住的阶段；房地产开发行业也将从大规模圈地建房的增量时代转为房地产优化经营的存量发展阶段，作为与房地产开发行业息息相关的房地产估价行业也将进入新的发展阶段。本文将从房地产行业环境的大背景入手，提出在"需求收缩、供给放缓"形势下估价机构的发展对策，提出端正行业发展认知、坚持专业服务的态度，积极进取、开创与探索房地产估价行业的"专精特新"发展之路。

关键词： 端正态度；积极进取；开创探索；专精特新

一、房地产经济环境的回顾与预判

（一）回顾

从1998年房改开始，房地产弥补了老百姓"衣食住行"里"住"的供需关系，随着我国经济的快速发展和城市化进程的推进，房地产市场在过去的十几年里经历了快速的增长。然而，近年来，市场环境的变化使得房地产市场面临前所未有的挑战。从政策层面来看，政府对房地产市场的调控力度不断加大，限购、限贷、限价等政策的实施使得市场热度有所降温，同时，随着人口红利的逐渐消失，市场需求也呈现疲软的态势。

不管是人口逆转，还是房地产下降与横盘，背后的本质都是钱的问题。货币本身有时间成本、储存成本和使用成本。而只要我们使用货币，必不可少的就需要支付利息。房地产行业是资金密集型企业，前期需要投入大量的资金拿地、征拆、开发建设等，后期需要通过购买者按期月供实现资金回款形成闭环。通过一系列的推广使资金使用源头从房地产开发企业转移到个人购房者身上。家庭债务、工作危机、消费降级，其实是每一个购房人需要直面的三重问题，两代人掏空六个甚至更多的钱包，换来的是一套房子和背后三十年的负债，所有的债务都需要还本付息，这个是我们无法回避的刚性问题。

政府对楼市的调控政策旨在抑制市场泡沫，调整楼市供需关系，维持市场的稳定。这些政策的出台在一定程度上影响了市场的预期，使得购房者更加理性和谨慎。近期保交楼及个别房地产开发商负债等信息使购房者回归理性，正视三十年房贷负债的问题，更使以投资需求为目的的炒房人的购房热情有所降温。

（二）预判

放眼世界，全球经济正处于缓步增长的阶段；聚焦中国，我国经济在增长保持稳定的过程中谋求发展动能的转换、增长质量的提升和人民福祉的改善。

美元经济在贸易和投资等领域具有强势地位及风向性的影响。如果全球经济增长放缓，各国的投资需求减少，对我国楼市的影响将会更加显著。另外美元加息将会导致全球资本回流美国，同时美元加息也将影响我国的货币政策，央行可能需要调整利率政策以稳定汇率和资金流动，这将直接或间接影响楼市的发展。

随着2024年的到来，中国房地产可能面临一场新的挑战。在过去的十几年甚至二十年的时间，房地产是我国经济增长的重要环节，如果停滞不前，那么可能会出现经济结构性调整，可以通过科技创新、高端制造、能源产业、生物制药等行业发展，降低对房地产业的依赖，转换频道，寻求推动我国经济走向全面可持续发展的新路径。

另外当房地产真正回归"住"的本质以及当大部分人解决了"住"的需求后，广大群众的消费观念可能会发生变革。人们不再将投资房地产作为重要的投资渠道，投资和消费观念将发生变化，可能更加注重生活品质提升，会更加重视教育、旅游、养老等方面的投资及消费。消费导向将引领货币资本的走向，从而促进相关产业的发展，培育新的消费增长点，注入经济活力，反过来为人们提供更多元化、高质量的消费选择。各行业高质量协同发展是国家及人民的福祉，也是我们实现共同富裕的必经之路。

二、对策

首先，我们要认清形势、端正态度。房地产估价行业与房地产开发行业息息相关，随着楼市需求收缩、供给放缓的局面进一步蔓延，可能有更多的不良资产或信贷危机出现，个别房地产开发企业也是举步维艰，大部分开发商都在保交楼和去库存，最近听到更多的声音是"甲方的日子都不好过了乙方还能好过吗"。对此，估价机构作为永远的"乙方"，我们要正视困难也要树立信心，要珍惜每一次业务机会，充分发挥专业技能为客户提供高质量的估价服务，依法依规为委托人争取利益或减少损失，防范化解有关风险。

其次，我们要积极进取、练好内功。虽然大环境不太好，但日子难过年年过，要树立信心，积极进取，主动寻找业务机会和突破点。可能新增的土地开发少了，土地出让报告少了、对应的土地抵押融资报告少了、新项目可行性研究少了，但可能不良资产、收购并购类的评估多了，我们要把握好每一次业务机会，发挥专业提高服务质量。另外，利用空档期做好企业内部管理提升及估价技术团队技术提升。要精简企业内部管理团队、优化管理制度、组织学习与培训、加强项目总结与分享等工作，让企业组织结构更科学、更高效，让团队及个人专业水平得以提升。

最后，我们要积谷防饥、勿盲目扩张。早些年，有些机构应银行或客户的要求，紧跟他们的步伐攻城略地，异地分支机构开了一家又一家，扩张势头一时无两。受疫情及房地产市场影响，外资银行驻点撤了，很多异地项目暂缓启动，严重影响了异地分支机构的业务来源，使异地分支机构成了鸡肋。在目前房地产市场供给放缓、国家经济结构性调整的前期，评估机构更应审慎行事，要有危机意识，勿盲目扩张。要积谷防饥，用我们中国老百姓的话说就是要"家有余粮、心中不慌"，待经济大环境进一步明朗之时再蓄势待发、重振山河。

三、开创探索房地产估价行业的"专精特新"发展之路

在2011年，工信部《"十二五"中小企业成长规划》提出，要培育专精特新企业，扶持

中小企业发展。当前，培育"专精特新"企业、引导中小企业专精特新发展已成为我国支持中小企业发展的重要举措，是中小企业实现可持续发展和转型升级的重要途径之一。

"专精特新"的提出，是在构建一套新的企业发展体系，挖掘中小企业在市场竞争中具备的相对优势，这种优势可能体现在专注、专业于某个细分领域，在该领域通过对技术工艺、管理水平、品牌作用、创新能力等多维度的打磨，打造成细分领域的"隐形冠军"，成长为中小企业中的"小巨人"。

创新与高质量发展是我们近几年提得较多的关键词，那么，如何创新与高质量发展呢？这是值得大家深入思考的问题。虽然"专精特新"一般是指制造业，但这种以专业为基础，构建企业发展新体系，强化企业自身市场竞争力的发展思路与我们房地产估价行业殊途同归，作为估价服务业，在"不进则退"的社会大潮中，我们更应该积极进取，开创房地产估价行业自己的"专精特新"之路，才能在激烈的市场竞争中保持优势，长远发展。

"专"是专业化，是指专业化与专项技术。房地产估价行业发展了这么多年，各估价机构都在专业化的道路上耕耘不止，技术人员对个人的专业提升也不松懈，业内很多技术人员同时是注册房地产估价师、土地估价师、资产评估师，甚至还有些技术人员不止上述三种证书，还考了矿业权评估师、建造师等各种资格证，用各种专业证书把自己武装成一个专业化、全能型的"技术高手"。再加上机构内部的培训、协会每年举办的各种培训及后续教育，相信房地产估价行业在专业技能方面比其他行业要优秀。但是，专业技能的强大，需依靠专业操守作为支撑，做大做强。其实我们缺的不是专业技能，缺的是专业道德。一个真正有能力的人应该清晰地知道事情的边界在哪里，如果找不到边界，那就说明还不具备这种能力。因此，在具备专业技能的基础上我们要严格恪守道德底线，在利益面前不妥协，秉承专业服务、诚实守信的信念不断努力，才能在前进的道路上站得高、走得远。

"精"是精细化，是指企业精细化生产、精细化管理和精细化服务。精细化生产目前在个别规模较大的估价机构里面做得很好，在机构内部细分了很多业务条线，对抵押类、咨询顾问类、征拆类分门别类进行管理。在公司管理方面要从组织架构、奖惩制度、考核晋升等各方面细化及完善内部管理机制，加强员工的幸福感与工作成就感，激励员工与公司共同成长。对内实行精细化生产和精细化管理，对外要实行精细化服务：一是自上而下重视客户需求的沟通与促成，上层管理人员要重视公司资源与人力的合理安排，基层人员要跟踪落实客户需求的实现。二是要技术和业务人员紧密结合，运用专业知识理解和实现客户的需求，通过技术沟通、业务协助服务形成合力，为客户提供精细化的服务。

"特"是独特性与特色化，是指产品或服务具有行业或区域的独特性、独有性、独家生产的特点。社会的发展必然导致各行业细分，从行业发展现状来看，其实目前深圳的评估机构里面已经有了细分估价服务的迹象，像格衡、英联这些机构在深圳旧改项目评估中所占的市场份额就相对较大，像世联、戴德梁行、同致诚、国策等这些机构在深圳银行金融评估方面的市场份额就相对较大。结合公司的专业特长拓展自身的特色业务范畴可能成为房地产估价行业未来独特性发展的方向。对比律师行业，他们也形成了业务细分，主要分成诉讼类和非诉讼两大类，从业的律师又根据自己的专业特长专门服务某个领域，如民事、刑事、经济等各类案件都有专门的律师负责。而房地产估价行业未来可能也会像律师行业一样，细分出专门做住宅类、工商物业类、旧改类等各类专长的估价师及专业人员，然后大家以合伙人的形式共同成立公司协同发展。社会在不断进步，人们的思想观念也在不断地更新迭代，所以我们只能顺应历史的潮流，在专业化的基础上走特色化发展之路。

"新"是指自主创新和模式创新。作为房地产估价服务行业，自主创新一方面是基于传统业务延伸的创新。如常规抵押贷款报告后延伸的贷后监测、批量复估以及不良资产的评估等。另一方面就是服务领域的拓展和扩张，例如可以从旧改项目常见的征迁评估服务中另外拓展清租服务、权利人核实、建成后的物业回迁分房与办证服务等这些服务领域的工作，从租金评估业务中拓展承租意向客户介绍给委托人或业主，不但成就了客户的需求又可为自己创收。归根结底，还要提高服务意识，在从事主营估价业务的同时也拓宽思路，服务于上下游客户，这样不断地积累人脉和资源，路子才能越走越宽。另外，还要多关注其他成功企业的发展模式，多借鉴和学习别人的成功模式，探索出适合自身发展的管理模式及管理机制，于变中求新，增强自身的竞争力和对外影响力。

在房地产市场低迷，需求收缩、供给放缓的形势下，估价机构更应积极进取、夯实专业技能、开拓思想意识，共同开创与探索房地产估价行业"专精特新"发展之路。

参考文献：

[1] 中国房地产估价师与房地产经纪人学会.房地产估价：回望与前瞻：2021年中国房地产估价年会论文集[C].北京：中国城市出版社，2022：72-74.

作者联系方式

姓　　名：李　韧

单　　位：广东品创土地房地产评估有限公司

地　　址：深圳市龙华区和平路振华时代广场701

邮　　箱：334233134@qq.com

注册号：4420130205

房地产估价机构内部治理的问题及对策探讨

刘宝香 徐凤琪 余星瑶 孙 悦

摘 要： 随着我国经济进入高质量发展阶段，各行各业都在为更好适应经济转型做相应的调整。房地产估价作为独立的社会中介行业，内部治理问题是其当前发展的薄弱环节。新环境形势下房地产估价机构应从自身角度出发，提升内部治理能力，加强风险防范。本文从房地产估价机构内部治理的重要性入手，通过对房地产估价机构内部治理在组织形式、分配机制、绩效考核、企业文化四个方面存在的问题进行分析和探讨，并提出相应的对策建议，以减少管理层面的风险，提高房地产估价机构运作管理水平。

关键词： 房地产估价机构；内部治理；治理对策

加强房地产估价机构的内部治理，是促进企业内涵提升和外延扩展的关键。随着估价行业内竞争的加剧和执业环境的变化，房地产估价机构内部治理方面存在的问题逐渐暴露。内部治理影响着估价机构的质量管理和风险防范水平，是促进机构自身良性运转的需要，也是行业发展的客观要求。新的市场形势发展对房地产估价机构的内部治理提出了新的要求，本文旨在对房地产估价机构内部治理的重要性和存在的问题进行剖析，并提出完善房地产估价机构内部治理的对策，以提升房地产估价机构管理水平。

一、房地产估价机构内部治理的重要性

企业内部治理以产权理论为基础，是指企业的出资者为了确保投资收益，在出资者和企业中的各相关方形成的内部结构方面的制度安排，包括组织形式、分配机制、绩效考核、企业文化等内容。房地产估价机构作为自担风险和责任的独立主体参与市场服务，在新形势下其内部治理的科学性和有效性将直接关系估价机构自身的运营和长远发展。在理论上，内部治理总体上可以分为治理结构和治理机制两个层面。从治理结构层面看，股东会是企业内最高的权力机构，拥有最高的控制权。房地产估价机构以人力资源为核心资本，股东的进出和股权结构的变动关系估价机构的稳定发展。但现实中由于股东自身素质的限制或管理者水平的局限，机构内部缺乏有效的监督制衡机制，直接或间接地削弱了业务质量和风险控制能力，影响机构长远发展。从治理机制层面看，房地产估价机构在利益分配机制、绩效考核和激励机制、企业文化建设等方面的问题影响着人才的吸引和留用、执业质量和执业风险。因此，加强估价机构内部治理对其长远发展具有重要影响。

房地产估价作为资产评估的一个特定领域，在机构内部治理方面的问题逐渐显现。中国证监会在 2017 年首次提出了资产评估机构的内部治理问题，认为"部分评估机构的内部管理制度不完善、内部管理工作不到位"。2000 年，经济鉴证类社会中介机构脱钩改制后，房

地产估价机构成为自主经营、自担责任的独立主体，原有的房地产估价机构改制成为注册房地产估价师出资设立的有限责任公司和合伙制企业。在实践中，随着估价行业的发展，截至2022年年底一级房地产估价机构达到1047家，较去年增长9.97%，房地产估价机构数量增长的同时其内部治理存在的问题也亟须解决。多数房地产估价机构规模较小、重视业务拓展而缺乏内部治理的必要措施，加之历史原因和自身现实情况，房地产估价机构显露出的问题直接影响管理水平、服务质量和企业形象。因此，在当前房地产估价行业传统业务收入下降、新兴业务拓展困难、业内竞争激烈的内外严峻环境的形势下，房地产估价机构加强内部治理具有重要意义。

二、房地产估价机构内部治理存在的问题

（一）组织形式单一，法人治理结构不合理

目前，我国的房地产估价机构大多选择有限责任公司制的组织形式。房地产估价机构的内部治理不同于一般企业，它具有"资合"与"人合"相结合的特征，更加注重房地产估价师的智力劳动和专业价值，服务质量也与估价师的个人能力和道德密切相关。这一特征使合伙制比有限责任公司制更适合房地产估价行业。但在现实情况中，有限责任公司制是出资人以其出资额为限承担有限责任，其承担的责任明显小于合伙制中的无限连带责任。在过去脱钩改制政策出台后，多数的房地产估价机构为减小执业风险，大多数选择有限责任公司制，后来成立的新的房地产估价机构也大多选择有限责任公司制，组织形式较为单一。

房地产估价机构的法人治理结构不合理，缺乏适应房地产估价机构长远发展的有效机制。中小型特别是小型房地产估价机构内部治理规范性较弱，股东会、董事会、监事会及总经理存在人员重叠，且股东各自开拓并负责业务，使相互制衡流于表面形式。同时，股权结构的不合理，"一股独大"现象频发，形成一人专权或少数人集权的现象，导致大股东过度侵占机构利益。股东与股东、股东与员工之间理念上存在分歧，在关系上存在的隐患会激发不同利益方更深层次的矛盾，进而削弱执业质量和风险控制能力，影响房地产估价机构的公信力。

（二）利益分配机制不合理，各方利益难平衡

我国的房地产估价机构大多按股权比例的方式进行分配，估价行业中基于"人合"的运作模式与基于"资合"的组织形式存在冲突，易产生诸多矛盾。首先，股东之间存在利益分配矛盾。客户资源是估价机构最重要的分配依据，股东各自开拓和负责估价业务，并带领自己的业务人员独立完成，这与估价行业"人合"的特征相违背，导致房地产估价机构缺失统一的质量管理和控制标准而面临执业风险。其次，股东和员工之间存在利益分配矛盾。估价师要运用专业知识和经验进行智力劳动，提供科学的判断，为客户提供服务。可以看出房地产估价中人力资本的投入具有重要作用，资金投入对后续收益的作用并不是最重要的。但从实际分配中看，大部分的业务收益由股东按比例分配，非股东的估价师仅获得相应的工资，造成劳动付出与工资报酬不匹配。长此以往，这种利益分配的不合理会激化股东和员工间的矛盾，影响员工工作的积极性。最后，员工之间存在利益分配矛盾。一些房地产估价机构采用提成制计算员工的薪酬来调动员工工作积极性，但也存在收入分配不均的问题，如业务收入提成分配向承接业务的员工倾斜，则会削弱承办业务员工的工作积极性，从而影响服务质量。

(三)绩效考核缺乏系统性,激励机制不完善

绩效考核是内部治理中的重要环节,但在实践中缺少科学有效的方法。我国大多数的房地产估价机构仍为中小型规模,往往缺乏完善的绩效考核指标体系,考核方式和过程易存在主观判断的现象,缺乏系统性。小型房地产估价机构的工资制度主要是基本工资加业绩工资,业务量几乎成为唯一的考核指标。同时,年底考核通常由主管领导依据员工的日常表现,主观评选优秀员工,对优秀部门的评选也主要以业务量和业务收入为标准,忽视对业务质量的评价。

激励是管理过程中不可或缺的环节。一方面,一些房地产估价机构将激励机制建立在主观感受上,凭借管理者的主观感受决定给员工安排怎样的工作、进行怎样的奖励,这将不可避免地在激励中出现不公平现象;另一方面,当前大部分房地产估价机构激励手段单一,以奖金和晋升为主。对于新晋、敢于承担风险的估价师,不仅需要物质激励,也看重发展空间和培训机会;对于资历较老的估价师,看重的是工作强度、执业风险和稳定的工作场所和工资待遇。因此,针对员工的个体差异,房地产估价机构的激励手段应逐步实现多样化。

(四)企业文化重视不够,价值理念不一致

优秀的企业文化是促进其稳定发展的灵魂和重要支柱。但目前很多房地产估价机构对文化建设缺乏重视,缺少对机构内部的文化建设和估价人员的职业素养培育,估价人员违背职业道德和行业规范以谋取私利的行为屡见不鲜。房地产估价机构的文化建设需要全体员工共同努力,机构内部树立良好的精神风貌,才会形成强大的凝聚力。

另外,股东在价值理念和发展观上存在不合,企业与员工在价值观上存在偏差,长此以往这些问题的存在会导致骨干员工流失、人才队伍建设缓慢、内部经营效率低下,难以适应当前估价行业的发展。文化属于意识形态范畴,企业文化建设需要一个长期的过程,正确的价值理念需要通过持续的灌输才能根深蒂固,形成后也很难改变。我国房地产估价机构内部要真正构建企业文化还需要不断探索。若没有新鲜思想和创新思维,将会制约估价机构长期健康、稳定的发展。

三、完善房地产估价机构内部治理的对策

(一)合理选择组织形式,完善法人治理结构

我国的房地产估价机构大多选择有限责任制的组织形式,仅有少部分采用合伙制。有限责任制下的房地产估价机构虽能降低执业风险,但房地产估价的特殊性在于人力资本占重要作用,按资分配的内部分配激励机制并不适合估价机构"人合"的特点。因此,中小型房地产估价机构可以选择合伙制形式,通过承担无限连带责任增强风险意识,强化质量控制,建立健全合伙人的进入和退出机制和制约监督机制。而大型房地产估价机构可以选择有限责任合伙制,这种新的组织形式集有限责任制和合伙制的合理成分而又摒弃了两者的缺点,最大的特点在于偿债方面,无过错的合伙人对其他合伙人的不当执业行为承担有限责任,可以有效规避责任风险,降低股东间的监控成本。

完善房地产估价机构的法人治理结构,一方面,要合理进行股权结构的设置,规范出资人的进入和退出的规则,防止"一股独大""一言堂"的现象发生;另一方面,章程是估价机构内部治理的基础,也是完善法人治理结构的关键。房地产估价机构要依法制定内部章程,明确机构内部各方的权利与义务,以在法律上充分保障各方的权益。

(二)完善分配机制,促进利益共享

房地产估价机构要改善内部分配机制,努力实现利益共享。首先,在股东间的分配机制上,要综合考量股份和绩效等多因素。其次,在股东与员工之间的分配机制上,可以将部分利润拿出分配给非股东且表现突出的房地产估价师,通过奖金和分红等方式将其落实到位,激发员工工作的积极性。此外,业务能力和专业能力强的估价师期望能通过突出的业绩表现在将来有机会成为股东,房地产估价机构可以在分配中引入这种选拔机制,将吸纳为股东作为利益分配的一种方式。最后,在员工之间的分配机制上,要建立多指标评价体系,保证分配制度的公平、公正、透明。

(三)完善绩效考核评价体系,建立多元化激励机制

房地产估价机构应对不同层次的人员制定差异性的考核评价体系,将上级、下属、同级以及客户、小组和自我评价纳入评价体系中,建立系统性的考核评价体系。在绩效评价中兼顾多方面指标,注重结果评价和过程控制,如对成本控制、业务质量、风险管控、客户维系等方面进行综合评价。另外,房地产估价机构应在绩效考核的基础上建立多元化的激励机制。中小型房地产估价机构可以将业务量作为激励条件之一,但同时也要考量业务质量、成本控制以及人员素质等因素,将其与变动工资相挂钩,设计科学的激励机制。在物质激励的同时可以为优秀员工提供培训机会和更大的发展平台,从而建立多元化的激励机制。

(四)重视企业文化建设,形成有机构特色的企业文化

优秀的企业文化能增强凝聚力。房地产估价机构是以人力资源为主的组织,应充分发挥人的作用,将以人为本的理念和"人合"意识内化于日常的经营管理中,形成有特色的企业文化。一方面,房地产估价机构要在内部树立正确的执业理念和发展目标,建立明确的规章制度和统一的工作标准,股东与股东、企业与员工形成一致的价值观念,才能增强内部的凝聚力;另一方面,要构建学习型组织,将学习理念贯穿于机构内部,尤其在数字经济浪潮影响房地产估价行业的背景下,房地产估价机构要积极引导员工通过嵌入式学习、微课程及创新实践等方式不断学习新知识和新思想以适应行业的发展。

四、结语

房地产估价机构内部治理是一项复杂的系统工程,涵盖内容广泛,需要循序渐进的长期过程。估价行业的竞争不断加剧,加强内部治理是促进房地产估价机构生存和健康发展的必要措施,房地产估价机构要从组织形式、分配机制、绩效考核、企业文化等多方面入手深入探索,提升应变能力,最终构建与自身实际情况相符合的内部治理体系。

参考文献:

[1] 张飒、李进伟.房地产估价机构发展困境、内控制度建设与风险防范[C]//中国房地产估价师与房地产经纪人学会.房地产估价:回望与前瞻:2021中国房地产估价年会论文集.北京:中国城市出版社,2022:779-782.

[2] 邓玉涵,潘世炳,李瑞.房地产估价机构"五位一体"内控管理创新体系初探[C]//中国房地产估价师与房地产经纪人学会.估价业务深化与拓展之路:2020中国房地产估价年会论文集.北京:中国城市出版社,2021:718-721.

[3] 刘智敏.房地产估价机构精细化管理探索[J].上海商业,2020(6):100-102.

[4] 汪沧海，李春芳，郭化林，等.资产评估机构内部治理全景式展现[J].中国资产评估，2019（2）：17-23.

[5] 蒋骁，冯赛平.评估机构公司治理中的几对矛盾分析[J].中国资产评估，2019（2）：24-26.

作者联系方式

姓　　名：刘宝香　徐凤琪　余星瑶　孙　悦

单　　位：山西财经大学

地　　址：山西省太原市小店区坞城路 696 号山西财经大学（坞城校区）

邮　　箱：2386027570@qq.com；lbx6013@163.com

房地产估价机构内部治理的几点建议

刘洪帅　何　哲　丁　宁　初永强

摘　要：现代企业制度要求企业内部治理合法、公正、透明，房地产估价机构具有"人合"的特征，其内部治理主要围绕股东（合伙人）、管理层和估价师三者之间的关系进行，房地产估价机构应践行"合伙"理念，做好内部治理结构顶层设计、明确权责关系、完善利益分配机制，以期长远健康发展。

关键词：内部治理；股东；管理层；估价师；合伙

一、房地产估价机构内部治理特点

2000年4月，建设部下发了《关于房地产价格评估机构脱钩改制的通知》（建住房〔2000〕96号），要求房地产价格评估机构按照《公司法》《合伙企业法》等有关规定改制为由注册房地产估价师出资的有限责任公司、合伙制性质的企业。改制后，部分估价师转变为公司股东（合伙人），房地产估价机构按照现代企业制度进行运作。

现代企业公司治理要求企业所进行的各项活动合法、公正、透明，公司内部治理通过一整套的制度安排，保证利益相关者权益。房地产估价机构的内部治理结构主要是"股东（合伙人）—管理者—估价师"之间相关权责的制度安排，与其他企业相比，其特殊性主要体现在以下几个方面：第一，房地产估价机构内部治理以"人合"为基础；第二，大部分房地产估价机构的股东（合伙人）作为管理者直接参与管理工作；第三，房地产估价机构的利益分配主要取决于对收益的贡献和承担风险大小；第四，房地产估价机构内部治理包括风险防控和质量管控。

二、房地产估价机构规模及内部治理水平差异大

房地产估价机构脱钩改制后，发展路径和发展成果各不相同，目前各房地产估价机构在人员规模、经营业绩等方面明显分化，根据《中国房地产发展报告》（2023），全国1047家一级房地产估价机构中，营业收入排名前10的房地产估价机构平均营业收入为2.26亿元，排名11～100名的房地产估价机构平均营业收入为5849万元，排名101名及以后的一级房地产估价机构平均营业收入仅为105万元，规模差异很大。总体来说，大型房地产估价机构具有较高的内部治理水平，各项制度健全并管理有序，有效地保障了各方的合法利益并成功地吸引了人才加盟。

房地产估价机构的内部治理水平与估价机构规模大小有关系，但也不必然。很多中小型房地产估价机构虽然规模不大、人员不多，但是其内部治理体系健全完善、相关制度完善并

得到很好的执行。也有一小部分规模较大的房地产估价机构利用资质等级高的优势，搞加盟挂靠，内部治理混乱。

三、房地产估价机构内部治理的主要问题

部分房地产估价机构内部治理和现代企业管理的要求还有一定的差距，其内部治理结构体系尚不完善，管理制度不健全或执行不到位，具体表现在以下几个方面：

（一）缺乏内部治理的顶层设计

部分房地产估价机构没有针对自身特有情况对股权比例设置、管理分工授权、利润分配原则等事项进行协调统一的设计和安排。比如：有的房地产估价机构股权过于集中，在进行内部治理的制度设计时要制定有效的制衡机制，防止小股东、管理层和估价师的利益被大股东侵害。

（二）内部治理不合规

估价机构实际控制人请估价师代持股份以满足股东持股比例的要求、请不在机构实际执业的估价师挂靠资质以满足估价师人数要求，这些做法均不合规。

（三）股东（合伙人）退出/加入机制不健全

有的房地产估价机构没有制定股东（合伙人）退出机制，当股东（合伙人）由于退休等各种原因退出时容易产生分歧。股东（合伙人）加入机制关系年轻估价师的职业发展规划，年轻估价师未来职业预期不明，影响估价师劳动关系稳定性，不利于估价机构长远发展。

（四）分支机构管理无序

估价机构对其设立的分公司没有实行有效管理，甚至接受挂靠加盟，其分支自成体系、各自为战，总公司以收取挂靠费用为目的，未切实履行质量控制责任。

（五）内部利益分配机制不健全或不合理

房地产估价机构的利润一般来自三个方面，一是公司股东对估价项目的组织实施（包括公司创立及运营的前期投入、各种条件和关系的积累、培养估价师的投入），二是估价项目的拓展人的市场贡献，三是估价师的劳动和所承担的风险。部分房地产估价机构存在收入成本核算管理不规范，利润分配机制不完善，利润分配没有体现贡献和承担的风险等问题。

（六）风险管控不到位

部分房地产估价机构没有设立独立的风险控制和质量控制部门，或者相关流程执行不到位，造成风险管控和质量控制流于形式。

四、房地产估价机构内部治理的几点建议

（一）房地产估价机构内部治理须根据自身条件进行顶层设计

房地产估价机构在进行内部治理顶层设计时，应综合考虑自身股权结构情况、房地产估价机构自身实力（包括品牌声誉、行业排名、服务能力等）、组织方式、客户类型、业务种类、客户拓展及业务承揽贡献等具体情况，建设具有针对性的内部治理体系和制度。

房地产估价机构的内部治理的核心是利益分配机制，股东之间的利益分配取决于股权结构，股东与估价师（包括市场拓展人员和管理人员）之间的利益分配取决于各自的贡献，房地产估价机构综合实力强，则估价师所分配的利益少，反之，估价师所分配的利益多。

（二）房地产估价机构内部治理应践行"合伙"理念

无论房地产估价机构的组织形式是有限责任公司还是合伙企业，其本质都是"人合"的机构，强调的是人的能力和对机构的贡献。房地产估价机构是估价师的聚合体，共同具有估价师的职业观念，估价师之间相互信任，共创发展，完成共同的事业，具备内部治理践行"合伙"理念的基础。

房地产估价机构内部治理践行"合伙"理念，第一步是达成共识、共同创建，大家共同建设内部治理结构体系、建立内部治理相关制度，这个过程强调的是共同意志，尽量弱化股权大小的影响。第二步是共同遵守、共同承担，共同参与重大事项决策，共同承担机构事务管理、承担业绩创效任务，共同承担房地产估价机构各类风险。第三步是共同分享，分享与贡献相匹配的收益，分享房地产估价机构发展增值收益。

（三）房地产估价机构内部治理应强调"确权"和"明责"

首先，依据相关法律法规、公司章程、合伙协议等分配股东（合伙人）、管理层和估价师相应的责任和权利。其次，根据利益贡献大小、承担风险责任大小，建立合理的内部分配机制。再次，设立权力制衡机制和监督机制，对履责情况形成有效的监督和制衡，做到有权有监督，失责有追责。最后，形成各司其职、各负其责、有效制衡、协调运转的公司治理体系。

"确权"和"明责"必须由完善的制度作为保障，应根据相关法律法规、公司章程、合伙协议等文件制定适合房地产估价机构自身的制度规范，正所谓"没有规矩，不成方圆"。而制度的有效执行，在制衡和监督之外，更重要的是在内部治理中树立规则意识，做到主动维护相关制度的权威、坚决按照相关制度执行。

（四）房地产估价机构内部治理应立足长远发展

房地产估价机构的内部治理不完善轻则导致房地产估价机构股东（合伙人）与管理层、估价师关系不和谐、估价项目执行不顺畅、房地产估价机构竞争力下降，重则导致房地产估价机构股东反目、估价师出走，甚至房地产估价机构分崩离析。反之，有效的内部治理能促使房地产估价机构的股东（合伙人）与管理层、估价师团结，各自发挥自身的最大能力，吸引人才加盟，促使房地产估价机构发展壮大。

立足长远发展的内部治理需要做好三件事情：第一，要根据房地产估价机构的发展规划，论证当前内部治理的适合性，找出需要完善修改的事项；第二，要从经营利润中提取一定比例的发展基金，用于研发新业务，拓展新领域，培养高端人才；第三，要制定股东（合伙人）退出/加入机制。房地产估价机构是"人合"机构，需要新鲜血液的加入，健康地完成新老更替，才能保证肌体的活力。制定股东（合伙人）退出/加入机制，给年轻人以奋斗的希望，让退休的老估价师也适当发挥余热，共同推动房地产估价机构向前发展。

五、结语

内部治理之于房地产估价机构是事关生存的关键事项，房地产估价机构各有其适合内部治理的独特做法，但不可固步自封，也不可邯郸学步、照搬照抄。房地产估价机构股东（合伙人）和管理者必须做好顶层设计，立足长远，同时不断反思、修改完善以适应机构发展的需要。

参考文献：

[1] 中国房地产估价师与房地产经纪人学会.房地产估价理论与方法[M].北京：中国建筑工业出版社，2022.

[2] 中国社会科学院国家未来城市实验室，中国房地产估价师与房地产经纪人学会.房地产蓝皮书：中国房地产发展报告No.20（2023）[R].北京：社会科学文献出版社，2023.

作者联系方式

姓　　名：刘洪帅　何　哲　丁　宁　初永强
单　　位：北京中企华房地产估价有限公司
地　　址：北京市朝阳区朝阳门外大街22号泛利大厦910室
邮　　箱：liuhongshuai@chinacea.com
注册号：刘洪帅（1120050102）；何　哲（1120050150）；
　　　　丁　宁（1120200006）；初永强（1120190070）

对中小规模房地产评估机构内部治理问题的探讨

相 飞 胡 澄 刘红梅

摘 要：我国经济进入高质量发展阶段，房地产评估机构的发展也将从过去提出的"做大、做强"转变为"做优、做强"的高质量发展道路。在此背景下中小规模房地产评估机构如何做好内部治理，以夯实基础，应对高质量发展阶段的要求。本文从产权归属、所有权与经营权、股东之间的利益分配、制衡关系、人力资源、激励机制、分支机构等方面对中小规模机构普遍存在的重点问题进行了分析，从外部的行业管理和内部的机构自身建设两方面，探讨性、概括性地提出了应对措施或建议。

关键词：中小规模评估机构；高质量发展；内部治理；现状与建议

党的十九大报告作出了"我国经济已由高速增长阶段转入高质量发展阶段"的科学论断。党的二十大报告进一步指出："高质量发展是全面建设社会主义现代化国家的首要任务。"高质量发展就是从简单追求数量和增速的发展，转向以质量和效益为首要目标的发展。房地产估价行业自1994年全国性行业组织成立以来，在经历了近30年的快速发展后，随着我国经济和房地产业面临的新形势，也将从过去提出的"做大、做强"转变为"做优、做强"的高质量发展道路，即不再把机构规模扩张作为优先发展目标，而是把提高以估值为基础的综合咨询能力和效益作为首要发展目标。此处的效益包括房地产评估机构及估价行业的口碑、品牌、影响力以及保证机构可持续发展的经营利润。在此背景下，中小规模房地产评估机构如果不能很好地解决在快速发展期积累下来的内部治理问题，高质量发展将无从谈起。

一、中小规模房地产评估机构的范围设定

房地产估价行业目前尚无区分机构规模大小的系统标准，本次探讨以备案级别为参照。从中国房地产估价师与房地产经纪人学会公布的一级机构年度业绩排名以及笔者了解的部分情况来看，一级机构各项业绩指标差异悬殊、分化明显，故将一级机构中执业地域以所驻地为主、年有效收入低于2000万元的机构设为中规模，将二、三级机构统一设定为小规模。

二、内部治理的探讨范围

内部治理可从广义和狭义两个方面理解。狭义的内部治理范围主要指治理结构中所有权与经营权的制衡关系和运行机制、股东（合伙人）之间的利益分配机制。广义的范围还包括了组织形式、股权结构、员工薪酬、质量控制、风险防范、激励机制、人力资源、企业文化、内部审计等。本次仅就中小机构普遍存在的重点问题进行探讨。

三、中小规模机构内部治理的重点问题及建议

(一)治理基础

1. 产权归属

产权归属问题是评估机构内部治理问题的基础,这里的产权是指房地产估价师或其他投资人,通过对评估机构的出资获得评估机构的所有权。俗话说"基础不牢,地动山摇",因此产权归属问题是内部治理首要解决的问题。

在以有限责任公司这一组织形式为主体的房地产评估机构中,产权归属问题基本是明确的。但分两种情况,一是股权分布真实反映了产权,产权由多个股东按份共有;二是实际产权为一人所有,对外公示的大部分股东实际是代持股。2000年脱钩改制成立的首批市场化房地产评估机构,由于历史原因普遍存在股东人数多的情况,而此后陆续成立的机构,股东人数通常少于老机构。根据一项业内调查,房地产评估机构平均股东数量在2003年达到最高的3.8人/机构后,开始逐年减少,2019年约为3.2人/机构。

这里实际要探讨的是产权所有人的多或少,对于中小规模房地产评估机构发展的影响。通过对行业的观察,很多股东人数多的中小机构在经过一定时期发展后,股东之间的各种分歧和股权分散产生的所有者缺位逐渐会成为影响机构良性发展的绊脚石,导致机构各方面发展有所停滞。而一股独大或实质上的一人独资公司,机构利益和大股东利益深度绑定,没有理念和利益的分歧掣肘,这类机构在初创和成长期能够凝聚资源、快速决策、快速执行,使机构规模和影响力得到快速发展。当然这种情况对实际控制人的执业操守有更高要求,如果控制人只以逐利为导向忽视合规经营,则规模越大问题越多,其行为会对整个行业发展造成恶劣伤害。因此本文建议,中小规模机构在早期发展阶段可尽量减少股东人数,同时,行政和行业监管也应加大对机构合规经营的督促与监管。

2. 所有权与经营权

有西方学者认为公司治理研究的是资金提供者如何通过各种治理方式使自己获得回报,其中所有权与经营权的两权分离是公司治理最基础、最重要的理论问题,也是公司治理产生的起点。对于提供咨询服务的房地产评估机构来说,其具有"资合""人合""道合""智合"的特点,资本力量并不能完全决定内部治理方式,评估机构的内部治理更多表现为专业人士的自主协调、自我管理,因此评估机构的两权分离有其自身特点,不同于一般公众公司。

评估机构的两权分离还与机构的成长规模息息相关,当前大多数中小规模机构在实践中基本是两权合一,只有部分大规模机构采取了职业经理人制度,这也是大规模和超大规模机构在其自身发展阶段的必然选择。两权分离能够使所有权人从繁杂的日常管理事务中解放出来,专注于公司发展方向、业务拓展、团队搭建等深层思考。但对于中小规模机构,不能生搬硬套这一治理制度,去设置一些假大空的岗位名称和部门,反而弄巧成拙加大内耗。

3. 股东之间的利益分配

利益分配涉及公平与效率的概念。正是由于评估机构具有"资合""人合""道合""智合"的特点,以及中小规模机构股东两权合一的现实,使按资本投入比例作为利益分配基础的一般机制难以顺畅地在评估机构实行,因为不同股东在公司发展中对公司发展的贡献不能用"资本投入"这个单一维度衡量,有时也无法用对公司的经济收益贡献衡量。但同时,作为有限责任公司,股东又按资本投入比例承担公司的债务风险,这就更加剧了这个问题的复

杂性。现实中，不少中小规模机构正是没有相对公平地解决股东之间的利益分配模式，从而使公司的"人合"产生了问题，一旦团队分裂，就会动摇机构发展的根基。

对于中小规模机构来说，首先，解决"道合"，即评估机构不能只追逐利益，应遵纪守法，合规经营，降低债务风险。其次，应建立风险报酬评价机制，确定基本报酬率，以资本投入为基础，优先解决投入资本的基本利益。最后，在厘清经营管理岗位职责及薪酬考核机制的基础上，建立包括经济收入、业务拓展、机制创新等股东贡献评价机制，对剩余利益进行二次分配。当然，所有的股东利益分配，都应该在完成法定公积留存或公司可持续发展基金后进行。

4. 制衡关系

现代企业管理制度中最重要的篇章之一就是要建立内控制度，核心是组织机构内的权利分配与制衡。这里不做展开，主要强调的是对中小规模中的多股东机构，可借鉴2023年新修订的《中华人民共和国公司法》有关规定，建立以小股东为主的审计委员会，代替现实中"花瓶式"的监事，实行内部定期审计制度。

5. 新老交替

当今社会的经济、科技发展日新月异，评估机构的生存与发展不断面临新的问题，需要一代接一代的评估人去回答属于他们的时代命题，这就涉及新老股东的交替传承问题。流水不腐户枢不蠹，有进有出的机制才能给一个机构带来持续生机和活力。

理论上，评估机构股东或合伙人的进入与退出机制同等重要，而从现实来看，大多数中小规模机构都存在股东进入容易退出难的问题。原因在于，一方面是老股东在公司设立时满腔热情，没有考虑退出机制，另一方面是在成为既得利益者后，或是对于退出的条件存在后顾之忧，或是认为现有既得利益在法理上应该是终身不变的。

在新老传承方面，本文推崇四川恒通评估公司的合伙人文化，其退出机制是"合伙人达到一定年龄必须退伙，保证合伙人的年轻化，摒弃'终身制'"。保障机制是"正常退伙的合伙人，可在未来一定年限内享受事务所的收益，使之老有所养"。简言之，一是要做好"情怀"工作，这需要新老股东达成价值观的共识，二是要做好"对价"工作，这是对老股东历史贡献的肯定。

（二）人力资源

房地产评估机构的高质量发展，离不开高素质人才所贡献的"智合"。而近年来笔者与业内同行交流中，大多数人普遍都提到"人才焦虑"这个概念，在中小规模机构体现得更为明显，近十年来几乎鲜有985、211高校毕业生加入估价行业的中小规模机构，新入行人员学历层次和高校层级普遍不高。虽然说学历不能定终身，但成才率不高是客观事实，这一点从行业检查或评审的报告水平也可略见一斑。究其原因，主要是中小规模机构的业务类型普遍技术含量不高，机构收入一般，社会声誉不足，上升空间狭小，给出的薪酬待遇和其他行业相比没有竞争力，各方面都难以符合优秀青年人才的职业发展目标和现实需求。

中小规模机构的人力资源不足，影响机构以估值为基础的综合咨询能力持续提高。解决建议，一是机构要深刻认识到在高质量发展阶段，机构的生存、发展，靠以前简单的、做样子的评估咨询，这条路走不通了，在真评估、真咨询的需求下，必须要重视对评估人员技能的提升与扩展，加强学习，内部培养；二是精简机构，裁除冗员，提高效率，将有限资金用在引进人才这个刀刃上；三是打开格局，积极拥抱优秀机构，打不过就加入，不妨是一种好的选择。

（三）质量控制与风险防范

应该说在估价行业中谈到内部治理，很多人首先想到的就是质量控制和风险防范，因为这是个老生常谈的话题，行政管理、行业自律和机构自身，都有这方面的管理抓手，很多机构也都建立了成套的管理制度。但这个问题的难点在于大多数中小规模机构的工作重心倾向于市场竞争和规模发展，难以靠自觉约束做到"两手抓，两手都要硬"。因此，解决这个问题还需要依靠行政管理和行业自律两方面的外部力量推动，尤其是行业资信评价和其他信息化管理工具的应用。

（四）激励机制

房地产评估机构的高质量发展问题，归根到底是人的问题，因为一切工作都需要靠人去推动实施，尤其是要靠机构中的骨干人员、中坚力量。对骨干或中坚的传统激励有薪酬激励、晋升激励、股权和期权激励等，通常激励也对应着考核。但现实中，中小规模机构的股权和期权激励极少应用，这里面有制度设计的复杂性，比如如何进入、如何退出、期权如何实现、如何量化股权等技术性问题，也有大股东不愿稀释控制权，担忧股权分散化的弊端等考虑。所以现实中以薪酬激励为主，激励方式单一。

为了建立多方式多维度的激励机制，避免股权激励可能造成的伤筋动骨，建议思考事业合伙人模式在中小规模机构的推行。所谓事业合伙人，不同于法律意义上的合伙人，而是公司管理意义上的，是指公司为适应知识经济时代的发展要求，真正激发知识资本的创造力而设计的一种内部制度安排。事业合伙人机制与公司正常治理机制、管理机制之间，不是取代关系，而是丰富和完善的关系。简言之，对于优秀人才，让他们单纯地以打工方式在公司长期贡献智慧已经不现实了，公司所有权人必须以开放的心态，吸纳优秀人才一起共担责任、共享价值。

（五）分支机构

中小规模机构的分支机构问题主要表现在部分纳入中规模的一级机构。目前，大部分分支机构和总部的关系仅仅是共享一个字号，还没有到共享品牌的程度，因为大多数总部字号其自身在社会上还没有形成品牌效应。现实中，分支机构和总部实质是较为松散的合作关系，总部对分支机构管理的三板斧是：管理费、保证金、盖印章。正是这种松散的非紧密关系，给行业自律和总部对分支机构的管理都带来了治理上的弊端与困难。部分公司只顾分支机构大规模扩张而疏于管理，事实上扰乱了当地估价市场，给自身和行业的品牌形象建设都造成了负面影响。

本文认为，房地产估价行业要高质量发展，一定要加强对分支机构的资信评价和管理。从行业管理来看，分支机构可以共享总部的资质级别和品牌字号，但要建立专门的分支机构资信评级办法，否则难以破解众多"挂靠"性质的一级机构分支机构与本地资深一级机构无差别竞争的不合理现象。从机构自身来看，对分支机构的选择路径首先是直营，其次是与分支机构合伙人采取内部股份制方式，通过直接投资持有分支机构的大部分股权，总部与分支机构风险共担、利益共享。只有通过对过去松散关系的改造，实现总部对分支机构的垂直管理，才能构建起总部机构的品牌和服务质量。以此来看，行业上对分支机构的管理，应剖开表象看实质，即进一步要求机构明确分支机构运营模式，鼓励直营，规范合作经营。

四、结语

房地产评估机构的内部治理内容具体而繁杂,知易而行难,在经济上升阶段大中小机构都在实现增长,良好的外部环境掩盖了内部存在的问题。在经济进入新常态后,外部生存环境的严峻化,内部积累问题的长期化,都成为压在中小规模机构头上的稻草。因此,直面内部问题,主动革新求变,健全自身体魄,才能在高质量发展阶段求得生存和发展。

参考文献:

[1] 关于发布 2022 年度全国一级房地产估价机构排名结果的公告 [DB/OL].(2023-09-30)[2023-08-13]. https://www.cirea.org.cn/content/8002.

[2] 许军,丁晓敏,等.中国房地产估价行业发展模式研究 [C]// 中国房地产估价师与房地产经纪人学会.估价需求演变与机构持续发展:2019 中国房地产估价年会论文集.北京:中国城市出版社,2019:1281-1291.

[3] 赵时康.中国规模化律师事务所内部治理结构及其公司化选择 [D].杭州:浙江大学,2019:4-5.

[4] 李玲,于翔宇.本土会计师事务所的项目管理与内部治理调查分析:基于访谈调研的证据 [J].财务与会计,2023(10):21.

[5] 郭伟.关于事业合伙人的 10 个重要问题 [EB/OL].(2023-10-26)[2023-10-17]. https://mp.weixin.qq.com/s/CX-9bqdYC_4H3Tvs0CEyYw.

作者联系方式

姓　　名:相　飞　胡　澄　刘红梅
单　　位:江苏德道天诚土地房地产评估造价咨询有限公司
地　　址:南京市珠江路 222 号长发科技大厦 12 楼
邮　　箱:275493216@qq.com
注册号:相　飞(1420030024);胡　澄(3220000226);刘红梅(3220140049)

浅析房地产估价机构内部治理存在的问题及健全完善措施

蔡莹莹

摘　要： 房地产估价行业经过20多年的不断发展，估价机构及估价师数量都有了巨大的增长，伴随着行业的快速增长，行业从高速增长转变为高质量发展的过程中，估价机构内部治理也存在着或多或少的问题。估价机构在外部环境剧变的情况下，要不断完善企业组织结构和内部管理制度，加强人才培养，注重创新服务，才能在激烈的市场竞争中谋求一席之地。

关键词： 组织架构；健全制度；人才培养；变革创新

一、当前房地产估价机构内部治理存在的问题

（一）组织架构不合理

当前，市场竞争已深入房地产估价行业的各个层面，管理水平对企业的生存和发展的重要性日益突显。科学合理的组织结构是确保管理效率的基础，是企业实现战略目标和构造核心竞争力的载体，也是估价师发挥各自优势、获得自身发展的平台。房地产估价机构要做大做强、稳健发展，除了通过不断调整和完善所有者与经营者规则问题的企业法人治理结构外，还必须在运作层面上进一步优化估价机构的组织结构与管理，以适应建立和健全现代企业内部决策和管理的要求，减少公司内斗，杜绝组织乱象，提高公司防范风险和严格质量控制的能力，为增强机构竞争力和实现高效运作奠定基础。

房地产估价机构在创业初期，人员和业务量少，很多事情都是领导亲力亲为，随着企业逐步做大后，人员及业务量的不断增加，领导者的精力明显不够用，这主要就是由于组织架构不合理所导致。企业内部权责不明晰，沟通不通畅，导致工作效率低下、沟通成本上升，自身工作不到位，却把责任推给别人，影响企业的外在形象。

（二）重业务轻技术

在经济下行阶段，房地产估价机构在愈加激烈的市场竞争中，过于重视业务数量，而忽视了公司人员技能水平的提升及更新。以笔者所在的城市为例，多数估价机构拉关系、给回扣，想方设法招揽业务，寄希望于业务数量的增加来提升经营收入，而忽视了作为房地产估价机构生存的根本——技术实力，通过关系得来的业务，最终是否能够得到客户的认可，还是取决于房地产估价机构的服务质量、技术实力。而房地产估价机构把大量的精力投入到拉拢关系上，就会降低对公司人员技术能力的提升，因此，就只能做一些技术含量不高的业务，而真正能够增加企业收入、体现公司技术水平的业务，由于房地产估价机构缺乏相应的技术人才，可能也就无力承接，最终又走入到同质化、恶性竞争的怪圈。关系只是敲门

砖，如果仅仅依靠关系，长期依赖关系，而不能提供高质量的估价服务，是不能长久持续发展的。

（三）内部管理制度不健全

1. 质量控制制度不健全

估价报告就是房地产估价机构的产品，产品是否合格，完善的质量控制制度是保障报告质量的基础。但是很多房地产估价机构内部质量控制制度存在明显不足，如缺乏专岗的三级复核人员，工作流程不够合理，各岗位之间的职责和权限不明晰等。

2. 档案管理制度不健全

根据《中华人民共和国资产评估法》的要求，评估档案的保存期限不少于十五年，属于法定评估业务的，保存期限不少于三十年。保存估价档案有利于建立估价档案资料，为今后的相关估价及管理工作奠定基础，同时有助于解决日后可能发生的估价争议，有助于房地产估价行业主管部门和行业协会对房地产估价机构开展有关检查和考核等。在实际中，很多房地产估价机构档案管理制度不健全，导致一些档案在后期查找过程中出现非常大的困难，主要表现在：没有专门的档案存放地点，或者存放地点并不安全，造成档案的损毁甚至丢失；档案存放混乱，没有专人管理，查找起来不方便等。这些问题的出现，主要原因就是房地产估价机构对档案管理未加重视，没有合理完善的档案管理制度。

3. 内部数据库建立不完善

房地产估价中最重要的工作就是房地产信息的收集、整理，这些信息包括市场交易案例（售价、租金）、基准地价、动态监测地价数据、成本资料、统计数据等房地产市场及评估相关的信息资料。目前大多数评估公司的资料收集仍限于单个估价人员独自收集，各自为战，不能达到资源共享和互惠互利。部分评估公司虽已开展了信息化建设方面的尝试，但信息资料的收集、管理、传递、存储和分析大多还停留在半自动化的阶段，也未投入足够的人力和物力，查找和调用信息存在一定难度。目前，一些房地产估价机构的办公流程还停留在比较原始的阶段，智能、信息化办公程度较低，比如：依然采用word/excel的形式登记保存信息，没有运用专门的信息化手段保存，这样很容易造成数据的丢失，且后期查询也并不方便。

（四）专业胜任能力不足

房地产估价机构的核心竞争力在于其专业胜任能力，但一些机构在这方面存在明显不足。国内房地产估价行业起步较晚，从业门槛较低，导致从业人员素质良莠不齐。一名优秀的评估师不仅应该掌握房地产相关的知识，也要熟悉财务、工程管理等方面的知识，还要具备一定的专业技能和实践经验。在实际工作中，一些估价师缺乏必要的专业知识和技能，无法准确、客观地评估价值。同时也缺乏对新兴评估技术的了解和应用，导致评估结果与市场价值存在较大的偏差，影响整个行业的公信力。

（五）缺乏创新能力

目前我国房地产评估机构业务模式单一，基本上只开展针对房地产的评估业务。近年来，传统估价业务明显萎缩，许多房地产估价机构发展遇到困境。原因主要是房地产估价机构生存发展的外部环境较快地发生了重大变化，而房地产估价机构因"路径依赖""因循守旧"，有关思想观念、知识更新、人才培养、内部治理等方面还没有及时跟进和转变过来。现阶段，行业内部竞争异常激烈，房地产估价机构都在想方设法从各种渠道获得业务。但是房地产估价行业受整体大环境的影响及房地产业的拖累，同时也受国家各项政策的影响，整体的业务数量并没有新的增加。机构之间互相争抢业务的情况不胜枚举，行业内部缺乏创新意识，没有想着如何将蛋糕做大，只是在原来的基础上去争夺，这样就会导致房地产估价机构的发展道路越来越难。创新的业务，在前期都是需要慢慢地摸索试错，很多机构负责人并不想将精力放在创新业务上，会认为不一定成功、也不一定盈利。但是，如果都不走出去第一步，那么行业的发展只会越加困难。

二、健全完善措施

（一）优化和完善组织架构

房地产估价机构作为自主经营、自担风险、自负盈亏的独立经济组织参与市场经营服务，其组织架构的合理性、有效性直接影响自身的经营效率、管理效果和服务水平。

1. 制定科学、合理的人力资源结构

根据公司内部成员的能力、业绩等，制定相应的评价标准，充分调动员工的积极性和创造性，保证每个人都能在各自的岗位上发挥最大的能力。

2. 制定科学、合理的激励晋升机制

房地产估价机构是以估价师智力劳动获取收入，有能力和经验的估价人员是公司的主要资产，可以说抓住了人才就是抓住了机构的核心。房地产估价机构应当制定科学合理的晋升机制，让有能力的员工有合适的上升通道，不能论资排辈，让一些没有业绩，或技能停滞的人员占据公司核心岗位，导致新人没有晋升的机会。只有通过估价师个人的晋级发展，才能让估价机构充满生机和活力，推动整个房地产估价行业的不断创新和繁荣。

3. 完善组织结构

房地产估价机构应建立完善的组织结构，明确各部门之间的权责关系和工作流程，确保各项工作的高效运转。同时，应建立跨部门协作机制，促进各部门之间的沟通与合作。

（二）加强人员技术培训

房地产估价机构应当了解企业最终的核心竞争力在于人才，其是否会被市场所淘汰，关键在于机构人员的技术水平。房地产估价机构要提升自身的竞争力，需从以下几个方面入手：首先，要从根本上重视技术，尤其是部门技术带头人，应当不惜成本为机构选拔技术实力强的人员作为领头羊；其次，需加强人员培训和管理，制定切实可行的培训计划，定期为估价人员提供培训和考核，实行优胜劣汰，从而提高人员的专业素质和技能水平；再次，房地产估价机构内部可组织各类学习活动，激励员工积极学习，加强内部交流，形成"比学赶帮超"的氛围；最后，积极参与行业协会组织的各类培训学习，将学习的内容传达给公司内部所有技术人员，组织大家积极学习。

（三）完善内部管理制度

1. 完善质量控制制度

制定完善的报告质量审核制度，设立专门的报告审核岗位，选派本机构的技术实力强的房地产估价师担任审核人员，按照房地产估价相关要求，对估价报告的内容和形式等进行审核，保证估价报告真实、客观、准确、完整、清晰、规范。

2. 完善档案管理制度

制定完善的档案管理制度，并安排专人对档案进行管理，按照《房地产估价规范》的要求，保证估价档案完整、真实和安全，并定期检查估价档案的存档情况。估价档案应有序存放、妥善保管、避免损毁、防止丢失、查找方便。

3. 加强机构内部数据库的建立

房地产估价机构可根据自身情况，成立数据库管理团队。管理团队对相关市场信息数据进行调查、筛选、录入，录入前经过专业人员的审核，确保数据的真实性和有效性。录入信息部分可进行直接共享，部分需进行统计、分析后才能形成可供使用的信息。另外，管理团队需对数据库进行定期维护、更新。

（四）创新服务模式，提高核心竞争力

对于大多数中小规模的房地产估价机构来说，根据自身的发展情况，结合本地的经济特色，找寻本机构的核心竞争力，才能够让机构长期发展下去。

1. 关注城市更新

我国房地产市场已经由"大拆大建"阶段进入更新改造、盘活存量的阶段，外部环境的变化，房地产估价机构是左右不了的，而且这种变化是大势所趋，因此估价机构必须随着环境的变化而不断地求变求新。如果不能及时有效适应环境变化，就会因"自然选择""适者生存"法则而被淘汰。

2. 关注评估个性化需求

传统的估价业务，随着社会的发展及大数据的普及被一点点地蚕食，房地产估价行业要想在剧变的经济环境中立于不败之地，就要关注客户需求，根据市场环境的变化，创造出新的需求。现实工作中，我们发现很多的评估需求，已经不仅限于"法定评估"的需求，很多的评估业务都是能够帮助人们带来好处（或利益）、减少损失、防范化解风险的"自愿评估"。但是像这种个性化的"自愿评估"也越来越多，估价机构不能小觑。

3. 关注不良资产处置业务

经济下行阶段，不良资产的处置成为很多金融机构的头等大事，房地产估价机构不要认为不良资产处置全部都是资产评估的工作，在这个过程中，房地产估价机构依托自身的专业能力，可以为不良资产的出售方及购买方提供个性化的服务，避免陷阱，因为有的不良资产是真便宜，有的是假便宜，因此购买人还需要房地产估价机构提供有关尽职调查、购买分析等专业服务，以防范损失。

三、结语

房地产估价机构虽然面临着前所未有的挑战，机构内部也存在着各种各样的问题，但是我们依然要坚定发展信心，房地产估价行业是一个永久的、社会必要的行业，长期来看还有很大的发展空间，前景广阔。机构想要做大做强，不可一蹴而就，只要坚持不懈地秉承为社会提供高质量服务的信念，不断拓宽发展思路，房地产估价机构就能发展下去。

参考文献：

[1] 鲁和平，张志新. 优化房地产估价机构组织结构与管理的思考[J]. 中国房地产估价与经纪，2021（10）：6-7.

作者联系方式

姓　　名：蔡莹莹
单　　位：河南世纪天元房地产资产评估有限公司
地　　址：郑州市郑东新区和光街 10 号东方陆港 G 栋 4 层
邮　　箱：75113258@qq.com
注册号：4120080069

浅谈评估机构内部治理和内部管理的互存共生

李宇明

摘　要：公司在发展过程中，不少人将公司治理理解成公司管理，其实这两者是存在根本区别的，公司治理是所有权层面的问题，是规范股东、经理人、实际控制人、利益相关者之间关系的顶层制度设计问题；公司管理是经营权层面的问题，是经理人在获得股东授权的前提下，为实现经营目标而采取的一切经营管理行为。但它们之间也不是完全割裂的，因为它们有一个共同的目标就是企业价值创造。本文试图通过分析两者的区别与联系，剖析现代企业，特别是评估机构在发展过程中遇到的内部治理和管理问题，以寻求解决的途径，实现机构在内部治理和内部管理的互存共生。

关键词：评估机构；内部治理；内部管理；区别与联系；互存共生

我国评估行业始于20世纪80年代，经过近30年的发展，目前全国有各类评估机构1.4万余家，执业评估师13万余人，从业人员60万余人，资产评估日益成为保障人民和公共财产的一个重要制度。在新的行业法《资产评估法》的规范与指导下，我国资产评估行业将由此迈上更高水平的发展阶段。

评估机构最早在建设部、财政部、国土资源部分线管理下设立，通常为各地的建设局、国资局、国土局成立的事业单位。自1998年全国房地产评估机构、土地评估机构及资产评估机构相继脱钩改制起，评估公司真正脱离政府相关部门改制成有限或合伙企业，随后民间机构纷纷加入，评估机构的发展得到空前壮大。

评估机构在发展的初级阶段，通常以家族式管理模式存在和发展，机构规模不大，业务普遍单一，管理扁平，管理能力较低，家族式管理模式的局限性在于管理团队的专业素质和管理水平受到家族成员（原始股东）的局限，缺乏专业的管理知识和技能，不利于企业的长远发展。随着社会经济的发展，评估业务出现极大的分化，业务种类逐渐增多，评估机构开始意识到需要逐步推进现代企业制度的转型，广泛吸纳外部人才，提高企业管理的专业化水平，也让机构逐步在企业治理和企业管理上有了进一步的认识。

一、企业内部治理和内部管理的区别和联系

（一）企业内部治理的概念

企业内部治理是指企业为了实现良好的组织管理和运营效率而采取的一系列制度、规范和流程。其主要特征表现在两个方面：①自我实现性，主要通过董事会、监事会和股东来实现；②在所有者和经营者博弈中注重设计理性，即从股东角度出发设计制度安排激励约束经营者。

一个良好的公司治理结构能够确保企业决策的科学性和合理性。公司治理结构包括董事会、监事会和高级管理层等，他们负责制定公司的战略目标、决策和监督公司的运营。

（二）企业内部管理的概念

企业内部管理是指公司为了实现风险管理、资源保护和运营效率而建立的一系列制度和流程。内部管理包括风险管理、内部审计、内部监测和内部信息披露等方面。

一个有效的公司内部治理模式能够促进企业的稳定发展和健康运营，提高公司的竞争力和利润能力。企业内部管理是社会经济发展到一定阶段的产物，随着企业的所有权和经营权逐渐分离，所有者通过契约委托经营者管理企业。

（三）企业内部治理和企业内部管理的区别

1. 权益的区别

企业内部治理是所有权层面的问题，是规范股东、经理人、实际控制人、利益相关者之间关系的顶层制度设计问题。

企业内部管理是经营权层面的问题，指的是经理人在获得股东授权的前提下，为实现经营目标而采取的一切经营管理行为。

简而言之，企业内部治理关注的是CEO之上的问题，企业内部管理关注的是CEO之下的问题。企业内部治理是有关企业决策管理的权力安排，不涉及员工、财务、业务管理。企业内部管理重在组织员工、资源去完成企业的经营目标。

2. 运行体系的区别

企业内部治理是企业内部治理制度的安排，是给企业提供一种运行的基础和责任体系框架，而企业内部管理主要涉及具体的运营过程。这两者考察企业的角度、研究企业的核心内容、在企业管理中地位和发挥的作用都不相同。

3. 制度设计上的区别

（1）从创造财富的角度来看，二者都是为了实现财富的有效创造，但是扮演的角色不同；企业内部管理是指如何创造更多财富的问题，而企业内部治理是研究如何分配财富，确保得到财富的人有更大的积极性继续创造财富。

（2）从制度安排的层次来看，企业内部治理规定了整个企业运作的基本制度框架；企业内部管理是在这个限定的框架下规范企业趋向既定目标——价值创造。

（3）从制度的具体内容来看，企业内部治理是股东大会、董事会、监事会、经理层的相互制衡机制、结构和联系的体系；企业内部管理是管理层及其下属人员确定目标以及实现目标所采取的行动，主要包括人力资源管理、财务管理、市场营销、生产管理等。

（四）企业内部治理和企业内部管理的联系

企业内部治理和企业内部管理虽然存在本质区别，但他们之间也不是完全割裂的，是存在有机联系的，因为他们有一个共同的目标就是价值创造。

价值创造是创造什么样的价值呢？是企业利益最大化？是股东价值最大化？还是社会价值最大化？这个问题的答案其实回答了企业内部治理和企业内部管理价值创造以什么为目的。如果企业在创业阶段，这时候企业内部治理和企业内部管理价值创造的目的就是实现利益最大化，因为这个时候的企业最缺乏资金，为了生存下来必须以利益最大化为目标。过了创业阶段，进入成长期之后，企业内部治理和企业内部管理价值创造的目的就需要有两条主线结合：明线是社会价值最大化，暗线是股东价值最大化。社会价值最大化的目标可以使企业获得更多的社会资源和政府资源，股东价值最大化的目标会使企业更具有投资价值。

二、评估机构内部治理和内部管理现状及存在的问题

如前所述，评估机构的出现和发展有着自身和社会性的规律，在发展过程中，自身机构的大小、采用的治理或管理模式、所处的城市经济环境、行业监管环境、竞争环境等不尽相同，发展的速度和规模自然就千差万别，对企业内部治理和内部管理的概念及运用也就不同，普遍存在以下问题：

（一）发展定位不明确

追求全牌照大而全的方向，抑或做专做精，还是随波逐流？大部分企业在发展定位上飘忽不定，不注重实际，好高骛远或能力有限，心有余而力不足，容易走极端方向。

（二）内部治理轻重不分

企业董事长、总经理、副总经理应该分工合作、各司其职、各负其责，但普遍机构不注重战略和业务，管理过于精细化，文山会海，管理过细，导致企业内耗严重。

（三）管理层定位不清

一家企业最大的内耗，就是"管理错位"。很多机构会存在着这样的情况：高层干着中层的事，中层干着基层的事，基层在干员工的事，而员工们则在讨论国家大事，管理者没做好角色定位，搞混了自身的职责，结果业绩没做出来，自己倒先累死了，员工却无事可做。

（四）人才结构和人才战略失衡

激励机制和奖惩制度设计不合理，奖勤罚懒往往变成奖懒罚勤，"劣币驱逐良币"，员工失去信心，人才流失严重。评估机构极易陷入人才需求的恶性循环：一方面，机构业务渠道不多、业务拓展能力不强、经营效果一般，无法支撑更高的人力成本；另一方面，面对复杂或新兴的业务，因为没有人才的消化，不敢承接或无法承接，导致业务流失经营困难，更无法吸纳更好的人才。

三、如何实现评估机构内部治理和内部管理的互存共生

衡量一个企业的制度是否有效的标准，就是能否为企业创造价值，这是企业家和股东们所希望的。要达到这样的一个评判标准，就需要企业内部治理制度与企业内部管理制度互相配合，相得益彰。

本文认为，现阶段下评估机构应因自身问题，在企业内部治理和内部管理上做到：

（一）战略定位合理、科学、具有可操作性

合理的战略规划可以使企业的内控管理效率大幅度提高，确保企业的治理水平迅速达到所有者和管理层的预期目标。国内的机构大部分从房地产、土地和资产三线上改制设立或分立成立新的机构，并伴随着中国房地产和经济的高速发展步入黄金时期，部分社会资源、人力资源丰富的机构逐渐从单一的评估发展成具有评估、咨询、开发、物业管理、大数据、物业投资、房产金融等领域，这是集团化战略，是具备多牌照下的大而全战略，这些机构在竞争日益白热化的评估行业中无疑异军突起，但对普通机构而言不具操作性；部分定位精准的机构，在自己的突出或竞争性暂时不大的领域做精做深，做专做实，他们摒弃大而全的战略思维，在评估行业内以行业专家的身份处于专业的位置而不具备可替代性；而大部分的机构，目前都只能在自己的传统评估领域内苦苦挣扎，没有专精深的耕耘，没有具体的发展方

向,随波逐流,评估业务单一,低价竞争激烈、人才流失严重、业务难以为继。

战略方向不明确,发展定位不清晰,在面对激烈的竞争环境和日新月异的社会变化中,注定只是随波逐流。

(二)管理层分工明确,各司其职、各负其责

董事长对董事会、对股东负责,做好战略管理,确定企业未来发展方向,解决如何发展的问题;总经理对经营负责,做好企业经营管理,落地实施企业战略;副总经理执行企业战略,实现各自分管领域的目标,做好内部管理。

评估机构改制成为企业,投身于市场经济之下,必然存在激烈的市场竞争,股东和管理者必须要清晰地认识到,一个企业的生存和发展是放在第一位的,本文认为,评估机构如同千千万万的企业一样,作为企业在定位上首先是一家企业,之后才是专业机构,没有业务和利润,企业就难以为继,更谈不上专业化。市场是残酷的,企业要靠利润支撑而不只是靠情怀,企业首当其冲要解决的是业务和发展问题而不是管理,没有业务,管理问题就突出,业务足够多,管理问题可能就迎刃而解。

(三)设计好人才结构和人才策略

首先,人才是企业的重要资产和决策参与者,他们的积极参与可以提高企业的创新能力和竞争力。企业应该鼓励优秀人才参与企业治理和决策的过程,通过建立员工代表机制、员工参与决策和分享企业利润等方式,提供更多的晋升机会和激励措施,激发员工的工作热情和创造力。

其次,企业需要挖掘或吸纳核心人才,所谓"千军易得,一将难求",对核心人才,企业在培养上需要好的策略,让核心人才参与企业剩余分割就是让核心人才分享企业成长的好处。

最后,是人才策略的可持续性问题,一个好的策略应该具备长期价值,而不能是一锤子买卖,公司在人才方面的投资和研发方面的投资是一样的,都具备投资大、周期长、风险高但一旦成功也收益巨大的特点。

(四)确立企业文化和企业愿景,增强企业价值认同

企业使命、愿景、价值观是企业文化的重要组成,要得到企业全体包括利益相关方的最大限度认同。价值观是企业经营哲学中最为核心的部分,由价值观出发,企业会形成经营理念、生产理念、安全理念等更为具体的理念,最后这套理念体系又会表现为一系列行为准则。很多企业思考的问题,自始至终是"怎样赚钱",却很少思考"为什么赚钱"。如果把"赚钱"当梦想,那么每个员工都会仅仅思考如何实现个人利益最大化,偷懒,腐败,可能防不胜防。所以,作为CEO,一定要想清楚,到底什么才是这家企业的梦想。把梦想当成目标,赚钱当成结果,这家企业,才可能是万众一心、富有战斗力的企业。

(五)做好企业传承

中国市场化改革到现在已经历三十多年,评估机构的脱钩改制也有三十几年,很多机构刚好到了传承的时候,这是企业必须经历的一个周期,只有这样,企业的稳定性和可持续性才能得以保障。近几年,大部分机构已开始意识到企业传承的重要性并已开始着手准备,但不约而同地都遇到诸多问题:

首先,传承一个很核心的部分是创新,企业必须创造价值,才能传承。很多机构还没有累积足够的经验,也还没有在管理、治理上面开始下功夫,这在未来经济的快速发展中将是很大的风险。

其次，评估机构普遍对被传承对象放心不下，担心他们会做不好。但如果不把他们放上来，那么他们就无法真正体验到企业传承所强调的信任、价值观、团队精神和长期主义的重要性。

最后，企业二代必须承担具体的角色，才会理解这些核心的东西，否则二代都不理解一代，怎么去建立信任？接班者不仅要有意愿，而且要有强烈的意愿，因为接班者承接的不是财富，而是一个责任，如果没有强烈的意愿，实际上是接不来的。

四、结语

关于企业内部治理和企业内部管理，既是一个大课题也是一个整体性、系统性的问题，由于篇幅所限，本文无法一一阐述和分析。作为现代企业，内部治理和内部管理需要同时兼顾，不可偏颇，内部治理是战略是方针更是方向是大局；内部管理是局部是实操是执行；内部治理指导内部管理，内部管理贯彻内部治理，这是一个互存共生的关系。

参考文献：

[1] 吕宏阳. 我国上市公司的公司治理特征与经营风险管理程度的实证分析[J]. 中国优秀硕士学位论文全文数据库（博硕），2008：50-52.
[2] 张横峰. 内部控制、公司治理与非效率投资[M]. 北京：社会科学文献出版社，2017.
[3] 小伯乐. 怎样实现公司治理与公司管理的有效融合和衔接，高效提升治理水平[EB/OL].（2023-10-12）[2023-10-11]. http：//www.360doc.com/content/20/0618/02/68669990_919168606.shtml.
[4] 企业三法宝：愿景、使命、价值观[EB/OL].（2023-07-22）[2023-06-12]. https：//zhuanlan.zhihu.com/p/147672822.
[5] 张中锋. 传承：一种关系及其隐秘动力[M]. 北京：机械工业出版社，2023：20-21.
[6] 曹慰德，范博宏. 企业传承，如何破解难点和痛点[Z].《正和岛》资讯平台十周年特别栏目十日谈第三季"生活与生意"第7期，嘉宾：曹慰德（音昱创始人、万邦泛亚集团主席、新加坡船王第四代掌舵人）、范博宏（光远薪传创始人、曾任教香港大学和香港科技大学）.

作者联系方式

姓　　名：李宇明
单　　位：广东公评房地产与土地估价有限公司
地　　址：珠海市香洲区吉大九洲大道中2089号温莎国际大厦十七层
邮　　箱：908223967@qq.com
注册号：4419980107

房地产估价机构发展困境及优化治理

李忠灿　程玉龙

摘　要：2023年房地产业外部环境的不确定性，对房地产估价行业的发展造成了一定的冲击，使得传统的企业也开始面临行业发展的困境，房地产估价企业也不例外。在这个危机与机遇并存的时代，如何有效避免房地产估价企业的过密化发展，成为亟待解决的问题。这不仅需要更多地立足于当前房地产业发展的外部环境，改善和治理房地产估价企业的内部环境，还需将不确定因素转化为企业未来的可确定性因素和可持续发展的路径。

关键词：不确定性；房地产估价机构；发展困境

在竞争日益激烈的房地产估价行业中，随着信息技术的不断进步，传统的手工估价方法正在被自动化和数字化的工具所取代，付费方式也从传统的根据工作量和项目的复杂程度收费变为按照估价报告的详细性和精准性决定收费金额。传统估价业务的市场规模越来越小，仅靠传统业务生存的房地产估价机构也逐渐开始为以后的发展探索新的机遇。

在房地产估价行业，行内人士普遍将其归类为"资源紧密型行业"，因此，良好的资源关系也自然而然地被视为第一要务。特别是在一些三四线城市，房地产估价机构的项目主要来自政府机构、金融机构和一些国有企业，这些机构通过良好的资源关系获取业务，而这些最直接、快捷的渠道业务往往也是竞争最激烈的领域。然而，如果房地产估价机构只注重眼前的利益，将盈利视为唯一的目标导向，很容易在价值公允方面失去原则，导致企业在提供多元化服务和品牌形象建设方面无法取得长足发展。

一、房地产估价机构发展存在的困境

（一）房地产估价机构的技术能力存在不足

房地产估价机构往往面临资源和资金方面的限制，导致其在技术的研发和应用上相对滞后。首先，房地产估价机构可能缺乏先进的估价技术。在估价领域，随着科技的迅速发展，出现了很多新技术和工具，如人工智能、大数据分析、虚拟现实等，这些技术可以提高估价的准确性和效率。然而，房地产估价机构受限于资源和资金，难以投入大量的研发和采购费用，因此可能无法及时采用这些先进的技术。其次，数据分析能力也是房地产估价机构技术能力的一个薄弱环节。在估价过程中，对大量的房地产市场数据进行准确的分析和解读，对于估价工作的准确性至关重要。房地产估价机构可能没有高级的数据分析工具和专业的数据分析人员，导致他们在数据处理和趋势预测方面可能存在不足。也正是这种技术上的差距导致房地产估价机构在市场竞争中处于相对劣势的位置，进而限制了他们在房地产估价行业的发展和业务增长。

（二）房地产估价机构技术力量薄弱，估价风险监管不到位

根据目前注册的房地产估价师数量以及专职从事相关工作的人员数量来看，可以发现其中一部分人虽然具备估价师资格证，但尚未真正从事相关工作。而在一些规模相对较小、资质不足的机构中，他们会通过购买或者租借他人的资质证书扩大业务范围和规模，支撑自身对应的资质对估价师的数量和技术能力的要求，这也就是所说的"证件寻租"模式。关于这种模式在市面上一共细分为两种，分别称为"挂证不挂章"和"挂证挂章"模式，尤其是"挂证挂章"模式无论是对于持证人还是对估价机构都会存在着较大的风险隐患。对于持证人来说，如果其本身的资格证书被滥用或非法使用，他们可能会面临着一些道德和法律风险，对于一些房地产估价机构所提供虚假的证件或执业资格，严重违背了职业道德和法律原则，这种违法行为一旦被曝光，机构不但会面临刑事责任、行政处罚或经济赔偿等法律制裁，也会使机构和从业人员面临更大的职业风险。

（三）房地产估价机构在人员配置方面缺乏有经验的人才

在房地产估价业务中，我们常常会发现房地产估价涉及的专业领域十分广泛，例如房产估价、土地估价、物业管理估价等都需要房地产估价师具备相应的专业知识和技能，而目前市场上的房地产估价机构多数都没有开展相关方面的业务，对房地产估价方面知识也不是很了解。再加上一些房地产估价机构中的大多数评估人员仅限于通过房地产估价师考试，但实际经验不足，估价报告质量参差不齐，其缺乏高素质、专业化的评估人才。还有一些房地产估价机构的执业人员大多是由经验丰富的老同志兼职，年轻人多为刚毕业的大学生，他们缺乏对房地产估价的正确认识，缺乏对市场行情的深入了解，不能根据市场行情对房地产价值做出准确的判断，出具的报告也缺乏准确性。

（四）传统的估价业务以及收费方式难以应对市场的变化

当前，大多数的房地产估价机构在经营过程中仍然以土地估价、房屋估价、银行抵押等传统业务为主。随着人工智能、大数据和互联网技术的发展，越来越多的在线房地产估价平台和应用程序涌现出来，对传统的估价业务带来了新的挑战。例如，一些平台和应用程序可以基于海量的房产数据和市场数据，利用算法和模型进行自动化房地产估价，客户可以通过手机应用或网站提交房屋信息，然后系统根据数据分析和算法计算出房屋的估价，而这种业务模式更加便捷、快速，并且在一定程度上提高了估价的准确性，从而降低了房地产估价机构的市场占有率。相应地，其收费模式也发生了一些变化。例如，一些在线房地产估价平台会提供免费的快速估价服务，客户只需要提供一些基本信息即可获得房屋估价，而对于需要更详细的报告或特定服务时会根据报告的详细性和准确性决定收费金额。相对于传统业务中按照项目复杂度和工作量收费的方式，新的精准化定价模式可能会对传统业务的收费方式产生冲击，并且可能会导致一些简单估价项目收费减少。

二、房地产估价机构优化治理对策

（一）积极拓展新型业务，丰富估价产品的种类和内容

从当前形势来看，房地产估价机构可以继续保持专业的估价能力和经验，提供高质量、精准的估价服务，机构应加强对员工的培训和行业知识的更新，确保估价报告的准确性和可信度，通过深入了解房地产市场和行业趋势，提供精准的市场分析和咨询服务，为客户提供

更多元的服务。同时，积极开拓新业务和创新性估价产品，以满足不同客户群体的需求。例如，针对投资者或金融机构，可以开发专门的投资回报评估产品、为投资者提供资产组合评估和风险分析服务、为企业提供资产组合评估工具等，通过不断研发与市场需求匹配的新产品，可以提升机构的竞争力并扩宽收入来源。另外，借助人工智能、大数据和机器学习等新技术，房地产估价机构可以提升工作效率和准确性。以智能化的估价工具为例，房地产估价机构可以利用人工智能和机器学习算法开发自动化估价工具。这些工具可以根据输入的房地产数据和市场因素，快速生成初步估价结果，并对不同因素的影响进行分析，提供更准确的估价信息。这样一来，房地产估价机构在保持专业的"精""专"式优势的同时，还可以积极开拓新业务和创新估价产品，以适应市场需求变化，进一步提升房地产估价机构的发展和业务增长。

（二）挖掘自身发展优势，提高在市场上的核心竞争力

房地产估价机构的发展必然需要敬畏行业、把控原则、严控技术和对每一个估价项目都秉承勤勉尽责的态度，才会使得企业得以长久发展。任何一个大企业的成功都是从小企业逐渐成长起来的，保持对行业的敬畏之心，深入了解行业的规范、法规和潜在风险，及时调整和适应新的变化，不断提高自身的能力和水平。持续关注并采用最新的技术和工具，以提高企业的运营效率和客户体验。例如，使用虚拟现实技术进行房屋看房体验，利用大数据分析预测房地产市场趋势等，以增强企业的市场洞察和决策能力，提高房地产估价的效率和精度，确保技术的严控和应用的正确性。积极关注行业动态，并不断学习和提升自身的专业知识和技能。通过参加培训、研讨会、行业协会等活动，不断改进自身的业务流程和管理能力，以适应市场的变化和发展。同时，房地产企业可以树立自己的品牌形象和价值观，强调企业的核心优势、服务理念和承诺，并通过有效的市场推广和宣传活动传递给目标客户，从而增强核心竞争力和市场地位。

（三）提升企业决策高层的思维格局，将企业做大做强

企业保持前瞻性和竞争力的要素众多，其中企业领导人的行业高度以及其对新兴市场的研判能力起着至关重要的作用，有时一项政策的出台或调整，都可能会对整个行业产生稳步推进的效果。首先，企业领导人的行业高度是企业保持前瞻性和竞争力的核心，他们需要对行业的发展动态、技术变革、市场趋势等拥有深入的了解和见解，通过持续的学习和思考，领导人能够预见行业的未来变化，并及时制定适应性战略。其次，领导人对新兴市场的研判能力至关重要。随着科技的快速发展和市场的变化，新兴市场不断涌现，一些企业在实施新的发展战略的过程中，在不断测试和调整中不断碰壁，这就需要领导人具备独到的洞察力和判断力，准确把握新市场的机遇和挑战，密切关注市场趋势、竞争对手的动态，并以客观的数据和深入的分析为基础，做出明智的决策和投资。同时还应鼓励团队成员多方位思考问题，积极引进先进技术和创新思维，推动企业不断迭代和革新。

（四）规范自身经营行为，建立健全内部监管机制

房地产估价机构应重视规范自身经营行为，加强内部控制和监管机制，确保估价工作的准确性和合规性。积极提升自身的估价能力，通过培训和专业提升，提高估价人员的专业素养和技术水平的同时，还应积极配合行业协会和监管部门的监督和检查，接受定期的审查和评估，确保自身符合行业标准和法律法规。另外，相关监管机构也应加强对房地产估价机构的监管，建立更加严格的准入制度和审批程序，加强对房地产估价机构的抽查和监督检查，确保估价机构能够按照规范进行业务，并对发现的违规行为进行严肃处理。在估价市场中，

透明度和诚信是非常重要的基石，只有估价机构能够做到严格遵守规范，展示专业能力，树立良好声誉，才能取得客户的信任，并为行业的可持续发展做出积极贡献。

三、结语

随着房地产估价行业的不断发展，越来越多的企业开始看到了这个市场的巨大潜力，跨界竞争者也开始进入这个领域。这些竞争者来自不同的行业，如金融、科技、房地产等，他们的进入打破了原有估价企业之间的竞争格局。如果行业的更替从大数据的迭代开始，那么在房地产估价领域，大数据技术的迅速发展无疑也会掀起一波新的革命，它不仅可以成为房地产估价行业的辅助工具，也可以为其他跨界竞争者进入房地产估价行业提供推动力。而这些竞争者将利用自身领域的技术和资源，进一步扩大行业的范围和影响力，共同推动行业市场环境的变革和发展。因此，未来的房地产估价企业需要不断创新和进取，掌握前沿技术和趋势，不断提升自身的核心竞争力，才能在行业的激烈竞争中立于不败之地。

参考文献：

[1] 只有内卷的企业没有内卷的市场 [N]. 中国经营报，2020-11-02（A01）. DOI：10.38300/n.cnki.nzgjy.2020.003296.

作者联系方式

姓　　名：李忠灿　程玉龙

单　　位：河南尺度房产土地资产评估有限公司

地　　址：郑州市东风路东 18 号金成国际广场 6 号楼东单元 1204 号

邮　　箱：hncdpg@126.com

注册号：李忠灿（4120130027）；程玉龙（4120140021）

房地产估价机构内部管理国际经验借鉴

吴 数

摘　要：为了适应房地产行业新的发展阶段，房地产估价机构需要转型。发达国家房地产行业在20世纪60年代经历过类似的发展情况，房地产估价机构成功实现了转型。本文介绍了国外房地产估价机构转型的背景，以及转型之后的情况，供相关机构借鉴。

　　关键词：房地产估价；发展阶段；机构转型；国际经验

我国房地产市场发展到了历史性的转折点，开始由第一个发展阶段向第二个发展阶段转变。房地产估价行业与房地产市场的变化紧密相关，也要从第一个发展阶段向第二个发展阶段转变。在这个转变过程中，有哪些国外的经验可以借鉴？本文首先介绍国外房地产估价行业概况；其次，通过比较中美两国房地产估价机构的差异，提出我国可以借鉴的国外经验；最后，展望我国房地产估价行业的未来发展。

一、国外房地产估价行业概述

（一）国外房地产估价行业发展历史概述

1. 房地产估价行业的几个历史发展节点

1932年，美国估价学会（Appraisal Institute）成立。

1949年，世界不动产联盟FIABCI成立，促进了世界各国房地产专业人士的交流。1985年，《国际估价准则》第一版，由国际估价准则委员会IVSC发布，为世界各国房地产估价师的交流与发展指明了方向。

2. 国外房地产估价行业发展概述

世界各个国家房地产行业的发展处于不同的发展阶段，因此，各个国家房地产估价行业的发展也处于不同的发展阶段。在有些发达的国家，例如：美国，房地产估价行业的发展比较成熟。在有些发展中国家，例如：土耳其、越南，房地产估价行业发展的状况与我国比较相似，处于相同的发展阶段。在有些不发达的国家，房地产估价行业刚刚起步，落后于我国房地产估价行业的发展。

美国的房地产估价行业发展比较早，发展速度比较快，领先于世界各个国家。以下重点分析美国房地产估价行业的现状，寻找可以借鉴的经验。

（二）美国房地产发展历史概述

美国近代房地产历史经历了三个发展阶段：开发阶段，投资阶段和证券化阶段。

虽然每个发展阶段的主角都不同，但是，作为配角的房地产估价机构一直都存在，并且，随着主角的改变，房地产估价机构一直在改变，以便适应新的主角的要求。

1. 开发阶段，主角是房地产开发商

1945年，第二次世界大战结束之后，美国的人口出生率迅速增加，为房地产开发商带来了商业机会。在20多年的时间里，美国房地产开发商为了满足不断增加的住房需求，建造了大量的住宅。在这段时间里，房地产开发商，房地产估价机构以及其他的房地产相关行业都迅速发展起来。

20世纪60年代末，虽然住房的供给不断增加，但是，人口不再增加了，人均住房面积达到了50平方米，新建住宅的需求减少。这时，房地产开发商大量倒闭，逐渐失去了主角光环。房地产估价机构的传统业务模式也逐渐失效，面临着转型问题。

2. 投资阶段，主角是房地产REITs

新建住宅的需求减少之后，进入了存量房时代。目前，在美国交易的十套住宅中，仅有一套是新房，其余九套是存量房。在这个阶段，以提高存量房的使用效率为主要目的的REITs取代了房地产开发商，成为房地产市场的主角。REITs从市场上募集资金，购买并长期持有大量的房地产，通过提高运营房地产的效率，获得租金和房地产的增值收益。

在这个阶段，美国房地产估价机构成功转型，在做好银行抵押评估业务的基础上，为房地产市场上这个新的主角REITs提供更多更好的服务。

3. 证券化阶段，主角是房利美和房地美

20世纪90年代末，市场上REITs运营的房地产已经达到了平稳阶段，房地产市场的发展又一次到了瓶颈期。为了促进房地产市场的发展，同时，降低银行抵押贷款的风险，美国设立了房利美和房地美，收购银行的抵押贷款，以此为底层资产，向全世界发行债券。

在这个阶段，美国房地产估价机构又一次成功转型，在做好传统业务的基础上，为房地产市场上这个新的主角——房利美和房地美，提供优质服务。

(三) 美国房地产估价机构概述

1. 美国估价机构

美国目前有房地产估价机构4 300个，估价机构无级别认定。2022年，房地产估价师平均年收入61 000美元。

美国的估价业务主要分为抵押评估，征收评估和咨询服务。在征收评估中，估价师的权利和责任都很大，业主的补偿金额由估价结果确定，政府不参与评估工作。

2. 美国估价行业

住宅的评估报告是表格式估价报告，估价软件与相关数据由第三方提供。美国为估价机构服务的数据公司较多，能够提供估价对象的历史交易价格，可比案例的市场价格，以及近期同类房地产投资收益率IRR等。

二、房地产估价机构内部管理国际经验借鉴

通过比较中美两国的房地产估价机构，现阶段，在以下三个方面，可以借鉴美国的经验。

(一) 房地产估价师参与业务拓展

在美国的房地产估价机构，房地产估价师不是像学生完成老师留的作业一样，仅在办公室做估价报告，而是直接与客户接触，拓展房地产估价业务以及房地产咨询业务。美国的房地产估价机构激发了房地产估价师拓展业务的潜能，提高了估价师的收入。

房地产估价师有技术优势，可以根据自己的专业知识，分析客户遇到的问题，帮助客户

解决问题，并产生新的业务需求。

例如，在美国佐治亚州，亚特兰大市，某房地产估价师在为业主评估一处房产价值时发现，该业主在不同的城市有多处房产，出租给了不同的酒店管理公司，包括万豪、希尔顿、威斯汀等。该估价师给业主提出建议，把这些房产集中起来，做成一个酒店REITs。该业主最终采纳了估价师的建议，委托估价师对每一处房产都进行了价值评估，并委托估价师提供酒店REITs的咨询服务。

（二）房地产估价机构的业务特点突出

美国的房地产估价机构一般都有其业务特点，业务特点是各个估价机构长期稳定地获得经济效益的根本保证。

例如，上面提到的亚特兰大市的这家房地产估价机构，主要从事旅馆和酒店房地产的估价和咨询工作。该机构对亚特兰大高档、中档、低档的每一家酒店都了如指掌。该机构的估价师知道每一个酒店房产的业主情况，包括股权结构、抵押贷款银行、抵押贷款数量、酒店房产的物理状况；包括酒店的功能、建筑面积、竣工时间、酒店房产的价值；包括历史成交的价格、成交的时间、目前的租户和租金等。由于该机构有这个特点，客户在亚特兰大做酒店价值评估和投资咨询时，首先选择这家房地产评估机构。

美国犹他州，盐湖城的一家房地产评估机构，主要从事购物中心的估价和咨询工作。该房地产评估机构对犹他州所有区域型购物中心、社区型购物中心、邻里型购物中心都很熟悉，包括购物中心的业主和租户、购物中心的运营和管理、购物中心的租金和售价等。由于专注于购物中心的估价和咨询，该机构的估价师还与大学教授联合进行相关的科研工作，一些估价师还获得了硕士学位和博士学位。也正是由于这个业务特点，很多大型金融机构需要在犹他州做购物中心抵押评估时都指定这家估价机构，尽管这家估价机构评估费收费比较高。

（三）房地产估价机构的管理方式灵活

为了实现收益最大化的目标，不同的房地产估价机构，根据实际情况，对于不同的房地产估价师，采用不同的管理方式。

例如，在美国科罗拉多州，丹佛市的一家房地产估价机构，有一些房地产估价师每天按时上班和下班。但还有一些房地产估价师，他们在家办公，每周仅有一天到公司来开会。房地产估价师的收入仅与工作业绩有关，与办公地点无关。

美国有一些房地产估价机构的管理方式类似于律师事务所的管理方式，一位持证估价师，带领几位辅助人员，组成一个团队，对外以估价机构的名义承接业务并完成业务，业务收入与公司分成。上面提到的丹佛估价机构，在家办公的房地产估价师，他们的团队就是这样的工作方式。

三、美国房地产估价机构发展历史综述与我国房地产估价机构的未来发展

（一）美国房地产估价机构发展历史综述

美国的房地产估价机构不是房地产市场的主角，是配角。在房地产市场发展的三个阶段中，每个阶段的主角都有变化，每一次主角的变化都要求配角转型。每一次房地产估价机构的转型都提高了房地产估价机构的人才水平、管理水平和收入水平。房地产估价机构在变化中不断发展和进步，一直在房地产行业中发挥着重要的作用。

（二）我国房地产估价机构的未来发展

我国房地产行业发展比较晚，刚刚经历从第一个发展阶段向第二个发展阶段转变，房地产估价机构刚刚开始第一次转型。未来，我国房地产行业从第二个发展阶段向第三个发展阶段转变的时候，房地产估价机构还需要经历第二次转型。每一次房地产估价机构的转型都将提高房地产估价机构的人才水平、管理水平和收入水平。我国的房地产估价机构一定会越来越好！

参考文献：

[1] 美国国家统计局网站 [EB/OL].（2023-07-26）[2023-07-25]. http：//www.census.gov.

作者联系方式

姓　　名：吴　数

单　　位：北京东方美评科技发展有限公司

地　　址：北京市海淀区车公庄西路 35 号，北工大留学生园 102 室

邮　　箱：shuwu@sohu.com

第二部分

内部治理体制机制

刍议估价机构的管理组织架构设置

徐进亮　毛胜波

摘　要：管理是一门技术，需要管理者不断学习提升。估价机构的组织架构设置是管理体系中的关键环节。本文结合估价机构特征与管理核心环节，分析估价机构管理组织架构的设置原则、设置建议与常见问题处理。需要强调的是，没有绝对完善的设置理论，应根据估价机构自身规模、发展阶段、人员组成与社会资源等各要素确定适宜机构自身发展的组织架构与管理体系。

关键词：估价机构；管理；组织架构；设置

随着市场形势的变化，适合估价机构发展的组织架构和管理体系变得越来越重要。正确的组织架构和管理体系能够提高估价机构的经营效率和竞争力，帮助估价机构实现健康可持续发展。

一、估价机构特征分析

国内估价机构一般具有"轻资产"的特点，"人"是组成估价机构的重要资源，因此对"人"的组织管理是估价机构管理的重点。

（一）保持以高素质人才为基础

作为提供专业化产品和服务的估价机构，其整体的专业水平是客户首要考虑的因素之一，即估价机构是"人合"的组织。

（二）团队合作与专业分工并重，打造精英团队

在专业分工的基础上，注重培育专业化团队，形成团队服务协同优势。利用多种形式，充分发挥团队影响力，打造专业面向企业服务的精英团队，有效发挥专业团队优势。即"专业能力"决定估价机构能力的关键性要素。

（三）实现差异化经营，努力提供个性化服务

以专业水平为依托，努力实现差异化经营。通过服务差异、人员差异等，为客户提供最大价值的产品服务。并将差异化经营逐步落实于团队服务制度。即"客户服务能力"是决定估价机构价值的关键。

二、管理机制的核心

管理过程之父亨利·法约尔认为管理就是预测、计划、组织、指挥、协调以及控制，最终达到目标的过程。因此要以目标为核心建立整个管理体系。目标为管理者提供了协调集

体行动的方向，可以有效激励组织成员，极大地发挥他们的工作热情、创新意识和主人翁精神。另外，目标也是管理考核方案制定和执行的依据。只要是企业，核心目标就是实现利润。

三、组织架构设置原则分析

组织架构是企业的流程运转、部门设置及职能规划等最基本的结构。组织架构管理得好，可以形成整体力量的汇聚和放大效应。否则，就容易造成"内耗"局面。因此，管理上常将"组织"视为与人、财、物三大生产要素并重的"第四大要素"。

（一）任务与目标原则

企业的组织架构是为实现企业的经营目标而服务的。组织架构的设计必须以此作为出发点和归宿点。衡量组织架构设计的优劣，要以是否有利于实现企业任务与目标作为最终的评价标准。当企业的任务、目标发生重大变化时，组织架构必须作出相应的调整和优化，以适应任务、目标变化的需要。

（二）专业分工和协作的原则

分别设置不同的专业部门，有利于提高管理工作的质量与效率。在合理分工的基础上，各专业部门只有加强协作与配合，才能保证各项专业管理顺利开展，实现既定目标。

（三）有效管理幅度原则

一个人的有效管理服务度是有限的，它不是一个固定值，受职务性质、人员素质、职能健全与否等条件的影响。这一原则要求在进行组织设计时，领导人的管理幅度应控制在一定水平，以保证管理工作的有效性。

（四）集权与分权相结合的原则

既要有必要的权力集中，又要有必要的权力分散，两者是相辅相成的。集权有利于保证企业的统一领导和指挥，有利于人力、物力、财力的合理分配和使用。而分权是调动下级员工积极性、主动性的必要手段。合理分权有利于基层根据实际情况迅速而正确地做出决策，也有利于上层领导摆脱日常事务，集中精力抓重大问题。

（五）稳定性和适应性相结合的原则

在组织中建立明确的指挥系统、责权关系及规章制度，同时又要求选用一些具有较好适应性的组织形式和措施，使组织在变化的环境中，具有自动调节功能。

四、估价机构的组织架构设置建议

实践中，设置估价机构组织架构要面对如下主要问题：

（一）股东层职责与权限分工

股东一般情况下是公司的决策层，其职责更重要的是决定各级目标（年度目标）、分配方案、投资计划、提供社会资源等。年度目标核心是年度经营目标；分配方案包括股红分配及执行团队分配等，核心是执行团队的成本分配。

需要区分的是股东不是执行层。国内的估价机构，有些是通过原估价所改制而来，有些是原改制团队人员分离后成立，有些则是自行设立。特别是改制机构，股东同时兼任执行团队中高层管理者的情况比比皆是，有些老资格股东也习惯把自己定位为高层，将股东和执行合二为一，其实不然。股东层的职责是决定目标，执行层的职责是完成目标。如果一名股东已没有能力带领团队完成目标，从企业角度来看，此人应离开执行岗位，只能作为股东存在；股东如不参与执行，则没有薪资、考核奖励等，但可以获得分红。股东与执行层的职责权限分离是估价机构组织架构设置的基本要求。

（二）执行团队组织架构设置常见模式

估价机构通常是以总经理为负责人建立执行团队，总经理就是执行第一负责人。如果总经理一个人能完成经营目标，则一个人就应拿走所有的分配成本。但一个人的精力毕竟有限，所以需要招募助手分担部分工作职责，本质上就是分担部分经营目标；按"责权相符"原则，同时也应分配相应的成本。总经理的助手是副总经理或总经理助理等。同理，副总经理或总经理助理的精力也有限，也需要助手分担工作目标与分配成本，他们的助手则是部门或团队，以此类推。总经理负责制就是总经理以下的岗位本质上都是总经理的助手，是一种岗位"分身"，以"金字塔"型组织模式为主。

估价机构按规模大小可分为小型、中型与大型机构，其组织架构设置存在共性，也存在一定差异。以最具代表性的中型估价机构（30～200人）为例。

（1）中型估价机构大多数是在本城市地域内开展业务，内部执行组织架构通常按专业或客户划分。常见模式是：①以估价业务为主，按不同估价业务类型划分；②以某个估价业务为主，按不同客户类型划分；③有多个业务板块的，按不同业务板块划分，或根据业务和客户类型再细分等。不管如何划分，组织架构设置一定要遵循"完成目标是各层级岗位工作的第一任务"的原则。

部门团队规模与岗位设置需要同机构的规模与业务结构相关。一个部门岗位数量应根据业绩目标或工作量设置，原则上不少于3人岗、不多于10人岗。中型机构的管理最小单元是团队，这是基于工作目标细化到团队，而不是具体到员工岗位。工作目标和成本分配要与团队设置相对应，所有团队工作目标之和，就是公司总目标，即总经理承接执行机构总目标，副总经理、部门经理、团队负责人岗位按一定的规则进行分配，执行各自的分目标和管理职能。

（2）小型估价机构更像是中型机构的一个部门，但职能俱全，同样要清楚组织架构设置的原则，明确各个岗位的职责与权限。

（3）大型估价机构组织架构设置相比更为复杂。目前常见的模式是按集团化管理，即按地域或业务下设实际的子公司运营。按地域划分的，各地域的分公司是一个中型机构，由总公司协调管理；按业务划分的，各业务公司是一个中型机构，由总公司协调管理。集团公司的职责要相应转变，它主要负责决定子公司的目标、成本分配等，再由子公司负责完成目标。集团公司不能过多参与子公司具体执行。有些大机构要求部门公司化，但并不配备行政岗、财务岗，将其归属到集团公司行政部门、财务部门；或是技术高精的业务由总公司某个部门具体承担，子公司负责业务对接，导致集团公司实际参与了子公司的具体执行，这实际上是管理错位。

（三）组织架构中的岗位设置要求

岗位设置需要明确岗位职责和任职条件，包括具体职务、职权和任职要求等，其岗位的工作目标、成本分配、考核机制均要清晰。岗位是相对固定的，人员是可以变动的。任何人都应具备岗位的任职条件、履行相应的岗位职责。各级各类岗位要根据工作目标、职责、权限、考核等事项明确管理职能。

（1）根据估价机构的特征，各级岗位可按"业务岗""技术岗"和"支持岗"划分。业务岗的主要职责是沟通客户、获取业务；技术岗的主要职责是完成技术工作、适当维护客户关系；支持岗通常不直接产生业务或参与技术制作，是为前两者提供服务支持的岗位，如行政部门、财务部门、技术审核部门等。

中小型机构业务主要来自公司高层，因此公司高层岗位实际上就是"业务岗"。总估价师通常属于"技术岗"，其职责是负责机构技术层面的所有事项，甚至一些内部支持的管理事项。如果出现某个岗位既不对接客户和业务，又不负责技术承担，也不与目标相对应，只是负责内部协调、内部控制等，就是实际的"管理岗"，估价机构的特征决定要尽量避免出现此类岗位。所有的高中层岗位都要与某个目标相对应，总经理是理所当然的机构第一业务岗。

（2）明确岗位职能与流程管理后，应各司其职；越是高层管理岗，越要学会说"这不是我该管的"。执行管理就是提升效率与效果，中型机构尤其需要注意效率的提升。估价机构应充分发挥信息化工具的作用，在既定的组织架构下，加快沟通协调效率。

（3）岗位薪水、奖励与考核是依据岗位工作目标与职责设定，原则上不同部门由于不同考核标准，其岗位薪水、奖励应有所不同。业务岗的底薪相对低，业绩考核奖励相对高；技术岗的底薪相对高，考核奖励相对低；支持岗的底薪相对固定，考核奖励应与整体机构的业绩挂钩更为合理。团队岗位人员底薪构成应由公司制定，首先是依其岗位职责，然后再考虑其人员职称、执业资格、工龄等作为附加；奖励的一部分应由部门经理或团队负责人确定，才能真实反映各岗位人员实际工作的效率与效果。

（四）岗位与人员的关联问题

人员进入岗位后必然会出现：能力适应岗位、能力超越岗位、能力不适应岗位三种情况。衡量人员适应岗位的前提条件是是否完成相应目标与履行相应职责。如果在完成本职工作基础上，有创新或工作提升，该人员有适当提升的空间；如果并未完成本职工作，却自认能力发挥不出来是职位受限所致，则应归入"能力不适应岗位"类。这与"水平不及"类不一样，前者是职业道德问题，后者则可通过培训教导提升。

人事管理方面，应避免任人唯亲、资历为先、恋栈不去，应以职业道德为上，能力为上，完成目标为上。

五、估价机构的组织架构中常见问题分析

估价机构在20余年的发展中，遇到了如下突出问题：

（一）股权的传承问题

近年来，一些估价机构的创建股东已经超过或接近退休年龄，他们希望能将持有的股权传承给新一代经营团队。有些估价机构直接通过工商登记转移股权，有些则是通过管理股份或虚拟股份给予经营团队分红，而未进行工商转移。一些原始股东不舍自己这些年的努力，希望能保留部分股权甚至话语权。但必须清楚的是，如果没有精力或能力带领团队完成目标、扩大经营，就应该及时退出经营岗。

（二）经营管理权的传承问题

近年来，一些估价机构的创建股东虽然自己不再参与经营，但只是放了部分经营管理权。我认为既然不负责经营，则应该彻底将总经理职责交给新的管理者，其他岗位人选由总

经理提议或决定。董事长（执行董事）与总经理的权限也要划分清晰，前者不能越权，要调整也必须通过制度来调整，避免制度形同虚设。

（三）岗位薪水的平衡问题

首先要确定部门或团队的工作是偏业务还是偏技术，再进一步确定岗位薪水、奖惩制度和考核方案。有些估价机构认为同一级别的部门经理薪水应相对平衡，其实不然，机构要根据不同的工种、职责、目标分别设置薪酬方式，真实反映其业绩或技术水平。

（四）组织架构运营时出现的问题

组织架构一旦确定，不能再轻易进行结构性调整。所以在组织架构初建时必须反复论证，需要股东层与高层管理者调研推敲、谨慎决定。如果组织架构确实存在缺陷，但不属于根本性问题，原则上最好是半年或者一年再调整，注意组织架构的延续性。

六、结论

估价机构在市场竞争中得以生存与发展，不确定性因素增多，如何能让估价机构健康可持续发展，离不开企业科学的管理。估价机构的组织架构设置是管理体系中的关键环节，作为估价机构管理者，我们应该加强管理学基本理论知识学习，并结合自身管理经验，做好充分调研，从组织架构的设置原则、模式与要求进行分析。我们也应该认识到，没有绝对匹配的设置管理架构理论，估价机构必须根据自身规模、发展阶段、人员组成与社会资源等各因素确定适宜自身发展的组织架构与管理体系。

作者联系方式

姓　　名：徐进亮　毛胜波
单　　位：苏州天元土地房地产评估有限公司
地　　址：苏州市姑苏区十全街747号
邮　　箱：xjl@tybdc.cn；maoshengbo.123@163.com
注册号：徐进亮（3220000210）；毛胜波（3220210040）

估价机构的传承与发展

骆晓红

摘　要：有传承，才能有发展；传承是可持续发展的基础和前提，发展则是传承的延伸和升华。估价行业已走过了30年的光辉历程，估价机构第一代创业者已经到了即将退休或已经退休的年龄，传承问题成为不得不面对的重要大事。未来5～10年，预计估价机构将进入传承高峰期。传承的成功与否，直接关系估价机构及估价行业的可持续发展，估价机构应该早做传承计划、制定传承方案。本文结合估价行业特点，通过分析估价行业传承的紧迫性和重要性、传承模式，研究传承案例，分析传承计划的核心问题"传承什么？传承给谁？如何传承？何时传承？"阐述传承与发展的关系，希望股东们提前研究传承问题，也希望行业协会重视传承问题，共同促进行业健康持续发展。

关键词：估价机构；传承；接班；发展

有传承，才能有发展，传承是为了更好的发展，传承是可持续发展的基础和前提，发展则是传承的延伸和升华。估价机构的传承与社会上其他企业的传承不同，因为它不仅涉及专业的知识和技能，客户和业务资源的传递，还涉及股东的执业年龄限制等诸多问题。估价机构传承不是一蹴而就的简单事情，需要提前多年进行筹划和布局，确保稳传承、促发展。随着创一代股东年龄增长，传承问题已迫在眉睫。

一、传承的紧迫性和重要性

1978年改革开放后，随着国有土地有偿使用的开展、城镇住房制度改革和房屋商品化，房地产估价活动开始复兴。1993年首批房地产估价师的认定和1994年法律规定国家实行房地产价格评估制度，标志着我国现代房地产估价行业的诞生。

转眼之间，房地产估价行业已走过了30年的光辉历程。第一批开拓者当年二三十岁，可谓风华正茂，现在已迈入五六十岁、甚至已经退休，可谓垂垂老矣。在中国房地产估价师与房地产经纪人学会发布的2022年度全国一级房地产估价机构综合排名前10名的估价机构中，深圳地区估价机构有七家，这些机构创始人年龄在55岁（含）以上的占比57.1%（见表1）。

估价机构创始人年龄分布　　　　表1

创始人年龄	45（含）～50岁	50（含）～55岁	55（含）～60岁	60（含）以上
机构数量	1家	2家	3家	1家
占比	14.3%	28.6%	42.8%	14.3%

此外，笔者对天津的 27 家一级估价机构进行调研，创始人在 55 岁（含）以上的占比 52%（图 1），也就是说天津地区有一半以上的创始人面临着退休和机构传承的问题。全国其他地区应该也差不多是深圳和天津这样的情况。

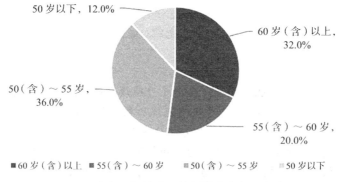

图 1　天津市一级估价机构创始人各年龄段占比

估价行业是我们一辈子从事的事业，贡献了我们的青春和热血，倾注了太多的情感，也得到了应有的回报，正因为此，我们有太多的不舍，也正因为此，我们更要正视这个问题，调整心态，尽早做好准备，实现事业传承。未来 5～10 年，第一代大多会正式退居幕后，第一代的公司、第一代的创业者到了交接班的时候。在中国，子承父业是民营企业传承的主要方式，我们都希望自己的下一代能接班，但是客观情况恰恰相反，很多二代不愿意甚至无能力接班。吉姆·柯林斯在其经典著作《从优秀到卓越》中指出：大多数成功的继承计划都是由公司内部人接班。作为估价机构的股东或合伙人，如何完成新旧交替、事业传承？如何实现公司基业长青？如何成为百年老店？这些问题已提到日程上来。

二、估价行业的特点

我们要做好传承，首先要深刻了解估价行业自身的特点。

（1）房地产估价属于智力密集型服务业，具备很高的专业性，对人才高度依赖，有行业准入限制。估价行业依靠资质管理、估价师必须注册之后方能执业，有准入限制，这也是估价行业区别于其他行业非常重要的特点。同时估价行业关系社会经济活动的方方面面，是社会上不可或缺的重要中介机构之一。

（2）估价机构规模小、进入门槛低、地域性强，竞争激烈且有一定风险。全国一级机构中估价师人数超过 30 人的机构占比 12%，超过 50 人的机构占 5%，大部分地方估价机构总人数也就 20～30 人。资金要求也不高，多数一级机构注册资金 200 万左右。虽然估价机构规模小、进入门槛低，但是估价行业特点是竞争激烈但又具备一定的风险性，既操心又薄利，一般人不懂得如何经营估价机构，甚至不愿意进入估价行业。

（3）估价行业公司治理结构简单且不完善，创始股东具有绝对权威。多数情况下创始人是公司的灵魂和支柱、也是行业内的精英。由于估价机构均为公司制或合伙制的民营企业，股东只能是估价师或其他自然人，公司治理结构简单，且不太完善，很多时候是创始股东一个人说了算，缺乏议事机制。

（4）估价机构的传承有其特点、有其难度。估价机构的品牌、声誉以及客户关系这些无形资产都是估价机构生存的基础，信用是估价机构的生命线，因此估价机构的无形资产极其重要。对于传承者而言，需要懂得如何控制风险，保证运营合规，必须内心坚定，坚持长期主义，不能追求短期利益。

（5）估价行业面临转型升级困境。当今，国际国内形势发生了巨大变化，估价行业也迎来了新的机遇和挑战，我们要提升认知，创新产品和服务，才能生存和发展。

三、估价机构传承模式分析

关于传承，市场上通常有三种模式：内部经理人接班、代际传承和机构整合模式。

（一）内部经理人接班模式

吉姆·柯林斯指出：大多数成功的继承计划都是由公司内部人接班。

内部经理人接班模式有两种情况：

（1）培养职业经理人：内部经理人一般是估价机构多年的老员工，可以经受住各种考验，对估价机构非常熟悉，认同估价机构的企业文化和经营理念，深得股东信任，这个时候接班人算是职业经理人。职业经理人需要多年的考察和试错，通常需要股东扶上马送一程，再逐步放手。这种接班方式比较稳妥，可以实现平稳过渡，可操作性强。

（2）基于合伙人制度的接班人。基于合伙人制度的薪火传承也是一种内部经理人接班的方式。这种接班通常是根据合伙人制度约定，为机构做出一定贡献，达到合伙人制度要求的必备条件，再经原有合伙人商议，从而成为新晋合伙人，再慢慢完成接班任务。

内部经理人接班也会涉及股份转让，只是这是在估价机构内部人员之间的转让。相比将股份转让给估价机构之外的其他人，这种内部转让能保证估价机构的正常运营和更科学、良好的发展。

（二）代际传承模式

代际传承模式，也称为二代接班模式，依靠的是血缘传承，主要是指估价机构从家族内部选择自己的子女或近亲属继承估价机构的所有权。中国社会历来重视血缘与亲情，血缘的存在，使得代际传承方式的信任度在所有传承方式中是最高的，因此二代接班这种方式通常被认为是相对安全的传承方式。但是现实中这种相对安全的继承路径操作起来有很多弊端。估价机构想将企业传承给予自己有血缘关系的人时，待定继承人与机构原有高层管理人员需要时间磨合。现在的家庭多为三口之家，二代接班人生活在优越的家庭环境之下，有着自己的个性与兴趣，多数对估价行业没有兴趣，也不了解，更没有能力经营估价机构，很难保证估价机构创始人所创建和倡导的企业文化得到保留和传承。

（三）机构整合模式

机构整合也是一种传承模式。机构股东通过寻找管理风格接近、脾气秉性相投、业务结构或业务区域互补的估价机构，合并整合成为新的估价机构，并以这种方式得以传承下去。

有的估价机构股东将全部股份转让、彻底退出，这种方式不能算是传承。

传承模式如何选择，并没有恒定的标准。市场上各家机构发展历史、禀赋和基因各不相同，传承模式也不尽相同、各有优劣（见表2）。

不同传承模式的优缺点情况 表 2

传承模式	优点	缺点	需要具备的条件
内部经理人接班模式	1.内部经理人对估价机构非常熟悉，认同估价机构的企业文化和经营理念。2.股东对于内部经理人信任。3.传承比较顺畅。4.有利于公司内部员工的职业发展、提高他们的积极性	1.传承人选的考察需要很长时间，传承人的选择还需要平衡估价机构内部多方利益。2.估价机构的治理结构需要提前完善，大部分估价机构比较难做到。3.需要估价机构有足够的人才储备	1.需要股东有未雨绸缪的意识，前提筹划布局，给接班人试错的机会和时间。2.股东需要有现代管理意识，需要建立完善的公司治理结构
代际传承模式	1.因为血缘的关系，信任度非常高。2.一代、二代沟通相对顺畅。3.父母对于子女的爱毫无保留，使得传承之路更为坚定。4.可以从年轻时开始培养。5.传承时间更灵活	1.二代接班人能力不足或是缺乏兴趣。2.待定继承人与机构原有高层管理人员之间需要时间磨合。3.一代对于二代的包容度存在不足。4.二代对于一代的成功经验、管理经验可能不完全赞同	1.二代需要有接班能力和意愿。2.一代需要信任二代并放手。3.一代和二代之间能互相欣赏
机构整合模式	1.估价机构以另一种形式存在、传承下去。2.公司治理结构相对完善。3.实现强强联合，具备更强的生命力和市场份额	1.估价机构可能不复存在。2.机构整合存在失败的可能性。3.短期内可能导致估价机构人员动荡	1.股东需要有大格局、魄力和野心。2.整合需要有主次，不同机构股东之间需要互相包容

四、传承案例分析

（一）内部经理人接班模式的案例分析

内部经理人接班模式有职业经理人模式和合伙人制度模式。职业经理人模式是现在民营企业比较常见的传承模式，比如贝壳找房、青岛海尔、美的集团等都是采用的这种模式，估价行业中深圳国咨评估、深圳世联评估、深圳同致诚评估、北京仁达评估等估价机构采用的也是职业经理人模式；估价行业的合伙人制度模式以四川恒通公司为代表，该公司在这方面做了有益的探索，但是合伙人制度的传承模式还尚处于摸索阶段。

此外，资产评估行业与估价行业接近，资产评估机构的传承案例是可以供我们参考的。中企华资产评估公司于2016年完成传承，是资产评估行业传承时间比较早、传承比较成功的案例。

中企华资产评估公司成立于1996年，是中国规模较大的综合性资产评估机构之一，现有员工1000多名。

1. 创始人及接班人情况介绍

创始人孙月焕，1945年出生，现年78岁，1996年创立中企华资产评估公司（前身为中企华咨询），2016年将中企华资产评估公司传承给权忠光和刘登清，传承时孙月焕71岁。

接班人权忠光，1964年出生，1996年加入中企华资产评估公司，时任总裁一职。2016年接班任董事长一职，接班年龄52岁，现已接班7年。

接班人刘登清，1970年出生，1997年进入资产评估行业，任中企华资产评估公司常务副总、首席评估师一职。2016年接班任总裁兼CEO一职，接班年龄46岁，现已接班7年。

2.中企华资产评估公司治理结构

中企华资产评估公司设置股东会、监事、董事会,董事会下设高级管理层,主持各事业部、分公司及子公司的具体事务,同时在高级管理层下设立继续教育委员会和质量控制委员会协助高级管理层(图2)。

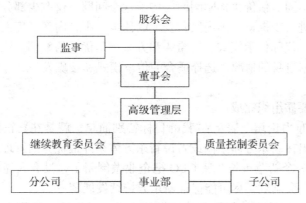

图2 中企华资产评估公司组织架构

整体而言,中企华资产评估公司从2016年传承至今,公司团队稳定,发展顺利,算是资产评估行业中一个比较成功的传承案例。

(二)代际传承模式案例分析

代际传承模式也是民营企业普遍采用的模式,比如家电行业的方太集团、格兰仕集团;房地产行业的碧桂园;饮料行业的娃哈哈;此外,如华为这样的企业传承给孟晚舟似乎也是呼之欲出的事情。估价行业诞生时间仅30年,有行业自身特殊性,目前采用代际传承模式的不多。随着创一代逐步退休,估计会陆续有更多的估价机构采用这种模式。天津天元评估是代际传承的模式。

(三)机构整合模式案例分析

机构整合模式是国际五大行扩张的常规模式。在我国估价行业,北京首佳、武汉国佳和浙江和诚也在机构整合模式方面做出了积极有益的探索。其他服务业,如中联资产评估、立信会计师事务所、盈科律所也都是采用这类模式。

五、传承计划的制定

传承是一项很大的挑战,需要有完善的传承计划。传承计划应该作为估价机构的长期战略,因为它关系估价机构的方方面面。估价机构传承到底要传承什么?传承给谁?如何传承?何时传承?这些都是传承计划要明确的问题。

(一)传承什么?

我们谈论公司的传承,首先要弄清楚传承的是什么。

一般认为,传承主要是股权的传承、财富的传承、资产的传承,这当然非常重要,这是显性的。

而估价机构真正的资产是什么?传承什么?

估价机构没有也不需要太多的资本,也没有多少有形资产,公司真正的资产和竞争力在于企业文化、价值观、商业模式、人才团队、客户关系、公司机制等，这些构成了一个估价机构的基因。从某种意义上说，估价机构的传承就是机构基因的传承，是无形资产的传承。

（二）传承给谁？

传承给谁？这是所有股东最为关心的问题。不同的估价机构历史、渊源、文化和股权结构，传承模式也有所不同。估价机构刚刚面临传承这个问题，仅有少部分同行完成了首次传承，传承经验还需要进一步探索。国内民营企业的传承当中，内部经理人接班模式，美的是非常优秀的传承案例；代际传承模式，新希望和方太都是优秀的案例。他们都值得学习和参考。估价机构应该根据自身的情况，选择适合的传承模式和接班人。

（三）如何传承？

从长远看，传承需要靠组织完成。

新东方俞敏洪在亚布力论坛上表示："我的目标特别简单，就是在真正优秀的董事会领导下，和股东们配合选出在新东方体系内或者说新东方体系外最优秀的管理人继承企业。将来，新东方会不会出现一个新董事长、新CEO把企业做倒闭了，没有人能保证，我能做的就是在我有生之年建立一套制度，尽可能保证新东方持续发展。"

如果估价机构只是在创始人的领导下才能做好，只能说创始人很优秀。只有完成了传承，实现基业长青，才算是优秀的企业，比如海尔集团、希望集团、方太集团，他们都完成了企业传承，格兰仕更是传承到了第三代，他们都是优秀的企业。

传承需要靠组织完成，只有组织才能保证传承的可持续性。一个优秀的企业必须经历过一次组织传承，而不是仅仅依靠某个人，估价机构也不例外。所有的估价机构从创立之初就在持续打造一个组织，交接的时候，也不能是只传给一个人，而是要把这个组织传给下一个团队，形成一个新的组织和团队。对于接班人而言，他必须有自己的团队来完成机构的传承。

从成功案例看，好的传承都是通过组织完成的。这也是估价机构需要提前筹划的。

（四）何时传承？

股东平时忙于机构管理和业务拓展，对于"传承"考虑得相对较少，甚至觉得只有垂垂老矣时才需要。也有些机构股东偶尔考虑企业传承的问题，但是在具体传承的执行上不太重视、观望或犹豫，以至于有些股东60多岁了，还只能自己管理企业。现在有个观点，就是企业家要树立"4567"的传承方针，即40岁想、50岁动、60岁撤、70岁退。注册房地产估价师只能执业到65周岁，根据《房地产估价机构管理办法》，注册房地产估价师的股份不低于60%，也就是说非注册房地产估价师的股份不能超过40%，因此股东们需要更早一点考虑传承这个问题，而且要主动考虑传承问题，有传承意识，尽早安排，否则等到迫在眉睫就晚了。

此外，在制定传承计划的时候需要综合考虑人才团队的稳定性，平衡各方面的关系、利益，公司组织架构、制度设计时需要考虑股东、接班人进入和退出的安排，最终要留下制度化的组织结构，以使得机构传承得以健康发展、持续下去。

六、传承与发展

（一）在传承基础上发展

有传承，才能有发展，传承是为了更好的发展。

在做好传承计划、确定传承模式的同时，应同步完善公司治理结构，做好平稳过渡，平衡股东、团队之间的利益，稳定团队。估价机构应制定激励措施，鼓励年轻员工积极参与传承和发展工作；例如，可以为在传承和发展工作中表现优秀的员工给予奖励、提供晋升机会和其他福利。

此外，股东应辅助新的班子，扶上马送一程，比如方太集团的"三三制"传承模式是类似的案例，即"带三年，帮三年，看三年"。

（二）用发展来传承

发展是传承的最好方法。估价机构传承接班人确定之后，如何将机构发扬光大，开创新优势？

第一，一代股东一定要逐步放权，给接班人成长的时间和机会，把接班人放到责任主体上。如果不把接班人放到责任主体上，那么对于企业传承的核心——信任、价值观、团队等，他们都没有感觉。

第二，二代要守正创新。对于估价机构而言，守是守不住的，传承的一个很核心的部分是创新。接班人应该把自己变成创二代，进行第二次创业。二代要守正创新，先把"正"的东西守下来，再做新的东西。二代必须传承一代的经验和智慧，加强团队建设和人才培养，还要拓宽自己的眼界和知识宽度，拥抱变革新科技新技术，总结经验，分析优劣势，适应环境变化，打造新优势，最终实现创新发展，引领估价机构再攀新高。

七、结束语

人事有代谢，往来成古今；功成身退，天之道也。

从1993年到现在，第一代创业者完成了创业使命，也享受了估价行业的高速增长，如今到了即将退休的年龄了，必须重视机构传承问题。未来5～10年，预计估价机构将进入传承高峰期，传承的成功与否，直接关系估价机构的可持续发展，也关系估价行业的可持续发展。估价机构从起初发展至今，已经从粗放发展的阶段到了一个精细化、高质量发展的新阶段，刚好处于一个转折点。我们第一代人已经完成使命，现在正是交接给二代们的时候。我们应该完善公司治理结构，依靠组织管理、制度管理等现代管理理念代替原先粗放的管理方式，给二代们搭起一个完善的组织机构，让二代们用他们的智慧、带领团队去迎接新的挑战，顺应估价新形势、新发展的要求，把估价机构和估价行业继续发扬光大，持续不断的传承下去。

我们必须清醒地认识到，传承是一项艰巨的挑战，越早制订传承计划，成功传承的可能性就越大，稳定发展的确定性就越大。而且不仅仅是创一代要认真研究和探讨估价机构传承的相关问题，行业协会也应该给予高度重视，组织相关的调研、座谈交流，给予一定的关注和辅导，促进估价行业的稳定传承和健康发展。

参考文献：

[1] 许军. 觉醒年代—估价行业创新与合伙人制度的思考[C]// 中国房地产估价师与房地产经纪人学会. 2021中国房地产估价年会论文集. 2021：118-123.

[2] 中国总会计师杂志. 不忘初心 专业铸就品牌 继往开来 创新引领发展：访北京中企华资产评估有限责任公司领航人[J]. 中国总会计师，2018（11）：19-22.

[3] 张艳. 浅析中国家族企业代际传承的相关问题[DB/OL].（2016-04-23）[2026-02-11]. https：//www.lunwendata.com/thesis/2015/71236.html.

作者联系方式

姓　　名：骆晓红

单　　位：深圳市国策房地产土地资产评估有限公司

地　　址：深圳市福田区新闻路 59 号深茂商业中心 16 层

邮　　箱：1532885286@qq.com

注册号：4420040096

关于估价机构薪火传承若干问题的思考

崔太平 杨红祥

摘　要： 估价行业2000年脱钩改制后的第一代核心股东（合伙人）正开启逐步退出评估职业生涯的人生新阶段。估价机构如何顺利实现新老交替，这对行业高质量可持续发展至关重要。本文对估价机构薪火传承的思考，得出的结论是评估行业要大力推动合伙文化的普及，估价机构内部治理要积极引入合伙人治理模式。

关键词： 估价机构；合伙；传承

中国房地产估价师执业资格制度诞生于30年前，房地产估价行业开始萌芽。2000年国务院发文推动经济鉴证类中介机构脱钩改制，基于市场经济的房地产估价行业由此真正诞生，估价机构至今已经走过23个春秋。23年来，伴随着改革开放和我国加入WTO，房地产估价行业也随着我国经济的腾飞实现快速发展。

当前房地产估价机构正面临着来自两个方面的巨大冲击，其一是我国经济转型升级所带来的估价业态的改变；其二是第一代房地产估价师正逐步走到其职业生涯的终点。因第一代机构股东一直忙于日常业务，并未特别重视内部治理，导致其房地产估价机构的高管普遍存在"青黄不接"的现象，估价行业普遍面临机构内部新老交替的问题。第一大冲击不在本文论述范围之内，本文仅就第二个层面的问题进行讨论。

一、估价机构应该采用什么样的企业组织形式

一般来说，企业的组织形式包括个人独资企业、合伙制企业、有限责任公司和股份有限公司。从对企业的控制权力来说，个人独资企业的股东不需要向他人让渡其对于企业管理的权力，企业的收益归其独自享有，相应地，企业经营的风险也由其独自承担。但是，由于个人独资企业的社会信誉度和其服务能力的限制，一般来说，该企业组织形式只适用于小型估价机构。

对于合伙制企业、有限责任公司和股份有限公司来说，股东或者合伙人之间的关系紧密程度依次递减。合伙制企业具有几乎完全的人合属性，股份有限公司具有几乎完全资合的属性，有限责任公司则同时具有人合与资合的属性。专业服务机构不适合采用股份有限公司这一企业组织形式，是由估价机构、注册会计师事务所、建筑设计事务所等专业服务机构的天然本质属性所决定的。

目前，房地产估价机构普遍采用有限责任公司这一企业组织形式，也有少部分估价机构采用合伙制或其他的企业组织形式。但是，在市场经济主体当中，有限责任公司实际上可以分为两类，一是普通的工商企业，二是审计、评估、建筑设计等专业服务机构。虽然，有限

责任公司股东之间的关系，都体现了资合与人合的性质，但对于专业服务机构来说，其人合的性质更加明显。房地产估价师、注册会计师、建筑设计师等专业人士可以发起设立承担有限责任的公司。但是，对于这些采用有限责任公司企业组织形式的专业服务机构，其股东应该是有任职资格的，股权的持有与转让也和其他工商企业的股东并不完全一样。另外，对于估价机构、注册会计师事务所、建筑设计事务所等专业服务机构采用有限责任公司企业组织形式的，公司股东对公司依法享有资产收益、参与重大决策和选择管理者等权利上可以有差异，在不违反有关专门法律和行政法规规定的前提下，股东的权利由公司章程作出约定。

我认为，估价机构最适合采用的企业组织形式应该是普通合伙企业，而对于规模较大的，则可以采用特殊的普通合伙这一企业组织形式。正如《中华人民共和国合伙企业法》第六节第五十五条规定，"以专业知识和专门技能为客户提供有偿服务的专业服务机构，可以设立为特殊的普通合伙企业"。对于采用有限责任公司这一企业组织形式的估价机构，其内部管理上应当借鉴合伙企业有关合伙人管理的制度，以充分体现专业服务机构不同于一般工商企业，所体现出来的在股东任职资格、股权持有和转让、资产收益，以及企业管理权限等方面本来具有的规律性的特点。

二、估价机构的合伙人治理模式下执业质量提升助力机构新老传承

根据《中华人民共和国合伙企业法》，普通合伙企业的合伙人承担无限连带责任，特殊的普通合伙企业"一个合伙人或者数个合伙人在执业活动中因故意或者重大过失造成合伙企业债务的，应当承担无限责任或者无限连带责任，其他合伙人以其在合伙企业中的财产份额为限承担责任。"因此，按照《中华人民共和国合伙企业法》设立的估价机构或者引入合伙人治理制度的估价机构，每个合伙人都会权衡业务的风险和收益，严格控制执业质量；执业质量是专业服务机构的生命线，也是估价机构维护公众利益的专业基础和诚信义务，尽管行业出台了很规范的执业质量控制制度，但仍然有部分机构执业质量较差，丧失诚信意识，甚至为了蝇头小利铤而走险，这就说明估价机构业务质量控制责任主体的风险控制意识薄弱，而究其根源极有可能是考虑有限责任公司以出资额为限承担有限责任。执业质量较差，导致部分估价机构得不到更多客户的认可，且因为受到行业主管部门和自律组织处罚无法开展更多法定业务而不得不"改头换面"，在这样的估价机构，新老传承就没有动力，更谈不上企业文化传承了。

从政府主管部门的行政监管与行业自律性管理角度来看，推动估价机构推动合伙制转变，使得机构高管们面临承担无限连带责任的风险，从而更加重视执业质量，提升行业社会公信力，与此同时，依法规范执业的机构高管们则承担有限责任，这对于估价机构及其机构高管们也是一种有效保护。因此，合伙人治理模式下执业质量提升定会助力机构新老传承。

三、关于估价机构的薪火传承

《庄子》里有"薪尽火传"的故事，说的是用油脂做燃料，油脂可以烧完但火却可以传下去。同样的，一个人的形体可以消亡，但一个人的精神却可以不灭。对于估价机构而言，如何实现薪火传承？估价机构不同于自然人，它是由一个个的自然人组成的拟人组织，其组织人格由机构里每一位员工和合伙人的个人人格集合而成。作为拟人组织的估价机构，虽然

没有像自然人那样的形体，但却有着自然人一样的精神面貌，这一精神面貌决定了估价机构的生命长短。我想，每家估价机构都想打造百年老店，希望机构的生命周期超过其创始人和合伙人（股东）们每个自然人的生命周期。

估价机构不同于一般的工商企业，其合伙人或者股东都应该是具有很强专业能力的专业人士，股东（合伙人）的身份并不能够让其子女或亲属当然继承。即使有与老一辈合伙人（股东）具有血缘关系的年轻人成长为合伙人，那也仅是意外，而非惯例。股东（合伙人）之间的关系更多的是体现人合关系，而非资合关系。因此，估价机构的薪火传承应当是非血缘关系的传承，应当是老一辈合伙人（股东）培养年轻一代同事，让其中的优秀者成长为合伙人，从而实现薪火传承。而且，新老合伙人代际传承，是伴随着老一辈合伙人逐步退出核心管理层，逐步交接积累的客户资源，逐步转让合伙份额，直至成为荣誉合伙人；合伙人从按劳分配到按资源分配再到按劳分配，直至获得合理的生活保障而荣休。

四、估价机构的合伙人应该具有的品质

如果说，估价机构的第一代创始人和股东们要具有非血缘关系传承的理念，要明白所谓机构的薪火传承，其实就是要以合伙理念与合伙人制度管理企业，从而实现其传承的愿望。那么，机构的合伙人该具有什么样的品质，如何培养年轻一代合伙人呢？

在恒通评估20周年庆的时候，笔者想到了九个字"平权衡，正度量，有恒通"。笔者认为，合伙人的品质就体现在"平权衡，正度量"这六个字上面。估价机构的专业人士在面对外部客户的时候，要在心中谨记，真正的客户应该是社会公众，自己的专业估价工作要做到"度量要正、权衡要平"。如果估价机构的房地产估价师真能这样，那么，其专业服务就经得起检验，也就能够赢得社会公众的信任，估价机构因此才可以获得长久的生命力。

房地产估价师能够做到"平权衡，正度量"，就能够遵守估价的职业操守，遵循估价的职业规范，在开展专业工作的时候，兢兢业业、如履薄冰。估价机构作为一家专业服务机构，"平权衡，正度量"，不仅仅是要求估价师对外提供专业服务的时候要保持精神面貌，同时也是评估其自身的时候应该有的精神面貌。房地产估价师评价自己价值的时候，对自己该抱什么样的期待，估价师个人的能力创造的价值所对应的报酬是多少，自己的上升空间有多大，自己如何成为部门经理，如何晋升为合伙人等诸多方面，度量同样要正，权衡同样要平。

一位房地产估价师真能在对外提供专业服务的时候，对内自我评价的时候，都能够做到"平权衡，正度量"，那么他就具有合伙人的品质了。

当然，要具备"平权衡，正度量"的品质说易行难，贵在持之以恒。估价师能够在执业生涯中持续做到"平权衡，正度量"，才能成为一名初级段位的合伙人，要成长为高级段位的合伙人甚至是估价机构的领头合伙人，还需要有坚韧不拔的意志、勇立潮头的决心、前瞻的战略眼光、博闻强识等品质。"平权衡，正度量"的品质能够让估价专业人士在各种复杂类型项目、各种利益关系交错的情况下坚守本性，真正站在社会公众角度去权衡并给出我们的专业意见，才能带领团队在行业中立于不败之地。而坚韧不拔的意志、勇立潮头的决心、前瞻的战略眼光、博闻强识等品质，是领头合伙人带领估价机构在激烈的市场竞争中、在行业阵痛转型中、在百年未有之大变局下、在复杂多变且严峻的国内国际环境下，带领估价机构转型升级、突出重围的重要品质。

五、合伙协议

2006年8月27日，第十届全国人民代表大会常务委员会第二十三次会议通过了修订后的《中华人民共和国合伙企业法》。该法第十八条对合伙协议应当载明的事项进行了规定。合伙协议对于专业服务机构具有类似于宪法对于国家的地位，具有至高无上之效力。不同估价机构的企业文化，在其《公司章程》或者《合伙协议》当中得以体现。虽然估价机构各有各的《合伙协议》，但是，以下内容则是必不可少的：入伙与退伙的约定；新合伙人入伙条件；入伙程序；合伙人利润分配与亏损承担；合伙人退休退伙的约定；纠纷解决办法等。

在恒通评估，新合伙人入伙，除了要签订《合伙人协议》，还要选定合伙人财产管理人，签订《合伙人选定合伙财产管理人委托书》和《合伙人尽职承诺书》等，并且要在合伙人和全体员工面前举手宣誓，之后方能正式成为合伙人。

在恒通评估，合伙人协议体现如下理念：合伙人在恒通评估有一个与其自身经历经验和年龄相适应的人生抛物线，即合伙人持有的合伙份额有入伙起始点，逐步增持，逐步减持，直至退休退伙的过程；合伙人身份（资格）以及合伙份额（股东出资）不得继承，并不得向合伙人以外的人转让；恒通评估实行合伙人分类制度，包括创始合伙人、高级合伙人、一级合伙人和初级合伙人制度，还有产品合伙人制度；恒通评估在合伙人会议之下，设立合伙人薪酬委员会与合伙人人力资源委员会；恒通评估建立了合伙人议事规则，对有关事项实行分类表决。

未来恒通评估还要设立提名委员会，战略与风险委员会，通过提名委员会实现新晋合伙人的科学、合理选拔，通过战略与风险委员会实现机构战略目标制定，未来发展方向规划，新业务新产品探索，传统估价业务风险控制，新增业务类型风险管控等职能，使得机构未来方向更加多元化、目标制定更加科学化、传统业务转型升级更加顺利、新业务开拓体现制度优势。

合伙协议文本本身是容易复制的，但是不同机构的企业文化是不容易复制的，合伙协议制定要结合本机构的实际情况，当然合伙协议的制定、修订、修改都要严格按照程序进行，如果说合伙协议是估价机构的"实体法"，那么制定、修订、修改合伙协议的相关程序要求就是"程序法"，二者缺一不可。

六、合伙人议事规则

孙中山先生于1917年发表的《民权初步》，其实就是关于开会议事的规则与制度。孙中山先生说，"（中国人）集会之原则，集会之条理，集会之习惯，集会之经验，皆阙然无有"（《民权初步：自序》）。从一百年之后今天的估价行业来看，议事规则依然"阙然无有"。

有鉴于此，估价机构的合伙人应该培养一些议事常识，懂得一些基本的议事规则。我认为，对于一个合伙企业来讲，科学的议事规则与合伙协议如同自行车的两个轮子，缺一不可。估价机构合伙文化的培育，更是离不开合伙人具备的议事常识和基本素养。

在恒通评估，合伙人要精读《罗伯特议事规则》，要阅读《在辩论中选择宪法规则——辩论：美国制宪会议记录》，以及《原则与妥协：美国宪法的精神与实践》等书籍。在恒通评估，合伙人通过普及议事常识，提高了议事效率。比如，合伙人会议通常分为审议性会议和非审议性会议，合伙人会议必须明确会议的主持人（或会议主席），合伙人会议动议通常分"程序性动议"及"主要动议"两类，合伙人会议召开要具有合法性，合伙人会议上每个合伙人的发言权既得到保护又遵循会议规则，合伙人会议表决会依照事项区分为按合伙人人数表决、依照合伙份额表决、依照合伙人人数和合伙份额表决等不同的规则进行。

为将合伙企业文化和合伙理念厚植于估价机构和每一位员工，合伙人议事规则不能仅仅停留在合伙人层面，还要扩展到每一次部门经理会议、每一次业务会议、每一次商务谈判，甚至日常活动中。合伙人议事规则既是实现高效决策的工具，也在传承企业文化、体现机构精神面貌、促进机构肌体康健的方面发挥重要作用。

七、合伙企业文化

恒通评估成立至今已满26周年，合伙制度执行已经有20年，公司从创始合伙人的"一人独大"到如今的10余名合伙人，员工从最初的数十人到如今的近300人，业务领域不断拓展，公司规模不断壮大，无不与合伙企业文化的坚守密切相关。我作为恒通合伙制改革的设计者与践行者，在此分享我的个人思考。房地产估价机构作为专业服务企业，企业高管之间本是"人合"而非"资合"，机构发展能否行稳致远，合伙人对合伙文化的认同至关重要。"合伙"的"合"，是"合抱之木"的"合"，是"君子和而不同"的"和"，是"道不同不相为谋"的"合"，当然这里的"道"是指机构的法人人格，也是合伙企业文化。合伙人各有所长，性格各异，但基于对"道"的根本认同，方能同心、同向、同行。

合伙文化应该是"利他主义"。回首恒通评估走过的合伙之路，是无数次和而不同的坚持与妥协，是合伙人自我价值实现时的相互成就，是个人与机构的共生共荣。纵观国内外大型专业服务机构也是如此，包括四大会计师事务所、麦肯锡、金杜律师事务所、波士顿咨询公司的企业文化都强调"团队""卓越"。葛徐博士认为，强调"卓越"主要是为了鼓励资源的创造，包括掌握最精深的专业知识与技能，与最好的客户建立紧密而建设性的关系。突出"团队"则是为了鼓励企业内部的资源共享与转化。

八、合伙人治理模式对于家族企业代际传承优秀制度的借鉴

家族企业代际传承是近十年来学术界和企业界一直在研究的热点问题，诞生了数百篇高质量博士论文和硕士论文，也是管理类顶级期刊常年的热门主题，这么多学者和企业家的智慧贡献，部分经验也值得合伙人治理模式学习借鉴，比如，如何培养和选拔下一代接班人和选拔合伙人很多是类似的。多数家族企业在选择接班人的时候，往往是个人能力、关系亲疏远近和忠诚度三个方面综合权衡的结果。合伙人治理模式下也需要考虑个人能力和忠诚度。家族企业选拔的接班人需要有外部培养或内部基层锻炼的要求，合伙人治理模式下，合伙人也是从员工一步步成长起来的，合伙人是充分认同企业价值观的。家族传承需要引入现代企业制度，优化内部管理，这与合伙人治理模式下具体机构运营的诉求也是一致的。控制权集中是家族企业规模化发展的障碍，而适当分散的控制权有助于家族企业规模化发展，合伙人治理模式下，要实现机构的发展壮大，同样也需要关注控制权问题。合伙人治理模式下不存在对职业经理人的激励约束，但存在对份额较小合伙人的激励约束，初级合伙人、一级合伙人不见得都能成长为高级合伙人，不同合伙人在机构的份额、话语权曲线是有差异的，因此

对职业经理人的激励约束机制也值得合伙人治理模式予以借鉴。

九、结论

房地产估价机构的薪火传承，机构合伙人的培养，这本是一个重要而不紧急的事情，本该是估价机构日常工作的重要方面。但是，由于第一代房地产估价师忙于业务拓展，疏于这项重要工作，因此，目前整个房地产估价行业正普遍面临着新老交替问题和行业骨干断层的严峻问题。

基于以上思考，我认为房地产估价机构选择合伙制有利于机构的长远发展，如果选择有限责任公司制，那么也可以引入合伙人治理模式。合伙人制度的核心至少应当包括合伙人的选拔、合伙协议的制定和执行、合伙人议事规则的建立、合伙企业文化的形成。当然，也可以吸收家族企业代际传承的一些优秀制度。

我希望，估价行业的第一代房地产估价师能够拥抱合伙企业文化，吸引更多优秀人才加入估价行业，努力实现薪火传承。诚如此，一家家估价机构均能实现"百年老店"目标，房地产估价行业则可持续兴旺发达。

参考文献：

[1] 崔太平. 估价机构适用特殊的普通合伙规定的理由 [J]. 中国房地产估价与经纪，2008（3）：46-47.

[2] 崔太平. 合伙企业法修订带来的机遇 [N]. 法制日报，2006-06-15.

[3] 葛徐. 基于资源观的会计师事务所合伙人激励研究 [D]. 北京：财政部财政科学研究所，2013.

[4] 王永东. 中国家族企业控制权代际传承研究 [D]. 沈阳：辽宁大学，2007.

[5] 祝振铎，李新春，叶文平. "扶上马、送一程"：家族企业代际传承中的战略变革与父爱主义 [J]. 管理世界，2018，34（11）：65-79+196.

作者联系方式

姓　　名：崔太平　杨红祥

单　　位：四川恒通房地产土地资产评估有限公司

地　　址：四川省成都市高新区天府大道北段 1700 号新世纪环球中心 E1-1617

邮　　箱：ctp@htvaluer.com

注册号：崔太平（5119960024）；杨红祥（5120190058）

守正创新　行稳致远
——新时代发展理念下的估价行业合伙创新探索

许　军　佟圣楠　李　婷

摘　要： 在中国新发展阶段，中国经济积极应对"下半场"的重要挑战和机遇，估价行业将迎来"明斯基时刻"，顺境周期的结束，困境显而易见。但在新发展理念带来的启示下，行业内也蕴含着机遇。在专业技术水平不断提升的同时，要积极通过企业发展模式创新，实现整体突破。本文围绕估价行业的发展趋势和核心竞争力，深入探讨企业发展模式创新变革的必要性。笔者认为数据、品牌、人才和学习型组织是未来行业的核心竞争力，将在行业下半场发展中发挥重要作用。而如何让这些要素在行业中能有效形成，需要在企业发展模式做出突破。以合伙制发展创新，相较于传统股权制度，更强调共同理念、共识规则和贡献导向，旨在发挥群体优势，形成规模效应，突破激励的固有机制，实现人才汇聚和专业品牌，形成合伙创新的行业新发展模式。在这个领域，行业应该用更开放、包容、创新的新理念深入理解、勇于实践，探索行业新的发展格局。

关键词： 新发展理念；核心竞争力；合伙制；创新；新发展模式

一、新时代发展理念下的机遇

（一）新发展理念是中国经济发展"下半场"的破局之道

我们正迎来中国经济发展的下半场，这个阶段承载着过去的辉煌和对未来的憧憬。当前的经济形势呈现出复杂而多变的特点，中国经济已经步入新常态，增速放缓，从高速增长逐渐过渡到高质量发展的阶段。作为曾经的经济支柱行业，房地产行业也面临着新的挑战，在过去的几十年中经历了快速增长后，房地产市场正进入新的发展阶段，市场供求关系已发生重大转变。新的形势需要有新的发展理念，对创新、协调、绿色、开放、共享理念的深入思考和勇敢实践，不仅是我们经济发展破局之道，也是房地产行业的重新定位出发的重要基石。估价行业身在其中，与国民经济和房地产整体发展关联度高，阶段发展特点相似，也应积极思考行业的新发展理念的突破点。

（二）估价行业"明斯基时刻"的"遍地红海、漫天蓝光"

虽然估价行业与宏观经济波动之间的传导周期较长，但审视当前宏观背景下的估价行业发展，经历了快速发展阶段，给行业带来了一种会持续向好的假想，众多潜在问题存在已久，逐渐淤积，随着时间的推移，这些问题并没有被解决，而是不断发酵，内压逐步加大，产生重大危机的风险越发凸显，这可能是估价行业的"明斯基时刻"。

第一，业务类型单一、易受替代的现状日益显现，主要业务来源局限于征收或房地产抵押估价等传统业务，其他高技术含量的专业业务发展较为匮乏。第二，技术水平的滞后与创新意识的匮乏成为亟待解决的问题，受限于有限的外延增值服务，专业技术水平提升缓慢，缺乏应对风险的能力，亟需培养创新意识。第三，人才短缺、专业水平不均衡也成为业界的顽疾，高阶专业人才相对稀缺，且水平参差不齐，导致行业在复杂的市场环境和技术挑战下难以胜任。第四，业务服务不强，缺少品牌引领，弱化的业务服务标准可能对整个行业的品牌形象产生连锁反应，损害行业整体的声誉和竞争力。

行业正面临供给侧结构性改革的迫切时刻，而激烈的市场竞争已经触及成本线，涉及金融、涉税、拍卖司法、出让、征收等传统业务的市场逐渐萎缩已经成为不可逆的定局。同时如前所述，行业内人才老化与封闭态势严重，对发展造成了深远的影响，从行业的现状来看遍地都是红海。

但从长期发展来看，我们认为估价仍将贯穿各行各业的方方面面，成为生存和发展不可或缺的一环。随着社会发展进入高质量、科学决策、精细管理的新阶段，专业估价服务变得愈加不可或缺。在这个变革的时代，估价将发挥更为积极的作用，为各行各业提供关键的支持和决策依据，包括城市更新（城中村改造）、保租房建设、"平急两用"基础设施等三大工程建设，自然资源评估评价、REITs等新的领域和市场的大门也正向行业打开，如同一片漫天的蓝光，照亮了行业前景。

这一系列变迁构成了行业发展的复杂画卷，粗放式发展已成过去，需求将不断升级，呈现出更为多元化、个性化、精细化和高端化的趋势。行业未来的发展需要在变革中寻找创新出路，而行业的变革要从更深层次上再思考、再探索。

（三）新发展理念下估价行业如何突出重围

面对困扰估价行业的重重问题，尽管各方积极投入并付出多年的探索努力，却还难以在根本难题的解决上取得明显成效，其中一个重要原因我们认为是：行业全面的变革创新思考不能只专注于专业方法和技术应用的层面，而应触及一个核心的本质问题：企业发展模式。我们深入学习"开放、创新、包容"的新发展理念，将破局之路引向企业发展模式的根本性创新。我们需要重新审视企业的发展模式、组织形式、股权架构、管理制度、人才战略、竞争策略以及薪酬激励体系等问题。只有通过对这些方面的全面重新定义，我们才能为估价行业带来真正的创新和变革。同时，我们应当聚焦于企业治理、持续传承、人才培养体系以及品牌建设等方面，以全面思考如何在行业中突破困局。这种全面而深刻的变革不仅仅关乎技术和方法的更新，更牵涉对企业文化和战略方向的重新审视。只有在这样的根本性变革中，估价行业才能真正找到突破的契机，实现可持续发展。因此，我们需要敢于挑战传统，迎接全新的思维方式，寻找、培育并逐渐突显自己正确的核心竞争力，这样方能开启行业的全新篇章。

二、提升核心竞争力是跨越周期的必要条件

（一）核心竞争力的构成

柴强会长提出估价机构发展过程中所依赖的10个核心竞争力，分别是学习型组织、人才、数据、品牌、资质、行业排名、业绩、关系、低价和回扣，其中有些是要努力做到的，有些是要恰当利用的，而有的是要抛弃甚至是要共同抵制的。

本文将其进行归纳总结，形成结构关系如图1所示。底层是关系、低价和回扣，这些不

利于行业的可持续发展，是要抛弃和抵制的。中层是资质、行业排名和业绩，是机构目前都普遍关注和实际竞争的重点内容。上层是人才和数据，是机构能长期可持续良性发展的重要条件和基础。顶层是学习型组织和品牌，是机构的顶层目标。具有更上层核心竞争力的机构往往能在行业发展中占有优势。

图1　核心竞争力的结构关系

（二）核心竞争力的实现难点

我们如何实现核心竞争力助力跨越周期呢（图2）？最底层的"竞争力"关系、低价、回扣，其中低价和回扣基本不需要门槛，人人都会。关系，是一种特定资源，但可持续性不强，有效性逐渐减弱，而且存在风险。中层的竞争力：资质、行业排名和业绩，特点是无法一蹴而就，需要一个持续积累的过程，主要对企业的规模、实力和经营规范性的要求比较高。需要的是时间、业务质量、规模扩张以及企业管理水平等多个方面的投入。而对于最重要的上层与顶层的竞争力而言：

（1）在人才维度方面，除了给予合理的薪酬外，完善的考核体系、吸引人才的汇集效应、提供广阔发展前景，以及在行业中占据创新引导地位也至关重要。

（2）数据维度的考量包含专业性、投入和应用等多方面因素。

（3）构建学习型组织不仅需要关注个体员工的学习进步，还需要制定适应性强、促进持续创新的组织机制。这种学习型机构不仅能在业务水平上持续提升，也是品牌形象塑造中不

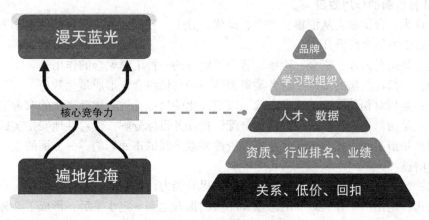

图2　核心竞争力助力跨越周期

可或缺的一环。

（4）品牌打造是每个机构的终极目标。它与服务品质、长期可持续发展以及良好人才梯队建设密切相关。这种全方位的努力将使机构在市场竞争中脱颖而出，确保在变幻莫测的商业环境中稳健前行，赢得持久的成功和认可。

可以看到，要做到这些核心竞争力的打造，对企业的发展理念和长期战略选择要求很高，总的投入更大，对规模和实力的要求更高。

三、合伙创新是提升核心竞争力的解决之道

（一）合伙制与规模效应

在致力于提升核心竞争力的过程中，我们必须直面诸多挑战，如人才瓶颈、数据瓶颈、创新瓶颈以及品牌瓶颈等。当我们深入分析这些瓶颈的解决办法时，发现规模效应是关键因素，数据、人才、品牌都需要以规模为基础。

规模过小的企业，无法投入足够的资金进行基础设施的打造，数据需要有专业团队的持续积累和分析，人才需要有对应的高薪和激励，品牌需要投入宣传和综合的企业管理基础建设。估价行业普遍规模偏小的特点，造成大多数估价企业都没有形成市场品牌。反观一些行业中为数不多的规模较大的企业，有持续综合投入的实力，在品牌的优势上就比较明显。

而合伙制以其天然的优势成为规模打造的强力引擎。通过充分发挥群体的优势，我们能够避免个体的局限，实现集体智慧的发挥。这不仅有助于突破个人和团队在解决问题上的限制，更能够通过聚合，形成规模，在解决人才、数据、创新和品牌瓶颈等方面形成根本的优势，实现汇聚人才、开拓市场、树立品牌，最终实现可持续发展的目标。

股份是"有限的"，合伙是"无限的"。相较于公司制的股权为核心管理决策机制的特点，合伙制有强化理念共识、贡献机制、议事规则等特征。合伙制以共同理念而不是利益来发展、用共识规则而不是个人意见来行事、按贡献而不是股权来分配，充分发挥更大群体的优势，超越个体的有限力量，摒弃股权的桎梏，让人和的优势得以充分展现。在这个过程中，共同理念、共识规则、贡献导向、群体优势、规模效应将成为重要的推动力量，用更开放、更包容、更创新的理念整合行业有生力量，形成行业中一种全新的合伙创新的企业发展模式。

（二）合伙制的作用效应

本文认为，合伙制会从汇集、整合、择优、分工、互利、强化和规模化七个方面作用于推动核心竞争力的全面提升。

汇集：是指对人才、资金、市场、客户等资源的一种汇总聚合的作用。

整合：是指在汇集的基础上对各类资源的一种有机组合，形成最优效应。

择优：是指对相关资源的选择方式，以更优化的目标，进行优胜劣汰的取舍选择。

分工：是指对主要任务目标的资源分配，把任务目标分解，针对性地安排实施工作。

互利：是指不同人才、专业、市场等资源要素之间的正面影响，一方面的成果会带来另一方面的增益。

强化：是指对某种资源或竞争力的加强，提升能力，提高质量，优化效果。

规模化：是指由于各类资源的总量和品质的提升达到一定水平后，形成了某种资源投入的经济可行性，并形成可持续复制推广的放大效应。

具体来看，在中层竞争力方面，合伙制度通过多方资源整合、专业能力强化，能够提供高质量、全面性的服务，更好地满足客户多样需求，提升企业资信水平方面的竞争力。合伙制通过汇集、择优、强化、规模化，能够为企业提供全面支持，优化资源配置，提升专业水平，实现可持续的业绩和排名提升。

在上层竞争力方面，相较于传统的股权制，合伙制在人才和数据方面展现出了独特的优势。在人才方面，产生了上述 7 种综合效应。合伙制打破了人才成长的天花板，通过汇集、整合、择优和分工，减少了人才选择的限制，加快人才的成长，人才激励也不受限于传统组织结构中的固化定位，形成了一个更为灵活且高效的团队。这一制度不仅仅是一种组织结构上的变革，更是一种激励机制的创新，激发个体的潜力、促使团队更好地发挥协同效应、实现人才池的不断扩充和优化。

合伙制在数据方面也表现出独特的优势，也充分体现了 7 种综合效应，使得数据得以更全面、深入地整合，从而为企业决策提供更为准确的依据。这种集体智慧的汇聚不仅提高了公司的运营效率，也使企业更具竞争力。

在组织文化方面，合伙制度的设立为学习型组织的建设提供了契机。合伙人的身份不仅仅是一种荣誉，更是一种责任。这种责任感推动着每个成员不断学习、不断进步，为企业的发展注入源源不断的创新动力。学习不再是个体行为，而是整个组织共同追求的目标，从而使得企业保持对变化的敏感性和适应性。

最后，在品牌打造方面，合伙制展现出了整合、择优、强化、规模化的优势。规模是市场宣传和推广的基础，而合伙制通过强化规模，将企业的品牌推向更广阔的市场。合伙人的共同努力不仅提高了品牌的影响力，也增强了品牌的竞争力。品牌的整合和强化使得企业能够更好地应对市场的挑战，实现规模化发展。

综合而言，合伙制的引入不仅为个体提供了更广阔的发展空间，也为企业在人才、数据、学习和品牌方面带来了全新的优势。这种变革不仅是一种组织形式上的创新，更是一场激发潜能、推动发展的文化变革（表 1）。

合伙制的七种综合效应 表 1

类别	汇集	整合	择优	分工	互利	强化	规模化
人才*	√	√	√	√	√	√	√
数据*	√	√	√	√	√	√	√
品牌		√	√			√	√
资质		√					
业绩*	√	√	√	√	√	√	√
排名*	√	√	√	√	√	√	√
关系*	√	√	√	√	√	√	√
回扣			(√)			(√)	
低价						√	√
分配				√	√		
管理	√	√	√	√	√	√	√

四、经验和总结

（一）经验

笔者所在的估价机构上海联城行于2018年开始尝试以"合伙人"的新制度进行企业整合，从创立至今，每年平均增长速度超过50%。其中核心的一个原因是我们在"合伙人"制度方面的探索，充分发挥了上述7种综合效应的作用。联城行在2018年全国一级房地产估价机构排名中位列全国第174名，上海第26名，经过5年发展，在2022年的全国一级房地产估价机构排名中位列全国第56名，上海第8名。成立至今，联城行始终保持房地产估价一级资质；在土地资信方面，自2021年评为土地A级资信后，至今连续四年保持A级资信，在最新年度（2024年）的土地A级资信评定中，联城行排名位列上海第四。

在数据方面，利用合伙制的规模效应，联城行持续开展数据累积和建设工作。搭建的"联城数库"是上海首个对外服务的房地产估价大数据库。在2018年，对外发布了上海首个住房租赁指数，开始逐步建立上海住宅租赁数据库，自2021年开始涉足保租房数据领域，结合多源多类型数据，形成较为丰富、全面、准确的租赁数据库。目前联城行住宅租赁数据库已成为上海较有影响力的数据库。

基于联城行的合伙制，联城行自成立起，在公司内部实行联值积分制，联值积分从各个维度对联城员工进行赋值，包括学历背景、专业能级（管理能级）、资格证书以外，还有对行业的专业研究、技术前沿探索，另外还有对公司全方位的贡献度，社会责任、公益等，以此作为员工人才晋升的依据。并且联城积分也是所有联城员工从初级岗位一直到合伙人整个选拔过程的重要参考参数之一。正因为联城行开放、公平的合伙人制度，公司吸引到了不少行业外，例如互联网、信息技术、房地产相关领域的专业人才，形成人才多元化、专业多元化的人才格局，促进内部进行跨行业、跨技术的不断学习，为行业未来发展储备多能、精专的行业人才。

在组织文化方面，合伙制的设立为学习型组织的建设提供了契机，使合伙人不仅拥有荣誉，更肩负责任。责任感推动每个成员不断学习、进步，为企业注入创新动力，将学习转变为整个组织的追求目标，使企业保持对变化的敏感性和适应性。同时，合伙制在品牌打造方面展现的整合、择优、强化、规模化优势，通过强化规模推动品牌进入更广泛市场。通过合伙人的共同努力提高品牌影响力，强化品牌，使企业更好地应对市场挑战，实现规模化发展。联城行作为学习型组织，倡导全员要有不断学习、进取的精神，这不仅是招聘标准，也渗透到公司日常工作。联城行通过完善培训制度、师徒带教制、学习小组制等方式，积极探索先进技术与思想，促使学习成为企业文化的一部分。这种学习文化的建设为公司的品牌投入提供了基础，形成了专业的品牌形象。此外，在专业研究领域，公司每年承接10余个政府、协会课题研究，不断在行业内外发表学术论文，并取得较为可喜的成果。

（二）总结

在合伙制的经验总结方面有如下四点：

（1）理念优先、共识机制、议事规则的细化和全面思考。在合伙制度中，共享共赢的理念应置于首位，所有合伙人需对企业共同的愿景和价值观达成一致。在此基础上建立明确的共识机制，确保合伙人在关键决策上能够形成一致意见，减少内部分歧。并制定详细而全面的议事规则，明确权责分工、决策程序等，以确保组织运作的高效性和透明度。

（2）避免合伙变成挂靠、避免整体性不强。防范合伙制度演变成简单的挂靠关系，强调实质性的合作和共同经营，而非仅仅名义上的合伙。确保合伙人共同承担业务责任，通过共同努力实现整体性强大，防止个别成员与组织脱节。

（3）注重人才的激励和统筹发展。建立合理的激励机制，使人才在企业发展中能够得到实质性的回报，激发其工作积极性和创造力。并确保各合伙人在发展方向、资源配置等方面能够协同一致，以促使整体发展更为有序和协调。

（4）注重品牌整体性发展。将合伙企业打造成一个具有独特品牌价值的实体，注重在市场中树立统一的企业形象。各合伙人应共同努力，确保品牌在各方面的发展均衡一致，避免因个别成员行为对整体品牌形象产生负面影响。

综上所述，在新时代发展理念下，中国经济和估价行业在问题与挑战中迎来了机遇。我们要以创新为动力，以协调为路径，共同谱写中国经济"下半场"和估价行业新篇章的奋斗之路。在这个充满活力和变革的时代，唯有不断适应新的发展要求，才能在浩浩荡荡的历史长河中留下永恒的足迹。而合伙创新是一个值得我们去探索的方面。

作者联系方式

姓　名：许　军　佟圣楠　李　婷

单　位：上海联城房地产评估咨询有限公司

地　址：上海市静安区康定路979号

邮　箱：xj@uvaluation.com；tongshengnan@uvaluation.com；liting@uvaluation.com

注册号：许　军（3119970004）

借鉴合伙治理模式实现新老传承

徐长林　杨红祥

摘　要：目前，行业改制后的第一代核心股东（合伙人）陆陆续续走向职业生涯的末期，即将退出行业。房地产估价机构顺利实现新老传承对行业高质量可持续发展至关重要，本文在对目前国内主要传承方式分析后认为，机构传承模式取决于机构核心资源。当核心资源是以技术而不是以关系为主时，不论组织形式是公司制还是合伙制，内部治理引入合伙治理模式是能够较好地解决新老传承问题的途径。

关键词：估价机构；新老传承；合伙治理模式

1993年建立房地产估价师执业资格制度以来，至今已经30年。行业的第一次大规模新老传承始于1998年启动的专业服务行业脱钩改制。当年，许多"官办机构"里年龄大的机构管理层选择回到体制内，机构里的年轻人纷纷接手改制后的评估机构，与此同时民办机构如雨后春笋，带来了房地产评估行业大发展。

从改制后2000年左右行业大发展发展至今的评估机构大部分已经成为行业的中流砥柱，而其主要负责人也基本有着20年以上的从业经历，他们也正陆陆续续走向职业生涯的末期，即将陆续退出行业。依据2022年广东省财政厅《中小会计师事务所合伙人退出机制课题研究》中披露的数据，中小会计师事务所46至55岁的合伙人占比超过44%，55岁以上合伙人占比超过40%，大部分现任合伙人是20世纪90年代末脱钩改制事务所的第一代合伙人，5年后都到了退休年龄。房地产估价行业面临股东年龄高龄化情况，和会计所情况基本类似。

评估机构实控人以及股东（合伙人）逐渐面临老龄化，解决机构新老传承已经是未来一个时期面临的主要任务，对本机构今后发展，乃至对评估行业都有着深远影响。

本文所指的房地产机构新老传承，是指机构实控人和核心股东（合伙人）通过有序的机制安排，实现评估机构品牌、文化、执业理念、业务渠道关系、人力资源等机构核心资源平稳有序传承，企业股东（合伙人）实现代际间平稳过渡，完成新老交替。公司股权（合伙份额）在市场上的转让交易，即所谓的卖"牌子"或"卖资质"，不是本文讨论的机构新老传承范畴。

借鉴国内外相关行业经验，结合目前房地产估价机构的发展实际，对机构的新老传承进行梳理研究，以期探寻可实现路径。

一、国外专业服务机构的传承

纵观英国会计师事务所的发展历程、组织形式始终以"合伙制"为主旋律，虽在过程中曾经出现过"有限责任制"的插曲，但最终仍旧采用了传承"合伙制"精髓的"有限责任合伙制"，英国 8000 多家会计师事务所中只有 100 家改制为公司。与英国相同，美国早期的会计师事务所也是以"普通合伙制"为主要组织形式，后来"普通合伙制"中连带责任的公正性受到质疑，美国注册会计师行业转而致力于寻求比"普通合伙制"提供更好保护的法律形式。最大限度保留合伙企业特征的"有限责任合伙制"被广泛采用。目前，"有限责任合伙制"组织形式在美国被广泛应用于大规模的会计师事务所、律师事务所等专业服务机构，四大会计师事务所都是采用该种组织形式[1]。

国外也有大量中小型专业服务机构，中小型机构也基本都是合伙制，非合伙制大多往往是开办的个人执业机构。美国 4 万家会计师事务所中一个注册会计师的事务所占比 96.3%，2～10 人占比 27.5%，10 人以上的占比 3.2%[2]。但整体而言，国外 2 人以上的和大中型机构普遍实行"有限责任合伙制"。

综上所述，国外专业服务机构主要以"有限责任合伙制"为主。在这种制度下，有较为浓厚的契约文化，新老合伙人之间有序进入退出，保证了机构的有序传承。大量的一人机构其实谈不上传承，大部分是创办人终止执业生涯，机构即消亡或转手他人。

二、国内现行主流专业服务机构新老传承模式利弊分析

目前传统的新老传承通常有两类模式，一类是基于血缘关系的"子承父业"新老传承模式，另一类是基于代理关系的职业经理人新老传承模式。行业内少数中大型机构已经开始探索公司制组织形式下内部采用合伙人治理模式实现机构的新老传承。

依据汪沧海、李春芳等在《资产评估机构内部治理全景式展现》一文中披露的统计调查数据，相关行业的资产评估机构核心层退出模式占比情况为：将公司整体予以转让和与其他公司合并的占比 22.6%，转给创始人子女的占比 10.6%，招聘懂评估的职业经理人的占比 16.6%，由机构现有高管团队和有能力估价师接手实现新老传承占比 50.2%。

（一）"子承父业"新老传承模式

目前评估机构当中还存在一定数量的准家族式评估机构，机构控制权掌握在家庭成员之手。如果行业仍然是营销关系驱动型，机构天然会倾向采取培养子女作为接班人的新老传承模式，其最大的好处是代际间基于血缘关系纽带而有天然信任关系，不需要对企业进行改造，不需要付出代际传承的制度性成本。

"子承父业"新老传承模式在知识密集型行业也有其特有的知识智力门槛。专业服务行业不同于其他行业，需要有较高的专业知识和服务技能门槛，通常股东（合伙人）都是企业高级管理人员。股东层与管理层合一对股东（合伙人）提出很高的要求，估价专业管理决策通常需要本行业专业知识和行业经验积累，且需要有很强学习能力，股东是管理层，又必须是专业人士，对"子承父业"形成一个重大的障碍。"子承父业"新老传承模式下，恰巧子女能够胜任，尚能维持机构正常运转，若子女不能胜任或者短期内不能胜任，那么可能会在机构内部形成内耗。如果机构人力资源不能为子女所用，特别是核心人员，子女为强势者，必然会出现"一朝天子一朝臣"的情形，子女为弱势者，原来有一定资源的老股东可能会出现带资源出走的情况或者处处掣肘，整个机构可能会陷入不断的内耗直至机构的资源流失、优秀人员流失、制度崩塌。另外，还存在多个子女同时继承的情况，子女之间的利益、权利分配也是问题。

不可否认，该种模式会长期存在，其有一定和合理性。这类机构未来发展壮大可能会受

限于子女的管理能力和市场开拓能力，当然可以考虑家族式发展，吸收优秀的人才加入家族企业。

（二）职业经理人新老传承模式

职业经理人是指在一个所有权、法人财产权和经营权分离的企业中聘用的承担法人财产的保值增值责任的专门人才。评估职业经理人模式与一般公司制企业职业经理人模式最大的不同在于评估行业不是一般的工商企业，不是以追求企业利益最大化为目标，社会公众期望企业所有者与管理者合一才能真正平衡委托方和社会公众利益。完善的法人治理结构是推行职业经理人制度的重要基础，但评估行业要求所有人与管理者合一，最大限度上减少信息差，才能真正建立风险防范机制。故从这一点来讲，评估机构所有人采用职业经理人新老传承模式是有悖于社会公众期望的，但目前也是合法存在的，没有禁止性规定。

因此，在机构老股东尚能监督评价职业经理人阶段，作为接班子女尚未成长为合格接班人的过渡衔接阶段，也可能实现机构一定时期的新老传承过渡，甚至与"子承父业"相结合。

对于高度依赖独特核心资源，而且该类资源通常更多地与企业控制人或家族资源绑定的，比较适合采用这两种方式传承，其他依赖市场配置资源的较难通过这两类方式实现新老传承。

三、公司制内嵌入合伙治理模式下的新老传承模式探讨

考虑国内专业服务机构合伙制与国外合伙制尚有差距，且目前有相当数量的合伙房地产评估机构是受限于估价师人数不足而迫不得已选择的合伙制，其并非真正的合伙制，机构实质内核并非合伙治理模式。最适合合伙治理模式的还是有一定规模的中型、大型机构。中大型机构业务类型复杂，往往技术、品牌、学习能力是机构核心竞争力，而传统的程序性以人脉资源为核心资源的机构是很难试行真正的合伙人治理的，就经济性来讲也不划算。

故考虑行业现状，我们不从企业组织形式上探讨合伙企业，而直接从内部治理机制上探讨合伙治理模式下的房地产评估机构的传承。在目前条件下，房地产评估机构的新老传承关注的不是企业的组织形式，组织形式更多是涉及外部治理，新老传承的实质意义更多是内部治理机制。目前来看，评估机构在法律形式上采用有限责任公司制还是合伙制并没有对公司内部治理产生截然不同的影响[3]。合伙治理模式下企业新老更替具有以下优点：

（一）合伙人制入伙退伙机制是新老交替制度保证

内部治理模式采用合伙人制，公司的经营管理权集中在合伙人手中，公司制法律形式上的登记股东，要么与合伙人合二为一，要么仅具有法律形式上的意义。合伙人制最大特点就是合伙人的非终身制，否则不能称其为合伙治理模式。合伙人团队本身就是动态的、流动的，其合伙人身份不能继承，合伙人权益不能自由转让。内部治理的合伙人制中，合伙人入伙退伙是一项最基本的制度，只要制度合理，随着入伙退伙新老交替自然发生。每吸收一个合伙人就是一个新人进入老人让渡权益（份额）的过程。

合伙人的进入通常都有原合伙人考察新合伙人，选择那些与企业文化相契合的志同道合者入伙，每吸收一个合伙人就是一个求同排异的过程。为了整个机构的长远利益，原合伙人有权考察新合伙人，选择那些讲诚信的、有业绩贡献的志同道合者入伙。

（二）完备的晋升制度推动高质量的新老传承

合伙人制的内部治理模式中晋升制度是一项基本制度，不仅解决从员工晋升为合伙人的

问题，也会解决如何让内部更优秀的、更年富力强的合伙人承担更重要职位的问题，如何让他们发挥更大作用，取得更好治理效果的问题。人的生理特点，从青年，到中年，到老年，不同阶段在企业创造的价值是不同的，人也逐渐从人手、人才成长到不可或缺的人物。评估机构能确保优秀人才不流失就必然要保障优秀估价人员内部有晋升空间，有上升通道。合伙人制内部晋升通道畅通才会使得优秀人才主导掌控企业，实现高质量新老传承。

（三）合伙人制能有效避免代际传承时的内耗和资源流失

合伙制下老员工分配有保障，新员工有希望，内部形成良性循环；不同于"子承父业"新老传承和职业经理人新老传承模式，为维护老股东既得利益和保障其子女利益而出现内耗，从而导致人力资源、渠道资源流失，执业质量下降的情况；新老合伙人之间长期形成默契，且存在问题会通过合伙人会议及时解决，出现内耗情况会及时得到纠正，年轻人有希望，老员工有保障，人员不易流失，资源渠道稳定，客户信任度高，执业质量能够持续一以贯之。

四、合伙治理模式新老传承关键制度

（一）合伙文化的培养成为新老传承的基石

目前人类社会传承包括人的基因血缘传承和文化传承，与房地产评估机构传承一样，表面上看是一代代合伙人的接替，实质是企业文化的传承。

企业传承除了看得见的分配权、控制权、客户关系等资源在合伙人之间流转外，重要的是看不见的企业文化传承。企业文化核心是企业人合共识基础，企业文化核心是价值观，而且与创始合伙人及团队有非常大的关系，包括传导给团队的人的财富观、人的诚信理念等。

（二）理顺分配关系成为合伙人内部稳定的核心

合伙人所有制度，包括进入、退出、晋升、合伙份额的增减持、合伙人分级等内在底层经济因素必然包括理顺分配关系。专业服务机构利益分配机制中的产权关系和分配依据是合伙人的主要矛盾所在，权责利不对等构成事务所实现"人合"目标的障碍。

一般公司制下的具有少数几个创始人的公司制企业内部实行合伙人治理模式都有公司制向合伙人制过渡的特征烙印，这是创业者愿意实行合伙人内部治理制度而"自我革命"的关键。通常新入伙合伙人会从创始合伙人处承接业务资源或创始人独特的个人品牌影响，故由按合伙份额与绩效分配的双层架构彰显其经济合理性。

整体趋势上看，在第一代创业合伙人退出后，制度应该更加倾向于绩效或层级，淡化合伙份额或股权。有了好的分配关系，对新合伙人有吸引力和激励，才能承担起新老传承的重任。

（三）人力资源晋升考评是合伙人培养选拔的关键

具备合伙人数量、类型与企业需要合伙人数量、类型也是一对基本矛盾，合伙人团队必须考虑年龄梯次才能确保机构平稳运行，而培养筛选和定向培养、挖掘有潜质的合伙人必须与此目标匹配，必须有一个全盘的人才培养计划，否则合伙人制会成为无源之水。

评估机构必须对未来领导层合伙人制定长期培养计划，保障未来能够实现管理权的平稳交接，合伙文化、理念、使命的成功继承与发展。

（四）合伙人选拔要有统一标准和多维度评价

合伙人选拔是专业无服务机构未来能够持续平稳发展的重要议题，合伙人选拔要有统一的标准，评价新晋合伙人要从多个维度，标准要科学合理、切实可行，维度要能反馈行业、机构特征；合伙人选拔不是拉帮结派，合伙人之间不像大部分律师事务所以近期业绩目标论英雄，要从机构长远发展角度选拔更能带领机构持续稳健发展的合伙人。

参考文献：

[1] 黄洁莉. 英、美、中三国会计师事务所组织形式演变研究 [J]. 会计研究，2010（7）：65-69.

[2] 倪鹏翔，张莹，门熹. 美国会计师事务所的考察与体会 [J]. 中国注册会计师，2011（4）：114-116.

[3] 蒋骁. 评估机构公司治理中的几对矛盾分析 [J]. 中国资产评估，2019（0）：24-26.

作者联系方式

姓　　名：徐长林　杨红祥

单　　位：四川恒通房地产土地资产评估有限公司

地　　址：四川省成都市高新区天府大道北段 1700 号新世纪环球中心 E1-1617

邮　　箱：xcl@htvaluer.com；yanghx@htvaluer.com

注册号：徐长林（5120020069）；杨红祥（5120190058）

引入合伙人机制的思考及探索

高喜善　徐莉娜　陈洁琼

摘　要：当前，房地产估价行业发展内外环境发生深刻变化，带来了估价需求、业务类型、业务渠道、作业方式、质量要求等的重大变化。"大转型时期"，估价机构应该客观面对当前行业问题，及时调整发展思路，加强内部治理和激励，探索引入合伙人机制，通过建立一套完善的组织结构、规章制度和运营机制，对机构内外各种资源进行协调、配置和监督，实现人才引进、资源共享、高效决策、风险分散，促进机构规范运作，提升企业竞争力，确保稳健运营和长期发展。

关键词：公司治理；合伙人机制；实践探索

一、新形势下估价机构内部治理的目标

（一）房地产估价行业正在经历深刻的行业变革

随着城市更新、乡村振兴等国家战略的推广实施，租售并举住房体系的稳步推进，以及不动产资产证券化的探索实践，围绕城乡建设领域、金融产品领域、自然资源领域以及其他新兴领域的咨询服务需求逐渐增多，呈多元化发展趋势。与此同时，受政策调整等因素影响，房地产估价三大传统业务中：抵押贷款评估由贷款企业支付评估费改为金融机构支付后，金融机构连年压低付费标准，评估机构面临着"提供服务越多，成本越大，收益越低"的窘境；随着房地产市场由增量扩张进入存量改造阶段，征拆评估业务下滑明显；在司法鉴定估价业务领域，随着大数据的发展，实现了网络询价，导致房地产估价机构司此类业务萎缩。

与传统估价业务不同，咨询业务服务对象更广泛、价值逻辑更复杂、可复制性低，开展难度大，需要引进多门类、高素质人才，对机构来说机遇与挑战并存。

（二）估价机构的治理需要平衡好平稳经营与专业化发展的关系

公司治理的核心在于通过一系列制度安排，协调公司内部各利益相关者之间的关系，以达到公司整体利益最大化的目标。当前房地产估价在内部治理方面还存在一些问题，如：内部控制体系不健全，在业务流程、风险管理等方面存在缺陷，导致估价机构和估价人员风险频发；人才储备不足，估价机构从事的各类创新业务，对服务效率、专业高度、技术精度等方面都有更高的要求，特别需要高端人才在传统估价的基础上突破创新、开拓新赛道。但房地产估价机构人员普遍在传统业务深耕多年，对于新业务人才储备不足，某种程度上成为制约估价行业打开新局面的瓶颈。

当前，房地产估价行业发展内外环境发生深刻变化，带来了估价需求、业务类型、业务渠道、作业方式、质量要求等的重大变化，行业正处于"大转型时期"。估价机构需要通过有效治理实现公司平稳持续经营，也要在原有的业务基础上寻找新的产品和业务市场，不断

拓展延伸业务线，这既是估价机构生存发展的要求，也是估价机构基业长青、争做百年老店的要求。

二、估价机构内部治理模式的选择

估价机构应该客观面对当前行业问题，及时调整发展思路，加强内部治理和激励，通过建立一套完善的组织结构、规章制度和运营机制，对机构内外各种资源进行协调、配置和监督，实现人才引进、资源共享、高效决策、风险分散，促进机构规范运作，提升企业竞争力，确保稳健运营和长期发展。

2016年12月施行的《中华人民共和国资产评估法》第十五条"评估机构应当依法采用合伙或者公司形式，聘用评估专业人员开展评估业务"；《房地产估价机构管理办法》第八条"房地产估价机构应当由自然人出资，以有限责任公司或者合伙企业形式设立"。

从法律层面来看，估价机构可以采用有限责任公司或合伙企业的组织形式。但由于合伙企业中的合伙人对企业债务承担连带无限清偿责任，且估价行业未允许特殊普通合伙的组织形式开办估价机构，因此目前估价行业普遍采用有限责任公司的组织形式。

与公司制相比，合伙人制度有利于凝聚事业团队，通过权责的匹配和利益的捆绑将人员凝聚在一起，为了企业的共同目标而努力，这对于由专业人员提供服务的估价机构而言是更符合当前行业发展要求的治理模式。广义的合伙人机制是一种激励机制，无论是万科的事业合伙人，还是阿里巴巴的湖畔合伙人，都是广义的合伙人机制，它们在很大程度上促进了公司发展。对于估价机构而言，引入广义的合伙人机制可有效解决治理结构不完善、潜在风险事件、人才储备不足等问题，实现短期内现金流稳定与长期业务拓展多元化的平衡，是估价机构实现提质增效的重要方式。

三、估价机构引入广义合伙人机制的关注重点

（一）在文化层面上，估价机构引入合伙人机制需要重视文化理念的认同

房地产估价作为一种专业服务，其本质上是一种文化的体现。广义合伙人机制的核心是共享价值观、共同愿景和团队精神；当估价机构引入广义合伙人机制时，首先要在文化层面上重视理念的认同，以保持机构内部的统一性和稳定性。这需要所有合伙人共同努力，通过相互沟通和协商制定机构的发展战略和目标。以下是在文化层面上需要重视的几个关键点：

1. 共享的价值观和目标

引入合伙人机制意味着需要建立一套共同的价值观和目标。这种共同的价值观有助于形成统一的工作方向和目标，从而提高整个组织的凝聚力和效率。

2. 开放和沟通的企业文化

鼓励开放和透明的沟通不仅有助于促进信息的流通和问题的及时解决，还能够增强团队成员之间的信任和合作。定期的团队会议、内部研讨会和非正式的交流活动可以成为推动文化的有效手段。

3. 持续学习和创新的环境

估价行业是一个快速发展且不断变化的领域，合伙人和员工应被鼓励去探索新的方法和技术，不断提升自己的专业能力，以适应行业的发展。

4.个人成就与团队成功的平衡

虽然个人的贡献在合伙人机制中很重要,但同样重要的是如何将个人成就和团队的成功相结合,强调团队合作的价值,并确保团队的努力和成就得到认可和奖励。

5.适应性和灵活性

估价机构在引入合伙人机制后,可能会遇到各种挑战和变化。培养一种适应性强和灵活性高的企业文化,可鼓励员工面对变化时保持积极的态度,灵活调整自己的策略和方法。

通过上述文化层面上的重视和努力,估价机构在引入合伙人机制时,不仅能够在结构上实现改革,更能在更深层次上增强组织的凝聚力和竞争力。

(二)在规则层面上,估价机构引入合伙人机制需要重点考虑合伙人标准、权责匹配和激励方式

在引入合伙人机制时,确立明确和合理的合伙人标准、权责匹配和激励方式至关重要。这些不仅决定了机构的专业水平和服务质量,还影响着团队的协作效率和组织文化。

在合伙人标准方面,应当重点考虑专业能力与经验、道德标准与职业操守、团队协作与领导能力、客户关系管理能力、持续学习与适应能力等。

在权责匹配方面,首先要明确职责和权限:为每位合伙人设定明确的职责范围和决策权限,包括业务开展、资源配置和团队管理等方面;其次要建立绩效与激励对接,将合伙人的绩效评估与其收益直接挂钩;再次要制定风险承担与责任的规则,合伙人应对其决策和行为承担相应的责任,特别是在涉及法律合规、财务风险等重要事项时;最后要进行持续监督与评估。

(三)在建设层面上,估价机构引入合伙人机制后需要高度重视平台建设

估价机构引入广义合伙人机制面临内部结构和运营方式将迎来重大变革。在这一过程中,平台建设尤为关键,它不仅是实现资源共享和效率提升的基石,也是促进合伙人间协作与创新的重要渠道。

通过平台建设估价机构不仅能够有效适应合伙人制度的变革,还能提高工作效率,增强服务质量,从而在竞争激烈的市场中保持领先地位。

四、合伙人机制的实践探索与思考

(一)探索以团队合伙人在估价机构内部推行合伙人机制

房地产估价机构经过20多年的发展,业务领域覆盖多种类型,随着细分市场对服务的专业化程度要求越来越高,对于承接和承做的要求都比较高,以团队为合伙人可以有效扩大适用范围,激励全员共同奋斗。基于此,首佳顾问尝试构建了小型化团队作为合伙人制在公司内部推行的基层单元,并制定了团队合伙人的基本原则,如:

(1)能够独立作业并有利润贡献;

(2)团队业务具有一定的自有化率;

(3)团队有明确的产品打造规划并实施。

为了实现业务从多领域的点状突破到最终形成链式产品线,首佳顾问探索团队建设与产品打造相结合,通过产品打造形成不断挖掘特色优势产品的机制,保持组织活力。产品打造既是团队的IP,也是团队负责人的IP,是一项与未来发展高度相关并需要持之以恒推动的工作。

（二）对增量部分以贡献原则为衡量标准进行合伙人激励

以贡献原则为基础的激励机制能有效提升团队的整体业绩与创新能力，重点考虑好三个方面的问题：

（1）业绩基准的设定，建立一个明确的业绩基准，用于评估团队的增量业绩；

（2）贡献原则的应用，根据公司实际情况，明确个人和团队对业绩增量的贡献，以及这些贡献如何影响激励分配，我们主要集中在市场、作业和平台建设三个维度；

（3）激励分配机制，设计一个既公平又激励性的分配公式，确保业绩增量与激励之间的直接联系，追求多方共赢。

（三）加大平台建设的投入，形成平台和合伙团队之间互相支撑

为了能够集中力量实现市场突破，确保合规作业、优化资源配置、增强协作效率，平台建设需要从技术沉淀、风险管控和渠道建设方面加大投入，以保障和合伙团队之间互相支撑。从技术沉淀方面来看，主要有信息化建设、案例库、知识库等，风险管控的重点则是风控机制与标准，渠道建设主要在于市场端的资源整合以及品牌推广。

五、估价机构探索合伙人机制的建议

在房地产估价行业中，传统的业务模式和管理结构正面临着前所未有的挑战。随着市场环境的日益复杂和竞争的加剧，行业需要寻求新的增长动力和管理策略。引入合伙人机制，正成为估价机构提升竞争力、实现可持续发展的关键举措。探索适合自身的合伙人机制需要从目标、人员、市场、发展阶段等多方面考虑，划定合适的合伙人标准，制定有意义的激励措施，做好内部文化建设和平台建设。合伙人机制为房地产估价行业带来了新的发展机遇。它不仅能够激发团队的潜力，提升服务质量，还能够帮助机构在不断变化的市场环境中保持竞争优势。随着合伙人机制的深入探索和应用，我们有理由相信，这将成为推动行业持续进步和创新的重要力量。

作者联系方式

姓　　名：高喜善　徐莉娜　陈洁琼

单　　位：北京首佳房地产土地资产评估有限公司

地　　址：北京市海淀区紫竹院路 116 号嘉豪国际中心 B 座 7 层

邮　　箱：48791932@qq.com

注册号：高喜善（1119980087）；徐莉娜（1120140048）

优化股权结构　盘整打造新活力

李建中　方黎蕴

摘　要：新时代对估价机构的发展提出了更高要求。经过 20 多年历程，目前的估价机构的股权结构设置存在诸多不适应。本文在分析当前存在问题的情况下，进一步研究了新时代的需求和发展方向，阐述了优化股权结构与适应新要求的关系。提出了优化股权结构，运用相对集中＋多元化股权结构模式；老股东分段、分阶段退出的机制；推进新老股东平稳交替的思路与对策，以创造业绩及贡献为主要标准选拔机构领导人；准入新股东会人员的程序与方法；对业绩贡献能力考核的办法等观点，从某一角度为估价机构内部盘整，提升整体能力，促进新的发展设计了新的途径。

关键词：股权结构；优化；状况；思路对策；意见

2000 年，根据国务院办公厅的要求，估价机构陆续与政府及企事业单位脱钩改制，至今已有 20 多年。许多机构都遇到持股者新老交替和股权优化的问题。深化这一问题的研究，不仅仅是机构发展的需求，也是新时代高质量发展提出的更高要求。结合上海行业、部分机构的情况，提出一些考虑。

一、当前存在的差距

（一）架构落后，适应性差

由于脱钩改制时各机构缺乏经验，股权结构设置比较简单。大多数机构基本采用均质股权结构和高度集中股权结构两种，各种法律保证条款设置也不尽完善。在进入新时代高质量发展阶段，这种股权结构设置完全不能适应新的要求。如，股权结构设置单一，不能适应多元化发展的需求；股权结构设置形式不合理，直接影响发展理念和决策的统一；法律保证不健全，进出渠道不畅、人才获取困难、决策反应迟缓，阻碍机构新的变革和发展。

（二）年龄偏大，结构单一

部分机构股东自改制 20 多年来，没有大的变化，年龄不断增大，有的 70% 以上的股东已退休，其中近 40% 的股东已超过法定的估价师注册年龄。新鲜血液不能输入，参与实际专业服务的股东逐步减少，股东专业类别比较单一，对估价机构的发展、估价市场的变化、估价技术的深化、新业务的发掘拓展不尽了解。不能为机构新的发展献计献策，提出具有分量和创新的决策意见。

（三）出进不畅，人才难求

没有建立新老股东交替的良好机制。除股东既得利益思想严重，不愿退出外，对于年龄偏大，已基本不能从业的老股东在什么情况下，以什么形式和方法退出股东会，未建立相关机制;对能够作出贡献,有较强专业能力的人才设置什么样的条件和要求准入股东会问题等都缺乏细致的研究,未形成可行机制。部分机构自改制以来,股东会不出不进保持至今。股东会没有活力,竞争能力不断下跌,特别是在当今估价行业面临新的发展形势面前束手无策,发展前景堪忧。无不是没有设置良好合理的进出机制所致。

（四）理念僵化,发展艰难

在股权结构设置落后、成员年龄偏大、进出渠道不畅的情况下,必然导致成员思想理念比较僵化。从目前部分机构情况看,部分股东由于参与专业活动少,对行业新时代情况变化趋势不了解,思想仍停留在过去的认识,没有创新的理念和活力;考虑眼前利益较多,做好"一亩三分地"收获即可;还有的抱有走一步、看一步的想法,对机构的发展持观望或悲观态度。往往形成研究机构创新发展问题时比较保守,对新的发展思路投反对票较多的局面,机构发展的道路比较艰难。

二、新时代发展的需求

改善目前估价机构股权设置上的问题和弊端,是迎接新时代发展更大考验和挑战的最基本要求。研究机构股权结构优化问题,就是要形成能够容纳和战胜新挑战和要求的坚强实体。要特别重视以下需求的实现。

（一）适应转型升级的需要

新时代高质量发展带来许多新理念、新业态,随着城市更新、乡村振兴及重大项目对专业服务的内容需求、委托方式、要求的不断变化,无论是传统业务,还是新生业务,都向着内容越来越广泛、综合性越来越强、科技水准要求越来越高的方向发展。无论是传统业务,还是新开发的业务专业理念、能力如缺乏多元化的支撑,很难有突破性的发展。不打破老的股权结构模式,就会对新发展理念、新发展运行模式产生极大的束缚。选择符合发展需求的股权结构,解放禁锢,研究发掘传统业务潜力,涉猎新业态,适应新要求,向多元化方向转型升级,是新时代高质量发展的现实要求。

（二）适应做大做强的需要

新时代不仅对估价机构提出了更高要求,而且也推动着机构的重新洗牌和重组。机构做大做强与过去的意义与内涵有较大不同,新的强大机构是在新的竞争中重新崛起。没有形成新的强大实力和核心竞争力,在创新拼搏中很难取得优势。优化股权结构为形成新的强大机构,增强核心竞争力提供了坚实的基础,开辟了赢得主动权的广阔平台。可以按照新时代要求更为广泛地吸纳人才,有效实施新的联合、合作、联盟,建立组合新的专业服务实体。从而,推进机构迈上新的发展道路。

（三）适应培养人才的需要

新时代对估价人才提出了更高要求。不仅仅限于估价及相关领域,而是选择边界更宽,要求知识面更广,综合能力水平更高。十分需要机构内部有一个广开门路,注意人才的良好机制。优化股权结构,以及相应的配套措施与吸纳、培养人才紧密相关,使人才可以直观地感受发展前景和良好环境。股权结构优化可以打开机构思路,扩大延伸眼界,为各种人才搭建施展才能,焕发聪明才智的平台,为机构的发展创造新的功绩。

（四）适应提升科技能力的需要

对于估价机构来说,新时代提出的发展数字经济要求,不仅仅是在估价技术的落实,作为运用估价技术的一种工具,更重要的是为政府、社会的发展建设提供专业数字化服务。要根据需要,创新产品和项目。实现这一目标必须下力形成高技术水平的创新团队,进行一定量的前期投入。优化股权结构可以提供良好的组织基础,开发科学合理的合作模式,以保证新时代的发展需求。

三、主要思路和对策

(一)优化股权结构

1.选择符合实际的模式

目前,较多的估价机构采用均质股权结构和高度集中股权结构两种方式。均质股权结构适用于经营决策较为稳定的机构,但效率低下,创新能力不强。高度集中股权结构决策力强,但容易出现重大偏差和内部冲突。是否可以选择相对集中的股权结构。股权既不集中1个人或几个人身上,又不平均分摊。采取董事会、监事会共同控股,创始人股(含员工)、发展、激励股权综合组成的多元化股权结构,或称为:相对集中+多元化股权结构。其中,董事会、监事会分别占股份35%和16%,两会成员全部为均值,创始人(员工)占股份39%,每人也同为均值,发展、激励股权10%,设置完善的动态进出条件和规定,如,贡献评价方法,股权对应的标准、期限的设定以及进出的具体规定等(图1)。选择这样的方式目的是既有制约和制衡,又不造成效低下的问题。

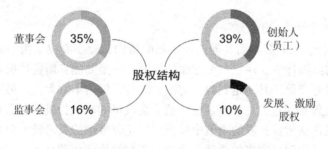

图1 相对集中+多元化股权结构示意图

2.改变核心领导层选任的方法

董事会、监事会成员的选举,采取先预审后选举的程序。预审条件的设置主要包括:政治,经营决策,创新发展,专业组织能力,廉洁自律情况和对机构的贡献评价(图2)。要

图2 董事会、监事会成员选举预审条件

把对机构的贡献作为重要内容去衡量。预审可按能力和贡献大小排名，提供股东大会选举，必要时，可由股东大会做出决议，以排名先后选举确定两会成员。

3.合理设置股东权利分权方式

股东的权利一般分为：所有权、表决权、分红权、被选举权等（图3）。根据估价机构特殊情况，在股东因年龄大，受政府法律法规的限制和自身情况的影响，不能或者逐步减少对机构的贡献时；对因违法违纪受到行业主管部门处罚，执业行为受限；一定时期，不能为机构做贡献时。在机构章程中，分类明确股东权利的限制，甚至放弃股东权利。根据对机构贡献的情况，可以经股东大会通过，逐步取消表决权、被选举权，必要时，采取允许的方法，使其具有分红收益。机构也可采取收购的方式，使其有偿退出股东。

图3 股东权利示意图

4.正确采用方式方法

对于脱钩改制建立20多年而发展比较平稳的机构，改变股权结构一般采用增资扩股的方式比较好。在实际操作中，注意三个方面的问题：一是要测算增资扩股后，原始股东的估值被稀释的量，最好要保证其一定利益，初次扩股时，增值不宜太大，最好不要超过注册资金的50%。否则比较难通过。二是董事会、监事会成员的确能为机构创造效益，取得股东充分的信任，增加股份从增资扩股的增值中解决。三是新吸纳的人才转入股东，严格按规定进入，而且在任期间做出明显突出的贡献。当然，股权结构优化调整还有其他方法，如，股权重组、加大核心领导的股权比重、利用内部收购的股权重新分配等。根据各自情况，采用相应方法。

（二）探索退出机制途径与方法

平稳退出的对象主要是指已超过法定执业年龄，身体也不适应继续执业的原始股东，这些股东对机构有较大的贡献，有的在行业上也发挥过重要作用。但随着形势的发展，为更好地实现新老交替，需要妥善处理好新老之间的关系。在研究相关规定中，要本着尊重历史、尊重贡献、分阶段、分情况，实事求是，保证相对利益，妥善安排的原则，细致做好工作。

实事求是地讲明情况。讲明政策法规对执业年龄的规定及继续保持持股状态对机构执业的影响，分析个人再执业的能力和可行性；讲明退出的具体步骤安排，使老股东心中踏实，理解。

分阶段、分情况退出的安排（图4）。一般情况下，年至70岁时，若有较强贡献能力者除外，（衡量的具体标准是能够打开、保持市场，年经营收益在500万以上，或在专业技术上直接审核报告，质量达到3级以上水平，或具有突出的贡献，股东一致选任担任主要职务者。）免去其股份的所有权、表决权，保留分红权，其股份所有权安排股东代理；年至75岁

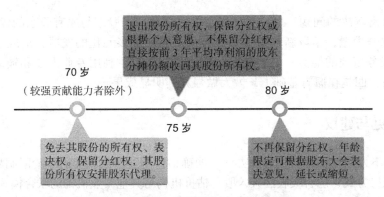

图 4 分阶段、分情况退出安排示意图

时,退出股份所有权,保留分红权或根据个人意愿,不保留分红权,直接按前 3 年平均净利润的股东分摊份额收回其股份所有权。年至 80 岁时,不再保留分红权。最后一步的年龄限定也可根据股东大会表决意见,延长或缩短。若股东无论在任何年龄段离世,则都按前 3 年平均净利润的股东分摊份额收回其股份所有权,并不再具有分红权。

（三）研究进入机制标准和要求

吸纳人才入股主要是对机构有突出贡献,还不是股东的人才和法人。在符合法律法规规定条件的前提下,对于人才的衡量标准,主要表现在两方面。第一,突出的业务贡献,开辟了新的业务市场,年创效在 500 万以上;或负责专业成果审核,估价报告在行业评审中,均在三等以上,其中,二等以上的占 20% 以上;或在科技创新中取得国家、地方及行业的奖励,实用性较强。第二,法人入股待符合国家法律法规明确准入,具备基本资格后,还要具备开辟了新的业务市场,年创效在 1000 万以上,有精干的专业团队的条件。持股的相关设定:一是股权份额。人才自然人个人股不超过 2%,法人股不超过 5%,（若采取联合、重组、合作创建、投资新机构等方式的按协议约定）。股份从增资扩股的增额和老股东退出的股份中解决。二是股权持有享有的权利。所有权设有持股期,股东大会同意后即办理相关手续,获得所有权,每年考核贡献情况,连续 3 年达不到贡献指标者,退出股权,若在持股期内离职,也要退出股权。持有股权期间享有分红权,不享有表决权、被选举权等。三是被新吸纳的股东可在董事会任命下,担任机构各层次的行政领导职务。

（四）建立完善的保证体系和机制

新老平稳交替必须在国家的法律法规规定的框架下进行。特别是《中华人民共和国公司法》《中华人民共和国资产评估法》以及国家、地方行政管理部门下发的法规规定,要不折不扣地落实。同时,要认真细致地协商修改好公司章程和实施细则。第一,把新老股东交替的基本原则、标准、条件、方法及特殊问题的处置办法详尽表述在章程中;第二,把公司章程不便表述的内容,如,新股东准入前的审核组织方法和操作程序、在持股期内实现指标的年度考核细则、持股期结束时的阶段考核办法以及股权进出手续办理的具体原则、方法、实施组织等。第三,建立健全相关问题的解决处理组织。研究形成完备的处置方案,经常组织案例分析研究,积累经验,掌握动态情况,适时组织修改涉及章程、细则中存在问题,保证新老平稳交替的正常运行。

（五）发挥先进股权结构的作用

股权结构优化后,给机构注入了巨大的活力。充分利用这一优势,推进机构的全面发展，是机构急需解决的问题。一要从全局出发，把新加入股东与原有股东的优势有机融合，形成更大的综合力量，争取新的市场和领域；二要通过多元化的发展，形成全过程承接重大项目专业服务事项的能力；三要确定数字化科技项目，利用专业人才和辅助力量，逐步形成研究成果；四是在原有基础上，做大做强见到明显成果。

四、意见与建议

（1）尽快下发新的估价机构管理办法。明确估价师注册或执业的年龄限制界限、原始股东超龄后的保持方式、能否吸收法人入股、估价机构与其他专业机构的联合模式与条件等。

（2）地方管理部门和行业协会与估价机构共同深入研究新老股东平稳交替问题。

（3）进一步引导估价机构探索如何利用新老股东交替的机遇和股权优势向多元化、做大做强方向发展。

参考文献：

[1] 丰习来，吴冬琳. 新经济股权投资的三阶段赋能之道 [J]. 北大金融评论，2023，（17）：14-15.

[2] 孙在辰，董冬冬，周晓林. 股权架构设计与股权激励 [M]. 北京：人民邮电出版社，2023：145-200.

[3] 李利威. 一本书看透股权架构 [M]. 北京：机械工业出版社，2019：3-7.

[4] 全联军. 股权一本通：股权分配＋激励＋融资＋转让实操 [M]. 北京：清华大学出版社，2018：74-94.

作者联系方式

姓　　名：李建中　　方黎蕴

单　　位：上海房地产估价师事务所有限公司

地　　址：上海市浦东新区南泉北路 201 号 1005 室

邮　　箱：lijianzhong52@126.com ； 542703517@qq.com

注册号：李建中（3119980114）；方黎蕴（3120210031）

创新股改机制 实现平稳传承

廖志旺 高海燕 田 晶

摘 要: 原隶属政府部门的评估机构应国家改革要求,大多于2000年前后进行了改制,创始股东普遍年龄在50岁以上,当前面临技术创新动力不足、精力不济甚至存在"躺平"思想,以致整个团队缺乏活力;既有员工,缺乏创新思想,普遍持着打工者的心态,东家不打打西家,内发动力不足。随着时代的推进,创始股东将逐渐退出行业舞台,新生力量上场成为必然,针对目前评估机构转型升级关键时刻所面临的困境,亟需建立一套创始股东传承的机制,先立后破,以助力机构高质量发展。本文就笔者作为创始股东(之一)多年的探索与研究,提出创新股改机制,对其产生背景、制度内容、实施路径等进行分析,期望通过创新股改,使核心员工与管理层形成利益共同体、打造事业共同体,实现机构高质量发展。

关键词: 创新;股改机制;传承;高质量发展

一、建立创始股东传承制度的背景

(一)评估机构面临行业加速洗牌、创新动力不足、管理模式老化的局面

如今社会已进入科技高速发展的时代,尤其是5G、大数据、人工智能技术的发展,评估咨询机构专业人员常规性的智力活动,在一定程度上被替代;评估行业经过近30年的发展,机构不论资信级别高低、是否有经验,只要入库就有源源不断的业务的时代已一去不复返,小机构由于级别、人员、业绩、创新力等各方面竞争力不足,将难以生存,要么转行出局,要么重组寻求新机,而大机构已构建全国性或区域性的网络布局,呈现机构平台化、平台生态化的经营管理模式,随着人才的聚集,强者恒强;传统评估中,以房屋交易、抵押、普通的司法评估为目的的业务量受大数据的冲击,已降至冰点,而社会个性化咨询、全流程的服务等需求层出不穷;机构为了自身的生存,市场化收费没有最低、只有更低;当前机构普遍存在创新力不足的问题,创始股东已享受前面国家城市化发展的红利,积累了一定的财富,重新研学新型技术相当于从头开始,而新生力量能力不及又难以胜任;管理层面仍停留在20年前固有的管理模式,按部就班、排资论辈,不想或不愿改变现状。

(二)评估机构内部治理要求

评估机构内部治理有别于《中华人民共和国公司法》的一般规定,内部治理过程中,股东加入不得为他人代持股权,也不得委托他人持有自己的股权;股东退出,对评估机构的商业秘密负有保密义务,不得从事与本评估机构相竞争或有其他利益的业务;评估机构的首席评估师要求必须为合伙人或股东,负责对机构风险及质量控制;要求建立员工薪酬及人才晋升激励机制等;这些行业规定为创始股东传承提供制度上的支撑。

（三）未来对专业人才的要求

随着业务多元发展，需要组合型的技术配合，需要培养更多的既多又专还精的技术人才。没有人才，即使有新兴业务也没有人做或做不好，评估机构发展会进入"恶性循环"；评估机构要吸引、培养、留住人才，特别是要注重培养青年人才，给他们希望。因此，如何避免"一干大就分家""翅膀一硬就离职""优秀人才被挖"等行业通病，如何转变员工的打工心态为老板心态、奋斗者心态，实现创造价值共享、体现多劳多得智力资本化的利益分配机制，才是我们机构基业长青之道。

二、提出创始股东传承的模式

本文所说的创始股东传承模式，也就是股权激励改革（下称"股改"），实质为企业未来收益的重新分配的模式，体现智力资本化、多劳多得、保障收益，目的就是让机构更好地薪火相传、留住人才，让员工向奋斗者转变，使公司继续阔步发展，并形成传承的一种文化制度。

股改模式采用双轨制，即符合标准的员工可晋升为合伙人，这批合伙人属松散型的组织，相当于持有机构名义股权，享有分红、资产增值权益，简称"合伙制"；在合伙人中，经考核符合条件的可参与配股，成为新晋股东，其除了享有与合伙人同样的分红、净资产增值权利外，还可享受资产处置分配的权利，简称"股权制"。

（一）合伙人或股东的主要权益（权利）与限制

1. 参与政策制定、机构管理

合伙人或新晋股东有权参与公司重大政策的制定并在管理决策方面拥有一定的发言权。

2. 收入

合伙人的收入通常要比普通员工高很多，若既是合伙人又是股东，则在享受合伙人利润分配的基础上，仍可以享受股东的分红，体现多劳多得、智力资本化，也是对他们在前期努力工作的经济回报。

3. 知情权限制

享受财务信息知情权、质询权，而且财务核算结果对合伙人、新晋股东和创始股东一视同仁，不搞差别对待。但也需要有适当的限制，尤其是限制查账，目的是维护机构正常运作，保护机构商业秘密。

4. 权益或股权流转限制

合伙人权益一律不得流转，不得有偿转让、赠与、质押等，到期自动消灭，股东股权的退出只能由公司回购。

（二）合伙制与股权制共存、分阶段实施

1. 共存

合伙人分享一定比例的企业当年净利润，同时享受持有期间的净资产增值红利，但不承担企业的净损失；股东是对符合配股条件的合伙人经过一段时间的考验考核，企业通过清产核资，按净资产采用增资扩股或老股转让的方式作价入股成为股东，亦可成立有限合伙公司作为持股平台，作为类股东的身份参与公司的管理。合伙人权益份额及股权总量，根据机构需要而定，合伙制与股权制这两种形式在长时间内是共存的。

2. 分阶段实施

机构设定一定年限内完成股改，如第一年吸纳合伙人，往后每年可以根据个人的职位或

岗位变化调整一次，也可以将符合条件的员工吸纳为新合伙人，第三年作第一次配股，第五年作第二次配股等，创始股东的股权分阶段在一定年限内全部退出。

（三）人在股在、脱岗退股

由于评估咨询专业活动属于智力型的活动，而非资本投入型，无论是合伙人还是实名股东，必须要求在岗才享有相关权益，存在任何原因离岗的，必须退伙或退股。退出时，合伙人其享有的权益自动消灭，股东的权益按净资产作价公司回购。

（四）弱化资质、资源的无形资产价值

理论上，机构资质、资源在短期内能体现出一定的无形资产价值；长期而言，资质、资源的维护需要专业人员投入和不断产出业绩，更多的是智力投入劳动带来的价值，若创始股东不参与经营管理，则其资质、资源带来的价值将逐年弱化。为提升股改的吸引力，对资质、资源不再另行作价，企业价值更多的体现的是智力资本化。

三、创始股东传承实施路径

第一步实施合伙制，先培养一批符合条件具有一定潜力的员工并吸纳为合伙人，无偿授予一定的权益份额，提升其作战能力、管理能力、赋予责任感，类似黄埔军校，也理解为先储备人才，为未来实施股东配股作铺垫。第二步实施股权制，股权增发对象可以设定更高的门槛，不考虑不确指的无形资产、资质、资源等价值，采用基础法评估净资产后作价入股。

（一）吸纳合伙人或股东

合伙人按不同岗位授予不同的权益份额，不需要出资购买，以岗位识别为主，对岗不对人；准入对象包括管理层、各部门骨干、符合要求的员工；每年吸纳时机构根据需要设定权益总量。

在合伙人队伍中，考察各类专业人员，包括：职业经理类、传统评估类、新兴咨询类、市场营销类等，外招和培养相结合，同时增设更高的门槛条件，如985或211高校学历、年龄、工作经验等。经考核，符合机构骨干要求的人才吸纳为股东。

（二）收益核算

每年根据岗位、级别、绩效授予一定的权益份额，这个权益3年为一个周期，员工不需要花钱购买，也可享受分红权、资产增值权。若股东退股，则提出退股次年起，分三年逐步退出，每年初各退出1/3，相应地第一年末仍享有2/3分红，第二年末享有1/3分红，该规则首先体现老股东退出后仍可创造一定的价值，其次有利于新老股东薪火相授与传承，最后就是对股东退出后不得从事与本评估机构相竞争或有其他相关利益业务的一种保障。

收益核算时考虑三个维度，分别为岗位系数、绩效考核、考勤系数。岗位系数反映员工所在岗位的权重，按贡献度、替代性进行量化；绩效考核结果反映员工在该岗位干得怎么样；考勤系数是体现多劳多得的系数。

1. 岗位系数

根据员工岗位级别，如总经理、分管副总、部门经理或部门总监、项目总监、高级项目经理或资深评估师、项目经理或初级评估师等，对应其工作职责，分别设置岗位系数。

2. 绩效考核

可以结合公司原有的绩效考核规则，设置关键绩效指标，有以下几类：项目营收、利润及利润率；人均效益；客户满意度；为其他员工提供辅导；对业务开拓的贡献；对他人成功

的贡献；个人职业发展战略等，将合伙人的表现分为四个层次：优秀、良好、合格和不合格。

3. 考勤系数

既尊重劳动法又要体现多劳多得。

考勤系数 = 实际出勤天数 / 应出勤天数

实际出勤天数 = 应出勤天数 - 休假天数

其中，应出勤天数是全国统一的，按法定工作日计算，扣除法定节假日和休息日，休假天数含未参与冲抵的事假、非法定节假日和休息日。

（三）合伙人的治理

成立合伙人委员会，由股改领航人牵头成立，合伙人委员会代表"立法机关"，其职责是对一个组织赖以运行的政策做出"通过"或"不通过"的决定；首席合伙人，代表"执行机关"，处理合伙人日常事务；薪酬委员会则代表"司法机关"。

（四）退伙或退股

退伙具体分为三种情形：期满、离职和过错退出。如果合伙人的绩效欠佳或不能满足公司的有关要求，可以要求合伙人退伙。另还可以设置负面清单、污点条款，即公司最不能容忍、员工最不应该做的行为，如：做私单、吃回扣、倒卖公司资源等，则应强制退伙或退股。

四、思考与建议

合伙制，属于有期限的激励方案，所有员工如果不努力，就不能参加下一年计划，此时老合伙人的收益权将被稀释，分红也会逐渐减少，这样既让新员工有了新的发展空间，又让老合伙人不能坐享其成，防止新老员工惰怠。另外，合伙人利益核算时与考勤系数挂钩，体现其劳动性收益、多劳多得，让合伙人与股东形成利益共同体。当合伙人休带薪假期时，按法律规定的工资标准发放假期待遇，但是在休假期间并未给公司创造价值，这段时间只能享受法定薪酬待遇，而不能享受剩余价值的分配，这是奋斗文化的直接体现。股权制，准入条件更侧重于留住核心骨干，希望重要的员工与公司形成利益共同体、命运共同体，退股时递延两年实施分红权，有助于新老员工薪火相授，也有利于机构长期战略的实施。

总之，创始股东传承制度的制定与实施，有利于员工规划职业方向、抓住晋升机会、明确奋斗目标、提升工作积极性；有利于创始股东顺利过渡，实现平稳传承；有利于机构升级发展中面临各项挑战，更具韧性、战斗力，立于不败之地；合伙制相对灵活、股权制则相对稳定，通过这样的方式，相互配合，让更多有理想的人一起做事、一起奋斗，与管理层形成利益共同体，从而打造事业共同体，共同实现机构高质量发展。

在此，本文提出以下建议：

（一）强化企业文化教育

让每个员工明确企业精神、企业发展战略，清晰企业能做什么、如何去做、最后再谈如何利益分配。笔者熟悉的一家知名机构在转型升级中发展战略非常清晰，一步一个脚印，技术上一环扣一环，踏准国家、行业的需求，吃透政策的红利，机构以土地管理专业为基础，主要从事传统的房地产、土地评估，2018年切入测绘领域，参与国家三调任务，开拓村庄规划项目，以及最近开展全域土地综合整治、自然资源资产核算等方面的业务，聚焦国家大力扶持的乡村振兴领域，企业战略实施成效显著，值得业内学习借鉴。

（二）传承机制实施宜早不宜迟

创始股东传承机制的制定及执行，人才的考察与吸纳，均需要时间的消耗和沉淀，一旦确定方向，宜尽快推行，让公司上下明确股改的动向与决心。

（三）提升机构核心竞争力，增强股改吸引力

有前景才有预期，着眼于研究新兴专业技术、布局新业务方向，打造有前景有价值的专业评估机构，才能体现更高的企业价值。因此，做好公司发展定位、提升企业核心竞争力，对增强股改的吸引力显得尤为重要。

（四）对创始股东参照公务员退休标准给予保障

对于创始股东，承认其打下的江山、创业的艰辛、造就的"丰功伟绩"，若当年不参与改制留在政府部门任职，退休后也可享受政府公务员的社会保障，建议对创始股东参照公务员退休的保障标准，以免其有后顾之忧，这样将会得到创始股东更大的支持，有助于股改加速推进。

作者联系方式

姓　　名：廖志旺　高海燕　田　晶
单　　位：广东公评房地产与土地估价有限公司
地　　址：珠海市香洲区吉大九洲大道中2089号温莎大厦17楼
邮　　箱：zhlzwang@sina.com
注册号：廖志旺（4419980108）；高海燕（4420190333）

浅谈估价机构传承接班的时机及条件

陈文升　何遵龙

摘　要：高质量发展是全面建设社会主义现代化国家的首要任务。当前，估价机构处于迎来重大转变的时刻，机构如何平稳实现股东、合伙人等新老交替传承将对未来发展产生深远影响。本文尝试在当前的时代背景下，探讨估价机构应在何时及如何面对传承问题，分析能够实现顺利接班的条件，以求估价机构能够长久稳定地发展。

关键词：传承；接班；业务；管理；技术

一、当前中国企业传承的背景

此前格力集团董事长董明珠的私人助理孟羽童辞职，上了媒体热搜，引起广大网民关注，之所以引起热议主要是她曾被指定为格力集团未来接班人最终却事与愿违。改革开放40余年以来，中国涌现出一大批敢为人先、勇立潮头的民营企业家，他们奋斗一生，用实干改写了个人和企业的命运。时光飞逝，这批创业者正步入暮年。据统计，我国一代企业家目前的年龄集中在 55～75 岁之间，未来10年将是我国民企的"传承窗口期"。企业未来发展的路线选择，接班人的遴选和培养，已成为企业不可回避的问题。作为中国经济发展的重要力量，民企创业初期大多依靠家族制。然而，随着企业规模发展壮大，家族制企业和现代公司体系之间的矛盾也开始逐渐显现。企业将如何变革，传承是否顺利，不仅关系自身的生存和发展，更关系整个国民经济和社会环境能否持续繁荣。

二、估价机构新老交替的核心问题

2000 年房地产估价行业开展的脱钩改制，对我国房地产估价机构的发展具有极其重要的意义。改制使机构明确了产权，活力得到释放，也能在评估过程中保持其固有的独立性。此外，估价师拥有部分股权，凸显了人力资本在估价机构中的重要性，极大地调动了他们工作的积极性。估价机构由此进入了快速发展期，一批实力雄厚的优秀估价机构纷纷涌现。第一批估价机构不少已欢庆成立 20 周年，估价机构的创始人或者核心估价师也将迎来"退休"，甚至部分已属于"返聘上岗"。究其原因，除了个人对行业的热爱外，更主要的原因是估价机构无法实现新老交替。我认为，核心问题是新老两代人的思想理念存在分歧，具体表现为：

第一，一代创始人大多重视业务而轻视风险。回到当年的时代背景，脱钩改制实际上就意味着下海经商，放弃了稳定的职业发展。这一转变，意味着他们要得到认可需要比原来加倍的付出。一代创始人承受过为了招揽业务而付出的辛苦，正因如此，他们会坚定认为业务是生存发展的源头。承接业务往往是不假思索的，主要关心收入的多少，会轻视对业务情况的分析研判。业务是否有风险、涉及的经济行为是否可行、是否超出自身能力可承接范围等问题往往容易被忽视。常见的情况如银行贷款高评、纳税项目低评、出具咨询报告试图逃避责任等。在新的时代背景和高质量发展要求下，风险意识和对报告质量的要求日益增加，新生代的估价师不再将承揽业务摆在首位，而是会认真分析研判项目情况，以机构可持续发展作为大前提。

第二，一代创始人大多重关系而轻服务。老一辈的负责人，业务来源主要通过自身的人际关系，因为他们大多都是从最初的政府评估部门脱离出来，通过相关业务延续推动机构发展，从最初的法定业务逐渐拓展延伸。这个过程中，中国式的人情关系自然起着特殊的作用，喜欢讲究礼尚往来。然而，新一代的中青年估价师，文化水平高且市场观念强，"人情至上"的获取业务方式不受他们青睐，他们往往追求通过优质服务建立双方的合作基础。当然，新生代在处理复杂的人际关系方面欠缺"火候"。一个估价机构的经营，表面看是简单的承接业务和出具评估报告，实际上背后离不开人与人之间千丝万缕的关系，并且还带有一代们很深的烙印。想要维护好这层关系，对中生代而言，似乎是一个难以逾越的鸿沟，他们容易陷入一种无能为力的尴尬境地。因为现实是他们努力去做出各种各样的尝试，但最终结果也许是人际关系能够带来立竿见影的效果。

三、落实交替传承的时机

从估价机构的发展历程和客观存在的意识差异方面看，新老交替的问题必须得到正视。最理想的情况自然是机构负责人能够主动面对，有条不紊的制订传承计划。然而，对于大部分中小机构而言都是无暇顾及。其实，估价机构的确应该审时度势。如果机构创始人仍年富力强、机构发展蒸蒸日上、企业内部一片祥和，以不变应万变不失为最佳选择。但笔者认为倘若出现下面三种情况，传承事宜就该被当作机构的首要工作认真对待。

（一）机构创始人"疲态"尽显

一方面，创始人接近退休年龄，心态发生了明显变化。此时，机构是否能进一步提升发展，往往不再是他最核心的诉求。看着身边同龄人开始享受退休生活，会逐渐蚕食他们力争向上的想法。同时，随着年岁渐长，身体机能也难以支持其日复一日的拼搏付出。另一方面，难以跟上时代的步伐也会动摇他们的雄心壮志。大数据、高科技、政策的更新迭代，这些"新元素"会不断挑战他们的认知，一旦缺乏对新事物的钻研精神，许多创始人会丧失自信，进而接受随遇而安的命运。

（二）公司业绩出现明显下滑

近几年，随着传统业务不断减少、收费不断降低等情况，加上疫情对经济的冲击，尤其是国内房地产行业的负面影响，严重打击评估行业的发展。裁减估价师以减轻机构的固定成本、注销无法盈利的分公司等举措成了不少机构生存的不二选择。一般而言，企业的兴衰我们是可以预判的，但企业走向衰落并不是意味着失败，而很可能是企业家并没有意识到企业正处在什么阶段，以及自己已经无法应对和难以改变，这才是问题所在。

（三）人才流失严重

近年来，评估行业的人才流失问题已是老生常谈，主要可归结为：资深专家陆续退休离场；中层人员缺乏晋升空间选择跳槽转行；年轻的高层次人才不愿进入这一缺乏发展前景的行业。管理学之父"彼得·德鲁克"强调：企业最重要的资产是人。只有企业重视人才，才能长久保持竞争力。不得不说，每个员工的离开对公司都是一笔成本，特别是老员工的流失，无疑会给企业造成难以衡量的损失。一旦出现留不住人、招不进人，中生代骨干断层，就是公司人才政策发生严重问题的显著信号，机构应全面审视当前领导者是否适合继续统筹全局。

四、成功实现新老交替传承的条件

第一，创始人做好身份转变的准备。首先，机构负责人必须深刻理解"成功者无法否定自己"的现实存在，会出现"听不进意见，固执己见"的危害，要认识到人的弱点之一是"明白了，就是做不到"的事实。如果自己不能带头做好表率，可能会导致所有的改良或变革退回原位，甚至可能引发严重的内耗，从而阻碍机构发展。其次，创始人既要克服对交接传承的不了解所带来的心理障碍，也要摒弃"图安逸""小富即安"的理念——这些都会阻碍实现顺利接班。创始人要明白：成功一定是在失败中淬炼出来的。克服"完美主义思想"，允许接班人勇敢做出决策，宽容他们在运营中出现的失误（非原则或道德过失），这是其未来成功掌舵必须要交的学费。最后，行动上一代创始人要做好"传帮带"，重点在于帮和带。要做的是准备好补救措施以应对可能出现的错误，而不要一开始就指手画脚，干扰决策，无法放下一把手的身份。这里可以仿效方太集团的茅理翔茅总采取的"带三年，帮三年，看三年"的交班策略。按照他的话说就是：大胆交、坚决交、彻底交。在这个过程中，从估价机构的角度看，前三年交出技术话语权，再三年交出业务方向权，最后彻底交出企业管理权，完成交班策略。当然，我认为各个阶段的时间并非恒定，可视接班人的成长情况进行调整。

第二，找到合适的接班人。找个人接班简单，但培养或找到合适的接班人却并不容易。通常，中国企业选择接班人往往会考虑家族传承或者聘用职业经理人，但对于评估行业似乎都不太适用，估价机构最合适的接班人应该从机构内部寻找。接班人的选择，我认为重点要看机构目前所处阶段需要什么样的掌舵人。若从"以改革为动力、以市场为中心、以技术为先导"的战略出发，这个人必须兼具管理、业务和技术这三方面综合能力。管理方面，要能洞悉行业的发展前景，制定清晰的发展目标，把握发展机遇，善于激励、辅导和帮助公司员工成长。多年忠于机构表明认同公司文化，这是最基础的一点，有助于传承原有的企业文化和创始人的初心。拥有广泛群众基础易于获得内部支持，能让大家紧密团结并全面贯彻执行公司的计划要求。业务方面，业绩做到有目共睹，做事有魄力，能得到机构内多数人认同。要具备良好的人际关系，公司多年的资历使其能够更容易承接原有的关系资源，并能在新时代背景下拓展新的业务方向，建立属于自己乃至机构长期合作的客户群体。技术方面，接班人若是估价师，一方面对内更懂得站在估价师的角度考虑问题，核心团队才会真心拥护支持；另一方面对外洽谈业务能够展现专业素养从而赢得客户信任，这些都是非估价师难以实现的优势。

第三，交替传承的具体计划达成共识。一旦创始人做好交棒准备，合适的接班人也已经准备就绪，接下来就要让整个传承计划在机构内达成共识。创始人要将自己的真实想法向机构的全体成员坦诚诉说，这一阶段要做好"分权、合作、搭台"的工作。确立接班人的地位，树立其在公司的权威，首先从协助其分配权力、职位和利益开始。这个过程，创始人要重视对原核心元老的安抚甚至"劝退"工作，协助接班人逐步建立属于自己的核心团队。为了维护公司氛围，要注意方式方法，循序渐进以实现平稳过渡，一般要2～3年时间。接班人要继承原有的企业文化，以合作共赢为前提，同时烙下属于自己的印记，最终让新老文化融为一体。新老交替回归本质，就是为了延续机构发展，搭建展现自我的舞台，在新任领导的带领下让机构能够焕发活力，从而真正向"百年老店"的口号前进。

五、结论

为了能够完成估价机构传承使命，创始人最初可以保留对机构的控股权和分红权，率先将经营管理决策权全面移交接班人，制定完善的股权激励机制与运营管理机制，等待其成长后再逐步移交控股权，真正打造机构的第二代核心团队。通过对不同行业的分析，不少研究表明成功的接班人至少具有两大特征：①有基层一线工作经验，认同企业的文化理念；②在某项领域内很精通，要么技术水平高，要么业务能力强。

估价机构的创始人要能做到举贤不避亲，有能者居之。接班人要有大局观、使命感，能从企业可持续发展的角度思考问题。我想在估价机构和全体成员的共同努力下，一定能顺利地完成这张历史交付的传承答卷！

参考文献：
[1] 戴志华. 新形势下估价机构面临的挑战与机会[C]//2020中国房地产估价年会. 2020.
[2] 徐志革. 评估行业服务的求存和发展[C]//2020中国房地产估价年会. 2020.
[3] 从非血缘传承思考，企业到底需要什么样的接班人？[R]. 浙江大学企业家学院，2022.
[4] 王在全. 当前民营企业发展必经的一道坎：企业接班人问题探析[J]. 理论学刊，2007（1）.

作者联系方式
姓　　名：陈文升　何遵龙
单　　位：广东仁合土地房地产与资产评估有限公司
地　　址：珠海市吉大石花西路17号、19号2层
邮　　箱：328571611@qq.com
注册号：陈文升（4420180057）；何遵龙（4419980112）

浅析房地产估价机构规模化发展
——以吸收合并为例

孙 雯 杨 斌 丁光华

摘 要：经过20多年的不断发展完善，房地产估价行业在促进房地产市场公平交易、保障金融市场安全、保障社会稳定发展等方面发挥着非常重要的作用。从初始的粗放生长，黄金20年的高速、集中发展，到现在的瓶颈期，大多数房地产估价机构始终以"小而精"的模式存续，这种模式对估价机构的可持续发展带来了一系列的问题。本文立足于估价机构发展受限的痛点，以吸收合并为例，探析机构规模化发展的可行性。

关键词：可持续发展规模化；吸收合并

一、房地产估价行业发展现状

（一）房地产估价机构等级结构有待优化，可持续发展能力有限，规模仍有待提升

1. 房地产估价机构等级结构有待优化

根据中国房地产估价师与房地产经纪人学会的有关统计，截至2021年12月31日，全国共有房地产估价机构5750家，同比增长3.3%。其中，一级估价机构952家，二级估价机构2497家，三级估价机构1239家，一级估价机构分支机构1062家（图1）。

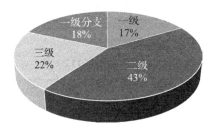

图1　2021年全国各等级房地产估价机构构成情况

数据来源：中国房地产估价师与房地产经纪人学会

目前全国房地产估价机构中，主要以二级机构为主，一级机构保持平稳增长态势，同比增长15.3%。与此同时，近年来，一级分支机构数量和占比也呈现井喷式增长。

2. 房地产估价机构整体经营年限较短，可持续发展能力有限

从经营年限的角度来看，全国房地产估价机构平均经营年限约14年，经营年限超过10年的占比为70.8%，超过20年的占比为10.1%（图2）。

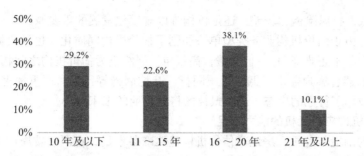

图 2　2021 年全国房地产估价机构经营年限情况

数据来源：中国房地产估价师与房地产经纪人学会

一级房地产估价机构中，经营年限超过 10 年的占比为 95.7%，超过 20 年的占比为 23.5%（图 3）。由此可以看出一级机构的经营年限较为长久，可持续发展的能力较强。

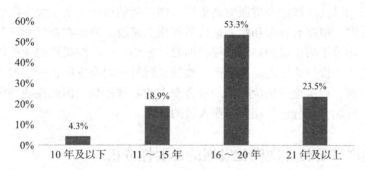

图 3　2021 年全国一级房地产估价机构经营年限情况

数据来源：中国房地产估价师与房地产经纪人学会

3. 房地产估价机构规模偏小，有待提升

根据上海市房地产估价师协会的统计数据，通过对 2021 年度上海市 54 家估价机构的经营情况进行分析，得出如下结论：

（1）机构规模普遍偏小：平均从业人数为 31.5 人，50 人以上的机构只有 10 家，占比不足两成。

（2）机构营收普遍偏小：平均年营收约为 1905 万元，绝大多数机构的营收在 3000 万元以下，占比超过八成。

（3）人均创收普遍偏小：人均创收约为 46.8 万元/人，人均创收超过 70 万元的机构仅有 10 家，占比不足两成。

在研究这些数据的同时，我们也发现了一个现象：机构规模越小，其人均创收能力反而越低；机构规模越大，其总营收、人均创收能力就越强。

（二）估价机构同质化严重，业务类型单一，竞争激烈

抵押估价、征收估价、税收估价是我们行业的三大主流传统业务。从目前的态势分析，征收估价急剧萎缩、税收估价弱化成非主流业务。而在大多数的估价机构中，估价业务类型比较单一，很多是以银行的抵押估价业务为主，近年来，随着部分线下业务转为线上，以及一些数据公司、经纪公司等行业外的竞争对手的挤压，大数据对传统估价的冲击，抵押估价业务可能还会出现继续收缩的局面。对估价机构而言，估价业务单一，不仅导致整个估价业

务收入水平较低，抗风险能力较差，还是机构难以规模化发展的重要原因。

与此同时，由于估价机构业务类型单一加剧了估价机构同质化，也导致估价行业竞争激烈，甚至是产生了不正当竞争。"低收费，高报价"俨然成为估价机构之间相互竞争的手段，再加上无底线的迎合客户需求、诋毁打压同行、互挖墙脚等行为，严重损害了机构的口碑、行业的形象，破坏了行业的生态，最终毁掉的将是行业的未来。

（三）估价机构应对危机的能力不足

面对当前的困境与危机，房地产估价机构显然准备不足，在渴求破局重生的同时，却因为自身的能力不足而难以自拔。

规模太小、口碑不佳、品牌不响：行业发展了近30年，大部分估价机构规模依旧有限，没有做大做强规模化发展的倾向，没有品牌意识，行业内有规模、有口碑、有品牌影响力的机构屈指可数，也因此导致了房地产估价行业竞争力有限，难以开拓新的业务和客户。

新兴业务开展困难，复合型人才稀缺：新兴业务的开展，需要的是完善的估价数据平台、新的估价理念以及能够融会贯通的高水平、创新型估价师，由于大多数估价机构业务类型单一且收入有限，很难有资金和精力进行数据化的建设，因而在新兴业务开展方面存在重重困难，从而也导致了估价机构趋于两极化的发展态势，中小型机构的业务越来越少。与此同时，随着房地产估价行业已逐渐与资产、测绘、财税等融合发展，一项房地产估价业务可能会牵扯多个方面，而房地产估价机构的复合型人才非常稀缺，因此在遇到房地产估价之外的专业问题时，只能寻求行业外相关专业人员的帮助。

二、房地产估价行业规模化发展的必要性分析

（一）规模化发展是适应市场变化的需要

瞬息万变的时代，不变将很难生存。房地产估价机构要适应市场的变化，拥抱市场的变化。规模化发展，是估价机构可持续发展的必然选择。

估价机构的经营者、管理者要结合机构自身的优势和劣势，寻找可以规模化发展的方式，做大做强，使机构能够可持续地发展下去。行业从业者也要思考，如何顺应市场的变化，了解新热点，学习新知识，尝试新领域，打造新形象，谋求更好的发展。

（二）规模化发展是提高估价机构竞争力的需要

规模化发展，才能有效提升机构自身的竞争力，才能形成品牌效益，才有足够的人力、物力去做技术储备和人才培养，才有机会挖掘更多的客户资源。

结合上文行业内调研数据的分析，规模大小与竞争力之间呈明显的相关关系，即表现为机构人数越大，人均产值越高，大于50人的估价机构大约是15人以内估价机构人均产值的3倍以上。

估价机构只有走上规模化发展的道路，有充足的业务支撑，才有能力搞信息、数据的建设，才能吸引人才，才有专业服务能力。而专业能力的提升，会锻造良好的口碑，打造品牌形象，反过来又推动机构更好地进行业务开拓，走上良性发展的道路。规模化发展是提高估价机构竞争力的需要。

（三）规模化发展是增强估价机构抗风险能力的需要

一条小舢板在大海中很容易翻船，一艘大船才有能力抗击风浪，规模化发展是增强企业抗风险能力的需要。业务种类多元，业务渠道丰富，人才储备充足，才能应对市场的变化。

规模化发展，才能行稳致远。

三、规模化发展的路径探索

（一）增加投资资金实现规模化发展

房地产估价机构可以通过增加投资资金的方式，扩大自身的规模，扩充专业人才的储备，并进行数据化管理和发展，从而提高自身的竞争力，确保估价机构的可持续发展。

（二）设置分支机构连锁经营管理实现规模化发展

《房地产估价机构管理办法》第三章第十九条规定："一级资质房地产估价机构可以按照本办法第二十条的规定设立分支机构。二、三级资质房地产估价机构不得设立分支机构。"近年来，很多具有前瞻性的一级机构着眼全局，纷纷在全国范围内设立分支机构，因此分支机构的数量呈现逐年增长态势。但是，首先只有一级机构可以设置分支机构；其次，根据行业协会以及监管部门对估价机构企业管理审查和估价报告的抽查结果来看，一级机构的分支机构的管理和估价师执业能力参差不齐。因此，一级机构想要通过设置分支机构的方式实现规模化、可持续的发展，应当注重对分支机构的管理。

（三）整合发展的方式实现规模化发展

房地产估价机构整合发展的模式主要有合并、收购、参股、合作等几种。本文结合上海百盛房地产估价有限责任公司成功吸收合并上海德大房地产估价有限公司的实际案例，着重描述吸收合并的路径模式。

《中华人民共和国公司法》规定："公司合并可以采取吸收合并或者新设合并。"《房地产估价机构管理办法》第二章第十七条："房地产估价机构合并的，合并后存续或者新设立的房地产估价机构可以承继合并前各方中较高的资质等级，但应当符合相应的资质等级条件。"由于估价机构要考虑等级资质延续性的问题，吸收合并可以承继合并前各方中较高的资质等级，新设机构需要重新申请资质，所以一般房地产估价机构选择吸收合并的模式。

1. 吸收合并的要点

1）战略整合

战略整合是指在合并后的机构所有业务中，找出战略业务对其进行规模化发展。战略业务是指构成机构长期主要盈利能力的、相对独立的经济领域的业务。

战略整合主要有以下三种方法：

（1）将合并机构的发展战略自然延伸到被合并机构，使被合并机构执行合并机构的发展战略。此种方法比较适合于大机构与小机构之间的合并。

（2）保留被合并机构的发展战略，使合并机构的发展战略得以拓展，被合并机构的发展战略成为合并后机构发展战略的重要组成部分。此种方法比较适合旗鼓相当的两个机构的规模化发展，如大机构之间的合并、小机构之间的合并，甚至是跨行业的机构合并。

（3）根据合并后机构的状况重新制定机构发展战略。同样的，此种方法也是比较适合旗鼓相当的两个机构的合并，如大机构之间的合并、小机构之间的合并，甚至是跨行业的机构合并。

2）组织与制度整合

（1）组织结构重组，除改组董事会和调整管理层外，还需要对部门设置、业务流程管理、人员配置等方面进行合理调整。其目标是使机构在合并后，管理更加科学合理，管理者和各部门人员的责、权、利更加清晰。

（2）制度整合主要包括人事、财务、技术等职能制度的调整。合并后，机构应当充分的融合自身以及被合并方的优秀管理制度，同时应注意制度的特定性和连续性。

（3）文化整合应当"取其精华，去其糟粕"，促进企业文化的创新与完善。与此同时，还要在原有企业精神的基础上，立足实情、规模化发展资源、改革创新，努力形成与时俱进、面向未来的现代企业精神，提高自身的核心竞争力和影响力。

2. 吸收合并的实施步骤

（1）吸收合并规划与评估阶段

吸收合并规划与评估阶段，在选择合并目标时，要充分考虑组织的匹配性，业务的关联性、人才团队结构互补性、专业互补性、市场互补性以及文化的相容性等，确保合并后能够产生足够的协同效益。

（2）吸收合并计划制定阶段

吸收合并计划制定阶段，需制订全面的整合计划，确定合并双方机构的主要资源、资产、业务流程和义务等内容，并形成一系列纲领性文件。

（3）吸收合并计划的实施阶段

吸收合并计划的实施阶段，除了涉及有形资产等财物资产，以及无形资产，尤其是除了机构品牌外，还涉及了战略、组织与制度和文化。因此，吸收合并计划的实施阶段是合并成功的关键阶段。此外，在此阶段中，还需要向工商机关和税务机关办理相关的手续。

（4）吸收合并评价与改进阶段

随着吸收合并计划的完成，合并后的新董事会、管理层应当及时对合并后的实施效果进行评价，发现存在的问题，根据评价结果和存在的问题，制订改进的长期计划，从而确保机构的可持续发展。

参考文献：

[1] 赵华. 房地产估价行业发展现状和面临的机遇挑战[C]// 房地产估价：回望与前瞻：2021中国房地产估价年会论文集. 北京：中国房地产估价师与房地产经纪人学会，2021：14-18.

[2] 张飒，李进伟. 房地产估价机构发展困境、内控制度建设与风险防范[C]// 房地产估价：回望与前瞻：2021中国房地产估价年会论文集. 北京：中国房地产估价师与房地产经纪人学会，2021：779-782.

[3] 侯纯涛. 浅议房地产估价行业的现实之困及应对之策[J]. 上海房地，2023（4）：17-20.

[4] 卢琪. 企业并购后的五大整合策略[J]. 企业改革与管理，2018（18）：37+41.

作者联系方式

姓　　名：孙　雯　杨　斌　丁光华

单　　位：上海百盛房地产估价有限责任公司

地　　址：上海市浦东新区民生路600号船研大厦11楼

邮　　箱：wen.sun@shbrea.com；bin.yang@shbrea.com；guanghua.ding@shbrea.com

注册号：孙　雯（3120210020）；杨　斌（3119960042）；丁光华（3119960087）

房地产估价机构整合与发展研究
——以上海为例

周志良

摘 要：通过估价行业现状分析研究，本文提出估价机构整合发展的路径。文章探讨了整合过程中估价机构企业愿景目标与发展道路、经营理念与管理风格、机构基本情况与特点的契合度对整合的影响，结合估价行业内机构的合并、收购、联行等整合实践，总结整合中的经验与启示，提出行业内机构整合发展的建议与展望。

关键词：估价机构；整合；发展；契合度

一、估价机构整合的提出

（一）当前估价行业发展现状

近年来，我国经济从高速增长阶段转向高质量发展阶段，房地产行业进入了转型升级发展时期，估价行业发展环境也相应发生了较大变化，估价行业进入相对困难的调整时期。

传统估价业务是估价机构当前的主要收入来源，但目前传统业务面临逐渐萎缩的局面。日趋激烈的低价竞争下，抵押估价业务的收入大幅下降；成片二级旧里改造全面完成，传统征收估价业务量将大幅缩减；营商环境优化，交易课税个案评估业务量出现急剧锐减。传统评估环境的不利变化，兼有前几年的疫情管控的叠加影响，近年来的上海估价行业的收入出现了调整的趋势（图1）。

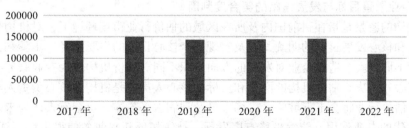

图1 2017—2022年度估价行业年度收入

据本市估价行业的一项调查，89%的被调查者认为房地产估价传统业务萎缩，削弱了行业发展的基础，82%的人认为新兴业务开拓难，未形成行业增长点。此外，估价行业内部自身也面临不少长期以来积存的问题，估价机构中大部分以中小规模为主，存在业务较为单一、技术投入不足、人才吸收能力不强等诸多问题。

外部社会经济环境和行业内部两个方面的严峻形势似乎还将延续，房地产估价行业以及机构要如何适应这一形势、如何进行改变？是退出，减员增效，还是业务转型？或是寻求机构之间的整合，以应对机构的生存与可持续发展。本文将聚焦机构的整合，探讨"房地产估价机构整合发展"的相关问题。

（二）估价机构的整合

房地产估价行业高速发展时期已经过去，房地产估价行业发展所依赖的外部大环境变化使估价行业不得不作出适应性的变革，整合也将更频繁地进入估价行业视野。业务模式重组、机构整合等不再仅仅是一个话题，而是一个较为紧迫的问题。根据上海行业内的调查，69.8%的估价机构认为估价行业内机构有整合的必要；62.3%的估价机构就目前行业发展及外部环境的态势下有整合的考虑。调查充分说明估价机构整合在行业内不少机构有思考，有共识，更有探索者和践行者。

估价机构整合，就是紧紧围绕协同效应的目标，机构企业通过合并、收购、参股、联行、加盟及合作等方式整顿、协调重新组合，实现估价体系内各项资源共享、业务互补和协同工作。整合是行业应对生存与发展，抵御外部市场社会经济环境风险的手段，也是提高机构竞争力，做大做强的强有力举措。

二、估价机构整合中关键因素分析

估价机构整合是一个系统工程，可分为整合前、中、后三个阶段。整合前的决策活动，包括制定发展战略明确收购计划、寻找目标、筛选目标、首次接触；整合中的决策阶段，包括价值评估、设计交易模式与结构、开展尽职调查、确定融资计划；整合后阶段，包括制订执行计划、审批交接、有效整合、效果后评价。

估价机构整合环节过程中，寻求合适目标企业进行整合是首要关键的因素。估价机构的整合，是企业之间的深度合作，涉及企业最核心的股东、团队员工以及市场相关方的利益；同时，与企业的愿景目标、经营理念、市场状况、业务特点、企业基本情况等密切相关。为了整合后的企业能长期可持续的良性发展，应深入分析企业间在上述多方面的特点和情况，作深入的研究和讨论，在核心关键的问题达成深度认同一致，才可能达成最终良好的整合目标。

（一）企业愿景目标与发展道路的契合度判断

估价机构的愿景是指在目前国内及所在区域的估价行业市场环境下，对机构长期的发展方向的定位和核心发展目标的明确，以及实现这个核心目标的主要路径、步骤和方法。不同的企业愿景不同，就会造成企业对发展的方向认识不同。估价机构作为专业服务机构，特点是以人为核心。而决定估价机构的愿景和目标的核心人员就是机构的核心负责人与股东。有人认为未来估价行业将会走下坡路，市场容量及利润水平萎缩；也会有人认为未来估价行业有着不可替代的专业作用，能够平稳有序发展，持续拓展新兴业务使得市场蛋糕逐渐变大。有的机构关注短期的有效成果，有的把企业定位在形成长期的行业领先服务能力，有的关注利润指标，有的则更关心市场的覆盖能力。机构之间对整合后机构发展的愿景及目标以及道路选择有一定契合度才可能有整合的基础，后续才能达成良好的整合效果。

（二）估价机构经营理念与管理风格的契合度判断

企业理念与管理风格主要体现在企业治理、竞争战略、风险意识、人才策略等几个方面（表1）。

经营管理理念契合度判断　　　　　　　　　　　　　表1

类别	→→→决策者理念差异→→→		
企业治理	规则明晰	→	自主决策
竞争战略	差异化	集中度	多元化
风险意识	重视	中性	轻视
人才策略	重视	中性	轻视

长期发展历程中每家机构形成了自己的企业经营发展的理念，要能一致且契合会有一定的难度，需要特别关注并做出经营理念与管理风格的判断。如果经营理念与管理风格不一致，冲突与碰撞烈度高，难以相容，则容易造成后续大量的管理问题，直接影响整合后的效果。机构之间经营发展理念的相对一致或接近，就有整合的基础，并能带来较好的整合效果。

（三）估价机构基本情况与特点的契合度判断

企业基本情况与特点分析，主要是对于整合企业的实际情况判断，掌握整合各方目前实际情况。如前述所提，当前房地产估价行业内机构整体上体现为业务规模较小、业务比较单一、同质性较强、创新业务发展不足等特点，机构之间互补性的特质将得到极大凸显，是整合的非常关键的基础因素。

根据调查，整合优先关注点的选择项，"区域业务互补""业务品种互补"是被认为非常重要的（图2），互补性强的机构整合比同质性的机构成功整合可行性强，成功概率大，因此在整合过程中，着重考虑区域或业务品种优势互补；同时也应进一步考虑人才、技术力量互补等综合因素。

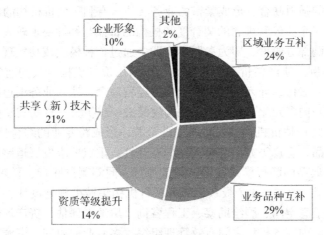

图2　整合优先选择关注点调查

（1）业务互补性：整合机构之间在业务、客户、地域三个方面的互补性需要予以重点考虑，以抵押评估为例，只有业务、客户、地域三者均一致才会导致市场冲突的发生，三者中有一个条件不同，也是市场互补。再如司法评估，目前的司法评估是入库摇号制，因此没有客户和地域的区分，如果整合双方均已在司法评估中入库，那整合后会导致中标概率减少，由原来两家变为整合后的一家，因此整合并无法对这种情况形成互补，反而是一种消耗。

（2）人才团队结构互补性：人才结构包括年龄、性别、籍贯等多个方面。"人"的因素很重要，是否能够志同道合，双方是否能够充分赋能。如整合的两家公司人才年龄结构不同，一家以年轻化为主，更具创新和奋斗精神，另一家以资深人士为主，经验更为丰富。虽然不同年龄的人才结构各有利弊，但如果两个机构在人才结构方面差异过大，会导致在后续管理过程中出现员工做事风格不同、合作共事沟通困难，从而导致工作效率下降，甚至出现小团体等问题。

（3）专业互补性：机构的专业领域体现在开展的业务，也体现在专业人员的专业方向。例如一家公司专业人员是以估价专业人员为主，另一家公司除估价专业人员之外，还涉及财务、税务、建筑、测量等其他众多领域，两者专业的互补性较强。反之，若两家公司专业重合度过高，会导致整合后的业务冲突、人员冗余等情况。

机构企业之间上述因素是否匹配非常重要，关系企业价值能否实现 1+1＞2 的提升，关系企业竞争力能否提升，关系能否做大做强。

三、行业内机构整合实践分析

（一）行业机构整合实践

机构整合主要有行业内、行业外整合，主要采用合并（新设、吸收合并）、收购、参股、联行、加盟及合作等几种模式。在国内行业中，有跨区域的北京首佳整合模式的实践，上海估价行业中，不少估价机构也进行了整合探索与实践。

合并模式，要求企业双方发展道路、企业经营理念的契合度和机构的特征互补性。典型的案例为 2022 年上海百盛吸收合并上海德大，该合并模式中，双方在道路、理念上有很高的契合度外，业务的品种、业务的区域性方面互补优势明显，合并后迅速实现业务技术、市场份额和品牌形象的强力联合，形成紧密的业务实体，有利于估价机构的做大做强。

收购模式中，对企业经营理念的契合度和机构的特征互补性要求较高。收购方收购股份取得控制权，或收购部分股份，即为参股。实践中通过该种模式成功实现整合的也不少，典型的比较成功的案例如建经估价、申房估价、同测估价等机构。收购前的估价机构业务单一，收购者通过收购股份，导入新的发展战略，经营理念，注入业务渠道以及产品类型，整合后机构从业务单一向多元化方向发展，机构规模进一步扩大，成功实现业务整合发展。

联行模式为房地产估价机构整合行业内外资源，形成跨专业的综合性的咨询服务机构。联行模式在业务产品，客户等方面具有天然的互补性，重点要求发展道路和经营理念具有相对契合度。行业内典型的联行模式有城市测量师行、同测测量联行、科东联行等典型案例。联行模式中业务板块跨越 3~4 个板块，部分联行机构集城市规划设计、土地规划设计、产业规划设计、国土信息空间、测绘勘察、工程咨询、房地产评估、资产评估、财税类等产业链的咨询服务机构，内部各板块之间有效管理组织，多专业的协同，资源共享，形成交叉营销优势。

除了上述模式外，加盟型平台是一种机构间的相对松散的整合模式，侧重区域间合作，可提供更为全国化、专业化、信息化、便利化的服务，共享平台品牌形象，实现客户、机构和平台"共赢"。典型案例：中估联行、智地平台、中房评联盟等跨地区的加盟型平台组织。合作模式，属于整合的萌芽，更为松散，主要是行业内机构之间通过合作协议的方式，进行业务合作，实现业务落地，在实践中往往在项目合作的基础上衍生，在此基础上进行了合作模式契约化、常态化。

（二）行业机构整合的经验启示

1. 整合能够带来规模效益

估价机构成功的整合能够产生规模经济，范围经济；能够补充技术技能；能够产生财务协同；能够促进产业转型。特别是规模经济效应，根据行业调查统计分析（图3），估价机构规模越小，其人均创收能力越低；机构规模越大，其总营收、人均创收能力就越强，说明估价机构整合后规模的增长能带来人均创收效率的提升，进而促进房地产估价行业调整、升级，做大做强。

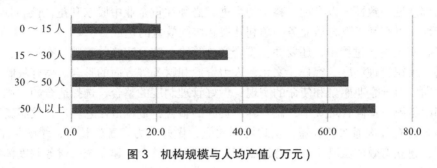

图3　机构规模与人均产值（万元）

2. 目标对象的寻找是整合的关键

整合是双刃剑，是一项风险程度很高的企业行为。必须围绕协同效应的核心目的进行。目标对象的寻找和筛选比较分析是整合成功的前提，是关键的第一步。

成功案例不少，目标企业选择得当是核心关键点，上海的几个整合案例均属此类，实践探索中部分机构均在不同程度得到上海市房地产估价师协会的指导与协助。国内规模较大的成功案例如由世联、中瑞共同成立瑞联平台，整合后规模达到13家分支机构、120个城市服务网点，提供土地房地产评估、资产评估、咨询等服务在内的全场景服务。国际上成功案例则是戴德梁行，1784年成立以来，经历跨全球的数10次整合并购，形成遍布全球60多个国家，在148个城市提供服务的全球性的房地产服务和咨询顾问公司。

整合谈判失败的案例其实更多。失败原因众多，其中一个很重要的因素在于企业发展道路，经营理念，企业的特征互补性等方面存在契合度不足的原因。如上海两家排名前列的机构，由于区域、市场的重叠度较高，兼有企业管理理念的差异，经过数年的谈判未达成功。

3. 整合中注意大中小机构的不同策略

整合中估价机构的规模各不相同，需要结合大机构、中小机构的不同特点，综合整合双方的诉求及对未来企业经营发展的判断来决定是否合适。例如大机构之间的整合，整合后企业治理主导问题需要重点考虑；中小机构之间整合，市场一定要达到最大化的互补，整合后必须有强有力的决策人，引导整合后的发展方向；大机构与中小机构整合，一般为中小机构跟着大机构的方向发展。

4. 整合后企业治理

企业整合后公司的治理也非常关键，经验表明必须在短期内迅速实现整合，否则容易导致整合失败。要以整合为契机推进整合后企业的治理能力的建设与提升，可探索有限责任公司、内部合伙等多种适合估价机构管理经营模式，选择直线职能结构、事业部结构等组织结构形式，要留住关键评估师，关键大客户，持续做好企业愿景的引导，要不断完善企业内部运行机制，建立健全规范有效的公司治理，实现协同效应的有效发挥，促进整合后企业新发展。

四、整合建议与展望

(一)建议

对于拟实施整合的估价机构,我们建议熟悉掌握机构自身的基本情况、特点特色,更要了解整合对象的特征情况,整合中必须关注双方的愿景道路经营理念的契合性,以有利于今后整合融合的成功;必须考虑关注机构特征匹配性,从而为今后融合发展奠定基础。必须重视机构内部意见一致性,以有利于整合的推进;必须注重企业中股东利益,核心骨干员工利益的平衡性,以有利于整合后业务的顺利开展和协同效益的达成。

同时在实施整合过程中,还要注重整合实施策略与整合实施的步骤,有计划、有步骤地开展战略、组织管理制度、客户、文化、人力资源和财务等方面的整合。做好战略整合,明确战略方向,引导企业愿景和使命的实现;做好管理制度的整合,选择适合的组织形式,制定管理制度组织,提高管理效率;做好客户资源的整合,重视留住老客户,发展新客户;做好文化整合,充分沟通取长补短,实现协同效应;做好人力资源的整合,缓解员工的压力,及时培训,建立有效的激励机制和考评制度;做好财务整合,建立统一财务制度体系,实现一体化管理。

(二)展望

整合是应对行业变化的有效手段。对于不少的中小机构而言,通过整合可进一步适应市场变化,降本增效,达到抱团取暖,实现持续经营目标;对于大机构而言,通过整合实现业务发展多元化,增强机构抗风险能力,通过整合形成竞争优势,提升机构核心竞争力,成为有品牌价值的优秀企业,有影响力的标杆企业。

估价行业已发展到需要转型升级发展的阶段,需要转向更加注重品牌、质量和服务阶段。我们希望估价行业涌现更多勇敢的探索者和践行者,通过重组整合等多种方法举措做大做强估价企业,助力实现房地产估价行业平稳健康持久发展。

参考文献:

[1] 顾弟根,邵晓春,李建中,等.新时代房地产估价机构发展模式探索[C]//2019中国房地产估价年会论文集.北京:中国城市出版社,2019:2-8.

[2] 上海房地产估价师协会.上海市房地产估价行业"十四五"发展规划[R].上海,2020.

[3] 程亭.安永大华会计师事务所合并案例分析与思考[J].会计之友,2011(8):42-45.

[4] 程凤朝.成功并购重组的四大基石[M].北京:中国财政经济出版社,2023.

作者联系方式

姓　　名:周志良

单　　位:上海市房地产估价师协会,房地产估价机构整合发展研究课题组

邮　　箱:bdpg0002@163.com

注册号:3120030038

估价机构内部治理模式探析

白晓旗

摘　要：本文通过介绍估价机构现有内部治理模式现状与特点，分析估价机构内部治理的特殊性，从人才管理和业务处理等方面探索创新估价机构内部治理的模式，最后提出在现代企业制度下完善估价机构内部治理的具体措施，为企业决策和内部管理提供参考。

关键词：内部治理；人才管理；具体措施

一、估价机构现有内部治理模式现状与特点

房地产估价机构内部管理模式多种多样，但大部分可以归纳为以下几种主要类型，每种类型具有不同的特点：

（1）传统型管理模式：以管理层为核心，层次分明，决策权集中。优点：权责清晰，管理效率较高；有利于统一决策，保证机构发展方向。缺点：决策过程可能较为缓慢，对市场变化的响应不够迅速；管理层负担重，容易产生决策疲劳。

（2）矩阵式管理模式：将各职能部门与项目部门相结合，形成矩阵式组织结构。优点：提高资源配置效率，增强组织灵活性；有利于跨部门协作，提高项目执行效率。缺点：管理层次较为复杂，可能导致沟通成本增加；对员工的多重汇报关系可能产生角色冲突。

（3）扁平化管理模式：降低管理层级，简化组织结构，强化团队协作。优点：提高决策效率，加快对市场变化的响应；减少管理层与员工之间的距离，增强沟通。缺点：对管理层的能力要求较高，需要具备较强的领导力和协调能力；可能导致部分员工的职责不明确，增加工作压力。

（4）网络化管理模式：以项目为导向，建立各类合作伙伴关系，形成松散型的组织结构。优点：灵活应对市场需求，降低固定成本；拓展业务领域，提高市场份额。缺点：组织稳定性相对较低，合作伙伴关系的维护成本较高；对项目管理能力要求较高。

（5）知识管理型管理模式：重视知识和技能的积累、共享与创新，提升组织的核心竞争力。优点：激发员工的创新能力，提高工作效率；培养专业人才，提升组织竞争力。缺点：需要投入较多的人力、物力和时间搭建知识管理体系；知识共享可能导致部分员工的个人竞争力下降。

（6）创新驱动型管理模式：注重创新氛围的营造，鼓励员工尝试新方法、新业务。优点：激发员工的积极性和创造力，推动业务持续增长；培养创新型人才，提升组织竞争力。缺点：创新过程中的失败风险较高，可能影响短期业绩；对创新能力和资源投入有较高要求。

二、估价机构内部治理的特殊性

房地产估价机构内部管理的特殊性主要体现在以下几个方面：

（1）专业性：房地产估价涉及房地产行业、金融市场、法律法规等多方面的知识。因此，房地产估价机构内部管理需要具备较强的专业性，以确保估价结果的准确性和合规性。

（2）数据驱动：房地产估价依赖于大量数据，包括市场交易数据、房地产行情、政策法规等。内部管理需要具备数据分析和处理能力，以保证估价结果的科学性和客观性。

（3）法规合规性：房地产估价涉及金融、土地、建设等多个领域的法律法规。内部管理需要严格遵守这些法律法规，确保估价业务的合规性。

（4）质量控制：房地产估价结果对于交易、贷款、税收等环节具有重要作用，因此质量控制是内部管理的重要环节。机构需要建立完善的质量控制体系，确保估价结果的准确性和可靠性。

（5）团队协作：房地产估价涉及多个专业领域，需要各部门之间的密切协作。内部管理需要注重团队建设，提高团队协作效率。

（6）持续创新：房地产市场和技术的变化要求房地产估价机构不断进行业务创新，以适应市场需求。内部管理需要鼓励创新，提供创新所需的资源和支持。

（7）风险管理：房地产估价业务涉及一定的风险，如市场波动、政策变动等。内部管理需要具备风险意识，建立健全风险管理体系，确保业务的稳健发展。

（8）客户导向：房地产估价机构内部管理需要以客户需求为导向，关注客户体验，不断优化服务质量，提高满意度。

（9）职业道德：房地产估价涉及利益相关方较多，内部管理需要强调职业道德，确保公正、公平、诚信地为客户提供服务。

（10）人才培养与激励：房地产估价机构内部管理需要注重人才培养，提高员工的专业素养和业务能力，同时建立激励机制，激发员工的工作积极性和创造力。

三、创新估价机构内部治理的模式

（一）人员管理方面的创新

在数字化转型架构下，房地产估价机构创新内部人员管理模式可以从以下几个方面入手：

（1）引入数字化人才：在招聘过程中，注重对具备数字化技能和思维的人才选拔，以满足机构在数字化转型过程中的需求。同时，加强对现有员工的数字化培训，提升整个团队的数字化素养。

（2）设立跨部门数字化项目小组：搭建跨部门的合作平台，针对数字化项目成立专门的小组，汇聚各职能部门的优秀人才。通过项目合作，提高员工之间的沟通与协作效率，促进业务创新。

（3）实施内部竞争机制：设立内部竞争机制，鼓励员工积极参与数字化项目和创新实践。通过竞争选拔优秀项目和个人，给予相应的奖励和认可，激发员工的积极性和创造力。

（4）加强敏捷项目管理：采用敏捷项目管理方法，提高项目响应速度和适应能力。在项目实施过程中，鼓励团队不断尝试、快速迭代，以适应市场和客户需求的变化。

（5）建立激励与分享机制：制定创新激励政策，将员工的创新成果与个人收益挂钩。鼓励员工分享创新经验和成果，促进知识传递与组织能力的提升。

（6）营造创新氛围：倡导开放、包容、创新的企业文化，鼓励员工提出新观点、新思路。为员工提供创新所需的资源和支持，营造有利于创新的环境。

（7）强化数字化技能的培训和评估：定期开展针对数字化技能的培训，确保员工跟上行业发展和技术更新的步伐。将数字化技能纳入员工绩效评估体系，鼓励员工不断提升自身能力。

（8）拓展外部合作渠道：与行业内外具有创新能力的企业、高校、研究机构等建立合作关系，共享资源、互补优势，推动内部创新能力的提升。

通过以上措施，房地产估价机构可以在数字化转型架构下创新内部人员管理模式，提升组织竞争力，为持续发展奠定坚实基础。

（二）业务管理方面的创新

在数字化转型架构下，房地产估价机构创新内部业务管理模式可以从以下几个方面进行：

（1）引入智能化技术：利用大数据、人工智能、云计算等先进技术，提高房地产评估过程中的数据处理和分析能力。通过技术手段优化业务流程，提高工作效率和评估准确性。

（2）搭建线上业务平台：构建统一的线上业务平台，将业务拓展、客户服务、内部管理等功能集成在一起。通过平台实现业务流程的标准化、模块化，提高业务处理速度和协同效率。

（3）开展跨界合作：与相关行业（如金融机构、物业管理公司等）建立合作关系，共享资源、互补优势，拓宽业务领域，创新业务模式。

（4）实施差异化战略：根据市场需求和机构优势，开发特色服务，如绿色建筑评估、老旧建筑改造评估等。通过差异化服务，提高市场竞争力和品牌价值。

（5）强化内部协同：鼓励各部门之间的沟通与协作，打破信息孤岛，实现业务板块之间的联动。通过内部协同，提高业务创新能力和市场响应速度。

（6）优化业务流程：以客户需求为导向，对业务流程进行梳理和优化。去除不必要的环节，简化流程，提高业务处理效率。

（7）建立业务创新机制：设立业务创新基金，鼓励员工提出新的业务思路和方案。对创新项目给予支持和激励，推动业务持续创新。

（8）强化客户导向：加强对客户需求的挖掘和理解，以客户满意度为核心指标，不断优化服务质量和体验。通过客户反馈，调整和优化业务策略。

（9）培养专业人才：重视人才培养，提高员工的专业素养和业务能力。通过内部培训、外部交流等方式，不断提升员工的专业水平。

（10）加强风险管理：在业务创新过程中，加强风险管理和控制。建立风险预警机制，确保业务稳健发展。

通过以上措施，房地产估价机构可以在数字化转型架构下创新内部业务管理模式，提高市场竞争力和可持续发展能力。

四、现代企业制度下完善估价机构内部治理

建立现代企业管理理念下房地产估价机构内部制度，可以从以下几个方面拟定具体措施：

（1）制定战略规划：明确机构的发展愿景、战略目标和核心竞争力，确保各项业务围绕战略规划展开。定期评估和调整战略，以适应市场变化。

（2）优化组织结构：根据业务需求和规模，构建扁平化、矩阵式等灵活的组织结构，提高组织效率。确保各部门之间的协同和沟通畅通。

（3）制定明确的工作流程和标准：对各项工作流程进行梳理，制定明确的标准和操作规范。确保各项工作有序进行，提高工作效率。

（4）建立激励与分享机制：设立绩效考核体系和激励机制，将员工个人收益与工作成果挂钩。鼓励员工分享创新经验和成果，提升团队凝聚力。

（5）加强人力资源管理：注重员工招聘和培训，选拔具备专业素养和潜力的员工。定期开展培训和评估，提升员工的业务能力和综合素质。

（6）强化知识管理：搭建知识管理体系，鼓励员工积累、分享和创造知识。将知识资产转化为组织竞争力，推动业务创新。

（7）营造创新氛围：倡导开放、包容、创新的企业文化，鼓励员工提出新观点、新思路。为员工提供创新所需的资源和支持，营造有利于创新的环境。

（8）加强风险管理：建立风险管理体系，对各类风险进行识别、评估和控制。确保业务稳健发展，降低潜在风险。

（9）优化客户服务流程：以客户需求为导向，优化客户服务流程。提高客户满意度，增强品牌形象。

（10）实施信息化管理：运用大数据、云计算等现代信息技术，提高内部管理效率。实现业务数据化、智能化，为决策提供有力支持。

通过以上措施，房地产估价机构可初步建立现代管理理念的内部制度，提升组织竞争力，为持续发展奠定坚实基础。在实际运营过程中，机构还需不断调整和优化管理制度，以适应市场变化和业务发展需求。

五、总结与建议

房地产估价机构内部管理的特殊性体现在专业性、数据驱动、法规合规性、风险管理、客户导向以及人才培养与激励等多个方面。这些特殊性要求内部管理具备较强的专业素养、严谨的法规意识、高效的团队协作和不断创新的能力，以适应房地产市场的发展需求。

房地产估价机构的内部管理模式需根据自身规模、业务特点和市场环境进行选择。不同管理模式具有各自的特点和优缺点，机构应在实际运营中不断调整和优化，以提高内部管理效率，实现可持续发展。

作者联系方式

姓　　名：白晓旗

单　　位：河北中鑫房地产资产评估有限公司

地　　址：河北省保定市高科技开发区天鹅西路茗畅园商务楼612室

邮　　箱：15231984812@163.com

浅论房地产估价机构的内部治理机制研究

薛 江 李 涛 魏劲松

摘 要：房地产估价是中国房地产行业的重要环节，随着国家房地产政策市场的不断完善和成熟，面临着时代之变的挑战和机遇。从房地产估价机构内部治理结构中几个突出的矛盾关系入手，深入房地产估价机构内部治理的体制机制缺陷，包括结构不合理、体系不完善、科技不重视、文化建设乏力等方面，提出了完善法人治理，建立现代企业制度；合理构建公司治理结构，调动广大员工的积极性；健全质量兴企制度，规范质量三级审核控制机制；加强企业文化建设，提升职业荣誉感和职业道德素养；重视新技术运用，推动企业转型升级等对策建议。

关键词：房地产估价机构；内部治理；公司制；质量审核

近年来，随着国家高质量发展理念的不断深入实践，我国房地产行业发展逐渐理性和成熟。在这种时代发展和社会进步的背景下，房地产估价机构的发展，不仅要认清形势、紧跟趋势，积极开展业务方向和业务能力建设的系列变革和转型，更要加强内部治理结构的优化和治理机制的调整，以应对时代变化的挑战。

一、时代之变：房地产估价机构内部治理优化的必要性

百年未有之大变局下，科技革命和产业变革推动世界经济发展进入新的阶段。人类社会的发展模式、价值观念、文化传统等方面都在发生深刻变革。这些变革不仅影响着社会的政治经济发展，也对房地产估价机构的发展产生了深远影响。

（一）社会发展之变：高质量发展成为时代的主旋律

随着中国式现代化目标的确立，全国各行各业都立足高水平自立自强，强调高质量发展模式，逐步淘汰低效、高能、落后等低水平的发展态势，房地产估价行业也要落实高质量发展目标，加快转变发展方式，建立绿色发展理念，在落实国家碳达峰、碳中和目标任务中，不断拓展应用场景和延展应用实践，实现房地产行业整体高质量的有效探索。

（二）行业飞速之变：房地产产业趋向成熟

伴随"房住不炒"政策的不断落地和实施，中国房地产业进一步稳定，发展也步入成熟期，相应地，商品房的流动性将逐步减少，直接的交易量将减少，而相应涉及人才房、租赁房建设等新兴业务会增加，老旧小区改造、未来社区建设步伐也进一步加快，房地产业将从侧重开发建设向存量交易经营转变，推动着房地产估价机构的转型发展。

（三）人们思维之变：共享共荣价值感日益增长

2021年是"十四五"开局之年，中国实现了全面建成小康社会的目标，正开启迈向实现

共同富裕第二个百年奋斗目标。在共同富裕的社会目标指引下，人们的共享共荣的发展价值观在日益增长。同时，社会老龄化和多子女家庭的日益增加，不仅在价值理念上，更是在房地产评估发展上产生深远的影响。

（四）科技进步之变：科学技术变革不断深入估价行业

科技深入行业，也推动社会的进步。不断进步的科学技术，深刻影响着房地产估价行业。政府围绕房地产估价行业简政放权、简化办事流程等，大力推动数字化建设；相关信息平台、房产交易数据共享加速进行，大数据、移动信息技术驱动的 VR 等查房看房技术，缓解了交易双方信息不对称，为房产交易效率提升提供技术支撑的同时，对房地产估价专业能力形成新考验。

二、现实之困：房地产估价机构内部治理结构的现状

（一）自身体制不健全，内部缺乏活力

一是没有建立符合现代企业的内部治理制度公司。大多房地产估价机构脱胎于计划经济，从政府事业单位中剥离而来，绝大多数事项由脱钩改制时政府部门委派的"那一个人"说了算，虽然经过后来的学习和专业进修，拥有相应的从业资质和相应的专业水平，但"一言堂""一支笔"的作风还是非常明显，其他管理人员形同摆设，积极性和活力无法激发。二是机构设置不能体现决策、执行、审计监督三级分离治理，相互交叉甚至缺失，企业的科学决策之路任重而道远。

（二）内部制度不完善，激励约束无法取得实效

据全国房地产估价行业管理信息平台数据统计，截至 2020 年，全国登记备案的房地产估价机构 6831 家，其中一级机构 935 家，拥有专职估价师 50 人以上的仅 3 家；二级机构 2136 家，专职估价师人数有 10 人左右。总体而言，我国房地产估价机构规模小而散，行业集中度低，普遍没有建立起符合现代企业运作的内部治理制度。一是表现为制度制定不甚完善，用工用人、报酬分配等与现代企业制度有差距，部分党建、工会、群团等社会组织等内部机构有待科学设置和运行。二是未设立客户沟通、投诉处理的专职部门或岗位，未对分支机构定期或不定期开展业务检查并留痕记录，未制定货币资金、实物资产、对外投资、成本费用相关的会计控制制度。

（三）治理体系不完善，无法体现质量兴企业精神

由于房地产估价行业市场竞争激烈，业务拓展相对困难，体现在业务争取和客户维护上有大量重客户轻质量的现象出现：一是对一般风险业务、重大风险业务以及是否涉及公众利益的业务没有制定不同的质量控制标准和规范流程，项目质量复核上，也未能根据项目的复杂程度和风险大小，在制度上，同步明确不同的复核方法、程序和内容；二是不能全面履行估价机构业务质量控制要求，在制度制定上，明确质量控制体系中的其他人员的职责，包括利用专家和外部人员工作的政策和程序，以确信其在房地产评估工作的合理性。三是难以落实《中国资产评估准则—基本准则》规定的评估程序八个步骤，出具评估报告的人员话语权不足，简化流程，缩减步骤，成为普遍现象。

（四）技术掌握不及时，人才知识储备不足

房地产评估业务是随着中国地产、房产而新兴起的一门业务，其专业性强、要求高。在数字政府、数字经济发展的驱动下，大量新技术、新设备被广泛应用到房地产估价工作中。

而目前房地产评估人员大多是从土地管理、房产管理、资产评估、勘测等相关专业跨界转行而来的，有的甚至是从会计、中文、法律等与实际房地产评估专业相差甚远的专业延伸而来，专业不对口，评估标准不统一，对新技术新方法认识不清、把握不准，对高质量开展工作和高质量服务客户存在本领不足、知识储备不够的现实困境。

（五）文化建设不重视，员工对企业认同感不强

作为新兴的房地产估价机构行业，相应的体制机制一直在变革完善之中，文化建设缺乏良好的外部环境，行业整体文化建设氛围不够浓厚；部分房地产估价机构对文化建设重视仍然不够，文化建设流于表面与形式，仅仅在机构徽标、企业口号等外在形象建设上做文章，缺乏深入的挖掘和提炼，导致企业文化建设公式化、口号化；企业文化建设职工参与度不高，未能广泛地调动广大员工参与企业文化建设的积极性，员工对机构文化建设的形式和成果都认同感不强。

三、治理之策：完善房地产估价机构内部治理结构的对策建议

（一）完善法人治理，建立现代企业制度

一是按照现行的房地产估价法律法规，完善公司的规章制度。如根据《中华人民共和国公司法》《中华人民共和国合伙企业法》等行业管理法律制度规定，房地产估价机构应分别结合自身实际，在股东或合伙人充分酝酿并广泛征求员工意见的基础上，制定完善有限责任房地产估价机构章程或合伙房地产估价机构合伙人协议，完成公司法人治理的顶层结构优化和稳定；二是落实完善房地产估价机构注册登记的有关规定。根据2005年12月1日实行的《房地产估价机构管理办法》，每个房地产估价机构应根据自己资质的不同，及时备齐规定需要的专职注册房地产估价师数量，法定代表人和执行合伙人也同步备齐，并保证是从事三年以上执业的专职注册房地产估价师。专职注册房地产估价师的股份或出资额也不低于公司注册股份或出资额的60%。

（二）合理构架公司治理结构，调动广大员工的积极性

合理的组织构建和规范的制度是房地产估价机构良好运行的基础。一是科学设置企业内部管理机构，按照《评估机构内部治理指引》标准，既有决策部门如董事会、总经理，也有市场开拓和服务部门，负责客户拓展和客户沟通，还要有监督审计部门，负责投诉处理、对分支机构开展业务检查、制定会计控制规范等，充分体现科学决策、有效执行、严格审计监督三级程序，实现合理治理平衡，构建起房地产估价机构科学决策之路；二是结合行业行规，制定完善公司的系列规章制度，要遵循满足人民日益增长的美好生活需要的原则，在充分民主的基础上，广泛征求员工的合理要求与意见，调动广大员工的积极性，确保企业规章制度的参与性、适用性、有效性。

（三）健全质量兴企制度，规范质量三级审核控制机制

房地产估价机构要确立质量兴企的理念，房产评估报告作为自己唯一出具的智力产品，除按照国家相关标准和规范编制外，一定要建立规范的三级审核质量控制机制。一审是由项目负责人审核，主要内容包括：①对参加人员进行审核，审核项目参加工作人员是否与项目具有相应的利益关系；②审核相关资料，保证相关资料的精准性、有效性、合法性以及真实性；③审核报告格式，是否符合房地产估价规范，段落、字号、颜色、字体等都需要符合相关标准，不可出现错别字；④审核价格影响因素，价格影响因素要和评估价值保持统一。在

一审完成后,按照工作程序要开展二审,二审是部门业务经理的审核,主要内容包括:a.审核价格数据。评估前后信息内容是否出现矛盾以及异议,如使用年限以及容积率等。b.审核技术路线,确保评估的精准性以及真实性,从而提升评估成效。c.审核假设限制条件,可以切实体现估价的整体水平。d.审核评估对象描述。评估人员按照现场勘察报告以及图像,检查信息和房地产真实状况是否完全统一、权属状态以及其他权利状况是否明确。⑤审核报告的附件内容,包括相关取证、政府审批、评估对象图片、位置图、评估人员资质等。三审也是终审,由估价机构总估价师或技术总监负责,重点包含:①审核评估结果,是否满足合理性、客观性以及真实性标准。②审核评估报告风险,明确是否具有一定的风险隐患。

(四)加强企业文化建设,提升职业荣誉感、职业道德

企业的有效治理离不开卓越的文化建设。一是房地产估价机构作为社会单位,要讲究诚信为本,诚信立命,如果离开了诚信,失去了估价双方的信任,房地产估价机构也就失去了存在的市场价值和社会意义。二是加强房地产估价机构员工的个人道德教育,在房地产估价时,要认真执行房地产估价准则,坚持独立、客观、公正的原则,严格履行估价程序,确保每一份房地产评估报告的真实、可信,不断增强员工的道德意识、职业素养;三是在制度设计上,坚持人才是第一资源的发展理念,注重吸引人才、培养人才,做到人尽其才,才尽其用,充分发挥每位员工的工作积极性和主观能动性,给每一个人才提供发挥个人聪明才智的舞台和机会,适当满足员工的个性化需求;四是在利益分配上,处理好"引领"与"共赢""一股独大"和"整体俱佳"的关系,既处理好积累与分配、按劳分配与按资分配、股东与员工之间的关系,也合理关注弱势群体、弱势个人,避免"一尘绝骑""一股独大"现象的出现。

(五)重视新技术运用,推动企业转型升级

房地产估价是一个知识密集型的行业,不断创新,采用新技术,是一个房地产估价机构立足市场的根本。一是顺应政府数字化建设进程。结合政府简政放权数字化转型,充分利用房地产估价行业信息平台和房产交易共享数据,大胆探索数字化时代的房地产估价新模式;二是大力推动技术创新,在房地产估价实际工作中,不断采用VR等看房新技术,包括估价方法、估价手段、估价技术等,缓解了交易双方信息不对称;广泛运用大数据、云计算、区块链等先进技术与估价方法相结合,用技术支撑提升房产交易效率,推动估价工作的标准化、模块化、通用化;实现从传统房地产估价向大数据开发转型升级。三是建立员工学习激励机制,比如定期组织员工外出学习与交流,不定期列出学习订单,鼓励员工按图索骥学习;开展职工技能比武,提高员工学习的积极性,实施学中干和干中学相结合、请进来与走出去相结合,形成一个人人学习新技术、争先提升业务水平的良好氛围。

参考文献:

[1] 周聪慧.住房租赁重点政策解读与评估机构业务机会探讨[R].2023中国住房租赁发展论坛,2023.

[2] 张焯.房地产评估机构的风险预防与控制研究[J].商业文化,2022(14):36-39.

[3] 朱晓.试论"十四五"时期房地产评估机构的新发展[C]//2021中国房地产估价年会论文集.2022.

[4] 张玉霞,董新霞,韩立民,等.房地产评估机构的风险预防与控制研究[J].住宅与房地产,2021(4):5-6.

[5] 童玲.房地产评估机构的风险预防与控制[J].商业文化,2021(3):104-105.
[6] 李仰智.加快推进社会诚信体系建设[J].当代广西,2021(18):16-18.
[7] 王炜昱.基于大数据的地理信息系统在我国房地产评估中的应用潜力[J].中国资产评估,2020(10):51-56.
[8] 唐浩,何天舒.大数据时代下的房地产土地价值评估分析[J].房地产世界,2020(20):17-19.
[9] 李华,薛江.新时期房地产评估机构文化建设再思考[C]//2020中国房地产估价年会论文集.2020.
[10] 王远新,刘倩.房地产评估存在的常态问题分析[J].住宅与房地产,2020(6):32-36.
[11] 王丽艳,辛宽.当前我国房地产评估亟待解决的几个问题[J].地产,2019(14):56-59.
[12] 杨丽艳.当前我国房地产评估行业存在的问题及对策研究[J].建材与装饰,2019(24):21-25.
[13] 蒋骁,冯赛平,郭韵琁.评估机构内部治理研究[J].中国资产评估,2018(3):24-26.
[14] 石明涵.略论房地产估价机构的法人治理结构[J].江苏科技信息,2010(6):46-49.

作者联系方式

姓　　名：薛　江　魏劲松
单　　位：武汉博兴房屋土地评估有限责任公司
地　　址：武昌区和平大道积玉桥万达SOHO写字楼11号楼22层
邮　　箱：807157152@qq.com；807157152@qq.com
注册号：薛　江（4220030045）；魏劲松（4220040010）

姓　　名：李　涛
单　　位：天津津港房地产咨询评估有限公司
地　　址：天津市和平区重庆道6号
邮　　箱：6565792@qq.com
注册号：1220020034

第三部分

后继人才培养

完善内部治理，探索人才培养创新模式

樊 芸

摘　要：当前，完善估价机构内部治理、提升内部治理水平、防范职业风险是估价机构高质量发展和行稳致远的重要保障。本文探讨了估价机构人才培养的创新模式，分析了估价机构如何吸引、培养年轻人才，如何发挥人才在民主管理中的作用，以及探索建立企业的正向激励和退出机制。

关键词：人才培养；内部治理；民主管理；股权激励；退出机制

公司治理是指公司股东对经营者的监督制衡机制。现代公司治理理论认为公司治理包括外部治理和内部治理两个方面，其中内部治理主要是从公司内部人员的任职资格、权限范围、议事规则、文件瑕疵、利益冲突等方面展开，在企业管理中发挥了重要的作用。当前，完善估价机构内部治理、提升内部治理水平、防范职业风险是估价机构高质量发展和行稳致远的重要保障。

一、关于人才培养——如何吸引、培养年轻人才

（一）组建政策研究室，营造企业研究氛围

目前，行业内部分估价师存在急功近利倾向、责任意识和担当精神不足。为此，2020年年初，公司成立了政策研究室，希望借此提升公司政策研究水平，提高估价师整体素养。之前公司只有1~2名政策研究员，研究力量不够。2022年，公司内部挖掘了2名硕士研究生，从外部又招聘了4名全日制硕士研究生，分别来自评估、经济、法律专业，有的经过工作历练，有的是应届毕业生，但当年就获得了律师资格，有的在国外学习过数据金融，还有的曾就职基金管理公司。这些政策研究员学历层次高、学习能力较强，通过培训、实践，能适应行业执业能力和资质需要，公司还安排了房产、资产、土地、造价4位总估价师，以及3位集团公司部门负责人，下半年又从估价师中挖掘了2名全日制研究生参与，总共15位同志组成了政策研究室。根据政策研究员水平和从业经历，设置了政策研究员的标准，分等定级为：见习研究员、助理研究员、初级研究员、中级研究员、高级研究员和资深研究员，不同的标准享受不同的待遇；研究领域也有分工，分别涉及国家法律法规、行业政策、公司制度，并由笔者亲自带教。

仅上半年，就进行了课题论文调研报告的格式规范、建言献策、房地产估价行业相关法律法规、提升个人生产力等四次专业化培训，提高了同志们对国家法律法规以及对行业政策规范的理解；同时我也直接管理政策研究室，避免办公室同志粗线条的管理对年轻研究员造成不良的心理影响，也避免有些估价人员说闲话，指摘这些政策研究员不做业务，没有资

质,从而把他们冷落、边缘化。政策研究员们通过学习,尤其是能够参与国家法律法规的调研,看到自己提出的建议能直接成为国家的法律条款,深感意义重大,使命光荣,个人也有了奋斗的方向。现在政策研究员已经完全融入企业的工作,同事们也感觉他在投标申报、企业网站、微信公众号和电子杂志编辑中发挥了重要的作用。

（二）参与国家法律法规及行业热点、难点问题的调研

2023年3月,政策研究员们在全国人民代表大会期间,顺利地完成了任务。他们不分白天黑夜,比学赶帮,都不甘落后。两会结束后,公司对他们集中进行了表彰,给全体政策研究员记集体一等功,当时各行业正处艰难的经济恢复阶段,公司仍然给他们晋升了一级工资,在全体职工中反响很大,他们的个人价值得到了充分体现。同时他们在总估价师的带领下,参与研究全国行业协会重大课题《少数股权评估与履行资产评估程序的执业规范研究》,以15万的课题费中标,完成了初期、中期评审两万多字的课题报告撰写,现在中期报告已全部通过专家评审。我也邀请了相关行业主管部门及各方专家来公司调研,包括财政局、国资委、证监会、法院、大型国有集团,还有上海财经大学资产评估学院和立信评估学院的教授参与课题研究。这个课题有望建立少数股权资产评估执业规范,破解少数股权评估程序受限的执业难点。

我们还要感谢中国房地产估价师与房地产经纪人学会（以下简称"中房学"）,今年公司申报、中标了《房地产项目投后管理及处置中的估价业务研究》,虽然我们不是领衔单位,但研究员们积极参与调查问卷的设计、电子表格制作等,干劲十足。我们通过组建政策研究员团队,在实践中证明了要想吸引、培养年轻团队,就必须在公司培育出群体性土壤,营造研究、学习的氛围,对政策研究员进行培训、锻炼,同时尊重、认可他们的价值,实施个性化管理,不能用传统的管理方式来对待,必须要把短期利益和长期利益处理好,为他们的事业发展设立良好的晋升通道和激励机制。

（三）参与行业重点关注低价收费问题的调研并探索磋商机制

公司的两位硕士估价师兼政策研究员参与到今年房地产估价行业重点关注的低价收费和恶意竞争的问题调研,法院及大型国有交易平台委托我们公司牵头,进行价格磋商和谈判。我们既利用行业协会的组织优势,又避免价格联盟的风险,在协会组织了行业调研。这两位估价师在课题调研报告撰写中发挥作用,为行业如何在与重大客户的磋商、谈判中,维护正当权益,进行了一次又一次生动有效的探索和实践。

（四）参与行业相关的其他社会热点问题调研

今年政策研究员还参与行业相关的上海市委课题,主持了中小企业招标投标问题、长三角一体化高质量发展、中小企业反映的税收问题、设立中小企业坏账补偿金地方补贴的系列建议等课题。以税收问题为例：一些中小企业反映,即使没有实质交易,税务部门要求追查企业自然人股东身份变更,包括赠予股份、在原工商局留底零转让的股份,要补交税收；即使没有按每股增值收益转让,甚至连注册资本也没有到位,也要补交税款,甚至要进行处罚,补交滞纳金,否则停止该企业其他股东变更行为。我们认为,这些行为严重违反了税法基本原则之实质课税原则,给中小企业特别是中小服务业带来了压力,尤其是在当前经济下行、疫情冲击下,中小企业更是雪上加霜。这种限制企业新的股权变更的行为,不利于企业经济活动的吸收合并、做大做强,严重影响了企业的经营运行；也不利于企业招商引资,吸引新的国际和战略投资者,损害了政府的营商环境。

（五）想方设法、解决人才后顾之忧

公司大力支持人才落户政策，有的985大学应届毕业生在2022年年底、疫情期间就办好了户口。今年又办好一位落户手续：公司推荐的一位技术负责人在当年就成为全国行业重大课题组组长、评上高级职称、办结了上海户口，实现了他来上海20年的人生追求和梦想。目前，公司拥有员工正高级职称3名，副高级职称9名，公司成立以来共评了20多名高级职称，中级职称43名。公司推荐员工在有发行刊号的经济类杂志发表专业论文，并为发表论文的员工提供了对等现金奖励，既扩大了企业的影响力，又为个人晋升职称提供了保障。最近公司要求重点关注在行业杂志发表文章或参与征文评选，有位政策研究员首次发表上海工程造价方向的论文就获得了一等奖，公司奖励他3000元并晋升一级工资。若在"中房学"及全国性的相关行业协会获奖，奖励幅度则更大。

为了吸引高精尖人才及各类专业人才，公司在国家自贸区上海临港新片区新设立了公司，由于新注册的公司对人才的落户没有竞争力，我们果断地注销了该公司，决定花大力气将一个有30年历史、业绩丰富的老公司搬迁过去。这还不够，因为尽管临港比其他地区有政策优势，但想落户还要等上5年，于是公司决定投入较大资金进入临港白名单重点区域。因此，近两年还有5位员工有望在临港落户。

为人才提供子女落户后的优质教育，是人才稳定和安心的保障。徐汇区教育在国际上颇有影响力，总书记也曾经提到徐汇区的中学生在国际奥数比赛中斩获桂冠。公司积极举荐员工子女在徐汇区就读上海中学、位育中学、西南位育、华育中学，他们其中就有好几位在全国性比赛中获奖，直接保送复旦大学和上海交通大学，解决了职工的后顾之忧。

（六）发挥员工专业特长，为行业赢得荣誉

公司重视发挥员工特殊的专长。为此，组建了一支羽毛球队代表公司在行业内参加各种比赛，该团队在各类单人、团体项目中几乎拿了个大满贯，有的比赛甚至囊括了所有的奖项。2023年，该团队还代表上海土地估价师协会，在上海规划资源系统社会团体联合羽毛球比赛中获得冠军，为行业赢得了荣誉。

二、公司治理、民主决策——如何发挥人才在民主管理中的作用

（一）梳理法律法规，完善制度修订

公司治理首先要求我们梳理国家、行业法律法规以及公司历年出台的制度。公司近两年下工夫，把所有公司出台的制度进行了完善，形成了三本制度汇编，包括台账、有表式、表单等，每年还要通过ISO（国际标准化组织）的形式规范修改，做到有签字、有落实、有考评。公司强调，无论为了获得证书还是日常工作，都必须统一遵守ISO。为了强化员工的法律和规则意识，公司对新员工试用期转正、加薪、升职、考级以及提升福利都要通过考试核准。法制、规则逐渐成为公司一种文化，渗透到员工的意识和理念中。

（二）民主管理、民主决策

所有的大情小事，尤其是管理中个性化的、疑难复杂、棘手的问题，我们都主动面对、分析、破解，听取多方面的意见。过去有一个现象，有个别人经常在下班没人的时候单独找领导，绕圈子谈话无非就是有个人利益和一些特殊诉求，领导因为太忙不知不觉被绕进去，签了字，这种时候往往有风险。大家认为，个人利益不能完全凌驾于集体利益之上，应该放在阳光底下去讨论，需要充分听取大家的意见。因此，每年年初、年中、年终考评，工会在

各部门推举职工代表,形成考核小组。职工代表的意见将在公司最终出台的文件中体现,民主管理的效果得到充分彰显。有的估价师说:作为职工代表参加公司的会议,原以为是摆摆形式、走走过场,没想到自己的建议变成了公司的决策,责任感、使命感油然而生。

职工代表还会深入估价师中去调研,听取各个层面员工的诉求,到公司民主决策的平台上客观地反映。考评小组、职工代表站在公司的整体利益角度,兼顾部门利益、个人利益、当前利益、长远利益平衡和决策。所有员工的积极性被调动了起来,公司业绩和各项工作因此都取得了较大成果。2022年,公司被国税总局上海税务局评为上海市纳税信用"A级"企业。

公司对新入职的估价师给予项目支持,新估价师存在缺乏经验拿不到项目的困境。为此,公司给予3个月内新入职的估价师优先选择项目的机会,以此锻炼新估价师的能力,增加新估价师的收入,使他们尽快地融入公司。

今年职工队伍稳定,只有1名估价师在试用期离开、有1名估价师由于上半年上海的户口政策还没完全放开,无奈选择到国外就读博士后再回上海落户,或许一方面得益于公司的民主管理和上海市的人才政策,或许是疫情影响、经济下行的原因,但无论如何要抓住调整期,进一步稳定人才,留住人才。

(三)为党工团组织注入新的生机

公司建立之初就建立了集团党组织及工会,通过党建进入章程治理环节,党建深度融入公司治理。为进一步发挥团员青年作用,今年选拔了一批优秀青年干部,通过换届参与到团支部建设:一位年轻硕士研究生脱颖而出,担任了团支部书记;为进一步加强工会组织建设,切实发挥工会委员会联系干部职工的桥梁纽带作用,更好地保障广大职工合法权益,集团组织完成了新一届工会委员换届改选工作。一改过去由快退休的同志担任工会委员状况,这次让年轻人参与到工会建设中,团支部、工会面貌焕然一新。换届过程中,采用竞聘上岗的方式吸收年轻人参与到工会和团支部的建设。这些年轻的政策研究员以崭新的姿态,充分展示自己的特长,积极参与竞聘。全体员工眼前一亮,重新审视这些年轻的政策研究员。工会、团支部的活动办得有声有色。

三、关于企业的正向激励和退出机制——如何留住人才

如何设立职工持股平台、有效解决退出机制,在实际操作中还是遇到些瓶颈。对此,公司决定:

(一)建立全员盈利分享机制

建立集团公司和各法人公司的盈利分享机制。每个法人公司,如果每年年底盈利了,所有的职工都要加薪,但加薪的幅度要根据业绩、表现,设置不同的薪酬提升等级;如果亏损了,虽不能加薪,但也不能扣减员工工资。若整个集团总体盈利了,集团的后台服务人员都要加薪,因此,人人都会关心公司的业绩和盈利,因为这与大家的切身利益相关。

(二)探索股权激励机制

关于股权的操作思路,公司初步探索,先建立职工持股平台,无需职工投入现金,公司赠送股份给员工。可考虑先分红:每个法人公司,根据自己每年的业绩,留出公司的发展基金,公司的管理层从一定的比例开始进行分红,或每年递增;公司将估价师划分为助理估价师、初级估价师、中级估价师、高级估价师、资深估价师或行业估价大师,对高级估价师应

该考虑进入职工持股平台；对政策研究员进入资深研究员的，也应该通过职工持股平台享受分红激励。

公司一般不采用空降兵并直接将股份卖给他或送给他的模式，该模式会引发老员工的强烈抵触，实际操作效果欠佳。相反，员工都必须经过一段时间的考评，把业绩优、品德好的核心团队发展成为真正意义上的股东，到市场监管局进行股东变更。通过不断规范和完善分红的机制和股权激励机制，留住核心人才。

（三）探索股权退出机制

关于股权退出机制，公司考虑员工依照行业规定达到退休年龄或是在本企业二次退休时，原享受职工持股平台分红的员工，也可模拟退出股权，虽然是模拟退出股权，但仍视为等同于市场交易，员工将股份卖给新的管理层的方式退出股权，实现个人股权在公司持股平台良性循环，对团队进行持续激励；或者是由公司通过职工持股平台买入，避免新、老股东之间的脱节，让退出方得到回报，实现了有效的股权内部转让。

总之，法治是最好的执业环境和土壤，民主决策是企业解决问题的核心和关键，人才是企业最宝贵的财富，全员分享劳动成果是企业核心的价值观，良好的股权激励和退出方式是企业最有效的吸引人才机制。

作者联系方式

姓　　名：樊　芸

单　　位：上海富申评估咨询集团

地　　址：上海市徐汇区瑞金南路 438 号 4 层

推行学徒制优化估价人才培养途径

张弘武　张　帆　高藕叶

摘　要：房地产估价师考试制度的建立，保证了注册估价师的专业知识可以满足执业需要。但对估价师执业所需实践经验，迄无培养机制和相关的制度保障，以致估价服务出现一些瑕疵。本文介绍了各国职业资格人才培养普遍采用的方式——学徒制，并对我国如何优化估价人才培养途径，建立和推行学徒制提出了一些建设性意见。

关键词：房地产；估价；学徒制

我国房地产估价师问世已整整30年了，房地产估价师执业资格制度的建立为我国的改革开放、推动社会向前发展起到了巨大的作用。但毋庸讳言，与此同时也在所难免地出现了一些问题，如：估价结果失实、报告撰写不规范、实地查勘走过场或根本不到现场等。有的估价师为此受到行政处罚，也有的估价师被诉甚至触犯刑法被追究法律责任。实事求是地讲，客观上房地产估价的营商环境不好，严重地干扰了估价师执业活动。各方"估价利害关系人（估价结果会直接影响其合法权益的单位或个人）"都想通过估价使自己利益最大化，而向估价师施压，估价师处于各主体矛盾的焦点。"独立、客观、公正"是房地产估价的原则，目的是要保证各"估价利害关系人"的合法权益。但"拿人钱财为人消灾"，任何一项服务都不可能无视委托人的诉求，同时又要规避房地产估价师自身的风险。绝大多数房地产估价项目，委托人和其他"估价利害关系人"诉求恰恰相反。如何处理矛盾重重的估价委托，是对房地产估价师职业道德和执业能力的严峻考验。因此，应该对如何提升房地产估价师执业能力，优化房地产估价师培养途径，建立培养考核机制进行研究和探讨。

全国房地产估价师总数虽然已经突破七万人，但并没有建立完善的人才培养体系，只有考试制度。通过了国家的估价师考试即可注册执业，对于实践经验并无任何要求。其实要想提供优质的估价服务，撰写出无懈可击的估价报告，实践经验往往比理论知识更重要。

一、实践经验是估价师必须具备的执业能力

（一）估价师必须具备实践经验是法定要求

《中华人民共和国资产评估法》规定："评估专业人员包括评估师和其他具有评估专业知识及实践经验的评估从业人员"。因此，只要是从事房地产估价工作必须具备实践经验，反之应该不允许执业。目前相关的制度建设还存在一定缺陷，没有对此作出相应规定。

《房地产估价师职业资格制度规定》规定："房地产估价师，是指通过国家职业资格考试取得中华人民共和国房地产估价师职业资格证书（以下简称房地产估价师职业资格证书），并经注册后从事房地产估价（含土地估价）业务的专业技术人员。"而且规定："取得房地

估价师职业资格并经注册的，可以依法从事房地产估价业务和土地估价业务，签署房地产价估价报告和土地估价报告"。据此可知，估价师职业资格制度中根本没有提到"实践经验"，只要通过考试就能执业并可签署报告。严格的考试制度只能说明通过考试的人，专业理论知识达到了从业要求。但实践经验把握的程度，无论是政府主管部门还是行业自律组织，目前既没有硬性要求也没有学习考核机制。从某种意义上讲，不要求实践经验就准许执业，有悖《中华人民共和国资产评估法》的规定。

（二）房地产估价服务的职业特点需要实践经验

房地产估价行业内有一句至理名言"估价既是科学又是艺术"。这句话的意思是房地产的价值推衍过程中，每一个步骤之间必须遵循严密的逻辑关系。但对于采信的基本信息以及对各种情况的处理却不是一成不变的，既要有原则性又要有灵活性才能游刃有余。这就需要估价师有扎实的理论基础和专业知识，同时又要有丰富的实践经验，而不是脱坯式地按一定模板和公式生搬硬套。

房地产估价是针对某宗房地产所进行的评估服务，房地产估价报告是服务产品的载体，具有传递信息、市场交换、展示估价成果的作用。世界上没有两宗物质形态、权属关系、区位和环境状况完全相同的房地产，以房地产为估价对象的服务活动也就不可能完全相同，也产生不了两份完全相同的估价报告。房地产估价有不同的估价目的、价值时点、价值类型、估价方法以及房地产市场状况等要素。估价师要面对复杂多变的影响因素，从各个不同视角进行分析、权衡和取舍，得出唯一的估价结果。房地产估价是一项个性化较强的服务产品，不能批量生产只能逐一手工定产。估价师的生产能力也不能在课堂上一次性注入，而是要在实践中逐渐摸索积累循序渐进修成正果。

（三）借助"巨人"肩膀可以使经验积累提速

房地产估价程序链很长，共有十一个工作环节，虽然有些工作可以由助手完成，但估价师必须熟知。如果全凭估价师在实际工作中通过自己摸索，短时间内绝不可能掌握各项工作细节。估价能力的提升要经过长年累月的磨炼，期间可能会有多次失败的教训。但估价工作不允许试错或者说试错成本非常高，甚至会因产品的瑕疵使估价师受到惩处而影响职业生涯。当然如果能站在"巨人"的肩膀上，就会加快能力提升的速度减少出错率，甚至有"巨人"把关不会出错。

"巨人"是已取得成就的前辈，"巨人"的肩膀是后人前进的基石，可以避免走很多弯路。对于新入职的估价师，如果能有"巨人"在身边指引，对所做工作随时把关纠错，无疑可以迅速提高估价执业能力。这个"巨人"其实就是师傅，通过言传身教将自己的经验传授给新估价师。各国的职业资格人才培养普遍采用学徒制，我国的房地产估价人才培养也应在考试制度的基础上补充或建立学徒制。

二、学徒制是各国职业资格人才培养的主要途径

（一）学徒制发展

师徒授受是经验传承的一种良好的学习方式，为知识、技艺和人类文明的传承发挥了巨大作用。师徒传承教学是一种高度情境性的学习方式，徒弟在真实的工作场景中观察师傅的实际操作，感知和捕捉师傅的知识点、能力点和处理问题的方式，在师傅的指导下进行实操，逐渐掌握从业必备的技能。

学徒制历史悠久，近代学校教育模式出现后，由于学校教育可以集中教育资源批量培养人才，能更好地满足社会化大生产的需要，所以学校教育逐渐成为人才培养的主流。虽然如此，但个性化比较强的产品的生产和服务技术，仍然保留着师徒授受的人才培养方式。这是因为有些能力仅靠课堂观摩是不能在学生体内生成的，必须一对一地由师傅指导反复磨炼才能形成解决问题的能力。现代经济对高技能、多面手和灵活性的要求，使得学徒制的教育功能又得到了回归。

西方的学徒制大致经历了前学徒制、中世纪的行会学徒制、16—18世纪的国家立法学徒制、工业革命后的集体商议学徒制、第二次世界大战后的现代学徒制五个阶段。学徒制之所以在不断改进中生生不息经久不衰，是因为学徒制的核心教学方式始终是"做中学"。徒弟可以在实际工作中，在师傅的指导下边做边学增长解决问题的能力。这种教学方式，在学徒制发展的千年历史中始终不变。在教学场景上，学徒制是以工作场所为本位，能最大限度地激发徒弟的学习情绪，迅速掌握从业必需的技能。学徒制是劳动制度和教育制度的结合，应该成为估价人才培养的最佳途径。

（二）学徒制是各国职业资格人才培养的主要模式

各种职业资格（无论是脑力劳动还是体力劳动）都要求有丰富的实践经验，否则无法从业。世界各国职业资格人才培养所采取的模式大致有两种，一种是职业教育院校学习，毕业时同时获取毕业证和职业资格证，现在称之为双证。我国的许多职业资格，也都采用这种模式；另一种是直接通过职业资格考试，然后经过一定时期的实习才能执业。目前国内外的职业院校，普遍采用的是现代学徒制的教学模式。直接考试取证的，在实习期内一般会有师傅（或称指导教师）指导，总之都要采用师徒授受的教学方式。但我国的房地产估价师现在采用的是直接考试的方式，而未安排考后的实践环节随即入职，因而存在经验不足的问题。

（三）推行学徒制有利于提高估价师队伍整体素质

不推行学徒制，估价师之间既是同事又是竞争对手，老估价师对自己通过多年钻研所掌握的核心技能，大多相互壁垒不愿意示众。但如果行业建立学徒制，而且对授徒情况有所奖励，则可以激励资深人士传播自己的经验。《礼记·学记》："学然后知不足，教然后知困。知不足，然后能自反也；知困，然后能自强也。故曰：教学相长也。"建立学徒制可以倒逼师傅深入钻研专业技术，促进师徒共同提高，长此以往估价队伍的整体素质将会长足发展。

三、房地产估价行业推行学徒制的建议

《中共中央关于制定国民经济和社会发展第十四个五年规划和二〇三五年远景目标的建议》提出要"探索中国特色学徒制，大力培养技术技能人才"。这是中共中央十九届五中全会提出的建议，在房地产估价行业推行学徒制符合中央的远景战略目标。

（一）前置估价师实习训练制度

目前我国已有一些行业建立了实习训练制度，卫生部、教育部印发了《医学教育临床实践管理暂行规定》，要求："相关医疗机构负责安排试用期医学毕业生的临床实践活动，确定执业医师作为指导医师，对试用期医学毕业生进行指导"。

中华全国律师协会发布了《申请律师执业人员实习管理规则》和《申请律师执业人员实

务训练指南（试行）》要求："取得法律职业资格证书或者律师资格凭证""申请律师执业依法需要参加实习""实习人员的实习期为一年""实习指导律师做好实习人员的教育、训练和管理工作，严格实习考核，确保实习质量"。

"前有车后有辙"房地产估价师也应设置估价师注册前置条件，在通过房地产估价师考试后只能是实习估价师，不允许立即注册执业而是要经历一定时间的实习期。实习期内，由一个从业多年的房地产估价师担任指导教师（或师傅）。实习估价师最初只能从事估价师助理的工作。师傅安排工作时，可以由浅入深逐渐令其独立操作。实习期满时，应该将工作成果（如查勘记录、估价报告等）递交各地方的管理部门或行业自律组织审核，通过后才能允许注册执业。

（二）鼓励优秀估价师带徒弟

筛选业内优秀的估价师承担指导教师的工作，应规定指导教师的条件，可以对指导教师的从业时间、成果、职业道德、诚信守法等提出一定的要求。同时也要对承担指导责任的师傅给予鼓励，如行业内评选资深估价师或优秀估价师时作为参考因素之一，机构也可以对师傅给予一些补贴。业内对接受实习估价师的机构，也应在入围、续期以及各项评比中给予照顾。

（三）逐渐推行学徒制完善估价人才培养途径

建立学徒制不可能一蹴而就，而且房地产估价师是在行政许可范围内又由两个部委管辖，变更准入制度肯定非常困难，因此需要一个逐渐过渡的过程。

1. 先倡导机构试行学徒制的估价人才培养模式

当前机构负责人最感困惑的是两件事，其一是市场竞争激烈，业务量和收费越来越少，而难度较大的非强制性的估价需求估价师又做不来；其二是能力较强可以独当一面的估价师稀缺。如果能够推行学徒制，培养出更多优秀的估价师，也许这两个问题都能解决。因为我们的"上下游"和"左邻右舍"各种服务需求很多，而且也都没有准入资质的限制，只要有能力尽可承接。其实，只要通过了估价师考试，所具备的基础理论知识应付相关服务绰绰有余。关键是没有操作经验，若能拜师学艺弥补不足就能解决估价机构的根本问题。因此推行学徒制有利于机构发展，机构有一定积极性，可以提倡机构在企业内部先建立学徒制。

2. 有条件的行业自律组织先行先试

目前全国各地估价行业自律组织建设的基本情况不尽相同，组织机构在业内的权威性和对行业的管控力度都有很大差别。可以找一些条件较好的行业协会先行先试，积累一定经验然后再向全国推广。

3. 组织课题研究和制度建设

中国房地产估价师与房地产经纪人学会如果有意促成此事，可以先设立课题对学徒制的必要性和可行性进行论证，并对实施过程中可能发生的问题进行预测和制定预案。研究的内容还可包括：指导教师和接受实习估价师机构的条件、操作程序以及违规操作惩戒办法等。

参考文献：

[1] 关晶.西方学徒制的历史演变及思考[J].华东师范大学学报（教育科学版），2010，28(1)：81-90.

[2] 柴强.房地产估价原理与方法[M].北京：中国建筑工业出版社，2022.

作者联系方式

姓　　名：张弘武
单　　位：天津市房地产估价师协会
地　　址：天津市南开区卫津南路 78 号立达公寓 F-7232
邮　　箱：qfpx203@sina.com
注册号：1219930015

姓　　名：张　帆
单　　位：天津市住房保障服务中心
地　　址：天津市南开区铭隆大厦 2 号楼
邮　　箱：blacksnowner@sina.com

姓　　名：高藕叶
单　　位：天津博成房地产土地资产评估有限公司
地　　址：天津市河西区台儿庄路汇雅商业中心 6 号楼
邮　　箱：sdz2001@sina.com
注册号：1220040028

房地产估价行业人才结构优化研究

季建国　王静静　季荷雯

摘　要： 目前房地产估价行业已迈入高质量发展阶段，高效率、高品质的估价服务已经成为估价机构的核心竞争力，而保障房地产评估行业服务竞争力的基础条件就是高水平人才。基于对人才发展的重视与关注，本文拟梳理江苏省房地产估价行业人才发展现状，从房地产估价师的性别、职称、年龄、单位职位、区域分类、专业分类等多个方面展开分析，尝试总结全省人才发展的特征，同时提出房地产估价行业所面临的从业人员年龄偏大、学历层次偏低、从业资历偏浅和高端人才缺乏等问题，并对优化人才结构提出建议。

关键词： 房地产估价；结构优化；人才培养

经过30多年的发展，至2022年，按照人口统计学指标，中国的城市化率已经达到65%。其中，长三角作为中国经济最发达的区域之一，城镇化率近80%。在此情况下，房地产行业发展也由增量开发进入存量更新阶段，由集中大批量的拆建变成多点小片区的精细化更新，与此同时，对估价行业的要求也从简单的价值评估转变为以价值评估为核心，并能提供全流程咨询服务的综合性评估。

一、人才结构优化的紧迫性

城市建设发展的有机更新为房地产估价行业带来了新的机遇和挑战。同时也对房地产估价行业提出新的要求，从之前单纯的征收拆迁评估，转向跨专业的综合性咨询服务。从城市建设的全产业链角度来看，由原有的单一性节点业务，转向产业链上多节点咨询服务，甚至是全流程的服务。面对这些机遇及挑战，估价机构需要做多方面的准备，包括经营思想、组织结构、管理模式、人才储备及培育等。根据调研结果，目前大部分估价机构尚未做好迎接时代变革的准备，尤其在人才结构和估价人员知识储备方面。从业人员水平仍旧停留在满足征拆、融资抵押的评估需求阶段。评估行业要适应新阶段的变革，满足市场对房地产估价行业的要求，必须转变思想，加快培养和招聘符合新要求的估价人才。

二、江苏省房地产估价行业人才现状

江苏省现有13个设区市及3个省管县，通常分为苏南、苏中、苏北三个片区。截至2022年6月，江苏省已取得房地产估价备案证明的房地产估价机构595家。其中，备案登记为一级95家，二级154家，三级52家，暂定三级38家。根据中国房地产估价与房地产经纪人学会、江苏省房地产估价与经纪协会网站数据统计,截至 2022 年 6 月,江苏省内房地产估价行业从业人员约为 1.5 万人,其中注册房地产估价师约为 5162 人,占比 34.4%,非注册房地产估价师的从业人员约为 9800 人,占比 65.6%,由此可见,持证估价师比例相对较低,估价机构对估价专业人才的需求较为迫切。据不完全统计,注册房地产估价师男女比例约为 57:43。按江苏省区域划分,各地注册房地产估价师占比分别为苏南 54.94%、苏中 21.26%、苏北 23.80%,与江苏省的各区域经济产值正相关。

针对江苏省内注册房地产估价师的注册信息,按照年龄、学历、职称、初始注册年限、毕业专业进行分类、筛选,统计 5162 名注册房地产估价师人员结构组成如下:估价师的主力军为 45 岁以上,占比约 55%;学历以本科为主,占比约 57%,而硕士、博士只占 6%;大部分估价师无职称,占比近 50%,高级职称仅占 3.5%;采用初始注册时间来推算从业年限,经分析,从业 10 年以下的估价师占比 55%;所学专业为经管类的占比 52%,理工类的占比 32%。通过统计数据结果可总结估价师组成的以下特点。

(一)年龄结构不合理,青年人才占比小

目前从业注册房地产估价师年龄结构不合理,从业人员年龄偏大,45 岁以上估价师占持证估价师的 54.53%。本应成为行业中坚力量的 36 岁至 45 岁年龄段占比为 33.99%,而作为行业后备人才的 35 岁以下估价师占比仅为 11.48%。且根据历年数据分析,高校应届毕业生进入估价行业就业的数量也逐年萎缩。

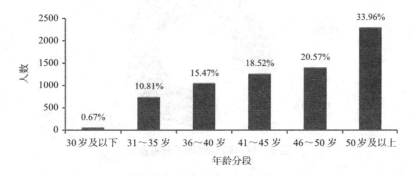

图 1　估价师各年龄段分布

由图 1 可以发现 30 岁以下的估价师不足 1%,40 岁以下的从业估价师累计在 25% 左右,估价行业从业人才后继乏力,因此需要尽快解决房地产估价师人才年龄断层问题,为估价行业发展注入新的活力。

(二)学历层次偏低,高学历人才匮乏

学历层次体现估价行业人才的发展潜力。从行业高质量发展的业务需求来看,专业人员的发展潜力体现在学历层次、知识储备和学习能力上,行业人员的学历层次一定程度上体现从业人员的学习能力和发展潜力。

由图 2 可知,从业估价师的学历层次参差不齐,大专以下学历占比超过 35%,而硕士以上的估价师占比只有 6.37%,显示了估价行业对高学历人才吸引力不够。调查显示,主要原因是行业整体薪资偏低。据 2022 年江苏省房地产估价与经纪协会不完全统计,江苏省的估价师从业人员的平均薪资水平大约为每年 12 万元,与经济管理和房地产相关的其他行业相比,薪资水平偏低。

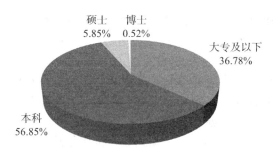

图 2　从业估价师学历占比

（三）人员从业年限短，经验不足

房地产估价师从业年限反应估价师的经验水平。根据调研数据分析（图 3），估价师从业年限 5 年及以下者居多，同时面临从业人员年龄大，但是从业年数少、经验不足的问题。具体来说，从业年限 5 年以下占比 30.19%，6 年到 10 年的占比 25.54%，结合从业人员年龄结构，发现估价行业人员稳定性较差，行业人员流失严重，同时从其他行业进入本行业的人员较多。

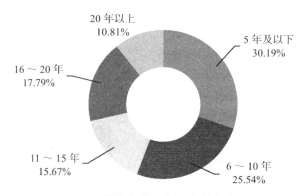

图 3　估价师从业年限分布占比

（四）注册估价师毕业专业以经管类为主

经过数据分析（图 4），从业注册房地产估价师毕业专业主要以经管专业为主，占比高达 61.84%，理工类专业占比为 32.99%，其他专业占比仅为 5.17%。这种专业结构比较符合房地产估价行业的需求，估价师毕业专业能直观体现注册房地产估价师的专业知识，各专业估价师在行业的表现也为估价机构有的放矢地去各类高校招聘专业人才提供了方向。

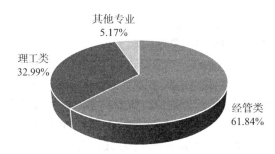

图 4　注册房地产估价师毕业专业类型占比

(五)职称拥有率偏低,人才评定重视度不够

数据分析显示,注册房地产估价师基本为高校毕业生,从业 10 年以上的估价师占比约为 45%。从业人员中没有参加职称评定的估价师占比高达 48.85%,这组数据表明大部分机构对估价师人才评定工作的重视程度严重不足。

三、估价行业现有人才培养方式

(一)利用继续教育,提高专业水平

估价人员的继续教育包括估价机构内部和行业协会培训两方面。公司内部主要是针对估价结构内部遇到的问题。具体包括新入职员工的培训、转岗员工的业务培训和针对新的业务类型进行的培训。行业协会的培训是指中国房地产估价与房地产经纪人学会和地方学会,采用线上、线下相结合的方式,定期对注册估价师开展的继续教育,促使从业估价师不断更新房地产估价技术。

(二)促进机构交流,改进人才培养机制

估价机构不定期交流、学习,传授行业人才的培养机制和经验,通过讲座、继续教育、座谈会的形式,分享不同估价机构的人才培养方式和取得成果,分析不同培养方式的利弊,吸取不同估价机构的人才培育经验,使得行业人才培养机制不断创新,充分挖掘估价师人才的潜力。

(三)以老带新,培养新生力量

年轻估价师对事业有追求,但经验欠缺。而房地产估价技术是理论和经验的结合体,仅有理论、技术,没有丰富的实践经验,是无法做好房地产估价工作的。同时,面临现阶段房地产发展进入新阶段的行业需求,若没有经验丰富的行业专业人员带领,青年人才的业务承担能力有限。"传帮带"的中国传统模式,能带领青年人才快速掌握新技术、熟悉新领域,成为估价行业培育高水平估价师的重要方式。

四、房地产估价行业培养人才的建议

当前,房地产发展进入新阶段,需要整合高校、估价协会和估价机构掌握的资源,促使估价行业在吸引人才、培养人才和留住人才方面采取措施,深挖人才培养模式,健全人才培养机制,提高人才福利待遇,提升行业的管理水平和技术水平(图 5)。

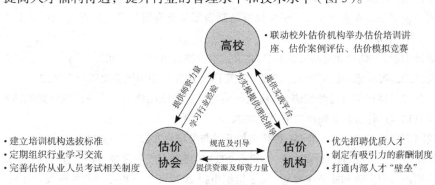

图 5　房地产估价行业人才培养机制

（一）企校合作，招聘优秀人才

开拓企校合作渠道，招聘优秀应届毕业生。通过企业与高校合作，一方面，可以使高校学生充分理解房地产估价行业。高校学生仅通过学校理论知识的学习，无法全面了解房地产和房地产估价行业，通过企业与高校合作，甚至为学生提供一定的实习岗位，使学生有机会学以致用。另一方面，企业与高校合作，可以"近水楼台先得月"，提前与学生建立联系，为学生提供实习岗位，更有利于学生毕业后进入估价行业，以利于估价行业吸引优秀人才。

（二）利用行业资源，培养高水平人才

行业协会定期编撰典型房地产评估报告的点评批注版，房地产估价机构可充分利用此资料，并结合规范、技术指引和最新的法律法规，对估价师进行综合培训，帮助估价师对疑难案例的理解，强化估价师对房地产评估实践活动的认知，开阔估价师眼界，提高估价师解决复杂估价事务的处理能力。

（三）实施分级培训，选拔优秀管理人员

长期以来，估价机构的管理处于粗放管理状态，机构管理不正规，管理水平低，要吸引高水平的人才，需要提高估价行业的企业管理水平，培养行业管理人才。估价机构应对机构估价师进行梳理，将其分类，包括技术路线、业务路线和管理路线，选拔有远见、视野开阔、市场敏感性高的人进行管理类培训，培养高水平的机构管理人员。

（四）优化行业经营环境，留住高端人才

加大打击恶性压价招揽业务的力度，增加行业业务收入，为吸引高端人才进入房地产估价行业提供物质基础。恶性压价招揽业务的行为导致全行业营收水平的下降，使估价机构提高估价师待遇能力降低，降低了估价行业对人才的吸引力。企业人才就业意向调查显示，在选择人才引进和保留的关键因素中，薪酬待遇位列第一，且受到88%的企业认同；其次为企业文化、工作环境等因素，分别受74%、73%的企业认同。要提升行业的整体收入水平，消除"恶性压价招揽业务"的不良行为是关键。

总之，房地产估价行业要高质量发展，适应房地产行业变革的大形势，必须优化人才结构，拓展渠道吸引人才、采取不同模式培养人才、提高待遇留住人才。

参考文献：

[1] 国家统计局.生产性服务业统计分类（2019）[Z].国统字〔2019〕43号，2019.

[2] 企业如何培养适应高质量发展的房地产估价专业人才[C]//中国房地产估价年会论文集.北京：中国城市出版社，2018.

[3] 国家发展和改革委员会.关于加快推动制造服务业高质量发展的意见[Z].发改产业〔2021〕372号，2021.

[4] 柴强.房地产估价理论与方法[M].北京：中国物价出版社，2002.

[5] 刘洪玉，陶满德.房地产估价基础与实务[M].北京：中国城市出版社，2022.

[6] 江苏省房地产估价与经纪协会.房地产估价行业恶性压价招揽业务治理研究调研报告：以江苏省房地产估价行业现状为例[R].2022.

[7] 我国现行的职称系列标准[J].科技情报开发与经济，2005（23）：205-206.

[8] 苏州市人力资源和社会保障局.苏州市2023年度重点产业紧缺人才需求目录[Z].2023.

[9] 苏州市人力资源和社会保障局.关于组织申报2023年姑苏重点产业紧缺人才计划的通知[Z].苏人保开〔2023〕22号，2023.

[10] 三角区域房地产估价行业协会合作机制[C]. 2023-11-18.
[11] 耿海英，张建东，杨立英，等.算法构建论文层次学科分类体系研究述评[J].情报理论与实践，2023，46（8）：1-14.

作者联系方式
姓　　名：季建国　王静静　季荷雯
单　　位：江苏天地恒安房地产土地资产评估有限公司
地　　址：江苏省苏州高新区珠江路117号创新中心C座201室
邮　　箱：王静静（1939620191@qq.com）；季荷雯（sztdpg@163.com）
注册号：季建国（3220030051）；王静静（3220160031）；季荷雯（3220180041）

基于人力资源视角

——浅谈新发展阶段下房地产估价机构的人才队伍建设

潘家莲　张　引

摘　要：目前，房地产估价机构人才队伍建设存在人才管理模式粗放、人才梯队出现断层、高素质评估专业人才紧缺、人员流失严重等现象。本文以四川恒通房地产土地资产评估有限公司在优化人才队伍、做好人才梯队建设、吸引高素质评估人才、留住人才等方面做出的探索实践为例，提出相应的对策建议。

关键词：房地产估价机构；人才队伍建设；人才培养

房地产估价作为高智力型专业服务行业，人才队伍建设是决定行业影响力和机构核心竞争力的重要因素之一。房地产估价机构只有在不断适应社会对估价需求发展变化的基础上，重视人才队伍建设，全方位培养人才，引进和用好人才，才能更好地对接客户新的需求，提供高质量的专业服务，实现行业和机构可持续高质量发展。

一、房地产估价机构人才队伍现状及主要问题

（一）人才管理模式粗放，人才梯队出现断层

房地产估价机构内部人力资源管理普遍采用传统人事管理模式，以事为中心，如招聘面试、入职培训和社保关系等。无论是机构管理者还是人力资源部门，将更多的关注点放在了员工当前的表现和绩效上，忽视了对人才发展潜力的挖掘，未做到对人才分类管理和针对性培养。早期加入房地产估价机构的人员，已成为机构的核心骨干或管理层，如今年龄都已在45岁及以上，甚至部分人员即将面临退休。而随着机构规模壮大新加入的90后、00后，在粗放式人才管理模式下，疲于应付日常事务，不管是专业技能还是营销管理，均未成长起来或显现潜质，人才梯队出现断层。

（二）学历结构以本科及以下为主，高素质评估专业人才紧缺

根据中国房地产估价师与房地产经纪人学会房地产估价行业信息库统计，截至2021年年底，全国共有房地产估价机构5750家，共有67894名房地产估价师注册执业，注册房地产估价师本科及以下学历占比为92.8%。其中，本科占比为58.1%，大专及以下占比为34.7%，硕士研究生和博士研究生占比分别为6.8%和0.4%。

相较于会计、法律高端人才的高校专业培养，估价行业起步较晚。截至目前，虽然有近百所高校完成土地资源管理专业本科和硕士研究生招生，有92所高校完成资产评估专业本科招生、52所高校具有资产评估专业硕士研究生招生资格，但对口专业学生毕业就职于

估价行业的比例不足 5%，大部分的毕业生对估价行业认知不深，专业课学习中理论与实践结合较少，他们更多选择估值服务的需求方，比如政府部门、国企、金融机构、房地产公司等，而非评估服务的供给方——估价机构。

（三）人员流失严重

房地产估价业务涵盖经济发展各个行业、各个领域、各类资产，对评估人员的专业知识、沟通协调、综合能力要求较高。项目时间紧任务重、加班加点、经常出差，薪酬待遇较低、收入不稳定、社会地位不高，且很多估价机构把重心放在了市场开拓，对内部治理及人才培养制度重视程度不够，导致估价行业人才吸引力不强，人员流失严重。

二、针对现状及主要问题的思考

（一）通过人才盘点优化人才队伍，提质增效，做好人才梯队建设

房地产估价机构很少引进职业经理人进行专业化管理，管理者大多来自表现比较突出的专业人员，故人才管理模式比较粗放。在此模式下，机构对于人才价值的认识是不全面的，使得人才的潜力难被发现；对员工的评价也没有可规范操作、可量化的评价系统，使得不同管理者辨识人才标准不统一，可能造成人才成长受阻；对人才发展缺乏全面的分类管理，使得人员效能不高、人才梯队建设不足，最终影响机构的可持续发展；所以通过人才盘点优化人才队伍，提质增效，做好人才梯队建设，势在必行。

人才盘点是对组织与人才盘点的简称，英文缩写为 OTR（Organization and Talent Review）。简单来说，人才盘点是基于组织战略需要，定义人才、识别人才和培养人才的行动。通过人才盘点，让潜伏在企业内部的优秀人才浮出水面、带动其他人员提升发展，就相当于是企业内部人才的再次优化。

（二）走出去，把高素质评估人才引进来

虽然已有多家高校开设评估相关专业本科和硕士研究生，但课程的教学内容和教学方法仍然沿袭传统，教学课程内容不够丰富，课程设置方面以基础课程为主，涉及的应用性课程较少；校内任课教师一般未从事过估价工作，对于估价行业情况及实际操作都不太熟悉，无法给予学生更多关于行业前沿、职业发展等信息；高校、机构通过产学研合作，联合培养人才已成为共识，但是却一直未能实施；所以加强校企协同，安排机构高管、专家走出去，到高校相关专业担任校外导师、开设讲座、讲授专业课程便是一个契机，借此让学生真正了解估价行业和估价工作，做到学以致用，有志做一名优秀的评估专业服务人士。

（三）制度留人

人才流失，可能是各家机构都会面临的问题。不管是新员工还是老员工，我们都应该有对应的制度帮助他们快速适应、持续提升、找到归属感和职业成就感，从而促使他们留下，与机构一同长期发展。机构可以尝试建立双导师制度、轮岗制度、学历/资格/职称提升激励制度等一系列针对人才队伍建设的制度，吸引人才、留住人才。

三、探索实践——以四川恒通房地产土地资产评估有限公司为例

为了应对前述问题，四川恒通房地产土地资产评估有限公司（以下简称四川恒通评估）专门成立人力资源管理委员会，由总经理担任管委会主任，创始合伙人、高级合伙人全力参

与，在优化人才队伍、做好人才梯队建设，吸引高素质评估人才，留住人才等方面做出探索实践。

（一）人才盘点

四川恒通评估从 2021 年开始开展年度全面人才盘点工作，2021 年完成基础员工 13 场次 190 人次的盘点工作，完成年中、年终 2 场 16 位部门经理的盘点工作，完成年终 1 场 7 位合伙人的盘点工作；

2022 年完成基础员工 10 场次 198 人次的盘点工作，完成年中、年终 2 场 16 位部门经理的盘点工作；完成年终 1 场 6 位合伙人的盘点工作。后文将从成员及分工、方法与工具、结果运用三方面阐述四川恒通评估人才盘点的操作思路：

1. 成员及分工

人才盘点工作是人力资源管理的重要工作，不能只依靠人力资源部，更需要高层领导、管理团队的全面参与，所以我们针对人才盘点工作涉及的成员明确了各自的角色与具体的分工（表1）：

人才盘点工作涉及的成员及角色分工表　　　　　　　　　　　　　　　　表 1

职位	角色分工
CEO/ 人力资源管委会	监督者： 评委
HR	核心推动者： 制定人才盘点制度，提供人才盘点的方法与工具 解答人才盘点准备过程中的疑问 主持、促动人才盘点会 监督盘点后行动计划的执行情况
部门经理	关键参与者： 完成对下属的评价 准备盘点会的汇报材料并汇报 跟踪、推动盘点后的行动计划实施

当然，HR 作为人才盘点工作的主要推动者、监督者和理念宣贯者，必须通过前期的准备、沟通说明会，让每一位成员都明白其工作的重要性和严肃性，使其高度重视，并公正地使用统一的人才标准，做出客观的评价。

2. 方法与工具

根据实际情况进行综合分析后，我们确定基础员工采用态度、能力、业绩三方面综合评价+述能会的方式进行盘点，最终形成纵轴综合评价—横轴潜力的人才九宫格；部门经理采用季度管理绩效考核、年度业绩考核+述职会的方式进行盘点；合伙人采用年度绩效考核+述职会方式进行盘点。

1）方法

以基础员工人才盘点为例，综合评价部分，针对不同岗位类别设定不同的评价内容及系数比例，具体如下（表2）：

基础员工人才盘点综合评价表　　　　　　　　　　　　　　　　　　　　　表 2

岗位	分项	态度和价值观	能力	业绩
专业人员	比例	40%	30%	30%
专业人员	指标	主动性、责任心、客户服务态度、价值观、纪律性	专业技能工分、专业资格、营销能力、专业贡献	按部门月均业绩排序赋值
客户经理	比例	20%	20%	60%
客户经理	指标	主动性、责任心、客户服务态度、价值观、纪律性	客户维护及市场拓展能力、沟通协调及危机化解能力、项目管理能力、标书制作能力、专业知识学习能力、时间管理能力、专业资格	按照年度业绩、目标任务完成率综合排序赋值
数据/职能岗位	比例	40%	60%	
数据/职能岗位	指标	主动性、责任心、客户服务态度、价值观、纪律性	业务能力、沟通协调能力、专业知识学习能力、时间管理能力、学习与分享、建议与贡献	

综合评价部分需要在述能会前完成，并形成各部门员工发展档案，档案涵盖员工基本信息、综合评价结果（态度、能力、业绩）及其在部门的排序位置，供评委在述能会前充分了解员工情况。

述能会部分，分为员工个人述能、现场问题交流及反馈辅导、评委评价合议三个环节：员工从自我介绍、能力优劣势分析、个人岗位工作发展计划、个人职业发展行动计划四个方面进行现场自述；评委基于员工过去的行为和对未来的思考进行提问和追问，反馈员工当前存在的主要优势和机会，并提出方向性提升意见；评委评价会议是回顾及总结员工表现，从自我认知能力、逻辑思维能力、沟通表达能力、发展意愿四方面评价其发展潜力，并初步确定其在人才九宫格上的位置。

2）工具

人才九宫格（图1）是人才盘点中重要的一个模型工具，是指以人才绩效和潜力为坐标将人才分布到九个区域中，从而发现优质的人才。

图1纵轴为通过"态度+能力+业绩"而得出的过去工作的整体绩效表现，横轴为通过"述能会"得出的潜力判断，原则上会有1～9象限的强制比例分布。

3. 结果运用

人才九宫格的形成，并不是人才盘点工作的结束。人才盘点实际上是一种常规的管理流程，运用人才九宫格工具，更加科学地对团队人员进行分类管理，并在后续进一步跟进和应用盘点结果（图2），提升团队的有效性、做好人才梯队建设才是重点。

四川恒通评估通过2021年度人才盘点，针对基础员工辨识核心骨干员工31人、潜力员工23人、需关注员工21人，完成调级22人、晋升2人、调岗4人、劝退1人，5个部门减少基础员工定编，完成培训带教辅导75人次；

通过2022年度人才盘点，针对基础员工辨识核心骨干员工32人、潜力员工24人、需关注员工19人，完成调级28人、晋升3人、调岗9人、劝退4人，3个部门减少基础员工定编，完成培训带教辅导75人次；部门经理完成晋升1人；合伙人完成晋升1人，分工调整3人；2022年主动离职率比2021年降低2.6%。

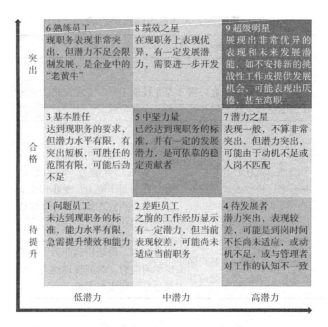

图 1　绩效—潜力人才九宫格示意图

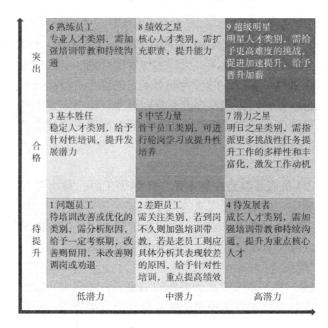

图 2　人才九宫格运用示意图

（二）"校企协同"、合伙人校外导师

推进"校企协同"培养高素质应用型人才，这是在目前行业对人才的吸引力不足的现状下，房地产估价机构主动"走出去"吸引优秀人才的破局之路。作为人才培养的第一站，相关专业高校是寻找、发现、储备评估人才的首选地。加强"校企协同"，不仅可以实现资源共享，还能为企业"量体裁衣"培养高素质评估人才，以应对经济高质量发展阶段下不断出现的新业务类型对评估人员专业化、咨询化的要求。

四川恒通评估从创业之初就非常重视和川内相关重点院校的交流合作，并在20多年的发展过程中不断深化：2003—2006年，创始合伙人崔太平走进四川大学公共管理学院为土地资源管理专业本科同学讲授专业课程，并设立奖学金，其中1位学生已晋升为高级合伙人；2013年起，与川内多所相关院校合作建立实习实训基地，每年实习实训近30人次，其中60余人毕业留用；2019年，与西南财经大学财政税务学院签订战略合作框架协议，高级合伙人每年为资产评估专硕学生讲授专业课程，并在2023年进一步推进合作，将在人才培养模式创新、课题研究项目合作、专业课程开发等方面进行深度合作，特别是在探索人才培养新模式方面有了实质性的进展。

与西南财经大学财政税务学院达成的"合伙人培育计划"，将选定一定数量学生进行定向培养并发放奖学金，有助于与高校全面协同，实现产、学、研深度融合和高素质应用型人才培养，后续将延伸到川内其他两所重点院校，这也是未来三年甚至更长时期内，机构最重要的人力资源战略规划。而在"合伙人培育计划"中，合伙人校外导师是非常重要的一个环节。培育对象和合伙人校外导师的搭配是双向选择的结果，培育对象和合伙人校外导师的基本情况、擅长方向、期望研究（学习）方向等信息都会公开，供双方作为选择参考；同样，具体的培育实施计划也是双方共同商议确定。合伙人校外导师将通过行业及机构活动参与、实习实训、课题研究、专题探讨、交流谈心等方式为学生提供行业经验和指导，让学生了解行业发展趋势、培养学生形成良好的职业道德、指导学生制定行业职业规划、帮助学生顺利从校园过渡到职场，从而更好地适应未来的估价职业生涯。

（三）双导师制度、轮岗制度、学历/资格/职称提升激励制度

1. 双导师制度

针对新入职员工，我们会安排导师带教，带教模式分为"传帮带"式师徒岗位带教和"提升式"部门经理职业指导带教两种；针对人才九宫格5～9象限员工，安排部门经理、合伙人担任导师，提供职业生涯指导，促进其职业生涯的发展；故内部称其为"双导师制度"。截至目前，四川恒通评估已拥有52人的导师队伍。其中，新员工导师20人，部门经理导师19人，合伙人导师13人。后文主要讲解新员工双导师制度的操作办法：

1）新员工导师的选拔任用、考核办法及结果运用

人力资源管委会制定了明确的导师任职资格要求，导师选拔方式分为直接任命和选聘，选聘可以通过自荐和推荐产生，导师一经任命，由人力资源部进行备案，导师资格一年一审。部门经理无需选拔，自然为导师人选。

辅导期满后，从培养计划制定、指导与沟通、总结反馈、指导态度、人员评估5个方面予以评价，评价结果将确定导师奖金数额，也将成为评选年度优秀导师的依据；同时，作为年终考核、分等定级、绩效考核的鉴定依据之一，也是晋升的必要条件之一。

2）新员工双导师制度的实施

师徒制岗位带教是导师带教中占比最大的一个部分，它指的是带教老师带着新员工熟悉环境、人员和工作，并在日常工作的开展过程中教授其应知应会的知识和技能。一般来说，我们都会安排新入职员工所在部门的核心或骨干员工作为带教老师，利用他们丰富的工作经验、乐于传授和分享的奉献精神对新员工做出指导。这是新员工入职后相处和交流最多的一个人，也可能是新员工最依赖和信赖的人，所以做好师徒制岗位带教是留人的第一步。

部门经理职业指导带教是让员工站在更高的角度看待自己的职业适应或转变程度、在部门中的角色定位、个人发展潜能和职业规划，部门经理通过与员工的带教沟通及反馈，使员

工对自己短期、中期职业发展有更清晰的规划和设想。

简单来讲，师徒制岗位带教是建立在信赖的基础上，教授新员工"如何适应""如何做"，部门经理职业指导带教则是启发新员工"如何适应得更好""如何做得更好"和"如何发展得更好"，双导师带教相辅相成，使得新员工不困当下，也不虑未来。

2. 轮岗制度

2022年，为激励员工，提高工作积极性；多岗锻炼，培养人才；全面认知机构情况，提升企业归属感；人力资源管委会制定了《恒通评估轮岗制度》，明确了轮岗部门为各专业部门，轮岗对象为入职3年以内且毕业在5年以内的本科及以上的基础员工，选拔流程为部门推荐／人力资源部推荐——人力资源管理委员会筛选确定；轮岗方式为各专业部门间轮岗，轮岗期限为6～8个月；并对轮岗工作内容、成果汇报、考评办法及结果运用、轮岗对象导师及导师职责、轮岗期间薪资做出了详细安排。

通过轮岗，可以让员工发现自我能力，帮助其专业成长，提升其综合能力，有利于提升员工的满意度和工作投入度，截至目前，已有5名员工通过轮岗顺利调岗调薪。

3. 学历／资格／职称提升激励制度

为提高员工的学历水平，提升员工的专业能力，培养具有高学历背景的优秀人才，激励员工积极学习和自我提升，实现机构整体竞争力的提升，我们鼓励员工在相关专业做学历／资格／职称的提升，激励包含资金支持（学费补贴、奖学金）、调薪、奖励金发放、考试费用报销、考试假等方式。

此制度的实施，让员工有更大的动力去学习和提升自己的专业能力，也在很大程度上提高了员工的归属感和忠诚度。截至目前，已有2名员工享受学历提升资金支持，30余名员工享受其他提升激励。

四、结语

人才是推动房地产估价行业发展的第一资源和核心要素，估价机构只有高度重视人才队伍建设，储备后备专业力量，培养符合行业发展需要的高素养专业人才，才能在经济高质量发展阶段下提供高质量估价服务。

参考文献：

[1] 李常仓，赵实. 人才盘点：创建人才驱动型组织 [M]. 北京：机械工业出版社，2018：111-112，217-218.

作者联系方式

姓　　名：潘家莲　张　引

单　　位：四川恒通房地产土地资产评估有限公司

地　　址：四川省成都市高新区天府大道北段1700号新世纪环球中心E1-1617

邮　　箱：panjl@htvaluer.com

注册号：张　引（5120060056）

基于"杨三角"模型下人才培养体系构建

应斯亮　吴顺可　朱　优　丁　波

摘　要：目前，我国已转向高质量发展阶段，各行各业都面临新的机遇和挑战。房地产估价行业也面临着严峻的考验：如何在传统的估价业务逐步萎缩的情况下开拓新型业务、在大数据和人工智能时代顺利实现数字化转型，全面实现机构的高质量发展。因此，能否构建完善的人才培养体系则成了估价机构实现高质量发展的关键。本文主要从估价机构业务结构和人才学历两方面分析了企业向高质量发展转型面临的人才紧缺问题，根据"杨三角"模型，从员工能力培养、思维培养和治理方式培养三个角度分析了如何构建科学合理的人才培养体系，从而实现估价机构的顺利转型。

关键词：估价；"杨三角"模型；人才培养

一、行业现状

（一）估价业务结构分析

近几年来，房地产估价机构发展正面临困境。一方面，传统的估价业务逐年萎缩。从统计数据上来看，三大传统房地产估价业务（抵押估价、司法估价、拆迁征收估价）评估总价值占比均持续下降，从 2020 年占比 58.9%，到 2021 年占比 54.9%，2022 年占比降到 52.7%；另一方面，随着信息技术的飞速发展，大数据和人工智能技术日渐成熟，科技公司在资本的支持下进入估价行业，已实现部分城市涉税房地产价格数字化认定及地价、住宅批量评估，对估价机构造成巨大的冲击。因此，估价机构不断寻找新的出路，努力向数字化、高质量发展转型，开展线上询价和自动化评估、城市有机更新评估、公募基础设施 REITs 评估、绿色建筑评估、咨询顾问业务评估等，其中，我们通过 2018—2022 年咨询顾问业务评估价值及占比情况（图 1），可以看出新兴的估价服务需求占比越来越大。无论是机构实现数

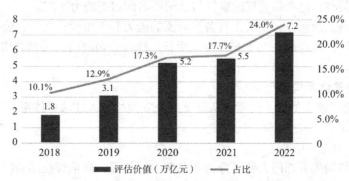

图 1　2018—2022 年咨询顾问业务情况

字化转型还是新兴的估价业务占比的提升，估价机构对人才的需求更大，对人才的学历、专业性、复合型要求更高。

（二）估价人才学历分析

根据中国社会科学院国家未来城市实验室，中国房地产估价师与房地产经纪人学会[1]的统计，截至2022年12月31日，全国累计共有约7.3万人取得了资格证书，其中共有69833名房地产估价师注册执业；从2020—2022年注册房地产估价师学历结构来看，大专及以下学历人数占比约35%，本科学历人数占比约58%，而硕士研究生及以上学历人数占比约7%。

从注册房地产估价师学历结构来看，本科学历人数占比接近60%能满足估价机构传统估价业务的需要。而公募基础设施REITs评估、绿色建筑评估、咨询顾问业务服务等新兴估价业务则需要更加偏研究型的人才进入估价行业，引领估价行业的发展，从最近三年的数据显示，研究生以上学历人数占比仅约7%，高学历人才的占比过低。面对未来的发展形势，尤其是智能AI的出现，将来估价机构对高学历人才、研究型人才的需求将会更加强烈。

综上所述，在传统估价业务逐渐减少而科技进步日新月异的情况下，估价机构对人才的一般需求已不能满足高质量发展的要求，因此如何构建完善的人才培养体系，满足当下新型评估业务的需求刻不容缓。

二、人才培养体系构建

（一）"杨三角"模型

企业实现可持续发展的关键主要有两方面：一方面是清晰的战略目标，另一方面是员工组织能力。根据著名的杨国安教授提出的员工组织能力三角模型（俗称"杨三角"模型），员工组织能力的三个要素是员工能力、员工思维和员工治理方式。

第一要素，员工能力就是员工会不会做？是否具备所需的专业知识、技能和素质。估价机构在明确公司未来的发展方向和发展战略下，理应配备各方面的专业人才，比如，评估部门就应有经验丰富的估价师和估价员，质量管控部门理应配备资深的估价师把控项目的风险和合规，科技部则是估价机构向数字化转型的关键部门，主要负责数据采集和线上评估，需具备信息技术专业人员。各部门职责和分工不同，但是对人才都提出了更高的要求。

第二要素，员工思维就是员工会做不等于愿意做，因此要培养员工的思维模式，让大家每天在工作中所关心、追求和重视的事情与公司所需的组织能力匹配。

第三要素，员工治理方式是员工具备了所需的能力和思维模式之后，公司是否提供有效的管理支持和资源，容许这些人才充分施展所长，执行公司战略，否则会出现"巧妇难为无米之炊"的情况。

（二）人才培养体系构建

根据"杨三角"模型的三个要素，从以下三个方面构建人才培养体系。

1. 员工能力培养

1）不同岗位的能力培养

目前，估价机构主要部门大致可分为业务部、评估部、质量管控部和科技部。由于各个部门岗位职责不同，对人才具备的技能要求也不同，因此应按岗位对不同层次的人才进行相应的培训。

业务人员是将客户与技术人员进行沟通的桥梁，如不具备基本的估价专业知识，只起到传声筒的作用，除了给客户留下估价机构不专业的印象之外，还会增加沟通时间成本。因此针对业务人员，应同时安排营销技能和初级的估价知识培训。营销技能的培训可以是内部优秀的营销骨干传授经验，也可以请行业外的营销训练师讲课；而初级的估价知识培训可由公司内部经验丰富的估价师进行，培训内容为各个项目所需的资料信息、估价方法和原理等。

估价人员是整个公司的核心力量，是公司可持续发展的关键，除具备基础的估价技术之外，还应根据时代的发展和公司的战略要求，不断学习新型估价业务和其他相关专业知识，提升数据分析和处理能力，比如对国家近几年大力发展的公募基础设施REITs进行评估以及可行性研究等，学习途径可以是同行之间的交流沟通，阅读估价行业的期刊，行业协会组织的继续教育，国家定期举办的各种专项研究培训班，也可以通过在职研究生的通道提升学历和学术研究的能力。

质量管控人员，是对报告的风险和合规进行把控的专业人员，因此该岗位除了需不断学习专业的估价知识之外，还需学习一定的法律法规知识，通过参加行业的培训和公司法务方面的培训提升自己的专业技能。

科技人员是实现公司信息化、数字化转型的关键，需要在掌握信息技术的基础上，增加估价方面相关知识的学习，只有掌握了估价原理和方法，才能构建出全面、完整的估价模型，实现线上评估的功能。

2)"产学研"融合模式的培养

"产学研"融合有助于企业从自身实际情况出发，结合科研与学术，开拓创新，推动技术进步。目前很多高校和职业院校均开设房地产估价这门课程，估价机构可以和学校建立双向互助互利的关系。一方面，机构的估价师可以担任学校的兼职行业教师，将丰富的估价经验传授给学生，指导学生在实际估价工作中如何运用书本的估价理论开展评估项目；另一方面，学校安排学生进入估价机构实习，学生除了可以获得兼职收入外还可以将理论和实际相结合，而不仅仅是"纸上谈兵"，估价机构也可以为日后储备人才作准备；最后，学校和估价机构可以进行更深度的合作，比如双方合作做创新项目的课题研究，提升估价机构人员的科学研究能力的同时，也能将研究成果运用于实际工作中，为估价机构带来不可估量的效益。

2. 员工思维培养

员工会做不等于愿意做，因此估价机构需要用自身的企业文化、薪酬体系和有效的激励机制引导员工，潜移默化地影响员工，让他们发挥主观能动性，更重视和关心公司。

1)营造良好的企业文化

估价机构要营造良好的企业文化，因为它是企业实现高质量发展的核心，除了可以提高员工的凝聚力和归属感，还能帮助企业树立良好的品牌形象，从而实现企业的可持续发展。要营造良好的企业文化，需要明确核心价值观，营造良好的工作氛围，关心员工的生产生活。在条件允许的情况下可以建立工会，适当组织团建活动提升员工的集体荣誉感。

2)建立合理的薪酬体系

估价机构应建立合理的薪酬体系。薪酬体系设计需要根据估价机构的实际情况，结合企业文化，系统又全面地考虑各项因素，及时调整和修正，确保在公平的原则下按劳分配。若在估价机构内部,大搞裙带关系,分配不公平,容易出现小人得志、人才流失而不利于企业高质量发展的局面。

3)配备有效的激励机制

在合理的薪酬体系下,估价机构还应配备有效的激励机制引导员工积极进取。良好的晋升机制能增强人才的使命感和动力,激发上进心。重赏之下必有勇夫,无论是现金激励或是股权激励,都可以提高人才对机构的忠诚度。

3. 员工治理方式培养

员工治理方式的培养,主要体现在估价机构提供有效的管理资源和制度支持人才施展所长,比如权力和责任清晰匹配,内部沟通顺畅、关键业务流程健全等。

1)权责清晰明确

领导层、中层干部和基层员工的工作岗位不同,其相应的权力和责任也不同。权与责不匹配,会严重影响员工的工作情绪。因此,需明确各岗位的职责,所有人才能各司其职做好自己分内之事。

2)内部沟通顺畅

内部沟通顺畅是实现员工治理的关键。估价机构经常会碰到业务人员了解到的信息和估价技术人员调查到的信息不对称的情况,既影响了对估值的正确判断,又影响了业务,从而影响了公司的形象和可持续发展。因此,鼓励员工进行良好的沟通是估价机构实现员工治理的重要手段。

3)健全优化工作流程

在很多情况下,一项估价工作的完成需要多部门的协作,公司应制定一系列健全的工作流程,以保证员工高效率和高质量的工作。但这也并不是说,流程越多越好、越多越齐全;相反,过多的流程除了加重一线人员的负担并无其他大用。所以估价机构应适当权衡,在原有的流程上进行优化。

三、结语

目前,在国际经济增长放缓、房地产市场不景气的情况下,估价机构处于向现代化企业高质量发展转型时期,人才是估价机构的核心竞争力,人才培养是关键。通过"杨三角"模型,从三个角度构建人才培养体系,解决估价机构的人才培养问题,为估价机构的可持续发展提供有力的保障。

参考文献:

[1] 中国社会科学院国家未来城市实验室,中国房地产估价师与房地产经纪人学会.中国房地产发展报告 NO.20(2023)[R].北京:社会科学文献出版社,2023:202-219.

[2] 贾丽娟,郑景露,申清辉."产学研"融合视角下"双一流"高校房地产估价人才培养创新路径[J].经济研究导刊,2022,(34).

[3] 赵家莹,王丽薇.互联网时代背景下房地产估价行业转型发展研究[J].住宅与房地产,2023,(21).

[4] 田超.论"杨三角"理论框架下的组织与创新[J].河北企业,2019,(9).

作者联系方式

姓　名：应斯亮　吴顺可　朱　优　丁　波
单　位：建银（浙江）房地产土地资产评估有限公司
地　址：杭州市上城区城星路185号民生金融中心B座1楼
邮　箱：847451337@qq.com；453421447@qq.com；361728577@qq.com
注册号：应斯亮（3320150054）；吴顺可（3320110018）
　　　　朱　优（3320070041）；丁　波（3320210064）

高质量发展阶段估价机构人才培育机制探索

廖 旻　张丽燕　李伟英

摘　要：随着社会科技与经济的不断发展，房地产估价行业面临前所未有的挑战与机遇。新技术、新产业、新业态及新模式的涌现对估价行业的服务领域、服务类型以及服务质量提出更高要求。在此背景下，估价机构人才培养问题变得尤为突显，需依据市场需求加快改革创新，以确保人才数量与质量满足行业发展需求。本文首先分析了当前人才培养滞后问题及其对行业发展的影响，深入思考构建科学、完整的人才培养体系，并提出一系列实施策略。旨在为培养适应市场变化的高质量估价专业人才提供参考。

关键词：估价机构；人才培养；服务类型；人才分类

当前，我国正处于经济转型和高质量发展的关键时期，外部环境的变化使房地产估价机构面临转型升级的挑战。新技术的不断涌现冲击着传统估价业务，使得估价机构必须适应新的市场要求。在这个背景下，"人才是第一资源"，无论是硬实力还是软实力，归根结底都依赖于人才实力。

一、行业发展状况

中国的房地产估价行业伴随着城市的发展而经历了萌芽、初步发展、快速发展、规范发展、创新发展五个阶段，评估业务也由传统的估价服务转变成高端化、咨询化、专业化的综合性咨询顾问服务。

现阶段，估价机构技术含量低、难度小的简单业务越来越少，新型咨询业务，多专业综合，业务复杂程度高的项目越来越多。对估价人员的知识要求也从单一不动产理论知识，扩展到法律、造价、财务、管理等方面的知识，提升了对综合素质人才的需求。

二、估价行业人员现状

（一）注册房地产估价师情况

根据《2022年中国房地产估价行业发展报告》，截至2022年底，注册房地产估价师情况如下：

1. 年龄情况

共有70134名房地产估价师注册执业。2022年，超过46%的注册房地产估价师年龄在46岁以上，但数据同时显示，全国35岁及以下估价师比例逐年增加，占比从2020年的16.2%增长为2022年的20.4%（图2-1）。

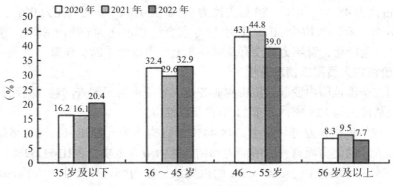

图 2-1 2020—2022 年全国注册房地产估价师年龄结构

这一趋势表明，青年人才的增加是积极的一面，可以为行业带来更多新思维和创新；然而 46 岁以上人才占比较高，这可能是一把双刃剑，既有经验的优势，也需要注意如何促使他们保持对新观念和技术的敏感度，以确保这批中坚力量不会制约行业的创新力。

2.学历情况

注册房地产估价师的学历水平大多在本科及以上，2020—2022 年这一比例均超过六成。其中，2022 年，本科、硕士研究生、博士研究生的占比分别为 57.1%、6.0% 和 0.4%。

整体来看行业从业人员学历水平较高，本科及以上占比超过 60%。这反映了行业对高学历人才的青睐，但同时也需关注学历结构与实际业务匹配度，确保人才既有理论知识又能胜任实际工作。

3.从业年限情况

从从业年限来看，2022 年注册房地产估价师的从业年限集中在 16～20 年，占比为 21.7%；其次为 20 年以上，占比 19.9%（图 2-2）。

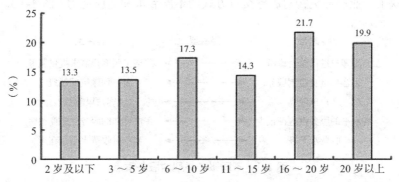

图 2-2 2022 年全国注册房地产估价师从业年限情况

这一年限分布表明，从业年限主要分布在 16～20 年及 20 年以上（共占比 41.6%），注册房地产估价师队伍在业界积累了丰富的从业经验，为行业提供了稳定的专业支持。然而，也可能导致估价行业核心力量呈现老龄化趋势。行业需要关注如何平衡老龄人才和新鲜血液的比例，确保行业的可持续发展。

（二）协会专家库人员情况分析

笔者公司经调查若干家评估协会，协会专家库专家中年龄段为 60 后的占比为 10%～

21%；70后占比为48%～70%；80后占比为15%～30%；90后占比为0%～5%。

从年龄分布上看，各协会60后及70后专家合计数占比为69%～80%，这表明专家年龄结构出现严重老龄化，青年力量没有及时补充上，出现严重断层现象。

（三）估价机构人员需求情况分析

笔者公司在全国范围内发起估价机构业务及人才需求情况调查问卷，共回收了128份调查问卷，涉及估价机构128家，分布21个省及直辖市。

经统计：在估价机构业务转型中，48.44%的机构认为人员知识结构和储备不足是最大痛点；就所需人才的能力而言，学习能力和创新能力最为重要，占比51.52%；在内部选拔和外部引进技术人才的选择上，47.66%的机构认为以内部选拔为主；在内部培养人才时，51.18%的机构认为最主要问题是缺乏新的思维和观点，43.6%认为是缺乏外部行业经验；而在外部引进人才时，46.93%的机构认为最主要问题是用人成本高。

这表明估价机构更倾向于内部选拔培养人才，强调学习能力和创新能力，并均面临着在业务转型中人才储备不足的挑战。

三、人才培养路径探索

（一）理论框架介绍

大卫·梅斯特是专业服务机构管理领域的国际权威，在其所著的《专业服务公司的管理》中指出专业服务机构应以客户服务为导向，同时关注人才市场，形成合理的"人才杠杆率"，以满足不同服务类型需求。

客户服务市场涉及专家型、经验型和程序型三种服务类型。专家型服务需要具备用新思路解决新问题的专业能力；经验型服务需具备能够从已经从事过的类似项目中习得的经验用于解决客户问题的能力；程序型服务需具备按部就班的高效率完成既定流程的能力。三个类型的服务反映了专业服务机构对服务交付方式的不同需求和适应能力（图3-1）。

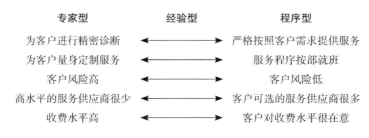

图3-1 不同服务类型的服务重点

而人才市场分为资深员工、中级员工和初级员工。将公司在不同服务类型的项目中配置各类员工的比例称为"人才杠杆率"（即初级员工与资深员工的比例），"人才杠杆率"的运用对项目成本、经营利润和员工发展路径产生重要影响。举例而言，如果公司承接的项目大多是程序型业务，但公司的人员组成以资深人员为主，那么资深人员将承担价值含量较低的工作任务且无法充分发挥才智和能力，公司的收益也会低于预期。反之，如果公司承接的项目大多是专家型业务，但公司的初级人员较多，那么会导致有能力承担项目任务的资深人员不足，工作质量大打折扣。

（二）业务类型与员工分类的协同发展

在业务类型与员工分类的相互关系中，需要关注"人才杠杆率"的协同发展，确保不同类型的业务能够匹配相应类型的员工。专家型业务侧重资深员工，经验型业务以中级员工为主导，而程序型业务则聚焦初级员工。这种匹配关系既确保了业务高效运作，也为员工提供了清晰的职业发展路径。

（三）业务循环发展的良性模式

在估价机构的演进中，专家型、经验型、程序型业务的循环构建了一种持续性发展的良性模式，实现了业务的递进发展。专家型业务为创新提供引擎，经验型业务是将专家型业务的创新成果和积累的经验转化为系统化服务，程序型业务是将成熟业务标准化、程序化，使初级员工能够高效处理，带来了成本效益和更广泛的服务范围，最后机构利用业务收益再投资于研发，推动新的专家型业务，由此形成良性循环。这一模式的循环是市场的必然现象，如机构满足现状不主动创新，就会被市场自动迭代。这一市场规律突显了机构必须不断创新和调整业务结构以适应需求变化的重要性，同时在此基础上去制定战略、优化人才结构，以实现持续发展。

（四）技术人才分层培养

估价机构在明确战略规划后，需要深入挖掘各类业务之间的内在联系，全面考虑市场需求、竞争态势和公司核心竞争力等多方面因素，进行业务分类和定位，随之对人才进行分层分类，并制定培养与激励策略。为了实现人才分类培养的有序推进，以笔者公司实践案例说明，公司将技术员（初级—高级）归为初级员工类；项目经理归为中级员工类；技术总监及以上级别的技术人员归为资深员工类；并制定了分层培养与激励机制。

（1）初级员工：能承接业务类型为传统评估业务包括土地及房地产的租金评估、价值评估。目标是注重基础技能培养，使员工能够基本掌握专业服务技能和项目拓展、运行基本组织协调关系的核心能力；内容是系统、全面、熟练掌握本专业所需的政策法规、理论知识、专业方法、实务技能和相关专业的基本知识与实务技能；能力要求是能够独立完成公司定义的程序型业务项目，并鼓励考取相关专业职称、资质；激励手段有每半年度实行以目标为导向的绩效考核，以激励员工持续提高工作表现和绩效。

（2）中级员工：能承接业务类型为咨询类业务，如损害赔偿评估、城市更新全流程服务等。目标是提升综合能力，包括项目管理、市场拓展、专业技术、信息技术和研究能力。内容是学习项目管理和市场拓展的理论知识和实践技巧，深入学习所在行业的相关技术知识和技能，学习信息技术的基本知识和应用技能，学习团队建设和组织协调的理论和实践技巧，了解行业前沿动态和政策法规变化。能力要求是能以项目负责人身份组织项目的实施，能进行市场调研和分析，具备所在行业的专业技术能力和实践经验，能运用信息技术进行数据处理和分析，具备独立思考和研究的能力，能进行有效的团队建设和组织协调，具备团队协作和沟通能力，激励手段有参与重大、新型项目锻炼机会、外部学习资源同同行交流机会支持。

（3）资深员工：能为政府管理部门提供高端服务，如政策法规的制定，新政策背景下的项目研发等。目标是培养行业专家，提升创新思维和业务能力。内容是深入学习行业知识和趋势、研究创新解决方案、参加行业会议和学术交流活动并扩展人脉、学习新技术、新工具和新方法。能力要求是具备扎实的专业知识和实践经验、拥有创新思维和独立研究能力、能够进行有效的交流和分享、不断追求技术进步和创新。激励手段有阶段性目标考核、里程碑奖励、股权激励等。

（五）关键人才群体的培养

1. 加强管理团队的综合素质培养

估价机构的管理人员大多是技术出身，具备技术能力和专业知识的优势，然而，为了更好地推动估价机构的长期发展，管理人员需要从多个方面深入探讨管理的要点，学习为客户提供卓越服务的方法与技巧，建立并维护长期的客户关系，重视资产积累和人力资源管理，科学管理和发展公司的知识资产，同时注重战略制定、执行和绩效管理与企业治理等方面。例如通过学习梅斯特的专业服务机构系列著作，深入系统地提升管理理念和技巧。

2. 培育青年专家

一是制订青年专家发展总体规划，通过能力和潜力筛选培养对象，为其发展提供顶层设计指引。二是探索建立青年专家导师制度，在内部遴选专业水平高、综合能力强、人品素质好的资深专家，综合考虑研究背景、个人意愿、带头人想法等因素，与青年专家进行"一对一"结对。三是提供向外学习及展示机会，如参加高质量行业培训或研讨会，推荐参加行业研讨会并分享经验，在学术前沿会议上作报告等。四是配套继续教育、晋升高级职称激励政策等。

四、完善相关激励机制

（一）完善薪酬、晋升激励制度，切实保证人才的经济利益

1. 建立任职资格评价体系

任职资格是指员工在特定职位上能够胜任所需技能、知识和经验的要求。它在组织中起着重要的作用，有助于确保员工的能力与职位需求相匹配，提供一个公正的评估标准。清晰的任职资格标准可以度量员工能力与岗位的匹配度，可以明确员工发展方向和内部晋升标准，也可以根据认证结果对员工制定发展计划，针对自身短板进行有针对性地培训和提升。建立任职资格体系的原则是从职位胜任力角度出发，以结果为导向。开发的步骤分为：职位分析、级别角色定义、确定标杆人物、总体工作分析、提取关键工作要项、定义关键工作要项的成功行为。实施认证程序分为四步：自评及申请审核、测试、评议、评审。

2. 构建完善的薪酬、晋升激励体系

（1）在考虑市场竞争性的同时保障内部公平，设立合理的薪酬宽带，根据员工的能力和绩效差异设定不同的薪酬水平。

（2）在薪酬定薪和晋升决策过程中，考虑任职资格认证等级和绩效考核的结果，通过综合这两个维度进行横向和纵向的交叉分析形成一个矩阵调薪表，通过这个矩阵，可以清晰地看出不同等级认证下、不同绩效水平的员工所处的位置，能够更全面地反映员工的综合素质和业务贡献，为薪酬和晋升决策提供更具体的参考依据。

（3）定期评估激励体系的实施效果，根据市场变化和员工需求，灵活调整激励机制，保持其持续有效性。

（二）加强技术研发和创新，建立研发团队激励方案

在深入研究估价机构研发与业务关系的基础上，本文深刻分析了专家型业务和资深技术人员在创新工作中的关键作用。为了应对未来的研发挑战，笔者公司积极探索创新路径，制定了精准激励到个人的研发激励方案。首先，通过明确定义研发方向和技术需求，公司灵活组建了敏捷型研发团队。其次，年度研发计划与预算控制确保方向一致，奖励机制采用差异

化方式提前明确。最后，在成果验收后，根据团队成员的贡献进行评价，并提取相应的预算奖励金。这一举措不仅鼓励了团队参与创新工作，而且推动了公司专家型业务的研发水平不断提高。

五、结论

综上所述，估价机构需要在人才培养、业务发展及激励机制等方面制定全面的策略和路径，并注重知行合一的重要性。通过科学的理论支持和有效的实践操作，机构可以更好地适应市场需求，提高服务水平，实现良性的业务循环发展。同时，关注管理团队和青年专家有助于保持组织的活力和延续核心价值。此外，机构还应建立完善的薪酬体系和技术研发激励机制，以更好地吸引和留住优秀人才，才能为行业的可持续发展奠定基础，为我国经济长期健康、高质量的发展提供优质的专业服务。

参考文献：

[1] 大卫·梅斯特.专业服务公司的管理[M].北京：机械工业出版社，2021：2-26，340-345.

[2] 程敏敏，陈胜棋，刘朵.2022年中国房地产估价行业发展报告[R]//中国房地产发展报告No.20（2023）.北京：社会科学文献出版社，2022：206-209.

作者联系方式

姓　　名：廖　旻　张丽燕　李伟英

单　　位：广东思远土地房地产评估咨询有限公司

地　　址：珠海市香洲区九洲大道中1082号中电大厦301B室

邮　　箱：seeing3331038@126.com

注册号：廖　旻（4419980123）；张丽燕（4420170117）；李伟英（一）

我国房地产估价人才培养的现状与对策

——基于咨询顾问服务业务发展的思考

刘宝香　余星瑶　徐凤琪　孙　悦

摘　要：近年来，我国房地产估价机构咨询顾问服务业务发展明显，对估价人才培养提出了较高要求。我国房地产估价专业人才培养虽然取得了明显成效，但仍有不足。基于估价机构咨询顾问服务业务发展趋势的考虑，需要在主体结构完善、主体合作深化、培养机制创新和配套制度改革等方面加强我国房地产估价人才培养。

关键词：房地产估价；人才培养；咨询顾问服务

一、我国房地产估价机构咨询顾问服务业务发展明显

近年来，我国房地产估价机构传统业务呈现出递减趋势。从全国房地产估价机构不同类型业务评估价值占比情况来看，包括抵押估价、司法鉴定估价和房屋征收估价在内的传统业务评估价值占比持续下降，由2018年的60.3%降至2019年的58.4%，经2020年小幅增加之后，持续降至2022年的52.7%（表1）。从全国一级房地产估价机构不同类型业务评估价值占比情况来看，包括抵押估价、司法鉴定估价和房屋征收估价在内的传统业务也从2020年的58.9%降至2022年的55.7%（表2）。

全国房地产估价机构传统估价业务和咨询顾问服务业务评估价值占比　　表1

年份	2018	2019	2020	2021	2022
传统估价业务	60.3%	58.4%	58.9%	54.9%	52.7%
咨询顾问服务	10.1%	12.9%	17.3%	17.7%	24.0%

数据来源：中国房地产估价师与房地产经纪人学会.中国房地产发展报告（2021—2023）[M].北京：社会科学文献出版社，2021—2023.

不同的是，我国房地产估价机构咨询顾问服务业务逐年增加。从全国房地产估价机构不同类型业务评估价值占比情况来看，2018至2022年，房地产咨询顾问服务业务评估价值占比逐年增加，由2018年的10.1%持续增加至2022年的24.0%（表1）。从全国一级房地产估价机构不同类型业务评估价值占比情况来看，2020、2021和2022年，房地产咨询顾问服务业务评估价值占比分别为17.3%、17.7%和25.4%，逐年增加，并且2022年在不同类型业务评估价值占比中位居第二（表2）。

全国一级房地产估价机构不同类型业务评估价值占比　　　　　表2

年份	抵押估价	司法鉴定估价	房屋征收估价	咨询顾问服务	房地产转让估价	其他估价
2020	56.3%	1.40%	1.2%	17.3%	0.7%	23.1%
2021	52.2%	1.70%	1.1%	17.7%	1.3%	26.0%
2022	53.0%	1.50%	1.2%	25.4%	0.8%	18.1%

数据来源：中国房地产估价师与房地产经纪人学会.中国房地产发展报告（2021—2023）[M].北京：社会科学文献出版社，2021—2023.

二、咨询顾问服务业务发展对估价人才培养提出了较高要求

咨询顾问服务业务的开展需要相应的人才储备和人才素质支持。我国房地产估价机构咨询顾问服务业务的发展，对估价行业的人才培养提出了较高的要求。

（一）对人才储备的要求较高

专职估价师是房地产估价机构最主要的人才来源。根据全国房地产估价行业管理信息平台数据显示，截至2023年11月12日，在全国一级房地产估价机构数量前十的省市，一级估价机构的专职估价师人数上限最大值为67人，这些省份三级估价机构的专职估价师数上限最大值仅为14人，前者远高于后者。这些省份一级估价机构的专职估价师人数上限最小值为24人，也高于其三级估价机构的专职估价师数上限最大值（表3、表4）。一级房地产估价机构是开展房地产咨询顾问服务业务的排头兵。一级房地产估价机构和三级房地产估价机构专职估价师规模的明显差距，在一定程度上说明了房地产估价机构咨询顾问服务业务发展对人才储备的较高要求。

2023年全国一级房地产估价机构数量前十省市一级估价机构数量及专职估价师人数　表3

省份	广东	江苏	四川	福建	山东	北京	河南	浙江	上海	湖北	江西
一级机构数量	187	105	73	66	65	64	62	59	42	32	32
专职估价师人数	1-53	3-54	1-37	7-32	13-24	9-45	2-30	13-31	1-67	12-54	11-25

数据来源：根据全国房地产估价行业管理信息平台数据整理。

2023年全国一级房地产估价机构数量前十省市三级估价机构数量及专职估价师人数　表4

省份	广东	江苏	四川	福建	山东	北京	河南	浙江	上海	湖北	江西
三级机构数量	74	28	39	26	65	16	86	64	6	37	21
专职估价师人数	1-14	2-12	1-10	1-10	1-10	3-12	1-10	1-12	1-8	1-8	2-11

数据来源：根据全国房地产估价行业管理信息平台数据整理。

（二）对人才素质的要求较高

仲量联行是世界知名的房地产咨询机构，其业务类型和服务内容在一定程度上能够反映咨询顾问服务业务发展对人才素质的要求。从仲量联行官方网站关于其咨询顾问服务业务类型和服务内容的有关信息可知，其基于客户需求角度的咨询顾问服务业务类型主要有：物业

选址和租赁、物业和设施管理、项目设计装修和开发管理、房地产投资和咨询、房地产科技化变革等；基于行业分布角度的咨询顾问服务业务类型主要有：办公楼、住宅、零售地产、酒店和旅游地产、高等教育地产、另类资产、产业和物流地产与供应链咨询、生命科学不动产等。并且，在种类繁多的业务类型基础之上，仲量联行提供了十分丰富的咨询顾问服务内容。这些业务类型和服务内容的提供离不开高素质、复合型专业人才的支撑。现阶段，我国房地产估价机构的咨询顾问服务业务已经围绕估价服务向房地产产业链的上下游有关领域展开。虽然，我国房地产估价机构的咨询顾问服务业务涉及的房地产项目投资决策以及项目前期阶段的咨询顾问服务较多。但是，展望房地产估价行业咨询顾问服务业务发展的未来，我国房地产估价人才培养的较高素质要求是毋庸置疑的。

三、我国房地产估价人才培养的现状

（一）我国房地产估价人才培养的主要成效

房地产估价行业的专业人才多样。以房地产估价专业人才为例，我国已经形成房地产估价专业人才培养的主体结构和主要渠道，并进行了房地产估价专业人才培养机制的有益探索，取得了房地产估价专业人才培养的明显成效。我国房地产估价专业人才培养的主要主体有房地产专业院校、房地产行业组织、房地产估价机构和有关的社会组织。房地产专业院校是房地产估价专业人才培养的前沿阵地，为房地产估价专业人才全面、系统地掌握房地产与估价知识体系、获取估价从业资格和进入估价行业打下了坚实的理论基础。房地产行业组织为房地产专业估价人才提供了资格获取的平台以及估价资格获取之后的继续教育机会。房地产估价机构为房地产估价专业人才提供了执业平台和发展空间，并提供相应的职业培训服务。有关的社会组织则视房地产估价专业人才、房地产估价机构以及房地产行业组织的需要提供相应的服务和合作。近年来，出现了房地产专业院校通过实习基地、技能大赛等形式与房地产估价机构合作培养房地产估价专业人才的新的尝试，以及房地产行业组织面向房地产专业院校、房地产估价机构和有关的社会组织公开遴选课题研究承担单位等新的举措，进一步推进了房地产估价专业人才培养的产学研创新机制探索，极大地促进了我国房地产估价专业人才的培养。

（二）我国房地产估价人才培养的主要不足

同样以房地产估价专业人才为例，我国房地产估价专业人才培养的不足主要体现在培养主体自身的局限和培养主体之间的合作不足两个方面。在培养主体自身局限方面，房地产估价专业人才培养主体一定程度上具有各自的不足。房地产专业院校存在理论与实践联系不足的现象，房地产行业组织存在着培训时间集中、不利于消化吸收的局限，房地产估价机构则受限于社会组织和行业组织提供的机会，而社会组织的力量发挥不够充分。在培养主体之间的合作不足方面，主要体现在房地产专业院校、房地产行业组织、房地产估价机构和有关的社会组织之间的合作有待深化。比如，结合专业技能大赛开展的校企合作多集中在估价类赛事（如全国大学生不动产估价技能大赛），而较少涉及咨询类赛事（如全国大学生房地产策划大赛等），难以满足房地产估价机构咨询顾问服务业务面向房地产业全链条服务的人才培养要求，与房地产估价机构咨询顾问服务业务的发展趋势不相适应。房地产估价机构、行业组织和专业院校与社会组织的合作有待在合作范围和合作形式等方面进一步探索。

四、我国房地产估价人才培养的对策建议

（一）完善人才培养的主体结构

房地产估价人才培养主体结构的完善，首先，需要各个培养主体突破自身的局限。在房地产估价人才培养的过程中，房地产专业院校需要加强实践教学培养环节，房地产行业组织需要在培训形式和灵活性上加以改进，房地产估价机构需要积极创造和利用培养机会，有关的社会组织需要充分发挥应有的作用。其次，房地产估价人才培养主体之间可以建立更加广泛的联系和合作。现阶段，房地产专业院校和房地产估价机构已经开始了人才培养的校企合作，房地产行业组织也通过课题研究与房地产专业院校等培养主体建立了联系。房地产估价人才培养主体之间的密切合作和广泛联系，有利于相互取长补短，共同促进房地产估价行业人才的培养。

（二）深化培养主体之间的合作

房地产估价人才培养主体之间的合作深化，首先，房地产估价人才培养主体合作方式的进一步开拓和选择。实习基地、技能赛事、校园招聘、人员培训、学历晋升、校企合作、校外导师、研究课题等方式为估价人才培养合作提供了丰富的选择。其次，房地产估价人才培养主体在既定合作方式上的精细耕耘和纵深展开，同样体现了房地产估价人才培养主体之间的合作深化。如前所述，根据房地产估价机构咨询顾问服务业务发展的需要，并结合专业技能大赛开展的校企合作，由估价类赛事扩展至咨询类赛事甚至更大的范围，就是房地产估价机构和房地产专业院校之间合作的进一步深化。实习基地等其他方式上的合作深化，同样是我国房地产估价人才培养的需要。

（三）重视人才培养的机制创新

"产学研"是估价产业与专业教学和实证研究的一体化发展，是房地产估价专业人才培养过程中重要的机制探索。为了适应房地产估价行业咨询顾问服务业务发展的需要，房地产估价人才培养的机制创新仍需重视。从"产学研"向"政产学研用"更多主体合作模式的深度延伸，是房地产估价人才培养机制创新的又一方向。同专业院校、估价机构和行业组织一样，政府部门和最终用户也是房地产估价行业的重要参与者和估价行业人才培养的共同关注者，有理由和可能在估价人才培养方面走向合作。"政产学研用"可以发动更多的人才培养主体力量并建立更多合作，将在更加广泛的领域促进房地产估价人才的培养。

（四）进行相应的配套制度改革

适时进行必要的配套制度改革，有利于为房地产估价人才培养保驾护航。以房地产估价师职业资格考试制度改革为例，虽然现行的报名条件放宽了学历和实践方面的要求，但是大学本科在校学生仍需毕业之后才能参加考试。根据2022年中国房地产估价行业发展报告显示，2020至2022年本科学历在注册房地产估价师学历构成中的占比均为最大，分别达到57.8%、58.1%和57.1%。若能允许大学本科在校学生参加考试，将有利于本科学历估价人才顺利进入房地产估价队伍，也能充分利用在校学生的时间和精力优势实施岗证课深度融合的培养模式，有助于满足咨询顾问服务业务发展对估价人才储备和素质方面的要求。

参考文献：

[1] 冉华慧，郝俊英，郭妍. 浅析房地产估价机构开展咨询业务的核心能力培育 [C]// 中国房地产估价师与房地产经纪人学会. 估价业务深化与拓展之路：2020 中国房地产估价年会论文集. 北京：中国城市出版社，2020：269-275.

[2] 陈洁琼，赵佳理. 房地产估价机构开展咨询顾问业务应具备的核心能力及其培育 [C]// 中国房地产估价师与房地产经纪人学会. 估价业务深化与拓展之路：2020 中国房地产估价年会论文集. 北京：中国城市出版社，2020：276-281.

[3] 乔璐璐. 浅谈房地产估价机构专业人才培养机制 [C]// 中国房地产估价师与房地产经纪人学会. 房地产估价：回望与前瞻：2021 中国房地产估价年会论文集. 北京：中国城市出版社，2021：707-711.

[4] 王伟. 产学研培养估价后续人才的实践与体会 [C]// 中国房地产估价师与房地产经纪人学会. 房地产估价：回望与前瞻：2021 中国房地产估价年会论文集. 北京：中国城市出版社，2021：673-676.

[5] 张启旺，付林，田慧. 浅谈新形势下房地产估价机构引进和培养人才的建议 [C]// 中国房地产估价师与房地产经纪人学会. 房地产估价：回望与前瞻：2021 中国房地产估价年会论文集. 北京：中国城市出版社，2021：686-692.

[6] 贾丽娟，郑景露，申清辉. "产学研"融合视角下"双一流"高校房地产估价人才培养创新路径 [J]. 经济研究导刊，2022，（34）：124-126+148.

[7] 周小寒. 新形势下"岗、证、课"深度融合的人才培养模式研究：以房地产估价人才培养为例 [J]. 湖北成人教育学院学报，2019，25（4）：35-38.

[8] 桑瑞聪，潘瑞姣，刘明. "政产学研用"协同模式下应用型创新人才培养路径研究 [J]. 大学教育，2021，（9）：148-150.

作者联系方式

姓　　名：刘宝香　余星瑶　徐凤琪　孙　悦

单　　位：山西财经大学

地　　址：山西省太原市迎泽区菜园街 32 号财大北校家属院 7 号楼

邮　　箱：lbx6013@163.com；1031168038@qq.com；2386027570@qq.com；2985414021@qq.com

房地产估价机构在新形势下培养青年人才的思考和建议

汪 灏

摘 要: 人才是房地产估价机构的核心竞争力。在当前新形势下房地产估价机构需要对人才结构进行调整。本文阐述了估价机构培养青年人的重要性、对当代青年人的特点进行分析,从选择、培训、留用三个方面对估价机构培养青年人才提出建议。

关键词: 青年人才;外部环境;新型业务;培育措施

根据上海市房地产估价师协会 2021 年统计数据,上海市注册房地产估价师年龄在 40 岁以上占比为 73%,平均年龄达 48 岁。目前估价行业的外部经济环境发生了较明显的变化,本文所指的新形势是指国家经济转型的变化、科学技术环境的变化、客户需求的变化。在新形势下房地产估价机构(以下简称"估价机构")普遍面临传统业务质量提升与新业务开拓的客观需要。从行业的人力资源属性来看,估价是智力密集型服务行业,高素质人才是智力服务行业的核心因素,行业需要大量青年专业人才的加入。鉴于估价行业的高度专业性,人才的成长需要一段较长的培养周期,对青年进行培养使其成为高素质人才对估价机构及行业未来的发展有着重要的意义。

青年是社会中最有活力和创造力的群体,是推动社会进步的重要力量。世界卫生组织把 14~44 周岁的人群定义为青年人,联合国教科文组织把 14~34 周岁的人群定义为青年人,我国国家统计局把 15~34 周岁的人群定义为青年人,我国制定的《中长期青年发展规划(2016—2025 年)》中,明确了青年的年龄范围是 14~35 周岁。从机构招聘及人才培养角度出发,本文所指的青年人才年龄范围是指大学本科毕业 22 周岁起至 35 周岁之间。

一、估价机构培养青年人才必要性

(一)培养青年人才是顺应时代发展的需要

当前外部环境发生了重大的变化,对估价机构而言,新的需求变化与旧的供应之间存在种种矛盾,如行业人才吸引力下降和机构对高质量人才需求增加的矛盾;房地产估价机构多元化转型和员工能力结构单一的矛盾;新型业务人才紧缺和传统业务人才冗余之间的矛盾。人才是估价机构的核心要素,新形势下需要实现人才结构、专业能力、服务意识等多方面的转变。青年人才没有传统思维和知识框架的约束,是最有活力和创造力的群体,具有较强的可塑性,对青年人才进行培养有助于估价机构的专业技术、创新能力、服务品质等方面的升级,是顺应时代发展的客观需要。

（二）培养青年人才是高质量发展的需要

我国经济发展的主旋律从高速发展转向高质量发展；房地产估价所依托的房地产市场从增量市场转为存量市场。在高质量发展的背景下，传统估价要向"做深、做精、做细"方向转化，在估价技术融合、对外品牌显示、客户服务质量等方面得到进一步提高。特别是当前科学技术水平发展迅速，地理信息系统的使用、数据库建立、互联网数据的自动收集及算法分析、信息系统的开发等新技术与估价的结合成为未来的发展方向。随着科学技术的发展，视频人流量识别、地理信息、人工智能等技术的融合应用极有可能推动估价行业技术变革。青年人具有较强的学习能力、接受能力和服务意识，有利于估价机构将数据、网络、AI与估价融合，提升技术含量与服务品质，实现高质量发展。

（三）培养青年人才是创新型业务发展的需要

随着国务院"放管服""加快建设全国统一大市场"等系列政策的提出，除了法律法规所限定范围外的房地产咨询和自然资源评价等业务资质壁垒逐渐消除。在经济发展中出现了大量房地产全产业链咨询及自然资源调查、研究、分析、评价、研判等新型业务，这些业务绝大部分没有资质要求，属于"蓝海"业务。传统估价师的知识体系以满足估价需求为主，所学的专业知识体系较为稳定，偏爱使用现成的知识方法分析问题和解决问题，接受新知识效率低，对新型业务拓展较为困难。由于人才的匮乏，房地产估价机构在新业务开拓方面存在一定困难。青年人具有较强的创造力和接受能力，他们对新技术、新方法、新理念有较强的学习和接受能力，对青年人进行培养，有利于估价机构积极拓展"蓝海"业务，占领新型业务中的"无主之地"。

二、青年人才的特点

当前我们所处的新形势不仅是外部环境的改变，还有青年人的成长环境和个人诉求发生了改变。对青年人才进行培养，需要对他们的成长背景与性格特征有所了解，有针对性地设计培养体系。如果不能了解当代青年人的特点，仍然用传统的视角看待他们、用传统的模式培养他们、用传统的方式对待他们，则可能存在青年人自主需求和估价机构传统组织文化不匹配的情况。

目前的青年人才以90后、00后为主，他们生长于改革开放的时代，社会的物质条件比60后、70后、80后已有所改善。不同时代的青年有着不同的时代烙印，当代青年存在以下特点。

（一）有较强的学习能力和欲望

青年人具备快速获取新知识和技能的能力，对陌生事物有强烈的探索欲，能够积极主动地探索和学习，乐于使用各种新技术和工具获取信息和知识，比如互联网、社交媒体、在线学习平台等。他们在学习能力方面有很大潜力，积极主动和对新事物的开放态度为其学习新事物奠定了基础。

（二）有较强的进取心和自我认知

青年人追求个人成长和职业发展，在工作中更加积极主动、有进取心，具有较强的学习能力和适应能力，希望在竞争激烈的社会中获得自己的位置，实现人生理想。他们更加注重自我认知和情感表达，追求真实性和自我表达的方式，也期待互动，注重互相沟通。

(三) 具有创新融合思维

青年人擅长创新思维强调打破传统思维模式，寻找独特、创造性的解决方案。他们勇于提出新问题并融合思维，将不同的概念、思想和技术融合起来，创造新的解决方案，尝试新的想法和方法，并具备积极的探索精神。

(四) 多元化和个性化

当今科技的日新月异与国际交流不断加深，使青年人有更开阔的视野与更开放的思想，随着物质和精神生活的丰富，生活方式和生活态度也日趋多元化。他们会对权威产生怀疑，对事物有自己独到的看法和见解，思想上更为自我。

(五) 数字化生活

青年人生活与数字科技高度融合。他们是互联网的原生一代，可以熟练运用各种智能设备和数字媒体，数字化成为他们的生活方式和社交方式。

三、青年人才培养措施

估价机构选择可造之才进行培养，使其创造出经济价值是人才培养的目的，若选才失当则浪费资源，无力育才则难当重任，不能留才则为他人做嫁衣。青年人才培养是一个综合性的体系，包含了"选、育、留"三个阶段。

(一) 青年人才的选择

在选才时估价机构不用刻意追求过高学历与名校背景，而是应关注青年人才是否愿意在估价行业长期发展、能否认同机构的使命及愿景，并选择品行正直、学习能力强、有抗压能力的青年人进行培养。如果仅有高学历或名校背景却不认同估价行业或机构核心价值观，一旦面临外部的诱惑或其他原因，大概率会发生人才流失。因此人才选择不必追求"第一"，而是要在意"唯一"，适合机构自身发展需要才是较好的。

(二) 青年人才的培育

若把培养人才比作种树，树木的生长离不开光照、土壤、肥料三个基本要素。光照是业务中的实践机遇，能力成长来源于实践；土壤是机构的管理机制，贫瘠的土地不能结出丰厚的果实；肥料则是机构的培训机制，培训可以加快成长的时间。有了适合的种子，却没有光照、土壤、肥料的作物，成长是缓慢的。青年人要茁壮成才，不能依靠其自我成才，而是主动地培养，将成长的三要素主动给予他们。

1. 提供选择发展机会

为青年人才提供良好的职业发展路径和机会。很多青年人在入职时尚不清晰自己的专长和兴趣点，需要一定的机制引导帮助他们发现自我，将合适的人放到合适的岗位上。例如公司各专业部门轮岗经历、双向导师选择制度等，帮助青年人才找到适合自己的发展方向，为他们的成长和发展提供支持和指导。

2. 建立多元化的培训机制

传统估价人才培养方式通常为"带教制""授课制"，授课方式较为传统，知识领域单一、多集中在估价专业，这样的培训方式并不能适合新形势的需要。对员工进行培训的目的是创造经济价值，促进业务发展，不能期望旧的培训方式培养出适应新形势的人才。传统估价和新型业务发展都需要具有信息融合、技术融合、业务融合能力的人才，不能用单一专业、单一思维、单一方法培养青年人，而是要用多专业的知识结构、多元化的培训机制、多角度的思维方式进行培养，培训机制可以有以下几个方面的转变。

1）单一专业培训向多个专业学习转变

多个专业学习是给予青年人房地产估价、国土空间规划、数据收集分析、房地产咨询等综合化的培训课程，这是多专业融合与综合咨询一体化业务发展的需要，也是青年人才根据自身特点选择发展道路的需要。

2）授课式培训向实操式、启发式、情景式培训转变

培训的目的是为业务实践所服务。培训需要占用时间、场所，更需要投入师资资源。培训要使青年员工尽快掌握工作技能，提升工作能力，将培训内容在工作中实际运用。因此估价机构的培训课程不能为了培训而培训，而是为了业务实践而培训，应注重业务实操、注重启发受培训者思考问题、注重培训内容与工作情景相结合。

3）标准答案式的考试向开放式解决方案转变

当前估价机构所面临的较多业务是社会经济发展所出现的新型业务，这些业务没有固定的样板，需要从无到有提供解决方案。很多新问题不一定有标准答案，但需要思路合理与逻辑紧密，在培训时应注重训练开放式思维模式，将培训与实践工作接轨。

3. 提供业务实践和学习资源机会

青年员工处于学习能力和学习欲望最佳的年龄，在他们成长阶段特别需要业务资源与学习资源的浇灌。估价机构的资源是有限的，实践工作中重大项目与会议、培训、研讨等机会往往被老资格员工所获得，青年人在这些方面所得甚少，建议估价机构在各类业务及学习资源上对青年员工予以倾斜，帮助他们专业成长。

（三）青年人才的留用

青年成长为人才是一个较长过程，他们崭露头角后必然会受到种种外界诱惑。如果机构和员工之间仅以收入为连接，必然是不牢固的。作为智力型行业，培养人才需要各类资源的不断注入，经济成本较高。估价机构若长期处于"培养—流失—再培养—再流失"的循环中，这种培养机制不能持久，留住青年人才需要在文化、沟通、评价、激励等多维度进行综合运用。

1. 完善企业文化

机构与青年员工之间除了薪酬外还需要用企业文化作为连接。文化是一种明确的使命和愿景，并确保所有员工都了解、认同、共同遵守这些价值观。当青年员工认同机构价值观时，无形中将产生向心凝聚力，让他们感到归属感并提高忠诚度。当员工感受到自己的愿景与机构的愿景一致时，他们愿意投入更多时间和精力推动机构的发展。

2. 加强沟通和信息反馈

沟通是青年员工与机构之间彼此表达意见与反馈信息的重要方式。估价机构需要建立青年员工开放、透明的沟通渠道，倾听员工的想法和意见。沟通需要定期进行并形成机制，例如新员工转正面谈（人事部门），季度或半年度面谈（所属业务部门或业务部门之间交叉）、年终面谈（机构高管或部门负责人）、员工网络论坛等，通过沟通加强互信，对于青年员工的意见和想法应给予有效反馈。

3. 建立适合的绩效评价机制

估价机构传统的绩效评价机制通常以创造经济效益为第一维度。在培育期因青年人能力尚未成长、新型业务尚未打开局面或个人资源有限往往不能创造最佳的经济效益。对青年人才的评价不宜将经济效益作为绩效和薪酬主要标准，而是应多维度进行评价，将资源向品

格正直、成长快速、能力过硬的青年员工倾斜。特别对突破新型业务领域和运用新能力解决新问题的青年人要给予更高的评价。对于新方法和新业务的突破，即使当前创造经济价值不高，但这类突破代表未来更广阔的天地，使这部分员工获得更高的绩效，鼓励他们的突破与创新。

4. 注重物质激励和精神激励的相互结合

估价机构在薪酬福利外还要对青年人才进行鼓励、表扬、评先。精神激励是一种荣誉激励和文化激励，通过激励增加员工成就感。因为仅有物质激励会发生边际效用递减的情况，物质待遇的提高带来的满足是有限的，并不能提高青年人才对机构的认同度和使命感。

5. 公平和公正的机制

新时代的青年人追求公平与公正，估价机构的用人机制需要保持一定的透明度，摒弃论资排辈的做法，公开晋升和评价机制需遵循公开竞争的原则，将员工的品格、能力和潜力放在优先位置，以确保用人决策的公正性和准确性，使有能力的青年员工脱颖而出。

四、结语

青年是未来的希望。估价机构培养青年人才、使用青年人才、留住青年人才是适应新形势的需要，也是自身发展壮大的需要，赢得青年，可以赢得未来！

参考文献：

[1] 肖峰. 房地产估价机构人才吸引与培养问题研究 [C]// 中国房地产估价师与房地产经纪人学会. 估价需求演变与机构持续发展：2019 中国房地产估价年会论文集. 北京：中国城市出版社，2021：703-707.

[2] 陈苗苗，董正群，杨菊艳. 房地产估价机构人才吸引与培养问题研究 [C]// 中国房地产估价师与房地产经纪人学会. 估价需求演变与机构持续发展：2019 中国房地产估价年会论文集. 北京：中国城市出版社，2020：674-677.

[3] 侯纯涛. 浅议房地产估价行业的现实之困及应对之策 [J]. 上海房地，2023，(4)：17-20.

作者联系方式

姓　　名：汪　灏
公　　司：上海城市房地产估价有限公司
地　　址：上海市黄浦区北京西路 1 号 17 楼
邮　　箱：icswang@163.com
注册号：3120090025

浅谈高质量发展阶段房地产估价机构人才培养对策

毛胜波　和战红　翁荔敏

摘　要：随着社会的发展，市场需求的变化，房地产估价行业发展遇到了新的考验。在竞争愈加激烈的市场环境下，对估价专业人才的要求也日趋严格。人才的积累与培养是估价机构可持续发展的动力，是估价行业高质量发展的保障。本文从估价机构人才培养中遇到的问题、现阶段估价机构对人才的要求，以及人才培养的对策等方面进行了初步研究分析，认为加强人才培养意识建设，实施人才创新发展等策略，才能有效实现高素质专业人才队伍建设目标。

关键词：高质量发展；房地产估价机构；人才培养；对策

习近平总书记多次强调，中国要强大起来，必须走创新驱动道路。强大需要创新，而创新需要人才。随着中国特色社会主义步入新的阶段，我国经济也从高速增长阶段转向高质量发展阶段。房地产估价行业也进入了高质量发展的全新阶段。整体来看，"低质量"的估价产品抗风险能力差，已变得越来越廉价；"高质量"估价产品需求越来越大，受到市场的青睐。这也是高质量发展背景下的必然现象。要创新，就必须依靠人才。因此，加强房地产估价机构人才培养是推动行业高质量发展的重要手段。

一、房地产估价机构人才培养的主要问题

（一）房地产估价机构人才综合服务能力培养有待提升

客户需求的变化，促使"估价"开始向"咨询"转变，"价"的属性在逐渐弱化，"估"的内涵在不断加强。这种转变不仅需要房地产估价专业人员具备扎实的理论基础，还需要具备更全面的综合素质，以更好地适应市场不断变化的需要。

要想实现"估价"向"咨询"转变，有足够专业的综合型人才储备至关重要。传统估价对专业技术的要求整体不高，较为模板化，容易被掌握。而新型估价，要求专业人员具有除估价外的更全面、系统的知识储备，如规划、造价、法律、财务、统计等诸多领域的知识。据了解，一些机构在遇到新型业务时，由于自身专业能力缺乏而不敢应对挑战，只能选择放弃，久而久之，机构提供的服务越来越跟不上客户的需求，只能在市场竞争中被逐渐淘汰。

（二）房地产估价机构人才综合素质培养参差不齐

从整体来看，房地产估价专业人员在自我学习方面缺乏积极性，在市场发展中比较保守。虽然他们的实践经验相当丰富，但缺乏较系统的学习和培训，对估价理论和方法的掌握不够深入[1]。另外，虽然大部分房地产估价专业人员具有丰富的实践经验，但在沟通交流、

资源协调和业务协作等方面的能力比较欠缺,甚至很多估价专业人员在从业生涯中很难走出去与同行交流学习,对行业动态、市场变化、业务需求等了解甚少。再者,国家放开了房地产估价师的报考门槛,让更多的人有机会进入到房地产估价领域,对房地产估价专业队伍建设起到了积极推动作用,但也在一定程度上吸纳了一批非从业人员或非本专业人员报考取得执业资格,对房地产估价队伍的整体专业水平有一定影响。

(三)房地产估价机构人才培养方案不完善

目前,房地产估价机构的人才培养主要通过协会开展的继续教育和机构自身组织的培训。在调查中发现,很多中小机构没有树立人才培养意识,没有制定人才培养方案;有些规模较小的机构甚至很少组织内部培训和专业学习,对估价专业提升、行业发展情况等并不关注和重视;有的机构虽已制定人才培养方案,但并未严格执行到位;有的机构制定的人才培养方案缺乏系统性和针对性,培训内容不统一等原因导致估价机构的人才培养效果不佳。如人才断层、人才流失、人员躺平等现象在估价机构比较常见。究其原因,是人才培养顶层方案缺失或没有发挥作用的体现。

工作中发现,如果机构管理者没有形成人才培养意识,不能制定完善的人才培养方案,不能让人才培养方案落地,就很难实现人才培养的目标。

(四)房地产估价机构人才区域分布不均

据了解,目前全国注册状态房地产估价师约5万人,排名前四位的省份分别是江苏、广东、山东和浙江,全部集中在东部沿海经济带上,占全国注册房地产估价师总人数的30%以上。排名后四位的省份分别是西藏、青海、宁夏和海南,大部分分布在我国的西部地区。由此可见,与东部沿海经济带房地产估价人才的高度聚集相比,西部地区人才分布稀少,形成了严重的区域分布不均格局。

从各省情况来看,也存在人才向省会城市聚集的情况。强省会战略使得各省的虹吸效应更加明显,三四线城市"留不住人"的现象非常严重。据了解,很多三四线城市二十人左右的机构,在当地算是规模较大的机构。很多机构与当地高校进行校企合作,建立了毕业生实训基地,但学生毕业后,能留下来的却寥寥无几。

二、高质量发展阶段对房地产估价机构专业人才的要求

作为经济发展中不可或缺的房地产估价行业,在这场由量变到质变的经济转型中,也应该以高质量标准约束自己,对机构专业人才提出更高要求。

(一)《中华人民共和国资产评估法》实施要求更具法律意识

《中华人民共和国资产评估法》于2016年12月1日正式实施,该部法律明确了评估机构和评估专业人员的法律地位,对评估机构和评估专业人员是一种保护,同时也对评估机构和评估专业人员提出了更高的要求。作为房地产估价专业人员,应该具有更强的法律意识,严格执行《中华人民共和国资产评估法》的相关规定,勤勉尽责,保证相关工作高质量完成。

(二)新型业务拓展要求更具综合素质

随着各行各业高质量发展工作推进,房地产估价传统业务或萎缩,或低价竞争,但新型业务也在不断拓展。新兴业务的拓展与深挖需要估价专业人员具有更多的知识储备和更精的专业素养,如房地产侵权损害评估、古建筑经济价值评估、资产证券化等业务的开展,对估价专业人员的要求更高更专。

（三）疑难业务增多要求更具创新能力

随着房地产业 20 余年的沉淀，以及人们对房地产相关法律意识的增强，近些年，关于房地产评估的疑难业务也越来越多。如因突发事件引起的对房地产的损害评估、因施工建设导致的采光权损害评估等。如何运用我们的专业知识，更好地解决利益各方矛盾点，实现共赢，需要估价专业人员除具备扎实的估价专业知识外，还应具备更灵活的创新思维。

三、房地产估价机构人才培养对策

高质量发展已成为我国社会主义现代化建设的首要任务，是新时代经济发展的主旋律。要实现房地产估价的高质量发展，离不开高标准专业人才队伍建设。

（一）树立人才培养意识，建立人才培养机制

人才培养是企业管理中至关重要的工作。只有具有人才培养意识的企业，才能真正实施好人才培养目标计划。很多房地产估价机构缺乏人才培养意识，导致很难推行人才培养计划，进而难以实现机构发展目标。

有了人才培养意识，房地产估价机构应该进一步建立人才培养激励机制，激励机制能最大限度地挖掘员工的潜能，同时也能更好地防止人才流失（表1）。

（1）设立适合人才培养的薪酬机制：如取得不同职称的薪酬标准等。

（2）设立适合人才培养的晋升机制：如估价师与非估价师的岗位级别等。

（3）设立适合人才培养的奖励机制：如考取估价师的鼓励、获得优秀论文的奖励等。

（4）设立适合人才培养的创新激励机制：如机构设立创新基金，全力支持创新业务发展等。

（5）设立适合人才培养的培训发展机制：如培训内容、频率、考核标准等。

（6）设立适合人才培养的企业活动机制：如企业文化建设等。

人才培养机制框架要素参考　　　　表1

序号	分类		具体内容
01	薪酬机制		岗位薪酬　工龄薪酬　业务薪酬　职称薪酬
02	晋升机制	技术	实习估价员　估价员　估价师　技术主管　总估价师
		管理	部门经理　副总经理　总经理　总办室（决策层）
03	培训发展机制		培训目的　整体要求　培训方式　培训对象　时间计划　培训内容　考核方式　考核要求　奖惩措施
04	创新激励机制		创新基金　创新业务　创新技术　创新管理
05	奖励机制		专业研究成果奖励　估价师考试奖励　论文投稿奖励　社会公益奖励
06	企业活动机制		企业文化建设　党建

（二）多形式推进，促进人才培训深入机构每个角落

现行我国的房地产估价专业人才培养主要依靠学会和房地产估价机构自身来实现。结合目前现状，估价机构可进一步设计多种培训形式。

（1）估价机构的培训常态化和制度化。常态化要求估价机构组织的培训应该常态化开

展，所涉及的内容更具针对性和实操性。制度化要求估价机构根据自身情况建立培训学习制度。与建立人才培养机制不同，培训常态化和制度化要求编制的计划更加具体和细化，一般可制定半年或者一年的常态化和制度化培训计划，并要求对学习效果进行考核评价。据了解，部分估价机构已经建立了企业人才培养制度体系，从课程内容、考核方式、积分体系等方面对员工参与学习情况进行考评，有的机构已经将考评情况作为个人档案存档。

（2）支持机构员工走出去交流学习。估价机构可根据发展需要指派优秀员工到同行机构、行业相关的机构交流学习，如资产评估所、律所、规划院等，通过思想碰撞开拓思路，取长补短。据了解，很多机构通过与同行的沟通学习，在业务拓展、机构管理等方面都有很大的突破。

（3）加强专业技能建设：估价机构可以采取内外部培训、经验交流等方式，提高员工的专业素质和技能水平。

（4）加强资源合作共享：估价机构可以加强与高校、科研所的合作，也可以加强与同行业优秀机构的合作共享，通过实习、项目合作、联合研究等方式，共同培养专业人才。

（5）建立职业发展路径：估价机构可以为员工梳理职业发展路径，帮助其明确员工的职业发展目标和方向，并提供相应的培训和发展机会。

（6）实施岗位轮换制度：估价机构可根据实际情况实施岗位轮换制度，让员工在不同的岗位上工作，了解不同岗位的工作内容和要求，促进员工之间的交流和合作，提升员工的综合服务能力。

（三）分层级开展，推动房地产估价机构人才针对性培养

《中华人民共和国资产评估法》明确，评估专业人员包括评估师和具有相关专业知识和实践经验的评估从业人员。目前，国家的培训制度设计主要针对房地产估价师，但对房地产估价相关从业人员的培训制度并不完善。据不完全统计，我国房地产估价相关从业人员的比重超过70%，是房地产估价行业专业人才队伍建设的主要后备力量，不可忽视。因此，分层次组织培训，更具有针对性。具体来讲，机构可以尝试从以下方面组织相关工作：

（1）将房地产估价相关从业人员培训和估价师培训分级考虑，设计适合各层级人员的课程体系（表2）。如将课程体系分为新员工培训课程、考前培训课程、估价技术提升课程等。

（2）机构可以搭建自己的学习平台，将文件资料、视频课件等进行分类统一管理，针对不同层级人员开通专属使用账号，便于查询和进一步学习。目前很多机构都建有学习资料

不同层级课程体系参考　　　　　　　　　　　表2

课程类别	估价师	从业人员
新员工培训课程		√
估价师考前培训课程		√
估价技术提升课程	√	√
估价业务拓展课程	√	√
估价机构管理课程	√	
财务、行政等其他课程		√
……	……	……

备注：此表仅做参考示例

库,将政策文件、培训内容、数据案例等统一进行管理,便于查询使用。

(3)机构应制定培训质量考评制度,并严格落实。对考评合格人员由机构统一颁发培训合格证书,作为房地产估价专业人员统一管理。

(四)多方式组织,激发房地产估价创新能力

创新是引领高质量发展的第一动力。作为专业的第三方服务机构,在提升房地产估价传统业务服务水平的同时,也需要进一步培育和提高估价机构专业人员的创新能力。

(1)房地产估价机构可定期组织创新估价研讨评比活动,如:创新业务分享沙龙、创新技术研讨会等,从活动成果中进一步整理形成机构的学习参考资料,并不定期组织对其进行更新。

(2)鼓励机构制定奖励措施,激发机构房地产估价专业人员的创新潜能,培养创新意识。鼓励机构员工积极参加学会课题研究申报,积极参与各级主管部门的征文活动,积极研究探索估价相关疑难问题,通过理论与实践相结合,进一步提升创新思维。

四、结语

功以才成,业由才广。人才培养与高质量发展相互促进、相辅相成。在高质量发展的背景下,房地产估价机构应该采取多种措施培养高素质的估价人才,以适应市场变化和社会发展的需要。机构要发展强大,在市场环境中独占鳌头,归根结底要靠高水平创新人才。通过全面加强人才培养意识,深入实施人才创新发展思路,才能有效实现高素质专业人才队伍建设目标,推动房地产估价行业高质量发展。

参考文献:

[1] 姬桂珍,王冬冬.高质量发展阶段下房地产估价人才培养对策研究[J].产业与科技论坛,2019,18(23):145-146.

作者联系方式

姓　　名:毛胜波　翁荔敏

单　　位:苏州天元土地房地产评估有限公司

地　　址:苏州市姑苏区十全街747号

邮　　箱:maoshengbo.123@163.com;627611981@qq.com

注册号:毛胜波(3220210040);翁荔敏(3220190021)

姓　　名:和战红

单　　位:河南远志房地产评估有限公司

地　　址:洛阳市西工区中迈红东方商务楼1605室

邮　　箱:hzh281@163.com

注册号:4119970025

基于四种人性假设的房地产估价机构激励机制探索

金智辉　钟　玲　王海容

摘　要：目前房地产估价机构的激励机制停留在"经济人"假设阶段，侧重于薪酬绩效激励，在"社会人""自我实现人""复杂人"假设下的激励机制相对匮乏，忽略了员工的成长和发展的内在需求。为了房地产估价机构的长期发展与行业创新变革，管理人员需要认识到员工需求的多样性与复杂性，在不断调整与完善的过程中，建立具有多维度、公平性、高灵活度和个性化等特质的激励机制，保持组织的创新能力，使激励机制高效运转。

关键词：人性假设；房地产估价；激励机制

习近平总书记在《深入实施新时代人才强国战略　加快建设世界重要人才中心和创新高地》文章中指出："我们坚持发展是第一要务、创新是第一动力、人才是第一资源，确立人才引领发展的战略地位，发挥重大人才工程牵引作用，深化人才发展体制机制改革，激发各类人才创新活力。"明确人才是第一资源，是创新活动的主体，是核心竞争力，对房地产估价机构而言亦是如此。人才是房地产估价机构转型升级、改革创新过程中最关键的要素，而激励机制是吸引人才、留住人才的重要工具。

随着房地产行业从"黄金时代"走向"白银时代"，直至踏入"黑铁时代"，房地产估价机构同样面临着下行周期的挑战。自我更新、提质增效、创新发展的能力对于房地产估价机构的可持续健康发展至关重要，人才战略与激励机制的建设是其中最为关键的一环。健全完善的激励机制可以提升员工的满意度，激发员工的潜力，促使其积极主动地创造价值，进而推动房地产估价机构的行业地位和影响力的提升。

一、房地产估价机构现存激励机制存在的问题

（一）激励手段单一，员工动力缺乏

目前房地产估价机构激励机制主要以薪酬绩效激励为主，对员工的个人发展与精神需求关注不足，员工的多样化需求难以得到满足，导致缺乏工作的内在动力，失去工作的热情，削减工作的投入程度，组织内部失去活力。

（二）激励机制不完善，重视度不足

激励机制不完善，绩效考核体系不健全，没有明确、统一且公平的奖惩机制，员工与领导之间的沟通缺乏，将导致员工对行为准则失去信心。激励机制的不健全使得员工不清楚什么样的行为会得到什么样的奖励或惩罚，失去明确准则，在组织中感受不到公平，逐渐失去工作的积极性。

（三）权责分配失衡，激励机制失灵

随着房地产行业的下行，房地产估价业务的生存空间同样也面临挤压，从业者的工作任务繁重，责任重大，逐渐沦为劳动密集型业务，与之相对的利润空间不断压缩，员工报酬与待遇也在下降。严峻的行业形势致使人才流失，人才留存成为难题。更为合理的薪资政策和激励制度亟待制定，以提高从业者的满意度，留住人才，焕发行业新的生命力。

二、"经济人"假设下的激励机制探索

18世纪苏格兰经济学家兼哲学家亚当·斯密于《国富论》中首次提出"经济人"假设的概念。这一假设认为，人的行为动机源于经济诱因，在于追求自身利益最大化。在企业中，员工的主要目的是追求自身的利益，工作动机是为了获得经济报酬。资本家是为了获取最大的利润才开设工厂，而工人则为了获得经济报酬才来工作，工人和资本家在交换的过程中，双方都得到好处。

在"经济人"的假设条件下，健全的激励制度是有效的管理模式。通过激励制度，如奖金、薪酬、福利和补贴等，可直接影响员工的行为，达到企业预期。同时企业也需要权衡成本与效益之间的关系，把钱花在刀刃上。

（一）权责利对等的激励制度

通过制定完善健全的激励制度确保企业提倡的员工行为受到正面强化，同时企业不推崇或抵制的行为得以消除。给予员工明确的行为准则，使得员工知悉企业期望的行为模式，在不断地反馈和强化的过程中，企业和员工均得到双赢。技术总监、技术组长、估价师、估价员各司其职，依据职位以及分工明确责任和权利，并制定相应的激励制度。激励制度需要与其权责大小、权责范围以及企业期望的行为相挂钩，以达到预期的效果。

（二）提高透明度与执行力

含糊不清、朝令夕改的规则只会增加员工的困惑，削弱管理人员的权威性，徒增管理的难度。企业可根据自身组织架构制定更加细化的估价操作与指引明确估价流程与规范，同时对其定期进行完善与更新，以适应内外部环境的变化，但切不可随意改变操作原则，以确保规则的稳定性。更加透明的评价体系与执行标准是激励制度有效发挥其效用的基础。

三、"社会人"假设下的激励机制探索

"社会人"假设是对"经济人"假设的一种补充和拓展，"经济人"假设对于人的行为动机的假定较为单一，无法解释员工经济驱动行为外的很多现象，"社会人"假设引入社交需求和群体关系的概念，更全面地解释了人复杂行为的动机。"社会人"假设强调人的行为不仅仅受到经济利益的驱动，还受到社交需求和群体关系的影响，个体是社会性的，期望在与他人交往的过程中获得认同感和社会联系。

在"社会人"的假设条件下，可以从建立社交属性与营造归属感的角度出发激励员工。员工从工作中获得更强的社会认同和归属感，将提高员工的工作投入程度和满意度。

（一）组织活动，建立社交网络与沟通渠道

定期开展团建活动、新人交流会等，为员工之间的交流与情感促进提供平台和机会，从而获得社会认同感。新人交流会不仅可以帮助新员工更快地了解公司、熟悉业务内容，同时

可以加速融入集体,增强集体荣誉感。

(二)带教制度,促进知识传承与经验分享

新员工入职后,为其制定明确的带教计划,包括培训内容、周期、答辩环节等,安排经验丰富的老员工对其进行一对一的教学与辅导,在此过程中前辈的估价知识与经验得以传播分享,新人在公司中也得到充分的关注与培养,在业务能力快速精进的同时,在情感上也获得更强的归属感。

(三)打造匠心平台加强品牌建设,提升认同感

估价机构业务相对单一、流水线式的工作较难让员工从中获得社会认同感,通过更为精美的产品展示,更为严谨的分析逻辑,更为贴心的客户服务打造匠心平台,提升在行业领域内的美誉度与专业形象。公司品牌形象与口碑的建立使员工获得更强的认同感,获得内在动力。

四、"自我实现人"假设下的激励机制探索

1943年美国心理学家亚伯拉罕·马斯洛在《人类动机理论》中首次提出"自我实现人"假设。马斯洛需求层次理论将人类需求分为生理需求、安全需求、社交需求、尊重需求和自我实现需求五个层级。"自我实现人"假设认为,当一个人的基本需求得到满足之后,就会追求更高层次的自我实现的需求,即个体对自己的潜力进行充分发挥、追求个人目标、实现自我价值和创造力的需求。

从"自我实现人"假设出发,激励机制应重点关注个体的自我发展和主观能动性的发挥,帮助员工实现其职场目标。给予员工系统性的培养计划,开放员工晋升通道;权力下放,营造创新自主空间;跨部门轮岗,注重综合能力培养等激励措施均可为员工自我实现提供通道。

(一)系统性培养计划,开放晋升通道

明确员工的培养计划,根据个体的兴趣与优势,制定专业路线或管理路线培养计划,技术路线从估价员→估价师→技术主任→技术总监,管理路线从估价员→估价师→项目经理→项目总监,针对估价知识、操作技术、业务经验、管理技能等定期培训考核。

(二)充分授权制度,创新自主空间

充分尊重和信任项目团队,充分授权,减少对项目决策的干预。在实际估价过程中,面对客户不合理需求与公司业绩压力的两难抉择,应充分信任项目团队的专业能力,大胆授权的同时明确风险和合理边界。营造创新自主空间,鼓励员工创新性地完成工作任务。员工在获得自主权,创新创造的过程中实现自我。

(三)跨部门项目参与,综合能力培养

关注个体综合能力的培养,重点培养员工可实行轮岗制度,学习各部门的知识,熟悉不同部门的业务,培养征收拆迁、资产评估、房地产评估、业务拓展以及咨询研究等综合业务领域精通的人才。鼓励跨部门之间的业务交流与合作,打破信息壁垒,实现知识和经验的共享。充分挖掘个体的优势,激发个体的潜力。

五、"复杂人"假设下的激励机制探索

1965年美国管理学家埃德加·沙因出版《组织心理学》,正式提出了"复杂人"假设理

论。这一理论认为人性是复杂的，人的需求会随着时间和环境的变化而改变，需求模式和水平也会随之发生变化。员工在不同的生命周期或者不同的职业阶段会产生不同的需求，职业生涯的早期阶段员工可能更加关注学习和职业发展，随着时间的变化，员工熟练掌握工作技能后，转而更注重工作的满足感以及工作和生活的平衡。

"复杂人"假设主要从权变的角度出发，充分考虑个体之间的差异以及不同时间和环境下个体需求的变化，用更加灵活的方式采用因人而异、因时而异的激励策略，是对"经济人"假设、"社会人"假设、"自我实现人"假设局限性的一种补充和完善。

（一）定期沟通，及时调整激励策略

定期组织团队会议、开展个体谈话以及设置公司意见箱等，多渠道多手段了解员工需求，及时了解、沟通、反馈和调整。自上而下、自下而上双向开放沟通通道，建立更为紧密的信任关系以提高沟通效率，及时掌握员工的需求变化，调整激励策略。

（二）权变管理，因人而异灵活可变

考虑个体间差异，制定更加灵活的个性化激励方案，比如远程办公、弹性工作时间等，根据岗位性质给予相应的适应性调整空间，以满足不同员工的需求。相对而言，市场拓展人员需要更多地适应客户需求与市场需求，弹性的工作时间显得更为必要。同时可以充分利用个体间的差异，扬长避短优势互补，加强团队协作，提升团队能力。

六、结语

在新的时代背景下，房地产估价机构正迎来新的变革和挑战，人才作为第一生产力是估价机构转型升级中的关键要素。从"经济人""社会人""自我实现人"和"复杂人"多种假设的角度出发，制定完善的激励机制，激发员工潜力，提供更为开放包容的成长性空间，才能在激烈的竞争与市场下行压力下脱颖而出，迎接新的发展征程。

参考文献：

[1] 习近平出席中央人才工作会议并发表重要讲话[J]. 中国产经，2021（19）：12-15，11.

[2] 赵麟. 房地产估价机构人才管理制度建设与培养[C]//2021中国房地产估价年会论文集. 北京：中国城市出版社，2021：335-337.

[3] 陈苗苗，董正群，杨菊艳. 浅谈中小型房地产估价机构的人才建设现状与对策[C]//2021中国房地产估价年会论文集. 北京：中国城市出版社，2021：463-464.

作者联系方式

姓　　名：金智辉　钟　玲　王海容

单　　位：江苏中策行土地房地产资产评估咨询有限公司

地　　址：苏州市工业园区苏州大道东398号太平金融大厦4203室

邮　　箱：jszch@zhongcehang.com

估价机构人才培养现状与改善路径探索

朱国玲　谢星星　段嘉来　邱海波　孙丹桂

摘　要： 随着我国社会经济和房地产市场的迅速发展，房地产估价行业涉及的业务范围越来越广泛，估价机构面临着社会需求的不断变化和行业竞争带来的挑战。本文论述了估价机构人才现状存在的问题，对人才培养的路径、激励机制进行分析探讨。在现代知识经济时代，行业竞争实际上就是人才的竞争，培养适应经济发展需求的复合型人才、创新型人才，机构才能获得更稳定的生存及更快的发展。

关键词： 房地产估价机构；现状问题；人才培养；激励机制

一、估价机构专业人才现状存在的问题

（一）专业人才结构不合理

房地产估价行业具有专业性、技术性、复杂性特点，理论上说是需要经验积累型的行业。目前估价机构专业人员队伍具有年龄结构偏大，年轻人才储备不足，行业入职门槛低等问题。根据中国房地产估价师与房地产经纪人学会发布的《2021年房地产估价行业发展报告》，全国注册房地产估价师队伍平均年龄约为45岁。其中，年龄在46~50岁的人数最多，占比为25.3%，年龄在31~35岁，占比为12.6%，年龄在30岁及以下的人数，占比为3.5%。可以看出，房地产估价师普遍执业年龄偏大，年轻专业人才总量不足，技术水平差异大。随着我国信息化和数字经济的快速发展，房地产行业面临新的机遇和挑战。房地产估价机构专业人才结构不合理更彰显了对从业人员专业能力、技术水平提升的重要性。人才是估价机构的核心竞争力，为促进行业蓬勃、持久发展，需要注重评估专业人才队伍培养、锻炼，注入新鲜血液。

（二）估价行业缺少复合型人才

所谓复合型人才，是指同时熟悉若干学科领域科学技术知识，能够解决多种实际问题的人才。目前估价已服务于诸多重要经济领域和经济活动，包括设立中外合资企业、国有企业改制上市、企业重组、国有产权或股权转让、金融风险防范、会计公允价值计量、税基确定等，形成包括资产评估、房地产估价、土地估价、矿业权评估、旧机动车鉴定估价和保险公估在内的六大业务体系。但估价行业复合型人才匮乏，有四大人才缺口待补，即评估+大数据、评估+会计、评估+法律、评估+工程等高层次复合型人才。

（三）专业人才流动性大

房地产估价人员流动性大成为行业内普遍现象，这与公司薪酬待遇、社会地位、行业竞争有很大的关系。房地产估价机构属于中介服务机构，薪资水平由月固定工资、津贴及奖金构成，奖金主要由个人负责的项目数量、大小、收费金额决定。近年来，房地产估价机构行

业内存在不正当竞争行为，恶意压价扰乱行业市场秩序，降低了行业的社会地位和信誉，影响了行业的生存和发展。基于此，导致估价行业薪资待遇、社会地位不高，一些优秀的估价人才流向其他行业，人才流失严重。

（四）机构内部培训体系不完善

房地产估价行业属于知识密集型行业，业务范围涵盖多个领域。估价人员定期参与培训学习是提高核心竞争力的重要方式。目前，我国估价机构人才培养体系尚不完善，缺乏统一的标准和规范。机构日常培训课程比较零散，没有一个系统的整体培训框架。对于优秀的专业人才资源整合也很欠缺，从而导致一些内部资源没有完全发挥效力。这些问题是影响机构持续发展和进步的关键所在。

（五）激励机制不健全

目前机构的内部激励措施较为单一，主要为物质激励及精神激励。物质激励主要表现形式为薪资报酬，精神激励的形式主要为年底评优表彰。这些激励都是对员工的一种补偿性劳动报酬，从而激励其更好地工作。物质的奖励对员工来说固然重要，但不能仅仅局限于"以钱为本"的误区，忽略了员工的真实需求。有效及多样化的激励机制有利于赋予员工价值认同感，提高工作效率。因此，人才激励机制探索是估价行业的一个重要课题。

二、估价机构专业人才培养的路径

（一）通过资格考试，选拔专业技术人才

资格考试作为选拔专业技术人才的途径，具有重要的意义。资格考试可以考核一个人在某个领域的知识和能力水平，有利于行业发展和专业人才的选拔。对于个人而言，通过参加资格考试，可以系统地了解和学习自身所从事的行业知识和技能。这些考试不仅可以深化个人的专业知识，还能提高个人的技能水平。此外，通过资格考试，个人专业水平能够获得认可，证明自己在该领域具备一定的专业素养，为个人的职业发展提供更多机会，提高核心竞争力，从而获得较高的职位和更可观的薪资待遇。对于行业而言，行业的资格考试可以提高从业人员的整体素质和专业水平，促进行业技术的进步和创新。资格考试不仅要求考生掌握基本的理论知识，还要求他们具备实际操作技能和解决问题的能力。从业人员通过资格考试，有利于提高行业整体水平，从而改善整个行业的形象和声誉。资格考试作为一种选拔人才的重要途径，通过不断完善考试制度和评价标准，可以更好地发挥资格考试的作用，提高个人的就业竞争力，保证估价服务质量，促进行业的可持续发展。

（二）培养多专业复合型人才

评估行业要实施人才优先发展战略，其主要任务是要培养一批经济、法律、会计、统计等专业兼为熟悉的复合型人才，满足行业综合性、国际化高端业务发展需要。具备评估技术的职员需同时学习经济、会计、法律、统计等方面的基本理论和基础知识，在评估专业技术上力求精细，在经济、法律、会计、统计知识等方面力求熟悉。估价机构在招聘人才时，注重引进具有经济、法律、会计、评估等方面知识，具备诚信品格、专业素养和创业精神，能在政府资产管理部门、金融证券投资公司、资产评估事务所等从事资产评估管理、财务税收及会计相关工作的复合型人才。

（三）积极组织继续教育管理，完善继续教育机制

在专业技术人才工作中，继续教育是培养专业技术人才，使之专业技能不断提升和整个

队伍可持续发展壮大的关键环节与重要保证。房地产估价行业组织对引导和规范估价专业人才起到重要作用。行业组织在开展继续教育培训过程中，可以运用大数据资源，关注新时期估价重点问题，针对性地开展继续教育培训。

建立继续教育培训讲师的选拔标准，选择专业优质的培训讲师，对继续教育内容及结果进行评优考核，评价培训过程中的优点与不足，力求继续教育内容做到实用与理论性相结合，注重继续教育的有效性。建立多层次、专业化的继续教育体系，针对不同的培训对象，继续教育培训要求也不相同，可将注册房地产估价师分为估价机构负责人、高级房地产估价师、一般估价执业人员。根据参与继续教育从业人员的职位、从业经验、个人素质等各方面，继续教育内容侧重点也应有所不同。

（四）健全和完善估价机构内部培训体系

估价机构在人才培养中需考虑"双赢"，要重视对人才的培训，要建立健全符合估价机构实际发展的培训体系，建立培训激励奖励政策，鼓励专业技术经验丰富的资深估价师开展专业实操培训。培训人员需覆盖企业各业务领域，因材施教，多层次、宽领域地进行培训。同时，估价机构还可以提供学历教育补贴、考取资格认证奖励等政策，鼓励员工持续学习，提高员工的学历水平和专业素质。

（五）机构内部实行导师制度

实行导师制度是估价机构培养人才的重要方法之一。所谓导师机制，就是估价机构在公司内部成立各项目小组，为每个项目小组员工配备一位有丰富经验、技能和知识的导师。对于在估价过程中遇到的难点和疑点，以帮带教的方式及时纠正错误，加强组内成员的实战能力。建立人才"传、帮、带"学习机制，鼓励在职的房地产估价老员工要以身作则、起带头模范作用。通过老带新、强带弱的组合互相学习、取长补短、互享项目经验共同进步。通过实行导师制度可以提升员工的专业能力，更利于职业发展，提高员工的忠诚度和工作满意度，减少员工流失率，保证机构的稳定运营。

三、估价机构人才激励机制探索

（一）建立公平合理的薪酬体制

目前，估价机构普遍采用级别工资制，级别越高，工资待遇水平越高。建议提倡效率优先、兼顾公平的分配原则，关注管理层与估价人员平均工资的比例问题。制定薪酬制度时需注意薪酬差距的合理性，否则容易引发员工不满和离职率上升的问题。在确定薪酬差距时，企业需综合考虑员工的岗位职责、实际工作表现、行业平均水平以及薪酬分配公正等因素。

（二）建立科学绩效考核制度

估价机构应科学合理地制定绩效考核方案，将员工的工作绩效与薪酬、晋升等方面挂钩，激励员工不断提升自己的工作绩效。对于绩效优秀且达标的员工，企业可通过发放奖金、住房补贴、岗位晋升等激励措施进行奖励，充分调动员工的工作积极性和创造力，提高机构的运营效率及行业竞争力。

（三）完善激励机制的多样性

为吸引和留住人才，可采取多种激励手段，包括薪酬、奖金、提成、股份等。提供完善的福利制度是吸引和留住人才的重要方式，企业可根据员工的实际需求和当地的生活水平，提供住房补贴、子女教育补贴、健康保险等福利。激励机制应考虑员工岗位的多样性，不同年龄层的员工有不同的需求。对于年轻员工，可以提供更多的培训和晋升机会；对于有家庭的员工，可以提供更好的工作生活平衡支持；对于核心员工，可以选择长期激励措施，如股权激励、分红权激励等。

（四）创造良好的企业文化氛围

注重企业文化建设，可通过提供舒适的工作场所和便利的生活设施，利用弹性灵活的工作时间，建立员工互动平台，例如定期旅游、部门聚餐、团队游戏等。营造积极向上、团结协作的企业氛围，提升员工的归属感和忠诚度。

四、结语

以人为本是估价机构立足的根基，人才培养从当下来看，是增强估价机构核心竞争力的重要途径，从长远来看，是推动房地产估价行业进步与稳健发展的重要因素。估价机构需要注重吸引和培养优秀人才，多层次多维度探索人才培养、激励机制，提升估价人员的综合素养，更好地应对未来发展面临的问题和挑战，以高质量房地产估价服务于实体经济。

参考文献：

[1] 宋梦美，刘朵.2021年房地产估价行业发展报告[R]//中国房地产发展报告No.19（2022）.北京：社会科学文献出版社，2022：167-185.

[2] 张美灵.评估师后续教育体系建设的意义及完善[J].中国资产评估，2007（10）：32-35+5.

[3] 乔璐璐.浅谈房地产估价机构专业人才培养机制[C]//中国房地产估价师与房地产经纪人学会.房地产估价：回望与前瞻：2021中国房地产估价年会论文集.北京：中国城市出版社，2021：707-711.

[4] 姬桂珍，王冬冬.高质量发展阶段下房地产估价人才培养对策研究[J].产业与科技论坛，2019，18（23）：145-146.

[5] 陆任佳.企业技术创新人才激励机制和策略探索[J].全国流通经济，2023（14）：99-102.

作者联系方式

姓　　名：朱国玲　谢星星　段嘉来　邱海波　孙丹桂

单　　位：国众联资产评估土地房地产估价有限公司

地　　址：深圳市罗湖区清水河街道清水河三路7号中海慧智大厦1栋1C618

邮　　箱：498609857@qq.com

注册号：段嘉来（3220130136）；邱海波（4420070073）；孙丹桂（4220000017）

从估价师到咨询师

——房地产估价师的发展之路

陈凌岚　黄陈燕

摘　要：在房地产估价服务向估价咨询服务转型的背景下，本文结合房地产估价咨询服务人才的特点，分析房地产估价服务和咨询服务人才的异同点，对房地产估价师如何加强学习，转变为房地产估价咨询师提出建议和实现路径。

关键词：房地产估价；房地产咨询；人才培养

一、房地产估价咨询人才发展背景

2022年年会，中国房地产估价师与房地产经纪人学会会长柴强指出，随着房地产估价环境的变化，房地产估价行业未来应从单纯的估价服务向估价和咨询服务共同发展的方向转变。在此背景下，房地产估价机构需顺应环境，以房地产估价为基础，在城市更新、乡村建设、房地产投资、房地产金融、房地产租赁、不良资产处置等与房地产相关的领域拓展房地产估价咨询业务，深入挖掘业务需求，将服务链条向房地产相关行业的纵向、横向进行延伸。

房地产估价和咨询都是以房地产为核心的智力型服务行业，其主要的生产要素是人力资源，也就是人才。由于房地产估价服务与咨询服务存在一定的差异，在拓展咨询业务的同时，如何培养房地产咨询人才成为房地产估价机构重点考虑的问题。在当前人力成本逐渐增加的情况下，从内部培养人才是很多机构的优先选择。如何从房地产估价师转变为房地产估价咨询师也是各机构需要思考的问题。

二、估价服务与咨询服务的不同点及对人才的影响分析

（一）服务角度不同

房地产市场价值评估是以第三方身份给出科学合理的价值判断，而咨询是站在客户角度，以最终实现客户的需求为目的，在价值判断基础上给出解决方案或为委托方出谋划策。如果说鉴证性房地产估价的立场类似于法官，则房地产咨询的立场类似于律师。房地产估价师从事房地产咨询服务，需要摆脱鉴证性房地产评估的固定逻辑思维，意识到我们承担的是顾问、参谋和外脑的角色，遵循客户优先的原则，站在客户的立场思考问题。

（二）服务内容不同

房地产估价是为了特定目的，对特定房地产在特定时间的特定价值或价格进行分析、测

算和判断,并提供相关专业意见的活动。房地产估价咨询是指对客户的有关房地产经营决策予以分析、解释、说明,提出解决问题的建议或方案,帮助客户落实解决方案等服务。估价只是咨询工作的一个组成部分,而咨询业务不仅仅需要测算价值,还需要对房地产相关问题进行分析、解释、说明并提供方案,房地产估价咨询业务比房地产估价更广泛、更深入。因此,房地产咨询业务对人才的要求更高,需要涉及的知识更广泛,更注重逻辑分析能力、综合协调能力,以及正确理解客户需求的能力。

(三)服务要求不同

房地产估价的目标是公正、客观、合理,房地产咨询的目标是给出解决方案,为客户创造价值,房地产咨询结果直接影响决策者在投资等重大领域的判断,在测算中涉及对未来的预测,在咨询中假设的余地更大。咨询服务对格式、方法等形式要求较少,但对价格精度的要求很高。房地产咨询服务中需要展开更深入的、针对性更强的调查和分析,其专业服务更加深入,对人才的专业能力要求更高。

(四)服务方式不同

在传统的估价工作中,估价师的主要服务方式是外业查勘、内业测算、答疑解释、撰写报告,较少涉及项目论述、阶段性汇报、意见探讨、成果演示等内容。相比房地产估价师,咨询师在工作中,更多的时间是进行沟通表达和演示汇报,房地产咨询服务对人才的沟通能力和表达能力要求更高。

三、房地产咨询服务人才画像

一个优秀的房地产估价咨询服务人才应该具有以下几个特征:

(一)扎实的估价专业技能

房地产估价咨询服务是在估价基础上延伸开展的,咨询服务人员必须具备良好的估价专业知识和估价技能,这是对房地产估价咨询服务人才的基本要求。

(二)广泛的知识结构与学习能力

房地产估价咨询是综合性的专业服务,除房地产专业知识外,还涉及法律、税务、规划、测绘、地籍、资产运营、管理、工程造价、金融、会计、统计、经济学等与房地产开发、运营等相关的知识,咨询服务人员必须具备全面的知识结构,尤其要对新政策、新业务、新领域具备一定的敏感度,对新知识具备快速学习和理解的能力,以保证为客户提供高品质且符合市场变化的专业咨询服务。

(三)全面审视问题的视野高度以及多角度的思考能力

房地产估价咨询提供全方位的服务,其服务工作涉及房地产经济活动的各个方面。咨询服务人员必须熟悉相关法律法规,掌握房地产经济活动中的相关程序和流程,理解各个环节的关键点,站在较高的视野高度全面地分析问题。同时作为客户的"外脑",尝试从不同角度(例如客户对手角度)思考问题,并给出解决对策,全方位保障项目顺利可行。

(四)强大的沟通能力和理解分析能力

房地产咨询的目的是解决问题并为客户创造价值。在房地产估价咨询服务中需要深入挖掘客户需求,并将需求转换为专业工作。在咨询过程中需要不停地与客户沟通,阐释解决方案,取得客户认同。这要求咨询服务人员具有强大的沟通能力和优秀的理解分析能力。

四、从估价师到咨询专业人才的转变

笔者认为,房地产估价师要成为专业的咨询师,需要注意以下几个方面:

(一)时时关注国家相关政策,切实理解政策背景并深入学习相关政策法规

房地产业的发展与宏观政策息息相关,房地产咨询师必须对相关政策保持高度的敏感性,时时关注相关法律、法规、条例、实施细则等政策的出台,理解政策背景,在国家政策的指导下开展咨询工作,在咨询中理解和合理运用政策。估价师可以通过政府平台、网络、书籍等多方面开展相关政策的自主学习。估价机构也可以在员工日常培训中加强该方面的内容,并展开研讨。

(二)不断提升专业能力,加强规划、市场定位、财务、税务、资产运营、工程造价、信息数据等多方面的知识学习,构筑综合的知识结构

房地产估价师的知识结构比较全面,但如果一个估价师长期从事某一类型的房地产评估,很容易疏忽综合能力的提升和培养。估价师可以在平时的具体工作外,不断提升专业能力,并通过自学、网课、参加相关专业培训的方式,加强资产运营、工程造价等综合知识的学习,切实掌握相关行业知识,拓宽知识链。

(三)关注市场动态,深入调查市场情况,与市场信息保持同步

咨询项目涉及实实在在的收益和支出,估价咨询师出具的各种数据必须跟市场接近,具有操作性。估价机构需要建立综合数据系统,及时收集各种市场信息和市场数据。估价师也不能停留在统计数据上,平时要深入开展市场调查,关注理论数据和实际数据的不同,一般市场和个体市场的差异,在测算中提供切实有效的数据,让服务更专业化,咨询更具体化,更具有说服力。

(四)加强交流沟通、PPT制作、演讲等相关技能的培养

房地产估价师在日常工作中可以主动加强该方面能力的培养,估价机构内部也可以以演讲比赛、交流研讨等形式培养估价师的交流演说能力。通过模拟演习,培养估价师沟通演讲能力,建立自信心,树立良好的职业形象。

(五)对类似项目进行总结和复盘,在实践中加强学习,提升综合能力

咨询师体现的是综合能力,实践和经验非常重要。因此估价师要珍惜和利用参加咨询工作的机会,在实践中学习如何抓住主要矛盾,如何有条理、有层次、脉络清晰地发现问题、解决问题。估价机构也可以适当开展案例教育,定期分析咨询案例、积累咨询资料、组织员工进行学习。

五、结语

如果把估价机构比作一棵大树,那么估价师就如同一根根树枝,只有估价师不断地充实提升自我,拓展知识领域,生长出更多的枝干,作为载体的大树才会越发茂盛,充满活力。以专业估价为基石,拓展以房地产为核心的多领域咨询服务将是估价机构未来的业务发展趋势,估价师向咨询师的自我提升,将为行业的持续发展带来新的机遇。

参考文献：

[1] 柴强.房地产估价要适应环境变化守正创新发展[EB/OL].（2023-02-08）[引用日期]. https：//mp.weixin.qq.com/s/g9Kne2n04nzTXHMRBZjb3A.

作者联系方式

姓　　名：陈凌岚　黄陈燕

单　　位：上海国衡房地产估价有限公司

地　　址：上海市浦东新区浦东大道 1868 号东方城市大厦 9 楼

邮　　箱：shguoheng@126.com

注册号：陈凌岚（3120000045）；黄陈燕（3120190025）

浅谈估价人才的培养与激励机制

钟海燕　王晓东　陈圳龙

摘　要：行业人才是估价机构持续发展的重要因素之一。本文从估价机构人才短缺问题、教育培训体系现状入手，分析存在问题，提出了加强高校与机构合作、完善在职培养体系两方面的人才培养路径。同时，为解决人才流失和激发员工的工作积极性，提出薪酬激励和职业发展通道两个方面的人才激励机制。通过初步分析，旨在为估价机构提供可行的人才培养和激励策略，以更好地适应市场的需求和提高企业竞争力。

关键词：估价机构；人才培养；激励机制

一、估价机构人才培养现状

（一）人才短缺问题

随着估价市场形势的发展变化，估价行业的业务发展模式与估价机构的营收结构发生重大变化，相关行业与估价行业跨界"抢人才"的现象日益严重，行业人才流失导致估价行业高端人才短缺，其中最为显著的是高层次管理人才、专业领军人才和高级市场拓展人才的紧缺，吸引人才、留住人才成为估价机构亟需解决的重要问题。

首先，高层次管理人才的短缺使得估价机构在组织和运营层面遇到挑战。随着市场形势的变化，外部资源结构也发生重大变化，估价机构需要具备卓越能力的管理团队，能够有效协调内外部资源，推动机构重大发展战略转型目标的实现。然而，高层次、素质全面的管理人才的缺乏，制约了估价机构的转型发展与可持续发展。

其次，专业领军人才的短缺直接影响了估价机构的核心业务。随着市场形势的发展，估价机构专业技术人才日益梯度化与专业化，对于具备深厚专业知识、综合分析能力和判断力的技术领军人才的需求日益增长，然而，当前高校对于此类人才的培养明显不足，相关专业毕业生的专业性与实操性与上述要求存在较大差距，导致估价机构难以适应市场发展需求、难以保障专业技术人才的梯度化。

最后，高级市场拓展人才的缺乏也会降低估价机构在激烈竞争中的市场竞争力。估价市场的变化，致使估价机构需要提升对新兴市场的开拓和对高端业务的敏感度，然而高级市场拓展人才的短缺，导致估价机构在市场转型方面显得"力不从心"。

（二）教育与培养体系现状

估价行业的人才发展离不开教育与培养体系的支持，而当前的教育与培养体系在培养估价人才方面也存在一些问题。

1. 教育体系现状

首先，相关高校的专业课程设置滞后于市场需求，在估价人才培养上存在"校企脱钩"

现象。我国内地的估价行业起步于20世纪80年代中期，起步较晚，发展时间短，发展速度快，内地各大高校估价专业设立的时间相对滞后；同时，估价行业的快速发展导致大部分高校的专业课程设置相对滞后，无法及时与市场变化同步；上述两方面原因使相关专业的大学毕业生在进入估价机构从事具体的估价业务时，不能立即独当一面，需要经过较长的适应期与实习期，这样的结果一方面增加了机构的培养成本，另一方面造成高校教育资源的严重浪费。

其次，师资力量的不足也是制约估价人才培养的关键问题。由于估价行业的专业性，需要教育体系中有足够多的高水平和实操经验丰富的教师队伍传授估价知识，但目前估价领域的专业人才相对有限，受体制影响，实操经验丰富的机构技术人才难以进入高校进行实操性教学，师资力量的实操经验相对缺乏。

最后，实践环节不足是教育体系中的另一大问题。估价工作是一项实操性很强的工作，而当前的教育体系更侧重理论知识的传授，实践环节相对不足，导致毕业生在参加实际工作后难于做到理论联系实践。

2. 机构在职人才现状

首先，与房地产估价行业相关联的上下游行业及部门主要有：金融与证券业、房地产开发行业、政府相关主管部门、相关研究机构，房地产估价行业与上述相关联行业对比，薪酬起点较低，薪酬体系不完善，同时，近几年上述相关行业"跨界抢人"现象严重，估价行业更加难以留住高端人才。

其次，估价机构业务的减少也是导致机构人才流失的原因之一。根据中国房地产估价师与房地产经纪人学会《2022年中国房地产估价行业发展报告》，全国1047家一级房地产估价机构填报的业绩数据统计，2022年全国一级房地产估价机构完成的平均估价项目数1624个，同比减少22.3%；平均评估价值287亿元，同比减少21.2%；平均评估建筑面积296万平方米，同比减少18.7%；平均评估土地面积296万平方米，同比减少40.0%[1]；业务的减少直接导致机构的高端市场拓展人员的流失，据笔者调查，早期从事抵押类业务的市场人员，有相当一部分转行到金融机构或担保机构，从事金融或相关业务。

二、人才培养路径探索

（一）加强校企合作

通过建立紧密的校企合作机制，使高校培养的毕业生更好地适应行业的发展。

实习基地建设：高校可以与估价机构共同建设实习基地，给高校学生提供实操和实习机会。这种实践锻炼，有助于高校学生掌握估价业务的流程，提升他们的估价实践操作水平。

实践导向的专业与课程设计：校企合作后，高校可以根据估价行业的实际需求，调整和优化相关专业及课程的设置。增加实践导向的课程，如案例分析、模拟项目等，使学生在课堂中更贴近实际业务操作，提高他们的实践操作能力。

双向人才输出：高校和估价机构可以建立人才交流机制，制定相关政策，打破体制壁垒，使机构中具有丰富实践工作经验的人才到高校进行实践教学，以提升在校学生的实操水平；高校教师也有机会到机构进行理论教学和参与项目，加强和提升机构人才的理论水平，同时，指导估价人员从实践出发，理论联系实践，更好地服务于客户。

通过以上措施，高校和估价企业可以搭建有效的人才培养平台，使学生在学业完成后更快速地融入估价行业，同时估价机构也能够获得更具实践经验的专业人才，实现双赢。这种合作有助于培养出更符合实际需求、适应市场变化的估价人才。

（二）完善在职培训体系

在职培训是提升员工技术水平和适应市场变化的重要途径，估价机构可以采取一系列措施，完善在职培训体系。

建立导师制度：为员工建立导师制度，由具有丰富经验的资深技术专家担任导师，对新员工进行培训和指导，有助于实现知识传承，使新员工更快地适应估价行业的发展。

个性化培养计划：估价机构可以根据员工的实际情况，为其"量身定制"，制定个性化的培养计划，更精准地满足员工在专业技能、管理技能等方面的需求。

人才的梯度化培养：机构内部良性的人才流动机制需要"金字塔"式的人才结构，技术的创新需要理论知识扎实、实践经验丰富的领军人才，报告的风险控制需要法律意识强、工作经验丰富的各类技术尖子，项目实操人员需具备相应的理论知识与一定的工作经验。因此，为使各梯度均有相应的优秀技术人员，人才的梯度化培养就显得尤为重要。

多元化培训形式：可以采用多元化的形式，包括线上学习、远程视频学习等。通过多样性的培训形式，可以使更多的员工投入到学习中，如有的机构通过线上与线下相结合方式，使其分支机构的员工也能实时参与总部的各种培训，有效地提升了分支机构的整体技术水平。

通过以上措施，估价机构可以建立个性化、多元化、梯度化的培训体系，有助于提高员工的技术水平与管理水平。

三、人才激励机制设计

（一）薪酬激励

薪酬激励是吸引和留住高素质估价人才的关键因素之一。通过设计合理的薪酬激励机制，估价机构能够更好地激发员工的积极性、创造力，并能有效地吸引人才、留住人才。

市场薪酬调研：定期进行市场薪酬调研，有助于防止员工因为薪酬问题而离职，同时也能吸引更多高素质人才加入。

绩效奖金制度：制定以绩效为基础的奖金制度，奖金可以与个人或团队的业绩直接挂钩，提高员工对工作成果的责任感和认同感。

股权激励计划：股权激励是一种长期激励手段，通过给予员工公司股权或股票期权，使其分享公司的成长和成功，有助于提高员工的归属感，并能激发员工的责任感。

职务晋升和薪酬梯度：设计规范的晋升机制及相应的梯度薪酬。员工通过不断提升自己的技术水平和贡献，就有机会获得更高的职务和薪酬水平。

通过综合运用以上薪酬激励手段，估价机构可以建立较完整的激励机制体系，既能够吸引高素质的估价人才加入，又能够留住已有优秀员工，确保公司在激烈竞争中保持人才优势，对于估价机构的长远发展至关重要。

（二）职业发展通道

职业发展通道的设计是激励机制中重要措施之一，通过为员工提供多元化的职业发展方向，能更好地激发员工的工作激情与技术提升动力。

技术专家路径：设立技术专家路径，鼓励对估价领域有浓厚兴趣和丰富经验的员工专注于技术研究和实践，鼓励员工撰写各种专业文章，提升其理论水平与创新能力，为公司发展提供和储备技术领军人才。

管理型人才路径：提供明确的管理者晋升通道，对在管理和领导方面表现出色的员工提供晋升机会。

跨部门发展：鼓励员工在不同部门之间、不同岗位之间进行轮换，拓宽其专业领域的视野，培养出更具全局视野的综合型人才。

通过为员工提供技术专家、管理型人才路径等多元化的职业发展方向，估价机构可以为员工搭建更广阔的发展空间，也为公司培养出更具领导力和创新力的核心团队。

四、结论

人才是企业发展的基础，没有人才的加入，就没有企业的可持续发展。本文浅析了估价机构人才培养现状，并提出解决路径及相应的激励机制。

针对估价机构人才短缺的问题，可通过与高校建立紧密合作关系、深化在职培训体系等措施加以解决。另外，加强校企合作，通过建立实习基地、双向人才输出等措施，有助于培养出更符合市场需求的估价人才；通过完善在职培训体系，定制个性化的培训计划、多元化、梯度化培养等方式，可满足不同领域估价人才的需求。

在人才激励方面，薪酬激励机制设计成为吸引和留住高素质估价人才的重要手段。通过绩效奖金、职务晋升、薪酬梯度、股权激励计划等方式，能够更好地激发员工的工作动力。同时，建立多元化的职业发展通道，包括技术专家、管理者、跨部门发展等，为员工提供更广阔的发展空间。

综上，估价机构通过人才培养、激励措施以及职业发展通道的建立，培养出更具创新力和竞争力的估价人才，能够更好地适应市场需求，提升机构的整体竞争力，为估价机构的可持续发展奠定坚实基础。

参考文献：

[1] 程敏敏，陈胜棋，刘朵. 2022年中国房地产估价行业发展报告[R]. 中国房地产发展报告 No.20（2023）. 北京：社会科学文献出版社，2023.

作者联系方式

姓　　名：钟海燕　王晓东　陈圳龙

单　　位：深圳市同致诚资产评估土地房地产估价顾问有限公司

地　　址：深圳市福田区侨香路裕和大厦九层901-906室

邮　　箱：aaa516789@qq.com；1106855745@qq.cpm；825357790@163.com

注册号：4420100049

房地产估价机构拔尖创新技术人才培养路径探析

宋 成 凌 波 罗 震

摘 要：习近平总书记在党的二十大报告中强调，必须坚持科技是第一生产力、人才是第一资源、创新是第一动力，深入实施科教兴国战略、人才强国战略、创新驱动发展战略，开辟发展新领域新赛道，不断塑造发展新动能新优势。对估价机构而言，估价专业人才是第一资源，拔尖创新技术人才是核心资源。我国估价机构专业技术人才队伍经过多年发展，不断发展壮大，为估价行业的持续发展提供人才支撑，但随着我国房地产行业发展模式的转型，估价机构拔尖创新技术人才相对比较缺乏，不利于估价机构乃至估价行业的高质量可持续发展。基于估价行业发展趋势和经济社会数字化发展背景，估价机构亟需站在行业发展、人才战略、技术进步的高度，从理论研究、技术研发、项目实践和对外指导等方面，积极探索拔尖创新技术人才培养的新路径。

关键词：人才培养；模式；估价机构；拔尖

当前我国经济处于转型升级和高质量发展的叠加期，同时房地产市场供求关系发生重大变化，房地产开发业面临转型升级发展的巨大挑战。作为房地产中介服务业的房地产估价行业也面临发展危机和挑战，估价机构如何适应房地产业转型升级和经济社会高质量发展的需求，人才培养特别是拔尖创新人才培养是估价机构发展中共同面临的长远课题。全国一级估价机构特别是营业收入排名前50的估价机构，需要站在估价行业持续发展、机构人才战略、专业技术进步、职业地位提升的高度重视拔尖创新技术人才培养。

一、房地产估价机构拔尖创新技术人才培养的价值意蕴

（一）拔尖创新技术人才培养是房地产估价行业持续发展的需要

习近平总书记在论述人才工作时指出："进一步加强科学教育、工程教育，加强拔尖创新人才自主培养，为解决我国关键核心技术攻关提供人才支撑。"拔尖创新人才不仅是新知识的创造者、新领域的开拓者、新技术的发明者，更是引领科技创新与产业发展的关键力量。房地产估价行业的可持续发展要靠房地产估价专业人才，特别是要依靠拔尖创新技术人才。房地产估价行业作为房地产业的重要组成部分，应义不容辞地承担培养估价专业拔尖创新技术人才的重任。房地产估价专业拔尖创新技术人才为房地产估价行业提供高端智力保障，加快房地产估价行业与相关行业融合发展，为房地产估价行业开辟新领域、新赛道，促进房地产估价行业持续健康发展。同时，为房地产业转型升级和金融业防范风险提供精准技术服务，为政府职能部门制定政策提供咨询服务，为经济社会发展贡献力量。

（二）拔尖创新技术人才培养是房地产估价企业人才战略的需要

人力资源是在经济社会发展中最重要的战略资源，也是企业持续发展的核心资源和关键保障。估价机构具有生产性服务和生活性服务的双重属性，企业资源主要是人力资源，而且是企业持续发展的战略资源。房地产估价专业拔尖创新技术人才是房地产估价机构的核心战略资源，将为企业的长远发展指明方向，为企业的持续发展提供技术支撑。房地产估价专业拔尖创新技术人才会根据经济社会发展、房地产业变革及房地产估价服务的需求变化，开发新的估价技术和拓展新的估价业务，为转换新赛道做准备，为企业制定发展战略规划提供决策依据。同时，可以帮助房地产估价机构培养估价技术后备力量，形成人才梯度。因此，培养拔尖创新技术人才是房地产估价机构实施人才战略的关键任务，关系房地产估价机构专业技术团队形成和人才培养，影响房地产估价机构的可持续发展。

（三）拔尖创新技术人才培养是房地产估价专业技术进步的需要

行业的转型升级要靠科技进步推动，科技进步靠人才，房地产估价专业技术进步需要靠拔尖创新技术人才推动。目前，我国房地产估价专业技术还相对落后，处于"传统手工业"阶段。房地产估价行业既面临数字技术、人工智能、大数据技术、物联网技术等新技术发展的冲击，同时又面临产业数字化的挑战。房地产估价行业如何提升服务技术和服务水平，以适应经济社会发展的需要，是估价行业亟需解决的课题。房地产估价需要充分利用大数据技术、人工智能、物联网技术、BIM技术、CIM技术、GIS技术等新技术手段，提升估价方法的科学性、参数的合理性、案例的可比性、资料的可靠性、勘察的可视性、结果的准确性。拔尖创新技术人才的宽广视野、前瞻思维、战略眼光，可以带领技术团队开发房地产估价新技术，促进房地产估价技术进步，手段更新。

（四）拔尖创新技术人才培养是房地产估价职业地位提升的需要

职业地位是指在一定社会发展阶段和一定时期内人们从事的某种职业在薪酬待遇、社会地位和职业声望等方面的综合评价情况，由不同职业所拥有的社会资源所决定。房地产估价专业人员是中华人民共和国人力资源和社会保障部公布的一种职业，被《中华人民共和国职业分类大典》界定为从事房地产价值和价格评估及相关咨询服务的专业人员。房地产估价师被法律赋予一定的职责、权利和义务，在我国经济社会活动中发挥不可缺少的作用，但职业地位没有与之匹配。房地产估价专业人员经济收入不高、社会地位低下、职业声望缺失，导致技术团队结构不合理，技术人才流失严重，拔尖创新技术人才稀缺。因此，培养房地产估价专业拔尖创新技术人才，有利于为政府排忧解难，为企业赋能增效，为居民提供咨询服务，树立房地产估价专业人员的新形象，提升职业地位。

二、当前房地产估价机构拔尖创新技术人才培养的现实困境

（一）房地产估价机构技术人才培养机制不健全

目前我国一级房地产估价机构基本都建立企业内部人才培养机制，构建了比较完备的人才培养体系，形成了比较合理的人才团队。根据对2022年度综合排名前100位的估价机构进行抽样调查，其中20%的机构成立了自己的研究院或研究中心，如国众联社会经济研究院、深圳市鹏信土地房地产研究中心、永业行研究院等，仅10%的机构明确了拔尖创新技术人才培养对象，大部分企业没有建立完善的技术人才培养机制，特别是拔尖创新技术人才培养机制几乎缺失。估价机构都是技术和管理人才混合培养，由于受经济利益的驱动，懂业

务会运营的管理人才往往更受企业董事会的重视,各种企业资源都向其倾斜;而技术人才是长远人才战略,经常被企业忽视不受重视,流动性比较大。特别是拔尖创新技术人才的培养更是无章可循,没有纳入企业人才战略。

(二)房地产估价机构技术人才团队结构不合理

随着市场经济的不断发展,房地产估价机构之间的竞争日趋激烈。现代社会更加强调团队精神,注重团队建设,以团队为基础的工作方式也越来越重要。技术人才团队结构决定了团队的综合实力,对推动房地产估价机构技术进步起到关键作用。根据对2022年度综合排名前10位的估价机构进行抽样调查,注册房地产估价师733人(不含分支机构),其中高级职称27人,占房地产估价师总数的3.68%;研究生以上学历92人,占房地产估价师总数的12.55%。由此可见,房地产估价机构技术人才团队的职称结构、学历结构都不合理,高职称、高学历的占比较低。由于团队结构不合理,不能形成估价技术研发合力,缺乏估价技术开发优势,没有开发估价新领域的势能,也没有拓展估价新业务的动能,导致房地产估价机构缺乏核心竞争力和影响力。

(三)培养拔尖创新技术人才的外部环境不友好

尽管国家出台了很多关于培养拔尖创新人才的政策文件,营造了良好的培养环境,但由于房地产估价行业是属于房地产中介服务业,技术含量不高;服务范围也比较狭窄,受众面小;同时,房地产估价机构基本都是民营企业,不管是营业收入还是所缴纳的税收在当地所占比重微乎其微,不能引起政府相关职能部门高度重视。由于以上原因,导致房地产估价机构的技术人才在政府相关职能部门的人才评定、职称评审、荣誉奖励、组织关怀等方面都缺少相应的政策支持,被社会边缘化。因此,房地产估价机构培养拔尖创新技术人才得不到外部环境的支持,没有外部的驱动力,缺乏内生动力。这也是7万多房地产估价师中高职称、高学历的人数偏低的原因。

三、房地产估价机构拔尖创新技术人才培养的新路径

(一)以估价技术理论研究夯实技术人才的发展基础

科学理论研究是技术进步的基础,科学技术创新的基础理论是借助于已有的科学理论,结合实际应用,逐步形成并不断修正完善的。房地产估价师应以深入学习政治经济学、国民经济学、土地经济学、城市经济学、土地科学技术、建筑科学技术、国土空间规划技术等,熟悉大数据、人工智能、GIS、CIM、BIM、物联网等新技术发展动向,锚定土地制度改革和住房制度改革,聚焦估价技术理论前沿研究。积极与北京大学、清华大学、中国人民大学、中国农业大学等相关高等院校专家学者合作,共同开展未来社区、未来城市、土地使用权制度改革、房地产发展模式改革、城市有机更新、乡村振兴与土地流转、城乡一体化发展等研究,为修订或制定房地产估价相关标准和规范、估价技术和产品研发提供扎实的理论基础,为培养拔尖创新技术人才夯实发展基础。

(二)以估价技术研发攻关提升技术人才的创新能力

技术研发攻关能力是衡量拔尖创新技术人才的关键指标。随着我国经济增长模式由高速增长、追求规模阶段进入高质量发展、追求效益的根本性转变,我国房地产业由大量粗放房地产开发建设阶段进入更新改造、存量盘活、投资运营和证券化阶段。房地产估价机构应结合当地未来社区建设、城市更新改造、存量资产盘活、不良资产处置、保障性住房定价等

项目，成立"房地产估价技术大师工作室"，积极支持房地产估价师开展相关估价技术和估价产品研发攻关，为政府职能部门提供政策建议，为企业提供技术方案。如在浙江省未来社区建设中，房地产估价师可以提供土地供给与履约监管咨询服务，协助委托方确定土地出让方式，跟踪监管项目在报建、施工、竣工、试运营等环节中的实际情况，出具相应的评估报告，对其中风险提出规避措施及优化建议。通过估价咨询技术研发攻关，可以提升拔尖创新技术人才的创新能力。

（三）以估价技术交流培训扩大技术人才的社会影响

一是房地产估价机构应积极支持房地产估价师自主创新的估价服务技术和估价服务产品在房地产估价行业自律组织提供的平台上，与全国房地产估价师甚至是国外同行进行交流，参与房地产估价师继续教育培训，切磋技艺，相互借鉴，共同提高，扩大房地产估价行业的影响力。二是房地产估价机构之间相互交流，共同开展课题研究和技术攻关，为政府职能部门和相关行业企业出谋划策，如参与处置烂尾楼、保交楼等相关工作，扩大房地产估价行业的社会影响力。三是房地产估价机构积极支持房地产估价师参与各种估价技术服务和咨询公益活动，如给高校相关专业学生开展专题讲座、参加房地产纠纷司法援助、参与当地司法部门的人民陪审员等，树立房地产估价师的社会形象，扩大房地产估价机构的品牌影响力。

四、结束语

党的二十大报告提出"努力培养造就更多大师"，房地产估价行业应培养造就"房地产估价大师"。房地产估价机构应积极适应国内外经济环境的变化，守正创新、开拓进取，从企业人才战略的高度制定人才培养规划，建立长效培养机制，搭建人才成长的各类平台，培养房地产估价行业的拔尖创新技术人才，为房地产估价行业乃至整个房地产业持续健康发展贡献一份力量。

参考文献：

[1] 雷蕾.工程咨询企业转型期人才培养体系及梯队建设思考[J].建设监理，2023（10）：38-42.

[2] 郑晓俐.数字经济对房地产估价行业的影响分析：基于风险预警的视角[J].上海房地，2023（6）：56-59.

[3] 杨多.现阶段我国房地产估价机构的发展困境与发展路径探讨[J].中国管理信息化，2022（10）：134-136.

[4] 李晓燕.机器学习技术在土地估价中的应用研究：以郑州市住宅用地评估为例[D].郑州：河南财经政法大学，2023.

[5] 冯璐瑶.基于机器学习的住宅批量估价方法研究[D].北京：北京交通大学，2021.

[6] 黎建玲.基于律师分级管理的律师人才培养战略研究[J].企业改革与管理，2023（19）：88-90.

[7] 柴强.房地产估价要适应环境变化守正创新发展[EB/OL].http：//www.qhjshyxx.com/index.php?c=show&id=1919，2023-02-09/2023-12-08.

作者联系方式
姓　名：宋　成　凌　波　罗　震
单　位：浙江博南土地房地产评估规划有限公司
地　址：杭州市西湖区天目山路 97 号科贸大楼 8 楼
邮　箱：bntd82@126.com
注册号：宋　成（3320070078）；凌　波（3320110035）；罗　震（3320160017）

估价机构人才培养现状、路径及人才激励机制探索

范建华　曹　灿

摘　要： 未来估价机构发展的核心竞争力是品牌、规模、人才、资源整合、专业化、智能化工具等。优秀的人才和高效的团队管理是估价机构的核心，经营一家估价机构的核心就是留住人才，就是聚集一群优秀、专业的估价师团体，需要重视人才的培养，建立完善的激励机制和职业发展路径，提高团队的凝聚力和执行力。虽然估价机构都会作出一些培养人才措施，但依然面临人才流失的挑战，本文通过介绍估价机构人才的现状，分析存在的问题和面临的挑战，并探索人才激励机制。

关键词： 估价机构；人才流失；晋升机制；股权激励

一、估价机构人才的现状

（一）人才流失严重、行业吸引力不足

近年来，深圳市估价行业新增人员逐年下降，专业人才转职现象明显，估价机构出现专业人才源头缩水，招聘人员短缺的现象。主要原因如下：

（1）对口专业大学毕业生抵深就业少，新增毕业生就地就业或返乡就业现象明显，随着中国城市化进程的推进，各地经济发展态势良好，新增毕业生更愿意就地或返乡就业，相比 20 世纪初期来深就业减少，导致深圳房地产估价行业从业人员源头缩水。

（2）入行后人才流失严重。一是新入职行业的人才发展方向不确定。在入职估价行业后，人才转变自身从业发展方向，或转入其他行业发展，或自主创业，或考研深造等，不愿在估价行业内深度发展。二是薪资待遇不理想，反复跳槽现象明显。近年来估价机构陷入"寒潮"，机构资金压力增大，经济效益下降趋势加剧，而新入行员工对薪资福利诉求高，导致薪资矛盾加剧，使得新入行从业人员流动性高，机构人员稳定性不足，限制了发展速度。

（3）愿意在行业深耕发展的人才偏少。估价行业作为技术型服务行业，相对于房地产开发、建筑业来说，待遇相对较低，面对关联行业的人员扩招，估价人员转行发展现象突出，导致估价机构人员流失。特别是深圳近 5 年城市更新及利益统筹改造的迅速扩张，相关从业人员需求增加，而作为关联行业的估价人员，转行入房地产开发业的现象急剧增加，从而加剧估价行业人员的流失，特别是估价行业资深人才的流失尤其明显。

（4）行业人才流失的影响。行业人才流失，尤其是拥有专业技术能力，掌握估价机构技术发展方向，控制估价机构关键资源，为企业价值创造做出较大贡献，并对估价机构产生深远影响的核心人才的流失，会给估价机构及估价行业带来重大损失，会动摇机构军心，造成

成本损失，影响机构的运作等。

（二）团队不够稳定，凝聚力较弱，缺乏创新进取

1. 团队领导人管理意识待加强

团队凝聚力在于团队领导人管理，团队精神是大局意识、协作精神和服务精神的集中体现。现阶段估价机构的团队领导人往往以目标为结果导向，任务强加给员工，缺乏员工培训，缺少员工之间的良性沟通，存在任务分配不均等现象，各团队之间未能协同合作，形成部门战斗力。导致团队整体协作能力不强，凝聚力不够，从而造成人员流失的现象。

2. 团队人员自信力不够

团队成员对自身负责的专业领域自信心不够，一是缺乏与估价委托人沟通的信心，特别是汇报能力不足，导致项目进度慢。二是缺少独立思考及提出解决方案的能力，过分依赖团队负责人或者项目经理，未作出自身应有的贡献。

3. 团队协同合作能力较弱

现今估价行业运作主要以小团队运作方式为主。以小组组长或项目组长为主，独立完成公司分配的任务，片区负责人或者部门负责人管理所辖范围内的各个小团队。主要存在的问题，一是小团队内部各自为政，项目内部沟通不足，浪费人力成本，同时缺少复盘总结，未能提升项目推进速度。二是小团队之间协同合作不够，团队之间缺乏对相似问题的沟通，团队精神不足，凝聚力不够。

4. 缺乏创新进取意识

创新是创造和研发新理论、新技术、新方案等。优化管理模式，拓展行业新业务，提升员工技术和机构的竞争力，都离不开创新意识。现估价行业面临低谷，估价机构遇到寒冬，技术人员竞争力不足等都需要估价人员提升自身专业技能，创新进取。

（1）技术研发突破能力不足。现行估价市场与传统估价市场明显的区别在于，对技术要求更细致、解决问题要求思路更广阔。而估价机构面临的技术创新日益紧迫，需做出与时俱进的技术创新改善。现行业常常考虑技术突破成本，技术研发能力不足。

（2）新业务类型需要创新学习。传统的估价业务难以满足估价机构的发展，突破市场禁锢就得创新，顺应时代发展需求拓展估价业务类型。现今行业内仅个别估价机构在寻求与政府、国企以及大型企业的合作探讨，以研发创造新估价业务类型，而绝大部分机构仍在随波逐流，未投入创新业务的研发中。现今估价机构传统业务基本饱和，只有创新业务类型，并积极参与研发探索，以求突破市场，从而提升估价机构的竞争力，优化企业文化，才能提升员工的工作幸福感，增强员工凝聚力。

（三）缺乏人才培养长效机制，成长缓慢

估价机构需制定长期有规划的培训计划，才能不断提升员工的专业技能，协助解决员工面临的日益深入的技术诉求，提升员工的归属感，留住人才。

1. 未建立长期培训规划

现估价机构一般依赖于部门培训，未制定公司长期培养制度，缺乏员工各阶段的培训机制，员工专业技能提升缓慢，员工归属感不强，对公司依赖度不高，造成人员流失。

2. 考核没有数据支持，流于形式

对已有的培训计划，估价机构一般无培训调查数据，培训考核数据，培训补差数据等，仅在于形式，无调研无跟踪的培训方式，无法快速提升员工的专业技术能力。

二、人才培养机制探索

（一）招聘机制

1. 加强校企联合，扩大行业影响力

区别于传统市场招聘、网站招聘，建议行业加强校企联合，通过提供实习基地、校企研发课题、校企创新主题探讨等方式，扩大估价行业在高校的影响力，提升估价机构的名牌效力，以引入专业人才。

2. 创新薪酬制度改革，留住人才

估价机构需创新薪酬制度改革，注重新员工薪资梯度机制的革新，加强月度、季度、年度的考核以及相匹配的奖惩制度，充分调动员工积极性，留住可塑人才。

3. 跨行业招聘，以增加新业务承接能力

在房地产市场的低迷期，房地产企业大规模精减人员，估价行业可逆转向房地产开发企业、房地产经纪行业等，招聘与估价机构业务拓展相匹配的专业人才，以满足估价机构的人才需求，特别是估价机构的咨询类业务，往往房地产开发企业专业人才的实操能力，能弥补估价机构实操经验的不足。

（二）培养机制

1. 培养机制的完善

估价机构培养机制的完善，第一，需注重长期规划的落实，让员工在各个成长阶段都有相应的培养，督促员工进步及专业技能的提升。第二，培养机制需适时补充完善，为应对行业业务类型的变更，针对性地补充培养计划。第三，需组织各部门的培训考核，落实责任人，建立奖惩机制。

2. 培养机制的多样性

估价机构的培养机制要全面、多样，除本机构具有实操能力的讲师外，必要时要邀请外部专业人才对员工进行培训，以快速提升员工技能，另外可通过举办技能赛事，检验员工专业实操能力。借助行业协会的影响力，举办行业专业沙龙等方式，以寻求培养机制的多样发展，提升员工对企业的依赖度和凝聚力。

3. 培养机制的专业性

员工的培养需要深度，在估价机构擅长的领域，必须扩大自身的专业影响力，注重员工的深度培养，以扩张擅长领域的业务承接力。在员工专业性培养方面，需因材施教，在员工自身熟悉的业务类型上，借助公司的力量，深度培养其专业能力，通过定点专业培养，发展员工所长，形成所长必所专的员工常态，以此提升公司竞争力及行业竞争力。

（三）成长机制

1. 鼓励参加考试

鼓励大家成为房地产估价师，参加国家房地产估价师资格考试，取得房地产估价师执业资格证书，注册后给予一定的奖励。

2. 提供专业培训机会

房地产估价行业涉及的知识面非常广泛，除房地产估价理论与技术外，还包括房地产市场分析、投资评估、项目管理等多个方面，公司除提供内部培训外，还应鼓励房地产估价师参加各种外部专业培训，提升自身的专业素养和技能，对参加外部专业培训的费用给予一定补助。

3. 提供大型项目实践机会

公司的重点大型项目，给予房地产估价师参与实践机会，通过实践经验的积累和总结，逐渐提高房地产估价师自身的估价水平。

4. 制定完善岗位晋升机制

制定完善初级房地产估价师、中级房地产估价师、高级房地产估价师、部门经理、片区负责人、技术负责人等的条件和标准。房地产估价师通过不断学习和实践，提高自己的专业水平和实践能力，在有较为出色的工作表现和业绩后，通过相关的考核和评审程序给予晋升的机会。

（四）激励机制

1. 设立个人奖励

估价机构可以制定明确的绩效考核标准，每半年度（年度）对估价师进行评估，包括但不限于对专业能力、业绩成果、客户满意度、技术创新能力、培养带领团队能力等方面进行评估，表现杰出的，颁发个人奖励，个人奖励可以是荣誉称号、奖金或其他形式的奖励。

2. 提供业务拓展机会

关键技术人员在某特定业务领域已拥有较强技术专业能力以及客户满意度，并且有潜在拓展业务能力的，公司可以考虑提供其业务拓展的机会，这些机会可以帮助估价师拓展他们的专业领域，提升他们的影响力和待遇。

3. 实施股权激励

一般而言，公司老板及股东较为注重公司的长期发展，而非股东工作人员则较为注重各自在任期内的收益，其两者的利益并不完全一致。对于公司的管理者和关键技术人员实施股权激励方案让其成为公司股东，成为利益共同体，不仅可以让其享有分享利润的权利，还能增强员工的归属感，进而弱化两者之间的矛盾。

实施股权激励也会产生一种强烈的导向作用，会提高员工的积极性和创造性，利益驱动有利于刺激员工潜力的发挥，争当成为管理者和关键技术人员，提高企业的经营业绩和核心竞争能力。

作者联系方式

姓　　名：范建华　曹　灿

单　　位：深圳市鹏信资产评估土地房地产估价有限公司

地　　址：深圳市福田区福中路福景大厦中座 14 楼

邮　　箱：1076974008@qq.com；254238419@qq.com

注册号：4420130090

探索房地产估价机构人才培养体系及激励机制

王俊科　苏鹏博　梁思颖

摘　要：房地产估价行业经过 30 余年发展，房地产估价师队伍也越来越壮大。受宏观经济以及房地产市场周期的影响，目前房地产行业处于下行期，导致与房地产相关的估价业务萎缩严重，部分估价师选择"躺平"或者转行，对整个房地产估价行业人员稳定造成了很大的影响。当前房地产估价行业正从高速发展迈向高质量发展的转型阶段，本文以当前行业及就业形势为基础，探讨估价机构如何培养人才以及探索人才激励机制，以实现估价机构稳定可持续发展。

关键词：估价人才现状；人才培养；人才激励；可持续发展

一、当前房地产估价机构人才培养体系的现状

（一）新生人才储备不足，地域分布不平衡

当前，房地产评估行业已发展成为我国经济活动中一个重要的房地产中介服务行业。彼时，第一批房地产评估从业人员多以 70 后为主。至今，房地产评估行业管理及主要技术岗位多以 70 后、80 后为主，新生力量不足。而房地产评估行业是一个包含了智力及劳动密集型的行业，急需年轻的人才储备，特别是机构管理方面，需要具备创新及经验丰富的综合性人才。此外，估价师人才储备在地域分布上存在较大差异，一二线城市对人才的吸引力较好，其他城市对人才的吸引力明显较弱，导致部分城市的估价机构面临着人才短缺的困境。

（二）培养模式较为单一

随着我国经济结构不断优化完善，对房地产评估业务的需求也在不断地变化，从传统的银行抵押评估、征收评估、司法评估等，到城市更新、资产证券化、房地产综合咨询等。但大部分评估从业人员，自进入评估行业开始，便一直接受单一方向的学习和系统培训，其专业深度与能力适应性均有所局限，导致除了完成日常的房地产评估工作之外，在面对其他类型或较为复杂的评估业务时，其知识储备匮乏，经验欠缺，不能准确地建立起评估思路。另外，目前基本每家房地产估价机构都偏向于估价作业的程序化，工作上都事先处理好常用的测算表以及报告模板供报告撰写者使用，使得技术人员严重依赖模板，虽一定程度上提高了出具报告的效率，但也使技术人员对评估思路、逻辑并不完全掌握，仅成为评估报告的机械组装工，不利于高端咨询估价业务的发展，也不利于估价师自身能力水平的提高。

（三）人才流动性高，流失现象较为严重

因多数估价机构没有完善的晋升制度、规范的晋升标准与明确的职位下降通道，这让许多人才认为在公司中没有成长的机会和发展，严重打击了人才的进取积极性与工作热情，在其专业能力水平、工作价值不断提高后，就会选择离开公司，甚至离开行业，导致技术岗位

人才的流失现象严重。

二、估价机构人才培养体系发展的阻碍

（一）缺乏先进的人才管理意识

房地产评估行业经历了30余年的发展，虽有部分估价机构投入了大量的资源、人力及财力，建立较为完善的人力资源系统和流程，但仍有不少估价机构忽略了人才管理，将人才管理视为短期的战术问题，而不将其视为长期战略中不可或缺的部分，缺乏先进的人才管理意识。很多时候，机构管理者采用的都是被动反应方式，导致现行的人才管理模式难以迎合估价机构的发展需求，比如，只有在房地产市场行情较好的时候，才开始雇佣更多的销售和技术员工，而由于新雇佣的人员培养周期普遍较短，因此，难以达到理想的人才培养效果。

（二）缺乏健全的人才培养体系

现阶段，我国多数估价机构都缺乏健全的人才培养体系，除了缺少对应的工作实践以外，还缺少完善的培训制度及培训目标。培训工作都是为了完成公司所安排的任务，形式主义较严重。在这种情况下，由于培训缺乏针对性，没有结合估价机构的业务发展需求及行业的发展方向而设置培训目标、要求，致使人才培养的质量较差。因此，估价机构应树立明确的人才战略规划，并以此为参考设定企业人才培养的目标，对培训群体、培训内容等进行有针对性的选择，再制定完善的培训考核体系，有助于提高估价机构人才培养的水平，满足机构的可持续发展需求。

（三）人才队伍建设后劲不足

从目前各估价机构的人员结构上来看，持证估价师在所有技术人员中的占比相对较低，存在中坚力量薄弱，后备人才难以为继的问题。产生这些问题的原因主要是房地产市场低迷，估价业务萎缩严重，低收费及内卷严重的不良风气导致的收入下降，专业人才一旦失去提高工资的期盼，就会产生职业倦怠，致使一些专业人员对职业生涯的前途失去信心，选择离开房地产评估行业。另外，现阶段较多房地产评估专业的学生毕业后就选择转行，真正能一如既往地从事评估工作的并不多，从而导致估价机构人才队伍建设后劲不足，难以满足估价机构的可持续发展需求。

三、人才培养体系主要方向及路径

估价行业为知识密集型行业，对人才的要求比较高，针对行业特点，估价结构人才培养体系的主要方向包括专业素质的培养、实践能力的培养、团队协作能力的培养、创新能力的培养以及持续学习和发展。估价机构可以通过组织培训、实践锻炼、团队合作、创新激励和学习机会等路径，不断提升估价人员的专业水平和综合素质，为企业的发展提供有力支持。

（一）提升估价人员的专业素质

房地产估价工作需要对房地产市场、经济、法律等方面有深入的了解和把握，需要扎实的理论基础及市场敏感性。因此，培养估价人员的专业知识尤为重要。企业可通过组织内部培训、外部培训及与高校合作等方式，为估价人员提供系统的专业知识培训，使其能够熟悉

市场动态、掌握估价理论方法和技术，提高专业素质。

（二）加强估价人员实践能力的培养

房地产估价工作需要实际操作和解决问题的能力，因此，培养估价人员的实践能力必不可少，由经验较丰富的估价师前期指导新人快速投入具体的工作，一对一辅导，不断在实践中发现问题，锻炼分析和解决问题的能力，不断积累经验。房地产估价是技术与经验并重的行业，经验的传承可以使估价师快速成长，估价机构可以建立导师制度，分享估价经验，协助解决在项目实践中遇到的复杂问题，帮助估价人员在实践中不断成长。

（三）提高团队协作能力

房地产估价工作通常需要多人协同合作，尤其是对于复杂的项目，每个人经验及获取的信息有差异，出现意见不一致问题，此时需要多沟通、集思广益才能达到统一的结果。另外有的项目涉及的体量非常大、分布广，需要多个团队共同配合完成，估价人员的团队协作能力非常重要。企业可以通过组织团队项目、开展团队活动等方式，培养估价人员的团队合作意识和能力。此外，企业还可以通过设立专门的团队培训课程，提升估价人员的沟通、协调和领导能力，促进团队的协作和合作。

（四）注重创新能力的培养

随着市场经济的发展和变化，房地产估价工作也需要不断创新和改进。培养估价人员的创新能力尤为重要。企业可建立创新激励机制，通过鼓励估价人员提出创新想法、组织创新项目、设立创新奖励制度等方式，激发估价人员创新潜力，对在创新方面取得成果的估价人员给予奖励和认可。同时，企业还可以为估价人员提供晋升和发展的机会，通过晋升、岗位轮岗和培训计划等方式，激励他们在职业发展中不断提升自己并为企业做出更大的贡献。

（五）持续学习和发展

房地产估价工作涉及的知识和技能都在不断发展和更新，因此，估价人员需要具备持续学习和发展的能力。估价机构可以通过建立学习型组织文化，鼓励估价人员不断学习和进修，学习同行及国外的先进理念、创新技术，提高其专业水平和综合能力。借助大数据、人工智能、自动估价等科技手段提高工作效率。此外，企业还可以为估价人员提供晋升和发展的机会，激励其在职业发展中不断提升自己。

四、探索估价机构人才激励机制

目前评估行业公司制一般是以有限责任公司形式设立，公司所有权相对集中在少数人手上，且房地产评估业务需以公司的名义承接，不能以个人名义承揽评估业务，导致行业内大部分房地产估价师基本都是"打工人"，未能享受公司发展带来的红利。估价机构构建有效的人才激励机制，合理地分配公司的经营成果，有助于行业高质量发展。目前，估价机构的内部组织架构一般分三块，技术部门、市场部门及综合管理部门，技术部门主要负责评估程序的执行及评估报告的出具，市场部门主要负责对接客户及商务洽谈，综合管理部门主要负责人力、行政、财务等工作。而决定估价机构专业水平的主要是技术部门估价师的专业技术能力，一个公司拥有稳定的技术型人才方能使估价机构持续地向客户提供专业、优质的服务。

房地产估价不仅是一门科学，也是一门艺术，最终的估价结果是否客观合理除了需要大量的基础数据支撑，还需要房地产估价师的经验判断，构建优秀、经验丰富的估价师团队有助于提高工作效率和降低经营风险,技术性人才培养是估价机构发展的核心。目前大部分机构过度强调业务经营,重业务轻技术,经营过程中忽视了人力资源激励,导致技术员工流动性大,人才流失严重,新入职的员工也面临着效率低下、经验不足、沟通不畅、质量不达标等问题。探索人才激励机制的构建策略,为估价机构健康发展提供参考。

(一)建立合理的薪酬与福利制度

房地产估价机构应根据估价行业的特点,建立以人为本的薪酬管理理念,针对不同的员工给予不同的激励需求,针对多样化的需求并作出积极的反应,以最大限度地提高薪酬激励效果。

对于新晋估价师来说,低层次需求较强,主要以金钱激励为主,满足基本生活费用。当然也要定期提供专业技术培训,让员工在工作中不断提升自己。最后还应辅以一定的精神激励,让技术人员在工作中有归属感、忠于公司、为公司贡献力量。

对于拥有一定经验的估价师来说,应该在给予一定的物质激励的基础上,为其提供更多的机会来提高自己的能力,为公司创收的同时,亦能满足自我价值实现的需要。提高估价师的专业水平可以拓展更多的业务类型,提高公司的整体绩效,也可以为公司关键岗位找到合适的继任者。对于对公司有重大贡献的优秀估价师,公司也要提供更高水平的报酬及奖励,防止为他人做嫁衣,留住可用的人才。

(二)建立以绩效为导向的考核机制

科学的薪酬体系离不开企业的整体绩效,建立科学公平的绩效薪酬福利体系一方面可以体现公司内部公平竞争的机制氛围,另一方面也可以使优秀人才脱颖而出,长期为公司创造价值。估价机构客户类型繁多、业务类型多样复杂,项目难度大的项目往往收费也较高,也是非常考验经办估价师的专业能力。建议估价机构建立估价师专业能力级别划分体系,对不同级别估价师的薪酬福利设置合理的差距,其接触的项目复杂程度亦有所区别。技术职级的划分有助于引导技术人员注意个人技能的增长和能力的提高,也有利于岗位轮换,促进员工的良好表现。

建议估价机构根据不同项目类型、项目特点以及项目复杂程度构建可量化的工作考核体系,对于主动承担复杂项目的估价师给予相匹配的物质奖励、荣誉表彰等,合理科学的分配机制才能为公司创建良性工作氛围,使估价师主动地承接复杂项目,实现个人和公司共同进步。

(三)探索建立长期激励机制

长期激励机制,是企业的所有者(股东)激励经营管理者与员工共同努力,使其能够稳定地在企业中长期工作并着眼于企业的长期效益,以实现企业的长期发展目标,通过给予高级管理人员以约定的价格,购买未来一定时期内公司股份的权利来约束和激励员工和高级人员的一项企业管理制度。

估价机构的组织形式一般以公司形式设立,高级人员和技术骨干通过持有公司股权,实现核心人员与公司的长期利益捆绑,激发员工的积极性、主动性和创造性,促进企业提升各项管理机制,可以避免公司人才流失,并能为公司吸引更多的优秀人才。

五、估价机构人才培养发展的新征程

未来,房地产评估行业由高速发展向高质量发展转变,专业水平和质量是行业的生命线，估价机构应永远将专业和质量放在第一位，只有提高技术人员的专业水平才能保障估价产品的质量，估价机构才能持续发展。人才是第一生产力，技术人员的专业水平决定了估价机构的水平和高度，估价机构只有重视人才培养，建立科学合理的人才激励机制才能保持人才稳定，引领估价机构高质量发展。愿未来，评估行业发展得更稳，估价人才的社会价值更高，房地产评估行业的专业性更强、行业社会地位越高。

参考文献：

[1] 徐亚婷，余丽. 国有企业人才培养现状、困境及应对策略 [J]. 企业改革与管理，2022（4）.

[2] 阎琨，吴菡，张雨颀. 构建中国拔尖人才培养体系：现状、方向和路径 [J]. 中国高教研究，2023（5）.

[3] 曹基梅. 中小企业人力资源激励机制的构建与实践研究 [J]. 现代营销（经营版），2020（12）：10-11.

作者联系方式

姓　　名：王俊科　苏鹏博　梁思颖

单　　位：深圳市世联土地房地产评估有限公司

地　　址：深圳市福田区上梅林中康路卓越城二期 B 座 19 层

邮　　箱：wangjk@ruiunion.com.cn；supb@ruiunion.com.cn；liangsy@ruiunion.com.cn

注册号：苏鹏博（4420210403）；梁思颖（4420210231）；

　　　　王俊科（管理号）30520211144000000119

房地产估价行业环境和人才激励探索

冉秋琰

摘 要： 房地产估价行业面临着传统抵押评估业务和房屋征收评估业务减少的挑战，但城市更新发展和新型估价业务需求为行业提供了新的发展机会。不同省市的房地产估价市场呈现出不同的市场结构和发展特点，但都有其独特的发展机遇和挑战。行业需要不断更新专业知识与技能、建立人才储备机制，并探索公司系统架设和人才激励机制的方向。

关键词： 传统业务萎缩；新型业务机遇；估价人员从业分析；人才激励探索

一、当前房地产估价行业大环境

（一）传统抵押评估业务萎缩

随着大数据、网络技术的飞速发展，全国各大银行纷纷开设了网络询价系统。从银行角度来看，过去银行在为客户提供金融服务时，往往依赖线下的人员操作和传统的委托评估的方式。这不仅效率低下，还伴随着较高的人员和运营成本。而现在，通过网络询价系统，银行的客户无需再等待繁琐的线下评估流程，不仅提高了银行业务的处理速度，更为客户带来了更加便捷的服务体验。

大数据、网络技术的发展无疑为银行带来了巨大的便利和优势，并且发挥着越来越重要的作用，但是它并不能完全代替传统的估价方法。房地产估价是一个复杂而细致的过程，涉及的因素众多，这些因素并不能单纯地通过大数据完全捕捉和解析。特别是在中国房地产市场中，房地产的价格受到政策、市场供需等多种因素影响，这些都需要估价师的专业知识和经验进行判断。

对于房地产估价机构来说，传统的银行评估业务仍然是其核心业务之一。尽管网络技术的应用在一定程度上影响了业务的范围和收入，但这并不意味着传统业务会完全消失。相反，传统的估价方法和大数据技术应该相互补充，共同为客户提供更为准确、全面的评估服务。

（二）房屋征收评估业务转向为城市更新服务

由于国家调控、市场经济等多种因素的综合作用，全国房地产市场近年来出现了萎缩的趋势。这一萎缩不仅涉及交易量减少、价格趋稳等方面，也对房地产征收评估业务造成了明显的冲击，使得该估价业务领域的需求逐渐减少。

征收评估的主要目的是为政府或相关机构在征收土地、房屋时提供合理的价值参考依据。但随着市场交易的减少，政府征收的需求也相应降低，导致征收评估业务量下滑。但是城市的更新和发展为房地产估价行业提供了新的发展机会和前景。随着城市化进程的加速推进，城市更新和改造成为日益迫切的需求。为了改善城市的居住环境、提升城市功能，政府加大了对城市更新项目的投入。这些项目通常涉及土地再开发、老旧小区改造、基础设施建设等内容。

城市更新发展意味着估价业务机遇将逐渐从传统的征收评估转向城市更新相关评估。例如，对于土地再开发项目，估价机构可以进行土地价值评估、投资回报分析等；对于老旧小区改造，可以参与改造前后的价值评估、市场影响分析等。估价机构应该不断提升自身的专业能力，加强对城市更新政策、市场需求等方面的研究，以提供符合城市发展需求的估价服务。只有紧跟市场变化，不断调整和拓展业务领域，才能在竞争中保持领先地位，实现可持续发展。

（三）新型业务机遇浮现

随着绿色建筑和碳中和概念的兴起，对于节能、环保型建筑的评估需求逐渐增加。此外，共有产权房、长租公寓等新兴房地产形态也带来了新的评估需求。这为房地产估价行业提供了新的增长点。

当前房地产估价行业正面临一个大环境的变革。传统抵押评估和征收评估业务减少是行业不可回避的挑战，这也意味着行业的业务模式和重心需要有所调整。要想在变革中抓住机遇，既要巩固和挖掘传统业务的潜力，又要积极开拓新型业务，拥抱技术创新，只有这样，估价行业才能保持竞争力，实现持续发展。

二、估价人员从业分析

（一）近年注销房地产估价师注册人数

从1995年的第一次房地产估价师全国统一考试到现在，已经过去了28年。在这期间，房地产估价行业经历了不少的变化和发展。

根据相关数据，2020年注销房地产估价师注册人数达到700人，2021年增加至952人，2022年则为823人，截至2023年9月，注销人数已与2022年持平，达到823人。

这种趋势可能与多种因素有关，房地产市场在不断的发展和变化，房地产估价师的工作内容和要求也在不断变化。随着年龄的增长，一部分房地产估价师可能会选择退休，这也是注销人数增加的一个原因，此外，行业内的竞争压力、政策调整等因素也对注销人数产生影响。

（二）北京市、上海市、广东省、河南省地区从业人员分布分析

1.北京市的房地产估价市场

北京市的房地产估价机构数量共计144家，既反映了市场的活跃，也体现了竞争的激烈。在这144家中，一级机构达到了65家，所占的比例高达45.14%，几乎占据了半壁江山（图1）。这也表明北京市的房地产估价市场中，一级机构具备了很大的影响力。

在估价师数量上，北京市总计1757人。其中，1196人来自一级机构，所占的比例更是高达68.07%（图2）。这一数据进一步印证了一级机构在北京市房地产估价市场的主导地位，它们不仅机构数量占比高，而且吸引了大批的估价师。

2.上海市的房地产估价市场

与北京市相比，上海市的估价机构数量为67家，相对较少。其中，一级机构就达到了43家，占比高达64.18%，这显示了上海市的一级机构在市场上的集中度更高。

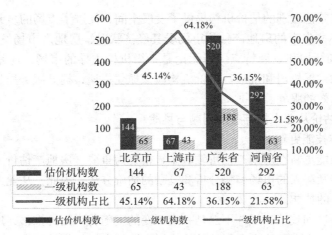

图1 估价机构数及一级机构占比

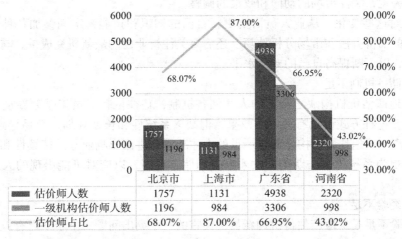

图2 一级机构估价师占比

在估价师数量上，上海市共有1131人，这些估价师大多数都在一级机构中工作。这样的分布进一步证明了上海市一级估价机构的强大吸引力和实力。

3. 广东省的房地产估价市场

广东省的估价机构数量最多，达到了520家。这反映了广东省房地产市场的活跃和估价服务的巨大需求，在这520家中，一级机构有188家，占比为36.15%。

同时，广东省的估价师人数相对是最多的，总计4938人。尽管一级机构的估价师人数占比较高，为66.95%，但考虑广东省估价机构的总量，这表明市场不仅仅由一级机构主导，其他级别的机构也在其中发挥了重要作用。这样的市场结构显示了广东省房地产估价市场的多元化和开放性。

4. 河南省的房地产估价市场

河南省的估价机构数量为292家，其中一级机构为63家，占比为21.58%，相对较低，这与河南省的房地产市场发展、经济状况等因素有关。

在估价师的数量上，河南省共有2320人，但其中只有998人来自一级机构，占比为43.02%。与其他省市相比，河南省的一级机构在市场上的影响力和实力相对较弱。但这也为河南省的二级或其他级别的估价机构提供了发展空间，促进了市场的多元化发展。

总的来说，不同省市的房地产估价市场受其经济状况、房地产市场发展等因素的影响，呈现出不同的市场结构和发展特点。但无论是一级机构主导的市场，还是多元化发展的市场，都有其独特的发展机遇和挑战。估价机构应该抓住机遇，提升服务质量，为房地产市场提供更专业、更高效的服务。

（三）房地产估价从业人员存在的问题与挑战

1. 专业知识与技能更新

专业知识与技能更新在房地产估价领域中显得尤为重要。房地产估价不仅仅是一个简单的评估过程，更涉及深入的市场趋势分析和复杂的估价方法。因此，从业人员必须拥有扎实的专业知识和广泛的技能。

然而，市场环境和政策法规并不总是一成不变的。随着时间的推移，房地产市场可能会经历各种变化，而政府也可能出台新的政策法规来调控市场。这就要求房地产估价的从业人员时刻保持警觉，关注市场的动向和政策的调整。

为了应对这些变化，从业人员需要更新自己的知识和技能，定期参加各种专业培训课程，学习新的估价方法和市场分析技巧。还需要关注行业内的最新研究成果，与其他专业人士交流经验，以不断提高自己的专业水平。

2. 人才储备机制不足

许多房地产估价机构缺乏有效的人才储备机制，往往依赖老员工带领新员工的方式进行人才培养。这种方式虽然有一定的效果，但缺乏系统性和长期规划，容易导致人才断层。一旦老员工离职或退休，机构将面临严重的人才断层，进而影响业务的持续性和稳定性。亟待建立一个更为系统化、长期化的人才培养和储备机制，以应对可能出现的人才短缺和业务中断。

3. 项目经验不足

项目经验不足是房地产估价机构新员工面临的一个突出问题。由于缺乏有效的人才储备和业务培训机制，这些新员工在项目执行过程中往往显得经验不足，并会在承接复杂项目时带来诸多困难。

复杂房地产估价项目涉及多样化的资产类型、复杂的市场环境和众多的政策法规，要求从业人员具备丰富的经验和准确的判断能力。由于缺乏项目经验，新员工可能无法准确分析市场趋势，合理评估资产价值，并可能在处理项目中遇到各种问题时感到困惑和无措。

这种问题不仅影响新员工个人的工作表现，也会对机构的业务质量和声誉造成不良影响。如果机构频繁出现由新员工引发的错误或问题，客户对机构的信任度可能降低，进而影响机构的业务拓展和长期发展。

三、公司系统架设和人才激励探索

（一）优秀的公司打造一流的系统和团队

优秀的公司会通过打造一流的系统和团队，让三流的人才发挥一流的作用，并实现人才的几何倍增长。没有完美的个人，只有完美的团队，通过团队合作和协作，可以战胜困难、创造卓越。

通过建立一流的系统，估价机构能够将工作流程、管理方法和业务操作标准化和高效化。这样的系统可以为员工提供清晰的指导和支持，使他们能够更好地发挥自己的能力和专长。即使招聘到的人才起初只是新人，在这样的系统支持下，他们也能够发挥出一流的作用。

（二）动力的重要性与"同岗不同薪"策略

动力是行动的源泉。一个再有能力的人，如果没有足够的动力，也发挥不出他的全部潜能。而一个充满动力的人，即使能力稍弱，也会因为努力和不懈的追求，逐步提高自己的能力，并取得成果。

老板通常是公司的创始人或管理者，他们之所以能够在公司中脱颖而出，往往是因为他们拥有强烈的动力和决心。他们愿意承担风险，付出努力，并持续学习和成长，从而使自己成为公司中最有能力的人。

很多时候，员工不是没有能力，而是缺乏激发他们成长的机制和环境。如果一个公司能够设计合理的激励机制。如采取"同岗不同薪"的策略，做同样工作的员工，根据他们的表现和成果，会有不同的薪酬，那些愿意干、能干并且能干出结果的人，自然会得到更高的回报。当员工看到了努力后的物质回报和成长机会，那么员工的动力自然就会被激发出来。

（三）人才激励机制的探索方向

1. 薪酬激励

薪酬是员工为企业付出劳动的直接回报。合理的薪酬制度可以充分激励员工发挥其能力和专长。除了基本工资，还可以考虑绩效奖金、年终奖、员工持股计划等多种方式，确保员工得到与贡献相匹配的回报。

2. 晋升激励

每个员工都期望自己的职业生涯能够有所发展。明确的晋升通道和标准可以激发员工的上进心，使其更加专注于工作。同时，晋升也能让员工看到自己在企业中的未来，从而长期为企业效力。

3. 授权激励

赋予员工更多的权力和决策参与，可以让他们感受到企业的信任。这种信任会转化为员工的责任感，使其更为积极地投入到工作中。

4. 培训激励

随着技术和市场的不断变化，员工需要持续学习以适应这些变化。企业提供的培训和发展机会，不仅可以帮助员工提升技能，还能让他们感受到企业的关心和支持。

5. 情感激励

除了物质上的回报，情感上的关心和支持同样重要。良好的企业文化、领导与员工之间的沟通，以及关心员工福利等措施，都可以增强员工对企业的情感依赖。

（四）人才的选用策略

"田忌赛马"强调的是策略和智慧，这一策略体现在人才的合理配置和优势的互补上。企业可以根据员工的特长、能力和潜力，进行巧妙的组合和配置，让员工在最适合自己的岗位上发挥出最大的价值。这种策略性的人才配置有助于企业优化人力资源结构，提升整体绩效。

而"伯乐识马"则强调人才识别和挖掘的重要性。在选用人才时，企业需要有如伯乐般的眼光，能够识别和发掘潜在的人才。这要求企业领导者具备敏锐的洞察力和判断力，能够看透员工的外在表现，发现其潜在的才能和发展空间。

综合运用"田忌赛马"和"伯乐识马"的策略，企业可以在人才选用上实现优化和突破。通过策略性地配置人才资源，使每个员工都能在最适合自己的位置上发挥所长；同时，通过伯乐般的眼光，发掘和培养潜在的人才，为企业的长期发展储备力量。这样的人才选用策略，将有助于企业构建一支高素质、有活力的人才队伍，推动企业的持续发展和创新。

最后，综合来看，房地产估价行业正处于挑战与机遇并存的时期。传统业务的萎缩给行业带来了一定的压力，但与此同时，城市更新和新型业务的出现为行业提供了新的增长点。不同省市的市场结构和发展特点各有不同，但都呈现出独特的发展机遇和挑战。为了应对这些挑战，行业需要不断更新专业知识与技能、建立人才储备机制，并探索公司系统架设和人才激励机制的方向。通过优化人才选用和综合运用不同的策略，行业可以实现优化和突破，从而推动企业的持续发展和创新。在这个变革与机遇并存的时代，房地产估价行业的未来依然充满期待。

作者联系方式

姓　　名：冉秋琰
单　　位：河南方迪土地房地产评估规划有限公司
地　　址：河南省开封市西大街一号楼
邮　　箱：21524720@qq.com
注册号：4120090051

估价人才培养现状及体系建设探讨

陈登登　霍丽娜

摘　要：估价人才是实现估价行业高质量发展的基础，通过对估价人才培养现状及不足的剖析，结合估价人才培养的特点和目标，提出以持续学习为基本导向，以级差奖励为制度保障，以高水平管理团队为依托，建立培养高端人才、扎实中坚力量、谋划后备人才、防止人才流失的人才培养体系，实现对估价人才队伍的高质量培育，以促进估价行业的高质量发展。

关键词：估价人才培养；级差奖励制度；培养体系

一、前言

房地产估价经过二三十年的快速发展，已成为社会经济发展不可或缺的专业性技术服务工作，在抵押融资、征收补偿、司法鉴定、转让课税等方面发挥了重要作用。但从实践工作来看，新经济环境下的估价市场需求已发生变化，相对简单的传统业务逐渐减少，专业性更强的新兴业务逐渐增多，这就对估价人员的综合素质提出了更高的要求，重视和践行估价人才培养已成为估价行业高质量发展的必备战略要求。

二、估价人才培养现状及不足

（一）人才培养重视程度不足

传统估价业务因利润稳定、实操简单、业务量大等特点成为大多数估价机构竞相争取的业务，但该类业务往往对估价人员的要求不是很高，导致大多数估价机构在追求经济效益的时候，并不重视对估价人才业务素质更进一步的培养。

（二）人才质量参差不齐

随着近几年一大批新估价师进入房地产估价行业，有效缓解了估价人才紧缺的情况，但也随之出现了专业实践能力不足、风险意识不强、责任心欠缺等问题。而估价中坚力量，又受困于日常业务，压力较大，很难再抽出时间进行自我提升。同时，估价人员从事不同的业务类型往往成就不同的业务专长，缺乏横向比较的基础，最终呈现出估价人才质量参差不齐的情形。

（三）人才培养机制不健全

估价人才的主要来源是高等院校的应届毕业生，但目前学校教育重理论、轻实务的现象普遍存在，使得估价基础人才入行进度慢，短期内无法胜任估价工作。而在职估价人员的继续教育流于形式，培训内容理论多、案例少，培训形式授课多、互动少，无法达到理想的培训目的。另外，机构内缺乏高水平的人才培养团队和较为完整的人才培养体系，使得估价人才培养质量不高。

（四）人才培养流失风险大

新经济环境下，估价行业传统业务受限，同业竞争加剧，随着经济下行压力的持续，估价人才面临收入水平降低、工作压力增大、执业风险更高、社会地位下降等诸多不利因素，对估价工作的可持续性心存忧虑，对估价行业的高质量发展信心不足，部分估价人才甚至管理者纷纷转向其他行业，使得近几年估价人才流失风险加大。

（五）人才断层较普遍

在老一辈领军人的带领下，房地产估价行业经历了二三十年的蓬勃发展，中青年在享受行业红利的同时，错失了自我提升的契机。从年龄结构上看，45岁以上的估价师占30%以上，35岁以下的估价师占50%以上，而35~45岁的中坚力量占比不足20%，呈现出"老一辈带不动、新青年接不了"的尴尬情形，使得行业发展中坚动力不足，不利于行业的高质量发展。

（六）高端估价人才缺乏

随着社会经济的高质量发展，估价市场的需求也逐步转向专业化、精细化、国际化，如REITs评估、损害赔偿评估、跨国不动产评估等，对高端估价人才的需求逐渐增加。但因该类业务是伴随新经济条件下催生的新兴业务，难度大、要求高，对估价人员的专业胜任能力要求较高，大部分估价机构并没有谋划该方面的人才储备，使其在进军高端业务方面受阻。

三、估价人才培养的特点及目标

（一）估价人才培养的特点

1. 人才培养周期长

估价人才的培养需要一个相对较长的周期，首先需要足够的理论学习，其次需要大量的实践经验，刚入行的大学生要想成为一名合格的估价师，一般需要3~5年的磨炼，而成为一名优秀的估价师，需要的时间则更长。

2. 人才培养难度大

没有天生的估价人才，也没有必成的人才孵化器。一名合格的估价人才，不仅需要扎实的理论基础、丰富的实践经验、良好的表达能力，还应有高尚的职业道德、强烈的责任心和估价应有的风险意识。从人才培养成果看，培养难度大、成才数量少成为行业人才培养的共识。

3. 人才培养成本高

估价人才培养期间，估价机构需要调配足够的资源为其提供良好的成长环境，提供接受继续教育和外部学习的机会，抽调人员和精力对其全方面指导，安排综合能力要求高的业务给予锻炼，并承担其工作过程中的试错成本，在物质和经济上需要投入高额的机会成本。

（二）估价人才培养的目标

1. 适应估价市场需求

估价人才培养的第一目标，应是适应新经济环境下估价市场的需求。估价市场需要什么样的人才，就有目的的向这方面培养人才；如果市场不需要，即使储备大量的估价人才，也发挥不了应有的价值，最终被市场淘汰。

2. 满足机构发展需要

人才培养的根本目标是为机构发展提供源源不断的动力。估价机构应根据自身发展的需要，制定短期、中期、长期人才培养方案，做好人才储备。

3. 专业能力能够胜任估价工作

这是估价人才培养的基本目标，也是衡量估价人才培养成败的标准。估价人才需要经得起实践工作的检验，能够凭借其专业能力独立解决估价工作中的问题。

4. 具备良好的执业素养

良好的执业素养能够使估价人员正确的运用其专业能力，为社会经济的发展提供积极的贡献。

四、人才培养制度和体系建设

（一）以持续学习为基本导向

估价行业作为专业的技术性服务工作，需要与时俱进，适应复杂多变的经济环境，以估价原理为依托，以估价实践为基础，理论与实践相结合，才能解决新经济环境下的"新、偏、难"等问题。

1. 估价人员自主学习

主观能动性是获取学习成果的必备条件，通过自主学习，能结合自身实际情况查漏补缺，高效地提升业务素质。估价师资格考试前，可能是每个估价师唯一主动学习的时段，但通过考试，并不意味着学习的终止，反而是实践学习的开始，树立自主学习意识，培养长期学习习惯，才能适应新经济环境下的估价工作。

2. 行业组织集中学习

行业协会能够集聚业内优秀的专家、学者，具备组织集中学习的领导力，是估价人员集中学习的良好平台。除了每年必备的继续教育外，协会组织的专项培训、专家讲座、大课堂等，能够在全行业内形成高效、统一的指导性，对提升行业从业人员整体素质具有积极作用，培训内容应多增加案例实操分析，培训形式应多增加互动性。

3. 业务督促被动学习

新经济环境下的估价业务具有"新、偏、难"等特点，用传统的估价思路和方法已不适用，为尽职尽责做好新兴业务，就会倒逼估价人员回归理论学习、积极探索实践，在业务实操中学习、进步，积累经验，成为某一方面的开拓者。

4. 机构交流相互学习

不同估价机构有不同的发展特点，也有不同的专长，机构间的交流有助于估价人员相互学习对方的优点和先进实践经验，有助于解决机构间信息不对称带来的问题，有助于在估价市场和行业惯例方面达成共识，实现机构间的合作共赢和估价人员的共同进步。

（二）建立级差奖励制度

估价机构可建立业务难度评判体系，根据不同业务的难度级别，制定不同的奖励政策，难度级别越高，奖励幅度越大，引导估价人员主动向高质量估价工作靠近。

1. 探索新兴业务

从新兴业务的获取难易、工作难度、风险大小、收入水平、投入成本等方面，赋以不同的权重，将其分为不同的级别，然后对应不同的奖励等级，以较高的物质奖励鼓励估价人员积极探索新兴业务。一般来说，绩效比例的方式更具有激励性（表1）。

新兴业务级差评判表　　　　　　　　　　　　　　　　　　　　　表1

评判因子				业务评级	奖励等级
获取难易	工作难度	风险大小	净利润		
易	小	小	高	3A	一等
易	大	大	高	2A	二等
难	小	大	高		
易	小	小	低	A	三等
难	大	大	低		

2. 做好传统业务

传统业务因技术成熟、难度较小、业务量大、工期较短等特点，普遍存在估价工作质量不高的问题，长期从事低质量的估价工作，不利于估价人员综合素质的提高。建立传统业务质量评判标准，以合格为基准，向上划分良好、优秀两个等级，分别赋以相应的奖励系数，以高等级对应高绩效的模式，鼓励估价人员主动提升估价质量和自身能力。

3. 尝试疑难业务

建立级差奖励制度，对勇于尝试或主动承办疑难业务的人员，给予更高的绩效奖励，能有效鼓励和引导估价人员尝试疑难业务，以主观能动性促进对估价理论的再学习、对估价实践的再探讨，有助于估价人员扎实估价理论、开阔估价视野、提升估价素养。

（三）完善人才培养体系

要实现估价机构的可持续发展，就应坚持发展一代、培养一代、储备一代的人才培养理念，建立阶梯式的人才队伍体系。

1. 组建高水平管理团队

估价人才的培养首先需要一个高水平的管理团队，优秀的管理者能为机构培养一批优秀的估价人才。具体应做到以下几点：①贯彻执行平台思维，为有梦想、敢创新、肯努力的估价人员给予扶持，提供培训和晋升机会；②创建有温度的人才团队，坚持人性化管理，增强估价人才归属感；③针对不同人员，制定不同的人才培养方案，建立初学者培训机制、在岗人员继续教育奖励机制、创新或突出贡献人员奖励机制等。

2. 培养高端人才队伍

高端估价人才是估价机构的门面担当，是估价机构增强核心竞争力、承揽高端业务的主要力量，甚至是估价机构生存的必备良才。强化机构估价总监或估价技术团队的核心地位，提供与高等院校、科研院所以及其他优秀估价机构的交流机会，扩展视野，建立高端估价人才队伍。

3. 扎实估价中坚力量

估价中坚力量是估价机构赖以生存的基础，起到承上启下的作用，扎实估价中坚力量，就稳住了估价人才体系的框架，上可拔尖晋升，下可传道授业。

4. 谋划高质量后备人才

后备人才是估价机构持续发展的有力保障，实现高质量发展需要吸收一批高质量的后备人才，为估价队伍注入新鲜的血液。后备人才凭借其良好的高等教育，具备敢想、敢做、干劲儿足的优点，能为估价行业带来新的理念、新的突破，结合机构搭建的实践培养平台，能迅速成为估价队伍的中坚力量。

5. 探索股权激励模式

估价人才流失是估价行业高质量发展的绊脚石，探索股权激励模式，尝试采用业绩股权、期权、限制性股权、奖励性股权等激励措施，从根本上解决估价机构的长期发展目标和估价人才的短期经济目标之间的矛盾，将估价人员的价值回报与机构持续增值紧密联系起来，实现人才与机构的共赢。

五、结语

房地产估价行业是以人为本、知识密集型行业，估价人才是行业发展的重要保障。重视估价人才培养、建立健全人才培养机制、防范人才流失、补足人才断层、培养高端人才，是大多数估价机构需要重视和解决的现实问题，也是新经济环境下估价机构生存的必备条件。明确人才培养目标，以满足估价市场需求和机构发展需要为方向，坚持以持续学习为基本导向，以级差奖励为制度保障，谋划科学合理的人才培养体系，培养出符合市场需求的高素质专业技术人才，才能为实现估价行业的高质量发展打下坚实基础。

作者联系方式

姓　　名：陈登登　霍丽娜
单　　位：河南方润房地产评估有限公司
地　　址：河南省洛阳市西工区凯旋西路19号博大城1413
邮　　箱：895297671@qq.com
注册号：陈登登（4120150019）；霍丽娜（4120200044）

浅析高质量发展阶段估价机构人才吸引和思维培养

张永强　迟爱峰　丁　滢

摘　要：党的二十大提出，高质量发展是全面建设社会主义现代化国家的首要任务。作为估价机构的核心竞争力，专业人才的数量和质量决定着估价机构的长足发展。当前，估价机构在人才吸引和思维培养方面存在一些问题，不仅制约了机构发展，更难以实现高质量发展目标。因此，如何吸引人才并让人才养成良好的思维方式，培养出适应高质量发展的优秀人才是估价行业健康有序和长远发展的重中之重。本文分析了估价机构在高质量发展阶段培养优秀人才的重要意义，并针对估价机构人才吸引和思维培养方面的问题提出相应建议与对策。

关键词：高质量发展；估价机构；人才吸引；思维培养

一、当前社会经济背景

（一）全球经济现状

2023年，全球经济逐渐从疫情的影响中复苏，许多国家开始实施更加积极的财政政策，例如增加基础设施建设、鼓励企业创新和扩大内需，以促进经济增长和就业。

在这样的大背景下，也存在着一些问题和挑战。首先，全球贸易保护主义的加剧，使得国际贸易摩擦不断升级，给全球经济带来了不确定性和风险。其次，一些国家的债务问题仍然比较严重，需要采取有效的措施加以解决。最后，一些新兴市场国家也面临着资本流动、货币贬值和债务风险等挑战。

（二）我国经济现状

在国内经济方面，中国政府继续实施稳健的货币政策和积极的财政政策来"稳经济"，比如减税降费、增加基建项目投资、降低中小企业融资成本、鼓励国民消费等。2023年10月24日，十四届全国人大常委会第六次会议表决通过了全国人民代表大会常务委员会关于批准国务院增发国债和2023年中央预算调整方案的决议，明确中央财政将在今年四季度增发2023年国债1万亿元。此次增发国债主要用于支持我国灾后恢复重建和提升防灾减灾救灾能力项目建设，同时，客观上也会有利于带动国内需求，进一步巩固我国经济回升向好态势，也为各行业带来更多发展机遇。

二、估价行业现状及人才的重要性

（一）估价行业现状

我国已进入新发展阶段。虽然过去房地产估价行业因为房地产市场高速发展的政策红利得以迅速发展壮大，但如今国内房地产市场因受到全球经济形势影响和政策严格调控，以抵押、征收、税收为代表的传统估价业务普遍面临收费下降、增长乏力、内卷严重等问题。如今的市场已经进入结构性调整时期，传统的估价行业发展模式，包括那些低质量和不良的发展、竞争方式，都需要摒弃和寻求改变，以适应国家高质量发展的要求。

（二）人才对于估价机构的重要性

房地产估价作为知识密集型行业，无论是业务资源获取，还是机构综合服务能力的竞争，落实到深处都是人才的竞争。以恶性竞争方式和低质量低水平获得和完成业务，不仅损害了估价机构和估价师的社会形象，而且严重不利于估价行业的可持续发展。为适应新时代高质量发展需求，专业性强、思维开阔的优秀人才对于估价行业走上良性发展道路至关重要。

三、估价机构面临的人才困境

作为估价机构的员工，笔者结合自身经历以及对周边房地产估价机构情况的了解，发现估价机构在人才吸引和思维培养方面存在一些问题，主要包括：

（一）人才结构较单一

我国已进入高质量发展阶段，当前社会科技不断发展，供给侧结构性改革深入推进，经济结构持续优化，对估价机构也提出了更高的要求。新型业务的不断涌现，使得估价机构亟需各行优秀人才加入。一方面，估价机构需要估价专业人才作为主力军，支撑机构的传统业务和引领机构健康发展。另一方面，估价机构也同样需要信息技术人才助力行业向数字化，科技化转型；需要营销人才协助估价机构在市场中占据一席之地，进而开拓市场，打造品牌影响力；需要管理人才合理规划企业制度，做好内部治理，用好人才，带领人才和机构稳步前进；需要理论创新人才丰富专业理论基础，拓展人才眼界和思维。但目前绝大部分估价机构因为规模较小，业务类型单一，没有足够的实力吸纳各类型人才进入估价行业，这也限制了企业的多元化发展。

（二）人才培养机制落后

目前，估价机构大多没有形成系统的人才培养制度，员工基本上都是通过师带徒的模式并结合工作实践、自主学习等方式实现经验积累与能力提升。企业培训、晋升机制相对简单，难以快速、深度培养估价专业人员，员工的潜力发掘有限。同时，由于企业激励机制不足，难以调动员工积极性和创新精神。估价机构在向专精特新方向转型发展过程中，需要人才的支撑，企业对特殊人才的培养，需要长期的职业规划和有针对性的培养，当前估价行业人才培养现状，与估价机构转型发展对人才的需求不匹配。

（三）企业文化氛围薄弱

企业文化不仅影响着员工的行为和思维，还塑造着公司的形象和价值观。一个好的企业文化不仅可以让员工感到归属感和自豪感，提高员工的工作积极性和效率，同时还可以为公司带来更多的商业机会和合作伙伴，促进公司的长远发展。然而当前大部分估价机构都没有充分重视企业文化的重要性，企业文化建设不足，员工对企业缺乏归属感。

（四）综合创新能力不足

大多数中小估价机构仍旧以传统评估业务为主，企业主要集中通过关系获取业务资源或通过价格竞争等方式获取业务，对报告质量、新型业务关注度较低，企业的生存、竞争模式决定了企业缺少创新环境。对于有实力有一定影响力的估价机构，有拓展新业务、提升自身技术及信息化等方面的需求，但由于估价机构人才结构与业务转型发展所需要的创新型人才诉求不匹配，制约行业创新能力，同时，企业还伴随人才流失等问题，使得企业创新能力进一步受到限制。

四、关于估价机构人才吸引和思维培养问题的探索

（一）如何吸引人才

1. 做大蛋糕，提升人才待遇

一方面，估价机构应该摒弃恶性竞价行为，通过努力提升自身服务水平，以优质的服务赢得客户和市场，让客户能够心悦诚服地为机构的服务买单，同时估价机构应共同规范行业收费标准，让企业的利润有保障；另一方面，企业也应该积极开拓市场，在守住传统估价业务的基础上，尝试探索新型业务。企业的蛋糕做大了，自然就能开出更优渥的薪资和福利待遇，人才也更愿意为企业的发展做出贡献，如此良性循环，企业才能发展壮大，走得更远。

2. 企业文化吸引人才

企业文化是一个组织内部的核心价值观和行为准则，对员工的行为和思想有着重要的影响。一个健康、积极的企业文化可以激发员工的归属感和自豪感，提高工作效率和质量，增强组织的凝聚力和竞争力。好的企业不只是靠高薪吸引人才，优秀的企业理念，员工生日的一份暖心礼物，干净整洁的工作环境，公司领导如沐春风般的教导，都使人受用。企业除了制定内部的核心价值观、企业愿景等理念外，可以定期举行一些寓教于乐的文娱体育活动，如乒乓球赛、观影会、短途旅行等。不仅可以丰富员工的业余生活，促进员工身心健康发展，还能增进公司内部凝聚力和向心力，因企业积极良好的氛围而吸引更多人才。

3. 良性企业制度吸引人才

良性的企业制度是吸引人才的重要因素，它不仅能为员工营造有活力的工作环境，同时也确保企业的高效运作和长远发展。企业要在吸引人才上下功夫，必须系统性地进行制度改革和创新。通过优化薪酬福利、完善晋升机制、强化企业文化建设、健全人才培养和激励机制、注重员工权益保障等措施，为企业营造一个良好的发展环境，从而吸引并留住优秀人才，助力企业持续、健康发展。

（二）如何培养人才思维

1. 认清形势，勇于探索

我司董事长在"行稳致远"战略与路径研讨会上强调：我们应正确认识当前中国面临的内外环境，厘清政策方向，抓住未来确定性的发展机遇和战略重点。我国的产业结构目前主要有两个问题，一是结构性过剩，体现在产能过剩、同质化竞争严重；二是产业升级瓶颈，新兴产业和高科技产业在整个产业结构中比重不足。过去我们大力发展消费型互联网平台，但相比美国等发达国家在服务产业方面差距巨大，现正缺乏和需发展的是产业型与服务型互联网平台。2023年上半年，我国服务业占GDP的比重约56%，发达国家一般都在75%~80%之间，服务业尤其是技术服务业的发展空间还很大。而估价公司传统业务逐年萎缩，所处的竞争环境日趋激烈，未来评估行业的收费标准会越来越低，市场对机构的准入门槛也会越来越低，而客户对服务的需求和要求会越来越高，这是不可否认的必然趋势。如果依然固守思维，逆来顺受，势必会在激烈的市场竞争中被淘汰。想要在严峻的市场环境中

破局，就要借鉴"见路不走"的理念，所谓"固本兴新"，在守住传统评估业务的基础上，开拓新型业务，勇于做第一个吃螃蟹的人。如咨询服务业务的探索与发掘等。另外，全员营销和技术营销概念的落实，需要加强公司内部资源交流和提升员工业务知识、能力短板和外部资源整合能力，这对于拓展企业业务和提升员工个人能力都至关重要。当前社会科技发展迅速，互联网、大数据、云计算、人工智能、区块链等技术加速创新并日益融入经济社会发展各领域中，估价机构如何融合新技术，从数字经济的角度切入，研究如何提升评估质量和效率，拓展新型业务，都值得深入研究。估价机构只有认清当前社会形势，紧跟时代的步伐，积极寻求发展机遇，带领估价人才们多对此类问题进行思考和探索，而不是按部就班地"做一天和尚撞一天钟"，才能让机构自身和人才不断蜕变，在激烈的市场竞争中拥有一席之地。

2. 学会升维，弯道超车

"从南昌出发到井冈山，这两天一共移动了多少路？"这是我司董事长在公司领导层主题为"重走红军路，探寻新发展"的井冈山之行中，于经营痛点及解决方案研讨会上对大家意味深长地提问。诚然，一般人都会回答具体里程步数，这当然也没错，但是缺乏更开阔的思维，由此也体现出大家普遍的思维固化问题。毛主席曾说过："坐地日行八万里，巡天遥看一千河。"从这个角度来看，其实我们每天都日行万里，可见思维的格局会深深影响着我们看待事物的角度和深度。学会升维，要求人才应多角度看问题，以辩证眼光看问题，摸清时代发展规律，于矛盾中寻求统一，于祸中寻福，于危中寻机，所谓物极必反，否极泰来。只要肯思考，肯挖掘，一定能在当前的困境中找到一线生机。

五、总结和展望

新发展阶段，对专业人才有了新的要求，也对估价机构赋予了更艰巨的使命。在日益激烈的市场竞争和不断发展的时代背景下，估价机构也应该与时俱进，把握好习近平新时代中国特色社会主义思想，不断优化内部治理，加强企业竞争力，提高对人才的吸引力，培养好、用好人才。只要估价机构和专业人才能够勠力同心，风雨同舟，携手并进，我相信，纵使前路荆棘密布，也定能披荆斩棘，开创出新的康庄大道。

参考文献：

[1] 习近平出席中央人才工作会议并发表重要讲话 [N].新华社，2021-09-28.

[2] 薛江，魏劲松.高质量发展阶段下房地产估价机构人才吸引与培养 [C]// 中国房地产估价师与房地产经纪人学会.估价机构人才吸引与培养：2021 中国房地产估价年会论文集.北京：中国城市出版社，2021：683-687.

[3] 肖峰.房地产估价机构人才吸引与培养问题研究 [C]// 中国房地产估价师与房地产经纪人学会.估价机构人才吸引与培养：2021 中国房地产估价年会论文集.北京：中国城市出版社，2021：703-707.

[4] 潘世炳，左煜.适应高质量发展的房地产估价专业人才培养 [J].房地产中介，2019（2）.

[5] 张启旺，付林，田慧.浅谈新形势下房地产估价机构引进和培养人才的建议 [C]// 中国房地产估价师与房地产经纪人学会.估价机构人才吸引与培养：2021 中国房地产估价年会论文集.北京：中国城市出版社，2021：688-692.

[6] 中国房地产估价师与房地产经纪人学会.中国房地产发展报告（2021）[M].北京：社会科学文

献出版社，2021.

[7] 中国信通院.2021年中国数字经济发展白皮书[R].2021-04-28.

[8] 赵麟.房地产估价机构人才管理制度建设与培养[C]//中国房地产估价师与房地产经纪人学会.估价机构人才吸引与培养：2021中国房地产估价年会论文集.北京：中国城市出版社，2021：659-665.

[9] 李翠平.员工激励机制在企业人力资源管理中的应用[J].中国市场，2021（30）：100-101.

作者联系方式

姓　　名：张永强

单　　位：江西同致房地产土地资产评估咨询有限公司

地　　址：江西省南昌市红谷滩区赣江北大道1号中航国际广场14楼

邮　　箱：1035664686@qq.com

姓　　名：迟爱峰　丁　滢

单　　位：江西同致房地产土地资产评估咨询有限公司

地　　址：江西省南昌市红谷滩新区赣江北大道1号中航国际广场1404室

邮　　箱：chiaifeng@163.com；578805737@qq.com

注册号：迟爱峰（6120130019）；丁　滢（3620140014）

构建人才数字化管理体系，促进估价机构组织效能提升

王增文　范艳辉

摘　要： 面对当今社会各行业数字化转型的不断推进，传统的估价行业面临的挑战也不断升级。估价机构人才短缺也成了行业普遍问题，传统的人才管理方式和激励机制存在一定的局限性，不能有效地促进人才的发展和留住优秀的人才。

因此，构建高效的人才管理体系成为估价机构发展的关键，只有通过优化人才管理体系，才能提高组织效能，为长期稳定发展打下坚实的基础，推动行业健康发展。

关键词： 人才数字化；稳定发展；组织效能

一、背景介绍

（一）估价机构存在的人才选拔、培养、使用、激励问题

1. 人才选拔问题

由于估价行业对专业知识和技能要求较高，传统的简历筛选方式往往难以准确评估应聘者的能力和适应性，招聘渠道有限、面试流程不够科学等因素也制约了人才选拔的效果。

2. 人才培养问题

估价行业需要员工具备丰富的专业知识和技能，并且持续学习和发展。然而，传统的培训方法无法满足快速变化的市场需求，缺乏个性化和灵活性。同时，对于初入行的新人来说，缺乏实践经验和指导也成为培养的瓶颈。

3. 人才使用问题

在估价行业，如何合理配置和管理员工是一个重要的问题：员工的专业能力和潜力没有得到充分发挥，导致资源浪费和组织效率低下；由于岗位职责的差异和团队合作的需要，员工的协同效能也需要更好地管理和提升。

4. 人才激励问题

有效地激励机制可以增强员工的归属感、忠诚度和积极性。然而，传统的薪酬体系和晋升路径过于僵化，没有考虑员工的个体差异和多样化需求。此外，企业文化和领导力也会直接影响激励效果，如果缺乏明确的目标和激励手段，员工的激情和动力难以持续。

（二）产生问题的原因分析

1. 选不准人的原因分析

（1）人才画像不清晰：目前估价机构存在过度关注人才的可见标准（学历和经验），忽视了更重要的核心素质和能力，导致人才画像不清晰，人才招聘精准度低，招聘品质无法监控，成本居高不下。

（2）面试官对甄选人才认知理念不足：面试官可能没有接受过专业的甄选人才培训，或缺乏相关的经验和技能，或因个人主观偏见，导致他们无法科学、正确地评估候选人的能力和素质。

（3）缺乏专业、科学的面试问话：面试问题多依据个人喜好和习惯，缺乏针对性和逻辑性，面试评分无记录并且主观化，对实际能力探测不深。

（4）招聘宽度受限：过度依赖网络、校园、社会等传统招聘渠道，忽视了社交软件、自媒体、员工推荐等渠道。因为行业的局限性，过多关注特定行业或领域的人才，忽略了其他行业的潜在人才，导致人才甄选的宽度受限，难以获得多样化的人才资源。

2. 育不出人的原因分析

（1）无法精准识别岗位胜任力：估价机构缺乏对员工优势能力和岗位胜任力的认知，因此难以有效地指导和培养员工，进而无法培育出符合岗位需求的人才。

（2）缺乏针对性和多元化的培育计划：估价机构没有根据员工个体差异和多样化需求量身定制培育计划。只采用通用型的培养方式，忽视了员工的学习意愿和个人发展目标，难以培养持续发展的人才。

（3）缺乏合理有效的培育机制和资源投入：估价机构缺乏合理有效的培育机制，无法有效培养员工优势能力，没有针对不同层次员工设置不同需求的培育计划，对管理层和优秀人才没有进行重点培育；管理层对员工发展的重视程度不够，缺乏有效的支持和推动，限制了育人效果的实现。

（4）缺少激励和认可机制：估价机构没有建立激励和认可机制，无法及时给予员工正面反馈和奖励，就会影响员工的积极性和动力，进而影响他们的学习和成长。

3. 用不好人的原因分析

（1）团队未形成共同的主流价值观：估价机构员工应该有共同的目标和价值观，如果忽视了这一点，团队之间可能出现摩擦和沟通障碍，影响整个团队的运转。

（2）缺乏有效的团队搭配：人才的短板因为没有团队的互补支持，个人优势发挥受到严重制约，造成人效低下，团队的协同效率不尽如人意。

（3）人岗不匹配：人岗匹配是团队发挥每个成员优势的关键。如果没有根据能力和优势，合理地分配岗位，就可能造成任务重叠或者某些重要领域的空缺，影响团队的效率和绩效。

4. 留不住人的原因分析

（1）无法评价管理层的管理能力和水平：估价机构缺乏有效的管理评估工具和指标。无法评价管理层的能力和赋能水平。

（2）无法评估员工的投入度和敬业度：无法真正挖掘并满足员工内在的需求动机，团队员工的敬业度和流失率往往难以评估和掌控，并且难以找到背后的原因。

（3）缺乏科学有效的解决工具：大部分估价机构没有一套能够科学评估员工投入度、敬业度以及上司管理和赋能水平的工具，没有针对问题给予相应的反馈和解决方案。

（4）缺乏职业发展机会：估价机构没有提供良好的职业发展路径和晋升机会，员工可能会感到自己的成长空间受限，缺乏动力和归属感。

（三）以上问题对估价机构的组织效能和发展带来的影响

1. 降低组织效能

不准确的人才选拔可能导致员工不适应工作岗位，从而降低工作效率和业务质量；缺乏有效的人才培养方法会限制员工的专业能力发展，影响工作表现和创新能力；不合理的人员配置和协同管理问题会造成沟通障碍、信息孤岛，降低工作效率和团队合作水平。

2. 影响企业发展

人才选拔不当和缺乏专业技能的员工会制约估价机构的服务质量和客户满意度，影响企业声誉和竞争力；无法及时满足市场需求且缺乏创新能力的员工会使估价机构无法适应行业发展和变化，影响企业的持续发展。

3. 增加成本和风险

不合适的人员配置和激励机制可能导致员工流失和招聘成本增加，增加人力资源管理的成本和风险；激励不足或不公平的情况可能导致员工积极性下降，进而影响估价机构的绩效和业务发展。

4. 影响组织文化和团队氛围

人才选拔和培养问题可能导致员工之间水平差距较大，影响团队合作和员工之间的协同性；缺乏激励机制和奖惩体系可能导致员工对工作缺乏热情，影响组织文化和团队氛围的建设。

因此，估价机构人才管理体系的搭建对于提升组织效能和促进估价机构发展至关重要。通过建立数字化人才管理体系，可以降低选错人的概率，培养、使用和留住适合岗位的优秀人才，从而提升组织效能和推动估价机构高质量发展。

（四）人才数字化管理的目的和意义

人才数字化管理体系可以提供更科学、精确的方法选拔和识别符合估价行业需求的人才；通过科学合理的培训和发展计划，帮助员工提升技能和素质；优化人员配置和任务分配，提高工作效率和协同效能；个性化的绩效评估和激励机制，增强员工的归属感和忠诚度。通过解决这些人才问题，估价行业能够持续吸引和留住优秀人才，推动行业的可持续发展。

二、人才数字化管理的概念和优点

（一）人才数字化管理的概念

人才数字化管理是指利用信息技术和数字化工具，对人才招聘、培养、使用和激励等环节进行全面管理，并通过数据分析和智能化决策支持，提高企业对人才的洞察力、决策效率和员工满意度。它将传统的人力资源管理与数字技术相结合，实现对人才全生命周期的数字化管理和优化。

（二）人才数字化管理的优点

1. 数据支持

人才数字化管理通过数据收集、分析和应用，从而基于事实和量化的指标进行人才决策和管理，实现科学化和精细化的人才管理。

2. 智能化驱动

人才数字化管理利用人工智能、大数据 AI 分析等技术，提供智能化的人才选拔、培养、使用和激励方案，帮助估价机构更好地优化人才管理结果。

3. 全生命周期管理

人才数字化管理关注人才从入职到离职的整个周期，从招聘、培训、绩效评估到离职手续等环节全面管理，实现对人才的全方位关注和支持。

4.个性化发展

人才数字化管理根据员工的性格、优势能力、天赋才干、内在动机等因素,提供个性化的培训和发展规划,满足员工的发展需求和期望,进而提高员工的敬业度和忠诚度。

5.持续优化

人才数字化管理强调不断优化人才管理流程和机制,借助反馈数据和员工意见,及时调整和改进人才管理方案,以适应市场变化和企业发展的需要。

总体而言,人才数字化管理旨在通过数字技术和数据分析,实现对人才全生命周期的科学管理和优化,以提高企业效能和促进估价机构的高质量发展。

三、估价机构人才数字化管理体系搭建探索

估价机构可以从以下几个方面入手对人才数字化管理体系搭建进行探索:

(一)以"选人"为中心的人才数字化管理体系搭建的建议和措施

1.明确的人才选拔标准

通过引入人才数字化管理工具,以估价机构内部优秀人才为标杆,明确选拔标准。通过岗位的标杆人才共性特征梳理聚焦,找到该岗位胜任力的底层核心要素,实现真正的人岗匹配。

2.拓展选拔渠道

如果按照传统的资格设置招聘方法,80%合格的人往往不合适,80%合适的人又往往不合格;优秀的合适人才更难找到工作,并且被长期拒之门外。估价机构应提升自身对于人才理念的认知:选择大于培养,内在大于外在,合适大于优秀,能力大于偏好。

估价机构应避免个人主观偏见和情绪上的影响,拓宽招聘渠道,利用人才数字化管理工具,对标岗位核心胜任力,匹配人员能力,选择最合适的人才。

3.数字化面试工具的使用

估价机构应建立规范的面试流程和制度,对面试官进行认知能力考核,明确面试官的职责和权限,避免主观因素及文化偏见,要借助数字化面试工具,专注于岗位能力的胜任度和胜任等级,采用基于能力的面试题库及结构化面试,将数字化测评和面试评价相互验证,确保面试精准。

估价机构还应该重视人才选拔的后续跟踪和评估,及时了解应聘者的工作表现和适应情况。对于表现优秀的应聘者,应给予适当的激励和晋升机会,以提高他们的工作积极性和忠诚度。

(二)以"育人"为中心的人才数字化管理体系搭建的建议和措施

1.建立科学有效的胜任力模型

估价机构应构建专属可靠的"人才数字化能力评价系统"并将评估数据转化为数字化指标。通过准确识别员工的优势和岗位胜任力,对员工的优势领域进行培育;建立科学的评估标准,对培育计划进行客观的评估和反馈,及时发现问题并进行改进。

2.制定有针对性和多元化的培育计划

估价机构应根据员工的个体差异和发展需求制定个性化和多元化的培育计划。了解员工的学习意愿和职业目标,提供入职培训、技能培训、管理知识培训等有针对性和多元化的培育方案,满足员工不同阶段的发展需求。

3. 完善的培育机制和资源投入

估价机构应建立完善的培育机制,包括培训、辅导、轮岗等形式,以满足不同层次员工的需求。培育的重点要放在管理层和优秀员工身上,加强对管理者的培训和评估;要将实践辅导培育作为人员晋升的重要考核标准,无培养不提升。

估价机构须加强企业内部的沟通和合作,鼓励跨部门的知识分享和经验交流,培养员工的团队合作精神和协作能力。

4. 建立激励和认可机制

估价机构应建立激励和认可机制,及时给予员工正面反馈和奖励,以激发员工的积极性和动力。重视员工个人成长和职业发展,为他们提供良好的发展平台和机会,增强员工的归属感和动力。

（三）以"用人"为中心的人才数字化管理体系搭建的建议和措施

1. 明确团队的共同目标和价值观

估价机构应明确并传达团队的共同目标和价值观。通过人才数字化管理工具,准确评估员工的价值取向和适应度,确保团队内的员工都能够理解和认同共同目标和价值观。通过定期的沟通和反馈,促进团队之间的交流和合作,建立共同的主流价值观。

2. 团队搭配和优势互补

估价机构在招聘和组建团队时,要注重个体能力评估以及团队搭配和优势互补。通过团队成员的素质能力数据分析,发现满足工作的优势能力和欠缺能力,自动反馈过剩能力和缺失能力,并提出有效的搭配和优势互补方案,让团队的合作变得有序和高效。

3. 打造精准人岗匹配

估价机构应通过岗位标杆人才共性特征梳理聚焦,找到岗位胜任力的底层核心要素,匹配具备优势能力的员工,实现真正的人岗匹配,契合岗位需求,提高团队的整体绩效。

（四）以"留人"为中心的人才数字化管理体系搭建的建议和措施

1. 建立科学有效的管理评估体系

估价机构应建立科学有效的管理评估体系,利用人才数字化对团队成员的敬业度进行量化评估。通过数据分析和动态评估,发现管理层的问题,并及时改进。只有管理层提升自身的管理能力和赋能水平,才能促进团队人才的成长与发展。

2. 提高员工投入度和敬业度

估价机构可以通过调研和问卷调查了解员工的内在需求和动机,针对敬业型人才的特点,设计符合员工个性化需求的激励方案。例如,根据员工的表现和贡献给予及时的表扬和认可;提供良好的工作环境和福利待遇;鼓励员工参与决策和项目,让他们感到自己的工作有意义和价值,从而提高员工的敬业度和投入度。

3. 引进人才数字化管理工具

估价机构应引进人才数字化管理工具,定期对敬业度指标进行评估,并与团队成员沟通。通过科学的诊断工具,务实评价管理者的管理能力,并给出解决方案。通过持续的改进,提升管理者的赋能水平,提升员工敬业度和投入度,保证团队健康持续发展。

4. 提供职业发展机会

估价机构应建立合理的晋升机制,让员工看到自己的职业发展前景。帮助员工制定职业目标并提供相应的培训和发展机会。同时,管理者要承担起赋能员工、帮助员工成长的责任,给员工挑战和机会,让他们在追求更高目标的同时与公司共同成长。

四、总结

房地产估价机构人才数字化管理体系搭建的探索可以从选人、育人、用人、留人四个方面入手，通过建立科学的人才选拔机制、加强人才培养和培训、建立科学的绩效管理体系、塑造良好的企业文化和工作氛围等措施，提高员工的专业技能和综合素质，为机构的可持续发展提供有力的支撑。

作者联系方式

姓　　名：王增文（注册房地产估价师）　范艳辉（二级人力资源管理师）
单　　位：山东金庆房地产土地评估测绘有限公司
地　　址：潍坊市奎文区东风东街 8081 号 502-504 室
邮　　箱：sdjqpg@jqpg.com
注册号：3720150116

房地产估价人才队伍培养与激励

李利军　郑战忠

摘　要：经济高质量发展时代离不开高素质的人才，估价人才是房地产估价机构竞争力的核心力量，估价机构宜通过对员工进行良好的职业规划，借鉴"双元制"模式实现创新型和全能型人才的培养，设立有效的薪酬制度和激励制度留住人才，增强员工主人翁意识，提高整体队伍的竞争力，实现估价机构的华丽转身和高质量发展。

关键词：估价人才队伍；培养与激励机制；可持续发展

一、估价人才队伍的现状

1993年首批140名房地产估价师经过认定。1994年的《城市房地产管理法》第三十四条规定：国家实行房地产价格评估制度，确立了房地产估价行业的法律地位。1995年建设部、人事部联合印发《房地产估价师执业资格制度暂行规定》和《房地产估价师执业资格考试实施办法》，房地产估价师需要通过国家统一组织的考试并在房地产估价机构注册方能从事房地产估价工作。经过近30年的发展，房地产估价机构数量大幅增加，房地产估价队伍不断壮大。据中国房地产估价师与房地产经纪人学会的数据得知：自1995年举办首次房地产估价师资格考试开始到2022年年底，全国已经有7.3万人通过了房地产估价考试，有69388名通过房地产估价师注册执业，从事估价的人员达到30多万人。

逐渐壮大的估价人员队伍和日益成熟的估价理论和估价实践经验，为房地产行业的良性发展起到了不可或缺的作用。但由于我国的房地产估价行业起步晚，房地产估价人才还存在不足，比如：估价行业入行门槛不高导致人员素质偏低，人才储备不够，现有的估价技术更新赶不上估价业务创新的需求。目前估价人员队伍现状存在的不足主要表现为：

（一）入行门槛不高，整体素质普遍不高

目前，从事房地产估价的人员需要通过国家统一组织的房地产估价师考试并经过注册才能执业。1995年建设部、人事部联合印发《房地产估价师执业资格制度暂行规定》和《房地产估价师执业资格考试实施办法》，房地产估价师考试报名对学历、专业、工作年限等均有要求。

2021年，住房和城乡建设部、自然资源部印发《房地产估价师职业资格制度规定》和《房地产估价师职业资格考试实施办法》（建房规〔2021〕3号），只对学历作了要求，对工作年限及专业并无特殊的要求，所以通过考试的人员呈现出年轻化、工作经验少、部分人员甚至无任何工作经历的态势，有些人虽然通过了房地产估价师考试，但不知道楼面地价如何计算，不知道容积率为何物，这说明进入估价行业的人员专业水平整体偏低，拉长了新进行业人员的学习历程，加大了估价机构培养人员的成本。

眼下开设房地产估价专业的高职高专院校并不多，基本都是与房地产估价相关的专业，比如资产评估、房地产经营与管理、房地产经营与估价、房地产检测与估价等，房地产估价只是其中一部分专业，或者是相关专业，开设的课程泛而不精，再加上学校教育重理论轻实操，即使毕业了通过应聘进入估价机构，但进入房地产估价角色非常慢，需要相当长的时间学习和熟悉整个估价行业。

以上种种原因导致现有估价人员素质整体不高。

（二）估价行业人员年龄整体偏大

根据《2022年中国房地产估价行业发展报告》数据显示：从从业年限来看，2022年注册房地产估价师的从业年限在15年以上的占41.6%；从年龄上看，2022年注册房地产估价师年龄在46~55岁的人数最多，46岁以上的人数占比达到了46.7%。整体来说人员年龄偏大，对自身技术的更新意愿不强烈，呈现出学习动力不足的态势。另外加上三年疫情影响了房地产估价师执业资格考试的正常进行，从而也影响了年轻血液的注入。

（三）估价机构人员队伍稳定性差

估价机构最开始源于2001年的脱钩改制，从政府部门脱钩出来，但实际上均是"名脱暗不脱"，所以谈不上机构的培养机制和激励机制；到后来陆陆续续成立了一些民营估价机构，规模均不大，这些年也有一些外来的知名中介机构成立了分支机构，但均以开拓业务为第一要务，根本谈不上培养机制和激励机制，估价人员流动比较频繁。正是由于培养机制和激励机制的缺失，估价机构缺少对估价人员的职业规划，经济效益成了估价人员在机构工作的唯一动力，一旦机构的薪酬制度达不到估价人员的心理预期，便会造成人员的大面积流失，甚至集体辞职，从而会造成人员高频率流失，估价机构没有了稳定的队伍，没有长足发展的吸引力，肯定会严重影响公司业务的正常开展和经济效益目标的实现，也就成了估价机构高质量可持续发展的绊脚石。

（四）估价人员技术的更新赶不上估价业务创新的需求

随着经济大环境的影响，传统业务已出现严重萎缩和锐减，对房地产估价机构带来了严重的冲击，甚至有的机构已经淹没于这巨大的冲击中，所以估价机构要想持续发展，靠着几套模板走天下的想法已经行不通了，必须开启创新、转型的历程，而要实现估价机构的转型升级就急需创新型和高端型估价人才队伍。但房地产估价行业经过近三十年的发展，一直都在围绕抵押、征收、司法这三大传统评估业务开展，估价技术交流、行业会议也均围绕传统业务进行，所以传统评估技术已经基本成型，但新型业务的技术更新缓慢，另外估价机构的发展均以业务为第一支撑，形成了"重业务轻技术"的局面，整体估价技术的更新赶不上业务创新的需要。

二、估价人才队伍是估价机构竞争的核心力量

随着国家经济的飞速发展以及与国际接轨的日益深入，国家强调大力发展高质量企业，聚焦高质量、供给侧、持续创新发展理念，转变发展方式，加快经济发展转型升级步伐。房地产估价行业作为技术服务行业，受到大数据信息化时代以及国家房地产发展方面政策的冲击，传统业务大幅萎缩，估价机构要想持续发展下去，努力实现转型升级也势在必行，而房地产估价人才作为行业发展竞争的核心力量，完善的人才培养制度，合理的人才管理机制，才能培养出高素质的估价人才，增强机构在估价行业中的可持续竞争力。

三、估价人才队伍培养和激励

高质量的人才离不开精而优的培养制度,创新型、全能型估价人才培养路径为:从机构内部为员工做好切实可行的、长远的职业规划,然后借鉴"双元制"模式为员工创造各种方式的培训学习或交流,让员工沿着规划的职业路线用知识武装自己,用财富充实自己,不断地提升自我,满足员工高层次的需求,达到自我价值的实现,实现企业的既定目标。具体为:

(一)为新进员工做好职业规划,进行全面培训

新员工初入公司,首先要为新员工做好长远的职业规划,接下来,不仅要培训专业知识及工作流程,还要对公司的规章制度、企业文化进行培训,在公司内部实行"老带新"模式,以"师父带徒弟"的方式引导新员工尽快熟悉公司的环境,吸引新员工成为公司正式的一员;也让新员工尽快适应自己的工作,在公司找到家一般的温暖,尽快融入公司。

(二)借鉴"双元制"模式实现房地产估价创新型和全能型人才的培养

最早的"双元制"是德国技术教育的主要形式,在德国的企业中应用很广,也为企业培养了许许多多的技术型人才。房地产估价机构不妨借鉴"双元制",这里的"一元"为高校、社会或行业协会,"一元"为企业自身,即企业结合高校、社会或行业协会,以企业为主,有效借助高校、社会或行业协会,发挥自己的特长,培养出既有理论又有实践经验,同时又有创新精神的创新型和全能型房地产估价人才,保证房地产估价机构的可持续发展。具体可理解为:

1."一元"——企业自身为主导的定期、不定期地在公司内部组织员工进行技能培训和交流

估价机构在平时,可针对工作中遇到的问题、难题、新型业务,定期、不定期的在公司内部组织技能培训和技能交流,总结经验与不足,这种培训和交流不仅仅局限于估价专业,还可以涉及工作中可能遇到的方方面面。能者为师,公司内部每一个优秀员工都可以作为老师引导大家进行交流,人数不限,可三五成群,也可全公司共同交流,共享好的经验,对于不足的部分提醒大家以儆效尤,达到共同成长,共同进步。

2.结合另"一元"——高校、社会及行业协会等实现理论与实践的深度融合,提高员工的整体素质

闭门造车只会让企业停步不前,估价机构一般有充足的实操经验,而高校、社会培训机构及行业协会有足够的理论基础,所以估价机构可以与高校、社会培训机构及行业协会通过深度融合,机构可以为他们提供实操岗位或实战指导,机构对自己的员工可以进行量身定做,做到按需培训,内容上不仅仅局限于专业技术方面,也可以涵盖诸如企业管理、社交礼仪、沟通技巧等全方位的内容,通过交流和学习拓宽员工的眼界,取人所长,补己之短,提高机构竞争力,以利于估价业务的创新与拓展。

(三)积极组织员工参与企业管理,提升员工的主人翁意识

一个企业没有永远的技术人员,也没有永远的管理人员,房地产估价机构作为技术型中介机构,管理人员更需要懂技术,机构可以积极组织有能力的专业技术人员参与到企业的管理中,专业技术人员通过岗位、角色的转换,增强专业人员的主人翁精神,实现自己职业生涯的大迈步,与企业共同成长。

（四）建立分级考核晋升机制，提高员工竞争意识

企业既要为员工做好职业规划，同时在公司设立分级考核晋升机制，让员工通过在企业的选拔考核机制中，充分发挥自己的优势，凭借自己的能力和专业水平逐层逐级晋升，实现职业生涯的升级并伴随着经济效益的提升，造就员工的成就感，激励员工发挥更大的效用。在公司内部的选拔考核机制上需要不惧年龄，不畏身份，做到能者上，庸者下，任人唯贤，方能提高员工的竞争力，创造一支有竞争力的队伍。通过综合有效的考评制度将房地产估价助理分为初级、中级和高级助理等不同级别；房地产估价师设立初级、中级和高级估价师等级别，通过不同的等级设定、不同的执业权限、不同的薪酬等提高员工的竞争意识。

（五）建立人才动态备选库，储备人才

人才动态备选库，备选库是固定存在的而备选库里的成员是动态的。人才动态备选库成员的来源一是通过企校联合招聘优秀的毕业生进入机构补充人才的基础后备力量；二是从机构的人员中通过严格考评及层层选拔，充实机构备选库的中高端人才；三是从社会上招聘一些熟练的优秀人才充实公司的中高端人才。一个公司需要的不仅是一个囊括纵向的高中低端人才梯队的备选库，同时也需要一个横向的既有管理型人才，也有技术型人才的全能型备选库。只有建立机构自己的人才动态备选库，才能实现企业人员的良性动态循环管理，保证机构正常的运行，并在需要时顺利实现机构的转型升级和更新换代。

（六）建立合适而又有效的薪酬制度和激励制度，留住人才

1943年，马斯洛最早提出的需求层次理论，即人类的需要可分为五个层次：生理上的需要、安全上的需要、感情上的需要、尊重的需要、自我实现的需要，他的这一理论为企业设立激励机制，调动员工积极性有启发作用。激励机制的设立要从人的不同层次的需要出发，因人而异设立不同层次的激励制度，包括但不限于非物质激励，达到激励员工，吸引人才，留住人才，稳定队伍，实现与企业和谐共赢的目标。

企业的薪酬制度中的薪酬，不单单指工资、资金，而是员工在企业内因参与工作而应享有包括一切物质的和非物质的内容，比如午餐补助、带薪休假、旅游奖励、职位的晋升以及股权等，内容的设立可以涉及不同层次需求，从制度方面扩大企业的吸引力，同时为员工创造最有利最舒适的工作环境，从而激励员工创造出最大的价值，更有利于稳定企业人员队伍。

四、总结

优秀的管理人员和精干的技术人员是一个估价机构能够良性运营，实现赢利目标的最基本的保障；建立包含不同人才梯队的人员队伍，培养高质量的人才队伍，避免青黄不接；用行之有效的薪酬和激励机制留住充足的人才，营造育人留人的良好环境，实现估价机构的高质量可持续发展，以及困境中的华丽转身，最终实现既定的战略目标。

参考文献：

[1] 亚伯拉罕·马斯洛.动机与人格[M].许金声，等，译.北京：中国人民大学出版社，2007.
[2] 程敏敏，陈胜棋，刘朵.中国房地产发展报告No.20（2023）[R].北京：社会科学文献出版社，2023.

作者联系方式
姓　名：李利军　郑战忠
单　位：郑州市诚信房地产评估咨询有限公司
地　址：郑州市金水区金水路99号建达大厦608室
邮　箱：zzcxpg@163.com；zzcxpg@163.com
注册号：李利军（4119980010）；郑战忠（4120020039）

专业人才是锚定估价行业发展的变中之稳

霍桂英

摘　要： 本文通过分析招聘市场源头补给不足、知识储备需要扩容等估价机构存在的专业人才瓶颈问题，针对估价行业人才特征、行业协会的关键作用、估价机构努力和估价师自身素质提升等多重要素，提出建立以行业协会为引领、机构发力为主导，估价师以身作则为核心，进而完善、提升专业人才培养和激励机制等诸多措施的破题体系。此外，本文还在估价行业发展与高新科技融合、提升估价行业效率和竞争力等方面做了些许设想。

关键词： 估价行业；人才培养；激励机制；社会责任

估价行业的高度专业化特征决定了专业人才是企业发展延续和不断进步的命脉。在经济下行压力下，与专业人才作为估价机构核心要素紧密关联、伏脉伴生的问题开始在不同阶段的企业发展中逐渐显现，并进一步演变成关键瓶颈。在高质量人才间断流失和候补人才接续不足的背景下，估价行业亟需采取措施研究并不断调整、完善人才培养战略，拓宽有效的人才培养路径，创新高效的人才激励机制，建立高吸引力的人才维稳体系，从而实现培养多、精、尖专业人才的目标，推动企业和行业平稳、健康、活力发展。

一、专业人才培养现状分析

（一）人才输送与市场缺口难耦合

近几年，人口红利逐渐消失，招聘市场源头补给不足逐步显现，市场"开源节流"效应明显，一端是就业市场拥挤，高校毕业生就业困难，另一端是招聘市场冷清，房地产评估机构"无米下锅"。从人力资源部门反馈信息显示：一是每年高校毕业生数量有所下降，且大部分考研考博；同时一线城市生存成本高、机会优势难以凸显，学生毕业后留京意愿不强，最后真正找工作的所剩无几。二是有土地资源管理、房地产估价与经营等专业背景的毕业生，大多优先选择考公或者以聘用制方式进入政府相关部门，次之国企单位，对房地产评估机构的兴趣不大。尤其在疫情三年的影响下，毕业生求稳心态更加明显，复合的制约因素使招聘难度持续增加，人才补给不足情况愈加凸显。

（二）高质量人才与强变化业务难配给

进入存量发展时代，房地产市场步入调整期，但与之相关的经济活动更加活跃，估价师的知识储备需要扩容。在具体的估价事务中，估价师需要深入了解估价报告的应用环节，对影响交易的问题提供解决方案或者优化路径、丰富产品内容，同时降低估价机构的风险。房地产市场进入调整期后，各种调控政策推陈出新，市场环境持续变化，新业务新机会不断涌现的同时也加速着历史估价经验贬值，估价机构仅靠传统"传帮带"的培养方式已无法快速适应市场需求。另外，评估机构缺乏长期、系统的培训和规范的培养机制，也导致了高质量人才的配给不足和流失严重。

（三）新生代与旧模式渐磨合

在职场局势的不断变化中，管理者也需要适应变化，以90后、00后为代表的职场新生代已入场，并且逐步成为职场的主力军，他们崇尚自由、特立独行、价值多元、注重感受，鲜明的职场风格也在各行各业渗透。而管理层代表着"严格、秩序、遵守"的60后、70后管理者，如何调整现有的管理方式，提供更加具有吸引力的工作环境，优化职场关系，激发新一代年轻人的内驱力，也成为新时代的主题。

（四）稳底盘与缩成本怎取舍

变革时期，人才是稳定行业的关键因素。估价机构的管理人才、营销人才和技术人才共同组成估价机构的核心力量，忽视任何一类人才，都会阻碍机构的发展壮大。同时，优秀的企业文化、优质的晋升机制，可以促进估价人才在行业内安营扎寨，才能使其无后顾之忧地深耕细作，为行业和企业贡献力量。另外，估价行业人才培养周期长、薪酬增长缓慢、薪资较关联行业处于劣势地位等情况有待改善。变革时期的估价机构，营业收入也经受一定程度的挑战，特殊时期应扎稳底盘、拢住人才才能捕捉风口，才能有燎原之机。

二、估价行业人才特征分析

（一）追求卓越与价值共赢大局观

外界对估价师的普遍认知源于估价的入门相对较容易，但通过精深研究、多场景运用后会有估价技术专业性极强的感知。虽然估价属于传统行业，但随着所处发展阶段的不同及政策变化，我国估价行业的理论和技术体系仍在逐步完善优化。估价的专业人才，应具备扎实的理论基础和实践经验，应能够灵活运用各种估价方法和技术，为客户提供准确、可靠的估值服务等。因此，卓越的估价师必定是一名终身学习者，向内研修估价技术体系、攻关难点，向外适应市场和政策环境的变化，既能让估价发挥良好的社会价值，又能实现企业的经济价值和自我价值。

（二）多面延展与触类旁通技术观

新时期，估价行业需在估价的专业知识和技能基础上，兼容市场营销、金融、税收、法律、城市规划和行政管理等方面的知识和技能。因此，估价机构应该在人才培养方面注重多元化，拓宽专业人才的挖掘、培养视野，致力于提高其综合素质，从而培养出更具竞争力的人才。

（三）社会地位与服务价值发展观

估价作为一个融合专业与艺术的服务行业，与关联产业联系密切，参与诸多经济活动，多维的业务模式丰富了估价师的专业知识，也创造了多方向的职业发展机会，使得估价人才外溢明显。房地产公司、金融体系、政府相关单位等，均为估价机构优质人才输出的主要方向，这些方向均有社会地位高，服务价值认可度高等特点。相较而言，估价师在行业内的自我身份认同感还有较大的提升空间。

三、人才培养路径及激励机制探索

（一）协会引领注活水

估价行业协会在维护行业秩序、规范机构行为、提升估价师技能培训等方面发挥了重要作用。同时，协会也设置了考评体系，每年都通过资深会员、行业专家、青年专家等方式遴选行业优秀人才，为行业内部的技术研发、标准体系建设等工作"注入活水"。

借助行业协会的影响力，通过搭建人才考评体系，积极与人社部门、政府相关部门对接，呼吁将房地产估价师纳入地方人才管理库。以北京为例，依据《北京市引进人才管理办法（试行）的通知》（京人社调发〔2018〕38号），除设定高精尖产业目录及高管人才外，还将人力资源服务机构、律师事务所、会计师事务所、审计师事务所等纳入人才单位名录、满足条件的可以在人才落户指标中加分；又如天津市海河英才落户计划中明确了资格型人才的名录，如拥有国内注册会计师、注册税务师、注册建筑师、注册资产评估师、律师等职业资格的人才，可以申请落户指标，诸如此类的人才政策，可以有效增强职业吸引力，提升估价师的职业荣誉感。

（二）机构发力落机制

1. 以人为本，适应人才市场变化

建构灵活的工作模式。为适应90后、00后新职场人的鲜明特点，调整现有标准化的管理制度和管理模式，创造更灵活、自如的工作环境，如制定弹性工作制度，员工可以依据自己的实际情况，在保证工作总时长的前提下，适度选择早到或者晚归的工作时间；再如估价人员结合内外业作业时间，可以以效率为先，自主选择办公地点，如客户方、公司、居住地点等，不再拘泥于固定模式。抑或在办公区域开辟共享空间、构建共商共话的氛围、增加交流和研讨空间等。总之，通过调整管理方式，提高员工的工作满意度和自主性。

提升薪资水平和福利待遇。受经济下行压力影响，大多机构以承接更多项目的方式维持机构稳定发展，使得专业人才工作强度加大，工作时间增长。但在艰难时期，机构仍需要酌情调整策略，加大对人力的投入，削减其他开支，致力于提升员工的忠诚度和稳定率。

优化晋升制度和职业发展规划。以管理和绩效考评为抓手，打通晋升通道，调整老中青顺位更替的机制，以股权激励、发展合伙人制等方式鼓励员工在公司内部长远发展；同时，增强专业人才职业生涯规划，依据不同性格特征，挖掘个体潜力，匹配管理、营销和技术等职业发展方向，为其提供更多的角色选择机会。

2. 积极主动，探索与高新科技融合

积极主动搭建数据体系。通过技术手段抓取、筛选和存储数据，打通数据壁垒，释放估价作业人员在基础工作上的能耗，集中精力做好数据分析和研究工作。提倡机构之间联合，实现数据共建共享；或者由协会发起组建大数据平台，设置输入输出端口，由各机构定期定量填报输送评估数据或者调研数据；同时又向机构开设端口，发挥数据平台的优势，提升机构作业质量，降低了作业风险和成本。

优化办公作业工具。研究各类会议App、短视频等工具在估价领域的应用场景，探索AI智能等科技与估价的技术融合，通过工具创新估价现场查勘、估价报告制式内容的编写、排版校稿等作业环节，最后由估价师完成"技术和艺术融合"的创作。提升效率的同时升级估价这一传统产业，主动与科技握手。

利用新媒体做品牌营销。近几年，公众号、直播等新媒体传播方式逐步影响和改变人们生活，估价机构或估价人员掌握着丰富的专业知识，在守法合规前提下，可以合理利用创意新颖、观点鲜明的论题论点做知识普及和传播，也可以通过对企业的宣传，增强大众对估价行业的认知和理解，达到高社会效益，低宣传成本的目的。

3. 努力创收，提升企业市场竞争力

建立业务研发部门，提升市场占有率。盈利是企业生存的基础，生存和发展是企业永恒的命题。倡导企业建立业务研发团队，加大对研发人才的投入，紧跟市场和政策的变化趋势，跳出依靠评估报告单一产品市场红海，创新多元化、多类型的咨询服务产品。

吸纳多学科人才，提升产品品质与价值。房地产估价参与多种经济活动，涉及产业面广、链条长。估价机构应整合多学科人才，增加服务的深度和广度，将单一估价产品升级为全过程咨询服务产品；多学科相互作用势必产出更高质量和价值的复合产品，能够有效提升企业的收入和市场竞争力。

提供优质服务，创新综合服务能力。除了改善作业环境，提高作业效率，提升咨询服务的质量，还要强化估价人员的服务意识，提升客户满意度，为企业争取更多的合作机会。

（三）人才为先创新风

估价师拥有行业赋予的职业身份，在行业内，肩负着热爱估价行业、提升综合素养、敢于发声、展示职业形象、提升职业声誉的社会和职业责任；在机构中，同样承担着以主人翁心态积极主动提出发展诉求和建议，与机构一起创建双赢模式，作出积极贡献的就业责任。

望作为行业头部专业人才的估价师们共商发展大计，共谋行业发展。

作者联系方式

姓　　名：霍桂英

单　　位：北京市金利安房地产咨询评估有限责任公司

地　　址：北京市丰台区小屯西路美域家园南区4号楼

邮　　箱：18701011295@163.com

注册号：1120120015

适应高质量发展的房地产估价专业人才培养

罗 琳 谢仲芳 李 红

摘 要：在竞争日益激烈的高质量发展的市场环境下，房地产估价行业面临前所未有的挑战，对房地产估价师的要求也越来越全面。人才的获取是可持续发展动力，房地产估价师的素质是估价行业生存的重要因素。为了使房地产估价师的综合能力得到提升，房地产估价机构必须实施人才培养战略，建立科学的人才培养体系，有效提高估价人员的专业能力和专业素质，适应新时代的发展，满足新形势的业务需求。

关键词：高质量发展；房地产估价；专业人才；培养

随着我国经济进入高质量发展时期，对估价行业提出了新的要求，人才是估价工作的基础与核心，也是估价机构的核心能力。基于此，当前房地产估价机构的核心能力已经成为房地产估价机构的核心竞争力。要树立"以人为本"的理念，构建完善的人才培养体系，为估价行业注入新的活力，提高其在行业中的地位。

一、房地产估价行业面临的新形势

（一）我国估价行业业务发展情况

近年来，房地产估价技术已逐步走向成熟，估价机构也有了较大的转变。估价业务由最初较为简单的抵押、转让等业务拓展到了司法鉴定、高端咨询等领域。以往的估价工作过于注重资质，今后将更加重视专业服务，突出自己的专业特点与服务水平，这样才能适应新的市场环境。

（二）市场及政策的变化

在我国经济发展的过程中，我国房地产估价工作面临着新的要求，其中包括租赁市场的发展，城市建设的发展，房屋征收、金融资产征收等[1]。另外，中国首部资产估价领域的《中华人民共和国资产评估法》也于2016年12月1日正式实施，确立了资产评估行业的法律地位，《中华人民共和国资产评估法》的出台有助于规范资产评估行业，更好地发挥资产评估的专业作用，维护社会主义市场经济秩序。中国的房地产估价行业，在今后的发展中，将会出现多样化的发展态势。

二、高质量发展阶段对房地产估价机构专业人才的要求

党的"十九大"明确指出，我们要实现由经济高速增长向高质量发展转变。进入高质量发展时期，要重视科技研究和开发成果的运用，如信息化、数字化等。新时期，目前我国房

地产估价行业最突出的问题就是高质量发展和高素质人才培养的滞后。随着我国经济社会的快速发展，估价机构应拥有具备良好职业素质的专业人才。

（一）专业能力过硬的复合型人才

房地产估价是一项智力密集型的工作，估价人员不但要具有一定的专业基础知识，而且要具有一定的财务、造价、税收、法律等方面的知识。

（二）能适应市场业务变化的创新型人才

在高质量发展的背景下，房地产估价行业正逐步由传统业务向新型业务转变，尤其是在大数据背景下，随着我国信息化和数字技术的迅速发展，房地产估价工作面临着新的机遇和挑战。这就要求估价人员不断地学习，不断地培训，更要有创新意识和服务能力。

（三）高效沟通、表达型人才

沟通是房地产估价工作中必备的一项技能[2]。为了更好地与不同的估价委托人及其他当事人交流，对估价人员提出了更高的要求。通过与各方当事人的有效沟通，了解估价对象的基本事项及估价目的，对估价委托人提出的问题进行及时的反馈，并给出专业的回答，从而使估价委托人对估价工作的专业性有充分的认识。

三、房地产估价人才培养对行业发展的重要意义

近几年来，由于市场机制对资源的配置作用日趋突出，政府在这一过程中的作用也日益显现。国务院大力推进"精政放权""优化管理"政策，实现了"万众创新"。政府应积极稳妥地推动行业协会"脱钩"，使其在标准制定、专业人才培养、公共科技平台建设和第三方咨询评估等方面发挥更大的作用[3]。要进一步深化管理体制，推行不动产估价制度，加快改革步伐，同时，房地产估价行业也要加快人才培训步伐。构建培训系统，重点解决三个方面的问题：一是转变传统的培训方式，二是加强培训内容的关联性；三是健全对培训成效的追踪与考核机制。

四、房地产估价行业人力资源现状及培养建议

（一）房地产估价行业人力资源现状

随着"谁委托、谁付费"指导政策的执行日渐深入，估价行业无序竞争，低价竞争成为常态；主管部门对行业的行政监管功能弱化，在强调行业自律管理、诚信经营的大环境下，估价业务持续减少，很多机构为了生存，只能靠降低成本和服务质量来维持生计，导致估价行业人才流失，估价机构估价师挂靠现象比较常见，估价风险日渐突出，房地产估价行业是一个人才密集、人力成本较高的行业，人才与企业发展在一定程度上是相辅相成、互为结果的，所以人才是机构发展的基础，是保证估价质量和提升服务水平的基本要素，吸引优秀人才进入估价行业应引起整个行业的重视，培养适应业务发展需求的人才是估价机构急需解决的难点问题。

（二）房地产估价行业人才培养建议

1. 培养适应时代发展的房地产估价人才是行业发展的推动力

主管协会应加强对行业的正面宣传和引导，构筑产学研交流竞赛平台，提升行业在社会的存在感，通过估价机构组团到大学校园进行宣讲及招聘的方式，增强在校大学生对本行业

的关注度；不断提高行业的影响力，实现人才快速增长。

主管协会可以加大对本行业的宣传力度，让估价行业走进主流传媒的视线，树立典型模范，提升行业的综合服务水平；可以联合机构开展公益援助事业，主管协会可以协调、完善行业从业人员职称评定机制，提高行业影响力和社会关注度。

主管协会也可以在全国范围内举办相关知识等各类型的竞赛，让更多的大学生了解行业、参与竞赛，把书本理论与实践结合起来，学以致用，同时了解行业发展的前景，从而借助全行业的通力合作，提高房地产估价行业在社会上的影响力并吸引大学生加入行业，培养行业领军人才、扩大行业领军队伍。

2.估价机构从自身发力，加强适合业务发展需求的人才梯队建设

种下梧桐树，引来金凤凰，估价机构要树立自己的品牌。要注重房地产估价机构品牌的打造，提升房地产估价机构的知名度，拓展房地产估价机构的业务领域，以人为本、诚信经营、加强自律管理，塑造良好的品牌形象，提高其在社会上的吸引力。

（三）估价机构要建立健全人才管理体系

笔者认为，人才管理体系建设包括人才需求分析、获取人才途径，培养人才方案，留住人才机制、人才经费预算等多方面内容；管理体系要有计划、有步骤、能执行、有结果；建立人才管理体系旨在将员工的个人价值和房地产估价机构的价值目标结合起来，让企业人才在完成企业工作的同时，自身获得良好的提升，与企业同步发展；让他们把个人的梦想、规划与企业的发展前景结合起来，培养一荣俱荣、一损俱损的集体荣誉感，激发员工勇于挑战、超越自己的勇气。在各级组织中大力推荐优秀的员工，并设立诸如"五四青年奖""五一劳动奖章"等重量级奖项激励员工。

（四）建立有效的薪酬体系，为员工提供升迁和发展的平台

1.构建公正、合理的薪酬体系

要想吸引优秀的人才，就必须有一个公正、合理的工资和业绩评价系统。房地产估价机构应该根据自身具体情况，建立有效的多元化的薪酬业绩制度，加强对优秀人才的吸引，让他们更好地为自己的生活奋斗、为企业助力，提升自己的能力，并得到相应的经济回报。

2.建立合理的晋升机制

人才的流失很大程度上是因为在单位没有晋升空间，缺乏个人发展机会，所以房地产估价机构要为人才的提升打开一条通道，建立一个更加高效、畅通的人才提升渠道和激励体系，让企业员工有获得感、归属感；为有才能的人，尤其是年轻的估价人员提供一个很好的平台，可以让其有更多的发展空间，减少行业内的人才流失。

3.树立"以人为本"的房地产估价机构价值观

企业文化是企业的灵魂，是推动企业发展的不竭动力，房地产估价机构的核心就是以人才为中心，只有这样才能增强企业的凝聚力、向心力，才能保证对人才的持续吸引和稳定。同时，以人为本的房地产估价机构价值观，能够充分调动员工的积极性、创造性和责任感，实现发现人才、培养人才、善用人才的目标，推动房地产估价机构的文化建设，持续提升企业的竞争能力和发展潜能。

（五）建立健全内部培训机制，是造就高素质估价人才的重要途径

1.建立新人培训机制

针对新入职的员工，特别是刚毕业的员工，建立"一对一""一对多"的教学与训练体系，由资深从业人员充当"带教""传帮带"的角色，为新员工提供指导、训练，让新员工在

工作中有不懂的地方可以请教，让员工对行业、对企业、对自己的专业和能力有一个清晰的认知和判断；经过一段时间的指导和体验，可以甄别筛选合适的人才，让真正适合这个行业的人留下来。

2. 完善内部专业培训机制

房地产估价机构要建立相关的内部培训、考核机制，比如通过继续教育等方式培训估价师的专业能力，让他们始终处在一种职业培训的氛围中，能持续地获取专业知识，也可在企业内部开展报告撰写评比大赛，比较哪位员工撰写的报告综合得分最高，也可以对每个员工撰写的送审报告中的错误数量进行统计，分阶段奖励错误数最少的员工。另外很重要的一点，所有的培训和比赛结果最终都要总结、分享和应用，只有这样，才能不断提高估价人员的估价能力。

3. 相关专业知识培训机制

房地产估价机构要根据自身的业务需要和今后的发展思路，让他们学到更多与估价相关的其他专业方面的知识，例如造价知识、数据分析等，机构可以提供部分教育提升学习补贴，让员工有机会提升学历，鼓励员工参加其他专业考试，让员工成为一个复合型的专业人才。建立一个学习型机构，创造一个学习环境，持续地挖掘出每个人的潜力，从而使员工的个人能力得到提高，同时也能为企业将来的发展储备人才，为未来的新业务开拓与创新创造机遇。

为了满足我国房地产估价行业高质量发展的需要，在当地主管部门的领导下，在估价协会和高等院校的大力支持下，在房地产估价机构主动作为下，培养出优秀的估价人才，房地产估价行业的高质量发展才能行稳致远。

参考文献：

[1] 孙雯.浅谈高质量发展阶段房地产估价机构专业人才的培养[C]//中国房地产估价师与房地产经纪人学会.估价业务深化与拓展之路：2020中国房地产估价年会论文集.北京：中国城市出版社，2020：681-684.

[2] 乔璐璐.浅谈房地产估价机构专业人才培养机制[C]//中国房地产估价师与房地产经纪人学会.房地产估价：回望与前瞻：2021中国房地产估价年会论文集.北京：中国城市出版社，2021：707-711.

[3] 陈静，常麟.行业转型期房地产估价机构人才吸引与培养策略[C]//中国房地产估价师与房地产经纪人学会.房地产估价：回望与前瞻：2021中国房地产估价年会论文集.北京：中国城市出版社，2021：732-735.

作者联系方式

姓　　名：罗　琳　谢仲芳　李　红

单　　位：湖南新融达房地产土地资产评估有限公司

地　　址：湖南省长沙市天心区芙蓉中路三段380号汇金苑9幢7层701房

邮　　箱：524397139@qq.com；1024482864@qq.com；413933866@qq.com

注册号：罗　琳（4320070050）；谢仲芳（4320070071）；李　红（4320070072）

估价机构人才队伍现状及新时期的培养、激励机制探索

吴俊杰

摘　要：三十余年来，我国房地产估价行业发展迅速，估价机构和房地产估价师数量持续增长，但估价人才队伍的年龄、学历结构还存在一些问题，培养途径单一、培养机制僵化，亟需改变。本文首先分析了我国估价机构人才队伍现状，然后再分析人才培养目前存在的问题，最后对新时期人才培养、激励机制提出了自己的一些思考和探索，为估价行业持续、健康发展略尽绵力。

关键词：估价机构；人才培养；激励机制

一、绪论

三十余年来，我国房地产估价行业发展迅速，估价机构和房地产估价师数量持续增长，估价行业已成为我国现代服务体系的重要组成部分，对我国房地产市场的发展和繁荣起到了重要的推动作用。但由于我国房地产估价行业起步较晚，行业影响力还不够强，专业技术人才特别是复合性技术人才的缺口还很大，估价专业技术人才的质量、结构跟不上行业发展的需要。作为现代社会高端、智力性服务业，房地产估价是一个综合性很强的行业，而人才是支撑行业发展的基础，也是估价机构的核心竞争力，因此，估价行业专业技术人才的培养显得尤为重要。

二、我国估价机构人才队伍现状

（一）考试报名人数及合格人数持续增长

2022年，全国报名参加房地产估价师职业资格考试的人数为1.9万人，同比增加46.2%，实际参考人数1.6万人，同比增加45.5%，参考率达到了84%。受疫情影响，2021年、2022年个别省市当年停考，导致考试合格率降低，分别只有6.1%、5.1%（图1）。即便这样，截至2022年年底，累计已有近7.3万人取得了资格证书，6.9万名房地产估价师注册执业。

（二）现有注册估价师中老年居多，青年估价师数量偏少

截至2021年，46岁以上注册房地产估价师占比超50%，其中46～55岁估价师占比44.8%，56岁及上占比9.5%；至2022年，46岁以上注册房地产估价师占比有所降低，但在总量中占比仍接近一半，达46.7%。而35岁及以下注册房地产估价师在总量中的占比情况，2021年仅占16.1%，2022年情况略有好转，占比也仅为20.4%（图2）。

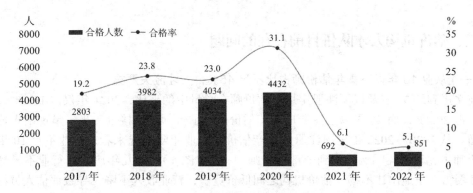

图 1　2017—2022 年全国房地产估价师职业资格考试合格人数及合格率

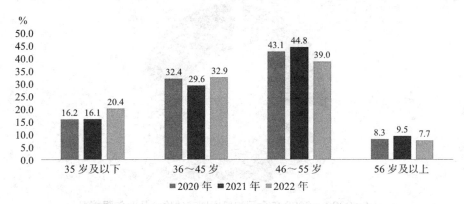

图 2　2020—2022 年全国注册房地产估价师年龄结构

（三）本科以下学历房地产估价师占比偏高

从 2020—2022 年这三年房地产估价师学历情况统计来看，大专及以下学历占比均超过三分之一，2020 年、2021 年占比接近 35%，2022 年不降反升，本科（不含）以下学历房地产估价师占比达到了 36.5%（图 3）。房地产估价师是一个专业性很强的职业，需要熟悉和掌握的知识较多，在学历贬值的趋势下，本科及以上学历应该成为房地产估价师群体中的绝大多数。

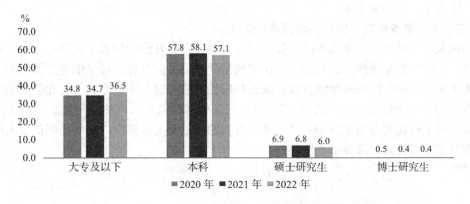

图 3　2020—2022 年全国注册房地产估价师学历结构

三、估价机构人才队伍目前存在的问题

（一）从业10年以下青年估价师占比不足45%，人才流失严重

前文提到了35岁及以下注册房地产估价师在总量中的占比，2021年仅占16.1%，2022年也仅占20.4%，而46岁以上注册房地产估价师占估价师总数接近一半，呈现出青黄不接的局面。从2020—2022年全国注册房地产估价师从业年限情况来看，从业不足10年的青年估价师占比仅为44.1%，不到全部估价师的一半（图4）。近几年房地产行业不景气，房企频频爆雷，土地出让不畅，估价机构之间低价竞争，营业收入下降，导致评估人员特别是评估助理等年轻人收入降低，对未来信心不足，转行跳槽者众多，人才流失严重。

图4　2020—2022年全国注册房地产估价师从业年限情况

（二）职业发展不明晰，工作热情度不高

相对于其他行业来说，我国房地产估价行业属小众行业，尚未在社会公众心目中形成充分的认可度，甚至许多人不知道房地产估价是做什么的。人才成长体系也不够完善，让年轻的估价人员感觉入行后除了考取估价师或资产评估师干一辈子评估外就没有其他出路。而且就算取得了估价师资格，一直从事评估工作收入也不高，还不如趁年轻早点转行，从事销售、财会等其他收入更高更易升迁的职业。《中华人民共和国资产评估法》的实施也对评估专业人员提出了更严格要求，评估专业人员对评估行业未来的发展前景存有顾虑，对于从事房地产估价工作的热情不高。

（三）人才培养机制不健全，培养模式僵化

目前我国对房地产估价人才的培养，主要是通过高校开设的相关专业和协会开展的继续教育进行。学校教学重理论、轻实务，注重的是学历层次的教育，对学生专业能力的培养放在了次要地位。协会组织的继续教育，缺乏相应的考核机制，评估专业人员在接受继续教育的过程中存在一定程度的"形式主义"，对于行业中出现的重点、热点问题缺乏系统性地学习研究。对于行业高端人才的培养更是缺乏有效的机制，全靠机构内部培养和估价人员自身努力和自觉学习提升，培养模式僵化。

四、新时期估价机构人才培养、激励机制探索

（一）加强估价机构内部培训，将估价师培训、投稿纳入企业年度 KPI 考核

房地产估价属于知识和智力密集型专业服务业，其竞争归根到底是人才的竞争。估价机构应根据自身的发展需求做好人才培养培训工作，把人才培养作为优先发展战略和重要目标任务，加快人才培养步伐，坚持以需求为导向，加大对业务骨干人才和管理人才的培养力度。建立健全科学的人才选拔、评价使用和晋升激励机制，除了引进外部讲师对内部估价人员进行培训外，还要充分发掘内部人才，让经验丰富的估价师或在某一领域有所擅长的评估专业人员当内部讲师，给同事培训，同时给予相应报酬。将估价师培训任务和每年向内部刊物、中国房地产估价师与房地产经纪人学会年会投稿纳入企业年度 KPI 考核，在年终考核和内部评级、晋升时，将培训和投稿完成情况作为重要参考。让有经验的估价师给新人和年轻人当指导老师，在日常工作中及时给予指导。

（二）在提高传统评估技能的同时，加强创新型业务的开发、学习

目前我国多数房地产估价机构业务模式比较单一，基本上只开展针对房地产和土地的评估业务，对市场上出现的更多与传统评估业务略有不同甚至差别较大的新型业务机会，如资产证券化的现金流预测、项目可行性分析与预测、模拟退出清算、个人信用不良债权价值评估等新型创新型业务束手无策，不能承接、不敢承接，白白丢失业务机会。未来估价机构走向多元化发展道路，创新业务模式是必然趋势。特别是互联网+、人工智能、大数据的普及，5G 万物互联互通、智能机器人的运用，都使得估价行业面临更多更大的挑战。这就要求估价机构顺应时代发展，在提高传统评估技能的同时，加强创新型业务的开发、学习，积极探索新的评估方法和技术在这些新型业务机会中的运用。

（三）组织员工积极参加行业协会组织的培训、竞赛和征文活动

过去三年，受疫情影响，地方协会难以组织大型的培训和竞赛活动，个别省市甚至连房地产估价师考试也取消了。现在疫情过去，各地协会均正常开展各项工作。估价机构应及时提醒和督促估价师参加协会组织的线上线下年度继续教育，积极派员工参加地方协会组织的各项专业技术培训，如房地产报告、土地报告评审常见问题，国有土地征收，司法鉴定评估等；积极参加协会组织的估价师技能竞赛，行业能手大赛等竞赛活动，如今年 10 月重庆市国土资源房屋评估和经纪协会组织的重庆市首届青年估价师技能大赛，就很受青年估价师欢迎，青年估价师参加竞赛，既复习了理论知识，又锻炼了胆量，得奖的估价师除丰厚资金外，还优先作为储备人才进入青年专家库，提振了青年估价师对行业未来的信心。

（四）与估价机构所在地高等院校评估相关专业合作培养人才

估价机构除了通过内部培训和派员参加协会组织的继续教育、专项培训培养人才外，有条件的估价机构，可加强与所在地高等院校和教育部门的联系与合作，为高等院校评估相关专业提供实习实践基地，让学生有更多的机会接触社会，将理论运用于实际，提高其分析问题、解决问题的能力，提高教育的质量。同时，估价机构也可请本地高校教授来公司讲课，或者与高校教授一道承接课题。对机构内有上进心愿意深造的优秀青年估价人才，鼓励他们报考高等院校非全日制研究生，能考上的给予一定的学费补贴或一次性奖励，让优秀青年人才带着问题去高校学习，实践与理论结合，提升专业水平。

（五）建立长效的奖励激励机制，注重青年人才的培养

当前，估价机构，特别是小规模估价机构，普遍在招人用人方面存在因福利差、待遇低造成人才流失的现象，这就需要估价机构结合自身的发展程度，合理采用工资加绩效的薪资奖励制度，充分调动估价人员的积极性，留住人才，并吸引更多青年人进入到估价行业。

同时，我们要深刻认识到，人才的培养不是一日之功。不能在缺人时才想到去人才市场招人，在人才要走时才想到给人才提高待遇。估价机构要建立长效的奖励激励机制，平常就注重人才的培养，特别是青年人才的培养，鼓励他们报考房地产估价师，对通过考试者给予奖励，让青年人对行业未来有信心，愿意在估价行业稳定下来，这样，估价机构的人才队伍结构也才会趋向合理。

（六）加强估价人员自身职业道德教育

任何时候，估价机构都不能放松对评估专业人员的职业道德教育。《中华人民共和国资产评估法》对于评估专业人员的职业道德也进行了相应的规范。因此，估价机构在内部培训、外部继续教育的过程中应当始终将职业道德教育放在重要位置，灵活运用有效方式方法，如可以用资产评估师、房地产估价师被司法处罚或行业处罚的案例，让估价人员随时绷紧风险防控的弦。对违背职业道德的行为进行惩戒，让估价从业人员不敢犯错。

综上所述，随着我国房地产估价行业的不断发展，估价专业人员面临的培养机制僵化、工作热情不高、青年人才流失严重的问题也凸显出来，估价机构应当从内部培训、加强创新型业务学习、积极参加行业协会组织的培训和竞赛活动等方面培养人才队伍，建立长效的奖励激励机制，特别注重青年人才的培养，加强估价人员自身职业道德修养，为估价机构持续稳定发展打下坚实基础，为行业未来持续健康发展贡献力量。

参考文献：

[1] 程敏敏，陈胜棋，刘朵. 中国房地产发展报告 No.20（2023）[R]. 北京：社会科学文献出版社，2023.

[2] 刘军航. 评估法实施后加强评估专业人员队伍建设的几点思考 [J]. 中国资产评估，2018（5）：9-11.

[3] 王丽南，雷鸣，易博. 浅谈我国资产评估专业人才的培养模式 [J]. 中国管理信息化，2019，22（1）：219-221.

作者联系方式

姓　　名：吴俊杰

单　　位：深圳市世联土地房地产评估有限公司

地　　址：重庆市江北区庆云路 6 号国金中心 T5 栋 502 室

邮　　箱：wujunj@ruiunion.com.cn

注册号：5020040115

房地产估价机构人才培养机制探索

李湘峰

摘　要：随着经济发展和社会进步，房地产估价行业在市场经济中扮演着越来越重要的角色。估价机构作为估价行业的主要力量，其人才培养的成败直接关系行业的健康发展。本文分析了当前我国房地产估价机构人才培养体系现状及存在的问题，并探讨了相应的解决方案。

关键词：房地产估价；人才培养；培养机制

一、引言

近年来，随着"放管服"改革举措的贯彻落实，房地产估价人才队伍得到了快速壮大。根据相关报告，2016年至2020年，我国的一级房地产估价机构数量从432家增长到826家，实现了近乎翻倍的增长。2022年年末首次突破1000家的大关。

同时，随着科技的不断进步和创新，房地产估价行业也将不断探索和创新，为市场主体提供更加全面、专业和高效的服务。这对估价行业的发展提出了新的要求。

二、估价机构人才培养现状

（一）估价机构对人才的需求

在选拔人才时，估价机构通常需要受过高等教育、具有房地产相关专业背景的人才，如房地产估价、土地资源管理、城市规划等专业。这些专业背景能够保证人才具备扎实的知识基础，更好地理解和应用房地产项目的各项指标。

除了注重学历和专业背景外，对于人才的数量和资质也有着严格的要求。例如，根据现行《房地产估价机构管理办法》的规定，一级资质的估价机构需要15名以上专职注册房地产估价师，其中法定代表人或执业合伙人必须执业3年以上。

其实，除了学历文凭和资格证书等硬性指标，还有许多难以直观察觉的软性因素，例如实践经验、职业操守、持续学习能力、团队协作、客户服务意识等。单就实践经验来讲，大家都知道，"房地产估价是科学与艺术的有机结合""艺术来源于生活"，生活就离不开实践经验，这就足以说明估价人员应具备丰富的实践经验、敏锐的洞察力和良好的判断力，才能对房地产价值进行综合判断和合理预测。

（二）人才队伍现状及存在的问题

根据房地产估价行业信息库统计，截至2022年年末，全国共有房地产估价机构5762家，自1995年举办首次房地产估价师资格考试以来累计有7.3万人取得了职业资格证书，其中

6.9万多名房地产估价师注册执业。从学历方面来看，注册房地产估价师的学历水平大多在本科及以上。2020—2022年这一比例均超过六成。其中，2022年，本科、硕士研究生、博士研究生的占比分别为57.1%、6.0%和0.4%。由此可以看出，具有高素质的房地产估价师队伍已经基本形成。

然而，估价人才队伍发展也面临着一些挑战和问题。首先是行业队伍规模较小，人员分布不集中，这使得估价人员难以形成合力，缺乏社会影响力。其次是估价人员的专业素质参差不齐，一些人员可能缺乏足够的培训和实践经验，导致评估结果不准确或存在偏差。再次是新技术和新方法的应用不足，这使得估价工作难以跟上时代发展的步伐。最后是缺乏完善的管理和监督机制，这可能导致一些估价人员存在违规操作、不规范评估等问题。

三、估价机构人才培养路径

（一）继续实施职业资格认证制度

"国家实行房地产价格评估人员资格认证制度"是《中华人民共和国城市房地产管理法》的明文规定，《中华人民共和国资产评估法》提出了"国家根据经济社会发展需要确定评估师专业类别"的要求，人力资源和社会保障部《国家职业资格目录（2021年版）》明确规定房地产估价仍属于准入类职业资格，房地产估价师需要通过国家职业资格考试并取得房地产估价师职业资格证书，方可从事房地产估价（含土地估价）业务。

此外，国家对房地产估价师职业资格实行执业注册管理制度，这意味着房地产估价师必须经过注册才能执业。

当然，也有人提出房地产职业资格准入制度，像一道门槛，阻碍了行业外非专业人士的进入。这话虽然不无道理，但是对比2020年前后的房地产估价师报考条件，在专业限制、工作年限、学历限制、职称限制等许多方面，我们可以看出2021年及其以后的报名条件除了保留专科以上学历以外，不再设定限制条件，已经敞开了报考大门，有志于从事房地产估价的人才同样可以通过考试，取得胜任资格。

（二）建立完善的培训体系

打造卓越的房地产估价培训体系，提升行业服务水平，为客户带来专业服务体验，是每一家估价机构应当积极构建的目标框架和路径。

首先，明确培训目的与内容是关键。以估价行业的独特性为出发点，积极回应市场需求，精确制定培训课程，涵盖房地产基础知识、法律法规、估价方法、市场分析、客户服务等关键领域。这些课程不仅要注重理论知识的传授，更强调实践操作能力的培养。

其次，建设一支经验丰富、专业过硬的师资团队是重中之重。"传帮带"的经验做法之所以不断传承，师资团队所发挥的作用是不可替代的。他们为年轻估价师提供有针对性地指导，帮助他们解决工作中的问题和困惑。他们作为本行业的优秀人才，又通过自己的言传身教，影响和塑造年轻估价师的职业素养和观念。

再次，实施分类分层培训是实现目标的重要手段。根据不同层次和岗位的人才，定制专属的培训课程和计划，确保培训效果的最大化。比如，新入职人才培训、基层人才培训、中层干部培训和高层领导培训等，都各具特色，各有侧重。

最后，定期组织学习和分享会也是一个很好的巩固和提升的途径。

(三)加强与高校的合作与交流

从长远来看,房地产估价机构与高等院校的紧密合作,为估价行业注入了新的生命力。这种合作形式就像桥梁一样,连接了理论和实践的鸿沟,让学术界和产业界能够相互学习、相互促进,共同迈向更高的巅峰。

人才培养方案是房地产估价机构与高等院校合作的重要探索模式,应由双方共同商议制定。估价机构提出人才素质需求、提供实习岗位或锻炼机会、设立储备人才奖励;高等院校按社会需求培养人才,并进行理论创新研究与发展。只有经过这样的课堂学习和实践操作,这些满怀激情和活力的年轻人才会逐渐成为估价行业的中流砥柱。

科研合作是房地产估价机构与高等院校之间又一道亮丽的彩虹。他们充分发挥各自的优势,共享资源,共同开展科研项目,推动估价方法的创新和提升。这种合作在学术界和产业界之间搭建了一座友谊之桥。

社会服务是房地产估价机构与高等院校合作的另一重要领域。借助高校的专业知识和人才资源,房地产估价机构能够更好地为社会提供高质量、高精度的估价服务,从而促进社会经济的稳健发展。

四、估价机构人才培养机制探索

(一)建立有效的薪酬激励机制

为了建立一套行之有效的薪酬激励机制,估价机构需要采取一系列措施。

首先,实施绩效薪酬制度,以人才的工作表现和贡献作为薪酬水平的主要决定因素。这意味着,那些在工作中表现出色、为客户提供了高质量服务的人才将获得更高的薪酬和奖金。这种制度可以激励人才积极进取,充分发挥他们的潜力,从而提高整个机构的工作效率和业绩表现。

其次,估价机构可以考虑实施股权激励计划。通过这种方式,人才可以分享企业的成长成果,从而激发他们的工作热情和创造力。具体来说,就是让人才享有分享企业股权增值权益的机会。这将使人才更加关注企业的长期发展,并努力为企业创造价值。

最后,完善的福利制度也是吸引和留住人才的关键因素之一。估价机构应为人才提供全面的福利待遇,包括五险一金、带薪年假、带薪病假以及定期体检等。这些福利可以帮助人才减轻生活压力,提高生活质量,从而更加专注于工作。

(二)实施人才晋升制度

在估价机构中,人才晋升制度是一项至关重要的内部管理制度。这一制度不仅能够有效激励人才发挥潜能,提高工作效率和质量,更能够增强企业的综合竞争力。

在晋升标准方面,估价机构应注重人才的专业知识和技能水平,同时更加重视人才在实际工作中的表现,考量人才在德能勤绩廉等各方面的作为。只有那些熟练掌握估价技能和方法,具备优秀的沟通协调能力和团队合作精神,能够独立完成复杂的估价项目并取得卓越业绩的人才,才能获得晋升的机会。

在晋升等级与薪酬待遇方面,估价机构将根据人才的能力和业绩表现,将晋升等级分为入门级、初级、中级、高级等不同级别(图1)。不同等级的晋升将对应不同的薪酬待遇,以激励人才积极进取。同时,估价机构还应根据人才的工作表现和进步情况,定期进行考核和评估,以便更好地调整人才的薪酬和福利待遇。

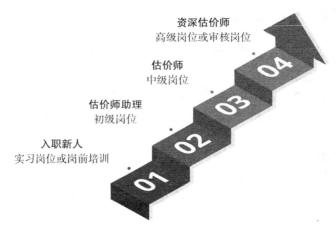

图 1　估价人才岗位晋升图

此外，估价机构还应对晋升考核与监督机制进行持续优化。首先，估价机构制定详细的考核标准，以全面评估人才的工作业绩和能力。然后，估价机构会定期进行考核，以便了解人才的工作表现和进步情况。最后，考核结果将作为人才晋升、奖励和职业发展的重要依据。同时，为了确保人才晋升制度的公平、公正和公开，估价机构应建立完善的监督机制，以确保晋升过程的有效性和合法性。

（三）营造良好的企业文化氛围

人的力量是企业发展的核心驱动力，因此估价机构应重视每一位员工的成长和发展，鼓励他们勇敢挑战自我，实现个人价值。同时，估价机构必须积极树立正确的价值观，明确企业的使命与愿景，让所有员工都能清晰地看到企业的发展方向与目标。

为了营造良好的企业文化氛围，估价机构可以采取多种有效措施。

第一，估价机构应强调诚信底线的贯彻执行，遵守职业道德和法律法规。诚信是估价机构的基石，估价机构应始终坚持公正、透明的原则，对客户、员工和社会负责，致力于树立良好的企业形象和信誉。

第二，员工的成长是企业发展的关键。估价机构应当建立以人为本的企业文化，充分尊重员工的个性和需求，为他们提供良好的职业发展机会和培训。

第三，估价机构积极参与企业宣传活动，提高企业的知名度和美誉度，这不仅提升了企业的形象，也向社会传递了估价机构的价值观和文化。让员工感到企业受到了社会的认可和尊重。

第四，估价机构应当营造浓厚的学习氛围，鼓励员工不断学习新知识、掌握新技能。估价机构提供各种培训和发展机会，让员工感受到自己的成长空间。我们相信，只有不断学习才能适应快速变化的市场环境。

第五，估价机构还应注重创新精神的激发，鼓励员工提出新的想法和建议，让员工感受到企业对员工生活的关心与重视。

五、结论

当前，估价机构在诸多领域扮演着举足轻重的角色，如房地产交易、金融风险防控、涉执司法处置等。然而，这一行业在人才培养方面却面临着诸多挑战。为了更好地解决这些问题，估价机构必须探索针对人才培养及激励机制的有效路径，为估价人才提供良好的职业前景和优厚的待遇，营造良好的企业文化氛围，才能吸引并留住优秀人才。

展望未来，估价机构会更加注重专业化和规范化，更加注重实践能力和创新精神的培养，以适应未来发展的需要，不断提高服务质量和技术水平以满足客户需求，直面更为广阔的区域市场乃至全球发展空间。

参考文献：

[1] 乔璐璐.浅谈房地产估价机构专业人才培养机制[C]// 房地产估价：回望与前瞻：2021 中国房地产估价年会论文集.北京：中国城市出版社，2021：5.

[2] 程敏敏，陈胜棋，刘朵.中国房地产发展报告 No.20（2023）[R].北京：社会科学文献出版社，2023.

作者联系方式

姓　　名：李湘峰

单　　位：山东三鑫房地产不动产资产评估咨询有限公司

地　　址：山东省济南市市中区泺源大街 229 号金龙大厦主楼 18E

邮　　箱：lixiangf@aliyun.com

注册号：3720100051

浅析估价机构多维度人才培养体系搭建

胡玉曼

摘　要：房地产估价行业不断壮大，评估从业人数呈持续增长趋势。估价机构发展到一定规模阶段，其人才培养、使用以及人才激励机制显得尤为重要。本文就房地产估价机构人才培养体系建立问题进行研究与探讨。

关键词：人才培养体系；人才激励；估价机构

人才是指具有一定的专业知识或专门技能，进行创造性劳动并对社会作出贡献的人，是人力资源中能力和素质较高的劳动者。人才是我国经济社会发展的第一资源。众所周知，估价机构中估价师人才更是企业发展的核心力量，不断培养具备专业技术素养的估价师人才，提升其专业技术能力，选拔优秀人才并留住人才，是估价机构与行业持续健康发展的动力。

一、估价机构人才培养的必要性

（一）人才是企业的核心竞争力

在以互联网为主要特征的知识经济时代，市场风云变幻、产品推陈出新、竞争日益加剧，多数估价机构已经意识到，除了机会和资金，人才也是决定企业战略能否实现的关键要素。知识时代谁拥有更多的人才，谁才能抢占先机，拥有主动权和竞争力。当前企业间的竞争，在一定程度上就是人才的竞争，尤其是以技术人才为主要生产要素的房地产估价行业，人才是房地产估价机构获取竞争优势的最重要资本和核心竞争力。

（二）人才培养是企业发展的持续动力

估价机构管理者经常会感叹"人到用时方恨少"，在这种情况下经常会引入"空降兵"解决问题，但短期内很难找到合适的"空降兵"，即使引入"空降兵"，也可能存在"水土不服"、留存率低、打击内部员工的士气等问题。实际上，企业在发展过程中，引入外部人才都只是一种补充性手段，企业内部人才的培养才能为企业可持续发展提供最好的支持。从内部培养和选拔人才，双方彼此熟悉，可减少用人风险和磨合过程，还能增强员工对企业的归属感和忠诚度。

二、估价机构人才培养的现状

（一）人才培养滞后于企业发展

估价机构目前的技术人员主要来自两个方向：一是企业自行培养，以实习生或估价助理为主；二是"拿来主义"，从社会上招聘而来。目前，大部分的估价机构将主要精力放在业务和落实项目的关键点上，基本上以"拿来主义"为主，在人才的培养上投入较少。因此，在企业实际运营工作中，由于平时重视不够与投入不足，一旦机遇来临，各级人才无论是在数量还是质量上都达不到要求，单纯靠"空降兵"或"拔苗助长"的做法，会导致管理问题层出不穷，战略执行难以到位。所以，为了保证企业的未来发展，需要提早做好相应的人才储备和培养。

（二）缺乏人才选拔和培养的统一标准

目前在大多数企业，人才的评判标准和选拔流程不够清晰透明，缺乏统一标准，公司对人才评价带有较强的主观性。各级领导都以自己的尺度去评价人才、选拔人才。人才在公司能否脱颖而出，过于依靠上级管理者的主观判断和喜好，很容易形成"团团伙伙"和"拍马屁"的企业文化。某些企业，在给人才打分时，往往打上"感情分""背景分""关系分"，因此选出来的人才也不一定是最能干的。

没有统一的衡量标准，既不能对内部人员进行合理区分，又无法与业内水平进行有效对标，导致不论是竞聘上岗、岗位轮换还是梯队建设，都缺乏有效的依据。

（三）没有明确的人才培养目标

人才一般对自我成就有较高的预期，追求有价值的工作并高标准要求自己。他们更看重工作的成长性、挑战性和丰富性，当企业提供的发展计划无法匹配个人职业发展规划时，大多数会考虑离职。这一现象反映了人才价值观逐步由物质追求转变为自我实现。

估价机构人才培养中常见的问题就是目标不明确，把培训当作一种任务完成，不清楚为什么要做培训，不清楚要重点培养哪些人，不清楚要培养员工的哪些能力。经常是"眉毛胡子一把抓"，为了培训而培训，或者培训计所有人都参加，不作区分。要想达到人才培养的效果，首先必须要明确希望解决哪些人的什么问题，才能有的放矢。

（四）人才培养的方式方法不足

一方面，很多企业将人才培养等同于课堂培训，估价机构最经常做的就是内部、外部各种培训，但实际效果如何，有多少员工能够把所学的内容应用到工作中。往往是学员在培训过程中学习非常好，但是回到工作岗位后，由于缺乏必要的实践机会和相应支持，就会恢复培训前长期形成的工作行为和习惯。

另一方面，时代在快速发展，知识更新日新月异，目前很多的估价师在取得估价师证书后，学习积极性逐步减退，导致部分估价师的专业能力逐步与实际脱离。同时，企业若无匹配的学习氛围与培养方式，这部分潜在人才难以通过持续学习与提升，取长补短。

（五）企业制度不完善，导致估价师流动性大

主要体现在以下两个方面，一是企业的管理制度不健全。评估企业相比制造型企业，人员的组成及企业的运营更为简单，大部分评估机构都存在企业组织架构不清晰，岗位职责不明确的问题。尤其是岗位职责不明确，导致估价师承担了更多技术工作之外的任务，不仅占用估价师的精力，也导致估价师对企业的信赖度和认可度逐步降低，造成估价师的流动性大。

二是企业的激励制度不健全。部分评估企业的激励制度过于简单，未能从生活、安全、社交、尊重、自我实现等实际出发考虑人才的综合需求，特别是一些中小企业管理者不重视实际激励对员工的促进作用，更多的是利用"口头画饼"，承诺技术人才，但能兑现承诺的却很少，导致员工逐渐对企业的管理失去信心。若企业的内部激励机制无法有效激发员工的积极性，员工的归属感缺失、个体价值和意义则无从体现，故而生产效率低下，优秀人才跳

槽，企业人才流失严重，进而影响企业的竞争能力。

三、构建企业人才培养体系

（一）同筑人才培养系统工程

人才培养是一个系统工程，需要组织从上到下的认同和努力，特别是需要企业中"四类人"，即高层领导、直线经理、培训经理、员工个人的共同承诺和积极投入，才能做好人才培养工作。

首先，高层领导要重视人才培养工作，以企业战略为导向，开展人才培养工作，人才培养中对关键岗位核心能力的提炼是关键；其次，是直线经理的认真落实，员工70%的能力成长都是在岗位实践中实现的，比如完成特定的工作任务，参与具体项目，岗位轮换等，在这个过程中，直线经理能够提供及时反馈指导，给员工设定具有挑战性的目标，拓展其能力；再次，培训经理提供专业支持，以解决问题为核心，制定人才培养规划并推动实施，与业务负责人一起讨论，分析出需要提升的团队能力，然后针对需改进和提升的能力短板，设计人才培养方案，并有效实施。只有这样，才能确保所设计和实施的人才培养计划能够具有针对性和时效性；最后，员工自身要主动求知，充分利用组织提供的学习条件和机会提升自己，逐渐成长为公司的骨干人才（图1）。

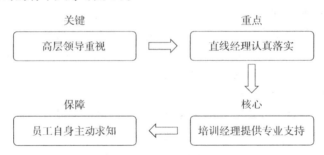

图1　企业人才培养体系

（二）明确目标，瞄准人才培养的发力点

人才培养的最终目的是为达成企业战略目标，源源不断地输送合格人才，因此我们必须对企业的战略目标和当前现状进行深入了解和细致分析，找到实现战略目标需要具备哪些核心能力，以及承载这些核心能力的关键岗位，才能明确人才培养的工作方向和重点。

人才培养的所有工作必须以战略目标为制高点，以核心能力为出发点，加强人才培养，有助于核心能力的提升，进而支撑企业战略目标的实现。

（三）界定人才培养标准，量出"真人才"

企业中每名员工的能力禀赋，价值观和发展目标各不相同，因此，企业应该巩固并充分发挥每个员工的优势。根据企业战略目标分解的结果，明确企业所需的核心能力，选择胜任当前岗位并有潜质取得更优异成绩的人，而不仅仅是能做这些工作的人。

为了避免人才选拔与培养的随意性，企业需要构建一套衡量标准，即关键岗位的胜任模型。只有建立起每个关键岗位的胜任能力标准，才能明确各个关键岗位需要重点培养什么样的能力。对关键岗位人才重点识别、培养，有效制定培养目标，为关键人才设计专门的培养和激励计划，包括制定短期目标和长期目标，从而鼓励他们持续的为组织作出贡献。

通过人才盘点的方式，从业绩和潜质双维度对现有员工的状况进行评估，区分出不同的员工类别，选拔出具有高潜力的人才，纳入人才储备库，并分析这些高潜力人才的能力现状与期望目标之间的差距，进而确定人才培养工作的聚焦点和实现路径，使人才培养工作能够有的放矢。

（四）开展系统人才培养，检验人才培养效果

对于纳入人才储备库的高潜力人才，需要安排有针对性的培养。培养的方式有多种，包括集中培训、定期轮岗、导师辅导、行动学习、挂职锻炼、挑战性任务、担任讲师等。根据不同的人才类别和所希望达成的目标，选择适当的方式，因材施教。

人才的系统培养，通常按照"学习—实践—反思"的路径开展，学以致用、学用结合，"在学习中实践，在实践中反思，在反思中成长"。

（五）加大人力资源投入，重视专业技能培训

评估机构需要加大对人才专业技能培训的投入。人才培养的方式方法主要包括自我学习、脱岗培训、在岗实践三大类。按照培训的721法则，通过课堂培训和自学的方式学习知识和技能只能达到20%~30%的学习效果，过不了多久就会忘掉。正所谓"绝知此事要躬行"，要想真正掌握，必须"做中学"，即将所学知识应用于实践，做到"学以致用，用以促学"。

实践中，人才培训可以采用专业技能培训专题会、专业课题研讨会、定期项目总结等方式，不断提升技术人才的专业理论素养；采取项目参与、导师带徒、个性辅导等方式提升技术队伍解决实际问题的能力。同时，企业要根据自身的特征制定培训计划，可"因材施教"，各个员工按照不同的技术水平阶段进行有针对性的培训。通过不同的培训方式带动员工学习的积极性。

（六）完善企业管理机制，评估人才培养效果

为了确保企业选拔出的高潜力人才能够积极学习，提升能力，应对其培养情况进行跟踪和定期考评，形成动态管理机制，使人才培养的效果与企业内部的绩效考核、职位晋升等衔接，充分调动被培养人的积极性。

一方面，表现优秀的高潜力人才，经过一段时间的培养，在企业出现空缺岗位时，可获得优先晋升的机会；另一方面，对于工作业绩退步、培养期间表现较差的人员，依据动态管理机制淘汰出人才储备库。运用动态管理机制起到表彰先进、鞭策后进的作用，在整个企业内部形成积极向上的人才培养氛围。

同时，对人才培养工作的整体效果也要进行评估，衡量人才培养对企业战略和业务发展贡献的价值，并发现人才培养过程中存在的不足之处，不断改进，持续优化。

四、企业内部激励机制探索

企业的薪资待遇、晋升空间、未来职业发展规划等是吸引人才的重要因素，如何留住人才也是企业人才建设中的重要内容。为了更好地吸引和留住人才，企业的人才培养机制必须有一定的活力。

一是建立完善的薪酬激励体制。物质需求是社会生活中最基本的需求，因此薪酬激励要从满足人才的物质需求出发，建立起多层次的激励体制。在编制薪酬绩效时，可让技术人才参与进来，以便更好地理解公司目标和个人目标之间的关系，达成有付出就一定有收获的共识，如对工资薪酬采用定级式薪酬及定量化绩效奖励形式，多劳多得，且每个月及时进行考核发放，增强员工的工作积极性。同时，根据每个人的情况，制定适合员工个人的职业发展路径，不断对薪酬绩效进行调整和优化，让人才在企业发展里有"奔头"。同时，对那些在员工培养方面投入较大精力并取得明显效果的培养人，如内部讲师、员工导师、部门负责人等，给予适当的公开奖励。

二是物质激励与精神激励并重。精神激励是通过对人才工作成效的认可、表彰、授予荣誉称号、提级升职等手段，满足人的社交、自尊、自我发展和自我实现的需要，从而在较高层次上调动人的积极性和创造性，使人才更高质高效完成估价工作。物质激励与精神激励在实践中要同时运用，单方面强调物质激励而不谈精神激励，或是强调精神激励而不说物质激励都是不可取的。企业要留住人才，需要灵活运用激励方式，使两者有机结合，实现功效最大化。

参考文献：

[1] 刘坚，孟奇，刘玲红. 试论人才建设对企业发展的重要性及实现途径 [J]. 山西财经大学学报，2010（5）.

[2] 侯小春. 企业人才培养制度的完善研究 [J]. 中外企业家，2020（10）.

[3] 赵晓光. 人才培养这样做才有效 [M]. 北京：中国经济出版社，2021.

作者联系方式

姓　　名：胡玉曼

单　　位：中兴华咨（北京）房地产评估工程咨询有限公司

地　　址：北京市丰台区万泉寺北路 10 号院 4 号楼 2 层 8205 室

邮　　箱：26623111@qq.com

注册号：1120170046

房地产估价师的与时俱进

周金红　朱　晓

摘　要：本文从回顾房地产估价师 30 年的发展历程，分析房地产估价师在房地产市场的转型升级以及新兴技术的快速发展期面临的挑战，进而讨论房地产估价师可以通过持续教育学习、提升技术水平、关注政策变化、追求创新发展、加强行业交流、增强沟通能力、注重职业道德、强化风险意识等方面进行应对，从挑战中汲取力量，与时俱进，始终站在时代前列。

关键词：房地产估价师；发展历程；挑战；与时俱进

1993 年，我国首批 140 名房地产估价师诞生，30 年来，房地产估价师队伍不断壮大，全国取得房地产估价师资格证书的人数约 7.5 万，房地产估价师在房地产交易、投资、开发、征收等各种场景中扮演着重要的角色，为我国房地产市场的繁荣与稳定做出了重要的贡献。

值此 30 周年纪念之际，本文从回顾房地产估价师 30 年的发展历程，分析房地产估价师在房地产市场的转型升级以及新兴技术的快速发展期面临的挑战，进而讨论房地产估价师可以通过持续教育学习、提升技术水平、关注政策变化、追求创新发展、加强行业交流、增强沟通能力、注重职业道德、强化风险意识等方面进行应对，从挑战中汲取力量，与时俱进，始终站在时代前列。

一、房地产估价师发展历程

1993 年以来，房地产估价师经历了四个阶段：

（一）初创探索期（1993—2000 年）

1993 年，我国开始实行房地产估价师职业资格制度，标志着房地产估价师这一职业正式诞生。1993 年和 1994 年我国分别认定了 140 名和 206 名房地产估价师，并在 1995 年开始实行全国统一的房地产估价师执业资格考试制度，首批通过考试的人数为 2519 人。到 2000 年，全国通过考试的房地产估价师人数达到了 13976 人（表 1）。初创探索期，房地产估价师数量较少。

1993—2000 年房地产估价师通过人数　　　表 1

年份	1993 年	1994 年	1995 年	1996 年	1997 年	1998 年	1999 年	2000 年	合计
通过人数	140	206	2519		4120	3536	3455		13976
备注	认定	认定							

（二）快速成长期（2001—2008年）

随着房地产估价机构的脱钩改制和房地产市场的快速发展，房地产估价师的业务范围不断扩大，涉及房地产开发、投资、征收等领域。这吸引了更多的人才投身于这个行业，房地产估价师的数量迅速增长，为房地产市场的健康发展提供了有力保障（表2）。

2001—2008年房地产估价师通过人数　　表2

年份	2001年	2002年	2003年	2004年	2005年	2006年	2007年	2008年	合计
通过人数	3580	2797	5973	1543	3217	3128	1612	933	22783

（三）稳定发展期（2009—2016年）

房地产市场在金融危机后回暖，房地产估价业务范围进一步扩大，包括了房地产咨询、房地产税收、司法鉴定等领域。在这个阶段，房地产估价师队伍稳步发展，专业技能不断提升，其职业声誉和行业地位也逐渐提升（表3）。

2009—2016年房地产估价师通过人数　　表3

年份	2009年	2010年	2011年	2012年	2013年	2014年	2015年	2016年	合计
通过人数	1775	2516	2221	1953	2513	2678	2343	2347	18346

（四）转型创新期（2017年至今）

在信息技术迅速发展和大数据时代的影响下，房地产估价师的角色正在发生改变，他们不只需要关注传统的估价方法和理论，更需要积极探索和应用新的技术和方法，以提升自身的竞争力和适应能力，更好地适应市场的变化和需求（表4）。

2017—2022年房地产估价师通过人数　　表4

年份	2017年	2018年	2019年	2020年	2021年	2022年	合计
通过人数	2803	3982	4035	4432			15252

注：2021年和2022年因病毒影响，仅部分省份开展了房地产估价师考试，故未统计。

二、房地产估价师在新时期面临的挑战

在新时期，房地产估价师面临着来自多方面的挑战：

（一）法律政策变化带来的挑战

随着时代的变迁和经济的发展，国家会不断地对法律、法规、政策进行更替和修订，新的政策法规可能改变房地产市场的格局和趋势，可能改变房地产估价的基础和方法，还可能改变房地产估价师的角色和责任，这使得房地产估价师需要不断更新和适应新的法律政策。

（二）技术进步与创新带来的挑战

人工智能、大数据、云计算等新兴技术正在改变着传统行业，房地产估价师作为一个专业性较强的职业，也面临着技术创新与数字化转型的挑战，需要不断学习和掌握新的数据分析方法和技术，提高自己的信息处理能力。

(三)市场环境变化带来的挑战

房地产市场已经从传统的、以住房需求为主的单一市场，逐渐转变为一个多元化、复杂化的市场，使得估价对象不再局限于传统的住宅、商业和工业物业，还包括酒店、养老、旅游、文化创意等新型物业，房地产估价师需要对各类物业的特点、运营模式和市场行情有深入了解，才能制定合适的估价方案。

(四)客户需求多样化带来的挑战

客户需求越来越多样化，主要表现在估价类型多样化、估价目的多样化、地域多样化、时间要求多样化。不同估价类型、不同估价目的需要采用不同的估价方法、考虑不同的因素，地域多样化需要估价师了解不同地区的房地产市场和估价标准，时间要求多样化，回顾性评估、未来价值评估需要估价师具备更专业的技术能力。这都对房地产估价师的专业能力和适应性提出了更高的要求。

(五)行业自律和社会监督带来的挑战

在新时期，随着市场竞争的加剧和社会监督力度的加大，行业自律和社会监督成为保障房地产估价行业健康发展的重要机制，房地产估价师需要更加注重职业道德和规范操作，提高自身的专业素养和服务质量。

(六)同行竞争带来的挑战

随着通过考试的房地产估价师数量越来越多，特别是在疫情的影响下，房地产估价行业的业务量有所下降，部分估价机构在经营上出现了严重困难，甚至倒闭。这导致了估价师之间的就业竞争压力增大。在这种情况下，技术全面、经验丰富、效率高、创新能力和学习能力强的优秀房地产估价师备受追捧，而知识和技能相对落后的估价师则面临着较大的就业压力。

三、房地产估价师的与时俱进

挑战与机遇并存，挑战也可以被视为促进房地产估价师成长和发展的机遇。房地产估价师可以通过持续教育学习、提升技术水平、关注政策变化等诸多方面进行应对，从挑战中汲取力量，与时俱进，以适应不断变化的市场需求和社会环境，始终站在时代前列。

(一)持续教育学习，提升综合素质

科技的不断进步带来了大量的新知识，房地产估价师需要不断学习新知识，提高自己的综合素质和竞争力。房地产估价师学习新知识的途径很多，可以通过参加继续教育学习、学习专业培训课程、阅读专业书籍和杂志、参加行业研讨会和论坛、与同行交流经验等方式实现。

(二)提升技术水平，掌握新兴技能

房地产估价行业已经从传统的手工操作逐步转向信息化、数字化，技术更新已经成为一种趋势。房地产估价师需要紧跟时代步伐，学习新技能，掌握新技能，如大数据、云计算、人工智能等，以实现精准估价，减少估价误差，提高估价报告的质量，提高估价效率。

(三)关注政策变化，适应市场需求

国家和地方省市政府会不定期发布房地产相关的税收政策、土地管理政策、城市规划政策、房地产市场调控政策等，政策变化对房地产估价有着重要的影响，房地产估价师需要保持敏锐的洞察力，关注政策变化，以适应不断变化的房地产市场需求。

（四）追求创新发展，永葆行业领先

创新是推动房地产估价行业发展的重要动力。在新时代，房地产估价师应与时俱进，追求创新，研究新的估价技术和方法，拓展新的业务领域，提供更多元化的服务，不断提高自身的竞争力和服务水平，不断挑战自我，这样才能在激烈的竞争中保持领先地位。

（五）加强行业交流，实现共同发展

在估价过程中，不同估价师可能会有不同的观点和方法，通过交流可以取长补短，提高自己的估价能力。同时，参加各种估价研讨会、培训班等活动，与同行人士分享经验、探讨问题，可以及时了解行业最新发展动态，学习新知识、新技能，不断提高自己的专业素养。

估价师还应与其他相关行业，如房地产开发商、金融机构等，加强合作，实现共同发展。通过合作可以更好地满足客户的需求，提高行业整体竞争力。

（六）增强沟通能力，解决客户需求

随着社会经济的发展和房地产市场的变化，客户的需求也在不断发生变化。房地产估价师需要不断学习和了解客户的最新需求，清晰、准确地表达自己的观点和意见，及时与客户沟通，确保估价结果符合客户的估价目的，确保客户对估价过程有充分的了解，以便更好地为客户提供满意的服务。

（七）注重职业道德，树立良好形象

房地产估价师需要注重职业道德，始终保持诚信、公正、透明的态度。在评估过程中，房地产估价师应该遵守相关法律法规，不参与任何违法违规行为。此外，还应该积极维护行业声誉，避免任何损害行业形象的行为，以赢得客户的信任和尊重。

（八）强化风险意识，加强防范措施

强化风险意识是房地产估价师应对挑战的重要手段之一，在进行估价工作时需要对风险进行充分的识别和评估，并采取相应的措施进行风险控制和防范，才能更好地服务于客户，实现自身的价值和目标。

四、结语

在过去的 30 年里，房地产估价师为我国房地产市场的发展与稳定做出了重要的贡献。随着新时代的到来，房地产市场正在经历一次重大的转型升级，大数据、云计算、人工智能等新兴技术的快速发展为房地产估价行业带来了前所未有的发展机遇，在这个新的时代背景下，房地产估价师们需要与时俱进，不断进取，为我国的房地产估价行业谱写新的篇章。

《房地产估价师新篇章》

估价师资三十年，
历尽沧桑尽变迁。
昔日估算靠经验，
如今科技助发展。
行业道路长且漫，
技能升级不掉线。
大数据，云计算，
与时俱进谱新篇。

参考文献：

[1] 中国房地产估价师与房地产经纪人学会.房地产估价原理与方法[M].北京：中国城市出版社，2022.

[2] 柴强.房地产估价要适应环境变化守正创新发展[C]//2022年中国房地产估价年会.

[3] 钟奕.大数据时代房地产估价行业的机遇与挑战[J].中国房地产业，2020（4）：50.

作者联系方式

姓　　名：周金红　朱　晓
单　　位：浙江亿安联诚土地房地产评估有限公司
地　　址：浙江省绍兴市诸暨市东旺路218号永业大厦10楼
邮　　箱：583184620@qq.com
注册号：周金红（4119960020）；朱　晓（3320000132）

房地产估价机构人才培养现状及激励机制探讨

郑志忠

摘　要：随着我国经济快速发展，房地产估价行业正面临着前所未有的挑战，这些挑战涵盖了市场、技术、竞争态势、数据安全、人才短缺及行业信誉等多方面，其中人才短缺关乎企业的长远发展和核心竞争力。本文旨在通过对当前我国房地产估价机构人才引进和培养的现状及问题进行深入分析，从强化并完善人才引进、培养的激励机制入手，探讨如何建立一支能够适应新形势的人才队伍。希望通过这样的探讨和思考，能够为各估价机构建立健全内部人才激励机制，进而为推动房地产估价行业的健康发展提供一些有益的启示和参考。

关键词：房地产估价机构；人才培养；激励机制

"科学技术是第一生产力"揭示了科学技术在现代生产力中的首要作用，房地产估价机构需要不断加强科技人才培养和引进，以建立一支适应新形势的人才队伍。本文通过对当前我国房地产估价机构人才引进和培养的现状及问题分析，从强化并完善人才引进、培养的管理机制入手，对如何建立一支适应新形势的人才队伍进行了探讨和思考。

一、当前房地产估价机构人才引进与培养的现状及问题

（一）人才数量绝对缺乏和专业结构性缺乏

自 2000 年起，随着房地产估价机构的脱钩改制，民营房地产估价机构如雨后春笋般迅速崛起，但估价专业人员队伍专业水平参差不齐。随着 2015 年新的《房地产估价规范》GB/T 50291—2015 颁布实施和 2016 年 12 月 1 日《中华人民共和国资产评估法》正式实施，进一步推动了估价行业的发展。通过中国房地产估价师与房地产经纪人学会多年来的各类培训，估价机构的人员队伍专业技能水平得到了提高。但是，估价行业仍面临着人才缺乏的问题，主要表现在：

（1）专职注册房地产估价师数量的缺乏是一个突出问题。由于历史原因，不少估价机构仍然缺乏专职房地产估价师，这严重制约了企业业务的开展。

（2）专业技能单一。尽管许多估价机构满足了估价师人数的要求，但新入行的估价师往往因缺乏实际工作能力而无法应对复杂的估价业务。

（3）人才专业知识结构不合理，缺乏实践型人才。房地产估价是一项综合性很强的工作，房地产估价机构需要互补的年龄结构和复合型专业知识结构的人才队伍，估价人员应该是一个"杂家"和"通才"，既要熟悉房地产市场行情，会分析房地产价格影响因素，还要具备一定的工程、造价、税收等方面的专业知识，要知识面广，各方面都了解一些，更要具

备丰富的实践经验。而目前很多机构都面临人才专业知识结构不合理，缺乏实践型人才的现实问题。

（4）多资格的复合型专业人才缺乏。很多估价业务跨专业跨领域，估价对象范围不仅包括房地产，还有机器设备和附属设施，甚至有的还包括无形资产。这就要求估价专业人员最好能有多个职业资格，如房地产估价师、土地评估师、资产评估师、造价工程师、咨询师等。而目前复合型专业人才比较缺乏。

（二）估价师专业知识更新速度慢，不能适应新的形势需要

新形势下对房地产估价师的知识结构提出了更高更新的要求，随着大数据时代和数字经济时代的到来，出现了有大量数据支持和分析的网络估价、云估价等新兴估价技术的推广，"用数据估价"已成为估价机构的核心竞争力之一，这就要求估价师知识更新要跟上新形势的发展要求。

（三）估价师人员流动性大，稳定性差

在房地产估价行业内，房地产估价师流动性大是普遍存在的现象，估价师队伍不稳定严重影响估价机构的发展和业务的开展。

二、对存在问题的分析

（一）导致估价机构人才缺乏的主要原因

（1）估价机构对人才重要性认识不足。房地产估价常被误认为非高技术性工作，认为一般人员经过简单的培训和指导就可以胜任，这种认知导致了许多估价机构不愿花费较高的成本或代价聘请专业能力强、工作经验丰富的估价师，而倾向于喜欢招用待遇较低的估价助理。

（2）对专业人才的培养不够重视。房地产估价需要丰富的专业知识和实践经验，但目前大多数估价机构都忙于日常业务，忽视了继续教育和相关技能的培养。这不仅制约了房地产估价机构的发展，也影响了行业整体水平的提升。

（3）人才引进和奖励机制不健全。一般的房地产估价机构并没有完善的人才引进和奖励制度，这使得他们在吸引和留住人才方面缺乏有效的激励和约束机制。

（二）估价师流动性大的主要原因

（1）薪酬制度不合理。大多数估价机构招聘估价师时采用谈判制签订合同，导致薪资待遇取决于谈判结果，缺乏动态考核机制。这导致"谈判高手"待遇较高，而"不会谈判"的人待遇较低。更严重的是，由于缺乏考核机制，薪资水平多年不变，无论业务量多少，员工的薪资都不会改变。这影响了员工的工作积极性，他们看不到努力能带来薪资提升，因此，对发展前景和薪酬有更高要求的估价师往往选择"另谋高就"。

（2）激励机制不健全。一般来说，被称为"人才"的人都不满足于平庸，他们有着强烈的发展欲望和自我实现的追求。如果企业没有一套完善的激励机制，无法鼓励和推动人才的发展，那么这就会成为限制专业人才发展的瓶颈。没有良好的成长和进步环境，人才就很难留在企业中。

（3）企业内部工作环境差。当一个企业发展到一定阶段，员工队伍逐渐壮大，企业就需要依靠制度和企业文化进行管理。一个积极向上、充满活力的工作环境，对于留住人才具有重要的作用。

（4）公司发展前景黯淡和后劲不足。如果一个公司的传统业务逐渐萎缩，发展后劲不足，经营状况惨淡，而又没有及时调整发展战略，拓展新的业务领域，让专业人员看不到公司的发展希望和未来，那么同样无法留住人才。

三、对人才引进、培养和激励机制的探讨

（一）完善企业内部人才引进和培养管理机制

把人才作为企业重要的资源，把引进和培养适应新形势的专业人才作为企业发展战略的重要内容。

（1）充分利用省市区各级人才引进奖励政策。用足用好奖励措施，使专业人才感受到被尊重和重视，增强人才个人自豪感和加入企业的自信心。

（2）制定和完善企业内部专业技能提升奖励政策。鼓励员工参加培训和考试，提升技能水平，对于取得新职业资格的员工给予奖励。（例如：某机构对取得职业资格的员工一次性奖励三万元，如果没有取得职业资格，考试每通过一科工资晋升500元/月）。同时，为自修第二或第三专业学历的员工提供部分学费报销。这些激励措施可以调动全体人员的积极性和学习热情，全面提高机构的知识结构和技能水平。

（二）加强管理，完善制度，建立健全有竞争力的薪酬福利体系

（1）重点在于健全人才引进和培养的激励制度。根据公司发展战略和业务需要，制定人才需求计划，制定相应的引进和留住人才的政策措施，有计划地引进和培养相关专业技术人才。

（2）逐步推行新型人才激励机制。企业要充分认识到人才的作用，重视人力资本的增值效应，要注重劳资双方之间的利益分享，设置人才年度奖励计划。对于高级管理者和核心技术人才可以设置股份期权、员工持股、份额奖励等长期奖励计划，使他们的利益与企业的长远利益紧密结合在一起。

（3）完善福利制度。估价机构应该创新福利体系的设计，增强企业凝聚力。有条件的企业还可以为员工提供商业保险、企业年金等福利；发放人才福利补贴，如交通补贴、伙食补贴、住房补贴、生活困难补贴等；为人才提供短期培训、进修机会；执行带薪休假制度；在房价高涨的形势下，创造条件为"资深"人才提供福利性保障住房，关心和帮助解决人才家庭实际困难等。

（三）注重企业文化建设

企业文化建设对于房地产估价机构吸引和留住人才具有非常重要的作用，房地产估价机构应该通过营造积极、健康的企业文化，提高公司在求职者中的吸引力，增强员工的归属感和忠诚度，提高员工的工作效率和质量，促进员工之间的沟通和协作，培养员工的职业素养和价值观，营造风清气正、积极向上的企业人文环境，满足人才在企业中的物质和精神需求。

（四）全方位多渠道引进和培养人才

（1）引进"空降兵"。按照企业人才需求计划，通过认真考察和甄选，聘请公司急需的高级技术人才，充实机构人才队伍，增强企业软实力。

（2）内部培养"本土人才"。引进"空降兵"还是培养内部人才，各有利弊，普遍做法是两者相结合。

企业应加强内部培训，及时掌握房地产估价的新业务和专业知识，分享经验，邀请专家

讲座，整理资料进行培训，以应对未来市场发展带来的契机和挑战。同时，注重培养估价人员特殊社会经济活动的房地产估价能力，如企业并购、重组、股票发行、司法裁决、土地纠纷等领域的估价业务能力。

（3）派人才参加技能提升培训和专业技能继续教育。中国房地产估价师与房地产经纪人学会经常组织开展加强房地产估价师的培训，及时向从业人员传递行业的发展方向及最新动态，并分析出现的相关技术操作中的难点、重点。这样的培训一定要参加，并要求估价师在接受培训后在本企业内进行分享，不断提高整体房地产估价师队伍的专业素质和技能水平。

（五）努力培养复合型专业人才

从事估价工作与医疗工作类似，需要专业知识和实践经验。由于估价对象和房地产市场差异较大，影响因素众多，因此不能简单地使用数学公式或模型计算房地产价值。新形势下的估价业务对人才知识结构有更高的要求，机构应重视复合型人才的培养，鼓励"一专多能"型人才，鼓励全体员工积极考取更多的相关职业资格，以更好地适应新的业务需求。

四、结语

房地产估价机构人才培养及激励机制的探讨对于提升估价机构的核心竞争力具有重要意义。随着市场的不断变化和技术的发展，估价行业对人才的需求还将继续提升，房地产估价机构需要持续重视人才激励机制的完善，把人才引进与培养视为一项长期战略任务，并不断完善激励机制，以吸引和留住优秀人才。只有这样，估价机构才能在激烈的市场竞争中立于不败之地，实现可持续发展。

参考文献：

[1] 中国房地产估价师与房地产经纪人学会.房地产估价原理与方法[M].北京：中国城市出版社，2022.

[2] 中国就业培训技术指导中心.企业人力资源管理师[M].北京：中国劳动社会保障出版社，2007.

[3] 熊丹.如何培养适应新形势的房地产估价专业人才[C]//中国房地产估价师与房地产经纪人学会.估价无处不在：让估价服务经济社会生活的方方面面.深圳市世联土地房地产评估有限公司上海分公司，2017：4.DOI：10.26914/c.cnkihy.2017.006561.

作者联系方式

姓　　名：郑志忠

单　　位：杭州中立房地产土地评估规划咨询有限公司

地　　址：杭州市滨江区长河街道江虹路735号3幢B楼601室

邮　　箱：251220896@qq.com

注册号：4120170029

第四部分

管理手段优化

（一）数字化发展

大数据背景下房地产估价机构的数字化转型之路

司徒荣轼

摘　要：互联网技术的发展给房地产估价机构带来了新的机遇和挑战，也提供了更广阔的发展空间。为了适应"互联网+"趋势下的发展需求，房地产估价机构应积极推动数字化转型，加强技术创新和能力建设，实现持续发展。本文探讨了房地产估价行业数字化转型面临的机遇和挑战，探索估价机构数字化转型可实现的路径。

关键词：大数据；房地产估价；数字化转型；实现路径

一、当前房地产估价行业现状

当前，抵押估价、司法评估、征收评估三大估价传统业务量萎缩；估价机构数量增加，房地产估价师队伍壮大的同时，行业内外不良竞争加剧；估价机构的数字化程度普遍偏低，导致行业内部数据交换困难，严重影响了行业发展。

二、房地产估价行业数字化转型的三个机遇

（一）线上评估需求增长，市场发展空间大

线上评估的需求日渐增长，由于线上评估具有花费时间更短、效率更高且价格低廉、评估业务种类更广泛等优点，消费者会更偏向选择线上评估。以阿里大数据为例，除了较为普遍的评估业务如房地产评估之外，阿里拍卖还有一些如藏品、数字资产以及奢侈品评估等传统估价机构较少涉及的业务。虽然市场需求量较大，但是线上评估平台现在仍以京东、淘宝为主，可供消费者选择的平台较少，与传统房地产评估相比，大数据评估报告在法律效力上比不上专业估价机构的评估报告，作为一个新兴领域，专业估价机构的线上评估有着很大的市场发展潜力。

（二）大数据时代带来的评估工具的改革

大数据时代带来了评估工具的改革。传统的估价方法面对海量数据，不够高效和准确，采用先进的评估工具能够提高工作效率和预测准确度。

首先，大数据技术为评估工具的改革提供了强大支撑。利用大数据技术，可以收集、存储、处理和分析大量的房地产相关数据，从而为估价工作提供更多的参考依据和精确的预测结果。同时，大数据还可以帮助评估人员更好地把握市场趋势、了解行业动态，从而更精准地进行估价工作。

其次，云计算技术的应用也为评估工具的革新提供了可能。通过云计算技术，估价机构可以将海量数据存储在云端服务器中，并借助云计算的强大计算能力进行数据处理和分

析。评估人员只需要通过网络即可访问来自各个领域的数据资源，从而更加方便地进行估价工作。

最后，人工智能技术的应用也将在评估工具的改革中发挥重要作用。评估人员可以借助人工智能算法和模型辅助判断和预测，提高评估工作的精度和效率。例如，可以利用人工智能技术预测未来房价走势、风险分析和市场需求等，为评估人员提供更准确的决策参考。

（三）政府对房地产评估行业的"放管服"改革

政府的"放管服"改革，"放"是指放宽准入门槛和审批程序。政府简化了估价机构的注册登记和审批手续，降低了参与估价行业的门槛，为更多的估价机构提供了发展的机会。同时，加强了对估价机构的监管和评估师的注册管理，提高了行业的规范性和专业水平。

"管"是指优化行政审批流程。政府通过精简审批材料及审批环节，提高了审批的效率和准确性。估价机构和估价师可以更加便捷地完成相关手续，提供准确、及时的估价服务，满足客户的需求。

"服"是指推动估价行业信息化建设。政府通过加大信息化投入，推动估价行业数字化转型，提高估价工具智能化水平，提升评估服务的精准性和可信度。政府提供了相关的技术支持和培训，帮助估价机构逐步掌握和应用新技术，推动行业的创新发展。

三、房地产估价行业数字化转型的六大困境

（一）估价业务模式仍以传统模式为主

传统估价模式下，估价流程需要大量人工参与，过程繁琐、效率低下；估价报告的编制也依赖于经验和专业知识，存在主观性和人为因素的影响。如何在数字化转型的背景下创新估价业务模式，提高效率和准确性，成为估价机构必须解决的问题。

（二）估价人员"数字化素质"较低

机构数字化转型除了要求估价人员拥有深厚的专业知识和经验外，还需要具备数字化技术的应用能力，能够灵活运用评估工具和软件，提高工作效率和准确性。目前估价人员整体数字化水平不高，缺乏相关技术和知识，对行业的数字化转型产生了阻碍。

（三）线上数据质量不高，覆盖面不全，估价难度较高

房地产市场的数据来源广泛，包括政府数据、企业数据、第三方数据等，但这些数据的完整性和准确性并不总是可靠的。一是数据不完整，数据采集难；二是除居住用房以外的房地产信息不够透明，共享平台少，数据应用少。

（四）资源资金难以保障，中小企业问题尤其突出

机构数字化转型，必然要投入大量的资金资源对技术和设备进行研发，加上无法短时间内获得较高的资金回报，大部分企业不愿承担风险。此外，线上评估系统的探索研发是一个需要长期投入、渐进积累的过程。

（五）金融机构及阿里、京东的冲击

一方面，随着银行、担保公司等金融机构内评机制的产生，一些简单的房地产估价业务已经不再需要房地产估价机构承接；另一方面，阿里、京东大数据评估已进入房地产评估领域，用大数据方法为法院提供房地产估值的咨询，蚕食了司法评估业务。

（六）数据隐私和安全问题

数字化转型涉及大量的数据收集和处理，这可能引发数据隐私和安全问题。房地产估

机构需要制定严格的数据保护政策和安全措施，以确保客户的数据信息不被泄露或滥用。

四、房地产估价机构数字化转型的实现路径

（一）业务专业化

在坚守传统估价业务的同时，培育应对新型估价业务的能力。近年来，数据大规模集成评估的业务需求量逐渐增加，如房地产税实施后的评估以及不动产产权调查、产权证明代办咨询服务项目等。像一些聚焦项目的全过程管理，如动迁过程中征收的全过程管理以及乡村振兴宅基地项目管理等也有着巨大的市场需求。除了房地产估价业务之外，估价机构还可以着眼于一些新兴的领域，如数字资产评估。这些新型估价业务都依赖于互联网和大数据等新技术，能够满足客户多样化和个性化的需求。因此，估价机构必须积极培育应对新型估价业务的能力，不断提升自身竞争力。同时，估价机构应与新型估价业务领军企业和专业人士建立联系和合作，分享经验和资源，共同推动新型估价业务的发展。

（二）价格市场化

结合自身资源合理确定机构的发展方向，努力培育企业的核心竞争力。房地产估价机构可以通过调研和分析，了解市场价格变化以及客户需求变化，从而有针对性地调整自身的发展方向。同时，由于金融机构和线上估价机构，如阿里、京东大平台的冲击，传统房地产估价机构要想在数字化市场取得一席之地，其评估价格以及效率的市场化程度与其发展密不可分。评估价格降低以及效率提高，机构的公信力就会进一步提高。

（三）管理信息化

加强估价人员的大数据使用能力，利用线上平台提高自身工作效率。在当前数字化时代，房地产估价人员可以结合互联网大数据分析手段，开展更多与数字化相关的估价业务。估价人员可以利用人工智能、云计算等先进技术，引入数字化工具和平台。估价机构还可以利用线上估价平台提高自身工作效率。此外，估价机构可以通过开展内部培训和外部合作，提升员工的数字化专业素养和技术能力，培养一支高素质的估价团队。

（四）加强交流合作能力

加强估价机构对外合作交流，为实现数字化转型奠定基础。与金融机构、科研院所、大数据企业等开展合作，利用其丰富的资源和专业优势，共同开展新型估价业务的研发和应用。与相关部门和机构加强合作，实现资源共享和互利共赢。通过参与政府项目和社会公益活动，提升机构的社会影响力。利用互联网平台与客户、业务合作伙伴等进行有效的沟通和交流，提升服务质量和效率。

（五）加强数据保密能力

机构数字化转型中需要注意的是建立严格的数据隐私和安全保护措施，包括数据加密、访问控制、备份和恢复等，以确保客户数据的安全性和保密性。

总而言之，互联网技术的发展给房地产估价机构带来了新的机遇和挑战，也提供了更广阔的发展空间。为了适应"互联网+"趋势下的发展需求，房地产估价机构应积极推动数字化转型，加强技术创新和能力建设，实现持续发展。

作者联系方式

姓　　名：司徒荣轼

单　　位：广东国众联行资产评估土地房地产估价规划咨询有限公司

地　　址：广东省广州市海珠区金菊路 1 号佳兴大厦 205 室

房地产估价机构数字化转型方向与策略研究

闫旭东 赵 蓓 魏 蓝 袁 艺

摘 要：随着科技的进步和数字化趋势的持续深化，房地产估价机构面临着诸多挑战。本文通过分析国外估价机构的数字化经验、国内估价行业上下游场景的数字化特点，以及数字化发展带来的服务模式与产品模式的需求变化，论证了估价行业数字化发展的必然性与方向性。同时，针对估价机构的特征，提出"行业性数字化平台战略"是估价行业数字化转型的有效路径。

关键词：数字化转型；线上评估服务；自动估值；混合评估（桌面评估）；平台战略

一、未来已来

数字经济最早起源于20世纪60年代，在过去20年中，数字技术飞速发展，进而带动了数字产业化与产业数字化的双向变革，数字经济正在成为新经济的核心驱动之一。与此同时，估价行业走过了20余年的蓬勃发展，新经济迎面而来，估价机构的求新求变之路，已成为行业共识。

宏观层面，无论从国外估价行业，还是从国内相关上下游领域，例如不动产登记行业、金融行业等领域看，数字化趋势初现端倪。

中观层面，估价机构作为企业的经营能力与客户需求升级迭代的矛盾日益突出。高质量的服务如何整合技术能力、经营能力、专业能力，是估价机构内在的核心需求之一。

微观层面，过去10年，行业里涌现出一批求新求变的估价机构，在不同赛道、不同区域，开拓进取，积极创新，为行业带来了诸多新气象、新机遇。如何布局各类资源，做到短期利益与长期利益的兼顾，是摆在很多机构面前的难题。

时至今日，看宏观，博引"他山之石"，以求"攻玉之道"；论中观，用企业之心做专业之事、谋产业之路；谈微观，十年探索终为坦途，举行业之力行大道之事。

数字化之势，可以说，未来已来。

二、他山之石——美国估价行业的数字化现状

2017年3月29日，美国估价师博客的一篇博文"估价师的一天"，让我们看到了美国估价行业"数字化"带来的变化，笔者将其特点总结为七个方面：

第一，业务的交互实现了数字化。其提到"Soeedy Title and Appraisal Review Services"（极速登记与估价服务）是一款估价业务分发系统。估价作业人员通过该系统，与委托方进行业务的交互，同时，该系统配套有相应的分发规则、交付规则、产品规则等。

第二，报告撰写工具系统化。Appraisers Choice（估价优选）是一个独立的估价作业平台。该平台的核心功能在于房地产信息的整合并生成估价报告。

第三，案例库数字化。MLS（经纪人多重挂牌系统）是一个整合区域房地产交易数据的平台，其功能的价值在于估价人员可以在海量的信息中，快速索引、匹配可比案例。

第四，案例调查的数字化。Realist Tax Data（瑞尔李斯特）是一款房地产产权税务登记系统。该系统的功能在于从税务角度，对案例详细信息进行比对、确认，从而对案例真实性、客观性进行验证，帮助估价人员对比测算。

第五，成本数据库线上化。住宅造价手册数据是美国马歇尔史威特（Marshall & Swift）公司拥有的一个造价数据库。该数据库可以动态地提供成本法所需的建安成本数据。这些造价数据有效的印证了估价结果的准确性与客观性。

第六，报告初审数字化。RealAVM（瑞儿自动估价系统）是一款自动估值系统，估价师通过人工测算估值与线上自动估值的偏差度印证人工报告估值的合理性。

第七，报告终审数字化。LoanSafe Appraisal Manager（安贷估价经理），这是一款由金融机构，即报告使用人持有的报告评审系统。用来验证、质疑、差异化使用估价师的工作成果。

从上述特点可以看出，美国房地产估价行业在日常业务的运营过程中，90%以上的工作节点与工作内容，均通过线上化、数字化的方式完成。笔者将美国估价行业的数字化优势归纳为四大场景：

第一，评估业务的委托已经线上化、数字化。从FNC每月的信贷抵押估价业务量看，线上有将近五十万的业务委托，市场占有率接近50%。

第二，押品分层管理，部分押品实现线上自动估值。金融机构通过押品评级识别风险，实现估价业务的分层管理。低风险业务用自动估价报告部分代替估价师所出具的估价报告，实现"估价豁免（appraisal waivers）"。

第三，美国金融机构大量应用自动估价结果校验、审核估价师用传统估价方法所做的结论。多数银行甚至会采用多个自动估值数据服务商提供的模型进行校验。

第四，金融机构用自动估价进行"组合估价"或叫押品价值（批量）重估，以及信贷资产证券化估价。按照金融监管要求，银行需要在一定周期内跟踪估价账面上所有抵押贷款的押品价值，并与贷款余额相比，以判断其贷款资产质量，进行贷款评级分类等。

随着自动估价模型和互联网信息技术的快速发展，一方面，自动估价模型在节约时间、节约成本、独立性、高频性等方面的优势明显；同时"混合估价"（或"桌面估价"），即估价师不去现场，而依赖其他人（如房地产经纪人）进行的现场工作资料（甚至VR看房）进行估价，节约时间和成本，也受到金融客户的欢迎。

综上所述，可以看到，自动估值的应用价值有其必然性，社会经济形势及技术手段的发展，正在持续、深远的影响估价机构的作业模式、产品模式、成本模式与经营模式。但同时，我们必须指出，线上不能完全取代线下，不论是自动估值供应商，还是传统估价机构，谋求业务模式上的融合、产品模式上的融合，深度探索灵活、互补、高效的合作机制，共同推动线上线下融合的"混合估价模式"，解决金融机构的实质性需求，才是未来行业发展的必经之路。

三、他山之石——我国金融行业与不动产登记行业的数字化变化

我国金融机构在过去10年中，在数字化需求上发生了明显的变化。

第一，国内金融机构的数字化体系建设促使估价机构的准入门槛发生了变化。从 2022 年开始，各银行省分行的估价准入呈现明显的线上化、数字化趋势。

从实际业务中，我们发现诸多金融机构的公开招标信息里，多地、不同级别的金融机构频繁出台了一系列针对线上估价服务的准入规则。其需求从单纯的估价报告已经升级为三个层面的需求：系统的需求、数据的需求、线上报告的需求。

第二，无论从监管需要还是自身经营需要的角度看，国内金融机构对信贷全流程服务的需求日渐强烈。2017 年银监会颁布的银行押品管理指引以及落实巴塞尔协议相关监管要求，贷前、贷中、贷后全流程押品价值估价成为银行规定动作。

第三，金融机构风险经营难度上升，银行对估价报告内容的要求，开始向"风险画像能力需求""风险跟踪能力需求"延伸。

金融机构对报告内容的需求，不仅局限于为确定抵押物贷款额度提供参考依据，更需要对审批人员的风险判断提供数据素材，包括但不限于：空间数据、周边配套数据、案例数据、价格走势数据、小区变现能力评价数据、区位评价数据、小区品质评价数据等。全面、连续、客观的押品数据更有利于金融机构对风险进行审慎判断，同时实现风险收益的差异化定价。

第四，伴随着银行省行层面整体业务资源调控的矩阵式管理需求，银行对估价机构的准入趋于高度集中化。从集中管理的具体形式上来说，普遍采用银行系统与估价机构直连，估价业务线上分发、线上委托、线上交付的模式。从集中管理的流程上来说，银行通过匹配与《评估机构管理办法》适配的规则引擎，进行估价业务分发委托；从集中管理的价值上来说，银行通过业务集中降低单均成本，同时突出服务效率，金融机构实现了低成本、高效率的估价运营目标。

第五，金融机构信贷系统的数字化重构逐步深入。从中信银行、交通银行、邮储银行等金融机构可以看出，由银行发起的业务系统直连已经打破了部分区域的估价生态格局。抵押贷款的信贷全流程数字化内容包括：尽调数据、估价数据、征信数据、抵押登记等多维度数据。

第六，横向来看，最高人民法院司法资产处置允许采用网络询价、银监会不限内评与外评的规定，《中华人民共和国资产评估法》对法定评估与非法定评估的分类、《中华人民共和国物权法》与《中华人民共和国不动产登记法》等取消了房产抵押时评估报告作为登记要件的规定等，都加速了估价行业的变革。

四、估价行业基于数字化的服务模式与产品模式变化

估价机构作为第三方服务机构，其价值在于为金融机构的风险定价提供稳健的决策依据。随着数字化的深入发展，逐渐迭代出一套以数字化、线上化为特征的服务模式与产品模式，其模式可以总结为如下三个变化：

第一，服务链条的变化。银行在房抵业务线上化改造的过程中，贷前、贷中、贷后对估价服务的需求不降反增，服务要求将更加多元、立体、持续。因此，诸多有数据能力的估价机构开始尝试全信贷产业链条的押品价值服务。

目前市场上估价机构的服务模式，贷前、贷中、贷后归纳为以下几种模式：

贷前询价：

- 自动估值
- 自动估值+人工核价
- 别墅、非住宅等线下预评估

贷中审核：
- 在线报告模式：

（1）自动估值在线报告

（2）自动估值+人工复核+在线报告

（3）自动估值+线下现场勘查+人工复核+在线报告

- 线下报告模式：

（1）线下正式估价+自动估值复核

（2）别墅、非住宅等线下正式估价

贷后管理：
- 自动估值+部分线下复估
- 押品预警
- 押品分层、二次营销

第二，服务效率的变化。国家明确提出增强普惠金融服务能力，金融机构为增强自身在同业竞争中的差异化优势，在保证稳健经营的同时，着重向"线上资源"要效率。这一点促进了估价机构在服务效率上的显著提升。

第三，报告内容的变化。从目前市场上部分金融机构采用的线上报告可以看到，线上估价报告与传统估价报告相比，其对客观数据要素、动态价格要素的风险识别性，明显提高。

如图1所示，数字化、线上报告特点鲜明：①在公允性与客观性上，所有数据均有明确来源，而且不存在人工干预的空间；②评估数据实现了价格在时间维度与空间维度的对比描述。从以上两点可以看到，金融机构对报告的内容要求，正在发生内在变化。

五、房地产估价行业数字化平台战略

自2015年政府工作报告中，李克强总理首次提出"制定'互联网+'行动计划"起，众多传统行业开始了数字化转型升级的探索进程。

房地产估价行业在这一时期，涌现了一批"数字化"开拓者，行业里谓之"九朵云"。经过近10年的持续探索，形成了行业的数字化雏形。估价行业各方机构经历了艰苦卓绝"八年抗战"，初步满足了金融机构数字化部分需求。云房的房估估、房讯通的云估价，世联的EVS、国信达的智慧估价、中估联行的V估价等，都是行业内自动估值的知名品牌。

但是，我们也可以看到，估价机构的数字化发展面临几点共性困境：

首先，评估流程个性化需求明显。

其次，由于系统的本地部署方式，很多系统迭代升级能力薄弱。

再次，作业系统与作业数据的割裂。

最后，非标准化系统与客户的对接问题。很多机构面临自有作业系统老化、接口服务能力不足等问题，出现了明显的服务后劲不足。

从用户的需求角度出发，借鉴国内外同业探索经验，笔者认为，由第三方建立"房地产估价行业数字化平台"是经历了十年探索后，行业的必然选择，具体来说，可从如下几个方

第四部分 管理手段优化

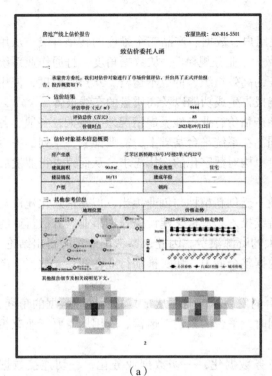

图 1 房地产线上估价报告

面入手：

首先，以"降本增效"为核心目标，实现用户、数据、产品三个维度的转型升级。从用户角度，实现业务的线上分发、线上交付，做大"业务规模"；从数据角度，打通作业系统与楼盘字典、案例数据、估价数据，实现业务的高效组织、低成本运营；从产品角度，使用相对统一的报告模板，实现部分定制化的智能报告生成功能以及高质量的在线报告。

其次，平台应用模式的多样化。国内房地产估价行业各地发展情况差异较大，各地、各级机构从收入规模、利润规模上存在诸多不同。在系统平台基础上，需要配套一系列的平台使用规则，以满足不同区域、不同体量的估价机构对数字化的应用需求，从而谋求行业发展的利益最大化。

再次，平台建设的相对集中化。估价行业不乏创新精神与创业担当，但是信息化建设与数字化建设需要较大的人力、物力、财力的持续投入。平台化建设是长期事业，分散行业的有生力量，对于行业整体的健康发展，是极大的资源浪费。因此，参考国外经验得出结论，应委托第三方机构，集中汇集其科技能力、数据整合能力，切实推动行业在客户、数据、产品层面的数字化转型。

最后，平台创新与制度创新相结合。平台的发展不仅需要从工具的角度、数据的角度、产品的角度、服务的角度进行持续的打磨。同时，平台的创建、运营、应用均需要行业有相应的制度保驾护航。

早在 2017 年，阿里巴巴就提出"一切业务数据化，一切数据业务化，一切连接数据化"。时至今日，我们可以深刻理解这句话的分量与价值。回望过去 10 年，我们也许看到的都是"跬步之余"，但是展望未来，我们亦能真切的体验到，"千里之外"就在眼前。数字经济背景下，房地产估价行业必将迎来革新创业的新历程。

参考文献：

[1] 王轶群. 美国商业地产数据、分析与科技应用详谈 [Z]. 广东佛山：不动产数据分析与应用研讨会，2017.

作者联系方式

姓　　名：闫旭东　赵　蓓

单　　位：北京云房数据技术有限责任公司

地　　址：北京市西城区车公庄大街 9 号院五栋大楼 A2 单元 401 室

邮　　箱：yanxudong@yunfangdata.com ；bei.zhao@yunfangdata.com

注册号：闫旭东（1119940019）

姓　　名：魏　蓝　袁　艺

单　　位：北京仁达房地产土地资产评估有限公司

地　　址：北京市西城区车公庄大街 9 号院五栋大楼 B 座 1-401 室

邮　　箱：18600090394@163.com ；yuanyi007_1983@163.com

注册号：魏　蓝（1120070129）；袁　艺（1120110076）

估价机构数字化转型助力精细化内控的实践探索

童款强 吴 青

摘 要：估价机构数字化转型与内部精细化管理是实现高质量发展的重要方式，两者深度关联、互为补充。数字化转型不仅可以有效推动机构服务方式转变、服务效率及服务品质提升，对促进机构内部精细化管理、规避执业风险也具有积极作用。

关键词：数字化；助力；精细化；内部治理

一、前言

经过数十年发展，估价行业进入了一个新的阶段。尤其是受整体社会经济环境、房地产市场调控、数字科技迭代等多方面因素影响，估价行业面临着来自外部的跨界冲击及行业内部激烈的竞争压力。高质量发展成为估价机构应对大浪淘沙、优胜劣汰的必然选择。

高质量发展需要估价机构在不同维度进行创新探索。本文基于笔者公司的具体实践，就拆迁咨询顾问业务领域中企业精细化内控与数字化转型的融合发展展开探讨。精细化内控是企业立足于当下提升服务品质及成果质量、降低风险事件的重要抓手，数字化转型则是面向未来提高服务效率及作业规范的行动举措。按照通常划分，前者属于企业内部治理口径，后者属于项目外部服务口径，看似泾渭分明，但在实际推进过程中，存在强烈的内部关联性，宜并轨推进、嵌入发展。

二、估价机构内控管理面临的风险问题分析

自 2006 年以来，笔者公司致力于为房屋征收、棚户区改造、城市更新、城中村清统租等土地二次开发项目提供全过程咨询顾问服务，包括摸底调查、补偿方案研究、社会稳定风险评估、权属信息核查、项目实施筹划、可行性研究测算、补偿协商谈判、疑难个案处理、产权注销、土地入库、安置分房等，覆盖项目实施全过程。经过数百个项目积累，构建了一套完备的服务体系及品控机制，但是依然面临诸多问题，包括项目服务过程（对外）及企业内部治理（对内）两个方面。

（一）项目服务过程面临的风险分析

1.员工廉洁风险

拆迁补偿涉及金额巨大，尤其在深圳等一线城市，每户拆迁补偿款动辄过千万，部分甚至超过亿元。部分被搬迁人为获得更高补偿，会对工作人员施以金钱财物等方面的贿赂，咨询服务工作人员第一线、全过程对接被搬迁人，是被"围猎"的重点对象。许多工作人员刚步入社会，阅历浅、意识薄，极易发生廉洁事件，对个人及企业都带来巨大的风险。企业持

续开展员工廉洁教育，可从思想方面提高员工意识，但仍需要更多具体技术性举措予以规避。

2. 政策偏差风险

拆迁补偿是一项系统性工作，情形各异，现有的政策法规难以覆盖全面，为实事求是解决问题，需要进行个案处理。全流程咨询顾问机构需对个案提出具体解决建议，并出具盖章的咨询意见作为政府决策依据。个案往往涉及金额巨大，且属于政策法规的空白区间，机构一旦对政策理解存在偏差，导致超额或错误补偿，将面临巨大的追责及赔偿风险。

3. 流程失控风险

在近年深圳拆迁服务项目中，全流程咨询顾问机构协同政府对项目进行统筹管理，并派驻人员下沉各签约小组，推动各环节工作开展，成为项目实施过程中的重要专业力量，对服务人员综合能力要求极高。但是，机构客观上存在员工素质良莠不齐，对于项目的理解、把握深度不一，导致签约小组在具体工作开展过程中易出现衔接不顺、流程失控、进度滞后等问题。

4. 计算错误风险

拆迁补偿包括房屋本体补偿、二次装修补偿、搬迁费、临时安置费、停产停业费等，且一般分时段设置签约及交房奖励，涉及较大量的数值计算，且需精确到分。机构会设置多级审核制度，但人工计算难以杜绝错误。一旦计算错误，导致补偿款超标准发放，通常难以追回，需要机构自行承担，风险较高。

5. 档案遗漏风险

在项目开展过程中，涉及大量的项目资料及分户档案，均由全流程咨询顾问机构负责整理，对于项目甲方而言，一般按照其要求整理后移交，但是对于机构而言，因涉及众多员工分散管理，且相关成果存在大量的过程稿，部分项目补偿安置方案甚至达到数十稿，随着项目数量增加及时间积累，极易出现历史档案遗漏的风险。

（二）企业内部治理面临的问题分析

1. 智力成果总结度不足

项目在开展过程中，形成了大量的工作成果及操作案例，员工在服务过程中，也积累了丰富的实操经验，对后续项目类似情形的处理可提供处理路径借鉴。但是，项目工作成果及操作案例往往缺乏总结提炼，员工智力经验也分散在各自脑海中，非常零散，未能有效沉淀，员工离职后其所拥有的智力经验无法留存，即咨询顾问机构具备丰富的智力财富，但可视化转化、直接性应用不足。

2. 人才培养持续性不足

人才是咨询顾问机构的第一生产力，也是应对市场竞争最为宝贵的资源，以往采取老带新、入职培训、讲师定期培训等方式进行人才培养，但受制于企业成本控制、日常工作事务等制约，难以组建专职的培训发展部门，兼顾培养的方式无法达到预期效果，客观上出现了人才梯队断档的困境。

三、数字化转型助力精细化内控的实践探索

针对前述面临的风险及问题，一方面通过加强宣导、强化审核等常规手段予以规避，同时迫切需要结合数字化转型趋势，依托项目征拆软件系统、企业数字资产平台等数字化工具，提升项目服务过程及企业内控管理的精细度。

（一）研发征拆管理系统，实现项目服务精细管控

根据服务项目特征及需求，笔者公司研发了征拆管理系统，在项目实施阶段全过程应用，实现项目全流程覆盖、全过程引导、全方位监管，规避潜在风险。

1. 通过多级联审，规避员工廉洁风险

拆迁补偿费用依据权属核查确认结果、测绘结果、评估结果等多方面数据综合核定，在征拆管理系统中，设置多级联审机制，相应服务机构对各自内容线上审核确认，并对其结果承担法律责任。咨询顾问机构集成各机构信息数据，通过系统生成补偿清单及补偿协议后，内部再行开展三级线上审核（工作小组组员、工作小组组长、现场负责人），最后提交法务及委托方代表终审。通过多级联审，形成完整的材料证据及数值支撑链条，杜绝任一员工个人及任一服务机构独立影响补偿费用的可能性，消除廉洁风险。

2. 通过案例支撑，规避政策偏差风险

对于项目补偿方案及现行政策规定未能覆盖的疑难个案问题，结合机构数字资产平台（后文将阐述）所积累的案例库、工具箱，检索全市历年来类似情形的处置方式，为个案的处理提供借鉴参考，并综合法律意见，出具咨询顾问意见书，确保"有例可循"、风险可控，即依托公司后台庞大的案例经验，为项目提供技术支撑，而非仅仅依靠现场服务团队的有限智慧，以降低政策偏差风险。

3. 通过规范指引，规避流程失控风险

在征拆管理系统中，设置权属申报、公示、测绘、评估、协商、签约、收房等规范化指引，明确工作流程以及各流程之间的逻辑关系，在未完成前一工作阶段任务时限制进入后续环节，并约定各环节的工作规范、成果要求、完成时限，形成明晰化的"菜单式"操作指引，按部就班、按图索骥，规避流程失控风险。

4. 通过自动核算，规避计算错误风险

在确定项目补偿安置方案及补偿协议范本后，通过软件编程，工作小组人员按照要求录入被搬迁人身份、产权、面积等基础信息后，系统自动核算，自动生成补偿安置清单及补偿协议，以 PDF 形式导出，规避员工个人计算错误风险。

5. 通过实时导入，规避档案遗漏风险

项目自启动开始，即要求工作人员应用征拆管理系统，实行线上作业，将被搬迁人及被搬迁房屋的基础信息及资料扫描后导入系统，实现全过程全维度资料电子存档；与此同时，线上审批全过程留痕（包括退回、补签记录等），形成可追溯的档案存储及作业轨迹，消除档案遗漏风险。

（二）构建数字资产平台，实现企业内部精细管理

征拆管理系统有效提升了项目服务质量及效率，规避项目实施过程中存在的风险，但其局限于某一具体项目，具有明显的指向性和局限性。咨询顾问机构承接大量项目，站在企业整体角度，还需要构建一套更为宏观、全局的数字资产平台。

1. 构建智力成果功能版块，推动经验智慧可视化

针对咨询顾问机构普遍存在的项目工作成果及员工智力经验总结度不高的问题，数字资产平台构建的智力成果功能板块，从以下几个方面实现经验智慧可视化：一是政策法规体系模块，平台归集了深圳市、区印发的所有土地二次开发相关政策法规文件，进行整理、分类、解读，并持续补充，为员工作业提供一站式政策工具检索；二是重大成果指引模块，对于项目形成的工作方案、摸底调查报告、可行性研究报告、补偿安置方案、项目签约操作手

册、签约启动仪式策划方案、谈判清租攻坚方案、产权注销方案、回迁分房方案等重大成果最终版本，统一上传平台，为后续项目参考借鉴、分析比较提供支撑；三是特殊疑难个案模块，对于现行政策未能覆盖的特殊情形，要求各项目定期进行整理，明确案例背景情况、政策分析过程、最终处理方式，形成疑难个案案例库，并参考搜索引擎检索技术，匹配关键词检索，为后续类似项目个案的处理提供案例借鉴；四是项目过程管理模块，对于重大项目，对接项目征拆管理系统，将相关数据导入平台，实现数据同步存储、进度督办、统计分析等功能目标，提升总部对于各项目质量、进度、成本、档案的管控力度。

2.构建培训课程功能板块，推动人才持续性成长

针对人才培养持续性不足的问题，在常规培训模式基础上，数字资产平台构建培训课程功能板块。在培训课程生成方面，实行月度精品课程培训机制，每个月固定开展全员参与的培训课程，并根据员工的经验及擅长领域，提前明确讲师，要求提前制作课件，确保品质；在培训实施时，全程录制视频，进行后期制作后，上传至培训课程模块，以便员工随时在线学习提升；在培训课程学习方面，划分必修课及提升课，为不同层级的员工安排差异化的课程清单，由其通过系统自动学习，并进行线上答题考核，形成长效机制，敦促员工不断成长。

四、数字化转型助力精细化内控的实践启示

笔者公司在数字化转型方面已经探索数年，但距离既定目标依然道阻且长。综合近年实践启示，笔者认为估价机构推动数字化转型及精细化内控应当做好以下几个方面的工作。

（一）做好战略谋划

1.提高思想认识，明确战略目标

在当前经济形势下，各估价机构均在深度思考并努力践行业务拓展、降本增效，这是短期应对阶段性挑战的必然选择。但从长远来看，数字化转型与精细化内控已成为估价机构高质量发展的必然趋势，机构管理层应当具备充分的思想认识，结合企业实际情况，明确数字化转型与精细化内控的战略目标。

2.发掘原生动力，关注效益转化

数字化转型与精细化内控并不直接解决企业"生存"问题，反而需要投入大量的人力物力资源，且成果形成需要漫长的过程。因此，要做好数字化转型及精细化内控，机构应当发掘原生动力，与未来业务及服务方向相契合，并思考数字资产实现经济效益转化的可能性。以笔者公司为例，征拆管理系统可向委托方独立收取软件使用费用，数字资产平台也在探索向潜在用户开放收费查询的可能性，只有当数字资产本身可产生经济效益实现自我供血，才可能获得快速成长与持续发展。

（二）理顺工作思路

1.结合业务特征，找到问题症结

对于传统估价业务，各机构存在的问题具有类同性。但对于创新服务内容，例如征拆咨询顾问、投后管理咨询、REITs资产评估等，其服务内容、服务模式存在显著差异，服务过程中面临的风险及存在的问题也各不相同，估价机构应当结合自身业务特征，分析当前存在的问题症结。

2. 基于现有资源，构建解决方案

各机构发展阶段、企业规模、运营特征各不相同，在找出存在的问题后，应当基于机构现有客观资源，包括人力、物力、技术经验、人才储备等，实事求是构建数字化转型及精细化内控的具体解决方案。

（三）落实行动举措

1. 加强组织领导，建立协同机制

数字资产的构建与内容充实，需要系统研发团队与项目服务团队的全面协同，系统研发团队负责"搭框架"，项目服务团队负责"装内容"，对于项目服务团队而言，使用征拆管理系统，将成果导入数字资产平台，会额外增加大量的工作量，员工往往会产生一定的抵触情绪。因此，需要机构主要负责人牵头推动，建立核心管理团队参与、项目负责人督促、一线工作人员执行的协同机制，实现组织保障。

2. 循序渐进推动，不断成长完善

对于创新型业务品种的数字化转型及精细化内控，并没有固定成熟的模板或路径可供借鉴，是一个不断头脑风暴、持续成长完善的过程。在此过程中，因形成成果不显著、短期内无法实现经济效益，参与人员难以获得成就感，容易懈怠。因此，需要循序渐进推动，设置阶段性目标，确保每一阶段都有所进展。

作者联系方式

姓　　名：童款强　吴　青

单　　位：深圳市格衡土地房地产资产评估咨询有限公司

地　　址：深圳市罗湖区红岭中路 2068 号中深国际大厦 19 楼

邮　　箱：514993900@qq.com

注册号：童款强（4420120095）；吴　青（4419970065）

房地产估价机构数字化管理系统的建设之路

——基于山西瑞友"九台系统"建设经验的分析

郝俊英　刘秋爽　高　艳

摘　要：随着数字化时代的到来以及房地产估价行业业务结构的调整，数字化转型成为行业和机构可持续发展的必经之路，而拥有不断优化的数字化管理系统则是数字化转型的基础。山西瑞友公司的"九台系统"建设经验表明，系统建设是一个循序渐进的过程，需要足够的人力和财力的支撑，也需要不断完善的数据库系统和数字化技术的支撑。系统的建设和数字化转型的效果是显而易见的，但估价机构需要根据自身的条件与需求选择适合自己的系统建设和转型方式。中西部地区的头部机构需要率先建立完善的数字化管理系统并承担为本地区行业数字化转型奠定基础的责任，各地的估价师协会也应当参与其中或作为协调者引导当地机构进行合作，以促进行业的数字化转型和持续健康发展。

关键词：房地产估价机构；数字化管理系统；建设；九台系统；经验

随着数字化时代的到来以及房地产估价行业业务结构的调整，数字化转型成为行业和机构可持续发展的必经之路，而拥有不断优化的数字化管理系统则是数字化转型的基础。鉴于机构自身条件的限制及业务的特点，并不是所有机构都能够或需要建立一套完整的数字化管理系统，但对于一些地区，尤其是中西部地区的头部机构而言，不仅具备一定的条件，而且也需要率先建立完善的数字化管理系统，承担起为本地区行业的数字化转型奠定基础的责任。数字化管理系统建设是一项庞杂的工程，不仅需要机构具备足够的人力和财力支撑，而且需要管理层对其有清晰的认识和思路。借鉴已有的经验，能够使机构进一步明确自己数字化转型方向，使准备进行系统建设的机构少走弯路。

山西瑞友房地产评估测绘有限公司（简称"瑞友公司"）经过十多年的努力，自主研发了"九台系统"，在系统的建设和不断改进过程中，机构不仅收获了系统带来的便捷和效率，而且积累了丰富的经验。本文结合瑞友公司的经验，总结估价机构数字化管理系统建设的要点，以期为估价机构或机构联盟提供可以借鉴的思路。

一、系统建设是一个循序渐进的过程，需要做好打持久战的准备

房地产估价机构数字化管理系统的构建是一个复杂的过程，不仅涉及专业的估价理论，而且需要依托地理信息等数字技术手段，在机构与软件公司、数据公司或平台、GIS技术公司等通力合作的基础上进行。对于传统估价机构而言，在行业数字化转型还没有成功经验借

鉴的情况下，通过自主研发的方式构建数字化管理系统更是困难重重：不仅存在着专业技术力量不足、数据采集与整合难度大、成本高、未来收益不确定等问题，而且需要机构根据自身条件以及市场需求不断摸索系统构建的方向以及解决各类障碍的方法。

瑞友公司在起步伊始就做好了打持久战的准备，利用十几年的时间，将2009年功能较为简单的估价办公系统升级到2020年的"九台系统"，基本实现了不动产数据和估价业务的深度融合，期间系统不断升级，形成了三个版本，表1集中展示了三个版本功能的不断完善过程。

三版系统功能对比一览表 表1

内容				第一版	第二版	第三版
	存储模式			本地服务器	专业机房	云服务器
	访问方式			局域网	互联网	互联网
不动产数据库	数据管理	数据类型	基础数据	√	√	√
			价格影响因素	√	√	√
			案例数据		√	√
		数据采集	采集工具			"九台调查"手机工具
		数据更新	更新来源	批量采集	批量采集	多渠道，以日常估价为主
			更新人员	专业人员	专业人员	全部估价人员
			更新周期	定期	定期	实时
		地图数据	地图工具		专业地图软件	在线地图
			公共图层数据		定期更新	自动更新
	数据查询与分析		数据查询	专人查询	专人查询	估价师可视化查询
			抗风险能力分析			√
			交易活跃度分析			√
			价格趋势分析			√
			变现能力分析			√
	批量估价		城市整体估价		√	精准到户
办公系统	业务流程管理		查勘	√	√	"九台咚咚"手机工具
			测算	√	√	智能辅助估价系统
			撰写	√	√	智能辅助估价系统
		审核	分公司内部审核	√	√	√
			审核部质检		√	√
			报告防伪		√	√
			电子签章		手动签章	自动签章
			系统对接			已对接贝壳系统

续表

内容				第一版	第二版	第三版
办公系统	机构管理	绩效考核	工作量考核		√	√
			报告评优与差错认定			√
			备案管理			√
			合同管理			√
线上咨询系统	线上咨询服务		价格咨询		√	√
			咨询报告			√

2009年，为了实现估价业务流程和成果的标准化管理，公司首先开发了在局域网内使用的估价办公系统，系统的投入使用实现了机构内部业务流程的信息化管理，但其主要功能还仅限于估价业务的线上操作和全流程记载、估价成果的标准化和集中存储，以及查询、通过权限分配实现责任划分并降低管理成本等最基础的几个方面。

2015年，为了适应机构移动办公、分公司管理等功能的新增需求，机构对原有办公系统进行了迭代升级。与第一版的系统相比，第二版的功能大幅增强：首先，通过人机绑定授权模式实现了互联网模式下的安全移动办公。互联网模式大大提升了访问的便捷性，为移动办公及分公司业务管理提供了技术基础，人机绑定授权模式（每个账号只能在授权的指定电脑登录）则保障了互联网环境下的数据安全性。其次，新增的"评估项目风险甄别系统"强化了分公司的业务管理。利用风险甄别系统，总部专业人员可以通过对估价目的、项目类型和规模、价格偏离度等因素的分析，筛选出潜在风险较高的项目，在报告出具前由审核部门对这些项目的估价成果进行更加严格的质检，进而防控估价风险。最后，新增的"估价成果锁定及防伪"功能进一步提升了风险控制能力。估价成果锁定功能使得报告必须通过全部审核才能自动生成报告编号并对外交付，而且估价成果形成后对其中任何内容的修改都必须经过重新审核；通过审核的估价报告，系统会自动生成防伪标识，使用者可通过扫描防伪标识核查报告主要内容、防止篡改。

2020年，公司将实现不动产数据和估价业务的深度融合作为改进系统的目标，同时期望在发挥数据最大价值的同时减少数据更新的时间及人力成本。为此，在重新梳理数据架构后，构建了集不动产数据库、OA办公系统、线上咨询系统于一体的"九台系统"，三个子系统依靠统一的数据存储标准实现了互联互通，打破了机构内部的数据壁垒，为实现优化传统估价业务模式、拓展数据和咨询相关的新型业务、完善管理机制的初步转型目标奠定了良好的基础。表2和图1展示了系统的基本结构、功能以及数据的互通机制。

"九台系统"的结构与功能　　　　表2

序号	系统类型	已上线系统/工具	系统功能	面向用户
1	不动产数据库	"九台数据""九台调查"	不动产数据管理及分析	估价机构及估价师
2	OA办公系统	"九台OA""九台咚咚"	估价机构内部业务管理	估价机构及估价师
3	线上咨询系统	"九台一下"	对外提供数据咨询服务	金融机构、社会公众等

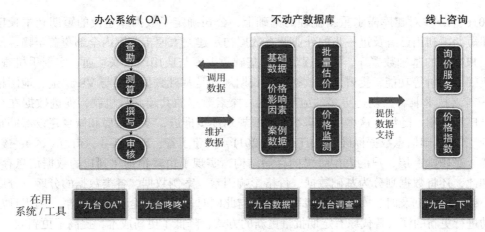

图 1 "九台系统"架构图

二、系统建设是一项专业性很强的工程,需要足够的人力资源支撑

传统机构的估价人员一般都具有一定的评估理论和较强的实践经验,但大多数缺乏数据分析和挖掘能力,软件开发等方面的能力欠缺则更为严重,因此,数字化管理系统建设的过程中,不仅需要软件公司提供专业的开发人员,而且需要将具备一定数据分析基础的优秀估价师培养成专业的复合型人才,使其成为系统建设的主力及机构与软件开发人员之间的桥梁。此外,估价机构数字化管理系统是面向机构和估价师的专业化办公系统,估价师不仅是系统首要的使用者,而且在数据采集和案例积累方面都具有丰富的经验,因此,专业人员为主的全员参与模式更有利于系统建设的顺利进行。

"九台系统"建设过程中,将软件开发人员作为系统建设团队的主要成员,同时在公司内部指派专门的估价师负责系统建设工作,其他估价人员则全程参与系统需求整理、软件研发、测试调整、上线运行等工作,以便将实际的估价工作需要转化为具体的开发需求,保证系统开发完成后的适用性。在不动产数据库建设方面,由于初期数据采集量庞大,采用了临时调动非专业人员现场采集的方式,但其他估价人员需要负责数据的入库审核工作;初期数据建设完成后,为了保证数据及时更新,将全部估价人员日常评估工作获取的数据作为数据更新来源;案例数据的积累则要求机构内员工将获取的各种类型案例直接录入到数据库中,再由专业数据库人员进行审核,从而实现了获取案例"零遗漏"并及时入库。专业人员为主的全员参与方式既降低了数据和案例更新的成本,也提高了数据更新效率。

三、数据是系统建设的基石,需要不断完善企业的数据库平台

经过若干年的发展,估价机构一般都有大量的数据和案例以各种方式储存,在数字化管理系统建设的过程中,充分利用并不断完善数据库平台是一项非常关键的工作。

早在2009年,为完成太原市存量房交易计税的批量评估系统建设,瑞友公司就开始了太原市房屋基础数据库的建设,最初的数据来源于大量人员的现场批量采集和公司已有数据的积累,以普通住宅的幢数据为主;随后逐渐扩展至商铺、办公、公寓等各种类型。

2016年，在对建库需求重新梳理的基础上，公司确定了数据库建设的短期和中长期规划，即短期内利用已有及进一步的外业调查数据初步建立太原市范围内全部覆盖至幢、部分覆盖至户数据的基础数据库，同时逐步实现基础数据库与应用端互联互通，实现手机查勘、计算机辅助估价等功能，提升工作效率。中长期规划是基础数据库要与VR识别、地图精准定位等新兴技术兼容，创造更多的应用可能；探索数据的共建共享机制，促进数据在行业内的推广和应用。随后，这些工作基本上按照规划逐步推进，参照住房和城乡建设部颁布的《房地产市场基础信息数据标准》JGJ/T 252—2011，构建了省、市、区县、街道（区）、楼盘、自然幢、逻辑幢、层、户的九层级纵向存储结构，实现了由幢精细化到户的数据信息存储。不仅如此，还将数据划分为基础数据、价格影响因素、案例数据，各类数据的分库、分层级存储，确保了数据及时、安全的存储和调用。与此同时，采用了全员共建共享、利用日常估价活动进行更新的模式替代原有定期批量更新的方式，降低了更新成本，提高了更新效率。

截至2023年10月，"九台"数据库中太原市存量住宅基础数据建设工作基本完成，存储了2万余幢、涉及约200万户房屋的基础数据、价格影响因素、空间地理数据、现场影像资料等，存储了成交案例12万余条，数据覆盖度及精准度已实现较大幅度提升，满足了机构日常估价数据调用、数据分析的需要。

四、技术是系统建设的助推器，需要合理借助已有的数字化平台

估价机构自主研发数字化管理系统原本就是一件耗时耗力的大工程，需要及时利用已有的新技术和平台，以提高效率和系统的兼容性。

瑞友公司的"九台系统"建设过程中，利用了阿里云的云存储技术，实现了低成本、安全化、高效便捷的数据存储和访问；利用在线地图技术，降低了地图编辑难度，实现了地图的实时、简易化操作，节省了地图公共数据的维护成本，提高了地图的更新速度，为数据的全员建设模式提供了可能；利用小程序技术开发了"九台调查""九台咚咚"等手机工具，打破了原有的手机应用程序（App）在不同平台上可能受到的限制，实现了手机工具的一次开发多平台运行，节约了开发时间和成本。

五、可持续发展是系统建设的原动力，需要适时关注系统的运行效果

数字化管理系统不仅应当是一个能够提高估价机构管理和工作效率的综合系统，而且应该对机构的风险控制、绩效管理、新业务拓展及行业数字化转型等有足够的支撑和促进作用。

"九台系统"的运行已经取得了明显的效果：效率提升方面，各类小程序的应用使得数据上传更加直接，提高效率的同时也降低了重复录入和失误的可能性；智能辅助估价系统则提高了估价效率。风险防控方面，通过"九台咚咚"调用地图数据，能够防范错误领勘风险；通过模型辅助判断评估项目的变现能力，能够提前关注抵押项目评估风险；系统自动推送相似项目历史评估成果的功能，能够避免因信息不对称导致的同类型项目评估结果出现较大的差异；评估项目风险甄别系统能够帮助估价师识别潜在风险较高的估价项目；估价成果锁定和防伪能够防范报告被篡改风险。优化绩效管理方面，系统的报告定期评优与差错认定功能，能够适时分辨报告的优劣并成为对工作质量把控和奖惩的依据。新业务拓展方面，最

直接的是因数据分析能力提升以及分析结果可视化等带来的新型数据分析业务，包括金融机构的抗风险能力分析、交易活跃度分析、价格趋势分析、变现能力分析等。与此同时，多年批量评估的经验以及不断优化的评估模型，为实现精细化的城市房地产整体估价奠定了扎实的基础，为提供更高质量的咨询服务提供了技术和数据支撑。此外，"九台系统"经过几年的运行和不断优化，数据管理和应用功能已逐渐完善，长远来看，可以为其他估价机构的数字化管理系统的构建与应用提供借鉴和参考意义，从而助力行业的数字化转型。

六、结语

瑞友公司"九台系统"建设与应用的实践表明，房地产估价机构数字化管理系统的建设及行业的数字化转型不可能一蹴而就，需要付出极大的努力，但系统的建设和数字化转型的效果也是显而易见的。估价机构需要根据自身的条件与需求合理定位，选择适合自己的系统建设和转型方式，没有条件进行自主研发的机构，可以与实力较强的机构进行联合开发或借助其已有系统和数据加快转型的速度，已有一定系统基础及具备开发实力的机构，则可在加快本机构系统开发进程的同时探索行业内数据建设和共享的新模式，各地的估价师协会也应当参与其中或作为协调者引导当地机构进行合作，以促进行业的数字化转型和持续健康发展。

参考文献：

[1] 孙晓丽. 浅析房地产评估行业的数字化转型之路 [J]. 企业改革与管理，2023（10）：168-170.
[2] 李杨岚. 房地产评估数据平台构建研究 [J]. 建筑经济，2022（S1）：781-784.
[3] 刘秋爽，郝俊伟. 房地产估价数据库建设的困境及对策 [M]. 北京：中国城市出版社，2020.

作者联系方式

姓　　名：郝俊英
单　　位：山西财经大学公共管理学院
地　　址：山西省太原市小店区坞城路 140 号
邮　　箱：120986897@qq.com
注册号：1420030042

姓　　名：刘秋爽　　高　艳
单　　位：山西瑞友房地产评估测绘有限公司
地　　址：山西转型综合改革示范区学府产业园南中环街 426 号
邮　　箱：1249553021@qq.com；gy267800@163.com
注册号：刘秋爽（1420170002）

致力实现评估机构的数字化转型，畅想人工智能与不动产评估的跨界协作

梁田胜　李　聪

摘　要： 随着2023年被誉为全行业大数据年，本文专注于探讨数字领域的人工智能（AI）如何从技术层面服务并应用于当前仍处于数字化初级阶段的传统不动产评估领域。

关键词： 人工智能；不动产评估；跨界协作

一、引言

2023年11月，国家主席习近平在2023年世界互联网大会乌镇峰会开幕式的视频致辞中提出了重要的倡议。他强调了互联网作为推动全球发展、维护安全和促进文明交流的新平台的重要性。他呼吁构建一个网络空间命运共同体，这不仅是应对时代挑战的必然选择，也是国际社会的共同愿望。他还强调了未来需要加强国际的交流与务实合作，以共同推动网络空间命运共同体的构建，迈向新的发展阶段。

国内政策方面，近年来已陆续推出多项措施支持人工智能（AI）行业的发展与创新。这些政策包括《关于支持建设新一代人工智能示范应用场景的通知》《关于加快场景创新以人工智能高水平应用促进经济高质量发展的指导意见》和《新型数据中心发展三年行动计划（2021—2023年）》等。这些指导意见和计划不仅聚焦于AI技术与产业的深度融合，而且特别强调了AI与制造业、医疗、能源、交通、金融等行业的结合。

房地产金融领域、不动产评估领域属于传统实业领域，与科技行业相比，房地产金融和不动产评估领域的数字化水平还处于相对初级阶段，随着技术的不断进步和市场需求的变化，这些领域将逐渐加速其数字化进程，从而为参与者和消费者创造更多价值。

二、不动产评估领域的技术现状

不动产评估是一项对专业知识和经验要求较高的工作，通常其核心在于为特定目的、对特定不动产在特定时点的价值作出评估与判断。在这个领域中，专业估价师通常采用比较法、收益法、成本法和假设开发法（剩余法）等几种主要方法进行评估。传统评估过程主要基于估价师的人工分析和市场调研，这不仅要求他们具备深厚的专业知识和丰富的经验，还需要对市场有敏锐的洞察力。

然而，伴随着科技的不断进步，不动产评估领域正经历一场深刻的转型。传统依赖人工操作的作业方式正在被现代技术的综合应用逐步取代。在这一现代化的浪潮中，不动产评估已迈出了数字化改革的重要步伐，涵盖了自动估价、报告的系统生成、物业查勘的系统化处

理、GIS 领域化以及数据采集与分析的信息化等多方面。

尽管目前这一领域的数字化已取得一定成果，我们必须认识到其仍处于发展的初级阶段。在许多实际操作中，仍然需要依赖专业估价师的专业判断和输出。未来的深度数字化革命，尤其是指向完全集成且自动化的评估系统的转变，将在很大程度上依靠人工智能、机器学习和大数据分析等尖端技术的持续发展和应用。展望未来，随着这些技术的不断进步和成熟，我们可以期待不动产评估领域迎来更为显著的飞跃。

三、不动产评估领域的数字化革新——AI 的诞生与跨界协作

在不动产评估领域的数字化革新旅程中，AI 的崛起起了重要作用。AI 通过利用机器学习和数据分析的强大能力，显著提升了评估的精确度和效率。这一技术进步不仅重塑了评估过程，还推动了数据科学、计算机科学和房地产市场等领域之间的协同合作。

（一）AI 的技术革新对传统评估行业发起的挑战

在传统不动产评估领域中，资深房地产估价师对其签署的估价报告承担法律责任。然而，随着 AI 技术的发展，未来几十年甚至数百年，这一领域的适用相关法律条文可能发生变更，甚至废止。在此背景下，本章节将对 AI 评估技术发展带来的不同程度风险进行提示和设定：

目前，国家法律体系要求评估由取得执业资格证书的注册房地产估价师完成，他们对评估结果负法律责任。随着 AI 技术的发展，社会可能步入 AGI（Artificial General Intelligence）时代。不同于当前的 AI 工具，AGI 将具备独立决策能力，能够理解并响应所面临的问题。

如果未来社会准许 AI（AGI）进行不动产评估，AI 评估错误可能引发法律诉讼，责任归属的确定将成为复杂问题。同时，AI 评估的透明度、可解释性、数据隐私与安全、知识产权、监管合规性等也将是法律层面的重大挑战。

AI 领域的发展虽提高了不动产评估的效率和精准度，但也带来了伦理道德问题。例如，AI（AGI）评估可能无意中复制历史数据中的偏见（选取不恰当的案例），这种偏见的存在在道德上是难以被接受的。AI 的广泛应用可能影响人类评估师就业，引发职业道德争议。此外，对于重要的社会决策，如不动产估值，社会可能更倾向于人类评估师的判断和直觉，过分依赖 AI 可能引发道德问题。

因此，AI（AGI）在不动产评估中的使用不仅是技术问题，也涉及法律、道德、伦理等多方面考量。确保 AI（AGI）应用的合法合规性、道德性需要严谨的规划和政策指导，以确保其带来的益处不以牺牲人类社会基本准则为代价。本文描述的 AI（AGI）评估技术的应用以社会资源可持续发展、技术进程合法合规、维护人类社会稳定发展为前提。

（二）AI 技术的原理与底层逻辑

AI 的本质可被视为计算机系统的能力，它模拟并执行通常需要人类智能完成的任务。这一概念将计算机视作一种"数字大脑"，能够学习、分析和处理大量数据。

在原理层面，AI 依靠算法——指令和规则，指导计算机处理数据。这些算法构成了 AI 的基础逻辑，使计算机能够识别模式、做出决策并预测结果。

作为实现 AI 的关键技术之一，深度学习是一种模仿人脑神经元工作方式的系统。深度学习通过构建多层神经网络，可以处理复杂的非线性问题，应用范围广泛，包括从图像识别到自然语言处理的过程。

模型训练是深度学习过程的核心环节。在此阶段，模型接受大量数据，并通过这些数据进行自我调整和学习。这个过程涉及不断优化模型参数，以提升其在执行特定任务时的准确性和效率。经过训练的模型能够识别数据中的模式和联系，实现无需明确编程指令的智能决策。

总体而言，人工智能的本质在于模拟人类的认知过程，使计算机能够智能地处理和分析数据。这一技术领域的发展正推动着从房地产金融到不动产评估等各种领域的应用进步。

（三）AI 在不动产评估领域的技术应用——房地产估价结果报告篇

（1）AI 评估在估价假设和限制条件篇的应用 [涉及的计算机代码编程技术包含：自然语言处理（NLP），数据挖掘与处理技术，循环神经网络（RNN）和长短期记忆网络（LSTM），线性与非线性回归技术，支持向量机（SVM）等]：

一般假设：对于普遍性假设的应用，通过固有的模板，对于不同物业类型的假设限制条件进行归类，结合模板以及大数据分析进行相应的假设限制。

未定事项假设：对未明确的事项（如土地用途、容积率、建筑结构）的假设。AI 可参考类似区域的历史规划变更，使用预测模型判断土地用途的可能变化。对容积率等影响物业开发潜力的因素，AI 可模拟不同假设下的设计和经济效益，考虑规划调整和市场需求。在结构不明确情况下，AI 通过分析蓝图、施工记录或运用计算机视觉技术分析现场照片，推断建筑特征，帮助理解质量、耐久性和使用与维护状况。

背离事实假设：对估价对象实际状况的不一致假定，如抵押未解除、价值时点与查勘日不符、租约未考虑等。AI 可识别忽略的重要因素对估价结果的影响，分析风险，如识别物业的租约情况判断其对价值的影响。

不相一致假设：对名称、地址、用途、权利人等不一致情况的说明。利用机器学习，AI 识别数据模式和异常，处理地址等信息不一致性，比较多个数据源的信息进行交叉验证。

依据不足假设：缺少资料或数据时的合理假设。AI 使用预测模型估计缺失数据的可能值，如估计物业的建筑年代，自适应学习可以提高处理不完整数据的精确性。

其他特殊假设（如历史存在假设）：对已灭失或发生根本性变化的房地产的假设。AI 利用历史数据和图像，结合建筑模型重建原始状态；利用数据和图像重建技术，创建历史物业的三维模型，帮助理解其历史状态和价值。

（2）AI 评估在结果报告正文篇的应用 [涉及的计算机代码编程技术包含：自然语言处理（NLP）、卷积神经网络（CNN）、全连接层和 Softmax，以及 ResNet、VGGNet、Inception 等模型训练技术]：

房地产估价结果报告的主要部分包括委托方、估价机构、估价目的、估价对象等十三个方面，其中估价对象的分析是关键。AI 的应用可以提升这一环节的准确性和效率，特别是在分析区位状况、实物状况和权益状况时。

区位状况：AI 通过分析地理标签图像和地图数据确定物业的精确位置和临街情况。利用卫星图像和交通流量数据，评估周边交通条件。还可通过环境监测数据和周边区域图像分析空气质量、绿化率和噪声水平。

实物状况：AI 通过深度学习图像数据识别和分类物业的模式和特征，如建筑风格、结构、尺寸、外观条件、室内装饰材料、物业层高、空间布局，以及建筑的耐用年限和维护状况。

权益状况：结合 NLP 技术，AI 分析房地产注册和交易记录，提取产权、历史交易和当前状态信息。还能分析抵押、租赁和其他权利限制文档，评估这些因素对物业价值和可交易性的影响。

综上所述，AI 在房地产评估中的应用不仅涉及复杂的图像和数据分析，还包括综合多源信息以提供全面的物业评估。这些高级技术使 AI 能够有效地识别和解析房地产的各个方面，为估价提供精确和全面的信息。

（四）AI 在不动产评估领域的技术应用——房地产估价技术报告（技术路线）篇

AI 评估在估价技术报告（技术路线）的应用涉及的计算机代码编程技术包含：自然语言处理（NLP）、遗传算法（Genetic Algorithm）、模拟退火（Simulated Annealing）、粒子群优化（Particle Swarm Optimization）等。

在 AI 系统发展至"AGI"（人工通用智能）时代，预示着不动产评估领域的一大飞跃。AGI 能整合和理解来自法律、市场趋势、城市规划和建筑工程等多个领域的数据和知识，提供更全面和深入的物业分析。

在不动产评估中，技术路线的重要性不言而喻。评估领域的复杂项目，如错综复杂的商业体、历史建筑、土地估价、不同类型的可行性研究、城市更新、土地整备及利益统筹项目等，对评估方法提出了更高要求。AGI 应用于这些复杂项目时，关键在于不断把更多的对房地产价格（结果）的影响因素纳入考虑之中，并通过模型优化分析最佳用途和最优的解决方案。这包括数据驱动的方法：持续训练、迭代和改进评估模型（包括模型训练、交叉验证、算法调整、自适应学习、反馈循环、模型集成等技术领域），以适应市场条件和复杂评估要求的变化。AGI 运用高级算法，如机器学习和优化理论，确保解决方案符合市场和法律环境。同时，AGI 还考虑多方利益相关者的需求，确保所提策略可以平衡各方利益。

（五）评估既是科学亦是艺术，AI 是否能识别、判断并创造艺术（案例分析）

评估作为结合了精确的数据分析和主观判断的领域，既是科学也是艺术；虽然 AI 可以辅助评估进行适当的艺术创作，但现阶段真正的艺术理解和创造力仍然是人类专业评估师独有的领域。

案例分析：

1. 估价目的：纪检监察；
2. 估价对象：某城市的某宗土地，具体情况如下：

土地面积：×× 平方米；

土地性质、用途、使用年限、规划利用条件：不明；

土地开发程度：三通一平；

土地使用现状：出租作资源回收场所；

现有资料：标的物土地未办理"四证一书"，仅有一份名为"征地协议"的"转让"协议书（本质为类似土地出租/合作开发的合同要件，并非真正意义的《征地协议》）、《测绘报告》《租赁合同》，以及根据《×× 规划主管单位复函》：该宗地位于绿地、生态控制线范围内；

3. 价值时点：202× 年 × 月 × 日（现时点）、200× 年 × 月 × 日（追溯、历史回顾时点）；
4. 价值类型：待定；
5. 估价方法：待定；
6. 技术路线：

①根据房地产估价师的判断，该宗地未办理任何确权的产权证书，不具备评估条件，无法出具估价报告；

②根据与委托方的沟通，结合估价目的，确定出具咨询报告；

③由于该宗地未办理产权证书，且土地用途、土地性质、土地使用年限、土地利用条件等关键信息均不明，不属于一宗"正常"的土地，无法判断为国有建设用地／集体建设用地／非建设用地等，无法判断该宗地是否具备价值及无法明确其价值内涵；

④在该背景下，估价师查阅相关案例、年鉴、论文等，提出多个设想：

a. 该宗地现状产生收益，可以采用收益法，进行收益价值的（评估）咨询，但收益法的关键在于收益年限的确定，这受土地使用年限、土地类型影响。在土地类型、使用年限未确定的情况下，难以确定选用有限年出让／无限年划拨测算收益。此外，历史回顾时点报告的土地租金数据难以获取，且房地租金剥离问题复杂，增加了不确定因素的权衡难度。

b. 该宗地现状产生收益，可以采用收益法，进行收益价值的（评估）咨询，但该价值内涵并非土地终止日期内的收益，而是现状土地使用者占用该土地日起至价值时点的收益价值，该价值的概念偏向于物业使用期间的非法收入的现值之和。

c. 由于宗地特殊，慎重考虑土地的性质及宗地的各种必要因素，采用成本逼近法进行测算，按国家统一征地补偿的评估思路进行"评估"咨询。

d. 按国有出让建设用地"评估"咨询，采用公示地价系数修正法（或市场比较法）进行测算，其价值内涵为设定条件下的市场价格，其土地用途、土地性质、土地使用年限、土地利用条件等关键因素由委托方进行设定，并在报告内披露在设定条件下所涉及的风险。

e. 该宗地土地的性质及宗地的各种必要因素未明确，难以确定是否可以采用剩余法。

7. 结论：由于该宗地对价格影响的多项重要因素未明确，上述多种方法采用及价值内涵在一定程度上均为合理；而评估咨询报告的出具，其最终的目的是服务于报告使用者所对应的经济行为，当价值内涵、方法采用等方面匹配估价目的时，在法律的允许下，对评估创造出的"艺术"是可以接受的，这种基于数据诞生的"艺术性"并非偏离房地产传统的估价理论，而是体现在对众多不确定因素的解读和平衡上，以及在寻求最适合特定情境的评估方法上。

AI（AGI）在这一过程中的应用，可以被视为对传统房地产评估方法的一种补充和扩展。AI（AGI）通过其高级的数据分析能力，可以识别和评估那些对房地产价值有显著影响的因素，即使这些因素在传统的评估方法中可能不易被明确识别。此外，AI还能通过机器学习算法，从大量的历史数据中学习，并预测未来趋势，为评估提供更加深入的见解。

尽管AI在数据处理和模式识别方面具有显著优势，但在评估领域中的"艺术性"——即对市场趋势的主观判断、对特定经济行为的适应性分析，以及对估价目的的理解和适应，仍然需要人类专业评估师的直觉和经验。因此，AI在这个过程中更多地扮演着辅助和增强的角色，而并非取代人类专业评估师。

四、结语

AI在不动产评估领域的应用和协作，不仅预示着评估效率和准确性的显著提升，而且标志着评估服务创新的新纪元。AI的融入将推动整个行业朝着更高的标准和质量发展，同时为评估专家和客户提供更深入的市场洞察和强化的决策支持。随着科技的不断发展，特别是在新兴的科技领域（如虚拟房地产和元宇宙土地等），传统评估行业正面临新的挑战和机遇。这些发展要求行业从业者、监管机构和其他利益相关方共同努力，以适应这些变化并充分利用AI带来的机遇。在这个快速发展的科技时代，不动产评估领域的未来将是一个充满创新和变革的世界。

参考文献：

[1] 中国房地产估价师与房地产经纪人学会，刘洪玉，陶满德. 房地产估价基础与实务 上编：房地产估价专业基础 [M]. 北京：中国城市出版社，2022-07.

[2] 中国房地产估价师与房地产经纪人学会，廖俊平，唐晓莲. 房地产估价基础与实务 下编：房地产估价操作实务 [M]. 北京：中国城市出版社，2022-07.

[3] 前瞻产业研究院. 预见 2023：《2023 年中国人工智能行业全景图谱》（附市场规模、竞争格局和发展前景等）[EB/OL]. (2022-12-05) [2023-02-18]. https://new.qq.com/rain/a/20221205A0422A00.

[4] 澎湃新闻. 科技部：人工智能法草案已列入国务院 2023 年立法工作计划 [EB/OL]. (2023-07-06) [2023-10-11]. https://www.thepaper.cn/newsDetail_forward_23751642.

作者联系方式

姓　　名：梁田胜　李　聪

单　　位：深圳市国策房地产土地资产评估有限公司

地　　址：深圳市福田区新闻路 59 号深茂商业中心 16 层 A、B 房

邮　　箱：474484165@qq.com

注册号：李　聪（4420200192）

正确认识并稳步实施估价机构数字化转型

韩宣伟　蒋文军

摘　要：数字化时代已悄然来临。在现代信息技术快速发展、同质化竞争日趋激烈、行业边界时常被打破的大环境下，估价机构如何以客户需求为导向，根据自身的竞争优势、数据资源和综合实力，合理把握数字化的深度和广度，稳步推进数字化转型，从而实现业务流程提质增效、运营模式和服务场景的优化创新，是不可回避的现实问题。

关键词：估价机构；数字化转型；认识误区；转型阶段；转型方式

一、数字化转型的目的

数字化转型是以满足客户深度需求和极致体验为目标，以数字化转换、数字化升级为基础，通过数字化技术和支持能力新建一个高效运营、不断创新的数字化商业模式。

估价机构数字化转型，不是以改变房地产估价行业的性质和内涵为目的，而是通过优化甚至重构传统的估价运营模式和组织架构，提升经营效益、实现业务转型、创新业务种类和服务场景。

二、估价机构对数字化转型的顾虑和认识误区

由于估价机构间的发展理念、业务特点、竞争优势、数据资源、数据化能力和综合实力等存在差异，加之不同地区数字化发展水平不均衡，导致估价机构对数字化转型产生顾虑和认识误区，主要表现为：

（一）数字化将导致传统业务消失

受淘宝、京东、工行跨界入围最高人民法院网络询价平台的影响，传统司法估价业务锐减；税务部门实行计税基准价系统致使传统课税评估业务几近消失。很多估价机构认为，数字化转型也会导致其他传统估价业务减少或消失，其实这是一种认识误区，也是一些机构怠于转型升级的推诿之词。

随着现代信息技术的快速发展，便民利民、降本增效已成为司法、税务、金融机构等客户的内在需求，也是数字经济发展的大势所趋，估价机构只有顺势求变、转型升级，才能占据竞争优势，免遭其他具有数据优势的网络询价平台的"跨界打劫"。

（二）数字化将使估价机构变成互联网企业

数字化转型是运用移动互联网、大数据、云计算、区块链等数字技术，逐步将估价机构转变为资源共享化、产品服务化、服务智能化、客户员工化、公司平台化的全流程价值链协

同共享的企业,在线管理和在线服务将是估价机构数字化转型后的重要特征,但估价服务的性质和内涵始终不会发生改变,更不会成为互联网企业。

(三)数字化转型的时机不成熟

数字化转型最适当的时机在当下。如果估价机构处于发展兴盛时期,则应居安思危,未雨绸缪,依托现有资源和实力,着手部署数字化转型,为机构持续发展增加创新后劲;如果估价机构处于发展低谷或困境时期,则更需另辟蹊径,尝试数字化转型以求带来转机。

(四)数字化转型由一个部门实施

数字化转型涉及估价机构的战略发展规划,各部门应相互协同,特别是"一把手"、决策层、管理层的参与程度,关系到估价机构整体资源的调配,决定了数字化转型的效果和成败。数字化转型不是一个部门的事情,应作为"一把手工程"来抓,稳步推进并监督落实。

(五)缺少数字化技术支持

与智能制造、酒店住宿等行业的数字化相比,估价行业的数字化技术能力相对偏弱,但十年前业内出现的几朵"云",为估价行业信息化、数据化发展注入了活力,同时也说明估价行业具有一定的数据技术应用能力。任何企业进行深刻的数字化变革,都离不开互联网、大数据、云计算、人工智能、区块链、数字孪生等数字技术的支持。估价机构可在数字化的不同发展阶段,通过战略合作、平台加盟、有偿使用、外包服务等方式,化解数字化技术支持难题。

(六)数字化投入过大难以负担

数字化转型的确需要大量的、持续的资金投入,但它是一个分步实施、循序渐进的过程,其成本通常也是分期投入。从数字化发展趋势看,未来估价机构主要分为两大类:一是引领行业发展、为产业链和生态圈赋能的平台型公司,二是加盟平台成为其中一员的参与型公司。成本投入最大的,通常是平台型公司,而参与型公司通常无需过大的成本投入。

(七)缺乏数字化专业人才

现阶段,多数估价机构缺少全面的数字化专业人才,且对现有员工进行数字化培训也很难取得明显效果。估价机构在引进急需的数字化专业人才的同时,可通过战略合作、平台加盟、外包服务等方式,解决人才缺乏问题。此外,还应注重培育员工的数字化专业素养,在岗位胜任能力考评时,增加数据能力考评维度。

三、数字化转型阶段划分

根据估价行业的机构现状和发展趋势,结合不同行业数字化转型成功落地的经验,可将估价机构数字化转型大致划分为以下几个阶段:

(一)手工化阶段

局限于业务单一和传统思维的惯性,一些估价机构仍处于较为传统的线下手工操作管理和服务阶段。近期进行资信评定现场检查时,这类估价机构为数不少。

1. 手工化阶段的主要表现

(1)采用电话、微信等方式进行外部业务沟通和内部员工交流;

(2)采用 word、excel、wps 等方式整理数据、测算并撰写估价报告;

(3)采用微信、QQ、邮箱等方式传递文件,线下进行报告审核签发、台账登记、财务收费、业绩统计。

2. 手工化阶段的主要特征
(1) 不重视原始数据积累;
(2) 缺少必要的线上业务管理系统支持;
(3) 业务数据、客户资源和估价人员掌握的基础数据、评估参数等不共享,信息孤岛化严重。

(二)网络化阶段

1. 网络化阶段的主要表现
(1) 通过微信、小程序及各类 App 等进行业务沟通、文件传递和内部交流;
(2) 采用查勘小程序、报告操作系统或 App 等线上方式完成估价作业;
(3) 基于 OA、钉钉等流程完成报告审核签发、收费管理、台账登记和业绩统计;
(4) 上述社交软件、现场查勘、报告作业和流程管理等,尚未实现互联互通。

2. 网络化阶段的主要特征
(1) 缺乏对数据价值的认识;
(2) 开始以线上方式进行操作,初步实现了业务管理的降本增效;
(3) 数据信息孤岛状态依然存在。

(三)信息化阶段

信息化阶段与网络化阶段的主要区别,在于开始利用数据资源和大数据技术进行流程优化、业务拓展和平台化服务。

1. 信息化阶段的主要表现
(1) 构建价格咨询服务系统和数据平台;
(2) 实现业务流程的再造和优化;
(3) 具有数据采集、清洗、筛选和统计分析等数据处理能力;
(4) 构建房地产价格评估和分析预测模型;
(5) 制定数据标准规范和数据安全、隐私保护等相关制度;
(6) 组织架构开始优化、重构。

2. 信息化阶段的主要特征
(1) 数据资源价值逐渐被重视;
(2) 客户黏性和服务体验感增强,业务类型有所拓展;
(3) 部分数据实现共享,信息孤岛状态逐渐改观;
(4) 线上服务和平台化管理成为常态。

(四)智能化阶段

智能化阶段,可实现估价管理价值链和业务价值链的智能优化,并能通过自优化模型完成估价机构的重要决策。

1. 智能化阶段的主要表现
(1) 数据要素在运营模式中发挥重要作用;
(2) 大数据、云计算、人工智能、区块链等数字化技术得到深度应用;
(3) 业务管理、客户管理、流程管理、财务管理等实现智能化、平台化;
(4) 决策自优化模型和风险预警系统成为机构发展和风险规避的重要支撑;
(5) 基于客户典型特征进行"画像",实行智能化、差别化服务;
(6) 数字化团队成为估价机构的主导力量;

（7）估价机构发展战略重心转向全方位数字化。
2. 智能化阶段的主要特征
（1）数据资产成为估价机构的重要资产；
（2）数据资源协同共享；
（3）通过智能化管理系统与客户实时互动，竞争优势明显提升；
（4）经验主义被淡化，智能化、科学化决策成为常态；
（5）员工数字化专业素养提高，数字化创新能力增强。

（五）数字化阶段

数字化阶段是估价机构的自我颠覆阶段，通过对原有的组织架构实施再造和重构，实现持续创新能力，以力求保持估价机构的阶段性竞争优势。

1. 数字化阶段的主要表现
（1）估价机构依托数据资源和数据资产创造价值；
（2）打破估价机构原有的组织架构和业务场景，构建共建、共享、共融、共力的平台化与数字生态化的发展模式；
（3）基于画像算法，根据不同客户的需求偏好，匹配适合的估价产品和精准服务，并提供极致的体验场景；
（4）基于数字孪生和虚拟现实技术，创造一个与现实世界并行的虚拟世界（如虚拟城市），同步构建虚拟城市的房地产价格评估与预测模型，实时进行价格评估、追溯和预测，并能将客户带入虚拟城市，"身临其境"地体验房地产的区域环境、板块变化、未来规划和发展前景；
（5）基于不断发展的数字技术，持续创新业务场景，激发客户新的业务需求，适时推出新的业务品种和运营模式。

2. 数字化阶段的主要特征
（1）以客户需求和体验为主导，实施运营模式和业务场景创新；
（2）打破估价业务边界，提供全方位的估价、咨询相关服务和场景体验，估价业务附加值明显增加；
（3）估价相关服务场景多样化。基于智能化系统平台，为客户提供高质量服务和极致体验；
（4）客户员工化。客户在接受估价服务的同时，会像员工一样为估价机构推广业务；
（5）组织结构扁平化。

四、数字化转型的实施

（一）数字化转型前应考虑的问题

1. 基于估价行业发展前景应考虑的问题

估价机构应从行业发展的角度分析以下问题，以制定数字化转型的战略规划：
（1）估价行业正在发生哪些重大变化及原因；
（2）已有的或潜在的跨行打劫者；
（3）潜在的估价行业的生态整合者；
（4）技术创新对估价行业的颠覆者。

2. 基于估价机构现状应考虑的问题

估价机构应基于自身现状分析以下问题，以制定数字化转型的实施方案：

（1）业务多元化还是单一化；

（2）在本区域竞争中处于优势还是劣势；

（3）营业收入、经营成本和利润状况；

（4）机构运营模式和业务管理流程现状；

（5）员工整体素养、数字化人才储备及培养现状；

（6）机构未来发展定位和愿景；

（7）是否具有强有力的数字化领导和数字化团队。

（二）实施数字化转型的方式

数字化转型是一个循序渐进的过程，估价机构可选择以下方式分阶段实施：

1. 精益式转型（单场景转型）

当估价机构处于稳定发展期、无需重构现有运营模式时，可通过对现有的客户管理、评估作业、估价管理、财务管理等场景进行分析，选择投入少、见效快且急需改进的单项场景，优先实施数字化。如果单向场景数字化成功，既能降本增效，也能充分体现数字化的价值，为后续的全面数字化增强信心。

2. 增强式转型（多场景转型）

与单场景转型相对应，多场景转型是指根据优先级排序，连续或同步对机构的多个管理场景、业务场景等进行数字化转型。多场景转型与估价机构的战略发展规划相呼应。

3. 创新式转型

当估价机构原有竞争优势被打破、经营状况出现巨大滑坡，或市场地位可能被取代、机构发展出现困境时，则需要改变原有经营模式和战略规划，实施创新式转型。创新式转型与本文的信息化和智能化阶段相对应。

4. 跨越式转型

跨越式转型是对估价机构的商业模式、组织架构、业务场景的重构，也是对企业文化的重大改变。跨越式转型与本文的数字化阶段相对应。

五、结束语

估价机构数字化转型是促进估价行业高质量发展的生态创新，是对估价机构传统的组织架构、运营模式和员工能力的重新定义。估价机构应根据自身的业务特点、竞争优势、数字化能力和综合实力，制定数字化战略规划和实施方案，稳步实施数字化转型。如果盲目地、一厢情愿地进行数字化转型，不仅难以达到预期效果，还可能给自身发展带来难以承受的风险。

参考文献：

[1] 岳建明. 数字化转型：数字经济重塑世界经济 [M]. 北京：中国纺织出版社，2023.

[2] 刘宇熹. 企业数字化转型与实践 [M]. 北京：清华大学出版社，2023.

[3] 张燕飞. 数字化转型：重塑业务流程管理 [M]. 北京：中国铁道出版社，2022.

作者联系方式
姓　名：韩宣伟　蒋文军
单　位：浙江恒基房地产土地资产评估有限公司
地　址：杭州市西湖区文三路535号莱茵达大厦20楼
邮　箱：1966hxw@sina.cn
注册号：韩宣伟（4119970084）；蒋文军（3320020045）

评估机构数字化转型基本逻辑与路径探索
——以瑞联平台数字化建设为例

臧曼君　李　娜　王　卓　李　枫

摘　要：本文从梳理企业数字化转型思路与基本逻辑入手，结合瑞联平台数字化建设的具体实践，对其数字化转型路径与经验加以总结提炼，从"注重外部合作与资源整合""坚持客户需求导向""以业务为导向，以数据中台构建企业转型技术体系""管理生产运营环节的数字化优化提升"四个方面为评估机构数字化转型提出建议。

关键词：评估机构；数字化；数字化转型

在百年未有之大变局下，新一轮科技革命与产业变革在不断推进，一方面推动全球社会经济发展向数字化、网络化、智能化方向加速演进，另一方面与我国加快转变经济发展方式的需求形成历史性交汇，为我国实施创新驱动发展战略提供了重大机遇。实施创新驱动发展战略，需要新动能。新动能从何而来？"数字化"发展成为首选。党的十八大以来，对于互联网与数字经济发展，及"数字中国"建设，习近平总书记作出了一系列重要讲话和指示，深刻阐明了数字化推动高质量发展的重大意义和实践路径。

在从国家到地方都持续完善数字中国建设整体框架、加快数字经济发展在各行业领域布局、推进数字经济落地的当下，评估机构作为社会经济活动的全方位参与者、重要服务提供方，应当牢牢把握住数字化转型发展的重大历史机遇，加快并入高质量发展新航道。本文从梳理企业数字化转型思路与基本逻辑入手，结合瑞联平台数字化建设的具体实践，对其数字化转型经验加以总结提炼，为评估机构数字化转型提供经验借鉴。

一、企业数字化转型的思路与基本逻辑

评估行业及其从业者探索数字化转型非常重要，一方面，伴随着我国社会经济发展转型升级带来的阵痛，评估行业遭受冲击，传统评估业务持续收缩，迫切需要探索新的增长路径；另一方面，相较于欧美发达国家，我国数字化、信息化发展的历程还较短，新兴技术应用的深度和广度还有待进一步拓展，而在评估领域的科技创新与应用，更可以说是方兴未艾。因而，无论是对于行业协会还是从业机构而言，主动拥抱新兴技术、探索数字化发展道路、为自身转型升级赋能已然十分迫切。

而数字化转型是一个持续的过程，且需要不断地更新迭代。在这一共识下，基于企业视角，我们认为探索数字化转型的核心任务就是制定切合自身发展的数字化发展战略。而对于如何制定战略，我们尝试梳理其思路与基本逻辑。

（一）自我洞察是制定数字化战略前的必要环节

数据是数字化转型的关键，只有深入探讨和厘清与数据相关的问题，才能更好地开展数字化战略。自我洞察即是厘清我们与数据的联系：我们需要什么数据？我们拥有什么数据？我们是否有利用这些数据的权限？我们未来可以产生哪些数据？我们如何获得想要的数据？这些数据是否有助于我们形成竞争力？我们是否可以以及如何与其他行业参与者和新进入者竞争？我们是否准备投资我们需要的数据？

（二）自我评估是开展数字化转型的重要基础

如果说自我洞察是从思想上做好准备，那么开展数字化转型前的自我评估，就是战略得以推进的重要基础以及着手实施的开端。首先，通过梳理企业自身组织架构、财务、人力状况以及各板块业务流程，以充分掌握企业现阶段的实际情况，尤其是其中存在的问题与不足。其次，明晰自身数字化的基础，从企业 IT 人才储备、IT 架构、软硬件设备设施等各方面评估企业自身的 IT 水平。最后，便是确定企业现阶段的需求，以企业自身最核心的需求为引擎，驱动数字化转型。

（三）数据资源的"链接—转化—赋能"是数字化转型的基本逻辑

在充分自我洞察与自我评估的基础上，数字化转型的基本逻辑得以展开（图1）。数字化是对数据进行采集、传输、存储、计算和应用的过程，而数字化转型则是进一步通过利用数字化相关技术和工具，将企业的生产经营环节乃至整个业务流程的信息数据链接起来，转化成有价值的数字资产，然后根据企业需求，对数字资产加以整合、调整，进而输出反馈有效信息，为决策赋能，最终实现商业价值的过程。

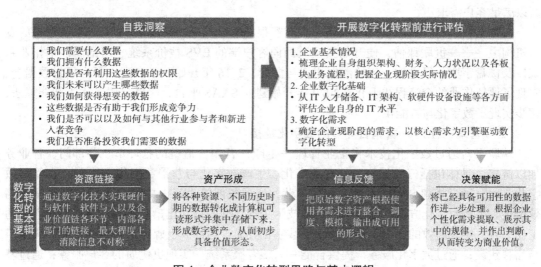

图 1　企业数字化转型思路与基本逻辑

资料来源：艾瑞咨询，瑞联平台价值研究院整理

二、瑞联平台数字化建设案例介绍

瑞联平台数字化建设的路径与谋划恰与前文描述的企业数字化转型思路和基本逻辑不谋而合，但在其基础上有所创新开拓，具体体现在以下四个方面：

（一）合作共赢的生态圈构建

2020年，瑞联平台正式搭建，该平台由世联评估、中瑞世联资产评估两家机构主导发起，瑞联资信咨询、瑞联数科、世联资产、中瑞华建、中瑞税务、华房数据等公司共同成立（图2）。瑞联平台秉承着专业互通、生态共赢的服务宗旨，由平台中台统一进行品牌管理、系统管理、专业研发、数据共享以及资源共享。

图2 瑞联平台的构成

资料来源：瑞联平台

（二）长期的数据沉淀与持续的技术赋能

在数据运营领域，通过数据科技服务平台——瑞联数科，建立了完整、准确、高质量的以房地产数据和资产数据为核心的综合数据库，数据内容覆盖房地产、资产证券化、产业经济、地理信息、工程数据、人口数据、经营数据、宏观经济等领域，新的信息内容实时更新以满足客户需求。

实际上，平台对于数据资产的认知和洞察很早便已显现。早在1999年，瑞联平台的发起机构之一——世联评估，便开始搭建其面向客户端的EVS估价系统、内部的评估作业系统以及楼盘字典。经过数十年的数据积累与沉淀，2016年开始，平台建立了全场景数据仓、实现了评估作业的全流程线上化，2020年开始建立SAAS平台，全场景引入人工智能算法，逐步实现了数字化与智能化。

（三）管理—生产—营销各环节的数字化链接

瑞联平台通过数字化技术将企业管理—生产—营销价值链的各环节、各部门、各业务加以链接，具体包括三大板块：管理数字化、生产数字化与营销数字化（图3）。在管理数字化方面，通过搭建SAAS系统和中台运营，实现各部门、前—中—后台间信息数据的高效链接。生产数字化方面，基于机器学习技术实现数据的自动化量产，同时搭建全线上化的工作平台，实现高效的线上工作流。营销数字化方面，通过线上媒体平台运营实现品牌推广与品牌建设；通过数字化服务，提供智能+人工客服系统，实现更优质的客户服务；通过基于人工智能个性推荐算法赋能数字化营销，精准触及客户需求。

（四）以用户需求为导向的数字化应用场景搭建

瑞联平台当前涵盖六大创新数字化应用，包括EVS估价系统、押品管理系统、资管云、房地产投研系统、瑞智资产管理平台以及投管云（图4）。针对不同的用户需求、不同的用户类型，服务领域涵盖土地房地产评估、资产评估、资产证券化、投后全流程管理、工程咨询、工程代管、地产营销顾问、存量资产运营及存量交易咨询、纾困方案咨询、数据科技与咨询等，实现覆盖项目全周期、全链条的交易和金融咨询全场景服务。

第四部分 管理手段优化

管理数字化	生产数字化	营销数字化
SAAS 系统 整合人力、行政、财务、业务、客户、培训六大板块施行平台统一管理。	**自动化数据生产** 基于机器学习技术实现数据自动化量产，将数据提取、清洗、标准化、质检等流程无缝衔接，形成高度自动化处理能力。	**数字化推广** 全平台的业务和品牌推广：瑞联平台官网、公众号、视频号、今日头条等。
中台运营 搭建中台部门，通过中台的数据化运营将前台与后台高效链接，并在链接过程中规范平台数据沉淀，建立统一的数据标准。	**全线上化的工作平台** 建立了一套贯穿评估作业全流程的评估作业平台，自发起询价—查勘尽调—自动化报告—电子签章全流程线上化处理。	**数字化服务** 通过微信公众号实现客户自助式的智能售后服务，并搭建了人工智能客服系统完成客户对产品的售后问题答疑。
		数字化营销 通过人工智能个性推荐算法赋能在全平台系统产品中，针对每一个客户搭建用户画像，匹配最合适的产品与服务推广。

图 3　管理—生产—营销各环节数字化链接

资料来源：瑞联平台

EVS 估价系统

可通过 PC 端、手机 App、微信公众号、API 数据接口多渠道对接。现已覆盖全国 340 余个城市、不少于 49 万存量小区、1.3 亿房号，实现住宅、商业、办公、工业全物业类型自动估值，每月更新市场有效买卖案例达 800 万条，累计动态案例总量超过 10 亿条，系统自动回复+估价师线下询价，实时响应估价需求。

押品管理系统

押品管理系统是对资产风险状况的全面展示，可覆盖信贷全流程，是整合各类风险、风险识别、风险监测、风险预警、风险报告于一体的全面风险管理平台。实现了贯穿贷前、贷中、贷后、资产保全的全阶段的近 30 个功能模块的整合，在贷后阶段提供不良资产监控系统和智能评估服务。

资管云

资管云是业内第一个资产评估全领域信息整合平台。平台整合了资产评估相关领域的法规政策，全种类的资产数据和不良资产在线估值等核心模块，旨在帮助客户实时了解资产评估全领域动态，把握资产评估发展趋势，洞察各类市场的底层资产价值。同时运用"数据智能"+"AI 智能"手段实现不良资产自动估值，助力客户精准把控资产价值。

房地产投研系统

房地产投研系统是瑞联数科针对企业对不动产投资测算提出的系统性解决方案，满足企业对房地产及不动产项目投资开发的决策支持和全面掌控，实现测算全面、决策灵活、高效快速、资料沉淀。

瑞智资产管理平台

瑞智资产管理平台是瑞联数科针对国企及政府类客户打造的资产管理数字化解决方案，针对资产权属不清晰、经营资产效率低、巡检落地难执行等问题，通过地图可视化与人工智能技术相结合，为客户盘活资产运营、防止资产流失。通过智能化的管理与运营提升客户的资管能力，助力客户资产保值增值。

投管云

投管云为瑞联数科打造的一款面向资金方客户的，供客户掌握项目信息、进行数据对比、生成图表分析、寻找投资机会等综合型多功能系统。瑞联平台将为客户提供全面的监管材料明细、准确细致的资金流水、严格专业的成本控制和销售运营策略，以及可视化数据分析图表。

图 4　以用户需求为导向的数字化应用场景构建

资料来源：瑞联平台

三、对评估机构数字化转型路径探索的启示与经验借鉴

（一）注重外部合作与资源整合

在科技发展日新月异的当下，仅靠自身创新研发远远不够，还应抱有积极开放的心态，

注重与外部优势资源、技术的合作。企业应当在明确自身资源禀赋与发展需求的基础上，采取多样的合作模式，如战略合作、收购并购、投资等模式，积极参与科技创新大潮，获取自身所需的技术、资源。

（二）坚持客户需求导向

新兴科技对于社会经济产生巨大冲击与重塑，同时伴随着客户需求的不断变化，两者相互促进、相辅相成。近年来，估价行业客户需求逐步向全链条"一揽子"服务、定制化服务转变，同时更加追求高效率、高质量、精细化与风险防范。因而，估价行业从业机构应当坚持以客户需求为导向，不断创新、拓展、优化产品服务内容与服务质量，通过技术赋能，打造多样化的数字化应用场景。

（三）以业务为导向，以数据中台构建企业转型技术体系

客户需求进一步的转化，便是具体业务、产品服务的呈现。中国信息通信研究院在其《企业数字化转型技术发展趋势研究报告（2023年）》中指出，技术是实现企业数字化转型的推动力量，但追求自身业务的快速、稳定发展仍然是企业始终如一的目标。所有技术应用都应服务于业务转型，而不是陷入为技术而技术的局限之中。因而，建立以业务为导向，以技术推动业务进步的思维模式尤其重要。同时，现阶段企业内、企业间数据割裂仍然是阻碍数据协作应用的重要障碍。数据中台则是在企业数字化转型过程中，对各业务单元业务与数据的沉淀，作为支持企业多业态、全渠道、全终端，同时连接财务、生产、供应链等各种后台系统的数据中台，将先一步成为企业数字化建设的核心。数据中台将为企业数据资产管理提供支撑，帮助企业实现"业务数据化、数据业务化"。

在瑞联平台数字化建设案例中可以看到，不论是其生态圈的建设，还是六大数字化应用场景及其数字化系统的构建，其本质都是以业务为导向，叠加技术应用，实现多业态、多场景，最终通过中台的数据化运营，将前台和后台高效链接（图5）。

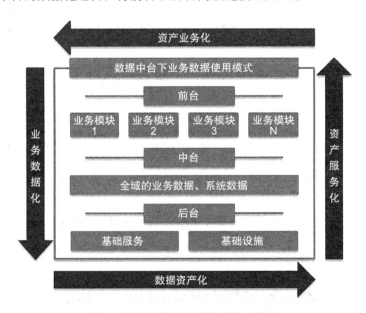

图5 以业务为导向的数据中台建设

资料来源：中国信通院，瑞联平台价值研究院整理

（四）管理—生产—营销环节的数字化优化提升

通过数字技术应用，实现企业内部管理、生产、营销环节的优化，尤其是针对工作流的优化管理，能够提升工作效率与产能。针对内部管理、生产、营销的数字化，评估企业可以着重从四个方面加以思考，分别包括自身业务结构与服务模式的优化整合、内部协作效率的提升、整体作业流程管理的优化提升以及外部客户沟通效率的提升。

参考文献：

[1] 中国信息通信研究院，北京元年科技股份有限公司.2023年企业数字化转型技术发展趋势研究报告[R].2023.

[2] 艾瑞咨询.2021年中国企业数字化转型路径实践研究报告[R].2021.

[3] 李杨岚.房地产评估数据平台构建研究[J].建筑经济，2022，43（S1）：781-784.

作者联系方式

姓　　名：臧曼君　李　娜　王　卓　李　枫

单　　位：深圳市世联土地房地产评估有限公司、瑞联平台价值研究院

地　　址：深圳市福田区卓越梅林中心广场（南区）B座B单元19层

邮　　箱：zangmj@ruiunion.com.cn；lina@ruiunion.com.cn；
　　　　　wangzhuo@ruiunion.com.cn；lif2@worldunion.com.cn

注册号：李　娜（4420100198）；王　卓（3720020068）；李　枫（4420110210）

估价机构数字化转型路径探析

尚艾群　凌　祥

摘　要：经济下行使得未来充满不确定性。降本提质增效是各行各业2023年发展的一个主题词，数字化转型是解决这一问题的重要探索。最近几年，数字化转型运动如火如荼地在各行各业开展，估价行业也不例外。估价行业数字化转型具有先天的基础优势，同时估价机构的数字化转型也势在必行。本文从估价机构的数字化转型的必要性出发，探讨估价机构数字化转型的方向和转型前的准备。

关键词：估价机构；数字化转型

埃尔顿·塞纳曾说过："天气好的时候你不可能超过15辆车，而阴雨天的时候可以。"当前经济下行，一方面传统评估业务市场在不断萎缩，另一方面监管力度在不断收紧，执业风险在逐步提升。同时随着估价机构规模不断扩大，内部运营效率在下降，运营成本在上升。面对如此多的问题和未来的不确定性，数字化转型是当下弯道超车的一个契机，是当前趋势下的重要实践。

一、数字化转型的概念和特征

数字化转型是以数据为核心驱动，以新一代信息技术与各行业全面融合为主线，以提质降本增效为目标，变革生产方式、业务形态、产业组织方式与商业模式的过程，包含"数字化、网络化、智能化"的全部内容。其中，数据是转型的关键要素，价值创造是转型的根本目的，优化提升与创新变革是转型的主要内容。

一方面，数字化是一个系统工程，需要自上而下的支撑和保障，需要把整体的认知拉平，以更透明、更扁平、更高效的方式开展各项工作。另一方面，数字化推进过程中对投入产出、工作方式、制度标准等提出新的要求，企业需要以积极的心态拥抱变化，按照新的流程和数字化系统要求做事，有技巧地应对现有流程和既得利益者的挑战。

二、估价机构的数字化转型的必要性

企业的数字化转型在最近几年被各行各业所争相讨论和实践。数字化转型会面临失败的风险，但是如果不转型，企业发展将面临生存挑战。数字化转型达则标本兼治，穷则先治标再治本。动比不动强，早动比晚动强。

（一）应对不确定环境的需要

不确定、不稳定是当下外部环境的两个特征。疫情之后世界经济并没有预期的回暖，反而处于下行阶段。对于大多数企业而言，疫情的冲击暴露了领导者以前从未发现的组织漏洞。虽然企业可能无法控制由外部事件决定的变革步伐，但他们可以培养组织有效驾驭变革、抵御威胁和利用新机遇的能力。这些能力的共同特征就是提升企业的"韧性"。数字化转型是企业韧性锤炼过程中的重要一环。数字化转型能够提升企业在获取、处理和应用方面的能力，能够帮助企业实现提质降本增效。

（二）适应业务创新的需要

随着机器学习与人工智能的发展，数据对企业的发展有着不可或缺的作用，技术是提升企业核心竞争力的重要手段，正在成为企业发展的原动力。结合新技术实现评估业务的创新升级是拓展评估业务边界的重要手段。如在新媒体领域，部分机构或估价师个人在着力打造一些估价公众号和视频号，在行业内外形成了一定的影响力。这些新市场的背后运营逻辑都是以数据为基础。市场需要了解什么样的观点与服务是基于客户群体数据。我们的估价服务输出也是基于各种各样的数据，如果没有数据的基础，数据化的思维，业务创新将举步维艰。

（三）聚焦高质量业务发展的基础

随着内外部环境的变化以及估价需求的改变，未来估价服务市场也随之发生深刻的变革。传统的估价服务与市场的匹配程度在下降。估价机构需要重新审视市场的需求与自身的优势，及时调整自身的业务战略和策略，聚焦健康盈利和战略业务领域，在自己擅长的领域进行深耕，打造精品服务，提高服务质量。我们很多机构在2010年左右开始收集房地产数据，并且取得了一定的成效，如在金融机构的抵押品复估领域大大提升了工作效率，降低了工作成本，提升了项目利润。

三、估价机构数字化转型的方向

（一）聚焦优势业务领域，快速响应客户需求

未来估价服务市场将会呈现多元化的发展态势，并且价值咨询服务将会越来越占据主导地位。想要对所有估价服务领域进行覆盖且深耕对绝大多数机构来说都是一个难以企及的目标。估价机构应聚焦自己的业务优势领域，在该领域形成一定的竞争门槛，打造精品服务。如部分机构在军队房地产评估领域深耕多年，收获颇丰。这些机构可以根据军队项目的特点，对军队房地产的项目类型、项目评估要点、缩短项目周期、提升项目评审通过率等方面进行深耕细作，形成独有的知识库，借助信息化、数据化形成军队评估业务的竞争壁垒。

（二）以信息化为基础，加强业务风险管理

估价机构的主要工作就是围绕不动产开展评估咨询服务，在服务过程中会产生很多信息数据，如委托合同、现场查勘数据、市场调查数据、房地产权证数据、评估测算数据、评估报告及档案等。这些数据有纸质的、图片的、数据库等，估价人员在提供估价服务时需要不断调取和使用这些数据。在复杂项目的情况下，由于人工的局限性，很有可能会产生使用错误信息或者遗漏重要风险点等情况，从而造成业务风险。数字化转型首先可以通过计算机视觉技术、自然语言处理等方式推进信息的数据化，为智能风险管理提供基础。其次就是通过机器学习、AI模型在估价服务中发现并提示风险，如估价结果异常风险提示，可以将估价结果与公司已有的数据库中类似案例估价结果进行匹配比较，在估价结果超出一定风险阈值后进行风险提示。这样可以摆脱仅仅依靠估价师的经验判断而遗漏重要风险点，从而降低机

构的执业风险。

（三）加快运营数字化转型，提升内部运营效率

内部运营管理很重要但往往被估价机构所忽略。大多数估价机构管理者往往都认为估价机构的内部组织比较简单，无需关注内部的运营效率。但是从实际情况来看，估价机构内部运营存在一定问题。

第一，业财脱节。业务部门与财务部门相脱节，财务部门的信息不能及时有效反馈到业务部门，导致产生很多呆账、坏账，同时由于缺乏业务部门的信息，财务部门也不能有效进行财务规划。

第二，部门之间协同效应不佳。随着机构发展，公司部门与人员也在逐渐增加。在原来的评估部门基础上发展了不同业务类型部门以及人力资源、财务等后台部门。虽然部门在增加，但是数据信息孤岛的状况越来越严重，从而导致运营效率下降。

针对上述问题，估价机构要加快运营数字化转型，提升内部运营效率。首先是实现业财一体化，避免公司内多套业务统计口径，建立健全基本的财务系统与业务系统，实现财务系统与业务系统内部打通，让管理者实时了解公司现金流和运营状况。其次是优化内部流程与数据共享机制，特别是市场部门、评估部门与审核部门的连接机制，保证项目承做效率、控制项目风险。

（四）重视数字资产积累，布局未来创新转型

数据是数字经济时代的基础性资源和战略性资源，也是重要的生产力。对于估价行业来说尤其如此，数据是估价服务的原材料，估价服务的成果也是以数据为主，在人工智能的帮助下，数据还将大幅提升估价活动的生产力。中央全面深化改革委员会第二十六次会议审议通过了《关于构建数据基础制度更好发挥数据要素作用的意见》，初步构建了数据基础制度体系的"四梁八柱"，对数据确权、流通、交易、安全等方面作出部署。估价机构从现在起就需要重视数字资产的积累，要尽早开展数据资产的确权工作，为未来创新转型提供基础。

四、估价机构数字化转型的准备

（一）强化数字化核心价值观

管理者有数据意识，但员工却缺少数据思维，他们面对纷繁的业务，不知道如何利用数据指导决策，多数情况下仍然依赖人的经验；比如，业务人员缺少技术与数据知识，而技术人员和数据人员缺少业务思维，业务与技术之间无法融合，使得数据的使用缺少价值场景；再比如，由于数据孤岛严重、数据质量不高，就会造成数据资源浪费，最终结果仍然是无法利用数据提升企业的盈利能力。

所以数字化文化对于企业数字化实践的作用至关重要。培育企业数字化土壤需要从以下三个方面着手努力：

第一，形成上下一致的数字化愿景。企业的数字化愿景是基于企业级数字化战略目标的文化特征，需要通过会议、口号等加以推广，加强员工企业整体数字化的认知，形成相互尊重的企业价值观。

第二，构建激励机制，调动员工的积极性、主动性和创造性。企业需要对数字化行为准则进行定义，指导员工的数字化行动。建立部门之间的协调机制，简化决策链，增强执行力。

第三，调整组织环境，嵌入新的数字文化。改变组织环境，强调授权、协作和速度。建立数字化培训机制，让员工更好地融入数字化环境。优化改善数字化队伍结构，加强数字化人才引进。

（二）优化数字化组织结构

企业数字化根本性变革一定要自上而下推动，数字化转型先要刷新企业领导者的认知。

数字化转型一定是一把手工程，由"一把手"统筹，打破"烟囱式"建设，重新定义体系和规则。数字化工作的推动需靠数字化领导者推动认知的统一，明确数字化的目标和意义，做到上下同欲，上下同心，并辅以激励和组织配套机制，保障工作落地。数字化组织有多种类型，没有最好的，只有最合适的。估价机构应该根据自身的业务特点选择合适的业务类型。如以客户为中心的估价机构，组织变革需要更加贴近客户需求，能够快速响应客户需求。这样要求组织更加扁平化、平台化。以需求为导向的企业需要注重整体的敏捷性与效率的提升。需要对估价机构业务进行重构，对于类似的业务需求模式进行重构，采用共享中心的模式与之相匹配。

（三）增强数字化人才培育

企业数字化转型中，任何业务的转型落地都需依赖人的支撑。从培养方式来看，企业内部的"以工代训"是提升员工技术能力的最佳方式，还可邀请表现突出的员工进行内部培训，促进内部技术能力的流转和传承。从技术对业务的赋能来看，需要大量的业务人员基于各类业务场景将评估技术与业务融合，如估价技术、市场营销、内部运营管理等。企业内部可通过业务人员与技术人员的轮岗，提升交叉应用能力。从实际需求来看，数字化技术人才和数字化应用人才并不是孤立存在的，在各自的应用场景中，二者需要做到深入且专业，而在转型实践中，二者的能力需要做到复合交织，从而成为企业转型急需的复合型人才。

作者联系方式

姓　　名：尚艾群　凌　祥

单　　位：安徽中安房地产评估咨询有限公司

地　　址：合肥市经济开发区百乐门广场尚泽国际 1109 室

邮　　箱：356130938@qq.com

注册号：尚艾群（3419940124）；凌　祥（3420150034）

估价行业数字化转型路径探索

许 军　顾 欣　李 贺　佟圣楠

摘　要：在当前人类社会迈入数字化革命时代的大背景下，国家对数据战略的高度重视成为突出特征。这一时代背景催生了数据资产的概念，由于估价行业涉及的数据种类繁多、来源广泛，有效的数据治理将是推动行业可持续发展的关键。数字化转型对估价行业的影响不仅在于实现业务过程的优化与升级，更在于其能够逐步拓展新的业务领域，有效解决当前行业面临的各种问题。基于数据一体化建设思维，聚焦数据标准和技术标准两大数字化转型基础设施部分，本文进行了估价行业数字化转型路径探索，同时提出统一标准、思考协同合作机制、建设数字化管理平台和打造数字化品牌并更好的服务社会的行动方案。

关键词：数字化转型；数据资产；数据一体化；数据库

一、数字化转型背景

（一）数字化革命时代的到来

随着人类社会的发展，如今我们正经历以数字技术为主导的第四次工业革命（表1）。这一时期物联网、人工智能和大数据等新技术相继出现。以互联网为平台，数字化为核心，人工智能逐步被推广应用，这也使得数据成为重要资产。在此大背景下，对于依靠大量数据进行分析测算的估价行业来说，也迎来了新的机遇与挑战。

历次工业革命特点总结　　　　　　　　　　　　　　表1

历次工业革命	特点
第一次工业革命	手工业转向机器制造
第二次工业革命	机械化转向自动化
第三次工业革命	自动化转向数字化
第四次工业革命	数字化转向智能化

（二）国家、上海数据战略布局

近年来，我国大力推动产业数字化转型发展。中共中央、国务院印发的《数字中国建设整体布局规划》提出，到2025年，基本形成横向打通、纵向贯通、协调有力的一体化推进格局，数字中国建设取得重要进展。

自2014年"大数据"首次被写入政府工作报告，我国不断出台相关政策，在夯实数字基础建设的同时，加快构建数据基础制度，营造数据发展与整体社会经济相适应的环境（图1、表2）。

国家数据战略大事件 表2

阶段	年份	事件
酝酿阶段	2014	"大数据"首次写入政府工作报告
	2015	国务院印发《促进大数据发展的行动纲要》，大数据正式上升至国家战略层面
落地阶段	2016	《中华人民共和国国民经济和社会发展第十三个五年规划纲要》正式提出实施国家大数据战略，把大数据作为基础性战略资源，全面实施促进大数据发展行动
	2017	3月，《政府工作报告》中首次提到"数字经济"领域值。 12月，中共中央政治局就实施国家大数据战略进行第二次集体学习。会议指出，推动实施国家大数据战略，加快完善数字基础设施，推进数据资源整合和开放共享，保障数据安全，加快建设数字中国
	2018	3月《政府工作报告》提出，深入开展"互联网+"行动，实行包容审慎监管，推动大数据、云计算、物联网广泛应用，新兴产业蓬勃发展，传统产业深刻重塑
	2019	10月，党的十九届四中全会提出，将数据作为生产要素参与分配
深化阶段	2020	5月，中共中央、国务院《关于新时代加快完善社会主义市场经济体制的意见》中提出，加快培育发展数据要素市场
	2021	11月30日，工信部印发《"十四五"大数据产业发展规划》
	2022	6月22日，中央深改委第二十六次会议，审议通过《关于构建数据基础制度更好发挥数据要素作用的意见》。 12月19日正式印发"数据二十条"
	2023	中共中央、国务院印发《数字中国建设整体布局规划》从党和国家事业发展全局和战略高度，提出了新时代数字中国建设的整体战略，明确了数字中国建设的指导思想、主要目标、重点任务和保障措施。中共中央、国务院印发《党和国家机构改革方案》，提出组建国家数据局。 2023年8月21日，财政部制定印发了《企业数据资源相关会计处理暂行规定》，自2024年1月1日起施行

资料来源：中国信息通信研究院

从上海市来看，"十四五"时期将会推动上海整体迈入数字时代。到2025年，数据要素市场体系基本建成，国家级数据交易所地位基本确立。自《企业数据资源相关会计处理暂行规定》印发，明确了数据资产入表路径和评估方法后，目前，上海数交所也正积极探索数据资产入表、增信、质押融资以及数据资产通证化等创新应用。

为促进房地产相关行业数字化转型，上海市住房和城乡建设管理"十四五"规划提出，要着力强化智能信息技术的研发利用。推进工程建设标准向"体系化、市场化、信息化、一体化、国际化"的标准化改革纵深发展。现上海市大数据中心正以完成"全市一张图"的搭建为目标，统一全市范围内所有空间地理位置信息，搭建全市楼盘表（图2）。

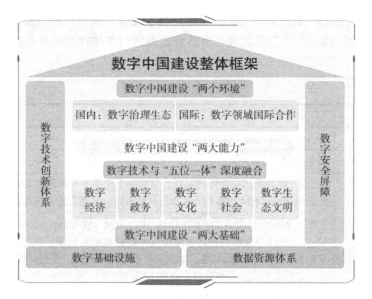

图 1　数字中国建设整体框架

资料来源：中国网信网

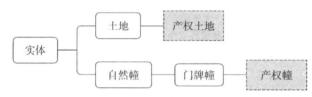

图 2　上海市"全市一张图"数据建设核心逻辑

二、估价行业数字化与数据资产思考

（一）数据资产的定义与特点

进入信息时代后，"数据"二字的内涵开始扩大。数据资产是由数据文件组成，由产业或机构部门生产和拥有、能够自用或提供社会使用的特殊固定资产，是生产要素的重要构成。数据具有明确的所属权和经济收益性，具备了资产的基本属性。

与其他资产存在不同的是，数据的表现形式更加多样，可以是电子表格、图片等；从数据处理环节来看，也可分为原始获取的数据和通过各种数据技术处理后获取的数据。对估价行业来说，数据是分析测算的基础，估价师将公开市场大量挂牌及成交数据进行分析，结合房地产其他相关数据及估价对象基础数据，通过有机结合使各项数据在估价实施过程中衍生出更为准确及全面的价值。

（二）估价行业相关数据资产

估价行业中涉及的数据资产较为丰富多样，估价实施过程中会运用大量数据，所以数据资产的作用也更加凸显。《关于建设"房地产估价行业专业知识库"的思考与建议》一文中提到估价知识主要类型有政策法规类、理论方法与技术规范类、市场数据类、估价经验与研究成果类、流程管理类、行业发展数据类及其他，这些内容都是估价行业的数据资产。从上述知识库中涉及的内容来看，估价行业的数据内容多样，也涉及部分其他行业相关数据。

（三）数据治理的过程与必要性

从上述相关数据中，可以看出估价行业涉及数据多、来源广，无法避免各类数据来源存在不同的数据标准这一问题，这也使得从数据的获取到最终的应用必须是一套规范且严格的标准流程，这一环节便是当下估价行业数据治理的核心。数据治理是指在组织内部对数据进行全面管理、监控和维护的过程。它包括数据的规范、采集、存储、整合、清洗、分析、共享和保护等各个环节。通过建立一套数据标准，配合数字化技术，让所有数据有章法可循，将清洗后的数据组合，能让数据产生更多的价值。

（四）数据治理推动行业发展

估价行业目前面临的主要问题整理如表3所示：

估价行业所面临的问题　　　　　　　　　　　　　　　表3

主要问题	特点
业务类型单一，可替代性强	以征收为主，或者以房地产抵押估价为主，其他专业基础含量高的业务开展较少
技术落后，创新意识不强	局限于有限的外延增值服务，专业技术水平提升缓慢
人才短缺，专业水平不均衡	高阶专业人才相对稀缺，数字化与估价行业相结合的人才急需培养
业务服务不强，缺少品牌引领	弱化的业务服务标准可能对整个行业的品牌形象产生连锁反应

而数字化进程的推进会为估价行业带来新的机遇，利用大数据作为有力工具，赋能传统估价业务，提高企业自身竞争力，扩大估价咨询业务范围，从而获得更多的业务机会。同时大数据也能显著提高估价业务效率与质量，使得估价人员通过数据的集合，更精准定位房地产市场发展的变化重点，也能节约大量资料收集与分析的时间。

三、估价行业数字化转型现状及目标

（一）估价行业数字化转型现状及问题

1. 估价公司"数字化"认知不一致，发展差距较大

目前，行业内各公司的数字化水平存在较大差异。在对上海市66家房地产估价公司调研中发现，目前仅8家公司数据覆盖率（与全市总量相比）达90%以上。大部分估价公司维持原传统作业方式，50%以上的企业作业流程围绕office软件展开，作业流程以传统方式为主。同样因目前行业内没有公开统一的数据标准，已积累大量数据的企业均依赖于各自的数据标准进行数据处理，按其自身的业务需求对数据进行标准化入库。现有的信息系统和平台的数据采集、管理标准和方法都不同，导致互不共享，透明度低，使得数据的共享与交换存在困难。

2. 各项数据分散，"一体化"进程迫切

大量原始数据分散、真假共存，导致获取真实且有效的数据难度较大。例如房屋基础信息、产证登记信息、近期交易信息、现场调研数据等，相关数据实际都分散在各环节，这便需要通过有效的方式形成最佳的"一体化"，将各环节散落的数据都统一汇总在估价对象上。根据相关调研结果显示，60%企业反馈基础数据的获取是整体建设体系中最困难的地方，尤其对于小产权房、农村住房来说，其采集阻力较大、成本较高。这也反映出政府部门数据公开非常有限这一问题，各部门数据标准也尚未达到统一。这使得估价实施过程中对数据的判断存在较多干扰。就房地产基础地址信息而言，现实中一名多址的现象十分显著，这对估价行业原始数据获取会造成一定的困扰。

3. 行业内数字化管理体系有待完善

估价行业整体仍偏传统，在数字化转型道路中，目前的法律法规和管理体系都还不健全，导致整体数字化方向不明确，标准也无法统一。建议以政府相关部门的数字化法规作为标准，行业内制定规定或规范，为企业数字化指引道路，从而便于企业进一步结合自身情况分计划分步骤落实。

（二）估价行业数字化转型目标

房地产估价行业数字化转型的意义除了保证自身能在时代发展的浪潮中有一席之地以外，一定程度也是希望为传统房地产估价行业带来一场革新，带来更多的机遇。在前述提到的估价行业普遍问题中，数字化转型能实现业务过程的优化与升级，从而能逐步拓展新的业务领域。对于估价人员作业而言，最直观的结果便是能提升服务质量及效率。如通过公开的平台，逐步搭建形成行业估价案例数据库，将数据更高效、开放地展示给估价人员，利用数据进行更深入、全面地分析，将原先费时耗力的流程通过科学的方式在短时间内进行展示。

就目前估价行业面临的人员稀缺及创新意识较薄弱这一问题，数字化转型也能助力估价行业及人员在作业过程中不断创新。目前估价人员估价过程中，可直接分析和获取的数据都相对有限，获取全量数据难度较大、耗时较长，也侧面导致估价结果存在一定的片面性。若能在遵照相关法律、标准的情况下，利用企业搭建的大数据平台，估价人员便能进行更精准、有效的分析，形成自己的特有竞争力，形成新的业务亮点，也能更加吸引其他优秀人才的进入。

四、估价行业数字化转型路径探索

（一）数据一体化建设思维

随着互联网时代的不断发展，企业为增强效率和提升竞争力广泛采用各类软件。在房地产估价企业中，通常会应用多种系统，包括但不限于OA、财务软件、钉钉、业务管理系统以及商业智能软件等。这些系统主要为核心业务提供支持，并附带一些辅助功能。然而，这也意味着每个系统都维护着独立的基本数据，无法与其他系统实现有效共享，导致这些系统无法形成有机的整体，形成了所谓的"信息孤岛"。

如果不解决这一问题，数据的割裂现象将不断加深，各系统之间的数据缺乏统一标准，甚至可能导致企业面临有数据但无法调取的困境。因此，解决信息孤岛问题对于确保企业数据的一致性和可用性至关重要。这可以通过采用数据集成和共享的解决方案来实现，确保各系统间数据的流畅传递，从而建立一个协同有机的整体系统。这样的改进将有助于提高企业的运作效率和数据管理水平。这就是数据一体化思维的产生来源。

1. 主要原因

（1）数据标准不统一：由于企业内系统的数据标准不一致，导致各系统之间无法建立有效的数据交换通道。

（2）数据接口不开放：企业在建立数据系统时，往往会采用自主研发或购买第三方系统的方式。这种情况下,数据接口往往是封闭的,其他系统难以与之对接,导致数据孤岛的形成。

(3)数据共享机制不健全:企业在数据采集、存储和利用过程中,缺乏有效的数据共享机制。

2. 造成的主要影响

(1)降低数据价值:数据孤岛使得企业的数据资源无法得到充分利用,导致数据价值的降低。

(2)影响决策效率:数据孤岛导致企业内各部门之间的数据无法实现互通,使得决策者难以全面了解企业的运营状况,从而影响决策效率和质量。

(3)影响企业竞争力:在信息化时代,数据已经成为企业竞争力的重要组成部分。数据孤岛使得企业在数据处理和分析方面的能力受到限制,从而影响企业的竞争力。

3. 解决方案

针对上述问题,可以通过统一数据标准、制定流程标准、明确数据映射关系,规范化数据的应用解决。这就是数据一体化。数据一体化通过全面地梳理企业的数据,盘活数据,让数据资产更具象化,让数据更具有实用性。首先,通过对数据的分析发现业务问题并提出解决建议,可以让业务往好的方向发展并重新认识业务的数据内涵。其次,数据本身是没有价值的,要结合业务行动才会使得数据有价值,如何管理数据使得数据能够为业务赋能,这就要重新认识数据管理的数据内涵。最后,数字一体化的核心是通过统一标准、明确数据之间的映射关系、明晰流程管理、规范数据的应用标准,使得业务有数可用,数据全生命周期清晰明了,企业管理有数可依。

(二)基础设施数字化转型

1. 数据标准

房地产估价行业中最基本的元素就是地址,那数据一体化的数据标准就以地址或地理坐标为基准,打通整个数据生命周期,包括数据采集、数据处理、数据的标准化以及数据关系的映射、数据存储、数据应用。主数据的核心就是地址,通过地址关联各种子数据库,如住宅数据库、办公数据库、价格数据库、案例数据库等。

在制定数据标准的过程中,应遵循开放性、灵活性、可扩展性的原则,以便适应未来业务变化和技术发展的需求。如主数据库需要对标"全市一张图"。

2. 技术标准

互联网的出现使得信息的传输和共享更加方便快捷。同时,互联网也促进了信息技术的发展,例如移动互联网、云计算、人工智能等新兴技术的出现。房地产估价行业很早就已意识到信息技术的重要性,数年前就已开始在信息数据技术上开展探索,并已取得不小的进展,现将企业级系统开发中用到的技术标准提炼总结,如表4所示:

企业级系统开发中用到的技术标准 表4

类别	说明
操作系统	一般采用的是 Windows Server,学习成本低,界面操作更便捷,并且有很多遗留的系统只适配了 Windows;新的系统可能更多地考虑 Linux 操作系统,学习成本高,但是专业的运维人员很多,同时 Linux 很多开源的版本,没有 Windows 的商业授权,成本更低

续表

类别	说明
编程语言	后端开发语言：Java、C#、PHP； 前端开发语言：HTML、CSS、JavaScript、Vue、jQuery
开发框架	WEB端：Spring、SpringMVC、SpringBoot、ASP.NET MVC、ASP.NET Core、Laravel
数据库	SQLServer、MySQL 等
NoSQL	Redis、MongoDB、ElasticSearch 等
工作流	Activiti、Flowable、Windows Workflow Foundation
权限模型	Active Directory、RABC
地图组件	GeoServer、天地图、百度地图、高德地图等
文件存储	FTP、对象存储、Minio
消息通知	站内信、Email、企业微信、钉钉、短信

（三）数据库建设

要实现数据一体化，其源头是数据，关键是数据整合。首先要做的是从顶层设计开始，重新梳理数据库的结构，逐步细分到每个层级的设计和开发（图3）。数据一体化架构的核心是"四库一关系"，即主数据库、子数据库、中间过程数据库、知识/结果数据库、映射关系（图4）。

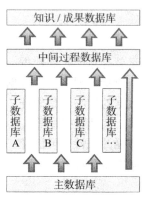

注：箭头表示数据映射关系

图3 数据一体化的数据库概要设计

（1）主数据库：核心是地址、坐标，把地址或坐标作为检索的原点，关联所有的数据；

（2）子数据库：各个数据模块，住宅数据库、办公数据库、案例数据库、价格数据库等；

（3）中间过程数据库：基本可用的数据集，但是会发生变化，比如估价报告中的市场分析数据等；

（4）知识/结果数据库：可以直接输出成果或者对接其他业务系统的数据库，比如提供案例查询、报告自动生成的数据调取等；

（5）映射关系：数据的价值最终体现在关系上，比如住宅数据和价格数据的关系、住宅数据和基准低价的关系等。

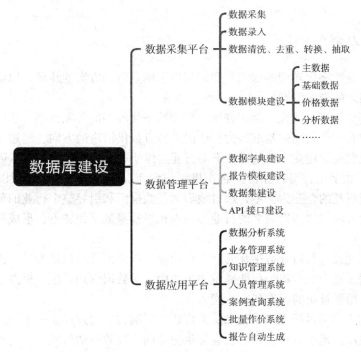

图 4 数据一体化的业务架构图

（四）数字化产品应用

通过运用数据一体化思维，企业将各个系统和业务环节的数据整合、分析，实现了数字化产品的快速进化。这种整合不仅打通了数据壁垒，而且提高了数据的准确性和实时性，还为产品和服务创新提供了有力支持。下面从需求的角度将系统产品划分成为内部需求和外部需求（表5）。

数字化产品分类   表5

内部需求	外部需求
数据采集管理系统	数据服务接口
人员管理系统	资产管理系统
知识管理系统	在线估价系统
数据分析报告系统	押品管理系统
征收评估管理系统	银行网点选址
业务管理系统	政府监管平台

结合上海房地产估价行业数字化转型课题组调研结论可知，行业的数字化产品需求功能主要为：数据聚合、效率管理、外部链接和创新服务。其需求的核心就是数据一体化，数据一体化可以确保企业各个系统之间的数据交流和共享是准确、可靠的，从而提高业务流程的效率和准确性。此外，数据的一致性也有助于企业更好地理解客户需求和行为，为企业制定更精准的市场策略提供依据。

五、行动方案

基于估价行业数字化转型的探索，我们提出了四点行动方案的建议，以期推动整个行业朝着更现代和高效的未来发展。

首先，我们建议深入研究，制定并统一行业数字化转型的各项标准。这一步的关键在于确保数字化转型有一个共同的基准，为行业内的各方提供清晰的方向。通过在行业内广泛推广这些标准，我们能够建立一种共识，推动行业整体朝着数字化转型的目标迈进。

其次，思考数字化转型行业协同合作机制与创新引导方式。我们建议以那些在数字化转型工作中表现卓越的企业为样本，通过他们的经验推广和引导整个行业的创新。这种以优秀企业为榜样的方法能够激发更多的行业参与者积极投身数字化转型，形成一个合作共赢的局面。

再次，我们建议进行行业数字化管理平台建设，以全面管理包括人员、报告、行为、业务等的各类数据。这个平台将为行业提供一个集中式的数据管理系统，提高数据的可用性和分析效率，从而增强行业的运作和决策能力。

最后，我们希冀通过行业数字化品牌推广扩大影响力。通过建立一个强大的数字化品牌形象，我们将更广泛地服务社会，为社会提供更全面、高效的估价服务。这种努力不仅是为了行业自身的发展，更是为了创造永恒的社会价值。通过这一系列有序的行动，我们有望引领估价行业更好地融入数字化时代，实现更为全面和可持续的发展。

参考文献：

[1] 马克卫，王硕，苑杰.数据资产核算应用研究：理论与实践[J].中南财经政法大学学报，2023（5）：149-160.

[2] 尹耀武.大数据对房地产估价行业带来的改变及展望[J].现代企业文化，2022（7）：35-37.

[3] 许军，黄海生，冯智.关于建设"房地产估价行业专业知识库"的思考与建议[C]// 上海市房地产与土地估价行业学术年会.2023.

[4] 张根香.浅谈大数据时代房地产估价行业面临的挑战与出路[C]// 中国房地产估价师与房地产经纪人学会.高质量发展阶段的估价服务：2018中国房地产估价年会论文集.北京：中国城市出版社，2018：4.

作者联系方式

姓　　名：许　军　顾　欣　李　贺　佟圣楠
单　　位：上海联城房地产评估咨询有限公司
地　　址：上海市静安区康定路979号
邮　　箱：xj@uvaluation.com；guxin@uvaluation.com；
　　　　　lihe@uvaluation.com；tongshengnan@uvaluation.com
注册号：3119970004

创新探索 赋能发展

——估价机构数字化转型初探

宋生华 虞达锋

摘 要：数字化转型的本质，是利用技术使业务产生创新变化。当前经济新常态下，数字化转型是助力估价机构破除发展困境、提升抗风险能力和竞争力、实现高质量发展的重要途径。但当前绝大多数机构对数字化转型存在不少误区，对于数字化转型面临"不想转、不会转、不能转、不敢转"的困境。本文详细阐述了数字化转型的相关概念及建设要点，对估价机构实施数字化转型具有良好的借鉴意义。

关键词：创新；估价机构；数字化转型；高质量发展

一、树立正确的数字化转型概念

（一）数字化转型的误区

1. 信息化就是数字化

区分"信息化"与"数字化"这两个词的具体内涵，是估价机构启动数字化转型的起点。总体而言，信息化是数字化的基础，数字化是信息化的高阶阶段；信息化解决的是效率问题，而数字化则是业务价值导向，也就是给业务赋能。

信息化即"业务数据化"，其核心和本质是流程与控制，即运用计算机、数据库等信息技术，实现业务流程数据管理，典型工具是信息化系统，如 OA 系统。

数字化即"数据业务化"，其核心和本质是数据和创新，即运用大数据、云计算等数字技术，实现企业的业务创新，其重点关注的是"数据驱动业务"，典型工具是数据化系统，如数据平台。

2. 数字化需要大投入

数字化转型确实需要一定的投入，但并非一定需要大投入，估价机构可依据自身条件与需求综合决策。首先，从建设模式来看，数字化转型可以自行建设，也可以从市场上选购现成的产品（第三方采购），或者自行建设一部分同时第三方采购一部分（通常而言，自行建设的费用要大于第三方采购）；其次，从具体的建设项目来看，决策前要衡量投入与产出（详见后文），将投入控制在机构可承受的合理范围之内。

3. 没必要进行数字化

笔者认为，形成这一错误认知的主要原因是至今行业内没有一家真正意义上成功实施数字化转型的标杆机构。事实上，当前经济新常态下，数字化转型是助力估价机构破除发展困境、提升抗风险能力和竞争力、实现高质量发展的重要途径：①从作业方式来看，传统的人工作业方式存在报告千人千面，质量不均，效率不高的问题，而数字化作业平台的加持可极大消除这一影响机构发展的主要问题（还可以解决隐藏的人才梯队问题及偏远地区机构的人才招聘问题）；②从技术提升来看，解决估价业务中的技术难点离不开数字化作业平台的建设，如制定科学的比较法因素调整体系需要对大量的案例数据进行比较试算，但人力难以在有限的时间内完成如此大量的计算工作；③从绩效管理来看，当前估价机构基本采用人工对报告进行分等定级的方式进行绩效考核，操作过程略显粗糙，需要通过数字化管理平台对报告技术难度、评分、作业时间等因素进行多维度的量化考评，实现科学化的绩效管理，最大程度地激发估价师的主动性与积极性。

（二）什么是数字化转型

理清了上述几个错误认知，有助于我们进一步了解数字化转型的具体内涵。第一，数字化转型不是简单的信息化和办公自动化；第二，对不同的行业，数字化转型有不同的具体内涵。于估价行业而言，数字化转型并不是简单地将业务搬到线上，而是要以业务为导向，认真分析数字化建设的投入与产出，通过创新的数字化工具去解决、优化业务场景存在的问题，利用技术使业务产生创新变化，将技术与业务融为一体，最终实现估价机构的创新发展。

二、数字化转型引导估价机构高质量发展

当前经济新常态下，数字化转型是助力估价机构破除发展困境、提升抗风险能力和竞争力、实现高质量发展的重要途径。成功实施数字化转型的估价机构应具备以下几个特征：

（一）服务质量标准化

标准是经济活动和社会发展的技术支撑。标准决定质量，估价机构向高质量发展，首先要实现服务质量标准化。服务质量标准化，并不是简单的报告模板化，而是指提供给客户同类服务（报告）的质量都是一致的。现实中，每个估价师的技术水平参差不齐，撰写的报告质量肯定也会有所差异。而成功实施数字化转型的机构，能依托数字化作业平台消除这一差异。此外，服务质量标准化意味着业务过程数字化，这也为机构实施科学化绩效管理打下了必要的基础。

（二）作业过程数智化

数智化，即数字化+智能化，实现作业过程数智化是估价机构数字化转型的终极目标。作业过程数智化对估价机构的赋能主要体现在两方面：一是能极大提升作业效率；二是极大提升作业成果（报告）的专业质量，是服务质量标准化的重要保障。

实现作业过程数智化可分两步走：第一步是数字化，例如：估价师将现场勘察照片上传至数字化作业平台，平台通过读取照片的Exif信息确定勘察现场的地理坐标，再依据坐标进行相应的数字化区位分析、市场分析等；第二步是智能化，比如在撰写房地产开发可行性研究报告时，确定开发投资是一个难点，可以通过开发投资智能数字模型予以解决：只需要输入开发规模（区分地上及地下建筑总面积）、容积率、绿化（地）率这三个主要指标，即可输出详细、准确的开发投资一览表。作业过程数智化的难点在于智能化，这也是衡量估价机构数字化转型深度的重要技术标杆。

（三）绩效管理科学化

人才，是估价机构的核心资源。对估价师实施科学化、精细化的绩效管理，是机构治理的核心内容。当前估价机构基本采用人工对报告进行分等定级的方式进行绩效考核，操作过

程略显粗糙。而成功实施数字化转型的机构，能依托数字化管理平台对报告的技术难度、评分、作业时间等因素进行多维度的量化考评，实现科学化的绩效管理，最大程度地激发估价师的主动性与积极性。

（四）业务拓展精细化

业务拓展对于任何行业的重要性不言而喻。对估价机构而言，对客户（包括老客户、潜在新客户）进行深耕细作的精细化拓展是提升业务量的有效途径。数字化拓展平台可助力估价机构实现这一目标。例如，估价机构的业务拓展人员普遍对业务不够精通，在一定程度上影响业务的拓展。对此可依托"智能客服模块"对客户进行统一、专业的业务解答，有效提升客户的专业体验，促进业务洽谈的成功率；此外，估价机构普遍没有对现有的老客户进行深入挖掘，对此可依托"智能推送模块"，依据历史业务数据（纵向、横向）分析老客户可能存在的新业务需求，适时主动进行相关的业务联络与信息推送。

三、估价机构如何实现数字化转型

从建设模式来看，数字化转型可以自行建设，也可以从市场上选购现成的产品（第三方采购），或者自行建设一部分同时第三方采购一部分。

（一）自行建设

1. 建设内容

对于估价机构，实施数字化转型涉及的建设内容主要包括三个平台（图1）：

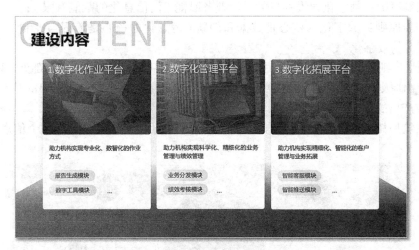

图 1　估价机构数字化建设内容

1）数字化作业平台

打造数字化作业平台，目的是助力机构实现专业化、数智化的作业方式。数字化作业平台对估价机构的赋能最为显著，是机构实施数字化转型的核心建设内容，能极大提升估价机构的硬实力。数字化作业平台主要包括两大类：①报告自动生成：估价师按流程进行简单操作，即可生成专业的技术报告。如，比较法案例测算技术报告、社会稳定风险评价报告、绩效评价报告、可行性研究报告等；②数字化工具：根据报告作业过程需求打造各种专业的数字工具，如，数据分析工具、数字建模工具、数字地图工具等。

2）数字化管理平台

首先需要声明，数字化管理平台不是我们以往常见的 OA 系统。打造数字化管理平台，目的是助力机构实现科学化、精细化的业务管理与绩效管理。

数字化管理平台主要包括：数字化业务分发模块、数字化绩效考核模块等。依托数字化管理平台实施科学化、精细化管理的机构其业务流程大体如下：首先，平台对业务进行数字化评估，评定其难易程度，自动匹配最优的估价师（数字化业务分发模块）；其次，估价师在数字化作业平台的辅助下完成报告作业；最后，平台根据机构历史报告作业数据建立的数字模型对报告进行绩效考核（数字化绩效考核模块）……由此可见，数字化管理平台对估价机构的赋能虽然不如数字化作业平台那般明显，但却能提升估价机构的软实力，将机构打造成为一个能快速响应、有弹性的现代化估价机构。

3）数字化拓展平台

打造数字化拓展平台，目的是助力机构实现精细化、智能化的客户管理与业务拓展。业务拓展对于任何行业的重要性不言而喻。数字化拓展平台在其他行业已有成熟的应用典范（特别是在电商行业效果显著），但在估价行业却很少应用，需要估价机构进行创新探索，如智能客服、智能推送等。

2. 建设准则

科学的数字化建设要遵循以下几个准则（图 2）：

（1）适用原则：数字化建设不要一味地追求"高、大、上"，要正确评估需求，适用就行；

（2）场景原则：数字化建设要有具体的使用场景，要能解决某个业务场景存在的问题；

（3）赋能原则：数字化建设的目的是给业务赋能（而信息化的赋能有限）；

（4）创新原则：数字化的核心是数据和创新（信息化的核心是流程与控制），没有创新的数字化是"伪数字化"；

（5）模块原则：数字化建设宜采用模块化的方式，将服务"打碎"，确保随处、随手可用；

（6）产出原则：数字化建设要考虑投入与产出，尽量选择小投入大产出的数字模块，避免大投入小产出的数字化建设；

（7）系统原则：数字化建设要有一个科学、整体的系统框架，而非多个信息化项目的拼凑。

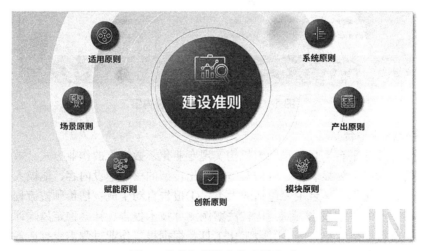

图 2　估价机构数字化建设准则

3. 建设要点

为确保数字化转型的成功，数字化建设还必须要有一个合格的数字化建设产品负责人。产品负责人应具备几个条件：①要对数字化建设有深刻、正确的理解（不要进入误区）。②要有融合估价业务与计算机技术的专业特长（复合型人才）。③要有创新能力（数字化建设的核心就是创新）。其岗位职责主要包括：①制定/完善数字化建设架构。②制定并落实建设计划。③数字模块原型设计与实现。④数字化建设实施效果评估。组织架构方面，产品负责人上对总经理（或机构负责人）汇报，下辖开发总监与产品经理（图3）。

图3 估价机构数字化建设产品负责人组织架构与岗位职责

笔者调研发现，大多数自行进行数字化建设的估价机构并未意识到这一岗位的重要性，基本采用"技术总监+开发总监"的建设组织架构，导致花费大笔资金投入但建设成果不尽如人意，造成事实上的数字化转型失败。

（二）购买第三方服务

对于没有能力自行建设或是想快速实现数字化转型的机构，购买第三方服务也是一种选择。但据笔者了解，目前市场上可以切实助力估价机构实现数字化转型的产品还较为缺乏。

笔者近期正在探索针对估价机构数字化转型需求而打造的评估咨询数智工具平台（www.pinggudashi.com），有兴趣的读者可以共同研讨（图4）。该数智工具平台的目标是助力中小机构拓展多元化业务，提升评估咨询行业的作业效率与专业形象。平台提供的数字产品主要包括：

（1）超级报告：极速作业，3步完成专业技术报告。支持多种专业报告自动生成：①比较法调整体系数字化建设报告（专利技术）。②比较法案例测算技术报告。③社会稳定风险评价报告。④绩效评价报告。⑤可行性研究报告。⑥拆迁分户单。

（2）超级工具：专业数字工具百宝箱。包括八大工具板块：①数据采集。②数据分析。③区位分析。④数字建模。⑤Excel处理。⑥文字处理。⑦数字地图。⑧AI智能。

（3）超级服务：风险管理，泛金融机构的好帮手。目前针对抵押业务提供两项专业服务：①抵押报告可靠性检测（专利技术）。②抵押住房处置变现风险分析。

估价机构可根据自身需求选择相应的数字模块使用，从而实现开箱即用的数字赋能。

图4　评估咨询数智工具平台界面示意图

（三）小结及建议

总体而言，自行建设模式可最大程度满足机构自身业务需求，但相对而言投入较大，时间较长，且必须要有合格的数字化建设产品负责人，才能最大程度确保数字化转型的成功，否则存在较大的实施风险；而购买第三方服务相对而言投入较小，即买即用，风险相对较小，但可能无法满足机构自身特殊的业务需求。

四、结语

数字化转型的本质是利用技术使业务产生创新变化。对中小机构而言，数字化转型可以助力机构快速提升技术能力、扩展多元化业务；对大型机构而言，数字化转型能促使其进一步规范服务质量标准、提高边际收益做大做强。总而言之，当前经济新常态下，数字化转型是助力估价机构破除发展困境、提升抗风险能力和竞争力，实现高质量发展的重要途径。

参考文献：

[1] 何瑛. 数字化变革推动中小企业高质量发展的理论逻辑与实践路径 [J]. 求索，2023（6）：36-42.

[2] 莫驰，向永胜，梁煜华，等. 数智化转型与企业高质量发展研究 [J]. 中国经贸导刊，2021（3）：25-31.

[3] 王者婧. 数智化驱动高质量发展 [J]. 企业管理，2023（11）：45-49.

作者联系方式

姓　　名：宋生华　虞达锋

单　　位：武汉国佳房地产评估咨询有限公司

地　　址：武汉市江岸区建设大道702号房地产交易大厦24层

邮　　箱：song8951@21cn.com；77043103@qq.com

注册号：宋生华（4219980004）；虞达锋（4220040007）

针对地方 AMC 不良资产估值赋能的
评估机构数字化融合实践

张 华 杜云川

摘 要：地方 AMC 因业务发展需要对不良资产债权进行定价，其底层资产中房地产数量和价值占比高，房地产评估机构可基于其传统业务特征，将日常业务信息与不良资产估值管理进行数字化融合，探索业务转型实践。

关键词：房地产评估；不良资产估值；数字化融合

随着信息时代的不断向前迈进，数字化转型作为各行业领域的热门话题备受关注。许多企业都在探索通过"数据+"激发创新逻辑、提高生产效率、转变商业模式的路径，而评估机构也在此持续发力以适应新的市场变化及客户需求。

传统的房地产评估机构业务主要来源于房地产上下游产业链，长年累月的发展之下既有市场参与主体已趋近饱和，但更为细化的需求尚未被挖掘。基于房地产市场的特性，评估机构往往在土地、规划、新房、二手房及司法拍卖等多个板块拥有大量存量数据，经过整理打包和信息叠加可以生成有效的数字资产。这部分数字资产除评估公司内部使用外，其对外的经济价值也需要评估机构进行探索。与此同时，地方 AMC（即 Asset Management Companies，意为资产管理公司）在日常的资产管理过程中接触大量不动产并借助评估公司进行资产估值，但难以通过便捷的手段实时对资产进行价值监测。因此，评估机构可借此通过数字化手段赋能地方 AMC，实现数字资产的盘活及进一步驱动数字化转型。

本文将基于某地方 AMC 不良资产估值赋能的实践以探讨评估机构的数字化融合策略。

一、评估机构赋能地方 AMC 的背景

《中国金融不良资产市场调查报告 2023》[1] 显示，我国商业银行未来的不良贷款率或将维持在 1.5%～2%。尤其是在现如今的"后疫情时代"，此前三年积压的大量不良资产需要加速盘活以扫清市场流通的症结。而商业银行作为 NPLs（即不良资产，英文 Non-performing Loans 的缩写）的主要出让方，对外转让债权是其加速处置不良资产的常用方式之一。

与商业银行出让方角色相对，不良资产的受让方正是持牌的地方 AMC。2021 年 8 月中国银保监会向社会征求意见的《地方资产管理公司监督管理暂行办法》（以下简称《征求意见稿》）中明确提出扩大不良资产业务投放规模的要求并重申展业区域问题。《征求意见稿》再次强调地方 AMC 应专注本区域不良资产业务，以防范和化解区域金融风险、维护区域经济金融秩序、支持区域实体经济发展为主要经营目标。因此，地方 AMC 应对本区域内的资产业务及其价值有着更为详实的把控，并通过实时监测择机进行业务开展，对作业人员的专业

性、项目开展的流程监管应更为严格。

评估机构作为商业银行及地方 AMC 以外的第三方服务机构，拥有专业资产评估能力及经验，能够快速协助双方把控资产真实价值。资产的处置是个长期的过程，评估测算却是基于某个特定的时间点完成的，无法实时进行价值监测。但评估机构手握的大量数据能够通过数字化手段形成初步的价值匡算，快速判断资产实时价值。基于此，评估机构与地方 AMC 就不良资产的项目过程存在业务契合点。

二、传统不良资产估值中的痛点

（一）员工欠缺评估背景，尽调成果专业欠佳

对于地方 AMC 而言，NPLs 的定价中往往伴随着大量债权价值比重很高的房地产或土地类底层资产。但外调人员往往欠缺评估背景，尽调阶段存在遗漏瑕疵、不熟悉政策法规、难以获取周边交易价格等种种难题，最终呈现的尽调成果可能难以对资产价值形成客观、专业的评判。从人力成本的角度考虑，外调人员的业务逻辑即便进行专项培训，也需要较长的周期才能对地方房地产政策、交易价格有充分的理解和信息积累。外调的成果是否客观全面直接影响后期对资产价值的判断，因此需要一套能让外调人员快速上手、把控要点、客观呈现资产状况的系统。

（二）价值认可存在偏离，资产管理效率偏低

地方 AMC 在开展"收、管、处、退"的业务受理过程中，对 NPLs 的估值需求明显且往往采用内评和外评相结合的模式。但受市场价格信息的来源限制、买卖双方对价值认可的偏离以及不同第三方评估机构的技术偏差，针对同一资产的估值结果可能难以横向比较。这一状况致使资产的价值定位主观性偏高，后续业务过程中的效率偏低。因此，估值和估算价值的运用成为不少地方 AMC 的业务痛点，亟待形成一套完善、客观、内部标准相对统一的估价系统。

三、评估机构数字化融合的实践

（一）明确赋能需求

1. 资产处置周期立项

地方 AMC 的估值阶段包括收购不良资产包时的可行性预判、投前决策参考、投后期间的价值监测等方面，而其外调人员及估值审查岗则需要对资产包涉及资产进行现场调查，履行相关尽职调查程序。整个资产处置周期长，不同的时间点对资产价值也可能存在不同的结果，因此需要在项目伊始阶段就对其进行全生命周期的立项，便于梳理整个过程的资料，回溯数据差异，更可以为后期审计等留下充足的材料，避免重复性劳动。

2. 前置外调辅助引导

对 NPLs 相关资产的调查，是开展不良资产估值的关键基础。但外调人员限于自身非专业估价背景、业务在岗较短、对属地市场不熟悉等的现实情况，按 AMC 内控要求开展的外业尽调、市场信息收取等往往不够充分。

房地产评估机构常年受理各种房地产或土地资产评估，评估目的覆盖贷款、处置或者涉及财产处置等多个方面。因此，评估机构不仅要熟悉金融不良资产在贷前、贷后、处置或清

收各阶段的经济活动特征,还需要对各种房地产、土地及资产的估值外业特别关注的事项也有丰富的经验,可以对各种房地产或土地资产的实物、产权、环境、政策等要素制定外调内容矩阵,在不良资产特征(资料不全、产权不规范等)情形下,引导业务人员开展有效的资产外业调查。

具体外调时,业务人员通过微信小程序或App实时完成坐标定位、照片回传、资产信息补充、外调项目、重大瑕疵的提示等。这一方法不仅规范了业务人员操作流程,也使得外业调查转为线下线上相结合的形式,实现了信息存储的实时化,留存方式的多样化,提取应用的便捷化(表1)。

外业尽调内容矩阵　　　　　　　　　　　　　表1

资产种类	实物	产权	周边环境	属地行业政策
商业房地产	业态类型、内外商铺、是否打通使用等	实物与产权是否对应、现状和登记用途是否一致、租赁、自持情况等	区域城市商服定位、商服聚集度、临路等	—
工业房地产	改建或翻建、跨宗地等	未办产权房屋、房和地分开抵押等	产业聚集度、园区特征等	招商引资政策、园区限制政策等
住宅用地	土地闲置、开发程度等	增容或用途调整涉及的补缴地价款、权能限制等	厌恶设施分布、周边同类开发情况等	限价、成品房、配建等
……				

(二)数字化融合的基础工作

1. 市场数据整理

1)数据收集

根据业务特性和市场公开情况,房地产评估机构日常会收集到以征收农用地区片综合地价、地上附着物补偿标准、国有建设用地基准地价、出让或租赁指导价、招拍挂地价、楼盘开盘价格、不同用途二手房交易价、网络司法拍卖成交价、房地产租赁价、建安造价、评估价等,涉及地价、房价、租金、建造成本等多种类型数据,这些均可作为天然的不良资产估值的数据信息源(图1)。

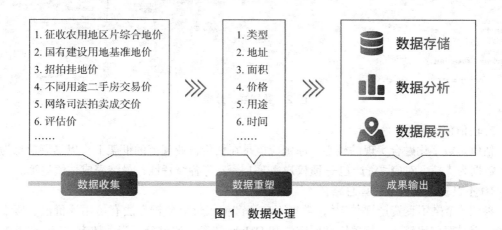

图1　数据处理

2）数据整理

根据收集的基础信息，按照地方 AMC 的管理和估值要求，对基础数据信息分类补充、加工，最终形成具有房地产估价机构印记的可用的数据源。

由于数据源存在差异，因此需要逐一对获取到的原始数据进行字段分拆。例如单条的住房交易价格信息，可以分拆为地址类（含行政区、组团、道路）、楼盘类（建成年代、小区性质）、住房本身类（楼层、朝向、户型、交易时间、价格类型、价格）等。此外，某些单一公开渠道的信息要素需要进一步添加字段，如某条招拍挂土地价格信息，对其增加规划用途、基准地价、配套医院和学校、是否在旧城改造范围等；加工是对公开信息的处理，如在限房价、限地价情况下将土地交易价格还原为"正常价格"、量化其配建成本、自持限制程度等。该过程需要花费大量的人力进行重塑，但在不生产源数据的属性下，评估机构可进一步以补充和加工手段向数据资产迈进，同时也为不良资产估值提供更全面的数据支持。

3）数据入库

在经过数据整理后，形成的不同字段、价格信息可以在数据库中进行存储和编辑，不仅可以在数据库中根据不同的需要，按照关键字调取各类信息，还可以将数据进行地图、图像、趋势等方式直接展示（图2）。

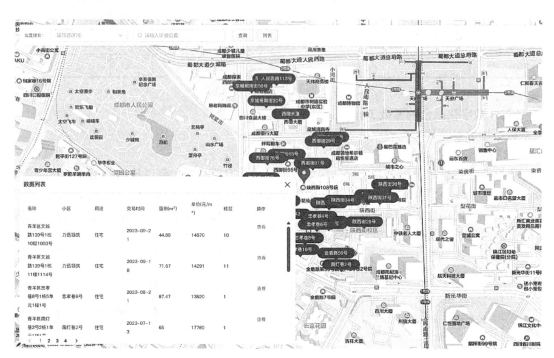

图 2　数据展示效果

2. 估值模型调整

估值是数字化融合实现的核心，原则应该是在估价行业规范的框架下，以尽调信息为基础、数据为支持，对应"资产包—债权户—底层资产"各级特性，最终完成估值运算。

1）不良资产包价值测算总路径

参照《金融不良资产评估》[2]，常规不良资产债权价值分析方法有信用评价法、假设清算法、交易案例比较法、相关因素回归法和 Delphi 法等，通过分析当前地方 AMC 收储的不良资产形态和处置习惯，假设清算法更为适合（图3）。

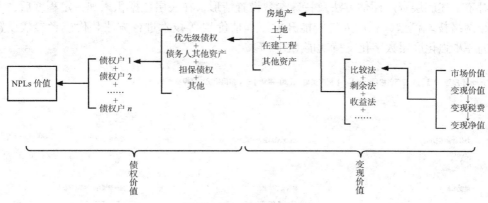

图3　债权价值测算逻辑

假设清算法指假设现在对债务人和债务责任关联方进行破产清算，从企业总资产中剔除不能用于偿债的无效资产，从总负债中剔除不必偿还的无效负债，按照破产法规定的优先偿债顺序，对债权可实现金额进行估算的方法。基本原理是，先运用成本法的思路，计算出重新构建待评估企业（汇总各项资产）的价值，然后根据债权性质计算待评估债权（优先级债权、一般债权及其他）在总债权中的占比，进而得出分配企业全部价值时能够得到的分配比例，最后相乘得出待评估债权的价值分析结论。其中，优先级债权往往伴随大量抵质押物，尤其是以房地产、土地为主，涉及市场价值、变现价值、变现税费、变现净值等信息；此外，在具体分析时，还需根据抵押资产的评估情况和市场状况等因素，对抵押物评估值进行适当的折扣，合理确定变现折扣系数，科学反映抵押资产的预计变现净值或清收价值。

2）底层资产（不动产）估值方法

底层资产一般涉及商办用房、厂房、在建工程、土地等，按《房地产估价规范》《城镇土地估价规程》等要求，可选用的评估方法有比较法、成本法、剩余法等。测算时，要兼顾底层支持数据的完善度、外调补充信息、测算方法逻辑等要求，如前文提到的房价和地价对比较法的支持，数据库租赁缺乏情况下通过外调补充租金对收益法的支持等。

具体运用中，若采用比较法，底层支持的数据质量越高，该方法的运用时灵活度越高，可减少区域或区位、个别或实体因素方面的修正，可在商办用房、土地等方面使用。若是收益法，影响价值的租金、还原率和收益期三大主要指标，租金确定可参照比较法方式确定，特殊物业无数据库租金时可采用外调补充数据；而还原率在前置确定的情形下，需根据资产所在地市场情况进行合理选择；最后是收益期，则需根据产权信息直接输入确定。剩余法主要影响的后续成本可在前置的不同结构参数中进行选择，但形象进度则考验业务人员的把控能力。

3）特殊参数前置

对于底层资产的评估方法中，部分方法涉及特殊参数的确定和前置，包括需要对收益法的不同用途房地产还原率（按评估规范要求给予设定或提供区间值选项，后同）、成本法或剩余法中不同结构的建安造价、变现价值测算时不同地域不同资产类型折扣率差异等。为便于操作，可按照乐观、客观、悲观三种风险偏好程度，结合估价师经验，进行区间赋值。其基本逻辑关系是面积体量越大、市场越不活跃、区位越偏远的情形，取值偏悲观，相反则偏乐观，默认测算逻辑可为客观取值。

对于上述底层资产评估方法及特殊参数设置情形，在底层数据积累到一定程度后，可通过神经网络技术模型、利用人工智能开发工程估价[3]等技术进行方法替代或者参数设置完善，进一步强化底层数字化支持功能（图4）。

图4 剩余法测算模拟

（三）数字化融合的成果汇总

在前述功能模块、底层方法逻辑、数据信息基础之上进行软件架构和模块设计，确定各个模块的功能和相互关系，确保软件系统开发符合地方AMC需求。软件系统使用C语言开发，若是地方AMC现有管理系统需接入该系统，则另需统一开发语言环境，并注重用户登录和数据安全。界面设计风格上可根据地方AMC的整体风格进行主题设计搭配。软件系统测试包括单元测试、集成测试和系统测试等，确保软件的正确性和稳定性。同时，为了确保软件系统的质量和可维护性，代码规范、代码审查、文档编写等须遵循实践规则。

在上述基本功能实现后，可基于地方AMC"收、管、处、退"的业务受理过程，在不同阶段进行相应场景运用，促进估值、决策、风险管控于一体；收购阶段，限于该阶段尽调不完全和产权不完善，偏向于快速给到收购资产包价格参考；管理阶段，侧重于对资产价值的监管和挖掘，可根据管理策略不同，设置不同风险程度（乐观、客观、悲观）的估值需求；处置阶段，着重于资产现金流回收，可根据处置时点需求，对底层资产重组及最新价值体现；退出阶段，倾向于项目信息管理，包括收储价值对比、基本资料存档。

四、数字化融合赋能的经验

房地产评估机构与地方 AMC 作为两个不同领域的主体，通过数字化融合的技术交叉，可以加速双方未来的数字化转型。对于地方 AMC 而言，通过与评估机构的深度数据融合，能够在短期内培养一批新员工，有效提升内部人员的作业水平和专业素养。与此同时，在日常工作中逐步理解评估逻辑和价值判断后，当遇到需要提交正式评估报告的项目时，也能够更加精准地与专业的评估机构进行交流和协作。整个数字化的平台可以协助实现智能投资、智能风险管理等服务，提高投资收益和风险控制能力。对于评估机构而言，数字化不仅是内部提效的重要工具，也应当是对外输出的重要手段。通过融合项目的推进，进一步深入对地方 AMC 工作逻辑的了解，在推进数据收集、整理和运用的同时还加速传统评估服务的精准对接，实现进一步的业务增长和创新发展。

参考文献：

[1] 王占峰. 中国金融不良资产市场调查报告 [R]. 北京：中国金融出版社，2023.
[2] 程凤朝. 金融不良资产评估 [M]. 北京：中国人民大学出版社，2005.
[3] 李秀荣，林晓. 促进房地产估价师数字化，开拓行业新局面 [C] // 回望与前瞻：2021 中国房地产估价年会论文集. 北京：中国城市出版社，2022.

作者联系方式

姓　名：张　华　杜云川
单　位：四川大成房地产土地资产评估有限公司
地　址：成都市高新区天府大道北段 1700 号环球中心 W 区 7W 四楼
邮　箱：435140025@qq.com；554856883@qq.com
注册号：张　华（5120130087）；杜云川（5120060065）

人工智能在房地产估价领域的应用与影响

周金红　朱　晓　王　斌

摘　要： 本文从2023年国际互联网大会乌镇峰会的"人工智能赋能产业发展论坛"引入话题，介绍了人工智能在房地产估价领域的应用，分析了人工智能对房地产估价领域的影响，讨论了人工智能对房地产估价领域带来的新问题，并提出相关建议，旨在为房地产估价机构正确认识和面对人工智能、更好地应用人工智能提供参考。

关键词： 人工智能；房地产估价；应用；影响；问题；建议

2023年11月9日，国际互联网大会乌镇峰会的"人工智能赋能产业发展论坛"，专家们重点探讨了AI技术的发展趋势、挑战以及应对建议，对AI技术在各行业的应用进行了深入的讨论和交流，分享了AI技术应用于交通、金融、教育、医疗等14个领域的57个实践案例，彰显出AI技术正全方位地改变着人类的生活。

AI技术在房地产估价领域的应用也正在逐渐被接受，现已经在数据收集与处理、自动化估价、市场趋势预测、智能决策、数据可视化、智能客服等诸多方面得到了广泛应用。对于房地产估价机构来说，研究AI技术在房地产估价领域的应用与影响具有重要的现实意义。

一、人工智能简介

人工智能，英文缩写为AI，是一门研究、开发模拟、延伸和扩展人类智能的理论、方法、技术及应用系统的新兴技术科学。作为计算机科学的一个分支，人工智能致力于解析智能的本质，以生产出能以类似人类智能方式做出反应的智能机器。人工智能技术体系丰富，涵盖机器学习、深度学习、自然语言处理等多种技术。机器学习是一种通过计算机程序从数据中学习规律和模式，从而进行预测和决策的方法。深度学习，作为机器学习的一种，通过建立深度神经网络，模拟人脑神经元之间的连接，以实现更精准的预测和决策。自然语言处理，则是计算机对人类语言的识别和理解，为人机交互提供了可能。

二、AI技术在房地产估价领域应用

AI技术在房地产估价领域诸多方面的研究和应用已经取得了显著的成果：

（一）数据收集和处理

AI技术可以通过自动化和智能化的方式，对大规模的房地产相关数据进行分析和处理，这些数据包括交易记录、市场动态、经济指标等。通过深度学习和数据挖掘技术，系统能够发现数据中的隐藏模式和规律。

(二)自动化估价模型

AI 技术可以利用机器学习和计算机视觉等技术，构建自动化估价模型。这种模型可以通过对大量房地产数据的分析，自动学习并模拟人类估价师的思维方式，从而快速、准确地评估房地产价值。此外，自动化估价模型还可以通过智能推荐和优化，为估价师提供最佳的估价策略和估价方法。

(三)市场趋势预测

AI 技术能够发现房地产市场潜在的规律和趋势，并做出相关的预测和判断。另外，在房地产估价中，AI 技术可以帮助估价人员收集和分析大量的市场数据。

(四)智能决策系统

智能决策系统通过模拟人类决策过程并结合大数据分析和机器学习技术，可以辅助决策。智能决策系统可以根据估价人员输入的相关数据和条件，提供分析结果和应对建议，自动识别和预测潜在的估价风险和机会，为房地产估价师提供决策支持。

(五)数据可视化

AI 技术还可以通过数据可视化技术，将房地产数据以更加直观的方式呈现给用户。例如，利用三维建模和渲染技术，可以生成房地产征收项目的虚拟模型，让政府与被征收户更加直观地了解项目情况。

(六)智能客服系统

房地产估价过程中，客户需要了解估价结果、咨询估价流程，AI 技术可以帮助建立智能客服系统，自动回答客户的问题，提高客户满意度。

三、AI 技术对房地产估价领域的影响

AI 技术在房地产估价领域的应用正在不断发展壮大，从数据分析和处理能力、估价流程、行业创新与发展等诸多方面对估价行业产生着深远的影响。

(一)对数据分析和处理能力的影响

1. 改变数据收集方式

AI 技术可以通过传感器、物联网等途径对被评估资产进行动态监控，并将这些数据信息以无线网为工具传送到数据库。这种信息获取方式相较于传统的手工信息采集方式更为准确和高效，尤其在疫情防控期间发挥了巨大的作用。

2. 提升数据分析和处理能力

AI 技术可以自动分析和处理大量房地产数据，包括历史交易数据、市场趋势数据、地理位置信息等。在 AI 技术的辅助下，估价人员只需输入被评估资产的基本信息，智能设备便可自动筛选相关的信息档案，获取更多有参考性的交易案例，降低传统估价对统计学样本的依赖程度，避免参考案例代表性不足的情况。

3. 实时数据更新

AI 技术可以实时获取和更新数据，保持数据的及时性。由于房地产市场变动频繁，传统的估价方法可能无法及时反映市场变化，而 AI 技术可以通过即时的数据分析，提供更加准确的估价结果，这在传统估价方法中是难以实现的。

（二）对估价流程的影响

1. 优化估价流程

人工智能通过自动化方式优化房地产估价流程，使得估价过程更为简洁。通过机器学习算法，AI 技术可以自动化地进行房地产估价，包括自动识别估价要素、自动匹配相似案例、自动调整估价结果等，使得整个流程更为精确。

2. 降低成本、提高效率

相较于传统的手工估价方法，人工智能可以通过自动化的方式收集和处理大量数据，自动进行数据分析和处理，自动识别数据中的规律和趋势，从而避免人工操作的繁琐和耗时，降低成本，提高效率。

3. 减少人为偏差、提高估价准确性

传统的手工估价方法往往受到人为因素的影响，如估价师的资历、经验、认知偏差等，这些因素可能导致估价结果的不准确或主观性。人工智能估价技术并不是只以数据或估价师的个人经验为判断的唯一标准，而是两者的理性结合，既包含房地产估价师的实践经验，又结合了相关真实数据，从而解决数据信息单一和主观评估的现实问题，提升估价结果的客观性和中立性。

（三）对行业创新与发展的影响

1. 推动技术创新和发展

传统的估价模式依赖于估价师的经验和手动计算，而人工智能技术的应用可以自动化处理数据、自动估价，对数据进行智能化分析和挖掘，从数据处理方式、估价方法、数据分析、报告生成等诸多方面改变传统的技术模式，促进估价技术的更新与升级，推动行业创新和发展。

2. 促进人才需求与培训

人才是行业发展的关键因素之一，随着 AI 技术在房地产估价领域的不断发展和创新，对掌握 AI 技术相关技能和知识的人才需求也越来越迫切。为了满足这些需求，高校和培训机构纷纷开设与 AI 相关的专业和课程，培养更多的专业人才。同时，企业也在不断加强内部培训和学习，提高员工的 AI 技术水平，以适应新的发展趋势。

3. 推动商业模式创新

AI 技术的发展也推动了房地产估价行业的商业模式创新，基于互联网和大数据技术的在线估价平台和智能投顾服务逐渐兴起，这些新型服务模式可以利用 AI 技术提供更加便捷、高效和个性化的服务体验。

4. 促进房地产估价行业的可持续发展

AI 作为一种新技术，正在推动房地产估价行业的生态变革，随着技术的不断发展，落后的评估模式将被淘汰，新的模式将逐渐兴起，这将有助于促进行业的持续性发展。

四、AI 技术给房地产估价领域带来的新问题及应对建议

AI 技术虽然给房地产估价领域带来很多正向影响，但同时也带来了很多新问题：

（一）数据质量与安全

问题：随着 AI 技术的广泛应用，大量的数据支持成为必要条件。而数据可能存在缺失、不准确或过时，还可能涉及个人隐私保护问题。

建议：在数据收集和使用前，对数据进行全面的评估，对于低质量的数据，可以通过预处理或筛选的方式，提高数据的准确性和可靠性。同时，处理数据时必须严格遵守相关的隐私政策和法律法规，通过数据加密、访问控制、安全审计等技术手段防止数据泄露，保护数据的安全性和隐私性。

（二）应用成本与技术壁垒

问题：AI 技术在房地产估价领域的应用需要大量的设备、技术、人力等成本投入，以及数据处理和分析、算法设计、应用等方面的技能和经验需求，这使得小机构难以承受。

建议：采用云服务、共享资源等方式，减少硬件设备和软件系统的投入成本。同时，通过合作和共享的方式，降低数据采集和分析的成本。此外，加强技术交流和合作，促进技术标准和系统的开放和共享，通过与高校和研究机构合作，共同研发和创新相关技术和系统，也是解决技术壁垒的有效途径。

（三）技术更新与人才培养

问题：随着 AI 技术的不断进步和升级，对掌握相关技能和知识的人才的需求变得越来越迫切。

建议：加强教育和培训，建立专业的技术团队，提高技术人员的素质和能力。同时，加强跨学科、跨行业、跨地域的合作与交流，共同推动技术的发展和创新。

（四）合规性与行业监管

问题：使用 AI 技术进行房地产估价的行为，首先需要符合相关法律的规定，这包括房地产估价的资格认证、从业规范、估价报告的审查和备案等方面。

建议：强化行业监管，制定相应的规范和标准，确保技术的合规性。同时，还需要制定相应的评估和审查机制，对技术的安全性和可靠性进行评估和审查。

（五）道德和伦理

问题：AI 算法的不透明性和不可解释性是导致道德和伦理问题的重要原因，AI 算法是基于数据进行决策的，如果数据存在偏见或歧视，那么算法的决策也可能会存在偏见和歧视。另由于其自动化和智能化的特点，又涉及责任和透明度问题。如果发生估价不准确或错误的情况，如何确定责任和进行赔偿？

建议：增强算法透明度，对于 AI 算法的决策过程，应尽可能使其透明；在算法训练和使用之前，应对数据进行仔细的审查和清理；在训练 AI 算法时，应尽可能使用多元化和包容性的数据集；建立专门的伦理监管机构或团队，对 AI 算法的开发和使用进行监管；在 AI 算法的使用过程中，应明确责任和赔偿机制；通过各种方式提高公众对 AI 算法及其潜在问题的认识和理解；鼓励公众参与 AI 算法的伦理讨论和监督，共同推动更加公正、透明和负责任的 AI 技术发展。

五、结语

在 AI 技术迅速崛起的今天，其在房地产估价领域的应用已经成为社会发展的必然趋势。对于房地产估价机构来说，如何应对这一技术革新，态度尤为重要。

（一）接纳与适应

积极接纳并适应 AI 技术，将其融入自身的业务发展中去，AI 技术不仅仅是一种工具，更是一种理念，它的引入将给房地产估价业务带来深远的改变。

（二）了解与学习

深入了解 AI 技术的原理和优势，这样才能更好地发挥其在房地产估价领域的潜力。AI 技术有着强大的数据处理和分析能力，对房地产估价的精确性和效率都有着极大的提升。

（三）实践与创新

勇于实践 AI 技术，不断探索和创新，以期为行业带来突破性的变革。只有通过实践，才能真正发现 AI 技术的价值所在，也才能找到它在房地产估价业务中的最佳应用方式。

（四）监督与控制

加强对 AI 技术应用的监督和控制，确保行为符合相关的法规和标准，以保障房地产估价业务的健康发展。

（五）合作与共赢

积极寻求与其他机构的共赢合作，共同探索 AI 技术在房地产估价领域的新发展机遇和商业模式。

面对 AI 技术的发展，房地产估价机构需要积极接纳与适应，不断尝试、勇于创新，在探索中寻求新发展机遇和商机，才能在 AI 技术的大潮中勇立潮头，引领房地产估价行业走向更加美好的未来。

参考文献：

[1] 王建平，王乐乐，王婷. 人工智能在房地产估价中的应用研究 [J]. 科技与创新导报，2019（3）：90-94.

[2] 卜秋月，刘聪. 人工智能在价值评估领域应用存在的问题及对策 [J]. 理财周刊，2020（28）：16-17.

[3] 王娟，谢伟伟. AI 人工智能情形下房地产评估行业的挑战与机遇 [J]. 中国房地产业，2021（1）：37.

作者联系方式

姓　　名：周金红　朱　晓　王　斌

单　　位：浙江亿安联诚土地房地产评估有限公司

地　　址：浙江省绍兴市诸暨市东旺路 218 号永业大厦 10 楼

邮　　箱：583184620@qq.com

注册号：周金红（4119960020）；朱　晓（3320000132）；王　斌（3320210123）

关于"房地产估价机构数字化转型"的思考

朱 晓 周金红

摘 要：房地产估价机构在日益复杂的房地产市场中扮演着关键角色。随着市场需求的变化，传统估价方式已不足以满足当前需求。数字化转型为估价机构提供了改革的机会，通过提高效率和准确性更好地应对市场需求。本文探讨了数字化转型对房地产估价机构的重要性，分析了转型过程中可能遇到的挑战与对策。通过对国内外成功案例的分析，旨在为房地产估价机构在这一变革过程中提供指导和参考。

关键词：房地产估价机构；数字化；转型

随着科技的不断进步和数字化革命的到来，数字化转型成为一种趋势，也是一项重要挑战，房地产估价行业也不例外。为了在市场竞争中立于不败之地，如何实现数字化转型，提高工作效率、降低成本、增强数据分析能力以及提供更精确的估价，提升竞争力，成为摆在估价机构面前的一项重要课题。本文将就房地产估价机构的数字化转型进行深入探讨。

一、数字化转型的背景与意义

从传统的纸质记录和人工估价，到现在的大数据分析和自动化流程，信息技术的发展正在彻底改变房地产估价领域。此外，市场的复杂性日益增加，客户需求更为多样化，对估价的准确性和效率提出了更高要求。在这样的背景下，估价机构面临着转型升级的压力和挑战。

数字化转型在估价机构中不仅代表着技术的更新，更是一种业务模式和管理思维的革新。首先，通过引入先进的数据处理和分析技术，可以显著提高估价的准确性和效率。其次，数字化转型使得估价机构能够更好地处理和分析庞大的市场数据，从而更准确地把握市场趋势和价格波动。再次，数字化还可以帮助估价机构优化服务，为客户提供更加个性化和高效的服务，从而增强客户满意度和忠诚度。最后，数字化转型有助于估价机构提高内部管理效率，降低运营成本，增强企业的整体竞争力。

二、数字化转型的内涵与目标

数字化转型是指企业借助数字化技术，改变其实现目标的方式、方法，增强企业自身的竞争力和创新能力，进而实现企业转型升级。对于估价机构而言，数字化转型主要包括以下几个方面：一是构建数字化平台，实现业务流程自动化，提高工作效率；二是利用大数据、人工智能等技术进行数据挖掘和分析，提高估价精度和效率；三是优化客户服务，提供更加便捷、个性化的服务体验；四是加强内部管理，提高企业运营效率。

数字化转型不仅仅是引入一些新的技术和工具，更重要的是要改变传统的工作方式，提高整体运营效率。从市场需求、客户需求、内部管理等多个维度出发，制定出切实可行的数字化转型目标。估价机构数字化的核心目标，主要包括提高估价准确性、提高工作效率、扩大市场份额、提高客户满意度等。

三、数字化转型的实践与探索

为了实现数字化转型，房地产估价机构需要从以下几个方面进行实践和探索：

（一）选择合适的数字化技术及工具

数据分析工具是数字化转型的核心。估价机构根据自身业务特点和发展需求，选择合适的数字化技术及工具。使用大数据分析、机器学习和人工智能等技术进行数据挖掘和分析大量数据，以提供更准确的估价。运用互联网、云存储、移动设备等提供更加便捷的服务渠道。

（二）构建数字化平台，实现业务流程自动化

估价机构需要构建数字化平台，将业务流程进行自动化改造。例如，通过自动化的估价系统，实现自动匹配、自动计算和自动审核等功能，减少人工干预和错误率。同时，通过数字化平台的建设，可以实现业务流程的全面数字化管理，提高工作效率和准确性。

（三）利用大数据、人工智能等技术提升估价精度与效率

估价机构可以利用大数据、人工智能等技术对历史数据进行分析和处理，挖掘数据中的价值信息。使用数据分析工具可以更好地识别市场趋势和风险，从而提供更准确的估价。利用机器学习算法对历史数据进行分析和学习，提高对市场趋势的预测精度。自动化的工作流程和数据处理工具可以节省时间和降低成本。数字化工具可以自动处理大量市场数据，减少了手动数据输入和处理的需求，从而提高工作效率。

（四）优化客户服务体验，提升品牌影响力

估价机构需要优化客户服务体验，提供更加便捷、个性化的服务。例如，数字化工具可以为客户提供更多的市场信息，使他们更好地了解房地产市场，从而做出更明智的投资和交易决策。通过互联网、移动设备等渠道为客户提供在线咨询等服务，通过社交媒体等渠道加强与客户的互动和沟通。

四、数字化转型的潜在挑战与对策

房地产估价机构在数字化转型过程中也会面临一些挑战，主要体现在以下几个方面：

（一）初期投资

建立强大的技术基础设施是数字化转型的关键。这包括了高性能的计算机系统、网络基础设施和数据存储解决方案。因此，数字化转型的初期投资是估价机构数字化转型的首要挑战之一。引入新的技术和工具需要资金投入，包括硬件和软件的采购，以及培训和招聘有关数字化技术的专业人员，这些对部分估价机构造成一定的财务压力。

（二）数据质量

数字化转型的另一个重要挑战是数据质量。估价机构依赖于各种数据源进行估价，包括市场数据、地理信息、房屋信息等。如果数据质量不佳，估价的准确性将受到威胁。因此，估价机构需要建立有效的数据清洗、标准化和整合，确保数据来源可靠，并采用标准化的数

据格式。清除不准确、重复或无效的数据,以确保数据的质量。整合来自不同数据源的信息,以建立全面的数据集。实施数据质量控制措施,以确保数据的准确性和完整性。

(三)观念转变

数字化转型经常需要估价机构进行观念转变,这可能是一个具有挑战性的过程。员工需要适应新的工作流程和技术,为了克服文化转变的挑战,估价机构需要建立内部培训和教育计划,以帮助员工学习新的技能和工具。

(四)安全性和隐私问题

数字化转型引入了新的安全性和隐私问题。估价机构必须处理客户数据和市场数据,因此,必须遵守相关法规和采取适当的措施保护客户和市场数据的机密性和完整性。包括了加密、访问控制、备份和灾难恢复计划等措施。建立数据保护政策和流程,以确保数据的安全性。

(五)技术快速变化

科技的快速变化是数字化转型的持续挑战。新的技术和工具不断涌现,估价机构需要不断更新和升级他们的技术基础设施和工具,以保持竞争力,这可能需要更多的资源和时间来跟进新技术。为了解决技术快速变化的挑战,估价机构需要定期评估新技术和工具,以确定哪些对机构有益。

针对在数字化转型过程中面临的一些挑战及问题,本文建议采取以下对策:一是加强内部培训和宣传,提高员工的数字化意识和技能水平;二是建立适应数字化时代的组织架构和企业文化;三是加强与外部合作伙伴的沟通和协作;四是注重数据安全和隐私保护问题。

五、国内外房地产中介机构数字化应用的案例

(一)国外房地产中介机构数字化转型的一些典型案例

Zillow:Zillow 是一家美国著名的房地产在线平台,提供估价、租房、买房等服务。该平台利用大数据和人工智能等技术对房地产市场进行分析和预测,为估价提供了更加准确和可靠的支持。同时,还提供了便捷的在线服务,包括在线咨询、预约看房等服务,提高了客户体验和满意度。

Redfin:Redfin 是一家美国房地产经纪公司,提供线上线下相结合的服务。该公司在数字化转型过程中注重利用互联网和移动设备等技术提高服务效率和质量。通过线上平台提供估价、租房、买房等服务,同时通过移动应用程序为用户提供便捷的房地产信息和咨询服务。还通过数据分析和挖掘技术对房地产市场进行分析和预测,为估价提供了更加准确和可靠的支持。

CoreLogic:CoreLogic 是一家全球性的不动产数据和分析公司,提供估价和市场分析服务。他们使用先进的数据分析工具提供准确的房地产估价。他们的数字化转型使他们能够更好地满足客户需求,提高效率和准确性。例如,他们使用大数据分析评估市场趋势。

(二)国内房地产中介机构数字化转型的一些典型案例

贝壳找房:贝壳找房对传统房产中介业务进行了数字化改造。一方面,深化数据治理,构建"楼盘字典"。通过主数据标准约束构建了一整套房屋主数据信息,实现了"活数据""动态库"对真房源的支撑,形成数字化体系的数据底座。另一方面,通过业务流程再造、组织运营重构的一整套机制,将复杂漫长的房产交易链条精细化镜像到数字空间并重塑

流程，整个链条各个环节可由不同人分别完成，形成行业数字化协作网络。

我爱我家：我爱我家提出"数字爱家"战略，聚焦业务、运营，形成了互联网产品群、核心作业产品群及平台产品群。面向客户打造覆盖线上委托、VR看房、AI讲房、签约交易等环节的全流程线上化服务体系，提供高效精准、安全专业的服务。面向业务人员打造覆盖楼盘管理、房客源管理、签约管理、交易管理的全过程数字化作业平台，提供高效、规范、专业的服务，提升交易效率。

这些案例表明，数字化转型已经成为国内外房地产中介机构发展的重要趋势。通过利用数字化技术提高工作效率和准确性、优化客户服务体验、加强内部管理等方面的实践和探索，这些机构成功地实现了转型升级并获得了市场竞争优势。

六、结论与展望

通过以上分析可以得出，数字化转型对于估价机构具有重要的意义和影响。数字化转型不仅能够提高工作效率和准确性，还能够满足客户需求、提升企业形象和市场竞争力。在数字化转型过程中，需要选择合适的数字化技术及工具、构建数字化平台、利用大数据和人工智能等技术进行数据挖掘和分析、优化客户服务体验等方面进行实践和探索。

未来，随着科技的不断进步和市场环境的变化，房地产估价机构的数字化转型将面临新的机遇和挑战。未来数字化转型的趋势可能包括更加智能化的业务流程管理、更加深入的数据挖掘和分析、更加个性化的客户服务体验等方面。估价机构需要不断探索和创新，以适应市场的变化和满足客户的需求，实现持续发展和转型升级，提升房地产估价行业整体水平。

参考文献：

[1] 王霞，王欢，程敏敏. 房地产中介服务业发展现状及展望 [R]// 中国房地产发展报告（NO.17-2020）. 北京：社会科学文献出版社，2020：180-201.

[2] 宋梦美，刘朵. 2021年房地产估价行业发展报告 [R]// 中国房地产发展报告（NO.19-2022）. 北京：社会科学文献出版社，2022：167-185.

[3] 程敏敏，陈胜棋，刘朵. 2022年房地产估价行业发展报告 [R]// 中国房地产发展报告（NO.20-2023）. 北京：社会科学文献出版社，2023：202-219.

[4] 林永民，赵娜. "互联网+"时代房地产估价转型研究 [J]. 合作经济与科技，2018（2S）：40-41.

[5] 李秀荣，林晓. 促进房地产估价师数字化，开拓行业新局面 [C]// 中国房地产估价与经纪人学会年会论文集. 2021：133-137.

作者联系方式

姓　　名：朱　晓　周金红

单　　位：浙江亿安联诚土地房地产评估有限公司

地　　址：杭州市滨江区建业路418号A座5楼

邮　　箱：13505711110@139.com

注册号：朱　晓（3320000132）；周金红（4119960020）

房地产估价机构数据资产化助力数字化转型

邓斯扬 李 枫

摘 要：随着大数据、人工智能等技术的快速发展，房地产估价机构面临着数字化转型的挑战。数据资产化作为数字化转型的基石，是房地产估价机构实现转型升级的重要途径。本文首先分析了数据资产化与数字化转型的关系，并将房地产估价机构数据资产化建设分为数据获取、数据治理、数据应用、数据流通四个阶段。针对每个阶段，提出了相应的建议。在数据获取阶段，应明确数据权属、确保数据可靠性、获取成本合理。在数据治理阶段，应建立数据清单、加强数据安全和合规、提升数据质量。在数据应用阶段，应借助不同的数据应用技术和工具，探索数据与业务场景的深度融合。在数据流通阶段，应制定数据资产价值评估标准、建立数据交易平台、推动数据资产流通。未来，随着房地产行业数字化转型的不断深入，房地产估价机构的数据资产化将成为行业发展的趋势。

关键词：数据资产化；数字化转型；房地产估价机构；数据治理；数据应用

2021年下半年以来，我国房地产行业形势出现重大转变，房地产传统估价业务在一定程度上受到影响，同时随着经济环境不确定性增加，银行、资管公司、房地产企业、政府部门等下游机构对成本的控制不断增强，许多估价机构不得不选择压缩利润空间来换取业务量。在此背景下，估价机构进行数字化转型的必要性不断凸显。一方面，数字化转型可以提高估价机构的业务处理效率和估值精度，借助人工智能、大数据分析等技术，估价业务的处理过程更为迅速、准确，有助于更科学地进行房地产估值。另一方面，数字化转型还能为估价机构优化决策支持、提升客户体验、拓展服务范围，有助于提高机构的竞争力，更好地适应市场的变化，实现可持续发展。因此本文将从数据资产化角度探讨房地产估价机构数字化转型的实现路径。

一、数据资产化：数字化转型的基石

数据资产化是指通过系统化和规范化的流程，对内外部数据进行采集、存储、治理、分析、应用等一系列活动，使其具有商业价值、成为资产的过程。这些数据资产可以在估价机构的决策、产品研发、客户服务等方面发挥重要作用，从而推动机构的数字化转型和升级。

数据资源化和数据资产化是估价机构数字化转型的两个重要阶段。数据资源化通过将原始数据转化为资源，使其具备了潜在的使用价值。而数据资产化通过对数据资源进一步加工和优化，使其能够实现实际的商业价值。数据资源化是数据资产化的必要前提，数据资产化是数据资源化的升级和深化（图1）。数据资产化对估价机构数字化转型的推动则主要体现在三个方面：一是在商业价值上，数字化转型的核心目标是创造商业价值，而数据资产化将数据资源与商业目标对接，通过对数据的深度分析和挖掘，为企业带来直接或间接的经济利益。二是在决策支持上，数字化转型要求企业实时做出准确决策，数据资产化通过提供经过加工的、可直接应用于决策的数据，为企业数字化转型提供了更强大的支持。三是创新驱动上，数据资产化鼓励企业利用数据开展创新，通过将数据转化为资产，估价机构可以更灵活地应对市场变化，实现数字化转型的创新驱动目标。

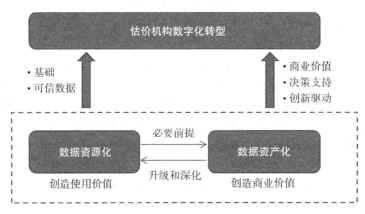

图1 数据资产化与数字化转型的关系

二、房地产估价机构数据资产化建设

通过分析，本文将数据资产化过程划分为数据获取、数据治理、数据应用、数据流通四个阶段，如图2所示。接下来将分析在各个阶段估价机构应该如何实现数据资产价值，并推动机构实现数字化转型。

图2 数据资产化过程

（一）数据获取阶段

由特定主体合法拥有或者控制是数据资产需要满足的基本条件之一，因此在数据获取阶段，估价机构第一步应当要明晰对数据拥有的合法权利，未来随着我国数据资源持有权、数据加工使用权、数据产品经营权"三权分置"的数据产权制度框架逐步建立，机构只有在明确数据权利类型及权利边界的前提下，才能合法、合规地行使数据权利，并对数据资产价值进行深入挖掘。其次是考量数据资源的可靠性和获取成本。估价机构数据资源获取主要有外购和内部积累两种方式。针对外购数据，应当选择经过认证的可靠数据供应商，确保其数据质量和来源的可信度，并与数据供应商谈判获取更优惠的价格，建立长期合作关系，降低数据获取成本。针对内部积累数据，则可通过对历史数据进行评估，了解其准确性和稳定性，以预测未来数据的可靠性；同时对数据资源进行成本效益分析，权衡数据获取成本与数据质量之间的关系，确保在可接受范围内获取高质量数据。

（二）数据治理阶段

在数据的治理阶段，房地产估价机构应该围绕数据清单建立、数据安全与合规、数据质量管理等方面重点开展数据资产化工作。

1. 建立数据清单

首先将机构所有数据按照类型（市场数据、内部数据等）和用途进行分类，确保数据分类体系划分清晰、覆盖完整。同时制定标准的数据命名规范和格式，以确保数据清单的一致性。针对不同数据，分别记录关键的元数据信息，如数据来源、更新频率、所有者等。

2. 数据安全与合规

在数据安全方面，一是要实施访问控制策略，确保只有授权人员能够访问和修改特定类型的数据；二是要建立定期的数据备份机制，以应对数据丢失或损坏的情况；三是要制定紧急数据恢复计划，确保在发生数据灾难时可以迅速恢复数据；四是要对敏感数据采用加密技术，确保数据在传输和存储中的安全性。

在数据合规方面，不仅要制定合规的数据使用流程，确保数据的采集、处理和分享符合法规。对涉及个人和企业隐私信息的数据，进行脱敏处理，使其不可逆。还要对数据使用进行审计和监控，建立数据审计机制，定期对数据的使用和访问进行审计，确保合规性，以及使用监控系统跟踪数据的流动和变化，及时发现潜在的问题。

3. 数据质量管理

数据质量管理是指对数据的准确性、一致性、完整性、规范性、时效性以及可访问性进行管理。数据质量管理的前提是制定明确的数据管理策略，包括数据质量目标、标准和指南。机构内部还需明确数据负责人和团队，确保有专门负责数据管理和质量的人员。定期进行数据清洗，清理重复、不一致、不准确的数据。设立数据异常检测机制，及时发现异常数据并进行处理。建立数据质量评估的指标体系，对数据进行定期的自动或手动评估。通过数据质量报告监控数据质量状况，及时发现和解决问题。

为做好以上工作，还应该重视员工培训和文档指南的作用。对员工进行数据管理和安全方面的培训，提高其对数据安全和合规的意识；并提供详细的文档和指南，帮助员工正确使用和管理数据。

（三）数据应用阶段

数据资产的商业价值在应用阶段得以提取，在这一阶段估价机构应关注的重点包括数据如何与具体业务场景结合，以及使用何种技术和工具。数据应用的关键是其能否解决实际问题。只有当数据与业务需求紧密契合并且用户能够轻松访问和理解数据时，数据资产才能充分实现其价值。房地产估价机构数据资产的应用场景包括市场调研与趋势分析、估价模型优化、风险评估与投资分析、客户服务与个性化报告等（表1）。

选择合适的技术和工具对于房地产估价机构的数据应用也至关重要，它可以影响数据分析的效率、系统的稳定性以及用户体验。目前机构数据应用通常借助机器学习和人工智能、大数据技术、数据可视化工具和云计算服务等实现（表2）。在工具和技术的选择上，估价机构需要根据自身的业务需求、技术团队的技能水平以及可用的资源进行权衡和取舍。随着技术的不断发展，保持对新技术的敏感性，并在必要时进行调整和升级。

（四）数据流通阶段

在数据流通阶段，估价机构首先应明确数据价值。综合考虑数据的内部价值、潜在用途以及外部市场需求来确定数据的市场价值。在具体的交易流通中，还要制定清晰的数据定价策略。明确数据的定价原则，根据数据的独特性、精度和市场需求制定合理的价格体系，并提供不同档次的数据服务，满足不同客户的需求。为客户提供按需付费、订阅服务和定制项

估价机构数据与业务场景结合的方式　　　　　　　　　　　　　　　　　　　表 1

应用场景	应用方式
市场调研与趋势分析	• 利用历史交易数据、土地利用数据、人口普查等数据，进行市场调研，分析不同地区的价格趋势。 • 使用地理信息系统（GIS）技术，将房地产估价数据与地理位置数据结合，提供更全面的市场分析
估价模型优化	• 利用OCR技术对产证信息进行识别，为估价模型提供基础数据，结合大量的历史估价和实际交易数据，使用机器学习算法不断优化估价模型，提高准确性。 • 考虑经济因素、社会因素和环境因素，使模型更具综合性和预测性
风险评估与投资分析	• 结合金融数据、贷款信息和宏观经济指标，进行风险评估和投资分析。 • 使用大数据技术对不同地区的房地产市场进行横向和纵向比较，识别潜在风险和机会
客户服务与个性化报告	• 根据客户需求，提供个性化的估价报告，包括定制的市场分析、风险评估和建议。 • 利用数据可视化工具，将复杂的估价数据呈现为直观易懂的图表和图形，提高用户体验

估价机构数据应用技术与工具　　　　　　　　　　　　　　　　　　　　　　　表 2

技术与工具	应用方式
机器学习和人工智能	• 利用机器学习框架，如TensorFlow、PyTorch，进行模型训练和预测。 • 探索自然语言处理（NLP）技术，处理和理解与房地产相关的文本数据
大数据技术	• 根据需要引入大数据技术，如Hadoop、Spark等，以处理大规模的数据和进行分布式计算。 • 采用数据湖或数据仓库的方式进行数据存储和管理，以支持多维分析和高性能查询
数据可视化工具	• 使用流行的数据可视化工具，如Tableau、Power BI、Matplotlib、Seaborn等，以呈现数据的可视化效果。 • 结合前端框架，如React、Vue.js等，构建交互式的数据可视化应用
云计算服务	• 利用云计算服务，如AWS、Azure、Google Cloud等，提高系统的可用性和弹性。 • 使用云上的机器学习和人工智能服务，以简化模型的构建和集成过程

目等不同的收费模式。

　　目前我国数据资产交易流通市场刚刚起步，市场活跃度有待提升。因此在促进房地产估价数据交易和流通的层面上，房地产估价机构可与行业相关的合作伙伴建立紧密的合作关系，共享数据资源。同时考虑与政府、研究机构、企业等建立战略性合作，推动数据的有序流通。

　　对于行业内数字化转型走在前列的估价机构，应积极参与制定和推动行业数据共享的标准，为数据流通提供规范和基准。通过行业协会、论坛等渠道，与其他估价机构共同推动数据流通的规范化和标准化。

三、结论与展望

　　综上所述，估价机构要通过数据资产化实现数字化转型，在数据获取阶段应确保数据资源权属清晰、具有可靠性、获取成本合理。在数据治理阶段，应通过建立数据清单、数据安全与合规、数据质量管理三个重点方面开展数据治理工作。在数据应用阶段，应借助不同的数据应用技术和工具，对数据与房地产估价业务场景的结合进行深入挖掘。在数据流通阶段，不仅要明确数据资产价值、制定清晰的定价策略，还要通过与行业内外各方进行合作推动数据市场的整体流动性和活跃度。

目前，不少头部房地产估价机构已经通过数据资产化探索深化自身的数字化转型，并产生了一定的经济价值和社会效益。但在估价机构整体数字化转型的过程中仍面临不少问题。

从机构内部来说，许多估价机构决策层思维仍停留在传统估价业务层面，缺乏数据要素应用意识，未形成全局统一的数据战略和规章制度。除了战略思维的转变，人才团队的组建也是一个难题。在数字化探索过程中，要求人员团队既熟悉估价业务，又对机构已有数据资源充分了解，能够深入发掘数据在估价业务中的应用价值，目前来说这样的数字人才相对稀缺。最后从数据平台的开发和搭建来说，对于很多中小型估价机构而言，平台的开发维护成本是一笔不小的投入，短期内难以实现盈利将影响经营流动性。

从机构外部来说，目前我国数据要素市场尚处于起步阶段，各项制度仍在建设中。例如房地产估价数据的分类分级、数据资产确权、数据资产交易支撑体系、数据资产价值评估等问题仍待明确和解决。只有通过制定相关标准，构建数据资产化支撑体系，方能更好地全面开发和利用房地产估价数据，从而推动房地产估价机构数据资产化的价值实现和数字化转型，为未来发展打下坚实基础。

参考文献：

[1] 刘刚，孙毅. 房地产基础数据要素资产化的理论基础，演进规律与价值实现[J]. 武汉金融，2022（5）：82-88.

[2] 徐涛，尤建新，曾彩霞，等. 企业数据资产化实践探索与理论模型构建[J]. 外国经济与管理，2022，44（6）：15.

[3] 高华. 应用场景视角下的数据资产价值评估[J]. 财会月刊，2022（17）：99-104.

[4] 叶露，潘立，丁昱尹. 数据资产质量评价及价值评估技术研究进展[J]. 中国资产评估，2023（8）：50-59.

[5] 大数据技术标准推进委员会. 数据资产管理实践白皮书（6.0版）[R]. 北京：大数据技术标准推进委员会，2023：2-5.

[6] 叶雅珍，刘国华，朱扬勇. 数据资产化框架初探[J]. 大数据，2020，6（3）：12.

[7] 李海舰，赵丽. 数据成为生产要素：特征，机制与价值形态演进[J]. 上海经济研究，2021（8）：12.

[8] 刘雁南，赵传仁. 数据资产的价值构成，特殊性及多维动态评估框架构建[J]. 财会通讯，2023（14）：15-20.

作者联系方式

姓　　名：邓斯扬　李　枫

单　　位：深圳市世联土地房地产评估有限公司

地　　址：深圳市福田区卓越梅林中心广场（南区）B座B单元19层1901、1903、1904

邮　　箱：dengsy@ruiunion.com.cn；lif@ruiunion.com.cn

注册号：李　枫（4420110210）

房地产估价机构数字化转型刍议

杨玉莹　朱　杨

摘　要：本文基于市场需求变化和技术创新的背景，分析房地产估价机构数字化转型的必要性和重要性，浅析房地产估价机构目前在数字化转型方面做出的实践，以及面临的技术、人才、竞争、安全等多重挑战和难题。同时，对房地产估价机构数字化转型之路，提出一些策略和方法建议。

关键词：数字化转型；房地产估价；实践探索；策略建议

一、房地产估价机构数字化转型的背景

（一）市场变化背景

随着房地产市场发生根本性的变化，房地产估价业务也不可避免地受到明显冲击，传统估价业务呈现下滑趋势。传统估价模式往往注重基本的估价要素，估价结果相对同质化，在房地产市场竞争激烈的环境下，一些估价机构为争取更多的业务，可能会采取低价策略进行竞争。此外，一些估价师可能缺乏专业的知识和技能，或者对市场变化和客户需求缺乏敏感度，估价行业人员素质下降，影响整体市场认可度。

（二）技术的创新

房地产估价行业从最早传统的利用网络二手房大数据平台进行成交价格租金的调查和咨询，用简单的办公软件进行报告与测算的编辑，到如今直接运用一些专业数据公司的大数据估价作业平台，使用计算机、手机实现估价全流程、全模块的作业。房地产估价信息技术的发展经历了传统评估模式、基于移动互联网、云计算、批量评估、自动化生成的处理过程等阶段。未来随着大数据、5G网络、人工智能科技等的发展，估价行业必将迎来新一轮的技术革新。

（三）政策环境影响

《中华人民共和国资产评估法》的出台标志着评估行业初步形成了完善的行业体系，使评估行业开启了有法可依的新时代。市场对房地产估价咨询从业人员和评估机构执业风险及防范提出了更高要求。在国家重点推进数字化转型国家战略的背景下，信息化数据平台系统在房地产估价咨询行业的运用将越来越普遍和多样。

二、房地产估价数字化转型的必要性和重要性

（一）提高工作效率和质量

房地产估价业务进行数字化转型，建立服务平台，应用信息技术，用技术为估价人员赋

能，既能减少繁杂的重复性工作，大幅提高估价工作效率，也能减少因估价人员主观因素所带来的误差与疏漏，提高估价工作的质量和技术水平，同时，可以随时随地给委托方及其他潜在客户提供有效信息。

（二）优化业务流程和降低成本

一方面，借助信息技术，智能化数字工作平台可以建立标准化、自动化的估价流程，包括数据清洗、特征提取、模型构建、预测分析和报告生成等环节，简化操作步骤、自动化审核流程等，优化估价业务流程。另一方面，通过利用大数据和人工智能技术，自动从各种数据信息来源（例如公开数据库、房地产网站、社交媒体等）采集和处理数据，可以减少人工收集和处理数据的时间和成本，甚至可以通过模型，进行自动分析和估价，降低人力成本。

（三）沉淀数据资产，提高竞争壁垒

房地产估价数字化转型可以通过建立数据库，快速整合各类数据，利用大数据和人工智能技术，自动从各种来源采集和处理数据，包括估价机构在业务开展过程中积累的各种数据，通过完善的数据治理机制，包括数据清洗、数据标注、数据存储等环节，提高数据资产的质量和价值，将市场数据与业务数据沉淀为数据资源，提高自身在估价行业中的竞争壁垒。

（四）满足客户需求

估价业务数字化发展下，智能技术与数字平台能更加快速、高效、准确地为客户提供服务与成果。通过完备的数据库，可以满足银行、国有企业、房地产开发企业等各类客户对于市场数据越来越高的需求。

三、数字化转型的实践和挑战

（一）房地产估价机构数字化转型的实践

目前估价机构已经在数字化转型上进行了多个方面的业务实践探索，包括房地产自动估价、房地产数据监测和决策参考、资产管理、银行数据服务等。既有估价机构自主开发的数据化系统，也有云估价等为传统估价机构提供数字化服务的数字服务平台。

1. 房地产自动估价

房地产自动估价是利用计算机技术、房地产估价理论和方法，以及大数据分析方法，自动、快速、准确地为房地产估价提供科学依据的一种方法。原理主要是通过对大量房地产数据的收集、整理和分析，提取出与估价对象相关的特征信息，并利用计算机算法和模型，结合市场行情和历史交易数据，自动计算出房地产的价值。

2. 房地产数据监测和决策参考

利用大数据技术和分析方法，对房地产市场数据进行实时监测和分析，为估价提供参考。进行房地产数据监测通常需要拥有比较完善的数据监测和分析系统，能够实时监测房地产市场数据，并通过大数据技术和分析方法进行挖掘和分析，为估价工作提供底层数据支撑和参考。房地产数据监测机构通常还会根据市场需求和用户反馈，不断优化和完善自身的服务，提高数据监测和决策参考的准确性和效率。

3. 资产管理

通过数字化，智能系统可以应用于资产管理。例如，对房地产项目投后监管进行实时监控和评估，利用对相关数据的收集和分析，包括房产价格、市场趋势、客户需求等，评估项

目的投资回报率、市场风险等，帮助投资者做出更明智的决策；利用数据库可以高效简洁地对存量资产进行盘点与管理，通过对市场趋势、客户需求等数据的分析，帮助企业制定更优的存量资产管理策略。

4.银行数据服务

估价数字化在各种类型的银行数据服务中都可以发挥其作用。例如押品管理，押品管理是一个动态的管理过程，其中在贷前的押品审查筛选、押品价值评估、贷后日常监控以及形成不良贷款时押品的处置等多个阶段，都需要专业评估服务。由于大型商业银行抵质押贷款在贷款总额中占有一半左右甚至更高，加之监管方面的复估需求，押品评估工作量巨大。押品大数据评估为商业银行大量的评估工作开拓了高效的工作模式，通过建立押品管理系统，独立或内嵌到整个信贷系统的形式运行，可实现全流程押品大数据管理，提升押品管理精度和效率。

（二）数字化转型中面临的挑战和问题

1.技术难题和人才短缺

房地产估价机构普遍缺乏数字化技术，包括数字化团队和数字化能力。传统评估公司人员构成以估价人员为主，缺乏科技类以及数据人才。

2.数据获取难、碎片化、不连续、来源不够丰富等

房地产估价涉及大量数据，包括房屋的基本信息、交易信息、市场动态等，面对信息时代鱼龙混杂的数据源，数据的获取与处理是估价机构数字化面临的一大难题。

3.来自互联网、科技型企业的竞争

互联网、科技型企业在数据收集、数据分析、与应用开发方面的技术都优于传统房地产估价机构，例如云房数据和阿里拍卖在阿里拍卖上线了智能房产评估功能，阿里旗下闲鱼联合诸葛找房推出租金估价系统为闲鱼发布租房信息客户提供精准的租金估价建议，京东大数据也已进入评估房产领域，其数据安全建设、云计算与人工智能方面的技术创新能力强，在大数据领域发展较为深入，借助在智能科技与数据建设的优势，拓展数字化估价服务，具有很大的竞争力。

4.数据安全

房地产估价行业作业数据涉及大量的敏感信息，包括房屋价格、房屋交易记录、银行贷款记录，其中涉及大量客户隐私，如果不妥善处理可能会引发隐私泄露和滥用的风险，需要采取合适的数据安全措施，确保数据的安全和保密。尤其是在面对银行等对于数据安全十分敏感的客户，运用大数据的过程中如何取得客户的信任，保障客户的信息数据安全，是估价机构数字化进程中十分关键的问题。

四、数字化转型的策略和方法

（一）加强信息技术基础设施建设

1.建设高效稳定的信息技术系统

建立专业的信息技术团队与完善的信息技术系统，包括数据库、服务器、存储、网络等方面，确保数字化技术的正常运行和数据的安全性、可靠性。结合房地产估价机构的实际情况，选择适合的数字化技术，包括云计算、大数据、人工智能等。提高数据挖掘、数据分析、数据可视化等方面应用效果和水平。

2. 提升数据处理和分析能力

加强数据治理，建立完善的数据管理制度和流程，包括数据采集、存储、处理、分析等方面，确保数据的规范化和标准化。结合房地产估价机构的实际情况，选择适合的数据处理和分析工具，包括数据挖掘、机器学习、数据分析等方面，提高数据处理和分析的效率和精度。同时，探索新的数据处理和分析方法和技术，包括人工智能、大数据分析等方面，提高数据处理和分析的能力和水平。

（二）优化业务流程和提升服务质量

1. 优化业务流程和组织结构

利用互联网平台和数字化技术，建立在线估价系统、客户管理系统、数据分析系统等数字化平台，实现业务流程的自动化和信息化。利用互联网思维和数字化技术，创新服务模式和业务流程，实现线上线下融合，提高服务质量和效率。通过数字化技术的引入，优化组织结构和管理模式，实现组织结构的扁平化和高效化，提高管理效率和创新能力。

2. 提升服务质量和竞争力

将客户满意度和服务质量作为数字化转型的核心目标，将以客户为中心的服务理念和文化贯穿于整个数字化转型过程中。通过数据分析和挖掘，深入了解客户需求，为客户提供更精准、个性化的服务。在利用大数据和人工智能技术的同时，发挥自身作为专业估价机构的优势，在与互联网科技企业的竞争中，强化自身专业优势，为客户提供更专业更具个性化的服务。

（三）加强人才队伍建设和培训

1. 引进和培养数字化技术人才

根据房地产估价机构的业务需求和数字化转型战略，制定数字化技术人才的引进计划，引进既懂房地产评估又懂数字技术的复合型人才。可以参考金融机构数字化人才引进的方式，"打造校企联合培养、产学研用协同攻关等合作育人新模式""探索建立全流程的业技融合发展机制"。一方面，通过校招引进各院校优秀的科技人才，另一方面，拓宽社会招聘渠道，注重招聘岗位的技术和业务复合素质要求。

2. 提升员工的数字化素养和技能水平

定期组织内部培训活动，邀请行业专家、技术骨干等为员工作专题讲座、经验分享等，让员工了解数字化技术在房地产估价领域的应用和发展趋势。提供必要的学习资源和时间支持，制定数字化技能认证标准，对员工进行数字化技能认证，确保员工具备相应的数字化素养和技能水平。

（四）加强数据安全和隐私保护管理

1. 建立健全数据安全和隐私保护制度

根据国家相关法律法规和标准，制定符合机构实际情况的数据安全和隐私保护政策，明确数据的采集、存储、传输和处理等环节的安全和隐私保护要求。

2. 采用先进的数据加密和存储技术

采用加密技术、安全通道等措施，确保数据在存储和传输过程中的安全性和完整性。加强服务器和网络设备的防护措施，防止黑客攻击和病毒感染等威胁。定期对重要数据进行备份，并制定相应的恢复策略。

3. 加强数据安全和隐私保护的宣传和教育

定期对员工进行数据安全和隐私保护培训，提高员工的数据安全意识和防范能力。

4. 加强数据的开发合作

积极参与行业交流和合作，加强数据的开发合作，互惠互利，促成良好的行业合作形势。通过参加行业会议、学术研讨会等方式，加强与其他房地产估价机构、相关企业及学术界的交流与合作，共同探讨数字化转型的路径和方法，共享经验和资源，推动行业的发展和创新。同时，应关注行业数据开发形势，及时调整和优化策略。

参考文献：

[1] 谢静.房地产估价中先进估价技术的运用：以人工神经网络为例[J].广西质量监督导报，2019（10）：120-122.

[2] 曹亚琨，臧曼君，胡永强.国际典型评估企业案例研究及经验借鉴[C]//中国房地产估价师与房地产经纪人学会.估价业务深化与拓展之路：2020中国房地产估价年会论文集.北京：中国城市出版社，2020：600-606.

[3] 聂竹青，陈智明，陈义明.基于知识图谱的房地产估价数据整合与智能利用[C]//中国房地产估价师与房地产经纪人学会.估价需求演变与机构持续发展：2019中国房地产估价年会论文集.北京：中国城市出版社，2019：282-286.

[4] 宋星慧，黄志忠，劳琼花.数字经济时代下房地产估价咨询行业的创变之道：信息化数据系统平台激发的新动能及发展新动向[C]//中国房地产估价师与房地产经纪人学会.估价需求演变与机构持续发展：2019中国房地产估价年会论文集.北京：中国城市出版社，2019：184-188.

[5] 胡亚晓.现代信息技术给房地产估价带来的改变及展望[C]//中国房地产估价师与房地产经纪人学会.估价需求演变与机构持续发展：2019中国房地产估价年会论文集.北京：中国城市出版社，2019：204-208.

作者联系方式

姓　　名：杨玉莹　朱　杨

单　　位：深圳市世联土地房地产评估有限公司

地　　址：广州市越秀区东风东路761号23楼

邮　　箱：yangyy@ruiunion.com.cn

房地产估价机构数字化实践及发展展望
——以深圳市同致诚评估公司数字化转型为例

张安庆　陈智协　陈　平

摘　要：本文简单阐述了房地产估价机构信息化发展历程的四个阶段，特别是随着 ChatGPT 大模型技术的推广运用，探讨了"大模型＋估价"的发展趋势、面临的机遇和挑战，展望新技术能为估价机构数字化转型带来创新性、跨越式发展。本文结合深圳市同致诚资产评估土地房地产估价顾问有限公司（以下简称"同致诚"）信息化建设经历的不同阶段，重点列举了同致诚内部办公系统与深圳市政务和商事主体电子印章管理体系，实现无缝对接，保障了电子印章的安全及权威性，为金融机构等委托方接收电子评估报告，提供了技术支撑。电子印章的成功实施，为企业数字化经营，践行绿色低碳和可持续发展，起到了标杆示范作用。

关键词：房地产估价机构；数字化转型；智能协同办公；AI 大模型；电子印章

一、估价机构信息化发展历程

随着经济的发展，房地产评估行业面临前所未有的机遇和挑战。在社会经济结构调整下，不断产生各种特殊的估价业务，如城市更新、房地产征收补偿、住房租赁、银行押品批量评估、军队房地产转让置换等新的估价服务需求。因此，房地产估价业将会拥有更广阔的市场空间。为适应经济的飞速发展，与其他行业一样，估价机构的企业数字化，经历了个人电脑、数码相机、智能手机、大数据、云计算等新技术，直至 2022 年年底涌现的人工智能、大模型技术。估价机构必须与时俱进，紧跟信息时代的发展步伐，采用新的信息化手段，辅助估价技术提升，才能适应社会经济发展的需要。

（一）初始阶段（2000 年之前）

随着房地产市场化发展，我国内地从 20 世纪 90 年代起，相应地萌芽了房地产中介咨询行业，房地产估价服务机构如雨后春笋般纷纷成立。与此同时，个人办公电脑逐渐普及，用于估价报告文档编辑排版等，提高了工作效率。但由于信息化程度不高，在收集相关信息数据的时候，需要花费大量的时间。

（二）探索阶段（2000—2010 年）

进入新世纪，计算机、互联网等技术发展日新月异。由于采购成本的下降，电脑设备及数码相机、激光打印机等设备越来越多地应用到估价机构，极大地提高了估价执业服务质量。随着房地产业蓬勃发展，与其相关的经济活动越来越活跃，催生了估价行业快速发展。有实力的估价机构陆续在国内主要城市设立分支机构，信息化促进了估价机构逐渐走向规模化发展，打破区域空间的限制，实现了办公电脑等设备互联互通。

（三）发展阶段（2010—2020年）

2010年以来，伴随着智能手机性能的提高，老百姓的日常生活习惯发生革命性的改变，移动办公成为可能，促进了OA系统从PC端到移动端的同步迁移，成为新的潮流和必备的功能。在互联网+大数据的背景下，部分大型估价机构抓住市场机遇，抢占先机，先行组建研发团队，自主或联合软件公司共同开发满足评估行业需求的智能办公系统平台。或发起估价机构联盟，构建覆盖全国主要城市的楼盘数据库，实现自动估价。此时，房地产评估行业的"评估云"百花齐放，推动了估价机构数字化迈上了新台阶。但有部分中小型估价机构信息化水平不足，还处于半手工操作阶段，日常项目管理存在较多风险。有的估价机构虽建立了信息化系统，但操作繁琐，界面不友好，核心功能模块不完善，用户普遍反映不好用。

（四）数字化转型阶段（2020年至今）

2022年年底ChatGPT大模型横空出世，掀起了新一轮数字化浪潮，估价机构面临新的机遇和挑战。我们要把握先机，前瞻性地探索新技术，为业务的拓展、估价服务水平的提升、企业的降本增效，提供新的动力源泉。

疫情三年，深远地影响了全球经济发展和老百姓的生活。但是信息及数字科技发展的步伐并没有停歇。疫情结束后，在经济低迷、增长乏力形势下，AI大模型技术的出现为各行业注入了一针强心剂。比尔·盖茨在接受媒体采访时表示："ChatGPT技术的出现，不亚于互联网和个人电脑的诞生。"

1. 国内大模型技术发展现状

2023年8月，由国家互联网信息办公室等七部门联合发布的《生成式人工智能服务管理暂行办法》正式施行，为生成式人工智能服务的健康发展和规范应用提供了法律依据，体现了发展和安全并重、创新和治理结合的理念。截至2023年11月底，国内已发布约200个大模型，超过20个通过备案，获准为全社会提供多种生成式AI服务。尽管人工智能在推动经济发展和促进产业转型方面具有战略意义，但其快速发展也引起了人们的担忧，可能存在的风险涉及知识产权、隐私和欺诈等。随着AI大模型技术不断迭代，可以预见生成式人工智能服务应用场景将更为丰富。随着大模型技术逐步成熟，在医疗、金融、教育、房地产等领域，"行业大模型"开始涌现，围绕各行业不同需求，搭建大模型基础设施，"大模型+行业"正在成为行业增长新引擎。

2. AI大模型技术在房地产评估行业的应用前景

ChatGPT等AI大模型技术，其强大的语义理解、生成和知识推理能力在各行业迅速掀起了巨大浪潮，也为评估行业带来了前所未有的机遇、风险及挑战。作为知识密集型的房地产评估行业，估价师需要承担繁重的价格测算、报告制作方面的工作。探索如何在评估作业过程中，应用AI大模型，结合估价理论和规范，建立"AI大模型+评估"具有很大的实际意义。

在价格测算方面，可以通过大量数据训练和迭代，建立价格测算AI大模型，完成AI价格测算工作；在估价报告制作方面，可以结合估价规范和价格测算模型，建立AI大模型生成估价报告等。随着AI大模型在评估行业应用普及，估价人员将逐渐从繁琐的重复劳动中解放出来，把宝贵的时间和精力用于商务沟通等AI技术无法完成的工作，更好地提升服务质量。

3. AI大模型技术在评估工作中面临的风险及挑战

若"AI大模型+评估"得到广泛应用，估价人员在工作中使用相近的AI大模型产品，可能导致评估测算过程的同质化。因此，在应用AI大模型产品进行辅助工作时，估价人员不能完全依赖它，应当结合自己的专业能力和实践经验，发挥主观能动性。估价人员面对人工智能时代的冲击，依旧有着自身不可被替代的优势。

未来已来，AI 就是未来。我们期望在中国房地产估价师与房地产经纪人学会的主导下，鼓励各高校科研机构、估价企业协同合作，大胆假设，小心求证，运用 AI 大模型最新技术成果，探索出一条全新的数字化转型之路，为企业的降本增效，提供新的动力源泉。

二、估价机构数字化实践过程的思考

现根据笔者就职的估价机构所经历信息化的实践进行总结，希望能作为估价机构数字化转型的参考及借鉴。

（一）同致诚信息化发展历程

2006 年公司管理层敏锐地意识到，随着业务的发展，需要进行企业信息化，以减轻人工重复劳动，实现降本增效的管理目标。以公司多年房地产估价管理工作经验为基础，组建由估价人员、IT 技术开发、行政管理等岗位员工参与的信息化小组，经过半年的研发，同致诚评估智能办公系统平台（以下简称"OA 系统"）于 2007 年年初上线试运行。十年磨一剑，围绕房地产估价市场的变化及公司管理的需要，经过不断迭代，各功能模块逐渐完善，使该系统具有高效、安全、实用等特点。

（二）紧跟 IT 技术发展，与时俱进，适应市场需求

OA 系统开发时，采用应用层、逻辑层、数据层低耦合的架构进行设计，使修改应用界面、调整业务逻辑、数据结构时，互相影响的程度降到最低。而且可扩展性良好，例如：PC 端、手机移动端发布应用程序，只需调整应用界面，业务逻辑及数据结构可以反复使用，通过数据接口进行结构化输出，保证 PC 端和手机移动端所显示的数据具有一致性，从而降低了开发及维护工作量。

（三）应用科技化手段，解决公司管理中遇到的难点、痛点

为了按照房地产估价规范要求的程序及步骤，完成估价作业流程，OA 系统分别设置了相关功能模块，如，估价业务管理，作为估价机构管理的核心环节，包括业务承接（询价、预评）到签订委托合同，然后出具正式估价报告（分配、撰写、审批、盖章、归档等），直到估价收费、发票管理等所有环节，提高了工作效率、控制了执业风险。

OA 系统主要功能模块包括：询价管理、估价业务管理、估价报告生成系统、手机查勘系统、财务管理、人力资源管理等。各子模块对估价业务进行全流程登记、留痕。企业员工被授权为不同的角色权限，可以实时查询估价作业进度及审批意见等，风险控制部门便于及时审核估价执业过程是否规范，通过有效控制流程的审核路径，保证了服务质量及效率。

三、强大的软件开发能力是估价机构数字化转型的关键

与上下游合作伙伴建立密切信息互联，通过数据交互，实现数据安全、可靠传输。

（一）与多家银行机构，建立系统无缝对接

通过安全可信的 API 接口，根据双方确认的通信协议，搭建网络专线，实现数据安全传输，契合当前金融机构数字化转型的需要，促进了估价机构与金融机构深度合作，实现互利共赢。

(二)引入由政府部门牵头发起的电子签章系统

1. 采用电子签章的必要性

随着同致诚业务规模发展壮大,委托合同、询价预估单和估价报告的数量增长迅速,需要打印为纸质文件,然后盖上公司的印章,再以快递的方式发给客户。传统的盖章过程耗时长、易出错、成本高、效率低等弊端越发明显。政府部门、企事业单位之间,在各项经济交往过程中,也同样面临类似的问题。为了促进数字经济健康、稳定地发展,《中华人民共和国电子签名法》(以下简称《电子签名法》)于2004年8月28日获得通过并颁布实施,电子签章有了法律保障。

2. 搭上"数字政府和智慧城市建设"顺风车

为进一步优化营商环境,推动数字政府和智慧城市建设,深圳市建设了统一电子印章管理系统,进行政务电子印章和商事主体电子印章的全面应用。2022年年初,深圳市标准技术研究院作为市统一电子印章管理系统的运营单位,在全市不同行业的企事业单位,挑选有品牌影响力、数字化基础良好、且具有IT技术二次开发能力的商事主体做试点。在此背景下,同致诚积极参与评选活动,深圳市标准技术研究院经过考察遴选,同致诚有幸成为深圳市房地产评估行业首家电子签章应用示范单位。

根据深圳市统一电子印章管理系统架构要求,采用中国金融认证中心(CFCA)的加密机介质,绑定第三方数字证书颁发机构授权的企业数字签名。结合同致诚的用章需求,制定电子印章方案,将电子印章成功接入房地产估价系统,实现盖章电子化,全流程监控管理。估价报告电子签章的法律效力符合国家《电子签名法》的相关规定,深圳商事主体电子印章的权威性保证了文件真实有效、合法合规。业务审核数据完整、可追溯,在各大银行等金融机构普遍使用,获得了银行、法院等合作单位的认可。电子签章应用在房地产评估行业取得新突破,受到深圳《先锋快报》《深圳市场监管》《深圳商报》等媒体关注(图1)。

图 1 深圳市场监管发布关于电子印章相关消息

3. 电子印章助力企业降本增效,践行绿色低碳和可持续发展的理念

根据《中华人民共和国资产评估法》等法律法规的要求,一般估价业务的档案保存期限不少于15年,法定业务的档案期限不少于30年。随着电子印章逐渐深入企业的经营活动中,打破从前"只有纸质是原件"的使用思维和习惯。目前,同致诚OA系统已先后与多家金融机构贷款业务平台实现无缝对接,打通电子估价报告归档"最后一公里",解决估价底

稿"存档难"的问题，并且节省了用以专门存放文件的场地租金和文件柜、档案袋、档案盒等存储耗材，每年折合费用约十万元。

电子印章助力同致诚数字化经营，将传统纸质文档的盖章方式转变为在线签章模式后，节约办公成本，真正实现了无纸化办公，用实际行动履行了绿色低碳、可持续发展的社会责任。

四、估价机构数字化转型发展的前景及展望

估价机构数字化转型之路具有很多不确定性。房地产评估行业竞争激烈，必须依靠信息科技的力量，提高管理水平，降本增效。因此，数字化转型是可持续发展的必由之路，道长且阻。首先需重视开发模式的选择，合适的才是最好的。有实力的大型估价机构可采用自主开发模式。该模式根据自身需求与数字化转型的根本目标，组建由计算机专业人才及骨干估价师、行政管理、财务人员共同参与的信息工作小组，在开发过程中可实现软件人员与估价人员的充分沟通，在理解房地产估价理论、估价方法等内涵基础上，设计出符合估价机构所需的信息管理软件产品。依靠公司强大的管理组织能力，推进产品研发进度，保证软件系统的质量。自主研发OA相关产品，优势非常明显，拥有自主知识产权、系统功能具有良好的可扩展性。当然，自主开发模式也存在不少缺点，如，开发周期长，需要稳定的IT人才队伍等。估价机构智能化办公平台必须具有强大的韧性、灵活性，可持续地满足业务发展需要，数字化转型才有新的驱动力。

与此同时，需要研究与评估行业管理协会的信息系统，如何实现估价业绩"一键上传"，自动上报，这是未来估价机构数字化转型需要解决的问题。我们期待行业协会制定估价信息化标准，统一数据库结构、产品编码等，鼓励有实力的估价机构或软件开发企业，按照行业标准，打造全国通用的估价机构信息化产品，经过行业协会审核认证的产品，可商业化推广，以提升整个评估行业数字化发展水平。

参考文献：

[1] 李杨岚．房地产评估数据平台构建研究[J]．建筑经济，2022（7）：781-784．

[2] 百度百科．OpenAI发布的聊天机器人模型ChatGPT[DB/OL]．https：//baike.baidu.com/item/ChatGPT/62446358，2024-01-22．

[3] 国家互联网信息办公室．生成式人工智能服务管理暂行办法[Z]．2023-07-10．

[4] 深圳标准院．深圳商事主体电子印章在房地产评估行业应用渠道有新突破[Z]．2023-06-30．

[5] 李佳佳．房地产评估用上电子印章，近万份文档可节省约20万元[N]．深圳商报，2023-05-31（A04）．

[6] 中国资产评估协会．中国资产评估行业信息化规划（2018—2022）[Z]．2019-01-09．

作者联系方式

姓　　名：张安庆　陈智协　陈　平
单　　位：深圳市同致诚资产评估土地房地产估价顾问有限公司
地　　址：深圳市福田区侨香路裕和大厦901室
邮　　箱：aqzhang@139.com；44327964@QQ.com；chp@tzcpg.com
注册号：陈　平（3619970098）

"超时空"智慧办公对估价行业的影响

陆艳倩

摘　要：本文通过联想联合 IDC 发布的《"超时空"智慧办公白皮书》的预测，以"超时空办公"时代的到来为背景，提出估价行业应对的策略及改变。

关键词："超时空办公"；数字化转型；办公模式

2023 年 2 月 14 日，联想联合 IDC 发布《"超时空"智慧办公白皮书》，预测未来 5 年办公面积将明显缩减。"超时空办公"时代的到来，需以相应的软硬件及配套解决方案为基础，本文通过"超时空办公"给企业未来带来的改变，提出估价行业应充分利用数字化转型，发展新型办公模式，以应对"超时空办公"时代的到来。

一、"超时空办公"改变未来的工作模式

(一)"超时空办公"的发展历程

"超时空办公"指时间灵活、地点分散的工作模式，俗称"远程办公"。早在 20 世纪 70 年代，Jack Niles 针对美国交通大拥堵的问题提出了远程办公的概念。由此可见，现代城市的空间成本问题、通勤时间成本问题是引发"超时空办公"的诱因，而伴随着 ChatGPT 等 AI 软件的推广，引领第四次技术革命的到来，则是真正推动"超时空办公"发展的动力。

从"超时空办公"的发展历史（图 1）来看，远程办公与相应的软硬件的发展息息相关。互联网与 WIFI 技术是远程办公的基础，最早推行远程办公的是互联网企业，如微软、谷歌、IBM。互联网企业的生产要素主要以数据和信息为主，信息的处理和管理主要以线上为主，

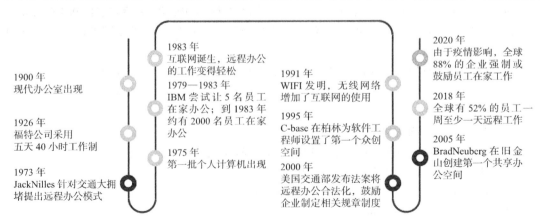

图 1　"超时空办公"发展历史

因此,"超时空办公"的工作方式能较好地适应和融入互联网企业的发展。

(二)"超时空办公"大背景催生企业数字化转型

疫情期间,我们的生活方式与工作方式都发生了极大的改变,"超时空办公"成为常态。数字化程度越高的行业越能适应远程办公的工作模式,而需与实体紧密接触的行业,如农业、建筑业、基础制造业等,由于数字化水平尚处起步阶段,则较难适应远程办公。由此可见,数字化程度的高低是能否适应远程办公的关键,疫情是远程办公的催化剂,但"超时空办公"的大背景则反向推动了企业数字化转型(图2)。

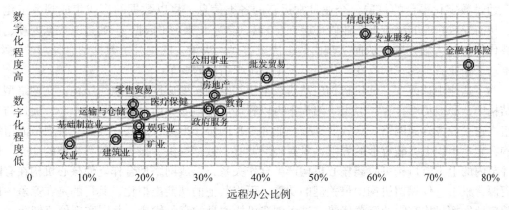

图2　各行业数字化程度与远程办公关系

(三)多样化办公设备实现对分散空间的无缝衔接

与传统的办公模式相比,远程办公意味着物理上分隔在多地的空间需要通过线上手段来实现连接。基于通信技术的不断发展,先进的音频、视频技术,以及强大的数据共享功能,使分散在多个空间的员工之间实现文件共享、演示、协作,实现线上交流的稳定和流畅。通过IDC(国际数据公司)对"超时空办公"数字技术的对比(图3),数据和应用上传到云端以供随时随地读取使用是能提升"超时空办公"效率的因素。

图3　多种技术提升"超时空办公"效率

但落到实处,首先是硬件,涉及台式电脑、笔记本电脑、平板、智能白板、物联网硬件、手机、外设存储、服务器、视频会议设备、打印机外设。其次是软件,涉及远程会议、协同办公类,网络数据安全类。根据IDC预测,到2025年全球软硬件相关支出将达到4490亿美元,中国将有超过40%的会议转移到线上开展,移动办公导致运营类企业办公面积缩减10%,智能制造导致生产类企业办公面积缩减20%,新零售导致经营类企业办公面积缩减15%。

二、发展新型办公模式是估价行业的未来

（一）企业组织结构从直线型向网络型转变

随着企业数字化程度的不断加深，大数据、物联网、云计算等数字产业趋于成熟，自动化与人工智能技术将越来越深入日常工作中。为了降本增效，估价行业企业应通过数字化平台打造，将办公、财务、营销、人力、业务链等各个系统串联一体，以实现生产要素的数字化。

通过数字化平台的打造，企业日常运营的各类信息，将以数据的形式集成到数字化平台，从而导致企业的决策由企业管理层（人）转向数字化平台（数据），通过对数据处理、分析替代传统的人脑判断，从而实现由数据决策替代人决策，既提升了数据信息处理的效率，又推动了企业管理模式的改变，从而引发企业组织结构的变革。

为了适应上述改变，估价机构应从直线型组织结构转变成网络型组织结构。在网络型组织结构中，职级仍然存在，但组织架构不再以管理层为核心，而是以项目为中心，通过与其他组织建立业务合同网络，有效发挥核心业务专长的协作型组织形式，其是一种虚拟的组织结构，它在组织上突破有形的界限，虽有查勘调查、数据提供、报告编制等完整的功能，但各环节内的上下游机构可脱离核心机构产生合作关系，形成网络型合作。使核心机构在有限的资源背景下，仅保留机构中最关键的功能，而将其他的功能虚拟化，其目的是在竞争中最大效率地发挥机构有限的资源优势，进而创造机构本身的竞争优势，共同实现价值创造。

在动态网络结构下，估价机构整合产业链上的不同角色，包含数据供应商、查勘调查服务商、报告编制方等，形成一个强大的关系网，与这些机构达成长期的协作协议，可见动态网络结构是将大部分内部组织机能外包，形成内外部一体的产业链（图4）。机构中最关键的功能是设置一个精干的管理协调机构，负责监管公司内部开展的活动，同时协调和控制与外部协作机构之间的关系。当其承接业务后，可以根据项目情况，选择是否需要外购数据、是否需要委托查勘调查，报告是否需要外包给其他专业机构，如果需要外包，则应明确技术要求。动态网络的组织结构不仅适用于单一估价项目类别，若估价机构涉及多元化的相关业务领域，则可以在更长的产业链上形成更大的虚拟化动态网络结构。

图4　动态网格结构下的估价机构整合产业链

（二）领导力与领导模式应与混合办公相适应

从企业角度看，远程办公能在一定程度降低企业成本；从员工角度看，远程办公能更好地应对工作—家庭冲突；从社会角度看，远程办公减少了交通通勤，体现了绿色环保的生活方式。根据Gallup预测，到2028年"80后"步入48岁时，全球将有73%的工作通过远

程办公完成，这就意味着需要管理层与员工共同摸索全新的领导风格和绩效指标。

远程办公使员工脱离了传统企业文化强调的集中统一的工作场所，且处于"离散"状态，因此管理层的领导力与领导模式需要做出相应的调整，借助企业文化实现数字化创新。领导力与领导模式主要体现在企业资源管理、企业数据中心、人力资源管理三方面的企业文化建设上。具体表现为企业管理的不同部门及个人之间能实现信息直接交换，上下级能实现直接互动，最大限度地去除不必要的中间环节和繁冗程序，让上行下达更直接高效。但人都有交往的需求，远程办公导致传统办公这种具有仪式感的办公环境不复存在，但线下部门与部门、员工与团队、团队与团队之间的亲密接触是必需的。因此，应适当辅之以线下的办公和活动，以增强员工之间的情感联系，满足员工社交的心理需求。IDC 预测，2025 年全球在企业文化领域的支出将超过 600 亿美元。

三、结语

中国国家卫生健康委员会老龄司表示，至 2035 年左右，中国 60 岁及以上老年人口将突破 4 亿，进入重度老龄化阶段，到 2050 年前后，老年人口规模和比重、老年抚养比和社会抚养比将相继达到峰值。因此，为了缓解人口老龄化，国家推出了鼓励生育、延迟退休、完善养老保障体系等措施。年轻人将承担更为沉重的赡养老人、抚育孩子的负担，因此为了平衡工作与家庭，最近广东多地出现了兼顾事业与家庭的"妈妈岗"工作。疫情期间的实践也证明了估价行业的工作完全适合采用远程办公的方式，而且"超时空办公"的工作模式也契合国家政策导向。

"超时空办公"以企业内部数字化转型为重要前提。从企业内部管理模式来看，估价行业的领导者需要主动出击，针对新的办公模式，企业组织结构由直线型向网络型转型，不断加深去中心化程度。从领导模式来看，智能化的解决方案将改变现有岗位的职责、工作内容、考核指标，故管理层更需要充分发挥自身在企业内部的影响力来推动和适应新的模式协调发展。办公模式的改变也带动了办公空间需求的改变，"超时空办公"更强调空间使用的灵活性，便于物理上分隔多地的空间通过线上实现协作。远程办公虽在未来将成为办公方式的主流，但仍应辅以一定的线下集中办公，这是企业文化建设的关键，也是管理人性使然。

参考文献：

[1] 潘逸瀚. 从远程办公到分布式协作办公的无边界办公研究 [J]. 绿色建筑，2011（5）：52-56.

[2] 联想研究院. "超时空"智慧办公白皮书 [Z]. 北京：联想，IDC，2023.

[3] 李磊. 数字化转型：远程办公文化建设的关键 [J]. 中外企业文化，2022（9）：8-9.

作者联系方式

姓　　名：陆艳倩

单　　位：上海科东房地产土地估价有限公司

地　　址：浦东南路 379 号 26 楼 A 室

邮　　箱：luyanqian@kedongcn.com

注册号：3120070025

房地产估价机构数字化转型的现状与路径

马佰林　张海洋

摘　要：随着大数据技术的深度发展和应用，传统的房地产估价业务受到了较大的挑战，房地产估价行业持续健康发展遇到了瓶颈，在数字化转型的国家战略背景下，房地产估价机构应该抓住机遇，积极推进数字化转型。本文在对房地产估价机构数字化转型现状分析的基础上，阐述房地产估价机构在数字化转型中面临的挑战，并提出相应的转型路径以促进房地产估价机构持续、健康发展。

关键词：估价机构；数字化转型；现状；路径

一、房地产估价机构数字化转型的必要性

人工智能、信息技术已成为推动中国经济转型升级、创新发展的重要动力。中国信息通信研究院副院长王志勤指出："随着国民经济水平不断提高，其中高度的数字化产业占比从2012年的16.8%增长到2022年的22.4%，当前是我国实现跨越式发展的重大战略机遇期，不断做强、做优、做大数字经济产业，巩固发展基础产业，壮大新兴产业，持续推动数字技术和实体经济融合，同时要下大力气做强数字经济的企业主体。"据中国信通院报告，2022年我国数字经济规模首次突破50万亿元，达到50.2万亿元，同比名义增长10.3%，已连续11年显著高于同期GDP名义增速，数字经济占GDP比重相当于第二产业占国民经济的比重达到41.5%。[1]数字化程度较高的产业对国民经济的拉动作用不断增强，数字经济在国民经济中的支柱地位进一步加强。数字化转型已成为房地产估价机构适应数字化时代发展、提高服务质量、改善行业生存环境的必由之路。

二、房地产估价机构数字化转型现状

（一）外部市场深度调整传统估价业务，迫切需要转型

从2015年到2016年9月底，中央关于房地产的政策主基调是"去库存"。2015年3月30日出台刺激房地产发展的新政，在去库存政策推动下，一二线城市的房价和地价上涨。2016年9月底开始，以南京、苏州、杭州、北京、上海为代表的全国16个城市，出台史上最严厉的限购限贷新政。2016年年底中央经济工作会议首次提出"房住不炒"，2021年房企"三道红线"开始实施，同时全国第二轮土地拍卖市场明显冷清，房地产市场有所降温，恒大等房地产企业出现债务危机。这些宏观政策的调整和房地产市场变化给估价行业带来巨大的影响。房地产估价依赖的市场环境和风险发生了重大变化。随着部分大型估价机构和银行自动估价系统的建立，以往的抵押估价业务、涉税估价业务等传统估价业务在迅速减少，估

价机构出现低价竞争现象，估价质量也受到一定的影响。因此，估价机构需要加速业务转型速度，寻找新的业务增长点。

（二）数字化评估系统有待进一步完善

数字化评估系统需要进一步完善，主要体现在：首先，要完善信息安全，信息安全就是要确保信息的完备性、保密性和真实性，数字化评估系统会收集大量市场和用户信息，一旦信息泄露会给客户带来较大损失，当前估价机构的数字安全意识不强。因此，估价机构要加强数字化评估系统的信息安全建设；其次，要完善法律保障措施，例如，对于云估价行为涉及的法律法规还不健全，不能很好地保护房地产评估各方的利益，这也会阻碍估价机构数字化转型的进程；最后，数字化估价系统所依赖的数据还不够完善，没有大数据的支持，估计机构开展数字化评估系统建设，开展云评估、云征收等业务是很难实现的，而当前房地产大数据还不够成熟，部分数据的获取存在困难。因此，需要行业和管理部门进一步完善房地产大数据建设，积极构建数字化评估系统。

三、房地产估价机构数字化转型面临的挑战

（一）中小估价机构数字化转型意识不强

在估价市场环境、估价业务出现巨大调整的情况下，房地产估价机构之间的竞争进一步加剧，尤其是已转型估价机构与未转型估价机构之间的竞争。大型房地产估价机构实力强，已经构建了系统的数字化发展模式，中小房地产估价机构由于资金有限、专业人员有限、对数字化转型意识不强，使得中小型房地产估价机构在数字化转型中投入不足。而且部分中小估价机构可能认为数字化转型只是简单地使用一些办公软件和电子化存储，而没有认识到数字化转型涵盖了客户管理、数据收集与分析、业务流程优化等多个方面。因此，他们缺乏对数字化转型的全面理解和重视。

（二）专业化人才培养机制不健全

在房地产估价机构数字化转型过程中，对从业人员素质要求更高，从业人员不仅要掌握房地产估价的基本理论和方法，还应该具备数字化能力。例如，数字化平台的构建、操作，数据的收集和处理，估价模型的构建等能力。在转型期间，这些具备综合能力的估价人员严重缺乏给估价机构转型带来了很大的挑战。而且估价机构对于专业化人才培养的重视和投入不足，这也进一步阻碍了估价机构的数字化转型进程。此外，在高等教育阶段没有专门开设房地产评估专业，房地产评估专业知识的学习大多是通过房地产开发与管理和资产评估等专业开设的课程，以及参加房地产估价师职业资格考试。在课程学习和房地产估价师资格考试中还主要是学习传统的估计理论和方法，涉及大数据收集、处理、分析的课程和内容较少，这样就导致人才培养与市场需求相背离，不利于房地产估价行业的数字化转型。

（三）原始数据的获取和整合难度大

由于房地产类型的多样性，全国每天产生的房地产交易信息和数据庞大，房地产类型不同，其价格信息差异较大，及时准确地获取这些原始交易信息，给估价机构带来了巨大挑战，而数据库的完备程度进一步决定了估价的准确性。此外，房地产数据分布分散，房地产中介的挂牌数据、估价机构的评估数据、互联网平台的挂牌数据、管理部门的交易数据等，这些数据分布在各个机构和组织中，如何打破数据壁垒，实现数据在各个机构和组织之间共享，进一步整合数据资源，建立实时共享的数据平台，是各个组织和部门面临的一大难题。

四、房地产估价机构数字化转型路径

（一）将数字化内容融入房地产估价师继续教育中

房地产估价机构数字化转型的关键在于房地产估价师的数字化转型，据《中国房地产发展报告（2021）》统计数据显示，全国注册执业的房地产估价师共63772名，从年龄看，平均45岁；本科及以上学历占比为65.2%，从数据上看，房地产估价师总体受教育程度高，但是平均年龄较大，从事的房地产估价业务较为单一。[2] 另外，高校在开展教学过程中，还主要以传统课程教学为主，数据处理分析能力方向的课程开设不足。因此，不论是从业经验丰富的估价人员还是刚刚加入房地产评估行业的估价人员，在数据收集、处理、分析方面的能力普遍欠缺，这就要求在房地产估价人员继续教育中融入数字化教学内容。采用微课程的形式传授新知识、新技能，结合数字化转型典型案例，讲解数字化转型的成功做法和经验，加强房地产估价师之间的交流和学习，提升房地产估价人员用数字化技术解决实际问题的能力。

（二）树立数字化转型意识，重构房地产估价业务

随着"房住不炒"政策的实施，房地产市场在不断深入调整，这使得房地产估价行业面临的风险和业务发生了重大变化，加之房地产估价行业竞争的白热化。因此，在行业发展环境和业务类型发生重大变化之际，房地产估价机构应该积极适应数字化转型趋势，采用新技术、新方法重构房地产估价业务，寻找新的业务增长点。估价人员应该加强学习，从传统人工评估向数据评估、批量评估转变；建设数据平台，房地产估价全过程接入数据平台，实现估价过程数据及时上传平台；加速估价流程的数据处理，提升估价过程的自动化处理水平，提升估价效率，最大限度地满足客户对估价报告的及时性要求；升级数据分析手段，扩展行业分析渠道，房地产估价人员要不断优化估价模型，运用更先进的量化分析方法，分析手段要更加贴近市场需求，不断为客户创造更大价值。

（三）构建动态可视化数据库

房地产估价机构应不断加大研发投入，构建满足自身业务发展需要的数据库。例如，构建满足自身业务需要的房地产市场自动分析流程，能实时获取城市房地产交易数据和信息，自动形成房地产市场状况分析报告，满足估价业务需求；建设高效、完备、分类、及时的房地产交易案例库；构建及时高效的行业风险识别系统，能及时获取经济发展数据、行业发展数据，通过大数据分析生成不同类型房地产的风险报酬率，并结合无风险报酬率，自动生成不同类型、不同地区的房地产报酬率，以数据库为支撑生成城市房地产景气指数和城市房地产价格指数。提升估价机构的业务处理能力和行业竞争力。

（四）建设房地产估价质量控制数字化体系

建设房地产估价质量控制数字化体系就是要升级传统的房地产估价质量控制体系，提高房地产估价质量控制体系的高效性，建设一套全过程数字化管控体系。将房地产估价业务委托、现场勘查、可比案例和参数选择、估价测算和估价审核等房地产估价程序"搬到网上"，建立估价机构与行业监管部门的信息联络渠道，建立和完善房地产估价报告电子备案制度，行业协会可以从电子备案报告中抽查，可以较好地遏制估价机构的违法违规行为。进一步降低房地产估价过程中遗漏估价程序和违规的风险，实现对房地产估价流程的数字化监管，提升房地产估价质量，完善房地产估价机构的内部控制。

（五）加强数字化创新提升服务水平

估价机构创新，一是要进行业务创新，在原有稳定的传统业务基础上加强学习，将大数据的优势引入估价业务中，拓宽业务类型，不断挖掘新的估价业务，如贷后风险识别评估、房地产投资咨询、房地产市场分析等。二是要进行技术创新，随着经济高质量发展的不断深入，市场对房地产估价业务需求也在不断变化，对于一些新的估价需求，传统的估价思路和方法存在一定的局限性，这就要求估价人员要不断学习，尤其要加强对大数据收集、处理、分析的学习，不断创新估价技术，满足客户需求。同时，估价机构还应该注重服务水平的提升，估价机构要不断提升服务效率和质量，提升专业服务水平，实施估价机构品牌建设，为客户提供更优质的服务。

（六）加强与政府、协会和估价机构之间的合作

房地产估价机构在数字化转型过程中要积极接受协会的指导，充分发挥协会的专业特长，及时调整业务类型，与协会联合开展估价人员培训。同时还要加强与政府部门的合作，数字化转型要以数据库建设为基础，数据库的规模、稳定性、真实性是数据库建设的关键，因此，房地产估价机构要加强与房地产管理部门、房地产交易平台、其他房地产估价机构的合作，实现数据有偿使用或共享，以提高数据的容量和准确性，为房地产估价机构开展数字化转型奠定基础。

五、结语

大数据迅速发展的背景下，房地产估价机构数字化转型已经成为必然趋势，房地产估价机构要及时把握市场变化，以市场需求为导向，在行业主管部门的指导下，坚定数字化转型决心。加大数字化转型投入、加快业务转型步伐、注重数字人才培养、加快数据库建设、加强与其他估价机构的合作，不断开拓新的业务，推动房地产评估行业持续、健康、高质量发展。

参考文献：

[1] 中国信通院. 中国数字经济发展研究报告（2023年）[EB/OL]. http://www.caict.ac.cn/kxyj/qwfb/bps/202304/t20230427_419051.htm.[2023-04-27/2023-11-20].

[2] 李秀荣，林晓. 促进房地产估价师数字化，开拓行业新局面 [C]// 2021 中国房地产估价年会论文集. 北京，2021：133-137.

[3] 吴进. 数字化转型是中小会计师事务所发展必由之路 [N]. 中国会计报，2023-02-24（13）.

[4] 王常华. 估价机构数字化转型与实践思考 [C]// 2021 中国房地产估价年会论文集. 北京，2021：99-102.

[5] 陈海清，汪娟."互联网+"时代下房地产估价机构如何脱颖而出 [C]// 2021 中国房地产估价年会论文集. 北京，2021：195-197.

[6] 郑晓俐. 数字经济对房地产估价行业的影响分析：基于风险预警的视角 [J]. 上海房地，2023，（6）：56-59.

[7] 李开猛，邱斐，黄国柱."互联网+"时代背景下房地产估价行业转型探讨 [J]. 全国流通经济，2020，（6）：142-143.

[8] 孙晓丽. 浅析房地产评估行业的数字化转型之路 [J]. 企业改革与管理，2023，（10）：168-170.

作者联系方式
姓　　名：马佰林
单　　位：郑州商学院
地　　址：郑州市巩义市紫荆路 136 号
邮　　箱：1638210002@qq.com

姓　　名：张海洋
单　　位：北京中企华土地房地产资产评估有限公司安徽分公司
地　　址：安徽省合肥市庐阳区阜南路东怡金融广场 B 座 3406 室
邮　　箱：cea-ah@chinacea.com

浅议估价机构的数字化转型

马晓燕 宋宜兰

摘　要：估价机构提供独立、客观的估价服务、支持房地产投资决策、保护权益和利益相关者，在房地产市场中起到重要作用。传统的估价机构面临着效率低下、准确性不高以及客户体验差等问题。随着数字化转型的迅速发展，估价机构也面临着推进数字化转型的必要性和挑战。本文旨在探讨估价机构如何通过数字化转型提高效率、准确性和客户满意度。数字化转型不仅是一种技术的升级，更是一种整体的战略和文化的变革。实现数字化转型可以帮助估价机构适应数字化经济和社会环境的需求，提高工作效率、准确性和客户满意度，增强竞争力。

关键词：估价机构；数字化转型

一、数字化转型概述

（一）数字化转型的定义

数字化转型是指将传统业务模式、流程和服务通过数字技术进行改造和升级，以实现更高效、更灵活、更智能的运营方式和客户体验。它涉及整合、优化和创新企业内部的各种资源和功能，包括人员、流程、技术和数据等，以适应日益数字化的经济和社会环境。数字化转型不仅是单纯的技术升级，更重要的是整体战略和文化的变革，以推动组织的创新和增长。通过数字化转型，企业可以实现更高效率、更准确性和更个性化的服务，提升竞争力并满足客户的需求。

（二）数字化转型的目标

（1）提高业务效率：通过数字化技术，自动化和优化业务流程，减少人工操作和冗余环节，提高工作效率。

（2）提升数据分析能力：通过数字化转型，企业可以收集、存储和分析大量的数据，从而更好地了解客户需求、市场趋势和业务情况，为决策提供科学依据。

（3）提高准确性和可靠性：数字化转型可以减少人为错误和不必要的手工操作，提高准确性和可靠性。通过数字技术的支持，可以生成更精确的数据和结果。

（4）加强客户体验：通过数字化转型，企业可以提供更便捷、个性化的服务，满足客户多样化的需求，提高客户满意度。

（5）创新和创造新商机：数字化转型可以帮助企业创造新的商业模式和价值，开发新产品和服务，创造新的商机。

（6）优化组织结构和资源配置：数字化转型可以帮助企业优化组织结构和资源配置，提高资源利用效率，降低成本。

（三）数字化转型的关键要素和特点

（1）数字化转型的关键要素包括技术、数据、人员和文化。选择适合的技术平台和工具，如云计算、大数据、人工智能、物联网等，可提高业务效率和创新能力。收集、存储和分析大量数据可以获取更多有价值的信息，实现精细化管理和个性化服务。企业需要拥有具备数字化技能和意识的员工团队，并培养数字化思维和领导力。同时，建立开放、创新、学习和敏捷的文化氛围，促进跨部门和组织间的协作和沟通。

（2）数字化转型的特点包括全面性、持续性、敏捷性、客户导向和数据驱动。它涉及企业内部的各个方面，需要全面考虑和整合。数字化转型是一个长期的过程，需要持续投入和改进。企业需要灵活应对变化和创新，快速适应新技术和市场趋势，并从客户的角度出发优化服务流程和交互方式。数据的收集、分析和利用是数字化转型的基础，通过数据驱动的决策和创新，企业能够更好地了解市场需求和客户行为，并做出准确的决策。

（四）数字化转型对估价机构的影响

数字化转型对估价机构产生深远影响，主要包括以下几个方面：

（1）提高效率：通过数字化转型，估价机构可以自动化和优化业务流程，减少重复性工作。例如，利用数字化工具进行数据收集、分析和报告生成，提高工作效率。

（2）提升数据分析能力：数字化转型使得估价机构更好地处理和分析大量的数据。应用数据分析技术，准确评估房地产资产的价值和风险，提高估价结果的准确性和可靠性。

（3）优化客户体验：数字化转型可以提供便捷、快速的服务，满足客户多样化需求。通过在线平台或移动应用提供在线估价服务，客户可以随时提交估价请求并获得实时结果。

（4）改善报告和沟通方式：数字化转型使报告和沟通更灵活高效。利用数字化工具生成报告，并通过电子邮件、在线会议等方式与客户沟通，提高信息传递效果和沟通时效性。

（5）提高数据安全和隐私保护：数字化转型帮助估价机构加强数据安全和隐私保护。建立完善的数据管理体系、加密技术和权限控制，保护客户和企业数据的安全性。

二、估价机构数字化转型的挑战

（一）技术挑战：选择合适的技术平台和工具

估价机构在数字化转型过程中面临着选择合适的技术平台和工具的挑战。如何评估市场上的解决方案，并进行合理选择，是一个关键的决策。

（二）数据挑战：处理和管理大量数据

估价机构需要处理和管理大量的数据，包括市场数据、房产数据等。如何建立有效的数据管理和分析系统，以满足对数据的高效利用和安全保护，是估价机构数字化转型的重要挑战。

（三）文化挑战：培养数字化文化和意识

数字化转型不仅仅是一种技术的升级，更是一种整体的战略和文化的变革。估价机构需要培养数字化文化和意识，推动组织变革，并为员工提供必要的培训和支持。

三、实施数字化转型的步骤和策略

（一）制定数字化转型战略：明确目标和优先事项

估价机构数字化转型的步骤包括：

（1）梳理业务特点和市场需求：分析行业趋势和竞争环境，了解客户需求。
（2）确定目标：明确提高效率、提升数据分析能力和改善客户体验等目标。
（3）评估资源和能力：评估技术、人员和财务资源。
（4）制定具体计划：确定项目、时间表和预算。
（5）建立衡量指标和评估机制：监测和评估转型进展和成效。
（6）鼓励创新和持续改进：建立创新文化和机制，支持员工参与和改进。

制定数字化转型战略时应充分考虑估价机构的特点和环境，并与利益相关者进行沟通和合作，确保战略的顺利实施。

（二）选择合适的技术和工具：评估市场上的解决方案并进行合理选择

估价机构在数字化转型中选择合适的技术和工具很重要，以下是选取技术和工具时需要考虑的几个因素：

（1）了解市场上的解决方案：通过参加展会、阅读报告和咨询专家等方式获取信息。
（2）评估解决方案的适应性：满足需求、兼容现有系统和流程、易于集成和使用，还要考虑可靠性、稳定性和安全性。
（3）借鉴他人经验：了解成功实施数字化转型的估价机构所使用的技术和工具，了解其效果和优缺点。
（4）试用和演示：要求供应商提供试用或演示版本，更好地了解功能和用户体验。
（5）考虑技术支持和培训：选择技术平台和工具时要考虑供应商提供的技术支持和培训服务。

此外，还需考虑与现有系统和流程的兼容性，避免过度依赖单一技术和不必要的重复投资，并考虑未来的可扩展性和发展方向，以应对变化的业务环境和需求增长。

（三）数据管理和分析：建立有效的数据管理和分析系统

估价机构需要建立有效的数据管理和分析系统，以实现对大量数据的高效利用和安全保护。这涉及数据采集、存储、处理和分析等方面，可以采取以下措施：

（1）确定数据需求和来源：估价机构需要明确自身的数据需求，并确定数据的来源。这包括市场数据、房产数据、客户数据等，还要考虑数据的质量和准确性。
（2）建立数据收集和存储系统：估价机构应该建立数据收集和存储系统，以便高效地获取和保存数据。这包括与数据提供方合作，建立数据接口和API，以及使用云存储等技术。
（3）进行数据清洗和预处理：大量的数据可能存在噪声、缺失值和错误，估价机构需要进行数据清洗和预处理，以提高数据的质量和准确性。这包括去除异常值、填补缺失值、纠正错误等操作。
（4）建立数据分析和建模能力：估价机构需要建立数据分析和建模能力，以利用大数据分析技术和统计模型进行准确的估价。这包括数据挖掘、机器学习、回归分析等方法的运用。
（5）数据可视化和报告：通过数据可视化工具和技术，估价机构可以将复杂的数据结果以直观、易懂的方式呈现出来，帮助决策者更好地理解数据并做出准确的决策。
（6）加强数据安全和隐私保护：估价机构需要建立完善的数据安全和隐私保护措施，确保数据在采集、存储、处理和传输过程中的安全性。这包括使用加密技术、权限控制和访问监控等方式。

通过建立有效的数据管理和分析系统，估价机构可以更好地利用数据支持业务决策和提高估价准确性。同时，有效的数据管理也能够提高工作效率和客户满意度，为估价机构的长期发展打下基础。

（四）培训和变革管理：为员工提供必要的培训并管理组织变革过程

估价机构在数字化转型过程中需要为员工提供必要的培训和支持，以提升他们的数字化能力和意识。同时，估价机构还需要进行变革管理，以确保数字化转型的顺利进行，可以采取以下措施：

（1）分析员工的数字化能力和需求：估价机构需要了解员工的现有数字化能力，并针对不同岗位和职责的员工制定相应的培训计划和需求分析。这可以通过调查问卷、面试或技能评估等方式进行。

（2）提供针对性的培训课程：基于员工的数字化能力和需求分析，估价机构可以开展针对性的培训课程。这可能包括数字化工具和技术的培训、数据分析和模型建立的培训等。培训方式可以多样化，包括线上培训、研讨会等。

（3）建立内部资源和知识共享平台：估价机构可以建立内部的资源和知识共享平台，以促进员工之间的学习和经验交流。这包括内部培训和分享会议、学习分享群等形式。

（4）鼓励员工参与数字化转型实践：估价机构可以鼓励员工积极参与数字化转型的实践项目，提倡学以致用和持续改进的精神。这可以通过设立奖励机制、组织内部竞赛和项目参与等方式实现。

（5）设立变革管理团队：估价机构可以设立专门的变革管理团队，负责引领数字化转型过程中的组织变革和文化转变。这个团队可以制定变革计划、推动变革措施的实施，并监测变革进展。

（6）激励和认可员工的参与和贡献：估价机构应该及时激励和认可那些积极参与数字化转型并取得成果的员工。这包括奖励和提升机制、表彰和赞扬等形式，以鼓励员工的投入和持续发展。

通过培训和变革管理，估价机构能够提升员工的数字化能力和意识，促进组织的变革和转型。同时，也能够为员工提供更好的职业发展机会，增强他们对数字化转型的支持和参与度。

（五）合作伙伴关系：与技术供应商和合作伙伴建立紧密合作关系

估价机构在数字化转型过程中需要与技术供应商和合作伙伴建立紧密合作关系。这可以帮助估价机构获取专业的技术支持和资源，推动数字化转型的顺利进行，可以采取以下措施：

（1）建立长期合作伙伴关系：估价机构应该与技术供应商和合作伙伴建立长期的合作伙伴关系。这种关系应该是基于互信、合作和共同发展的原则，以实现双方的利益最大化。

（2）共同制定数字化转型计划和战略：估价机构和技术供应商可以共同制定数字化转型计划和战略。这包括明确目标、确定优先事项和计划执行步骤等。双方应共同努力，确保数字化转型的成功实施。

（3）开展合作项目和共享资源：估价机构和技术供应商可以开展合作项目，共同解决实际问题和挑战。同时，双方还可以共享资源和经验，互相学习，提升能力。

（4）进行定期的评估和反馈：估价机构和技术供应商应定期进行评估和反馈，以检查数字化转型的进展和成果。这有助于及时调整计划和解决问题，并增进合作关系。

通过与技术供应商和合作伙伴建立紧密的合作关系，估价机构可以获得专业的技术支持和资源，推动数字化转型的顺利进行。这种合作关系也可以促进双方的共同发展和创新能力的提升。

四、实现数字化转型的效益和成果

（一）提高效率：自动化业务流程、减少人工错误
通过数字化转型，估价机构可实现业务流程的自动化，减少人工错误，提高工作效率。
（二）提高准确性：通过数据分析和模型预测提高估价准确性
数字化转型可以帮助估价机构提升数据分析和模型预测的能力，从而提高估价准确性。
（三）提升客户满意度：提供更便捷、快速、可靠的服务
数字化转型可以帮助估价机构提供更便捷、快速、可靠的服务，从而提升客户满意度并增强竞争力。

五、结论

数字化转型对估价机构来说是一个不可忽视的趋势和挑战。通过制定数字化转型战略，选择合适的技术和工具，管理和分析大量数据，为员工提供必要的培训并管理组织变革过程，以及与技术供应商和合作伙伴建立紧密合作关系，估价机构可以实现效率提升、创新发展和市场竞争力的提高。数字化转型不仅为估价机构带来了挑战，也为其带来了巨大的机遇。因此，估价机构有必要积极推进数字化转型，并不断适应和引领数字化时代的发展。

作者联系方式
姓　　名：马晓燕　宋宜兰
单　　位：山东金庆房地产土地评估测绘有限公司
地　　址：潍坊市奎文区东风东街8081号东盛广场507室
邮　　箱：mxy800627@163.com；670306398@qq.com
注册号：马晓燕（3720060073）；宋宜兰（3720210054）

数字化评估作业打开行业新篇章

肖富友

摘　要：相关数据显示，我国评估行业正处于蓬勃发展阶段，但是在评估机构数量和评估价值上升的情况下，营业收入却呈现经济边际效应递减情况，这也说明了传统的评估作业模式并不满足当下社会经济发展需求；随着经济发展趋势、科学技术发展、社会对于评估行业服务需求的多样化以及高标准、规范化要求，传统评估作业模式产生的人力成本、时间成本以及评估成本与市场因素相互影响下的经济效益递减是当下评估行业难解的痛点。数字化评估作业是未来评估行业发展的趋势与必然，通过结合"大数据"和"区块链"以及AI技术与评估行业体系，打造出评估行业新的作业模式，在人力成本、时间成本、评估成本上产生更好的经济效益，也更能从庞大数据中挖掘出推动社会经济发展的价值数据。

关键词：大数据；区块链；AI；价值数据

一、我国目前评估行业市场的情况分析

（一）2020—2021年评估行业概况

据《奋进"十四五"：2021年资产评估行业数据分析报告》显示，2020年我国的评估机构有4059家，2021年共有评估机构4723家，2022年共有评估机构5500家；随着市场的发展，我国的评估机构将逐步上升，从表1可以看出近年来评估行业符合Logistic回归模型；并可以预测在未来几年将呈现行业经济边际效益递减情形。

全国前百家评估机构评估值与评估收入年度对比表　　　　表1

排名	年份（年）	评估值（亿元）	占比	评估收入（万元）	占比
前10家机构	2020	164741.97	37%	187532.36	24%
	2021	402711.41	53%	170321.34	20%
	增值/减值	+237969.44	+16%	-17211.02	-4%
前50家机构	2020	293552.28	65%	381838.50	50%
	2021	553528.46	73%	360905.93	42%
	增值/减值	+259976.18	+8%	-20932.57	-8%
前100家机构	2020	341387.74	76%	450610.53	59%
	2021	615672.51	81%	437246.33	51%
	增值/减值	+274284.77	+5%	-13364.20	-8%

评估行业市场竞争符合 Logistic 回归模型，随着市场的发展，经济收益呈现边际递减；随着社会科学技术的发展与当下评估行业市场的变化，数字化转型将高效赋能评估行业。

（二）数字化转型现状

截至目前，评估行业成功数字化转型的企业在全国评估机构中占比较少，但是在近几年不断涌现出评估行业中数字化转型的发展变革，从互联网端到人工智能端；如中联评估2017 年发布"互联网＋资产评估"云平台就是自主研发的一种模式，而 2023 年识明智评发布的 AIGC（人工智能自主生成内容）驱动资产评估的技术变革实现以十分之一的时间和人力，以百倍千倍的速度实现资产评估，无一不展示出评估行业数字化转型技术革命的快速迭代性。

二、数字化转型难点

（一）专业技术开发难点

评估行业是一个专业且严谨、保密性极强的行业，需要较为长时间的认知学习与理解，精通评估行业的从业人员并不具备很强的编程开发能力，而有编程开发能力的人往往不具备评估行业的知识深度与认知，很难依据评估机构的需求开发出符合评估行业所需要的生态架构体系服务于评估机构。

python 在科学分析、数据分析以及人工智能领域运用较多，主要依据的就是该高级编程语言有许多的库，在开发难度上相较于 C 语言、C++ 以及 Java 语言具有更多的优势，但是在目前行业信息管理平台以及主管部门管理平台等众多的平台系统之间出于数据安全的考虑，其 API 接口并不相通；这就在数据源头上导致了价值数据无法及时共享。

评估系统性人才在技术开发上需要时间的沉淀，需要评估行业内的优秀人才与 IT 行业中的优秀人才取长补短共同开发。此外是在评估行业应用的平台开发上需要真正做到从数据前端挖掘、后端分析、数据加密、共享等能力集一体还是需要结合"大数据""区块链"和"智能 AI"。

（二）数据运维难点

评估行业的商业数据运维是一件比较困难的事；从数据流量来说，评估行业所需要的数据统计是海量的，而且评估行业所需要调用的数据需要更好的时效性、真实性、准确性；数据上的运维处理在一定程度上受到限制，无法及时与市场保持一致。评估行业的数据分布当下是孤岛式的，在数据信息的应用上没有达到数据价值的高效益化，未充分开发出商业数据价值；从整体上看数据孤岛将会存在较长一段时间，需要实现数据的共享与应用，充分挖掘出评估行业数字化的商业价值。

在数据安全方面，海量的数据必然会存在数据的泄露以及滥用等情况，尤其是在当下以及未来的高度信息化的时代下，信息安全是行业数据的核心重地，本身评估行业的性质就是为盘活资产而存在，所以在数据信息安全上更需要一套适用于涉及评估机构的数据安全运维的平台，为评估行业的数据池建设保驾护航。

在挖掘评估行业数据价值方面，国内缺少数据价值挖掘的人才。从数据的收集、整理、筛选以及深度加工等方面考虑，需要从不同的商业运用价值中挖掘相对应的数据价值，结合当下经济的发展趋势整合出一条符合中国特色化的评估数据池进行资产的运作，盘活当下的资产项目以及经济的双循环，改善市场经济。

（三）企业成本难点

评估机构在数字化转型过程中存在业务系统、资金成本、学习使用成本以及数字化转型过程中需要承担的数字化业务系统的开发成本。从业务系统上来说，相较于传统业务模式会是一种新的变革，变革带来的成本是不可预测的，从原有的业务系统模块转变到新的业务系统模块需要一定时间去缓冲进行更新，尤其是在当下市场竞争中的激烈状态下，这种变革会导致评估机构在市场中出现短期的滞缓。

从资金成本上来说，当评估机构致力于构建数字化办公执业时，他们实际上需要投入一定的经济资源用于研发活动，从决策上来说，研发的成本在短期占据评估机构运营成本的比例是巨大的，从研发费用到业务系统的部署完成并实际使用，需要花费的成本是中小型评估机构无力承担的。

传统的评估内控机制靠人做质量内控，这在一定程度上非常消耗人力资源。传统的评估服务内控机制取决于内控人的自控，而忽视了在内控过程中存在的弊端以及效率低下的问题。为此将评估服务内控机制实现网络化管理与 AI 智能管理化的目标是有必要的，从业务承接、评估合同签订、评估服务现场勘察、评估方式的选择、评估测算数据的获取到分析得出结论、评估初稿审核、评估报告出具、评估报告归档的一系列活动进行"大数据＋区块链＋AI 智能"的系统性开发，充分结合评估结构的管理模式，考虑 KPI 等因素在系统上进行信息化处理，从而减少人力资源上的消耗。精简化的任务流程可以让评估机构在内控过程中将更多的精力用在评估报告质量提高上。

三、数字化转型模型构建

在评估机构进行数字化转型过程之前，需要深入研究评估机构的业务分布以及评估行业的标准等诸多方面的问题，同时去搭建产品运作模型。想要通过数字化出具高标准以及高时效的评估报告需要可靠的前端技术以及后端数据处理能力，这些都离不开数字化模型的构造。

从评估机构的运作上去剖析，主体结构分为市场营销、数据采集、评估数据处理、评估项目数据可视化、评估报告电子化、数字化审评、数字签名化签章、评估机构人员数字化管理、档案信息电子化以及品牌化等不同的模块。

前端需要做好 WEB 轻量化应用的开发，兼容各大平台及操作系统。通过前端进行可视化操作完成评估项目的一整套流程并电子化出具评估报告，通过前端应用程序在极小占用计算机内存的情况下调用后台数据，后端做好结构化数据、半结构化数据、非结构化数据以及二进制数据的增加、修改、删除、分布式存储及数据加密等，并做好从后端服务到前端服务的数据调用对接，处理在评估运作过程中所需要的数据和新产生的价值数据。

从主流的"大数据"应用情况以及"区块链"技术的应用来看，评估行业在应用"大数据＋区块链"的技术时可以进行针对性的数据收集、整理、深度加工，从而挖掘出评估对象的价值，分布式记账模式下的数据存储技术对于评估机构所产生的数据具备极强的加密性能，旨在打造基于评估机构 OA 数字化办公系统。但是传统的 OA 系统都是基于中心化的数据存储，容易存在权利的集中化，造成价值数据的追溯效果不佳，从而缺少评估机构的客观评价以及公正性，通过区块链的方式可以让数据在产生的过程中得到更好的保留并通过时间戳让数据无法被随意篡改，在区块链系统内自行产生一个运作的监管机制保障评估过程中的公正性。

从市场上来说，当下评估机构在市场开拓过程中采用的是较为传统的模式，一般通过公开招标投标或邀请招标介入市场，很少考虑终端市场的价值开发。通过传统的营销运作不能很好地进行跨区域市场服务，传统的营销市场仅扩展到公司注册地的省内区域或周边几个相近的区域。在市场竞争中一旦超越业务盈亏平衡点的项目基本上都不在服务区域范围内。这也使得在传统模式下评估机构的业务基本集中在相邻的范围内执业，在很大程度上缺少了全国范围内的服务技术与市场。

所以在进行数字化转型过程中，评估机构可以实现跨区域服务，通过更低的服务成本实现高质量的评估服务，信息化的时代在于数据的交换价值与应用价值，终端网络评估服务平台的构建将是未来的一种新渠道扩展市场的方式，解决传统业务承接模式信息闭塞的弊端。

四、结论与展望

综上所述，结合大数据、区块链、人工智能AI以及WEB3.0等应用技术的发展，评估机构的发展将不仅是传统的模式，出具评估报告，将会用更少的资源消耗提供高质量、高效率以及高时效的评估报告，借助大数据进行数据筛选、挖掘以及产生新的价值数据。结合市场经济变化趋势、国内外政策因素变化生产支撑资本运作决策的数据，应用区块链进行数据的加密与可追溯性，以及人工智能AI的应用，打造出评估行业新的执业模式以及为盘活市场资产提供高质量的技术支撑。在未来，评估将成为一种更讲究为管理者提供精准决策的一种新态服务业。数字化转型的评估行业将是社会资产盘活的主力军，同时也将为更多企业以及高级管理决策层带来更优质的决策依据。

参考文献：

[1] 陆洋.数字化转型量化评估研究的比较分析与最新进展[J].科技进步与对策，2021，38（9）：153-159.

[2] 周骁.数字化转型如何影响企业利润率[J].贵州财经大学学报，2023（1）：32-40.

[3] 吴莉.数字化经济转型背景下资产评估行业转型升级的历史机遇[J].产业创新研究，2023（3）：56-58.

[4] 邱尚高.金融机构数字化转型软件定义存储加码数据治理[J].互联网经济，2020（1）：52-57.

[5] 王梅青.金融机构数字化转型路径探讨[J].办公自动化杂志，2023（488）：11-14.

作者联系方式

姓　　名：肖富友
单　　位：贵州海天房地产资产评估事务所有限公司
地　　址：贵州省贵阳市观山湖区湖滨路滨湖俊园1栋13层5号
邮　　箱：524945804@qq.com

房地产估价数字化运营管理研究

姚伯均 汤云照

摘 要：本文拟以房地产估价运营管理为切入点，探讨数字化的背景与定义、发展现状和存在的问题，梳理出若干可参考的思路。

关键词：房地产估价运营管理；数字化；转型发展；OA；ERP

一、引言

邓小平同志曾强调科学技术是第一生产力。罗伯特·默顿·索洛等知名经济学家也通过实证研究，证明技术发展促进产业经济发展。在进入第二个一百年的新时期，通过房地产估价行业数字化转型发展，避免与新时代中国特色社会主义发展脱节，提高产业、行业的生产效率，有益于拓展产业、行业内涵与外延边界，延续行业活力。

本文拟以房地产估价运营管理为切入点，探讨数字化的背景与定义、发展现状和存在的问题，并借鉴相关行业运营管理数字化转型的实践经验，梳理若干可参考的思路。

二、背景与定义

（一）房地产估价业务运营数字化转型的背景

1. 宏观背景

根据国家统计局发布的2022年国民经济和社会发展统计公报，2022年年末全国人口为141175万人，比上年年末减少85万人，这是新中国成立以来首次出现人口负增长现象。根据上海社科院原常务副院长兼经济研究所所长、国家自科与社科基金重大课题首席专家左学金研究，中国人口负增长大概率持续到下个世纪。人口持续负增长的背景下，劳动力成本上升将不可避免。

2. 技术背景

随着人工智能技术的不断发展和应用，人们对它的关注和研究也越来越深入。目前人工智能的应用已经深入到各个行业中，区块链、大数据、云服务、Chat GTP、OpenAI等概念或工具已在互联网、金融、医疗行业等得到初步应用。人们普遍认为人工智能技术持续发展，将逐步代替部分人力劳动，生产效率将进一步提高，有效节省生产成本。

3. 政策背景

习近平总书记指出，"把新一代人工智能作为推动科技跨越发展、产业优化升级、生产力整体跃升的驱动力量，努力实现高质量发展"。党的十八大以来，以习近平同志为核心的党中央高度重视智能经济发展，促进人工智能和实体经济深度融合，为高质量发展注入强劲动力。

2020年5月13日下午,国家发展改革委发布"数字化转型伙伴行动"倡议,倡导加快打造数字化企业,构建数字化产业链,培育数字化生态,形成数字化生态共同体,支撑经济高质量发展。

《中华人民共和国国民经济和社会发展第十四个五年规划和2035年远景目标纲要》将"加快数字化发展 建设数字中国"单列成篇,提出以数字化转型整体驱动生产方式、生活方式和治理方式变革,为新时期数字化转型指明方向。

2023年3月,中共中央、国务院印发了《党和国家机构改革方案》,组建国家数据局。2023年10月25日国家发展改革委下属国家数据局正式挂牌成立。全国各地也纷纷成立各城市地方大数据局。

(二)业内对于数字化的研究成果

数字化虽然是一个较新的概念和技术,但房地产估价行业对其进行了一些研究,形成了一定数量的论文成果。如上海联城房地产评估咨询有限公司《关于建设"房地产行业专业知识库"的思考与建议》《上海"两旧一村"改造中数字化管理系统的全流程应用初探》,上海财瑞房地产土地估价有限公司《浅谈大预言模型对房地产估价行业转型的意义》,上海百盛房地产估价有限公司《"E时代"背景下房地产信息化服务探索》,上海八达国瑞房地产土地估价有限公司《数字化转型下的房地产评估》等。

(三)房地产估价运营管理数字化定义与范畴

本文将结合业内的研究成果,着重探讨房地产估价运营管理数字化。

企业运营管理,是指企业为了实现其长期发展目标和经济利益,对内部各项资源和外部环境进行有效地计划、组织、协调和控制的过程。

数字化,是指通过利用现代技术和通信手段,改变企业为客户创造价值的方式,其旨在开发数字化技术及支持能力,以新建一个富有活力的数字化商业模式,并不仅仅局限于IT,而是对组织活动、流程、业务模式和员工能力的方方面面进行重新定义。房地产估价运营管理数字化,是指将数字技术和房地产估价企业活动相结合,以实现企业运营管理的数字化、智能化,并提高生产效率和产品质量,降低生产成本,以高质量地满足客户需求。

一般认为,数字化运营管理包括如下几个关键方面:

(1)企业日常管理数字化;
(2)合约和收付款管理数字化;
(3)业务实施数字化;
(4)信息传递数字化;
(5)成果储存和分享的数字化;
(6)信息安全和风控的数字化。

三、房地产估价业务运营数字化转型现状

(一)国家牵头下的房地产估价行业已经萌发数字化转型的"种子"

应住房城乡建设部门、司法部门、土地部门以及协会等统一要求,正常开展业务的估价机构有能力,并按义务在"房评通系统""中介机构工作信息管理系统""房地产估价报告备案系统""土地估价报告备案系统"等平台上,开展信息登记、备案、报告递送等业务数字

化实施工作。其中"房地产估价报告备案系统""土地估价报告备案系统"分别是相关行业协会对估价机构及其估价报告成果管理的全国化行业管理信息平台。

"房评通系统",即司法拍卖网络勘验数据填报系统。该系统协助房地产估价师登记委托人、当事人、产调情况、现场打卡、坐落、装修、设施设备、勘查照片等估价对象关键情况,以及估价结果信息的政府平台。

"中介机构工作信息管理系统"是为管理资产评估、房地产估价等机构,由司法部门建立的,以登记估价过程中估价对象情况、估价结果、收费情况等信息的政府管理平台。

(二)个别头部机构已在深入探索数字化运营管理

以优化企业管理手段,提升企业经营效率为目标,一部分头部企业已经着手建立并逐步完善企业级的房地产估价管理系统平台。目前笔者所在的上海富申房地产估价有限公司(以下简称上海富申)使用的企业房地产估价管理软件,是由上海动纬信息科技有限公司提供的信息化支持管理系统。上海富申已经可以通过该系统初步实现报告编号、估价对象基本信息汇总、报告审核、结案开票等基本功能。

此外,其他头部机构在数字化运营管理领域也各有探索。

(三)房地产估价数字化运营管理挑战重重

1. 缺乏完整闭环的数字化运营整体规划

一般认为,企业管理应至少包括计划(或战略)、人力资源、财务、行政、生产、质量管理、营销及售后等模块,均有对应的管理软件或平台。根据调研,完整规划和使用专业企业管理软件或平台的估价企业实属凤毛麟角。

再从业务运管层面分析,业务管理活动包含了受托、查勘、估价计算、报告制作、审核、签章、收费、成果递送、归档等若干必要环节。部分机构仅针对审核、收费、归档等部分模块单独开发了数字化方案,但模块间却无逻辑与关联,以至于平台众多,技术要求高、操作复杂,反而降低工作效率。

2. 亟需培育数字化转型的专业人才

(1)大多数估价从业人员仅具有一定的评估理论知识和实践经验,具备数据采集能力,但缺乏数据分析、处理等综合能力。

(2)估价从业人员专业能力参差不齐,存在数据收集过程中以结果反推筛选案例的情况,导致估价结果与事实不符,缺乏客观性。

(3)部分房地产估价中生代人员,由于专业知识储备不足,执业过程更多地依靠经验和调研信息,内心具有一定抵制估价行业数字化转型的倾向。

3. 基础不足,数字化生产仍处于试错探索阶段

(1)原始数据颗粒度低,难以精细化分析。

房地产评估所需的各类数据数量庞大,类型繁多,房产类型不同,特点也不相同,采集数据的维度也存在较大的差异。地方住房城乡建设部门虽然已经初步建立新房和二手房交易数据库,但原始数据颗粒度低。部分可供商业化使用的数据库,数据来源同样来自各地房地产交易中心,数据源信息记录不全,故第三方数据颗粒细化成本高、难度大。

如某公司数据库系统中,房地产个体描述筛选中,缺少总层数、所在层数、标准层户数、电梯数、标准户型等个体标签筛选,导致在市场比较法选择可比实例时,因不同估价师的经验偏差,出现同一估价对象在同一时点、根据同一估价目的,即使采用相同估价方法,估价结果却误差较大的实际情况。又如,涉及重置成本计算的造价信息,一般可获得的公开

数据有延迟。

（2）市场比较法中价格调整系数暂无统一标准。

房价数据的影响因素复杂繁多，包括静态因素，如地段、楼层、朝向、面积、户型、房龄等房屋基础属性和景观、地铁、学区、物业等配套因素，同时房价数据也受多种动态因素的频繁影响，如市场供求因素、政策因素等。鉴于以上影响因素的多样化，为满足评估功能而构建的房地产数据库必然对数据的覆盖维度要求非常高，在很大程度上加大了房产数据库的搭建难度。

（3）数据标准统一难。

传统评估是基于理论基础，依靠评估人的经验进行判断，因而未在数据积累方面形成统一的行业标准。由于数据来源和原始用途的不同，对数据的采集与积累也不尽相同。同时，因城市差异性客观存在，对房产数据的统一形成一定挑战。

4. 对于数据安全性和风险管理有所缺失

据了解，大部分估价机构因缺乏计算机相关知识，并未意识到网络信息安全的重要性，未建立数字信息泄露防范机制，信息安全防护形同虚设。

(四) 对成果数字化资产的价值缺乏挖掘

以笔者所在的上海富申为例，每年出具报告数量超 500 份，累计归档报告十余万份。大部分报告成果仅作为冗余资产或沉没资产存在，未挖掘其潜在价值。

四、相关行业数字化运营管理建设的他山之石

(一) 房地产行业的运营管理数字化案例分析——中 X 地产上海公司

中 X 地产上海公司是央企中 X 地产的城市公司平台，在运营管理数字化信息化领域投入较早，成果颇丰。该公司的具体做法为：

（1）以腾讯企业微信为核心，建设数字化企业运营管理平台，并利用企业微信自带功能，或第三方插件，打通边界，构建数字化运营管理闭环。该平台融合即时通信、通信管理、人力资源管理、文件传输、视频电话、在线会议、考勤管理、外出与出差管理、会议室预定、内部公告、车辆预约、日常业务审批、日常台账登记、成果数字归档、企业图书馆等多种日常汇报、审批、存档功能。

（2）以金蝶 ERP 为核心，构筑招标采购、合约管理、收付款管理、发票管理为业务和生产链条的数字化管理闭环。

(二) 房地产经纪行业的运营管理数字化案例剖析——链家

链家的数字化转型逻辑是从自身业务出发的数字化转型，即应用技术的进步帮助企业的商业战略更好地落地实现，如果把数字化转型当作了企业自身的商业战略，会导致过于关注数字化技术，而忽视了与自身业务的结合。

链家数字化转型实施战略步骤如下：

第一阶段：信息化阶段。通过信息化基础设施建设规范流程、提高效率，达到"让技术帮助人提供更专业、更温暖的服务的目的"。

第二阶段：产业互联阶段。充分发挥互联网 C 端思维，不仅仅把房源端和客源端的终端用户，当作了自己的客户，还把企业内的经纪人当作了自己的客户，和内部的经纪人一起打造有尊严的服务者。让经纪人能够有稳定的收入，工作也更受尊重，让经纪人团队更专

业,也更热爱自己的工作。终端用户则因为获得更细腻、认真的经纪服务而愿意买单。

第三阶段：资源数字化阶段。链家认为真房源为中介行业的关键资源。链家围绕着真房源单独建立了楼盘字典，后来又建立了大型的数据库管理真房源数据，并进行了组织结构上的改革，把中介的服务过程，从房源端和客源端、维护房源的人和维护客源的人进行了分离。

第四阶段：数字化生态阶段。在链家的基础上形成贝壳，依靠ACN（Agent Cooperation Network，经纪人合作网络）降低了行业的门槛，摒弃了你死我活的竞争，提高了从业者赚钱的能力。同时通过真房源、专业的经纪人、详实的数据、便捷的线上服务等为消费者提供了更好的服务体验。

五、建议

（一）提高对运营管理数字化的认识和有效应用

（1）战略思想层面，应高屋建瓴地构建数字化总体战略，包括数字化转型目标、路径、技术选择等，以确保管理转型的顺利实施。

（2）人力物力层面，应增加硬件投资和人才、知识储备，作为业务运营管理数字化转型的实施基础。

（3）同步设置网络防火墙，保障企业内部信息安全。

（二）协会牵头，机构间加强合作，邀请专业信息化企业共同参与研究房地产估价生产数字化方案

编撰报告是房地产估价生产活动，是估价企业核心企业活动，具体内容包括并不限于：

（1）细颗粒度的房地产交易数据信息库；

（2）内容全面的房地产法规、政策信息库；

（3）及时更新的房地产建设、土地收储成本信息库；

（4）表述准确的房地产状况描述标准语言模型信息库；

（5）通用、通行的房地产可比案例状况调整标准规则；

（6）结果准确的数字化自动计算模型；

（7）AI辅助的数字化报告生成工具。

实施方案内容繁杂、工作量和投入巨大，尽管短期产出有限，但对行业发展具有前瞻、指导性引领作用，建议应提前规划，分批分步骤深入研究、逐步落实，各机构间在协会牵头下应加强合作，并邀请专业信息化企业共同参与。

（三）优化运营管理数字化流程体系，提升管理效率

建议估价机构完善行政、财务等内部运营管理数字化水平，减少内耗、提升效率。

（1）选择合适的内部即时通信系统（如企业微信、钉钉等），作为行政管理平台，提升内部信息沟通交流的效率；

（2）选择合适的企业运营管理系统（OA），合约和收费管理系统（ERP），提升业务/管理审批、会签的效率；

（3）制定相关奖惩措施，提高系统使用积极性。加强系统使用技能培训，提高使用效率。

六、结语

本文对房地产估价数字化运营管理进行了一些实证性研究,提出提高数字化认知,完善数字化基础,逐步探索数字化估价作业等建议,以达到提升工作效率,改善工作质量,引领行业变革。尽管我们的研究已经取得了一些成果,但仍有许多问题需要进一步探讨和研究。我们希望在未来的工作中,能够继续深入研究房地产估价数字化运营管理的问题,为行业创新发展做出更大的贡献。

参考文献:

[1] 罗宾斯.管理学(第15版)[M].北京:中国人民大学出版社,2022.

[2] 韦泰丞,左少燕,孙冠华.疯狂的企业微信:再传统的企业也能实现数字化转型[M].北京:中国经济出版社,2020.

[3] 许军,黄海生,冯智.关于建设"房地产行业专业知识库"的思考与建议[R].上海联城房地产评估咨询有限公司,2021.

[4] 陈嵘,徐丽丽,江玲,等.上海"两旧一村"改造中数字化管理系统的全流程应用初探[R].上海联城房地产评估咨询有限公司,2022.

[5] 朱宇霏.浅谈大预言模型对房地产估价行业转型的意义[J].中国资产评估,2023,(10).

[6] 傅诗峰,石超毅."E时代"背景下房地产信息化服务探索[J].合作经济与科技,2023,(4).

[7] 吴胜钗.数字化转型下的房地产评估[J].中国资产评估,2023,(6).

[8] 汪亮.基于O2O模式的企业数字化服务与运营平台建设[J].合作经济与科技,2023,(2).

[9] 陈剑,黄朔,刘运辉.从赋能到使能:数字化环境下的企业运营管理[J].合作经济与科技,2023,(3).

作者联系方式

姓　　名:姚伯均　汤云照

单　　位:上海富申房地产估价有限公司

地　　址:上海市瑞金南路438号3楼

邮　　箱:68082074@qq.com

注册号:姚伯均(2012310016);汤云照(4120000065)

漫谈估价机构的数字化转型

李春明

摘　要：近些年来，随着云计算、区块链、物联网、大数据、人工智能、5G、数字孪生等新兴数字化信息技术的发展与应用，为估价机构的数字化成长之路提供了更多的可能，在新一代信息技术的驱动下，很多估价机构都在积极地探索适合自身的数字化转型道路。估价机构数字化转型的核心是采用先进信息技术充分挖掘和利用估价核心业务的全生命周期的数据价值，构建数据驱动的估价应用系统，促进企业管理、估价业务等方方面面与IT技术的充分融合，从而增强客户体验，提升核心竞争力，最终实现全流程的业务协同与智能决策。

关键词：数字化转型；信息化；数据驱动；商业智能

目前，数字化转型的概念已不陌生，不同行业与不同的人对其理解有所差别，有的人认为数字化转型就是信息系统的买卖，有的人认为数字化转型只是信息部门的事情，有的人认为一个系统可以解决所有的问题，还有的人认为照着同行开发一个业务系统就是数字化转型……

大量成功的数字化转型案例表明，只有企业对业务进行系统的、彻底的重新定义，对组织活动、流程、业务模式和员工能力等方面进行变革，转型才会得以实现。就估价机构而言，数字化转型也并非单纯的业务线上化，需要通过业务线推动数字化进程，从数字化转型战略规划、估价业务流程重构、人才培养等方面进行重新思考与定位，考虑如何促成核心业务与信息技术的融合，建设适合自身的估价应用系统，在日常协同工作中收集各类零散的数据，形成数据仓库、数据湖，再通过大数据商业智能（BI）、数据中台、人工智能（AI）等技术对数据进行深度挖掘与分析，把数据转化为有用的信息，从而借助这些信息实现高效的运营和管理。本文将从估价机构数字化转型的四个阶段、关键成功因素及下一步数字化转型方向三方面进行漫谈。

一、估价机构数字化转型的四个阶段

估价机构的数字化转型可以从企业管理转型与估价业务流程转型两方面着手。企业管理转型是指在人事、财务、资产、企业宣传、采购、客户关系、第三方等管理方面的转型，采用线上的管理方式降低管理难度，提升管理效益；业务流程转型需要针对房产、土地、资产等估价业务，结合信息技术进行作业流程或模式的优化或重新定义，从而达到加强协作、降低成本、提高效率、增强客户体验等目的。在估价程序中，估价机构可以从明确基本事项、订立委托合同、编制评估计划、进行现场查勘、编制评估报告、整理评估档案等方面着手，采用柔性建设的方式逐步实现转型。总的来说，估价机构的数字化转型一般需经过传统作业阶段、信息化阶段、数字化阶段、数智化阶段，最终实现企业管理、核心业务与估价应用系统的充分融合，打造出"互联网+评估"的最佳实践。

（一）传统作业阶段

传统作业阶段的估价主要采用线下方式进行，业务洽谈、合同签订、做计划、看现场、写报告等程序采用串行作业的方式。随着计算机网络的普及与应用，估价机构会通过Office、WPS等软件进行简单的管理与作业，各种重要数据保存在作业人员各自的电脑上或纸质资料上，产生了大量的信息孤岛。信息共享大多采用局域网共享的方式，信息安全风险高，信息变更不易追溯。随着业务量的增加，估价机构面临作业成本增高、信息流转不畅通、作业周期长、资源安排不合理、管理难度大等情况。为了满足国资、银行、中介等上游客户的时间需求，估价机构不得不靠人海战术苦苦维持。

（二）信息化阶段

随着信息技术的发展与应用，估价机构开始考虑对估价流程进行优化或重新定义，建立估价应用系统。从线下办公转移到线上协作，实现管理数据、业务数据、法律法规等数据的共建共享，作业人员采用协同办公、远程办公等方式，避免了线下方式遇到的大部分弊端。在进行估价业务信息化时，可以先选择几个关键的估价节点有针对性地进行，如建立查勘、审批、报告、签章、档案管理等系统，再通过信息系统集成把各节点串联起来，由点到线，再由线到面，最后由面到体，实现估价业务的全流程信息化。总之，估价作业信息化的总体原则就是采用信息化的手段为核心业务赋能，从而加强管理，降本增效。

（三）数字化阶段

随着估价流程信息化的不断优化与改进，估价应用系统的不断调整与迭代，大量有价值的估价数据将沉淀在信息系统中，以数据驱动的分析和管理将迫切变为需要，转型进入数字化阶段。该阶段要求对客户数据、委托估价对象数据、案例数据、报告数据等进行详细地分析与分类并贴上数字标签，再利用数据分析、数据挖掘和数据展现等技术，生成有价值的可视化数据报表，作为管理与决策的支撑依据，以实现其商业价值。比如可以根据客户的性别、住址、年龄、单位、职业、职位等进行分析，挖掘有价值的隐性数据，对客户需求进行量化，抽象出客户全貌形成客户画像，进而实现精准营销。此外，数字化也为外部上下游的合作创造了更多的机会与条件，可以通过数据对接与共享实现共赢。

（四）数智化阶段

数智化是估价机构数字化转型的发展趋势，数智化的核心是大数据，以大数据为基础，采用合适的人工智能技术，对企业方方面面的孤立数据进行加工，形成数据链并进行场景化，用以解决工作中的实际问题。数智化是在数字化基础上的更高级应用，以"数字化+智能化"的方式，实现业务的增长与智能管理。处在数智化阶段的估价机构，估价应用系统已与企业管理和业务高度融合，系统会主动报告管理者感兴趣的事项，并能自动提供分析与建议。比如系统可以主动报告估价业务优化调整建议，人类也可以主动与数字机器人进行对话，了解感兴趣的信息。随着智能化的深入发展，估价业务也将会有更多的持续创新机会。

二、估价机构数字化转型的关键成功因素

估价机构要在数字化转型上取得成功，需要具有勇于变革、勇于拥抱变化、勇于投入的

决心。要把数字化转型作为一把手工程，由一把手亲自抓，全员参与。中高层需要充分理解转型的意义与内涵并达成共识，制定长短期战略规划并监控实施，同时不断地优化调整，找到企业数字化转型的最佳实践路线。

（一）战略规划与组织管理

战略规划可为估价机构的数字化转型明确发展方向，有助于构建自上而下的数字化变革体系，有利于数字化思想文化的传播，为机构内部协作奠定良好的基础，同时为后续的战略实施与成果分析提供依据。在做转型战略规划时，首先要了解现状，识别企业当前有什么，技术现状是什么；其次进行数字化分析，明确企业缺什么，有无明确的战略规划，管理层面是否具有较强的转型意识；最后再进行具体的规划，提出如何从战略、组织、技术等层面实现，同时需要考虑转型的风险与预防措施、转型治理等。

估价应用系统要求全员进行线上管理与作业，使扁平化管理成为可能，可以考虑以估价核心作业流程为中心构建组织结构，实行目标管理，以团队作为基本工作单位，由员工自主决策并为之负责。建议成立信息化部门负责企业数字化转型，并划分为领导小组与实施小组。领导小组由公司一把手、业务专家、技术专家等人员组成，负责制定转型的战略规划、治理措施，制定长短期规划并分解为具体的项目，再由实施小组按优先级具体实施。

（二）估价应用系统建设

估价应用系统的运行离不开数字化基础设施的支撑，目前国内外很多大型IT服务提供商都会提供云计算服务，采用IASS、PASS等服务可简化基础设施建设的难度，并且可以按需扩展，按量付费，不仅方便灵活，而且在安全方面也有强有力的保障，大大降低了自主建设的成本，估价机构随时可以根据需要建设自己的公有云、私有云或混合云，确保企业应用系统有一个安全、可靠的运行环境。

估价应用系统建设的目的是利用大数据、人工智能、区块链等创新技术，帮助企业搭建管理数据中台，构建动态数据模型，通过大数据分析洞察经营短板，及时预警异常数据，减少企业经营不确定性，帮助企业提质增效，建立核心竞争力。估价应用系统建设可以采取外部引进、外包研发、自主研发等方式，推荐估价机构自主研发系统，通过柔性建设的方式减小风险，以适应不断变化的业务需求。建设时要充分考虑业务架构、技术架构、数据架构、应用架构的设计，要有用户思维、产品思维、平台思维，从多角度考虑如何促成业务与技术的融合。同时注重先进互联网技术的应用。比如可采用大模型、机器学习（ML）、自然语言处理（NLP）等人工智能技术开发智能估价系统，使用GPT进行快速地询价；可采用计算机视觉（CV）、增强现实（AR）、基于位置的服务（LBS）、地理信息系统（GIS）、光学字符识别（OCR）等技术开发现场查勘助手，方便现场作业与数据采集；可采用BI、大数据等技术开发可视化数据中台，为管理层提供智能决策等。

（三）企业人才培养

某领先的全球管理咨询公司的报告中称，70%的数字化转型因员工抵制而失败。所以如果说估价应用系统的建设是数字化转型成功与否的核心，那么估价机构人才的培养则是数字化转型是否成功的关键，如果中高层转型的意识与决心不足，估价人员的系统使用基本技能不足，IT人员的业务能力不足，则转型不仅是困难的，而且很可能会面临失败。

估价机构需要从上自下，从企业层面建立数字化转型文化，培养全体员工的数字化转型意识。建立一套完整的人才培养与晋升机制，从知识、技能、经验等维度识别人才，实现从基层到中层再到高层的人才培养体系，为数字化转型储备中坚力量。人员能力的不足可以通过内部、外部的业务培训与 IT 培训来提升，应制定相关的绩效考核措施，及时淘汰不符合要求的人员，积极地挖掘核心潜力人才，以少数带动多数的方式，加快数字化转型的步伐。此外，企业的数字化转型也为虚拟团队的组建创造了条件，估价机构应考虑加强员工在团队协作方面的能力，以减小不可抗力对业务带来的影响。

三、关于下一步估价机构数字化转型方向的考虑

近些年来，估价机构在自动估值、内部作业自动化等方面取得了不小的成就，已越来越普及。为了提高转型的速度，提升核心业务的竞争力，下一步转型可从以下三个方向考虑。

（一）估价案例库的建立

众所周知，案例是估价机构技术上的核心竞争力，可以直接在估价中引用，也可以通过分析形成参数。可以考虑开发采集工具，用以收集日常工作中的成交、租赁、评估案例，建立工业、办公、商业、土地等估价案例库。在具体实践时，加强对入库案例的审核，对案例进行分级，明确不同等级案例的应用场合，结合 GIS 技术的优势，在地图上进行多维度的展示，使估价作业人员能直观地看到委估对象周边的可比案例，方便地获得对工作有帮助的数据。此外，案例库的建立也有助于高效审核，对于直接引用的案例还可以考虑智能审核，从整体上提升作业效率。

（二）数字化管理实践

可以考虑数字化管理实践，用数据说话，通过"模型+数据"把数字化应用于应收账款、核心客户、委托业务转化率、报告成功率、评估绩效等多种场景。通过有效数据的提取与应用，使管理数智化反向促进业务数智化创新。

（三）数字化人才培养

从数字化的转型需求以及下一步数据资产评估的发展等方面考虑，未来估价行业只具有单一技能的人才的竞争力将会越来越弱，而具备 IT、大数据与估价相结合的交叉复合型人才的需求会越来越大，这类人才也最终会成为估价机构的中流砥柱，估价机构可考虑提前部署数字化人才的培养，夯实企业发展的根基。

参考文献：

[1] 工业和信息化部办公厅. 中小企业数字化转型指南 [Z]. 工信厅信发〔2022〕33 号. 2022-11-08.

[2] 工业和信息化部办公厅. 工业和信息化部办公厅关于发布中小企业数字化水平评测指标（2022 年版）的通知 [Z]. 工信厅企业〔2022〕32 号. 2022-10-05.

作者联系方式

姓　　名：李春明

单　　位：四川恒通房地产土地资产评估有限公司

地　　址：四川省成都市高新区天府大道北段 1700 号环球中心 E1-1608

邮　　箱：licm@htvaluer.com

浅谈估价机构如何实现数字化转型

叶志远　黄文毓　陈志鸿

摘　要：党的二十大报告明确指出，要加快发展数字经济，要加快打造数字化企业。随着评估行业业务触达日广渐深，科技进步日新月异，社会对评估行业的效率提出更高的要求，面对国家的号召和业务增长需求，以及在数字经济的凶猛浪潮下，本文将聚焦估价机构如何实现数字化转型，从数据中心的搭建、数据储存、估价测算自动化、拓展运用等多方面进行探讨。

关键词：估价企业；数字化转型；实操建议

一、为什么要进行数字化转型

（一）数字化转型的社会背景

2020年5月13日，国家发展改革委官网发布"数字化转型伙伴行动"倡议。倡议提出，政府和社会各界联合起来，共同构建"政府引导—平台赋能—龙头引领—机构支撑—多元服务"的联合推进机制，以带动中小微企业数字化转型为重点，在更大范围、更深程度推行普惠性"上云用数赋智"服务，提升转型服务供给能力，加快打造数字化企业，构建数字化产业链，培育数字化生态，形成"数字引领、抗击疫情、携手创新、普惠共赢"的数字化生态共同体，支撑经济高质量发展[1]。作为深入参与社会经济行为方方面面的评估行业，我们更应该积极响应国家号召，高质量、大范围地进行数字化转型。

（二）业务增长的需求

随着时代的进步，评估行业在一代又一代评估人的艰苦卓绝的奋斗中早已发生翻天覆地的变化。自早期从属国土部门的功能岗位，到如今评估业务触达各行各业。随着社会科技水平的飞速发展，评估行业也从口述手书，演变到现在的电子化报告。正因业务触达日广渐深，科技进步日新月异，社会对评估行业的效率不断提出更高的需求，如何提高效率就成为每个机构都迫切需要解决的难题。而解决这个问题的办法笔者认为需要不断深化机构评估活动中的数字化程度，借助数字化转型，实现评估工作效率提高，以应对日益增长的业务需求。

二、估价机构如何进行数字化转型

根据中国信息通信研究院发布的《中国数字经济发展研究报告（2023年）》，2022年，我国数字经济规模达到50.2万亿元（图1），同比名义增长10.3%，已连续11年显著高于同期GDP名义增速，数字经济占GDP比重达到41.5%，这一比重相当于第二产业占国民经济的比重[2]。数据表明，首批完成数字化转型的企业已经充分享受到"改革"红利，不难看出，

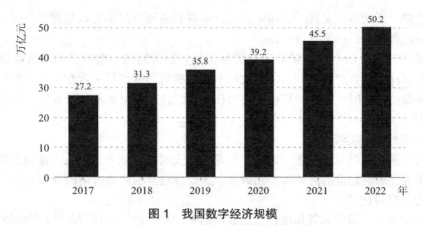

图 1　我国数字经济规模

数据来源：中国信息通信研究院

数字经济的浪潮已凶猛而至，一向敢为人先的评估行业自然不能甘居人后，应采取积极措施，尽快完成数字化转型。

鉴于已有众多行业头部人员对估价机构数字化转型提出了详尽的见解，本文想着重就企业如何进行数字化转型的实操进行探讨。

（一）数据中心的搭建

数字经济是以数字化的知识和信息作为关键生产要素，以数字技术为核心驱动力量，以现代信息网络为重要载体，通过数字技术与实体经济深度融合，不断提高经济社会的数字化、网络化、智能化水平，加速重构经济发展与治理模式的新型经济形态。

因此数字化转型的基础，首先要搭建初步的数据中心。目前很多小型的估价机构仍然是以估价师为中心的"独狼"评估模式，即承接业务后，由承办估价师就该业务情况再去实地勘查和查找相关资料，然后测算出报告。但这样的"独狼"评估模式会导致资源无法及时充分共享，同一公司承接类似业务而由不同估价师承办时，则查找资料及测算过程又需要重复工作，这样重复劳动导致效率低下。笔者曾经所在的公司，解决这个问题的办法比较粗糙，即把每位估价师的工作文件都共享出来，但没有分类，这样导致查找起来非常耗费时间。

参考大型企业的做法，面对这样的问题，一般来说可以通过部署大型的数据服务器中心解决，但数据服务器昂贵的价格足以让企业望而却步。但好在科技的飞速发展，旧时王谢堂前燕，早已飞入寻常百姓家。以文件存储以及文件分类分享为主要功能的 NAS 就非常适合估价机构采购使用，通常万元以下即可部署一整套技术相对成熟的 NAS 搭建自己的数据中心。

作为一种特殊的专用数据存储服务器，NAS 由存储器件（目前主要以磁盘阵列为主）和内嵌系统软件组成，它在一个 LAN 上占有自己的节点，无需应用服务器干预即允许用户在网络上存取数据。因此，NAS 是真正即插即用的产品。NAS 本身能够支持多种协议（如 NFS、CIFS、FTP、HTTP 等），而且能够支持各种操作系统。通过任何一台工作站，采用 IE 或 Netscape 浏览器就可以对 NAS 设备进行直观方便地管理，由于用户可以通过网络支持协议进入相同的文档，因而 NAS 设备无需改造即可用于混合 Unix/Windows NT 局域网内。因此，它可以轻松实现跨平台文件的共享。

（二）数据储存的建议

初步搭建好数据中心后，在估价活动中查找到的相关资料，例如现场勘查照片，成交案例、成本数据、评估参数文件、法律法规文件等资料应该分门别类地整理并分区储存，并正确命名，形成数据库，以便日后查找。

在日常的评估活动中收集到的房产数据是我们估价的核心数据，但日常收集到的数据的途径多种多样，从客户、中介、网站交易平台、政府公开交易平台获取的数据口径各不相同，所以获取到数据时，就要对数据建立可比基础，这个可以参考估价方法——市场法中的做法，如下：

1. 收集宗地交易实例

资料收集范围包括地块位置、面积、用途、成交时间、双方当事人、地块条件、使用年期、交易条件、影响地价的区域和个别因素、土地价格及明确的价格内涵等。

2. 建立价格可比基础

应从付款方式、币种和货币单位、面积内涵和面积单位等方面对各比较案例的价格进行统一。

3. 交易情况修正

交易情况修正是排除交易行为中的一些特殊因素所造成的比较实例的价格偏差，将其成交价格修正为正常市场价格。

交易行为中的特殊因素主要包括下列9种：

（1）有利害关系人之间的交易；
（2）急于出售或者购买情况下的交易；
（3）受债权债务关系影响的交易；
（4）交易双方或者一方获取的市场信息不全情况下的交易；
（5）交易双方或者一方有特别动机或者特别偏好的交易；
（6）相邻地块的合并交易；
（7）特殊方式的交易；
（8）交易税费非正常负担的交易；
（9）其他非正常的交易。

（三）估价测算半自动化

在大型估价机构，可能会采购第三方公司开发或通过自研的自动估价软件，这些软件通过深入解析评估方法，形成自动评估模型，用户只需要输入或选择一些关键参数，即可便捷得出测算结果，如果有预设模板，甚至可以根据测算结果自动生成评估报告。但这些软件无论是购置费还是自主研发的条件，对于企业都是一笔不小的投入。为了提高评估效率，活用Excel函数和宏也可实现测算半自动化，Excel函数和宏的活用，是可以实现计算中只需要修改某些参数，即可得出不同评估对象的测算结果，但自动生成报告比较难以实现。Excel函数和宏的使用有许多教程，可以参考学习制作。甚至网络上也有开源的自动评估测算模板可供下载，但要注意下载后结合自身实际进行修改使用。

（四）拓展运用1——基于GIS技术的数据中心多维具象化

地理信息系统（Geographic Information System 或 Geo—Information system，GIS）有时又称为地学信息系统。它是一种特定的十分重要的空间信息系统。它是在计算机硬件、软件系统支持下，对整个或部分地球表层（包括大气层）空间中的有关地理分布数据进行采集、储存、管理、运算、分析、显示和描述的技术系统。GIS技术是一种基于计算机的工具，它可以对空间信息进行分析和处理，GIS技术把地图这种独特的视觉化效果和地理分析功能与一般的数据库操作（例如查询和统计分析等）集成在一起。

GIS 技术运用到估价活动中，则可以将上述收集的房产交易数据具象化投射到实际的 GIS 地图中，将房产的交易数据和房产的地理位置和环境属性等多维度具象化。这不仅可以让估价师更直观和准确掌握房地产市场信息，更可进一步将系统向客户展示，以帮助客户更清晰认知评估价值，亦有助于提升企业专业形象。

目前市面上有各种公司提供的 GIS 数据服务，但其昂贵的价格使得估价企业望而却步。因为随着 GIS 技术的发展，目前功能精简的 GIS 服务价格已经大幅回落，对数据处理有更高需求的企业可以根据企业实际需求购买这类 GIS 服务。

（五）拓展运用 2——基于数据中心的远程操控

建立起可方便查找的数据库后，可以进行一些方便的拓展应用。例如可利用内网端口映射，也叫内网穿透技术实现移动端远程访问数据库。内网穿透简单来说就是将内网外网通过隧道打通，让内网的数据让外网可以获取。这个技术在以前需要专业人员的设置且还要获取公网 IP 等一系列复杂操作才得以实现，但现在已经有一部分成品 NAS 已经出厂自带这个功能，简单来说就是 NAS 厂家在移动端与 NAS 间用自己的服务器架起了一座桥，让用户可以在移动端轻松实现访问 NAS 数据的功能，这样的应用场景一是让估价师随时随地都可以查看数据库的数据，在洽谈业务时候可以彰显公司专业实力。二是估价师在勘查现场时，影像资料可以实时回传 NAS 中储存，大大降低了影像资料丢失的可能。这对于一些存在特殊情况的估价对象，不能二次进行勘察的情况下尤为重要。三是可以协同办公，让估价师远程也可实现报告审核。这对于频繁出差的估价师会比较适用。但这个功能的实现需要经过厂家服务器，评估活动中的涉密文件可在 NAS 中加密管理，或者另用磁盘进行冷储存，方法很多，这里就不一一赘述，有此需求可查找相关的储存方案。

三、评估行业数字化转型展望

对于评估行业来说，每个独立机构个体的数字化转型仅是基础。评估行业的数字化转型不是一朝一夕的工作，也不能个别企业单独完成，它是一项关于地理信息技术，以专业估价理论为核心，依数字技术手段完成的工作，需要评估机构、软件技术公司、数据公司等多方的通力合作，才能保障评估结果的专业性和科学性。因此展望未来，殷切期盼行业内可以在各协会单位牵头下，建立全行业数据共享的平台，因为让全行业都参与该平台，运用统一数据口径，可靠的搜集来源，数据的精度和广度都能得到前所未有的提升，为全国房产大数据时代的到来提前打好基础。

四、结语

数字化转型，对企业来说是当下数字经济浪潮下的必然选择，对国家而言，能为国家的数字化转型战略提供帮助，并给予行业更多的实践支撑。诚然，评估行业数字化转型已成为发展趋势，对此，我们应当做好充分准备，把握行业规律，洞悉产业需求，明晰政策引导，迎接数字化浪潮，顺势行舟方可乘风破浪。

参考文献：

[1] 高技术司. 数字化转型伙伴行动倡议 [EB/OL].（2020-05-13）[2020-03-12]. https：//www.ndrc.gov.cn/xwdt/ztzl/szhzxhbxd/xdcy/202005/t20200513_1227930.html.

[2] 中国信息通信研究院. 中国数字经济发展研究报告（2023 年）[R]. 北京：中国信息通信研究院，2023.

作者联系方式

姓　　名：叶志远　黄文毓　陈志鸿

单　　位：广东均正房地产土地资产评估咨询有限公司珠海分公司

地　　址：珠海市香洲区日荣大厦 1006-2

邮　　箱：zhgdjz1006@163.com

注册号：黄文毓（4420120069）

估价机构数字化转型实践及其影响研究

李学锋　杨　柳

摘　要：本论文旨在探讨估价机构数字化转型实践及其对业务运营的影响。通过分析估价机构数字化转型的现状和趋势、典型案例以及数字化转型对业务流程优化、服务质量提升和市场竞争力增强的影响，我们发现，尽管估价机构数字化转型带来了许多机遇，但也面临着一些挑战，如技术支持和人才培养、数据质量与安全、组织文化和变革管理等。因此，估价机构应积极应对这些挑战，制定合理的数字化转型策略，并不断推进数字化转型的实施。

关键词：估价机构；数字化转型；实践；影响研究；技术支持

一、估价机构数字化转型概述

随着信息技术的快速发展和数字化时代的到来，估价机构正面临着数字化转型的压力和机遇。数字化转型对于估价机构的业务流程、服务质量和市场竞争力产生了深远的影响，并为其带来了新的发展机遇。本节将从三个方面详细叙述估价机构数字化转型的概述，包括背景与动因、目标与挑战以及实施与成效。

（一）背景与动因

数字化转型是在信息技术飞速发展的大背景下，对估价机构业务模式、流程和服务体系的一次全面革新。动因主要包括：技术革新（人工智能、区块链、大数据和云计算等技术的成熟）、用户期待升级（随着用户对房产估价要求的多样化和个性化，传统服务方式难以满足快速反应和定制化服务的需求）以及行业竞争加剧（在竞争激烈的市场中，谁拥有效率和质量的双重优势，谁就能占据有利地位）。

（二）目标与挑战

估价机构进行数字化转型的目的是提高核心竞争力，包括：效率提升（简化工作流程，减少人工操作，加快估价速度）、质量优化（利用先进的分析工具和模型，提升估价的精度和可靠性）以及业务创新（开发新的服务项目，比如在线估价平台，以及通过大数据为客户提供更深层次的市场洞察）。然而，在转型过程中，估价机构可能会面临如下挑战：技术整合困难（如何选择合适的技术工具，并将其有效地整合到现有业务流程中）、数据安全风险（转型需要处理大量敏感信息，如何确保数据的安全和隐私是一个重大挑战）以及组织和文化适应（员工需要习惯新的技术工具和工作方式，估价机构需培养数字化人才，同时更新组织文化，以支撑数字化转型）。

（三）实施与成效

有效的实施策略是达到预期成效的关键：包括明智的技术选择（依据估价业务的特性选

择合适的技术，避免盲目追求新技术而偏离实际需求）、流程再造（对现有的业务流程进行梳理和优化，充分利用自动化和智能化工具，减少冗余步骤）、数据管理（构建高效的数据管理系统，促进数据治理和共享，以提升估价的质量和效率）以及组织和人才培养（通过定期培训和内部交流活动，提升员工的数字技能，同时塑造支持创新和变革的企业文化）。

二、估价机构数字化转型实践分析

估价机构数字化转型是房地产行业发展的趋势，通过应用先进的信息技术和数字化工具，对传统的估价工作流程和方法进行优化、改进和创新，以提高估价精度、效率和客户满意度。本节将对估价机构数字化转型的现状和趋势进行分析，并探讨典型案例以及数字化转型过程中的关键要素和策略。

（一）估价机构数字化转型的现状和趋势

当前，各估价机构在数字化转型方面的发展状况参差不齐。部分机构已开始利用数字化工具与技术，如自动化估价模型、大数据分析等，辅助估价工作。然而，仍有众多机构在数字化转型的进程中面临诸多挑战和困难。展望未来，估价机构的数字化转型将进一步深化和扩大。随着人工智能、云计算、物联网等技术的持续发展，估价机构将积极探索和运用这些新技术，以不断提升估价的效率和质量。数字化平台及在线服务也将成为主流，为估价机构拓展新的业务领域和市场机遇。

（二）典型案例分析：成功的数字化转型实践

1. 估价工具的自动化

一些先进的估价机构已经实现了估价工具的自动化。通过建立估价模型和算法，将大量的数据输入系统，系统能够自动生成准确的估价报告，并且随着数据的更新和改变，可以自动进行调整和更新。

2. 大数据分析

许多估价机构开始利用大数据分析技术，通过对海量数据的挖掘和分析，发现隐藏的市场趋势和规律，提供更准确的房地产估价和投资建议。

3. 数字化平台和在线服务

一些估价机构开发了数字化平台和在线服务，使客户可以通过网络提交估价需求，并实时跟踪估价过程和结果。这种数字化平台可以提高服务效率，降低沟通成本，增强客户体验。

（三）数字化转型过程中的关键要素和策略

1. 技术支持与人才培养

数字化转型需要适应的技术支持和人才储备。估价机构需要积极引进和培养具备数字化技术和数据分析能力的人才，同时与相关技术供应商建立合作关系，获取技术支持和创新。

2. 数据质量与安全

数字化转型依赖于高质量的数据，并且需要保护客户信息和数据安全。估价机构应建立健全数据管理和安全措施，确保数据的完整性、可靠性和隐私保护。

3. 组织文化和变革管理

数字化转型对估价机构的组织文化和员工行为方式提出了挑战。估价机构应积极推动组织文化的变革，鼓励员工接受新技术和新方法，并提供培训和支持。

三、估价机构数字化转型对业务运营的影响

数字化转型对估价机构的业务运营产生了广泛的影响。通过应用先进的信息技术和数字化工具，估价机构可以优化业务流程、提升服务质量、提高效率，并增强市场竞争力。本节将分别探讨数字化转型对业务流程优化与效率提升、对服务质量与客户满意度提升以及对市场竞争力的提升效果。

（一）业务流程优化与效率提升

1. 自动化流程

数字化转型可以实现估价机构业务流程的自动化。通过建立估价模型、开发自动化算法和工具，可以减少人工操作和重复工作，提高估价报告的生成速度和准确度。

2. 数据整合与共享

数字化转型可以集成不同数据源的信息，并实现数据的共享和协同。通过建立统一的数据库和信息平台，可以方便估价师获取各类数据，快速进行需求分析和估价计算。

3. 实时协作与沟通

数字化转型使得估价机构内部和外部之间的实时协作和沟通变得更加便捷。通过在线协作平台、云端文件共享等方式，估价师可以与团队成员和客户实时交流并进行文件共享和讨论。

（二）服务质量与客户满意度提升

1. 准确性与一致性

数字化转型可以提高估价报告的准确性和一致性。通过应用自动化估价模型和数据分析技术，可以降低人为错误和主观因素的影响，提供更加客观和准确的估价结果。

2. 个性化服务

数字化转型使得估价机构能够更好地提供个性化服务。通过数据挖掘和分析，估价机构可以更好地了解客户需求，为客户提供量身定制的估价方案和建议，增强客户满意度和忠诚度。

（三）市场竞争力的提升

1. 创新业务模式

数字化转型为估价机构创造了新的商业模式和收入来源。例如，通过开发在线估价平台、提供数据分析服务等，可以拓展新的市场机会，吸引更多客户和业务合作伙伴。

2. 品牌形象与竞争优势

数字化转型可以提升估价机构的品牌形象和竞争优势。通过数字化平台和在线服务，估价机构可以展示其先进的技术和专业能力，吸引更多客户和项目合作。

3. 数据驱动决策

数字化转型使得估价机构能够更好地利用数据进行决策分析。通过大数据分析和预测模型，估价机构可以更准确地预测市场趋势和风险，提高决策的科学性和准确性。

四、估价机构数字化转型的问题与挑战

估价机构数字化转型可以为业务带来诸多益处，但同时也面临着一些问题和挑战。在

数字化转型过程中，估价机构需要克服技术方面的问题与挑战、组织文化和人力资源方面的问题与挑战以及法律法规和隐私保护方面的问题与挑战。本节将对这些问题与挑战进行详细叙述。

（一）技术方面的问题与挑战

1. 技术投入与成本

数字化转型需要大量的技术投入，包括软硬件设备的购买和更新、系统开发和维护等。估价机构需要制定合理的技术投资计划，并考虑与供应商的合作模式以降低成本。

2. 数据质量与标准化

数字化转型依赖于高质量的数据，而房地产领域存在数据来源不一致、格式不统一等问题。估价机构需要解决数据质量问题，并推动数据标准化，以确保数字化转型的可靠性和准确性。

3. 安全与隐私保护

数字化转型涉及大量的数据存储和传输，估价机构需确保数据的安全和隐私保护。这包括建立有效的信息安全管理体系、加强对数据访问权限的控制以及合规保护用户隐私。

（二）组织文化和人力资源方面的问题与挑战

1. 组织文化的变革

数字化转型需要估价机构进行组织文化的变革，包括从传统的操作模式向数字化工作方式的转变。这需要领导层的支持和引导，同时也需要员工积极适应变革，并提高数字化技能。

2. 人才培养与引进

数字化转型需要具备数字技术和数据分析能力的人才。估价机构需要积极培养内部人才，同时也要考虑引进外部专业人士，以满足数字化转型的需求。

3. 全员参与沟通协作

数字化转型需要全员参与和沟通协作。估价机构需要鼓励员工参与数字化转型的决策和实施过程，同时加强团队之间的沟通和协作，以推动数字化转型取得良好效果。

（三）法律法规和隐私保护方面的问题与挑战

1. 法律法规遵守

数字化转型涉及数据的采集、存储和处理，估价机构需要遵守相关的法律法规，包括数据保护、隐私保护等。估价机构需了解与数字化转型相关的法律要求，并制定合规措施和政策。

2. 数据安全与隐私保护

数字化转型使得大量的数据在网络中传输和存储，估价机构需要采取相应的技术和管理措施，确保数据的安全性和隐私保护。这包括加密、访问权限控制、风险评估等措施的实施。

五、估价机构数字化转型的发展趋势与展望

随着信息技术的不断进步和数字化时代的到来，估价机构正面临着数字化转型的压力和机遇。数字化转型对于估价机构的业务流程、服务质量和市场竞争力产生了深远的影响，并为其带来了新的发展机遇。本节将探讨估价机构数字化转型的发展趋势与展望，包括行业发展趋势分析、未来数字化转型的可能方向和对估价机构数字化转型的建议与展望。

（一）行业发展趋势分析

估价机构数字化转型是当前房地产行业的一个重要趋势。随着科技的不断进步和数字化时代的到来，估价机构面临着数字化转型的压力和机遇。以下是估价机构数字化转型的行业发展趋势分析：

1. 技术应用广泛

人工智能、大数据、区块链等先进技术在估价机构中得到广泛应用，实现了业务流程的自动化和优化。估价师可以利用这些技术进行数据分析和建模，提高估价准确度和效率。

2. 数据驱动决策

估价机构越来越依赖于大数据和预测模型支持决策制定。通过收集和分析大量的房地产数据，估价师可以更准确地预测市场趋势和风险，给客户提供科学依据和建议。

3. 数据共享与协同

估价机构与其他相关机构和数据供应商之间的合作日益增加，实现了数据共享与协同。通过共享数据资源，估价机构可以提高数据分析的准确性和全面性，为客户提供更优质的服务。

（二）未来数字化转型的可能方向

1. 智能化估价模型

随着人工智能和机器学习技术的进一步发展，估价机构将更多地应用智能化估价模型。这些模型能够利用大量的历史数据进行学习和预测，提供更准确、快速的估价报告。

2. 数据安全与隐私保护

随着数据驱动决策的加强，估价机构需要更加重视数据安全和隐私保护。建立健全的数据安全管理体系，采取有效的安全措施，保护客户数据不被泄露和滥用。

3. 跨界合作与创新发展

估价机构将积极寻求与科技公司、金融机构等相关领域的合作，以推动数字化转型的进一步发展。通过跨界合作，估价机构可以获得更多的技术支持和创新资源，提升数字化转型的效果和成效。

4. 持续学习与人才培养

估价机构需要不断学习和更新知识，以适应数字化转型的快速发展。培养具备数字化技能的员工，并与高校、研究机构等建立合作关系，加强人才培养和科研能力。

（三）对估价机构数字化转型的建议与展望

1. 制定明确的数字化转型战略

估价机构需要制定明确的数字化转型战略，并建立相应的实施计划。明确目标、确定优先事项，合理分配资源，推动数字化转型的顺利进行。

2. 加强技术投入与创新应用

估价机构应增加对先进技术的投入，积极探索创新应用，提升业务流程的效率和准确度。同时，密切关注科技发展趋势，及时引进新技术，保持行业领先地位。

3. 建立数据共享与合作机制

估价机构应加强与相关机构和数据供应商的合作，建立数据共享与合作机制。通过共享数据资源，提高数据分析的质量和准确性，增强行业竞争力。

4. 加强人才培养与组织变革

估价机构需要加强对员工的数字化技能培训，提高其适应数字化转型的能力。同时，推动组织文化变革，提升员工对数字化转型的认识和参与度，共同推动数字化转型的实施。

5.关注客户需求与体验

估价机构需要不断关注客户需求和体验，根据客户的反馈和期望，调整和优化数字化转型的方向和策略。通过提供个性化、智能化的服务，提升客户满意度和忠诚度。

六、结论

估价机构数字化转型是适应数字化时代发展的趋势，对估价机构的业务运营产生了重要影响。通过优化业务流程、提升服务质量和客户满意度，以及增强市场竞争力，数字化转型为估价机构带来了诸多机遇和挑战。估价机构应积极应对这些挑战，制定相应的策略和行动计划，并不断推进数字化转型的实施。通过合理的技术支持、人才培养和组织文化变革，估价机构能够实现数字化转型，并在数字化时代取得更大的发展。

参考文献：

[1] 孙晓丽.浅析房地产评估行业的数字化转型之路[J].企业改革与管理，2023（10）：168-170.

[2] Demirci O. The Digital Transformation of the Valuation Sector in the World of Algorithms[C]// Property Elite.2021.

作者联系方式

姓　　名：李学锋　杨　柳

单　　位：山东金庆房地产土地评估测绘有限公司

地　　址：潍坊市奎文区东风东街东盛广场501室

邮　　箱：sdjqxx@jqpg.Com；sdjqxx@jqpg.Com

房地产估价机构数字化转型分析与探讨

贾莲慧 卢 佳 邱海波 孙丹桂

摘 要：随着我国经济的快速发展和房地产行业的壮大，房地产估价工作越来越受到重视。通过调查房地产估价机构的数字化转型现状，发现国内估价机构普遍存在数字化程度不高、信息化水平低下等问题。本文阐述了数字化转型的现状以及其对我国房地产估价工作的影响，分析了估价行业面临的机遇和挑战，探讨了如何在"互联网+"趋势下保持房地产估价机构的持续发展。

关键词：数字化转型；房地产估价；机遇；挑战

一、当前房地产估价行业现状

我国房地产估价行业整体起步较晚，随房地产市场扩大而稳步发展，逐渐成为重要的金融服务领域。自2016年12月，中央正式提出了一个影响极其长远的定调——"房住不炒"，我国房地产行业监管更加严格，楼市紧缩、房地产市场增速放缓，我国房地产行业转向构建房地产发展新模式——从追求"量"转变为追求"质"。房地产市场发展模式更替下，房地产估价行业遇到了前所未有的挑战。房地产估价行业的三大传统业务：抵押估价、司法鉴定、征收评估，进一步萎缩；房地产估价机构数量平稳增长，房地产估价师队伍不断壮大的同时，行业内不良竞争加剧。与此同时，房地产估价行业外部竞争也显现焦灼之势。一方面，随着银行、担保公司等金融机构内评机制的产生，一些简单的房地产估价已经不需要房地产估价机构承接，金融机构的内评部门可以直接评估，使得房地产估价机构的业务不仅量变少且难度加大；另一方面，互联网时代背景下，阿里、京东大数据已进入房产评估领域，用大数据的办法为法院提供房产估值的咨询，蚕食司法评估业务。

"内忧外患"形势之下，房地产估价行业只有进行转型，才能长足发展。数字化转型作为当前全球经济发展的主题之一，也深深影响着房地产估价行业的发展。通过对估价机构的调查发现，国内房地产估价机构的数字化程度普遍偏低，信息化水平亟待提高。

二、房地产估价行业面临的挑战与应对措施

（一）估价业务模式和估价人员"数字化素质"的挑战

1. 估价业务模式的挑战

传统的估价模式已经不能完全满足市场需求。传统的估价模式下，估价流程通常需要大量人工参与，过程繁琐、效率低下；估价报告的编制也依赖于经验和专业知识，存在主观性和人为因素的影响。因此，如何在数字化转型的背景下创新估价业务模式，提高效率和准确

性,成为估价机构亟须解决的问题。

2. 估价人员"数字化素质"的挑战

估价人员"数字化素质"的挑战主要表现在两个方面。一方面,估价人员需要拥有深厚的专业知识和经验,能够熟练运用多种估价方法和工具;另一方面,估价人员需要具备数字化技术的应用能力,能够灵活运用评估工具和软件,提高工作效率和准确性。然而,目前估价人员整体数字化水平不高,缺乏相关技术和知识,这对数字化转型提出了新的要求。

(二)应对数字化转型挑战,估价机构可采取的措施

估价业务模式和估价人员面临着数字化转型带来的挑战,但同时也蕴含着巨大的机遇。采取措施,积极应对这些挑战,加强技术创新和人才培养,估价机构才能在数字化转型的浪潮中蓬勃发展,为房地产市场提供更精准、高效的服务(图1)。

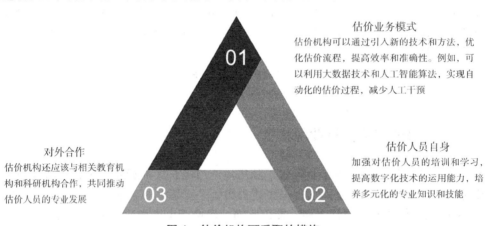

图1 估价机构可采取的措施

三、房地产估价行业面临的机遇

(一)大数据时代带来的评估工具的改革

1. 大数据技术提供了强大支撑

利用大数据技术,可以收集、存储、处理和分析大量的房地产相关数据,从而为估价工作提供更多的参考依据和精确的预测结果。例如,可以通过分析大数据中的房价、地价、交通状况、经济发展水平等指标,建立更科学、准确的房地产估价模型。同时,大数据还可以帮助估价人员更好地把握市场趋势、了解行业动态,从而更精准地进行估价工作。

2. 云计算技术提供了可能

通过云计算技术,估价机构可以将海量数据存储在云端服务器中,并借助云计算的强大计算能力进行数据处理和分析。估价人员只需要通过网络即可访问到来自各个领域的数据资源,从而更加方便地进行估价工作。此外,云计算还能够提供实时的数据共享和协同办公平台,增加估价机构内部人员之间和外部合作伙伴之间的合作效率和沟通效果。

3. 人工智能技术发挥重要作用

人工智能技术可以通过机器学习和深度学习等方法,从大数据中自动学习和发现规律,从而实现自动化地预测和决策。估价人员可以借助人工智能算法和模型辅助判断和预测,提高估价工作的精度和效率。例如,可以利用人工智能技术预测未来房价走势、风险和市场需

求预测等，为估价人员提供更准确的决策参考。

综上所述，大数据时代带来了评估工具的改革，为房地产估价行业带来了更高效、准确的评估方法。大数据技术、云计算技术和人工智能技术的应用为估价工作提供了更广阔的发展空间和更强大的支持。估价机构应该积极拥抱数字化转型，采用先进的评估工具，不断提升自身的竞争力和服务水平。

（二）政府对房地产估价行业进行的"放管服"改革

为了推动房地产估价行业的健康发展，我国政府积极进行了"放管服"改革，旨在减轻行政审批的负担，简化估价行业的管理程序，改善行业发展环境，提高估价服务的质量和效率。具体来说，政府对房地产估价行业进行的"放管服"改革主要包括以下几个方面：

1. 放宽准入门槛和审批程序

政府简化了估价机构的注册登记和审批手续，降低了参与估价行业的门槛，为更多的估价机构提供了发展的机会。同时，加强了对估价机构的监管和注册管理，提高了行业的规范性和专业水平。

2. 优化行政审批流程

政府通过精简审批材料、精简审批环节，大大提高了审批的效率和准确性。估价机构和估价师可以更加便捷地完成相关手续，提供准确、及时的估价服务，满足客户的需求。

3. 推动估价行业的信息化建设

政府通过加大信息化投入，推动估价行业的数字化转型，提高估价工具的智能化水平，提升估价服务的精准性和可信度。政府提供了相关的技术支持和培训，帮助估价机构逐步掌握和应用新技术，推动行业的创新发展。

政府对房地产估价行业进行的"放管服"改革，为估价机构的发展提供了良好的环境和机遇。估价机构可以更好地发挥自身专业优势，提高服务质量和市场竞争力，成为估价行业发展的重要推动力量。估价机构应积极应对改革，加强自身能力建设，提高服务质量和专业水平，为房地产市场的健康发展作出积极的贡献。

四、数字化转型的趋势和预测

在行业数字化转型的趋势下，随着大数据时代的到来，评估工具的改革已经成为估价行业的一项重要任务。大数据技术的应用，能够帮助估价机构从传统的数据采集、处理方式中解放出来，提高估价工作的效率和准确度。此外，政府对房地产估价行业进行的"放管服"改革，也给估价机构数字化转型提供了支持和保障。

数字化转型的趋势下，衍生的新型估价业务方向侧重大数据的评估工具和技术的应用，以及估价行业与其他相关行业的融合；实践路径上，可以通过建立互联网平台，整合数据，实现部分估价程序模块化、标准化，高效满足客户多样化的需求。

五、转型趋势下房地产估价机构如何保持持续发展

（一）坚守传统估价业务，培育应对新型估价业务的能力

在面临数字化转型的趋势下，坚守传统估价业务的同时，也要积极培育应对新型估价业务的能力。传统估价业务主要指的是传统的房地产估价工作，包括估价师对房地产价值进行

评估和估价报告的撰写等。这是估价行业的核心业务，具有一定的市场基础和稳定的收益。

随着社会经济的发展和科技的进步，新型估价业务逐渐兴起，如在线估价、大数据估价、AI估价等。这些新型估价业务基于互联网和大数据等新技术，具有更快捷、准确和高效的特点。同时，估价机构应及时关注并研究新型估价业务的发展趋势和应用情况，加大对新型估价业务的人才培养和技术支持力度，与相关部门和机构加强合作，实现资源共享和互利共赢。因此，估价机构必须积极培育应对新型估价业务的能力，不断提升自身的竞争力。

（二）合理确定公司的发展方向，努力培育企业的核心竞争力

房地产估价机构在数字化转型的时代背景下，需要结合自身资源合理确定公司的发展方向，以努力培育企业的核心竞争力。

1. 估价机构应该充分考虑市场需求和趋势

房地产估价机构可以通过调研和分析，了解市场上的新兴业务和新的服务模式，以及可能的客户需求变化，从而有针对性地调整自身的发展方向。例如，在当前数字化时代，估价机构可以结合互联网技术和大数据分析手段，开展更多与数字化相关的估价业务，如智能评估系统和在线房产估值平台等。这些新型业务可以为企业带来更多的机会和收益。

2. 估价机构应该注重人才培养和团队建设

房地产估价机构可以通过开展内部培训和外部合作，提升员工的专业素养和技术能力，培养一支高素质的估价团队。同时，估价机构还可以通过与其他相关机构或行业协会合作，共同研究和探索估价行业的前沿技术和方法，以保持竞争力。

（三）通过互联网互通互联，努力培养企业的增值服务能力

在"互联网+"趋势下，房地产估价机构需要通过互联网互通互联的方式努力培养企业的增值服务能力。互联网技术使得信息传递更加便捷，房地产估价机构可以利用互联网平台与客户、业务合作伙伴等进行有效的沟通和交流，提升服务质量和效率。可以通过建立在线互动平台，为客户提供在线解答和咨询服务，加强与客户的互动和沟通。此外，还可以通过互联网技术的应用，开展数据分析和研究，为客户提供更深入、更全面的服务，提升企业的增值服务能力。

六、结语

互联网技术的发展给房地产估价机构带来了新的机遇和挑战，也提供了更广阔的发展空间。为了适应"互联网+"趋势下的发展需求，房地产估价机构应积极推动数字化转型，加强技术创新和能力建设，实现持续发展。

参考文献：

[1] 侯纯涛. 浅议房地产估价行业的现实之困及应对之策 [J]. 上海房地，2023（4）：11-12.

[2] 王常华. 估价机构数字化转型与实践思考 [J]. 中国房地产估价与经纪，2022（6）：34-35.

[3] 沈若旺. 基于CGA的Stewart机构的运动学分析和综合数字化平台研究 [J]. 住宅与房地产，2018（8）：33-34.

[4] 杨华彬. 互联网金融背景下汽车金融公司数字化转型发展研究 [J]. 中国管理信息化，2020（6）：56-57.

[5] 陈邑早，于洪鉴. 政府数字化转型研究：研究态势，内容分析与影响检验：基于CSSCI文献

计量[J].财经理论研究，2023（4）：25-26.

[6] 张密.分析建筑行业数字化转型面临的机遇与挑战[J].住宅与房地产，2021（2）：43-44.

[7] 吕杰.出版媒介在融媒体时代的数字化转型与发展路径研究[J].中国传媒科技，2022（7）：45-46.

[8] 温维亮.玉米株型冠层三维数字化与结构解析技术研究[J].上海房地，2018（9）：44-45.

[9] 洪文.自动化技术与机械制造的融合应用分析[J].中国管理信息化，2023（3）：32-33.

[10] 胡杨，王馗，范红忠.数字化转型与企业海外投资：事实考察与机理分析[J].财经论丛，2023（5）：24-25.

[11] 陈浩，刘雁兵，朱皓然.企业数字化对标要点分析与研究[J].企业科技与发展，2020（2）：31-32.

[12] 何英博.智能监控分析技术助推石油化工企业数字化转型升级[J].住宅与房地产，2023（4）：56-57.

[13] 石金玲.企业数字化转型的动因，路径及效果分析：以赛轮集团为例[J].中国管理信息化，2022（6）：56-57.

作者联系方式

姓　　名：贾莲慧　卢　佳　邱海波　孙丹桂

单　　位：国众联资产评估土地房地产估价有限公司

地　　址：深圳市罗湖区清水河街道清水河社区清水河三路 7 号中海慧智大厦 1 栋 1C618

邮　　箱：1004378283@qq.com；jlu@gzlchina.com

注册号：贾莲慧（4120210037）；邱海波（4420070073）；孙丹桂（4220000017）

估价机构如何实现数字化转型升级

杨 洁

摘 要：本文深入探讨了估价机构如何成功实现数字化转型，提升运营效率、优化服务质量，并进一步拓展业务领域。为实现估价机构数字化转型，本文提出了具有针对性的策略和建议，包括制定明确的数字化转型战略规划、强化内部组织结构调整和人才培养、选择合适的技术工具和平台、加强数据管理和分析工作、智能化技术应用、加强合作与创新等。通过深入分析湖北永业行评估咨询有限公司的数字化转型案例，详细展示了估价机构如何通过数字化转型赋能企业高质量发展。最后，本文指出了研究的不足之处，并对未来的研究方向进行了展望。

关键词：估价机构；数字化转型；数字化赋能；企业数字化建设；智能化技术应用

一、数字化转型的背景与挑战

随着估价行业的快速发展和数字化技术的不断进步，估价机构面临着越来越多的挑战和机遇。为了适应市场变化和行业发展要求，估价机构需要进行数字化转型，提高工作效率和服务质量。具体来说，估价机构数字化转型的背景和原因包括以下几个方面：

（一）客户需求的变化

随着房地产市场的不断发展和客户需求的多样化，估价机构需要提供更加精准、高效、便捷的估价服务。通过数字化转型，估价机构可以更好地满足客户需求，提高市场竞争力，并推动业务拓展和多元化发展。

（二）信息技术的进步

随着大数据、人工智能、云计算等数字化技术的不断发展和应用，估价机构将越来越依赖数字化技术提升核心竞争力，推动行业的进步和规范化。同时，信息技术的进步也为估价机构的数字化转型提供了更好的支持和保障。

（三）行业发展的要求

随着房地产行业规则的完善，估价机构需要与时俱进，提升其专业技能和服务水平以满足行业的需求。通过数字化进程，估价机构可以降本增效并提升服务质量，从而更好地满足行业的需求。

（四）行业监管的加强

随着房地产市场的规范化发展，政府和相关机构对估价机构的监管也将加强。数字化转型将使估价机构更好地遵守监管要求，提高自身的合规性和透明度。这将有助于推动估价行业的规范化和健康发展。

综上所述，估价机构的数字化转型是在市场变化、信息技术进步、行业发展和行业监管等多重因素推动下的一种必然趋势。

二、估价机构数字化转型的关键问题

在数字化转型过程中，估价机构需要解决以下几个关键问题：

（一）组织结构和管理模式的转变

组织结构和管理模式的转变是数字化转型的基础。这需要培养管理能力和经验，同时还需要技术支持和保障。为了解决这个问题，估价机构需要加强对人才队伍的建设和培养，构建适应数字化转型的组织架构和管理模式，从而提升整体工作效率和管理水平。

（二）业务流程的再造

业务流程的再造是数字化转型的核心。这需要全面梳理和优化业务流程，实现业务流程的数字化改造。估价机构应强化业务流程管理并优化，建立科学的业务流程规范和标准，以提高工作效率及服务质量。

（三）技术难题

技术难题是数字化转型的另一个关键问题。数字化转型需要应用现代信息技术，如大数据、人工智能、云计算等。为了解决这个问题，估价机构需要加强技术投入和人才培养，提高自身的技术实力和竞争力。

（四）数据安全问题

估价机构在数字化转型过程中需要处理大量的敏感数据，如客户信息、房地产信息等。如何保障数据安全是估价机构数字化转型中需要解决的重要问题之一。估价机构需要加强数据安全保障措施，采用加密技术、访问控制等手段确保数据的安全性和保密性。

通过解决这些问题，估价机构可以更好地适应市场变化和行业发展要求，推动行业的规范化和健康发展。

三、估价机构数字化转型的方法与策略

（一）战略规划与目标设定

在数字化转型过程中，估价机构需要制定明确的战略规划和目标设定，以确保数字化转型的顺利进行和取得预期效果。以下是几个关键方面：

（1）制定数字化转型战略规划是至关重要的。估价机构需要明确数字化转型的目标、路径和重点领域，并制定相应的实施计划和时间表。在规划过程中，还需要对数字化转型可能带来的风险和挑战进行充分评估和应对，以确保转型的顺利进行。

（2）设定具体目标是数字化转型的关键环节。估价机构需要设定明确、具体、可衡量的目标，包括降本增效、优化业务流程、提高服务质量等方面的目标。这些目标应该与投资机构的整体战略目标和业务发展紧密相关，并根据实际情况进行不断调整和优化。

（3）建立项目管理机制是实现数字化转型的重要保障。估价机构需要建立一套完整的项目管理机制，包括项目全过程管理、项目风险监控和项目评估等方面。通过有效的项目管理机制，可以确保数字化转型项目的顺利实施，并及时发现和解决潜在问题。

（二）组织结构与人才培养

在估价机构的数字化转型中，组织结构与人才培养是至关重要的一环。以下是几个关键

方面：

（1）调整组织结构是数字化转型的必然需求。为了更好地适应数字化时代的工作方式和市场需求，估价机构需要对传统的组织结构进行调整和优化。这包括设立专门的数字化部门，负责推动公司的数字化转型和日常维护工作；加强各个部门之间的协作和沟通，打破信息孤岛现象，提高整体工作效率；提高决策效率和灵活性，以便更好地应对市场变化和客户需求。

（2）培养和引进人才是数字化转型的关键环节。估价机构需要加强人才培养和引进的力度，培养一批具备数字化技能和经验的人才，以满足数字化转型的需求。同时，还需要提高全体员工的数字化素养和意识，加强数字化知识和技能的培训和普及。建立相应的人才激励机制和绩效评价机制也是必不可少的，这样可以激发员工的工作积极性和创造力，推动数字化转型的顺利进行。

（三）技术工具与平台选择

在估价机构进行数字化转型的过程中，选择合适的技术工具和平台显得尤为重要。以下是几个关键方面：

（1）选择先进的技术工具。估价机构需要选择具有前瞻性和先进性的技术工具，例如人工智能、机器学习、云计算、大数据分析等，以支持数字化转型的顺利进行。这些技术工具能够降本增效、优化业务流程。

（2）考虑平台的可扩展性和灵活性。估价机构在选择数字化平台时，需要考虑平台的可扩展性和灵活性，以满足未来业务发展和数字化转型的需求。同时，估价机构还需要根据实际情况对平台进行适当的调整和优化，以适应不断变化的市场环境和满足客户的需求。

（3）注重技术的安全性和可靠性。估价机构在选择技术工具和平台时，需要注重技术的安全性和可靠性，确保数据安全和隐私保护。同时，还需要考虑技术的可维护性和可升级性等方面，以确保数字化转型的稳定性和可持续性。

（四）数据管理与分析

数据管理和分析是实现数字化转型的核心。以下几个方面值得关注：

（1）建立数据管理体系。估价机构需要建立完善的数据管理体系，包括数据采集、存储、处理、分析等方面，以确保数据的准确性和完整性。同时，还需要考虑数据的可追溯性和可审计性等方面，以满足监管和合规的要求。

（2）利用数据分析优化业务决策。估价机构需要利用数据分析技术对业务数据进行深入挖掘和分析，以优化业务决策和提高工作效率。例如，利用大数据分析技术对市场趋势、客户需求、竞争对手等方面进行分析和研究，为估价机构提供有价值的业务洞察和指导。

（3）建立数据驱动的决策机制。估价机构需要建立数据驱动的决策机制，将数据分析结果应用于业务决策和流程优化中。同时，还需要建立数据监测和评估机制，对数字化转型的效果进行实时监测和评估，以不断优化和改进数字化转型策略。

（五）智能化技术应用

智能化技术应用是估价机构数字化转型的重要方向之一。以下几个方面值得关注：

（1）利用人工智能提高工作效率。估价机构可以利用人工智能技术提高工作效率和服务质量。例如，利用自然语言处理技术自动解析客户输入的信息，并自动生成估价报告等文档。同时，还可以利用智能客服机器人等技术提高客户服务体验。

（2）应用机器学习优化估价模型。机器学习是一种人工智能领域的重要分支，可以应用于估价模型的优化和改进。例如，估价机构可以利用机器学习算法对历史数据进行深入分析和学习，以不断优化估价模型，并提高估价的准确性和可靠性。

（3）探索智能化的风险评估和管理。估价机构可以探索利用智能化技术进行风险评估和管理。例如，利用大数据分析和人工智能技术对信贷风险评估，分析借款人的历史信用记录、财务状况、职业和教育等数据，以确定借款人的信用等级。这有助于减少不良贷款的风险。

四、估价机构数字化转型案例分析

本文选取估价机构数字化转型的典型案例：湖北永业行评估咨询有限公司（以下简称"永业行"）的数字化转型，对其进行深入的分析与总结。永业行是中国领先的大型综合性咨询评估机构，近年来，永业行不断拓展数字化改革的深度和广度，聚焦于创新突破、以数字化改革为核心驱动力，赋能公司经营管理提质增效。

以下是永业行数字化转型的具体步骤：

（一）战略规划与目标设定

永业行制定了详细的数字化转型战略规划，明确了数字化转型的目标和路径。

战略：践行"科研强企"战略，将数字化转型升级作为企业高质量发展的重要引擎。

目标：全体员工应不断提升数字化转型的意识，深刻认识到数据是企业的重要资源，数据资产更是企业的核心资产。分阶段有序地完成数字化转型，以推动公司的健康可持续发展。

路径：围绕"数字赋能：提质、增效、促发展"开展数字化建设工作。完成数字化基础设施更新换代，包括升级硬件设备、改善网络连接、优化数据处理能力等。引入孪生交付"咨询+数字化"解决方案模式、结合咨询和数字化技术，更好地理解客户的需求，提供个性化的服务。上线企业级数字化平台等，推动企业数字化转型升级。

永业行采取了以下措施：

（1）发布数字化改革方案，明确数字化转型的具体实施步骤和时间表。

（2）召开"数字驱动，价值跃升"数字化转型升级专题会，邀请公司内外专家进行分享和交流，共同探讨数字化转型的机遇和挑战。

（3）持续加大数字化转型投入，每年投入数字化建设专项经费，通过技术研发、技术合作、引进人才等方式提升数字化成果

（二）组织结构与人才培养

对组织结构进行了调整，成立了专门的数字化转型团队，并加强了员工数字化素养和意识的培养。持续推进引进一批具有数字化技能和经验的人才，以提升团队的整体实力。

永业行采取了以下措施：

（1）建立了由信息与流程委员会进行指导，数字流程中心进行统筹管理，智慧信息公司负责具体实施的建设模式。这种模式明确了各部门的职责和分工，有助于提高数字化建设的效率和质量。

（2）引进高层次技术人才以及培养复合型人才，通过挂职锻炼、轮岗交流等方式，加强与各部门的沟通融合，提升部门成员的业务与综合能力，为公司数字化转型升级提供技术保障、资源保障、人才保障，以实现公司整体发展目标。

（3）设立公司层面的数字化建设奖励，包括优秀人员奖、优秀产品奖和优秀部门奖，以表彰和激励在数字化建设中表现突出的个人、产品和部门，从而促进公司数字化建设的持续发展和提升。

（三）技术工具与平台选择

（1）公司数字化转型工作主要依托自主研发的核心平台——企业级数据中心系统。永业行数据中心系统以业务管理为主线，财务管理为核心，打通经营管理全过程，推进实施公司业务的标准化、模块化管理，并形成有效的产品化沉淀，提升企业管理数字化能力。

（2）形成以数据中心系统为核心，ERP系统、业务平台、学习平台、协同平台等为支撑的数字化体系。

（3）积极申请知识产权，涵盖软件著作权和实用新型专利等，以实现对数字化研发成果的保护，并确保其高效转化与应用。

（4）在强化内部能力的同时通过投资参股、兼并合作等手段，充分借助外部优势力量，积极拓展数字化业务领域，多维度推动公司业务的全面发展。

五、总结与展望

总的来说，估价机构的数字化转型已经成为不可逆转的趋势。随着科技的飞速发展和数字化转型的持续深入，估价机构需要灵活应对新的形势，积极响应并实现业务的数字化转型和产业重构。这一过程将带来许多新的机遇和挑战，需要估价机构投入大量的资源和时间，转变传统的业务模式和思维模式。永业行的数字化转型为我们提供了一个典型的范例，通过数字化建设赋能企业高质量发展。

展望未来，估价机构的数字化转型将持续深化。数字化转型将促进估价机构实现业务的全面数字化，实现全流程的数字化和智能化。同时，这也需要整个估价行业共同努力，推动行业向专业化、规范化、高端化方向发展。通过不断的技术创新和业务模式优化，估价机构将在数字化转型的道路上取得更大的成功，实现企业的可持续发展。本文的研究虽然有一定的发现和见解，但仍存在局限性。未来，期待通过更多的实证研究和调查，进一步验证和完善本文的研究结论和建议，为估价机构的数字化转型提供更有力的支持。

参考文献：

[1] 周建军. 估价机构数字化转型的现状与前景 [J]. 房地产评估, 2020（3）：35-36.

[2] 王晓华. 数字化转型对估价行业的影响及应对策略 [J]. 房地产评估, 2021（1）：44-45.

[3] 张三. 基于大数据分析的估价机构数字化转型实践 [J]. 房地产评估, 2021（2）：21-22.

作者联系方式

姓　　名：杨　洁

单　　位：永业行土地房地产资产评估有限公司

地　　址：湖北省武汉市武昌区友谊大道303号武车路水岸国际k6-1栋23楼

邮　　箱：yangjie0119@126.com

估价机构在数字化智能时代发展之路探讨

胡永强　臧曼君　王小方

摘　要：伴随着数字化、智能化引领各行各业创新发展，房地产行业进入存量时代，房地产估价机构业务领域与服务模式也在慢慢转变。本文通过对估价行业发展趋势及业务模式分析研究，以及对估价行业业务转型方向思路与模式的思考，得出一些估价机构转型发展的相关建议，以助力估价机构提升综合服务能力和核心竞争力，走出适合自己的发展之路。

关键词：数字化；智能化；存量时代；发展之路

一、估价行业发展趋势及业务模式分析

伴随着以计算机、互联网为基础的新兴技术的不断发展，社会、经济的方方面面都在经历冲击与深刻变革，数字化、智能化亦成为引领各行各业创新发展的重要目标与方向。房地产估价行业作为房地产行业链条中的重要一环，也同样面临着巨大的机遇与挑战。未来何去何从是每一个行业从业者应当深思的问题。因而，把握行业发展趋势，学习借鉴优秀企业发展经验，显得尤为必要。

而当前，伴随着存量时代与智能时代的到来与交叠，房地产估价行业从业务模式、产品与服务内容、技术应用等各个方面都产生深刻变革。其主要体现在两个方面，第一是新技术的出现，如物联网、人工智能与机器学习、大数据、区块链、云存储、无人机、移动应用、自动化估价，使得估价的业务流程、作业模式等发生改变，尤其是今年火爆全球的大语言模型ChatGPT及相关应用层出不穷，使得AI的大众化及实用性程度到了新高度。第二是房地产市场进入存量时代，房地产估价的业务领域重心逐步向产业链后端的流通、经营与管理转变，与金融行业的融合不断加深。而在服务模式上，也从以估价为主转向咨询为主，更加注重为客户提供覆盖全产业链、全生命周期的专业化咨询服务。

（一）智能时代科技发展带来变革与冲击

随着数据大爆发和AI芯片性能突飞猛进，以及互联网、物联网、5G通信技术商业运用日益推广与普及、产业数字化及智能平台开放，以大数据驱动的智能革命正在世界范围内引发一场深刻的经济社会变革。一方面，新兴技术的发展催生着房地产、金融各领域的技术创新与变革，房地产科技与金融科技，乃至监管科技（RegTech）等概念不断提出以及实际应用的落地，使得各行业领域的边界不断模糊并融合；另一方面，新兴技术的应用与消费者、客户需求的变化相互促进，逐渐重构着整个行业价值链与服务链，催生出新的产品、服务以及业务模式。

新兴技术对估价作业流程的影响主要体现在两个方面，一是使得作业流程更加碎片化，

二是部分环节中的人力工作会被自动化流程、机器取代，或者由于数据信息可得的便利性等因素，使得客户自身足以完成而不再需要估价师来做。从具体作业流程来看，以当下的视角，虽然新兴技术会对估价行业造成巨大变革，但是从整体的作业流程来看，大体的环节和流程还是相对稳定的，具体作业流程的变革更多的是发生在某一具体环节中。如图1中的业务承接、调查研究、信息处理和估价结果等环节，均可由新兴技术参与其中。

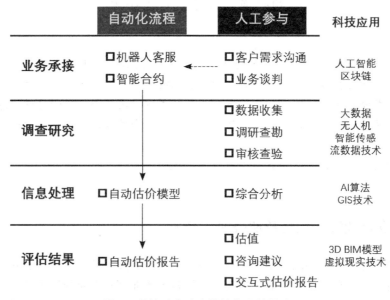

图1 科技对房地产估价作业的影响

（二）存量时代业务领域与服务模式转变

在业务领域上，增量时代业务主要集中在"开发端"，而进入存量时代，业务增长领域向前端"土地"和后端"流通与经营端"迁移，包括向前端土地经营管理提供咨询服务、为租赁市场提供相关估价服务、房地产标的物相关金融服务。根据中国房地产估价师与房地产经纪人学会《2021年房地产估价行业发展报告》中数据显示，2021年传统估价业务评估占比已呈下降趋势（图2）。而在服务模式方面，伴随客户需求的变化，估价业务逐步由单一服务向综合服务转变，从以估价为主转向咨询为主，到提供专业化咨询服务。一方面通过新兴技术提高估价作业效率、满足低端基础服务，另一方面将专业咨询注入其中，形成对高端客户的服务体系。同时，在服务内容与产品服务上，也更加注重精细化、多元化、定制化发展。整体上，估价业务的服务链逐步向行业全产业链、全生命周期转移，所提供的服务从"条块分割式"向"全方位、立体化"发展。

（三）跨领域融合与外部竞争加剧

伴随着新兴技术的发展，越来越多具有互联网基因的科技企业涉足房地产领域。同时，部分传统估价机构意识到科技化、数字化转型的迫切需要，开始探索与互联网、IT公司的合作，同时通过展开系列投资与收并购活动拓展自身业务与产品类型，以及技术能力。此外，伴随着房地产领域与金融行业融合的不断加深，来自金融领域以及专业服务咨询机构的跨领域竞争者也不断增多，例如自2018年以来，京东拍卖、淘宝拍卖和中国工商银行均被人民法院纳入了网络询价名单库，为法院提供财产处置参考价的服务。

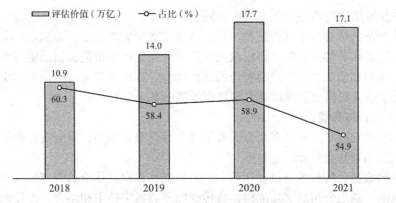

图 2　2018—2021 年传统估价业务评估价值及占比

资料来源：中国房地产估价师与房地产经纪人学会《2021 年房地产估价行业发展报告》

二、估价行业业务转型方向思路与模式

房地产估价机构发展，首先要把握一个整体思路，即要做好做强，而不是单纯地追求做大做强，做好是第一位，其次要可持续，最终才能形成强大的基础。发展思路上，主要有三个大的方向：其一是在房地产估价领域做专做精，不断深入钻研房地产估价业务和技术，攻克各业务技术难题，提供高质量的估价服务；其二是向房地产全链条综合服务与咨询发展，以估价业务为抓手，向房地产领域横向和纵向不断拓展咨询服务业务，成为综合服务平台型公司；其三是依托新兴科技，如大数据、人工智能技术等，成为房地产估价领域的科技型企业，其中自动估价与数据服务是当前最主要的方向之一，在一定程度上看，其实也属于做专做精的方式。

房地产估价机构未来发展路径的探索，总结来看主要有三类：其一，对于中小型房地产估价机构而言，可以通过进行机构联盟以及共享数据信息资源等，以达到增强机构核心竞争力、实现可持续发展的目标，在当前时代与市场背景下，中小机构更应当在危机中寻求共存；其二，对于有一定资源与实力的房地产估价机构而言，可以寻求多元化、跨界发展的方式为机构发展寻找新的增长点、赋予机构发展新的活力，通过整合行业上下游相关产业链上更多的资源，丰富企业的业务线条，实现企业从单一化向多元化发展；其三，能够走在行业前列的机构，一定要对行业与市场有更加敏锐的嗅觉，并且能够高效地将外部资源转化为企业自身优势，实现企业的良性运转。因此，房地产估价企业在业务拓展方面，应当拓宽自身思路，立足长远，关注市场与客户需求的梳理与挖掘，形成自身"行业领先"优势，从而实现从过往依靠"关系""价格竞争"获取业务向凭借自身高质量服务与专业能力获取业务转变。

三、估价机构转型发展的相关建议

（一）把握行业发展内核趋势

随着城市化进程的推进和社会经济的不断发展，房地产估价行业正经历着一场深刻的转型。传统上，房地产估价服务主要集中于确定土地和建筑物的市场价值，为交易、抵押等提供专业的估价服务。然而，当前行业正向以"资产价值评估与提升"为核心的方向迅速演进，拓展服务领域至咨询服务和创新城市发展综合服务。

这一行业变革的核心在于从传统的不动产估价服务中脱颖而出，将焦点扩大到整个资产价值的提升。这意味着估价机构不再仅仅关注房产的当前市场价值，而是更为全面地考虑如何通过规划、咨询和创新手段，提高资产的潜在价值。这种转变为行业带来了更多元化的业务机会，也促使估价机构更加深度地参与城市发展的各个阶段。

（二）提升综合服务能力

房地产估价机构同时需要从多个方面着手提升综合服务能力，提升核心竞争力。

1. 技术创新与数字化转型

引入先进的数据分析技术、机器学习和人工智能，以提高估价的合理性和效率。同时管理层应高瞻远瞩，制定公司数字化战略，将传统服务与数字技术相结合，抓住数字化和智能化机遇，为客户提供更智能、高效的服务，牢牢把握核心竞争力。

2. 拓展业务领域与服务范围

将服务范围从传统的不动产估价扩展到新兴领域，如绿色建筑评估、生态价值评估、PPP评估、资产证券化业务、公募REITs业务等。同时以估价为抓手，提供全生命周期的服务，如项目规划、开发前咨询、建设中项目估价、运营阶段的资产管理、资产交易服务等，与相关领域建立合作，如城市规划、金融创新、科技创新等，形成综合性服务体系。

3. 培训与团队建设

不断提升员工的专业水平，通过全方面培训和持续学习，使员工紧跟行业最新发展步伐；同时鼓励团队成员跨学科合作，形成多专业、高效的服务团队；为员工提供良好的职业发展路径和激励机制，吸引和留住高素质的人才。

4. 探索产学研能力建设

房地产估价及咨询服务是一个需要专业知识储备及长期实践经验积累的工作，相关专业人员的培养也不可能一蹴而就。估价机构可积极探索公司的产学研能力，将研究积极转化为生产力和竞争力。在产学研结合方面，我司于2019年成立了价值研究院，在不断提升内部专业研究能力的同时，与政府、行业协会等加强学术研究领域的合作。

5. 市场营销与品牌建设

估价机构可制定全面的市场营销策略，利用各种渠道提高机构的曝光度，同时应注重品牌建设，通过专业形象、口碑等方式树立良好的品牌形象，主动参与行业会议、展览等活动，加强与客户和业界的交流与合作。

（三）推动公司数字化智能化建设

房地产机构应当积极寻求适应自身特征的模式与路径，提升自身数字化建设以及科技应用能力。估价机构需要加大对技术研发的投入，积极探索先进的智能算法在估价领域的应用。通过引入更先进、更智能的技术，估价机构能够提高估价的合理性和效率。同时估价机构应加大对数字化、智能化人才的培养力度，与高校、科技公司合作研发，建立完善的数字化、智能化人才培训计划。通过提高员工的科技素养和专业水平，估价机构能够更好地适应智能化的发展需求。

1. 人工智能和机器学习的应用

智能化时代的显著特征是人工智能和机器学习的广泛应用。机器学习算法通过对大量数据的学习，可以发现数据背后的模式和规律，进而做出智能化的决策。在估价机构中，机器学习技术可以用于优化估价模型，提高估价的准确性和合理性。此外，人工智能还能应用于客户服务、报告撰写等方面,提高工作效率。

2. 云计算和大数据分析

云计算和大数据分析是智能化时代的关键支撑技术。云计算使得估价机构能够灵活调配计算资源,降低运维成本,提高数据存储和处理的效率。大数据分析则能够深入挖掘海量数据,为估价机构提供更全面、深入的市场分析和趋势预测。通过云计算和大数据分析,估价机构能够更好地理解市场动态,为客户提供更具有前瞻性的估价服务。

3. 自动化和智能化工具的使用

智能化时代自动化和智能化工具的普及也是显著的特征。在估价机构中,通过引入自动化工具,例如自动估价系统、智能报告生成工具,可以实现估价流程的自动化,减少人为错误,提高工作效率。智能化工具的使用还可以帮助估价师更专注于高层次的分析和决策,提升整体服务质量。

4. 跨界融合和生态系统的构建

智能化时代推动了不同行业的跨界融合和生态系统的构建。在估价领域,估价机构可能与科技公司、地理信息系统提供商等合作,共同构建数字化的估价生态系统。这种跨界合作可以带来更丰富的资源和技术支持,推动估价服务的创新。

综上所述,房地产估价机构应顺应时代和行业发展趋势,结合自身定位和发展战略,及时调整公司业务方向与模式,同时在数字化智能化转型、技术创新方面紧跟时代步伐,加强公司员工培训和能力建设,最终提升综合服务能力和核心竞争力,走出适合自己的发展之路。

作者联系方式

姓　　名:胡永强　臧曼君

单　　位:深圳市世联土地房地产评估有限公司,瑞联平台价值研究院

地　　址:深圳市福田区卓越梅林中心广场(南区)B座B单元19层

邮　　箱:huyq@ruiunion.com.cn;zangmj@ruiunion.com.cn

注册号:胡永强(3220140160)

姓　　名:王小方

单　　位:深圳市世联资产房地产土地评估有限公司

地　　址:深圳市福田区卓越梅林中心广场(南区)B座B单元19层

邮　　箱:wangxf@ruiunion.com.cn

注册号:4420080142

房地产估价机构数字化转型之路研究

金智辉 钟 玲 皇甫洋

摘 要：数字化浪潮深刻影响了各行各业的发展，房地产估价机构也必须积极探索数字化转型之路。本文分析了当前房地产估价机构所面临的困境，提出数字化转型问题成为制约行业发展的重要因素，并进一步阐述了房地产估价机构在估价机构、估价人员、估价技术三方面的数字化转型现状。最后分别从数字平台建设、人才队伍搭建、估价技术创新角度阐述了估价机构的数字化转型之路。

关键词：房地产；估价机构；数字化转型

一、引言

近年来，随着大数据、物联网、人工智能、区块链等新兴数字技术的不断发展，数字经济逐渐成为经济发展的新引擎。2023年2月，中共中央、国务院印发了《数字中国建设整体布局规划》，从党和国家事业发展全局和战略高度，提出了新时代数字中国建设的整体战略。根据中国信息通信研究院的数据，2022年我国数字经济规模已达50.2万亿元，同比名义增长10.3%，连续11年显著高于同期GDP名义增速，数字经济占GDP比重达41.5%，与第二产业在国民经济中的占比相当。

随着数字经济深入各行各业，房地产估价行业也面临着数字化转型。我国的房地产估价行业至今已有三十多年的历史，进入21世纪后，随着我国经济的高速发展，房地产在经济生活中扮演越来越重要的角色，房地产估价行业的重要性也愈加凸显。在数字信息科技深刻影响行业发展的背景下，传统的房地产估价行业发展模式已经越来越不能适应时代的发展，如何走好数字化转型之路，成为摆在每一家房地产估价机构面前的一道难题。

二、房地产估价行业面临的困境

陈海清和汪娟[1]提出，在传统房地产估价行业中，估价机构信息化程度普遍较低、估价人员缺乏竞争力、作业方式及管理水平滞后、缺乏估价数据等问题普遍存在。侯纯涛[2]分别从外部政治、经济、社会、政策与技术环境，以及内部估价理论体系更新迭代滞后、人员薪酬与人才晋升体系缺乏吸引力、地域壁垒难以打破、数字化发展较为落后、业务来源单一等方面阐述了房地产估价行业面临的现实之困。杨多[3]梳理了房地产估价行业的发展历程，并指出传统业务进一步萎缩、行业不良竞争加剧、风险高发、客户需求演变、估价规范亟须更新完善等问题困扰着估价机构的发展。张攀和陈纪荣[4]分析了房地产估价机构面临着人员年龄偏大无法满足新技术要求、业务结构单一、创新动力不足、恶性竞争严重等问题。不难看出，在经济新常态下，房地产市场面临转型升级，房地产估价行业的诸多问题也逐渐暴露出来，尤其是在数字化与各行业深度融合、重构行业发展模式的当下，房地产估价行业的数字化转型问题成为制约行业发展的重要因素。

专家学者们对房地产估价行业数字化转型所暴露出来的问题已有一定研究，基本集中在估价人员、估价机构、行业体系、估价技术等方面。赵家莹和王丽薇[5]强调了互联网时代背景下房地产估价行业转型升级的必要性，分析了房地产估价行业转型面临工作人员业务水平有待提高、估价机构思想保守、行业标准体系有待完善、信息技术不安全等困境。李秀荣和林晓[6]指出估价机构数字化转型遇到的主要问题有：重投入，轻结果；重数据，轻洞见；重系统，轻人才，并强调了房地产估价师在数字化转型中的重要作用。郑晓俐[7]指出房地产估价行业数字化过程中会遇到竞争风险、人员风险、行业风险等问题。孙晓丽[8]认为房地产估价行业数字化转型面临缺乏人才、原始数据采集难、数据整合难度大、数据标准统一难、房价数据影响因素复杂、房价数据变更频繁等问题。本文重点研究估价机构的数字化转型之路，接下来将重点就估价机构、估计人员、估价技术三个方面对房地产估价机构的数字化转型现状展开阐述。

三、房地产估价机构的数字化转型现状

（一）估价机构

伴随着我国城市化建设进入高速扩张时期，尤其是棚户区改造、城中村改造、征地与拆迁项目的实施带来了大量的评估需求，估价行业在传统的抵押估价、重大建设项目成本核算、征收与拆迁评估等业务领域取得了较快发展[2]。但随着房地产信息化进程的加快，大多数估价机构却没有跟上时代的步伐，思想保守，业务拓展能力差，部分开展了数字化转型，但却存在着转型不彻底的问题。

数字化浪潮下，房地产估价业务模式和业务内容必然发生深刻变化，郑晓俐[7]指出数字化将造成估价机构在金融机构业务、税务机构业务等传统业务上的递减，但同时也会带来咨询业务、数据服务类业务的增长。根据《2022年房地产估价行业发展报告》，2022年房地产估价行业中房地产抵押估价、房地产司法鉴定估价、房地产征收估价这三类传统业务的占比到55.7%（图1），占比超过了一半，而房地产咨询顾问服务占比仅有25.4%，未来仍有很

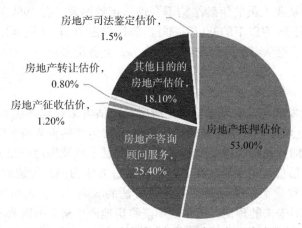

图1 2022年全国一级房地产估价机构各类业务评估价值占比情况

大的增长空间。这说明了还有相当一部分估价机构的业务还停留在传统业务上。

此外,部分估价机构虽然进行了数字化转型,但转型之路却走得不够彻底,这些估价机构意识到了数据的重要性,也积极搭建大数据平台,但是信息的收集和整理没有形成完整的体系,并且对于数据也没有进行彻底的研究,数据要素并没有成为推动企业发展的生产要素,很难助力业务的增长。

(二)估价人员

房地产估价技术性强,对估价人员的理论基础和实践经验都有很高的要求。但当前估价人员的素质参差不齐,尤其是大数据建模能力,还存在较大提升空间。估价人员业务水平受限,将直接影响估价机构的数字化转型,进而影响估价机构的业务拓展范围。

一方面,房地产估价师的整体学历较高,工作经验丰富,有利于估价人员的数字化转型。根据《2022年房地产估价行业发展报告》,注册房地产估价师的学历水平大多在本科以上,其中本科、硕士研究生、博士研究生的占比分别为57.1%、6.0%、0.4%(图2),合计占比超过了六成。同时从业人员的平均年限超过10年,以从业16~20年的注册房地产估价师占比最高(图3)。

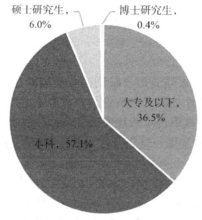

图2 2022年全国注册房地产估价师学历结构

数据来源:《2022年房地产估价行业发展报告》

另一方面,估价从业人员的年龄结构不合理,年龄偏大,有39%的注册房地产估价师年龄在46~55岁,而35岁以下的90后、00后群体仅占20.4%(图4),并且这些估价师群体中有较大比例的人一直从事的是传统的评估业务,业务类型单一,估价师群体亟需新鲜血液的补充。

(三)估价技术

房地产估价行业发展至今,陆续有《注册房地产估价师管理办法》《房地产估价机构管理办法》《资产评估法》《房地产抵押估价指导意见》《房地产估价规范》等法律法规和技术规范的出台实施,但是随着我国法律法规的更新,尤其是土地及房地产相关法律条文的不断完善,现阶段的房地产估价规范也亟须改革[3]。以估价方法为例,传统的估价方法有市场法、收益法、成本法,曾双[9]就分别阐述了这三种方法的缺陷,其指出市场法的前提条件有限制,收益法过分依赖对未来的预期,成本法不能将房地产价格影响因素考虑完全,并进一步分析了随机森林在房地产评估中应用可以弥补传统方法的一些不足之处。

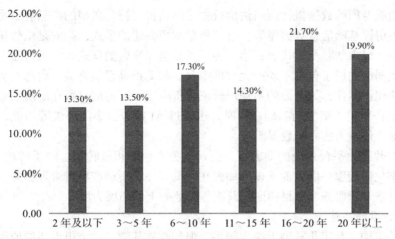

图 3 2022 年全国注册房地产估价师从业年限情况

数据来源:《2022 年房地产估价行业发展报告》

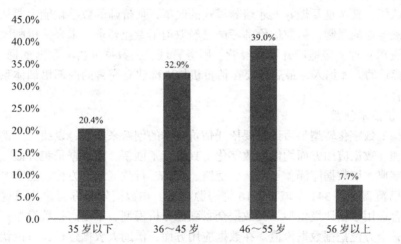

图 4 2022 年全国注册房地产估价师年龄结构

数据来源:《2022 年房地产估价行业发展报告》

当前的估价技术大多还停留在传统的方法、思路、模式上,随着客户需求的日渐多样化,未来的估价技术必须结合经济、财务、测绘、造价、资产评估、建筑等多学科的知识,才能完成高质量的评估工作。

四、估价机构的数字化转型探索

接下来本文将重点从估价机构、估价人员、估价技术三个方面阐述估价机构的数字化转型之路。

(一)数字平台建设与应用

数字平台建设与应用是估价机构数字化的直接体现,也是数字化转型的第一步。目前国内估价机构的数字化建设主要有购买数据、加盟共建、自建平台三种模式。第一种是购买数据的模式，指有专门的数据机构面向估价行业提供估价支持，典型的产品有云房数据、智地数据 App、中房评基础信息数据库等；第二种是加盟共建的模式，指的是估价机构之间联合组建数据联盟，以中估联行为代表；第三种模式是自建平台的模式，中策行正是采用这样的模式。目前我司已完成了包括不动产大数据中台、移动查勘智能终端、内部业务数字化管理系统等数字化建设工作，为全面的不动产价值分析应用、可追溯可留存的现场查勘、全业务流程线上化操作奠定了坚实的基础。同时，也通过 AI 报告、小区评级等功能，更好地为客户提供以房地产信息为核心的数据服务。

此外，在数字化平台建设的助力下，公司业务上也要积极转型，除了传统的评估业务，也要加强数字化咨询服务能力的建设，加强在咨询服务、不动产项目管理服务、不动产交易顾问服务、资产管理服务、项目招商运营服务等业务上的拓展力度。

（二）人才队伍搭建

一些估价机构在数字化转型上投入颇多，但却收效甚微，一个很重要的原因就是忽略了估价师的数字化转型，尤其是忽视了估价师的思维力、洞察力、执行力等能力建设。因此必须重视估价师的人才队伍搭建工作。首先是吸收新鲜血液，尤其是 90 后、00 后的估价师，充实估价师队伍，其次是要做好人才培养模式的改革，估价师的数字化能力要从院校里开始培养，要打破专业的限制，目前估价师考试已经取消了专业要求，未来估价师团队要积极吸纳具备土地资源管理、房地产开发与经营、财务管理、大数据分析、数据挖掘、人工智能、GIS 等专业背景的人才加入，最后还要在估价机构内部建立完善的内部培训体系，促进人才间的交流融合。

（三）估价技术创新

估价机构的数字化转型最后还是要依托估价技术的创新来实现，以我司为例，在数据采集、数据处理、数据应用方面均借助数字化工具进行了创新。在数据采集方面，公司建立了小区楼盘大字典，该数据库涵盖了小区、道路、楼栋、行政区划、方位、配套等丰富维度的信息，目前已覆盖全国 341 个城市、16 亿房源数据。在数据处理方面，公司重点基础模型的研究，综合运用数据评级模型、大数据全景画像分析模型、不动产指数模型，多角度对数据展开分析，全方位挖掘数据价值。在数据应用方面，借助大数据建模，可以快速生成价值分析报告，还可以应用于创新产品的探索。

五、结语

房地产行业的数字化转型是大势所趋，也是国家数字化战略的具体体现。作为估价行业的市场参与主体，估价机构必须担负起数字化转型的重任，一方面积极搭建数字化平台，通过数字化给传统业务赋能，同时推动创新业务的孵化、市场化，另一方面要做好人才队伍的建设，房地产估价的数字化本质还是估价师的数字化，要促进不同学科背景人才的交流融合，让估价师真正参与到数字化中。此外，还有技术的革新，要充分利用互联网大数据变革传统估价技术的方法、思路、模式，提高评估作业的效率和准确率。

参考文献：

[1] 陈海清，王娟. "互联网 +" 时代下房地产估价机构如何脱颖而出 [C]// 2021 年中国房地产估价年会. 2021.

[2] 侯纯涛.浅议房地产估价行业的现实之困及应对之策[J].上海房地,2023(4):17-21.

[3] 杨多.现阶段我国房地产估价机构的发展困境与发展路径探讨[J].中国管理信息化,2022,25(10):134-136.

[4] 张攀,陈纪荣.新形势下房地产估价行业发展的挑战研究[C]//2021年中国房地产估价年会.2021.

[5] 赵家莹,王丽薇.互联网背景下房地产估价行业转型发展研究[J].住宅与房地产,2023(21):98-100.

[6] 李秀荣,林晓.促进房地产估价师数字化,开拓行业新局面[C]//2021年中国房地产估价年会.2021.

[7] 郑晓俐.数字经济对房地产估价行业的影响分析:基于风险预警的视角[J].上海房地,2023(6):56-59.

[8] 孙晓丽.浅析房地产评估行业的数字化转型之路[J].企业改革与管理,2023(10):168-170.

[9] 曾双.随机森林模型在房地产评估中的适用性分析[J].中国管理信息化,2021,24(19):29-30.

作者联系方式

姓　名：金智辉　钟　玲　皇甫洋

单　位：江苏中策行土地房地产资产评估咨询有限公司

地　址：苏州市工业园区苏州大道东398号太平金融大厦4203室

邮　箱：jszch@zhongcehang.com

估价机构数字化转型路径探讨
——基于"点线面体"角度分析

曾 南 邵劲松 高向阳

摘 要：在互联网、大数据、人工智能等新技术迅速发展背景下，数字化转型已成为不可阻挡的潮流。估价行业作为市场经济重要组成部分，如何在其背景下实现自身变革与创新，已成为行业面临的重要课题。本文基于"点线面体"方法论的角度探讨估价机构数字化转型的路径与策略，旨在为我国估价机构的转型升级提供理论指导和实践借鉴。

关键词：数字化转型；估价机构；路径与策略

一、数字化转型之"点"

以点为始，估价机构的"点"即难点、切入点以及拐点。数字化转型初期，估价机构需明确转型的"点"，找准发展方向，把握市场机遇，确保转型工作顺利进行。

（一）数字化转型难点

难点是指数字化转型中遇到的难题和挑战。

1. 数据采集与处理困难

在执行核心业务过程中，估价机构对各类基础数据的需求量大，涵盖土地、房产、交易、政策等多个方面。然而，实际操作中数据获取、处理面临诸多难题。首先，数据来源多样、量大、复杂，需要投入大量人力、物力和时间进行搜集、整理、去重、清洗、筛选等操作。其次，由于数据涉及多个部门和领域，数据质量参差不齐，不同数据源可能存在差异、缺失、错误等问题，甚至相互矛盾，使得数据的一致性和准确性难以保证，给估价工作带来了一定的风险。

2. 战略缺位与组织结构僵化

决策层的数字化意识不足是当前估价机构面临的一个重要问题，在数字化转型过程中，决策层的领导作用至关重要。然而，许多估价机构的决策层对于数字化的理解和重视程度不够，对新技术、新理念的接受程度较低，导致在制定数字化转型战略时缺乏远见和执行力。组织结构的僵化也是数字化转型的一大障碍，部分估价机构组织结构过于复杂，决策流程繁琐，难以适应快速变化的数字化环境，造成信息流动不畅，阻碍组织内部协同和合作。

3. 缺乏专业人才

人才短缺问题是估价机构数字化转型过程中无法忽视的一个问题，数字化转型的成功实施需要一支具备专业技能和数字化思维的人才队伍，然而，当前估价机构在人才引进、培养和激励等方面存在不足，致使机构难以吸引和留住具备数字化转型能力的人才。

4. 安全与隐私保护不足

随着数字化转型的深入，估价机构的数据量将大幅度增加，数据安全风险也将相应提高。例如，黑客攻击、数据泄露等安全事件可能导致估价机构的核心数据和客户信息泄露，给机构带来严重的损失。如何在利用这些数据为客户和市场提供更好的服务的同时，确保客户的隐私不受侵犯，是一个亟待解决的问题。

5. 信息化水平低

目前，许多估价机构的信息化建设仍处于初级阶段，这在很大程度上限制其业务发展和服务质量。例如，这些机构缺乏统一的信息化平台，导致业务流程分割、信息孤岛现象严重，数据难以共享，在业务管理、项目管理、服务质量、效率、客户关系等方面存在诸多不便，员工需要花费大量时间和精力在繁琐的手工操作上，影响工作质量和效率，并且由于业务数据无法实时汇总和分析，导致决策者难以掌握机构整体运营状况，影响战略规划和执行。

（二）数字化转型切入点

切入点是指数字化转型的起点和突破口。然而估价机构对于切入点的选择往往感到迷茫，转型的效果不尽如人意，对此提出以下几点建议：

（1）挑选见效快，难度小且容易实现的点，在短时间内可以见到成效，逐步推进，不要上来就啃硬骨头。

（2）找出对业务推进影响最大的点，这个点可能是业务流程、服务质量、市场拓展、产品开发、品牌建设等方面，是牵一发而动全身的点。

（3）找出可以对估价机构带来价值的点，例如，提高效率、降低成本、优化资源配置等，能够给机构带来利润的点。

（4）在选择切入点时可借鉴同行业成功的案例，通过分析同行在数字化转型过程中的经验和教训，站在前人的肩膀上进行实践，避免一些不必要的失误，缩短转型周期，提高转型成功的概率。

（5）密切关注市场需求，把握市场发展变化趋势。如通过调研了解客户需求、行业竞争对手的动态以及政策法规的变化，确保数字化转型满足市场需求。

（三）数字化转型拐点

拐点是指数字化转型的关键点和转折点。在数字化转型的过程中，估价机构需要关注市场变化、技术发展以及政策变动，及时调整自身战略和业务模式，以适应市场需求和技术发展。

1. 技术创新

大数据、人工智能、云计算等新兴技术为估价机构的数字化转型提供了强大的技术支持。这些技术可以帮助估价机构提高数据处理能力，实现智能化分析，提高估价准确性。那么抓住技术拐点，发挥技术优势，实现业务突破，成为估价机构需要关注的问题。

2. 市场需求

新形势下，客户对估价服务的需求日益多样化，传统的估价服务已经无法满足客户对高效、精准、个性化的需求，数字化转型应运而生，它可以帮助估价机构提供更为精准、高效的估价服务，满足市场的需求，进一步拓展市场份额。因此如何在市场变革中找准定位，把握发展机遇，也是在数字化转型过程中不可忽视的点。

3.政策支持

我国政府高度重视数字化转型，在"十四五"规划中，明确提出要加快数字化发展，并将其列为国家战略，这为各行各业，包括估价机构创造了良好的政策环境，也为估价机构的数字化转型提供了强有力的支持。

二、数字化转型之"线"

串点成线，估价机构应以数据先行牵引数字化改革。数字化时代，数据连接一切，是机构最核心的资产，也是最有价值的资源。同样，业务流程的数字化也是估价机构需要重视的方面，估价机构利用这些数据进行项目管理和决策，优化各环节业务流程。

（一）建立健全数据管理体系

数据的获取、传输、处理和应用是估价机构数字化转型核心环节，这就要求机构要从数据中挖掘价值。首先，建立一套完整的数据采集与处理规范是必不可少的，通过制定统一的数据采集、存储、处理和分析规范，确保数据的质量和可靠性，明确数据来源、数据格式、数据更新周期等要求，避免出现数据不一致、不完整等问题，保证估价的准确性和实时性。其次，引入先进技术也是数字化转型的关键，利用大数据、云计算等先进技术，提高数据处理和分析的能力，通过技术手段提高数据清洗、数据挖掘和数据分析的速度和准确性，更好地支持估价业务的发展。例如，利用机器学习和深度学习等技术，对大量数据进行自动化处理和分析，提高估价的效率和准确性。最后，通过搭建统一的数据库平台，整合各类数据资源，打通机构内部数据流，实施烟囱式的数字化对接，实现数据的集中管理和高效查询，提高数据的使用效率，更好地支持估价业务的发展。

此外，在采集客户信息的过程中，还需加强对数据安全与隐私保护，例如，制定完善的数据安全管理制度，包括数据分类、数据访问权限控制、数据备份与恢复等方面的规定，确保数据的安全性和可靠性；对于敏感信息和重要数据，应采用加密技术、访问控制、匿名化技术、数据脱敏、签订保密协议等手段进行加密存储和传输，确保数据在存储和传输过程中不被泄露或篡改；定期对员工进行数据安全意识培训，提高员工对数据安全的重视程度，防止因人为因素导致的数据安全事件。

（二）业务流程数字化

加快建立以客户为中心、以数据为驱动的信息化服务体系，在机构内部建立高效协同、敏捷响应的工作机制，通过流程再造、组织再造等手段，整合内外部资源，构建全流程管理平台，提升智能化服务水平、数字化技术在业务管理和客户服务中的应用能力，优化客户体验。例如：通过建立客户档案管理系统、客户关系管理系统、项目进度管理系统等，利用这些数据对机构经营情况进行综合分析，形成客户画像、产品画像、团队画像等，建立多维度的客户分析、商机分析、销售分析，实现从线索、商机、订单到回款的全链路数字化，帮助机构优化市场策略，全面了解客户需求及变化趋势，形成基于客户高价值行为和标签体系的推荐引擎，有助于机构提高商机响应率和赢单率。

三、数字化转型之"面"

连线成面，是推动数字化转型向纵深发展的重要手段。估价机构可以通过制定数字化战略、数字化组织与人才以及健全资金保障制度三个维度进行全方位、全角度、全链条的整体改造,实现数字化转型的全面升级(图1)。

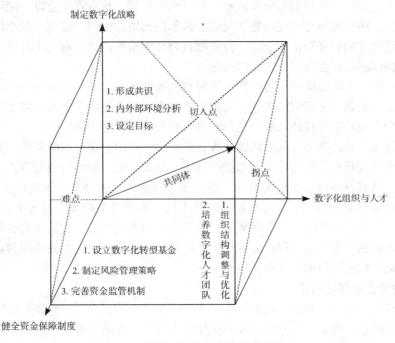

图1 估价机构数字化转型示意图

(一)制定数字化战略

对于大部分估价机构而言,制定数字化转型战略至关重要,然而,由于估价机构缺乏正确的指导和清晰的规划,在转型过程中陷入了无序和混乱状态。为此,估价机构需从战略高度重新审视数字化转型的重要性,明确数字化转型的目标、方向、举措,以确保数字化转型的顺利进行。

(1)在制定数字化战略前,领导层需要对数字化转型形成共识,认识到数字化转型对机构的重要性并明确其对战略目标的贡献。只有当领导层对数字化转型具有共同的认识和愿景,才能上下一心,力往一处使,才能在后续的决策和执行过程中保持一致。

(2)在制定数字化战略时,需要开展对估价机构内外部环境分析,梳理出表象问题、痛点问题,进行深层次原因剖析,包括国家政策分析、行业环境分析、竞争对手分析、技术变革分析、机构内部组织结构和文化分析、数据管理制度与流程分析、产品和服务分析、财务状况分析等,明确机构自身在行业中的位置、优势和劣势、未来的潜力和机会。

(3)落实数字化战略,需要明确目标时间、步骤、措施,并与估价机构的整体战略目标相一致,确保数字化战略执行的高效性和可持续性。对此,可设立基准和关键绩效指标,如成本节省、员工满意度、客户满意度等,通过将这些指标与基准进行比较,评估数字化转型的效果,并根据实际情况不断调整和优化目标,确保转型的效果符合预期。

(二)数字化组织与人才

(1)为了更好地适应数字化时代的发展和满足客户的需求,估价机构需要对内部组织结构进行调整和优化。首先,应当由机构主要领导挂帅,负责重大事项决策,指导数据治理和数据应用工作，同时还需成立专门的数字化部门或团队，其团队成员应当由机构内部或外聘的数据治理及各业务模块的业务或技术专家组成，专家成员直接对机构主要领导负责，主要职责是负责制定和执行机构的数字化战略，包括数据分析、信息系统建设、网络营销等方面的工作。其次，估价机构还需建立更加灵活、跨部门的协作机制，促进不同部门之间的沟通与协作，如通过定期召开跨部门会议、设立项目合作小组等方式，有助于各部门了解彼此的工作进展，协同解决转型过程中遇到的问题。

（2）数字化人才队伍建设是实现数字化转型的重要环节，对于估价机构而言，培养数字化人才团队是开展数字化转型的关键。首先，要加大对现有估价专业人员的培训力度，提高员工的专业知识和数字化技能水平，使他们具备相应的数字化能力和意识，如定期举办数据分析、人工智能、云计算等方面的培训课程，防止知识结构老化，与时俱进；其次，在招聘过程中，注重选拔具有数字化技能和思维的员工，例如，适当增加对数据分析、人工智能等技能的考核，选拔具备这些技能的人才，进一步丰富机构人才储备，为机构注入新鲜血液；最后，通过建立学习型组织、完善激励机制等手段，鼓励员工积极参与数字化转型。例如，为员工设立专门的奖励制度，对于在数字化转型过程中表现突出、贡献较大的员工给予一定的奖励，还可以通过分享会、研讨会等形式，让员工分享数字化转型的经验和心得体会，激发员工参与数字化转型的积极性和创造力。

（三）健全资金保障制度

数字化转型，是一个动态、持久且需要大量资金投入的大工程，它涉及机构运营的各方面，从技术基础设施建设，到业务流程的优化，再到员工技能培训等，每一步都需要细致的规划和持续的投入。

（1）设立数字化转型基金：通过公司内部年度预算、对外融资或者政府补助等方式筹集资金，用于支持数字化项目的研发、实施和运营，确保资金专注于数字化转型领域、提高资金使用效率。

（2）制定风险管理策略：在数字化转型过程中，估价机构需制定完善的风险管理策略，包括风险识别、评估、控制和应对等方面。通过建立专门的风险管理团队或部门，及时发现和处理风险事件，避免风险扩散。

（3）完善资金监管机制：制定详细的预算计划和实际支出对比表，及时掌握数字化转型过程中的预算执行情况和实际支出情况，避免出现超支或浪费情况；建立内部审计制度，对数字化转型过程中的财务数据进行审计和监督，确保财务数据的真实性和合规性。

四、数字化转型之"体"

叠面成体，数字化转型不仅是技术层面的变革，更是业务模式和生态体系的变革。因此，估价机构需要打造一个健康的生态系统和发展模式，发挥资源聚合优势，强化平台化支撑作用，实现协同发展。

（一）拓展业务领域

随着信息技术的不断发展与应用，估价机构传统的评估业务逐渐萎缩，估价机构之间的竞争显得格外激烈，为了实现数字化转型的全面发展，估价机构可以不断拓展业务领域，从业务品种中创新，挖掘开发新的市场潜力，增加执业内容，积极寻求多元化的发展以满足社会的需求。如设立分支机构，将业务拓展到更广泛的区域，实现跨区域经营，摆脱地理区位、市场资源限制等因素的制约；发掘新的客户资源，满足新的服务需求，比如，城市更新评估、智能化建筑评估、数字资产估价、知识产权估价等；获取新的执业资质，实施相关多元化战略，进一步扩展经营范围，降低单一市场风险。

（二）加强合作、协同发展

为应对行业变革和市场竞争，估价机构需加强与政府、其他估价机构以及跨行业企业的合作。首先，与政府部门建立良好的合作关系，参与相关政策的研究和制定，为行业发展争取有利政策环境，推动行业规范发展。其次，通过行业协会、联盟等形式，与其他估价机构建立合作关系，开展业务交流、共同研发新产品、推广新技术等，增强彼此协作能力，形成伙伴联盟，提高整个行业竞争力。最后，与不同行业的企业建立合作关系，实现资源共享和优势互补，拓展业务范围与市场空间，提高市场份额，为估价机构可持续发展奠定坚实基础。

（三）加强品牌建设

在数字化转型过程中，品牌建设可以帮助估价机构在竞争激烈的市场中脱颖而出，首先，估价机构需要明确自己的品牌定位，包括市场定位、价值定位和文化定位，通过深入了解市场需求和竞争环境，确定机构在市场中的独特位置，明确品牌所代表的价值和文化，为品牌建设提供清晰的方向。其次，在提升品牌形象上，可通过展示专业知识、技能和经验实现。例如，在网站、社交媒体和其他宣传材料中展示有关估价案例、专业知识和服务特点等。最后，在品牌推广方面，可利用广告投放、口碑营销、搜索引擎优化等手段。

五、结语

数字化转型是新时代赋予估价机构的重要使命，是一项长期、系统性工程。路漫漫其修远兮，面对困难与挑战，估价机构应紧紧抓住数字化转型机遇，不断适应和引领数字化转型潮流，积极探索和实践，走出一条属于自己的数字化之路，才能在激烈的市场竞争中立于不败之地。

参考文献：

[1] 孙晓丽.浅析房地产评估行业的数字化转型之路[J].企业改革与管理，2023（10）：168-170.

[2] 芦珊.企业数字化转型路径研究[J].现代商业，2022（8）：10-13.

[3] 侯纯涛.浅议房地产估价行业的现实之困及应对之策[J].上海房地，2023（4）：17-20.

作者联系方式

姓　　名：曾　南　邵劲松　高向阳
单　　位：湖南新星房地产土地评估咨询有限公司
地　　址：长沙市开福区芙蓉中路一段479号建鸿达现代城18楼
邮　　箱：173451431@qq.com
注册号：曾　南（4320210115）；高向阳（4319980040）

(二)绩效管理

中小估价机构员工绩效评价优化路径探析

凌 祥 常忠文

摘 要：科学的绩效评价体系能够提高企业的管理水平，促进企业战略目标的落地与实现。房地产估价机构最主要的生产资料就是估价师和评估专业人员。优化房地产估价机构员工绩效评价体系能够激发员工的主观能动性，提升房地产估价机构的市场竞争力，助力估价机构的战略目标实现。本文将从 A 机构绩效评价体系建设的经验出发，从绩效评价的概念、功能、方法等方面探析中小估价机构员工绩效评价路径的优化。

关键词：中小估价机构；员工绩效评价；优化

一、绩效评价的概念、功能

绩效评价最早源于美国管理学家德鲁克于 1954 年在其著作《管理的实践》中提出的"目标管理"理论。后来发展到下一阶段的关键指标理论，关键绩效指标也就是 KPI，其理论基础是帕累托的"二八原则"。[1]

绩效评价是在企业总体战略的指导下，使用已经制定好的标准和规则，对组织及其成员的工作过程和结果进行的评估。根据绩效评价的结果对员工日常工作行为进行正确引导，使得员工工作目标与企业战略目标保持一致，帮助企业战略目标落地。

对企业而言，绩效评价最主要的功能是推进企业战略目标的实现使企业在激烈的市场竞争环境中凭借内部管理优势脱颖而出快速发展。具体功能如下：

绩效评价是"灯塔"。通过绩效评价可以帮助员工能够更加清晰准确地理解公司战略目标，促进战略目标的达成。

绩效评价是"加油器"。通过绩效评价来调动员工工作积极性，提升员工工作效率。

绩效评价是"标尺"。通过绩效评价为员工考评和价值分配提供合理依据。

二、中小估价机构绩效评价现状及问题

（一）中小估价机构绩效评价现状

我国中小估价机构的绩效评价历程大致可以分为两个阶段，在机构创立初期，公司员工较少，大部分还以创始人为主，在初期一般是按照级别定一个工资标准，基本上类似于"大锅饭"时期，干多干少一个样，干好干坏一个样。后来随着机构的不断发展，职能部门不断增加，部门之间的工作内容也有很大的差异性。为了适应公司的发展，机构对传统的大锅饭绩效评价方式进行了改革，将公司绩效评价对象按照部门进行分类。以 A 机构为例，其绩效评价对象分为三类：第一类是业务部门，业务部门根据业务回款收入按照一定比例计算

绩效工资，部门负责人与普通员工按级别进行平均分配。第二类是技术保障部门，该部门负责评估报告审核工作，该部门绩效一般按照审核报告份数以计件绩效的方式进行评价。第三类是后台部门如财务部、办公室等，按照业务部门的所有员工绩效平均值的一定比例进行评价。A 机构的绩效评价发展路径和众多中小估价机构类似，都是经历了从平均主义阶段到财务绩效评价阶段。

（二）中小估价机构绩效评价存在的问题

相比较于初期的平均主义，财务绩效评价使员工积极性提升了很多。但是随着内外部环境的变化，财务绩效评价也存在一定问题。以 A 机构为例，其在财务绩效评价阶段出现了以下问题。

1. 绩效评价效果不及预期

对绩效评价效果的预期是充分调动公司员工积极性，促使员工积极工作，实现公司业务增长，客户满意度提高，内部流程优化，专业实力提升等。但是从绩效评价反馈的结果来看，绩效评价并没有达到预期的效果，主要体现在以下几个方面：

第一，随着绩效评价的实施，业务收入并未呈现预期的增长。

第二，客户满意度没有明显提高，老客户出现流失的情况。

第三，内部流程优化更新断断续续。公司内部流程标准化程度没有得到提高。

第四，专业实力停滞不前。从学习效果来看，员工执业资格考试通过率一直较低，内部学习培训相较之前在数量和质量上都呈现了一定程度的下滑。

2. 绩效评价结果满意度较低

员工对公司绩效评价结果满意度较低是机构面临的一个问题。通过调查，员工不满意主要表现在以下几个方面：

第一，员工对绩效评价结果不满意。员工认为绩效评价结果不能真实全面地反映员工真实的工作绩效。

第二，员工对绩效评价结果应用方向不满意。员工认为绩效评价的结果所带来的正向反馈较少，特别对于工作表现优秀的员工，难以通过绩效评价得到更大的提升与改变。

第三，员工对绩效评价过程不满意。员工认为绩效评价环节不够透明，员工只是绩效评价结果的被动接收方，绩效评价过程中缺少沟通反馈机制，员工与管理层不能就绩效评价结果进行有效沟通。

（三）绩效评价问题的原因分析

通过对绩效评价存在问题进行原因分析，发现其原因大致可以分为两类：一类是表面原因，包括绩效评价仅关注财务指标；绩效评价平均化；绩效评价结果应用途径单一。另一类则是深层次原因，主要就是绩效评价体系与战略目标脱节。

1. 绩效评价体系与战略目标脱节

绩效评价体系与战略目标脱节是绩效评价体系现存问题中的深层次原因。大多数中小机构绩效评价体系主要以财务指标为依据，忽略了市场份额、客户资源、人才培养、内部流程等重要因素。战略目标没有通过绩效评价体系在日常工作中进行落实，存在脱节的状况。

2. 绩效评价仅关注财务指标

员工绩效评价体系基本建立在财务指标上，不能客观反映员工真实的绩效状况。这种与财务挂钩的绩效评价体系与员工从事的项目收入有关。然而项目之间有差异，项目收入也存在差异。这种跟财务指标挂钩的绩效评价有时会产生表现好的员工绩效工资低于那些从事好项目的普通员工。这样产生的后果是那些虽然很重要但是不产生收入的工作，大家往往不愿意干，或者应付地干。工作难以有效推动，容易产生敷衍阻塞、消极怠工的情况。另外一个比较严重的后果与估价工作性质有关。房地产估价存在一定的执业风险。在唯财务指标思想的指导下，评估人员很可能忽视项目风险和问题，不加筛选地承接各类项目，甚至存在不顾职业道德高估或者低估资产价值。这种方式虽然短期内完成了部门的业绩指标，但是给后期工作带来了无穷的隐患，同时也会影响公司在行业内的公信力与口碑。

3. 绩效评价平均化

绩效评价平均化的状况对员工日常工作产生一定的消极影响。一来挫伤员工工作积极性。二来绩效评价平均化助长"摸鱼"工作风气。平均化的绩效评价体系使得员工平时工作不积极，抱着多干少干、干好干坏没区别的思想。这样就助长了那些"摸鱼"员工的行为，使越来越多的不"摸鱼"的员工也开始"摸鱼"。

4. 绩效评价结果应用途径单一

目前大多数中小估价机构员工绩效评价的应用主要就是绩效工资的发放，应用面窄且单一，对员工的激励效果不够理想。特别对于类似办公室、财务部门的后台人员，由于其工作不直接接触业务，绩效评价结果与自己本身工作关联度不大，更不能起到对员工的激励效果。这样单一的应用途径对公司战略的落地实施，特别是对公司人才梯队建设有很大的影响。单一应用途径的绩效评价不能引导员工注重自身的职业发展，也不能为员工晋升提拔提供参考。

三、绩效评价体系的优化

绩效评价体系的优化改进需要在原来单一的财务绩效评价思路上拓展评价维度。另外在指标权重上要科学度量。以平衡计分卡理论为基础的绩效评价体系建设思路与中小估价机构的绩效评价思路相符。平衡计分卡理论主要是突破了传统以财务指标为主要指标的评价模式，提出了从财务、客户、内部业务流程、学习与成长四个方面对员工进行综合绩效评价。以下将从绩效评价维度、指标体系、权重等方面介绍绩效评价体系的改进思路。[2]

（一）绩效评价维度与指标体系

绩效评价的维度需要从绩效评价体系改进的目的入手，绩效评价改进的主要目的就是落地公司的战略及实现公司的经营目标，通过将目标进行层层分解，使得个体目标与组织目标紧紧联系在一起。在进行战略分解的过程中，根据发展战略的侧重点和中短期平衡，参照平衡计分卡的四个维度，确定绩效评价维度如下：

1. 财务维度

财务状况是公司经营情况的体现，是与企业利益最大化战略相匹配的，财务维度绩效的完成情况与财务战略目标的实现息息相关，也是企业长远发展的基石。财务维度的指标一般从营业收入和成本费用两个角度来制定考核指标。

2. 客户维度

财务维度体现的是公司经营的结果，而客户是公司发展的源泉。提高客户的满意度是发展客户、留住客户的重要手段，也是提升公司市场份额的重要路径。客户维度层面主要包括两个层面，一个是发展新客户，另外一个是老客户的维护，最终目的是扩大市场占有率。

3.内部业务流程维度

内部业务流程维度的目标主要有两个方面，一是质量风险管理体系的优化，二是内部作业流程效率的提升。具体的衡量指标：报告返回率、问题报告数、工作完成及时性、工作底稿完整度等。

4.学习与成长维度

评估咨询类机构和律师事务所、会计师事务所一样，是典型的知识型企业。专业人员是公司的重要生产力，是公司长远发展的根本。留住人才、吸引人才，提高专业人员素质，增强团队协作能力是公司在学习与成长维度的重要战略目标。学习与成长维度一要提升员工的专业水平，二要加强团队建设提高员工归属感。具体的衡量指标：评估师考试通过科目数、参加内部培训次数、团队活动参与率、员工流失率等。

（二）绩效评价指标权重

对绩效评价维度，关键指标的确定是第一步，接下来就需要将上述的相关关键指标进行权重确定。采用层次分析法作为确定因子权重的主要方法。通过邀请相关专家，向他们发放问卷调查表来获取权重测定数据，最终通过对各个维度的重要性进行两两比较，由专家根据一到九标度法分别进行评分。然后对所有评分数据进行汇总统计、处理得到综合判断矩阵。

1.权重计算方法

1）建立层次模型

层次分析法首先要对拟分析决策的问题进行分解，将问题分解成最高层、中间层和最低层三个层次。最高层是目标层，即绩效评价的目的——企业公司战略；中间层为准则层，即绩效评价的四个维度，包括财务、内部流程、客户、学习与成长；最低层为指标层，即每个维度下绩效评价的关键指标。每个层级之间具有支配与被支配的关系。

2）构建判断矩阵

构建判断矩阵是对层次模型每个阶层各个元素之间的相对重要性进行比较，本次比较采用萨蒂（Satty）的一到九标度法进行打分，并根据结果构成最终判断矩阵表（表1）。

数值的设定标准群　　　　表1

序号	一对比较值	定义
1	1	两个因素相比，具有同等重要性
2	3	两个因素相比，前者比后者稍微重要
3	5	两个因素相比，前者比后者明显重要
4	7	两个因素相比，前者比后者强烈重要
5	9	两个因素相比，前者比后者极端重要
6	2、4、6、8	上述相邻判断的中间值

注：若前者对后者的重要性之比为 A_{ij}，则后者对前者的重要性之比为 $A_{ji}=1/A_{ij}$。

3）权重计算

首先采用乘积方根法计算判断矩阵各行的几何平均值，然后进行归一化处理得到特征向量，从而得到指标权重。

$$W_i = \frac{\overline{W}_i}{\sum_{j=1}^{n} \overline{W}_i} (i, j = 1, 2, \ldots n)$$

4）一致性检验

判断矩阵的一致性检验是指判断思维的传递性和一致性，如甲比乙是强烈重要，而丙比乙是稍微重要时，显然甲一定比丙重要。因此在权重计算完成后，要对是否符合一致性、传递性进行检验。其具体过程如下：

（1）计算最大特征根 λ_{max}

$$\lambda_{max} = \frac{1}{n} \sum_{j=1}^{n} \frac{\left(\sum_{j=1}^{n} a_{ij} wf\right)}{w_i} (i, j = 1, 2, \ldots n)$$

（2）计算一致性指标 CI

CI=（λ_{max-n}）/（n-1）

（3）计算一致性比例 CR

CR=CI/RI

其中 RI 可以从以下取值表（表2）中获取：

一致性检验 RI 值表　　　　　　　　　　　表2

矩阵阶数	1	2	3	4	5	6	7
RI 值	0	0	0.52	0.89	1.12	1.26	1.36

当 CR ≤ 0.1 时，建立的判断矩阵是符合一致性检验要求的，当 CR > 0.1 时，则需要对判断矩阵进行调整修正，直到 CR 值 ≤ 0.1 时符合一致性检验要求为止。

2. 中间层（四个维度）权重计算

通过专家对此次评价体系中的四个维度一一进行比较打分，经过算术平均计算后构建判断矩阵，进行权重计算和一致性检验。

3. 指标层权重计算

评价维度采用层次分析法确定之后，由于本次评价体系中每个维度下设定的评价指标较少，大部分评价维度基本下设两个目标，每个目标都有两个左右的关键指标，所以指标权重的计算直接采用了德尔法进行计算。通过对公司内部专家的打分结果进行汇总，运用简单算术平均求取评价维度下的指标权重，再和所对应评价维度的权重进行相乘，最终得到每个指标的权重。

（三）绩效评价实例

依据平衡计分卡理论，参照上述绩效评价体系的优化过程，以为评价对象，依靠公司内部专家，计算各层次指标权重值。

A 公司创新业务部平衡计分卡指标维度权重测算具体结果见表3：

A 公司创新业务部平衡计分卡指标维度权重表　　　　　　表 3

一级指标	财务	客户	内部业务流程	学习与成长	权重 W_i	AW_i	AW_i/w_i	CI	CR
财务	1.0000	6.2500	4.7500	5.5000	0.6314	2.7115	4.2944	0.0779	0.0875
客户	0.1600	1.0000	2.7500	2.5000	0.1809	0.7788	4.3051		
内部业务流程	0.2105	0.3636	1.0000	2.0000	0.1105	0.4636	4.1955		
学习与成长	0.1818	0.4000	0.5000	1.0000	0.0772	0.3196	4.1399		

通过计算可以明显地看出，财务维度的权重指标最高，为 0.6314。其次是客户维度，排到第二，为 0.1809。排在第三和第四的分别是内部业务流程和学习与成长，权重分别为 0.1105 和 0.0772。

在一致性检验方面，CR 值为 0.0875，小于 0.1，一致性检验满足。

通过研究和梳理，A 公司创新业务部评价指标权重打分表见表 4：

A 公司创新业务部评价指标权重打分表　　　　　　表 4

维度	目标	关键指标	专家打分				均值
			1	2	3	…	
财务维度	业务收入	业务收入					
		回款比例					
	团队成本	人工成本					
		其他管理费用					
		成本利润率					
客户维度	发展新客户	新客户数量					
		新客户收入					
	维护老客户	数量保持率					
		收入保持率					
内部业务流程维度	质量风险管理	报告返回率					
		问题报告数					
	内部作业效率	工作完成及时性					
		工作底稿完整度					
学习与成长维度	员工专业水平	评估师通过科目数					
		内部培训次数					
	员工归属感	团队活动参与率					
		员工流失率					

将每一维度下关键指标权重的计算结果与对应的维度权重相乘得到每一指标占总体的权重，最终得到 A 公司创新业务部平衡计分卡全部指标权重表。具体结果如表 5 所示：

A 公司创新业务部平衡计分卡全部指标权重表　　　　　表 5

评价维度	维度权重	目标	关键指标	指标权重
财务维度	63.14%	业务收入	业务收入	48.71%
			回款比例	14.43%
		团队成本	人工成本	34.28%
			其他管理费用	14.88%
			成本利润率	13.98%
客户维度	18.09%	发展新客户	新客户数量	4.65%
			新客户收入	4.65%
		维护老客户	数量保持率	4.39%
			收入保持率	4.65%
内部业务流程维度	11.05%	质量风险管理	报告返回率	4.03%
			问题报告数	7.02%
		内部作业效率	工作完成及时性	6.55%
			工作底稿完整度	4.50%
学习与成长维度	7.72%	员工专业水平	评估师通过科目数	5.40%
			内部培训次数	2.32%
		员工归属感	团队活动参与率	2.32%
			员工流失率	5.40%

从 A 公司绩效评价体系优化实施效果来看，A 公司绩效评价在以下四个方面得到了优化与提升。

第一，财务维度由收入向利润的考核改进。实例中改进之处在于引进了业务成本的维度，同时将回款收入升级为业务收入和回款比例综合考察。

第二，引入客户维度评价有利于保障公司稳定发展。A 公司是一个知识服务型公司，咨询服务就是 A 公司的产品，做好服务，特别是售后服务对保持顾客满意度、忠诚度具有重要帮助。

第三，引入内部业务流程维度是公司标准化管理的需要。改进后的绩效评价体系中增加了报告返回率和问题报告数等指标目的是提升报告质量，防范质量风险。增加工作完成及时性和工作底稿完整度指标目的是提升工作效率与防范程序风险。

第四，引进学习与成长维度是建立健康的人才体系的基础。改进后体系增加了培训次数、评估师通过门数、各类评估项目熟练度三个关键指标，旨在提高员工对考试与培训的重视程度，通过资格考试与学习培训提升自身专业水平，熟练操作评估项目，既能提升员工工作满意度，又能减少员工流失率。

四、绩效评价体系的保障措施

绩效评价体系的改进不是一次性活动，要想取得预期的效果，必须持续关注，更需要建立相应的制度保障。结合中小估价机构的实际，可以从以下几个方面配套保障措施。

第一，加强员工对绩效评价体系的理解和学习。绩效评价体系需要员工的充分理解和学习。理解绩效评价指标体系中每一个指标设置的缘由和目的，使员工更能有效地运用绩效评价体系指导日常工作。同时对绩效评价体系的深刻理解也能促进绩效评价体系的顺利实行。

第二，完善绩效评价的相关制度。绩效评价体系由过去单一财务指标考核向综合指标评价，无论从实施的复杂程度还是员工的接受程度来讲都需要一个过程。绩效评价体系改进过程需要绩效辅导的跟进。同时随着绩效评价的深入，还应对绩效管理制度进行修改和完善。

第三，强化绩效评价的监督与考核。要通过监督考核发现绩效评价过程中的不足，对出现的问题要及时解决，保障绩效评价体系顺利实施。监督与考核的一个关键方法就是要建立反馈机制，即对绩效评价过程、绩效评价结果能够做到及时有效地反馈。绩效评价结果反馈给管理者改进绩效评价体系有着重要的意义，一方面通过绩效反馈能够为考核工作提供一种公平尺度的约束，增强员工的信任和可接受程度。另一方面通过绩效反馈能够及时发现绩效评价中的问题并及时调整，使得考核结果更加容易被员工接受，确保绩效考核结果的积极应用。

参考文献：

[1] 张玉梅.民营企业员工绩效考核问题研究[J].财经问题研究，2014（S1）：166-169.

[2] 林銮珠.绩效考核取向及其影响效果的实证研究[J].社会科学家，2017（3）：77-80.

作者联系方式

姓　　名：凌　祥　常忠文
单　　位：安徽中安房地产评估咨询有限公司
地　　址：合肥市经济开发区百乐门广场尚泽国际1109室
邮　　箱：356130938@qq.com
注册号：凌　祥（3420150034）；常忠文（3420030054）

估价机构绩效管理中存在的问题及优化路径

李 欢 王佳弋 许 可

摘 要：绩效管理对于提高估价机构效率和业绩、在激烈的市场竞争中脱颖而出、实现可持续发展有非常重大的作用。然而，当前许多估价机构不重视绩效管理，在绩效管理方面存在诸多问题，严重制约了公司的发展。本文旨在深入探讨估价机构的绩效管理模式，分析其中存在的问题，并提出相应的优化路径。

关键词：绩效管理；估价机构；绩效管理模式；存在问题；优化路径

一、绩效管理的概念及重要性

绩效，从字面上来看，指完成工作数量与质量的综合，是对目标实现程度及达成效果的衡量与反馈。绩效管理是指各级管理者和员工为了达到组织目标，共同参与的绩效计划制定、绩效辅导沟通、绩效考核评价、绩效结果应用、绩效目标提升的持续循环过程。在现代企业管理中，企业管理的核心是战略管理，战略管理的核心是人力资源管理，人力资源管理的核心是绩效管理。估价机构选择适合自身的绩效管理模式，可以通过绩效管理，使机构达到设定的战略经营目标，在激烈竞争中脱颖而出。

二、估价机构绩效管理模式

绩效管理模式分为传统绩效管理模式和现代绩效管理模式。

传统绩效管理模式一般是在年末进行一次考核，考核指标一般为较为片面的销售额、任务完成率、效率，以此考核的结果作为发放奖金或晋升的依据。通常采用单向反馈的方式。一般在规模较小的估价机构中采用的是传统绩效管理模式。

在规模较大的估价机构中，大多采用现代绩效管理模式，此种模式与传统模式最大的不同就是它是一个不断循环的过程。估价机构常用的绩效管理模式是"德能勤绩"式和"检查评比"式。

（一）"德能勤绩"式

"德能勤绩"式具有非常悠久的历史。"德"指思想品德；"能"指综合能力；"勤"指勤奋自律；"绩"指业绩效果，在上述四个大的框架下设立多个考核指标，对员工进行全面评估。该种考核模式对于基础管理水平不高，绩效管理工作没有太多经验的企业是有积极作用的，因为这种方式对加强基础工作管理水平、增强员工责任意识、督促员工完成岗位工作有积极的促进作用。

（二）"检查评比"式

"检查评比"式是按岗位职责和工作流程详细列出工作要求及标准，按照岗位职责和工作要求及标准进行考核。这种绩效管理模式适用于基础管理水平相对较高的公司，通过定期、不定期的检查考核，员工会感受到压力，自然会在工作要求及标准方面尽力按照公司的要求去做，对提高工作效率和质量是有很大作用的。

上述模式各有利弊，企业需要根据自身的企业文化、管理理念和发展阶段确定适合自身的绩效管理模式，将目标设定、绩效考核、反馈面谈、辅导改进和绩效应用落实在具体的绩效管理中。

三、存在的问题及优化路径

每个职能部门工作内容不同，为公司创造价值的方式不同，因此每个职能部门在绩效管理中会存在不同的问题，本文主要就评估技术部门存在的问题及优化路径进行探讨。

（一）考核指标设计不合理，导致绩效考核流于形式

1. 存在的问题

有的规模较小的估价机构，生搬硬套绩效考核指标，虽然财务部、行政部、业务部和评估技术部各部门的职责不同，如业务部主要负责业务开拓、完成公司下达的业绩指标；评估技术部主要负责保证评估项目的质量和效率、进行新型项目研发等；财务部主要负责公司日常的财务管理工作，如项目费用审核、制作财务类报表、税务申报等；行政部主要负责公司的日常运营，如做好各部门之间的协调、落实公司各项规章制度等。但上述各部门绩效考核的指标却是相同的，没有体现出差异性。

有的在不同城市设立多家分公司的估价机构，虽然在各地分公司的规模、发展阶段、所在城市的市场环境等均不同，但是总部在设计绩效考核指标时，并未与各分公司进行充分的沟通和讨论，对所有分公司采用统一的绩效考核指标。

在上述两种情况下，作为考核者在进行绩效考核时是很头疼的，因为指标设计不合理，考核者无法将考核指标对应员工具体的岗位职责，如对评估技术部员工进行业绩指标、评估费用催收等的考核；对业务部员工进行评估专业技术指标的考核；对刚成立的分公司进行新型项目研发等的考核；对刚入行的员工进行专业文章写作、培训输出等的考核。从而导致绩效考核流于形式。

2. 优化路径

绩效考核指标不是凭想象设计的，应该在充分了解公司绩效目标、每个岗位的作用和岗位职责、各分公司的规模、发展阶段、所在城市的市场环境等情况下，由公司上级和下级不同层次的人员相互沟通和讨论后，综合各方面情况，按分公司、部门和岗位分别设计。比如个贷技术部承接的项目技术路线比较简单，但是对项目效率的要求很高，因为对效率要求高，伴随着差错率也提高，因此应将个贷技术部绩效考核指标中效率和差错率的权重值取高；对公技术部承接的项目体量大且复杂，单个项目涉及的特殊情况较多，需要根据每个项目的具体情况制定技术路线，但是对项目效率的要求较之个贷技术部低些，因此在设计对公技术部绩效考核指标时，应将对公技术部绩效考核指标中技术类要求指标的权重值取高，效率指标权重值取低。但这些考核指标及权重值也不是固定不变的，公司应该针对经营管理过程中出现的新问题，及时调整绩效考核指标。

（二）没有根据企业的发展阶段及时调整绩效考核方式

绩效考核是绩效管理中重要的环节之一，是通过一套制度和系统来评定和测量被考核者的工作结果。目前比较普遍的绩效考核方式有 4 种，分别是 KPI、平衡计分卡、OKR 和 PBC（个人业绩承诺）。KPI 绩效考核模式适用于企业的快速发展阶段；平衡计分卡绩效考核模式适用于设立分公司或子公司的、平稳发展阶段的企业；OKR 绩效考核模式适合企业在充满不确定性和变化创新的求变阶段；PBC（个人业绩承诺）适用于有一定体量、高速发展、竞争激烈、注重结果和控制的企业，如华为、理想汽车。在重视绩效管理的估价机构中，常用的绩效考核方式是 KPI 和平衡计分卡。

1. 存在的问题

近年来，行业竞争愈演愈烈、传统业务萎缩、收费标准下滑……越来越多的估价机构选择在发展中求生存，不断开拓新的业务领域，如可研咨询、城市更新评估、存量资产盘活、绩效评价、社会稳定风险评估等。公司的发展阶段从平稳发展阶段转变为创新求变阶段，但是却依旧沿用之前在平稳发展阶段的绩效考核方式，仅注重考核员工的项目质量、效率、专业文章发表等，不利于调动员工求变创新的积极性。比如，在新型项目研发的前期，没有项目经验、没有模板，需要技术人员投入较之传统业务更多的时间和精力自行研究、学习；同时，因为专业技术的不熟练、项目方案的不断调整修改、项目体量大等原因，导致项目周期拉长；再次，因为是新型项目，客户对项目成果满意度的未知，会给技术人员带来巨大的心理压力。因此，虽然承接新型项目的提成会高于传统业务，但是相较于花费多余的时间和精力，以及承受的心理压力，很少有技术人员自愿承接新型业务，公司只能采用强压的方式，将研发任务分解给技术部门管理者或技术骨干。由此带来的后果是，承接新型项目的人员缺乏自驱力，被动地研发，甚至在综合考量收入、工作量、所承受的压力后选择离职，造成公司技术人才流失、新型项目研发推进缓慢，甚至停滞不前，最终导致公司制定的绩效目标无法实现。

2. 优化路径

估价机构应根据自身的发展阶段及时调整绩效考核方式，当公司制定的绩效目标为不断开拓新的业务领域时，应及时调整绩效考核模式，加大创新、研发考核指标的权重，并在企业内部进行宣传和培训，让员工理解并认同新的考核指标，避免因为理解偏差导致的抵触情绪，从而造成适得其反的效果。在新的绩效考核方式下，激发技术人员的自驱力，使技术人员由被动研发转变为主动研发。

（三）混淆了绩效管理和绩效考核

绩效考核只是绩效管理的一部分，如前述，完整的绩效管理包括了绩效计划制定、绩效辅导沟通、绩效考核评价、绩效结果应用、绩效目标提升 5 个环节，是一个不断循环的过程。绩效管理的最终目的是通过持续的沟通、辅导，帮助员工提升自己的绩效，最终实现员工个人绩效和公司绩效共同提升的双赢，之后公司可以制定更高的绩效目标，如此循环，以实现公司的可持续发展。

1. 存在的问题

目前，大部分的估价机构没有真正理解什么是绩效管理，没有专职的人力资源岗位，通常是由行政人员监管人力资源，对人力资源管理的理解也很片面，认为就是负责发布招聘启事、办理社保及人事档案等。因此导致了绩效管理中存在的最大的问题——混淆了绩效管理和绩效考核，粗暴地将绩效考核等同于绩效管理。在估价机构的绩效管理中，考核者通常以裁判员的角色自居，却未向员工讲解考核规则；作为员工，不知道公司的绩效目标，也不知道公司的考核指标，只知道每天按部就班地查勘现场、市场调查、编制测算表、撰写报告、备案、归档、不要被投诉等，最后被动地等待绩效考核。考核者则按照公司制定的考核标准，对员工进行评分。至此，整个绩效管理就结束了。考核者碍于情面或者公司绩效管理制度中本就没有要求反馈的条款，不会通过面谈或其他方式告知员工绩效考核中需要提升的地方，更不会对其进行辅导改进。员工因为对考核者的敬畏或者对制度的不了解，也不会去主动询问，由此所带来的后果便是员工不知道需要提升什么，更不会知道自己应该如何改进才能提升绩效，比如，查勘记录表写得不详细会不会被扣分、没有及时归档会被扣多少分，如果承接了新型项目、考取执业资格证书会加多少分等。最终所带来的后果便是公司的绩效目标无法顺利完成。对于绩效考核的结果，公司也未能运用到公司管理的各项流程中，让员工感觉不到考核结果对自身的影响，不重视考核结果，更不用说根据考核结果进行自我提升了。

2. 优化路径

估价机构应引入专业的人力资源管理，制定适宜公司发展阶段的绩效管理模式，不再以绩效考核为终点，落实绩效辅导沟通和绩效结果应用。

1）落实绩效辅导沟通

公司不仅应在绩效考核的时候关心员工的绩效，还应该把绩效辅导融入日常工作中，随时发现问题，随时帮助员工找到提升绩效的对策。如针对有研发能力的员工，鼓励他们积极参与项目研发，便可以提升绩效；针对现场查勘不仔细的员工，为其详细讲解现场查勘要求及注意事项；针对不及时归档的员工，询问其不及时归档的原因，如果是因为承接的项目太多没有时间归档，那么应该反查是否是分派项目不合理，如果是因为对归档流程不了解，就应该为其讲解归档流程，并对其在归档过程中遇到的问题提出具体的解决方案。

2）注重绩效结果的应用

将绩效考核的结果及时运用到公司管理的各项流程中，比如调整薪酬和福利、制定培养和发展计划、人才的晋升提拔、人员的优胜劣汰等。只有这样，员工才能集中精力，主动完成公司所要求的各项绩效任务。

四、总结

综上所述，估价机构在选择绩效管理模式时，需要根据企业的文化、管理理念和发展阶段来确定适合自身的绩效管理模式和绩效考核方式，根据绩效目标、公司规模、员工岗位职责设计绩效考核指标，以此来实现员工的成长和公司的可持续发展。

参考文献：

[1] 赵国军.经典：绩效管理的四种典型模式[EB/OL].（2020-07-02）[2022-11-01]. https：//zhuanlan.zhihu.com/p/153091541?utm_source=wechat_session.

[2] 绩效管理与绩效考核的区别，您真的懂吗？[EB/OL].（2021-05-24）[2023-10-12]. http：//www.360doc.com/content/21/0524/16/36395493_978772644.shtml.

作者联系方式

姓　名：李　欢
单　位：深圳市国策房地产土地估价有限公司成都分公司
地　址：成都市锦江区人民东路6号东原中心1505
邮　箱：44961914@qq.com
注册号：5120080053

姓　名：王佳弋　许　可
单　位：深圳市国策房地产土地资产评估有限公司成都分公司
地　址：四川省成都市锦江区人民中路6号1504号
邮　箱：341118490@qq.com；344270490@qq.com
注册号：王佳弋（5120190035）；许　可（5120200041）

估价机构绩效管理问题探究

李慧朝　索士琦

摘　要：评估行业是现代服务业的重要组成部分，是市场经济不可或缺的专业服务行业。《中华人民共和国资产评估法》的出台，为评估行业确定了法律依据，促进了评估行业的健康发展，使行业进入了快速上升阶段，伴随而来的诸多问题也逐步暴露。估价行业是轻资产行业，其行业发展主要依赖评估专业人员尤其是估价师等骨干人员的知识储备、技术水平和职业道德。因此如何有效地激励专业评估人员尤其是估价师等单位骨干人员，调动其工作积极性，在做好个人发展的基础上，更好服务公司，是目前评估行业绩效管理需要解决的主要问题。

关键词：绩效管理；问题；优化路径

一、绩效管理相关概念

（一）绩效管理概念

绩效即业绩与效率，是人或组织的业绩完成情况及效率达成状况的衡量指标，绩侧重对工作内容在质量、数量上的评价，效侧重对工作内容在时间、资源等投入上的评价。绩效管理简单来说是企业管理者和企业职工为实现共同目标而达成一种共识并相互作用的过程，其目的是以提升员工专业水平来实现企业经营目标。绩效管理的核心内容是绩效考核，绩效考核就是通过预先设立的标准来评价员工的工作业绩。绩效考核是价值分配的基础，应遵循"多劳多得、少劳少得、不劳不得"的原则，是薪酬、职级、职业生涯等管理工作的基础与前提。

（二）绩效管理意义

绩效管理是企业管理的核心内容，在当今企业管理中占据重要位置。随着估价行业越来越残酷的竞争，绩效管理在企业管理中的地位也在日益提升。绩效管理就是通过制定绩效目标、进行绩效评价以及通过绩效管理改进员工的工作效率及工作成果的管理过程。绩效管理能够增强管理者与员工之间的沟通交流，通过沟通和交流，能够让双方目标趋同，既帮助员工提升自己的业务能力，又能帮助企业实现经营目标。所以，绩效管理在企业经营活动中具有十分重要的作用。

二、绩效管理存在的问题

（一）绩效管理体系与企业目标脱节

绩效管理是为了提高企业核心竞争力，完成企业经营目标。而企业经营目标的实现离不开企业中高管理层人员和企业中长期目标。目前绩效管理体系主要针对基层员工,对中层尤其是高层考核涉及的内容较少,另外就是绩效管理偏重业绩指标、工作量等短期目标,对企业成长性指标没有涉及。企业在设置绩效评价目标时,没有将经营目标从上往下进行分解,使部门的部分考核评价指标具有不确定性,导致部门和员工无法认清工作职责及发展方向。造成绩效管理的认可度较低,难以起到激励效果,无法引导员工向企业经营目标努力。

（二）绩效考核指标不完善

评估机构考核指标没有根据不同部门、不同岗位的工作性质、特点进行细化,缺乏合适的绩效考核指标,绩效考核没有形成体系,只是单纯的业务考核或者工作量考核,对业务增长率、工作态度、团队精神、客户满意度等指标不重视,甚至无视,这样不利于公司发现和培养潜力人才,不利于形成良好的集体氛围。因此需要对绩效考核指标进一步细化、量化和系统化。

大部分的估价机构绩效考核指标的设立较为粗糙,笼统地描述考核指标,再加上绩效考核一般为年度考核,而在年度考核时主要将员工的年终总结收集起来作为考核的依据,对员工的工作细节无法掌握,造成绩效考核主观意识强,造成绩效考核结果片面、不公正。对于估价机构而言,员工主要为知识型员工,如果其工作能力和专业水平无法得到客观评价,会极大消耗他们对公司的信任,容易产生不满情绪,大大降低工作效率乃至离职跳槽。

（三）绩效管理与奖励机制不配套

评估机构绩效管理目前大部分应用在员工工资和奖金的发放上,并没有与员工晋升与降职等相关联,不能客观反映员工的工作能力和实际贡献,导致绩效管理未发挥其重要作用。评估机构是一种知识型团队,员工综合素质较高,对于自身发展也有多元性的需求。公司绩效管理结果运用单一,达不到激励的效果,甚至使员工产生了消极怠工的负面情绪。

（四）激励方式单一

绩效管理的目的不仅仅是实现企业经营目标,还要激发员工潜能,引导员工实现其个人发展目标。在绩效管理中,要加强对人的重视,鼓励员工与企业共同成长。但是估价机构在绩效激励方式上侧重于物质激励,主要是工资和奖金,激励方式单一,无法满足员工的实际发展需求,尤其是其精神上追求。虽然进行了考核,但在奖金的分配上依旧存在吃"大锅饭"的现象。随着专业能力的提升,员工精神上的需求,能够激发他们的上进心,保持对工作的热情,实现其更高的人生目标。因此,企业要想充分调动员工的积极性和创造能力,要更加关注员工的精神需求,只有将物质与精神奖励相结合,才能让激励行为发挥真正的作用。

（五）激励行为效果甚微

目前评估机构绩效管理的作用主要就是发放员工薪酬的参考依据,而对绩效管理的重要价值没有正确认识和有效利用。同时公司缺乏有效的激励制度,或者奖励机制仅仅只有物质层面,虽然在物质奖励上进行了比较多的尝试,但由于基本是常规的节假日福利奖励,员工认为理所当然并习以为常,因此对员工的激励作用是微乎其微。不少企业常常出现奖罚不当的情况,甚至是制定好的激励无法兑现,大大降低了绩效管理的意义和价值,从而导致员工对企业失去了长期的期待和展望,造成人才流失,降低企业的市场竞争力,阻碍了企业更好地发展。

（六）绩效管理执行不到位

在企业的发展中,为了实现企业的战略目标,一般会对高层管理人员实施一些特殊的激励措施，通过这些特殊激励措施来调动高层管理人员的工作主动性，将其精力和时间全部投入企业的经营活动中。然而，企业一旦遇到经营方面的困难，通常都只会对基层员工"开刀"，通过裁员或降薪等方式来节约开支，降低企业运营成本。一般不会降低高层管理人员的福利待遇，因为一旦降低高层管理人员福利待遇，那么整个企业的工作就会受到很大影响，使得企业的经营面临"雪上加霜"的困难。这些问题会严重影响企业的持续发展。

（七）绩效管理不全面

企业的绩效管理中往往只注重奖惩机制，但是绩效管理的目的不只是实现奖罚分明，更多的是通过绩效考核的应用，来提高员工工作的积极性，实现员工技术水平和工作能力的进步，同时实现公司经营目标。因此在绩效考核的应用中，可引入培训和学习体系，对于优秀的员工可进行重点培养，对绩效考核不理想的员工进行业务能力培训，提升其自身业务水平，为实现公司战略发挥各自作用。

三、绩效管理路径优化

（一）完善绩效评价标准

企业绩效评价的标准，要依据企业的性质和经营目标制定，要具有科学性和完整性的特点。企业可以自己成立绩效管理机构，根据企业内部部门、岗位的实际工作内容，制定完善的评价体系。同时，企业可以聘请外部专家，对企业自身的绩效管理进行指导，不断完善各项标准。企业制定的绩效管理体系一般应该包含三个方面的内容：

1. 提升绩效考核的全面性。对于职能管理员工设定行为规范或工作表现类的评价标准；对于专业技术员工需要从贡献和创造价值角度进行评价，并结合企业的规模、业务性质、业务来源等各个因素对考核指标进行调整，既要有业绩指标，也要有成长性指标。要能体现员工的"德、能、勤、绩"等指标；

2. 提升绩效考核的针对性。对绩效管理对象进行分类，是制定考核方案和比较分析的关键。不同考核对象的考核标准和权重也会有不同，比如评估部门和估价师在考核标准和权重上有较大区别。在制定方案时，应根据考核对象各自特点来综合确定考核指标；

3. 量化考核指标。财务类指标要定量，具有特征明确、目标性强、一目了然的特点，能够准确反映工作成果。同时对定性指标标准要明确，易于理解，可直观判断，能够客观反映考核对象的真实情况。只有明确考核的指标，才可减少考核人员主观性带来的差异。

（二）激励形式多样化

企业在制定激励措施时，内容要丰富，还要体现多样性。不仅要包括物质奖励，还要包括精神激励，另外还要有一定的惩罚措施。比如，建立职工持股机制，向优秀员工配发一定数额的企业股份，而对工作中考核不合格的员工给予扣发奖金、做出书面检讨等惩罚措施。在企业的发展过程中，对员工进行精神激励也是很有必要的，例如评选"优秀估价师"，开展估价技能竞赛等行为，可以带给员工荣誉感，激励员工做出更大的贡献。另外，要为优秀员工提供一些特殊福利，比如让优秀员工分享工作心得，为优秀员工提供外出培训和学习的机会等。

（三）制定不同的激励机制

企业进行绩效管理时，可以将管理对象分为估价师与普通员工，然后根据各自特点制定不同的奖励措施。一般情况下，估价师都接受过专业教育，具有较强的专业水平，可以担任很多创造性的工作，是知识密集型企业重要的资产。因此估价师的需求不仅仅是物质需求，还有自我价值的实现等精神方面的需求。而普通员工一般负责的都是一些重复性、机械性的工作，虽然估价行业很多企业已经实现数据化、系统化，但是估价作业的现场勘察拍照，资料整理等工作依旧不能脱离普通员工的参与，想要发挥员工的主观能动性，企业管理人员除提供物质奖励外，还要注重员工的精神和情感需求，为员工工作提供各种便利条件。让员工在企业管理方面具有充分的参与权，从而提升企业凝聚力。

（四）加强评价结果应用

绩效管理的一个重要功能是与员工利益挂钩，用各种奖励政策来提高员工的工作效率、提高公司经营成果，完成公司战略目标。因此要充分利用好绩效评价结果，把年度绩效评价结果作为人员提拔、晋升的首要条件。对优秀员工制定单独培养计划，为其将来更好的发展奠定基础；对于评价结果较差的员工着重提高其工作能力水平。通过科学详尽的绩效评价标准，可以客观评价员工的"德、能、勤、绩"等指标，让考核结果优秀的员工得到实惠，激发员工工作主动性，给企业创造更大价值。

（五）建立企业文化

估价机构属于知识密集型企业，对员工文化技术水平要求较高。这就意味着员工的培养成本很高，因此员工对企业的忠诚度就变得十分重要。要想提高员工忠诚度，就要赋予员工主人公的意识，进而推动企业高质量发展。通过建立积极学习、忠诚奉献的企业文化，逐渐培养起员工追求进步、忠诚贡献的风气，营造良好的工作环境，有利于发挥员工的创造力，提升员工的工作积极性，推动企业可持续发展。

四、结语

本文从评估行业绩效管理存在的问题、绩效管理优化路线等内容中总结经验，通过分析，理清问题与原因，找到评估行业绩效管理的改进方向。企业绩效管理是一个复杂的系统工程，只有结合实际进行不断完善，才能真正促进企业的发展，提高企业竞争力。

参考文献：

[1] 王岩，Chungwon Woo. 关于企业绩效评价和人员激励机制 [J]. 中国商论，2022（13）：117-120.

[2] 程莹，王莉娜. 高校整体预算绩效管理的实践研究：以 A 高校为例 [J]. 中国农业会计，2023（22）：27-29.

[3] 朱晓平. 工程咨询单位绩效管理存在的问题及对策 [J]. 大众投资指南，2018（7）：134，136.

[4] 戴杰浩. 国有企业构建财务绩效评价指标体系的研究 [J]. 中小企业管理与科技（上旬刊），2023（19）：185-187.

[5] 刘敬芝，王凌凌. 平衡计分卡在高新技术企业绩效评价中的应用 [J]. 老字号品牌营销，2023（21）：75-77.

[6] 李璎萍. 企业绩效评价文献综述 [J]. 中国市场，2021（11）：88-89.

[7] 车晓丹. 甘肃信诺房地产评估公司估价人员绩效考核方案优化研究 [D]. 兰州：兰州大学，2022.

[8] 李庆涛. 私营企业绩效管理优化研究 [J]. 商业观察，2023（30）：110-112，116.

[9] 黄潇. 永信和瑞工程咨询公司员工绩效考核体系优化研究 [D]. 长沙：湖南大学，2022.

[10] 岳香菊. 兰州西部投资咨询公司薪酬体系优化研究 [D]. 兰州：兰州大学，2021.

作者联系方式

姓　　名：李慧朝　索士琦

单　　位：河南正达房地产评估测绘咨询有限公司

地　　址：郑州市中原区建设西路 187 号泰隆大厦 10 层 1001 室

邮　　箱：274071742@qq.com；729505638@qq.com

注册号：李慧朝（4120150038）；索士琦（4120170074）

征收评估类项目绩效管理优化

邱丽 张磊

摘 要：征收评估类项目具有行为法定、难度大、时间跨度长、不确定性高、人员综合素质要求高等特点，项目平稳顺利推进与估价人员的专业性、稳定性息息相关。这对估价机构在征收类项目管理尤其是绩效管理提出了较高的要求。

关键词：征收评估；绩效管理；模式优化

一、征收评估类业务的特点

（一）法定评估

根据《中华人民共和国资产评估法》第三条，涉及国有资产或者公共利益等事项，法律、行政法规规定需要评估的应当依法委托评估机构评估。

结合《国有土地上房屋征收与补偿条例》第二条"为了公共利益的需要，征收国有土地上单位、个人的房屋，应当对被征收房屋所有权人给予公平补偿。"第十九条"被征收房屋的价值，由具有相应资质的房地产价格评估机构按照房屋征收评估办法评估确定。"

综合法律法规的相关规定，征收评估是一项法定评估。

（二）难度大

征收评估类项目相较其他评估类项目难度大，主要体现在：

（1）基础资料收集难度大。征收评估类项目，产权人为被征收人，征收对于产权人来说，是一个被动行为，相关法律法规并没有规定必须全部被征收人同意方可实施征收，因此，在征收过程中，极大概率会有不愿意配合的被征收人，这给征收评估的基础资料收集工作增加了难度。

（2）现场勘查难度大。同一征收项目中涉及的房屋在结构、用途、建成年代等方面可能存在较大差异，同时还包括装修、附属物、绿化苗木等，现场本身情况复杂，在勘查过程中，还可能面对因前期调查结果不准确带来的干扰，以及被征收人不配合、恶劣天气等困难。

（3）工作沟通难度大。主要是征收评估项目面对的群体复杂，包括形形色色的被征收人，征收实施单位的工作人员，代办、测绘、跟踪审计等机构的工作人员。

（4）技术过程难度大。征收评估是一个全面、复杂、系统的评估工作，在评估过程中，需要充分考虑评估对象中房屋的结构、朝向、建成年代、楼层等的逻辑关系，对技术工作的严谨性、专业性有很高的要求。

（三）时间跨度长

征收评估类项目一般情况下是以栋、小区或厂区，甚至是社区或园区为征收范围，评估涉及的房屋数量建筑体量相较一般的评估项目大；同时，征收评估项目的作业期还受规范流程的要求（例如初步结果公示时间、答疑时间、被征收人申请复审及回复）、项目推进进度（例如征收人与被征收人之间的谈判）等因素的影响，项目时间跨度以季度甚至年计。

（四）不确定性高

征收评估项目的不确定性主要表现在：

（1）合同签订时间不确定，从法律程序上来讲选定征收评估机构的是被征收人，但与评估机构签订评估委托合同的为征收部门或征收实施单位，估价机构被确定身份到签订委托合同之间可能存在较长的时间空当。

（2）收费标准不确定，目前关于房地产评估的收费依据，从全国范围看，较高级别的收费依据为《国家计委建设部关于房地产中介服务收费的通知》（计价格〔1995〕971号），距今年代久远，指导性下降，且与征收评估收费的实际计量方式匹配度不高。

（3）评估作业日期不确定，评估作业日期从征收评估机构被选定到征收工作全部完成，甚至在国有土地再次出让后，仍旧存在纠纷或诉讼，评估工作不能完结。

（五）人员综合素质要求高

结合上述征收评估的特点，征收评估项目的工作人员需要具备过硬的专业基础知识、良好的现场沟通调度能力、耐心细致的工作态度、吃苦耐劳的工作精神以及健康的体魄。

二、当前估价机构征收类项目主要绩效模式及优缺点

（一）基于岗位的绩效模式

基于岗位的绩效模式主要是按岗定薪，也就是固定工资，是以岗位为基础进行的，比如基础资料收集、现场勘查及测算、日常驻点沟通等，按照岗位领取固定薪资，薪酬收入的多少不会因工作量的变化而变化。该类模式的优点是估价人员收入稳定，绩效管理难度低。缺点：缺乏工作量的区分度，对估价人员几乎没有激励性。

（二）基于数量的绩效模式

征收项目绩效模式中，基于数量的绩效模式以量作为核算绩效的基础，类似于计件工资。比如，在绩效管理中，勘查现场、出具评估单等工作为定额绩效，多劳多得。

基于数量的绩效模式有两个优点，一是劳动回报确定，二是劳动回报及时。该模式下，一份付出一份回报。当估价人员每完成一次工作，即可确认一份收入，可以给估价人员充足的安全感；虽然不能即时支付，但因为单价是确定的，所以收入即时得到确认。

但基于数量的绩效模式有如下缺点：

首先，让估价人员对征收评估工作产生不恰当的职责边界意识，增加基层管理者或项目负责人的负担。该模式会让估价人员产生只有明确单价的工作方为其工作，其他和项目有关的辅助工作，如果不能直接量化为标准绩效，则与其无关，降低了估价人员主动向外延伸自我提升的积极性。同时，如果绩效标准有所下调，则会引发估价人员的对抗心理，导致需要协同完成的工作中协调越来非常困难，增加了基层管理者或项目负责人的工作难度。如果估价机构不能及时调整绩效标准或排解估价人员和基层管理者的负面情绪，容易导致基层管理者与估价人员之间彼此积怨无法凝聚力量，从而导致工作执行效率低下。

（三）基于效益分配的绩效模式

基于效益的绩效模式主要是按照征收评估项目的有效收入或利润为基数，乘以一定的比例系数作为绩效总数，并根据团队成员的贡献度进行绩效分配。采用这种模式的优点在于，

可以较大程度地发挥估价人员的主观能动性，由于绩效与利润相关，会促使估价人员自发地提高工作效率、降低项目成本，有利于企业降本增效。缺点是容易估价人员可能为了促成项目而忽视过程风险的防范；团队成员的贡献度量化比较困难，容易引发内部纠纷。

（四）基于资历认证的绩效模式

基于资历认证的绩效模式主要是依据估价人员的工作年限和资格证书的数量来确定估价人员在征收项目中的绩效。优点在于，能够鼓励估价人员对估价机构的忠诚，强化估价人员对估价机构的归属感，有利于估价机构的人员稳定。通过工作年限和资格证书的数量来评判一个估价人员的能力、效用虽然有一定的道理，但并不是一个科学可靠的依据；在维持机构人员稳定的同时，绩效的增长依托于工作年限容易令估价人员滋生"混日子"的念头；另外，过于依赖资格证书的数量来衡量估价人员，容易引起估价人员以考证而不是项目为主业，理论脱离实际。

三、优化路径

（一）确定合理的岗位结构，明确岗位权责

在绩效模式优化之前，需要先对岗位结构进行优化，应当结合征收评估项目的特点，设立对应的岗位，如项目经理、技术统筹人、估价师、估价员、助理等。在征收项目启动之时，即需确认各岗位的人员数量，明确岗位职责、考核方式等。

（二）设立分类分级效益优先的复合绩效考核制度

对征收评估项目中的不同岗位职责的人进行分类，可以按照参与核心工作和参与基础工作进行分类；对相同岗位职责的人按照能力（可以参考同业年限和资格证书）进行分级；充分考虑效益共享。例如项目经理采用效益分配模式，技术统筹人、估价师可以考虑效益分配与资历认证模式相结合，而多从事基础工作的估价员和助理建议以数量绩效模式和岗位绩效模式为主。

（三）兼顾效益与公平

在设定绩效考核指标和制定权重分配时，应尽量客观公正，避免主观臆断和个人偏见。同时，在绩效管理过程中，应遵循公开透明的原则，确保估价人员对绩效考核过程和结果有充分的了解。应考虑估价人员的工作态度、团队合作、创新能力等多方面因素，以实现综合评价。在保持效益优先的原则下，应根据实际情况定期对绩效管理方案进行合理调整，以兼顾公平。

（四）合理充足的福利保障

一般情况来说征收项目需要长时间在项目所在地办公，且由于征收项目往往都以征收期为节点，这个阶段无法考虑按照正常节假去休息。这就要充分考虑如何使得的征收评估项目的现场的物资得以保障、对现场的工作环境进行优化。同时对驻点人员的节假日加班等情况应针对具体项目情况进行充分认证，合理确定征收评估项目中的调休机制和加班费用发放机制。同时，从公司管理和员工发展的角度来说，由于长期驻点与项目现场，无法经常回公司交流学习，同时公司也无法及时地了解驻点员工的最新的工作情况。应该合理安排时间给驻点员工加强培训学习，同时要保证驻点员工的晋升的通道、增强员工的企业归属感。

参考文献：

[1] 田效勋. 薪酬模式设计 [J]. 企业管理，2003（10）：9-15.

[2] 周雪娟. 薪酬分配制度改革与人事制度改革研究 [J]. 中国产经，2023（17）：185-187.

[3] 张正堂，王亚蓓，刘宁. 团队薪酬计划的设计要素与模式 [J]. 经济管理，2012（8）：89-96.

[4] 陈思明. 论现代薪酬管理的理念及其特点 [J]. 同济大学学报（社会科学版），2004（2）：70-75.

[5] 谭安洛. 全面薪酬理论与员工激励的有效模式 [J]. 求实，2009（S1）：130-132.

[6] 曹彦军，黄西勤，黄荣真. 本土房地产估价机构绩效管理探讨 [J]. 中国房地产估价与经济，2012（1）：36-38.

作者联系方式

姓　　名：邱　丽　张　磊

单　　位：永业行土地房地产资产评估有限公司

地　　址：湖北省武汉市武昌区徐家棚街道绿地铭创608

邮　　箱：18627961010@qq.com；2389528337@qq.com

注册号：邱　丽（4220170045）；张　磊（4220210028）

浅谈估价机构如何应用 OKR 工作法完成绩效管理变革

沈慈勇　傅东栋　沈哲巍

摘　要： 在如今这个充满不确定性、复杂性和快速变化的时代，对于估价机构这种服务型和知识型企业，员工的绩效不再仅仅依赖于简单的量化指标，而更多涉及专业能力、学习态度、创新以及对团队的贡献，为了迎接这一挑战，OKR 绩效管理法应运而生，它将目标管理的重点核心思想从年度考核转化为持续反馈与员工发展，并且强调团队合作、服务社交化和目标快速反应。

关键词： OKR；绩效管理；目标；关键结果；问题及优化

我国房地产估价行业已历经几十年，实现了多元化的发展方向，涉及领域众多，现如今房地产估价行业已经进入结构性调整时代，目前，房地产估价机构市场竞争依靠的是优化组织结构、提高整体运营效率、实现战略目标、促进员工个人发展等方面，绩效管理成为目前估价机构不可或缺的管理工具之一，对于绩效管理变革创新优化的渴望从未停止，估价机构作为专业的第三方机构，其使命是为客户提供准确、公正、可靠的服务，绩效管理对于机构的成功至关重要。

估价机构在当今的商业环境中面临着日益增多的挑战，包括市场竞争、技术进步和全球经济的变化，为了应对这些挑战，估价机构需要寻求创新的方法来提高员工的工作效率、质量和满意度，这正是 OKR 工作法的用武之地。绩效管理方法的设计和运用往往反映了一个企业和组织内部的文化理念和战略指导，几个问题横亘在估价机构发展的坦途上：适用于现阶段员工绩效管理的方法是哪些？如何激发员工的工作能力与潜力？只有解决了这些问题，企业的整体业绩和竞争力才能有进一步的提升和发展。因此，估价机构应当怎样高效运用 OKR 的原则来推动绩效管理的改革，以帮助公司达到真正的指标化发展？

一、估价机构如何用 OKR 实现最重要的发展目标

（一）什么是 OKR 工作法

OKR 是 Objectives and Key Results 的缩写，即目标和关键结果。OKR 的核心是"目标"，而目标要求具备"SMART"的特点：具体、可衡量、可达成、相关、时间限定。同时，关键结果要通过数据进行量化，以便更好地评估目标的完成情况，OKR 的实施还需要充分的沟通，以确保团队成员之间的协作和配合。

对于目前房地产估价机构面临的一系列挑战，OKR 的执行能够使公司的所有员工都能参与到绩效计划的设立、执行、评估和反馈的连续循环中，确保所有业务的顺畅运行，在管

埋实践过程中 OKR 与绩效管理是相辅相成的。

（二）运用 OKR 判定关键结果衡量工作绩效

OKR 明显的优势是：高度聚焦、强调合作，员工有自驱力，能够完成更具有挑战性的任务，对于估价机构多业务项目集中运营企业，面临市场发展的快速阶段，机构必须随时根据市场政策和顾客需求变化不断调整自己的服务及目标。这时候 OKR 既可以实现总目标的焦距，又可以实现服务过程操作的灵活度，符合估价机构绩效优化的需求。

OKR 框架可促进创新，推动评估工作过程一致性，并帮助个人专注于团队重要事项，估价机构如何针对公司目前业务发展情况确定目标（O）和关键结果（KR）呢。首先需要了解当前业务状况，分析现有业务存在的问题和瓶颈所在，然后制定相应的目标和关键结果。例如，某估价机构想要提升机构市场份额并拓展新业务领域，那么该公司的负责人在设置具体的目标同时，也需要指定一些关键的结果，然后全体员工共同参与，上下承接，关注行业动态、收集客户反馈、改进估价技术和流程等，完成公司年度目标，如下为例：

1. 目标（O）

提高估价准确性和时效性，提升机构形象和客户信任度；

提升机构的市场份额，实现业务增长，提高市场中的地位；

针对不同的业务领域，建立相应的合作伙伴关系，增加业务渠道；

增强满意度和服务质量，优化服务流程，提高员工服务意识和技能水平。

2. 关键结果（KR）

针对每个目标 O 设置 2～4 个 KR：

KR：加强内部培训和经验分享，提升估价师的技能水平，提高估价准确率；

KR：加强市场推广和品牌宣传，扩大机构在行业中的影响力，实现市场份额；

KR：通过与合作伙伴的合作，开拓新的业务渠道和市场，优化业务渠道，提高业务效率和效益；

KR：优化客户服务流程、提升客户口碑。

3. 子指标（Sub-KR）

各部门可依据 KR 实施情况设置定量的 Sub-KR 以便更全面地衡量进度：

Sub-KR：加强市场需求的深入了解并积极拓展业务范围，增加新的估价业务；

Sub-KR：通过内部培训和经验分享，使估价师能够更好地掌握估价技能和服务技巧，提高估价师技能水平和服务质量；

Sub-KR：完善内部管理和流程优化，改进内部管理流程和制度建设，提高机构整体运营效率；

Sub-KR：通过加强客户服务质量监控，减少不满和投诉率。

OKR 将团队从"输出"思维模式移开（我们执行了哪些项目或业务？项目的业务结果是什么？）。可以在业务的关键时间段开始时设置 OKR，然后定期更新 OKR，使团队专注于其工作的重要性，而不是其数量。

OKR 中的重要一环是持续性跟进，那针对我们制定的 OKR 如何判定是否符合公司大的发展方向，评估标准、评估流程是什么，后续的总结与改进该如何实施？

1. 评估标准

估价准确性和时效性：通过比较实际成交价格与估价结果的差异以及估价报告的提交时间来评估。

市场份额：通过统计新增客户数量和新增业务量来评估。
客户满意度：通过客户调查和投诉处理情况来评估。
运营成本：通过比较实际运营成本和预算的差异来评估。
2.评估流程
每个季度对 OKR 进行评估，以确保达成预期目标。
收集和分析相关的数据和信息，包括客户反馈、内部流程优化建议等。
与 OKR 负责人进行讨论和评估，确定完成情况及需改进的方面。
3.总结与改进
每季度对 OKR 进行评估，以确保达成预期目标，通过对实际执行情况和市场变化进行深入分析，及时调整 OKR，确保目标的可实现性和灵活性。

及时向上级领导汇报 OKR 的执行情况和问题，争取支持和指导。

建立有效的奖惩机制，根据 OKR 的完成情况和员工的表现情况，建立相应的奖励和惩罚机制，激励员工积极参与 OKR 的实施。

根据季度评估结果和市场变化，不断优化和调整 OKR，以适应不断变化的市场需求和业务发展需求，同时加强内部培训和经验分享，提高员工的技能水平和团队协作能力。

在 OKR 模式下，企业能够实现更为灵活的工作形式，从之前的领导说怎么做转化成为这个目标该怎么做，这是量到质的提升，管理者和员工都会围绕制定好的 OKR 来开展工作。简言之，OKR 强调明确目标、自主制定、关键成果和持续改进，而目标员工主动发起认领的，这便在一定程度上提升了他们对公司的归属感、对工作的自主性。

二、OKR 实施与落地过程中存在的一系列误区

当我们把目标与员工之间联系想得愈加透彻的时候，对 OKR 的落地实施，绩效管理改革成功的把握就会更高，任何事情都有失败的可能，OKR 也如此，导致 OKR 导入失败的原因有很多，其中，最关键也最普遍的原因是没有掌握 OKR 的精髓，还停留在形式层面。具体来说，停留在形式层面的主要原因有以下几个误区：

误区1：自上而下的目标分解

在大部分情况下，我们使用 OKR 工作方法时，仍然坚持传统的分解形式，组织目标从上至下层层分解，这种做法在很大程度上使 OKR 的制定过程变得机械化。而真正的 OKR 是360度的承接和对齐，它的制定能够刺激员工的热情与独立思考，因此，在设立 OKR 的过程中，我们应当依照上级的 OKR 来自主设立我们的 OKR，以便于支持上级的 OKR。

误区2：目标设定不清晰，关键结果不具体

OKR 强调的是组织架构下的共创和聚合，对估价机构来说，需要随市场反馈高频调整，在实施中，常常出现目标设定不清晰的问题，导致员工对目标的理解不足，无法有效地推进工作，关键结果（KR）是衡量目标是否达成的重要标准，然而，很多企业在设定 KR 缺乏实际可行性，无法通过现有资源和能力实现，导致无法准确评估进度和成果。

误区3：员工参与度不高

孙子兵法曾经说过：上下同欲者胜！在企业里，使命、愿景是否仅仅是老板的事？员工是否了解公司使命、愿景跟他的工作有何关系？因此，在推进 OKR 过程中，我们要认真讨论公司的使命、愿景、价值观。在 OKR 实施中，员工参与度是影响目标达成的关键因素，

然而，很多企业在员工参与方面常常出现以下问题：

员工对 OKR 的理解不足，不知道如何参与；

员工对目标缺乏认同感，没有动力去实现目标。

误区 4：没有持续性反馈进展

OKR 的关键属性往往被人们所遗忘，那便是其连贯的跟踪功能。许多企业在设立 OKR 之后，往往会陷入停滞，未对员工提供适当的执行方案和跟踪，也未对 OKR 的实施情况做出即时的跟踪和反馈，如果遇到问题，往往无法修复，这正是 OKR 执行过程中逐渐停滞的主要原因。唯有不断地检查并总结 OKR 的发展情况，我们才可以更高效地达成目标。

误区 5：各层面之间缺乏沟通交流

公开透明是 OKR 实施的核心原则之一。传统部门之间的壁垒往往导致资源重复和浪费，影响组织整体效率，OKR 的实施有助于打破部门壁垒，提高组织协同效率，它建议每一位员工都参与到组织及他人的 OKR 中，然而许多员工在使用的时候仍然只关心他们的基础职责，对于提供的建议和激励都显得非常吝啬，这对于创建一个健康的 OKR 管理氛围并没有好处。

误区 6：将 OKR 进行考核

对 OKR 的评估是使 OKR 无法实施的主要问题。然而，当 OKR 被用作考核工具时，员工的行为和思维方式会发生变化，员工会倾向于制定自己可以轻松达成的 OKR，而不是具有挑战性的目标，这种倾向会导致员工的 OKR 与组织的战略目标产生偏差，阻碍组织的进步和发展，如果对 OKR 进行考核，最终很容易变成 KPI。通过公开透明沟通、定期评估与调整、提供必要的资源和支持、奖励与认可等措施的实施，可以有效地避免对 OKR 进行考核，激发员工的主动性和创造性，推动组织的战略目标实现。

三、估价机构实施 OKR 进行绩效管理时优化路径

OKR 是一种经典的绩效控制手段，若它的得分并未应用在绩效测评中，那么它的本质便与公司的最终目的相悖，然而，OKR 的得分仅仅是衡量绩效的一种方法，并非绝对的。因此，在 OKR 的框架内，我们必须确保目标控制与评估控制的合理区别，以便公司可以更有效地把绩效控制提升至新的水平。

（一）设定明确的 O（目标）

在制定 OKR 时，首先需要设定明确的 O，以确保员工能够清晰地了解公司或团队的战略意图。为了设定明确的 O，需要遵循以下步骤：

确定 O 的目标是什么，明确该目标对公司或团队战略有何重要性；

确保 O 的具体内容清晰、明确，并且具有可衡量性；

为 O 设定一个具有挑战性的目标值，以激发员工的潜力。

（二）制定具体的 KR（关键结果）

为了衡量 O 是否达成，需要制定具体的 KR。在制定 KR 时，需要遵循以下步骤：

确定衡量 O 达成的关键结果是什么；

为每个 KR 设定具体的衡量标准和目标值；

确保 KR 具有可操作性和可实现性，以便员工能够明确如何实现这些结果。

（三）优化子指标

除了 O 和 KR 之外，还需要关注子指标的优化。子指标是衡量 KR 进度的具体指标，可以帮助员工更好地了解 OKR 的进展情况。为了优化子指标，需要遵循以下步骤：

确定每个 KR 的子指标是什么；

确保子指标具有可衡量性和可操作性，以便员工能够明确如何实现指标；

根据实际情况调整子指标的目标值，以确保 OKR 的整体目标得以实现。

（四）提高员工参与度

员工参与度是 OKR 实施成功的关键因素之一，向员工介绍 OKR 的重要性和实施流程，以增强员工的认同感。

在推动 OKR 的过程中，我们同时要做好一些事情，比如说：进行沟通技巧的培训，经过额外的培训，练习或沟通，让大家有坦诚、坦率的沟通心态，对沟通方式，共事方式与团队达成共识，只有我们对这些基本的沟通技能和价值观有了更多的了解认可之后，才能更好地推进 OKR 项目。

考核不是终点，改善管理也不是最终目的，如何通过改善管理举措推进企业发展才是永恒的主题，企业可从调整企业管理指导思想、改革考核管理制度、严格考核流程规范出发，在贯彻 OKR 理念的基础上，实现员工绩效的高效管理目标，完成绩效管理变革。

参考文献：

[1] 王明，洪千武. OKR 管理法则：阿里巴巴、华为绩效管理实战技巧 [M]. 北京：中信出版社，2020：7.

[2] 蔡斯斯. 基于 OKR 理论的知识型员工绩效管理优化研究 [J]. 企业改革与管理，2022（15）：77-79.

作者联系方式

姓　　名：沈慈勇　傅东栋　沈哲巍

单　　位：宁波经纬房地产土地资产评估有限公司

地　　址：慈溪市白沙路街道承兴大厦 4 楼 4-3

邮　　箱：562974039@qq.com

注册号：沈慈勇（3319960018）；傅东栋（3320120064）；沈哲巍（3320200006）

浅议估价机构员工绩效管理模式、
存在的问题及优化路径

肖　峰

摘　要： 房地产经济一直是我国经济增长的重要支柱，对于国民经济的推动和促进具有不可替作用，房地产估价作为房地产行业及现代服务业的重要组成部分，随着房地产行业的规模化发展为房地产估价行业提供了充足的发展空间及外在动力，伴随估价机构的壮大及成长，估价机构员工绩效管理的优化及探讨已成为估价机构高质量发展的润滑催化剂。

关键词： 估价机构；人才；员工绩效管理；发动机；动力源；润滑催化剂

房地产估价机构日常经营管理既有传统企业管理的共性问题，又有着房地产估价行业专业服务性的个性问题。任何企业的发展首先与企业核心经营者的个人综合能力及战略思想密不可分，企业核心经营者的个人综合能力及战略思想是一个企业良好发展的发动机，而房地产估价行业具有市场带动估价技术发展、技术发展反哺市场的鲜明特点，行业的特殊性必然导致估价机构的竞争最终是人才的竞争，人才是估价机构发展的动力源，而绩效管理则是发动机、动力源、高效运转的润滑催化剂。二者如何相互高效运转，最终还得看绩效管理这一润滑剂及添加剂的发挥功效的多少。本文试从实践管理者角度探讨房地产估价机构员工绩效管理模式、存在的问题及优化路径，以期为机构的绩效管理提供借鉴。

一、估价机构绩效管理模式

（一）绩效管理作用的基本认识

绩效管理是企业日常管理的重要手段，绩效管理整体设计思路体现着公司核心经营者的整体战略发展思路，其最终的管理成果能开发所有参与者的潜能、培养参与者的技能，使参与者认识到自己的成功及不足、让绩效管理的实施者实现战略发展意图和让考核者得以在自身工作中形成一个横向同事对比、纵向自身对比的标尺，从而帮助参与者据此制定职业生涯发展规划。深层的目的是有效地推动绩效管理的参与者主观能动性，引导企业全体员工从每个人到各个部门，共同朝着整体战略目标迈进。这就是绩效管理作为核心领导发动机和所有人才动力源高效运行的润滑催化剂的价值体现。

本文主要论述的估价机构员工绩效管理，特指估价机构各岗位各层级员工的工资构成体系或者发放形式，笔者个人理解为系一种狭义绩效管理，或者为系统绩效管理中的一个重要组成部分，其来源于估价行业日常管理实践，服务于目前绝大多数估价机构的日常管理。

（二）估价机构员工绩效管理模式分析

从日常估价机构现实常用的员工绩效管理模式角度来分析，估价机构员工绩效管理模式简单归纳有如下几类：

1. 基本工资+奖金制模式

基本工资+奖金制员工绩效管理模式是一种原始简单的管理模式，顾名思义，员工的工资构成主要由基本工资和奖金二部分构成，而基本工资可具体细化为基础工资、学历工资、技术工资（资质补贴）、工龄工资、岗位级别工资、各种补贴及其他工资。基础工资一般由上述类别中的多项由各机构根据自身情况增减组合而成，易量化。奖金工资一般根据企业效益、员工贡献、员工态度、员工进步情况等综合情况，由员工上级评价或者核心管理者感性评价，后据估价机构不同情况而发放。这种绩效管理模式适合于中小型估价机构，或者估价机构中不适合其他绩效管理模式的岗位，同时也具有相当的普遍性。

2. 基本工资+提成制模式

基本工资+提成制员工绩效管理模式是一种原始而行之有效的激励管理模式。其基本工资的构成与前述基本工资无异。提成制工资一般为一个动态工资，其工资多少与提成的标的指标完成情况息息相关，指标的科学制定，是提高员工积极性的重要保障。

3. 年薪制模式

伴随着估价行业竞争的差异化，估价行业各层次，各岗位所需人才的竞争也更加激烈，为吸引优秀的行业外人才及行业内人才，估价机构现阶段针对部分高端人才、重要岗位实行年薪制。年薪制具有一定的透明性，有诱惑力的年薪对各类人才仅从工资角度来说具有一定的保障性及稳定性，易快速吸引估价机构发展所急缺的人才。

4. 行业合伙人制模式

随着2016年12月1日《中华人民共和国资产评估法》的颁布实施，其第十五条"评估机构应当依法采用合伙或者公司形式，聘用评估专业人员开展评估业务。"估价机构内部承包经营及开设分公司运行机制在行业内越来越多，实际上是估价机构对未来合伙制运作的探索，随着行业监管及法律的完善，估价机构必然最终大概率会形成会所、律所的合伙人运作模式。伴随行业合伙制的探索及发展，行业合伙人制绩效管理模式应运而生，其核心指导思想是为估价机构打造合伙人平台，合伙经营者利用平台资源进行自负盈亏运作的一种管理模式，合伙经营者按营业收入一定比例向平台支付固定管理费，除此之外的较大份额的营业收入由合伙经营者自主支配的模式。这种绩效管理模式充分调动了合伙人的主观能动性，多劳多得，合伙人的独自运营在符合估价机构内部管理机制的大前提下，又有高度的自治，能吸引优秀的团队或者专业人才加入平台，为估价机构做大做强提供了动力源。

5. 全员绩效模式

估价机构数量的大比例增长、估价行业付费方式的调整、估价主要业务领域迭新导致估价行业竞争的日益激烈，原有估价机构的相对其他多数行业的好日子越来越不好过，这就一方面倒逼估价机构调整经营策略，另一方面，一些先行为谋更好发展的估价机构，逐步引入现代全方位的绩效管理模式，其指企业对全员定岗、定责，针对公司整体、部门、员工个人分别制定绩效目标和考核办法，适时根据考核办法评价公司整体、部门、员工的绩效目标完成情况，奖罚分明，调动全员积极性的一种综合管理办法。

二、绩效管理在企业发展中发挥作用

任何一种员工绩效管理模式没有简单的好坏之分，只看能否适应企业战略发展定位需要，每一种绩效管理模式都有着各自的优缺点及适用性，不能简单地以好坏来判断，差异化、适合估价机构自身发展的绩效管理模式才是最好的模式，使它真正在估价机构发展中起到润滑催化剂的作用。员工绩效管理伴随着估价行业发展也是一个不断学习、探讨、完善及更新的过程。不同的估价机构会因为公司发展战略不同，因公司个体情况、岗位、职能及其他个体差异而针对不同的员工实施与之有效的员工绩效管理模式。例如：一个独立的三级房地产估价机构老板是核心技术人员又是技术人员，同时也可能是一个内勤管理人员，配以几名助手，如果老板的战略就是维持公司正常运转，这时，公司其他员工实行基本工资+奖金制员工绩效管理模式可能就是最好的模式，公司也没有必要追求全员绩效管理模式，如果老板追求倍速发展，可能会对拟引进的人员实行有诱惑力的年薪制或合伙制绩效；一个成规模比如100人左右的估价机构，如果公司老板主导经营可能会是一种绩效管理模式，如果老板只是老板，实际上由职业经理人来经营，可能是另一种员工绩效管理模式，即使老板主导经营和老板聘请职业经理人二者完全不相同的经营方式，如果企业战略发展方向是激进，还是稳健，或者是压缩规模等不同策略都能对企业采用或者适用什么样的员工绩效管理政策起决定性作用，每一种方式下员工绩效管理政策都可能不同。

三、估价机构绩效管理模式的现状问题

（一）估价机构的企业发展战略定位与现有员工绩效管理模式不匹配的问题

企业实施重大战略调整时未能与时俱进调整员工绩效管理制度。估价机构有大有小，战略调整有激进、稳健或者保守，当企业战略调整时，员工绩效制度没有随之调整，可能产生二者不适的问题。例如，一级房地产机构大量发展分支机构时，还保留企业原先的绩效制度可就不合适了，这时采取合伙人绩效模式可能是最好的选择。

（二）估价机构不同发展阶段与绩效管理模式匹配问题

估价机构在不同的发展阶段采用不同的绩效管理模式。例如：随着银行抵押类业务由企业在库内选择估价机构，此时对于企业市场人员实行基本工资+提成制员工绩效管理模式可能行之有效，但随着此类业务由摇号方式产生时，可能上述员工绩效管理模式失去原有效力，也可能影响企业的整体发展；估价机构开展多资质经营时，新成立的板块可能才起步，针对新板块上的员工直接套用机构现有的员工绩效可能会不合适等。

（三）估价机构职能部门重要性及设置与绩效管理模式不匹配的问题

估价机构大体来说一般主要由三大职能部门组成，即技术部门、市场部门、后勤管理部门。不同的估价机构在不同的发展阶段会对这三大部门进行细化。不同的大小部门之间，如果采用基本统一员工绩效政策也会产生不匹配的问题。例如，对后勤管理部门的档案管理人员实行与市场部门一样的与收入挂钩可能适得其反，档案管理人员可能会随业务收入的增减变化工作量有所变化，但他主要从事简单的管理工作，业务收入的短期增减变化可能对其工作量影响不大，业务不断增加可能觉得整体收入较好，如果业务大幅减少，而其收入也随之减少可能会对员工产生不良影响，因为其日常劳动量没有明显变化。所有作为机构管理人员

须认识部门职能不同应采取不同的绩效政策。

四、绩效管理的优化路径及看法

任何一种员工绩效管理模式没有简单的好坏之分，只有不同绩效管理如何实施的具体问题，如何发挥最佳效力产生的这些具体问题又有着高度的共性，这些问题总结主要为定岗定责、设定明确目标、寻找及优化评估方法、定期或不定期检查与跟进、激励与惩罚机制、提升员工能力、改进技术手段、强化沟通协作等几个方面，找到这些着力点就易为我们估价机构日常绩效管理的提供优化路径及看法，当做到上述几点时，其实也实质进入一种全员绩效管理模式，全员绩效模式不区分机构规模，不区分机构战略方针，其实质是对前四种模式的实施方式的具体优化，由原始到科学，由粗犷到精细的一个管理过程，具体如下：

（一）定岗定责

岗位描述是定岗定责的基础。清晰描述制定明确每个岗位的职责、要求、工作目标、工作流程等信息，让员工明确自己的工作内容和职责范围，让每个一个员工应知自己的本职工作是什么，这是日常绩效管理的基础。

（二）设定明确目标

通过明确的岗位描述，可以避免因职责不明而导致的工作推诿和混乱。在估价机构的日常绩效管理中，设定明确的目标是至关重要的。这些目标应该与机构的整体战略目标保持一致，并且应该明确、具体、可衡量。此外，这些目标应该由上至下进行分解，确保每个员工都明确了解自己的工作职责和期望。

（三）寻找及优化评估方法

绩效评估是绩效管理的核心，它决定了如何评估员工的表现和成就。要优化评估方法，首先要确保评估标准是明确和客观的，避免主观臆断。其次，评估过程应该透明公正，避免出现偏见和误差。最后，评估结果应该及时反馈给员工，以便他们了解自己的优点和不足之处。

（四）定期或不定期检查与跟进

定期或不定期检查与跟进检查员工的工作进展是非常重要的。这可以帮助管理层及时了解员工的工作情况，发现问题并采取相应的措施。此外，跟进还可以激励员工继续努力工作，确保他们能够按时完成任务。

（五）激励与惩罚机制

激励和惩罚机制是日常绩效管理的重要组成部分。对于表现优秀的员工，机构应该给予适当的奖励和表彰，以激励他们继续保持优秀。同时，对于表现不佳的员工，机构应该采取适当的惩罚措施，以提醒他们需要改进工作。

（六）提升员工能力

提升员工能力是优化日常绩效管理的重要途径之一。机构应该提供持续的职业发展机会，包括培训、学习和发展计划等，以帮助员工提升技能和能力。此外，机构还应该鼓励员工自我发展，激发他们的潜力和创造力。

（七）改进技术手段

随着科技的不断发展，估价机构应该积极引入先进的技术手段来提升日常绩效管理的效率和效果。例如，利用软件管理系统、人工智能等技术手段来提高估价的准确性和效率。此外,通过使用现代化的办公软件和沟通工具,可以提高团队协作的效率。

(八)强化沟通协作

沟通协作是日常绩效管理的关键因素之一。机构应该建立良好的沟通机制,鼓励员工之间的交流和合作。通过定期召开会议、工作等活动,可以促进员工之间的相互了解和合作。同时,机构还应该鼓励员工向上级领导提出建议和意见,以便及时发现并解决问题。

从理论上来讲,每一种员工绩效管理模式,对企业经营业主和员工来说都分为固定部分和变动部分,变动部分不同激励形式产生不同的员工绩效模式,员工绩效管理模式的实质是对变动部分的考核,而变动部分的具体考核方式才是绩效管理的核心。具体考核方式涉及的上述八大方向才是行之有效着力点,找好这些着力点,估价机构针对性制定绩效政策才是做好企业核心领导这一"发动机"和所有人才这一"动力源"高效协调运行的"润滑催化剂"!

参考文献:

[1] 刘楠.企业绩效考核管理体系优化设计研究 [J].中文信息,2018(5):84-85.

[2] 宋士辉.关于企业薪酬与绩效管理体系优化设计 [J].人力资源管理,2018(3):33.

[3] 李志安.论现代企业绩效管理薪酬分配设计构建 [J].财经界,2019(32):238-239.

[4] 杨绍远.浅谈企业人力资源绩效考核管理体系的构建 [J].数码设计,2018(9):131.

作者联系方式

姓　　名:肖　峰

单　　位:深圳市鹏信资产评估土地房地产估价有限公司湖北分公司

地　　址:武汉市江汉区青年路 235 号三楼鹏信评估

邮　　箱:50377680@qq.com

注册号:4420100019

（三）分支机构监管

试论房地产估价机构总部对分支机构的监管策略

金　焱　侯栩基　朱维芝

摘　要：房地产估价机构在市场经济中的地位和作用日益显著。目前，不少房地产估价机构的分支机构承受着很大的经营压力，同时面临着很多内部治理问题，如不加强内部监管，分支机构极有可能高频率地萎缩、撤销，导致总公司发生安全经营危机。本文在对分支机构经营管理主要问题分析的基础上，梳理了房地产估价机构的监管规范和要求，提出了房地产估价机构总部对分支机构的主要监管策略和措施。

关键词：房地产估价机构；分支机构；监管策略

一、前言

当前，房地产估价机构的分支机构是总公司所属的不具有独立法人地位的派出机构，与总公司属同一法人实体，通常赋予一定的独立经营与管理权力，但其市场营销、项目实施、财务、人力资源开发与管理等方面受总部不同程度的监督和控制。

三十多年来，房地产估价机构及其分支机构数量激增。从宏观上讲，房地产估价机构的分支机构不仅提高了市场透明度和公平性，而且为市场的正常运行和健康发展提供了重要支持和决策依据；从微观上讲，不仅为房地产估价机构扩大经营规模、经营区域奠定了基础，而且为房地产估价机构提高市场竞争力、经济效益和综合实力起到了重要支柱作用。

从功效上分析，分支机构是房地产估价机构技术和经营的外向延伸，负责承接和承办所在区域的估价工作。一是负责本地区的业务开展。分支机构更熟悉当地法律法规和相关政策，能够迅速了解当地的商机和需求变化，更贴近当地客户，能及时解决本地客户的问题，减少跨地区经营带来的沟通和协调成本。二是能够就地就近开展房地产项目的估价工作，把握房地产估价项目的价值和风险，向客户提供专业意见等。三是负责收集和整理当地房地产市场数据。通过与政府部门、中介机构和个人的合作，特别是通过分支机构人员的实地查勘、询价调研，能够快速收集和分析当地的区域发展规划和最新、准确的各类房地产交易数据信息、在建工程数据信息等，为估价工作提供基础性数据资料。四是提供业务支持和协调。分支机构为总公司承接大型项目、涉及多区域项目及跨区域项目，展开总公司——分支机构和分支机构——分支机构等方式合作，以确保估价工作有效进行，提高估价效率和报告质量。

二、分支机构的监管挑战

（一）分支机构在数量增加中的监管压力逐渐加大

根据"全国房地产估价行业管理信息平台"统计，截至2023年11月13日，全国共有

5697家房地产估价机构，其中，一级机构1078家，二级机构2106家，三级机构1496家，分支机构1017家。根据成立时间，根据整理的2000年至2023年分支机构的时间序列图。由图1和图2可以清晰地看到，经过三十多年的发展，房地产估价机构不断壮大，不少机构纷纷实施外延型扩张战略，在全国范围内设立分支机构。特别是2015年至2018年期间，分支机构数量增加迅速，平均每年新增八九十家。近六年，因房地产行业和政策变化，分支机构开设增速明显降低，但是总量依然在增加。然而，随着分支机构数量的增加，市场竞争加剧，分支机构的经营压力也加大，对分支机构的监督管理变得更为复杂。

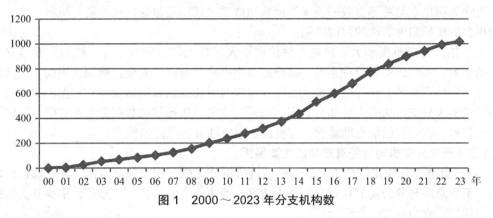

图1　2000～2023年分支机构数

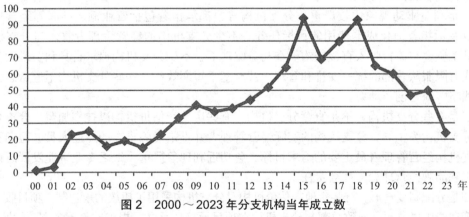

图2　2000～2023年分支机构当年成立数

（二）估价机构面临的主要经营与管理问题

一是合法合规管理难度增加。分支机构分布在国内多个地区及跨国经营，不同地区的法律法规、行业规范和文化背景等存在着一定差异，对分支机构的合法合规要求也有所不同，尤其是语言和文化差异增加了管理的复杂性。

二是运作效率下降，管理成本上升。随着房地产估价机构规模和业务范围的扩大，不少估价机构组织架构变得复杂，通过增加组织层级、管理人员来加强监督分支机构的运营。由于分支机构与总部的地理距离和多层级组织结构、多头领导，很多分支机构出现了权责不清晰、信息传递不畅、决策缓慢等问题。另外，为确保信息准确传递和及时反馈，总部需要投入更多的资源和技术工具，如专业OA系统、远程办公工具、快递服务、车辆等。加上近年来评估收费大幅下降。这些因素都导致了运作效率下降和管理成本上升。

三是人力资源开发与管理难度加大。分支机构相对独立，需要区别对待，不少缺乏统一的管理和监督机制,导致工作纪律、流程纪律、工作规范不统一,总部与分支机构技术沟通成本、质量控制成本高。尤其是开设在三、四线城市的分支机构还面临着招聘、培训和留用人才困难的问题,如何吸引和保留优秀管理者、优秀估价师成为关键问题。

四是项目质量控制受到限制。由于总部与分支机构信息不对称,在项目采用的技术思路、评估标准和评估方法等方面经常发生分歧。有些分支机构受经营目标压力和客户因素影响,隐瞒、修改评估要素,导致评估结果不准确和偏离度较大。此外,缺乏及时有效的项目技术支持、质量督导和专业培训也限制了分支机构的业务水平和质量水平快速提升。因此,分支机构如何建立与总部有效的质量管理联结体系,特别是报告审核和监督机制,成为确保估价报告的质量和可靠性的关键机制。

五是信息管理难度加大。房地产估价需要大量数据信息资料,分支机构需要建立高效的、动态的、实时的信息管理系统,以确保数据准确、及时、安全。然而,当前不仅区域性变化较大,而且片区差异性变化极大,远程连接有时还面临着网络攻击和数据泄露风险。现实问题是不少分支机构的人员非常有限,调研、收集、传递信息数据量非常有限。所以,分支机构普遍面临着数据信息准确性、完整性、时效性及合规性的挑战。

(三)产生分支机构监管有难度的主要原因

一是"诸侯"现象比较严重。房地产估价机构分支机构相对独立运作,与总部在地理上分离,不少总部与分公司的权责分配并不清晰,约束乏力,"天高皇帝远",不少分支机构主要经营管理者成为一方"诸侯"。

二是利益驱动现象比较严重。分支机构普遍都承担着包括营业额、利润等经营目标任务,以及承担着消化成本费用的目标任务。不少分支机构的经营管理者收入与分支机构利润、员工奖金与项目收入直接挂钩。在利益驱动下,不少分支机构追求自身利益最大化,不服从或有限服从总部的统一安排和管理。甚至基于短期效益,一些分支机构不遵从总公司的发展战略,缺乏创新动力。

三是有些分支机构并不是直营分支机构。有些房地产估价机构以挂靠加盟、合资合作类型的分支机构为主导,分支机构的实际经营管理者并不是经验丰富的专业人员。短期利益成为分支机构经营管理者最主要的追求目标,急功近利现象严重,缺乏专业事业发展意识、法律意识和品牌经营理念、社会责任。

四是分配制度畸形。有些房地产估价机构对分支机构采用了粗放的承包制、项目收入分成制、管理费用提成制,导致总部与分支机构在项目承接、承办、报告质量等多方面的博弈。

三、监管法律法规和政策

(一)相关的监管法律法规和政策

房地产估价机构分支机构监管的法律法规主要涉及以下方面:

《中华人民共和国资产评估法》规定了评估机构设立条件、资格要求和管理制度、评估的程序和方法,对评估师的资格条件、职责和行为规范进行了明确等。

《房地产估价机构管理办法》明确了分支机构设立、备案、经营范围、机构负责人等方面的要求,包括分支机构的资质认定、人员配备、分支机构名称使用等。

《注册房地产估价师管理办法》对房地产估价师的资格条件、注册与注销、职责和义务、业务范围和限制、考核与监管等内容进行了规范。

（二）法律法规和政策对分支机构的监管要求和规范

常见的分支机构监管要求和规范包括：

具备合法的注册资格：包括符合相关法律法规的设立条件和程序，具备一定的资本实力和专业能力；员工必须具备相关专业背景和资质要求；分支机构需要合法注册并获得国家认可的资质证书，以确保估价工作的可靠性和专业性。

组织结构和人员要求：分支机构应建立健全组织结构，明确各岗位职责和权责；应聘请具有相关资质和经验的估价师，包括注册估价师等资质，并提供持续的培训和专业发展机会，以确保员工具备业务水平、专业素质和道德操守。

业务实践规范要求：包括遵守法律法规和伦理要求，建立健全内部管理制度，制定明确的估价程序和方法，并建立标准化的流程，以确保业务规范运作、估价信息机密完整。

监管机构监督检查：分支机构需接受监管机构监督检查，及时报送估价数据和信息，配合监管部门的工作，包括资质、业务行为和内部管理的定期或不定期监督检查。监管机构还应评估和考核分支机构，并及时处理违规行为，提供行业发展的指导和政策支持。

四、监管策略和措施建议

（一）建立健全风险监管机制

1. 规范内控制度和强化风险意识

分支机构经营管理团队应熟悉本地法规和行政管理部门、协会要求，在总部合规制度基础上予以细化。对分支机构人员定期及不定期开展执业道德教育和执业风险教育。尤其应该：加强对评估师的持续培训和监管；在项目启动会上对项目人员提出具体的道德要求和质量风险警示，项目结束后进行全面总结检查。

2. 严格审批权限

详细规定直接关系到房地产估价机构生存、安全的公章使用权限、对外发文权、项目决策权、合同签订权。制定细化的项目承接流程和项目实施流程。明确分支机构各部门职能、员工岗位职责和流程节点责任，实行严格规范的节点管理和过程管理。定期及不定期开展权限培训和综合考评，提高员工对违规行为的敏感度，增强他们主动发现和报告违规行为的能力。

3. 建设风险控制预测模型

总部及分支机构都应建立项目风险评估模型，对评估过程中可能出现的风险按模型及早进行预测、判断和控制。

4. 建立定期的经营审计制度

总部要定期对分支机构开展经营审计工作，包括稽查项目实施与报告审核质量、报告上传协会情况、文件收发、档案管理等，以及与相关人员进行访谈。并对审计结果进行综合分析和评估，识别潜在风险和问题，制定纠正措施和预防措施。

5. 自觉配合外部监管

总部要督导分支机构自觉接受、配合行政管理部门、协会等检查，并且总部要定期督导分支机构自觉对标检查。实行监管常态化。

（二）建立健全风险监管组织体系

1. 建立有战斗力的领导集体

分支机构应将由一个领导统揽，转变为领导集体决策，培养有战斗力的分支机构领导集体。分支机构领导的首要能力是要有过硬的风险研判能力。总部对重要、特殊、大型项目应当监管选择或选派有胜任能力的项目经理直接承办，降低项目估价风险。

2. 建立垂直型质量管理组织

房地产估价机构及其分支机构可以采用多种方式、手段，如建立风险管理委员会、制定风险管理政策和风险决策机制等，以确保评估结果的准确性和可靠性。设立独立的质量管理部门，审核人员应具有独立性，不受分支机构约束，这是保障安全和质量监管的组织基础。

3. 建立绩效评价体系组织

总部应成立考评组织和借助信息技术管理系统，从项目洽谈到成果交付，实行全过程监管。以项目为中心，设定明确的风险管理目标和三级指标体系，对分支机构及其员工进行综合性绩效评估评价，激励他们在风险预警、风险评估和风险控制等方面发挥积极作用。

（三）建设信息技术系统和加强数据安全管理

房地产估价机构在评估过程中需要处理大量的敏感信息，因此，总部应加大投入开发、维护、升级信息技术系统，督导分支机构严格遵守相关信息安全管理制度，加强数据信息保护措施，防止信息泄露和滥用。通过信息安全管理制度、加密和备份数据、限制员工对敏感信息的访问权限等方式来加强数据信息安全管理。

（四）合理分配激励

变革简单粗放的总公司——分公司提成制、分成制，变革"以包代管"方式，以及经营管理者与分支机构利润、员工收入与项目经济效益强挂钩的分配办法。可以采用差异化的激励政策。对于风险预警人员，可以设立奖励机制，根据其预警准确性和及时性给予奖励。对于风险评估和控制人员，可以设计绩效奖金或晋升机制，激励他们更好地履行职责。

（五）定时检查和评估分支机构的业务运作

1. 建立分支机构定时报告提交制度

分支机构应及时向总部提交阶段性工作报告，详细描述其业务运作情况和完成的估价项目。总部可以通过这些报告来评估分支机构的业务质量和效率。对于报告中有重大疑似问题、严重缺陷，总部应不计成本开展独立调研、测算、研判工作。

2. 通过客户满意度调查来评估分支机构的业务运作

客户的反馈可以提供有关分支机构服务质量和客户满意度的重要信息。

（六）加强分支机构人员的培训、培养

1. 分享平台资源

使用网络和云技术，总部建立一个知识共享平台，将各种资料、政策、准则、估价标准、参数等整理上传，使总部和分支机构能够共享文件、数据、经验和工作标准。通过云存储和共享工具，可以实现实时更新和访问，方便上下左右的合作和沟通，有助于提高整个机构的绩效和效率。

2. 实施岗位轮岗制度

通过轮岗制度，鼓励并采取必要的行政手段使员工在不同岗位、不同地区工作，培养员工的复合能力和扩展视野，这样可以提高员工的工作适应能力，培养经营管理者，并且能够更好地理解和协调关联单位、部门之间的工作。

3. 加强团队合作

由总部人员参加，定期举办分支机构员工交流会议、经验分享会等，促进彼此之间的学习和成长。组织总部——分支机构联合团队建设活动，增强整体的凝聚力和合作意识。

（七）加强例行管理和例会制度

1. 举行定期会议和视频会议

总部定期组织与分支机构之间的经营管理会议，或者远程视频会议，以促进信息共享和沟通。会议可以涵盖工作进展、问题解决和战略规划等内容。

2. 加强分支机构的指导

总公司高层领导、技术专家应定期和不定期地到各个分支机构考察调研，掌握分支机构的运营管理；与员工进行交流并分享工作经验和见解，共同讨论最新的业务趋势和市场动态，分享成功案例和最佳实践。另外，还应特别关注分支机构面临的挑战和取得的成果。

3. 安排专门部门、专人负责沟通

在分支机构和总部之间指定专门部门或专人负责沟通协调工作，以确保信息的准确传递和及时响应。这样可以避免信息传递中的误解和延误。

（八）建立投诉处理机制

建立有效的投诉处理机制，建立客户、分支机构员工反馈意见和投诉渠道，鼓励员工和客户对违规行为进行举报，同时建立严格的保密制度，确保举报人的安全和隐私。提高分支机构的透明度和公信力。

五、结语

有效监管可以规范分支机构遵守法律法规和行业规范，提高估价水平和服务质量，确保估价准确可靠，保护公众利益和维护市场秩序，提升行业、机构信誉。对分支机构的监督管理是持续性的工作，应建立健全监督管理机制，落实监管措施，包括建立健全内部控制机制等，有效授权并授权带责，动态考量并调改，以不断改善房地产估价机构内部治理，实现分支机构稳健长足发展。

参考文献：

[1] 张飒，李进伟. 房地产估价机构发展困境、内控制度建设与风险防范 [C] // 中国房地产估价师与房地产经纪人学会. 房地产估价：回望与前瞻：2021 中国房地产估价年会论文集. 北京：中国城市出版社，2021：770-773.

[2] 白娟，郝俊英，朱慧茹，等. 房地产估价机构内控制度体系构建及现状分析 [C] // 中国房地产估价师与房地产经纪人学会. 房地产估价：回望与前瞻：2021 中国房地产估价年会论文集. 北京：中国城市出版社，2021：740-747.

作者联系方式

姓　　名：金　焱　侯栩基　朱维芝

单　　位：广东信德资产评估与房地产土地估价有限公司

地　　址：佛山市顺德区大良文晖路 29 号逸林苑 11 座 401、402、403、404、405 号

邮　　箱：xdpg8@126.com

注册号：金　焱（4420140065）

直营估价机构对分公司的有效监管及分公司的自我管理实践

阮宗斌　骆晓红　张　悦

摘　要：截至2023年10月，全国已备案的分公司数量几乎和一级机构数量持平。部分设立分公司的估价机构自身公司治理结构不完善，缺乏成熟的管理经验，对于分公司无暇监管甚至无能力监管，这是非常可怕的。本文以位于行业头部的直营型估价机构为例介绍一些监管经验。估价机构需要监管分公司，分公司也应当积极进行自我管理，实现从被动监管到主动自我监管的转变。除了估价机构应该加大对分公司的监管力度，协会和地方主管部门也应该对设立分公司的估价机构如何对分公司进行有效监管提出明确要求和指导，促进估价行业健康长效发展。

关键词：直营；估价机构；分公司；监管；自我管理

一、估价机构对分公司的监管的必要性、紧迫性及差异性

（一）估价机构对分公司的监管是必要且紧迫的

截至2023年10月，根据中房学查询的数据，全国一级房地产估价机构1080家，分公司1022家（不包含估价机构自身），备案的分公司数量几乎和一级机构数量持平，这还不包括已注册但尚未备案的分公司。其中，2022年全国综合排名百强的房地产估价机构共设立了约550家分公司，剩下的472家的分公司都是由百强以外估价机构设立。这里不乏存在有些估价机构公司治理结构不健全、缺乏分公司监管的经验，不知道如何监管分公司，甚至无能力监管分公司，这是很可怕的事情，是很容易出现风险事故的。估价机构与分公司是同一个品牌、同一个资质。估价机构与分公司彼此之间是一荣俱荣、一损俱损的"双刃剑"关系。在良性运营情况下双方是共同受益的，但是一旦有一方出现恶性事件，就是双方共同受损。市场上已经有一些分公司因为行为不当受到惩处，甚至关停，进而影响估价机构的声誉。在如今严监管的时代背景下，估价机构对分公司的监管是非常必要且紧迫的，分公司也应当意识到估价机构的监管对双方的长远发展都是有利的。

（二）不同估价机构对分公司的监管存在差异性

市场上各估价机构运营模式并不相同。按照总公司与分公司的投资隶属关系，估价机构可以分为直营型、特许加盟型、合资型、混合型。

1. 直营型估价机构

其所设立的分公司均为估价机构百分百直接投资，分公司的人权、财权、物权均归估价机构所有，分公司无支配权，分公司盈或亏都属于总公司。

2. 特许加盟型估价机构

分公司由特许加盟者投资设立，人权、财权和物权均属于分公司投资者所有，盈亏由分公司负责。估价机构和分公司之间以特许加盟合同划分权利和义务边界，约束规范各自的行为。

3. 合资型估价机构

估价机构会给分公司的提供一部分投资，比如提供一部分起步资金来支持分公司发展等，其余的资金由分公司投资者出资，双方根据约定的方式进行利润分配。

4. 混合型估价机构

有些估价机构的分公司设立既有直营的，又有合资或特许加盟的，多种方式相结合。

不同运营模式的估价机构监管手段和方式并不相同。比如对于一些特许加盟型分公司，估价机构会收取一定比例的保证金、风险管理金，直营型分公司则不采用此类监管手段。

此外，扩张的区域不同，监管也存在不同。大部分估价机构在中国扩张，也有一些估价机构只在本省内扩张。扩张区域不同，要求估价机构具备相的监管能力也不同，只在省内扩张的估价机构监管能力要求相对低一些。

总体而言，处于行业头部的估价机构，其公司治理结构相对完善，监管手段更丰富、全面，不论采取哪种运营模式，基本上都能做到有效监管。

二、直营型估价机构对分公司的有效监管

直营型估价机构分公司与总公司的发展方向、发展愿景、企业文化、利益诉求完全一致。相对而言，直营型估价机构对于分公司的监管是比较系统的，分公司的对于总公司监管的配合度也是最高的。

（一）良好的公司治理结构是有效监管的前提

估价机构治理结构完善，则对于分公司的监管就比较全面。通常对于分公司的监管有几部分的内容：分公司资质合规性监管、估价报告质量监管、财务监管和人力资源监管。这些方面总公司需要设置相应的部门和配备一定数量的人员。以国策评估为例，国策评估一共设置了五大功能中心（图1），分别为技术支持中心、运营管理中心、财务管理中心、营销管理

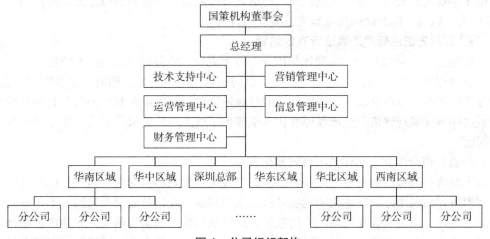

图1 公司组织架构

中心和信息管理中心。五大中心各司其职，根据各自职责对分公司进行监管和指导。

（二）完善的估价机构内部制度体系是有效监管的必要条件

估价机构应当有完善的内部制度体系，以方便指导、规范、约束分公司的行为，通过制度建设，使得分公司各项操作流程化、标准化。估价机构因为行业特殊性，制度建设更多体现在技术管理和如何防范风险方面，但是也不能忽视其他方面制度建设。

1. 质量管理制度

估价机构应当建立健全《估价质量管理制度》《技术负责人/技术总监制度》《报告四审制度》（分公司三审加总公司四审）、《查勘制度》《评估作业流程制度》等，并严格执行，从内部制度上规范分公司的发展和运营，规避绝大多数可能出现的风险情况。很多分公司出现风险事故首先就是查勘程序出现瑕疵，没有按照评估作业流程进行操作，总公司没有严格对分公司的报告进行四审或缺少四审环节。总公司如果对报告质量不重视，分公司就更不可能重视。因此估价机构一定要加强评估报告的质量控制，根据监管需要对分公司的报告进行定期抽查、随机抽查，根据报告评审情况检查分公司执业质量和执业水平，并给进行内部通报表彰和批评，督促分公司不断提升专业水平。

2. 培训制度

除了上述制度之外，总公司对于分公司的技术培训是必不可少的，不能仅仅依赖于中房学和地方协会的继续教育。总公司对于分公司的培训往往针对性非常强，都属于小专题性质，培训时间短，但对于解决日常问题非常有帮助，对于估价师基本技能的提升很有用，是非常好的一种积极且双方都容易接受的有效监管措施。

3. 双线汇报管理制度有助于提高监管力度

双线汇报可以避免信息滞后和信息不对称的情况。比如分公司技术部经理既要向分公司总经理汇报，同时还要向总公司技术中心汇报；分公司行政人事既要向分公司汇报，还要向总公司运营管理中心汇报。双线汇报的管理模式，增加了总公司对于分公司运营事项的全面了解，便于监督管理。

（三）估价机构中后台能力建设是对分公司有效监管的保证

估价机构应持续不断的加大对中后台能力的建设。设立分公司的估价机构必须具备强有力的中后台管理运营能力，否则无法起到对分公司的有效监管，比如：具备强大的质控能力，指导和规范分公司的技术质量；强大的运营管理能力，管理和约束分公司的行为；强大的IT能力，以线上标准化操作流程规范分公司行为。

（四）运用先进的管理工具进行有效监管

1. 完善办公自动化系统，实现评估作业全线上流程，确保对分公司的有效监管

估价机构应该实现办公自动化，实现从合同签订、项目登记、询值、报告审核、盖章、归档等评估所有环节的全线上流程操作，通过痕迹管理，可以确保对分公司所有项目的有效监管。这样不仅实现评估作业流程标准化，也避免了线上审核的报告和线下盖章的报告不一致的问题。

2. 项目估值全国共享和评估项目属地化管理

每个城市都有自己的房地产政策和制度，以及某些领域的特殊性，因此房地产地域性非常强。国策评估利用办公自动化实现项目估值全国共享，杜绝各地分公司因为不了解其他城市房地产价格，而出具存在风险的评估报告。此外从估价机构监管角度，异地项目的评估测算必须由所在地分公司承担，必须以项目所在地分公司的估值为准，以降低可能存在的风险

隐患。

3. 在线查勘等科技软件的运用

在线查勘软件可以让查勘标准化，避免查勘遗漏或错误。在线查勘软件一般都按照最严格的查勘流程来设定，每一个点都需要操作，能确保查勘程序的正确履行：比如到了查勘现场需要定位，照片需要上传到对应的派单项目地址中，拍照的照片需要上传到与拍照相对应的位置（比如门牌号上传到门牌号的位置）。在线查勘软件是可以实时沟通的，如果遇到特殊项目，还可以随时通过查勘软件标注问题，比如违建、拆改等。采用查勘软件可以使分公司查勘标准化，也更容易起到监管的作用。

（五）良好的企业文化建设可以促进对分公司有效监管

企业文化核心三要素"企业使命、企业愿景、核心价值观"规定了企业的价值取向，使得员工形成共同的价值观和目标，增强企业的向心力和凝聚力。估价机构应该有自己良好的、正确的价值观，形成团队的凝聚力和行事准则。估价机构通过传播企业文化，招募认同机构企业文化的分公司成员，从而顺其自然起到促进监管分公司的作用。

（六）估价机构对于分公司管理团队的严格甄选

分公司管理团队是分公司的核心，也是估价机构各项指令的具体执行者。优秀的分公司管理团队能够正确履行分公司职责，并积极配合总公司的监管。估价机构对于分公司管理团队的严格甄选可以提高监管效率和监管质量。

（七）估价机构应该与分公司所在的地方协会建立沟通渠道，双方携手提高监管力度

估价机构设立分公司，就希望分公司规范经营，不要给总公司造成负面影响。估价机构可以通过与地方协会建立沟通渠道，定期向地方协会了解分公司的动态：比如被协会抽查的报告质量情况，是否存在恶意竞争影响地方市场，分公司各项运营是否符合地方协会要求，是否被投诉等。估价机构通过与地方协会的沟通，还可以了解主管部门、地方协会对于分公司的管理要求，有利于提供对分公司的有效监管。因此估价机构应当携手地方协会，促进对于分公司的有效监管（图2）。

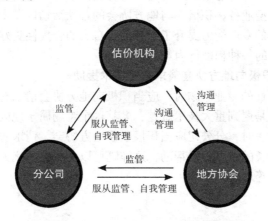

图2　估价机构、分公司、地方协会联系示意图

三、分公司应从被动监管到主动自我监管的转变

估价机构对分公司的监管与分公司自我管理是对立统一的。对分公司而言监管是被动

的，总公司是监管方，分公司是被监管方。但是估价机构和分公司是一个互相依存的有机整体，估价机构为分公司提供资质、品牌、综合实力、新产品研发等保障因素，分公司为估价机构拓展业绩、宣传品牌、建立地方客户关系。分公司的一些行为也可能会造成估价机构声誉受影响，甚至资质不保、品牌价值归零的情况。因此估价机构必须有完善的监管机制对所设立的分公司进行监管，而分公司也必须配合监管，同时分公司应该建立自己的管理机制，促进估价机构与分公司良性运转、相互促进、共同提高。

（一）分公司应积极接受总公司监管

分公司在一线作战，需要完成总公司的一系列绩效指标要求，包括年度业绩指标、人均产出指标、利润指标等。除此之外，分公司直接接触客户需求，还承受着一些客户不合理需求的压力。在面临内外双重压力的情况下，分公司需要保持头脑清醒，各个部门各司其职、双线汇报，按照总公司的监管要求开展业务，否则就容易出风险事故。

（二）分公司应积极与地方协会配合，接受地方协会的指导和管理要求

分公司开始执业之前必须到地方协会进行备案，接受地方协会的指导和管理，与地方协会保持密切的沟通，配合地方协会对分公司的报告抽查、评审、档案检查、年度评价等。在各项指标都符合甚至高于地方协会要求的情况下，那么该分公司的自我管理相对是比较成功的。

（三）分公司应与地方同行的保持密切交流和积极沟通

估价机构到一个新的城市设立分公司、开展业务，必须跟地方同行保持沟通，了解所在地的特殊政策、估价要求和客户习惯，积极融入地方估价行业当中，避免因为水土不服或是不了解地方特点而产生风险事故。

（四）分公司专业能力建设是主动自我监管的重要体现

专业建设是非常重要的。大多数估价机构都不停地做专业方向的提升，但分公司往往会忽略掉。其实分公司的运营和一个地方估价机构基本相同，也是需要做自我提升和专业建设的。分公司应该通过内部专业培训、与地方同行交流学习，与所在地高等院校进行校企共建，不停总结和研发新型业务，积极参与地方协会的各项活动以及中房学的活动，积极争取各种荣誉称号。分公司的专业能力提升了，会使得自身的合规性更好，就会规避很多风险业务，这是主动自我监管的一种积极行为。

（五）分公司应当积极向地方协会请求有偿技术援助

当分公司碰到地区性的专业难题时，应当积极向地方协会请求有偿技术援助。当分公司刚成立技术力量不足或是遇到重大技术难题，尤其这个难题属于地区性特殊问题，而总公司无法给出恰当的解决办法时，分公司应当积极联系地方协会，请求协会有偿的技术援助，由协会组织具有该方面专长的专家提供帮助，这样既可以避免业务流失也可以避免因技术问题导致出现报告质量瑕疵等风险事故。

四、结语

有些估价机构为了扩大市场份额，开始在全国设立分公司承揽业务，这种趋势越发明显。但是部分估价机构自身公司治理结构不完善，缺乏成熟的管理经验，对于分公司是无暇监管甚至无能力监管，除了提供资质以外，无法提供其他支持，任由分公司"自由生长"。更有甚者，有些估价机构仅仅收取一点点的固定金额的管理费用，没有任何监管措施，这是

非常的可怕的。估价机构设立分公司应当慎而又慎，不能图"一时之快"，应充分了解分公司与总公司的"双刃剑"关系，严格对设立的分公司进行有效监管。同时，作为分公司，也应该且必须积极配合估价机构的监管、地方协会的监管、地方主管部门的监管，并做好自我管理。笔者呼吁，从行业健康发展的角度，从估价机构对自身负责、对分公司负责的角度，估价机构应该加大对分公司的监管力度，协会和地方主管部门也应该对设立分公司的估价机构如何对分公司进行有效监管提出明确要求和指导，最终估价机构、分公司、地方协会、主管部门应形成合力进行有效监管，规范和监管估价机构分公司设立，促进估价行业健康长效发展。

作者联系方式

姓　　名：阮宗斌
单　　位：深圳市国策房地产土地资产评估有限公司
地　　址：天津市南开区环球置地广场 2402 室
邮　　箱：ruanzongde@126.com
注册号：1220030010

姓　　名：骆晓红
单　　位：深圳市国策房地产土地资产评估有限公司
地　　址：深圳市福田区新闻路 59 号深茂商业中心 16 层
邮　　箱：1532885286@qq.com
注册号：4420040096

姓　　名：张　悦
单　　位：天津市房地产估价师协会
地　　址：天津市南开区云际道立达公寓 F 座 7 门 2302 室
邮　　箱：12896619@qq.com
执业资格证书编号：0027173

估价机构如何对分支机构实施有效监管

辛照东　吴　芳　鲍俊杰

摘　要：根据中国房地产估价行业管理信息平台统计，全国现有一级机构的分支机构1017家。一级房地产估价机构通过在注册地之外的地区设置分支机构，一方面扩展了自身的经营区域，另一方面也通过技术和管理输出，提升了不发达地区的房地产估价的技术水平，带来了先进的管理经验和理念。但是，不可回避的是，个别分支机构的逃避监管、低价竞争、出具虚假报告，给当地经营生态甚至全行业带来了负面影响，同时也给估价机构带来了管理难题。本文以北京为例分析分支机构经营情况，力图找出有效监管的破局之举。

关键词：分支机构；绩效考核；直营；变革创新

一、分支机构情况概述

（一）全国分支机构情况

根据中国房地产估价行业管理信息平台统计，全国现有一级机构的分支机构1017家，平均每个省自治区直辖市的分支机构为32家。目前来看，集团公司和分支机构主要有以下几种方式：高度一体化管理模式、加盟连锁型模式、共享品牌型模式。

通过比较各个区域分支机构数量特点发现，长三角和珠三角经济较为发达的地区设立分支机构的也比较多，如江苏省57家，浙江分支机构118家，上海市16家，广东省备案分支机构有105家，福建省74家。环渤海和京津冀区域反而比较少，如山东省7家，天津市17家，北京市9家，河北省3家，辽宁省2家。

通过行业管理信息平台查询，分支机构中注册估价师人数最多为15人，注册人数最少为1人，少于机构管理办法3人的规定。

关于在本省及外省设立分公司，其中广东省一级估价机构设立的分支机构最多，共有167家（其中深圳市116家），江苏省76家，浙江48家，北京60家。

（二）北京市分支机构情况

1. 数量情况

目前外地一级机构共在北京设立了9家分支机构，其中8家来自深圳，1家来自厦门。

北京的一级机构共在全国开设了60家分公司。其中博文14家，仁达12家，中兴华咨7家，中建银6家。

北京共有6家一级机构在天津设立了分公司，5家在浙江和上海设立了分公司，4家在广东设立了分公司。

2. 执业人员情况

人员情况，根据北京估价师协会 2019～2022 年报统计，外地在京分支机构总人数及专职估价师人员情况（图 1）如下：

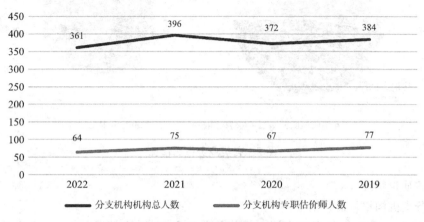

图 1　近四年分支机构人员数量变动情况

近几年北京市估价行业人员整体数量呈下降趋势，专职估价师也相应减少，但分支机构人员及专职估价师情况较为稳定，分支机构估价师平均数量为 8 名，最多 15 名，最少 3 名。

3. 经营情况

根据北京估价师协会 2019～2022 年报统计，外地在京分支机构主要业务类型以房地产抵押项目以及二手房抵押和转让项目为主，个别机构也会承接房地产课税、房地产转让及其他（如房地产咨询类、企业合资等）项目。具体业务涉及机构数量情况（表 1）如下：

分支机构业务类型统计　　表 1

业务类型/年份	2022 机构数	2021 机构数	2020 机构数	2019 机构数
房地产抵押	5	5	5	5
二手房转让和抵押	5	5	4	3
房地产课税	1	1	1	1
房地产转让	0	1	1	0
其他	3	0	2	1

各类业务数量占比情况（以 2022 年为例）2022 年在京分支机构共完成房地产抵押项目 8057 宗、二手房转让和抵押项目 8922 宗，房地产课税项目 1 宗、其他类项目 62 宗，各类项目占比（图 2）如下。

房地产抵押项目以及二手房抵押和转让项目占全北京市同类项目建筑面积的比重（以 2022 年为例）：

2022 年分支机构完成的房地产抵押项目建筑面积共约 2234.9 万平方米，占全市同类型项目建筑面积数的 7.1%，二手房转让和抵押类项目建筑面积共约 109.7 万平方米，占全市同类型项目建筑面积数的 1.9%。

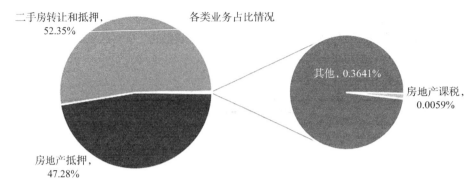

图 2　各类业务占比情况

4.报告质量情况

在京分支机构报告抽查情况：

根据 2020~2023 年北京估价师协会对房地产报告的抽查结果分析，在京分支机构抽查数量及各分数段具体情况（表 2）如下：

分支机构各年抽查报告数及所在分数段统计表　　表 2

年份	2020	2021	2022	2023 第一次
抽查数量	5	6	6	5
60~69	0	2	0	1
70~79	4	3	5	4
80~89	1	1	1	0

2020、2021 年和 2022 年分别有 4 家、3 家和 3 家分支机构出具无业绩证明，其中 2 家分支机构已经连续 4 年无业绩。

分支机构报告分数波动不大，主要集中在 70~79 的区间内，无不及格报告但也缺少优秀报告。

与其他级别机构对比情况（以 2023 年第一次为例，图 3）分析：

根据 2023 年报告打分结果，并结合往年打分情况分析，分支机构报告质量水平整体略低于一级机构，与二级机构质量水平较为接近。此外，受每年采样数量有限的影响，一、二级机构既有优秀报告也会出现低分报告，而分支机构的报告分数则更加稳定。

鉴于分支机构所在总公司在当地都属于一级机构，因此分支机构还需进一步提升报告质量，争取达到作为一级机构的报告水平。

二、分支机构面临的问题

（一）分支机构与所在地估价机构的不良竞争问题

企业设立分支机构的目的，有扩大影响力，占有更多市场份额的目的，但最直接的目的是盈利。这就意味着集团公司（总公司）对于分支机构最重要的一项考核内容就是绩效考

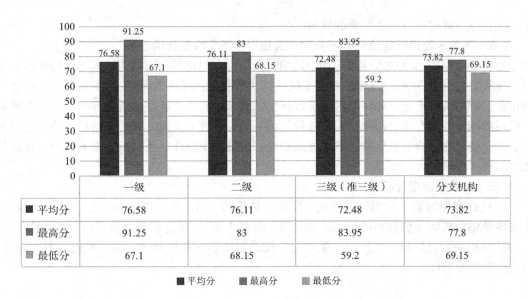

图 3　2023 年第一次报告打分情况表

核。对于企业来说，提高绩效一方面是扩大经营收入、提高单位时间产出增效，另一方面就是降低生产成本。扩大经营收入意味着分支机构要打入当地市场，尽可能多参加当地项目的投标入围，服务报价往往是最直接的"武器"。而降低成本往往意味着用最短的时间完成最多的任务，或者用相对较低的人力和办公成本。因此在一个地区的市场当中，可能在有新设立分支机构的时候，行业协会和业务主管部门常能收到会员机构对于分支机构低价竞争和不当市场行为的举报。这对于集团公司长期经营有一定的风险。最严重的是破坏行业生态，导致某些业务陷入"低价竞争和低质报告"的恶性循环里。

（二）分支机构的报告质量监管问题

集团企业设立分支机构，如何建立有效的报告质量监管机制是一个难题。通过查阅监管系统，近 5 年在综合排名及房地产估价业务排名当中，前 10 名除了 1 家公司，几乎都是集团化公司，在全国均设立了分支机构。排名第一的机构在全国设立 21 家分支机构。这就意味大量的报告都是由分支机构出具，如何监管是个难题。

通过北京市近几年房地产估价报告质量抽查的结果来看，在京分支机构的报告多以抵押评估为主，绝大多数报告分值在 70～79 分之间，80 分以上的报告只有 1 份，有一定数量的 60 分报告。虽然这些报告的估值大多没有问题，可是看得出来部分分支机构并没有把报告质量作为企业坚守的底线。2023 年在京分支机构报告平均得分为 73.82 分，而北京市二级机构的平均得分为 76.11 分。2019 年北京市住房和城乡建设委员会曾经对得分低于 70 分的评估机构负责人进行约谈，其中就有几家分支机构。

（三）政策层面缺少对分支机构的有效监管

《房地产估价机构管理办法》针对分支机构设立有规定，而缺少延续或者保持方面的业绩要求，导致一些分支机构即便多年没有业绩也不撤销注册。与其他级别的房地产估价机构相比，缺少公平性。如通过抽查北京房地产估价机构出具的报告，有两家分支机构至少 3 年没有评估业务。对于企业来说，设立分支机构目的就是盈利，而设立了多年，集团公司对分支机构不管不问。同样，分支机构也不能给集团公司带来收益。行业管理部门受政策原因，也无法对分支机构进行行之有效的管理。

（四）不加入当地行业协会，不参加业务培训，不了解最新的政策

尽管一级机构已经加入注册地和全国的行业协会，但是其分支机构加入当地行业协会始终不重视。以北京为例，仍有个别分支机构因为各种原因未能加入行业协会。2023年北京市出台了针对国有土地上非住宅房屋征收评估、北京市共有产权住房价格评估、房屋重置成新价系数调整、国有建设用地使用权地价评估等一系列政策文件，对于拓展机构业务是有力的技术支持，北京协会也分两次请行业编写专家进行集中授课。通过梳理报名情况，在京分支机构参加培训的人数寥寥。

（五）出具虚假报告问题

通过查询中国裁判文书网，搜索"房地产估价师"相关的刑事案由有近140案子相关，主要涉及估价机构及估价师的是"提供虚假证明文件罪"。而这些项目通常是"案中案"，既因为其他相关人员诈骗、贪污罪、受贿罪、玩忽职守罪或者其他刑事案件牵连出来。说明，具有一定的隐蔽性。

三、行业借鉴

（一）厦门行业协会管理经验

厦门市房地产中介行业协会建立了合规备案估价报告核验系统。通过给评估报告赋码，一方面杜绝虚假估价报告，另外一方面，建立报告备案制度。要求评估机构提交正式报告，应该有条形码方为有效报告。

（二）相关行业评估管理经验

《资产评估行业财政监督管理办法》（中华人民共和国财政部令第86号）对分支机构的管理有明确的要求。

（1）实行集团化发展的资产评估机构，应当在质量控制、内部管理、客户服务、企业形象、信息化等方面，对设立的分支机构实行统一管理，或者对集团成员实行统一政策。分支机构应当在资产评估机构授权范围内，依法从事资产评估业务，并以资产评估机构的名义出具资产评估报告（第二十条）。这说明，集团企业是分支机构的第一责任人，不管是联营制、加盟制或一体化管理，都应该尽到管理的义务。分支机构也不得以分支机构的名义出具报告，逃避监管。

（2）资产评估机构和分支机构加入资产评估协会，平等享有章程规定的权利，履行章程规定的义务。资产评估机构和分支机构应当在每年3月31日之前，分别向所加入的资产评估协会报送企业基本情况、项目清单和购买责任保险的情况（第二十一条、第二十二条）。这是对《资产评估法》，行业协会对分支机构自律管理的进一步明确，有利于更好实施自律管理，降低风险。

四、建议

（一）加强集团企业内部治理

通过设立分支机构，房地产估价机构做大做强，是一条有效的方式。但是这个方式也会伴随一定的问题和风险。这就要求企业内部不断加强内控体系建设，提升治理能力，防范化解风险，实现高质量发展。设立专门的机构和人员，对分支机构的内部管理、客户服务、作业流程和风险防范及化解有一整套的运行机制。

（二）探索人才培养及人才激励机制

大部分的分支机构建立初期，都是招聘当地的房地产估价师，以节约时间和人力成本。往往忽视当地人才培养的问题。其实这两年的经济形势，有利于评估行业从社会上招聘优秀的毕业生，在用工成本不太高的情况下，尽快建立人才储备，聚才，育才。探索人才激励，更好地留住人才。

（三）优化考核内容

长久以来，集团企业内部考核都是以绩效（KPI）考核为主，这在行业发展起步期及高峰期当然无可厚非。但是目前整个房地产行业下行趋势渐渐明晰，大环境已经改变的前提下，仍旧采用原有的考核方式，只会给企业自身及行业带来毁灭性的打击。如各地的金融抵押业务低价竞争，也是从一个城市蔓延到另一个城市，逐步扩展到全国。因此，针对有意做大做强的企业负责人，要有长久的眼光，行业不存在了，何谈做大做强。

（四）实现数字化转型

数字化是大趋势，必将从生产生活的某一方面逐步扩展到方方面面。通过数字化，北京市已经实现了不动产登记"只跑一趟"和"一窗式办理"。针对评估机构，尤其是分支机构众多的集团企业，如果不引用数字化，势必评估效率大大低于竞争对手，同时对于评估数据的合理性和准确性也缺少了支撑。

参考文献：

[1] 潘明霞.商业银行分支机构监管要求遵循的效能提升研究[J].黑龙江金融，2023（9）：68-71.

[2] 高雅茹.企业会计内部控制中的常见问题及应对策略[J].商业2.0，2023（21）：98-100.

[3] 周尚仔，于宏.券商频频撤并分支机构 加速推动财富管理向"买方投顾"转型[N].证券日报，2023-11-01（A3）.

作者联系方式

姓　名：辛照东
单　位：中国人民武装警察部队研究院
地　址：北京市朝阳区北苑路76号

姓　名：吴　芳　鲍俊杰
单　位：北京房地产估价师和土地估价师与不动产登记代理人协会
地　址：北京市朝阳区西坝河南路1号金泰大厦2203
邮　箱：17251715@qq.com

房地产估价分支机构存在的问题及强化管理建议

袁瑞英　郝俊英

摘　要：近年来，房地产估价市场竞争愈演愈烈，收费下降的同时想保持和扩大市场份额，大量一级机构设立了分支机构。但是，分支机构经营过程中存在着许多影响机构正常发展的问题，因此，总公司需要审慎选择分支机构的负责人，加强复合型专业人员团队的培养，健全分支机构管理制度，严格把控估价报告质量，通过企业文化助力分支机构的发展，从而成为分支机构的规范且可持续运营的保障。

关键词：房地产估价分支机构；问题；强化管理；建议

一、引言

近几年来，房地产估价市场的竞争是愈演愈烈，收费下降的同时想保持和扩大市场份额，大量一级机构设立了分支机构：截至2023年11月15日在全国房地产估价行业管理信息平台上登记的全国一级机构为1091家，分支机构数量为528家。许多分支机构存在着运营不够规范等问题，本文将在简要分析相关问题的基础上从总公司强化管理的角度提出建议，以期为促进房地产估价分支机构的规范化管理提供可以借鉴的对策。

二、房地产估价分支机构存在的主要问题

（一）负责人的态度

分支机构的负责人为总公司委派或选择，一类分支机构负责人依据总公司的制度上传下达管理日常的运营，以不出错，遵循总公司各项规章制度按部就班工作的为主，该类负责人带领的团队缺少开拓、创新精神，传统业务以外的业务受阻，当承接新型业务时会遇到技术无法支撑的情况，不能满足总公司对分支机构的业绩要求。另一类分支机构的负责人以促成业务为导向，所带领的团队呈现出灵活争取业绩的最大化状态，这样又会增加评估技术风险。

（二）评估专业人员专业知识单一

随着估价行业的发展，包括分支机构在内的多数估价机构承接的业务趋于多样化，机构一般也有多重资质，但大部分评估专业人员所擅长的工作比较单一，即使一人多证也仅擅长一种专业业务的服务，不能满足复合型人才的要求。

（三）内部审核流程简单

一是分支机构估价报告编制完成后直接交由总公司出具，无任何审核记录，流程简单；二是分支机构编制完成报告后由编制报告本人或者同事互相交叉审核，在审核记录单上仅是

以打对钩的方式来完成审核。无论哪种审核对具体估价报告的技术瑕疵、解决办法、选用的方法、参照的标准、业务来源均不详实记录和编制审核单，最终出具报告审核工作的压力转移到总公司。

（四）估价报告撰写和管理质量亟待提高

许多分支机构存在报告写作前的实地查勘人员不是签字估价师的问题，更为严重的是撰写报告时的数据、参数，取值具有较大的随意性，不能切实做到核查验证，对最为核心的估价技术报告不够重视，有的甚至根本没有编制技术报告，在整个工作过程中工作底稿、工作记录、测算数据等内容较少，导致评估价格的科学性缺失。估价报告的管理中则存在着档案凌乱、缺失等问题。

（五）估价报告签章登记不清晰

分支机构出具报告所盖公章一般为总部的实物公章加注册房地产估价师的签名。为了加快出具报告的速度、节约邮寄成本，审核完成后一部分估价报告采用电子签章的形式，直接彩色打印估价报告交付估价委托人，报告签章登记本中登记已盖章出具的报告，不能清晰记录实物章、电子签章具体数量。

三、强化房地产分支机构管理的建议

针对房地产估价分支机构存在的问题，总公司应当在分支机构的负责人选择、专业人员团队的培养、内控制度建设、估价报告质量把控、企业文化助力等方面强化分支机构管理。

（一）审慎选择分支机构负责人

根据《公司法》的相关规定，分公司本身不具备法人主体资格，分公司的相关责任由总公司承担，在符合《房地产估价机构管理办法》的基础上设立分支机构后，分支机构的负责人成了这个团队的核心，若该负责人因自身相关问题，出现过错或给公司造成损失时，总部得不偿失，因此总部在选择和任命分支机构负责人时要慎重，寻找一位有担当、有责任、技术和管理能力均优秀的人才作为分支机构负责人。一经发现该负责人不能予以重任、造成损失、有损公司声誉、违反职业道德情形的，总部将与负责人终止劳动关系，并追究相关的法律责任。总公司在对负责人进行考核时不能一味地以业绩数字作为评判负责人的标准，需要把团队建设、风险把控和相关的指标结合来考核，区别技术负责人、业务负责人的各自优缺点搭建分支机构的平台。

（二）加强复合型人才及团队的培养

现阶段房地产估价机构一般都拥有房地产估价、土地估价、资产评估等多种资质，分支机构承接业务交叉，胜任复合型业务的技术人才显得特别短缺，因此建议分支机构抓紧在此类人才上的储备、培养和布局，提高分支机构专业估价人员的整体素质，总部制定相关的实物奖金奖励、岗位级别提升奖励、福利待遇奖励等方式鼓励分支机构的估价人员考取相关的专业技术资格，多搭建知识共享平台，指导分支机构的团队分享，指导培养技术团队，学习本专业以外的知识。

（三）健全分支机构内控管理制度

第一，对每个分支机构总部委派专人进行管理和对接。第二，总公司应拥有分支机构人事、财务等的绝对管理权，要求分支机构完全遵守和落实总部制定的各项制度、流程、各项业务指标、员工考核制度等。第三，应当要求分支机构在业务接洽阶段分析业务的风险点，在审核阶段严格按照总公司要求在总公司审核人员终审完成后出具正式报告，终审权在总部。第四，应当要求分支机构根据业务需要建立职业风险基金，购买职业责任保险，完善风险防范机制；第五，为了防控和弥补风险造成的损失，分支机构在自有流动资金中适度留存一定比例的保证金或者押金交于总部暂存管理维护正常的机构发展。

（四）严格把控分支机构的估价报告质量

第一，按照《房地产估价规范》估价程序进行质量控制，由总部决定不同估价目的下的评估、不同估值下的评估终审权，要求并监督分支机构按照房地产估价工作程序开展受理委托、明确事项、编制方案、搜集资料、实地查勘、选用方法、出具结果、撰写报告、审核报告、交付成果、保存资料等工作。

第二，由总部制定估价报告模板，分支机构对所有估价报告进行统一编号登记；要求估价报告严格遵守《房地产估价规范》等规范要求，实地查勘现场必须有估价师与估价对象的影像资料，报告中的数据、参数，以委托方提供的资料及调查的数据为依据，遇有资料不全或资料未经核实的，要在估价报告中特别注明，并在报告中予以披露；要求必须编制估价技术报告及并明确相应的测算过程，底稿中应体现参加项目的签字估价师及其他评估专业人员的记录。

第三，估价报告完成后，按要求由两名以上专职注册房地产估价师签字盖章，分支机构估价人员不得以其他房地产估价师的身份在估价报告上签字，无论是实物章还是电子签章，盖章报告页采用专用纸张，总部必要时可增加防伪标识并逐一登记，与评估收费明细做到一致。

第四，估价报告档案按照《房地产估价规范》和《资产评估法》的要求及时整理和保存，估价档案保存期不少于15年，属于法定评估业务的，保存期不少于30年，保存的场地需由总公司认可并进行不定期检查其是否符合保管档案标准。

（五）企业文化助力分支机构发展

企业文化作为一个企业的愿景、价值观念、行为方式等有时起着不可估量的作用，总部应当以制度的形式在本机构和分支机构中开展一系列综合性的体育运动会、集体联欢会、联谊会、爱心公益等活动，使其与分支机构通过除业务技术以外的活动来与总部互动，与总部成为一个整体参与相关活动，在这个过程中总部可以慢慢渗透企业的价值观念，起到真正融合，真正融入大家庭，价值观、认知等与总部一致的基础上开展业务合作，共同助力房地产估价健康发展。

四、结语

房地产估价分支机构为一级机构拓展业务范围和区域奠定了基础，但需要总公司给予严格的管理和各方面的支持，从而成为分支机构的规范且可持续运营的保障。

作者联系方式

姓　　名：袁瑞英

单　　位：山西智渊房地产资产评估规划测绘咨询有限公司

地　　址：山西省太原市晋阳街202号英语周报大厦305室

邮　　箱：249410934@qq.com
注册号：1420030040

姓　　名：郝俊英
单　　位：山西财经大学公共管理学院
地　　址：山西省太原市小店区坞城路 140 号
邮　　箱：120986897@qq.com
注册号：1420030042

协同治理视角下浅谈估价机构对分支机构的监管措施

金艳芳　张丹妮　胡　晓

摘　要：分支机构是企业后进一步扩大经营区域的重要组成部分，通过估价机构的合理管控、有效授权以及监督指导，是总分机构获得长期成功的重要一环。本文从协同治理的视角出发，探讨建立完善的监管体系和实施有效的管理措施，提高分支机构执业质量和服务水平，以期为估价机构实现对分支机构的有效监管提供一定理论指导。

关键词：协同治理；分支机构；有效监管

一、引言

随着社会经济的发展，市场整体呈现增量开发向存量利用转变，估价机构在探索业务转型、机构发展壮大面临着巨大挑战，而分支机构作为估价机构的重要组成部分，其运营和管理也显得越发重要。由于分支机构的地域差异性、业务庞杂性、人员流动性等特点，给估价机构的监管带来了一定的挑战。因此，如何实现估价机构对分支机构的有效监管亟待解决。

二、协同治理与估价机构概述

（一）协同治理的概念引入

协同治理来源于"协同学理论"，这一理论的创始人赫尔曼·哈肯（Herman Haken）认为，协同是系统要素或子系统之间相互作用和配合，在时间、空间和功能上形成一定的自组织结构，从无序走向有序的过程。爱德华·费里曼（Edward Freeman）认为协同治理以解决问题为导向，由利益相关者参与并共同承担责任的实践。[1]在协同治理活动中，一方面构建共同目标，通过文化价值认同，强化利益相关者的协商和沟通，找出彼此认可的目标"最大公约数"，增强协同治理的动力；另一方面建立合规管控、奖励激励制度、成本分摊机制、监督检查等内部控制管理制度，以及营造不同渠道的信息共享和交流沟通机制，减少利益冲突和信息错配等问题；最后是导入创新技术，构建协同治理的管理系统，通过系统集成管理，实现不同频次的信息互通和共享，突破组织之间的壁垒，增强综合竞争力。

（二）分支机构在估价机构中的地位与作用

估价机构通过对分支机构的经营授权形成利益共同体，利益相关者之间存在高度的相关依存关系，构建治理之间的信任关系，协同治理显得更为重要。一方面分支机构借助总部的品牌效应和市场认可度，吸引客户和业务合作伙伴，同时利用地域优势及时了解地方市场动态和政策变化，以此提高估价服务的质量和效率；另一方面，总部通过设立分支机构的方式在更广泛的地域范围开展业务，扩大市场份额，通过不同地方的分支机构信息反馈，总部估价机构也可以结合不同的市场需求进行资源整合和调配。作为利益共同体，以协同治理构建有效的协调机制，提高执行力和市场应对能力。

三、估价机构对分支机构日常监管存在的问题

（一）区域差异考虑不充分，管控力度把握不准

分支机构受当地主管部门的管理，不同地方之间的政策往往存在差异，经济发展水平、房地产市场的发展程度也不一致，估价机构在对分支机构进行管理时，缺少对区域差异化综合考量，导致管控力度失衡，不利于估价机构的整体发展。例如：市场方面，对地方业务需求点把握不准，造成无效市场拓展；技术方面，执业过程中对当地地方政策和房地产市场了解不全面，导致技术结论偏离；制度方面，人事管理制度未充分考虑当地人才市场，薪酬体系与地方经济技术发展水平匹配度不高。

（二）质量控制体系难以落实，技术质量管控不足

结合行业监管要求和企业内部规范管理，估价机构往往从公司管理层面制定相对健全的技术管理制度，但从执行角度，存在总部能够较好执行，分支机构落实"打折"的现象。一是总部疏于对分支机构的管理，将审核权限全权下放，监管不力的情况下易导致分部内部审核把控不严，甚至隐瞒项目风险，引发技术事故。二是总部主导审核权，迫于分部项目压力，易存在对审核把关不严、审核流于形式的问题，甚至不少分支机构在执业过程中是独立承揽业务，并未经过总部的审核直接出具报告。三是分支机构人员执业水平偏低、学习动力不足、风险意识不足，对评估执业潜在的、隐蔽的风险无法有效识别，不能有效按照法定规范和规定动作开展评估，技术成果质量不达标，长期以来不利于分支机构发展。

（三）以经营考核为核心，忽视人员管理问题

分支机构的设立一般是以业务拓展为核心，主要对经营指标进行考核，易忽视人员管理问题。人员管理包括人员的引进、培养、晋升、淘汰等全过程管理，人员管理问题往往突出表现在引进和培养两个环节。一方面，优秀人才多倾向于大型估价机构或者估价机构总部，分支机构人才引进较为困难；另一方面，分支机构人才培养的途径较少、方式单一，培养效果不佳易导致人才流失。当然，分支机构人员晋升空间较小，这些因素一定程度上制约着分支机构的长远发展。

除以上主要问题外，个别分支机构还因未与所属集团保持独立运营，存在经营目标不清晰、业务收入重复计算、备案信息不准确等管理混乱现象。

四、估价机构对分支机构有效监管的几点建议

（一）制度为本——规范内部管理，强化监管效能

随着外部环境发展和市场需求变化，总分公司运营的体制结构形式也从传统的金字塔型结构逐渐演变为扁平化、网络式的结构形式。[2] 从股权控制的角度来看，分支机构可以看作是估价机构百分之百控制的子公司，分支机构依靠经营许可的方式来开展业务，承诺年度经营目标，估价机构通过预算控制和业绩完成情况来进行统筹管理，彼此之间也可以

看作是一种合同契约。估计机构需要明确分支机构的管理职责和运营规范，重点关注风险防范，持续跟进内部管理规范落实情况，确保分支机构与总部战略目标保持一致，降低运营风险。

首先建立系统的分支机构管理制度，包括分支机构的设立、运营、考核、监管等方面，使分支机构能够准确理解和执行估价机构的集权和分权政策，能规范自身独立运营的组织行为，在估价机构的总体领导和监管下，能够有效完成经营任务。通过管理制度明确分支机构应该承担的基本职责和具备的经营管理权限，对组织架构、管理规范、运行制度等进行合理且科学的设计，并根据分支机构运营情况逐步优化完善，使分支机构在估价机构的统一指挥和监管下保持整体运行的一致性，又能在独立经营与管理所必需的人员、财产、物质等方面拥有一定的自主权。

其次建立健全内部控制与风险管理机制。一是估价机构建立统一的信息化系统，定期对分支机构市场开拓、客户管理、招标投标及采购、合同履约等情况进行指导和监督。二是通过领导层风险管控表率、年度各项管理制度的修订，以及财务、市场、技术风险管理等专项培训，充分培养管理层、员工层等不同层级人员的风险管控意识，不断深化分支机构对于内部控制及风险管理的理解，树立科学的风险管理理念。[3] 同时将风险管理贯穿于评估全过程，包括但不限于合同商机管理、技术执业管理、综合职能管理、质量与安全管理等方面。三是建立和完善分级治理结构，充分发挥总部估价机构各部门的职责，保证分支机构与总部业务部门、职能管理等部门之间分工明确、相互监督、相互牵制，从而保证各项管理制度有序实施，做好内部控制。四是对于违规行为或潜在风险及时预防、分类处置，约定评估报告的适用范围规避潜在风险，重大技术问题及时上报，对于严重违规行为或风险事件，估价机构追究相关责任人的责任，并及时向监管部门报告。

（二）技术为要——技术积累沉淀，提高质量效能

技术质量是估价机构的底线，分支机构要在地域范围形成良好的市场口碑和客户基础，提高技术质量显得更为重要。

一是组织核心技术力量落实三级审核，由总分估价机构总经理、首席评估师、核心技术骨干、部门负责人以及外聘技术专家等专业人员组成技术委员会，技术委员会代表估价机构的综合技术力量水平。采取人员"轮岗交流、总分兼职、挂职锻炼"等交流形式为分支机构注入活力，开展老带新、师徒制等技术帮扶活动，通过执业指导、经验分享、风险预判等技术实操指引带领分支机构人员技术进步，从而逐步提升评估报告质量水平。

二是设置内部质量管控红线标准，总部估价机构结合日常审核、技术执业、风险事故暴露的问题及执业要点，分类分级制定管理体系，作为内部质量管控红线标准，以此指导分支机构技术报告质量提升。通过机构内部信息化平台实行评估技术报告三审制度，编制评估业务审核要点并通过信息化手段进行线上审核制度落实，共性审核问题重点指导，逐步提高分支机构技术质量。

三是组织成果抽查或质量管控专题活动，在评估报告存档后，可以组织定期或不定期的成果抽查，对项目人员安排、成果质量、风险程度、项目进度、流程合规性、审核质量、存档情况、客户满意度等进行全面审查，并向分支机构及时披露抽查结果。组织开展技术之星评选、风险警示培训、业务培训会等质量管控专题活动，不断提升技术质量，从事前风险排查、事中风险防控、事后风险处置等业务全流程进行技术质量管理，促进业务提质增效，提升核心竞争力。

(三) 人才为基——健全激励机制，激发人才效能

通过科学的绩效考核、合理的激励措施以及多元化培养，激发分支机构"人才引擎"高效运转的内生动力。

一方面建立科学的绩效考核制度，根据分支机构地域特点、人员构成、工作目标和市场环境等因素制定分支机构的绩效考核制度，明确业务量、客户满意度等考核目标，根据考核目标制定业务完成量、客户反馈满意度等考核标准，同时明确考核周期和奖惩措施，以随机抽查和定期考核相结合的方式对分支机构进行考核，将考核结果与经营设定目标相挂钩，以此评估分支机构的年度任务达成和团队培养情况。针对考核过程中反映出来的问题，采取面谈、专题会议等形式，与分支机构负责人进行沟通和讨论，共同找出问题和解决方案。

另一方面实行合理的奖励和惩罚措施，估价机构建立合理的分支机构激励机制，包括对分支机构的业务提成、奖金、荣誉等方面的激励措施，结合年度目标达成、团队协作培养等情况，激励优秀的分支机构，同时对于业务表现不佳的分支机构进行适当的惩罚，以达到警示和促使其改进的作用，进一步激发分支机构的工作积极性和创新精神，促进分支机构更好地发挥专业技能、服务客户。

再者鼓励员工进步和技术创新，为优秀人才提供发展机会。对于分支机构负责人来说，必须是专职估价师，在评估专业具备过硬的专业能力，同时也需具备优秀的管理经验，切实发挥领头羊作用。同时，估价机构定期对分支机构人员开展多元化培训，结合分支机构人员结构和特点制定培训计划，从专业知识、实操技能、管理能力等方面组织开展内外部培训，在培训过程中强化实践环节，通过系统知识的更新不断强化专业素养，提高分支机构人员的专业素养和职业道德水平。

(四) 文化为魂——加强文化建设，增强凝聚效能

一是分支机构需要保持企业文化的一致性，企业文化常见是指企业内部的价值观念、行为准则以及组织内部的行为模式和工作氛围，良好的企业文化对于分支机构合规管理起到重要的推动和支持作用。通过企业文化的间接影响，员工更容易理解和接受合规管理的要求，自觉地遵守相关规定、规范自己的行为准则。估价机构通过内部纪要学习、员工座谈会等形式积极宣贯企业发展战略，倾听员工心声，培养积极向上的工作氛围和良好的交流沟通机制，引导分支机构树立正确的价值观念和职业道德观念，增强分支机构的凝聚力和向心力。

二是分支机构内部营造良好的文化氛围，强化分支机构领导者的领导力，以榜样的力量带动员工进步，保持公平工作、平等沟通的原则，建立良好的沟通机制，以机构整体发展为终极目标搭建分支机构员工与上级、与总部机构之间畅通的沟通渠道。

三是鼓励分支机构积极承担社会责任，切实参加捐赠、志愿服务、公益活动等形式的活动，提升员工的社会责任感；积极参与行业发声、专业论坛等活动，加强行业交流和合作，引进先进理念和方法并学以致用，逐步提升分支机构在地方的社会形象和品牌势能。

五、小结

总的来说估价机构对分支机构进行有效监管非常必要，在保证估价服务质量、防范潜在风险的基础上，通过协同治理视角的引导，夯实总分一体发展的核心思想，促进分支机构与总部协同发展，提高机构的综合实力和市场竞争力。

参考文献：

[1] 梁宇，郑易平. 我国政府数据协同治理的困境及应对研究[J]. 情报杂志，2021（9）：108-114.

[2] 张玲. 基于组织间关系的总分公司体制下双重控制机制模型的构建[J]. 现代管理科学，2012（12）：49-51.

[3] 刘晓芹. 浅析企业内部控制与风险管理[J]. 经贸实践，2015（11）：272.

作者联系方式

姓　　名：金艳芳　张丹妮　胡　晓

单　　位：永业行土地房地产资产评估有限公司

地　　址：湖北省武汉市武昌区友谊大道303号武车路水岸国际K6-1栋23楼

邮　　箱：630436419@qq.com

注册号：张丹妮（4220170081）；胡　晓（4220110057）

直营估价机构如何对分支机构实施有效监管

隗晶月　杜　康

摘　要：根据中国房地产估价师与房地产经纪人学会（以下简称中房学）房地产估价行业信息库统计，截至2021年12月31日，全国共有房地产估价机构5750家，其中一级房地产估价机构952家，一级房地产估价机构分支机构1062家。由此可见，下设分支机构的估价机构众多，如何对分支机构实施有效监管成为很多一级估价机构需要研究的问题。本文以直营模式下的分支机构为研究对象，从技术管理的角度出发，分析了直营模式下估价机构技术管理的特点，并提出了对其有效监管的措施。

关键词：估价机构；分支机构；监管；措施

随着估价机构规模的扩大和发展，许多一级机构都会设立分支机构来拓展业务范围，提供更好的服务。从分支机构的设立形式上看，分为直营型和加盟型；从对分支机构的管理上，可以细分为营销管理、技术管理、运营管理、财务管理、信息管理等各个方面。因笔者长期在一线从事房地产估价与技术管理工作，且所在机构为一家下设16家直营分支机构的一级房地产估价机构，所以本文仅从技术管理的角度谈谈直营模式下估价机构如何对分支机构实施有效监管。

一、估价机构加强对分支机构监管的必要性

（一）加强对分支机构的监管，可以有效防范估价风险

根据《房地产估价机构管理办法》，分支机构应当以设立该分支机构的房地产估价机构名义承揽估价业务，以设立该分支机构的房地产估价机构的名义出具估价报告，并加盖该房地产估价机构公章。由此可见，分支机构不具备独立的法人资格，分支机构所出的风险事故均由设立该分支机构的估价机构承担。因此加强对分支机构的监管，可以有效防范估价风险。

（二）加强对分支机构的监管，能使估价机构降本增效

估价机构加强对分支机构的监管，必会不断投入精力优化流程和信息化系统，加强绩效考核，通过内部控制为企业运营提供良好的内部环境，从而形成有机的运作体系，实现在规模化经营的同时，进行集约化管理，做到降本增效。

（三）加强对分支机构的监管，能提高估价机构竞争力

一级估价机构设立分支机构的目的就是拓展业务范围，增加市场份额，提高营业收入。加强对分支机构的监管，可以使企业资源得到最大化利用，在控制风险、降本增效的基础上，最终提高估价机构的竞争力。

二、直营模式下估价机构技术管理的特点

（一）直营模式特点

直营，指由公司总部直接投资经营，以一个品牌为主导，在各地投资设立分公司的经营管理模式。与加盟模式相比，其特点如下：

1. 所有权和经营权集中统一于总部

总部及分支机构的营业设施都是由同一个投资者出资置办，经营活动中产生的收益都归投资者所有，包括有形资产、无形资产、经营权和收益权等。

2. 由总部集中领导、统一管理

直营模式下，各分支机构不能有独立资产和法人地位，要在公司统一管理下运营。也就是说，各个分支机构的负责人是由总部直接培养或挑选，再任命到分支机构去，各个分支机构之间的所有经营活动都要在总部规定的制度、框架里施行；总部对各个分支机构的经营、财务、人力资源等拥有直接、系统、全面的控制权，实行统一核算制度，各个分支机构的盈利或亏损是由总部承担的。

因此，在直营模式下，估价机构的技术管理也有其自身的特点。

（二）直营模式下估价机构技术管理特点

1. 管理制度、技术标准、工作流程的统一和标准化

能设立分支机构，且采用直营模式经营的估价机构，一般都是规模较大、实力雄厚的估价机构，有较高的管理水平和经营能力。从技术管理的角度来讲，这些机构的总部一般会建立完善的管理制度，如《技术管理制度》《档案管理制度》《报告审核制度》《查勘制度》《风险管理制度》等，也会制定标准化的报告模板、测算模板及工作流程，通过培训、宣讲、指导、监督、检查等一系列举措保证在各分支机构实施，进而保证产品质量。

2. 产品多元化，通过细分产品，进行精细化管理

目前，根据客户需求的不同，估价机构可提供的产品一般包括个贷、对公、征收、咨询、资产、土规等几个方面。直营机构因规模优势，为提供更好的服务，更专业的产品，通常会针对不同的产品，配备相应的技术团队或设置不同的技术部门，进行精细化管理。这种形式，工作内容比较清晰，分工及职责比较明确，工作流程比较顺畅，工作效率较高，但对技术人员来讲，工作内容相对单一，学习其他技能或全面发展会有一定障碍，公司要想培养复合型、全面型人才，就需要制定一些跨部门协作或根据技术能力晋升之类的制度。

3. 总部与分公司、分公司与分公司之间的联系密切

在直营模式下，因受制度、流程等的约束，总部与分公司之间的沟通会更频繁，分公司向总部寻求帮助的频率也会更高，另因分公司间的发展阶段、团队实力、擅长业务类型不同，各分公司之间的技术交流、案例分享、培训也会更多，联系会更密切。

4. 注重信息化系统建设

在直营模式下，为保证产品质量、提高工作效率、防范估价风险，机构会主动推动信息化系统建设，通过建立办公系统、询价系统、查勘系统、培训系统等，规范工作流程的同时，实现监督管理的功能。

三、直营模式下对分支机构有效监管的措施

（一）完善及更新各项制度，做好监督检查工作

技术管理制度应包括估价程序类、风险控制类、员工成长类等各个方面，并要与时俱进，根据制度的内容，执行的情况，执行的效果进行修改、完善和更新。如估价程序里的现场查勘，在疫情期间，可根据中房学发布的《房地产估价对象远程在线查勘指引（试行）》，修改公司内部制定的《现场查勘制度》，但疫情结束后，就需要再次修改制度，明确不能采取远程在线查勘的方式代替现场查勘。另外要确保制度的执行，就必须进行监督检查。如针对现场查勘，我司专门开发了查勘系统，对查勘要求、查勘照片均作了明确规定，且所有查勘照片都上传系统，总部定期抽查，针对查勘中的一些问题，再做培训，以保证查勘质量和制度的执行。除此之外，对分支机构的现场检查也是必不可少的，总部可以定期派人去分公司，检查各项制度的执行情况，对一些执行不到位的分公司进行整改。

（二）加强对分支机构人员的管理和培训，提高专业人员的技术水平和管理能力

分支机构的人员是分支机构运营和管理的关键，估价机构应通过招聘、培训、激励等方式，吸引和留住优秀的人才。其中培训是专业人员技术能力提升的重要途径，直营机构应采取总部培训和分公司培训相结合，线上和线下相结合的方式进行，总部培训应立足于行业内最新的政策法规、技术标准、新型业务类型、典型案例的分享、公司最新的制度宣讲等；分公司培训可根据自身的情况，从基础培训做起，解决日常工作中遇到的一些具体问题。以我司为例，为了提高培训参与率，保证培训效果，提高培训质量，每次培训均采用线上线下相结合的方式进行，并开发了培训系统进行辅助，通过上报计划、培训实施、打分评价、半年考试等方式进行监督检查，取得了较好效果。

（三）加强与分支机构的沟通与协作，提高工作的协调性和高效性

分支机构作为估价机构的一部分，与总部和其他分支机构之间的沟通和协作非常重要。估价机构可以通过建立沟通平台，定期召开管理会议，合作项目等方式，加强与分支机构之间的沟通和交流，促进信息的流通和共享，提高工作的协调性和高效性。直营机构中，项目合作比较常见，特别是在承接一些全国性大型项目时，有一定优势。但要注意，公司应制定相应的协作制度，按劳分配收益，以促进各分公司之间互相协作的积极性，并保证工作效率和工作质量。

（四）发挥绩效考核作用，为分支机构提供改进和发展的方向

绩效考核是确保分支机构按照估价机构要求进行运营和管理的重要手段。估价机构可以通过绩效考核，对分支机构的工作进行评估，发现问题并及时解决。为发挥绩效考核的作用，其标准的制定一定要有针对性并最好量化。如对分公司培训进行考核，可从培训完成率、培训参与率、考试合格率等几方面进行。另根据专业人员层级的不同，绩效考核的标准应细分为估价助理、估价师、技术经理、技术总监、分公司负责人等。加强对分支机构的监管，就要主抓分公司负责人及技术总监的绩效考核，通过考核结果的反馈和总结，可以为分支机构提供改进和发展的方向。

（五）继续加强信息化建设，防范估价风险

在大数据和人工智能的背景下，信息化建设成为估价机构发展必不可少的助力。目前，很多估价机构都建立了自己的信息化系统，可以实现在线询价，在线作报告，在线查勘，在

线审核，在线培训等多种功能。对直营机构来讲，加强信息化建设，除了满足日常的工作需求外，还可防范估价风险。

1. 继续加强信息化建设，可防范业务风险

根据《资产评估法》第二十条：估价机构不得分别接受利益冲突双方的委托，对同一评估对象进行评估。直营机构因分公司众多，且有一定的品牌效应，很容易出现买卖双方就同一估价对象分别委托不同分公司的情形；另外，对于招标投标项目而言，也很容易出现对同一标的，不同分公司均去投标的情形。针对这些，只有通过加强信息化系统建设，对相同估价项目，或相同招标投标项目进行系统提示，才能化解业务风险。

2. 继续加强信息化建设，可防范技术风险

技术风险来自几个方面：一是价格风险。如对同一估价对象在相近的价值时点，不同技术人员或不同分公司报价不同的情形。加强信息化系统建设，可以对同一估价对象的近期报价进行提示，有效避免该类情况的发生。另外，加强信息化系统建设，特别是公司内部数据系统的建设，还可以直观反映某一估价对象价格的市场走势，提醒技术人员注意房地产市场的变化。二是报告质量风险。随着"双随机、一公开"政策的执行，各级估价协会也加大了对估价报告的抽查力度，为保证报告质量，估价机构也要做好对内部报告的监督检查工作。加强信息化系统建设，可以根据公司内部制定的《报告抽查制度》，随机在系统中抽查报告，并组织评审，便于开展日常的监督管理工作。三是档案管理风险。根据《资产评估法》第二十九条："评估档案的保存期限不少于十五年，属于法定评估业务的，保存期限不少于三十年"。加强信息化系统建设，可以在保存纸质档案的同时，进行电子化存档，并定期备份，既可方便查阅，也可以防范档案丢失的风险。

3. 继续加强信息化建设，可防范资质管理风险

资质管理包括机构资质证书和专业人员资格证书的管理。公司资质和专业人员证书的有效性是机构承接业务的根本，直营机构分公司及专业人员众多，加强信息化建设，可以对估价业绩申报、公司资质续期、专业人员继续教育等进行管理及预警，可防范证书失效的风险。

四、结语

在直营模式下，因各个分支机构的盈利或亏损均由总部承担，所以加强对分支机构的有效监管尤为重要。为确保分支机构的安全、有效运营，在营销、技术、运营、财务、信息等各方面均要进行精细化管理。受制于笔者工作经验的限制，本文仅从技术管理的角度进行了分析，难免失之偏颇，其他方面还需另行研究。

参考文献：

[1] 崔志芳.房地产估价机构面临的风险及有效防范[C]//中国房地产估价师与房地产经纪人学会.2020年中国房地产估价年会论文集.北京：中国城市出版社，2021：608-611.

[2] 邓文斌.浅谈房地产估价机构的内部控制制度建设与风险防范[C]//中国房地产估价师与房地产经纪人学会.2021年中国房地产估价年会论文集.北京：中国城市出版社，2022：795-799.

作者联系方式

姓　名：隗晶月　杜　康
单　位：深圳市国策房地产土地资产评估有限公司
地　址：深圳市福田区新闻路59号深茂商业中心16层
邮　箱：6453457@qq.com；576022951@qq.com
注册号：隗晶月（4220050050）；杜　康（4320000062）

浅议有效监管分支机构的必要措施

俞 鹏　王 婷

摘　要：分支机构是房地产估价机构的重要组成部分之一，分支机构的执业状况的好坏直接影响房地产估价机构的信誉和基础。本文从几个方面分析有效监管分支机构的必要措施，确保其提供的服务质量，规避风险，提升公司的整体形象和声誉。

关键词：分支机构；有效监管

一、前言

分支机构是指公司在其住所以外设立的以公司名义从事经济活动的机构，是不具备独立的法人资格地位的派出机构，与总公司属同一法人实体，其财务、人事等方面受总公司的支配和控制，其民事责任由总公司承担；分支机构必须严格遵守总公司的统一经营管理方针。

房地产估价机构的分支机构在《中华人民共和国资产评估法》中没有明确的规定，《中华人民共和国资产评估法》只明确规定了评估机构的设立条件，要求评估机构应当依法独立、客观、公正开展业务，建立健全质量控制制度，保证评估报告的客观、公正、合理。住房和城乡建设部发布的《房地产估价机构管理办法》中对房地产估价机构设立分支机构作出了比较明确的规定，必须是取得一级资质的房地产估价机构按规定才可以设立分支机构；分支机构应以设立注册分支机构的房地产估价机构的名义上出具估价报告，并加盖房地产估价机构的公章；分支机构名称应当采用"房地产估价机构名称+分支机构所在行政区划名+分公司"的形式；分支机构负责人应当是注册后从事房地产估价工作3年以上并无不良执业记录的专职注册房地产估价师；在分支机构所在地有3名以上专职房地产估价师；有固定的经营服务场所；有健全的估价质量管理、估价档案管理、财务管理等各项内部管理制度等。

对房地产估价机构的分支机构实施有效监管，能够防止不正当的竞争行为，确保房地产估价机构的分支机构在公平的环境下运营，提升服务质量；可以防止估价机构的分支机构制造虚假的估价报告，保护消费者的合法权益；可以防止估价机构的分支机构通过不正当手段操纵房地产市场价格，影响市场稳定；可以推动估价机构的分支机构提高自身的专业能力和服务质量，促进整个房地产估价行业的健康发展；可以及时发现和处理估价机构的分支机构的不良行为，防范金融风险，维护社会经济稳定。因此对房地产估价机构的分支机构实现有效监管至关重要。

二、房地产估价机构实施有效监管的必要措施

（一）制定和完善规章制度

房地产估价机构需要为分支机构制定一套详尽的运营、管理和监管规章制度，并保证这些规章制度的更新和完善。

1. 遵从法律法规、定义分支机构的目标和职能

首先，需要明确分支机构的目标和任务，分支机构的规章制度应符合其所要实现的目标；其次在制定规章制度的过程中，要确保所有的规章制度都符合相关的法律法规要求，特别是房地产估价方面的法律法规。

2. 参考总公司的规章制度制定管理制度、提供必要培训

分支机构的规章制度需要参照总公司的规章制度进行设计，以保持整个公司的一致性和协调性；分支机构的管理制度应包括人事管理、财务管理、业务流程管理、风险控制等，需要根据分支机构的实际情况进行制定；同时针对新制度，应进行相关的培训，确保员工了解和遵守这些制度。

3. 制定操作规程、建立考核制度

制定操作规程是规定分支机构日常操作流程和工作步骤的基础，包括业务操作规程、设备操作规程等；通过设立考核制度，对分支机构的工作效果进行评估，并提供改进的依据。

4. 加强监督和执行

除了制定规章制度外，还需要有严格的监督和执行机制，确保其得到有效的执行，可以设立专门的监督机构或聘请外部审计机构进行审计。

5. 以员工反馈作为改善参考、制定修订机制

公司的运营环境和业务需求会随着时间的推移而发生变化，需要定期对规章制度进行修订，以适应新的变化，员工是制度执行的一线，他们对制度的反馈能为制度的改善提供宝贵的建议。

（二）定期监管和审计

估价机构应定期对分支机构进行监管，设立内部审计机制，通过现场检查、资料审核、业务指导等方式，对分支机构的业务、财务进行定期的审计，以确保其合规运营。

1. 制定定期审计计划、制定审计标准

根据公司的业务和运营情况，制定具体、可操作的审计标准，制定明确的全面的审计政策，包括审计的目的、范围、程序、时间、内容、人员等信息的审计计划，确保定期对分支机构进行监督，并确保所有员工都理解并遵守。

2. 设立专门的审计部门、指定审计人员，执行审计

根据公司规模和业务性质，设立专门的内部审计部门，选择有经验的、能够公正公平执行审计工作的人员，按照审计计划和审计标准，对分支机构进行审计。

3. 明确审计范围、审计方法、定期审计

内部审计应涵盖所有的业务活动，包括财务、运营、人力资源等各个方面，确保各项业务都在规范运行；应使用专业的审计方法，如抽样审计、现场检查、查阅资料等；应定期进行，例如每季度或每年进行一次全面审计；同时，也可以根据需要进行临时审计。

4.审计报告、跟踪改进

审计完成后，编写审计报告，记录审计过程和结果，包括分支机构的运营情况、问题及建议等内容；审计报告应提交给公司的高层管理人员，对审计中发现的问题进行跟踪，确保分支机构根据审计报告的建议进行改进；根据审计结果，不断完善和调整内部控制制度和审计制度，以更好地保护公司的利益。

5.使用管理软件实行内部控制

利用管理软件设立分支机构内部控制体系，如业务管理、财务监控、人事管理等，实时监控分支机构的各项工作，以便在日常工作中及时发现和纠正。

6.定期会议、员工反馈

通过定期的管理会议，了解分支机构的运营情况，鼓励员工提供反馈，以此作为一种监督手段，发现并改进问题。

7.确保独立性、培训和教育

审计人员应保持独立性，避免利益冲突，以确保审计结果的公正和公平；定期对审计人员进行培训和教育，提升他们的专业技能和道德素质。

（三）管理人员的选拔和培养

估价机构需要选拔一支能力强、素质高的管理人员队伍，定期对其进行培训和考核，以保证他们能有效地对分支机构进行监管。

1.制定明确的选拔标准

应明确分支机构管理人员的选拔标准，比如相关行业经验、管理技能、人际交往能力等，确保选出的人选能胜任管理工作；鼓励和倡导内部晋升制度，优先从公司内部选拔有潜力和有成绩的员工担任分支机构的管理职位。

2.设定明确的工作目标、培训和发展

为分支机构的管理人员设定明确、具有挑战性的工作目标，激励他们积极工作，实现公司的战略目标；对新任命的分支机构管理人员进行必要的培训，比如公司文化、业务知识、管理技能等，以帮助他们更好地履行职责，提供持续的职业发展机会和学习资源，让他们能够不断提升自己。

3.建立绩效考核制度和激励机制

通过绩效考核制度，评估管理人员的工作表现和成果，以此为基础进行晋升、奖励或者惩罚；通过各种形式的激励，比如奖金、股权激励等，让管理人员感受到他们的努力被公司看到和认可，提高他们的工作积极性和效率。

4.提供反馈和指导、建立良好的公司文化

定期对管理人员的工作进行评估，提供反馈和指导，帮助他们改进工作中的问题，提升管理效率；建立良好的公司文化吸引和留住优秀的管理人员，提高他们的工作满意度和忠诚度。

（四）强化风险管理

估价机构应建立健全风险管理体系，对分支机构可能存在的各种风险进行识别、评估和控制。

1.制定风险管理政策、定期进行风险评估

首先要制定一套全面的风险管理政策，明确风险的分类、风险的识别和评估方法、风险的控制和应对策略等；其次需要定期对分支机构进行风险评估，识别和评估可能面临的各类风险,并根据评估结果制定相应的控制和应对策略。

2. 建立风险管理体系、提供风险管理培训

在每个分支机构都建立一个完善的风险管理体系,包括风险管理部门、风险管理流程和风险管理工具等;对分支机构的员工进行风险管理的培训,提高他们对风险的认识,使他们能够在日常工作中识别和应对风险;在公司内部建立风险信息的传递机制,确保分支机构能及时了解到公司的风险管理政策和策略,同时也能将自身的风险情况及时反馈给公司。

3. 加强监督和审计、制定应急预案

对分支机构的风险管理工作进行定期的监督和审计,确保风险管理工作的有效性;对可能发生的重大风险,制定应急预案,明确在发生重大风险时的应对流程和措施。

4. 创新风险管理方法、建立激励机制

根据自身的业务特点和环境变化,创新风险管理方法,提高风险管理的效率和效果;建立激励机制,对于风险管理工作做得好的分支机构和员工给予奖励,增强他们的风险管理意识和积极性。

(五)激励和约束机制

估价机构应建立激励和约束机制,对分支机构的表现进行奖惩,以激励其合规运营。

1. 激励机制

包括业绩奖励:对业绩优秀的分支机构给予一定的奖励,如提升业务规模、增加经费支持、提供技术升级等;员工奖励:对在风险管理、业务发展等方面表现突出的员工给予物质或精神上的奖励,如晋升、加薪、表彰等;发展机会:对表现优秀的分支机构提供更多的发展机会,如新的项目、新的业务、新的市场等。

2. 约束机制

包括规章制度:明确规定分支机构的权利和责任,对违反规定的分支机构和员工进行处理;监督审计:定期对分支机构进行业务和风险管理的监督审计,对发现的问题及时提出改正措施;违规惩罚:对违规行为进行相应的惩罚,如罚款、降级、撤职等;绩效考核:对分支机构进行绩效考核,考核结果影响分支机构的奖励和处罚。

(六)信息系统的建设

估价机构需要建设有效的信息系统,以实现对分支机构的实时监控。

1. 需求分析

了解和收集分支机构的业务需求,确定信息系统需要实现的功能,包括了解分支机构的工作流程、数据处理需求、报告需求等;要重视与分支机构的沟通和合作,确保信息系统能真正满足分支机构的需求,帮助其提高工作效率和服务质量。

2. 系统设计开发

根据需求分析的结果,设计信息系统的架构、界面、数据库等。设计时要考虑系统的易用性、可靠性、安全性等因素,进行软件编程和数据库建设,实现信息系统的功能。

3. 系统测试实施和维护

完成系统开发后,进行系统测试,包括单元测试、集成测试、系统测试、性能测试等,确保系统能正常工作,满足需求;通过培训和指导,帮助分支机构的员工学会使用新的信息系统。在实施过程中,要密切关注使用反馈,及时调整和优化系统;要定期进行系统维护,包括系统更新、故障修复、性能优化等,确保系统的稳定运行。

（七）建立有效的沟通机制

估价机构需要建立有效的沟通机制，及时了解和解决分支机构在运营中遇到的问题。

1. 设立明确的沟通目标、制定沟通规则

首先，明确沟通的目的，是解决问题、分享信息、提高效率、增强团队协作的基础；其次制定明确的沟通规则，如沟通的时间、频率、方式、内容等，使得沟通更有秩序和效率。

2. 建立沟通渠道、反馈和改进

建立多元化的沟通渠道，如电话、邮件、视频会议等，确保信息可以快速、准确地传递；通过收集反馈，了解沟通的效果，对沟通机制进行持续的改进。

3. 实施沟通培训、建立开放的沟通文化

通过培训提高员工的沟通能力，使他们更好地理解和使用沟通工具，更有效地传递和接收信息；鼓励员工开放、真诚地沟通，建立信任，增强团队的凝聚力。

三、结语

通过对分支机构的有效监管，可以及时发现并处理潜在的风险，避免因风险积累过大而导致的重大损失；可以确保分支机构的各项业务活动符合法律法规和公司政策，避免出现违规行为；可以对分支机构的业务流程进行优化，提升工作效率；可以确保其提供的服务的质量，提升公司的整体形象和声誉；可以提高分支机构的业务透明度，使得公司的高层管理者和股东能够更好地了解其运营状况；能够保护公司、员工和客户的利益，防止因为管理不善或者欺诈行为造成的损失。总之，采取必要措施有效监管分支机构是至关重要的。

参考文献：

[1] 崔志芳.房地产估价机构面临的风险及有效防范[C]//中国房地产估价师与房地产经纪人学会.2020年中国房地产估价年会论文集.北京：中国城市出版社，2021：608-611.

[2] 邓文斌.浅谈房地产估价机构的内部控制制度建设与风险防范[C]//中国房地产估价师与房地产经纪人学会.2021年中国房地产估价年会论文集.北京：中国城市出版社，2022：795-799.

作者联系方式

姓　　名：俞　鹏　王　婷
单　　位：杭州华正房地产估价咨询有限公司
地　　址：杭州市萧山区北干街道知稼苑 21 幢 14 楼
邮　　箱：xshzzy@163.com
注册号：俞　鹏（3319960037）；王　婷（3320070125）

估价机构如何实施对分支机构的有效监管

马艳杰　蔡庄宝　刘丽佳

摘　要：随着市场经济的发展和市场竞争的加剧，估价机构在资本市场中的地位日益重要。为了更好地服务客户和扩大业务范围，许多估价机构都设立了分支机构。分支机构的设立使得估价机构能够更好地满足客户需求，提高市场占有率，但也带来了一系列问题和挑战，其中最为突出的问题是如何对分支机构实施有效监管。

关键词：估价机构；分支机构；监管；内部控制

一、分支机构的角色和功能

评估行业是一个与金融密切相关的行业，其主要任务是对各类资产进行评估和估值。在估价机构内部，分支机构扮演着重要的角色。分支机构是估价机构在不同地区设立的办事处，其功能主要包括：提供资产评估服务、开展市场调研、开展业务发展和推广等。分支机构在估价机构的整体运作中起到了桥梁和纽带的作用，对于机构的发展和监管都具有重要意义。因此，对于估价机构的分支机构进行有效监管是必不可少的。只有通过有效的监管措施，才能保证分支机构的正常运作和资产评估工作的准确性。

二、当前分支机构监管现状分析

随着评估行业的发展，分支机构的数量不断增加，监管的任务也变得更加复杂。在分支机构众多、地域分散的情况下，人工监管的效率和精准度都无法满足监管的需求。目前的监管状况存在以下一些问题：

（1）监管体系不完善：部分地区的分支机构监管体系尚未完善，缺乏明确的监管政策、规章制度和流程，导致监管的一致性和有效性不足。

（2）监管标准不一致：不同地区的监管机构对分支机构的监管标准存在差异。有些地区的监管标准相对宽松，容易导致分支机构的服务质量参差不齐；而另一些地区的监管标准过于严格，给分支机构带来了较大的压力。

（3）监管力量不足：一些地区的监管机构人员数量不足，难以对所有分支机构展开全面监管和审核。这可能导致一些分支机构存在违规行为或服务质量问题，但却难以及时发现和纠正。

（4）信息共享不畅：监管机构与分支机构之间的信息共享渠道较为狭窄，缺乏实时、全面的信息反馈机制。这使得监管机构难以及时了解分支机构的运营状况和问题，影响监管的准确性和时效性。

(5)监管措施单一:部分地区的监管机构主要采取传统的文件审核、现场检查等手段进行监管,对于数据分析、科技应用等高效监管手段的应用还较为有限,导致监管方式相对单一,难以全面覆盖分支机构的运营情况。

三、如何实施对分支机构监管

(一)设立专门的监察机构或委员会

估价机构应设立专门的监察机构或委员会,负责对分支机构进行监督和管理。这个机构需要具备权威性和专业性,能够制定相关政策、规章制度,并监察分支机构的运营。可以考虑以下几个步骤:

(1)设立监察机构的目的和职责:明确设立监察机构的职责,例如负责监督分支机构的运营情况、监测内部控制体系的有效性、发现和解决运营风险等。

(2)制定监察机构章程:明确其组织结构、成员组成、职权范围和工作程序等。章程应将监察机构与其他机构如董事会、执行委员会等区分开来,确保其独立性和有效性。

(3)选派合适的成员:根据监察机构的职责和需要,选派具备专业知识和经验的成员担任监察机构的成员。这些成员应具备独立思考能力、审慎判断力和道德操守,以确保监察机构的公正性和专业性。

(4)建立监察机构的工作程序:包括定期或不定期对分支机构进行检查、收集和分析相关数据和信息、撰写监察报告等。工作程序应确保对分支机构进行全面而有效的监督。

(5)提供充分的权限和资源:为监察机构提供充分的权限和资源,使其能够顺利履行监督职责。这包括获得必要的数据和信息、与其他部门或机构合作开展调查、向高层管理层提出建议和意见等。

(6)加强监察机构与其他机构的联系和沟通:监察机构应与其他机构如董事会、高层管理层等建立良好的联系和沟通机制,及时汇报监察结果和问题,推动问题的解决和改进措施的落实。

(二)确立分支机构监管标准和流程

监察机构应制定明确的监管标准和流程,包括对分支机构进行评估、审查和监察的具体步骤和标准。这有助于确保所有分支机构按照一致的标准运营,并提供一致的服务质量。以下是一些建议来确立这些标准和流程:

(1)制定监管政策和准则:估价机构可以制定一套统一的监管政策和准则,明确对分支机构的监管要求和期望。这些政策和准则应包括内部控制、风险管理、业务质量、合规性等方面的要求。

(2)确定监管标准:基于监管政策和准则,估价机构应制定具体的监管标准,用于衡量分支机构的表现和合规性。这些标准可以包括业务工作的准确性、数据质量要求、法律法规遵从程度等方面。

(3)设立监管流程和程序:估价机构应制定监管流程和程序,明确监管活动的具体步骤和责任分工。这包括监察、检查等监管手段的使用,以及监管报告的编制、反馈和跟进等环节。

(4)提供监管培训和指导:为了确保分支机构了解和遵守监管标准和流程,估价机构应提供必要的培训和指导。这可以包括培训课程、培训材料、操作手册等,帮助分支机构了解监管要求并有效落实。

（5）建立监管数据收集和分析系统：估价机构可以建立专门的数据收集和分析系统，用于收集分支机构的相关数据和信息，并进行综合分析。这有助于发现潜在风险和问题，并及时采取相应的监管措施。

（6）定期进行监管报告和评估：估价机构应定期编制监管报告，对分支机构的监管情况进行总结和评估。这些报告应涵盖分支机构的运营状况、合规性水平、风险情况等，为监管决策提供依据。

（三）建立信息共享机制

监察机构应与各分支机构建立信息共享机制，包括定期报告、数据交流和现场检查等。这样可以及时获取分支机构的运营状况，发现潜在问题并采取相应措施。

（1）制定信息共享政策：估价机构应制定明确的信息共享政策，包括规定哪些信息需要共享、共享的方式和频率，以及保护客户隐私和机密信息的措施。

（2）建立信息共享平台：估价机构可以建立一个安全可靠的信息共享平台，用于分支机构上传和下载信息。这个平台可以是基于云计算的数据库或内部网络系统。

（3）设计信息共享流程：估价机构应设计和实施信息共享流程，包括信息收集、审核、存储和共享的具体步骤。这些步骤应遵循一致的标准和程序，并确保信息的准确性和完整性。

（4）提供培训和指导：估价机构应针对分支机构的工作人员提供相关培训和指导，使他们了解信息共享政策、平台操作和流程要求。这有助于确保信息共享机制的顺利运行。

（5）加强技术支持和安全防护：估价机构需要提供适当的技术支持和安全防护措施，保护信息共享平台的安全性。这包括定期进行系统维护和更新，以及采取防火墙、数据加密和访问控制等安全措施。

（6）定期审查和改进：估价机构应定期进行信息共享机制的审查和评估，识别潜在的问题和改进机会。根据分支机构的反馈和用户需求，不断优化和完善信息共享流程和平台功能。

（四）强化人员培训和考核

估价机构应通过培训和考核来提高分支机构员工的专业水平和工作能力。定期的培训和考核可以帮助员工不断更新知识和技能，提高业务水平，从而提供更准确和可靠的评估服务。

（1）制定培训计划：估价机构应制定全面的培训计划，包括基础知识培训、专业技能培训和最新行业发展培训等。培训计划应该根据不同岗位和职责的需求进行细分，并设定培训目标和时间表。

（2）提供内部培训：估价机构可以设立内部培训部门或委员会，负责组织和实施培训活动。内部培训可以通过培训课程、研讨会、培训材料等形式来进行，以提升分支机构人员的专业能力和实践经验。

（3）外部培训资源：估价机构可以寻找合适的外部培训资源，如行业协会、专业机构或培训机构，合作进行培训课程或参加培训活动。这样可以拓宽培训内容和渠道，提供更广泛的学习机会。

（4）定期考核与绩效评估：估价机构应建立明确的考核和绩效评估制度，对分支机构人员进行定期评估。考核内容可以包括工作表现、专业能力、知识水平等方面，并根据评估结果进行奖惩和激励措施。

（5）优化知识管理：估价机构可以建立知识管理系统，收集和整理相关的行业知识、案例研究和最佳实践等资源。这样可以为分支机构人员提供便捷的学习和参考资料，促进知识的共享与传递。

（五）设立绩效评估机制

估价机构应建立起合理的绩效评估机制，以激励分支机构员工的积极性，同时对表现不佳的员工进行相应的纠正和培训。

（1）设定明确的目标和指标：估价机构应与分支机构共同设定明确的目标和指标，以便衡量其绩效。这些目标和指标可以包括业务增长、客户满意度、质量控制、效率提升等方面。

（2）界定评估周期和频率：确定评估周期和频率，可以是每季度、半年或年度。这样可以确保及时检查和跟踪分支机构的表现，并针对性地提供改进和辅导。

（3）收集数据和信息：估价机构需要收集相关的数据和信息，从分支机构的绩效指标、业务报告、客户反馈等方面进行评估分析。这可以通过建立统一的数据收集和报告系统来实现。

（4）制定评估标准和权重：根据目标和指标，制定评估标准和权重。不同的指标可能有不同的重要性和影响程度，因此需要给予相应的权重以反映其在整体绩效中的重要性。

（5）进行绩效评估和分析：根据收集到的数据和信息，进行绩效评估和分析。这可以通过标准化的评估工具、绩效评估报告和数据分析方法来实现。评估应该客观、公正，并尽量避免主观判断和偏见。

（6）提供反馈和辅导：基于评估结果，及时向分支机构提供绩效反馈和辅导。识别优点和改进空间，并制定改善计划和行动方案，以帮助分支机构提高绩效并达到设定的目标。

（7）奖惩机制：对于表现优秀的分支机构，估价机构可以给予奖励和激励，例如提供奖金、晋升机会或专业培训等。而对于绩效不佳的分支机构，也需要采取相应的纠正措施，如提供培训支持、重新分配资源或进行更严格的监督和管理。

（六）加强风险管理与合规监测

估价机构应建立完善的风险管理体系，对分支机构可能面临的各类风险进行评估和监测，并制定相应的风险控制策略和措施。同时，加强对分支机构的内部合规监测，包括内部审计、风险评估和合规培训等。

（1）建立明确的风险管理政策：估价机构应制定明确的风险管理政策，明确各级分支机构的风险管理责任和流程，并确保合规性监测与风险管理的一体化。

（2）提供风险管理培训与指导：估价机构应加强对分支机构人员的风险管理培训与指导，使其了解风险识别、评估、监控和控制的方法与工具。同时，还应提供合规监测的相关培训，以确保分支机构人员了解并遵循相关法规和行业准则。

（3）加强风险识别与评估：估价机构应建立系统化的风险识别与评估机制，通过定期的风险评估，识别可能的风险因素和漏洞，并制定相应的风险应对措施。

（4）加强内部控制与合规审核：估价机构应定期开展内部控制和合规审核，对分支机构的风险管理和合规监测进行审查和评估。这可以包括对政策执行情况、数据和信息管理、业务流程、合规性等方面的审核。

（5）建立风险报告与通报机制：估价机构应建立有效的风险报告和通报机制，及时向高层管理人员和分支机构通报重要的风险事件和合规问题。同时，也应确保信息的传递和共享，以便进行风险管理和应对措施的制定。

（6）强化监督与纪律：估价机构应加强对分支机构的监督与纪律，确保分支机构遵守内部规章制度和合规要求。同时，建立违规行为的处理机制，并采取适当的惩罚措施，以维护机构整体风险管理和合规监测的有效性。

四、结语

通过建立明确的规范和准则，加强培训和指导，强化内部控制与合规管理，以及建立监管机制和进行定期检查等措施，估价机构可以对分支机构实施有效监管。这些措施有助于规范分支机构行为、提升风险管理和合规水平，保障机构的可持续发展和客户利益的最大化。

参考文献：
[1] 王辉，李婷. 我国资产评估机构分支机构的监管问题与对策建议 [J]. 经济研究参考，2018.
[2] 刘鹏程，唐晓蕾. 基于现代信息技术的估价机构分支机构监管体系构建 [J]. 经济经纬，2018.
[3] 刘海洋，孙雨青. 资产评估机构跨地区分支机构监管研究 [J]. 金融论坛，2019.

作者联系方式
姓　名：马艳杰　蔡庄宝　刘丽佳
单　位：深圳市国策房地产土地资产评估有限公司
地　址：北京市朝阳区东四环中路 62 号远洋国际中心 D 座 2705、2706 室
邮　箱：370712635@qq.com；648399253@qq.com；769599287@qq.com
注册号：蔡庄宝（1120130045）；刘丽佳（3720130016）

浅议房地产估价分支机构及其风险防范

刘华荣

摘　要：高质量发展背景下，房地产估价机构在分支机构管理中应适应新时代需求，加强风险防范能力，实现机构的可持续发展。本文通过分析分支机构设立的基本条件与设立形式、分支机构与房地产估价机构之间的法律关系，归纳总结了"挂靠"或"承包"形式的分支机构在报告质量、其他经营及追偿等方面存在的风险。在此基础上从重视经营业务范围授权、加强制度建设、强化风险管控措施、加大监督检查力度等方面提出了房地产估价分支机构风险防范措施。

关键词：房地产估价分支机构；风险；防范措施

经过近30年的发展，我国房地产估价行业迅速发展壮大。部分一级资质的房地产估价机构为了做大做强，进一步增强自身的社会影响力和扩大市场占有份额，同时为了解决估价面临的区域性问题，通过设立分支机构不断进行扩张。根据房地产估价行业管理信息平台显示，截至目前全国取得一级评估资质的房地产估价机构约1000家，已备案的分支机构数量约520家。同时，社会上还普遍存在大量未备案却以分公司形式存在的分支机构。在开办分支机构的过程中，因重视度不够、管理不规范等原因，房地产估价机构缺乏有效管控，使得分支机构处于"野蛮"生长状态，进而带来了较大的经营风险。

一、房地产估价分支机构设立的基本要求

（一）分支机构设立的条件

根据《房地产估价机构管理办法》（2013年10月16日住房和城乡建设部令第14号修正）第二十条规定，一级资质房地产估价机构可以设立分支机构，二、三级资质房地产估价机构不得设立分支机构。分支机构应当以设立该分支机构的房地产估价机构的名义出具估价报告，并加盖该房地产估价机构公章。在注册房地产估价师人数方面，要求在分支机构所在地有3名以上专职注册房地产估价师。

2016年12月1日《中华人民共和国资产评估法》实施，该法第十五条规定公司形式的评估机构，应当有8名以上评估师。根据该条规定，主管部门对分支机构的注册房地产估价师人数存在不同理解。有的省份仅要求注册房地产估价师人数3名以上；有的省份要求注册房地产估价师人数8名以上，即为"专八"；有的省份要求注册评估师8名以上，其中注册房地产估价师人数3名以上，即为"混八"。不论哪种情形，分支机构均满足《房地产估价机构管理办法》规定的3名以上注册房地产估价师。

（二）分支机构设立的形式

当前分支机构设立形式主要包括两种，一种是由房地产估价机构直接出资，即通常所说的"直属"或"直营"分支机构；另一种是采取合作形式成立，即通常所说的"挂靠"或"承包"分支机构。

1. "直属"或"直营"形式的分支机构

采用"直属"或"直营"形式的分支机构，其经营费用由估价机构直接支出，分支机构负责人由估价机构直接任命，估价机构对分支机构在人事、财务、管理制度等各方面拥有全方位的管辖权力。分支机构的经营风险由估价机构承担，产生的收益由估价机构获得，分支机构负责人仅拥有少量的经营自主权，此类分支机构类似估价机构的"一个部门"。由于房地产估价机构承担分支机构所有的经营成本和风险，一般情况下分支机构扩展较慢，所以采取"直属"或"直营"形式发展分支机构的相对较少。

2. "挂靠"或"承包"形式的分支机构

采用"挂靠"或"承包"形式的分支机构，分支机构负责人名义上由估价机构任命，实际上由分支机构承包人来确定。其经营费用一般由承包人自行负责，实行自负盈亏，并向房地产估价机构按年度上交管理费用。发生风险时，估价机构先行承担责任，之后通过合同约定向承包人进行追偿。此类分支机构拥有较大的经营自主权，仅在成果质量、税务等方面接受房地产估价机构的监管。因这类分支机构不需要房地产估价机构投入人力、物力和财力，且承包人在当地一般都有一定的社会资源，因此"挂靠"或"承包"形式的分支机构发展比较迅速，当前的分支机构大多属于这种类型。

二、分支机构与房地产估价机构之间的法律关系

《中华人民共和国民法典》第七十四条规定：法人可以依法设立分支机构。法律、行政法规规定分支机构应当登记的，依照其规定。分支机构以自己的名义从事民事活动，产生的民事责任由法人承担；也可以先以该分支机构管理的财产承担，不足以承担的，由法人承担。因此，分支机构与房地产估价机构的法律关系主要表现在以下几个方面：

1. 分支机构从属于房地产估价机构企业法人

分支机构不是独立的企业法人，是房地产估价机构的组成部分。分支机构不能独立承担民事责任，其所产生的民事责任可以先由其管理的财产承担，不足以承担的，最终由房地产估价机构企业法人承担。

2. 分支机构具有一定的独立性

分支机构虽是房地产估价机构企业法人的组成部分，但与房地产估价机构的内设机构不同，分支机构是具有一定独立性的机构。分支机构通常有自己的名称、场所、管理机构和负责人以及从事业务活动所需要的资金和从业人员，建立符合规定的财务制度，领取有独立的营业执照。为便于开展业务活动，一般分支机构以自己的名义从事民事活动。

3. 分支机构在房地产估价机构企业法人的授权下进行民事活动

分支机构的经营业务范围、所开展业务的区域均来自于房地产估价机构的授权。分支机构的经营业务范围不能突破房地产估价机构的经营业务范围，一般在估价机构的经营业务范围内全面授权或选择性授权。分支机构所开展业务的地理区域一般由房地产估价机构通过分支机构成立决议或在工商登记时予以明确，并限定在一定的范围内。

三、分支机构存在的主要风险

"直属"或"直营"形式的分支机构多方面接受房地产估价机构的直接管理,自主经营权限较小,管控相对有效,一般不容易产生风险。而"挂靠"或"承包"形式的分支机构自主权较大,容易产生风险,本部分主要讨论此类分支机构的风险。

(一)估价报告质量风险

多数房地产估价机构对"挂靠"或"承包"形式的分支机构按年采取固定金额或按营业额一定比例收取管理费用。通常年管理费用不高,机构与分支机构承包人之间签订风险追偿协议,所以此类分支机构管理在人力、物力等方面投入相对较少。因此在估价报告质量审核方面,通常会因分支机构报告数量过多而质量审核人员偏少,导致报告审查流于形式。部分分支机构承包人不承担估价师责任,在经营过程中追求利益最大化,采取较高的风险偏好,迎合委托方高评低估,也容易产生质量风险。

(二)其他经营风险

房地产估价机构对分支机构的管理过程中往往忽略超授权业务范围经营、税务、债务、廉政等其他方面的经营风险。当前估价机构经营业务范围众多,除房地产评估外,通常还包括土地评估、资产评估、测绘、社会稳定风险评估等。而有些业务成果并不一定需要加盖估价机构公章,这容易造成分支机构超授权业务范围经营。同时分支机构也容易出现偷税漏税以及成本不实的现象,从而带来税务风险。此外,分支机构对外签订借款、担保等合同,容易产生债务风险。分支机构为承接业务采取回扣、送礼品礼金等形式,易产生廉政风险。

(三)追偿风险

房地产估价机构通常认为与分支机构承包人签订有风险追偿协议,同时缴纳了一定数量的风险保证金,这些风险最终可以由分支机构承包人来承担。但分支机构基本上是轻资产企业,财产有限,最终的民事责任可能还是由房地产估价机构来承担。在进行追偿时通常会因分支机构财产价值不足、风险保证金额不足、承包人转移资产、走逃等各种原因而得不到实现。在实际工作中,也出现了房地产估价机构因为得不到分支机构承包人的追偿而承担相应的经营风险的情形。

四、分支机构风险防范措施

房地产估价机构在设立分支机构时,应优先选择"直属"或"直营"的形式。对"挂靠"或"承包"形式的分支机构,需从以下几个方面做好防范措施:

(一)重视经营业务范围授权

目前普遍存在分支机构经营业务范围直接按估价机构经营业务范围登记,而不是房地产估价机构对经营业务范围进行授权。房地产估价机构应加强分支机构业务范围授权管理。如估价师人数符合房地产估价分支机构设立条件,经营业务范围才可登记有房地产评估;如仅从事测绘业务的,分支机构登记经营业务范围应为测绘。在分支机构设立时,房地产估价机构就应严格授权,一旦发现授权范围与实际经营业务范围不一致,要严惩不贷。

(二)加强相关制度建设

分支机构在印章管理、资质证件管理、招标投标管理、合同管理、财务管理、技术质量管理、资料档案管理、廉政等方面制度建设通常不够全面。完善的制度建设是控制风险非常有效的一种手段，因此房地产估价机构应要求分支机构加强制度建设，并加强制度建设指导，逐步规范分支机构管理。在制度建设过程中，房地产估价机构应要求分支机构制度报批，经审批同意后方可实施。

（三）加大风险管控力度

房地产估价机构对分支机构可在以下方面加大风险管控力度：在报告质量审核方面，严格落实三级审核制度，安排具备足够能力和数量的人员进行审查；在成果出具方面，可在公司网站或采用二维码的形式，给用户提供在线的报告真伪查询服务；在财税方面，可选择由本部统一开具发票并纳税；确需由分支机构开具的，应定期或不定期组织人员对分支机构财务税务情况进行检查，确保分支机构符合财务规范，按章纳税；在职业责任保险或风险保证基金方面，应要求分支机构购买相应的职业责任保险或按营业收入的一定比例提取风险保证基金，如建立风险保证基金的，应存入指定的账户专款专用；在廉政方面，应要求分支机构签订廉政承诺协议并建立廉政账户；在合同和档案管理方面，应要求分支机构档案按年度上报进行备案和存档。

（四）加大监督检查力度

目前分支机构多数缺乏有效监督，或者有些估价机构建立了监督检查制度，但多流于形式，因此需要加大对分支机构监督检查的力度。首先可以对分支机构进行风险评级，划分不同的风险等级。对风险等级较高的，加大监督检查力度，增加检查频次。对风险管控等级较低的，采取不定期的检查方式。对分支机构的检查主要包括规章制度的落实情况、规范执业情况、财务税务合规情况等方面。对于检查不符合要求的，应要求及时进行整改。此外，针对分支机构在经营中出现的违规行为，要建立监督举报渠道，一经核实，要对分支机构进行严厉处罚，同时对举报人进行保护并奖励。

参考文献：

[1] 俞明轩，傅小群. 房地产估价分支机构的设立与管理 [J]. 中国房地产估价师，2005（2）：17-19.
[2] 江敏. 浅谈房地产估价异地执业 [J]. 现代物业，2014（12）：24-25.
[3] 住房和城乡建设部. 住房和城乡建设部关于修改《房地产估价机构管理办法》的决定 [J]. 司法业务文选，2013（40）：9-22.

作者联系方式

姓　名：刘华荣
单　位：江苏苏信房地产评估咨询有限公司
地　址：南京市建邺区江东中路 359 号国睿大厦 20 楼
邮　箱：37549080@qq.com
注册号：3220090095

浅析如何对房地产估价分支机构实施有效监管及发展建议

陈春华

摘　要：房地产估价行业经过30年的不断发展完善，基本形成一个较为公平竞争、开放、监管有力的房地产估价市场。但由于评估机构扩展较快，估价机构内部治理不完善、管理制度不健全等问题，制约了评估机构的后续发展。因此，本文浅析房地产估价机构如何对分支机构有效监管，提升管理能力，防范及化解潜在风险，提出可行性发展建议，对分支机构进行规范化和有效管理。

关键词：发展瓶颈；防范风险；发展建议

一、房地产估价机构分支机构法律特征及定义

根据《中华人民共和国民法典》第七十四条"法人可以依法设立分支机构。法律、行政法规规定分支机构应当登记的，依照其规定。分支机构以自己的名义从事民事活动，产生的民事责任由法人承担；也可以先以该分支机构管理的财产承担，不足以承担的，由法人承担。"

根据《中华人民共和国公司登记管理条例》第四十七条"公司设立分公司的，应当自决定作出之日起30日内向分公司所在地的公司登记机关申请登记；法律、行政法规或者国务院决定规定必须报经有关部门批准的，应当自批准之日起30日内向公司登记机关申请登记。"

分支机构的法律特征：不具有独立的民事主体资格，是总公司下属的直接从事业务经营活动的分支机构或附属机构。可以用自己的名义在公司的营业范围内开展营业活动，其法律后果由总公司负责；分支机构没有自己的章程，没有董事会等形式的公司经营决策和业务执行机关，只设分支机构经理，相当于业务部门负责人；分支机构没有自己独立的财产，其实际占有、使用的财产是总公司财产的一部分，列入总公司的资产负债表中；分支机构的经营收益纳入总公司的收益中，由总公司缴纳企业所得税；分公司的债务由总公司负责清偿并承担无限责任。分公司不是公司，其设立不需要遵循公司设立程序，只要简单的登记和营业手续就可以设立分公司。没有独立的名称，其名称只要在总公司名称后加上分公司字样即可。

因此，分支机构（branch company）是指在业务、资金、人事等方面受总公司管辖而不具有法人资格的分支机构。分支机构在法律上、经济上没有独立性，不具有企业法人资格，仅仅是总公司的附属机构。分公司没有自己的名称、章程，没有自己的财产，并以总公司的资产对分公司的债务承担法律责任。

二、房地产估价机构设立分支机构的意义

（1）分支机构设立比较简单，不需要公司章程、三会一层（股东大会、董事会、监事会和高级管理层）的设计，财务会计制度的要求也比较简单，便于快速开展经营；

（2）由于分支机构不是独立法人，增值税需要在分支机构所在地缴纳，所得税由总公司合并纳税；分支机构的亏损可以冲抵总公司的利润，分支机构的利润并入总公司汇总纳税，可使税收合法节约，减轻总公司的整体税收负担；

（3）分支机构与总公司之间的资产转移，因为不涉及所有权变动，不需要交各种税费；

（4）分支机构与总公司人员的交流比较灵活，不需要重新签订一个劳动合同；

（5）可以相互补充利用总公司和分支机构的资源（包括品牌效应、技术资源、评估人员资源、地方业务资源和基础评估依据资料）。

三、当前房地产估价机构设立分支机构现状及主要矛盾

根据房地产估价行业管理信息平台公布，2022年12月31日之前取得一级的房地产估价机构（以下简称估价机构）共1047家。其中2022年度全国一级综合排名前20名房地产估价机构分支机构大部分均有设立分支机构（均没有设立子公司），设立率达到80%，超过15个（含）分支机构的有9家，超过20个分支机构的有4家（表1）。房地产评估行业呈现强者恒强，热衷收编地方发展困难的小型评估公司，全面改造发展分支机构，做大做强的势头。但事物一般两面性，在快速发展的同时，估价机构内部治理不完善、管理制度不健全等原因，总公司如何平衡做到平稳、安全、高效管理分支机构成了评估机构的管理难题。

评估机构名称　　　　　　　　　　　　　　　　表1

序号	评估机构名称	分支机构
1	国众联资产评估土地房地产估价有限公司	21个
2	深圳市鹏信资产评估土地房地产估价有限公司	28个
3	深圳市世联土地房地产评估有限公司	12个
4	上海城市房地产估价有限公司	无
5	深圳市国策房地产土地资产评估有限公司	15个
6	深圳市戴德梁行土地房地产评估有限公司	16个
7	深圳市同致诚土地房地产估价顾问有限公司	2个
8	深圳市国房土地房地产资产评估咨询有限公司	15个
9	中建银（北京）房地产土地资产评估有限公司	14个
10	北京仁达房地产土地资产评估有限公司	15个
11	中证房地产评估造价集团有限公司	35个
12	建银（浙江）房地产土地资产评估有限公司	6个
13	北京华源龙泰房地产土地资产评估有限公司	无

续表

序号	评估机构名称	分支机构
14	重庆汇丰房地产土地资产评估有限责任公司	1个
15	广东信德资产评估与房地产土地估价有限公司	15个
16	浙江众诚房地产评估事务所有限公司	14个
17	博文房地产评估造价集团有限公司	31个
18	永业行土地房地产资产评估有限公司	6个
19	西安天正房地产资产评估顾问有限公司	无
20	上海百盛房地产估价有限责任公司	无

来源：全国房地产估价行业管理信息平台

四、对估价分支机构有效监管的发展建议

（1）公司决定设立时（设定分支机构时），应严格依据有关法规办理正式登记手续，使其合法合规；撤销分支机构时，根据相关规定，清退相关人员，处理好余下相关事项，清算分支机构账务，杜绝后续法律风险。

（2）分支机构负责人对分公司的整体经营运作起到很关键的作用，选定负责人应德才兼备，具有开拓精神。在任命之前，一定要对其个人征信作一个全面的调查了解。制定相应制约手段，必要时要求其签订违约责任书，明确双方之间的权利义务。

（3）总公司制定分支机构详细财务制度，由总公司授权任命和直接管理分支机构会计人员，使其具独立性。总公司财务部做汇总与财务分析，避免分支机构在财务上发生问题，损及总公司利益。

（4）分支机构若签订对外合同，需按总公司章程和法律规定由总公司股东大会或董事会决议后授权才能签订。

（5）建立信息平台，评估业务申报系统，统一取报告号，上传报告完成申报、审核、备案等一系列工作，实时监控评估业务的进展程度。

（6）总公司建立绩效考核机制，促进分支机构的活力和动力。绩效考核机制是指用于评估和衡量分支机构绩效一系列程序、方法和工具。绩效考核机制包括目标设定、绩效评估标准、绩效评估方法、绩效数据收集、绩效反馈、绩效奖励和激励、绩效改进计划。绩效考核机制的设计和实施需要根据分支机构的特点和目标进行定制，以确保评估的公平性、准确性和有效性。同时，绩效考核机制也应与绩效管理、薪酬管理和人才发展等相关人力资源管理活动相互配合和支持，以实现总公司和分支机构的共同发展和成功。

（7）定期述职报告制度，分支机构负责人每年要向总公司述职，对分支机构当年年度职责履行情况、成效、改进建议等进行汇报，接受总公司的质询，并作出业绩评价。

（8）日常汇报和定期巡查沟通制度，分支机构的工作情况、财务状况等资料要日常汇报，明确分支机构分管人，责任到人。总公司不定期到专管分支机构巡查沟通，发现问题，解决问题。

（9）实行收支两条线管理，设立总公司的收款专户和费用支出专户。对于各分支机构的

评估收费必须全部划到总公司账户上；对于分支机构的日常支出，经总公司批准，由总公司费用专户转账到分支机构账户上。分公司原则上不允许开设个人存款户，因业务需要确实要开，则需经总公司批准，以出纳名义开户，纳入现金管理，账户密码由账务经理掌控。

（10）由于目前评估行业人员流动性较大，应建立分支机构储备干部机制。为实现总公司中长期战略目标，实现公司（评估机构）人才的梯队建设和高素质的团队建设，提升企业竞争力，建立和完善公司人才培养机制，通过制定有效的关键岗位继任者和后备人才甄选计划以及岗位轮换计划、内部兼职计划、在职辅导、在职培训等人才培养与开发计划，合理开发、挖掘、培养储备人才队伍，应制定分支机构储备干部培训及晋升管理办法。

（11）对于承包分支机构应比正常分公司管理要灵活，对分支机构公章使用可稍为灵活，但需承包人按规定交纳承包保证金和使用分支机构公章保证金，并作出书面承诺，若分支机构出现相关问题应承担责任且对总公司作出全部损失经济赔偿。

（12）分支机构所招揽的业务一般以分区片属地管辖为原则，但可以由不同分支机构相互合作，特别网上中介超市的跨区域评估业务。

（13）建立估价报告质量管理机制。由分支机构上报当地各种评估方法所采用技术参数且每年作出相应调整，形成初评测算表，评估价格不能忽高忽低，若高于或低于一定幅度时，系统作出提示预警。总公司总技术负责人应对此质疑并要求分支机构作出合理解释，将评估风险控制在初评阶段。

（14）分支机构在每月规定日期以书面形式向总公司上报分支机构的工作情况，包括所有项目的工作进展情况和财务报表，并将分支机构当月发生的发票原始凭证以快递等形式上报总公司。

（15）总公司明令禁止分支机构不得发生借贷、财务纠纷、第三方担保等经济问题或法律问题。

（16）分支机构之间的评估报告每季交叉相互评审并提出修改意见，应采用评估规程和相关法律法规说明作出修改的依据，而不能以评审估价师个人意见认为如何，做到有依有据，以法理服人。最终由总公司总技术负责人召集联席会议最终确定本公司各种类型的报告模板，以及回馈给各分支机构作出相应整改。

（17）总公司鼓励和支持有能力的现有分支机构作为大区域代理开拓周边城市评估业务和开立新分支机构，总公司以承包方式和三三制方式（总公司、分支机构负责人、技术骨干评估师合作投资分成，风险分散，经营有动力），尽快开拓各地评估业务。

（18）运用现代智慧管理软件 App 有效管控分支机构人员的考勤、外勤、相关工作安排、上传外业照片等。

（19）总公司应重点关注跟踪分支机构涉及的国资、司法、税务等（特殊）评估项目，这些项目影响较大，复杂程度较高。

（20）总公司整理有关涉及评估的法律、法规、规范文件，定期组织分支机构评估人员学习上述文件，加深对相关法律、法规的认识，如何收集评估资料、如何去评，在报告中才能提出相关风险提示，保护评估机构的合法权益，规避法律风险，做好今后的评估工作。

（21）总公司应严格落实分支机构人员的出外人身保险、车辆及第三者保险，建立职业风险互助基金用于购买职业保险及求助金发放（由总公司、分支机构、个人三三制承担）。

（22）总公司应防范分支机构管理人员泄露、出售所持有的公司客户信息或公司经营秘密，获取不正当的利益；分支机构管理人员自营或帮助他人经营与分支机构或总公司相同或类似业务，给总公司造成损失；侵吞分支机构财产和资金。总公司应与分支机构人员签订保密协议及从业守则合同，明确各自的权利责任，对造成总公司利益受损的，应追究当事人的经济和法律责任。

参考文献：

[1] 甘培忠，周淳，周游.企业与公司法学 [M].北京：北京大学出版社，2018：30-38.

[2] 范健，王建文.公司法 [M].北京：法律出版社，2018：12-15.

[3] 刘俊海.现代公司法 [M].北京：法律出版社，2015：17-19.

作者联系方式

姓　　名：陈春华

单　　位：广东卓越土地房地产评估咨询有限公司

地　　址：广州市天河区长福路 219 号 H 栋 4 楼

邮　　箱：hua13071412000@163.com

注册号：4420070173

房地产估价分支机构监管制度研究

刘宇宸　丘　文　刘广收

摘　要：随着房地产估价行业不断发展壮大，越来越多的房地产估价企业在全国各地设立分支机构。然而，分支机构的监管问题也成为阻碍房地产估价行业和房地产估价企业高质量发展的主要问题之一。本文从研究房地产估价企业分支机构监管制度的意义出发，总结了房地产估价分支机构监管存在的问题，提出了如何对房地产估价分支机构实施有效监管的一些措施。

关键词：估价企业；分支机构；监管制度；高质量发展

一、研究房地产估价分支机构监管制度的意义

（一）是全面建设社会主义现代化国家的需要

党的二十大报告指出，"高质量发展是全面建设社会主义现代化国家的首要任务"。经过20多年的不断发展，房地产估价已经发展成为服务于各个领域、各个行业的专业服务。作为中介服务行业的一个重要分支，房地产估价行业在社会经济发展过程中扮演着重要的角色，是全面建设社会主义现代化国家不可缺少的一部分。研究房地产估价企业分支机构监管制度，引导房地产估价企业对分支机构实施有效监管，推动房地产估价企业高质量发展，有助于维护社会主义市场经济秩序，保障市场经济的良性运行，促进市场资源的优化配置，是全面建设社会主义现代化国家的需要。

（二）是实现房地产估价行业高质量发展的需要

房地产估价行业的高质量发展，离不开对房地产估价企业分支机构的监管。根据《房地产估价机构管理办法》，一级资质房地产估价机构可以设立分支机构，二、三级资质房地产估价机构不得设立分支机构。可见，有分支机构监管需求的主要是一级资质房地产估价机构。根据中国房地产估价师协会的数据显示，当前备案的一级资质房地产估价机构及分支机构数量已占到了全部备案机构数量的三分之一。一级资质房地产估价机构不仅在数量上占有相当的份额，而且在重要程度上，还具备承接公司上市、企业清算等二、三级资质机构所不能承接的、对社会经济有重大影响的房地产估价业务。因此，研究房地产估价企业分支机构监管制度，加强一级资质房地产估价企业对分支机构的监管，提高一级资质房地产估价企业的整体质量水平，是实现房地产估价行业高质量发展的需要。

（三）是房地产估价企业发展壮大的需要

虽然从法律上来说，分支机构不具备独立的法人资格，需要以设立分支机构的房地产估价企业名义承揽估价业务，但是分支机构对房地产估价企业的发展壮大却有着重大的意义。一方面，分支机构有助于房地产估价企业拓展估价业务范围，增加企业收入来源，实现企业

资源优化配置，降低企业经营风险。另一方面，分支机构有助于房地产估价企业更好地为当地客户提供估价服务，提高客户满意度和企业知名度，增强企业品牌影响力，巩固企业市场地位。然而，分支机构不具备法人资格，其民事责任由设立分支机构的房地产估价企业承担，这意味着房地产估价企业一旦设立分支机构，就必然绕不开对分支机构的监管问题。因此，研究房地产估价企业分支机构监管制度，提高房地产估价企业管理水平，是房地产估价企业发展壮大的需要。

二、房地产估价分支机构监管存在的问题

（一）忽视对分支机构业务上的监管

很多房地产估价企业通过设立分支机构，积极扩大业务来源，却忽视了对分支机构业务上的监管。在实践中，分支机构业务人员与委托人洽谈妥当后，以房地产估价企业的名义与委托人订立委托合同，自此双方的合同关系正式确立。然而，有时候分支机构的业务人员可能会以房地产估价企业的名义签订一些问题合同，例如：超出公司能力范围的合同。问题合同签订后，为了避免违约赔偿以及影响客户关系，很多房地产估价企业会选择硬接这些问题业务，继而引发后续的一系列问题，给房地产估价企业带来很大风险。

（二）财务对接制度不健全

为了更快地进入当地市场，充分地利用当地人脉资源，房地产估价企业经常会选择与当地的合作伙伴共同开设分支机构。在这种商业合作模式下，房地产估价企业与合作伙伴之间往往存在利益分配问题。在实践中，经常会出现一些总公司与分支机构推诿扯皮的情况，例如在人员的借用上互相推脱，在工作的安排上互相扯皮。这些问题的出现，会导致房地产估价企业办公效率低下，项目进展缓慢，严重者甚至可能导致合伙关系破裂。而这些问题的根源，往往在于财务对接制度上的不健全，利益分配上的不合理。

（三）估价人员素质参差不齐

房地产估价是一项专业的技术判断活动，从事房地产估价的人员通常需要具备一定的专业知识和专业技能。房地产估价企业的分支机构通常分布在全国各地，为了更好地适应当地市场需求，节约人力资源成本，分支机构的估价人员往往来源于当地人力资源市场。然而由于各地社会经济发展水平、教育水平等方面存在较大差异，分支机构估价人员的素质往往参差不齐，很多分支机构估价人员的素质达不到总公司的基本要求。伴随着估价人员素质低下而来的是分支机构的报告质量水平不高，报告问题频出，无形中加大了房地产估价企业的经营风险，给房地产估价企业带来很大的隐患。

（四）缺乏统一的审核标准和报告模板

虽然《房地产估价规范》对房地产估价报告的格式和内容都作了相应的要求，但是在实践中不同的房地产估价企业都有自己的审核标准和报告模板。一般而言，大型房地产估价企业审核标准相对于小型房地产估价企业更为严格，报告模板也更为规范。然而一些大型房地产估价企业在扩张的过程中，为了快速抢占市场，降低了对分支机构报告的审核要求，再加上不少分支机构的估价人员来自于当地的小型房地产估价企业，他们往往习惯于用原公司的报告模板，从而导致分支机构出现了多种报告模板。相较于总公司报告模板而言，这些报告模板往往较为简易，漏洞较多，问题频出。这种采用不同审核标准、不同报告模板的做法从短期看快速占领了市场，但从长期看损害了房地产估价企业的信誉，不利于房地产估价企业

的长期发展。

三、如何对房地产估价分支机构实施有效监管

（一）建立分支机构合同审批制度

问题合同出现的原因，主要在于一些房地产估价企业忽视了对分支机构业务上的监管，放松了对分支机构合同的审批。为避免问题合同的出现，房地产估价企业可以建立分支机构合同审批制度，由专人负责分支机构合同的对接和审批。实践中，不同的房地产估价企业可以结合自身情况，合理设置分支机构合同审批制度，例如可以设置技术审批、法律审批、总经理审批三级审批流程，分别从技术、法律、总体，对分支机构合同进行管控；也可以设置单级审批，由兼具房地产估价知识和法律知识的人负责审批分支机构合同。

（二）建立健全财务对接制度

在实践中，房地产估价企业避免不了在财务上与分支机构发生联系，为了避免双方因利益分配问题发生纠纷，就需要建立一个健全的财务对接制度。一个健全的财务对接制度，有助于协调总公司与分支机构之间的利益关系，充分调动双方的积极性和能动性，充分发挥企业的资源整合优势，企业整体的运行效率，促进总公司与分支机构的共同发展。建立健全的财务对接制度，首先要全面梳理总公司与分支机构之间的各项财务关系，其次针对各种可能的财务关系明确给出处理方式，最后将各项财务关系及处理方式集合成册。

（三）建立分支机构培训制度

房地产估价是一项专业性比较强的工作，估价技术也在不断地更新中。估价人员可能来自于本行业的其他估价机构，也可能来自于其他行业的非估价机构，估价技术水平参差不齐。因此，房地产估价企业有必要建立相应的培训制度。房地产估价企业的培训，不仅要包括对估价人员的培训，还要包括对业务人员的培训。例如，问题合同的出现，除了缺乏有效的合同审批制度外，还与房地产估价企业业务人员缺乏相关的知识有关。一个合格的房地产估价企业业务人员除了需要具备销售人员的基本能力外，还应该具备一定的房地产估价知识、合同法律知识，应该对所任职企业的整体实力、技术水平有所了解，应该熟知房地产估价业务的常见风险点。在培训内容上，可以分为基础培训和专项培训，基础培训适用于所有的员工，专项培训仅适用于有特殊需求的员工；在培训形式上，由于分支机构通常分布在全国各地，为节约经营成本，可以采用网络直播、网络会议、网络视频等多种形式进行培训。

（四）建立统一的质量控制体系

估价报告是房地产估价企业的"产品"，保障估价报告的质量是房地产估价企业的生存之本、发展之本。保障估价报告的质量不仅是社会对房地产估价企业的基本要求，也是房地产估价企业增强市场竞争力，提高经济效益和社会形象的必由之路。为保障估价报告质量，房地产估价企业有必要建立统一的质量控制体系。从内容上来说，统一的质量控制体系应该包括审核标准、估价报告模板等方面的统一；从实施机构来说，统一的质量控制体系不仅适用于总部机构，还应适用于分支机构。房地产估价企业应该根据法律法规及估价规范的要求，结合企业自身的定位，确定本企业的质量控制体系。

（五）建立分支机构定期巡查制度

房地产估价企业的分支机构分布在全国各地，总公司与分支机构之间通常存在较大的空间距离，以至于在日常的工作中，总公司的监察部门很难对分支机构进行监督管理，很难发

现分支机构存在的问题。因此，房地产估价企业有必要建立分支机构定期巡查制度，每年定期派人到分支机构驻地对分支机构进行巡查。巡查前，房地产估价企业应提前做好分支机构巡查计划，将巡查步骤及巡查内容罗列清楚；巡查时，房地产估价企业应根据巡查计划对分支机构进行巡查并将巡查结果记录在册；巡查后，房地产估价企业应将巡查结果进行汇总分析，并将问题反馈给分支机构，督促分支机构及时整改。

参考文献：

[1] 张一鸣. 保险公司分支机构监管制度研究 [J]. 商品与质量：理论研究，2012（12）：137-138.

[2] 赵鑫鸣，吕萍. 房地产制度法规政策 [M]. 北京：中国建筑工业出版社，2021：219.

作者联系方式

姓　　名：刘宇宸　丘　文　刘广收

单　　位：国众联资产评估土地房地产估价有限公司

地　　址：深圳市罗湖区清水河街道清水河社区清水河三路 7 号中海慧智大厦 1 栋 1C618

邮　　箱：1032632817@qq.com

注册号：刘宇宸（4420200145）；丘　文（4420040034）；刘广收（4420120145）

第五部分

内部制度建设

加强工作流程建设，促进房地产估价机构高质量发展

何 哲　刘洪帅

摘　要： 房地产估价机构在新的经济形势下，面临着高质量发展这一历史机遇。但是，实现高质量发展的路径以及利用什么样的管理工具，是摆在估价机构面前的一个课题。本文从估价机构当前流程建设现状入手，分析了流程建设对企业经营管理提质升级的重要价值，并提出实现优秀流程建设的关键事项，以期为估价机构高质量发展提供一些有益的建议。

关键词： 企业流程；流程建设；高质量发展

流程（process）是指一个或一系列连续有规律的行动，这些行动以确定的方式发生或执行，导致特定结果的实现。在企业里，我们可以理解为：什么部门做了什么事，产生了什么结果，传递了什么信息给谁。从现代企业发展历程来看，能够持续发展壮大的优秀企业，大多经历了创始人和商业模式→探索性实践→流程萃取→流程复制和壮大→流程迭代的经历。这种发展路径不仅仅适用于普通的生产或服务型公司，也适用于定制业务类公司，譬如仲量联行等五大房地产咨询机构，普华永道、安永等国际四大会计师事务所。他们之所以能够发展成世界级的咨询服务类公司，最终都是靠着公司流程建设和优化来实现企业大规模的发展。

当前国际国内经济形势愈发复杂，拉动国民经济的三驾马车——投资、消费和财政面临着诸多问题，尤其是房地产企业暴雷现象不断发生，其衍生出的金融风险已经对宏观经济和国民生活造成一定的影响。在这个大背景下，房地产估价机构如何能够最大限度地规避执业风险，为客户提供更高质量的服务，持续健康地发展为全国性、国际性的估价咨询机构，通过强有力的流程建设和优化是一条必然之路。

一、房地产估价机构工作流程建设现状

回望我国房地产估价行业 30 年的发展史，无论是房地产估价机构的数量还是规模都有了很大提高。从业务管理领域来看，《房地产估价规范》作为行业技术标准，对估价业务的执行程序作了相关规定，很多机构据此设计了相关的业务流程标准，在一定程度上保证了估价业务能够健康有效的开展。

不容忽视的是，估价机构面临的许多发展问题并没有得到很好的解决，主要体现在公司治理仍然以人治为主、过于依赖能人、人才梯队建设滞后、估价质量不稳定、部门间工作衔接不畅、市场控制力弱等问题。产生这些问题的根源之一在于，管理者更多地重视制度建设

和业务管理，而忽视了流程建设，致使员工缺少具体的、统一的工作执行标准和方法。存在的主要问题包括：

（一）流程体系建设不完善

企业是一个有机整体，各部门不仅要完成本职工作，还要彼此协调才能形成良好的合力，因此必须要有一套流程体系指导各部门的工作。现实情况是，估价机构大多建有估价业务流程，但在市场、财务、人力资源、行政等方面的流程建设较为落后，甚至没有流程。如在市场开拓方面，大多任凭市场人员依靠自身经验与客户打交道，缺乏客户拜访工作流程的相关规定和培训。事实上，客户拜访工作有一套较为成熟的标准化流程可供执行，包括访前准备、倾听客户信息、公司介绍、探寻需求、确定合作方向、推进下一步行动、后期总结等，对每一步工作又有相应细化的操作要求等。通过执行标准化的客户拜访工作流程，可以让我们的拜访工作目的明确、沟通高效、少走弯路。

（二）业务流程不够细化

估价机构业务流程设计的主要依据来自于估价行业的技术规范、准则等技术文件，大致包括从项目立项到业务存档的各个阶段，估价人员按照流程规定执行各阶段的估价工作。从流程设计的具体内容分析，更多的是对工作结果的规定而缺乏对细化工作的操作规范，估价人员多凭自身理解开展工作。例如市场调查工作流程中，没有将市场价格信息搜集工作进行操作标准和程序方面的细化规定，包括对市场询价的问题设计、价格信息的可靠性分析、询价底稿的复核等，更多的是师傅带徒弟口口相授，凭经验做事，引起的后果就是市场调查信息不准确、不完整或选用的案例可比性不强，进而导致估价结果的不可信。

（三）流程落地难

企业有了流程，最重要的是要落地。无法落地的流程犹如水中花、镜中月，好看但没有用。影响流程落地的因素包括了变革时机、变革团队的领导力、员工执行力、公司政策、企业文化等。任何一项因素没能够控制好，都会导致流程无法落地或落地不稳，造成的后果小到降低工作效率，客户不满意，大到发生严重质量事故甚至经营危机。在实践当中，就出现过因估价人员和审核人员的流程执行力不足，在审核过程中没有严格落实低级错误核查纠错流程，未发现估价报告存在的计算错误，进而估价结果产生重大偏差，给客户造成损失的案例。后经法院审理后，估价项目签字人还承担了相关刑事责任，其教训是惨痛的。

（四）管理层缺乏重视

我国房地产估价机构数量虽然较多，但大多为中小估价机构。管理层构成基本为公司初创人员和业务能手，工作上更多关注业务一线，将大量的精力消耗在具体业务而非机构管理上。由于管理层更注重眼前问题的解决和当下利益，凡事更多从个人经验和技术思维角度出发，较少重视流程和制度建设等长远事项，其后果就是，当估价机构发展到一定的阶段后会产生愈来愈多的管理性问题，如内部信息不通畅、档案管理混乱、报告质量不稳定、成本控制不严等。由于管理水平停滞不前，业务规模也就很难再上一个新台阶，机构发展进入瓶颈期。从另一个角度，在团队建设上，由于机构更多依赖少数能手，无法形成有系统的团队建设和人员培训计划，以至于个别核心人员离职对公司业务造成重大不利影响甚至停滞。

二、估价机构工作流程建设的重要性

很多人认为企业已经有管理制度了，不需要流程了，其实这是没有搞清楚制度与流程的区别。企业管理制度是企业内部为了规范管理行为、明确权责关系、提高管理效率而制定的一系列规章制度和管理方法。制度更多地偏向于管人，是奖励和惩罚的标准；而流程是指导员工做事，帮助员工如何达到工作目的，少走弯路，避免做错事而受到制度的惩罚。流程更多的是为过程负责，而制度更多的是为结果负责。实践表明，流程做得越优秀，执行得越到位，员工出错的情况越少，进而避免动用奖惩制度。因此，估价机构未来的管理之路，应该重点放在流程的建设和优化方面，通过流程管控实现公司的良性发展，让管理者抽身出来，将更多的精力放在企业战略发展上。

估价机构流程的建设需要考虑三大因素，一是客户需求，这是流程建设的宗旨，二是效率目标，企业对于人均效能设立目标以及合理的成本目标，三是政策法规，应该在《资产评估法》、行业技术规范和准则的要求下，进行相应的流程建设。流程对于提高企业管理水平、质量控制水平和工作效率起到了非常重要的作用，主要体现在以下几点：

（一）指导企业员工标准化工作

当下我们的员工更多还在凭经验做事，由于人的主观意识差别，同一项工作在操作细节上的差异，其效果往往因人而异。如有些估价人员对价值内涵的重要性认识不足，没有对案例的价格内涵进行核实，那么得到的估价结果就有可能缺乏公允性。同一项招聘工作，由于招聘人员设计的招聘问题提纲较为随意，掺杂了过多个人喜好，在招聘过程中未能够真实全面地掌握人才信息，招聘的人才质量就会参差不齐。而规范的流程可以帮助员工按照标准化操作以最优的方式完成工作，减少员工主观因素对工作质效的影响，最终达到提高工作质量和效率的目的。

（二）有利于团队建设和人才培养

人才强，企业兴。房地产估价机构作为技术经济服务类企业，最核心的竞争力是人才。近年来估价机构面临着人员老化、梯队建设滞后、能人效应等问题，估价人员素质的提高跟不上市场需求，而主要估价人员的流动又对公司的经营产生重大影响。为解决这些问题，估价机构必须通过流程建设和优化，坚持内部培养为主、外部招聘为辅的人才建设策略，在较短的时间内复制人才，减少企业对个别能人的依赖，不因某些人员的离开对业务造成较大影响，让人才梯队建设走上良性发展之路，提高企业核心竞争力。

（三）便于绩效考核和评价

世界上没有一处房地产是完全相同的，同时客户的需求又是多样的，因此房地产估价是个性化特点较强的定制类咨询服务工作。如何客观、公平、合理地进行绩效考核，一直是估价机构的管理难题。借助流程管理，可将估价业务模块化和标准化，用可量化或行为化的标准对人才进行评价，既是对人员能力结构的统一要求，也提供了人才培养的标准。管理层可以面对差异化的员工实施规范化的管理，无论年龄、教育背景乃至性格差异有多大，所有人都必须无条件循序流程。

（四）保证估价报告质量

由于房地产估价机构面临严格的法律监管环境，执业风险越来越大，单靠估价人员自身的技术能力和工作经验，无法保证估价报告不出现质量问题。房地产估价行业特点决定了估价机构的抗风险能力都是较弱的，重大质量问题往往是估价机构不能承受之重，一旦出现暂停执业、诉讼、索赔等风险事项，将对估价机构的公信力、品牌、市场和财务状况产生重大影响。为了降低人为因素导致的质量问题，最好的解决办法就是借助流程的力量，通过流程管控估价各阶段工作，让估价人员严格履行流程的各项规定动作，而管理层负责对估价人员进行督导和监控，在最大限度上减少人为犯错的机会，保证估价报告质量可靠，不出现重大执业风险。

（五）便于发展分支机构

房地产估价机构发展分支机构经营，主要的组织管理模式多以总分公司为主。在分公司模式下，由总公司输出品牌、资质以及技术，分公司组建团队、开拓市场、负责估价工作，出具的房地产估价报告由总公司承担法人风险。在这种经营模式下，如何确保分公司能够提供同总公司一样的服务质量，让客户获得相同的服务体验，估价报告质量水平与总公司保持一致，是估价分支机构管理最重要的课题。实践证明，卓越的企业不是靠能人、不是靠关系，也不是靠使命，而是靠一套完整的体系来支撑。因此，做好流程复制和规范总分公司之间的流程管理是企业集团化管理的重要一环。通过流程复制，能够将总公司的各项优秀基因完美地复制到分公司，无论在业务服务、人才培养、行政管理甚至是发展战略，总分公司都能够保持方向的一致性和协调性。

三、工作流程建设的关键因素

如何建设符合房地产估价机构发展的业务流程，需要从客户需求、内部治理条件、估价技术规范以及人员素质要求等方面进行。估价机构流程建设的关键因素包括：

（一）机构管理者在思想上要高度重视和统一

房地产估价机构进行流程建设及优化，管理层必须统一思想并坚定实施才能够完成，尤其是企业一把手参与更容易成功。管理者需要以员工看得到的方式参与流程建设，为关键的大多数员工做出示范，形成流程建设的巨大凝聚力。

（二）流程设计团队的专业化

房地产估价本身就是一项非常专业的技术经济工作，而企业流程设计也属于专业的管理工作范畴。基于此，机构需要组建以估价技术人员和企业管理人员为主的流程设计团队，必要时也可考虑聘请专业的外部管理咨询机构。估价技术人员的选取应该是本岗位最优的，如某位估价人员的市场调查工作做得最优秀，就可以让其参与市场调查流程的设计工作。同时依照流程设计简单化、专业化和标准化的原则，估价机构要做好估价技术人员和管理人员在流程设计工作上的配合协调。

（三）建立以行动为导向的组织结构

估价机构对员工的考核多以业绩指标为主，事实上，业绩结果考核指标比重较大并不适用于房地产估价行业，特别是给估价执业风险防控带来了较大压力，例如行业中存在着为了获得项目业绩，估价人员违背估价规范迎合委托方需求的现象。另外，过度重视结果考核，估价人员会将更多的注意力集中在业绩上而忽视了客户体验，也会造成客户体验感差。例如在国有资产评估方面，估价人员为尽快出具报告，忽视了报告质量，在国有资产评估备案审核过程中问题较多，耽误了客户的经济行为进程，虽然最后出具了报告，但是客户在项目时间方面是不满意的。因此，估价机构要建立行动为导向的组织结构并融入流程建设中。重过程，严把流程执行，进而提高服务质量。

（四）将信息技术融入流程建设

信息技术已经运用在房地产估价的各个方面，如远程办公、视频看房、网上询价、辅助报告生成软件等，估价工作进入拥抱信息技术的新时代。特别是最近几年蓬勃发展的大数据、云计算和AI人工智能，信息技术进入新的发展阶段。未来企业的竞争，在很大程度上是信息工具运用方面的竞争，因此要在企业流程建设中，充分考虑信息技术的运用，通过信息技术手段进行流程的执行、督导和监控等。

（五）建立相关企业文化

企业文化的核心是企业的精神和价值观，这里的价值观是企业或企业中的员工在从事经营活动中所秉持的价值观念。流程的建设要将企业价值观融入其中，估价机构要充分利用企业文化中的积极因素和员工的情感力量，通过流程执行、督导和培训，让员工重视工作进程，视流程落实为己任，流程的执行为最高价值理念。当员工将流程的执行形成一种思维习惯、行为习惯后，才标志着流程真正落地。

四、结束语

优秀的估价机构离不开优秀的流程建设。通过流程建设，将复杂的估价技术工作简单化和标准化，在帮助企业明确战略方向、提高机构服务质量、降低执业风险、加强人才培养等方面起到关键的作用，是房地产估价机构高质量发展的必由之路。

参考文献：

[1] 中华人民共和国住房和城乡建设部. 房地产估价规范 GB/T 50291—2015[S]. 北京：中国建筑工业出版社，2015.

[2] 彭绍平. 流程管理及流程再造在制造业企业中的应用研究 [J]. 价值工程，2022（9）：148-150.

[3] 章义武. 流程密码[M]. 北京：人民邮电出版社，2023：36-37+128.

作者联系方式

姓　　名：何　哲　刘洪帅

单　　位：北京中企华土地房地产资产评估有限公司

地　　址：北京市朝阳区工体东路18号中复大厦三层

邮　　箱：hezhe@chinacea.com

注册号：何　哲（1120050150）；刘洪帅（1120050102）

以档案管理为核心的房地产估价机构
内部质量控制体系建设

张 柳 沙美丽 赵玉环 张 雪

摘 要：档案作为企业的重要信息资源，具有独特的历史纪录，是业务查考凭证和机构内部治理重要的参考依据。档案管理在房地产估价机构发挥着显要的作用，既要满足行业管理的要求，也要作为房地产估价的重要环节，成为内部质量控制的关键之一。以档案管理为核心的房地产估价机构内部质量控制体系建设，成为房地产估价机构的必然选择，可以发挥事半功倍的作用。

关键词：档案管理；核心；内部控制体系

档案管理是房地产估价机构管理的重要组成部分，发挥着信息汇集和信息提供的重要作用。由于档案管理工作处于房地产估价机构的信息桥梁位置，每个工作环节、工作步骤都能够与之衔接，故在房地产估价机构内部质量控制管理中也应该发挥极大的作用。

一、档案管理在房地产估价机构中的地位和作用

（一）档案管理是房地产估价机构管理的重点内容之一

根据《中华人民共和国资产评估法》第十七条"评估机构应当建立健全内部管理制度，对本机构的评估专业人员遵守法律、行政法规和评估准则的情况进行监督，并对其从业行为负责。评估机构应当依法接受监督检查，如实提供评估档案以及相关情况。"第二十九条"评估档案的保存期限不少于十五年，属于法定评估业务的，保存期限不少于三十年。"根据《房地产估价机构管理办法》，要求房地产估价机构应估价质量管理、估价档案管理、财务管理等各项企业内部管理制度健全。由此可见，房地产估价机构档案管理在房地产估价机构内部管理中制度体系的重要内容，是行业监管的重要监管事项，其理应在企业管理中发挥着重要的作用。

（二）档案管理是记录和反映房地产估价机构历史发展的重要资料

完整的档案资料，凝结着企业的发展历史，凝聚着每个发展阶段历程，记录了机构发展的点点滴滴、平稳与激情，低谷与繁荣，是在未来追溯历史的重要资料来源，印证着不同时期机构人员的努力和艰辛，启发后来者继续拼搏，勇敢向前。房地产估价机构人员应该熟悉机构的发展史，通过机构的发展史也可以显现出房地产估价行业的发展过程，管理水平、人员素质、业务范围、业务成果水平都是一个阶段的反映，透过这些，可以看到行业从房地产交易估价一直发展到今天的房地产信托、房地产租赁、城市更新服务、投资顾问咨询等综合性业务市场服务内容。

（三）档案管理发挥着房地产估价机构的监督管理职能

房地产估价机构档案管理为各种档案资料的集合池，各种不同的资料都最终归集到了档案室。信息是现代经济社会的重要资源，企业内部也是企业管理的重要资源。档案管理的好坏反映着企业管理水平的高低。档案管理在汇集信息的同时，也通过不同的手段对机构内部的各种业务发挥着监督管理职能。如从房地产评估项目管理方面，从项目立项到资料完整性审核等方案，都可以通过规范的档案管理进行监督。

（四）档案管理是提供房地产估价基础信息的源泉

估价档案中充满了各种历史信息。就目前房地产估价市场中出现的大量回顾性评估，历史资料的缺失是制约评估项目的重要因素。档案里会有大量的信息资源帮助我们寻找历史的数据。另外，档案中的很多重要的资料可以回答众多的疑问和猜忌，为历史性回顾性检查提供有价值的数据资源。信息档案还可以提供更多的客户信息和业务分析评价的信息，也是进一步分析客户结构、业务结构、地区结构等业务结构性构成的信息源泉。在信息源泉方面档案管理在其中有着广阔的空间。

二、目前房地产估价机构档案管理存在的问题

（一）档案管理处于被忽视的地位

在房地产估价行业发展初期，档案管理就被放到了非常薄弱的位置。但是发展到目前档案管理在房地产估价机构往往仍然保留在其原有的状态，虽然重视了多，但处于层次比较低的地位，只是负责档案资料的归集、保管状态，没有发挥其可发挥的作用。甚至一些小机构信息归集、保管也是处于低级阶段，未能体现档案管理工作对评估工作的信息支持、信息跟踪和信息监督的作用。

（二）档案管理的职能没有得到有效的体现

一般来说，房地产估价机构的行政部门负责公司的公章管理，具体的岗位一般为档案管理人员。对评估项目而言，报告的对外报送档案管理人员为必经之处，与此同时，归档资料的审核尤其是资料的完整性、合规性审查也是档案管理岗位人员必备的岗位职责之一。仅仅将档案管理视为资料的归集，对档案管理岗位的认识远远不能体现档案管理岗位的作用，其效能远远没有充分发挥。

（三）档案管理岗位被评估业务部门边缘化

在房地产估价机构，更多地重视市场和评估作业，档案管理岗位被认为是与评估项目无关的岗位，甚至一些档案管理岗位人员也自认为与评估项目无关，使自己远离评估的技术性及管理性工作，将自己的职责定位为收件，造成了一些项目的现场勘查表内容缺失、资料缺失无法弥补，给评估档案造成了重大损失，也为后续的检查及回顾留下了风险隐患。

三、建立以档案管理为核心的内部质量控制措施

根据档案管理工作的特点，房地产估价机构应充分发挥档案管理在房地产估价机构质量控制的信息桥梁作用，全方位体现档案管理的全面职能。由于档案管理工作涉及企业的各个方面，是房地产估价机构中信息最为丰富的岗位。为此，就内部质量控制而言，档案管理应

发挥其核心作用。建立以档案管理为核心的内部质量控制体系，应着重做好以下几个方面。

（一）建立全员质量控制体系

随着房地产估价行业的持续发展，房地产估价机构越来越重视质量管理工作。有效的质量控制是降低市场风险、提高风险抵御能力的重要支撑。而房地产估价机构质量控制不是审核人员和技术总监的独立职责，涉及机构全员的每一项工作，涉及估价项目的每一个环节。为此，房地产估价机构应建立全员的质量控制体系。包括行政、财务、档案、市场、评估、质检等所有的机构员工。在质量控制领域各司其职、各负其责。从公章管理、收支管理、市场管理、业务管理，到技术管理、技术监督、资料依据管理的各个方面均要得到有效控制。

（二）将档案管理工作纳入质量控制体系

档案管理如前所述，是一个关键的质量控制环节，应将档案管理工作纳入质量控制体系。项目立项之后档案管理岗位就应该进入监督的角色，项目是否经过了风险评价，机构能不能胜任该项业务，人员能不能胜任该项业务，当事人会不会成为潜在的异议方，如果是，能不能风险化解；现场勘查后资料归档，监督现场勘查记录是否完整，是否留有足够的影像资料；最后归档之时还可以检查报告的内容和存档的资料完整性，如报告中提到的文件资料是否在归档资料中。

（三）赋予档案管理岗位一定质量控制职责

管理是一项综合性的工作，需要有手段、有方法。就档案管理而言，应赋予其一定的质量控制职责。一方面应将档案管理岗位的质量控制职责明晰化，通过完善房地产估价机构内部质量控制制度，将档案管理岗位的质量控制职责，植根于制度的流程之中，确保档案管理岗位人员的职责正式化、制度化，其能够名正言顺地介入质量控制之中。另一方面应该赋予档案管理岗位一定的管理权限。如发现提交的现场勘查记录不全面、归档的资料不完整等，具有一定的经济处罚建议权或对前期工作的返工处置权，确保档案管理人员拥有一定的管理权限，充分发挥其应有的质量监督控制作用。

（四）利用好档案管理的信息汇集传输功能

现代社会进入了信息社会。房地产估价机构中的档案管理岗位是其信息汇集之所，其可以为人力管理、行政管理、业务管理提供快捷的管理所需信息。充分发挥该信息汇集之核心位置的作用，确保信息得到有效便捷的汇集、传输、整理功能得以实现（图1）。

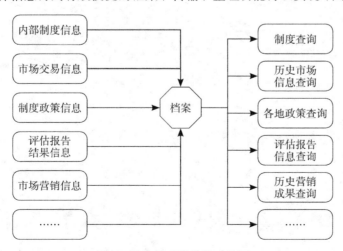

图1　档案管理的传输功能图

综上所述，房地产估价机构的档案管理岗位是房地产估价机构的信息核心，充分发挥档案管理的信息汇集和传输功能，可以确保房地产估价机构的信息得以充分利用，提高工作效率和工作质量。

参考文献：

[1] 王英玮. 档案文化论 [M]. 北京：中国人民大学出版社，1998：201.

[2] 陈智为. 档案概论 [M]. 天津：南开大学出版社，1989：10.

[3] 宫晓东. 企业档案管理学 [M]. 北京：高等教育出版社，1999：52.

作者联系方式

姓　　名：张　柳　沙美丽　张　雪

单　　位：宝业恒（北京）土地房地产资产评估咨询有限公司

地　　址：北京市东城区东直门南大街 9 号华普花园 B 座 204 室

邮　　箱：13811060004@163.com；971884650@qq.com；1063438288@qq.com

注册号：张　柳（1120210006）；沙美丽（3220140159）；张　雪（1120210067）

姓　　名：赵玉环

单　　位：中国房地产估价师与房地产经纪人学会

地　　址：北京市海淀区首体南路主语国际 7 号楼 11 层

邮　　箱：786221932@qq.com

房地产估价机构加强业务流程内部控制的必要性及重要性探讨

彭 飞 刘汉清

摘 要：随着我国社会经济的发展和城市化进程加快，房地产行业在国民经济中有着举足轻重的作用。然而作为房地产中介服务机构的估价机构在业务流程内部控制方面存在一些问题，包括对内部管理重视不够、内部管理环境有待改善、业务流程不够清晰、外部环境的影响、机构人员素质参差不齐等。本文提出了规范我国房地产估价机构业务流程内部管理总体思路，从确保规章制度到规范贯彻执行，将各种风险控制在企业经营的方方面面。同时，明确了我国房地产估价机构业务流程内部控制设计的原则。最后，总结了估价结构全面风险管理成为房地产估价机构内部控制发展未来总方向的地位将更加突出，以及人力资源管理成为业务流程内部控制建设成功的关键和重点等结论。

关键词：业务流程内部控制；估价机构；风险管理

一、引言

内部治理是估价机构长期经营的核心工作。房地产估价机构应该结合自身特点，加强内部管理的设计和实施，在提高内部治理水平的基础上改进业务流程控制来确保估价工作的准确性和公正性。

业务流程内部控制是指在估价机构的日常运作中，通过合理的组织结构、科学的岗位设置、明确的职责权限和责任、有效的业务流程和规范的操作程序等手段，对各项业务活动进行计划、组织、指导、监督和检查，以保证业务的高效运行、风险的有效控制和内部管控的全面落实。业务流程内部控制是估价机构加强内部治理的重要组成部分，它通过明确的业务流程和规范的操作程序、合理的组织结构和科学的岗位设置、明确的权限和责任、有效的监督和检查机制等手段，实现对业务的全面管控和风险的有效控制，确保估价机构的正常运营和稳定发展。只有加强业务流程内部控制，估价机构才能有效应对风险，提升管理水平，提高服务质量，增强市场竞争力。

二、我国房地产估价机构业务流程内部控制中存在的问题

（一）重视程度不够

估价机构作为房地产市场特别是房地产中介市场的重要参与者，其中业务流程内部控制的健全程度直接关系到市场的稳定和发展。然而，目前估价机构在内部控制方面存在着一定的问题，其中之一就是对内部控制的重视不够。估价机构对内部控制的意识不够强烈，估

机构缺乏对内部控制制度的完善与执行，表现为估价机构的内部控制意识薄弱。对内部控制的重视不够是我国房地产估价机构业务流程内部控制存在的一个突出问题。只有加强对内部控制的认识，完善内部控制制度，提高员工的内部控制意识和能力，才能够有效地加强对业务流程的控制，提高机构的运行效率和风险控制能力。

（二）内外部环境有待改善

我国房地产估价机构的业务流程内部控制环境存在一定的问题，需要加以改善。就内部环境而言主要表现在我们需要认识到对内部控制的重视不够，部分机构对内控的设定和制度建设不完善，缺乏完备的内部控制体系，也没有形成强有力的组织文化等情况。为了解决这一问题，我们需要进一步加强对内部控制的重视，改善机构的内部控制环境，提高业务流程关键环节的控制水平，完善内部环境要求，加强机构人员的培训和专业素质。只有这样，才能够有效提升我国房地产估价机构的内部控制水平，为行业的健康发展提供强有力的支持。

我国房地产估价机构业务流程内部控制中存在的一个问题是外部环境要求不高。政府监管不够严格、市场需求较为宽松以及竞争程度较高等因素都导致了外部环境对估价机构的业务流程内部控制的要求较低，估价机构之间存在恶性竞争等。为了保障估价机构的业务流程内部控制的有效性，有必要加强外部环境对估价机构的监管和要求，提高估价机构自身的内部控制水平。只有通过改善外部环境要求，并加强自身内部控制，估价机构才能更好地履行其职责，确保房地产估价市场和估价业务的稳定和健康发展。

（三）业务流程关键环节控制不够

估价业务从获取到报告交付和入档是一个完整的过程，估价人员在从事估价业务时往往丢失关键业务环节，具体表现为在关键环节的操作过程中，缺乏有效的控制措施和监督机制，容易导致错误的决策和不当的操作，进而影响估价结果的准确性和可靠性。需要估价机构加强对关键环节的风险认识，建立健全关键环节的控制措施和监督机制，加强对关键环节人员的培训和技能提升。只有这样，估价机构才能提高业务流程的准确性和可靠性，为客户提供更加优质的服务，实现可持续发展。

（四）人员素质不高

我国房地产估价机构业务流程内部控制中存在的问题之一是机构人员素质不高。估价机构的人员是保证内部控制有效运行的关键因素，但目前存在着员工素质不高的情况。主要表现为估价师执业证书员工普遍较少，估价专业毕业的从业人员较少，甚至个别单位存在挂证等现象。估价机构应该加强对员工的选拔和培训，设立专业化的考核机制，评估员工的专业能力和道德素质。对于已经进入估价机构的人员，应该加强培训，提高从业人员的专业技能和工作能力。估价机构还需要改善员工的薪酬和福利待遇，增加激励措施，提高员工的工作积极性和责任感。这不仅可以提高估价机构的竞争力，也可以提升我国房地产估价市场的整体发展水平。因此，加强机构人员素质的提升和改进是估价机构加强内部治理的重要一环。

三、规范我国房地产估价机构业务流程内部控制设计的总体思路

（一）贯彻执行国家法律法规和行业规范

为了确保我国房地产估价机构的业务流程内部控制设计能够有效实施，需要着重贯彻执行国家法律法规和行业规范。估价机构能够更好地确保《中华人民共和国资产评估法》等国

家法律法规和《房地产估价规范》等行业规范的严格贯彻执行，进一步加强业务流程内部控制的有效性，提高估价工作的质量和水平。

（二）确保将各种风险控制在适当范围之内

为了确保我国房地产估价机构业务流程内部控制的有效性，应采取措施将各种风险控制在适当的范围之内。风险管理是机构的首要任务，关系着机构和每一位估价从业者。通过建立健全的风险管理体系、加强内部监管、监测外部环境以及提高机构人员素质，降低风险的发生概率，保障机构的正常运行和稳定发展。

四、我国房地产估价机构业务流程的内部控制运行保障

（一）治理结构和组织机构

通过完善治理结构、加强监督机制、建立良好的沟通与协调机制以及及时应对外部环境变化，可以提升估价机构的内部控制水平，保障业务流程的正常运行和风险的有效控制。这对于加强估价机构的内部治理，提高机构本身服务质量和行业声誉具有重要意义。

合理规划组织结构和人员配置、建立健全内部工作制度和规范、加强对业务流程内部控制的监督和评估、引入先进的信息技术手段等措施，可以有效提升估价机构业务流程内部控制的水平和能力，确保估价机构的稳定运行和可持续发展。

（二）加强内部审计

为了保障我国房地产估价机构的业务流程内部控制的有效性和健康发展，加强内部审计是至关重要的措施。

（三）提高人员素质

提高人员素质是加强我国房地产估价机构业务流程内部控制的关键。只有通过加强人才选拔、培养和管理，建立健全激励机制，引入外部资源，才能确保估价机构内部控制的有效运行，进一步提升我国房地产估价机构的业务水平和信誉度。

五、完善我国房地产估价机构业务流程内部控制的措施

（一）转变内部控制观念

当前，我国房地产估价机构对内部控制的重视程度不够，主要表现在对内部控制的理解、传播以及执行方面存在一定的问题。需要转变对内部控制的理解和加强内部控制观念的传播和培训，还需要改变传统的管理方式，注重风险意识和风险管理。注重内部控制观念的与时俱进，转变内部控制观念对于完善我国房地产估价机构业务流程的内部控制具有重要意义。通过转变内部控制观念，以全员参与和风险管理为导向，可以提高内部控制的有效性和适应性，确保机构的良好运行和可持续发展。

（二）完善业务流程及岗位责任制度

完善业务流程是提高内部控制效果的重要举措，建立健全岗位责任制度对于保障业务流程的顺利进行至关重要。房地产估价机构还应当加强内部沟通和协作，保持良好的信息共享机制，确保业务流程各环节之间的信息顺畅流动和沟通畅通无阻。只有通过合理规划、科学设计和有效实施业务流程及岗位责任制度，才能够保障内部控制的有效性，提高房地产估价机构的综合竞争力和信誉度。

(三)健全人力资源管理

为了完善我国房地产估价机构业务流程的内部控制,健全人力资源的管理是至关重要的。人力资源是组织中最重要的资产之一,对于其管理与发展,确保业务流程的顺利进行和内部控制的有效实施起着重要的作用。

健全人力资源的管理需要从招聘与录用开始,不仅需要加强员工的培训与发展,还需要建立健全的员工管理体系。估价机构还应重视员工的沟通与反馈,加强员工的监督与管理。通过招聘与录用、培训与发展、员工管理、沟通与反馈以及监督与管理等方面的措施,可以提高员工素质,增强组织的竞争力,实现内部控制目标的有效实施。估价机构应高度重视人力资源的管理,不断加强相关工作,为业务发展和内部控制提供有力支持。

(四)建立及时有效信息管理系统

为了解决我国房地产估价机构业务流程内部控制中存在的问题,特别是在信息管理方面存在的不足,本文提出了建立及时有效的信息管理系统的措施。

信息管理系统是指以计算机技术为基础,对估价机构内部的信息进行集中、统一、安全管理的系统。对于房地产估价机构来说,建立一个高效的信息管理系统具有重要的意义。信息管理系统可以为估价机构提供准确、及时的信息,并支持决策的制定和落实。信息管理系统也可以提高估价机构的工作效率,减少人力资源和时间的浪费。信息管理系统还可以加强估价机构内部各个环节之间的沟通和协作,提高工作质量和效益。

它可以提高估价机构的工作效率和信息质量,促进机构内部各个环节之间的协作和沟通。因此,在实施信息管理系统建设时,需要从系统的设计、开发、测试到运行的全过程进行有效的管理和控制,才能够实现预期的效果。

六、结束语

(一)企业全面风险管理和风险评估将成为房地产估价机构内部控制发展的方向

随着我国经济的发展和城市化进程加快,房地产行业在国民经济中的重要性日益凸显。新时代,房地产估价机构作为房地产行业的重要组成部分,其业务流程内部控制的完善变得尤为重要。估价机构建立完善的风险管理体系,加强信息技术支持和人力资源管理,以便房地产估价机构可以更好地应对各种风险,确保业务流程的稳定和可持续发展。风险评估可以全面了解和识别风险,确定重点控制领域,制定灵活的应对方案,以持续改进和优化内部控制。

(二)信息和沟通的地位将更加突出

机构需要重视信息的准确性和及时性,通过信息系统的应用提高内部控制的效率和准确度。同时,加强沟通,建立良好的沟通机制和渠道,保证信息的畅通和及时传递,协调各方的工作形成合力,提升企业内部控制的整体水平。只有充分利用信息和沟通的优势,估价才能更好地应对市场变化,提高内部控制的执行效果。

(三)人力资源管理会成为内部控制的关键

通过建立一套完善的人力资源管理制度,提供良好的工作环境和福利待遇,加强内部沟通和团队合作,确保法律法规和行业规范的贯彻执行,房地产估价机构能够有效地管理和利用人力资源,提高内部控制的效果和绩效。只有做到这些,房地产估价机构才能更好地应对业务流程中的各种挑战,实现可持续发展。

参考文献：

[1] 刘莉. 加强事业单位内部控制制度建设的必要性[J]. 当代会计，2019（9）：37-38.

[2] 葛月圆. 内部审计在公司治理中的重要性[J]. 纳税，2018（25）：145-146.

[3] 卢文萍. 加强企业内部控制建设的重要性和必要性[J]. 商场现代化，2021（2）：118-120.

[4] 刘婷婷. 企业人力资源管理中绩效考核与激励机制探析[J]. 人才资源开发，2023（18）：91-93.

[5] 卞小燕. 浅谈行政事业单位财务内部控制[J]. 中国产经，2021（6）：165-166.

[6] 王兆琪. 内部审计对商业银行公司治理的重要性[J]. 银行家，2019（10）：70-72.

[7] 王海平. 企业内控成本管理问题及解决措施研究[J]. 营销界，2023（18）：149-151.

[8] 窦晓飞. 大数据环境下内部审计在风险管理中的应用研究[J]. 中外企业家，2019（32）：59-60.

[9] 王亚静，陈奕容. 财务风险、内部控制有效性与融券做空的关系研究[J]. 投资与创业，2021（19）：146-149.

[10] 陈文艳. 企业内控精细化管理的策略探讨[J]. 财会学习，2023（27）：149-151.

作者联系方式

姓　　名：彭　飞　刘汉清

单　　位：甘肃星连城房地产土地资产评估有限公司

地　　址：兰州市城关区华峰大厦1309室

邮　　箱：1025774710@qq.com；1025774710@qq.com

注册号：彭　飞（6220180041）；刘汉清（6220070006）

房地产估价机构内部质量管控现状及改进建议

胡新良

摘 要：房地产估价机构多元化承接业务时，会面对跨行业、跨技术的限制，不同的业务类型存在着不同的质量要求。对各业务类型的质量管控显得尤为重要。本文通过分析估价机构内部质量管控现状，提出制定不同业务类型的实务操作手册，引入全面质量管理概念，旨在提高房地产估价机构在执业过程中评估成果的准确性和可靠性。

关键词：估价机构；质量管控；实务操作手册

一、引言

房地产估价机构是指依法设立并取得房地产估价机构资质，专门从事房地产估价活动的中介服务机构，通常由具有相关资质和经验的专业人士组成。可以提供房屋、土地等各类房地产的估价服务，包括征收评估、租金评估、投资评估等。房地产估价机构通常会根据客户的需求进行定制化的估价报告或提供专业的服务和意见，帮助客户了解房产的实际价值和市场定位，以便做出合理的买卖或投资决策，或作为第三方机构提供鉴证性报告或意见等。但也受到当地政府的监管和认可，以确保其估价工作的专业性和准确性。

随着房地产估价行业的不断发展和壮大，估价机构组织规模也在不断扩大，估价机构所能提供的服务也发生了变化，从专业机构的单一性服务向跨行业、跨部门的综合性转变，所提供的服务不单单是有形的估价报告，还有诸多的无形服务。这种多元化的综合性服务都离不开企业的全面质量管控。质量的好坏不仅关系机构的可持性，同时也直接影响客户的利益和信任度。因此，建立有效的质量管控体系对于房地产估价机构的发展和长久生存至关重要。

二、房地产估价机构质量管控的意义

质量管控是指房地产估价机构以质量管理为中心，以全员参与为基础，按照独立性、专业性、合规性、风险管理及持续改进等原则，对房地产估价报告、估价服务或估价工作过程进行监控和管理，以确保其达到预期的质量要求和标准，目的在于通过让客户满意及估价人员等相关方受益而让估价机构长期成功的一种管理途径。其管理核心要素包括质量策划、质量控制、质量改进和质量保证。

质量策划是指对质量特性进行识别、分类和比较，并建立其目标、质量要求和约束条件；质量控制是为了通过监视质量形成的过程，消除质量环上所有阶段可能引起不合格或不满意效果的因素，是为达到质量要求所采取的作业技术和活动；质量改进是要满足客户对产品质量不断提出的更高要求,改进产品在初始阶段质量策划中所达不到或不能达到的目标而采取的措施;质量保证是指为使人们确信产品或服务能满足质量要求而在质量管理体系中实施并根据需要进行证实的全部有计划和有系统的活动。保证质量是质量控制的任务,质量保证是以保证质量为其基础,是一种信任。

现实中,房地产估价机构通过全面质量管理不仅可以确保估价报告或估价服务的质量符合客户需求和期望,还可以提高估价机构的竞争力和客户满意度。具体包括以下几个方面的重要意义:

(一)符合法律法规和估价标准

通过房地产估价质量管控可以确保估价报告或估价服务符合相关的法律法规、估价标准和规范要求,避免违法违规行为,保护委托方或报告使用人的权益,维护社会公共利益。

(二)提高客户满意度

通过房地产估价质量管控,可以确保估价报告或估价服务的质量符合客户的期望和需求,提供满足客户要求的估价报告和估价服务,从而提高客户满意度,增强客户信任度。

(三)提高估价机构的竞争力

优质的房地产估价报告和估价服务可以提高企业的竞争力,吸引更多的客户和拥有更多市场份额。通过质量管控,可以不断改进估价报告和估价服务的质量,提高企业的品牌形象和声誉,从而在激烈的市场竞争中脱颖而出。

(四)降低估价机构管理风险

估价行为的质量问题可能导致产品的安全隐患、法律纠纷、声誉损失等风险。通过质量管控,可以及时识别和控制潜在的质量风险,减少质量事故和损失的发生。

(五)降低估价机构运营成本

估价报告的质量问题会导致估价报告的返工、退回,甚至撤销等额外成本。通过质量管控,可以及早发现和纠正质量问题,减少不良品的产生,降低估价机构运营成本,提高生产效率和利润率。

(六)促进估价机构持续改进业务水平

估价机构的质量管控是一个持续改进的过程,通过不断收集和分析影响估价质量的因素和数据,识别和解决估价质量问题的根本原因,推动组织的持续改进和创新,从而提高估价质量水平和估价机构的绩效。确保估价机构产品的合规性,为企业创造更大的价值和带来更多的回报。

三、房地产估价机构质量控管现状

(一)传统估价业务的质量管控流程

目前,房地产估价机构在从事房地产估价活动中,通常会出具房地产估价报告或咨询报告之类的书面文书,这也是房地产估价机构在传统估价业务中常见的服务成果表现形式,该结果的形成多以《房地产估价规范》和《房地产估价基本术语》及相关技术规范、指南、指引等专项标准为估价报告质量管控的主要文件,相关质量管控流程操作要求如下:

1. 撰写人自查

估价师根据委托任务和相关要求,进行现场查勘、数据收集和分析,按照国家标准《房地产估价规范》和相关专项标准编制估价报告,并进行报告自查。

2. 估价人员互查

估价项目团队成员对估价报告进行互查，主要是检查报告的完整性、准确性和符合性，确保估价报告的基本要求得到满足且符合相关标准。

3. 初步审核

审核人员对估价报告进行初步审核，主要是核对数据和分析的准确性、逻辑合理性，确保报告的可靠性和可信度。

4. 二级审核

专业技术审核人员对估价报告进行二级审核，主要是审查报告的质量标准是否符合要求，确保报告的质量达到机构的要求和行业标准。

5. 审核意见

审核人员根据审核标准，提出审核意见，包括对报告中可能存在的问题、不足之处的指正和修改建议。

6. 报告修改

估价师根据审核意见对报告进行修改，修正错误和改进不足之处。

7. 终审

具有资格的终审人员对修改后的报告进行终审，确保报告的质量和准确性达到要求。

8. 报告签发

经过终审通过的估价报告由估价机构授权人或负责人进行签发，盖章完成经文员检查后可向委托方或相关方交付报告。

值得注意的是，不同估价机构可能在审核流程中设立不同的层级和环节，以适应自身的管理和控制需求，但最终的目的都是一样的。

（二）新型业务质量管控流程

房地产估价新型业务是相对于房地产估价传统业务言的，其业务范围包括但不限于现有传统业务的上游、下游，如投融资、成本审核。甚至还包括以房或地为中心点的评估业务范围，如造价咨询、征地稳评等。该类业务的质量管控与传统评估业务相比主要体现在风险管控和客户满意度上，其主要流程操作如下：

1. 撰写人自查

评估人员根据委托任务和相关要求，进行现场查勘、数据收集和分析，按照相关业务报告格式编制报告，并进行报告自查，包括与中期汇报材料内容的一致性。

2. 项目负责人初审

估价机构内部的项目负责人对报告进行初审，主要是检查报告的结论是否在委托方允许的范围内，确保成果的基本形式符合委托方的要求。

3. 审核意见

审核人员根据审核标准及相关业务对成果形式的要求，提出审核意见，包括对成果中可能引起风险的事项进行有效规避。

4. 报告定稿

报告撰写人员根据审核意见包括外部评审意见对报告进行定稿。

5. 终审

主要是核对数据和分析的准确性、逻辑合理性，确保成果的可靠性和可信度及成果的质量和准确性达到要求。

6. 报告签发

经过终审通过的估价报告由估价机构授权人或负责人进行签发，盖章完成经文员检查后并向委托方或相关方交付报告。

虽然，新型业务与传统业务在审核流程上没有太大的区别，但审核的内容和审核人员却有不同要求，一般情况下，新型业务主要以客户关注点并参照已有的格式进行编制，没有统一的固定格式要求，如资金监管成果报告，审核人员也并非职业估价师。

四、房地产估价机构内部质量管控面临现状

（一）外部环境因素

1. 客户需求的改变

传统房地产评估业务受外部环境影响冲击较大，同时受技术进步影响，客户对传统房地产评估的需求也在发生变化，对报告的需求从实质转向于形式，客户对房地产评估的认可度不高。低端服务必然会和客户所支付评估费用的意愿成正比，房地产估价机构所能采取的质量管控措施也只是确保估价报告质量达到行业标准。长此以往，对估价机构的可持续发展将构成巨大威胁。

2. 市场环境因素

房地产估价行业内部机构组织运营模式不一样，参与市场竞争的成本也不一样。在同样以客户为关注点的原则下估价机构的投入存在较大差异，但业务承接却并不完全按投入的成本来确定，往往复制品代替原创更有市场，劣币驱逐良币的市场竞争模式必然会降低机构内部的质量管控。

（二）内部组织因素

1. 质量管控手段有限

目前房地产估价机构主要依靠人工审核来进行质量管控，效率较低且容易出现遗漏，甚至连相应的审核人员都没有固定，流于形式的审核难以给报告及服务提供合规性保障。

2. 缺乏统一的质量标准

虽房地产估价机构以行业标准、规范等作为对传统评估业务质量管控准则，但不同的估价机构对质量的判断可能没有形成统一的质量标准认识，相关参数的量化也存在一定的误差性或经验性，导致评估结果的准确性和可比性受到影响。而对于新型业务来说却是质量管控的盲区。

3. 质量控制不完善

一些估价机构有三级审核要求，但可能缺乏有效的质量控制体系，无法对评估过程和结果进行全面的监督和管理，导致质量问题无法及时发现和纠正。

4. 信息安全意识不强

估价机构内部各部门、各团队的管理模式为垂直管理，各个项目团体之间的信息共享不畅，可能会导致重复工作和信息不一致的问题；但过度关注信息共享，则会存在信息安全问题，如客户信息泄露、数据被篡改等，导致客户的权益受到损害，甚至会影响与委托方的后期合作。

（三）估价人员因素

1.估价人员素质不足

房地产估价机构的评估师素质参差不齐，缺乏有效专业知识和经验，部分业务难以准确评估资产的价值。此外，一些估价机构可能存在人员流动性大、培训能力不足等问题，导致评估质量不稳定，甚至连审核人员的继续教育都难以落到实处。

2.估价师的诚信和独立性

估价师的诚信和独立性对报告的质量有着重要影响，可能受到委托方或其他利益相关方的影响，对相关的不利因素或有利因素进行隐藏或未能进行独立、客观分析，导致评估结果的准确性受到质疑。

五、改进建议

房地产估价机构在多元业务拓展的过程中，质量控制总是确保报告或成果、服务或工作过程符合预期质量标准的重要程序，也是机构内部管理的重要内容。估价机构根据自身业务发展及不同的业务类型，严格遵守相关法规和行业标准，确保报告的合规性和可靠性下以最经济的方式提供满足客户需求的成果及服务。主要包括以下改进建议：

（一）建立分类统一的质量标准

对现有的业务类型进行分类，对已经成熟且具有可复制性的业务制定明确的质量标准和业务操作手册，明确估价工作的要求和评估指标，提高估价结果的准确性和可靠性。

（二）引入先进的质量管控技术

引入ISO9000质量管理体系，制定符合自身需求的管理手册，结合人工智能和大数据等技术手段，建立质量管控系统，搭建估价机构内部质量管理平台，提高质量管控的效率和准确性。

（三）加强内部培训和交流

以人才为房地产估价机构的核心竞争力，定期组织员工培训，一方面提高估价人员对外开展业务承接的能力，另一方面又提高他们对质量管控的认识和理解，同时又可促进内部部门之间的交流和合作。通过对不同类型的经典案例分享和学习，从而提高评估师执业和化解风险的能力。

（四）建立质量反馈机制

以客户为关注点，建立客户满意度评价系统，收集客户的反馈意见和建议，及时发现和解决质量问题。运用PDCA（计划—实施—检查—处理）循环方法，将执业过程中的待改进项转入下一次的工作当中去，以避免发生重复错误事项，增加客户满意度。

（五）加强信息共享和协同

估价机构内部建立信息共享平台，实现机构内部各个部门之间的信息共享和协同工作，提高工作效率和评估结论的准确性，并着重关注信息安全产生的负面影响。

六、结论

质量是每个企业的生存之本，也与每一个员工的经济利益密切相关，甚至和职业荣誉、社会地位、发展前途都有直接联系。房地产估价机构对估价报告和服务进行全面质量管控，根据现有状况制定不同业务类型的实务操作手册，不断优化和完善质量管控体系，确保评估工作能够按照计划的方式进行，实现公司制定的质量目标，从而提升企业自身的竞争力和信誉度。同时也让估价人员在执业过程中实现有制度可遵守、有标准可执行、有法规可遵循的工作环境。

参考文献：

[1] 中华人民共和国住房和城乡建设部. 房地产估价规范 GB/T 50291—2015[S]. 北京：中国建筑工业出版社，2015.

[2] 王冬梅. 全面质量管理基础知识[M]. 合肥：安徽科学技术出版社，2013：2.

作者联系方式

姓　名：胡新良

单　位：上海城市房地产估价有限公司

地　址：上海北京西路1号新金桥广场17楼

注册号：3620000121

健全质量管理体系　有效防范估价风险

刘辰翔　李　娜

摘　要：在实践中，估价机构和估价人员因违法违规被行政处罚甚至被追究刑事责任的案例已屡见不鲜，同时可能给估价机构造成巨大损失。因此，加强质量管理体系建设，制定并实施科学严谨的质量管理政策和程序，积极主动地实施质量管理，是保障估价机构执业质量、实现估价机构可持续发展的重要制度保障。我们将内部控制机制为基础的风险管理嵌入质量管理体系中，从估价机构和估价业务两个层面提出质量管理制度建设的建议，以期帮助估价机构有效防范和降低风险。

关键词：内部控制；质量管理；估价风险

一、估价机构建立质量管理体系的重要性

（一）风险管理是企业质量管理的一个重要方面

为实施质量强国战略，国务院发布《国务院关于加强质量认证体系建设促进全面质量管理的意见》（国发〔2018〕3号），要求"运用国际先进质量管理标准和方法，……强化全面质量管理，全面提高产品、工程和服务质量，显著增强我国经济质量优势，推动经济发展进入质量时代""运用新版ISO9001质量管理体系等国际先进标准、方法提升认证要求，……带动企业质量管理的全面升级"。而新版ISO 9001—2021质量管理体系指出风险管理与企业战略管理之间紧密关联，要求企业评估与质量相关的风险，并强调为应对风险而采取的行动应与其可能产生的后果相适应。

（二）以内部控制为基础的风险管理

风险管理在国内外均有广泛发展和实践。

在国外，20世纪末，一系列上市公司财务造假、舞弊案件的发生使得关于企业内部控制的研究和立法行动备受社会各界关注。1992年，美国反舞弊财务报告委员会发起组织委员会（Committee of Sponsoring Organizations of the Treadway Commission，COSO）发布《企业内部控制—整合框架》，明确了内部控制的定义和5个构成要素，即控制环境、风险评估、控制活动、信息与沟通、监督。2004年，美国COSO发布《企业风险管理—整合框架》，在企业内部控制整合框架的基础上扩充形成企业风险管理整合框架，从原先的静态控制转向动态管理，以更加多维的视角来审视企业面对的风险并提出应对措施。2017年，美国COSO发布《企业风险管理—与战略和绩效的整合》，首次提出并强调了企业风险管理与企业战略、绩效以及企业所有业务流程的关联性、统一性和相容性，实现了风险管理思想和理论的又一次飞跃。2018年，国际标准化委员会（International Organization for Standardization，ISO）在2009年版本的基础上，发布新版《ISO31000：组织的风险管理国际标准》，聚焦组织的

价值创造、维护和实现，强调了风险管理对于决策支持的重要性，适用于任何类型的组织及其整个生命周期和包括各层次决策在内的各项组织活动。

在国内，2006年国资委发布《中央企业全面风险管理指引》，是我国第一个权威性的风险管理框架，指出"企业制定风险解决的内控方案，应满足合规的要求，……针对重大风险所涉及的各管理及业务流程，制定涵盖各个环节的全流程控制措施；对其他风险所涉及的业务流程，要把关键环节作为控制点，采取相应的控制措施"。2019年国资委又发布《关于印发〈关于加强中央企业内部控制体系建设与监督工作的实施意见〉的通知》（国资发监督规〔2019〕101号），指出"将风险、合规管理制度建设及实施情况纳入内控体系监督评价范畴""强化内控体系执行，提高重大风险防控能力"。此外，财政部等五部委于2008年发布的《企业内部控制基本规范》要求企业应建立内部控制机制，提升企业的风险防范能力；同时，内部控制的目标是"合法合规、资产安全、信息真实完整、提升经营效率和效果、实现发展战略"，均与质量紧密相关。由此可见，内部控制是实现企业质量管理目标、防范风险的重要制度体现。

（三）估价机构应建立以风险为导向的质量管理体系

对于估价机构来讲，估价质量始终是影响其发展与进步的关键因素。因此，估价机构应当建立质量管理体系，目标是合理保证估价机构和估价人员遵守法律法规和职业准则的规定来履行执行业务、出具适合具体情况的业务报告，以维护委托人和相关当事人的合法权益并达到监管部门的要求。为实现质量管理目标，估价机构需要针对质量管理体系的各个要素设定质量目标，识别和评估质量风险，并设计和采取应对措施以应对质量风险。我们将内部控制机制为基础的风险管理嵌入质量管理体系中，从估价机构层面和业务层面分别探讨估价机构质量管理体系建设的重点环节和重点内容。

二、在估价机构层面进行全面质量管理

（一）确立管理层的质量管理责任，营造质量至上的内部环境氛围

1. 建立健全质量管理领导框架，明确质量控制责任

估价机构应当合理界定各类主体（最高管理层、首席估价师、项目负责人、项目审核人员、项目团队成员及其他相关人员）的质量控制责任，并建立责任落实和追究机制。最高管理层对估价机构质量管理体系承担最终责任。首席估价师由最高管理层指定并授予其管理权限，直接对最高管理层负责。估价机构应当强化董事会在制定和组织实施质量控制政策和程序中的责任，建立对重大项目、高风险业务、重大事项等的审议决策制度，同时应当设立风险管理和质量控制委员会，对业务质量进行监控和把关。

2. 职业道德要求

对于任何行业来说，职业道德都与质量密切相关。估价人员应当秉持独立、客观、公正的原则开展估价活动。估价机构应采用管理层示范、培训、监督以及对违反职业道德准则行为进行惩戒等方式来强化对估价人员的职业道德教育。估价机构和估价人员除与委托人存在委托事项关系外，不得存在影响独立性的其他利益关系。

3. 质量至上的文化氛围和人力资源政策

管理层应当在估价机构内部引导形成一种质量至上的文化，从而对质量管理体系的设计、实施和运行产生广泛和积极的影响。估价机构应当实施统一的人员管理制度，制定统一

的人员聘用、定级、晋升、业绩考核、薪酬、培训等方面的政策与程序并确保有效执行。估价机构在制定项目团队成员配备政策时，应当考虑业务质量对估价人员专业胜任能力和职业道德素养的要求。估价机构在人员业绩评价、薪酬、晋升制度中应当将业务质量作为重要参考指标。

（二）质量风险评估

估价机构应当根据其自身的性质和经营特征，以及估价业务和出具报告的类型来判断它们可能对实现质量目标产生哪些不利影响，以及不利影响的程度。估价机构应当根据质量风险的评估结果及得出该评估结果的理由设计和采取应对措施，以应对质量风险。

（三）形成相互制约的工作机制

估价机构应当全面系统地分析、梳理业务流程中所涉及的不相容职务，确保业务的承接、执行、复核和监控等职责适当分离，形成各司其职、各负其责、相互制约的工作机制。对于估价机构业务的承接与执行、估价报告的复核与出具，以及印章管理、合同管理和档案管理，均应严格执行授权审批控制。

（四）信息与沟通

对于内部信息沟通与传递，估价机构应当结合自身的发展战略、风险管理和业绩考核特点，系统科学地规范不同级次内部报告的指标体系，合理设置关键信息指标和辅助信息指标。企业内部报告指标确定后，应将其细化和分解，使各业务条线和职能部门都有自己明确的目标，以便于控制风险并进行业绩考核。估价机构应当制定严密的内部报告传递流程，充分利用信息技术，强化内部报告信息集成和共享，将内部报告纳入公司统一信息平台，构建科学的内部报告网络体系。估价机构内部各管理层级均应指定专人负责内部报告工作。估价机构应当有效利用内部报告进行风险评估。对于内部报告反映出的问题，估价机构应当及时解决。

估价机构应当加强与其他估价机构和监管机构之间的沟通。估价机构可以对自身质量管理体系建设情况和发现的问题进行分析总结，与其他估价机构进行交流讨论，也可以形成书面材料反馈给监管机构，监管机构可以针对普遍性问题组织交流探讨，提供解决方案。

（五）监控和整改程序

估价机构应当在总部和分支机构范围内建立统一的监控和整改程序，实施定期和持续的监督检查，以识别质量管理体系中的缺陷，并评价其严重程度和广泛性。估价机构应当从已完成的项目中周期性地选择部分项目进行检查。执行检查的人员应当具有客观性，项目组成员和项目质量复核人员不得参与对其项目的监控活动。对于发现的缺陷，估价机构应当调查其产生的根本原因，评价这些缺陷单独或累积起来对质量管理体系的影响。根据其影响程度，区分重大缺陷、重要缺陷和一般缺陷，并提出整改方案。估价机构应当建立业务质量投诉与指控渠道，并建立举报人保护制度。对监控和整改程序的运行承担责任的人员，应当及时与对质量管理体系承担最终责任的人员即主要负责人和对质量管理体系的运行承担责任的人员沟通已执行的监控活动，识别出的缺陷以及采取的整改措施。对于涉及产生缺陷的相关人员进行问责，并与其考核、晋升和薪酬挂钩。估价机构应当就监控实施情况、发现的缺陷、补救和改进措施、问责等形成监控报告，定期评价质量管理体系设计的适当性和运行的有效性，提出改进意见，及时修订完善质量管理体系。

三、在估价业务层面进行全流程管理

估价机构整体的执业质量，是由每个项目组实际执行业务的质量决定的，因此估价机构还应当以业务流程为载体，将各种质量管理要求融合进来形成统一的解决方案，进行质量管理流程与体系一体化建设。

（一）客户关系，业务承接与保持

估价机构的执业质量在很大程度上受客户质量的影响，因此估价机构应当树立风险意识，确保对拟承接项目的风险评估真实、到位，并制定业务承接和保持的质量管理制度。在订立估价委托合同之前，估价机构应当对委托人的情况和估价对象进行充分的调查评估，审慎作出业务承接的决定，并根据风险大小对业务进行分类。对于认定存在高风险的业务，应当经质量管理负责人或其授权的人员审批，并设计和实施专门的质量管理程序（例如访谈拟承接客户以了解有关情况、加强内部质量复核等）。

估价机构应当制定业务分派制度，对项目负责人和其他重要人员的回避情形及其职责予以明确。估价机构在对业务分派环节进行管理时，应当关注选定的项目组在独立性、工作量、业务能力等方面是否符合要求。

（二）业务执行

估价机构应当针对业务计划制定、现场查勘、资料收集、评定估算、报告编制等各个环节制定相应的质量管理制度。质量管理制度应当针对业务执行过程中的下列事项作出具体规定：重大风险事项的预警识别、工作程序、处理方法；业务证据的充分性、适当性；意见分歧解决程序。

估价业务计划应当由项目负责人编制。在编制估价业务计划时，项目负责人应当确定是否对委托人及其他相关当事人、项目团队成员开展必要的业务指导。对于大型、复杂的估价业务，应当编制详细的估价计划。

在估价业务执行过程中，如果需要专家协助工作，项目负责人应当与专家充分沟通，确保专家理解工作目标，履行估价程序。对于估价中遇到的疑难问题，估价人员可以在项目团队内部进行咨询或讨论。如果无法得到有效解决，则需要上报首席估价师，首席估价师应当及时反馈咨询意见。如果首席估价师仍无法解决，则可以向外部具备适当知识和经验的人士咨询。

估价机构应当制定意见分歧的解决办法，解决签字的估价师之间的意见分歧、项目负责人与项目审核人员、首席估价师之间的意见分歧。意见分歧原则上由首席估价师负责协调处理。在意见分歧未得到有效解决之前，估价机构不得出具估价报告。

（三）业务复核

估价机构应当根据自身规模和项目风险等级制定业务质量复核制度，内容包括：复核层级、复核内容、复核程序、复核记录等。估价机构对估价报告应当执行严格的三级审核程序，明确各级审核责任人和审核关注内容。同时，估价机构应当区分一般项目、重大项目以及涉及社会公众利益的项目设定不同的报告审批流程。

（四）业务报告出具

估价机构应当按照其制定的统一的技术标准执行业务并出具报告。报告出具前，应当经项目负责人、项目质量复核人员复核确认，确保其内容、格式符合职业准则的规定，并由项目负责人及其他适当的人员签署。估价机构应当加强对业务报告签发过程的控制，委派专门人员负责对报告的签章进行严格管理。

（五）业务工作底稿

估价机构应当制定业务工作底稿和档案管理制度，内容包括：业务工作底稿编制、修改、复核在时间、权限、签字方面的要求；业务工作底稿形成档案时限；档案保管、借阅、销毁要求。

四、结语

健全的质量管理体系有助于估价机构防范估价风险和高质量地完成业务。估价机构应当在总分机构范围内统一设计、实施和运行质量管理体系，实行人事、财务、业务、技术标准和信息管理等方面的一体化管理，建立统一的监控和整改程序，在业务执行层面实施统一的质量标准、技术规范、质量复核和报告出具管理办法和流程。

参考文献：

[1] 郭玉坤，韩冰，王晓红，等. 房地产估价风险评估与防范：基于630名从业者的调查研究[J]. 中国房地产，2022（6）：65-72.

[2] 边静. 论现代企业治理机制下的内部控制制度建设[J]. 中国市场，2022（33）：104-106.

作者联系方式

姓　　名：刘辰翔　李　娜

单　　位：深圳市世联土地房地产评估有限公司，瑞联平台价值研究院

地　　址：深圳市福田区卓越梅林中心广场（南区）B座B单元19层

邮　　箱：liucx@ruiunion.com.cn；lina@ruiunion.com.cn

注册号：李　娜（4420100198）

浅谈中小房地产估价机构投标管理的困境与对策

郑刘平　孟祥姝　王晓煜　许全丽

摘　要：伴随房地产估价服务市场的逐步规范完善，越来越多的估价服务机会通过规范的招标采购方式投入市场，投标管理成为房地产估价机构内部治理中重要环节。本文阐述分析了中小房地产估价机构项目投标的困境，提出了加强中小房地产估价机构项目投标事前、事中、事后全过程治理对策措施，以期助力中小房地产估价机构加强招标投标管理，规范投标行为，进而增强市场竞争力。

关键词：房地产估价机构；投标管理；困境；对策措施

一、前言

房地产估价行业作为现代高端服务业是经济社会发展中的重要专业力量。随着新时代中国特色社会主义市场经济的改革发展，房地产估价服务市场逐渐规范完善，市场化和透明化不断提高，越来越多的估价服务机会通过规范的招标采购方式投入市场，投标管理逐渐成为房地产估价机构内部治理中最重要的环节之一，其成败关系到企业的生存和发展。然而，当前中小房地产估价机构迅猛增长，市场竞争日益加剧，部分估价机构的投标管理还存在诸多困境问题，如恶性压价行为等，这些问题不仅影响了估价机构的业务发展，也影响了整个行业的形象和信誉。因此，探讨分析中小估价机构投标管理困境问题，加强和完善估价机构的投标管理水平，对于提高估价机构业务获取能力，提升估价服务质量乃至房地产估价行业形象具有重要的理论和现实意义。

二、中小房地产估价机构投标管理困境

由于房地产估价行业的进入门槛相对较低，房地产估价机构数量众多，房地产估价市场竞争异常激烈，相比大型估价机构，中小房地产估价机构发展受限于区域和资源情况，在招标投标管理方面面临较大困境。

（一）资质水平和综合能力显著不足

中小房地产估价机构在资质水平和综合能力方面表现出显著的不足。大部分中小房地产估价机构往往只拥有较低的二、三级房地产估价资质，导致其参与一些大型或高端项目时受到限制，因为此类项目往往要求更高资质等级才能参与。同时很多中小房地产估价机构只专注于某一特定业务领域，如住宅或商业地产抵押估价等，在面对多样化或复杂项目时缺乏足够的经验和能力。由于中小房地产估价机构的规模较小，往往难以吸引和留住高素质的专业人才，从而导致业务执行能力和服务质量受到限制。并且很多中小房地产估价机构在技术方

面相对落后，缺乏先进的技术支持和设备，评估效率和准确性方面存在一定的差距。资质水平和综合实力的不足导致中小房地产估价机构在市场竞争中处于劣势地位，扩大了其在获取业务机会和拓展市场方面所面临的困难。

（二）投标管理制度极度不完善

中小房地产估价机构的投标管理制度往往存在不完善的问题。主要表现在以下几个方面：

1. 信息渠道狭窄，忽视信息管理

中小房地产估价机构在获取估价服务项目及业务信息方面存在较大的局限性，信息渠道相对狭窄，经常因此错过一些重要项目的投标机会。此外，中小房地产估价机构还存在忽视信息管理的问题，无法有效地对项目业务信息进行收集、整理和分析，进而影响投标工作的针对性和准确性。

2. 专业人员缺乏，人岗不能匹配

中小房地产估价机构的员工数量相对较少，因此难以配备专门的招标投标专员，项目招标投标人员是由其他行政后勤或房地产估价师兼任，招标投标人员不固定、临时拼凑现象比较常见。招标投标人员缺乏经常导致招标投标工作的专业性和规范性受到影响，进而影响投标结果和中标概率。

3. 工作流程不完善，落实不到位

中小房地产估价机构在投标过程中缺乏规范的工作流程和操作指南，招标投标工作难以程序化。同时由于缺乏有效的培训监督和责任考核机制，有限的工作程序和标准要求也常常在项目投标实践中难以落实到位，在投标过程中经常出现操作不当或失误的情况，严重影响投标工作的质量和准确性。

（三）投标组织工作重视高度不够

在投标过程中，招标组织工作是非常重要的一环。实践中中小房地产估价机构对招标组织工作重视程度不够，经常存在忽视答疑或项目踏勘、投标文件缺乏针对性等问题，极大地影响了投标工作质量和效果。对于很多大型或重要项目来说投标前的答疑或项目踏勘是投标工作中不可或缺的一部分。通过投标前答疑或项目踏勘，估价机构可以深入了解项目的实际情况，包括评估目的、估价对象基本情况、时间和标准要求等信息，对于制定科学合理的估价方案和投标报价至关重要，但中小房地产估价机构经常因为时间或人员原因而忽视了答疑和项目踏勘的重要性，导致投标方案和投标报价科学合理性不够。

其次，投标文件是投标过程中最重要的文件之一，投标文件的质量直接影响估价机构是否能够成功中标。一些中小房地产估价机构往往忽视投标文件的重要性，模板化、生搬硬套现象比较常见，不充分考虑项目的实际情况和自身的胜任能力，往往为了中标而盲目压价，低价恶性竞争。低价恶性中标不仅导致中标后无法满足业主的估价需求和质量要求，还对估价机构的声誉和长远发展造成负面影响，甚至有可能受到行业协会的监督处罚。

（四）投标项目事后管理严重缺失

中小房地产估价机构不仅在上述投标项目事前、事中环节存在困境，在投标项目事后管理方面也经常存在严重缺失，主要表现在以下几个方面：

1. 不注重总结失败教训

在投标过程中，难免会遇到失败的情况。在经历投标失败后不进行深入的总结分析，无法找出失败的原因并加以改进，从而导致估价机构在后续类似的投标项目中再次遭遇失败，错失业务商机。

2.缺乏对投标技巧的总结和分享

中小房地产估价机构在总结和分享方面通常做得不够，员工之间缺乏经验交流分享。不同的项目需要不同的投标技巧和策略，房地产估价机构应该及时总结并分享投标工作经验教训，以提高员工的投标专业能力和估价机构的竞争力。

3.缺乏项目延伸管理

在投标过程中，房地产估价机构应该加强对项目的跟踪和管理，包括中标后的合同签订、执行以及与委托人的沟通等方面的工作。部分中小房地产估价机构只关注投标过程本身，而忽视了项目延伸管理的重要性，缺乏对客户反馈的重视和回应，无法及时了解客户的需求和反馈，也无法根据客户的意见和建议进行改进和提高，进而导致项目执行过程中出现不必要的困难和问题。

三、加强投标管理全过程的对策措施

（一）锤炼企业素质，提高竞争力

打铁还需自身硬，在市场化竞争中房地产估价机构自身实力是赢得项目的先决条件。新时代新需求，中小房地产估价机构要认识到人才是最核心的竞争力，是估价机构持续发展的源动力。估价机构必须加强团队建设，依靠团队合作实现高效管理，共同创新。同时房地产估价师要加强自身综合能力的培养，不断更新专业知识和技能，扩大学科交流，将估价理论升华创新用于解决新问题。

（二）完善招标投标制度，建立长效管理机制

房地产估价机构负责人要亲自抓投标管理工作，量身定制建立和规范招标投标管理制度，形成投标管理长效机制。

1.组建强有力的专门招标投标工作小组

由房地产估价机构市场业务主管领导牵头，组建强有力的招标投标工作小组，配备思想素质高、有奉献精神，业务能力强、技术水平高，具备实践经验和学习能力的招标投标工作专员，并保持投标专员的稳定。同时要建立奖惩机制，对中标项目予以奖励，对人为失误造成投标失败进行过错追究，增强参与人员的责任感、获得感。

2.建立项目招标投标信息管理系统

为了更好地管理招标投标信息，中小房地产估价机构应该建立完善的项目招标投标信息管理系统。从信息来源、收集、跟踪、评审到选择投标要安排专人落实到位，形成闭环的工作流程。

（1）建立多元化的信息来源渠道，包括政府采购网站、行业协会、公共资源交易平台和企业自有资源等，并关注多种媒体和社交网络等渠道，及时获取相关招标投标信息；

（2）制定规范的信息收集流程，确保信息的准确性和完整性；

（3）对每个招标投标项目进行实时跟踪，了解项目的进展情况、竞争对手情况、评标结果等信息；

（4）根据招标投标项目的具体情况和市场行情，对投标项目进行综合评估和分析，包括企业资质、业绩、技术方案、价格等方面的评估。

通过招标投标信息管理系统估价机构可以更好地管理招标投标信息，掌握市场动态和竞争对手情况，提高中标率和市场竞争力。

3. 完善和规范招标投标工作程序

为了确保招标投标工作的顺利进行，中小房地产估价机构需要完善和规范招标投标工作程序。中小房地产估价机构通过规范的流程标准确保员工分工明确，操作规范有序。通过制定格式化和程序化的操作规范，对涉及招标投标活动项目需求跟踪、投标决策分析、招标文件购买、投标文件编制、保证金缴纳、项目负责人及投标人员、标书投递及开标、后期对接等细节工作做到紧张有序；同时建立应急预案以应对可能出现的突发情况，力求每个环节程序都忙而不乱、应对自如。

4. 不断更新装备，适应投标新要求

在信息化时代，利用互联网平台实行电子化招标投标已成为主流趋势。为了适应市场环境和要求变化，中小房地产估价机构需要不断更新装备，投入相应的软、硬件设施，适时升级投标工具，为投标工作提供物质保障，以便提高投标工作的效率和质量，满足客户的需求和要求。同时也有利于提高估价机构的市场竞争力，为长远发展奠定坚实的基础。

（三）精心组织招标投标实施过程

精心组织投标工作是保证投标质量的关键。中小房地产估价机构要落实人员分工、明确责任和工作要求，同时要做到及时反馈信息、及时沟通协调。特别是要重点做好答疑和项目踏勘、标书编制、风险评估、投标报价等环节工作。

1. 研讨招标文件，重视答疑和项目踏勘。

招标文件是编制投标文件的依据，在获取招标文件后，要全面研讨文件内容，积极响应文件要求，任何对招标文件的疏漏都会导致投标失败。同时要特别重视答疑和现场踏勘工作（如有），以便全面了解项目估价对象基本信息和要求，任何对招标文件的不明确或有歧义的情况，都需要及时与代理机构和委托人沟通，要求其及时补充或澄清。

2. 量身定制科学可行的技术方案

估价服务方案是指导项目的核心设计和投标报价的重要依据。在编制服务方案时，估价机构需要严格对照评分标准和评分细则精心制定出"技术先进、措施可行、经济合理"的技术方案，通过深入了解项目需求和要求，针对项目的特点确定技术难点和重点，并参考已有的成熟技术和经验，采用标准化的评估方法和流程，提高技术方案的先进性、合理性和针对性。

3. 合理确定投标报价

投标报价是投标的重要环节，无论是最低价中标法还是综合评分法，投标报价对中标结果均具有决定性影响。中小房地产估价机构需要建立完善的风险防范机制，对投标报价进行严格的风险评估和预测。在报价前，要对项目的风险进行充分的调查和分析，制定相应的风险应对措施；在报价过程中，要合理分摊风险，避免因报价过低而导致的亏损或项目无法顺利进行。同时，估价机构应该坚守诚信原则、遵守行业规范，要尊重竞争对手，避免采取虚假报价、恶意压价等不正当手段竞争。

4. 投标文件后期工作要严谨

标书制作、密封、提交是一项非常细致的工作，要求高度的专业性和责任心。任何小纰漏都可能导致前功尽弃，甚至导致投标废标，这样的教训具有普遍性。在投标文件的后期工作中，中小房地产估价机构需要做到严谨细致，精心做好文件校对制作、签字、密封、提交工作。通过高度负责的态度和专业的技能素质，确保投标文件的准确性和完整性。

（四）抓好投标项目的延伸管理

估价项目招标投标完成后，无论是否中标房地产估价机构都应该抓好项目的延伸管理，

积极对投标工作中投标报价高低、技术标得分、资格文件以及与竞争对手的差距等方面进行总结和分析。如果中标，对于可预见的评估风险事项，要及时在合同中予以补充。在评估项目实施过程中，要认真履约兑现承诺，以高效率、高质量的估价服务形象赢得客户的认可，为今后的投标创造有利条件。如果未中标，也要找出失败的原因，是报价过高还是技术方案不够突出，或是资格文件存在缺陷等。通过对失败的总结和项目延伸管理，不断积累项目招标投标经验，提升估价机构综合实力和市场竞争力，为未来的投标项目提供有益的借鉴。

四、结语

当前，房地产估价机构市场环境比较严峻复杂，特别是中小房地产估价机构面临的生存与发展压力较大，招标投标作为房地产估价机构获得项目业务的主要来源，其成败关系到企业的生存和发展。本文在总结分析中小房地产估价机构投标管理困境的基础上，提出了加强全过程投标管理的对策措施，通过事前、事中、事后一系列投标管理策略的实施，可以有效地提高机构的投标成功率和招标投标管理水平。但是在实践中仍然需要根据自身资源和实际情况不断加强内部治理，选择适当的投标管理策略，积极扩展自身业务和能力，乐观应对发展难题，形成和提升估价机构核心竞争优势，以便顺应新形势的发展大潮，为客户提供更高效、高质量的估价服务。

参考文献：

[1] 王建新.新形势下中小房地产估价机构生存与发展问题的思考[C]//中国房地产估价师与房地产经纪人学会.2020中国房地产估价年会论文集.北京：中国城市出版社，2020：584-587.

[2] 王涛.中小施工企业投标管理问题探析[J].新西部（理论版），2016（8）：76+74.

[3] 聂瑛.新形势下水利工程招投标管理对策探究[J].四川建材，2023，49（3）：234-236.

[4] 谢春梅.中小企业参与政府采购投标策略[J].招标采购管理，2016（4）：59-61.

作者联系方式

姓　　名：郑刘平　孟祥姝　王晓煜　许全丽

单　　位：辽宁隆丰土地房地产与资产评估有限公司

地　　址：沈阳市皇姑区北陵大街26甲2号隆丰评估

邮　　箱：zhengliuping@163.com

注册号：郑刘平（2120130019）；王晓煜（2120060040）；许全丽（2120150014）

新形势下做好房地产估价档案工作的若干建议

杨海娟　王世春

摘　要：随着估价行业的发展，档案管理作为最后一道估价程序，其重要作用日益突显。笔者通过比对房地产估价档案的传统定位和新形势下所赋予的新功能，对于如何做好估价档案管理工作，提出了加强档案过程管理、完善档案管理制度和改进档案管理模式等具体改进措施。

关键词：档案管理；风险防范；观念改变

一、房地产估价档案的定位需要与时俱进

（一）档案的传统定位

1. 完成《中华人民共和国资产评估法》和《房地产估价规范》规定内容

《中华人民共和国资产评估法》规定：评估档案的保存期限不少于十五年，属于法定评估业务的，保存期限不少于三十年；

《房地产估价规范》规定：房地产估价机构应及时整理和保存估价资料，并应保存到估价服务的行为结束且不得少于十年。保存期限应自估价报告出具之日起计算。

在传统观念上，我们对估价档案的定位首先是为了满足上述法律和规范的要求，履行估价的基本程序。

2. 对于估价机构而言，比较关注是否有报告归档这个结果

鉴于档案管理是《中华人民共和国资产评估法》和《房地产估价规范》明确要求的、必要的估价程序，因此各家房地产估价机构都会重视估价档案的保管工作，设置专门的人员甚至是部门来进行档案管理，档案管理关注重点往往局限在估价档案收取、保管和借阅等，部分机构也会延伸到项目绩效管理和财务管理等方面，但是对于估价档案内容要求和实际形成过程往往不太重视，简单讲，就是估价档案管理重量不重质。

3. 对于估价师来说，只是将报告归档视为一个工作环节

估价报告向客户提交之后，估价机构都会要求项目组进行项目资料归档，项目组也会按照要求完成归档工作。项目组执行具体估价程序时，不同阶段有不同的关注重点，前期估价师会非常重视前期调查、价格测算和房地产估价报告撰写，但不太重视项目资料归档工作，只是将其当作估价作业流程中的一个环节，有些情况甚至会交给估价助理人员全权处理。

（二）新形势赋予档案的新功能

1. 过程约束

档案产生于估价机构的估价业务活动中，它是估价活动真实有效的凭证。完整的档案至少应该包括：估价报告，估价委托书和估价委托合同，估价所依据的估价委托人提供的资料，

估价对象实地查勘记录，估价报告内部审核记录，估价中的不同意见记录，外部专业帮助的专业意见，取价标准或依据。以上资料体现了各个阶段的工作成果，是每个估价项目的"底片"，是"会说话"的估价过程，项目组对每一个工作阶段的工作成果进行小结，达到标准后才能进行下一阶段工作。各阶段工作成果是什么？当然是本阶段的成果资料和档案资料。

2. 备查资料

《房地产估价规范》明确指出：保存估价资料的目的是建立估价档案和估价资料库，为今后的相关估价及管理工作奠定基础，同时有助于解决日后可能发生的估价争议，有助于房地产估价机构和房地产估价师展现估价业绩，有助于行业主管部门和行业组织对机构和估价师开展有关检查和考核等。对于估价机构内部，档案是为类似项目提供经验参考、为估价机构项目管理提供依据的基础资料；对于外部来说，是面对行业主管部门监管检查、解决估价争议、公检法调查工作的备查材料。

3. 自证资料

在紧要关口，估价档案往往是圆满解决估价争议的"特效药"。如果说备查资料的重点在于"全"，那么自证材料的重点就在于"实"。即在必要时，档案是证明估价人员勤勉尽责地履行了法律法规规定的必要程序，独立、客观、公正地完成了估价工作的有力支撑。从这个意义上讲，估价档案资料不在数量多少，而是重在质量，就是在关键时刻能不能找到关键的支撑材料，这点往往被很多估价师所忽略。

（三）新形势下档案管理突显的主要问题

1. 前期档案管理介入不足

在档案提交给保管人员之前，档案资料由估价人员分头保管。在制度设计上，估价机构对于项目开展过程中档案资料的收集与整理要求比较含糊，以往项目较多，项目组成员也没有形成及时整理档案资料的良好习惯。由此导致前期风险把控不够，中间归档材料不完整，后期档案资料缺失。

2. 对档案重要性认识不足，意识薄弱

对于估价师个人而言，自己签字的估价报告接受检查或调查的占比很低，这样往往会形成一个错觉，做项目就是把报告完成，报告提交之后即可万事大吉，最后收集整理项目的估价档案纯粹就是为了完成公司的规定动作，有时候手头项目较多，项目归档就成了累赘，真心希望简化归档；还有的估价师为了图省事，干脆把归档工作推给估价助理人员，而助理人员业务能力欠缺，有时候还缺乏主动性和责任心，也同样没有意识到档案的重要作用，进行档案工作就是把手头资料归拢、装订成册，由此导致了档案质量低劣，后患无穷。

3. 档案资料缺失、内容不全

档案资料缺失，除了上文所述档案形成过程中导致的原因，还有其他在档案保管过程和作业中导致的原因：

（1）归档年限过长。由于早年归档要求不同，且档案管理人员经过人事更迭，无法查证核实，历史档案资料易存在部分缺失情况。

（2）作业周期长。部分类型项目作业周期长，最典型的如拆迁评估项目，从承接到结束可能需要持续一年甚至多年，容易因周期过长、人员更替等客观原因而导致档案资料缺失。

（3）其他情况。因疏漏等原因导致的档案资料缺失。

4. 档案资料内容自相矛盾

档案资料内容自相矛盾，一方面是项目组更替时，工作交接不清楚，另一方面是由于估价人员工作不认真或业务水平有限，归档时也未认真仔细检查一致性，从而导致档案资料内容出现自相矛盾，甚至与发出内容不符，如报告版本不同、部分报告内容不同等。

5. 档案资料不能对估价基本事项、参数选取等内容起到支撑作用

档案资料不能起到有效的支撑作用，主要体现在工作底稿内容缺失或滥列上，比如市场调查底稿中未列示可比实例调查的完整信息，或列示了非可比区域的可比实例，导致无法对参数选取起到较强的支撑作用，不能直接、高效地解决争议问题。

以上问题的存在，都会导致档案资料失去原有的保存目的，为后期档案资料的使用留下了巨大风险隐患。

二、做好档案管理的几点建议

笔者通过近年档案管理工作的经验积累，分析总结如下几点经验分享：

（一）加强过程管理，突出合格档案资料的形成

1. 档案资料基本要求

档案是估价工作的真实记录，是估价程序的完整呈现，是估价基本事项的全面反映。从风险防范角度来说，档案资料的最基本要求是真实、有效、完整、一致。

（1）真实。①委托方提供的资料。估价资料的真实准确是估价工作开展的基本要求，因此委托方提供的权属文件等资料应是经过委托方承诺其真实性、估价人员真实收集到的原始资料；②估价人员的工作底稿。即实地查勘、市场调查等工作底稿是真实准确的。估价师现场照片、查勘记录签字、查勘证明人签字等，都是佐证工作底稿真实性的有力依据。

（2）有效。档案的有效性体现在两个方面，其一是资料提供方通过盖章确认其所提供资料的有效性，必要时也可以通过政府网站等第三方信息进行交叉验证；其二是估价人员的工作底稿能够对估价成果起到有效证明作用。以市场调查为例，对纳入档案资料的底稿要进行筛查整理，不滥列依据，比如对于最初纳入调查范围但后期深入调查后发现并不可比的案例，不宜纳入档案资料。

（3）完整。宏观来说，估价所依据资料应齐全完整；微观来说，具体到资料的每一项、每一页都要清晰完整。

（4）一致。①估价委托书或估价委托合同所涉及的内容与估价成果、估价依据相应内容的一致；②工作底稿资料之间的一致，比如实地查勘的表、图、文字内容需要相互一致；③对外发出的估价成果形式、内容与归档版本的一致。

2. 从不同需求角度看档案资料的关注重点

随着估价行业的逐步发展和经济形势的变化，越来越多的估价业务会受到行业内外的关注，而行业主管部门或公检法单位对估价业务的关注点主要有三个方面，即估价程序是否合法合规、估价对象的确定以及参数取值是否合理有据。由此，笔者从三个不同的角度分析了档案资料的必要内容。

（1）从《房地产估价规范》来看档案资料内容。

《房地产估价规范》所明确的归档内容涵盖了估价程序的履行和估价基本事项的确定：①估价委托书和估价委托合同。估价基本事项需要通过委托文件来明确，委托文件明确的内容要和报告相同内容一致。比如估价范围、估价目的、价值时点等。②估价所需基本资料。包括明确估价范围所需的权属资料或委托方盖章确认的补充资料，作为工作底稿的查勘记

录、市场调查、访谈记录、专家意见及审核意见等资料。其关注重点是盖章签字齐全，关联资料能够相互印证，同一内容的相关资料具有一致性，作为参数取值依据的底稿能够真正起到证明作用。

（2）从估价机构内部管理角度来看档案资料内容。

①技术沉淀与提升——项目经验总结。估价机构通常会在创新项目或者重大项目结束后进行复盘，总结经验和不足，这时候估价人员的项目经验总结就可以为后续类似项目的开展提供实践参考。②数据库建设——可纳入公司数据库的买卖合同、租赁合同、施工合同以及经营数据等。估价机构的数据库建设最终是要服务于估价业务的，因此估价过程中所收集的参数资料，经过估价人员的分析、判断、核实，是最真实的一手数据，是估价机构数据库建设的原始材料。

（3）从行业外部检查的角度来看档案资料内容。近年来，行业主管部门及公检法部门对估价机构档案资料调阅的比例逐步提高。从几个主要部门的关注重点来看一下档案资料的必要内容。

①行业主管部门。参照行业法律规范对估价工作进行全面关注。包括但不限于估价对象、估价程序、估价技术路线确定、参数选取依据等，对估价对象、估价程序的合法合规性会重点关注。②公检法部门。关注委托过程、估价对象、估价结果、作业过程、估价程序的依法合规、参与人员职责分工等各个方面，重点关注内容会因办案目的不同而变化。③相关行业，如审计。从机构内部流程制度管理、估价程序的依法合规、专业内容等几方面进行关注，必要时会做穿透式审计，即根据现有资料重新做一遍模拟估价进行比对。

由此可见，委托程序证明资料、委托方提供的估价资料、估价对象确定的依据资料、估价人员的工作底稿资料、估价参数的依据资料等，是档案资料中必不可少的基本内容。

（二）完善档案制度，规范档案验收和保管流程

1.制定合理和规范的档案验收标准

验收档案资料，应进行实质性检查，合格后方可归档。档案移交后，档案管理人员应进行登记妥善存放，定期盘点检查，遵照法律规定年限对档案资料进行保管。保存期限内，任何人员不得对档案资料进行删改或者销毁。

2.完善的档案管理制度应包括以下内容

（1）档案工作的地位。即档案工作不是选择性工作，而是需要估价师秉持严肃认真的态度完成、对自己对机构负责的必要工作；同时明确相关人员的职责和分工。

（2）档案管理流程要求及各节点时限。包括归档流程、调取流程、销毁流程等。

（3）不同业务类型的归档内容、档案资料清单及具体要求。

（4）相关保障措施，如保密要求、奖惩规则等。

档案管理制度的建立旨在管理和保护档案资料，对于估价机构来说，完善的档案管理制度能够与估价风险管理形成有效闭环，从而保护机构和估价人员。

（三）改进档案管理模式，系统提高机构档案管理水平

1.加强内部培训，提高估价人员对档案重要性的认识

通过培训、宣传等方式向全体估价人员灌输归档工作的重要性，逐步提高归档意识。只有从思想上重视了，才能有效落实档案管理相关要求，从主观上保障档案的完整、准确。另外，在对估价人员培训的同时也要对档案管理人员进行流程、风险的基础培训，形成管理闭环。

2. 档案管理融入项目管理过程

将档案管理融入项目管理节点，引进事前介入、事后跟踪的工作模式：①档案资料的日常整理；②报告发出前，即在审核阶段，通过对项目的回顾与梳理，对拟归档资料进行一致性、准确性、完整性检查；③在归档阶段，对档案资料进行完善、补正，同时可以通过增加相关人员（如审核人员）复核流程等方式加强档案管理风险防控。

3. 加快业务档案数字化建设

档案信息化管理是时代大势所趋，相较于传统的纸质档案，电子档案优势明显——更易于保存、节能、传递方便、节省空间。档案调取时，可以通过关键字检索快速定位档案资料，大幅提高档案借阅效率，更好地为估价人员提供支持。也可以解决纸质档案存放地点分散、调取速度慢的问题。因此，纸质档案与电子档案要同步并行。

最后，由衷希望同行机构能够重新审视档案在估价程序中的作用，重视、做好档案工作，使档案真正成为估价成果的有力支撑，从而形成完整链条的风险防范，保护我们的估价机构和估价人员，稳步向前。

作者联系方式

姓　　名：杨海娟　王世春
单　　位：北京首佳房地产土地资产评估有限公司
地　　址：北京市海淀区紫竹院路 116 号嘉豪国际中心 B 座 7 层
邮　　箱：yanghaijuan@shoujia.cn；wangshichun@shoujia.cn
注册号：杨海娟（1120110042）；王世春（1119970067）

浅谈新晋员工系统化培训的必要性

杜俊杰

摘　要：员工是公司发展的根本，是公司创造财富的源泉，更是公司生长期运转的保障。一个好员工给公司带来活力，一群好员工使公司蓬勃发展。加强新晋员工系统化培训，是促进公司蓬勃发展的基础保障。随着社会经济的快速发展、互联网技术的全面普及，房地产估价行业进入了新的发展阶段，这对面临新业务开拓、估价机构转型现状的估价人员综合素质提出了更高要求。新晋员工是公司的血液，加强其业务能力，是估价机构在当前市场下生存、发展、壮大的重要保障。

关键词：新晋员工；系统化培训；必要性；建议

房地产估价是促进社会经济发展的重要中介服务行业，为经济发展做出了重要贡献。随着房地产市场调控的深入、最高人民法院涉及评估的政策调整以及金融机构评估费用、付费政策的调整，房地产估价机构受到强烈冲击，对房地产估价机构的生存及发展带来严重的影响[1]。在房地产估价市场传统业务萎缩的环境下，很多机构都以转型和创新作为破局之路，人才缺口凸显，机构急需补充新鲜血液。在这一关键时期，估价机构应把握创新主题，广纳人才，对人才进行系统化培训，并在培训过程中汲取新观念、新需求，从而建立符合机构发展的人才标准，进行资源的最优配置。

一、新晋员工培训的现状分析

（一）对新晋员工培训认知不足

目前，在市场环境的影响下，估价机构面临多方挑战。很多机构管理者对新晋员工的培训不够重视，往往会把眼光过分局限于投资回报及短期效益，缺乏长远目光，同时担心新晋员工接受机构培训后跳槽，以至于估价机构在培训上减少投资力度，对于新晋员工入职，仅培训基础性知识，致使他们难以得到系统性学习的机会，在工作中困难重重，消减了工作积极性，最终造成人才流失[2]。新晋员工主要是通过学校招聘和社会招聘（以下简称校招和社招），而估价机构认知如下（表1）：

估价机构认知　　　　　　　　　　　　　　　　　表1

新晋员工类型	估价机构认知
校招新晋员工	培训机构文化、规章制度，忽视新时代下主人翁的思想和行为
社招新晋员工	工作时间长，有一定经验和能力，可快速创造价值，不必开展培训，忽视其能力和经验是否适合机构

（二）对新晋员工培训缺乏系统性

很多机构管理者把新晋员工培训作为一份"行政工作"，按照"安排任务——完成任务"的模式开展培训工作。所谓的入职培训就是安排一天或两天的时间，让员工自己熟悉同事和机构环境，自主学习以前的估价报告、作业手册、企业规章制度等，大多为"形式主义"，而且培训方式老套，培训模式固定。虽然有的机构培训内容很丰富，包括机构文化、生产安全、团队协作等，但是培训结果也不是很完美，究其根本还是没有进行整体性、专业性、针对性的系统培训。

（三）对新晋员工培训缺乏人文关怀

注重对新晋员工培训的人文关怀能够提高新晋员工的工作积极性，增加新晋员工的信任度和满意度，为机构的长远发展奠定坚实基础。机构对新晋员工培训缺乏人文关怀会造成只注重他们的技能和知识的传授，而忽略他们的情感和社交需求，使他们感到不被重视。机构在对新晋员工培养时，往往着重于机构发展，使员工快速融入工作岗位，快速给公司带来效益，忽视他们的个人需求，从而使他们对工作前景缺乏信心，对入职后的工作感到有压力；同时由于房地产估价工作的性质：专业性强、细节性高，老房地产估价师会更专注自己的工作，对新晋员工产生过多说教，打击他们的积极性，使得新老员工间产生距离感，影响员工后期团队工作，影响机构发展，最终造成人才流失。

（四）对新晋员工培训缺乏有效反馈

新晋员工培训缺乏有效反馈会导致培训效果不佳，造成的影响也是双向的，对新晋员工来说：新晋员工无法充分掌握所需技能和知识，同时也无法了解自己在工作中的表现情况。对于机构来说：缺乏有效反馈的培训其结果就是只注重培训过程，而忽略培训后的跟进和评估，使机构无法了解新晋员工对培训的满意度和实际应用情况。机构对新晋员工的培养不是一次培训就结束的，而是一个持续性、阶段性的工作，它体现在日常工作中，机构在新晋员工培训后，任其自身发展，忽视他们的培训反馈及绩效考核，从而导致培训效果不理想，影响接下来既定的培养计划。

二、新晋员工培训的必要性分析

新晋员工入职后，开展有针对性的培训是很有必要的。培训可以使他们的能力得到开发，快速适应机构环境，当前机构招纳新人主要方式为校招和社招，两种招聘途径不一样，但目的都是为机构增添新鲜血液，保持机构发展活力，现对两类新晋员工培训的必要性进行简要分析（表2）：

新晋员工分类表　　　　表2

新晋员工类型	入职现状	估价机构需求	新晋员工本身
校招新晋员工	一片空白	"00后"成为机构创新主力	不仅要工作挣钱、还要有展现自我的舞台
社招新晋员工	留有痕迹	有经验和能力，可快速创造价值	留有上家机构的工作模式、思维方式

（一）校招新晋员工培训的必要性

当前，"00后"成为机构招新的主要对象，也是校招新晋员工的主要组成部分，更是机构开拓创新不可替代的催化剂，这是时代发展不可逆的潮流。职场上"80后忍气吞声，90

后浑水摸鱼，00后重拳出击"这一现象流传广泛，新时代主人翁的思想与80年代出生的人有着显著的不同，尤其是在对待工作的态度上，他们思想比较开阔、生活比较优越、年纪还很小，没有面临很大的经济压力，工作不仅仅是他们赚钱的途径，也要成为他们自身展现自我的平台。

对估价机构来说，校招新晋员工是一块璞玉、一张白纸，机构可以通过系统培训将其雕刻成一件完美艺术品、一张海阔天空的蓝图。他们虽没有丰富的知识和经验，可是具有良好的学习能力，适应能力强，人际交往能力有待发掘，特别是刚进入一个陌生的环境时，如果通过培训使其感到估价机构的温暖、和谐，并成为其背后的依靠，他们会有强烈的归属感和责任感，全心全意地投入工作中。"00后"是机构发展的主力军，他们具有创新思维和创新能力、多元化视野和文化融合能力、数字化技能和意识、积极心态和学习能力。他们的加入会给机构带来多方位的推进力，是机构发展创新的重要保障，以下是对校招新晋员工的优势能力分析（表3）：

校招新晋员工优势能力表　　表3

优势能力类型	能力表现
创新思维和创新能力	具有更加开放的思维和创新能力，更容易接受新事物、新思维和新方法，并且能够灵活运用各种技术工具进行创新
多元化视野和文化融合能力	能够更好地理解和尊重不同文化、背景和价值观的人，有助于机构在新时代下更好地适应市场需求和文化差异，提高机构的文化多样性和包容性
数字化技能和意识	能很快适应数字化工作环境，对数字化工具的应用得心应手，在工作中能够更好地利用数字化工具提高工作效率和质量
积极心态和学习能力	具有更加积极的心态和更强的学习能力，他们愿意不断学习、成长和进步，对工作充满热情和动力

（二）社招新晋员工培训的必要性

相对于校招新晋员工来说，社招新晋员工具有一定的能力和经验，能够快速给机构带来收益，机构普遍会减少培训，甚至不培训。对于这种情况，往往会造成新晋员工自身和机构本身出现很严重的错误。出现这一现象的原因有两个，一是机构本身错误：认为社招新晋员工不需要培训，二是新晋员工自身错误：认为自身不需要培训。其共同根源无非是社招新晋员工有一定的能力和经验、对市场环境比较了解、办事能力强等，这些因素使双方同时忽视了新晋员工培训的必要性。

对于机构和新晋员工都要认清，工作时间的长短不是衡量其能力的标准，社招新晋员工进入机构其本身就带有上家机构的痕迹，一些习惯、思维方式、工作标准等，这些是否符合当前机构的需求也有待时间的检验，处理不好会对团队，甚至机构带来很大的副作用。而进行系统的培训是改变这种情况的最好方式，通过系统培训，可以使他们了解新机构，认清自我，抛掉不适合当下的思维方式，吸收新的作业方式使自身适应机构，也使自身得到成长。在培训过程中机构应与他们充分沟通，对他们更加了解，在以后的工作中机构可以准确安排适合其能力的工作，成为估价机构发展的动力。

（三）对新晋员工培训的必要性综述

新晋员工是机构成长养分的来源，是最容易流失的部分。机构是员工除了生活外最主要的场所，是员工维持生活的依靠，机构和员工是相互依存的关系。新晋员工系统化培训可以使新晋员工自身得到提升、对机构了解加深、感受到机构的关爱、缓解工作的紧张氛围、减轻工作中的压力，会使他们自发地产生归属感，工作更加积极。同样，机构对新晋员工进行培训，是一种有效投入，系统性的培训使新晋员工更好地融入机构，对机构业务了解更深，增强团队协作，对行业知识运用更加熟练，为机构创造更大的收入，同时在培训中机构对新晋员工更加了解，能更好地发现他们优势，合理安排工作，提高工作效率。新晋员工培训是一名新晋员工在新机构工作的开始，是一个机构发展壮大的必经之路，它对机构和新晋员工都很有必要。

三、对新晋员工培训的建议

（一）转变观念、深化新晋员工培训意义

时代在发展、观念在进步，对新晋员工培训的观念，不仅机构需要改变，新晋员工自身也要改变。机构应充分认识到新晋员工培训的必要性，要具有长远眼光，不要局限于眼前成本和收益，将培训当作长远投资。新晋员工也要充分认识自身，进入新的工作环境，就要学会适应，培训是融入机构的便捷通道，应抱有谦虚好学的心态和机构一同发展，共同进步。

（二）建立系统的新晋员工培训体系

新晋员工培训体系是帮助新晋员工快速适应公司环境、了解公司文化、提高工作效率的重要环节。首先应确定新晋员工培训的目标和内容，例如提高他们的工作技能和知识，以及与公司文化和价值观相关的内容；其次，根据目标和内容，安排具体的培训人员在指定的时间和地点进行有节奏、有层次的培训，培训人员应具备丰富的专业知识和实践经验；再次，按照培训计划制定培训课程，在培训结束后，通过考试、问卷调查、反馈等方式评估培训效果，收集新晋员工的建议，以便不断改进培训内容和方式；最终，在新晋员工入职后，定期跟踪他们的培训成果，关注他们的工作表现，及时给予指导。

（三）以人为本、提高新晋员工关注度

以人为本、提高新晋员工关注度，需要从多方面入手：通过建立良好的沟通机制，与新晋员工保持密切联系，及时了解他们的需求和问题，为他们提供必要的帮助和支持；创造良好的工作环境，关注他们的心理健康；为新晋员工制定激励计划，例如提供晋升机会、奖金奖励、荣誉证书等，以激励他们更好地发挥自己的才能和潜力；为新晋员工制定职业发展规划，让他们明确自己的职业目标。通过各种措施，让新晋员工感受到公司的关怀和支持，帮助他们快速适应公司环境并发挥自己的潜力。

（四）建立新晋员工培训反馈体系

新晋员工培训反馈体系是机构管理中的重要组成部分，可以帮助公司了解新晋员工对培训的看法，从而改进和调整培训体系，反馈体系可以通过多种方式实现，包括在线调查、面谈和工作采访等，一个有效的反馈渠道主要包含反馈期望、反馈方式、收集及分析反馈数据、改进培训计划。通过不断优化新晋员工培训反馈体系，可以提高他们对培训的满意度和参与度。

四、结语

综上所述,在现代社会发展背景下,公司面临着越来越激烈的市场竞争,需要积极通过员工培训来提升公司竞争力,但是也会面临员工培训流失的风险[3]。在互联网和大数据快速发展的背景下,房地产估价行业面临着前所未有的考验,为满足房地产估价机构的改革建设、优化创新和持续性发展的要求,房地产估价机构应吐故纳新,对员工流失最严重的新晋员工板块,加强系统化培训是必行之路。

参考文献:

[1] 冯春晓,程景民.新发展阶段房地产估价机构人才吸引与培养[C]//中国房地产估价师与房地产经纪人学会.2021中国房地产估价年会论文集.北京:中国城市出版社,2021:731-734.

[2] 郭悦.企业新员工培训问题及解决对策[J].现代企业,2019(2):14-19.

[3] 张豪.企业员工培训流失风险分析与控制[J].中国集体经济,2021(10):103-104.

作者联系方式

姓　　名:杜俊杰

单　　位:河南方迪土地房地产评估规划有限公司

地　　址:开封市西大街1号楼

邮　　箱:1042226892@qq.com

房地产估价机构专业人才多元化培训策略探讨

陈 静 张 贞

摘 要：人力资本是企业最核心的竞争要素，如何根据企业发展需要，制定切实可行的员工培训策略，改善和提高培训工作效率，是企业发展面临的重大课题。本文通过对在线课程、研讨会和工作坊、实操练习、案例研究以及导师制等多样化教学方法的应用，提出了培训方法与动态管理机制相结合的多元化培训策略，以满足不同层次员工的需求，促进他们在动态市场中成长。

关键词：人才瓶颈；人才培养；多元化培训策略

一、人才瓶颈问题分析

专业人才无疑是公司的核心竞争力。在企业进入平稳发展时期，人才问题表现并不明显。但随着信息数据时代来临，估价行业的高质量发展，业务规模的迅速扩张，专业人才的瓶颈问题日益凸显。一是企业内部骨干人才流失，导致经验、客户以及竞争优势的流失。公司经过多年培养的骨干估价师离职，转入其他估价机构、房地产开发企业、金融机构等相关的估价领域。二是外部引进人才面临文化、行事风格冲突、团队融合等问题，公司招聘的新员工在短时期内很难达到房地产估价专业工作的需要。专业人才的短缺与业务高质量发展要求之间的矛盾日益突出。

（一）人才不足现状

当前房地产估价行业，专业估价师的严重短缺成为一个普遍现象。一方面，这种缺乏不仅体现在数量上，更在于这些人才的技能和经验上的不足，普遍缺乏足够的市场分析能力和评估技能。房地产市场的快速变化要求估价师不仅要具备传统的评估技能，还需要具备较强的市场洞察力和数据分析能力，而这些是目前众多估价师所缺乏的。另一方面，随着互联网、大数据等技术的进步和市场的变化，新的评估方法和工具不断涌现，许多现有的估价师并未能及时更新其专业知识和技能。尽管有新的评估软件和方法被开发，但多数估价师在实际工作中仍然依赖于传统的、较为落后的评估方法和工具，这在一定程度上限制了他们的工作效率和评估质量。

（二）人才缺乏的影响

人才短缺对房地产估价公司的服务质量、业务发展和市场竞争力产生了显著影响。首先，服务质量方面，由于专业人员的不足，一些公司可能无法及时响应客户需求，或者在评估过程中出现失误。直接降低了客户满意度。其次，业务发展方面，随着市场需求的多样化，房地产估价公司为持续发展需要提供更为综合的服务，对人才提出了更高的专业服务要求，而人才短缺则意味着公司难以扩大业务范围或提供更多元化的服务。最后，市场竞争力方面。人才是公司竞争力的关键,在竞争激烈的市场中,拥有高水平专业人才的公司才能更好地适应市场变化,提供高质量服务,从而在竞争中占据优势。

(三)跨行业流动影响

人才流向其他行业,如金融和房地产开发,已成为房地产估价行业的一个显著趋势。这种跨行业流动对估价公司和整个行业产生了深远的影响,而且不是一家评估公司所能解决的。

首先,面临业务延迟和服务质量下降的风险。经验丰富的估价师流失直接影响了公司的业务执行能力和客户满意度。

其次,影响整个行业的人才结构和专业知识储备。当行业内经验丰富的专业人员转向其他行业时,整个行业可能面临专业知识和经验的流失,不利于行业的长期健康发展。

最后,带来了新的竞争和合作机会。虽然人才流失对单个公司可能是不利的,但长远来看,这种流动可以促进知识和专业技能的交流,有助于行业间的协同发展和创新。

在这种情况下,公司只有通过不断地招聘、吸纳新员工以平衡自身业务的扩张和加强自身的活力,同时,通过培训提高员工个人、群体和整个评估机构的知识、综合能力、工作态度和工作绩效,进一步开发员工的智力潜能,增强专业人员的核心竞争力。

二、专业人才内部培训制度的完善

(一)人才培训体系现状

当前,内部培训制度不完善是许多房地产估价公司面临的普遍问题,主要表现为缺乏系统性培训规划,培训内容陈旧且缺乏实操环节,培训手段比较单一,培训内容仍停留在传统的估价方法和理论上,没有充分融入市场最新动态、先进技术和实际案例分析,缺乏灵活和创新意识。

(二)改进人才培养策略方向

为了改进内部培训制度,公司需要采取针对性的措施。首先,坚持问题导向、目标导向与结果导向相统一,把员工培养融入公司发展总体布局,充分了解员工自身特性,做好系统性培训规划,与企业长远战略相协调,明确员工培养的总体目标、工作举措,为培养员工明方向、定任务、压责任。其次,更新培训课程内容,确保其与行业发展和市场需求保持同步。包括但不限于引入新的评估技术、市场分析方法以及最新的法律法规。再次,增加实践案例和实操练习,帮助员工更好地将理论知识应用于实际工作中。实践案例的分析和模拟练习对于提高估价师的实际工作能力至关重要。针对以上培训措施可以通过在线课程、研讨会、工作坊等多样化的教学形式进行创新教学,提高培训的互动性和参与度,增强学习效果。

(三)树立 RICS 教学的理念

RICS 对于终身学习、持续教育非常重视,即使取得会员资格后,对于继续教育也有强制性的要求,以保持会员的持续专业发展。

一方面,对于会员的专业知识体系有科学和全面的规定,将专业能力分为强制能力、核心技术能力、可选技术能力,完全覆盖了一个专业方向的每种能力,而且除了技术性专业知识外,在强制能力中,还有对商务谈判、客户关怀等沟通能力的要求,这正是国内年轻人所缺少的,但又是必须具备的能力。另一方面,专业经验是要日积月累的,RICS 正是考虑到了年轻的专业人员成长的过程，所以把每种专业能力，按照从基础到应用再到精深，又分为层次一二三，这也是符合专业人员的成长历程。所以，RICS 专业能力体系，完全可以应用在房地产估价公司的培训体系内，让员工经过完整的培训，逐步加深对专业技能的理解和应用，最终成为具备专业胜任能力的合格人才。

三、多元化培训方法的应用

（一）员工成长阶段分析

通过调查和总结发现，在房地产估价公司中，员工大致分为三个成长阶段：新入职员工（评估员）、中级员工（项目经理/估价师）、高级专业人员（部门经理/高级估价师）。而每个阶段的员工由于学历、经历、专业及个人素养不同，对培训的诉求有很大的差异，在各个层次的专业人员培养上，培训内容和培训方式应因人而异，有针对性、系统性地培训学习，增强培训效果。

新入职员工：这一阶段的员工需要了解公司文化、基本工作流程和行业标准。他们的主要培训需求集中在基础知识和专业技能上，如基本的房地产估价原理与方法、市场分析方法等。

中级员工：在这个阶段，员工已经掌握了基本技能，需要进一步提高专业能力和市场分析能力。培训需求转向更为复杂的估价方法、客户沟通技巧和中级市场分析。

高级专业人员：对于这些经验丰富的员工，他们需要的是深入的专业知识、领导能力和创新思维的培训。培训更侧重于高级市场趋势分析、团队管理和战略规划等。

（二）培训方法探讨

在房地产估价公司中，实施多元化的培训方法可以更有效地满足不同员工的学习需求和偏好。以下是一些常用的培训方法及其优势和适用性的探讨：

1. 在线课程

在线课程具备灵活性和便利性两种特性，员工可根据自己的时间安排进行动态学习。特别适合于传授理论知识、软件使用技巧或最新行业动态。此外，它可以作为一种持续教育的工具，帮助员工保持其专业知识的最新性，如同一位无形的导师，随时随地提供专业知识和技能的输入、提供即时的行业更新和深度的专业知识。

2. 研讨会和工作坊

研讨会和工作坊通常以面对面的互动式会议形式体现，侧重于特定主题的深入探讨和实际技能的实践。通过面对面的互动提供实时反馈和指导。加深员工对特定主题的理解，有助于团队成员之间建立联系，促进跨部门协作。例如，在房地产估价研讨会中，员工可以参与到市场分析的模拟中，通过团队合作解决实际案例问题，增强员工的分析能力和创新能力。此外，研讨会可以激发新的业务想法和策略，为组织带来潜在的成长机会。该培训方法对于促进团队合作、分享最佳实践和创新思维非常有效，特别适用于中级和高级员工，他们可以在这些活动中提高自己的批判性思维和解决问题的能力。

3. 实操练习和案例及课题研究

通过模拟现实世界的情景和挑战，增强员工的实际工作技能。这种方法强调了从实践中学习的重要性，帮助员工理解理论知识在实际工作中的应用。在房地产估价的实操练习中，员工可能会被要求完成一次完整的物业估价，从初步市场研究到最终报告的呈现。这种实践不仅提升了他们的技能，还有助于员工在面对真实工作挑战时做出更精确的决策。案例研究通常涉及复杂的数据分析和批判性思维，通过这种方式，员工能够提高解决复杂问题的能力，同时也能够通过对历史案例的学习来扬长避短，特别适合于培养员工的决策能力、市场分析技能以及如何处理复杂的房地产评估案例。对于初级员工来说，这是将理论应用于实践的绝佳机会；而对于高级员工，则可以通过这种方式不断提升自己的专业水平。通过案例及课题研究、梦享沙龙、研学标杆等方式，提高业务水平，提升服务能力，为客户提供更为独特的价值服务。

4. 导师制

导师制，即传统的"帮带模式"，作为一个可以提供个性化反馈和支持的平台，让新员工或较少经验的估价师从经验丰富的专业人士那里学习。这种一对一的指导有助于新员工更快地适应职位要求和公司文化，加速他们的职业成长。导师不仅传授专业知识和专业技能，还提供职业生涯规划的建议，帮助新员工明确自己的职业目标和发展路径。此外，还能增强团队协作和组织凝聚力，促进了团队和组织内部的交流与合作。这种跨代交流是知识传承和新思想孕育的重要途径。但导师本身要承担日常繁重的估价项目，可以用来带徒弟的时间和精力极其有限。同时，师傅的水平参差不齐，带出来的徒弟也是如此。往往需要花费数年的时间，才能带出一名合格的估价师。导师制是双方互赢的一种方法。通过配对经验丰富的高级员工与新员工或中级员工，培养高级员工的领导能力和战略思维，帮助新员工明确自己的职业规划和提高专业技能。

（三）培训效果考核

不同层次的公司员工，在培训方法不同的基础上应采用不同的考核机制。为确保企业培养出的新入职员工能胜任岗位工作，中级和高级员工能积极学习、促进能力成长，为企业可持续发展提供动力。对中级和高级员工的培养情况应进行定期跟踪和考评，形成动态管理机制，使人才培养的效果与企业内部的绩效考核、职位晋升等相衔接，充分调动被培养人的积极性。经过一段时间的培训表现优异的员工，当出现岗位空缺时，可优先获取晋升的机会。而培养期间表现较差的员工，则退出公司中高层人才储备库。对新入职员工应设定考核周期，让新员工更快地适应岗位工作，了解新入职员工的基本素质的同时，不断对新入职员工提出新要求，让新入职员工不断成长，实现其自我价值。

综上所述，这些培训方法各自有着不同的优势，通过它们的结合使用，可以为员工提供一个全面的、动态的学习环境。在线课程的灵活性、研讨会和工作坊的互动性、实操练习和案例研究的实践性、导师制的传承性以及动态管理机制考核共同构成了一个强大的培训体系。卓越的培训工程离不开科学的培养目标、系统的培训计划、优秀的带教团队，是估价公司凝心聚力打造卓越企业人才梯队的一项重大工程，将通过执行明确、科学、有效的管理课程计划，开展多元化的学习、实践和交流活动，形成可持续的员工和企业相互成就的飞轮效应。

四、结语

随着房地产估价领域的不断发展和技术的日新月异，人才培养也必须跟上时代的步伐。"工欲善其事，必先利其器"。房地产估价公司要依托积累的估价管理经验、品牌价值、客户服务等优势，将核心专业力量及管理能力集合，打造一支拥有丰富估价管理经验的专业团队。本文所提出的多元化培训机制不仅促进了员工的个人成长，还为企业持续高质量发展提供人力资源保障。未来，随着 AI 新技术和新市场的出现，这些培训体系需要不断地评估和调整，以保持其有效性和相关性。企业必须致力于创建一个持续学习和发展的文化，从而为员工、公司以及整个行业的健康有序发展打下坚实的基础。

参考文献：

[1] 刘威达. 浅谈企业专业技术人员培训[J]. 现代商业，2021（5）：73-75.

[2] 胡佳. 提高专业技术人员培训效果的路径探索[J]. 人力资源管理，2016（8）：82.

[3] 吴思臣. 企业人才盘点"五步法"[J]. 人才资源开发，2020（1）：71-72.

作者联系方式

姓　　名：陈　静

单　　位：浙江海德房地产土地评估规划设计咨询有限公司

地　　址：浙江省宁波市鄞州区均胜翡翠湾 3 号楼 15 层

邮　　箱：8874757@qq.com

注册号：33200402222

建立健全内控制度防范房地产估价机构执业风险

李 越 胡跃超 刘艾佳

摘 要: 中国房地产估价自20世纪80年代起步,经历了数十年的发展,已逐渐趋于成熟。在社会繁荣和科技创新的背景下,人们对房地产评估的需求日益增长,对其标准的要求也更为严格。通过研究房地产估价市场及其从业人员的现状,可以识别行业面临的风险和内部控制的挑战。未来,要在竞争激烈的市场中脱颖而出,房地产估价机构必须提高业务水平,为客户提供具有附加价值的服务,并且关注评估过程中的潜在风险,制定有效的应对策略。因此,为了确保房地产估价行业的持续发展,采取适当的方法预防和管理这些风险是至关重要的。

关键词: 房地估价机构;内部控制;风险管理

一、引言

在现代社会,房地产估价已经成为市场经济中不可或缺的专业服务行业,经济活动中,如房产买卖、租赁和住房贷款、拆迁等,都离不开房地产评估这一关键环节。房地产评估是一项高度专业化且技术要求严格的任务,其准确性对参与方(包括委托人及受托人)的实际利益以及可能带来的广泛社会经济效应和公众权益保护问题有着直接影响。然而,由于国内房地产评估市场仍处于起步阶段,面临诸多挑战,如从业人员的法律意识不足、操作流程不标准以及估价机构发展不均衡等。因此,房地产估价机构的内部控制制度的标准化建设势在必行。

二、房地产估价机构内部控制及风险管理的必要性

(一)确保法律法规贯彻执行

房地产估价机构遵守国家法规条例和行业准则,不仅是为了保护自身的商业活动免遭违法侵犯,而且还是为了维护其业务的高效率和审慎性。以《中华人民共和国资产评估法》《房地产估价规范》《城镇土地估价规程》《涉执房地产处置司法评估指导意见(试行)》等一系列法规和准则作为估价依据是降低估价机构执业风险的有效措施。而加强对业务部门工作的监督,确保估价依据得到准确应用,就必须通过强化和完善企业的内部控制机制。这既是从业机构提高企业抵御各种潜在风险的手段,也是在实际操作中必须紧密关注的核心任务之一。

(二)提高估价机构经营效率

管理本身关切的是知识、人员、智慧和领导力,管理者需要将自身的见解和知识体现在最终的成果中,而对于房地产估价机构来说,其成果就是在为客户提供高质量的报告和服务的同时为企业赚取合理的利润。房地产估价机构的内部控制,其实就是项目的实施人和项目

的管理人以及项目的决策人在不同维度对项目予以的管理，在当今房地产估价机构的发展过程中，内部控制制度已成为机构风险管理策略的关键组成部分，合理的内部控制可以有效地预防估价机构的潜在风险，对于提升企业运营效率至关重要，此外，这种内部控制对实现房地产估价机构的目标具有显著的促进作用。

（三）促进估价行业创新发展

随着房地产市场的活跃，房地产估价行业也日益壮大，然而受到近些年疫情的冲击，房地产业发展势头放缓，房地产估价行业也相应地受到波及。目前的房地产估价机构管理理念仍处于将业务数量作为管理重点而不重视业务质量的层面上，但这种管理方式并不能使估价机构在变化的市场环境下取得更好的发展。为了适应环境变化的挑战，房地产估价机构需要调整内部控制制度，在提高自身服务质量的基础上不断挖掘新的市场，拓展自身业务范畴，从传统的房地产估价延伸到顾问咨询服务、可行性分析等多元化领域。因此这种内部控制的调整，对于促进整个行业的创新和健康发展也会起到积极的作用。

三、房地产估价机构内部控制及风险管理的现状

（一）外部市场环境要求不高

目前，在房地产估价领域，违规行为的频繁出现揭示了一个问题：该行业仍以扩大业务规模和提高收益为核心发展理念。这种现象的根本原因在于，外部市场环境尚未对房地产估价机构加强内部控制管理提出更高的要求，导致这些机构忽视了内部控制的必要性和重要性。许多机构未能充分认识到强化内控管理所带来的经济和社会价值，错误地认为通过擦边球操作就能实现预期利润。然而，他们忽略了一旦内部控制失败，可能对机构造成的严重损失，这种潜在风险可能严重影响机构的生存和发展能力。

（二）内部控制制度认知不足

许多房地产估价机构并未将内部管理体系的构建视为核心任务。这些机构在策略上未能充分重视内部管理，过分专注于日常经营活动而忽视了内部监管的重要性。这种偏重短期收益、忽略长期专业化机构建设的态度，仍然是许多房地产估价机构面临的"常见问题"。此外，部分估价机构对内部管理的理解还处于初级阶段，仅将其视作内部监控，误解了内部管理的真正含义，把它简化为仅包括流程指南、文档和规定等，而未能深入理解并掌握内部管理制度的本质，仅停留在表面。

（三）风险管理环节控制不够

目前，许多房地产估价机构在风险管理的执行上并未实现全面和完善化，其内部监管机制也不够标准化。有些机构主要集中于财务管理，但对风险防控和内部规章制度缺乏足够重视。房地产评估涉及项目价值量大，相应业务风险也较大，但目前很多房地产估价机构未能充分考虑并建立健全的风险管理和内部监控体系，评估业务仍然"模板化""套路化"，内部风险控制环节流于形式，而另一些机构甚至还未形成完整的内部风险控制流程。无论是在项目的实施过程中还是在项目完成的后续跟踪服务过程中，当前估价机构的内部管理制度都缺乏系统化的整合，这使得房地产估价机构在风险管理方面的处理显得不够精细。

（四）执业人员专业素质欠缺

人力资源对实现有效的公司治理至关重要，在知识型行业中，每一个从业者在一定程度上都既是工作者也是管理者，然而，人力资源的不确定性和多样性特点使其对实际业绩影

响的预测和评估变得复杂。在目前的估价机构管理制度中对业务人员的重视往往大于对技术人员和管理人员的重视程度，甚至为了降低运营成本和提高效率而雇佣非专业团队成员，但这种做法往往会导致机构整体绩效下降和风险增加。对于房地产评估业务来说，一定程度上需要依靠房地产估价师的经验和判断，分析当前市场的形势，剔除不合理数据，合理预测市场未来变化趋势，而缺乏专业素质的执业人员可能会错误地估计市场的影响，从而给机构带来较高的执业风险。长此以往，更会影响企业内部控制制度的执行和企业内部管理水平的提升，并不能有效满足房地产估价机构高效发展的需要。

四、房地产估价机构内控制度及风险管理的规范措施

（一）完善法律法规，加强方法研究

为保障估价行业的稳定发展，对估价领域的相关法律法规进行细化和优化是必要的。估价机构及其员工应主动探索并提出更有效的方案和细则来弥补现有法规的不足。实现这一目标将有助于有效降低评估工作的风险，并满足行业持续增长的需求。此外，估价机构内部的竞争机制、员工职责分配和操作规程等，都依赖于关于房地产估价的法规的制定和完善。按照"依法治国"的原则，各行各业的业务开展都必须遵循相应的法律法规。然而，可能仍存在一些未被法律完全覆盖的领域。因此，估价机构也应自我约束，尽量减少由于政策原因导致的法律空白，防止各种违法行为的出现。

（二）建立科学的内部控制制度体系

完善的内部控制机制对房地产估价机构的稳定运营至关重要。这些机构需根据《房地产估价机构管理办法》的相关条款，并结合自身的具体情况，建立一套实际有效的内控策略，这种策略应包括全面的质量控制和风险预防系统。在项目的承接之初，就需要开始进行内部控制，对项目中相关人员的职责进行明确划分并形成一种合理的制衡机制。而且风险管理应该贯穿项目实施的全流程，项目的参与者按照制定的内部管理目标，履行各自的管理职责：在业务执行过程中，评估人员必须严格遵循既定规范，避免任意引入个人判断，以确保评估工作的准确性和专业性；在业务的审核阶段应划分明确的风险等级，对于存在较高执业风险的项目，应权衡各项因素，确定是否出具结果；在业务的存档阶段应有明确的标准规范，在实施过程中形成的工作记录及调研成果应进行完整地保存。

（三）建立风险管理机制，强化评估质量控制

在房产价值评估领域，鉴于所涉及的金额往往十分庞大，估价机构及其工作人员在出现任何问题时都可能面临法律责任。根据《中华人民共和国资产评估法》第二十一条的规定，评估机构根据业务需要建立职业风险基金，或者自愿办理职业责任保险，以加强风险预防措施。为增强对风险的抵御能力，估价机构必须根据自身具体情况，合理处理职业责任保险和基金问题，以优化风险管理体系。增强机构内部管理的危机应对能力，要求提高对潜在威胁的警觉性和重视程度，同时加强风险管控理念以促进业务发展。同时，各估价机构应强化对于估价质量的控制，降低执业风险，解决当前存在的评估套路化的问题。市场层面，尽可能准确地理解委托的需要，发掘业务拓展的可能性；业务层面，尽可能利用当前科技信息的技术，提升查勘及评估工作的效率和准确性；技术层面，尝试和数据平台及相关机构进行合作，以保证评估基础数据的准确性并减少估价机构不必要的成本。通过市场、业务、技术之间的相互监督，可以确保企业决策层正确执行内部控制任务，防止过度依赖个人判断而忽略

制度规定，从而避免"一言堂"的现象。这三者之间的互动关系有助于平衡决策权力，防止任何一方独大。

（四）房地产估价机构执业人员专业素质的培养

有效执行房地产评估任务依赖于估价人员的工作能力，这包括他们的知识储备和专业技术水平，这些因素会直接或间接影响评估活动的效率和质量。因此，为降低评估过程中的潜在风险，加强估价人员的培训至关重要，培训内容应涵盖产权文件的收集与验证、案例研究、现场调查、评估计算及客户沟通技巧等方面。估价人员的专业素养是一个全方位的能力提升过程，使他们能够简化复杂问题并找到关键解决方案。具体来说，可以采取以下措施：首先，引入高水平技术人才以提升团队整体能力和素质，持续改进和优化评估团队的人力配置；其次，定期对估价人员进行专业培训，以提升他们的技术实力，并确保他们在工作中提供高质量服务，促进各项任务的顺利进行。最后，还需要强调重视对技术人员的职业道德的培训，以防止技术人员滥用专业以牟取不义之财。此外，除了定期进行业务培训外，还需要实现机构人才后备梯队的建设，吸引优秀毕业生加入估价机构，不断为估价行业注入新鲜的力量。

五、结语

综上所述，在房地产评估过程中，面对各种未知变量和挑战是不可避免的，这包括对内部控制管理的不足、管理结构的不完善，以及员工能力的提升需求等。因此，相关部门应进一步完善房地产法规体系，加强机构内部监管流程，制定更有效的规章制度。同时，加大对内控管理的执行力度和监督，增强从业人员的风险意识，这些措施将有助于实现房地产估价机构在内控管理和风险预防方面的目标。为降低评估过程中的风险，估价机构需要建立一个全面且高效的评估质量管理体系，提升从业人员的专业技能和职业道德，树立良好的品牌形象。这对于推动房地产评估行业的长期稳定发展具有重要意义。

参考文献：

[1] 张雅青，杨宁霞.房地产企业内部控制存在的问题及其对策探究[J].现代商贸工业，2023（23）：125-127.
[2] 郭玉坤，韩冰，王晓红，等.房地产估价风险评估与防范：基于630名从业者的调查研究[J].中国房地产，2022（6）：65-72.
[3] 杨岳.房地产估价企业精细化管理研究[J].住宅与房地产，2020（26）：85+90.
[4] 陈艳.房地产估价机构防范风险策略探讨[J].住宅与房地产，2019（22）：8.
[5] 李明华，杜勇.房地产评估行业形成风险及规避措施[J].地产，2019（8）：72-73.

作者联系方式

姓　　名：李　越　胡跃超　刘艾佳
单　　位：北京盛华翔伦房地产土地资产评估有限公司
地　　址：北京市朝阳区东三环南路58号富顿中心B座701
邮　　箱：805957706@qq.com
注册号：李　越（1120160017）

房地产估价机构如何通过内部治理防范估价风险助力实现高质量发展

高 举 王 奂 张 晔

摘 要：本文首先分析了房地产估价行业的发展现状和面临的主要风险，列举了制约房地产评估机构高质量发展的因素，提出加强房地产估价机构内部治理的必要性，给出了完善内部治理的对策建议，包括健全管理制度、加强人才培养、优化绩效管理、实现数字化转型等方面，最后指出估价机构要实现可持续高质量发展，必须把内部治理作为重要工作来抓，通过不断完善治理体系提高治理能力，防范估价风险，提升整体竞争力。

关键词：房地产估价；内部治理；风险防范；高质量发展

党中央提出，构建房地产发展新模式，是破解房地产发展难题、促进房地产市场平稳健康发展的治本之策。房地产市场已经从主要解决"有没有"转向主要解决"好不好"的阶段，过去追求速度和数量的发展模式，已不适应高质量发展的新要求，亟须构建新的发展模式。为房地产提供重要咨询服务的房地产评估业同样进入了新的发展时期，如何探索新发展模式，实现高质量发展，也是广大房地产评估从业者需要认真思索的重要问题。笔者结合多年房地产评估从业经历，试图从加强评估机构内部治理入手，通过建立健全内控制度、加强人才培养、实施绩效考核等方式完善内部治理，以防范估价风险，提升机构水平，实现估价机构高质量可持续发展。

一、当前房地产评估行业的发展现状和面临的主要风险

随着我国经济二十多年来的高速发展和房地产业的快速增长，房地产估价机构得到了发展壮大，一大批优秀机构和人才脱颖而出，为行业的发展做出了突出贡献，房地产估价行业也日益强大。

（一）发展现状

当前，我国经济正从高速增长阶段转向高质量发展阶段，城市开发建设方式也从大规模增量建设为主转变为存量提质改造为主，房地产估价行业进入了新阶段，亟需以最佳状态面对新挑战和新机遇。近年来，估价机构所面临的市场环境趋于严峻，政策监管也日趋严格，部分估价机构治理能力跟不上发展需求，内控体系薄弱，导致人才流失严重，业绩下滑，客户投诉率上升，业界声誉受损。因评估引起的责任纠纷也时有发生，个别严重的甚至涉及刑事处罚，在行业内引起了一定反响。当前，大家都感受到估价行业环境的变化、面临更多的风险、挑战和不确定因素，也普遍意识到仅依靠传统单一的估价业务是难以适应新发展阶段

对估价行业的新要求。更多的估价机构尝试立足于深耕细分市场、提升服务效能，聚焦城市更新、乡村振兴、生态建设、资源整合等领域，积极拓展咨询顾问服务，开拓新的业务领域、探索新的业务机会、构建新的发展格局。同时我们也意识到需要不断加强风险防范及人才培养，建立健全更高标准的质量管理控制体系，实现行业可持续、高质量发展。

（二）面临风险

房地产估价机构作为社会经济活动的积极参与者，由于涉及领域广，服务范围大，客户群体杂等特点，在执业过程中面临着各方面的风险，主要包括：

（1）政策风险。房地产政策调控频繁，如限购、限贷，会直接影响房价，估价机构需要及时跟进各地相关政策的调整变化，如果估价机构不能及时获取政策信息并适时调整估价参数，使用了不准确的参数，很容易导致估价结果失实引起限贷等政策不良后果。

（2）业务风险。估价人员经验不足或能力欠缺，业务操作不规范或者机构内部控制缺失，都可能导致估价程序错误、信息采集不全等问题，进而影响估价模型设定、参数选取、价值计算等方面最终造成估价错误或偏差。

（3）道德风险。估价机构或估价人员出于私利考量，进行不当低估或高估，损害相关客户利益。尤其是在行业整体发展进入瓶颈，业务竞争日趋激烈的当下，更需要守好坚固的执业底线，树立良好的职业道德。

（4）法律风险。估价操作不规范或估价结果失实，可能面临法律诉讼、行政处罚以及刑事处罚。由于评估类型的多样性，决定了评估机构和人员服务对象的多样，涉及领域的复杂。评估人员尽管在专业评估知识外也掌握一定的相关行业知识，但面对快速的经济发展和政策更新，已可能会面临更多的非主观因素的法律风险。

（5）声誉风险。估价失误事故会损害机构信誉，影响市场口碑。情节严重会严重影响机构公信力和社会形象，导致市场信任丧失。评估行业得到发展壮大的同时，社会关注度也同样增加。评估机构广泛服务于金融、司法、城市更新改造等涉及民生的行业领域，大众的关注度比较高，时常会陷入各类纠纷的困扰，处理不当则会影响到多年建立的行业声誉，严重影响经营业绩。

二、制约估价机构高质量发展的内部治理缺陷

伴随我国房地产市场的快速发展，房地产估价业也得到了长足的进步。然而，一些估价机构治理能力跟不上社会经济发展步伐，估价机构内部治理体系不够健全，管理制度不完善，导致业务质量下降、人员结构不稳定、人才流失加剧，也时有估价失实甚至舞弊行为发生。我们也时常能见到针对个别评估机构的处理结果公布于媒体或公众。

虽然估价机构内部治理的重要性日益凸显，但部分估价机构在内部治理方面还普遍存在一些短板与不足。主要表现在：

（1）内部规章制度不健全。部分估价机构在快速扩张中重业务、轻管理，内控制度形同虚设或不完善，工作标准和操作规程缺失，导致业务人员工作主观性、随意性大。有的机构甚至连基本的业务流程和岗位职责都没有制定。

（2）岗位责任不明确。估价机构组织结构和岗位设置不合理，导致责任划分不清，工作协调性差，业务配合效率低。在一些估价机构中就发生过两个部门对同一标的重复评估的事件，既浪费了公司资源，也影响了公司形象。

（3）人力资源管理薄弱。员工激励约束机制不健全，个别机构核心业务团队流失率过高，出现人才空窗期。还有员工培训不够系统，随机性较强，导致业务能力参差不齐，许多机构对员工仅有目标考核，缺乏持续有效的培训指导。

（4）业绩考核不规范。考核标准不全面，不具体，存在单以业务量衡人的片面做法，导致估价人员存在急功近利和不思进取的问题。机构若因为业绩考核制度不当，会导致内部业务人员之间恶意竞争，出现影响公司利益的严重问题。

（5）信息化建设滞后。信息系统不协调，数据共享不畅，无法实时监控业务运营动态，降低了管理效率。部分机构重结果，轻建设，对信息化没有足够的认识，做表面文章，导致机构在信息化建设方面停滞不前。

（6）风险管理和合规意识淡薄。重业务扩张、轻风险防控，缺乏全面风险管理体系，合规运营能力不强。许多机构普遍依赖外部监管，而非内部控制。从个别机构暴露出来的问题也可看出，许多案例都是在服务对象方面出现问题后倒查到评估机构和人员的，很少有机构通过例行的内部监督措施发现问题，错失了及时纠正处理的时机。

（7）组织文化建设缺失。部分机构还没有建立真正意义的企业文化，由于缺乏普遍认同的企业价值观，组织凝聚力和向心力不足，从而导致员工归属感不强，缺乏主人翁意识，无法形成稳定强大的企业文化。

上述问题制约了估价机构内部治理效能的发挥，也制约了机构整体经营管理水平的提高。因此，加强估价机构的内部治理，建立科学规范的管理体系，不仅关系到估价业务的质量高低，也事关估价机构自身的风险防控能力和可持续发展。

三、完善估价机构内部治理的对策建议

（一）健全内部管理制度

（1）建立健全业务相关规章制度，明确工作流程和操作规范，减少自由裁量空间。机构之间可以多学习、多交流，参考一些国内知名估价机构建立的全面业务规范管理制度，结合自己的实际情况因地制宜。

（2）设立专门合规风控部门，制定合规管理办法，强化合规运营。如可以效仿银行等金融机构，在估价机构内部设立了风控合规中心，灵活运用机构内部专业人员，最大限度发挥人才的专业优势，集思广益，努力提升风险控制能力。

（3）建立岗位说明书，明确各岗位工作职责和权限边界，并根据业务调整及时更新。尽量做到详细明确、针对性强，切忌泛泛而谈、不接地气，最终导致规章形同虚设，大家各自为政。

（4）制定考核评价制度，实现对各岗位工作绩效的全面规范化考核。注重定性指标和定量指标相结合，时刻牢记考核的目的，避免舍本逐末。

（5）建立完善的业务检查制度，开展日常监督检查。确保制度执行。机构内可以设立监督委员会，全面监督各项业务的开展情况，严格奖罚措施，让每一笔都在一条规范、透明且有制约的通道上运行。

（二）加强人才培养和激励

（1）建立人才培养规划，推行师带徒、轮岗培养等方式。估价机构要发挥技术密集的特色，调动老员工的积极性，没有保留地传授技术和经验，激励新员工的上进心，快速胜任工

作，融入团队中。

（2）定期开展业务培训，提升员工专业技能。采用理论培训与实务培训相结合的方式。必要时可以聘请行业内专家及院校教授学者进行授课，提升培训的水平，优化培训内容，更加符合机构的经营发展。

（3）建立竞争性的薪酬体系，真心留住人才。机构要合理地将薪酬与绩效考核挂钩，让想干一番事业的人才有用武之地，从根本上保障了人才的稳定性和创造性。

（4）建立人才激励机制，关注员工成长，提供发展平台和空间，让广大员工有进步提高的动力和能力，形成积极向上的良好企业文化。

（三）建立科学的绩效管理

（1）建立全面的绩效评价指标体系，定量和定性相结合，注重过程管理考核。

（2）实行项目责任制，明确员工责任，考核员工在项目中的表现，强化项目团队协作。

（3）团队绩效应重于个人绩效，科学合理制定业务量标准，实现公司与员工利益一致。

（4）建立灵活弹性的薪酬分配机制，配合绩效考核进行激励，让优秀人才获得应有回报。

（四）推进数字化转型

（1）建设集成了业务、财务等模块的信息平台，实现数据共享和业务协同，应用数字技术提升业务协同效率。

（2）使用数据分析支持业务决策，采用定量分析代替依靠经验作决策。

（3）构建企业知识管理平台，实现知识的积累和共享。避免重复工作，提高工作效率。

（五）强化风险管理和合规运营

（1）建立项目评审制度，评估项目风险，防范控制业务风险。

（2）建立业务异常预警机制，防止业务违规，实时监测业务流程。

（3）加大合规处理力度，严肃处理违规行为，杜绝违法行为，提高员工自律意识。

（4）完善信息披露制度，保证信息透明，提高社会认可度。

四、估价机构实现高质量发展需要在以下几个方面持续提升

估价机构高质量发展不是简单的业务收入提升，办公面积增大这些容易量化的外部指标，更应该表现在企业内部管理能力、创新能力和发展活力的进步提升，具体包括如下几个方面：第一是业务能力提升。机构通过不断丰富估价方法，优化估价模型，提高参数选择和模型构建能力，确保估价结果更准确可靠。第二是管理水平提升。机构建立科学完善的内部治理和控制体系，健全风险防控机制，遵循监管要求，规范日常运营，提升合规运营水平。第三是服务质量提升。通过持续改进服务流程，针对客户需求定制解决方案，主动、高效满足客户需求，树立良好口碑。第四是社会影响力提升。通过维护估价独立性和客观性，机构积极参与社会事务，更多地为公众提供专业服务，提升行业和社会公信力。第五是创新驱动发展。善于利用数字化、平台化等手段，实现估价新模式和新业态。第六是技术创新应用。充分利用数字化手段改造业务模式，实现估价流程信息化和智能化，大幅提升效率。第七是可持续发展能力。通过打造学习型、创新型组织，实现机构持续进步。第八是组织活力增强。完善人才培养和激励机制，打造学习型组织，不断提升机构竞争力和可持续发展能力。

以上几点既是估价机构进入新发展阶段实现高质量发展的努力方向也是行动指南。

五、内部治理与风险防范及高质量发展的关系

完善健全的内部治理与估价机构的风险防范和高质量发展有着密不可分的关系：

（一）健全的内部治理是估价机构实现风险防范和高质量发展的重要前提

内部治理有助于规范运营，健全的内控制度可以规范估价操作流程，减少违规行为出现，防止违法估价行为，有效防范降低业务风险。完善的考核和激励机制有助激发员工活力，提高工作积极性、主动性，提升业务能力，确保估价质量。推进数字化、信息化建设，利用大数据监测业务运营，可以提高监控效率，及时发现和处置各种风险隐患，防微杜渐。建立规范的决策和监督机制，进行有效的风险评估和监督检查，有助于企业战略实施和风险防控。内部治理的完善性和有效性直接影响企业声誉和社会形象，是实现可持续发展的重要保证。

（二）估价机构高质量发展为内部治理的不断提升创造了更多的可能

估价机构从以前的管理粗放靠传统业务发展阶段进入新发展阶段，实现高质量发展是必由之路。当前情况下，许多机构仍然在依靠传统单一的业务类型艰难经营，客户结构没有实质变化，竞争压力逐年增大。如此的经营环境，要实现全面有效的内部治理确有不小难度。但我们要认识到只有克服当前的困难，打破低层次竞争和管理粗放的恶性循环，才能谋求发展和提升。只有追求高质量发展，才会面对新的机会，开展新的业务，结识新的客户，优化客户结构。许多机构已经在努力开拓新的业务领域、探索新的业务发展机会，比如聚焦城市更新、乡村振兴、生态建设、资源整合等新领域，积极拓展更广更深的咨询顾问服务。通过积极尝试参与新业务，服务新客户，机构也就有了足够的实力和底气全面提升内部治理水平，将机构带入新的良性循环。

六、实现可持续高质量发展的重要途径

完善内部治理是估价机构实现可持续发展的重要保障。估价机构要从战略高度重视内部治理建设，将其作为企业经营管理的重要组成部分，并以推动企业高质量发展为导向，不断完善治理体系和治理能力。高质量发展，既包含服务水平提升，也包含管理素质提高、社会形象提升等各方面。估计机构要在探索实现可持续的高质量发展方面下大力气，可以从以下途径发力：

首先，要把加强党的领导和党的建设作为内部治理的关键环节。要发挥党组织的政治核心作用，把党的领导融入公司治理各方面和全过程，确保估价业务健康有序开展。

其次，要建立科学的决策机制和执行机制。通过完善决策程序，形成决策科学、民主、权责清晰的决策机制；通过建立平稳高效的传导机制，确保决策得以迅速有效执行。

再次，要建立统一高效的业务管理和协作机制。明确各职能部门权责，构建规范化业务操作流程，实行标准化管理，形成协同配合的运营体系。

最后，要建立适应企业发展的控制与监督机制。强化风险管控和业务监督，及时发现和解决问题。同时，建立健全监督机制，接受社会监督，保证估价服务的规范有序。

综上所述，健全和完善内部治理是估价机构实现规范运营、风险防控、服务质量提升的重要保障，也是应对复杂多变的市场环境、实现持续健康发展的重要动力。估价机构要从加

强制度建设、优化人才队伍、建立科学考核、推进数字化转型等方面着手，形成系统完备、运转高效的内部治理体系，从而进入可持续高质量发展的新阶段。相信在广大业内同仁的共同努力下，我国房地产估价行业内部治理水平将得到全面提高，为行业高质量发展提供坚强保障。

参考文献：

[1] 丁怡婷. 推动构建房地产发展新模式：访住房城乡建设部党组书记、部长倪虹[N]. 人民日报，2023-11-12.

[2] 中国房地产估价师学会. 2022中国房地产估价年会嘉宾观点摘要[R/OL].（2022-12-7）[2023-01-27]. https://www.cirea.org.cn/content/7946.

作者联系方式

姓　　名：高　举　王　奂　张　晔

单　　位：陕西建业房地资产评估测绘（集团）有限公司

地　　址：西安市碑林区东关正街招商局广场写字楼

邮　　箱：494236365@qq.com

注册号：高　举（6119960007）；王　奂（6120140043）；张　晔（6120040058）

全过程风险管理在估价工作中的运用

闵遵荣　廖双波　康　萍

摘　要：近年来，房地产估价机构和房地产估价师被起诉承担民事责任或刑事责任的案件逐年增多，令人担忧，房地产估价师责任重大，稍有不慎，房地产估价师及房地产估价机构就有可能成为被告。为此，有必要对房地产估价风险问题进行专门的探讨和研究。房地产估价风险可能发生在业务承接阶段、业务承办阶段或业务成果提交后，本文旨在探讨如何建立估价全过程的风险管理意识和建立相应的管理制度，以有效降低房地产估价机构和房地产估价师的执业风险。

关键词：风险管理；全过程；估价

风险管理对每个房地产估价机构和房地产估价师的重要性是不言而喻的，大部分房地产估价机构未建立防范房地产估价风险制度，形成专门规范的全过程风险管理制度的房地产估价机构是少之又少。随着公众维权意识的增强，房地产估价机构如果未树立风险防范意识及建立规范的风险防范制度，容易引起诉讼，导致赔偿风险增大和承担刑事责任事件的发生。房地产估价机构当下要做的是时时刻刻牢记风险，在估价全流程贯穿风险意识，本文从业务承接阶段、业务承办过程、评估工作完成后的风险管理三方面入手，旨在估价全流程过程中运用风险管理措施来增强法律意识，防范风险，降低执业风险带来的成本，以保证房地产估价机构和房地产估价师安全稳健地执业。

一、业务承接阶段的风险管理

风险伴随估价业务始终，从业务承接阶段开始，风险就相伴而生，需要考虑的风险因素很多，有估价目的、委托方、估价对象、价值时点、价值类型、估值要求、评估程序、其他报告使用者、外部专家协助、报告出具时间、评估经验等，其中较为主要因素有业务种类、委托方、估价目的、估价对象、评估经验等。

业务承接阶段是估价业务的起点，是估价业务做好风险管理的关键，要对估价业务的风险点考虑全面齐全，预见风险，减少风险发生，并采取管理措施。下面对主要因素的风险点进行罗列，对需采取的管理措施进行分析（表1）：

业务承接阶段主要风险点需采取的管理措施　　　　　　　　　　　　　　表1

类别	具体类型	风险点	管理措施
一、业务种类	鉴证性	1.评估程序合法、合理。 2.对估价资料要求较高	1.签订估价委托合同，并明确估价基本事项，必要时在委托合同中确定其他必要事项。 2.搜集资料需要委托方确认并履行合法的手续
	咨询性	1.评估程序合法、合理。 2.对估价资料要求较高	1.签订估价委托合同，并明确估价基本事项，对其他不确定事项进行确定或约定。 2.搜集的资料需委托方确认并履行必要的手续
二、估价委托方	政府部门	1.评估程序合法、合理、合乎逻辑性。 2.估价资料较为复杂，需要委托方提供历史数据。 3.估值要求	1.签订估价委托合同，并明确估价基本事项，必要时在合同中确定其他事项等，要注意时间顺序的逻辑性。 2.搜集资料需要委托方确认并盖章。 3.对合理的估值要求予以一定的关注
	司法部门	1.评估程序合法、严谨，估价委托书中会出现未完全明确估价基本事项的情况。 2.对估价资料要求较高，且难以取得理想的估价资料。 3.无估值要求	1.需要对未确定的估价基本事项通过工作函或沟通函的形式沟通并作为依据。 2.委托方提供的资料未履行一定的手续，补充资料需要在委托方主持下，由相关方提供给委托方再转交给估价方
	国有企业	1.评估程序合法、合理、合乎逻辑性。 2.要提供历史资料，会有资料缺失现象。 3.有时会提出估值要求	1.签订估价委托合同，并明确估价基本事项，必要时在合同中确定其他事项，注意时间顺序的逻辑性。 2.从委托方处搜集完整的资料包括历史资料，履行合法手续。 3.对合理的估值要求予以适当关注
	上市公司	1.评估程序合法、合理、合乎逻辑性。 2.估价资料较为完整，信息较为透明。 3.有时会提出估值要求	1.签订估价委托合同，并明确估价基本事项，在合同中确定其他必要事项，注意时间顺序逻辑性。 2.搜集完整的资料包括历史资料，委托方确认并完善手续。 3.对合理的估值要求予以适当关注，对相关影响因素进行全面分析
三、估价目的	抵押估价	1.评估程序合法、合理。 2.估价资料较为完整，信息较为透明。 3.会提出估值要求	1.签订估价委托合同，并明确估价基本事项。 2.搜集委托方确认的、完整的估价资料，包括规划条件和租赁合同。 3.对合理的估值要求予以适当关注，遵循谨慎原则，不高评
	拆迁评估	1.评估程序合法、合理。 2.估价资料较为完整，信息较为透明。 3.会提出估值要求	1.签订估价委托合同，每项估价事项须明确基本事项。 2.搜集委托方确认的完整的估价资料，不参与产权界定和估价数量的确认，并进行必要的核实。 3.对合理的估值要求要予以一定的关注

续表

类别	具体类型	风险点	管理措施
三、估价目的	城市更新评估	1. 评估程序合法、合理。 2. 估价资料较为齐全，信息较为透明。 3. 会提出估值要求	1. 签订估价委托合同，明确基本事项。 2. 搜集委托方确认的完整估价资料，对更新成本要核实完整。 3. 对合理的估值要求要予以适当关注
	司法鉴定	1. 评估程序合法、严谨，估价委托书中会遗漏部分估价基本事项。 2. 估价资料要求较高，且难以取得较为理想的估价资料。 3. 无估值要求	1. 需要对未确定的估价基本事项通过工作函或者沟通函形式沟通，作为依据。 2. 委托方提供的资料未履行一定的手续，需要在委托方主持下，由相关方提供资料给委托方再转交给估价方。 3. 要在委托方指认下或者和相关方共同指认下对现场进行查勘
	国有企业房产收购处置评估	1. 评估程序合法、合理、合乎逻辑性。 2. 要提供历史资料，估价资料会有缺失现象。 3. 有时会提出估值要求	1. 签订估价委托合同，并明确估价基本事项，合同中要确定其他事项，注意时间顺序的逻辑性。 2. 搜集委托方确认的完整资料包括历史资料。 3. 对合理的估值要求要予以适当关注
	上市公司财务报告目的评估	1. 评估程序合法、合理、合乎逻辑性。 2. 估价资料较为完整，信息较为透明。 3. 有时会提出估值要求	1. 签订估价委托合同，并明确估价基本事项，合同中确定其他事项，注意时间顺序的逻辑性。 2. 搜集完整的资料包括历史资料，委托方确认并履行一定的手续。 3. 对合理的估值要求予以一定的关注，对影响因素进行全面考虑
四、估价对象	住宅	1. 分清楚住宅种类，如别墅（独幢、联排多幢、孖屋别墅）、普通商品房、自建房。 2. 自建房要关注是否有地役权？ 3. 普通商品房要关注是否有同楼层或者不同楼层打通现象	1. 根据住宅种类选取同类可比实例。 2. 价值测算时考虑自建房的地役权对房地产价值的影响程度和在评估报告中予以披露。 3. 在价值测算时要考虑普通商品房有同楼层打通或者不同楼层打通现象对房地产价值的影响和在评估报告中披露
	商铺	1. 对商铺种类进行划分，如临街地铺、临街复式商铺、综合体商业楼、购物中心、商业街、专业市场、写字楼裙楼商业、住宅裙楼商业、园区商业配套等。 2. 二层以上商铺，要特别关注是否有通道或者电（楼）梯通达估价对象等	1. 采用市场比较法时按同类商铺选取可比实例。 2. 二层以上商铺，如无通道或者电（楼）梯到达估价对象时，从以下两方面进行处理：一在采用市场比较法时按同类商铺选取可比实例，二在特殊事项中予以说明
	写字楼	1. 严格划分写字楼种类，如甲级写字楼、5A写字楼等。 2. 要关注写字楼无门牌不能确定具体位置的现象	1. 采用市场比较法时选取同类写字楼作为可比实例。 2. 写字楼无门牌要由委托方确认并在特殊事项中予以说明

续表

类别	具体类型	风险点	管理措施
四、估价对象	土地	1. 土地规划用途和实际用途不一致现象。 2. 规划指标不确定现象	1. 土地规划用途和实际用途不一致现象，要结合当地实际情况，如果确定根据现状报建不了，要和委托方沟通并出具书面意见，确定是否继续对土地进行估价？ 2. 规划指标不确定现象，要根据当地自然资源部门出具书面意见来进行估价，如出具不了，要结合历史渊源及相关文件来判断，并在特殊事项中予以说明。 3. 如果确定不了的话，不接受委托
	在建工程	1. 工程进度难以确定问题。 2. 工程款支付多少问题	1. 工程进度难以确定问题，由施工监理提供的施工进度报告来确定。 2. 工程款支付问题，由财务提供相关凭证后进行核实
五、评估经验	房地产估价机构无相关评估经验，且经办估价师无相关经验	对关键技术完全不了解，怎么进行洽谈也不知晓	需要房地产估价机构对关键技术和问题进行相当深入的研究，等技术成熟后可承接
	房地产估价机构有相关评估经验，但经办估价师无相关经验	经办估价师不知如何商谈和无技术支持	需要房地产估价机构对经办估价师进行相关业务的培训，经办估价师要对关键技术和问题进行深入的研究
	房地产估价机构无相关评估经验，但经办估价师有相关经验	需要对以往业务进行总结	要对以往业务进行总结，形成文字和经验，以便更好承接业务
	机构有相关评估经验，且经办估价师有相关经验	需要对以往业务进行总结	要对以往业务进行总结，形成文字和经验，以便更好承揽业务

二、业务承办过程中的风险管理

上述是在业务承接过程中的风险点和采取的管理措施，由于估价对象千差万别、评估价值差别也较大、要根据实际情况来确定评估程序，而在业务承办过程中，需要对以下几方面采取相应的管理措施（表2）。

业务承办过程中主要风险点需采取的管理措施　　　　　　　　　　表 2

评估流程	风险点	管理措施
委托程序	1. 已经开始估价作业，但尚未进行委托的相关程序。 2. 评估报告作业日期在委托之前，不符合逻辑性。	1. 由负责对接业务的人进行审核，未签委托评估合同的要签订委托评估合同。 2. 由负责对接业务的人和三级审核人员进行审核，确保符合时间逻辑性的要求。
现场勘察	1. 现场勘察人员素质不同。 2. 未尽职调查。 3. 职业道德参差不齐	1. 严格挑选具备胜任能力的估价师承办。 2. 制定标准的现场勘查流程，严格执行现场勘查流程。 3. 制定标准的现场勘查审查流程并严格执行。 4. 要由其他人员进行独立性审查，管控职业道德风险
价值测算过程	1. 经办人员业务水平不达标。 2. 经办人员未尽责。 3. 主观上迁就客户	1. 选取具备胜任能力的估价师承办，以保证能达到技术标准。 2. 制定标准的内业流程，如优先使用公司技术参数和数据资料等，严格执行内业流程。 3. 制定严格的三级审核流程，确保技术达标和管控职业道德风险
报告编制过程	经办人员业务水平不达标	制定严格的三级审核流程，确保评估报告内容各方面的描述要齐全，特别是特殊事项说明

三、评估工作完成后的风险管理

提交正式评估报告给委托方后，还要对估价资料归档并按资产评估法和相关规范规定的时间对档案进行保管，每个项目结束后需要组织参与人员对项目进行复盘，以避免泄密、审计时底稿不齐全带来的风险和再次执行类似业务犯同类错误的风险（表 3）。

评估工作完成后主要风险点需采取的管理措施　　　　　　　　　　表 3

评估流程	风险点	管理措施
归档	1. 泄露工作内容、工作成果等带来的风险。 2. 事后审计或检查中因无法提供工作底稿带来的风险。 3. 再次执行同类业务犯同样的错误的风险	1. 资料归档，如纸质资料归档、电子资料归档。归档资料包括但不限于风险测试表、委托估价合同、中标书、现场勘查记录表、相片、委托方提供的估价纸质资料和电子文档、市场调查资料、测算表的电子文档、可比实例电子档、签名的三级审表表、正式估价报告等。 2. 做好保密工作，包括工作内容、工作成果，要严格执行档案保管制度，制定可以借阅档案资料的情形等。 3. 定期复盘，加强培训。对过往的案例，特别是出现风险苗头或者出现一定风险的案例在完成后要进行复盘，总结教训，谨防再犯，并以此作为培训教材

四、风险管理措施应建立的制度

在估价过程中，要时时刻刻牢记风险，树立风险防范意识和建立完善的风险管理制度对公司的技术质量和估价报告进行进一步规范和管理，另外从以下两方面进行完善：

1. 加强机构内部管理，建立完善的质量管理制度，包括制定标准合理的估价业务承接流程，并由资深估价师对业务进行把关；统一规范估价业务委托合同格式和内容；估价风险意识的建立；三级审核制度；用章管理制度；建立专家团队对新、难、杂项目进行攻关制度等。

2. 对以往的项目进行风险点分析并记录，汇集成册，作为公司重要资料进行保管，加强对员工风险、技术等方面的培训。

五、结束语

笔者根据自身工作经验，探讨了全过程风险管理在估价工作中的运用，以此抛砖引玉，希望同行重视风险管理，积累丰富经验，加强风险管理，提高估价行业的整体执业水平。

参考文献：
[1] 徐丽红. 土地估价风险防范与质量控制 [J]. 现代经济信息，2012（8）：155-156.

作者联系方式

姓　　名：闵遵荣　康　萍
单　　位：广东均正房地产土地资产评估咨询有限公司中山分公司
地　　址：中山市东区银通街 2 号利和公寓 1 座 902-903 房
邮　　箱：1024278448@qq.com；527265334@qq.com
注册号：闵遵荣（4420130084）；康　萍（4420110173）

姓　　名：廖双波
单　　位：广东均正房地产土地资产评估咨询有限公司
地　　址：广州市天河区黄埔大道 163 号富星商贸大厦东塔七楼 GHI 室
邮　　箱：644356261@qq.com
注册号：4420120137

基于层次分析法研究房地产估价机构
如何通过内部治理防范估价风险

尚春芳　冯春晓

摘　要：随着近几年涉及评估的司法判例的呈现，房地产估价机构执业风险日益受到重视。本文通过文献研究法、层次分析法建立房地产估价机构内部执业风险因素识别表，通过问卷调查，分析研究房地产估价机构内部执业风险因素，筛选出15项主要风险因素，并与近几年的司法判例对比分析，验证问卷调查结果的可靠性。针对各业务阶段的风险因素进行分析研究，针对性地提出风险控制策略，以此为基础，提出房地产估价机构加强内部治理提高风险防范能力的三方面措施建议，为房地产估价机构加强内部风险防范能力提供参考。

关键词：房地产估价；风险管理；层次分析法；问卷调查法

一、概述

房地产估价行业经过二十余年的发展，已建立了完善的法规制度，估价技术也日臻成熟，房地产估价行业相关研究大多集中于房地产估价技术、评估业务探究等方面，关于房地产评估行业风险的相关研究较少。笔者收集整理的相关判例显示，随着《中华人民共和国资产评估法》的实施，估价专业人员以及估价机构在评估工作中因违法违规被追究责任的案例逐渐增多。一旦估价专业人员或者估价机构因违法违规被追究法律责任，对相关人员及机构来说，将是灭顶之灾。随着经济形势的变化，特别是房地产行业的下行，评估机构带来的管理风险日益突出，亟需对估价机构内部管理中存在的相关风险因素进行研究分析，提出针对性的风险管控建议，为估价机构防范估价风险提供参考。

二、问卷调查及研究分析

运用文献研究法、层次分析法、专家访谈法、问卷调查法，建立房地产估价机构内部风险因素识别表。通过问卷星发放问卷，收集有效问卷238份，发放对象为房地产估价行业从业人员，包含注册房地产估价师、估价助理、估价机构管理人员及相关学者等。

问卷统计结果显示，房地产估价师占比为60.53%，从事房地产估价工作10年以上的占比44.74%，5~10年的占比39.47%（图1），以上数据保证了本次问卷调查结果的可靠性。

对风险因素的发生概率及其影响程度进行分等定级。计算影响度指数，依据影响度指数大小，对成本风险因素进行排序。

问卷调查分析结果如下（表1）：

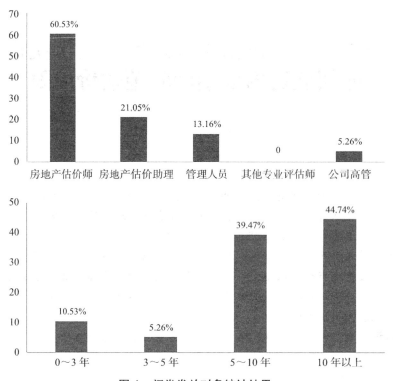

图 1 问卷发放对象统计结果

房地产估价机构内部执业风险因素影响度指数表   表 1

估价阶段	风险因素	影响度指数
业务承接阶段	未回避与自己有利害关系或与估价对象存在利益关系的评估业务	0.1243
	独立性受扰，预先设定评估值	0.2435
	承接评估机构专业能力不能胜任或资质范围之外的业务	0.1784
	估价基本事项确定有误或不准确	0.1551
	不正当手段承揽业务	0.2255
	未签订委托合同、约定事项不完善	0.2168
评估准备阶段	估价对象相关产权资料收集不完善	0.2093
	估价作业方案不清晰、不规范	0.1481
	评估所需专业人员、设备不足	0.1349
	委托人提供资料不完善	0.247
	评估专业人员对评估资料无法进行或未进行核查验证	0.2442
实地查勘调查阶段	实地查勘对象与估价对象不一致	0.2411
	产权人或估价委托人故意隐瞒重大事项	0.2966
	注册房地产估价师无法进行或者未进行实地勘查，未勤勉尽责	0.2406
	委托人或者当事人未在查勘记录上签字	0.1888

续表

估价阶段	风险因素	影响度指数
实地查勘调查阶段	估价人员虚增评估范围或者故意隐瞒重大瑕疵、虚构估价对象	0.2117
	未进行市场调查	0.2128
	评估专业人员与利害关系人私下接触	0.1736
	评估专业人员收受不当利益	0.1904
报告形成阶段	委托范围与评估范围不一致,或者有误、有遗漏	0.1687
	估价方法选择不符合规范、虚构可比实例	0.2218
	估价参数选取不符合规范要求或引用文件、依据不合理、失效	0.1827
	评估过程受到外来因素干预,高评或低评	0.2637
	报告存在严重缺陷或不符合规范	0.196
	重大事项未披露,工作底稿不规范、档案不完整	0.2249
	报告审核流程落实不严格	0.1935
	估价专业人员能力不足,导致高评或低估	0.2263
	根据委托方或公司高层要求低评或者高评	0.2556
	注册房地产估价师、估价机构在未参与评估报告上签名盖章	0.1874
报告交付使用阶段	报告交接程序不规范	0.1396
	归档资料不齐备、不规范	0.1614
	恶意伪造估价报告	0.1714
	未按规定期限保存档案	0.1587
	未在规定时间内对评估异议进行回复	0.1209
	对委托方提供资料的保密义务不重视、不尽责	0.144

根据问卷调查结果分析,本次调查共有 35 个风险因素,影响度指数前 15 名如下表所示(表2),主要集中于评估业务承接阶段、实地勘查阶段和报告形成阶段,这些阶段也是评估工作最主要的阶段,需要根据各风险因素具体分析,提出针对性风险应对措施。

影响度指数前 15 名的风险因素　　　　表 2

序号	估价阶段	风险因素	影响度指数
1	实地查勘调查阶段	产权人或估价委托人故意隐瞒重大事项	0.2966
2	报告形成阶段	评估过程受到外来因素干预,高评或低评	0.2637
3	报告形成阶段	根据委托方或公司高层要求低评或者高评	0.2556
4	评估准备阶段	委托人提供资料不完善	0.247
5	评估准备阶段	评估专业人员对评估资料无法进行或未进行核查验证	0.2442
6	业务承接阶段	独立性受扰,预先设定评估值	0.2435
7	实地查勘调查阶段	实地查勘对象与估价对象不一致	0.2411

续表

序号	估价阶段	风险因素	影响度指数
8	实地查勘调查阶段	注册房地产估价师无法进行或者未进行实地勘查，未勤勉尽责	0.2406
9	报告形成阶段	估价专业人员能力不足，导致高评或低估	0.2263
10	业务承接阶段	不正当手段承揽业务	0.2255
11	报告形成阶段	重大事项未披露，工作底稿不规范、档案不完整	0.2249
12	报告形成阶段	估价方法选择不符合规范、虚构可比实例	0.2218
13	业务承接阶段	未签订委托合同、约定事项不完善	0.2168
14	实地查勘调查阶段	未进行市场调查	0.2128
15	实地查勘调查阶段	估价人员虚增评估范围或者故意隐瞒重大瑕疵、虚构估价对象	0.2117

三、刑事判决案例研究分析

通过收集整理近年来涉及评估行业的公开刑事判决案例，并统计分析发现，判决罪名主要为提供虚假证明文件罪、出具证明文件重大失实罪，分别占比41%、31%，详见下图（图2）。

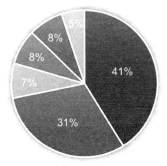

图2 近年来部分公开刑事判决案例罪名及占比

经过对被告身份分析，97%为签字估价师，其中94%最终被判决有罪。通过对判例分析总结发现，容易触犯刑法的估价执业行为主要为以下四方面：

一是估价人员在工作过程中没有严格执行评估程序，部分案例中被委托人或利益相关者欺骗，内部审核流于形式；

二是估价人员在现场勘查、收集评估资料、评估测算等环节出现重大失误，包括未对委托人提供的信息进行核查验证，不能正确识别评估对象，甚至未进行现场勘查，或者虽进行了现场勘查但流于形式；

三是收受他人财物或者为了赚取利益等故意提供虚假证明文件；

四是为他人犯罪提供帮助，出具虚假评估报告，构成共同犯罪。

通过对问卷调查结果与判例的对比分析发现，问卷调查中影响度指数靠前的风险因素与判例分析中触犯刑法的评估执业行为相符合，进一步印证问卷调查的可靠性，也说明估价机构执业风险因素主要集中于业务承接阶段、实地勘查阶段及报告形成阶段。

四、风险应对策略研究分析

（一）业务承接阶段

业务承接阶段三个主要风险因素是"独立性受扰，预先设定评估值""不正当手段承揽业务""未签订委托合同、约定事项不完善"。作为第三方评估机构，独立性是机构生存立足的根本，要保证独立性，不能根据委托方设定评估值进行评估。委托方为了达成估价目的，设定评估值往往大大偏离正常价值，评估机构根据委托方要求价值出具评估报告，由此带来的风险全部转移至评估机构及签字估价师。该项目风险发生时，将给评估机构及签字估价师带来较大影响，轻则影响评估机构及估价师业务开展，重则面临索赔及牢狱之灾。

"不正当手段承揽业务"往往与"独立性受扰，预先设定评估值"伴随发生，不正当手段承揽的业务往往会承诺委托方满足其对评估值的要求，或者承诺给予相关工作人员相应好处，这些行为可能会触犯法律，被发现或被举报对参与人员及机构的负面影响极其严重。为了估价机构的长远发展，也为了估价行业的健康发展，行业参与者应共同努力，抵制不正当承揽业务，保持独立性，合法合规开展业务。

"未签订委托合同、约定事项不完善"，该风险因素反映在业务开展过程中，合同管理不完善。估价业务自身特点决定了评估机构对合同管理不很重视。合同作为业务关系建立关键依据，需要引起估价机构的重视，通过合同约定评估事项，是对双方的约束和保护，在争议发生时，合同是保证权益的基石。

（二）实地勘查阶段

实地勘查阶段有五项主要的风险因素，分别是"产权人或估价委托人故意隐瞒重大事项""实地查勘对象与估价对象不一致""注册房地产估价师无法进行或者未进行实地勘查，未勤勉尽责""未进行市场调查""估价人员虚增评估范围或者故意隐瞒重大瑕疵、虚构估价对象"。

针对"产权人或估价委托人故意隐瞒重大事项"及"实地查勘对象与估价对象不一致"，估价专业人员在实地勘查过程中要多方求证，尽量在委托方不在场的情况下，独立对估价对象情况进行调查，走访估价对象周边群众，深入了解估价对象权益状况、实物状况，重点了解可能对估价对象价值有重大影响的瑕疵。如果坐落、房屋层数、建筑面积等与权证不一致，通过询问委托方、走访物业管理单位及周边群众等方式，深入了解产生差异的原因，多方求证，交叉验证，确保实地勘查结果的真实性、可靠性。

关于"注册房地产估价师无法进行或者未进行实地勘查，未勤勉尽责"与"未进行市场调查"两项风险因素，主要反映估价师参与实地勘查的详细认真程度，实地勘查作为估价师了解估价对象状况的主要途径，要求估价师勤勉尽责，发挥专业能力，通过实地勘查及市场调研，客观真实地反映估价对象价值，实地勘查的详尽程度及市场调研的充分度决定估价结果的客观性。为保证估价结果客观公正，估价机构需要对估价师勘察现场有规范的要求，估价师也需要不断学习，提升自身专业能力，确保现场勘查及市场调研的可靠性。

"估价人员虚增评估范围或者故意隐瞒重大瑕疵、虚构估价对象"这项风险因素，反映估价专业人员的职业道德，该项风险因素发生将可能触及"出具虚假证明文件罪"，对估价师及估价机构来说都是灭顶之灾，需要估价机构建立完善的监督机制及报告审核制度，并严格执行，也要求估价专业人员加强自身管理，提高职业道德水平，坚决抵制出具虚假报告。

（三）报告形成阶段

报告形成阶段有五项主要的风险因素，分别是"评估过程受到外来因素干预，高评或低评""根据委托方或公司高层要求低评或者高评""估价专业人员能力不足，导致高评或低估""重大事项未披露，工作底稿不规范、档案不完整""估价方法选择不符合规范、虚构可比实例"。

"评估过程受到外来因素干预，高评或低评"和"根据委托方或公司高层要求低评或者高评"这两项风险因素均属于受到干预影响评估结果，导致评估结果偏离正常价值，在评估工作开展过程中难免会受到来自各方面的影响，但估价师作为直接责任人，也是风险承担者，在坚持独立客观公正的原则下，坚持底线思维，切不能使评估结果偏离正常范围，坚持底线，既是对自己负责，也是对评估机构负责，更是对利益相关方负责。

"估价专业人员能力不足，导致高评或低估"与"估价方法选择不符合规范、虚构可比实例"这两项风险因素产生的主要原因是评估专业人员能力不足，一方面需要估价人员不断学习，提升自身专业能力，另一方面需要估价机构有针对性地组织专业技能培训以及为员工提供外出交流学习的机会，使得员工能够不断学习提升。最后，在自身经验不足的情况下，估价人员也可以寻求行业专家的力量，在行业专家的协助下完成评估工作。这些工作的开展，可有效避免上述风险因素的出现。

随着"双随机、一公开"检查的常态化，"重大事项未披露，工作底稿不规范、档案不完整"已成为估价机构在检查中被通报的主要原因之一，完善的评估档案是评估机构防范风险的有效载体，完善的档案归档要求，可提升评估工作质量，避免因为人员变动造成相关项目资料找不到，从而带来管理风险。

（四）评估机构管理对策建议

对上述主要风险因素进行分析梳理，能够整理出估价机构在内部治理过程中主要的风险因素，以及各风险因素的重要程度和所能够带来的危害。本文整理汇总了各风险因素的发生原因及影响程度，从机构管理层面提出以下三方面建议：

1. 树立风险意识，增强防范风险能力

估价机构在风险防范方面普遍意识不强，随着经济形势的变化，以及大众维权意识的增强，估价机构及估价师面临的执业风险不断增大，亟需加强风险防范能力。估价机构可通过开展法律培训、估价专业知识技能培训、职业道德培训、依法依规执业，落实责任主体，提高风险控制意识。涉及估价行业的司法判例每年都有，重点做好司法判例的学习总结，从司法判例中汲取教训，也能够通过司法判例警示估价专业人员，敬畏法律，规范执业。

2. 建立项目风险评价表，对照检查，提升估价机构风险防范水平

资产评估行业在管理类底稿中有评估项目风险评价表一项，作为业务承接及实施过程中评价业务风险的载体，房地产估价机构在评估工作中可以借鉴资产评估行业的经验，结合本文研究的35项风险因素，形成房地产估价机构评估项目风险评价表，在业务承接及实施过程中，对照检查打分，对风险评价较高的项目谨慎处理，风险评价结果极大的项目尽量避免承接，或采取有效防范措施。对照项目风险评价表检查打分，简化量化风险因素，提高风

管理效率，能够有效帮助估价机构识别项目实施过程中的风险因素，及时采取有针对性的防范措施，提升风险防范水平。

3. 工作流程制度化，交叉检查，确保工作质量

工作流程制度化不仅包含三级审核制度，从估价业务承接、评估准备、实地勘查到评估测算和报告出具，需要建立一套完整的制度，也包含业务承接阶段需要收集的资料清单、不同业务类型估价师的选派、估价师实地勘查作业规范、评估测算底稿要求、报告审核表、报告签收单等。建立系统完善的管理制度，并在实际工作中遵照执行，才能确保评估工作质量。比如，根据房地产估价管理的相关规范要求，估价机构都建立了三级审核制度，但在实际实施过程中，三级审核制度流于形式，仅对报告格式、文字表述、报告附件等进行检查，笔者认为审核的重点应集中在测算过程及测算底稿。虽然评估报告外观质量是客户对评估工作质量的最直观感受，但如果测算过程有误，会导致评估结果出现偏差，评估报告的基础就坍塌了。因此，在审核过程中，相关人员需要注重评估测算过程的交叉审核，签字估价师或者项目参与人员相互审核测算过程，确保测算过程无误，从而保证估价结果客观公正。

五、结论

本文运用文献研究法、层次分析法、专家访谈法、问卷调查法等研究方法，对估价机构评估项目全流程涉及的风险因素进行研究分析，识别出35项风险因素，根据问卷调查结果对其进行排序，筛选出15项主要风险因素，并与近年来涉及评估的公开刑事判例进行对比分析，主要风险因素与引起评估机构涉诉并判刑的因素一致，验证了问卷的可靠性。笔者针对15项主要风险因素进行分析并给出风险应对策略，在此基础上，对估价机构提高风险防范水平给出三方面建议，希望通过本文的研究分析，为估价机构通过内部治理提高风险防范能力提供参考，促进估价机构提升风险防范能力。

参考文献：

[1] 韩冰，郭玉坤，王晓红，等. 我国房地产评估行业风险防范认知、措施与风险评估调查 [J]. 中国资产评估，2022（10）：40-48.

[2] 冯春晓. 基于社会网络分析的装配式建筑项目成本风险评价与对策研究 [D]. 郑州：河南财经政法大学，2023.

[3] 赵蒙. 基于AHP和模糊综合评价法的房屋征收评估风险识别评价研究：以郑州市阜民里房地产征收评估项目为例 [J]. 房地产世界，2023（14）：22-26.

作者联系方式

姓　　名：尚春芳　冯春晓

单　　位：河南正达房地产评估测绘咨询有限公司

地　　址：河南省郑州市建设西路187号泰隆大厦1001

邮　　箱：1263976376@qq.com；635537958@qq.com

注册号：尚春芳（410000022）；冯春晓（4120190002）

新形势下估价机构如何通过内部治理防范估价风险

张丹妮　金艳芳　贺肖肖

摘　要：在以高质量发展理念为导向的新形势下，估价机构的良性发展面临更多元化的市场需求，本文从新形势下估价机构面临的内外部风险出发，分析估价风险的变化趋势和主要问题，从内部规范管理、业务端综合研判、技术端风险强化、信息化建设和企业文化引领等方面探讨内部治理途径，以期积极防范估价风险。

关键词：房地产；估价机构；内部治理；风险防控

一、新形势下估价机构面临的主要风险类别

估价风险可分为外部风险和内部风险两大类，其中外部风险包括政策风险、市场风险、行业风险；内部风险包括人员风险、技术风险、操作风险。

（一）政策风险

政策风险是指国家或相应部门的法律、法规、准则、政策等发生变化，而估价机构和估价人员未能及时作出相应调整而产生的风险。近年来，主管部门、行业协会及各地方根据行业发展针对性出台了系列规范和标准等，以期进一步完善估价体系。对最新相关政策文件了解不及时或者理解不深刻都可能导致政策风险，从而影响估价质量。

（二）市场风险

行业低价竞争和商业贿赂等是主要的市场风险点。2015年1月1日，国家发展改革委下发《国家发展改革委关于放开部分服务价格的通知》（发改价格〔2014〕2732号）要求放开土地和房地产价格评估收费标准，实行市场调节价。因产品同质化及竞争压力大，部分机构丧失原则换取业务，甚至以商业贿赂等非正常手段招揽业务，破坏市场秩序。

（三）行业风险

行业风险是指由于行业标准体系不健全、行业管理不规范以及行业信息不对称而产生的风险。主要表现在一是行业标准不完善，部分领域缺乏相应的执业准则作为参考。二是监管机制不健全，不同主管部门管理不同估价领域，由此权责界限不够清晰，难以形成综合的管理监督体系。三是行业信息不对称，恶性竞争造成信息失真以及市场交易信息透明度较差，相关技术参数无法准确地衡量，从而导致估价结果缺乏可靠性。

（四）人员风险

人员风险是指评估人员在执业过程中违反职业道德，未能遵循独立、客观、公正的估价原则，导致估价结果错误的风险。较严重的情形是罔顾评估风险，一味迎合委托方需求，甚至协助委托方造假，使委托方得利。另一种则是从业人员责任心不强，简省评估程序、简单套用模板导致成果质量较差，使报告使用者产生误解，造成巨大经济损失。

（五）技术风险

技术风险是指估价人员自身的专业水平不足而导致估价结果出现巨大偏差所带来的风险。主要包括以下几点：估价方法错误，因对估价对象把握不准而导致估价方法选取不当；技术参数错误，因理论知识、实践经验缺乏等原因导致技术参数选取错误；计算错误，包括公式使用错误和计算出错等。除此之外，对估价对象的瑕疵、权利限制等特殊情况披露不充分也易导致重大技术风险。

（六）操作风险

操作风险是指估价人员未按照法律或准则规定的标准程序开展估价工作带来的风险。评估基本程序的完整性和实施程度会影响估价结论的正确性，评估程序的缺失或不到位将带来巨大风险。主要包括前期资料收集不齐全、实地查勘及市场调查不深入、内部审核流程不到位、工作底稿不规范等方面。

二、新形势下估价风险的变化趋势

（一）估价风险由显性化向隐性化转化

相较以往直观的"高评低估"风险，新形势下的估价风险具有隐蔽性，不易被识别。鉴于主管部门和行业协会的监管力度和风险宣贯力度加大，从业人员和委托人的风险意识均有所增强，因此，在项目的委托和执业过程中往往进行了专业化包装，较难直接从估价报告中识别风险。例如在房地产转让和课税估价目的中，估价结果报告中未清晰披露估价结果的含税情况和税费负担方式，此种情形下易导致错误理解或错误使用估价结论，易造成经济财产损失，而此类风险往往较难通过估价报告本身进行识别。

（二）估价风险由鉴证性报告向咨询性报告转移

鉴证性报告主要是委托人用于向第三方证明估价对象价值的依据，具有鉴证性；而咨询性报告则一般用于委托人内部决策参考使用，不得用于向第三方提供证明，具有定制化和灵活性的特征，其二者在使用目的上有本质差异。基于两类报告的特性，估价机构和估价人员一般对鉴证性报告具有较高的风险意识，而忽略了咨询类报告的风险性，在某些估价项目达不到出具鉴证性报告的情况下，选择出具咨询类报告，以期规避风险，实际反而造成了较大的风险隐患。例如在明知委托方真实目的的情况下，采用咨询报告的形式出具不符合估价对象实际情况的估价结论，为委托人谋取不正当利益。

（三）估价风险由技术端向市场端转变

传统的估价风险一般在技术端，以前述的人员风险、技术风险和操作风险为主。随着行业的发展，估价行业的法律法规逐步健全、行业监管要求日趋严格、从业人员专业化水平不断提升，在技术端的风险防控方面取得了较大的进步。同时，由于行业竞争加剧，估价风险逐步向市场端转移，以牺牲专业为代价进行不正当竞争，而由此引发的系统性风险往往后果相当严重。

三、现阶段估价风险管理存在的主要问题

（一）以被动式风险管理为主，根本出发点偏离

大多数估价机构的风险管理是基于主管部门、行业协会及审计检查部门的管理要求而被

动式地开展，而不是基于估价工作的本质主动去开展管理工作。估价报告具备专业性、鉴证性、公正性等显著特点，估价行业肩负着维护社会公平、公正的使命。因此，估价风险管理的核心出发点应该是基于估价工作本身，主动地去开展估价风险管理，以不断提高从业人员的职业道德，推动估价机构的可持续发展和整个行业乃至社会的进步。

（二）以后端风险管理为主，全流程管控不足

现阶段的估价风险管理多以项目完结后的成果抽查、过程抽查、底稿抽查等后端风险管控为主。风险管理的最优方式应该是"防控"结合，而目前大多数估价机构的风险管理主要依靠"控"，而较少体现"防"。或者说在以"防"为主的前中段风险管理手段缺乏，同时前中端也缺少风险管理的着力点，管理难度较大。但是风险管理的关键环节往往在于前中期阶段，做到"防患于未然"才能从根本上进行风险管理。

（三）以单一项目风险管理为主，系统性管理不强

在日常风险管理中，估价机构的风险管理多以项目为核心开展。针对项目中发现的风险点从"调查—分析—整改—复盘—宣贯"等环节进行管理，则认为该项目本身的风险管理完成了闭环。然而，作为估价机构还需要进一步做到由点及面，深挖风险产生的本质原因，从根本上寻找转移和化解路径。当然项目风险管理本身是很好的风险管理实现的途径，但不是风险管理的重点。估价机构应当以项目管理为抓手，不断深化风险管理理念，逐步建立起系统化的风控体系，筑牢风险管理高墙。

四、以内部治理防范估价风险的途径

（一）以内部规范管理为核心，增强企业发展韧性

系统化的内部管理体系是估价机构顺利运转和可持续发展的根本。一是估价机构建立完善的组织架构，形成业务端与技术端的相互合作又相互制衡的机制，防范系统风险。二是建立健全内部管理制度，包括人事、行政、技术、市场、财务、风险、监督检查等完善的管理制度，规范业务流程和操作规范，防范业务风险和道德风险。三是建立有效的内部监督机制，对人员管理、技术质量、合规运营等方面进行监督和评估，及时发现和解决问题。

（二）以业务端风险管控为主线，加强研判与转型升级

业务接洽是估价风险的起点，客户在选择估价机构的同时，估价机构也应该同时选择客户，及时权衡业务匹配度。项目研判是业务承接的必要环节，对具备风险且风险不可控的项目不应接受委托，保持估价机构的专业性、独立性，不受客户个人意志或利益左右。与此同时，近年来房地产估价领域的竞争近乎白热化，估价机构应积极思变，在对既有业务进行转型升级的同时拓展估价相关业务，提高行业竞争力，增强对客户说"不"的底气，分散业务端风险。

（三）以技术端风险管控为抓手，赋能专业技能提升

技术端风险往往是估价风险的外在表现形式，也是估价风险管控的重要抓手。专业技术人员的管理是技术端的管理中心，不断提升人员的专业技术水平和识别风险的能力，重视个人职业道德水平，才能从根本上进行技术端风险防控。同时估价机构要以技术研发为驱动，时刻关注行业政策的变化，促使估价专业人员不断学习新法律、新政策、新规范，完善专业知识体系，降低技术端风险。

（四）以信息化建设为手段，强化全流程管控

信息化建设是估价机构发展的必要条件，亦是风险管理的重要手段。将风险管理与信息化建设相结合，往往可以取得良好的效果。将估价全流程进行信息化管理，每个环节设置关键节点和风险提示点，一方面，在关键节点未完成的情况下，信息化管控体系中项目不能往下推进，可以规避估价环节的缺失风险；另一方面风险提示要点可以作为各估价环节的作业导向，用以指导评估执业的规范性，避免触发风险。

（五）以企业文化建设为引领，筑牢"依法评估"底线意识

通过积极正向的企业文化这一企业的灵魂，给予员工正确的导向，降低内部管理发生风险的可能性。估价机构应该加强企业文化建设，营造积极向上的文化氛围，增强员工的归属感和责任感，强化底线意识和系统思维。将风险意识注入估价从业人员的灵魂，时刻警醒保持专业判断，从根本上进行风险管理。

总之，估价机构要落实好风险防控主体责任，不断加强内部治理能力，统筹强化风险防控，建立并完善风险管理体系，提升系统性风险防控能力水平。

参考文献：

[1] 朱荣，温伟荣，马尧.资产评估主体执业风险研究：基于2014—2018年证监会处罚案件分析[J].中国资产评估，2019（1）：15-23.

作者联系方式

姓　　名：张丹妮　金艳芳　贺肖肖
单　　位：永业行土地房地产资产评估有限公司
地　　址：湖北省武汉市武昌区友谊大道303号武车路水岸国际k6-1栋23楼
邮　　箱：522648900@qq.com
注 册 号：张丹妮（4220170081）；贺肖肖（4220170028）

房地产估价机构防范风险和提升价值对策探讨

李秀荣　林　晓

摘　要：当前房地产估价机构在机构治理方面，存在认知不足、股东至上的错误理念以及数字化能力弱等问题。通过升级房地产估价系统，可以实现风险预警自动化和业务风控一体化，从而提升机构治理水平。为了满足这一需求，房地产估价系统需要升级数据集中管理、标准化流程管理和辅助估价等模块，提高机构的数字化能力，增强估价的准确性和可靠性，防范估价风险，提升企业价值。

关键词：房地产估价系统；估价风险；企业价值

机构治理是指机构为了有效运作和实现其经营目标而建立的一系列制度、规定、程序和实践，旨在提高公司的价值和可持续发展能力。

房地产估价，机构治理对内是提高估价质量、增强企业竞争力的有效手段，对外是保证市场公正竞争、增强市场信心的基石。

一、房地产估价机构在机构治理中存在的问题

（一）对机构治理认知不足

很多估价机构规模小，重业务而轻管理，重服务而轻技术，企业经营以股东价值为导向，没有将机构治理放到影响机构生存及发展的战略层面来考量。

机构治理结构不健全，治理制度不完善，就可能存在信息不透明、权力过于集中的问题，影响机构管理层全面了解公司实际情况，导致决策失误。企业内部可能出现某些部门或人员掌握的资源过多，而其他部门或人员则缺乏必要的资源，导致资源的浪费。缺乏有效的内部治理机制可能导致不当行为和违规行为的发生，给企业带来经营风险，导致市场对公司的信任度下降。缺乏对法规合规的重视可能导致公司违反法规，面临罚款、法律诉讼等风险，损害公司声誉。

（二）股东至上的错误理念损害行业声誉

很多估价机构追求股东利益至上的"单边治理"模式，企业利润至上，不关心机构的社会责任，甚至故意"打擦边球"得到短期的经济利益，做出诸如扭曲参数、虚构案例、数据造假、虚高估价等无视法规及制度行为，导致市场出现低质量竞争、同质化、低端化等现象。客户经常发现，一家估价公司无法出具的报告，换一家公司却能轻易出具，严重损害了评估的独立性和道德规范，对行业声誉和估价的专业形象造成了破坏，引发公众和社会的负面反应，制约了行业的发展。

(三)数字化能力低下

机构治理就是高效的管理。数字化能力使得企业内的信息更加透明和实时可获得，促使组织内更高水平的治理。很多估价机构对数据的采集还是依靠手工作业，无法有效地收集、分析和利用数据，降低了透明度和公信力，导致运营效率低下，存在大量风险隐患。

数字化能力低下可能导致机构难以跟上时代的步伐，无法有效地利用新技术和新业务模式来提高效率和创造价值。当房地产市场和行业环境时刻变化，这些机构也无法敏锐洞察市场趋势，认识行业风险，及时调整估价策略。

二、利用房地产估价系统，加强机构治理

(一)估价机构如何加强机构治理

透明、公正、负责的机构治理体系是维护估价秩序、规范估价行为、防范估价风险、提高估价水平的关键一环。

全国估价机构具有规模小，人数少的特点，平均拥有不足 12 名估价师，难以按照传统企业内部治理标准设置完整的部门体系。另一方面估价师整体学历水平较高，其中本科及以上的学历占比 65.2%，具备较好的专业知识和技能，有潜力适应数字化治理。

利用机构内已普遍使用的房地产估价系统，嵌入机构治理管控措施，更符合中小机构治理的现状。

(二)升级房地产估价系统，提升机构治理水平

1. 从"办公自动化"升级到"风险预警自动化"

房地产估价系统要满足机构治理的需求，应该在评估流程信息化基础上，将已经优化完善的流程和制度固化到系统中，加强信息化管控，强化内控体系刚性约束，使估价活动全流程可监控、可追溯、可检查，保证治理制度和措施固化和落地。

2. 从"作业流程"升级到"业务风控一体化"

把业务系统、审核流程、风控系统直接嵌入在估价系统之内，直接实现对估价活动的实时自动监控，自动识别并终止超越权限、逾越程序和材料不健全的估价风险，减少人为因素造成的错弊，提高风控的执行力和效率。从事后管理向事中管理、事前管理转变；从静态管理向动态管理转变；从被动管理向主动管理转变；从定性管理向定量管理转变；从主观管理向客观管理转变；从分散管理向集中管理转变。

(三)房地产估价系统应用于机构治理的主要功能

1. 数据集中管理模块

估价机构治理需要及时、准确地获得充分的企业内外部信息。

升级后的房地产估价系统集中存储管理大量的市场数据、估价模型和相关文档，具有元数据管理模块，标准化的数据采集流程模块，数据准确性、完整性、一致性和及时性验证模块，数据使用权限分配模块，数据可视化展示模块，数据审计和监控模块等。

系统中的数据应实现与其他业务系统或管理系统互通，保障数据在各职能部门之间的集成与共享，增加了数据来源的透明度，拓展了数据的使用场景，提高了数据的准确性和可靠性。

2. 标准化流程管理

利用信息系统进行持续性监督是实现高效内部监督的重要方式。

在流程管理中，需要升级误差管理的工具，实现对估价活动实时监督、自动检查，减少主观判断的影响，防范因疏忽或错误导致的风险。包括记录误差的日志、后续跟进、处理情况分析等；需要有评价系统状况的工具，包括内置参数、风险容忍度水平、不相容岗位分离等，以及评价过程完整性的工具，包括标准及协同、数据加总、文档完整性。

3. 辅助估价模块

升级后的房地产估价系统提供了丰富的数据分析和决策支持工具。

嵌入估价系统中的自动估值模型，分不同地区、不同房屋类型分别学习和优化，并在实践中不断与市场交易数据进行比较，验证其准确性，及时进行调整和改进。通过识别潜在趋势和市场变化，帮助估价师进行更准确的估价和市场预测。

系统中的巡检（查勘及复估）服务系统包含人脸识别、查勘信息、查勘结果上链、全流程存证等功能，对查勘进行全流程管理，最大程度保证查勘过程真实可靠。查勘结果存证，也能防止篡改。

三、利用房地产估价系统，防范估价风险

（一）利用数字化技术，规避执业风险

通过升级估价系统，建立和完善风险管理机制，将社会责任和道德准则融入业务实践，防范估价过程中可能出现的程序风险、技术风险、职业道德风险。

升级后的估价系统，能自动分析系统中保存的过往案例、估价结果，判定在估价活动中，所选案例是否属于同一供求圈，是否为最优案例，所选参数是否有异常，估值结果与以往案例是否保持一致，一旦发现估值结果偏离市场过大时，能及时给出预警。

（二）积累案例和数据，规避人才风险

数字化估价系统集成了丰富的估价案例和工作底稿，包括估价报告、交易案例、租赁案例、建筑项目成本案例、市场动态变化资料，这些数据为培养估价师的专业能力，处理复杂情况下的估价项目积累了宝贵的经验。

基于实际情境的案例学习，保持估价机构人员的专业能力，让估价新手更好地理解理论知识在实际应用中的运用，将抽象的概念转化为具体的实践经验。对于估价师能迅速从他人的案例中得到经验，培养复杂问题解决能力，把个人的隐性知识变成企业的显性知识，降低对于单一估价专家的过度依赖，提高估价的稳定性。

（三）增加透明度和可追溯性，规避业务风险

升级后的估价系统中建立标准的信息披露框架，确保在估价过程中，各环节都能包含足够的信息。系统流程透明，并且具有可追溯性，使投资者和其他利益相关者全面动态了解估价结果的形成基础，这有助于建立信任，降低因信息不对称而引起的潜在风险。

四、利用房地产估价系统，提升企业价值

机构治理必须服务于企业，其根本目的是保持企业竞争力，为客户创造价值，从而最终实现提升企业价值的目标。

（一）提升企业市场地位

企业的市场地位除了市场份额可以具体化的数据，还包括知名度、顾客满意度、顾客效

用指数、单项领域的代表性等。建立透明的公司治理结构，公开估价过程和决策过程，提升企业的运作的高水平、高质量、高效率，保持诚信度，赢得商业声誉，吸引客户和供应商的合作意愿。

（二）资源优化于可持续发展

有效的机构治理鼓励估价机构关注可持续发展目标。

升级后的房地产估价系统提供了定量化的绩效评估工具，对估价机构的绩效进行定期评估。这有助于识别存在的问题和改进的机会，改善资源分配，对可持续发展有重要意义的业务能够持续获得所需的资本、人才和管理注意力，使资源能够更有效地用于提升机构的整体绩效，在更好地满足客户需求的同时，为社会做出积极贡献。

（三）提升数字管理能力

估价机构在作业过程中天然积累了很多数据，但由于其业务规模、技术力量的限制，这些数据处在孤岛状态，不能发挥出最大的潜力。房地产估价系统提供给机构一个先进的平台，使机构能够在数据上对外开放合作，例如，与其他估价机构、房地产开发商、金融机构、科技公司和数据提供商等合作，共享数据和资源，进行联合估价和风险评估，帮助机构做精、做强。

通过估价系统日常使用，不断培养出具备数字化技能的估价师。这些估价师能够熟练地运用各种数字化工具和软件，专业知识和技能得到了持续的更新和提升，能够更好地适应市场的变化和需求，使估价结果更加准确、客观、公正，赢得了客户和市场的信任和认可。

（四）持续创新

估价行业面临的困境，当金融机构对人工估价的需求转向了数字询值，连司法拍卖都启用网络询价，大量传统消失的时候，估价机构缺乏创新能力，不能创造新的产品、服务和经营模式，不能为客户提供新的价值，所以难以适应市场的变化。

房地产估价系统提供更多业务创新机会，结合在线平台和估价数据，开展定制化服务；与金融机构和科技公司合作，提供更综合的估价和风险评估服务；应用数据可视化、云计算、区块链等技术手段，将房地产估价的数据和模型应用到不同业务场景中，如城市更新、宅基地管理、产业招商等；不断探索数据新价值、新需求、新业态，与多方共建数据生态，实现数据的创新利用和共享共赢。

五、结语

房地产估价系统的升级不仅是技术的革新，更是机构治理理念的进步。通过加强机构治理，可以防范估价风险，提升企业价值，并为行业的持续创新提供可能。这需要所有从业人员共同努力，以开放的态度接纳新的技术和方法，以专业的精神保证估价的质量和公正性，以负责任的态度对待每一个估价项目。让我们携手共进，共同推动房地产估价行业的发展，为社会创造更大的价值。

参考文献：

[1] 弗雷德蒙德·马利克.正确的公司治理[M].北京：机械工业出版社，2013.
[2] 中国房地产估价师与房地产经纪人学会.中国房地产发展报告 No.18（2021）[M].北京：社会科学文献出版社，2021.

[3] 德勤企业风险管理服务部.公司治理：发展趋势与洞察[M].上海：上海交通大学出版社，2011.

作者联系方式
姓　　名：林　晓
单　　位：厦门均达房地产资产评估咨询有限公司
地　　址：厦门市思明区莲前东路 894 号 608 室
邮　　箱：1500725439@qq.com
注册号：3520100021

姓　　名：李秀荣
单　　位：厦门云评众联科技有限公司
地　　址：厦门市思明区金星路 41-2 号
邮　　箱：Lixiurong@vip.sina.com

首席评估师制度在房地产估价风险防范中的作用

程景民　张　飒

摘　要：首席评估师制度在资产评估行业已经发展十余年，在机构技术水平提升、人才培养、学术研究、风险防范等方面起到了关键性作用。而这一词汇迄今并未在房地产估价行业广泛流传，当前，房地产估价行业面临诸多挑战，估价风险愈加多样化，行业亟待突破创新，本文尝试从房地产估价机构角度出发，借鉴首席评估师制度来完善机构的质控制度，提高风险防范能力。

关键词：首席评估师；房地产估价；风险防范

一、首席评估师制度历史沿革

首席评估师制度来源于资产评估行业，早在2009年年末，财政部出台了《关于推动评估机构做大做强做优的指导意见》，文件要求资产评估机构建立首席评估师制度，统一负责评估报告审核及内部质量控制。2011年，财政部下发了《资产评估机构审批和监督管理办法》，该办法再次提出资产评估机构应当建立首席评估师制度，负责执业质量控制。2012年年末，中评协组织起草了《首席评估师管理办法（征求意见稿）》。2014年中国资产评估协会第四届常务理事会第七次会议审议通过《首席评估师管理办法》。2021年中国资产评估协会第五届理事会第九次会议审议通过《资产评估机构首席评估师管理办法》，明确了首席评估师在业务质量控制方面的职责，能够促进评估机构建立分工明确、权责一致的质量风险控制管理体系，提升评估业务质量和评估报告社会公信力。也确立了首席评估师在业务方面的权威，督促首席评估师不断学习提升专业能力，以带动评估机构的专业能力建设，对评估机构执业质量控制发挥了关键作用。

评估行业历经三十多年的发展，评估机构已经极具规模，发展成为人员众多、多部门管理、专业分工明确的专业机构，也就需要更加专业严谨的企业管理，首席评估师制度既是行业发展的必然要求，也是推动行业做大做强、实现机构转型升级的重要抓手。随着首席评估师制度日趋完善，首席评估师在机构管理的方方面面都发挥着关键作用，如执业质量控制体系、评估报告复核制度、估价技术及学术研究、人才培养等方面都因为有首席评估师的存在把关而更加完善，使机构的核心竞争力不断增强。

二、首席评估师的作用

（一）首席评估师角色

首席评估师是资产评估机构最高管理层在业务质量控制体系方面的责任人，由资产评估机构最高管理层提名产生，直接对最高管理层负责，在资产评估机构业务质量控制中起到至关重要的作用。作为负责业务质量控制体系的最高管理层，首席评估师从组织制度建设方面推动评估机构的评估质量与质量控制水平的提高，规范评估行为，为行业的健康发展保驾护航。首席评估师之所以为首席，其本身自然有许多"过人之处"。首先，具有较深的评估专业知识以及广泛的相关领域知识，面对五花八门的评估报告能精准地识别出问题及风险所在，便于开展质量审核工作；其次，具有较强的组织管理能力，且在公司内部具有一定的地位，特别是学术方面具有较高的权威，能够代表公司进行技术培训、学术研究，培养新生力量，增强企业发展的软实力；再次，具备良好的沟通能力，对内与公司领导及员工之间的沟通，对外与客户、行业协会、行政机关等的沟通，特别是涉及评估报告执业质量的案件，评估协会对机构首席评估师进行约谈，不但要言明问题、依据，还需要据理说服相关方接受，同时可能还要提出若干种解决问题的方案，这些都需要有良好的沟通能力；最后，还要有良好的声誉和职业道德，在各个方面都能够为人师表，关键时刻能为公司守住底线，保证企业健康良性发展。

（二）首席评估师职责与权利

首席评估师的作用是代表最高管理层对评估机构业务质量控制体系的建立、实施和保持进行策划和管理，是公司业务质量控制体系的建立、实施、保持以及改进的负责人。首席评估师的职责重在推动业务质量与质量控制体系的实施，包括确保机构内部质量控制体系的建立，推动质量控制体系的实施，监督质量控制体系的运行，向最高管理层报告并提出改进的建议和方案；组织制定机构内部的技术标准；组织对业务疑难问题或者争议事项进行处理；组织评估人员的业务培训等。在承担提升质量与质量控制水平职责的同时，首席评估师也享有一定的权利：对违反质量控制体系的行为，有权制止或者纠正，对制止或者纠正无效的，提请最高管理层处理；对有重大争议的评估报告，有权组织专业评审，达不成一致的，提请最高管理层处理；还可以优先参加评估协会相关学术研究和活动、优先成为专家库成员、优先作为行业专业人才向其他相关部门推荐。

三、房地产估价机构的风险点

（一）行业违法成本低，机构风险意识不强

《中华人民共和国资产评估法》出台实施之前，评估行业主要靠规范约束评估行为，规范相较于法律更为宽松，久而久之也造成了一部分估价机构和人员在估价工作中风险意识不强。由于监管信息不对称，如司法鉴定评估中相关当事人缺乏维权意识和其他评估中报告相关使用方为达到目的预先设定评估价值，这就使得一些有瑕疵的估价报告并不会走到鉴定的地步，几乎没有违法成本，也进一步助长了估价机构迎合估价需求而估价的违法行为。一些评估机构尝试建立适合自己的质控体系，但实际上，尽管大多数评估机构在业务质量控制方面都建立了三级报告质量复核等内部管理制度，但仍存在管理松散、质量控制制度流于形式等状况。

（二）技术风险

技术风险贯穿于具体估价工作的全过程，从接受委托、收集资料、现场勘查、评估测算到出具报告、底稿归档等每个环节，估价人员都可能由于与委托方信息不对称、评估资料真实合法性存疑、评估程序缺失、估价技术水平有限等主客观原因最终出具不合格的估价报告。基于价值时点原则，价值会随着政策变动、市场变化以及估价新技术的更新产生巨大变化，如果估价人员对外部环境没有敏锐的洞察力，则极有可能在估价中依据未更新的政策法规、误判市场、选取不合适的估价参数等。

（三）从业人员素质参差不齐

房地产评估行业入行的门槛较低，对于评估机构来说，使用缺乏经验的年轻估价人员成本也会更低，所以当前房地产评估公司存在着相当数量平均年龄低或者所学非评估专业的人员，平时估价工作套路模板化，主动学习的动力不足，专业知识以及相关领域知识都有所欠缺。另外，估价机构的收益随着业务的萎缩而大幅度下滑，一部分有经验的估价师待遇相比前些年不但没有提升反而锐减，职业上升渠道狭窄，所以也不得不选择了转行，流失到了其他行业，最终导致从业人员素质参差不齐，评估报告撰写质量偏低。

（四）业务首位，恶性竞争

三年的疫情影响了整体的经济环境，让估价行业经历了前所未有的危机，一大部分估价机构尤其是中小型估价机构甚至经历了降薪、裁员、合并、变卖甚至注销，因此估价机构为了生存不得不改变发展思路，将业务放在第一位，但是简单的、风险低的业务大部分被人工智能化所替代，当前承接的业务大部分是复杂的、专业性强且风险大的，为了业务的顺利开展，有时候就选择忽视风险，为了承接业务而答应报告使用人的不合理要求，或者在项目招标入围时，一般是最低价中标，评估机构就无底线地降低报价，恶性竞争，各项成本压缩的恶果最终还是体现在不合格的评估报告上。

四、首席评估师在房地产估价机构如何风险防范

（一）完善质控制度，增强风险意识

首席评估师职责就是确保机构内部质量控制体系的建立、推动实施以及监督运行，该制度的实施能够让质量控制责任到人，有助于机构内部质量控制落实到每个具体的项目上，为业务质量把关。当前评估机构内部松散管理、质控制度流于形式，究其根本是因为整体风险意识不强，单纯的制度建设没有落实责任到"牵头人"，首席评估师岗位的设置能有效保持质量控制工作的独立性，建立起内部管理的防火墙。对评估机构来讲，是组织架构科学合理的表现，也是对管理层的保护。

（二）提升机构专业技术水平

首席评估师肩负制定评估机构技术标准的重任，也代表着评估机构的技术水平，技术水平的高低与评估风险的高低呈负相关，因此为了降低风险，要进一步提升机构的专业技术水平。首席评估师自身是具有创新能力和高水平专业胜任能力的复合型领军人才，而且可以优先参加评估协会相关活动、优先成为专家库成员，可以接触到最前沿最高端的估价及相关知识，再将自身所学组织机构员工内部培训，对机构整体专业技术水平的提升能够起到极大助推作用。

（三）强化人才建设

房地产评估行业是典型的智力密集型行业，行业的长远建设离不开人的因素。现阶段，新技术及互联网＋的发展对房地产评估行业提出了更新、更高、更广泛的需求，然而行业人才结构却不尽合理。尤其是能够提供高端服务的复合型人才缺乏、业务骨干不足等问题成为行业发展的掣肘。近年来行业人才流失问题更加突出，因此需要不断的增强人才建设。首席

评估师的设立也将是对评估专业领域人才的一次选拔。通过首席评估师的培训，可以重点培养出一批专业扎实、眼界开阔、思维创新、职业道德高尚的全能人才，落实评估行业人才培养及队伍建设规划。

（四）强化沟通协调

房地产评估业务的顺利开展并不只是委托人与房地产估价师两方之间的沟通。以房地产司法鉴定评估为例，委托人为人民法院，评估报告的使用人则还包括申请人和被申请人，如果房屋存在租赁和抵押等他项权利，利益的相关方还包括债权人和租赁方，如果当事人对评估报告不满意申请专家鉴定，则还要面对行业协会和行业专家。彼时，沟通协调能力就显得至关重要，首席评估师可以凭借自身良好的沟通能力，对内与房地产估价师、估价人员、管理层，对外与法官、相关利益方以及行业协会等各方保持良好沟通，及时发现并解决潜在的风险问题，确保估价工作的顺利进行。

（五）拓展新型业务

业务的局限是当前行业面临的一个重要问题，房地产行业的发展已经呈现出多元化的趋势，这也要求评估机构适应市场环境，拓展新型业务，走多元化的道路。比如由传统的评估延伸出的城市更新全流程服务、社会稳定风险评估、住房租赁市场评估、农村房地产评估、智能化评估等。要基于评估自身特点再挖掘深度，这也就需要房地产估价机构过硬的评估基本功以及敏锐的洞察力和执行力，首席评估师可以凭借自身的评估功底和更加开阔的眼界，为机构谋划出新的方向。

五、结语

对于房地产估价行业来说，首席评估师还是个相对比较陌生的词汇。但是首席评估师制度在资产评估行业已经日趋成熟，并取得了良好的成效，在机构技术标准制定、报告审核、员工培训、学术研究等方面均发挥重要作用。基于房地产评估与资产评估的共通性，本文从房地产估价机构角度出发，分析房地产估价机构中如何通过实施首席评估师制度来防范风险，以期房地产估价行业更好地发展。

参考文献：

[1] 中国资产评估协会.资产评估机构首席评估师管理办法[EB/OL].（2021-07-01）[2022-11-24]. http：//www.cas.org.cn/ggl/64498.htm.

作者联系方式

姓　名：程景民　张　飒
单　位：河南正达房地产评估测绘咨询有限公司
地　址：郑州市中原区建设西路187号10层1001号
邮　箱：997592540@qq.com；342813090@qq.com
注册号：程景民（4120060038）；张　飒（4120180051）

估价机构如何通过内部治理防范估价风险

廖海燕 李 欢 王佳弋

摘 要：评估机构具有专业性强，涉及数据量大，企业员工人数多，与金融关联性高的特征，是一个高风险行业，本文笔者结合相关实践经验，简要分析评估机构在经营过程中可能面临的内部风险和外部风险，并从组织框架、规章制度、绩效管理、监督机制、人员培训等内部治理方向上提出防范风险的举措。

关键词：外部风险；内部风险；组织构架；规章制度；绩效管理；监督机制；人员培训

一、评估机构内部治理的概念和意义

（一）内部治理的概念

内部治理是指企业或组织内部的管理和监督机制，旨在确保企业或组织的运营和管理符合规范和标准，提高运营效率和质量，保障利益相关方的权益。具体而言，一般内部治理主要从组织架构、规章制度、决策机制、监督机制、人才培养、激励机制、信息管理、风险管理八个方面着手。结合评估机构的运行模式和行业特征，内部治理对评估机构而言，是指估价机构内部的一系列管理和控制机制，旨在确保机构的规范运营、风险控制和利益分配。

（二）内部治理的意义

评估机构作为一个年轻化的行业，在内部治理上尚未形成系统的、完善的、可复制的机制。目前评估行业正处于一个快速上升阶段，评估机构整体数量庞大，而企业整体质量都仍有较大的提升空间。另一方面，评估机构又有别于其他企业，拥有自身的特征，评估机构担负有重要的社会责任，也有一系列义务需要履行，确保评估过程的公平性和合理性，评估结果的准确性和可信度是评估机构的主要宗旨之一，也是作为评估机构能够可持续发展的重要因素之一。同时评估机构专业性强，涉及数据量大，企业员工人数多，与金融关联性高，这些特性更凸显出内部治理的重要性。因而，要让评估机构健康、可持续发展，内部治理至关重要。

二、估价机构面临的风险

（一）内部风险

内部风险主要来源估价机构和估价师，估价机构的风险又分为业务风险、管理风险和内部质量控制风险。估价师的风险主要为专业能力风险和职业道德风险。结合实践经验，从评估流程入手简要分析估价机构可能面临的内部风险。

1. 承接业务存在的风险

目前评估机构承接业务的主要模式分为两种，一种是技术人员承接业务又兼顾技术工作。一种由专职人员专门负责承接业务，技术和业务为独立的两个部门。由技术人员承接业务很大程度上使得技术人员的独立性受到干扰，很容易造成为满足预先设定的评估值而为估价机构带来风险。而由业务人员承接业务又很容易造成估价基本事项确定有误或不准确，同样也会给估价机构带来风险。

2. 实地查勘存在的风险

实际查勘阶段的风险主要集中在技术人员和委托人，针对委托人，他们可能为了自身利益，提供资料虚假或不全或故意隐瞒重大事项。而针对技术人员，一方面由于其能力的欠缺，未履行评估中必要的流程，如未要求委托人或当事人在查勘表上签字，或能进入估价对象内部进行实地查勘拍照、未进行充分的市场调查，这都可能为评估机构带来风险。另一方面由于技术人员职业操守的欠缺，技术人员收受不正当利益、与利害关系人私下接触、故意隐瞒重大瑕疵等为估价机构带来风险。

3. 报告形成时存在的风险

目前大部分机构的报告形成都主要依赖于报告模板，不但报告没有针对性，还有出现诸多报告阶段的风险，如报告不符合规范或存在严重缺陷、评估范围与委托范围不一致、估价参数不合理或引用的文件、依据失效、估价方法选择有误、重要事项未进行有效披露等。另外，部分机构审核流程不严格，报告未进行三级审核，审核流程不符合规范要求；当然，同样存在因职业操守缺失，为迎合委托人要求高评或低评。这些都会为估价机构带来不同程度的风险。

4. 报告交付时存在的风险

报告交付阶段的风险常常是最容易被忽略的，一般可能存在的风险有，报告交接程序不规范、未在规定时间内规范完成归档、归档资料不齐全或不完备。而造成这些操作不当的，大多是由于估价机构内部治理不完善，或规章制度不完善，或风险管理缺失造成的。

（二）外部风险

房地产估价行业是一个以房地产价格为主导的行业，而房地产价格又受市场环境、政策环境的影响较大，因此估价机构的风险又来自于市场和政策。

1. 市场环境带来的风险

市场风险是指房地产市场价格波动带来的风险。房地产市场价格的变动受到多种因素的影响，包括经济、政策、供需等。面对复杂的经济形势和房地产市场，房地产估价如果只是简单地套用估价理论计算得到估价结果，而不进行大量的数据收集、整理、分析和比对，没有一个长期积累的数据库，即使是严格遵循了估价规范的相关程序，估价结果也不一定客观公正，也可能会对评估机构带来高估或低估的风险。

2. 政策环境带来的风险

政策风险是指政府出台的相关政策对房地产市场价格和估价工作带来的风险。政府的相关政策往往会对房地产市场价格产生重要影响，而估价机构需要及时了解这些政策，并对其进行有针对性的分析。评估人员在分析影响房地产价格的因素时，对国家产业政策、金融货币政策在影响幅度等预测上很容易造成偏差，从而导致估价结果偏差，为估价机构带来风险。

3. 行业环境带来的风险

伴随估价机构的不断增加，行业竞争日趋激烈，估价机构之间竞争从收费到效率无一不在承接业务的考量范围之中。而极端的低收费也导致估价机构无法获得正常的利润，极短的工作周期导致估价机构根本无法按照规范要求完成必需的流程，可能一些机构就会选择在人员配置上进行缩减，而人员配置的缩减会直接或间接地影响估价质量，从而形成恶性循环，不仅为估价机构带来了大量潜在风险，也会对整个行业的社会形象造成影响。

三、通过内部治理防范估价风险的举措

（一）组织框架

组织架构是企业或组织内部管理和运营的基础，它规定了企业或组织的结构、职责和权力，确保各个部门和员工之间的协调和沟通。因此不管是技术人员承接业务还是业务人员承接业务，其宗旨都应明确各部门和员工的职责和权限，并确保他们在工作中能够相互协作，共同实现企业或组织的目标。同时估价机构作为一个高风险行业，应设立风险管理委员会和审计委员会等机构，负责监督和防范估价风险。

（二）规章制度

规章制度是企业或组织内部管理和运营的规范和标准，它规定了员工的行为规范、工作流程和管理制度，以确保企业或组织的运营和管理符合法律法规和行业标准。规章制度应包括员工守则、流程管理、决策规则、监督制度等。通过员工守则约束员工行为，约束员工的职业操守。流程管理应包括估价业务流程、风险评估流程、质量控制等，确保估价工作的规范性和准确性。以质量控制为例，应该对承接项目进行有效筛选，在承接项目环节杜绝风险；在项目实施中，要严格参照估价规范要求的流程，做到取证充分，适当，底稿完善，记录详实，参数取值合理有依据，确定估价结果客观。在审核上，严格执行三级审核制度，有效避免报告质量带来的风险。在决策规则中应以防范公司风险为前提进行，不能将决策权集中在某一个或某几个人手中，决策机制应包括民主集中制、科学决策、集体决策等原则，应该坚持以企业可持续发展为核心进行决策。同时，应建立有效的内部监督机制，对各项流程进行监督和检查，及时发现和纠正问题。

（三）绩效管理

目前大部分估价机构都是以业绩作为绩效考核的关键指标，而忽视了风险评价及持续改进与创新。伴随机构的不断增加，传统业务量又不断萎缩，大部分评估机构疲于生存，将业绩作为绩效考核的唯一指标，为了完成业绩，在一些项目决策上铤而走险，忽视估价质量和风险控制。而有效的绩效管理应该包含绩效指标的多样化，各个部门个性化，针对不同岗位有适合岗位的绩效指标，在绩效指标设置时要综合考虑客户、学习与成本、质量和效率、财务等多方面，平衡财务指标和非财务指标，同时指标尽量采用量化的方式，更显公平透明。另外要注重绩效考核过程的标准化，应该有自我考核和他人（公司内部包含上级、同级、下级，公司外部如客户）考核，考核方式应包含个人考核和团体考核。在确定了绩效结果后应合理应用绩效结果，针对发现的不足和问题，想办法进行优化或改正。在绩效考核的基础上建立有效的激励机制，设计科学合理的报酬机制。

（四）监督机制

监督机制是企业或组织内部管理和运营的重要保障，它规定了对企业或组织的监督方

式和监督内容，以确保企业或组织的运营和管理符合规章制度和法律法规。估价机构应该建立健全的监督机制，包括内部审计、质量控制、风险评估等，确保员工的行为符合规范和要求，及时发现和纠正机构运营中的问题。具体到实操，增加检查复核，项目实施有效的三级审核，同时对每级审核的内容和标准进行规范化。公司也可以建立自己的技术标准，规范不同类型项目的实操流程，并将质量控制纳入绩效考核中。

（五）人员培训与资质管理

人才培养是企业或组织内部管理和运营的重要环节，规定了对企业或组织内部员工和团队的培养方式和培养内容，以提高员工和团队的专业素质和能力水平，促进企业或组织的持续发展和创新。人才培养应包括培训计划、培训课程、职业规划等内容。估价是一门复杂的技术工种，人作为估价机构的主要和核心资源，估价机构应加强对员工的培训和管理，提高员工的业务素质和职业道德水平。同时，应建立严格的资质管理制度，确保所有从事估价工作的人员都具备相应的专业资质和工作经验，避免因人员专业能力及职业道德引发的估价机构风险。

（六）风险评估与防范

风险管理是企业或组织内部管理和运营的重要职能，规定了对企业或组织面临的各种风险的识别、评估和控制方式，以降低企业或组织的运营风险，保障企业或组织的稳定发展。风险管理应包括风险评估、风险防范、应急预案等内容。估价机构应建立完善的风险评估体系，对各类估价风险进行全面识别和评估，并采取相应的措施进行防范和控制。同时，应定期进行风险评估和监控，及时发现和处理潜在风险。从风险发生的概率和严重性出发，进行风险评估，针对风险问题提出对应的解决办法，通过不断优化的方式将机构面临的风险逐步消化。

（七）信息披露与透明度

信息管理是企业或组织内部管理和运营的重要基础，规定了对企业或组织内部信息的收集、处理、存储和利用方式，以确保信息的及时性、准确性和完整性，提高企业或组织的运营效率和质量。信息管理应包括信息系统建设、信息安全保障、信息披露等内容。估价机构应按照相关法律法规和行业规范的要求，真实、准确、完整地披露估价相关信息，提高信息的透明度和公信力。同时，应建立有效的信息反馈机制，及时收集和处理相关利益方的意见和建议。

四、结束语

正确的前进方向从来都不是清晰可见的，否则这条路早就挤得人山人海动弹不得了。要实现估价机构的可持续发展，健康向上，作为估价人，我们要不忘初心，砥砺前行，应该依据有关法律法规、行业规范，建立并不断完善适合自身发展的内部治理模式。

参考文献：

[1] 韩冰，郭玉坤，王晓红，等.我国房地产评估行业风险防范认知、措施与风险评估调查[J].中国资产评估，2022（10）：40-47.

作者联系方式
姓　名：廖海燕　李　欢　王佳弋
单　位：深圳市国策房地产土地估价有限公司成都分公司
地　址：成都市锦江区人民东路 6 号东原中心 1505
邮　箱：878527928@qq.com；44961914@qq.com；341118490@qq.com
注册号：廖海燕（5120180089）；李欢（5120080053）；王佳弋（5120190035）

创新管理制度，有效防控估价风险

郭丽霞

摘　要：估价报告的质量管理不能仅立足于最后出具成果阶段的审核，应以业务受理为起点，务实做好前期安排、中期交流和后期审查三个阶段的具体工作，为此机构应根据实际情况制订与本公司现阶段相适应的风险管理制度，并在优化薪酬分配及引入激励机制等配套措施方面做好制度创新，各种举措形成一股合力，才能有效地达到质量管理与风险控制的目标。

关键词：防控估价风险；首席估价师制度；分级审核制度；内部沟通机制；数据信息库建设制度化；技术提升制度化；配套激励机制

估价有风险，报告须谨慎，这是同行们套用股评经典语录自我警示的一句俏皮话，但也的确道出了房地产估价中风险防控是不可或缺的日常功课这一实质。风控措施是否得力有效关系到机构的信誉品牌，甚至直接关乎机构是否能可持续发展，那么估价机构应如何行之有效地做到防患于未然呢？创新内部管理制度是防范风险的有力保障，下面结合我公司在估价风险防控制度建设方面的尝试，就此做一粗浅的探讨。

根据业务规模、业务来源、人员现状，我公司目前的主要经营管理构架是事业部合伙制，在此构架下估价业务的具体管理责任人是事业部合伙人。从既往的工作实践中看，因为各事业部相对独立作业，彼此缺乏有效的沟通，刚开始都还能执行公司统一的技术标准，一段时间过后报告的版式、重要参数取值、估价对象之间的价值逻辑关系等都出现了一定的偏差，为此，公司在三审制度上下功夫，但实际情况往往是在出具报告的最后关头，委托方急催着要报告，如果这时候审核人员才发现报告存在一些必须进行修改的重要问题，局面就会十分被动尴尬，匆忙之下处理问题对风控工作十分不利。由此我们认识到，报告质量的控制不能仅仅立足于最后出具成果阶段的审核，应以业务受理为起点，做好前期安排、中期交流和后期审查三个阶段的具体工作，为此公司及时调整风控措施，根据实际情况建立了总估价师制度及与之相适应的配套制度，同时还在提升人员业务水平、建设估价信息库、优化薪酬分配及引入激励机制等配套措施方面做了一系列的制度创新。通过不断的尝试摸索，逐渐形成了一个较有实际操作性的风控管理制度体系，各种举措形成了一股合力，较为有效地达成估价各个阶段质量管理与风险控制的目标。

一、建立总估价师制度，实施对估价作业全过程分层管控责任制

（一）首席估价师职责

（1）负责建立、实施和持续贯彻估价质量控制体系。

（2）负责具体项目的终审工作，通过对报告的审核监控质量控制体系的运行情况，同时在整体层面对估价业务实施质量把控，特别是对价格水平进行整体上的把控。

（3）负责按季度汇总OA系统报告审核情况，对报告的完整性、合规性进行抽查，并就发现的问题总结经验、落实整改要求，向公司最高管理层报告并提出有关质量控制的改进建议和方案。

（4）汇通各事业部的房地产评估报告分类模板，负责定期进行优化。

（5）负责组织召开公司估价风控小组的工作会议，对各事业部上报的重大业务（如大中征收项目）、难点业务、新型业务，督促事业部合伙人就具体项目组建单一项目微信风控群，提升沟通及项目推进质效，经充分进行集体讨论后首席估价师负责综合评价项目风险，提出是否可出具业务成果的明确意见，对可出具报告的项目做好技术要点的交底。

（6）负责指导估价师处理工作中的具体疑难问题、重大问题。

（二）事业部合伙人职责

（1）负责初期与意向委托人的接洽：做好两件事，沟通与签约，把控业务入门时的第一道风险，婉拒有违规要求的委托，对正常受理的委托要第一时间充分了解相关情况，明确估价基本事项，规范签订委托合同。

（2）负责人员安排：针对不同类别估价对象及本事业部人员情况及时安排两名估价师及助理人员并确定项目负责人（第一签字估价师为项目负责人）。

（3）参与业务作业计划的制订，并负责组织实施。

（4）负责内部协调沟通：对重大业务、难点业务、新型业务及时与首席估价师沟通探讨，申请启动风控小组会议，并组建专项微信群，将项目工作动态、问题等及时在群内回馈，强化沟通，提升质效。

（5）负责跟进督查本事业部业务进度，做好中期沟通：事业部合伙人应要求项目作业人员及时提出问题，同时要在中期过问进度、检查实际作业成果，必要时协助估价师与委托方进一步沟通相关事宜，以确保按照合同约定内容、时间顺利完成估价工作。

（6）负责本事业部估价报告的三审工作。

（三）项目负责人（第一估价师）职责

（1）难度较大及重大项目估价全过程须由项目负责人亲自作业，在现场查勘、市场调查、报告撰写等一系列业务流程中均要亲力亲为；常规性基本无难度报告可由助理人员协助作业，但项目负责人必须全程深度跟进，各个环节负责深度指导，将指定模板、亲自选定案例作为对助理工作把关的第一入口，以使助理人员的工作有一个正确的起点与走向，确保其能按照技术要求做好各项具体工作。

（2）及时与第二签字估价师沟通业务相关情况，协商确定技术路线，并经充分讨论对估价对象价值水平作出初步预判。

（3）在报告提交OA审批流程前应先将委估房地产基本情况、存在的瑕疵或特殊事项的处理、案例及调查记录等数据（以照片和简要文字描述形式）发首席估价师，以便首席估价师审核是否按程序作业。

（4）及时处理上报估价过程中遇到的疑难问题，首先与另一位签字房地产估价师及事业部合伙人进行商讨研究形成合规合理的处理方案；三人组没有把握处理的，及时向首席估价师汇报情况。

（5）负责所负责项目报告的一审工作。

（四）第二签字估价师职责

（1）一般项目估价全过程中，按照相关规定必须由两名估价师共同参与的环节，第二签字估价师须依规参与，认真履职；重大项目及难度较大的项目第二签字估价师须全程跟进，特别是在现场查勘、数据分析、确定技术路线、难点处理等重要节点上第二签字估价师均要深度参与。

（2）协同项目负责人对估价对象价值水平作出初步预判。

（3）对疑难问题提出自己的处理意见，与项目负责人商议是否申请启动公司风控小组。

（4）负责报告二审工作。

二、建立报告分级审核责任制

报告出具前内部审核是风控工作的最后一道防线，也是极其有效的一道防线，为了保证报告各级审核落实到位，最大限度地规避风险，我公司建立了分级审核责任分工机制。公司首先从全观到重点列出报告审核中必须关注的具体内容明细，然后按各审人员所承担责任的大小划分，制订出明确列示各审人员具体审核内容的分级审核表，协同把关。各级审核人内容如下：

（一）一审

项目负责人负责对整个报告进行实质性自查审核，是所有质量问题的第一责任人，审查内容如下表（表1）：

一审自查表　　　　　　　　　表1

序号	自查重点事项列示
1	是否存在套用模板清场不彻底、张冠李戴的错误
2	报告有无笔误，有无前后表述不一致的数据、文字，各因素结论性表述与测算过程中的定性分析、定量取值是否前后一致、方向一致，估价结果大小写是否一致
3	实际用途、规划用途与证载用途报告中各处填写是否一致
4	致函日期是否与出具估价报告日期一致
5	房屋建成时间表述前后是否一致（三处：结果报告中的房屋实物状况、技术报告中的建筑物实物状况、比较法中建成时间确定）
6	估价对象完损状况表中的成新度与收益法中成新率是否一致，有无状况描述、因素分析、修正说明与参数取值的前后矛盾
7	一般因素是否与时俱进做了相应的更新，估价依据所列政策是否是最新的（追溯性评估要特别注意是否与估价时点相匹配）
8	比较法中的因素说明表与修正幅度是否对应，有无表述参数与公式计算中的不一致
9	重要文件应用是否正确（如基准地价等直接决定价值基础的政府相关文件），特别确认基准地价片区查找是否准确，商服用地的要再次查看确认是否存在路线价
10	假开法中各项设定是否合规合理，数据指标应用是否正确，测算步骤是否全面无误
11	报告目录是否更新
12	附件是否齐备、是否清晰完整，特别注意现场查勘表估价师是否签字、委托书等估价资料是否已签章，照片编排是否规范且符合我司规定
13	报告有效期起止日期是否正确

(二)二审

第二签字估价师负责对报告价值内涵、估价思路、测算过程、参数选取、价格水平、评估重大事项处理等进行重点审核,在审核范围内负质量责任,但不对笔误等非二审负责的质量问题负责(表2)。

二审核查表　　　　　　　　　　　　　　　　　　　　　　　　　表2

序号	核查重点事项列示
1	价值内涵表述是否与估价目的匹配
2	假设限制条件表达是否与估价对象的实际情况及报告中的特殊设定相吻合
3	估价重要依据(如用途、容积率等信息数据指针)是否有合法文件数据
4	特殊问题的披露是否充分、有无漏项
5	报告估价思路、方法选择是否合规恰当
6	评估重大事项处理是否合规合理,相关表述是否清楚
7	各种方法测算过程适用公式是否合规无误
8	可比实例选择是否合规,各项因素修正幅度是否合理
9	重要参数选取是否有依据,取值是否合理
10	比较实例是否合规、修正幅度是否合规
11	评估结果适应性分析内容与两种方法权重取值是否匹配
12	进一步审视评估结果是否客观合理

(三)三审

事业部合伙人负责站在部门管理者的角度,审视估价作业程序的合规性及报告的整体质量,掌握本事业部人员的技术水平及履职情况(表3)。

三审核查表　　　　　　　　　　　　　　　　　　　　　　　　　表3

序号	核查重点事项列示
1	估价目的、估价对象范围、价值内涵与委托合同约定内容是否一致
2	相关特殊情况说明是否恰当、清楚
3	结合估价目的,审视评估结果是否客观合理
4	抽检报告审查文字校对是否过关
5	关注报告版式排列是否合规美观
6	附件是否齐全清晰

(四)终审

首席估价师负责终审,一般项目主要审核是否按公司规定程序作业,并对报告价格水平合理性作直观判断;重大项目及难度较大的项目从整体技术思路到重要问题的处理作重点审查,并最终审定估价结果的合理性(表4)。

终审核查表　　　　　　　　　　　　　　　　　　　　　　表 4

序号	核查重点事项列示
1	价值内涵是否符合估价目的、与评估技术路线及评估结果是否匹配
2	假设限制条件表达是否针对了估价对象的特殊情况，是否存在滥用假设限制条件的情况
3	估价重要指标依据是否明确，适用相关文件是否正确
4	特殊问题的披露是否充分、有无漏项
5	重大事项是否按照集体讨论形成的意见处理，进一步审视处理方式是否合规合理
6	报告无法采用完全合规的评估方法时，理由说明是否充分清楚
7	概览各种方法测算过程，重点审查易错易漏的地方
8	重要参数取值是否合理，是否符合公司一贯的取值范围及逻辑关系
9	评估结果适应性分析是否有针对性，两种方法权重取值是否合理
10	站在估价的全局观，进一步审视评估结果是否客观合理

（五）法定代表人稽查放行

督查程序履行情况，一般报告稽查审核重点内容，重大项目（如批量征收评估、资产处置包等价值量大的项目以及技术难度较大的单项标的）对报告抽样全观审查（表 5）。

法人代表稽查表　　　　　　　　　　　　　　　　　　　　表 5

序号	稽查重点事项列示
1	查看前面各级审核意见，督查各审履职情况
2	查看价值定义表述是否清楚恰当
3	查看假设限制条件表达是否清晰明了
4	特殊问题的披露表述是否充分清楚
5	评估重大事项处理是否合规合理
6	是否对相关利益方做了必要的风险提示
7	直观判断评估结果的合理性
8	对报告整体质量水平做出评价

三、建立制度化的内部沟通机制，防止特殊项目风险

为了避免惯性思维导致的盲点，弥补估价师个体认知上的局限，公司成立了风控小组，建立制度化的内部沟通机制，形成对重大、特殊估价对象集体讨论决策的制度，以防止"灯下黑"造成的估价风险。风控小组人员结构及工作程序如下：

（1）风控小组组长：由首席估价师担任组长；
（2）小组成员：各事业部合伙人及由首席估价师推选有经验的估价师；
（3）小组工作启动：事业部合伙人申请，首席估价师启动；
（4）形式：线下会议、视频会议或专项微信群；

（5）成果：个人发表意见，充分讨论后形成处理方案，作好记录，事业部照此方案进行后续工作。

四、数据信息库建设制度化、持续化

我们处在一个高度信息化的时代，估价机构必须十分重视估价信息、数据库的建设，这点做起来很难，但还是从一点一滴务实做起。为了鼓励大家重视数据信息的收集，公司设立了内部有偿成交实例基金，估价人员结合日常市场调查提供成交实例都有相应奖金，并由专人负责归类整理。经过多年的持续积累，目前已初步形成分用途、分区域、表格化、规范化、长期化的案例信息库，基本能满足本公司一般业务的信息查找及价值定位需要。

五、内部技术提升制度化

每年度初由首席估价师负责制订年度技术提升计划，明确课题主讲人，并负责组织实施。计划主要围绕以下几个方面：
（1）结合估价报告常见问题，定期重温《房地产估价规范》与《房地产估价理论与方法》重点篇章；
（2）结合当前重点业务、新型业务组织成果、经验专题分享；
（3）结合公司所完成难度报告的实操经验教训，进行重点问题、难度问题处理方式的指导讲授；
（4）借助各级行业协会的继续教育面授及网课，结合实际需要选择专题深度学习；
（5）及时组织学习、解读新出台的相关法规政策，督导大家正确适用相关条款；
（6）选择热点、难点、重点专题每年度举办一次技术分享大会。

六、制度化的配套激励机制

被动执行不如主动去做，为了调动首席估价师、部门合伙人及估价师的主人翁意识，增强责任心，公司优化股权机制、薪酬分配制度，让能者多劳，劳者多得，同时设立了配套各项制度的专项基金，每年度将股东收益的10%提存，专门用作业务质量管理、技术提升活动的奖金，目前公司已设立如下奖项：
（1）优秀成果奖：①成果在国家级评选中获得名次，奖励组织者、参与者；②成果在省级评选中获得名次，奖励组织者、参与者；
（2）技术成果及课题研究奖：个人独立完成或部门组织完成的新型业务拓展成果及前瞻性课题研究，奖励完成者、组织者、参与者；
（3）数据信息积累与整理汇总奖：奖励信息提供者及整理者；
（4）估价经验专题分享奖：奖励组织者、分享者；
（5）早晨集体学习奖：公司鼓励从业人员利用早晨上班前提前10分钟、上班后30分钟，共40分钟时间段安排实用性的专业学习，奖励组织者、讲授者、学习者；
（6）非工作日的集体学习奖：奖励组织者、讲授者、学习者；
（7）政策解读奖：奖励组织者、讲授者。

以上为本公司近几年在房地产估价风险防范制度建设方面所做的一些尝试与探索，借此机会做梳理小结，不妥之处敬请指正。

作者联系方式

姓　　名：郭丽霞

单　　位：海南汇德土地房地产资产评估造价测绘有限公司

地　　址：海口市龙华区国贸路申亚大厦 18 楼

邮　　箱：hd808hd@126.com

注册号：4620020004

当前估价机构如何通过内部治理防范估价风险

张曼嘉　林宏恩　孙丹桂　邱海波

摘　要：随着我国房地产业的迅速发展，房地产估价机构发挥的作用也越来越重要。然而，随着房地产估价项目类型的多样化、复杂化，房地产估价机构存在的问题越来越多，使得房地产估价机构面临着更多的估价风险。本文对房地产估价机构面临的风险进行了分析，并针对这些风险提出了内部治理防范策略，以促进房地产估价机构的长期稳定发展。

关键词：内部治理；估价风险

一、当前房地产估价市场现状及估价风险

随着我国房地产市场的活跃，房地产估价行业也得到了稳步发展。同时，随着估价队伍的迅速壮大，估价机构在房地产评估等领域发挥着重要作用。房地产估价机构广泛服务于金融行业、房地产开发行业、法院及政府单位等组织机构。估价行业在得到壮大和发展的同时，也存在一些问题和风险。

估价风险是指在估价过程中出现误差、不准确或不合理的可能性。当前估价风险可能由多种因素引起，包括但不限于以下几个方面：数据不准确：估价需要收集大量的数据和信息。由于房地产估价工作人员在工作过程中不遵守评估项目管理制度、评估操作规程等，导致数据缺失、错漏或不准确，从而影响估价结果的准确性。方法不合理：估价人员技术水平有限，选取的估价方法不科学、不合理或不完善，可能导致估价结果的不准确。职业道德水平低下：估价人员职业道德水平较低、法律意识淡薄，可能导致玩忽职守、索贿、故意提高或降低估价、暗示提供虚假信息、冒用他人职业资格等情况。这些不仅会给房地产机构带来相关风险，还会影响房地产估价机构的形象和信誉，从而影响其长期健康发展。外部环境变化：估价结果可能受到宏观、市场、政策、自然等多种外部因素的影响而发生变化。资料缺失：资料缺失等历史遗留问题会导致估价结果的不准确性增大。

这些在估价过程中出现误差、不准确或不合理的可能性都会带来估价风险。

二、通过内部治理防范估价风险的重要性

通过对估价机构估价风险的分析，可以观察到估价机构的估价风险主要来源于内部和外部。内部风险主要来源于两个方面：一是房地产估价机构制度建设滞后，风险防范意识不足；二是估价人员的执业道德低下，技术水平和沟通能力不足等方面。外部风险即为市场环境因素。

外部风险的防范不能单纯依靠房地产估价机构本身，而是需要相关部门或人员的配合才能完成。因此，从估价机构出发，估价机构及估价人员可以通过防范内部风险同时加强防范外部风险，即提高估价人员的技术水平和沟通能力，适应市场环境的变化速度从而防范估价风险。

由此可见，估价机构防范估价风险需从内部出发，建立良好的内部治理制度。

估价机构内部治理是指在组织内部建立一套规范、有效的管理机制，以确保估价工作的准确性、公正性和可靠性。这包括明确的职责分工、严格的制度约束、有效的监督评估等措施，对于维护估价机构的声誉和市场竞争力具有重要意义。

内部治理有助于提高估价结果的客观性和公正性，避免因人为因素导致的误判，有助于降低估价风险，确保估价业务的安全和稳定；且有助于提高估价机构的管理水平和服务质量，增加企业的市场竞争力和品牌价值，为企业的可持续发展奠定坚实基础。

三、当前如何通过内部治理防范估价风险

观察当前估价机构因内部因素产生的风险，可以通过以下途径建立内部治理，以预防估价风险：

（一）完善管理制度

估价机构需要对其内部业务流程、技术标准、估价报告等进行规范化制度化，以确保每一项工作能够做到准确、公正和透明。规范估价制度的建立与完善需覆盖整套估价步骤。

1. 接受估价业务前的事项调查

在接受估价业务前，估价人员需对估价项目作详细的背景调查并制作调查表，包括真实的估价目的、估价对象权属情况、相关利害关系人情况。对估价项目做详细的背景调查可以明确估价业务是否在估价机构承担能力范围内，是否会为估价机构带来相关估价风险。

2. 签订委托合同，明确相关条款

签订委托合同是双方真实意愿的体现。在委托估价合同中增加保护估价师和估价机构的条款也是有效防范执业风险的途径。因此，估价机构在委托合同中对于与估价对象、报告生效条件、估价目的、委托方提交的资料及资料的关键内容点、不确定或不明确的事项、委托方提供资料的真实性有效性及完整性以及由此引发的相关法律责任的承担等，均应该在合同中约定明确。

3. 完善估价工作程序

估价机构内部规章制度应明确估价的工作程序，并制定估价工作流程表，由管理人员复核估价人员的估价程序履行情况。《房地产估价规范》中，对于估价的工作程序界定得非常清晰。每个估价人员都应该牢记其中的每一项工作程序，特别是在估价作业开始后的工程程序。做到每个工作流程都有相应的记录，完善的工作程序能降低、减少估价风险的出现。

4. 保留估价过程档案

当估价机构遭遇估价风险时，估价师能够证明自己的最有力证据就是估价过程中所保留的档案材料和相关记录。因此，制定内部档案制度，要求估价人员保存好档案，包括查档记录、交接记录等。档案记录完整，相关人员的亲笔签字等都是必不可少的。做好证据保全工作是防范风险的有效措施之一。

（二）建立内部风险管理制度

估价机构需要建立完善的内部风险管理制度，设立专门的内部审计监督部门对各类风险进行识别、评估、控制和监测。内部风险管理制度包括估价全过程的内部风险控制，涵盖接受估价业务、估价前期准备、具体评定估算、出具估价报告以及估价底稿档案管理等环节的质量和风险控制。在每个阶段都应规定估价工作的重点，以及估价人员防范风险应注意的问题。

建立估价过程的内部风险管理制度是规避估价风险的关键性措施。

（三）优化员工培训和素质提升

估价机构需要加强对员工的培训和管理，提高员工的专业能力和业务素质，减少因操作不当或其他原因导致的风险和失误。估价机构要建立对估价人员的奖惩制度，以充分调动其工作积极性，提高估价工作质量，这对防范风险起到有效的积极作用。

《房地产估价规范》是房地产评估行业的统一标准，必须更加突出其在行业中的指导地位，将其作为考核和评价从业人员专业素质的一项重要指标。

估价机构要建立严格的用工标准，培养一批业务骨干力量。同时注意队伍梯队建设。定期举办有效的培训，鼓励工作人员自学，在工作中对他们进行监督和指导，以提高队伍的整体素质。估价机构也应大力吸纳经济、法律、会计、统计等专业的复合型人才，建立高素质的职工队伍，以保障估价机构内部对价值的科学评估和对市场状况的权威判断。

（四）招聘专家作为机构顾问

由于估价涉及的估价对象范围广泛，因此估价机构聘请相关方面知识的专家作为自己的顾问非常必要。估价机构可以根据自身的估价项目类型，聘请在工程、财务会计、法律等方面有一定造诣的专家作为自己的顾问，就估价过程中的难点、疑点问题进行解答，专家也可定期进行相关等方面的培训、教育和专业指导。

招聘专家顾问、设立专家库有助于提高估价工作质量，防范估价风险。

（五）加强与外部监管单位的交流与合作

估价机构需要与其外部监管机构建立起友好的合作关系，吸取外部监管单位的经验和建议，及时修正风险漏洞和弥补制度不足。同时，估价机构应建立与外部监管单位的反馈机制，在监管单位公布相关政策或规定时加强交流沟通。加强与外部监管单位的交流与合作有利于估价机构及时发现估价风险。

四、结论

通过健全的内部治理机制，估价机构可以有效防范估价风险，提高估价的客观性和透明度。不断完善的估价制度、风险管理制度以及不断提升的估价人员道德素质共同构建了一个健康的内部治理体系，为估价机构在市场中的可持续发展提供了有力支持。

参考文献：

[1] 黄丽云，刘军.估价执业风险内部因素的成因及防范[C]//中国房地产估价师与房地产经纪人学会.2012年年会：市场变动与估价、经纪行业持续发展论文集.北京：中国城市出版社，2012.

[2] 黄晓红.房地产估价机构防范风险策略探讨[J].纳税，2019（10）：172-174.

[3] 杜建军.浅谈房地产估价师执业风险防范[J].空中英语教室(新教师教学),2010(1).

[4] 张全.大连市K房地产估价公司发展战略研究[D].大连:大连理工大学,2018.

[5] 孙云龙.浅析大数据对房地产估价机构的影响及对策[J].经济研究导刊,2018(34):131-132.

作者联系方式

姓　　名：张曼嘉　林宏恩　孙丹桂　邱海波

单　　位：国众联资产评估土地房地产估价有限公司

地　　址：深圳市罗湖区清水河街道清水河社区清水河三路7号中海慧智大厦1栋1C618

邮　　箱：345344950@qq.com

注册号：邱海波（4420070073）；孙丹桂（4220000017）

浅谈估价机构如何通过健全内部管理防范估价执业风险

邓浩林　彭凤琴

摘　要：房地产估价是一项专业性要求较高的工作，随着社会经济的发展，房地产估价涉足的经济活动也越来越多，除了对专业性要求更高外，同时也需要越来越高效率，健全估价机构内部管理就显得尤为重要，良好的内部管理、人员职责分工等使估价机构在承接业务、执业及后续服务中能更有效的规避外部及内部风险，同时提高产品质量及工作效率。本文将简述估价执业中的潜在风险、改善估价机构内部管理对防范估价风险的重要性及改善内部管理的相关途径。意在为估价机构在开拓业务的同时通过内部管理更好防范执业风险、严堵技术漏洞。

关键词：房地产估价；内部管理；风险防范

一、前言

随着互联网大数据的快速发展，现如今传统估价业务大量萎缩，简单且风险较低的业务逐渐被网络询价所替代。如银行抵押类，部分银行通过大数据、网络询价，及其他数据商开发的询价系统即可满足抵押物估价需求；司法评估业务方面，则通过当事人议价、定向询价或网络询价即可解决，委托估价机构评估的物业大部分是产权有瑕疵、用途特殊或者位置偏远等特殊物业，这类物业评估的难度相对会更大，风险更高。另一方面，随着传统业务的流失，新型业务品种对估价人员的技术能力要求则越高，面临的估价风险也越大。如何在艰难又复杂的环境中求生存谋发展，这就需要估价机构健全内部管理，积极采取有效措施来防范估价风险，同时有效地规避内外部风险，实现估价机构的可持续健康发展。

二、房地产估价中的风险概述

房地产估价涉及各种各样的经济活动，其复杂性决定了估价项目从承接到完成、存档等各环节都会隐藏着风险，房地产估价风险指的是估价结果与房地产实际价值出现不同程度的偏差导致报告使用者相关利益受损及评估人员或评估机构带来经济或名誉上的损失的不确定性，其中包括执业环境的外部风险及估价机构的内部风险。

（一）外部风险

执业环境的外部风险主要是四方面：政治、政策宏观经济环境变化带来的风险；房地产市场风险；估价委托人道德及内部管理风险；估价行业内部竞争风险。

1. 政治、政策宏观经济环境变化带来的风险

当今经济大环境下，任何经济活动都不可避免地受到宏观政策带来的影响，目前我国政治环境相对稳定，房地产价值受金融政策、税收政策及产业政策影响较大，估价机构应适时地了解各种宏观政策的变化，同时包括地方政策，房地产市场目前处于何种政策环境之中，对估价机构判断估价对象市场价值，有着重大的影响，同时房地产市场受宏观政策影响的滞后性，也是估价人员需要注意的。

2. 房地产市场风险

当房地产市场处于上升阶段时，房价的上涨掩盖了市场风险，部分估价机构为了招揽业务，盲目乐观从而忽视了市场周期，给出了严重高于当时市场价值的估价结果，当市场泡沫逐渐出现破裂的时候，市场进入下行区间，之前隐藏的估价风险就会爆发从而产生较大的风险。房地产行业周期波动短期看金融市场、中期看土地市场、长期看人口增长形势，估价机构必须对目前及未来的房地产行业发展做出合理、谨慎的判断，从而才能更好地规避此类风险发生。

3. 估价委托人道德及内部管理风险

在执业过程中，估价机构会经常与估价委托人及相关利益关系人接触，如房地产抵押活动中的抵押人，房地产交易活动中交易双方、税务机关，房地产征用拆迁过程中被征收人、征收代表机构等。这些经济活动主体会出于自身利益的考虑，以估价业务的取舍或评估收费高低做条件，来干扰房地产估价人员评估工作，要求专业估价人员迎合其意愿而低评或高评估价对象价值，另外个别估价委托人为了达到自身的需求，故意遗漏估价资料、提供虚假资料、故意隐瞒影响估价对象价值的重大事项、误指估价对象等，《资产评估法》中也规定了评估专业人员需履行调查职责，勤勉谨慎从事评估业务，对于规避此类风险，对估价人员的尽调工作提出较高的要求。

4. 估价行业内部竞争风险

近年来，随着我国房地产市场迅猛的发展，各种类型的估价机构犹如雨后春笋般地出现，在促进房地产估价业务量增加的同时也加剧了评估行业的竞争。个别规模较小的估价机构为了追求经济效益，增加业务量，做出违反市场公平竞争原则的行为，如恶意降低业务收费、向估价委托方返还佣金、垄断评估业务等，增加估价机构自身经营风险。

（二）内部风险

内部风险是指评估机构及估价师在一定程度上能把握的不确定因素，可以理解为主观因素风险，例如评估机构的内部管理及报告审核制度、估价师的执业能力和对估价相关知识的了解、估价师职业道德等，主要有以下几点：

1. 估价人员道德及业务能力风险

房地产估价人员自身引发的风险有主观造成和客观造成两种类型，主观造成是房地产估价人员缺乏职业道德，为了自身的经济利益，迎合估价当事人不合理的要求，刻意地低评或高评估价对象价值；客观造成是房地产估价人员自身技术水平不高、估价经验不足、专业知识不扎实、执业能力不足而造成评估值与房地产真实价值存在较大的误差。

另外在前期业务接洽环节，基本上是由业务人员在对接，而不少业务人员估价专业知识较欠缺，对估价对象的内涵、估价目的及报告的实际使用人等没有全面深入的了解，对业务风险没有一个准确的判断，反馈给估价技术人员的信息可能与实际情况不对称等，都会存在较大的风险。

2. 权属验证及基础资料等风险

在评估工作实务中,评估人员经常会遇到勤勉尽责调查而不能完成的情况,在权属调查验证中,评估人员往往不能完整的调取估价对象的真实背景信息,例如估价中需要用到的基础数据相关地方部门未能及时公布,各地方对于估价师查阅相关档案资料仍有一定的限制,如估价委托人未能积极配合查档工作,也会带来一定的隐患。

3. 估价方法及估价参数选取风险

对于估价方法及参数选择,我国采用《房地产估价规范》《房地产估价基本术语标准》来规范估价技术。但在具体估价过程中,估价人员的技术水平、工作经验、获取参数的能力不同,在技术运用上也会存在或多或少的不确定性,特别在许多因素判定方面需要依靠房地产估价人员的主观判断。因此,估价技术运用技巧和方法不一样也会引发相应的估价风险。

4. 估价机构内部数据或档案管理风险

《房地产估价规范》明确规定了完成估价报告后,应对有关项目的必要资料进行整理、归档和妥善保管。在归档保存环节,档案资料需要包含完整的工作底稿,如估价委托书、收集的资料、实地查勘记录、市场调查表、测算底稿、内部审核资料、估价报告及附件等。目前,一些估价机构和估价人员没有意识到估价档案的重要性,有的估价项目只出具了结果报告,没有技术报告存档,对原始的资料及现场查勘收集调查的资料没有进行及时的归档。如果估价机构遭遇诉讼,没有完整的档案资料来进行证明,估价机构就会很被动,可能承受不必要的损失。

三、健全内部管理的概念及目标

经济形势及行业现状在不断变化之中,执业风险无处不在,估价机构尤其是中小型机构要在行业内更好地存活下去,为客户提供更高效优质的服务,加强自身内部管理就尤为重要,改善估价机构内部管理的工作必须贯彻落实到整个业务操作流程,从业务承接、项目沟通、技术测算、成果汇编、数据分析及资料归档等,都需要覆盖到,形成一个完整的管理体系,同时各职能部门能更好地发挥自身作用并形成相互约束、监督,共同实现既定的工作目标及加强风险预防。

无规矩不成方圆,松垮混乱的内部管理,即使拥有良好的技术团队,也难以发挥其真正的作用,通过健全或加强内部管理可以让估价机构将执业风险把控在企业可控范围内,同时提高效率及服务质量,其具体体现如下:

(一)保障估价成果的合规性及合法性

保障估价成果的合规性及合法性是对估价机构最起码的要求,目前部分估价机构存在内部人员素质参差不齐、沟通不畅的情况,估价成果难以完全确保合规,通过改善内部管理或控制制度,在实务中把房地产估价行业、国家及地方的各项政策均落到实处,从业务获取源头到成果交付控制其外部风险及内部风险的发生,对项目风险做出合理的判断,是风险防范的一种最佳方法。

(二)改善工作效率、提高产品质量

形成一份优质的估价报告,需要机构内部各部门及部门内部良好的沟通及合作,缺乏良好管理的估价机构,其内部各部门人员沟通不畅,管理混乱,难以发挥人员最大的工作效能及个别优势,通过加强估价机构内部控制或管理,包括业务沟通、成果汇编、审核制度等,形成系统的管理制度及规章，提高各部门及人员之间的约束、沟通及相互学习的能力及积极性，产品质量及效率自然获得提升，同时也可降低内部风险发生概率。

（三）确保机构内部资料完整、安全及最大化利用

在承接及实操项目过程中，估价机构会接触到大量估价委托人提供的或自身搜集获取的数据，这些数据都是估价机构重要的资产，通过加强对数据的管理，估价机构能在需要之时快速提取数据，完善的数据管理系统不仅能保障数据安全，也可以进行内部数据挖潜，使数据更好地应用到估价工作中。

四、建立健全内部管理体系的措施

目前经济形势瞬息万变，风险无处不在，既然完善内部管理或控制能有效地降低估价机构及人员在执业过程中的风险，那么我们应该通过哪些措施去改善我们的内部管理体系？结合多年的从业经验，笔者提出以下几点：

（一）优化内部管理体系，明确工作职责

专业人干专业事，对于中等或以上规模的估价机构，内部大概率设立有多个职能部门，各部门估价从业人员各司其职，既明确各自工作责任亦能体现内部管理的独立性，良好的内部管理，应将各种职能部门分离独立进行条线化管理，不同的职能板块制定标准的岗位责任制，项目操作程序和合理的工作标准，匹配相适应的考核体制，各职能部门之间建立相互合作、监督、制约的工作关系，最大限度地降低承接业务的外部风险及内部腐败的风险。另外估价机构也应该设立独立管理工作系统、数据资产及档案存档的职能部门，可以最大限度地降低由于数据或底稿丢失而造成的内部风险，也利于迅速提取所需数据或资料，提高工作效率及便于数据挖潜。

（二）突出以人为本，改善内部管理的工作环境

房地产估价行业中人员流动较频繁，若部分基础性或关键岗位经常出现流动，难免会对估价工作特定节点产生一定程度的影响从而引发内部风险，人才是第一生产力，企业管理现代化的思想精髓也是以人为本，实现可持续发展的基石也是人才，估价机构可在完善内部考核体系的前提下，关注关键岗位上员工的个人发展，让员工在更好的平台发挥其自身优点，补足个人短板等，同时也可适当增加人文关怀、关注员工身心健康情况，培育发展企业文化，合理优化人力资源政策等措施，对稳定团队及降低内部风险有一定的作用。

（三）建立健全良好的内部审核制度

提高估价机构报告质量，降低因报告质量产生的执业风险，离不开一个完整的内部审核审查制度，完善审核制度，可以有以下几个手段：首先在审核程序方面，可以实现多级别审核制度，每一个级别的审核内容，审核人员都不一样，例如基础性审核，对工作底稿技术上的准确性和完整性进行审核。合理性审核，对评估工作从整体上审核是否允当，报告撰写是否符合规程，是否有针对性。合规性审核，对一般审核足够与否予以评估，并就所有重要评估领域实施特定的审核程序。建立连续审查制度，评估工作流程是一环扣一环的，每个工作环节在做好本职工作的同时，检查上一环节工作质量，通过多层监督能降低犯错概率同时减少发生内部违法、欺诈等行为。健全分公司或分支机构的审核体系，部分中大型估价机构在外市或外省设有分支机构，在适当放权分公司审核的同时，总公司审核人员亦要加强对分支机构所在地的市场走势及地方政策的了解，加大力度对分支机构出具的报告进行抽查，确保

分支机构的产品质量同时也能预防分支机构以自身名义出具估价报告等违规行为。

（四）健全估价机构内部培训体系

夯实技术基础，估价机构应完善其内部培训体系，定期组织估价人员对颁布的法律法规、行业新公布的准则、技术标准等进行深入的学习，如《资产评估法》《城市房地产管理法》《土地管理法》《物权法》等。对估价机构或者估价人员相关处罚案例进行分享，强化评估人员的风险及法律意识，让评估人员意识到违法必将查处，消除侥幸心理，提升程序合法意识，杜绝弄虚作假。同时估价机构要鼓励估价人员加强自身学习，对协会举办的继续教育活动和学术交流活动要积极参加并认真学习，主动开展内部技术讨论会、分享会，鼓励估价人员参加外部培训。

（五）建立健全的风险预警及评估制度

借鉴现代企业管理制度，风险管理可理解为"危机式"管理，是企业为应对各种危机所进行的决策、化解危机措施及员工危机意识培训等活动过程，其目的在于消除或降低危机所带来的威胁和损失。通常可将危机管理分为两大部分：危机爆发前评估及预防和危机爆发后的应急善后管理。估价执业风险有外部及内部风险，针对不同的风险种类，估价机构可建立一个相对完整的风险评估体系，先罗列出已知的风险种类及因素，根据各种风险的影响大小赋予其权重，再结合其发生的可能性进行测算，可以将各种风险种类重要性进行排序，对于排序较前的风险实行更为严格的内部审核制度，估价机构亦可对需频繁接触客户的人员进行风险意识及应对风险事件的培训。同时也要完善各种危机应对手段，在风险发生时将损失降到最低。

提高抵抗风险能力的关键在于估价机构自身内部管理及控制，估价机构的运作依赖内部各个职能的相互配合、分工及监督，内部管理或控制贯穿于整个估价的工作流程，改善内部管理需要估价机构意识到自身不足之处，整合各个职能部门整体进行改进，而不是单纯个别人员或部门的改变就能达到的目标。在经济环境及行业形势变化较快的今天，希望更多机构能意识到改善内部管理的重要性，为改善行业经营环境及树立行业形象共同作出努力。

参考文献：

[1] 郭玉坤，韩冰，王晓红，等.房地产估价风险评估与防范：基于630名从业者的调查研究[J].中国房地产，2022（6）：65-72.

[2] 中国房地产估价师与房地产经纪人学会.房地产估价理论与方法[M].北京：中国建筑工业出版社，2015：399-403+408.

[3] 邓文斌.浅谈房地产估价机构的内控制度建设与风险防范[C]//中国房地产估价师与房地产经纪人学会.回望与前瞻：2021中国房地产估价年会论文集.北京：中国城市出版社，2021：795-799.

作者联系方式

姓　　名：邓浩林　彭凤琴

单　　位：深圳市同致诚资产评估土地房地产估价顾问有限公司

地　　址：深圳市福田区侨香路裕和大厦901

邮　　箱：383287100@qq.com；472136009@qq.com

注册号：邓浩林（4420190148）；彭凤琴（4420150149）

估价机构内部治理的困境及风险防范措施

谢小龙 聂竹松 廖双波

摘　要：随着市场经济的发展，估价机构在经济社会中扮演着越来越重要的角色。然而，估价机构内部治理面临"四不高"（内部制度执行率、报告质量、整体效率、人员素质）的困境，导致面临的风险也日益增加。因此，采取有效措施完善内部治理成为估价机构亟待解决的问题。本文旨在探讨估价机构内部治理面临的困境，及完善内部治理的具体措施，以期为估价机构的健康发展提供参考。

关键词：内部治理困境；风险；措施；建议

一、估价机构面临风险日益上升

通过"威科先行·法律信息库"按照"房地产""评估"的关键词搜索行政处罚，2014—2023年10月期间，共计2941起（图1），呈现逐年递增趋势（图2）。这反映出行业监管趋严，估价机构及估价师面临的执业风险在加大。

图1　房地产评估行政处罚搜索结果

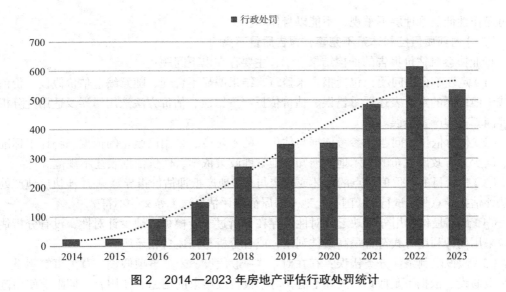

图 2　2014—2023 年房地产评估行政处罚统计

从以往的情况来看，估价机构被处罚的原因主要包括：未按规定期限保存评估档案、评估报告及工作底稿缺失、违反职业道德准则、违反法律法规等。这些行为不仅会影响估价机构的声誉和信誉，还会给估价机构和估价师带来潜在的风险和损失。

二、估价机构内部治理与风险防范的关系

内部治理是风险防范的基础。只有建立了健全的内部治理机制，才能有效地防范风险。内部治理包括组织架构的合理设置、管理制度的完善、内部质量控制的有效实施等，这些都有助于估价机构规范自身的运作、提高管理效率、减少操作失误和道德风险，从而降低机构面临的各种风险。

三、估价机构内部治理困境

评估机构面临"外部执业环境带来挑战""内部质量控制不足""评估工作底稿规范性和完备性存在不足""评估报告内容规范性及完备性问题"的问题[1]；此外，还有效率、人员素质等方面的问题，具体表现为"四不高"，即：

（一）组织架构不完善、内部制度执行率不高

组织架构不完善包含两种情况，一种是组织架构不健全、职责分工不明确，会导致管理漏洞和推诿扯皮现象，员工间无法形成有效的协作，影响整体效率；一种是组织架构过于复杂臃肿，导致非必要流程过多，造成内耗，员工凝聚力下降。

根据中国资产评估协会"评估机构内部治理与风险防范机制研究"课题成果显示：已经建立的制度大部分得到有效执行的比例不到60%，主要原因包括：制度本身太不具体，没有可操作性，无法执行（64.45%）；管理层都不重视按制度办事（48.17%）；制度本身不合理，难以统一意见予以执行（36.21%）；一把手不重视按制度办事（27.91%）；所小、人少、不需要按制度办事（12.29%）[5]。可见评估机构内部制度执行率不高的主要原因制度本

身可操作性低及管理层不重视，不能以身作则。

（二）内部质量控制体系不完善，报告质量不高

行业协会对估价报告的抽检结果显示，主要存在以下问题：

（1）定性不合格问题：包括报告未盖章、结果明显不合理、随意编造估价假设、价值类型或价值内涵的定义表述严重错误、估价依据严重错误、估价方法选用错误及适用性分析不足、测算过程严重错误。

（2）估价依据的问题：参考依据与估价目的不对应、采用已废止的依据、将评审标准列入、缺少地方政府发布的公示地价通知等地方性政策依据、估价依据表述不规范。

（3）估价目的、价值时点的表述或确定与《房地产抵押估价指导意见》《涉执房地产处置司法评估指导意见（试行）》《国有土地上房屋征收评估办法》等文件不符。

（4）最高最佳利用分析缺乏针对性：存在分析过于套模板，缺少针对性，没有分析估价对象采用何种利用方式符合最高最佳利用，或者分析与描述自相矛盾。

（5）假设限制条件分类错误：存在对于"一般假设、未定事项假设、背离事实假设、不相一致假设、依据不足假设"区分不清，对于报告或结果的用途、使用者、期限等使用范围及注意事项的限制条件表述不明的问题。

（6）估价方法使用问题：例如成本法采用房地分估时，土地部分只计算了土地取得成本；建筑物成本取值缺少依据；市场法比较实例缺少信息来源，实例信息不具体，缺少因素修正说明等问题。

（三）数据化程度低，整体效率不高

目前不少中小机构还停留在传统作业的模式，传统估价作业流程的数据为无中心点的射线式传播，路径长、效率低、数据易丢失停滞，造成项目拖延。而采用"互联网＋评估"的作业方式与传统作业方式对比（图3），具有"数据传输效率大幅提升、数据利用率更高、降低执业风险、降低项目成本"的优势[4]。

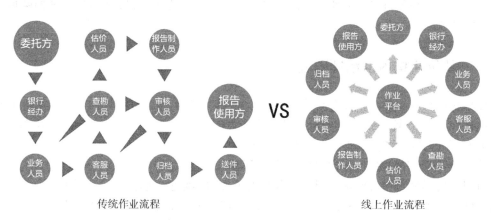

图3 估价传统作业流程与线上作业流程对比

（四）部分从业人员素质不高，有风险隐患

部分从业人员缺乏专业知识和经验，对相关执业道德准则、法律法规缺乏深刻认识，没能坚守底线，可能给机构带来法律诉讼和信誉危机。这也从侧面反映出机构的内部质量控制体系不完善。

上述问题不仅影响了估价机构的日常运作和声誉形象，还给机构带来了很大的风险隐患。

四、估价机构面临的风险

估价机构面临的风险主要包括法律法规风险、市场竞争风险、技术风险、经营风险和财务风险五大方面。

（一）法律法规风险

估价机构除需要遵守相关法律法规和行业标准，还要接受行业协会和政府主管的检查，甚至被审计、经侦等国家部门就评估项目进行问询，存在评估结果或结论被质疑、被投诉甚至被追究法律责任的风险。

（二）市场竞争风险

自《最高人民法院关于人民法院确定财产处置参考价若干问题的规定》规定可以采取网络询价的方式后，住宅等常规房地产评估都已经被京东、淘宝等平台询价报告所取代；实体机构中房屋中介机构是最有力的提供价格咨询业务的机构，外部竞争者加入，使得评估行业市场竞争更加激烈[2]。估价机构不能固守传统业务，需要向咨询顾问、自然资源价值评估、数据资产评估等新业务拓展，才能在市场中保持竞争优势。

（三）技术风险

房地产市场、相关法律法规、政策等都在不断变化中，估价师不仅需要提升和更新专业知识和技能，也需要对新型业务进行技术储备，否则可能会导致评估结果不准确、不客观，进而影响机构的声誉和客户信任度。

（四）经营风险

估价机构的经营风险主要来自于市场不确定性、客户需求变化、政策变化等。如果机构不能及时适应市场变化和客户需求变化，可能会面临客户流失、市场份额下降等问题，进而影响机构的经营和发展。

（五）财务风险

估价机构的财务风险主要来自于资金管理、成本控制、税收筹划等方面。如果没有合理规划和管理财务风险，可能会导致机构财务状况恶化，甚至出现资金链断裂等问题，进而影响机构的经营和发展。

五、估价机构完善内部治理的措施与建议

在估价机构内部治理与风险防范方面，有研究者提出"不能照搬公众公司的内部治理机制""股东会的组成应更加多元化""董事会和经营层的组成应体现专业性""决策制度化用从质控向财务等方面深入"[3]；估价机构应当从"正确认识机构执业人员的能力水平，准确判断项目风险""建立有效的工作底稿归档制度、报告复核制度、内部培训学习制度、合理的报酬及晋升机制，稳定执业人员队伍"五个方面加强内部质量控制[2]。这些措施更多的是针对估价机构宏观组织架构，或者流程管理的层面。而下文提到的相关措施，是从技术风险防范的评估流程各个环节涉及的相关人员出发，提出具体的措施与建议，主要包括：

（一）组织架构健全与优化

从公司架构层面看，组织架构的设置应该达到以下目的：

（1）明确估价技术部门、业务部门、后勤保障人员的职责分工和操作流程，确保估价业务的规范化，特别是确保估价作业的独立性、公允性。

（2）建立科学的管理制度和决策机制，组织架构精简高效，提高企业的运营效率（图4）。

（3）加强各部门之间的沟通与协作，杜绝内耗，形成良好的内部合作关系。

从估价技术作业层面看，组织架构的设置应该达到以下目的：

（1）接受项目后，各流程工作人员需明确且能按要求完成对应任务。

（2）报告审核时，需完善项目审核体系及对应人员，都要经历估价作业——报告形成——一级审核——二级审核——三级审核——报告出具，层层把关，确保报告质量。

（3）明确各级审核人员责任，各级审核均须留下文字意见及签名，做到有责可追。

（4）组织架构的设置应结合估价人员技术能力、对应执业资格合理安排，一级审核宜由参与项目的估价师承担，二级审核宜由部门技术负责人承担，三级审核宜由公司技术总监承担，估价报告最后经公司法人签发出具。

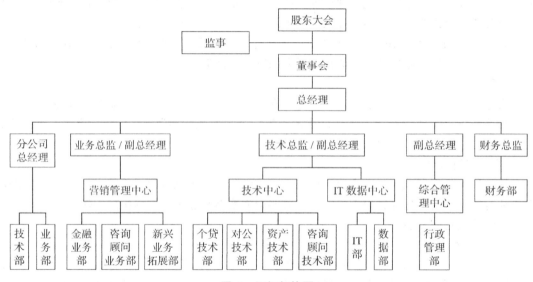

图4　组织架构图

（二）内部制度体系的完善

完善的内部制度体系至少应当包括"估价流程管理制度、评估报告质量控制管理制度、报告审核及考核管理制度、评估报告档案管理制度、技术岗位职责及薪酬制度管理制度、技术提升管理制度"六大方面。制度的具体作用如下：

（1）加强对估价流程的监督和控制，防止操作失误和道德风险的发生。

以制度形式明确从接受评估业务到评估报告归档各环节，对应的评估专业人员、估价师及审核人员的岗位职责、考核办法，从外在制度上规避流程或执业道德上可能出现的风险。

（2）建立完善的报告质量控制管理，确保报告质量无风险。

通过实行报告质量技术负责人制、逐级审核制，以制度形式规范报告出具流程、明确审核各级人员责任及加强报告出具时间管理、统一报告质量标准，以及实行内部抽检及优秀报告评比。只有统一标准，落实责任，且有监督机制，才能最大限度地降低报告质量可能出现的风险。

除此之外，还需要其他机制或制度的完善与执行，才能最大程度防范风险以及风险发生后对机构可能造成的影响：

（1）建立完善的风险防范机制，包括执业风险金制度、职业责任保险制度，加强对风险的抵御能力。

（2）制定有效的风险应对预案和危机处理机制，确保企业能够及时应对各种风险和危机。

（3）加强财务管理和风险控制，合理规划和管理财务风险；确保机构财务状况稳健，为企业的持续发展提供有力支撑。

只有制定了合理的内部制度，才能明确各方义务与责任，确保估价工作遵法、有效进行。

（三）内部治理体系的执行

在已建立合理架构体系及内部制度的基础上，借助智能办公系统或数据化作业平台，将估价作业的各个流程植入系统中，做到移动端和电脑端可以实时掌握项目进度，每一个项目每一个环节都有迹可查，才能做到任务清晰，保障估价各个流程、各级审核作业严格按照制度执行。完整的估价作业流程具体如下图（图5）所示：

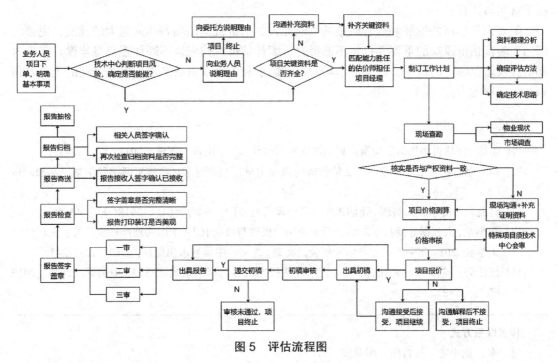

图5 评估流程图

（四）人员素质提升与培训

（1）加强员工对公司制度的培训，增强风险意识和责任心；加大专业技术培训，提升内在技术水平和专业素养。内在水平的提升与外在制度的制约双管齐下，才能更有效规避风险。

（2）加强员工对相关法律法规、执业道德准则的学习，确保做到心里明晰底线在哪里。

（3）建立完善的人员考核和激励机制，鼓励员工积极进取和自我提升。

通过《技术岗位职责及薪酬制度管理》明确技术职级与技术水平、与估价师证挂钩，不同职级与薪酬水平挂钩，鼓励估价人员积极主动提升技术水平、考取估价师证书。

（五）企业文化与专业研究的分享推广

（1）通过微信公众号、公司网站等载体，积极向市场宣传企业文化，分享专业技术研究，提升市场对估价机构的专业性认可，提升行业形象。

（2）积极参与行业协会课题研究、征文，及向行业相关期刊投稿，不仅能促进估价机构的技术提升，也能提升机构的知名度。

（3）鼓励机构的行业专家积极参与行业继续教育授课，分享专业技术，分享的过程也是自我总结提升的过程。

（六）市场调研与客户需求的理解

加强市场调研和客户沟通，了解市场需求和客户需求。根据市场需求和客户需求，及时调整经营策略和服务内容，及时储备相关技术。

六、结论与展望

完善内部治理对防范风险具有重要作用，企业内部治理的健全和完善能够有效地提高企业的规范运作和风险防范能力减少操作失误和道德风险的发生。制订制度与措施容易，关键在于落实与执行。

随着市场经济的发展和监管政策的不断完善，估价机构面临着越来越大的挑战，完善内部治理防范估价风险的重要性也将不断提升。因此估价机构应该不断加强自身建设，完善内部治理及防范风险的措施，以适应市场发展的需求和监管政策的要求，提高企业的竞争力和可持续发展能力。

参考文献：

[1] 张迪.评估机构如何适应资产评估法实施后时代[J].中国资产评估，2018（1）：17-19.

[2] 闫晓慧，赵可心.房地产司法估价机构执业质量控制探讨[J].吉林工商学院学报，2022，38（3）：73-76.

[3] 蒋骁，冯赛平，郭韵理.评估机构内部治理研究[J].中国资产评估，2018（3）：44-46.

[4] 谢小龙.大数据等新技术对估价行业带来的机遇与挑战[C]//中国房地产估价师与房地产经纪人学会.2019年中国房地产估价年会论文集.北京：中国城市出版社，2020：235-245.

[5] 汪沧海，李春芳，郭化林，等.资产评估机构内部治理全景式展现[J].中国资产评估，2019（2）：17-23.

作者联系方式

姓　　名：谢小龙　聂竹松　廖双波
单　　位：广东均正房地产土地资产评估咨询有限公司
地　　址：广州市天河区富星商贸大厦东塔7楼GHI室
邮　　箱：776940631@qq.com
注册号：谢小龙（4420150121）；聂竹松（4420040008）；廖双波（4420120137）

浅析评估机构如何加强内部管理
防范与控制估价风险

张莉菲 何晨欢

摘 要：随着房地产评估行业的不断规范，对房地产评估机构的要求也越来越高，机构承担的责任也越来越大。2016年12月1日《中华人民共和国资产评估法》的颁布实施，填补了评估行业基本法的空缺，对评估机构和评估人员的法律责任进行了进一步明确和强化。在持续规范房地产估价的同时，以往未经规范处理的问题也逐渐浮出水面，引发了更多的不良影响。本文通过笔者日常工作实践及经验对估价业务风险的成因进行了分析，提出如何从内部防范和控制风险的建议措施，从而降低风险，提高评估报告的质量，为评估机构可持续发展提供参考意见。

关键词：房地产估价；内部治理；风险防范

从房地产估价风险来源看，主要分为外部风险和内部风险，外部风险主要为政治风险、宏观经济风险、房地产市场风险、行业竞争风险、委托方过错风险等；内部风险主要为估价人员职业道德风险、评估流程实施风险、估价技术风险、估价人员业务能力风险、评估机构内部管理风险等。从上述风险类型可以看出，外部风险是评估机构和估价师不可直接控制的，而内部风险是可以通过评估机构内部管控制度的完善，估价师的专业素质及职业道德水平的提高而做到有效防范的风险。

一、常见的内部风险类型

（一）业务风险

业务风险主要指评估机构在承接业务、执行业务过程中形成的风险，比如近年来房地产估价市场竞争越来越激烈，部分评估机构为获取业务通过低收费恶性竞争，简化估价程序，降低报告质量；也有部分机构将房地产估价变相为销售行业，过度重视业务而忽视技术；机构与委托方接洽过程中资料的获取与保密、合同约定的双方权利与义务不合理或不严密等引发的纠纷风险、责任风险等。

（二）技术风险

房地产估价具有很强的专业性，要求估价人员不仅要具备深厚的估价专业知识，丰富的估价工作经验，还要有相关的法律、经济、建筑、财务等多方面知识的积累。估价人员专业水平不一，估价人员对项目产权资料及信息的真实性甄别失准，估价目的和价值定义的把握有误，评估流程的不规范，估价方法、评估原则、评估参数的选取不合理等都会直接影响评估结果的客观性，造成估价结果的偏差，产生一定的估价风险。

(三)职业道德风险

房地产评估是专业化中介服务行业,评估机构和从业人员在执业过程中应恪守职业道德,遵循合法、独立、客观、公正的原则。一些评估机构采取欺骗、利诱、恶意低价等不正当手段招揽业务。有些业务人员为达到项目高估值,故意表述不当,夸大项目预期或隐瞒项目瑕疵等情况。也有些估价人员责任心不够,没有对估价对象进行认真的实地查勘,对项目产权资料收集不全面,报告撰写粗制滥造等。这些行为不仅会造成估价人员对项目判断失误,也极大地伤害了评估行业的诚信度,对行业造成极为不好的影响。

二、如何通过内部治理防范风险

(一)业务风险的防范

1. 建立科学的业务流程

评估机构应要求每项业务遵循既定的操作程序,每一步都应遵循评估规范流程,并对每步操作程序进行实时的、可核实的记录。这样做的好处有两点,一是可有效监督估价人员是否按照规范的程序执行估价作业,以防止个人自行行事导致估价结果出现偏差;二是保证估价业务在各部门流转时的信息畅通,在项目审核阶段审核人员能快速熟悉项目基本情况,从而防止因估价对象信息掌握不全导致的评估风险。这些业务处理步骤和环节不仅是完成各种业务活动的必要程序,也是确保这些业务活动实现预期目标的措施。

2. 学会放弃、勇于放弃,提供多元化、高质量估价服务

评估机构应放弃低价恶性竞争的"价格战",业务结构向多元化转变,在为客户提供传统的高品质估价服务外,针对给客户需求提供个性化产品,经营范围可向咨询、顾问等方向延伸,给客户和报告使用人提供更多有用的信息和专业的意见,赢得更多客户的尊重和认可。

(二)技术风险的防范

1. 设立质量管控部门

评估机构可以设立独立的质量控制部门或风险评估职位,监控质量控制体系的运行,定期或不定期评估质量控制体系运行的有效性,识别潜在风险,衡量风险可控性,提出改进建议及措施,持续优化质量控制体系,并确保质量控制体系的有效实施。

2. 建立评估报告和执业风险评估制度

风险评估贯穿评估过程的各个阶段和环节,各级专业人员在工作过程中发现的任何重大风险问题都应及时向内部质量控制部门或上级主管报告,经质量管控部门人员商讨后,与委托方沟通项目情况及潜在风险,通过专业服务,推动项目进程。

3. 建立有效的内部核查制度

内部核查制度是指在项目从承接到完成的各个环节,对部门和岗位工作进行不间断、连续的检查。质量控制体系是个系统工程,内部核查可以通过对工作环节监控,预防和发现质量控制缺陷,分析缺陷产生的原因并提出整改方案,一旦监控发现问题,应及时进行改进,防止下一次出现。在日常工作流程中坚持互检制度可以减少工作失误,防止欺诈和违法行为,同时确保评估工作的精准和严谨,保障评估报告的质量,减少评估风险产生。

4. 加强信息化平台建设

在互联网大数据时代，评估机构应当借助现代科技力量，搭建专业的估价数据库和信息化平台，重视数据积累。完善的数据信息平台，能有效推动企业各部门的沟通与协调，强化监督机制，减少人为失误的影响。同时，领导层及风险控制部门能借助信息平台进行不定时的业务审核及监管，确保不同的部门与评估环节得到有效实施，责任精确落实到个人，确保工作的稳定有效。

5. 重视估价专业人才培养

房地产估价是一门专业科学，优秀的估价专业人是估价机构在市场竞争中的核心竞争力，因此对执业人员的专业涵养要求相对较高。房地产机构的员工所学专业应该与公司经营业务相关并具有相应的专业文化程度，除技术部门，业务部门也应该配备具有相应专业资质的员工，这样既能有效防范业务风险，亦能降低业务部门与技术部门之间的沟通成本。同时，估价机构应鼓励员工积极参加各类国家职业资格考试，鼓励有资格的估价师积极参与当地估价协会活动，评选协会专家，并给予一定的补贴及奖励。有条件的估价机构还可以设立相应的培训体系，建立专业讲师考核等级制度，对内可进行岗前培训、技术研讨、创新案例分享等，对外可进行行业发展宣讲、房地产市场前景分享等。

（三）职业道德风险的防范

1. 规范操作流程，严格遵守规范与准则

无论是《中华人民共和国资产评估法》还是《房地产估价规范》，对评估程序都有所规定，严格遵守相应的法律法规开展评估工作，既是保证评估工作顺利进行，也是保证评估质量的核心。评估机构应严格按照《中华人民共和国资产评估法》《房地产估价规范》及相关规程、评估准则等开展评估业务，对相应的工作流程做出详细记录，责任到人，确保关键性程序执行到位。对评估作业的各个环节都要建立相应的控制程序，保证评估项目查勘到位、取证充分、底稿详尽，确保评估项目结束后仍能有档可查。

2. 信息公开化、业务操作公开化，降低业务损失风险

评估机构内部部分业务人员职业道德较低，职业操守不强，为个人利益损害公司利益，有的业务人员私下处理客户的估价业务，私自收取评估费用从中牟利，也有业务人员获得客户及项目相关信息后，绕开估价单位私下与客户联系，将估价业务移交至其他评估机构造成业务损失。

评估机构在防范此类情况时应遵循以下原则：信息公开化，公开客户相关的信息，使公司的所有管理层和相关人员都能了解客户和项目情况；业务操作公开化，业务人员接触的客户应实现信息透明和公开；建立严格的管理制度，一旦出现违规行为，决不姑息。

三、结语

如何在发展中更好地防范风险是估价行业永恒的课题，通过上述措施，不仅可以建立良好的风险控制机制，还可以有效提高机构内部管理水平，促进房地产评估行业的健康可持续发展。只有这样，才能在激烈的竞争中抓住制胜的机会，这也是房地产评估机构未来行业发展的切实要求。

作者联系方式

姓　　名：张莉菲　何晨欢
单　　位：深圳市世联土地房地产评估有限公司
地　　址：深圳市福田区卓越梅林中心广场（南区）B 座 B 单元 19 层
邮　　箱：zhanglf@ruiunion.com.cn
注册号：张莉菲（3320180225）；何晨欢（3320210230）

房地产估价机构风险防范与内部治理的协同效应

周金红 朱 晓 王 斌

摘 要：随着我国房地产市场的不断变化，房地产估价机构面临的风险也在逐渐增多，这使得风险管理的难度不断加大，本文介绍了房地产估价机构所面临的主要风险，剖析了房地产估价机构在风险防范方面的关键环节，以及内部治理机制的核心组成部分，并进一步探讨了风险防范与内部治理的关联性，旨在探讨房地产估价机构风险防范与内部治理的协同效应，并探讨如何构建和完善协同管理体系。

关键词：房地产估价机构；风险防范；内部治理；协同效应

房地产估价机构作为房地产市场的重要组成部分，对房地产市场的稳定和发展起着无可替代的作用。然而，随着我国房地产市场的不断变化，房地产估价机构面临的风险也在逐渐增多，这使得风险管理的难度不断加大。在这样的背景下，如何充分发挥风险防范与内部管理的协同效应，提高公司的风险管理乃至经营管理水平，已经成为我们必须面对和解决的重要问题。这不仅是工作的需要，也是符合社会大环境对我们的要求。本文旨在探讨房地产估价机构风险防范与内部治理的协同效应，并探讨如何建立和完善协同管理体系。

一、房地产估价机构面临的主要风险

房地产估价机构面临的外部风险主要有政策风险、市场风险、法律风险、竞争风险、信用风险、声誉风险等，内部风险主要有操作风险、技术风险、财务风险等，这些风险因素对房地产估价机构的稳健运营构成了潜在的威胁。

（一）政策风险

政策风险指政策的变化或调整对房地产估价机构造成的风险。法律法规的变更、税收政策调整、土地政策变化、金融政策变动、房地产抵押贷款政策变动、城市规划调整、估价规范和标准更新等，可能会对房地产市场供需关系、房地产价格、房地产估价结果等产生直接影响。

（二）市场风险

市场风险是指房地产市场的变化可能会对房地产估价机构造成的风险。房地产市场的波动可能会对房地产价格、房地产供需关系等产生直接影响。如果房地产市场出现低迷的情况，可能会导致房屋价格下跌，进而影响房地产估价机构的业务，市场风险主要包括市场供求风险、价格波动风险。

（三）法律风险

房地产估价机构在进行房地产估价业务时，需要遵守相关法律法规，如《中华人民共和国城市房地产管理法》《房地产估价规范》等。如果估价机构违反法律法规，可能会面临法律风险，包括罚款、停业、吊销营业执照等。另外，在运营过程中还可能涉及法律诉讼、法律解释带来的风险。

（四）竞争风险

随着房地产市场的不断发展，越来越多的估价机构涌现出来，为了争夺客户和市场份额，服务质量竞争、价格竞争越来越激烈，这在一定程度上会压缩估价机构的利润空间，也可能对整个行业的社会信任度造成负面影响。

（五）信用风险

信用风险是指由于客户逾期支付费用、客户违约、合作伙伴逾期履行合同、质量问题等给房地产估价机构带来的风险，可能导致的经济损失，影响声誉和业务稳定性，还可能让房地产估价机构面临资金链断裂、业务中断等。

（六）声誉风险

声誉是估价机构的宝贵财富，如果房地产估价机构提供的服务质量不佳，或者在信息披露方面存在不足，或者在估价过程中存在不诚信行为，可能导致客户投诉、口碑下降等问题，严重影响机构的声誉，影响市场地位。

（七）操作风险

操作风险是指由于内部流程、技术人员操作不当、系统或外部事件等原因导致的错误、遗漏或失误，可能导致房地产估价机构损失的风险。包括内部管理风险、系统故障风险、信息安全风险、人为操作失误风险等。

（八）技术风险

技术风险是指技术水平不足或者技术进步、技术变化带来的风险，另外，随着科技的不断发展，新的技术和方法可能会不断涌现，这可能会对传统的估价方法产生挑战或替代作用，如果企业不能及时跟上技术进步的步伐，可能会落后于市场的发展需求，进而影响其业务发展。

（九）财务风险

由于资金流动不足或现金流断裂、财务报告错误、财务违规等因素可能给估价机构带来财务危机、财务损失等风险。

（十）其他风险

主要有人力资源风险、行业监管风险等。

二、房地产估价机构的风险防范

风险防范是指房地产估价机构通过对外部和内部的风险因素进行识别、评估和监测，采取相应的措施，以降低风险发生可能性和减小风险影响的过程。房地产估价机构风险防范包括识别风险、评估风险、控制风险和应对风险等环节。

（一）识别风险

识别风险指对可能面临的风险进行识别，及时发现潜在的风险。在这个阶段，估价机构需要了解可能影响估价结果的各种因素，包括市场波动、政策变化、估价师的专业能力和道德风险等。

（二）评估风险

评估风险指对已经识别出来的风险进行评估，包括分析风险发生的概率、可能带来的损失等，确定它们对估价结果的影响程度和可能性。这可以通过定量和定性分析方法来实现，如概率统计、专家咨询等。

（三）控制风险

控制风险指在识别和评估风险的基础上，采取措施来控制和降低风险。包括加强内部管理、提高估价师的专业能力和道德水平、规避高风险业务等。

（四）应对风险

指对已经发生的风险，及时采取应对措施，以减轻其影响并降低损失，包括建立应急预案、及时报告和处理风险事件、总结经验教训等。

三、房地产估价机构的内部治理

房地产估价机构的内部治理是指内部的制度安排和管理措施，包括组织结构、管理制度、运行机制等，以实现机构内部各项资源的合理配置和有效协同，确保机构的高效决策和正常运行。

（一）组织结构

房地产估价机构的组织结构是内部治理的基础，一般包括决策层、管理层和执行层三个层次。决策层主要负责制定机构的发展战略和重大决策；管理层负责组织实施决策层的决定，并对机构的日常运营进行管理；执行层负责具体的估价业务和质量控制。

组织结构应当明确各部门的职责和权限，确保决策、管理、执行的独立性和有效性，确保各个部门之间的信息流通和协作顺畅。

（二）管理制度

房地产估价机构应建立健全各项管理制度，包括人事管理制度、财务管理制度、业务管理制度和质量控制制度等。通过这些制度的建立，可以规范机构内部的行为，确保各项工作的规范化、标准化和合法化，防范和控制潜在的风险。

（三）运行机制

房地产估价机构的运行机制包括激励机制、约束机制和监督机制。激励机制是指通过设置合理的奖励和惩罚措施，激发员工的积极性和创造力；约束机制是指通过建立规章制度，限制和规范员工的行为；监督机制是指通过内部审计和内部监管，对各项业务进行定期或不定期的检查和评估，确保业务的合规性和风险控制的有效。

四、风险防范与内部治理的关联性

风险防范和内部治理之间存在密切的关联性，相互影响，通过加强内部治理，可以有效降低房地产估价机构面临的风险；而通过加强风险防范，可以促使房地产估价机构进一步优化内部治理，提高其管理水平，共同推动着估价机构的稳定和发展。

（一）内部治理是风险防范的基础

内部治理对于风险防范起着基础性的作用，一个有效的内部治理结构，包括规范的决策程序、完善的内部控制体系和高效的管理机制，能够有效地预防和控制风险。同时，内部治理的水平直接决定了风险防范措施的执行效果。只有内部治理得到有效实施，才能使风险防范措施发挥最大作用。

（二）风险防范是内部治理的重要目标

内部治理的目标是保证公司的合规运营和健康发展，而风险防范则是实现这一目标的重要手段。通过对风险的识别、评估、控制和应对，可以及时发现和解决潜在的问题，保证公司业务和管理活动的顺利进行。同时，风险防范也有助于提高内部治理的水平，为内部治理提供支持和反馈。

五、风险防范与内部治理的协同效应

房地产估价机构风险防范与内部治理的协同效应主要体现在以下 4 个方面：

（一）首先体现在共同的目标上

房地产估价机构的目标包括防范风险、保障资产安全等。这些目标与内部治理的目标，如规范管理、提高效率等是一致的，都是为了保证估价机构的稳健运行。在实现这些目标的过程中，风险防范与内部治理可以相互支持，相互促进。

（二）其次体现在相互补充的手段上

风险防范注重对风险的识别和应对，主要通过建立健全的风险控制制度、流程和机制来实现，而内部治理关注的是内部管理和运作，主要依靠完善的公司治理结构、管理体系和监督机制来实现。这些手段在实际操作中可以相互补充。

（三）再次体现在共同的基础设施上

房地产估价机构在进行风险防范和内部治理时，都需要依赖先进的信息技术、完善的法律法规和良好的市场环境。这些基础设施对于风险防范和内部治理都具有重要意义，二者在这方面存在显著的协同效应。

（四）最后体现在相互依赖的人才队伍上

房地产估价机构需要拥有既熟悉风险防范知识又掌握内部治理技能的人才队伍，才能更好地实现风险防范与内部治理的目标。因此，在人才培养和队伍建设方面，风险防范与内部治理也具有协同效应。

六、如何构建和完善风险防范与内部治理协同管理体系

房地产估价机构应将风险防范与内部治理纳入企业整体战略，进行全面规划和完善，确保两者之间的有机结合，形成一个协同的、全面的管理体系，协同体系可以通过九个方面构建和完善：

（一）严格遵守法律法规，确保合法合规经营

遵守国家和地方相关法律法规，确保估价机构的合法合规经营；加强对政策法规的学习和理解，确保在估价业务开展中遵守相关法律法规。

（二）建立健全规章制度，确保业务运作有序

建立健全内部控制制度，包括财务报告制度、内部审计制度、业务操作规范等；严格执行内部控制制度，确保制度的有效执行；定期对内部控制制度进行审查和更新，以适应公司业务发展和市场变化。

（三）完善风险防范机制，及时发现和处理风险

制定详细的风险管理计划，建立风险防范机制，包括风险预警、风险评估、风险控制和风险应对等环节；制定风险应急预案，对可能出现的突发事件进行预先规划和应对措施。

（四）重视人力资源管理，加强职业道德建设

制定人力资源管理制度，包括招聘、培训、考核、晋升等环节；建立人才库，为公司业务发展提供充足的人力资源保障；加强员工培训，提高员工专业素质和综合能力；设立激励机制，鼓励员工创新和进取。加强职业道德教育，提高人员的道德素质和职业操守。

（五）打造特色企业文化，提高机构凝聚力

培养团队精神、树立企业形象、激励员工创新、关注员工福利、参与社会公益活动、加强社会责任形成等；建立具有自身特色的企业文化，增强员工的归属感和自豪感，提高机构的凝聚力和竞争力。

（六）强化客户关系管理，提高客户满意度

建立客户关系管理制度，包括客户信息收集、客户沟通、客户投诉处理等环节；定期与客户进行沟通交流，及时了解客户需求和市场动态；对客户投诉进行及时处理和反馈，不断提高服务质量；通过优化客户服务流程，提高客户满意度和忠诚度。

（七）加强合作与交流，提高自身的竞争力

加强与其他房地产估价机构的合作与交流，共享资源和技术；学习其他机构的先进管理经验和技术手段，提高自身的竞争力。

（八）积极配合行业监管，接受监督和检查

遵守监管部门的相关规定，积极配合开展工作；及时报送相关资料和信息，接受监管部门的监督和检查。

（九）建立信息管理系统，防范信息安全风险

建立信息管理系统，实现公司内部信息的实时共享和传递；通过信息管理系统，提高工作效率和信息透明度，降低信息不对称带来的风险；对信息管理系统进行定期维护和升级，确保系统的稳定性和安全性；加强员工信息安全管理意识，防范信息安全风险。

参考文献：

[1] 王玮，邱斐．浅谈房地产估价机构的风险管理[J]．中国房地产估价与经纪，2019（2）：69-73．

[2] 何哲，刘洪帅．试论房地产估价新需求下估价机构内控制度的发展与完善[J]．中国房地产估价与经纪，2020（2）：56-60．

作者联系方式

姓　　名：周金红　朱　晓　王　斌

单　　位：浙江亿安联诚土地房地产评估有限公司

地　　址：浙江省绍兴市诸暨市东旺路 218 号永业大厦 10 楼

邮　　箱：583184620@qq.com

注册号：周金红（4119960020）；朱　晓（3320000132）；王　斌（3320210123）

估价机构内部防范估价风险探析

冯兴红　岳连红

摘　要：随着房地产市场的不断发展，估价行业成为一个重要的领域，估价机构在其中发挥着重要的作用。然而，伴随着市场的快速增长，估价机构的估价风险也逐渐显现出来。因此，估价机构如何内部治理、如何防范估价风险显得尤为重要和必要，本文将讨论估价机构如何通过内部治理来防范估价风险，并提出一些建议。

关键词：估价风险；目标；类型；内部控制措施；分离职责和权限；培训和教育；内部审计机制

一、引言

估价是房地产交易中不可或缺的一环，估价机构在此过程中起到了至关重要的作用。然而，估价风险的存在对于估价机构的稳定经营造成了威胁。因此，估价机构应当通过优化内部治理来防范估价风险。

二、内部治理的意义和目标

首先，加强内部治理可以提高估价机构的信誉度和公信力。一个好的内部治理体系能够确保估价机构的专业水平和诚信度，并减少操纵和不当行为的可能性，这将有助于增强公众对估价机构的信任，推动房地产市场的健康发展。

其次，加强内部治理有助于规范估价机构的业务流程和操作规范。通过明确工作责任、制定规章制度和建立监督机制，可以降低错误决策和失误的风险。同时，规范业务流程也能提高工作效率，更好地满足客户的需求。实现良好的企业管理和运营效率。

最后，加强内部治理还可以提升估价机构的竞争力。一个良好的内部治理结构能够吸引和留住优秀的人才，提升员工的专业素养和团队合作能力。这将使估价机构在市场上具备更强的竞争优势，能够更好地应对市场变化和客户需求。

三、估价风险的类型

（1）信息不完整或不准确的风险：这种风险指的是在进行估价过程中，缺乏必要的、准确的或完整的信息，从而导致估价结果不准确或偏离实际情况。

（2）估价方法选择不当的风险：估价需要根据具体情况选择适当的估价方法，如果选择的估价方法不当或使用的假设条件不合理，会导致估价结果出现错误或偏差。

（3）市场变动的风险：房地产市场的波动和变化是无法预测的，市场价格可能会受到各种因素的影响。如果估价机构未能充分考虑市场变动的影响，估价结果可能会与实际情况不符。

（4）法律和监管风险：估价活动受到法律和监管的制约和规范，如果估价机构未能遵守相关法律和监管要求，将面临法律风险和监管处罚。

（5）潜在利益冲突的风险：估价机构可能存在与客户或有关方的利益冲突，如可能受到委托人的影响或存在其他经济利益，这种潜在利益冲突可能导致估价结果的失真。

（6）人为错误或疏忽的风险：估价过程中可能会出现人为错误或疏忽，例如数据录入错误、计算错误、遗漏重要信息等，这些错误或疏忽可能导致估价结果不准确或有偏差。

（7）市场操纵的风险：在某些情况下，市场参与者可能会试图通过操纵市场价格来影响估价结果，如虚报交易、操纵供求关系等行为，这将对估价结果产生影响。

（8）缺乏专业能力和经验的风险：估价活动需要具备相关的专业知识和经验，如果估价人员缺乏足够的专业能力和经验，可能无法进行准确的估价，甚至可能导致严重的错误。

所以，了解和识别不同类型的估价风险对于保证估价准确性和可靠性至关重要。估价机构需要采取相应的措施来防范、控制和降低这些风险，以提供高质量的估价服务。

四、内部治理防范估价风险

（一）建立健全内部控制措施和程序

估价机构应制定并执行内部控制措施和程序。这包括明确各个岗位的工作职责、设立审查和核对的程序等。主要如下：

（1）确定内部控制目标：明确估价机构的内部控制目标，包括确保业务的合规性、准确性、可靠性、安全性等。这有助于指导制定后续的具体控制措施。

（2）识别和评估可能的风险：对估价机构可能面临的各类风险进行全面的识别和评估，包括操作风险、信息安全风险、法律合规风险等。分析风险的概率和影响程度，确定重点关注的风险领域。

（3）设立内部控制措施：基于风险评估的结果，制定内部控制措施。例如，制定审批程序、设立检查和核对程序等。这些措施应该能有效地减少风险的发生，确保业务流程的规范性和合规性。

（4）实施内部控制措施：将设立好的内部控制措施付诸实施。确保员工了解、理解并遵守相关控制措施，并建立相应的操作流程和标准。

（5）监督和检查：建立监督和检查机制，对内部控制的执行进行持续监督和定期检查。这可以包括内部审计、自查等活动，以发现潜在的风险和内部控制的不足之处。

（6）不断改进：根据实际情况和反馈信息，持续改进内部控制措施。及时调整和优化控制措施，以适应不断变化的外部环境和业务需求。

通过以上详细措施，可以有效防范和控制风险，确保业务流程的规范性和合规性，并提高工作效率和可靠性。

（二）分离职责和权限

估价机构应建立合理且透明的内部组织架构，确保各个职能部门之间的相互独立性，并进行适当的职责分工和权限划分。主要如下：

（1）确定职责和权限：明确不同岗位的工作职责和权限范围。通过制定详细的职责描述和职能说明，确保每个员工清楚自己的职责和权限，避免职责模糊或交叉。

（2）实行职责交叉检查：设立相互监督的机制，要求员工对相关岗位的工作进行交叉检查。例如，审批流程中，需要至少两个人参与，相互核对和审查，以减少单人操作带来的错误或不当行为。

（3）引入独立审核者：在关键环节引入独立的审核者，负责审查和核对工作结果，以确保工作的准确性和合规性。这些审核者应独立于具体工作人员，并享有足够的权限和权威。

（4）分配权限的原则：根据职责和工作需求，合理分配权限。遵循"最小权限原则"，即将特定权限授予满足工作要求的员工，并限制其他不必要的权限。同时，还需建立权限变更和授权审批程序，确保权限的有效管理和控制。

（5）审查权限使用情况：定期审查员工的权限使用情况，确保他们在合理范围内使用权限，并避免滥用权限。这可以通过系统日志记录、访问控制等方式进行监测和审查。

（6）建立职责分离机制：确保关键职能之间相互独立和分离。例如，估价过程中，评估人员与销售人员应相互独立，以避免利益冲突或操纵结果的可能性。

通过以上详细步骤和措施，可以防止潜在利益冲突，有效地避免权力滥用和不当行为的发生，提高决策的公正性和客观性，提高工作的准确性和可靠性。

（三）加强人员培训和教育

估价机构应提供持续的培训和教育计划，提高员工的专业素养和技能水平，使其具备识别、分析和应对风险的能力。加强职业道德教育，培养员工的诚信意识和法律意识。通过加强人员培训和教育，可以提升员工的综合素质，减少人为错误和疏忽带来的风险。主要如下：

（1）建立培训计划：制定全面的培训计划，根据不同职能和岗位的需求进行分类。确定培训内容、目标和时间表，并确保培训计划与机构的战略目标、需求相匹配。

（2）提供专业知识培训：提供相关领域的专业知识培训，涵盖评估方法、市场分析、数据处理等方面。培训内容可以包括课堂培训、在线学习、研讨会等形式，以增加员工的专业素养和技能水平。

（3）强调职业道德和法律意识：通过开展职业道德和法律培训，提高员工对理论原则、行业规范和法律法规的认知。培训内容可以包括道德准则、冲突利益管理、信息保密等方面的内容。

（4）实践和案例研究：组织实践活动和案例研究，让员工参与实际项目和情境，通过实践和案例分析来加深对风险管理和决策的理解。这有助于提高员工的问题解决能力和应对复杂情况的能力。

（5）建立知识共享平台：建立内部知识共享平台，促进员工之间的学习和经验分享。通过定期组织讨论会、专题研讨会等形式，鼓励员工分享行业动态、最佳实践和个人经验。

（6）提供跨部门培训：安排跨部门的培训活动，加强不同团队之间的合作和沟通。可以帮助员工了解其他部门的工作流程和需求，促进协作和协调，提高整体工作效率和质量。

（7）定期评估培训效果：定期评估培训的效果和员工的学习成果。通过问卷调查、测试、反馈及观察等方式，收集员工的意见和建议，进行培训计划的改进和优化。

（8）持续学习机制：鼓励员工进行持续学习和个人发展，提供学习资源和机会，如报销学术会议费用、参与行业认证考试等。同时，建立培训记录和绩效评估体系，以跟踪员工的学习进展和成果。

通过以上详细步骤和措施，可以提高员工的专业素养和技能水平，增强风险意识和应对风险的能力，从而保证估价工作的准确性和可靠性。

（四）建立内部审计机制

估价机构应建立独立的内部审计部门或委员会，定期进行内部审计，发现问题并及时采取纠正措施。主要如下：

（1）设立独立的内部审计部门：独立的内部审计部门或委员会，负责对估价机构的运营和内部控制进行评估和监督。这个部门应由具备专业背景和经验的人员组成，能够独立、客观地开展审计工作。

（2）制定审计计划和程序：制定全面的审计计划，明确审计的范围和周期。根据风险评估和重要性判断，确定重点审计领域，并设计相应的审计程序和方法。

（3）进行内部审计活动：执行审计计划，开展内部审计活动。包括收集必要的证据、进行数据分析、开展现场调查和访谈等；审计人员应遵循审计准则和方法，对业务流程、内部控制和合规性进行评估。

（4）发现问题并提出建议：在审计过程中，应准确记录和描述发现存在的问题和潜在风险，并提出改进建议，帮助估价机构及时识别、评估和解决问题，改善内部控制和管理流程。

（5）审计报告和沟通：编制审计报告，总结审计结果，并向相关部门和管理层进行沟通。审计报告应清晰明确地描述问题，提供具体的解决方案和建议。同时，与管理层就审计结果进行讨论，并确保采取适当的行动来解决问题。

（6）监督和跟踪改进措施：估价机构对审计结果、改进建议、纠正措施实施情况等进行监督和跟踪，可以设立内部审计追踪机制，定期评估改进措施的有效性。

通过以上详细步骤和措施，可以有效地发现和解决存在的问题，促进机构的持续改进。

总之，估价机构通过建立合理的内部流程、设立有效的内部控制系统、培养专业化的人才队伍、加强监督、审计以及建立风险管理框架等措施，可以有效地防范估价风险。

作者联系方式

姓　　名：冯兴红　岳连红

单　　位：山东金庆房地产土地评估测绘有限公司

地　　址：潍坊市奎文区东风东街 8081 号 502-504 室

邮　　箱：sdjqsc@jqpg.com

注册号：冯兴红（3720120074）；岳连红（3720020142）

提升内部管理防范估价风险

索士琦　李慧朝

摘　要：估价行业发展到今天，经历了很长时间的积累，很多经验值得总结。对于估价风险，最主要的还是要靠估价机构内部建立有效的质量控制制度，通过规范估价程序、严格内部检查等，进行有效的风险防范。

关键词：风险防范；内部管理；内部检查

一、估价风险的认识

房地产估价行业，从1993年建立房地产估价师执业资格制度，已经经过了30年，房地产估价行业是房地产业和现代服务业的重要组成部分，类似其他经济活动，估价行业也存在特定的风险。

房地产估价风险主要指估价报告中的估价结果与估价服务的经济活动中实际实现的价格出现了较大的偏差，给潜在的经济活动主体造成了经济损失、法律纠纷等不良后果，引起相关经济主体对估价结果提出的异议、价值鉴定、起诉等行为，由此给估价机构、估价人员带来的经济损失、名誉损失等。

还有一些风险是估价报告之外的，一般是估价程序的问题，比如估价机构的资质、估价人员的资格、是否进行了实地查勘等。

大部分的估价风险是估价结果的不准确，或者说偏离实际的市场价格较大，造成这个风险的原因是多方面的，从经验上来分析，房地产估价风险的来源有些是外部因素：比如估价对象存在法律、政策等限制，导致估价结果与市场价值存在差异；房地产市场波动大，市场价值难以准确评估；估价参数取值不同，导致估价结果存在差异等。还有一些是估价机构内部因素：比如估价机构没有风险防范意识、没有建立切实可行的审核制度、估价师的独立性不强、专业能力和经验不足等，导致估价结果不准确。

本文主要从估价机构的内部管理上展开，讨论估价机构如何进行风险防范。

二、提升内部管理防范估价风险

面对客观存在的估价风险，估价机构首先能做的，就是提升内部管理，建立完善的风险防范机制、内部检查机制，有效识别风险、规避风险、控制风险，对于风险建立有效的应对手段，强化自身抵抗风险的能力。

（一）从估价程序上规避风险

估价机构接到委托业务，首先对可能的风险点，包括市场风险、政策风险、法律风险等进行分析和预测，必要时咨询相关行业的专家。如果业务范围超出机构的估价资质的、超出估价师水平能力的，可以给委托方说明情况，不能强行承担业务，或者认为风险太大拒绝此项业务，从而降低估价风险。如果通过其他方法能够补充业务能力，比如通过聘请外部技术专家、与有经验的估价机构合作等方式，经过与委托方沟通，可以继续进行估价，签订合同后再进行估价活动。在后续的评估中加强与相关机构的合作，如律师事务所、会计师事务所等，通过与相关机构进行业务合作、信息共享和经验交流等，加强估价风险的防范。

对于估价过程中相关当事人与估价机构、估价人员有亲属关系、利益关系的，估价机构应采取当事人回避措施，避免因个人利益关系影响估价的公正性和客观性。

（二）建立内部检查制度

估价机构对不同种类的估价业务，可以形成相对固定的估价程序，通过不断优化的估价流程，形成质量控制制度，保证估价结果的准确性和可靠性。可以建立由估价师和相关专业人员组成的项目组，由项目负责人负责整个项目的协调和管理，对项目的各个方面进行全面监督和管理，包括项目计划、现场查勘、资料收集、估价计算、内部检查、报告编写、底稿归档等，确保估价结果的准确。

估价机构可以建立适合自己的内部检查制度，通过严格的检查制度，能够对估价项目的各个方面进行全面检查，并及时发现和纠正问题。检查过程中主要对调查得到的数据是否准确、参数选择是否合理、公式选用是否恰当、影响因素是否全面、是否符合估价原则等方面进行检查。内部检查可以采用岗位之间的互相检查，即每个环节完成自己的工作，同时检查前一个环节的准确性。相互检查制度可以减少工作错误，防止欺诈和违法行为，可以在估价流程中对估价报告进行验证，这是改善内部审核的重要手段，能够形成有效的质量控制，消除估价报告中数据测算、参数选择等方面的风险。

（三）提高信息化水平

估价机构应适应信息技术的发展带来的变化，努力提高信息化水平，采用先进的估价软件和信息技术，提高估价工作的效率和准确性。估价机构可以建立估价业务系统、报告作业系统、建立房地产市场交易、租金案例库、房地产市场价格指数等，加强房地产市场监测和分析。

由于房地产估价与房地产市场息息相关，及时准确地收集房地产市场数据成为房地产估价的关键要素。譬如在房地产估价的基本方法中，市场比较法能准确地反映估价对象的市场价格，但是市场比较法受估价人员掌握的市场信息的数量和准确性的影响很大，因此，完善的信息化系统是提高房地产估价水平和质量的重要支撑。

（四）职业道德风险防范

一名合格的房地产估价师不仅要有全面的房地产估价相关的知识理论，还要有丰富的实践经验和良好的职业道德。估价机构内部应进行职业道德素养方面的培训和学习，制定职业道德规范、建立奖罚机制等措施，培养估价专业人员良好的职业操守和严守房地产估价职业道德的意识。

（五）其他方面的风险防范机制

为了降低估价风险可能带来的经济损失，评估机构应建立评估风险保险制度，如评估机构可提取职业风险基金，或者购买职业责任保险等，并通过扩大积累，保持必要的资产流动性，提高抵御风险的能力。

估价机构可以建立应急预案，对可能出现的突发事件和紧急情况、建立应急响应小组，进行及时应对和处置，及时跟进并解决相关的后续问题等。

估价机构可以建立客户回访制度，对已完成的估价项目进行回访，了解客户的反馈和意见，以便及时发现和解决潜在问题，防范潜在风险。

综上所述，估价机构通过建立风险防范机制、当事人回避制度、内部检查制度，提高信息化建设水平、加强职业道德风险防范、建立评估风险保险制度等，提升完善内部管理制度，可以有效地防范估价风险。

参考文献：

[1] 王学发，周林. 房地产估价风险防范与转移 [J]. 北京房地产，2002（12）：46-48.

[2] 王延龙. 在《资产评估法》规范下的房地产估价机构风险控制 [C]// 中国房地产估价师与房地产经纪人学会. 2016年中国房地产估价年会论文集. 北京：中国城市出版社，2017：250-255.

[3] 韩晓燕. 房地产估价的风险分析与评价 [J]. 现代商业，2010（30）：70.

作者联系方式

姓　　名：索士琦　李慧朝

单　　位：河南正达房地产评估测绘咨询有限公司

地　　址：河南省郑州市中原区建设西路187号泰隆大厦10层1009室

邮　　箱：729505638@qq.com

注册号：索士琦（4120170074）；李慧朝（4120150038）

估价机构内部治理与防范估价风险之途径

王建新

摘 要：近年来，在传统的房地产估价核心业务明显萎缩，房地产估价机构发展普遍存在生存困境的背景下，部分房地产估价机构采取低价竞争方式，换取生存空间的情况较为突出。低价竞争的结果，必然是在房地产估价过程中"偷工减料"，降低房地产估价的质量，为房地产估价机构带来风险；还有个别房地产估价机构和估价师为了短期利益，违规出具报告，最终触犯法律，被判入刑，这些问题的根源，都与估价机构的内部治理不善存在因果关系。因此估价机构要想保持"基业长青"，实现高质量可持续发展，就必须提高机构内部治理水平，补齐短板，防患于未然，才能防范化解估价风险，为估价机构的长期稳定生存发展建立良好的机制保障。

关键词：估价机构；内部治理；风险防范；机制保障

一、当前房地产估价机构内部治理与估价风险状况

近年来，在传统的房地产估价核心业务明显萎缩，房地产估价机构发展普遍面临生存困境的背景下，部分房地产估价机构采取低价竞争的方式，换取生存空间的情况较为突出。低价竞争的结果，必然是在房地产估价过程中"偷工减料"，导致房地产估价质量的降低，为房地产估价机构带来严重的风险隐患。目前在估价业务中，还有个别房地产估价机构和估价师为了短期利益，不顾后果，违规出具报告，估价报告存在严重的"高评、低估"问题，估价测算过程存在严重漏洞，出具估价报告的估价机构和估价师，最终被认定为出具证明文件重大失实罪、虚假证明文件罪等罪名，相关估价机构负责人和估价师被判入刑，对估价机构和股东造成难以挽回的严重后果，不仅损害了有关利益相关者的合法权益，也对房地产估价行业的整体形象也造成不良影响。因此，房地产估价机构要想长期稳定发展，保持"基业长青"，就必须提高房地产估价机构内部治理水平，有效防范估价机构风险，维护公共利益，保障估价机构以及各利益相关者的合法权益，才能实现估价机构高质量可持续发展的目的，最终使估价机构实现"基业长青"的长期发展目标。

二、估价机构内部治理与估价风险的因果关系

房地产估价风险的出现，可能是一因一果，也可能是一因多果，或是多因一果。"因"即是估价机构的内部治理机制，如果估价机构内部治理机制不健全、不完善，导致的结果就是难以保证房地产估价的质量，使房地产估价机构出现风险。

估价机构的内部治理机制与估价风险的因果关系，可以概括为估价机构与估价风险的因

果关系、估价机构内部管理层和估价师与估价风险的因果关系、估价师与估价风险的因果关系，以上三种因果关系最终的风险承担者，签字估价师都难以脱离关系。

（一）估价机构与估价风险的因果关系

估价机构与估价风险的因果关系的表现形式为，估价机构的全体股东、估价机构管理层、估价师在利益面前达成一致，对于房地产估价业务的"偷工减料"，降低房地产估价质量，减少成本支出。为获取房地产估价业务，或是为获得利益，估价机构的全体股东、估价机构管理层、估价师在利益面前达成一致，迎合委托人，以"高评、低估"的违规方式，招揽房地产估价业务。如果估价机构出现这种情况，估价机构出现估价风险就存在必然的因果关系，当被追究刑事责任时，估价机构的法定代表人、直接负责的管理层、签字估价师等，通常难以脱离关系，估价机构也会受到处罚。

（二）估价机构内部管理层和估价师与估价风险的因果关系

估价机构内部管理层和估价师与估价风险的因果关系表现形式为，估价机构内部进行"条块"分割，划分为多个部门或分公司，某个部门负责人或分公司负责人为获得经营业绩，部门负责人或是分公司管理层与估价师在利益面前达成一致，以"偷工减料"的方式降低成本，或是以"高评、低估"的违规方式，招揽业务；或是部门负责人或是分公司管理层与估价师在利益面前达成一致，在估价活动中，收取贿赂，为委托人出具"高评、低估"不实的违规估价报告。如果估价机构出现这种情况，估价机构就会出现局部风险，当被追究刑事责任时，估价机构直接负责的管理层、签字估价师等，通常难以脱离关系，估价机构也会受到处罚。

（三）估价师与估价风险的因果关系

估价师与估价风险的因果关系表现形式为，一是估价师在估价活动中，为获取经济利益，收取贿赂，为委托人出具"高评、低估"不实的违规估价报告；二是估价师个人未按照估价规范和程序进行房地产估价，在估价工作中，粗心大意、渎职、失职，估价报告存在严重漏洞，估价机构内部质量管理体系不健全等原因造成的估价风险。如果估价机构出现这种情况，估价机构就会出现个别风险，当被追究刑事责任时，签字估价师难以脱离关系，估价机构也会受到处罚。

通过以上分析可知，对于估价机构与估价风险的因果关系，很难通过估价机构内部治理的方式，防范估价机构风险，需要通过加强行业行政管理、行业自律和估价机构内部股权配置方式治理，才能够解决。对于估价机构内部管理层和估价师与估价风险的因果关系、估价师与估价风险的因果关系这两种情况，可以通过提高估价机构内部治理水平，健全房地产估价机构内部治理机制的方式解决。

三、估价机构内部治理防范估价风险的途径

建立健全房地产估价机构内部治理机制，是提高房地产估价质量的前提，是维护房地产估价师合法权益的保障，也是防范估价机构风险的基础。

结合房地产估价行业的特点，以及造成房地产估价风险的因果关系，有针对性地采取以下估价机构内部治理措施，以达到防范估价风险的目的。

（一）加强行业监管促进估价机构进行内部治理

对于估价机构与估价风险的因果关系，主因是估价机构股东为了实现个人的短期眼前

利益，不顾估价机构的长期生存和发展，以及估价师承受的风险，而采取的急功近利经营模式。在这种情况下，需要通过外力与内力两种力量，促使估价机构进行内部治理。外力需要行业行政管理部门加强日常监督管理，对估价机构出现的违规行为及时发现、及时管理。同时，需要行业协会加强日常的行业自律管理，对违规的估价机构予以处罚，使行风不正、估价质量低劣的估价机构逐步丧失生存空间。形成以提供高质量房地产估价服务为基础，规范、有序的市场竞争格局，从而促使估价机构提高内部治理水平。内力是指通过估价机构内部股权结构的合理配置，防范估价风险。在股权结构上，设置适度分散的股权结构，形成股东间的制衡机制，依靠均衡的股权比例实现估价机构内部的制衡，避免股东个人股权过大，为其短期利益，损害估价机构整体利益的情况发生。为此，应构建以决策层、管理层、监督机构为主体权责清晰的组织架构，建立科学合理的股东（合伙人）退出机制，从根源上，防范估价机构风险的发生。

（二）防范估价风险应健全质量管理控制体系

房地产估价机构的产品是房地产估价报告，房地产估价报告的质量，直接关系估价风险是否产生。房地产估价报告的风险主要有：估价程序的风险、估价基础数据的风险、估价结果的风险、估价报告责任规避的风险四个方面。

估价程序的风险主要包含委托手续、实地勘察等方面存在风险，例如：房地产司法鉴定估价、房屋征收评估时，相关当事人的签字是否齐全，对估价机构出具的房地产估价报告的合法性和有效性将产生直接影响。

估价基础数据的风险主要包括：估价对象的房屋建筑面积、土地面积、不动产权利的归属、土地容积率等估价基础数据真实性的风险，以及估价测算过程中可比案例、租赁案例等依据真实性的风险，估价基础数据的真实性，是司法机关认定是否属于失实、虚假报告的关键。

估价结果的风险主要是估价机构出具报告的估价结果是否合理、准确，价值内涵是否与估价的价值类型一致、估价对象描述是否完整、准确。例如：房地产估价工作中，由于估价报告的估价对象财产范围描述不准确，与实际估价对象的状况不一致，当事人对估价结果产生争议。

估价报告责任规避的风险主要是估价机构出具的估价报告是否合理、全面地阐述估价的假设条件、报告的使用限制等。实践中，估价机构套用估价报告模板的现象较多突出，报告格式"千篇一律"，估价报告的假设条件和使用限制条件等缺乏针对性，存在程度较大的估价风险。

估价机构内部治理防范估价风险，首先应针对估价过程中，容易出现估价风险的风险点，建立完善的估价质量管理机制，从受理房地产估价业务开始，到出具估价报告为止，建立贯穿整个房地产估价流程的质量管理机制，认真落实估价报告内部三级审核制度，对于估价报告按照技术难易程度、重要程度、风险程度，分类管理，控制估价风险的程度，防范估价质量风险的发生。

估价质量风险的控制，在完善估价质量内部审核制度的前提下，应建立健全估价师估价质量风险日常管理奖惩机制，明确估价师的责任，以奖罚分明的制度，促进估价机构估价质量的提高，为防范估价质量风险建立制度保障。

（三）防范估价风险需要建立健全利益分配机制

估价机构的发展，需要估价机构全体估价人员的共同努力，估价机构的风险防范，需要估价机构全体估价人员的共同关注，一个环节的缺失，就会导致估价风险的发生。因此，估价机构内部进行治理，防范估价风险，应建立以"人"为本的发展理念，将估价机构全体人员与估价机构的长远利益相挂钩，估价机构应淡化股权分配，侧重按劳分配的机制，充分调动估价机构全体人员的积极性。估价机构的利益分配机制，应体现责任承担与所获报酬相匹配，对提高估价服务质量高，促进风险控制，带动估价师的积极性，能够起到激励、引导作用。

（四）防范风险应建立健全内部培训制度

估价师提高房地产估价服务质量，需要扎实的房地产估价理论基础，需要及时掌握与房地产估价相关的法律、法规、政策，需要了解对房地产估价管理的相关法律、法规，才能够做出合法、合规，符合技术标准的高质量房地产估价报告。因此，估价机构应结合本机构的实际情况，制定合理有效的培训制度，不断提高估价机构全体人员的业务技术能力，强化法制观念，树立守法意识，为估价机构防范估价风险打下基础。

（五）提高估价机构内部治理水平应建立良好的企业文化

美国通用食品有限公司总裁富朗克对于企业的员工管理曾说"你可以买到一个人的时间，但你买不到他的热情"。树立以"人"为本的企业价值理念，建立良好的企业文化，营造和谐的企业文化氛围，不仅能够提高估价机构全体人员的工作效率，也有助于提高估价机构的估价服务质量。

在估价机构内部治理机制的建设中，坚持以"诚"为经营发展宗旨的企业文化精神，能够更好地培养估价机构人员的守法意识，对防范估价风险也具有积极作用。

四、结束语

近年来，在传统的房地产估价核心业务明显萎缩，房地产估价机构发展普遍存在生存困境的背景下，部分房地产估价机构以低价竞争，换取生存空间的情况较为突出，低价竞争的结果，必然导致降低房地产估价的质量，估价机构"重业务、轻质量"的行为，将为估价机构带来风险隐患，如果估价机构要想保持"基业长青"，就必须提高机构内部治理水平，补齐短板，防患于未然，才能防范化解估价风险，为估价机构的长期稳定生存发展建立良好的机制保障。

作者联系方式

姓　　名：王建新
单　　位：新乡市诚泰房地产评估有限公司
地　　址：新乡市金穗大道（中）402号国贸中心C座1单元1610室
邮　　箱：wangjianxin72@126.com
注册号：4120040103

浅谈基本估价业务的执业风险与防范

吴家梁

摘 要：经过20多年的工作实践和继续教育学习，亲历和总结了一些估价师在以房地产抵押、征收和司法鉴定为目的的估价基本业务中容易遇到的执业风险，将它们列举出来，并提出防范意见使业内同行勤勉尽责安全执业是笔者定此议题的初心。

关键词：估价目的；法律法规的制约；估价实务；案例分析；风险防范建议

经过20多年的工作实践和继续教育学习，亲历和总结了一些估价师在以房地产抵押、征收和司法鉴定为目的的估价基本业务中容易遇到的执业风险，将它们列举出来，并提出防范意见使业内同行勤勉尽责安全执业是笔者定此议题的初心。本次论述问题一个基本的思路为首先按照估价项目的估价目的（抵押、征收、司法鉴定）进行大的分类，然后针对每个目的引发的经济行为目前受到哪些法律法规的制约，其次谈一下具体的估价实务，再次是案例分析部分，最后是风险防范建议五个内容阐述。

一、以抵押为目的的房地产估价执业风险与防范

房地产抵押估价按照规范分类属于法定业务范畴，是房地产估价师基本的估价业务。按照《房地产估价机构管理办法》第二十五条规定（摘要）：一级资质房地产估价机构可以从事各类房地产估价业务。二级资质房地产估价机构可以从事除公司上市、企业清算以外的房地产估价业务。三级资质房地产估价机构可以从事除公司上市、企业清算、司法鉴定以外的房地产估价业务。暂定期内的三级资质房地产估价机构可以从事除公司上市、企业清算、司法鉴定、房屋征收、在建工程抵押以外的房地产估价业务。所以抵押估价是每个估价机构都可以从事的法定业务。目前行业现状基本为各授信银行或担保公司大多采取入围方式（大多通过招标投标）确定一定期限（最少为一年）内的估价机构供借款人选择，评估费用的支付主体由借款人转为授信银行（法定），担保公司目前仍由借款企业自行承担。估价机构和估价师的执业风险由原来的借款人要求高估转向信贷员或行内领导（与借款人勾结并掌控评估费用支付）要求高估。实务中大多数情况是信贷员为完成"任务"或对企业的经营收入情况判断不准确造成的。由于同业竞争激烈，内卷情况严重，导致授信银行看谁评估值给得高就用谁家，使评估机构和估价师丧失了职业操守。同时由于评估费用超低价收费，评估公司需要大量的估价项目维持正常运营，导致为了走量而不去进行现场查看，大大增加了执业风险。所以如今的抵押评估业务本人认为属"鸡肋"项目，即收益风险比较高。

房地产抵押行为目前依据的法律法规及规章制度有《中华人民共和国城市房地产管理法》《中华人民共和国民法典》《商业银行房地产贷款风险管理指引》等。估价报告类型为房

地产抵押估价报告，估价师从事估价和出具报告应遵循《房地产估价规范》和《房地产抵押估价指导意见》的相关规定。通过本人撰写报告和近年的报告评审工作来看房地产抵押估价（报告）的风险点（重点和难点）一般体现在以下几个方面：首先最重要的还是评估结果的确定。该类报告的价值类型是抵押价值，一定要区别于市场价值。二者的价值内涵需要估价师理解和掌握。其次是估价师知悉的各项法定优先受偿款的确定和估价对象的变现能力分析；最后是报告中不可或缺的相关风险提示。

举一个抵押估价的案例，这个案例很特殊。因为作为信访案件，信访人认为这个估价报告的结果虚高，投诉举报估价机构出具虚假报告涉嫌违法。另外，信访人对房地产估价的相关规定研究得也比较透彻，甚至对技术报告中所选用的可比实例都到不动产登记部门进行了证伪。监管部门在受理这个信访件时也只能按照《房地产估价机构管理办法》《注册房地产估价师管理办法》对涉访估价机构和签字估价师进行合规性审核，对估价报告是否满足相关规定的要求和估价结果是否符合抵押价值（高低）拿捏不准，所以私下请人帮助看看报告。有些估价机构做抵押报告时往高估点是很正常的现象。但是恰恰对这个信访人来讲，估价结果越高将越损害他的权益，因为他是担保人必然成为报告使用者中的利害关系人。贷款人跑路就得他来偿还债务，这时候他就开始反悔说估价机构评高了，涉嫌虚假报告。所以这个案例告诫估价机构和估价师，抵押估价虚高只能是当时并且在一定范围内能达到各方满意，但是它的后期隐患还是巨大的。尤其是现在经济下滑，不良率高升，等银行拿起法律的武器告评估机构，我们就被动了。同时抵押这个行为或者说这个链条以我们估价机构或者估价师的能力是不可能完全掌控的，委托方有不可告人的目的也绝不会告诉我们。所以，抵押估价的风险防范从估价机构和估价师两个维度考虑，我认为最少应包含但不限于以下几点：①估价机构应该树立风险意识，树立品牌意识，重视抵押估价风险，坚持自律，加强内部管理，避免短视行为，建立和完善抵押估价风险防范机制。②房地产估价师作为抵押估价具体承办者，其抵押估价能力和职业道德素质也是抵押估价风险防范的关键。房地产估价师应从自身做起，提升抵押估价能力，坚持估价执业准则，恪守职业道德。结合目前工作实际，有两个现实问题估价师们要提高警惕：一个是由于近三年疫情原因导致经济下行，房地产经济也受到重大影响，商品房销售和二手房交易市场持续低迷，住房类抵押贷款项目受到房地产经纪市场操控。个别不良经纪人与信贷员勾结，在零首付抵押过程中弄虚作假的现象频繁发生，给估价师估价业务带来重大风险。另一个是个别授信银行在与估价机构签约抵押估价委托合同时明文约定：若事后不良贷款导致的不良资产评估价值严重低于首贷评估价值给授信银行带来损失的，将由估价机构承担相应损失。这里就给估价机构带来了或有风险，所以估价师要提高认识警惕风险。

二、以征收为目的的房地产估价执业风险与防范

按照前文《房地产估价机构管理办法》的相关规定，三级及三级以上房地产估价机构都可以从事以房屋征收为目的的房地产估价工作。征收行为严格受到《国有土地上房屋征收与补偿条例》的规定，个别地区对集体土地上房屋征收的行为也规定参照《国有土地上房屋征收与补偿条例》文件执行。对应的房地产估价工作应依据《国有土地上房屋征收评估办法》（以下简称《征收评估办法》）进行。这里着重指出一些条款来强化估价机构和估价师的责任和权利：《征收评估办法》第九条规定，房屋征收评估前，房屋征收部门应当组织有关单位

对被征收房屋情况进行调查，明确评估对象。评估对象应当全面、客观，不得遗漏、虚构。房屋征收部门应当向受托的房地产价格评估机构提供征收范围内房屋情况，包括已经登记的房屋情况和未经登记建筑的认定、处理结果情况。调查结果应当在房屋征收范围内向被征收人公布。实务中估价机构和估价师一定要在实地查勘前与征收人加强沟通做好政策解读工作，要求其提供"征收范围内房屋情况明细表"。这种表有制式的更好，没有的话估价机构可以自制，记载项目上包含并不少于以下内容：房屋名称、坐落（地段栋号、四至或位置图）、权益状况（是否有证、证载权利人与现住户关系、未经登记房屋情况）、实物状况（建筑结构、建成年代等，要注意证载与实物的差异并记录留存）、使用状况（了解自用借用租用等、用途的合法性与现实性若不一致需记录留存）等。程序上这张表要先有，然后才能是我们的三方签字的"实地查勘记录（表）"。《征收评估办法》第十六条规定，房地产价格评估机构应当按照房屋征收评估委托书或者委托合同的约定，向房屋征收部门提供分户的初步评估结果。分户的初步评估结果应当包括评估对象的构成及其基本情况和评估价值。房屋征收部门应当将分户的初步评估结果在征收范围内向被征收人公示。公示期间，房地产价格评估机构应当安排注册房地产估价师对分户的初步评估结果进行现场说明解释。存在错误的，房地产价格评估机构应当修正。《征收评估办法》第十六条规定，分户初步评估结果公示期满后，房地产价格评估机构应当向房屋征收部门提供委托评估范围内被征收房屋的整体评估报告和分户评估报告。房屋征收部门应当向被征收人转交分户评估报告。《征收评估办法》第二十八条规定，在房屋征收评估过程中，房屋征收部门或者被征收人不配合、不提供相关资料的，房地产价格评估机构应当在评估报告中说明有关情况。结合着上述文件条款来看，征收估价报告中我认为未定事项假设这项不宜过多，因为实务中假设过多说明我们与征收人的沟通工作开展得不好，更重要的是万一假设失败它的后果（危害性）较大，同时也容易被征收人倒打一耙，两边受罪。另外实务中若估价机构和估价师采用假设和限制条件等情形，其前提条件必须是与征收人签署书面说明材料，即在文书方面注明是因征收人未提供或无法提供法定事实的有关证据材料所以估价机构才运用假设和限制条件。

再举一个特殊的征收鉴定案例。特殊主要指的是普通估价师都认为不可能发生。案例是一个仓储企业，征收公告日时的房屋和土地状况十分清晰、标的额很大。鉴定复勘和审查底稿时发现估价机构与征收人签署的房屋征收评估委托合同不清晰，尤其是评估基本事项中土地是否纳入评估对象模糊。另外估价机构没有提供前面我重点讲的"征收范围内房屋情况明细表""实地查勘记录"，也未对土地情况进行记录和描述。初步评估结果也没有注明估价结果是否包含土地价值及未含土地价值将对征收补偿的影响。征收人依据初步评估结果与被征收人签订补偿安置协议，二者后期发现未含土地故申请鉴定。这里还是不提委托人是否过错，仅就被鉴定估价机构和估价师来讲，出具的报告估价对象不清晰，尤其是对体量巨大的土地使用权价值只字未提，这个错误是十分低级的但也是特别严重的。这里有几个因素值得我们警惕或借鉴：一是不懂法。《国有土地上房屋征收与补偿条例》第十三条规定，市、县级人民政府作出房屋征收决定后应当及时公告。公告应当载明征收补偿方案和行政复议、行政诉讼权利等事项。市、县级人民政府及房屋征收部门应当做好房屋征收与补偿的宣传、解释工作。房屋被依法征收的，国有土地使用权同时收回。《征收评估办法》第十一条规定，被征收房屋价值是指被征收房屋及其占用范围内的土地使用权在正常交易情况下，由熟悉情况的交易双方以公平交易方式在评估时点自愿进行交易的金额，但不考虑被征收房屋租赁、抵押、查封等因素的影响。上述法律规定都重点指出征收评估中的被征收房屋应包含其占用范围内的土地使用权（价值），也就是说估价机构出具的初步评估结果、整体评估报告和分户评估报告都应该注明土地使用权的状况和价值。二是未沟通。体量巨大的土地使用权在实地查勘时不可能看不到，"实地查勘记录"无记载，初步评估结果中未包含土地价值，种种迹象表明估价机构和估价师与委托人缺少必要的工作沟通，没有做到勤勉尽责。

征收估价的风险点最主要的体现在估价程序上。因为《国有土地上房屋征收与补偿条例》规定现在的征收补偿，政府是公共利益征收唯一补偿主体。同时规定征收过程程序化，强调尊重被征收人意愿。实务中利害关系人对我们估价选用的估价方法、技术路线、参数选取等技术问题不是特别精通和在意，对估价结果高低的认定也主要体现在与相邻相近或相似房屋征收价值的横向比较上。他们最关注的经常是我们的实地查勘、初步评估结果公示、现场说明解释等这些与他们接触较近的感官性比较强的程序化工作。这时必须要重视和提高估价机构和估价师的执业形象，做到持证上岗、规范言行、服务热忱、张弛有度。同时与被征收人友好沟通，在实地查勘阶段亲力亲为将估价对象做到不重不漏、不多不少，说明解释阶段做到态度耐心细致、专业有理有据，彰显我们独立、客观、公正的执业准则。

三、以司法鉴定为目的的房地产估价执业风险与防范

以司法鉴定为目的的房地产估价是一、二级估价机构可以从事的法定估价业务。这次主要探讨的是人民法院执行案件范畴内的房地产估价工作有哪些风险点和如何防范问题。从2018年起最高人民法院高度重视"执行难"问题，相继出台了《最高人民法院关于人民法院确定财产处置参考价若干问题的规定》（法释〔2018〕15号）、关于印发《人民法院委托评估工作规范》的通知（法办〔2018〕273号）、关于印发《人民法院委托评估专业技术评审工作规范》的通知（法办〔2019〕364号）等法律规定，对应的房地产估价工作相关规定有《涉执房地产处置司法评估指导意见（试行）的通知》（中房学〔2021〕37号）、人民法院委托房地产评估专业技术评审工作规则（吉房协〔2021〕35号）等。按照上述规定，一二级估价机构可以申请加入最高人民法院司法评估机构名单库（房地产分库）。其名单由最高人民法院会商中房学后确定并实时动态更新，一般有效期三年。

估价机构在收到人民法院评估委托书后，首先要确认是否符合《人民法院委托评估工作规范》第十四条相关规定而放弃委托。若确定接受委托后估价机构和估价师必须熟悉下列规定：一是《人民法院委托评估工作规范》第十八规定的评估机构确定评估专业人员后，应当及时开展评估工作。需要现场勘验的，评估机构应当及时通知人民法院组织进行。二是《人民法院委托评估工作规范》第十九规定的人民法院未按本规范附件中列明的委托评估需要提供的材料清单提供全部材料，评估机构认为无法进行评估或者影响评估结果的，应当及时告知人民法院。人民法院应当告知当事人，并要求当事人提供材料或材料线索。当事人不提供或未能提供，以及根据当事人提供的材料线索无法提取到相关材料的，人民法院应当通知评估机构根据现有材料进行评估，并告知当事人因缺乏材料可能影响评估结果的风险。这里强调的是实务中我们一定要厘清司法鉴定估价中各方即委托人（人民法院）、利害关系人（案件申请执行人、案件被申请执行人）和估价机构与估价师的责权利。首先，组织现场查勘是委托人人民法院的工作职责，法院司法辅助部门的法官不得以工作繁忙等借口让估价机构通知利害关系人约定时间进行现场查勘，估价机构和估价师遇到类似法官不作为现象应该拒绝并陈明利害关系。其次，估价对象的材料（财产范围、权属确认、面积测绘等）或材料线索

应由当事人提供，实务中应由利害关系人中的案件申请执行人提供。委托人人民法院没有提供估价对象相关材料的义务，他只起到要求当事人提供和若不提供则告知当事人或有风险的作用。估价中我们经常遇到估价对象鉴定资料不充分或与事实不符的情形，我认为比较周全的办法一是通过行文发函的形式给委托人人民法院，请求其要求当事人提供相应材料。二是未果时我们一定要按照中房学《房地产估价规范》的相关要求，运用估价假设和限制条件来完成估价并保护自身的权益不受侵害。实务中我们对材料不全现象注重不仅要与人民法院有去函还要争取到人民法院的回函，最次也要由人民法院有一个书面确认或在委托评估合同中加以说明。有关估价假设和限制条件的理论探讨和具体规定由于时间的关系不做引申，这里仅强调一点就是在估价报告假设中我们可以写明"我们已经对本次估价对象相关材料进行了关注并提请人民法院告知当事人提供。但截至报告提出日我司未收到人民法院转送的上述材料，故本次估价按照《房地产估价规范》和《房地产估价规程》的相关规定做如下假设，若假设失败将影响估价结果导致相应调整或重新估价"。通过对多年从事司法评估的实务经验和专业技术评审工作发现的问题来看，有三个工作建议仅供大家参考：①评估范围不清晰。这个必须要跟委托人、申请人确认以防事后反水引起麻烦。尤其是复杂的估价项目，可以边实地查看边与委托方及时沟通，及时记录并确认。②对《涉执房地产处置司法评估指导意见》学习不到位，尤其是针对专业内容的条款评估工作中落实不到位、评估报告行文没有专项注明，容易被案件利害关系人质疑。③对案情了解不足。房地产估价从来不是估价师通过现场查勘、市场调研、评定估算、出具报告等程序就完成那么简单，任何一种评估目的引发的经济行为、市场参与各方因素和背景及相应法律后果我们都必须认真研究和掌握。尤其是司法评估项目要对案情进行必要的了解，首先要弄清楚估价对象的"来龙去脉""来世今生"，然后努力了解参与各方及或有利害关系人的利益诉求。这里注意的是要遵守工作纪律，任何评估为了保证独立性均要求评估机构与估价师不允许与委托人和利害关系人进行不正当接触。实务中我们可以通过与人民法院发函回函、去不动产登记中心、税务局等职能部门调档、去人民法院司法拍卖网等网络平台查询等方式对案情和利害关系人诉求进行调查和了解。

由于涉执房地产处置司法评估通常具有估价对象金额大、涉案利害关系人多等特点，所以近年申请涉执房地产处置司法评估专业技术评审的报告众多。举一个专业技术评审中经常遇到的一种情形案例，即异议人所提诉求估价机构和估价师已给予合理答疑与说明，但是被评审报告却被专家组予以否定或被要求补正报告。案例估价对象为多处商业用房，异议人作为抵押贷款债务人（权利人）认为估价报告估价结果严重低评，损害了权利人的合法权益。从异议人提交的与估价机构三次的质疑和答疑材料显示估价机构均对每次质疑进行了合理的答疑。但是在专业技术评审时专家组成员依据《房地产估价规范》均认定估价技术报告中价值测算过程中确实存在修正因素描述与修正不一致、缺少装修因素修正的依据及合理性分析、修正系数（楼层、交易情况、权利性质、变现能力）确定依据不充分、因素调整幅度过大（35%～40%）的问题，不符合《房地产估价规范》GB/T 50291—2015第4.2.15条之规定，这些问题已经对评估结果产生实质性影响。最终专家组对异议人提出的相关异议予以支持，并依据《最高人民法院关于人民法院确定财产处置参考价若干问题的规定》（法释〔2018〕15号）第二十三条、第二十六条之规定，做出估价机构应当补正估价报告的评审结论。

由以上估价实务和案例我们剖析一下涉执房地产处置司法评估的执业风险，我认为至少有三点值得我们在具体的估价工作中加以重视：第一点是程序要合法。涉执房地产处置司法评估具有标的金额大、利害关系人或外聘律师专业背景深、人民法院是委托人等特点，估价当事各方均深谙财产处置程序和注重估价程序。所以估价机构和估价师一定要严格按照《最高人民法院关于人民法院确定财产处置参考价若干问题的规定》《人民法院委托评估工作规范》的具体要求开展估价工作。必须做到时间上、程序上符合规定，与委托人人民法院沟通时力争采用行文发函的方式并记录留存。纪律上仅与人民法院司法辅助部门法官沟通工作，坚决不与利害关系人产生联系，尤其规避与人民法院办案（执行）法官产生交集。第二点是估价要专业。《涉执房地产处置司法评估指导意见（试行）的通知》（中房学〔2021〕37号）是指导我们开展涉执房地产处置司法评估的专业指引文件，里面多项条款（如第十二至十六条）均带有明显的专业指向性，这里不一一详解，但是在具体估价实务中要给予关注并在估价报告中应逐条注明。第三点是报告要合规。按照相关规定涉执房地产处置司法评估报告我认为在报告的注册估价师声明章节可以注明下列事项：在征求意见稿阶段估价委托人或利害关系人质疑的，本估价机构保证按司法鉴定相关规定进行答疑；若申请房地产估价专家委员会专业技术评审本报告的，本估价机构和注册房地产估价师保证按专业技术评审结论补正报告。起草报告时我们要严格按照估价规范、评审标准、指导意见等规定进行，异议人申请质疑时估价机构和估价师不仅要了解异议人所提异议的动机和诉求、做到有理有据逐条给予答复或说明，更要在征求意见稿至出具正式报告阶段高度重视估价报告的合规性。统计数字显示有至少30%的专业技术评审项目是由于估价报告不符合或严重违背估价规范和评审标准的规定而被专家组出具予以补正的评审意见，而这些报告异议人却并未对上述不合规事项提出异议。所以反过来看这个问题，恰恰说明了估价机构和签字估价师只有严格按照《房地产估价规范》和《房地产估价报告评审标准》进行涉执房地产处置司法评估工作才是正道！

作者联系方式

姓　　名：吴家梁
单　　位：吉林市正源房地产评估有限责任公司
地　　址：吉林省吉林市船营区河南街950号205室
邮　　箱：331635891@qq.com
注册号：2219980027

第六部分

企业文化建设

蓄价值观之势 谋新发展之能

王常华

摘　要：本文阐述了估价机构如何以价值观为导向赋能组织管理，打造"专业、诚信、创新、合作"的核心价值观体系，提出了估价机构特色管理的模式与思路。探讨了估价机构未来人才培养的方向，探索多元、公平、包容且灵活的组织管理模式，实现行业可持续发展。

关键词：企业文化；价值观；创新发展；人才培养

一、价值观赋能组织管理

"察势者智，驭势者赢"。公司蓄价值观之势，激发组织管理的活力与创造力。机构员工呈多样性，家庭环境、成长经历、教育背景各异，通过打造"专业、诚信、创新、合作"的核心价值观体系，厚植"城市"企业文化，正向引导员工的价值理念及执业行为，以适应公司的规章制度体系及战略发展目标。通过价值观赋能，形成"城市"特色管理模式与思路，实现可持续发展。

（一）多维并进，"专业"赋能

公司以"专业"为内核驱动业务发展，在组织管理层面同样体现"专业"精神，持续优化管理机制与方法，将"专业"渗透于日常管理，提升效能。

1. "专业"数字化系统

数字转型已然成为公司业务发展的新方向，机构管理也需"数字化"，通过搭建内部OA、MIS、EHR、WE-learning等信息系统，高效推进行政事务流程、人事考勤、业务流程及员工培训等内部管理事项，全流程优化企业内控（图1）。

2. "专业"培育机制

公司持续完善员工培育机制，精心涵养培育优秀人才的沃土，为搭建高质量人才队伍提供有效支撑。公司以因材施教为理念，实行分类精准培育，结合实习生、新员工、专业人员及关键岗位人才的不同特点，制定明确的培育目标，并赋予个性化培育路径，促使员工跟随公司发展的脚步实现成长、释放潜能。

3. "专业"多元培训

公司构建多元化培训体系，搭建开放的学术平台，采用线上线下相结合、理论学习与案例分析相融合等多种方式，开展新员工通识及职业技能培训、在岗培训、管理培训等一系列专项培训（图2），旨在引导员工持续学习，拓宽专业视野，培养跨专业、复合型人才，学习型组织氛围日益渐显。

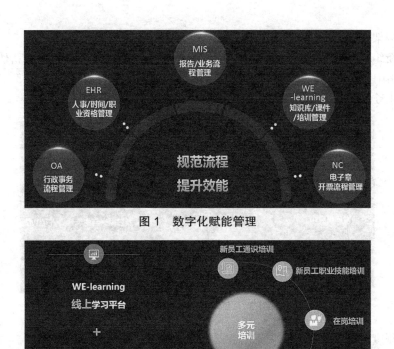

图1　数字化赋能管理

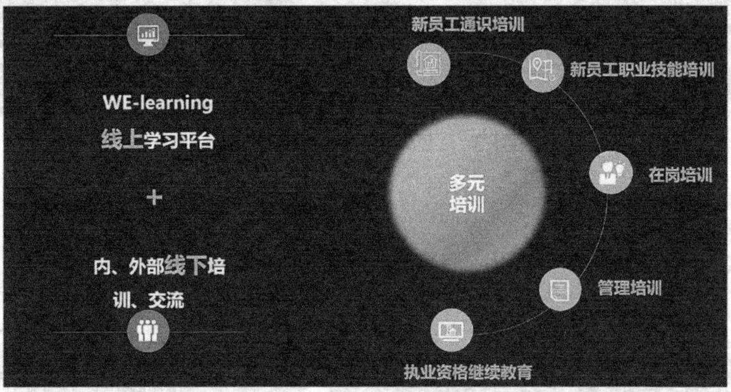

图2　多元化培训体系

（二）建章立制，"诚信"赋能

"诚信"是公司的经营之道与立身之本，在组织管理中聚焦"诚信"的实践策划，将其贯穿于员工的培训、日常行为准则与各项企业文化活动之中。

1. 恪守职业道德

公司编制职业道德手册并为全员提供职业道德培训，培训主要聚焦业务各环节的风险防控措施，例如开展鉴证类服务有相应的风险点，在培训中进行提炼、总结，形成统一的价值观和防范意识。

2. 纳入行为准则

将"诚信"融入日常人员管理，提示触线行为，纳入员工行为准则。编制公司员工手册，采取一票否决制，即便专业人员能力再强，存在不诚信或者触碰红线的行为，公司坚决不予留用。

3. 贯穿人事管理

在招聘面试及各类考评过程中，对员工诚信维度设置重点评价项。以"诚信"为基准要求，贯穿人力资源管理全流程。同时，通过策划企业文化活动，引导员工践行"诚信"，推动价值观落地。

（三）前瞻引领，"创新"赋能

公司组织管理以"创新"为内核，通过创新组织架构、管理制度及业务模式，激发员工的自驱力及创造力，为组织持续发展注入能量。

1. 组织构架创新

公司创新组织架构,成立跨部门学术平台——"四个中心",即城市更新研究中心、城市数字化应用中心、产业发展研究中心及乡村振兴与生态修复研究中心(图3),聚焦各类新政策分析、业务创新及课题研究等,提升公司专业品牌形象。

图3 "四个中心"业务内容

2. 管理制度创新

公司策划并制定《员工企业文化积分实施细则》,通过制度创新与激励,调动全体员工参与企业文化活动的积极性,形成良好的企业文化氛围(图4)。

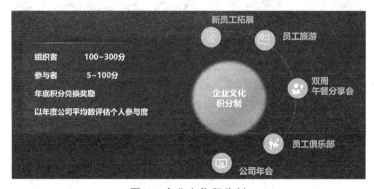

图4 企业文化积分制

3. 业务模式创新

打破部门、专业壁垒,协同合作开展综合咨询类业务,持续交流分享新政策,按月组织综合一体化会议,应对客户需求,打造多专业、多结构的一体化业务模式,持续输出专业价值,提升公司核心竞争力。

(四)缤纷活动,"合作"共融

将"合作"融于企业文化活动,鼓励跨部门人员协同交流,建立合作共赢理念,通过组织与策划一系列活动,推动全员交流共融。

1. 新员工拓展建立合作意识

每年组织策划新员工拓展活动,引导新员工跨部门组队参与各类户外活动、游戏、演讲与视频制作,建立合作意识,感悟合作收获。

2. 员工俱乐部培养合作能力

每年由员工发起阅读、绘画、园艺、公益、羽毛球、登山、电影赏析等俱乐部（图5），兼顾趣味性与人文关怀，在企业文化活动中锻炼、培养员工的合作能力。

图5 员工俱乐部

3. 员工旅游增强团队凝聚力

每年由员工自发策划二十条左右自由行旅游线路，在国内外旅行中增进交流，加强员工间的联结与融合，深入了解彼此，并践行合作与包容。

二、未来人才培养

着眼未来，机构致力于探索多元、公平、包容且灵活的组织管理模式。

一是多元性，怀揣开放的心态，接纳多元化的人才，不同教育和经验背景的员工拥有各自独特的视角和思维方式，从而打开思维的边界，推动组织创新能力的提升。

二是公平性，持续完善规章制度体系、制定清晰的职业发展路径，通过透明机制确保全体员工都有公平的机会、资源和权利实现发展目标。

三是包容性，给予员工充分的成长空间，包容员工的多样性，激发其职业发展的潜能，通过公司的包容性文化吸引更多的人才关注、加入。

作者联系方式

姓　　名：王常华

单　　位：上海城市房地产估价有限公司

地　　址：上海市宝山区月罗路241号3幢D210室

浅析非公党建在估价机构内部治理中的实践意义

汪姜峰　李明月

摘　要： 党的二十大报告提出，"要毫不动摇鼓励、支持、引导非公有制经济发展""加强混合所有制企业、非公有制企业党建工作""加强新的经济组织、新的社会组织、新就业群体党的建设。"房地产估价机构既是非公企业又属于两新组织，是基层党建的重要组成部分。党建工作在实践工作中能为估价机构内部治理、管理制度健全、企业文化建设等方面发挥重要作用。本文以房地产估价机构出资人和党组织书记视角，浅谈非公党建在估价机构内部治理中实践意义。旨在为引领估价机构不断加强内控体系建设，提升治理能力，防范化解风险，实现高质量发展总结提炼相关经验和做法，希望对提升房地产估价机构党建工作水平，实现党建引领估价机构高质量发展提供参考。

关键词： 房地产估价；非公党建；内部治理；高质量发展

党的二十大擘画了全面建设社会主义现代化国家，以中国式现代化全面推进中华民族伟大复兴的宏伟蓝图，吹响了奋进新征程的时代号角。党的二十大报告指出："高质量发展是全面建设社会主义现代化国家的首要任务。"全国各地已全面吹响高质量发展的冲锋号，各级党组织不断增强服务高质量发展能力，将党的政治优势、组织优势转化为发展优势，为全方位推动高质量发展提供坚强支撑。

新时代十年的伟大变革，为房地产估价行业健康可持续发展提供了机遇，同时估价机构在为地方经济发展、城市建设献智出力等方面创造了骄人的业绩；在国家重点工程建设中积极作为，在为维护市场经济秩序作出了应有的贡献。但在后疫情时代，随着"房住不炒"、国家房地产政策的调整，整体经济形势的增速放缓，房地产估价机构传统业务模式也面临挑战和转型。目前评估机构普遍存在发展信心不足、方向不明、创新不力等情况。这就要求估价机构在现阶段既要坚定发展信心又要加强人心的凝聚，在高质量发展方面实现突破，优秀的党组织和先进的党建文化能有效激发发展信心，规范估价机构内部治理，促进估价机构凝心聚力，助力高质量发展。

一、非公党建在房地产估价行业中的重要性和必要性

房地产估价是我国社会主义市场经济体系中的重要中介服务行业，属于非公企业中的新经济组织。目前国内估价机构规上企业占比不高，行业党建工作的"全覆盖、全规范、全统领"还差强人意。很多估价机构对企业成立党组织的认识不强，对党建的"软实力"理解不够。而估价机构是市场经济发展的产物，几十年来为推动国有企业改革，规范资本市场运作，促进经济社会发展发挥了十分重要的作用。估价师充当了公信者的角色，所以房地产估

价行业的规范化程度，决定着整个房地产市场环境的公平、公正程度，房地产估价行业建设的首要问题就是行业的规范化建设问题。估价机构将"支部建在连上"，能有力贯彻党的方针政策、引导和监督企业遵守国家的法律法规，引领企业健康发展。也必然能够发挥党组织的优势，发挥党员的示范引领，推动企业发展、凝聚人心，切实增强党组织在估价机构中的凝聚力、影响力和战斗力。

二、优秀党建引领估价机构内部治理水平提升

（一）党建引领估价行业高质量发展

1. 坚持党的领导，严格把关定向

估价行业协会可以将加强党的建设写入协会章程，行业和协会重大事项先经行业党委研究，协会讨论决定，强化党组织的把关定向。估价机构可以将党组织建设和公司发展规划相融合和匹配，明确党组织的班子成员进入董事会、股东会和管理层的规则，建立党组织书记参加或列席企业管理层重要会议，明确党组织书记在企业重大决策、员工权益、薪酬制度等问题上的参与权，从而以党建促进企业规范经营和发展。

2. 深化思想教育，规范诚信经营

企业党组织将坚持以习近平新时代中国特色社会主义思想为指导，通过邀请党校教授上党课，组织估价师、估价专业人员学党史，组织员工到红色革命教育基地开展"忆红色历史、传红色基因"等主题教育，通过成立新的社会阶层人士同心驿站、红色书吧，引领企业出资人、高管、新的社会阶层代表人士加强政治理论学习，在爱国、创新、诚信、社会责任和国际视野等方面不断提升自己，努力成为新时代构建新发展格局、建设现代化经济体系、推动高质量发展的生力军。

（二）党建引领估价机构内部治理上台阶

1. 以"党建+组织"作保障，筑牢从业人员的思想根基

通过党员的先锋力量，实现一名党员就是一面旗帜。在党组织的引导下，企业的人力资源工作得到赋能，引导青年员工"守初心、强党性"，通过"把业务骨干培养成党员，把党员骨干培养成中高层管理人员"，党组织积极发展培养党员，优先招聘党员等方式，让党员数量、质量双提升。党员都是团队骨干，他们职业素养高，服务品质和工作态度在团队也较突出，这样的"生力军"数量占据比例较多，就能保证企业在执业过程中诚信经营、规范执业，严格遵守本行业的职业道德标准，严格控制评估报告的质量，从而树立良好的企业形象和市场口碑，更容易得到委托方及政府主管部门更多的信任和合作机会，良好的企业党建是一张名片，是企业遵纪守法、客观公正最好的通行证。

2. 以"党建+典型"促提升，营造"比学赶帮超"的良好氛围

估价机构党组织应结合自身实际，充分发挥党员带头作用，在员工中树立见贤思齐、奋斗奉献的价值导向，切实发挥战斗堡垒和先锋模范作用。首先在重大复杂项目上成立以党员为项目组组长的团队，通过党员"挂帅"受领"急、难、重"的项目，钻研新方法攻坚克难，让党建转化为"看得见、摸得着"的生产力。其次党员先学先培，带领团队通过职业资格考试、专业知识学习等方式实现个人素质提升，从而达到敬业、乐业的效果，成为机构内部的"业务标兵"，发挥党建典型引领作用提升服务本领。

3. 以"党建+传承"锻炼队伍，发挥估价导师的桥梁作用

求木之长者，必固其根本。习近平总书记指出，非公企业党组织要能够发挥实质作用，防止成为"花架子"。估价机构的高质量发展，最重要的是建设一支结构合理、专业能力全面的高素质人才队伍，走专业化的道路，方能培育自身的核心竞争力，主动迎接市场的挑战，实现高质量发展。企业通过党组织的凝聚力，可以成立党员示范区、党员先锋岗，开展"党员承诺"活动，实现一个党员带领做好一个项目、做强一个专业。另外，让党员"作表率、传帮带"，帮助青年员工成长。通过组织生活会、党课等方式，强调公司发展中人的重要性，一个党员"认领"一个新员工，通过"一带一"导师辅导，帮助新人认同公司、认清职业发展规划，并明确人生目标和职业发展方向，党组织及时掌握青年员工的思想动态，加快估价机构人才成长步伐，稳固人才队伍，培育梯队人才，减少人才流失。

（三）党建引领估价机构规范经营强根基

房地产估价是遵循房地产估价理论，按照房地产估价程序，对房地产价格做出的一种估计、推断、认定。由于受国家政策、产业发展、市场环境等多方面因素影响，房地产价格波动较大。客观上造成房地产估价机构出具的评估价格可能受外界的影响较大，容易造成不规范经营和廉洁风险隐患。

1. 抓"党建+教育"，强化执业底线思维

估价机构要规范组织建设、党员教育，时常强化清廉思想，打造清廉机制，规范清廉行为，厚植清廉文化。通过党组织开展主题宣讲、廉洁教育、主题教育学习。创新式开展党建联建活动，让党组织与机构内部业务部门及外部主管部门、客户、行业上下链的党组织共同开展廉政主题党日活动，如参观党风廉政教育基地、观看反腐倡廉影片、邀请纪检干部授课等，强化风险意识、筑牢职业底线。

2. 以"党建+制度"，打造金字招牌

估价机构可以建立以党员为项目负责人的"项目"机制，完善三级审核制度，建立党组织监督制度，做好内部工作流程的审查，让工作的每一个环节都做到闭环，杜绝弄虚作假，出现错误，不断提高估价机构的各项工作业务的质量和水平，提高估价机构的行业竞争力，打造金字招牌，树立行业形象。

三、党建铸魂，凝心聚力坚定行业发展信心

企业文化是企业之魂，优秀的企业文化能更好地激励员工成长、成才，促进企业更规范地发展，让企业充满生机和活力。估价机构作为两新组织，党建工作有区别于其他领域党建工作的显著特征，就是只有始终保持与员工思想同心、与企业目标同向、与工作落实同步，才能推动党建工作与经营管理互促共进。

（一）传承红色文化，激发奋斗热情

红色文化是中国共产党带领人民在中华大地上培育出来的独特文化，为中国共产党成功推进革命、建设、改革注入了强大精神动力，一直是中国共产党十分珍视的宝贵精神财富。习近平总书记在党的二十大报告中提出，"要弘扬以伟大建党精神为源头的中国共产党人精神谱系。""深入开展社会主义核心价值观宣传教育，深化爱国主义、集体主义、社会主义教育，着力培养担当民族复兴大任的时代新人"。估价机构在党建和企业文化建设上要双向融合，要传承红色文化、培育红色精神，能够实现企业党建和企业文化建设共荣互促、共同提

高。估价机构党组织可以开展各类红色主题教育,举办"红色家书诵读"、红色诗歌演讲等主题党日活动,追寻革命先辈足迹,体悟初心,激发员工奋斗热情。依托党建平台,做好员工关爱工作,打造"一家人"文化,构建和谐的劳动关系。

(二)赓续红色基因,胸怀天下大业

艰难困苦,玉汝于成。中国共产党百年栉风沐雨、披荆斩棘,历程何其艰辛又何其伟大。中国共产党的艰苦创业历程、披荆斩棘不畏困难的红色基因能激励我们估价机构不断向前。我们要学习党的实事求是、调查研究、求真务实、理论联系实际等优良传统。估价机构的高管,除了具有新思维和较高的专业水平、理论功底,更应具备百折不挠、艰苦奋斗的精神和追求。估价机构负责人已不再是"作坊"式的当家人,而是应具有宽广的视野、更高的站位、更宽阔的胸怀,要胸怀"国之大者",要将估价事业作为毕生追求的事业去奋斗;要有行业全局的意识,为行业的健康可持续发展多作贡献,要有立足自身本业、胸怀天下大业的使命感和责任感,用企业家的精神统领机构的发展。做有责任心的民营企业,反哺社会,通过主题党日开展慰问弱势群体、关爱困难群众、参与乡村振兴等,组织全体党员积极投身各项社会公益事业,主动承担社会责任,展现估价人的浓浓爱心和责任担当。

党的二十大报告明确"坚持以推动高质量发展为主题",重申"两个毫不动摇",强调要"促进非公有制经济健康发展和非公有制经济人士健康成长"。把党建融入企建,让党建品牌优势转化为推进高质量发展的动能,是时代命题。"纵有狂风拔地起,我亦乘风破万里"。房地产估价机构重视党建工作不仅是新时代加强党的领导的必然要求,更是实现估价机构健康有序发展的重要举措。

参考文献:

[1] 尚艾群,吴法胜.估价的价值与估价机构的未来发展探析[C]//中国房地产估价师与房地产经纪人学会.2019中国房地产估价年会论文集.北京:中国城市出版社,2019.

[2] 孙竹星,余扬飘,卢国超.浅析新形势下估价机构面临的机遇、挑战及对策[C]//中国房地产估价师与房地产经纪人学会.2019中国房地产估价年会论文集.北京:中国城市出版社,2019.

作者联系方式

姓　　名:汪姜峰
单　　位:安徽中信房地产土地资产价格评估有限公司安庆分公司
注册号:3420050040

姓　　名:李明月
单　　位:安徽中信智力房地产评估造价咨询有限公司
地　　址:安徽省安庆市皖江大道迎江世纪城LOFT1号写字楼九层
邮　　箱:1449348908@qq.com
注册号:3420140055

浅谈房地产估价行业品牌建设现状与建议

张方明　李　瑞

摘　要： 为应对中国经济增速放缓、房地产市场不断发展和变化带来的冲击和挑战，寻找房地产估价行业未来发展方向，推动房地产估价机构及行业创新发展，本文简要介绍了房地产估价行业的发展历程及现状，对推动估价机构品牌建设的必要性进行了分析，讨论当前行业品牌建设存在的问题，并从政府、行业、企业及社会各界等角度提出建议。

关键词： 房地产估价；行业现状；品牌建设

一、房地产估价行业发展历程及现状

改革开放以来，随着我国城市化进程逐步加快，房地产行业飞速发展。1993年，全国第一批房产估价师获得认定，我国房地产估价行业也迎来了自己的发展机遇期。30年来，中国房地产市场的活跃带动估价服务需求的日益增长，房地产估价行业把握市场红利不断壮大，估价队伍，不断健全估价制度，业务范围日益扩展[1]。

现阶段，中央落实"房住不炒"政策的背景下，我国城市建设逐步从"大拆大建"过渡到"精细化"发展，房地产市场增速逐渐放缓[2]。与房地产市场关系密切的房地产估价行业也将面临传统业务进一步萎缩、行业不良竞争加剧、风险高发、客户需求演变、行业规范亟须更新完善等困境[3]。

基于当下环境，房地产估价机构需在提供专业化、咨询化、高端化的估价服务基础上，变革经营思路，向品牌化方向发展[4]。

二、强化房地产估价行业品牌建设的必要性

（一）强化品牌建设是实现行业高质量发展的必然选择

品牌是质量、服务与信誉的重要标志。习近平总书记始终高度重视品牌建设和发展，强调要强化品牌意识、加强品牌建设，培育更多百年老店，做强做大民族品牌。近年来，我国品牌建设取得积极进展，以湖北省为例，湖北大力实施品牌强省建设，据《2022年湖北省商标品牌发展报告》显示，截至2022年底，全省有效商标注册量超过97万件，同比增长16.39%；已备案商标代理机构总数1561户，同比增长18.8%。

（二）品牌建设质量是行业竞争力的综合体现

从企业角度而言，作为行业发展的战略性资源，品牌具有吸聚优质资源的重要功能，品牌价值和销售额呈正相关。从客户角度而言，品牌凝聚信任，代表着企业的良好形象，品牌知名度越高往往意味着被越多选择[5]。品牌影响力与产品品质一样，是企业获取更大市场的

必要条件。当前,我国头部房地产估价机构在技术能力和服务质量上差距不大,品牌建设将成为赢取市场份额的关键一手。

三、目前房地产估价行业品牌建设存在问题

(一)品牌建设标准化意识不够

目前房地产估价机构大多注重在提供市场化、专业化、咨询化评估服务增加投入,对长期打造品牌形象的认识不够,品牌资产的保护意识不强,不能以标准化、规范化模式建设获得社会认可和市场认同的企业品牌。

(二)行业内部同质化竞争激烈

较低的市场准入门槛及激烈的同质化竞争致使部分企业铤而走险,损害行业形象。一是存在"傍品牌""蹭流量"的行为,通过冒用知名公司品牌获取评估业务;二是通过降低收费标准、提高评估价格等迎合委托方的方式来获取评估业务,扰乱行业市场秩序;三是存在"套路化""机械化""流水线"方式生产估价报告的行为,以追求高效率和低成本。行业信誉度严重受损,房地产估价行业面临如何获取专业认可和树立品牌形象的挑战。

(三)品牌监管体系尚不健全

一方面,对市场管理针对性不足,市场无序竞争较突出,房地产估价行业存在着"劣势企业驱逐优势企业""关系企业驱逐实力企业"的现象;另一方面,缺乏高效服务和科学引导,致使机构服务水平参差不齐,社会责任不强,创新力度不够,信息化大数据应用滞后,行业数据缺乏共享和联动。

四、房地产估价行业强化品牌建设相关建议

(一)完善房地产估价行业品牌支持政策体系

一是不断优化完善品牌建设支持政策,从品牌建设投入、品牌管理体系、品牌风控体系等方面加大对房地产估价行业品牌建设支持力度,提高品牌培育能力。二是健全国家质量奖励制度,配套并监督落实地方奖励办法,鼓励地方对质量水平先进、品牌影响力突出的组织给予激励,助力企业将更多资金投入到技术改进与研究开发上,促进品牌转型升级与企业高质量发展。三是通过加大创新平台建设、高端人才引进、规范标准创建、品牌资产管理、重点项目建设等方面的支持力度,在现代服务业企业中培育一批具有影响力的服务品牌,形成引领、示范效应。四是政策供给可结合行业、企业需求,探索以差异化为基本特征,在法律制度留下的最大空间范围内,精准有效满足不同营商主体的差异化需求,构建税收调控合力,降低企业经营成本。

(二)发挥房地产估价企业品牌建设主观能动性

一是将品牌建设融入企业发展战略。强化内控机制建设,制定并不断完善制度体系;开展质量管理提升及数字化升级,促进房地产估价行业向专业化和价值链高端延伸;建立全流程质量安全追溯体系,不断提高产品附加值和核心竞争力。二是以履行社会责任强化品牌建设。通过诚信经营、关爱员工、建言献策、保护环境、关注教育、扶贫济困等方式,推动企业树立良好的社会形象,为品牌建设奠定坚实基础。三是用企业文化内涵丰富品牌价值。将品牌价值和品牌精神内化为企业员工的文化、价值观和行为准则,让品牌价值内涵体现在员

工的服务行为中，更好地传达品牌精神。

（三）提高社会各界对房地产估价品牌的重视度

一是要从战略高度充分认识房地产估价行业的重要性，建立政府监管与行业自律双重监管体系，完善行业、专业标准体系建设。二是要科学合理地开放政府数据共享，适当增加投资预算，设立高层次人才激励机制，鼓励推进产学研结合，培养行业亟须人才。三是鼓励各方社会力量开展品牌宣传和形象推广活动，建立网站、微信、抖音、视频号、小程序等新媒体宣传矩阵，以线上线下形式办好行业研讨论坛、继续教育培训、重大项目推介等活动，讲好现代服务业品牌故事，释放"品牌效应"。四是增强行业话语权，充分吸纳行业代表人士充实至各级行业协会、工商联、总工会、青联、妇联，有组织、有计划地推荐他们担任人大代表、政协委员、社团组织领导者等，扩大其有序政治参与，进一步扩充政府智囊团专业维度和成员数量，为行业品牌建设提供专业建议。

（四）持续推进行业深化改革

一是建立健全行业标准，加强行业审查监管，严格通报查处恶性竞争行为，推动行业企业诚信体系建设，营造公平公正的品牌发展氛围，优化营商环境，加快培育本土品牌的同时，鼓励有实力的企业以新设、并购、合作等方式开展境外业务，增强现代服务业品牌国际影响力。二是支持估价机构实行集团化经营策略，打破传统房地产估价边界，创新推广新型咨询评估服务，支持多专业融合服务，实施多种经营模式，全面覆盖乡村振兴、城市更新、绿色发展、土地评估、新基建等咨询评估，增强企业抵御市场风险能力；三是坚持协同创新，推进股权结构、管理方式、商业模式、技术应用等多维度创新，持续激发行业内部创造力和企业活力。

参考文献：

[1] 张玉霞，张顼，韩立民，等.探索房地产估价行业发展历程与发展路径[J].房地产世界，2022（18）：22-24.

[2] 侯纯涛.浅议房地产估价行业的现实之困及应对之策[J].上海房地，2023（4）：17-20.

[3] 杨多.现阶段我国房地产估价机构的发展困境与发展路径探讨[J].中国管理信息化，2022，25（10）：134-136.

[4] 柴强.估价机构的出路在于提供高品质估价服务[C]//中国房地产估价师与房地产经纪人学会.2018中国房地产估价年会论文集.北京：中国城市出版社，2018.

[5] 张晨.浅谈房地产估价机构品牌与企业文化建设[C]//中国房地产估价师与房地产经纪人学会.估价业务深化与拓展之路：2020中国房地产估价年会论文集.北京：中国城市出版社，2020：715-717.

作者联系方式

姓　名：张方明　李　瑞

单　位：永业行土地房地产资产评估有限公司

地　址：湖北省武汉市武昌区友谊大道303号武车路水岸国际K6-1栋23层

邮　箱：www.zfming666.com

估价机构践行 ESG 理念的必要性及实践路径的探索

石 莹 赖琳玲

摘 要：近年来，环境、社会和治理（ESG）和可持续发展理念在国内外快速发展，引起公众、政府及企业等各方的密切关注，ESG 理念的践行已经成为各行各业的发展趋势；在不动产评估领域，ESG 理念也备受关注，但目前评估行业仍然缺乏相应的实践经验，而根据绿色债券和资产证券化的证据表明，绿色资产有着较高的资产溢价情况；因此，不论是出于自身的企业运营角度，还是未来资产评估行业发展角度，将 ESG 理念融入机构运营和业务流程将是估价企业未来的必修课。

关键词：ESG 理念；估价机构；可持续发展；绿色溢价；方法变革；风险防范

一、背景概述

ESG（Environmental, Social and Governance）从环境、社会和治理三个维度评估企业经营的可持续性与对社会价值观念的影响，引导投资和商业行为不应只考虑财务因素，还应该将环境、社会和治理三个维度下相关的指标整合到投资评估决策之中。如今，ESG 评估理念在不动产领域的受重视程度日益提升，有关 ESG 投资、ESG 估价等话题正在进入专业不动产评估和投资咨询机构的视野，成为影响和指导估价和投资行为结果的重要考量。

ESG 虽然是"舶来品"的概念，但和我国提出的"高质量发展""人与自然和谐共生""绿水青山就是金山银山"等理念高度契合，并在本土化的实践中进一步深化落地。ESG 作为一系列衡量环境、社会、治理绩效而非财务绩效的投资理念和评价标准，能够指导投资者更好地预测资产价值长期增长的潜力，例如通过分析出资产在未来运营过程中受到气候变化带来的灾害，从而提前布局防御措施降低减值风险，又例如通过识别出利益相关方对于环保、健康、可持续相关最新的要求和期待，改善楼宇的运营管理进而持续提升租户满意度和租金收入。ESG，既是投资理念和方法论，也是资产运营的重要工具和手段，更是实现降本增收、夯实资产长期价值、赢得竞争优势的必要途径。因此，房地产传统估值框架中需要与时俱进地纳入 ESG 考虑，估价师和估价机构需要主动学习、理解、践行 ESG 理念，将非财务要素整合进现有的估值逻辑，进而更准确地计量资产价值和未来收益，帮助投资者和交易方做出更好的决策。

二、当前 ESG 发展呈现的四大趋势

（一）社会大众对 ESG 理念不断加深理解，向往可持续的发展方式

自《巴黎气候变化巴黎协定》和《2030 年全球发展议程》通过后，世界各地对全球环境

及社会问题的认识不断提高；在国内，党的十八大以来，国家对生态文明建设越来越重视，国内"双碳"目标的提出，使得实体经济的能源结构绿色转型迫在眉睫；同时三年的疫情影响使公共健康等概念深入人心，人居环境、办公环境越来越受到人们的重视，人们对于人居环境的关注已经超过了传统的美观和实用性，转向了更加关注可持续性和ESG的价值观。社会层面对ESG的普遍共识和认可正不断推动企业和投资者将ESG价值观纳入业务和投资决策中，实现更加健康和可持续的社会发展。

(二)国内外ESG发展速度不断加快，相关监管政策不断完善，促进ESG要求落地

进入21世纪以来，ESG在各国重视程度不断加深，全球ESG政策法规呈现持续快速增长的态势，根据联合国责任投资原则组织（UN PRI）统计，截至2021年底，全世界范围内与ESG相关法规已超过800个。同时几大重要经济体不断完善自身ESG法规，以欧盟为例，欧洲理事会2022年通过的《公司可持续发展报告指令（CSRD）》于2023年1月正式生效，内容主要包括了要求扩大ESG报告的相关企业范围，同时要求对ESG报告进行鉴证，欧盟在ESG方面通过立法推动ESG信息披露，有效监督企业ESG行为，对企业ESG作出更高要求；在国内，国资委2022年5月发布《提高央企控股上市公司质量工作方案》，对中央企业提出力争于2023年实现ESG报告的全覆盖。自2022年以来，国家发改委相继发布了《关于进一步完善政策环境加大力度支持民间投资发展的意见》《企业投资项目可行性研究报告编写参考大纲（2023年版）》等文件积极推行项目层面的ESG评价，强调将ESG作为项目融资和项目影响效果评价的重要参考标准；在地方，深圳市地方金融监督管理局等四部门于2023年10月15日联合印发《深圳市绿色投资评估指引》，要求深圳经济特区内的金融机构建立常态化绿色金融工作机制以及绿色投资评估制度，开展固定资产投资时需要识别、评估和管理投资项目的环境影响与风险，提升投资项目的环境效益。

(三)ESG的投资热度持续上升，衍生MSCI、GRESB、DJSI等体系发展成熟的ESG评级

根据联合国责任倡议组织（UN PRI）数据显示，截至2023年4月，全球UNPRI签署方达5383家，越来越多的资产所有者和资管机构正在积极参与ESG相关投资，ESG投资热度不断提升。随着越来越多的投资者和利益相关方关注企业及项目的可持续发展表现，以降低投资风险和获得长期稳健的收益，ESG评级工具在资本市场变得越来越重要。目前，众多评级机构推出了自己的ESG评级指数，包括MSCI ESG[1]、GRESB[2]、DJSI[3]等评级。各具特点的ESG评级为指导ESG投资提供重要参考，例如GRESB是用于评估不动产ESG表现的评估体系，2023年10月，GRESB公布2023年评级成绩和相关ESG数据，共有2084个不动产投资组合、172个基础设施基金和687项基础设施资产参与评级，资产总值（GAV）达8.8万亿美元。ESG评估在国际资本市场上不仅广受认可，而且发展体系已经趋于成熟。

(四)估价业务目前面临的挑战

作为房地产第三方专业顾问机构，估价机构需要及时跟进社会大众、投资者、监管部门在ESG估价上的变化节奏，认识最新的趋势以及对业务的影响。在业务流程上，对于ESG要素的关注不仅停留在不动产资产本身，还包括投资前期可行性研究、建造过程、资产运

---

[1] MSCI ESG：明晟ESG评级指数

[2] GRESB：全球房地产可持续发展评级

[3] DJSI：道琼斯可持续发展指数

营、资产证券化等若干环节中植入对 ESG 的理解并反映在对客户的建议中,最终构建全生命周期可持续发展的估价体系。如何融会贯通新的标准体系,为社会和客户提供更紧跟时代的专业建议,是估价机构的机遇,同时也是挑战。

三、绿色资产背后的资本溢价

在 ESG 的大势所趋下,资产端已呈现出明显的"ESG 偏好"和"绿色溢价",不少用户对优质绿色物业呈现出明显倾向并愿意为此买单。根据 Knight Frank 数据显示,在伦敦市中心相较于非绿色物业而言,在 BREEAM[①] 与 NABERS[②] 上表现优异的物业,无论是在租金水平上还是售价水平上,绿色物业的收益都远远高于非绿色物业,BREEAM 评分优异的物业更是有着超过 10% 的收益率增幅(图 1)。

图 1 按建筑等级划分的租金和销售溢价情况示意图

资料来源:Knight Frank

类似的,戴德梁行 2021 年发表的《迈向碳中和,推动中国房地产可持续发展》中研究发现环境友好型的商业地产项目通常享有更高的租金和更高的资本价值。通过聚焦上海甲级写字楼中绿色和非绿色楼宇每季度的租金表现对比,可以清楚看到绿色楼宇的租金水平要高于非绿色楼宇。同位于浦东且品质类似的两座写字楼,两者之间的差距在于一者通过了 LEED[③] 认证,另一者为非绿色甲级写字楼。选定的非绿色甲级写字楼的平均租金为 8.5 元 / 平方米 / 天,而绿色甲级写字楼的平均租金为 10.5 元 / 平方米 / 天;假设情景为为期五年,面积为 30000 平方米建筑面积的租赁期,则同一区位品质类似的绿色楼宇会比非绿色楼宇多获得高达 1.1 亿元的租金,相较于非绿色项目的租金收益,绿色项目获得收益差值达 23.5%(图 2)。根据戴德梁行最新统计显示(图 3),这一趋势将延续到 2024 年及以后,绿色甲级写字楼受到具有 ESG 意识的消费者和租户青睐,他们愿意为可持续建筑支付溢价。

而整体来看,上海市绿色甲级写字楼的资本价值也相较非绿色甲级写字楼资本价值有着明显优势(图 4)。根据戴德梁行 2021 年一季度数据显示,绿色甲级写字楼的价格高达 72874 元 / 平方米,相较非绿色甲级写字楼均价 67689 元 / 平方米而言,相差了 7.7%。这代

---

① BREEAM:英国建筑研究院环境评估方法
② NABERS:澳洲国家建筑环境评级系统
③ LEED:美国能源与环境设计先锋认证

绿色项目	非绿色项目
人民币 10.5 元 / 平方米 / 天 × 365 天 × 30000 平方米 × 5 年 = 人民币 574875000 元	人民币 8.5 元 / 平方米 / 天 × 365 天 × 30000 平方米 × 5 年 = 人民币 465375000 元

=574875000 元 −465375000 元 = 人民币 109500000 元

图 2　上海市绿色写字楼租金收入水平差异图

资料来源：戴德梁行

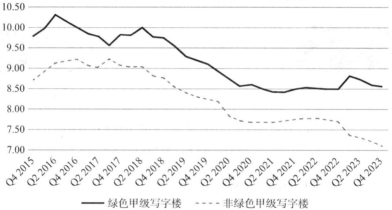

图 3　上海市绿色与非绿色甲级写字楼租金比较图

资料来源：戴德梁行

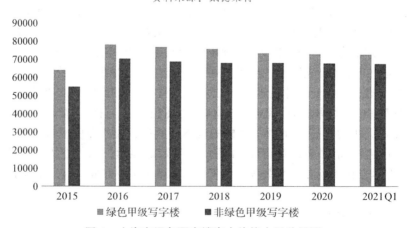

图 4　上海市绿色写字楼资本价值水平差异图

资料来源：戴德梁行

表绿色物业背后具有更强劲的租赁需求、优质稳定的租户结构,对楼宇未来现金流产生积极影响。

在资本市场上,绿色理念发行产品同样更加受到投资者青睐并愿意支付额外的价格。根据万商天勤数据整理可知,同一发行主体的两个类似可比的发行产品中,有绿色概念的发行利率更高(表1)。对比同期同评级公司债发现,有碳中和或绿色概念的资产证券化产品,其发行利率具备一定优势(表2)。《中国货币市场》第244期对绿色债券的专题研究中发现,当(1)主体相同;(2)发行日期相同或相邻;(3)发行期限相同;(4)其他发行结构一致时,我国银行间债券市场的绿色溢价较为显著,绿色债券的收益率要明显低于非绿色债券。这表明发行绿色债券可以有效降低企业融资成本,市场机构对于绿色债券的认可度高,绿色债券的需求较为充裕。海外市场也同样呈现负的绿色溢价情况。Tom Bour(2019)通过对比二级市场中每支绿色债券与可比的普通债券得出,绿色溢价为负的23.2个基点,他认为不同信用评级、投资者的高环保偏好和低金融风险偏好导致了这一绿色溢价。

绿色债券产品对比一览表　　　　　　　　　　表1

绿色债券简称	发行利率	与国债收益率的利差(1)	可比债券	发行利率	与国债收益率的利差(2)	(1)-(2)
GC许建01	5.50	3.18	22许昌建投PPN001	5.78	3.46	-0.28
22南京安居MT002(绿色)	3.15	0.91	22南京安居MTN001	3.37	0.97	-0.06
22山东电工SCP003(绿色)	2.53	0.71	22山东电工SCP001	2.65	0.82	-0.11
22中铝GN002(碳中和)	2.00	-0.02	22中铝SCP002	2.20	0.24	-0.26
22三明投资MTN001(绿色)	3.09	0.63	22三明02	3.28	0.89	-0.26
22鲁高速GN004(碳中和)	2.95	0.50	22鲁高速MTN003	3.35	0.94	-0.44
22保利发展MTN002(绿色)	2.80	0.45	22保利发展MTN003A	2.95	0.59	-0.14
G22滨江	3.40	1.04	22滨01	3.80	1.36	-0.32
22苏美达SCP003(绿色)	2.15	0.39	22苏美达SCP002	2.48	0.53	-0.14

绿色资产证券化产品对比一览表　　　　　　　　　　表2

产品名称	发行时间	发行利率	参考利率(同期同评级公司债)	发行利差
国君—杭州黄龙饭店绿色资产支持专项计划(碳中和)	2022.8	2.90%	3.81%	-0.91%
金茂华福—长沙金茂广场北塔二期绿色资产支持专项计划(碳中和)	2022.6	3.6%	3.90%	-0.3%
中信证券—金茂凯晨2022年绿色资产支持专项计划(碳中和)	2022.4	3.4%	4.02%	-0.62%

续表

产品名称	发行时间	发行利率	参考利率（同期同评级公司债）	发行利差
中信证券—上海中海国际中心绿色资产支持专项计划（专项用于碳中和）	2022.3	3.35%	4.05%	−0.7%
中航证券—中航产融大厦绿色资产支持专项计划（碳中和）	2022.3	3.4%	4.06%	−0.66%
中信证券—成都中海国际中心绿色资产支持专项计划（专项用于碳中和）	2021.6	3.6%	4.31%	−0.71%

四、估价机构如何应对及践行 ESG

以上种种来自资本市场和不动产投资的证据表明，ESG 正深刻影响着投资人的行为，对于资产定价产生不可忽略的影响。估价机构应主动上前一步，理解 ESG、学习 ESG，从自身运营开始践行，逐渐融入对资产估价的理解和操作之中，才能更为准确地判断资产价值，为不动产投资方提供正确的投资行为参考。事实上，国际上已有相关经验探索，如 RICS[①]已经发布 ESG 理念的不动产估价指引及红皮书全球标准（2022 年 1 月生效）。该标准指出，在适当的情况下，可持续发展和 ESG 事项的相关性和重要性应构成支撑报告估值方法和推理的组成部分，标的物业需要考虑预期下的可持续性和 ESG 标准，并探讨 ESG 对于价值影响的程度。部分内容整理如下（表 3）：

ESG 对于价值影响内容整理表 表 3

VPS2：估值师必须考虑可能影响估值的任何可持续性和环境、社会和公司治理因素。估价师应收集和记录适当和充分的可持续发展和 ESG 数据用于估值
VPS3：对于不动产中的资产或负债，……在适当的情况下，可持续发展和 ESG 事项的相关性和重要性应构成评估方法和推理的组成部分，以支持报告的数字结论
VPGA2：可持续发展和 ESG 事项可能会对市场产生重大影响，担保贷款的估值应始终适当考虑这些因素与特定任务的相关性
VPGA8：为了在市场变化时做出适当反应，估值师应不断加强自身知识。估值师的作用是根据通过分析可比交易获得的证据进行价值评估。虽然估价师应反映市场而非引导市场，但他们应了解可持续发展特征以及这些特征可能对短期、中期和长期物业价值产生的影响。这些问题可能包括： • 可持续发展和 ESG 问题，包括（如适用）气候变化和抵御气候变化的能力 • 构造和设计，包括材料的使用和与"福祉（wellness）"日益相关的概念 • 可及性和适应性，包括残疾人的进出和使用 • 碳排放、能源效率、建筑"智能（intelligence）"和其他"使用成本（costs in use）" • 财务因素 在评估或评论 ESG 因素时应特别小心，因为估价师可能不具备所需的专业知识和经验。在适当情况下，估价师或会建议就该等事宜作进一步查询及／或寻求进一步专家或专业意见

---

① RICS：英国皇家特许测量师学会

IVSC[①]也已经开展了相应的探索，根据 RICS 的可持续发展报告研究显示，在全球范围内，有大概一半的受访者认为绿色/可持续建筑的租金和价格高于非绿色/可持续建筑，超过三分之一的人认为租金和房价溢价高达10%；大约15%的人认为溢价率实际情况更高，同时超过30%的受访者表示未被归类为绿色建筑或可持续发展建筑物也会受到棕色折扣[②]的影响。

（一）从估价机构自身运营中关注和践行 ESG 理念

估价机构由于业务范围广泛，营运的建筑物面积及办公面积较大，空调及电灯系统等能耗高，日常纸张消耗、打印机耗材量大，因此产生的碳排放量也相应较大。可通过定期能源审计节能降耗，开展绿色教育引导员工节约水电、环保通勤，帮助企业降低办公场所碳排放的同时切实践行绿色办公、节能节水，减轻营运成本；同时，由于疫情后人们对公共健康、安全卫生等 ESG 要素愈发关注，对于办公场所和环境的要求有了很大的变化，估价机构也应在运营过程中更加关注自身的 ESG 实践，优化利用办公空间，改善办公条件，为员工提供健康、舒适、灵活的办公环境，有利于提升员工满意度和工作效率。

（二）从估价业务层面加入 ESG 方面的研判

ESG 理念无疑能帮助估价机构在业务层面研判更加到位，例如不动产评估机构在估价时，除传统的估价相关因素外，还应考虑建筑物能源使用情况、绿色建筑认证情况、水资源管理、废物管理等数据，理解物业的租金和资本价值与业主的绿色表现是否存在显著关联或实质影响，有助于估价师更准确地评估房地产和土地价值，提升估价业务质量。例如在做写字楼资产评估时，遇到 ESG 评级较高的建筑物，理解为背后可能意味着更高和更稳定的租金、更低的空置率和更短的租户空置期。且 ESG 评级较高的建筑往往代表该建筑能源系统的运营和维护更加优良，更加节能降耗，如能耗费用是由租户方所支付，则可以增强绿色建筑物的吸引力，如果是由业主方支付，则较低的运营费用将会增加收益的现金流。因此，可持续建筑项目一般能够实现较低的空置率，稳定的租金收入，对建筑物的净营业收入（NOI）产生正面影响。在"三道红线"等房企融资的政策调控下，绿色/ESG 融资为地产行业开拓新型融资渠道。金融及贷款机构通过绿色债券、可持续发展挂钩贷款等创新产品为 ESG 表现优秀的不动产提供更加便利的融资条件，甚至更优惠的利率，从而降低贷款成本改善了项目的现金流。

收益法考虑的是租金收入、空置率、运营费用以及由此产生净收入与销售价格之间的关系，采用贴现现金流量进行分析；这种方法适用于量化房地产估值中的 ESG 因素，最终反映在收入、费用、资本支出、退出收益率和空置率相关的财务指标调整上。当然，可参考前述 RICS 的指引中将 ESG 事项整合到评估方法和推理之中，尤其是 RICS VPGA 8 中对可持续发展和 ESG 相关事项进行了详细阐述，要求估价师其与估值工作的相关性与重要性。

（三）将 ESG 作为估价机构风险防范的重要手段

践行 ESG 理念不仅能帮助客户企业识别和管理环境、社会和治理风险，减少客户企业的损失和风险，同时还能减少评估企业自身的风险和损失。作为传统财务风险管理框架的重要补充，ESG 能进一步完善估价师对于风险的识别和研判体系，从而作出更合适的价值判断。在评估公司发展建设中，践行 ESG 理念也能为企业完善治理结构，预防企业运营中潜

---

① IVSC：国际评估准则理事会
② 棕色折扣：指的是因商品有瑕疵、损坏或者过期等原因打折销售的情况

在风险发生，提升估价机构的品牌价值和声誉。在地产行业和金融市场起伏不定的今天，估价机构可利用ESG理念构筑企业经营的"护城河"，完善自身风险管理框架，如环境（E）层面重点关注资源消耗风险、绿色监管风险、公共环境健康安全风险，社会（S）层面重点关注人力资本流失风险、服务品质保障风险，治理（G）层面重点关注合规经营风险、商业道德风险。

综上而言，践行ESG理念对于估价机构既是发展机遇，同时也是企业可持续发展的必要条件。虽然将ESG理念贯彻到日常机构运营和业务流程中可能短期内带来成本投入，但从长远看只有重视ESG体系建设才能在顺应时代趋势和尊重市场规律中获得长期增长的机会。

参考文献：

[1] De Castro A.V.，G.R.Pacheco，F. J. N. González.Holistic approach to the sustainable commercial property business：analysis of the main existing sustainability certifications[J]. International Journal of Strategic Property Management，2020，24（4）：251-268.

[2] Knight F. Quantifying ESG in real estate：Six lessons from the journey so far[R]. England，2022.

[3] Newell G.，A. Moss，A. Nanda. Benchmarking Real Estate Investment Performance：The Role of ESG Factors[J]. 2020.

[4] Rics. Rics valuation-global standards[R]. England.2021.

[5] Rics. Sustainability and Commercial Property Valuation，3rd edition[R]. England，2021.

[6] Bour T. The green bond premium and non-financial disclosure：Financing the future，or merely greenwashing?[D]. Maastricht：Maastricht University，2019.

[7] 刘雨宁，张梦生，吴佳妮，等.银行间债券市场存在绿色溢价吗：基于银行间市场数据的分析[J].中国货币市场，2022（2）：64-68.

[8] 彭雨晨.ESG信息披露制度优化：欧盟经验与中国镜鉴[J].证券市场导报，2023（11）：43-55.

[9] 申吉，李朝红.ESG与企业价值评估研究综述[J].财会研究，2023（10）：47-52.

[10] 杨睿博，杨明.开展粤港澳大湾区ESG政策理论与实践创新[J].宏观经济管理，2023（5）：53-60.

[11] 赵云帆.戴德梁行大中华区陈家辉：ESG与REITs"化学反应"[J/OL]. [2023-11-16]. https：//www.21jingji.com/article/20231116herald/5e39accd2959e2

作者联系方式

姓　　名：石　莹　赖琳玲

单　　位：深圳市戴德梁行土地房地产评估有限公司

地　　址：深圳市福田区中心四路1号嘉里建设广场2座5楼

邮　　箱：sabrina.ll.lai@cushwake.com

注册号：赖琳玲（4419980126）

ESG 因素对估价服务的影响分析

韩 晶 李萍萍 栾雅萌

摘 要：近年来可持续概念传播火热，各行各业都在寻求落实 ESG 有关的非财务绩效，同时力求获取更多有关的价值意义。估价机构因业务特点具备更多 ESG 实践的方式，ESG 作为一种工具可帮助传统估价业务开拓新的发展方向，但其实践需要综合考虑多方面因素并调整传统估价模型，对估价机构是机遇也是挑战。

关键词：ESG；估价服务；负责任投资

一、估价机构践行 ESG 理念的意义

自 2004 年由联合国环境规划署作为单独概念提出以来，ESG（环境、社会和治理）作为传统财务绩效的概念逐渐形成完整的体系，也随着可持续发展理念成为全球共识愈发获得关注。值得一提的是，虽然来自监管要求、投资者、市场形象等多方面因素的压力促使着 ESG 概念在各行业中加速得到重视，但如何将 ESG 概念的实践转化为企业价值和财务收益的提升仍是可持续发展路径上不可回避的话题。

（一）ESG 实践的动力分析

直观来看，ESG 概念多从可持续发展的角度出发对企业的策略和行为进行评判，但这种增益尚停留在特定行业需求、局限性的形象提升和公众好感获取上，因此较多反映在与企业经营活动的间接联系。而 ESG 在获取融资、辅助投资决策、风险控制等方面的效益则可能为企业选择投入人力和物力去执行 ESG 举措提供实质性的推动力。进一步而言，ESG 因与财务指标并非毫无交集，两者的最终目的都是为了取得更佳的回报。

负责任投资原则（PRI）是责任投资领域一个重要的国际组织，在 2006 年由联合国环境署金融倡议（UNEP FI）和联合国全球契约（UN Global Compact）联合发起，倡导和帮助投资者了解 ESG 因素对投资的影响，PRI 签署方将承诺实施负责任投资原则，并将 ESG 因素纳入其投资决策当中。PRI 的签署数量和资产管理规模作为具有影响力的案例，可以一定程度上反映投资层面 ESG 的发展和趋势（图 1）。截至 2023 年 12 月 31 日，中国已有 141 家 PRI 签署方，其中年内新签署的签署方为 22 个。虽然签署方的绝对数量距离美国和欧洲仍有较大差距，但中国地区的签署方数量增速在世界范围内都处于领先位置（图 2）。

关于 ESG 表现本身，市场上已经出现了很多从各种维度评估企业 ESG 表现的评价体系。如专注于评估和对比全球房地产和基建设施企业 ESG 表现的 ESG 体系 GRESB，其致力于为上市房地产公司、私人房地产基金、开发商和直接投资房地产的投资者提供全球 ESG 基准和报告框架。虽然面向特定行业，但该体系的核心定位仍然为投资者驱动（Investor-driven），通过量化 ESG 方面的表现完成企业、项目、基金在投资价值的转化。

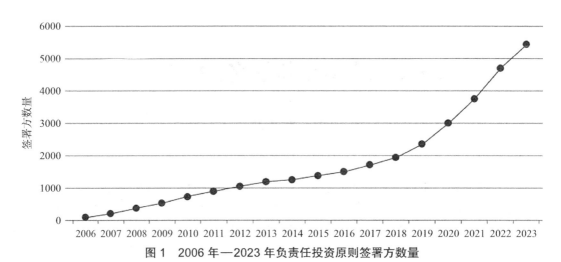

图 1　2006 年—2023 年负责任投资原则签署方数量

来源：负责任投资原则

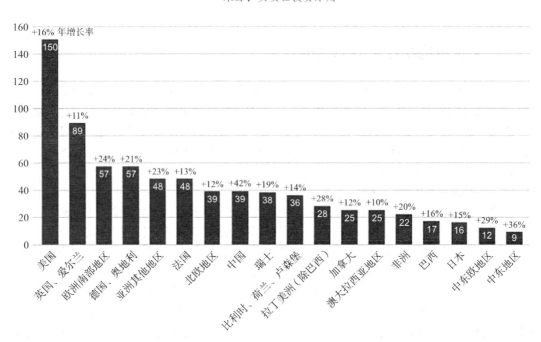

图 2　截至 2023 年 3 月 31 日 PRI 签署方地区分布

来源：负责任投资原则

（二）估价行业践行 ESG 的特点

一般而言，ESG 最常见的企业实践形式往往因监管披露的要求而起，通过管治体系完善和可持续行为，以 ESG 报告或可持续发展报告的形式总结和体现出来。单一、被动的动因让许多决策者虽然认同 ESG 理念，但无法在财务回报、经营成本等压力面前为 ESG 举措投入更多资源以帮助其不断进步，实际披露也往往浮于应对。ESG 带来的财务回报和价值收益若能得到证实和量化，将会有效提升企业实践 ESG 举措的积极性。估价机构在自身的 ESG 实践中也面临着同样的问题。思考解决路径虽然存在挑战，但站在服务提供者的角度，这也是 ESG 为估价服务的进步和转型提供了机遇。

相比于普通企业的 ESG 实践普遍局限在自身经营活动中的公司治理、环境影响控制、和社会责任实现，估价服务的天然属性决定了估价机构可以将广泛的 ESG 内容作为价值评定的输出工具来考量。

2022 年，仲量联行开展了一项研究——对 60 家香港上市的地产发展商的 ESG 绩效进行分析，分析结果显示 ESG 表现较好的公司通常拥有较高的市账率，且投资者更愿意支付价格溢价给 ESG 评分较高的企业。假设其他因素维持不变，在地产发展商中，当 ESG 披露分数增加 20 分，市账率亦会相对增加 0.13，即获得较高的估值。

以上打破传统估值模型、纳入 ESG 要素的意义在于将非财务信息转化为可实证的价值计量，即 ESG 附加值带来的资产的未来预期收益及长期经营效果和风险控制对市场价值的变化。这两者都可以使 ESG 举措在价值上得以具象化并获取更真实和准确的价值评估加成，进一步能从更全面和长远的视角帮助企业和投资者做出更好的投资和经营决策。一些市场研究显示，投资者倾向于支付溢价给 ESG 表现优越的公司，故而对 ESG 表现更佳、评级更优的公司进行估值时，目标估值倍数当中会由此自然地反映出 ESG 溢价。这既是可持续发展实际经济意义的印证，也为估价机构提供了机会，即借由量化非财务因素的价值，产生新的业务契机。

估价服务可以为 ESG 和资产价值进行连通，使 ESG 理念获得更丰富多样的实践和直接的业务应用，与客户取得共赢的同时进一步推动行业在可持续发展的进步。

（三）有关政策进一步推动 ESG 概念转为实践

2020 年 9 月 22 日，习近平主席在第 75 届联合国大会一般性辩论上宣布，中国二氧化碳排放力争于 2030 年前达到峰值，努力争取 2060 年前实现碳中和。自此开始，作为全球人口第一大国和第二大经济体，中国在推进"双碳"转型方面连续推出政策支持相关工作的推进，之后《中共中央 国务院关于完整准确全面贯彻新发展理念做好碳达峰碳中和工作的意见》《2030 年前碳达峰行动方案》相继发布，以此建立碳达峰碳中和"1+N"政策体系，为后续的国家双碳提出了明确的规划。

资本市场方面，在中国证监会发布的《上市公司投资者关系管理工作指引（2022）》中，也首次在投资者关系管理的沟通内容中纳入公司的环境、社会和治理信息（ESG）。2022 年 5 月，国资委发布《提高中央控股上市公司质量方案》，提出力争到 2023 年相关专项报告披露"全覆盖"。2023 年 7 月 25 日，国资委办公厅发布《关于转发〈央企控股上市公司 ESG 专项报告编制研究〉的通知》，构建了 ESG 三个层级的指标体系，并了设定"基础披露"与"建议披露"两个等级，为上市公司提供了最基础的披露参考。2023 年 6 月，银保监会印发了《银行业保险业绿色金融指引》，引导银行业保险业发展绿色金融，明确要求保险机构在投资流程中纳入 ESG 因素的考量，将 ESG（环境、社会、公司治理）纳入风险管理体系，从监管部的角度对 ESG 工作开展了引导和推动。

2023 年 4 月 14 日，香港联合交易所有限公司刊发咨询文件，就有关加强优化环境、社会及管治（ESG）框架下的气候相关信息披露的建议征询公众意见。将于 2024 年 1 月 1 日生效的咨询文件引入了符合国际可持续发展标准委员会以 TCFD 建议为基础上建立新气候相关信息披露要求，对上市公司的气候风险、机遇情况及其他气候相关信息提出了更加具体和细化的披露要求，正式涵接国际气候相关信息披露框架，是香港在可持续发展工作一个重要的里程碑。

国内双碳和可持续相关规定和细则正不断完善，香港上市规则也在进一步强调 ESG 尤其是气候变化的披露要求，这些来自政策和监管的必须性让企业在 ESG 投入的资源有所提升，估价业务开展过程时或多或少都会关联 ESG 内容，也被动地促进了估价机构应用 ESG 要素、开发和提升 ESG 服务。

二、ESG 实践在估价服务中的体现

（一）国际评估准则中的 ESG

《RICS 评估—全球标准》（简称"红皮书"）以及《商业地产估值和战略建议可持续性及 ESG 全球指南》（简称《指南》）已于 2022 年 1 月 31 日生效，首次将 ESG 与评估以及地产估值联系起来，针对如何使 ESG 和可持续发展方面的考虑与核心估值机制保持一致，提供了清晰、实用的实施框架和建议。

《指南》的发布带动了相关行业的讨论，有关活动上估价机构和投资者的回应显示了相关方的热情，即利益相关方对企业可持续性及 ESG 应予以足够重视的共识，但也反馈 ESG 量化判定的困难，以及对系统化的方法、科学且严谨的框架体系的需求。

（二）ESG 对风险控制的影响和市场需求

国际评估准则理事会 IVSC 在《ESG 与企业估值》中指出，ESG 应被视为"预财务"信息，而不是"非财务"信息，即 ESG 代表了评估企业长期财务可行性和可持续性的众多因素，应抛开固有的估值指标进行分析，且其包含了多重影响因素。

ESG 的因素除契合可持续发展的长远理念之外，在投资决策当中很多内容都与风险识别和控制挂钩。这些风险控制方式在 ESG 的各方面均有所体现，例如：

（1）合规性和法规风险：对公司管理体系和企业行为的主动约束有利于公司遵守相关环境、社会和治理法规，强化公司治理也降低来自腐败、税收和商业道德等方面的风险暴露；

（2）员工满意度和劳工关系风险：ESG 对员工的权益、职业安全、个人发展等方面的重视可以降低劳工问题发生的可能性，也会提高员工的满意度和归属感；

（3）声誉风险：对利益相关者意见的收集改进和社会责任实践的投入可降低负面事件发生的概率，也会在社会舆论和声誉方面有更佳的表现；

（4）气候变化风险：通过气候变化风险的识别以及关键问题的情景分析，有助于企业降低由于气候变化引起的业务中断、资源短缺和相关的财务风险。

在评级机构对 ESG 进行指标量化时，除采用对企业各维度 ESG 表现的衡量方法之外，一部分主流机构选择了从风险的角度进行评判，如 MSCI、Sustainalytics 等。参考这些量化的分数，一定程度上也可辅助估价机构对被评估对象的价值风险有更全面的认知，借此对目标价值进行合理调整。

（三）将 ESG 因素纳入估值分析

讨论将 ESG 的预财务信息转化为价值计量，需要的是考虑传统的财务指标之外分析 ESG 因素对基本面的影响，根据选用的评估方法，分析目标折现率、现金流等要素的变化，搭建合适的评估模型并传递对应结果。

以资产评估为例，基本方法包括市场法、收益法和成本法等，由于成本法的分析对象往往不被 ESG 因素左右，而市场法较难在资本市场中寻找各传统指标和 ESG 特征相仿的对比目标，因此使用现金流折现模型（DCF）的收益法更适用于对考虑 ESG 因素的企业价值进行评估。

DCF 模型基于未来现金流量数据，需要逐一量化各 ESG 因子整合调整对应模型中的变量和系数，才能达到客观准确预测的目的。但由于所在地区特性、行业、法规要求和监管因素、市场特性等方面的不同，ESG 因素也不同。这里以房地产为例，ESG 因素对预期自由现金流的影响如下（图3）：

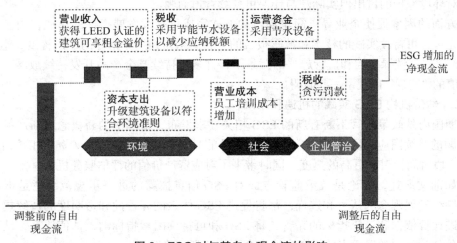

图 3　ESG 对与其自由现金流的影响

数据来源：仲量联行评估与咨询服务部

DCF 模型通过折现率反映公司的长期资金成本，在将未来现金流折算为现值时需要考虑风险因素。正如前文所述，ESG 因素通过多种渠道影响了企业面临的风险预期，在分析加权资金成本（WACC）或是资本资产定价模型中的市场风险的波动性（β值）和公司特定风险（α值）的时候都应进行相应调整。值得注意的是，在讨论 DCF 模型下的 ESG 影响时，应注意避免重复考虑风险因素。

三、结语

（一）估价机构践行 ESG 理念面临的挑战

1. ESG 是长期的动态过程

ESG 因素覆盖了范围巨大的非财务指标，不仅包含公司的主动治理行为，也囊括针对地理位置、行业、文化、经济发展水平等多方面的机会和挑战，时间维度也跨越了短期突发事件到长达几年甚至几百年之久。面对这些因素的应对方案和控制措施，则增加或降低了相应风险或是机会的概率，甚至会反向对更大的环境或是市场造成影响，因而在评估 ESG 因素的价值影响时，需要结合多变量进行全面和动态的分析。

2. ESG 体系的复杂性

由于各个行业、市场存在极大的差异，不同框架的评判角度、指标权重、量化方法大相径庭，所以普适的 ESG 评价标准很难成立，甚至同一个企业在不同 ESG 评价框架下其行业排名所在位置都会出现巨大的差异。估价机构面对不同行业的客户，首先应定位分析方向圈定存在影响的因素范围，借此筛选分析要素，结合多方面信息，做到评估结果的客观、统一并具备实际价值。

3. "漂绿"现象多见

"漂绿（Greenwashing）"一词最早由杰·韦斯特福于1986年提出，用以形容旅馆业者将重复使用浴巾一事过度吹捧为环保爱地球的行为，却在废弃物回收等对环境影响力更大的层面上无积极行动，现在"漂绿"往往用来说明一家公司、政府或是组织以某些行为或行动宣示自身对环境保护的付出但实际却与环保可持续背道而驰。

多方面的因素促使企业寻求简单易行的方式完成可持续发展指标的达成，由于监管系统的不完善，可持续实践的核实和披露报告的审验尚未作到财务指标的严谨程度，造成"漂绿"现象普遍。洗绿指控和监管趋严的背景下，许多可持续基金产品开发持续放缓，也使得绿色价值的"变现"出现了一些阻碍。

（二）估价机构 ESG 实践的机遇和未来

近期国内外政策监管不断有新的 ESG 相关要求发布，市场上的新概念、新产品也是对 ESG 议题的持续回应。国内环境下"双碳"要求的时间节点逐渐接近，碳资产相关话题预计在未来一段时间会引起更高的热度，同时带来了对应资产价值的评估服务机会。

正如前文所述，无论是政策监管方面对 ESG 信息披露的进一步规范，还是市场本身对于可持续发展观念的认可和选择，都将促进 ESG 体系的完善性和透明度的持续提升，进一步促进评价依据和量化指标的完善、将 ESG 和可持续因素指标纳入估值体系，从而带动 ESG 的价值认可，随后而来的投资决策也会更加清晰和普遍。

参考文献：

[1] 皇家特许测量师协会（RICS）. RICS 评估—全球标准 [A/OL]. 2019.

[2] 吴艳阳，钱立华，鲁政委. ESG 如何进入企业估值 [A/OL]. ESG30，2023.

[3] 毕思勇，张龙军. 企业漂绿行为分析 [J]. 财经问题研究，2010（10）：97-100.

作者联系方式

姓　　名：韩　晶　李萍萍　栾雅萌

单　　位：仲量联行（北京）房地产资产评估咨询有限公司

地　　址：北京市朝阳区建国路乙 118 号京汇大厦 801 仲量联行

邮　　箱：Kathryn.han@jll.com；echo.li@jll.com；yameng.luan@jll.com

注册号：韩　晶（1120170079）；李萍萍（1120170078）

ESG时代下房地产估价机构的角色与实践路径

杨丽艳　武建新

摘　要：践行ESG理念是顺应国际化发展的外在要求，更是行业实现高质量发展的有力抓手，房地产估价机构作为专业的咨询机构，在推动行业践行ESG理念，实现可持续价值创造方面扮演着重要的角色。本文通过分析房地产估价机构践行ESG理念的必要性，明确了估价机构在ESG践行过程中，作为可持续价值评估者，标准制定者，价值链条参与者的角色定位，最终提出了机构应当不断提升自身的ESG意识和能力，完善评估技术和体系，加强机构间合作，大胆创新业务模式的ESG实践路径。

关键词：房地产估价机构；ESG实践；路径

一、引言

20世纪六七十年代，工业经济的高速增长带来环境恶化、员工身心健康受损、过度消费等一系列负外部性效应，导致各类风险、矛盾日益凸显，如果不加以约束，极有可能造成极端的灾难性事件，如何将外部效应通过内在化机制化解成为亟待解决的问题。在这一背景下ESG应运而生，一批投资者关注企业的伦理行为，不再将财报作为单一的投资依据。当前，对环境、社会负责并遵循一定的治理原则开展经济活动逐渐成为全球企业、金融机构、投资者以及监管者的共识。

作为国民经济支柱产业，能耗大、排放高的房地产行业也在积极布局绿色低碳转型，叠加当前房地产行业规模增速放缓，探索新的高质量发展模式已成为行业共识，房企对ESG体系建设的重视程度日渐提升。特别是许多行业内的大型企业开始将自身的经营与ESG理念相结合，定期披露ESG践行情况，发布可持续报告。作为房地产行业重要组成部分——房地产估价机构，在这一发展过程该如何践行ESG发展理念，实现可持续价值创造，从而促进行业的可持续发展，本文将就估价机构践行ESG理念的必要性、角色定位和实践路径展开讨论，以期为估价行业的ESG实践提供有效的参考。

二、践行ESG理念是估价行业的必然选择

ESG是环境、社会和治理的英文缩写，它是在传统财务指标基础上从上述三个方面衡量企业可持续发展能力的价值理念和评价标准，是引导企业转变生产方式和完善治理结构的工具。2004年联合国发布《Who Cares Wins》报告，这一概念被首次提出，2006年《联合国负责任投资原则》(Principles for Re-sponsible Investment，PRI)正式发布，旨在推动责任投资迈向国际化，ESG也被正式提出并进行全面普及推广。

（一）践行ESG是经济迈向高质量发展的内在要求

目前，我国正处于经济社会由高速发展迈向高质量发展的关键转型期，企业作为经济社会的基石，其行为和决策对整个社会和环境产生深远影响。ESG理念强调企业要注重生态环境保护、履行社会责任、提高治理水平，这一理念有助于引导资本市场的参与主体从谋求短期收益转向追求长期价值，从关注单一经济价值转向综合价值创造，与我国高质量发展战略中的"创新、协调、绿色、开放、共享"理念不谋而合。房地产行业作为国民经济重要支柱的房地产行业关系国家稳定、社会民生，也是供应链复杂、风险高的行业，其对ESG理念的践行对我国经济高质量发展起到至关重要的作用。

（二）践行ESG是顺应市场需求转变的必经之路

随着社会可持续发展和环境保护关注度的不断提高，市场对房地产估价服务的需求也在不断演变。传统上，市场主要关注房地产的物理属性和经济价值，然而随着我国房地产市场"暴雷"事件的出现，越来越多的投资者开始更加关注房地产项目开发主体在环境、社会和治理（ESG）中的表现，并要求估价机构提供与之相关的数据和咨询服务。为了满足投资者的需求，顺应市场发展趋势，估价行业需要积极践行ESG理念，将ESG因素纳入评估体系，以提供更全面、准确的估价服务，并提升自身的专业水平和服务质量。

（三）践行ESG是提升市场竞争力的重要途径

ESG理念包括环境、社会和治理三个关键因素，通过关注这些因素并且将这些因素融入估价机构日常经营活动中，注重环境、社会以及公司治理等方面的建设，如通过采用无纸化办公、电子化报告传输、会议培训活动的线上化的方式降低环境污染；通过提升报告质量，增强客户满意度，参加抗疫、捐赠、义工等方式加强与客户、社区的联系，履行社会责任；通过党建引领、股东会、董事会、薪酬委员会、技术委员会等议事机制建立以及员工关爱、合法纳税、核心骨干稳定及成长提升公司的治理水平，实现稳健经营等，这些不但可以提升估价机构的品牌形象和公信力，增强相关利益者对其认可程度，同时，践行ESG还可以为机构带来更多的业务创新机遇，随着ESG投资的兴起和发展，越来越多的房地产企业开始转向绿色发展之路，开始结合自身的经营管理状况参与到ESG建设当中，作为房地产行业的专业服务机构，估价机构可以拓展新的业务领域，如提供ESG风险管理服务、ESG战略发展规划制定等，这些新兴业务领域将为估价机构带来更多的新发展机遇，提高其市场竞争力。

三、房地产估价机构在ESG实践中的角色定位

践行ESG是估价行业助推国家经济高质量发展的内在要求，更是企业实现可持续发展的有力抓手。推动ESG理念在房地产行业中的深入践行，要求估价行业转变原有的传统估价服务模式，置身于行业ESG理念的实践中，重新进行角色定位，通过不断提高专业能力和积极采取措施，以促进房地产行业可持续发展的目标实现。

（一）可持续价值评估者

房地产估价机构的主要职责是为客户提供专业的房地产评估咨询服务，帮助客户了解房产的市场价值和风险，以支持相关决策和交易。随着ESG可持续发展理念在我国被广泛关注和兴起，ESG因素也已经成为投资者所关注的第二张财报，因此，房地产估价机构不仅要考虑物业的财务价值，还要考虑其环境、社会和治理方面的价值，成为房地产行业的可持

续价值评估者，将ESG因素纳入企业估值模型中，通过预测环境变化、政策变化对物业价值的影响，了解物业所在社区的居民的期望、需求、社区建设情况，为投资者提供更加准确的价值信息、风险及可持续的房地产发展策略。

（二）行业标准制定者

ESG实践的深入推进催生了各行各业对相关标准和规范需求，房地产行业亦不例外。房地产估价机构是房地产行业内专业服务机构，其需要具备专业技能和知识，这些技能和知识包括对房地产行业产业链条及市场的了解、对评估方法和技术的掌握以及对企业治理和可持续性的认识等，这些技能和知识使房地产估价机构在制定行业ESG实践标准时更具权威性和可信度。因此，房地产估价机构还可以作为房地产行业ESG相关标准的制定者携手行业协会、研究机构等共同制定ESG评估标准和规范，明确房地产行业ESG的评估标准、数据采集、报告撰写等方面的要求，为企业提供指导和借鉴，推动行业的可持续发展。

（三）价值链参与者

相较于追求经营利润为核心指标的传统经营模式，ESG的经营模式是一种基于环境、社会以及治理框架下的，在长期发展中企业获得可持续回报的经营管理模式，企业在推行ESG时，往往会选择采用与其自身产业链、价值链相关的管理模式，从而不断增强自身的可持续发展能力。在房地产行业中，房地产企业需要在其公司治理、战略投资管理、供应链管理、开发运营管理等价值链环节中加强ESG管理的探索和应用。作为房地产行业的专业咨询服务机构，估价机构可以利用其专业能力，协助ESG理念在房地产企业价值链中落实，例如，估价机构通常具备丰富的数据库和数据分析能力，能够收集并整理房地产项目的环境影响信息、需求信息、产业发展信息、政策信息、税务信息等关于社会和治理方面的数据、信息，这些可以为房地产的相关利益者战略投资决策依据，协助其做出符合可持续发展的投资策略。

四、房地产估价机构推动ESG实践的路径

（一）不断完善评估技术和方法，提高评估的可靠及准确性

与传统的房地产估价主要关注房地产的物理特征、位置、用途等因素不同，可持续价值评估不仅关注项目产生的经济效益，还关注环境、社会影响和治理的相关因素，反映了房地产项目的综合价值和潜在风险，为了提高评估的准确性和效率，房地产估价机构需要不断地创新评估方法和技术，以适应可持续发展的需要。一方面，建立科学评估框架，根据ESG的内容和房地产项目的实际情况，结合评估的目的建立合理评估框架，明确评估的内容、评估方法及模型、评估流程等，并根据实际应用情况不断优化调整；另一方面，构建数据采集及分析系统，通过借助大数据、人工智能、遥感等技术手段提高数据采集和分析的准确性及效率，通过数据的清洗、处理和分析提取有价值的信息，为ESG评估提供更可靠的支持。

（二）加强与利益相关方合作，共同推进ESG发展

为有效地将ESG理念融入行业建设和发展中，促进估价机构的可持续发展，估价机构还应加强与客户、同行、其他行业等相关利益者的沟通与协作，以确保ESG实践在全价值链的有效推进。首先，加强与客户的合作，详细了解客户的需求，结合客户的产业链条制定专业化ESG评估服务方案，为客户提供个性化评估报告和分析建议，并积极参与客户的社

会责任项目，如绿建评估、低碳发展项目，提高客户黏性，在提升自身的 ESG 咨询服务能力及质量的同时增强客户的可持续发展意识；其次，加强与同行、协会合作，共享经验和知识，整合资源和技术，积极参与行业标准制定，推动行业建立统一的 ESG 评估标准和披露要求。通过与相关机构合作，共同制定行业标准、规范和最佳实践，研发房地产行业的 ESG 评价工具及方法，建立信息平台，提高评估工作的效率和质量，以提高整个行业的 ESG 意识和能力，推动行业的可持续发展。最后，加强与金融、法律等其他机构的合作，以实现资源共享、优势互补，提高服务质量和效率。

（三）探索创新业务模式，实现可持续发展

在 ESG 实践中房地产估价机构不但要通过技术学习、技术创新、加强合作等方式，提升自身的服务水平和质量，为客户的 ESG 发展提供优质的服务，同时，估价机构也可以在通过涉足 ESG 领域拓宽自身的业务领域，探索新的商业模式，以实现自身的可持续发展。例如，在地产行业中，绿色建筑是考量企业 ESG 表现的主要指标之一，随着行业内各主体对绿色建筑的不断关注，房地产估价机构可以结合自身的技术优势拓展绿色建筑评估服务，协助客户了解建筑物的环境影响和潜在价值，同时满足投资者和金融机构对可持续投资的投资。此外，房地产估价机构可以参与城市规划、低碳社区建设等可持续发展项目，对城市不同区域的发展潜力进行评估，针对城市更新、土地利用、社区碳排放、社区能源利用等方面提供专业的建议，促进城市的可持续发展。为城市的可持续发展提供专业的支持和建议，成为城市 ESG 价值链的参与者。

（四）深化对 ESG 问题的认识和理解，提升 ESG 意识与能力

与传统的估价相比较，ESG 完全是一个新兴领域，如何将其与传统估价有效结合是其面临的挑战之一，也是其更好地推动行业 ESG 实践的路径之一，因此，在将二者有效结合之前，房地产估价机构应充分提升自身的 ESG 意识和能力。首先，要加强员工培训和教育，通过开展定期培训、研讨会、外部课程，让员工深入了解 ESG 知识体系、与估价工作的内在联系，以及 ESG 相关理念如何在估价工作中应用，确保员工对 ESG 理念有深刻的认识和理解。其次，组建 ESG 研究团队，积极培养和引进具有 ESG 专业知识和经验的人才，助力提升团队的整体能力，推动公司在 ESG 领域的发展。最后，积极参与行业协会组织的活动，了解估价行业的最新趋势和动态，以及对 ESG 的态度和实践，不断深化对 ESG 问题的认识和理解。

综上所述，在绿色可持续发展时代，ESG 实践是推动企业高质量发展的内生动力，在 ESG 实践中，可持续创造价值是估价机构重要使命，估价机构作为可持续价值的评估者、标准的制定者、行业价值链的参与者，需要深度融入 ESG 实践，通过创新评估方法和技术，加强利益相关者合作、探索创新模式、培养专业人才等方式推动房地产估价机构在 ESG 实践中更好地发挥作用，以促进行业的可持续发展。

参考文献：

[1] 苑泽明，刘甲，张淑溢.高质量发展下企业 ESG 表现的价值效应及机制研究 [J].会计之友，2023（18）：81-89.

[2] 李立卓，崔琳昊.ESG 表现如何影响企业声誉：信号传递视角 [J].企业经济，2023（11）：28-39.

[3] 周宏春.ESG 内涵演进、国际推动与我国发展的建议 [J].金融理论探索，2023（5）：3-12.

[4] 陈奕谕，陈子薇，黄洁雯，等.粤港澳大湾区房地产企业ESG表现与企业竞争力关系的研究[J].中小企业管理与科技，2023（18）：47-49.

[5] 马紫晨.ESG对于房地产企业的信用风险与财务绩效的影响[J].现代金融导刊，2023（2）：58-62.

作者联系方式

姓　　名：杨丽艳　武建新
单　　位：深圳市国房土地房地产资产评估咨询有限公司
地　　址：深圳市福田区莲花路北公交大厦1栋11层
邮　　箱：13923704145@139.com
注册号：4419980162

ESG 驱动的房地产估价机构创新发展之路
——以英联先行先试的专精特新实践为例

宋星慧　卢义容

摘　要：在可持续发展理念的浪潮下，ESG（环境、社会和治理）因素在房地产估价行业中占据了举足轻重的地位。本文以深圳英联为例，从行业先行者的角度，总结了估价机构践行ESG理念，展现专精特新业务实践特色和内部治理创新成果。ESG实践为房地产估价机构的发展提供了全新的视角与实践路径，为整个房地产估价行业迈向专精特新发展之路提供了有力借鉴。

关键词：ESG；房地产估价；可持续发展；专精特新

由环境、社会和治理构成的ESG理念日益成为评价企业可持续发展和社会责任的世界通用体系。估价机构加快ESG转型发展，是推动机构加快建设一流企业、实现社会价值与商业价值共生发展、实现可持续发展的客观需要。

本文将探讨估价机构践行ESG理念的必要性及实践路径，并以深圳英联在ESG方面的实践探索经验为例，抛砖引玉，旨在推动估价行业的可持续发展。

一、ESG 概念及内涵

（一）ESG 概念

ESG是责任投资中的专有名词，是三个英文单词首字母的缩写，即环境（Enviromental）、社会（Social）和治理（Governance）。ESG是衡量企业是否具备足够社会责任感的重要标准，ESG评价体系也已逐步发展成为衡量企业发展潜力和前景的新型标准。

ESG倡导保护生态环境、履行社会责任、提高治理水平，与我国提倡的创新、协调、绿色、开放、共享的新发展理念相一致。

（二）ESG 内涵

ESG关注的问题主要包括：

1. 环境（Enviromental）：关注企业的环境保护政策、碳排放情况、资源利用率、废弃物处理等与环境相关的问题。

2. 社会（Social）：关注企业的社会责任、社区参与、员工福利等与人类社会相关的问题。

3. 治理（Governance）：关注公司的治理结构、风险管理、管理层薪酬等与公司管理相关的问题。

二、估价机构践行 ESG 的必要性

（一）符合政策导向和市场需求，提高机构公信力和市场竞争力

首先，房地产估价机构在工作中充分考虑环境因素，评估房地产项目的可持续性，可以帮助投资者、开发商和政府部门做出更符合绿色发展要求的决策。

其次，践行 ESG 理念要求房地产估价机构建立健全公司治理机制，提高透明度和公正性，加强内部风险控制，从而提高机构的公信力和市场竞争力。

（二）提升估价机构品牌价值，创造商业机会

品牌意味着规模，规模意味着实力。房地产估价机构践行 ESG 理念不仅可以提升其专业性和服务质量，还可以塑造企业形象和提升品牌价值，吸引更多优秀的人才加入，为机构带来更多的商业机会和发展空间。

（三）加强风险管控能力，促进估价机构可持续发展

践行 ESG 理念有助于加强房地产估价机构的风险管控能力。环境和社会因素对于房地产市场的影响日益显著，例如气候变化、资源短缺、社区关系等。忽视这些因素可能导致估价结果的偏差和风险。

三、估价机构践行 ESG 理念的实践路径

（一）制定 ESG 战略规划

在制定战略规划时，机构应当充分考虑自身实际情况和市场需求，确保战略规划的可操作性和有效性。同时，机构还应当建立健全 ESG 管理体系，明确各部门的职责和分工，确保 ESG 理念的全面落实。

（二）优化业务流程和管理制度

在项目承接、评估报告审核、客户服务等环节加强 ESG 管理，确保评估结果的客观、公正和可持续性。同时，企业还应当不断完善内控体系，加强对业务流程的监督和管理，防范风险。

（三）提高员工素质和培训水平

机构应当定期组织员工参加 ESG 培训和学习活动，提高员工的环保意识和社会责任感。同时，机构还应当建立激励机制，鼓励员工积极参与 ESG 实践活动，推动机构的可持续发展。

（四）加强合作伙伴关系建设

通过与政府部门、行业协会、研究机构等合作，机构可以获取更多的政策支持、行业经验和研究成果，共同推动房地产估价行业的健康发展。同时，机构还应当积极参与公共事务和社会公益活动，通过这些活动加强与社会各界的联系与沟通，提高机构的社会责任感和公信力。

四、估价机构践行 ESG 理念实践——以深圳英联为例

房地产估价机构要始终将服务国家战略、关注公益事业、践行 ESG 理念贯穿于日常经营活动中，用实际行动向公众展示履责担当的企业形象。深圳市英联资产评估土地房地产估

价顾问有限公司(以下简称英联估价公司)正在践行 ESG 理念的道路上前行。

(一)环境:专注土地节约集约利用服务领域,为经济高质量发展赋能

1. 专业为本,赋能六大土地二次开发模式,实现土地高效利用

推进节约集约用地,是加快转变经济发展方式、推动经济提质增效升级的必然选择,是大力推进生态文明建设、保障经济社会长远可持续发展的必由之路。

英联估价公司长期致力于土地节约集约利用工作。2012 年以来,经国务院、广东省联合批准,深圳启动了新一轮土地使用制度改革,在既成的土地利用现状下,除创新了房屋征收与土地整备模式外,深圳实践了城市更新、利益统筹等多元化、多渠道的土地二次开发模式,以"房屋征收""土地整备""利益统筹""城市更新""棚户区改造""农地入市"六大模式为主,六大土地二次开发模式全面提升土地资源节约集约利用,英联也在六大土地二次开发模式中以自己的专业能力为政府解决了土地如何高效利用的问题。

2. 长期实施绿色发展战略,治理规范,信誉良好

英联 E 征拆管理系统、ISO9001 质量管理体系认证等让机构的数字化水平、质量管理水平再上新台阶,提质增效,企业净利润率、资产负债率大大优化。英联开创了具有深圳特色的土地二次开发专精特新全链条创新管理服务新模式并推广至大湾区市场,在工作模式、服务模式、技术手段上不断创新,获得 10 个计算机软件著作登记权证书、10 多个实用新型专利证书,在土地开发的前端领域发挥了"补短板""锻长板""填空白"的重要作用。

3. 解决天下第一难,符合低碳发展理念,取得良好社会经济效益

在以土地二次开发为主的城市重建成为深圳发展主旋律的时代背景下,机构抓住时代机遇,敢于创新,土地二次开发专精特新全链条创新管理服务新模式在深圳、东莞、广州等大湾区核心城市的近 500 个项目中实践,成功解决了土地二次开发项目改造范围大、拆除体量大、利益主体多、涉及群体类型复杂、利益诉求多样等重大疑难问题。一揽子解决了土地整备利益统筹项目中服务单位多、流程复杂、信息不畅、项目推进慢等问题,从顶层设计、政策、实施路径全方位提供解决方案,帮助政府快速完成拆迁及土地入库,政府产业用地收储,保障重大产业项目落地。

以上服务模式,短、平、快精准解决困扰土地二次开发过程中的天下第一难:拆迁难,高效大规模地实现政府产业升级需要。多个土地二次开发项目从确定二次开发项目范围,立项到土地平整移交入库,一年时间完成全部工作,彻底改变了旧改项目时间周期长,拆迁难的困境,符合国家倡导的低碳发展理念,取得了良好的社会经济效益。

(二)社会:参加社会公益捐赠,履行社会责任

积极参与助学、助残、扶贫、救灾、抗疫以及其他社会捐款等公益事业,如参与汶川地震、青海地震、四川泸定地震捐赠,长期资助贫困学生、参与政府定点扶贫项目及公益项目,在抗疫中捐款捐物,积极参与街道、社区抗疫义工队工作等,英联参与各类公益捐赠累计超过人民币 200 万元,其中近三年捐赠现金约 100 万元。

(三)治理:四大基石,提升机构风险管理能力

英联在机构内部构建高效管理体系,规范化、标准化、模块化、平台化是英联经营管理的四大基石。通过这四个方面的持续努力,机构建立起高效、灵活,具有创新性的管理体系,它们在提高运营效率、促进创新和增强公司竞争力方面起着重要作用。

1. 1+6 经营管理理念:1 部"英联宪法"+6 个经营理念

英联"宪法"指出,公司的愿景是改变中国城市和地产的专业力量,成为新时代新地产

综合服务商，专业与创新成为公司发展的立足之本。

经营理念一：六个坚持。坚持客户至上、坚持自信自立、坚持守正创新、坚持问题导向、坚持系统观念、坚持胸怀天下。

经营理念二：成为专精特新企业。在专业化、精细化、特色化、创新能力四个方面持续努力。

经营理念三：萨伊定律。需求牵引供给，供给创造需求。

真正实现以客户为中心，解决客户痛点，提升细分市场的知名度和美誉度。

经营理念四：在发展中规范，在规范中发展。通过英联慧知识库、创新学院（主要负责战略规划、培训、各类社团与组织活动）、项目操作手册（全流程咨询、评估、谈判）、四部曲工作方法（项目基本情况、项目进展、存在问题及推进建议、下一步工作计划）提高工作效率，降低成本。

经营理念五：精英文化。对象为精英企业+精英团队（管理精英、项目经理精英、基层精英），打造精英团队，在项目中互相补台（项目设定ABC角）。精英文化内涵包括英国皇家特许测量师学会RICS三个层次及胜任能力。

结合RICS，英联开发出一套新的团队管理体系：五级九段六维岗位能力评价标准。根据岗位不同，分别达到RICS要求的三个层次：了解和领悟（操作员）、了解和领悟的应用（熟手）、提出合理化建议并具有精深的技术知识（专业选手、高手、专家）。

精英团队建设上，规划了成熟的职级体系。对高、中、基层分别给予不同定位。高层（归位）：前瞻引领，系统谋划，主要负责事业部管理+业务发展。中层（栋梁）：重点培养，勇于担当，希望寄予中层（青年）。基层（基石）：当好基石，快速成长。

经营理念六：明星的诞生。明星=实力+包装+营销。公司注重员工个人IP打造，要求员工具备较好专业功底、技能，争取项目/课题等获奖、争当行业专家，发表论文、出书。同时，从六个方面塑造公司IP：平台建设、资质建设、精英团队、特色产品、建立各类组织打造品牌，包括参加各类公益活动、举办论坛、参加各类对外交流培训活动、对外发表论文等。

2.品牌与企业文化建设：提升企业形象，增强市场竞争力

英联品牌宣传，以英联新地产微信公众号和视频号为主，提前规划栏目，定期发布政策解读、项目热点、市场数据、培训授课、对外交流、文化活动等微信和视频，大大提升机构品牌价值和市场影响力。

为了向社会充分展现估价行业企业风采，英联成立了党支部、工会、义工队、篮球队、羽毛球队、跑团、惠泽基金、创新学院。管理岗竞争上岗、全员演讲比赛等活动也让机构的管理再上台阶。

3.国内外交流：提升员工综合素质

通过国内外交流，打开员工格局、拓宽眼界、活跃思维。通过邀请同行、大咖深圳交流、选送优秀员工前往行业协会、同行的交流，不断提升员工综合素质。

五、结语

过去，市场更多关注估价机构的经营以及盈利等数据。从长期来看，估价机构还需要关注ESG方面的表现，体现估价机构在绿色、健康、可持续发展等方面进行的投资，不断加

强内控体系建设，提升治理能力，防范化解风险，以增强机构竞争能力，实现高质量发展。

新时代，新征程，践行 ESG 发展理念，估价机构任重道远。我们相信，坚持高质量可持续的科学发展理念，制定 ESG 发展战略，估价机构定能行稳致远，树立国际一流企业形象，在新赛道上焕发出新的生机与活力。

作者联系方式
姓　　名：宋星慧　卢义容
单　　位：深圳市英联资产评估土地房地产估价顾问有限公司
地　　址：深圳市福田区深南路与竹林三路交会处博园商务大厦 8 楼
邮　　箱：songxh3062998@sina.com ； 119529972@qq.com
注册号：4419960024

践行 ESG 理念及实践路径研究
——基于估价机构视角

赵国玲　刘　硕

摘　要：高质量发展是全面建设社会主义现代化国家的首要任务，作为"社会稳定器"和"经济助推器"的估价机构，行业转型升级、重塑竞争优势成为估价机构的战略选择。ESG 理念是衡量企业长期价值和可持续发展的重要标准，拥有高 ESG 评级的企业在公司治理、生态环境、社会影响力等方面有更好的表现和更多的机会。本文通过对 ESG 评级体系的研究，明确估价机构选择发展型 ESG 实践路径，并梳理具体的实践路径，最终提出促使估价机构践行 ESG 理念的相关策略，以期为评估机构加强内控体系建设，提升治理能力，防范化解风险，为其更全面地开展 ESG 布局提供参考。

关键词：ESG 理念；可持续发展；研究

一、ESG 理念的内涵及理论基础

（一）ESG 的内涵

最早的 ESG 理念，是 20 世纪诞生的伦理投资理念，是投资者基于自身信仰或对社会产生积极价值等的投资理念。此理论产生的背景是经济的高速增长所带来较多的负面影响。随着经济的增长，气候、环境、资源面临较大的压力，从 1992 年开始，联合国倡导促进经济发展的同时关注环境保护，开启了关注经济可持续发展的篇章。

ESG（Environmental、Social、Governance）是指企业在环境、社会和公司治理方面的表现，反映了企业促进经济可持续发展、积极履行社会责任、全面提高治理水平的非财务绩效情况，是评价企业可持续发展的一种方法论[1]。ESG 由联合国 2005 年被正式提出，从关注企业环境责任、社会责任、公司治理的投资理念，逐步演化为评价企业价值的标准。

（二）ESG 评价体系主要内容

1.ESG 信息披露原则和指引

在 ESG 浪潮下，具有中国特色的 ESG 评价体系逐步形成，监管部门与各交易所陆续出台具体的法律法规，针对企业的环境责任、社会责任、公司治理等问题的披露与评价进行规范（表 1）。

部分监管部门及机构发布的 ESG 相关文件　　表 1

阶段	时间	政策法规
萌芽阶段	2000	申请在证券交易所上市的公司必须在招股说明书中显示其风险环境

续表

阶段	时间	政策法规
萌芽阶段	2004	高污染企业需要发布环境报告，并鼓励其他行业效仿
	2006	深圳证券交易所推出《上市公司社会责任指引》，要求上市公司积极履行社会责任，定期评估公司社会责任履行情况，自愿披露企业社会责任报告
	2007	中国环境监管部门发布《环境信息公开办法（试行）》，对上市公司等企业的环境信息披露提出要求
	2008	国务院国有资产监督管理委员会发布了中央政府控制的企业社会责任指南；上海证券交易所发布了《上市公司环境披露指引》
初探阶段	2012	香港联合交易所发布第一版《环境、社会及管治报告指引》，建议上市公司发布
	2015	香港交易所对《环境、社会及管治报告指引》进行修订，要求上市公司披露ESG
深化阶段	2017	证监会颁布《公开发行证券的公司信息披露内容与格式准则第2号—年度报告的内容与格式(2017年修订)》，规定上市公司在报告期内以临时报告的形式披露环境信息内容的，应当说明后续进展或变化情况
	2018	中国证券投资基金业协会正式发布《中国上市公司ESG研究报告》和《绿色投资指引（试行）》，构建了衡量上市公司ESG绩效的核心指标体系
	2019	香港联合交易所发布有关检讨《环境、社会及管治报告指引》及相关《上市规则》条文的咨询文件，进一步强化ESG信息披露要求
	2020	《关于构建现代环境治理体系的指导意见》中表明，将把上市公司环保信息强制性披露机制纳入企业信用的范围，进一步强化了ESG披露的监督机制
	2022	《企业环境信息依法披露管理办法》实施、国务院国资委成立社会责任局

资料来源：整理得到。

2.ESG评级机构及评价体系

国内主流的ESG评级体系有：华证ESG评级、中证ESG评级、商道融绿ESG评级、Wind ESG评级、富时罗素ESG评级、嘉实ESG评级、社会价值投资联盟ESG评级、润灵环球ESG可持续发展评级体系等。其中，华证、中证、商道融绿、嘉实评级范畴覆盖全部A股上市公司，其他机构以中证800、沪深300成分股为主[2]。

在所有评价体系中，ESG体系是最全面的，它分别从环境、社会与公司治理三个维度对具体的指标进行说明。其中，环境领域最主要的指标有：企业对气候的影响、企业对自然资源的保护、废物和消耗防治、环境治理、绿色技术、环保投入、绿色办公、员工环境意识、发掘可再生能源的可能性、建造更环保建筑的可能性；社会方面最主要的指标有：员工福利与健康、产品质量安全、隐私数据保护、公司税收贡献、精准扶贫、产业扶贫、乡村振兴、性别及性别平衡政策、人权政策及违反情况、反强迫劳动、反歧视、供应链责任管理、社区沟通；治理方面最主要的指标有：股权结构、反不公平竞争、董事会独立性、风险管理、会计政策、董事会多样性、薪酬体系、信息披露、道德行为准则、公平的劳动实践。

(三)ESG的理论基础

1.可持续发展理论

可持续发展理论是指既满足当代人的需要，又不对后代人满足其需要的能力构成危害的发展，以公平性、持续性、共同性为三大基本原则。可持续发展理论的最终目的是达到共同、协调、公平、高效、多维的发展。可持续发展理论萌芽于 20 世纪 60 ~ 70 年代，正式成形于 1987 年，经过 30 多年的发展日臻成熟[3]。如今，可持续发展理论已经跨越了环境治理的范畴，渗透到了社会责任及公司治理的维度，而这三者的有机结合已经成为社会和经济发展的总体战略。

2. 经济外部性理论

经济外部性是指经济主体由于自身的经济活动给其他主体带来的影响，包括正外部性和负外部性，即所带来的影响是积极的还是消极的。经济外部性理论对 ESG 的影响在于，环境资源作为一种产权模糊的公共物品，与其相关的问题不能完全依靠市场机制解决，而更需要政府的干预。政府可以通过纯粹的行政化手段，如开征资源税、征收排污费或发放排污配额，还可运用准市场化的方式，如设立碳排放权交易市场[4]。

3. 企业社会责任理论

企业社会责任是指企业要在保证自身价值最大化的基础上，对员工、客户以及环境等相关方负责，重视自身的社会责任，守住环境底线。企业社会责任理论对 ESG 的影响巨大。随着企业社会责任理论从股东利益最大化主义转变为利益相关者主义，以此为基础的 ESG 理念也逐步得到了普及和发展，这使得企业更加重视环境、社会和治理议题，有助于企业统筹兼顾企业效益和社会效益，提升自身价值。此外，利益相关者主义的盛行，促使企业管理层以前所未有的态度统筹兼顾股东和其他利益相关者的诉求，从而催生企业治理结构的变革，这意味着未来企业董事会将有更加丰富的人员构成，如员工代表、环保团体和消费者保护主义者等[5]。

二、估价机构践行 ESG 理念的必要性

估价机构作为服务社会的重要行业，其发展受到社会环境的影响。因此，评估行业需要适应不断变化的社会环境，主动践行 ESG 理念，提高评估效率和准确性，提升社会责任意识和可持续发展能力，以 ESG 理念促进机构的长远发展。

（一）评估机构自身发展的需要

目前社会普遍认同 ESG 理念，任何组织都必须在社会的大环境下生存，因此适应发展方向是生存的根本。而估价机构引入 ESG 理念，首先是顺应发展潮流，其次将有助于提升估价机构业界声誉和竞争能力，保障估价机构的可持续发展。

（二）适应外部环境的需要

目前我国经济已从高速发展阶段迈向高质量发展阶段。高质量发展可以从三个方面来理解：发展的均衡性、环境的可持续性以及社会的公平性，而这刚好与 ESG 理念相契合。高质量发展阶段的经济、环境及社会发展都会有不同的要求，需要估价机构全面掌握发展特征及发展方向，只有掌握国家宏观环境和行业发展状况，才能准确把握影响资产价值的因素及影响程度，最终实现准确评估资产的价值，精准为社会发展服务。

（三）利益相关者的需要

估价机构的利益相关者主要包括员工、客户、环保团体以及政府监管部门。对于企业员工来讲，将 ESG 理念融入企业的日常经营管理活动有利于达到科学的管理水平，从而提升员工的满意度。对于客户来讲，选择企业形象良好、业务精湛的估价机构，对于实现估价目

的至关重要。对于环保团体等利益相关者来讲，估价机构践行 ESG 理念，也体现了环保团体的工作绩效[6]。对于政府监管部门来讲，估价机构践行 ESG 理念，其对公司治理的要求、业务服务质量都将达到较高水平，另外机构及评估人员违法违规较少，都能够满足监管方的要求。

三、估价机构践行 ESG 理念的路径分析

(一)ESG 事项划分

在践行 ESG 理念的过程中，企业的发展道路及方式会发生较大的变化，管理层将 ESG 事项进行划分成为首要任务，通过对企业 ESG 实践路径进行分析，可以明确企业决策的优先顺序以及资源配置的选择。

首先，ESG 理念强调企业的可持续发展能力，即企业既要关注当前的利益，也要着眼于长远发展，做到对资源的合理配置。由此，在时间维度上可以将 ESG 事项分为现在的 ESG 事项和未来的 ESG 事项。

其次，港交所发布的《ESG 指引》中明确表明"某个 ESG 事项是否重大是一个判断问题。" ESG 事项的重要性是指董事会通过对企业决策进行评估，明确相关 ESG 风险及收益，根据其对投资者和利益相关者重要性的不同排序，给予相应权重。由此，在重要性维度上可以将 ESG 事项分为重要的 ESG 事项和次重要的 ESG 事项。

综上，企业的 ESG 事项范围大致划分为四种类型(图 1)。

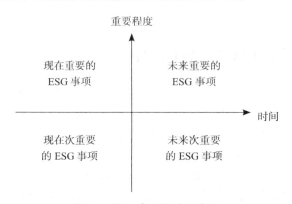

图 1　ESG 事项划分示意图

(二)ESG 实践路径分类及估价机构的选择分析

企业进行 ESG 实践过程中，除了需要关注宏观的制度环境，还要明确自身的目标，从而在已选择的 EGS 事项框架下，进一步明确具体的实践路径。ESG 实践路径主要有两类：发展型 ESG 实践和营销型 ESG 实践。

1. 发展型 ESG 实践

发展型 ESG 实践的本质是以企业的可持续发展为出发点，将 ESG 理念融入企业各项决策中，结合所处的制度环境背景，进行资源的合理配置。企业遵循"现在重要、未来重要、现在次重要、未来次重要"的 ESG 事项处理顺序，并且企业在 ESG 实践中往往会将资源更多地投入对企业未来重要的、需要长期努力攻克的问题上。因此，发展型 ESG 实践不仅能

够帮助企业更好地履行社会责任，提高企业的整体价值，也有助于推动社会的可持续发展（图 2）。

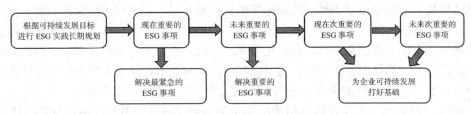

图 2　发展型 ESG 实践路径图

2.营销型 ESG 实践

营销型 ESG 实践是指企业在短期内识别出利益相关者所关注的重要 ESG 事项，为了迎合利益相关者的 ESG 偏好提出相应对策，并将最终的实施情况传递到资本市场，达到企业的营销目的。企业选择营销型 ESG 实践是希望在短时间内迅速吸引大量利益相关者的关注，获得更多的市场资源，提升企业形象（图 3）。而最容易的 ESG 实践方式便是慈善捐赠，这已成为很多企业期望在短期内提升 ESG 效果的选择。虽然这样可以达到营销的目的，但能够在短期内解决和完成的 ESG 事项往往只能解决表面问题，对于那些深层次的、需要企业持之以恒的 ESG 事项仍然无法得到解决。

图 3　营销型 ESG 实践路径图

几十年来，估价行业始终坚守估价初衷，维护交易各方的合法权益，推动了房地产业持续、健康、协调发展，以专业的价值评估服务，承担起更多的社会责任。估价机构的 ESG 实践是一个较长时间内的战略规划，从可持续性发展的角度来讲，选择发展型 ESG 理念，对于估价机构、估价行业及社会发展都会产生深远影响。

四、促使估价机构践行 ESG 理念的建议

估价活动作为高端服务业，为了适应可持续发展的要求，要从理念到行动践行 ESG，以此促进机构及行业的高质量发展。估价机构既要从自身发展角度出发来践行 ESG 理念，又要从估价机构也是社会发展的重要环节这一角度出发践行 ESG 理念[8]。

（一）深刻理解 ESG 理念，形成估价行业特色鲜明的 ESG 评价体系

评估行业是经济社会发展中的重要专业力量，在维护交易各方权益、防范金融风险、保障社会公共利益等方面发挥了重要作用[9]。由此，评估行业既是实现 ESG 发展目标的必要保障，又是践行 ESG 理念的重点行业。而践行 ESG 理念的前提是深刻理解 ESG 内涵，只有如此才能形成具有中国特色的估价行业的 ESG 评价指标体系，该体系需具有可操作性、可比性和发展性。

（二）加快数字化转型，为估价机构践行 ESG 提供抓手

ESG 理念的践行需要强大的数字化背景作为支撑。近年来，习近平总书记多次就"数

字中国"做出重要论述和战略部署，在数字经济成为经济发展新引擎的背景下，数字化转型是评估行业服务数字经济高质量发展的内生需求，也是估价机构新业务的重要来源[10]。以往的评估机构主要依赖电子表格、数据库等信息技术工具，实现资产数据的采集、分析和处理。现如今评估机构则更加注重运用人工智能、机器学习、自然语言处理、区块链等新兴技术，实现资产数据的全面数字化和自动化处理，从而降低企业的经营成本，提升评估机构的可持续经营水平。具体而言，评估机构可以利用区块链技术记录其工作底稿及评估的相关程序，为行业监管创造良好的条件。还可以利用大数据技术建立"数据库"，提供更加安全可靠的数据保护和管理，提高评估机构的数据安全性和保密性，做到利用科技手段践行 ESG 理念。

（三）完善监管机制及服务体制，助推估价机构践行 ESG 理念

2023 年 2 月，中共中央办公厅、国务院办公厅、国办印发《关于进一步加强财会监督工作的意见》，加强评估行业的监管将是未来重点工作。为助推估价机构落实 ESG 理念，从专业层面保障社会的公平正义，保障利益相关者的根本利益，监管部门应以贯彻落实相关法律、准则为基础，加大行业监管力度，建立起行政监管与行业自律监管相结合的联合监管机制，有效促进行业规范发展。另外，监管部门可通过为估价机构提供服务引领估价机构在经营过程中践行 ESG 理念。

（四）提升治理水平，是估价机构践行 ESG 理念的坚强后盾

在国家高质量发展要求的背景下，评估行业应建立起行业管理新格局，创新自律管理模式，理顺行业准入、会员管理、机构资质、执业监管、准则建设、人才培养之间的管理链条，构建充满活力的行业管理体制机制，打造适应行业改革要求、满足行业发展需求的行业管理与服务新格局[11]。针对估价机构而言，应加强自身治理水平，从公司股权结构、董事会独立性、薪酬体系、员工激励机制入手，对机构内部管理架构进行调整，从而达到加强质控及业务独立性等要求，将 ESG 理念落到实处。此外，人才队伍建设也是 ESG 治理维度的重要考核方面。评估机构应积极引进高水平的专业人才加入评估行业，提升行业的专业水平和人才素质。

五、总结

估价机构践行 ESG 理念，对于自身发展、行业发展乃至国家和社会的发展都会产生深远的影响。践行发展型 ESG 将会产生正外部效应，促进估价行业的高质量发展，并且达到共同促进经济社会的高质量发展的目标。

参考文献：

[1] 黄世忠. 支撑 ESG 的三大理论支柱 [J]. 财会月刊，2021（19）：3-8.

[2] 刘星. 系统化构建我国银行业的 ESG 披露、评价、应用体系 [J]. 开发性金融研究，2022（1）：83-96.

[3] 黄世忠. ESG 理念与公司报告重构 [J]. 财会月刊，2021（17）：6-8.

[4] Baker, S., Kousis, M., Richardson, D., et al. Politics of Sustainable Development [M]. London：Taylor & Francis e-Library，2005：42-45.

[5] WCED. Our Common Future[M]. Oxford：Oxford University Press，1987：34-44.

[6] 雒京华，赵博雅. 利益相关者视角下企业ESG责任履行的战略路径[J]. 开发研究，2022（4）：141-148.

[7] 谷增军，杨小钏，吴思晓. 资产评估行业转型升级高质量发展思考[J]. 国有资产管理，2023（9）：54-61.

[8] 崔永强. 论房地产估价机构的社会责任[M]. 北京：中国城市出版社，2020：5.

[9] 柳学信，王喆. 国有企业应当主动践行ESG[J]. 当代经理人，2020（4）：3-5.

[10] 陈宁，孙飞. 国内外ESG体系发展比较和我国构建ESG体系的建议[J]. 发展研究，2019（3）：59-64.

[11] 任伊然. 以新作为推动资产评估行业高质量发展[N]. 中国会计报，2023-05-19（1）.

作者联系方式

姓　　名：赵国玲
单　　位：内蒙古财经大学
地　　址：呼和浩特市回民区北二环185号内蒙古财经大学财政税务学院
邮　　箱：zglnm@126.com
注册号：1520190057

ESG 理念对传统估价及估价机构实践的影响

吴丽娟

摘　要：ESG 是综合考虑环境、社会和公司治理因素进行投资及业务决策的方法，目前在全球范围内应用于企业 ESG 信息披露。随着 ESG 标准的不断完善、相关评价体系的逐步统一，ESG 的应用场景越来越广泛。估价机构践行 ESG 理念，将促使价值影响因素体系化、标准化，突破传统估价在价值内涵上的单一性，为委托方提供更加全面的价值评估服务。在实践过程中，ESG 理念对传统估价会产生影响，估价机构在实践路径上还需要持续探索。

关键词：ESG；传统估价方法；估价机构管理

ESG 发展的关键节点是 1997 年、2016 年的联合国气候大会上分别出台的《京都议定书》《巴黎协定》等一系列与环境保护相关的重要文件。1997 年全球报告倡议组织（GRI）系统地将可持续发展报告涵盖了 ESG 三部分。2006 年成立了联合国责任投资原则组织（UN-PRI），由此 ESG 成为重要的投资策略。

在我国，ESG 的应用逐步与国际接轨。2010 年，深交所的工作通知中提到"纳入深证 100 指数的上市公司应按照规定披露社会责任报告"；2015 年 12 月，香港联交所发布《环境、社会及管治报告指引》，要求"2016 财年起，在港上市公司强制披露 ESG 报告"；2020 年 9 月，深交所发布《上市公司信息披露工作考核办法》将上市公司 ESG 信息披露情况纳入考核；2022 年 5 月，国务院国资委发布《提高央企控股上市公司质量工作方案》"力争到 2023 年央企上市公司 ESG 专项报告披露全覆盖"；2022 年 7 月，国内发布 CASS-ESG5.0 版本，是国内企业编制 ESG 的重要参考标准。

一、ESG 理念对传统估价的影响

于估价机构而言，ESG 理念的引入是一个新的契机。ESG 是综合考虑环境、社会和公司治理因素进行投资及业务决策的方法。相较于传统的估价，ESG 理念对项目价值的考量更加多元立体，它提供一个可持续发展的框架，帮助估价机构更好地开展业务并有效防范风险。

本文从三大传统估价方法的视角对比分析 ESG 理念对传统估价的影响，通过对比来引发我们对实践 ESG 理念融入估价的思考。

（一）比较法

房地产估价中，比较法在选择可比案例时需满足：同一供需圈、用途相同、规模相当、价值时点近期、成交实例较多、成交价格口径一致相互可比。但在考虑 ESG 理念的估价中，侧重的层面是环境、社会和公司内部治理，那么对于某一个房地产项目的评估，考虑的角度会更多。比如：该房地产项目所选择的建材是否符合绿色标准，建设流程是否最优化且低碳环保，甚至开发商本身以及上下游服务商等的社会声誉和公司管理问题等都将成为考察的对象。

房地产估价的比较法中也存在 ESG 理念的简单雏形。比如在对比住宅或办公物业时将物业管理选项作为一个影响价格的因素。物业管理公司作为该房地产项目的服务商，其行业口碑、公司规模、服务范围、服务质量等决定其对该物业价值的影响幅度；再如环境影响因素，也包括了自然环境、人文环境、社会环境等不同的层面。只是传统估价中侧重于从房地产本身出发，考虑其宏观微观的影响因素；而在 ESG 下，将有更多的标准体系进行更深入的考虑。当然，目前的国际标准比较多，诸如 GRI、TCFD、CDP、SASB 等，2023 年 6 月全球可持续披露标准 ISSB 出台，实现了一定程度上的统一。

（二）成本法

将 ESG 理念用于成本法，最大的挑战是估价师对于新型节能建材的了解以及在新的建设模式下对费用等关键经济指标产生的影响。首先是前期费用，因为勘察设计等过程也融入了 ESG 的考虑，勘察费、设计费等都会发生较大的变化；其次，随着节能环保、绿色低碳、装配式、新能源等新概念不断引入项目建设，建安成本也会发生变化，建设过程中的管理费用、专业费用等费率亦同。值得注意的是，在新型能源或材料等用于建筑时，其绿色溢价在当前的科技水平下可能远高于传统建材，而随着科技的进步，其折旧也会加速；最后，新技术的普遍应用需要时间，试点项目中新技术与建筑物需要磨合，有一个验证过程，但其结果未必是正向的。比如深圳的侨香村小区是当年的重大绿色项目、首个高层住宅太阳能热水应用试点，太阳能热水系统确实降低了传统能源的消耗，但该系统的噪声、震动等问题也给居住带来了极大的影响。这些负面问题也已解决，但由此我们可以想到，在新技术的应用过程中可能产生较高的维护与维修等费用。

（三）收益法

在将 ESG 理念融入收益法当中时，年净收益、收益年限、报酬率等关键参数都有可能发生改变。房地产项目因为使用更为绿色环保的建筑材料、更科学的建设方式和建设管理流程，很大程度上可以增加房屋的使用寿命，使得项目收益年限更长；某些项目可能前期成本较高，但随着技术的进步，成本逐渐减少，融入 ESG 理念的新能源利用系统、污水净化系统等将为项目带来可观的收益。从国外一些在运营的绿色商住小区的数据来看，这种 ESG 理念下的收益将倍数于传统项目的收益。而报酬率，从短期来看，市场上 ESG 理念下的项目收益水平可能并不比传统项目高很多；但从长期来看，成量级增长的收益水平和逐渐下降的运营成本，会使报酬率快速上升；但随着该类项目的普及，报酬率会下降并趋于一个较为稳定的水平。

以上只是用 ESG 理念考量了房地产项目本身，如果用 ESG 理念多维立体地考察估价对象项目，还要从地产公司的组织管理、财务、人力以及公司的所有项目、公司的社会贡献、公司带来的绿色效益等众多角度综合分析可能存在的风险、对估价对象项目可能带来的影响，通过加权等计算方式得出一个综合的风险系数来对房地产项目本身的报酬率进行深度考量。

二、ESG 理念对估价机构实践的影响

ESG 涉及的层面较广，需要有合作能力更强的团队、需要在团队里配备多个领域的专

业人才；ESG目前的评价体系标准较多，诸如GRI、TCFD、SASB、CDSB等，需要更加系统的能够符合各种标准的估值模型，需要多个领域多种产业类型的大型数据库；与客户的沟通、对评估报告的撰写等前后端的工作复杂程度也会有相当程度的提升，对估价人员的综合能力要求较高。具体来看，在实践路径上大致可以从以下5个维度去考虑：

（一）建立专业团队

组建一支专业的团队，包括有经验的估价专家、行业专家和数据分析师等。他们应该具备相关领域的知识和技能，并能够独立、客观地进行评估和估价工作。

要建立懂估价和ESG的双料专业团队，可以考虑以下步骤：

1. 招聘多学科背景的人才

寻找具有估价和ESG领域专业知识的人才，包括金融、会计、经济学、环境科学、社会学等学科的专业人员。他们应该对估价方法和模型、ESG指标和评估有一定的经验。

2. 建立培训计划

为团队成员提供培训和学习机会，以加强他们在估价和ESG方面的专业知识和技能。

3. 促进知识共享和交流

建立团队内部的知识共享和交流机制，鼓励成员分享他们在估价和ESG领域的经验和见解。

4. 跨部门合作和合作伙伴关系

与其他部门或机构建立合作关系，如与ESG专业机构、环境科学研究机构等合作，以获取更多的专业知识和资源。

5. 持续学习和关注行业动态

估价和ESG领域的知识和方法不断演变和发展。团队成员应持续学习，关注行业动态和最新研究成果，以保持专业素养和领先优势。

6. 培养综合能力和团队合作精神

培养团队成员的综合能力和团队合作精神，以便更好地理解和应用估价和ESG的双料专业知识。

（二）确定估价方法和模型

根据行业标准确定适用于估价机构的评估方法和模型。这些方法和模型应该能够全面考虑财务指标、市场趋势、竞争环境、行业前景等因素。

确定估价方法和模型需要综合考虑以下几个因素：

1. 目标和需求

明确估价的具体目标和需求，例如是为了投资决策、财务报告、并购交易等。不同的目标和需求可能需要不同的估价方法和模型。

2. 行业和资产类型

不同的行业和资产需要针对性的估价方法和模型。例如，房地产估价需要考虑市场租金、土地价值等因素，而金融资产估价可能涉及贴现现金流量模型等方法。

3. 数据可用性和质量

评估所需的数据可用性和质量对选择估价方法和模型也有影响。确保有足够的可靠数据来支持所选方法和模型的使用。

4. 行业标准和最佳实践

考虑行业标准和最佳实践，了解业界在估价方法和模型上的共识和推荐。可以通过研究行业指南、论文、专业组织等渠道获取相关信息。

5. 可行性和适用性

评估方法和模型的可行性和适用性是选择的关键因素之一。考虑团队成员的技术能力、工具和资源的可用性，确保能够有效地实施所选的方法和模型。

（三）收集和分析数据

收集与估价相关的数据，包括财务报表、市场数据、行业研究报告等。利用数据分析技术和工具进行数据处理和分析，以从中提取有用的信息和见解。

（四）进行评估和估价

根据估价方法和模型，对项目进行评估和估价。包括对财务状况、市场地位、竞争优势、未来发展潜力等方面进行评估，并给出相应的估价结果和建议。

鉴于估价机构目前主要客户来源于房地产和金融两个行业，这里从 ESG 的层面考虑房地产行业和金融行业的相关评估，可以关注以下几个方面（表 1）：

房地产行业和金融行业的 ESG 评估　　　　　　　　　　　　　　　　　　　　表 1

ESG	房地产行业	金融行业
E：环境	建筑物的能源效率、水资源管理、废物管理和碳排放等方面。关注是否采用可持续建筑设计和绿色技术，以及是否符合环保法规和标准	金融机构的环境政策和实践，包括对环境友好的投资和融资项目的支持程度，以及是否考虑环境风险和机会
S：社会	建筑物对社区和居民的影响，包括就业机会、社会福利、社区参与和居住条件等方面。关注是否促进社会公平、多样性和包容性	金融机构的社会责任和可持续发展实践，包括社会投资、慈善捐赠、员工福利和多样性与包容性政策等方面
G：治理	房地产公司的治理结构和实践，包括公司治理、透明度、合规性和内部控制等方面。关注是否有独立董事、高效的决策机制和良好的风险管理	金融机构的治理架构和实践，包括董事会结构、风险管理、信息披露和合规性等方面。关注是否有有效的内部控制和反洗钱措施

以下是一些通用的 ESG 考虑因素：

1. 环境（Environmental）：

资源使用和效率：企业的资源管理和能源消耗情况，例如水资源、能源、原材料等。关注是否采取措施减少资源浪费和环境影响。

废物和污染管理：企业的废物管理和污染减排措施，包括废物处理、废水处理、空气质量管理等。关注是否符合环保法规和标准。

碳排放和气候变化：企业的碳排放情况和应对气候变化的措施，例如减少温室气体排放、使用可再生能源等。

2. 社会（Social）：

员工权益和福利：企业对员工的关注程度，包括工作条件、薪酬福利、培训发展等。关注是否有良好的员工关系和员工参与机制。

社区参与和影响：企业对所在社区的影响和贡献，包括社区投资、社会项目支持、慈善捐赠等。关注是否积极参与社会责任活动。

多样性和包容性：企业的多样性和包容性政策，包括性别平等、文化多样性、包容性就业等。关注是否提供公平机会和平等待遇。

3. 治理（Governance）：

公司治理结构：企业的治理结构和决策机制，包括董事会结构、高管薪酬、股东权益保护等。关注是否有透明独立的治理机制。

遵法合规和道德标准：企业是否遵守相关法律法规和行业准则，以及是否有良好的商业道德和反腐败措施。

信息披露和透明度：企业的信息披露程度和透明度，包括财务报告、可持续发展报告等。关注是否提供准确及时的信息。

通过从ESG的层面考虑企业的评估，可以更全面地了解企业或机构在环境、社会和治理方面的表现，以促进其可持续发展和负责任的经营。这种综合性的评估可以帮助投资者、利益相关者和监管机构更好地了解企业的综合风险和价值。

（五）不断学习和改进

估价机构应保持与行业和市场的紧密联系，持续关注ESG的发展动态，持续学习和改进评估方法和模型。及时反馈客户和利益相关者的意见和建议，不断提高估价质量和服务水平。

三、总结

综上所述，融入ESG理念的评估是一项全新的尝试，相对于传统估价也是一个极大的挑战，对估价人员综合能力要求极高，对估价机构的管理水平也提出了更高的要求。但我们要秉持以绿色创新推动高质量发展的理念，以持续发展的眼光去看估价行业创新变革中可能遇到的新问题。

作者联系方式

姓　　名：吴丽娟

单　　位：深圳市世联土地房地产评估有限公司

地　　址：深圳市福田区卓越梅林中心广场（南区）B座B单元19层

邮　　箱：wulj@ruiunion.com.cn

注册号：4220090054

估价机构践行 ESG 理念的应用场景和实践路径

李蕴华　孙芊羽

摘　要：生态文明和绿色低碳、可持续发展的理念已成为各国普遍共识，也是我国社会的发展方向。我国政府分阶段在绿色金融体系建设、支持 ESG 信息披露和推动 ESG 投资活动开展几方面出台相关政策规定，为 ESG 理念在中国落地提供了有力的实践土壤和环境支撑。作为资产估值的专业机构，在绿色建筑评估、基础设施公募 REITs 尽职调查及底层资产估值、碳资产评估、上市企业价值及股权评估各领域，均有发挥专业优势的空间，部分头部咨询评估机构也在积极探索多领域的专业合作共同构建 ESG 评估体系、量化 ESG 价值影响，推动和提升评估机构在绿色地产、基础设施公募 REITs 绿色项目、碳资产评估中的专业贡献。

关键词：绿色资产；ESG；估值；合作共建；专业贡献

一、评估机构践行 ESG 的应用场景逐步拓宽和常态化

目前在不地产估价领域，政府持续推动绿色建筑、绿色工厂、绿色（碳中和）园区的认证、评价和建设，该类不动产越来越多地逐渐进入大众视野，绿色低碳可持续影响因素逐渐得到市场认可和价值呈现，绿色资产的可持续性与投资综合价值亟需估值层面的有效反映；2020 年政府启动基础设施公募 REITs 试点，2023 年将消费基础设施正式纳入基础设施 REITs 试点范围。基础设施 REITs 底层资产的 ESG 表现对项目投资价值的影响正在逐渐得到重视；随着全国碳市场和地方碳市场的快速发展和活跃，碳资产的价值发现将广泛应用于交易、抵（质）押、财务报告和创新金融实践等目的。

（一）绿色地产的估值应用场景

1. 绿色建筑

2019 年住房和城乡建设部修订的《绿色建筑评价标准》（GB/T 50378—2019），主要用于评价住宅、办公、商场、宾馆等民用建筑，融入 ESG 理念。注重从设计、施工和后续运营的全生命周期进行动态评价，从不同维度分为"设计标识"和"建筑标识"两种，前者对处于规划设计阶段和施工阶段的住宅建筑和公共建筑进行的评价标识，后者需要在前者的基础上，对建筑的施工落地及后续运营进行更综合、长期的考察评价，标识有效期前者为 2 年，后者为 3 年。评估结果会由高到低划分为三星、二星和一星。

2. 绿色工厂

2018 年《绿色工厂评价通则》（GB/T 36132—2018）国家标准正式发布，绿色工厂是绿色制造的实施主体，侧重于生产过程的绿色化，从基础设施、管理体系、环境排放、绩效等方面打分，根据评分确定星级。（近）零碳园区现阶段关于产业园区的零碳评价国家标准仍

未发布。

如何根据绿色建筑、绿色工厂和零碳园区的评价星级,筛选对地产价值的影响因素并构建量化估值模型,是绿色地产估值应用场景下对评估咨询机构提出的课题。

(二)基础设施领域不动产投资信托基金(REITs)项目的估值应用场景

2020年4月30日,中国证监会、国家发展改革委联合发布《中国证监会 国家发展改革委关于推进基础设施领域不动产投资信托基金(REITs)试点相关工作的通知》,基础设施REITs的试点底层资产主要包括产业园区、仓储物流、工业厂房、保障性租赁住房、清洁能源、高速公路和生态环保等新型基础设施,我国现阶段已发行的公募REITs底层资产中特许经营权和不动产产权两个大类。2023年3月24日,中国证监会发布了《关于进一步推进基础设施领域不动产投资信托基金(REITs)常态化发行相关工作的通知》(以下简称"《常态化发行的通知》"),国家发改委发布了《国家发展改革委关于规范高效做好基础设施领域不动产投资信托基金(REITs)项目申报推荐工作的通知》(发改投资〔2023〕236号,以下简称"236号文")。前述政策/监管文件,将消费基础设施正式纳入基础设施REITs试点范围,并明确优先支持百货商场、购物中心、农贸市场等城乡商业网点项目与保障基本民生的社区商业项目。在《企业投资项目可行性研究报告编写参考大纲(2023年版)》中,强调了将ESG作为项目融资和项目影响效果评价的重要参考标准,ESG理念在基础设施投融资领域的受重视程度日益提升。国际上具有代表性的ESG评级机构,不仅对基金管理人进行评级,同时也评价实体资产在ESG方面的表现,ESG对于基础设施底层资产的价值和影响力日渐显现。

(三)碳资产的估值应用场景呼之欲出

随着全国碳市场统一构建和地方碳市场的快速发展,2022年中国资产评估协会发布《资产评估专家指引第XX号——碳资产评估(征求意见稿)》,将碳资产定义为配额碳资产、减排碳资产、碳金融资产等。碳资产的价值发现将广泛应用于交易、抵(质)押、财务报告和绿色碳金融创新实践等目的。在基础设施领域,诸如风电光伏等具有碳减排效益的"绿色资产"正在进入ESG投资者的视野。随着全国碳交易市场的逐步成熟,生态环境部最近公布第一批CCER方法学,项目碳减排效益有望通过CCER(国家核证自愿减排量)开发和交易、融资、碳回购等金融创新产品,使得碳资产的价值得以实现。

二、评估机构践行ESG的实践路径

(一)探索绿色不动产评估影响因素量化指标

1. 绿色不动产评估考量因素

目前国内尚缺少绿色评估指引,绿色评估指引的核心意义,是帮助估价师更好地理解绿色建筑的性能价值优势。通过对比与传统建筑在市场租金、运营费用、空置期、生命周期、持有期末转售价、报酬率等方面的差异,估价师通过收集可比数据,给出专业意见,客观地反映市场,令市场充分认识和呈现绿色建筑的价值。对于每一个领域,ESG评价所要考虑的因素与比重都有不同。治理(Governance)虽然是企业的重要支柱,但对于实物资产价值的影响微乎其微,因此在房地产估价领域,环境(Environmental)与社会(Social)是主要的关注点。环境方面包括:施工前的土地污染;建设过程中的材料、污染、温室气体排放、能源消耗;运营中的能源消耗、废弃物管理、用水、室内环境条件等。社会方面包括:便利及安全设施、共享社交空间、人性化装修设计等。

2.ESG 提升绿色商业地产的溢价和财务回报

在一、二线城市的中央商务区 CBD，绿色建筑写字楼占有较高比重，部分高端商办楼宇经过绿色认证如绿色建筑 LEED 铂金级与 BREEM 金级双认证。ESG 表现好的商业地产可以降低成本，同时提高收入。在降低成本方面，首先节能装置的安装能够降低能耗，减少运营成本；其次由于自身的可持续性，绿色资产的折旧率较低，生命周期更长；同时也能减少因不合监管要求而产生的改造费用和罚款。在增加收入方面，首先 ESG 表现较好的资产本身更具吸引力，承租人愿意付出一定的绿色溢价；其次较低的空置率也能保证现金流的充足稳定。

（二）延长绿色项目评估服务链条

2015 年中房学发布《房地产投资信托基金物业评估指引（试行）》（以下简称《指引》），标志着国内房地产评估行业在 REITs 领域进行房地产评估工作有了明确的操作指南。根据《指引》，信托物业评估主要包括信托物业状况评价、市场调研及价值评估三方面工作。房地产估价师通过对信托物业进行物理状况、市场、经济等方面尽职调查，得出该物业的公允价值。

1. 积极参与基础设施公募 REITs 前期尽职调查

在前期尽职调查阶段，特别关注 ESG 因素，例如标的项目有无土地污染、修复成本、合规风险、建筑设计、建造及运营、是否存在 ESG 负面行业的承租人等，从而对投资的 ESG 风险进行管理；投资者的收益来源除租金收入外，还可能获得底层资产价值上升带来的增值收益。在持有运营阶段，可持续的 ESG 举措能够在资产运营中带来降本增收双重价值，夯实底层资产长期价值的基底。

2. 积极参与创新和共建 ESG 理念下的 REITs 产品底层资产估值模型

首先学习了解基础设施公募 REITs 产品的 ESG 评价体系的构建思路，洞察资产和权益主体两个维度的分值权重与数据来源。如戴德梁行联合中金公司发布的评价体系，资产维度从环境（E）、社会（S）和治理（G）三大维度进行评估，E、S、G 的评分权重分别占比 40%、15% 和 15%，原始权益人主体 ESG 评分权重占比 30%。主体维度采用项目原始权益人的中金固收债券发行人 ESG 评分，加权得到公募 REITs 产品的 ESG 综合得分[1]。

其次将 ESG 评估体系和影响因素科学合理地运用到资产估值领域。如环境生态管理表现更优异的项目，有助于降低运营风险和获得更稳定的租户，降低租金波动风险；运营方在物业管理、设施管理维护、租户选择和恰当的租金定价等方面表现优异，有助于提升租金水平，增强抗风险能力。因此 ESG 表现更优，租金水平更高，租金波动率更低，有助于提升营运收入；同时降低环保合规风险和维护成本，从而降低营运成本；另外提升项目品牌溢价和市场认可度，降低经营风险，从而降低报酬率。综上优异的 ESG 表现会对资产估值具有提升作用。

（三）探索创新碳资产评估新领域

碳市场服务于生态目标，交易的底层资产是权利或信用，碳配额是排放二氧化碳的许可权利，碳信用是一种可用于履约的信用（核证减排量 CCER 或地方 CER），碳资产的生命周期在某主体履约清缴后注销结束。碳资产价值发现应用于越来越多的创新金融场景。

1. 碳配额 EA 质押、回购的价值呈现

企业抵押融资此前高度依赖不动产、设备等有形资产，碳配额作为国家给控排企业发放

的无形资产，两年的履约周期内开展质押融资业务，给企业补充流动资金，既盘活了控排企业的闲置碳资产，又解决了部分企业质押物不足，融资难的问题。部分地区已出台碳资产质押融资操作指引，碳金融创新产品层出不穷，碳市场的配额资产定价对企业减排或购买配额的边际成本考量至关重要。银行等金融机构开展碳资产质押贷款、回购等碳金融创新业务，需要专业第三方估值机构确定碳资产的价值测算方法，确定合理的质押率来锚定碳资产价值，防范业务过程中的价格波动风险。

2. 国家核证自愿减排（碳信用）CCER 和地方 CER 的价值呈现

CCER 作为碳市场碳配额的补充，可抵销碳排放应清缴碳排放配额的 5%。CCER 用以冲抵配额，其理论价格应低于配额价格。在新能源产业的交易融资活动中，如大型物流、工业厂房的分布式光伏改造项目、基础设施 REITs 项目等碳减排形成的碳信用可以开发沉淀成碳资产，碳资产在业主和光伏投资企业之间进行价值分配，余量进入统一碳市场或地方碳普惠市场，评估测算碳资产价值为商业合同分配方案提供依据，为 REITs 项目 ESG 表现加分。

3. 创新绿色金融模式中的碳资产评估场景

基于企业持有的碳排放配额、国家核证自愿减排量，企业以一定价格向金融机构出售碳资产获得资金融通，融取资金投向减排技改等绿色项目以进一步实现碳资产结余，并在未来按约定价格回收的碳资产回购模式，出售和回购的碳资产价值测算需要专业第三方估值机构；将企业碳配额作为质押物，由人民银行征信中心动产融资统一登记公示系统进行质押登记和公示的碳配额质押融资模式是典型的碳资产评估形式；业主公司将绿色减排项目未来签发的 CCER 减排量作为标的资产，与券商投资机构签订约定购买协议，金融机构根据双方的交易协议向业主公司提供融资，帮助已备案资源减排项目获得资金支持，这种基于 CCER 的交易和融资模式，专业第三方估值机构不可或缺。

（四）建立培训体系和合作联盟

面对专业新领域，评估机构应积极参与实践，一方面关注培训，加强员工 ESG 意识和能力培养，提供相关培训和教育资源，建立专业团队，积累 ESG 经验和专业知识，尝试与专业培训供应商合作定制培训内容，包括在线课程、研讨会等。另一方面关注合作联盟，包括联合研究、举办行业研讨会，共享数据和研究报告，与高校、投资机构联动，在资源、知识和项目方面进行深度合作，共同倡导和推动 ESG 实践，增强评估机构影响力，培养和输出高质量复合型专业人才。

综上所述，绿色低碳发展、ESG 可持续发展理念和投资导向已渗透经济发展的各个方面，中国资产评估协会已发布碳资产评估专家指引征求意见稿，房地产估价领域也将逐步完善绿色评估指引，引导评估机构积极探索、勇于实践、收集相关数据，及时反映市场上房地产价值和价格，适应双碳背景下助力经济社会发展全面绿色转型的要求，贡献专业力量。

参考文献：

[1] 张晓兰. 构建基础设施 ESG 评价体系 助力中国公募 REITs 常态化发展 [N]. 新京报，2023-10-13.

作者联系方式
姓　　名：李蕴华
单　　位：山东大地房地产资产评估测绘有限公司
地　　址：济南市历城区华信路 15 号凯贝特大厦 A 座 2 楼 268
邮　　箱：244948418@qq.com
注册号：3720030094
姓　　名：孙芊羽
单　　位：香港中文大学　英国帝国理工学院

践行ESG理念，推动估价行业可持续高质量发展

曹亚琨　张　勇　孙　绮

摘　要：目前我国正处于"高速发展"向"高质量发展"的模式转换阶段，ESG逐渐进入大众视野，成为衡量企业可持续发展价值的重要指标。估价行业发展30年之际，如何践行ESG理念，了解环境、社会和治理因素相关的机遇与风险，寻找可持续发展动因，加强产品多样化、服务升级、技术创新结合数字科技，实现高质量发展。本文在借鉴案例ESG实践的基础上，提出估价行业建立ESG评价标准的相关建议，并在ESG的治理下长远发展。

关键词：估价机构；ESG；高质量发展；持续性

一、估价行业面临的变化，践行ESG理念的必要性

（一）30年估价行业蓬勃发展，新困难新挑战下的思考

我国经济正在经历从"高速"向"高质量"转型的阶段，内外环境复杂，在外部国际形势不明朗、内在经济增长压力大的影响下，房地产估价行业的发展形势面临着新挑战。单一型业务发展模式的机构抗风险能力弱，传统房地产评估业务如：银行抵押、政府征收业务持续下滑，个别机构采取减员增效收缩的模式度过寒冬。同时我们也看到一些优秀的机构在积极转型，有的坚持专精特新的发展道路，即专业化、精细化、特色化、新颖化发展，有的以综合化、多元化、平台化发展，探索不同的发展道路。从表1可以看出，不论是拥有房地产估价、土地估价，资产评估单一资质还是多资质并存的机构总数量和估价师数量不断在增加，证券备案/壹级/A级资信机构依然是行业最高追求，30年估价行业蓬勃发展，也将从"高速"向"高质量"转型，所谓高质量发展是指追求高水平、高效率、可持续性的经济价值

估价行业机构及估价师数据统计　　　　　表1

行业	机构总数量	估价师数量	证券/壹级/A级机构数量	证券/壹级/A级最多的三个省(市)
资产评估	5853家 （2023年10月）	45273 （2023年10月）	281（证券服务，2023年2月）	北京、广东、上海
房地产估价	5773 （2023年10月）	67894 （2023年年底）	1009（壹级机构，2023年10月）	广东、江苏、山东/福建
土地估价	5272 （2023年10月）	27734 （2023年10月）	119（A级机构，2023年度）	北京、山东、四川

数据整理：瑞联平台价值研究院

和社会价值创造,这也将是未来更长一段时间的发展方向。

(二)ESG 表现对自身高质量发展的积极作用更加明显

2006 年联合国负责任投资原则组织(UNPRI)正式提出 ESG 概念,将环境、社会及治理作为衡量可持续发展的重要指标,确立了社会责任投资原则。

根据中国地质大学(武汉)经济管理学院王琳、方园、汪长英《ESG 表现对企业高质量发展的影响研究》一文研究成果:

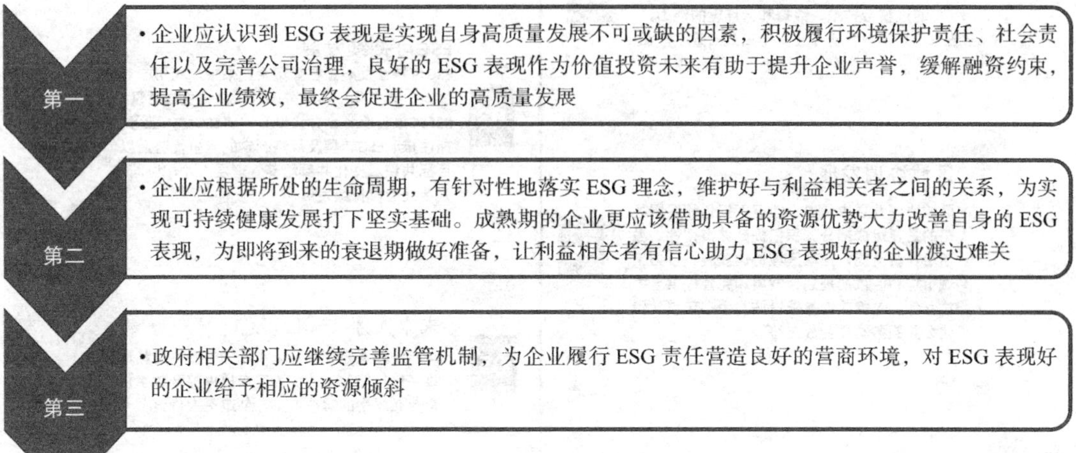

第一：企业应认识到 ESG 表现是实现自身高质量发展不可或缺的因素,积极履行环境保护责任、社会责任以及完善公司治理,良好的 ESG 表现作为价值投资未来有助于提升企业声誉,缓解融资约束,提高企业绩效,最终会促进企业的高质量发展

第二：企业应根据所处的生命周期,有针对性地落实 ESG 理念,维护好与利益相关者之间的关系,为实现可持续健康发展打下坚实基础。成熟期的企业更应该借助具备的资源优势大力改善自身的 ESG 表现,为即将到来的衰退期做好准备,让利益相关者有信心助力 ESG 表现好的企业渡过难关

第三：政府相关部门应继续完善监管机制,为企业履行 ESG 责任营造良好的营商环境,对 ESG 表现好的企业给予相应的资源倾斜

图 1　ESG 对企业的重要性

由于成熟期企业的经营模式、组织结构相较成长期得到了巩固和完善,客户群体比较稳定,积累了较多的社会资本。这一阶段,为了和多元利益相关方建立更为广泛牢靠的关系,企业会重视承担环境责任、社会责任,完善治理结构,以及不断优化内部治理结构夯实高质量发展必备的组织基础,这一系列的 ESG 活动都有利于企业的高质量发展(图 1)。

房地产估价机构作为重要的社会经济活动参与者,更应该自内而外地践行 ESG 理念。估价机构在谋求经济利益的同时更应该向内提高治理水平,完善内部控制机制;向外发挥自己的社会责任营造公开、公正、公平的社会环境;同时减少碳排放,提高能源利用效率,与环境和谐共存,促进社会终极发展。这样才是房地产估价行业和机构的高质量、可持续发展之路。

ESG 是从环境、社会及治理多方面协调发展的可持续发展理念,ESG 的理念与中国经济高质量发展一致,体现出经济价值和社会价值相统一的发展战略,它是创造企业价值的重要途径。

二、ESG 评价案例对估价行业的借鉴

(一)相关专业服务机构 ESG 实践活动

ESG 评价目前主要在上市公司、投资领域被广泛使用,但 ESG 理念对行业或机构发展有许多方面值得借鉴。我们通过对 2021 年普华永道中国环境、社会及治理报告进行分析研究,它定位为开创以人为本、科技赋能的可持续未来。ESG 报告中提到:结合中国发展趋势,ESG 未来五个领域的投资重点见图 2,在 ESG 报告中清晰展现了未来发展方向,企业

的发展离不开战略制定、人才培养、新技术改变现有方式。

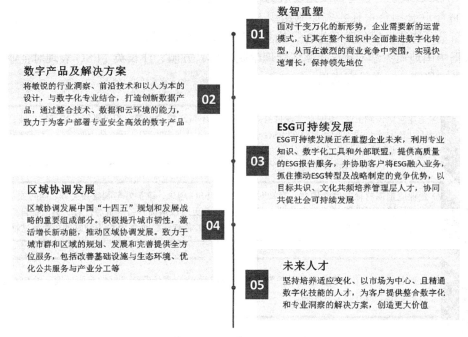

图 2 ESG 未来五个领域的投资重点

资料来源：2021 年普华永道中国环境、社会及治理报告，瑞联平台价值研究院整理

另外，我们对国际专业服务公司 2021 或 2022 年已披露 ESG 报告中部分观点进行提炼，以归纳出适用于我国估价行业的 ESG 可持续发展指标。

ESG 实践活动总结表　　　　　　　　　　　　　　　　　　　表 2

评价维度	目标及行动
环境（E） 拓展低碳未来	√ 通过采购物资、减少废物和节能来减少对环境的影响 √ 反映办公室运营中的可持续性最佳实践 √ 提供服务，帮助客户实现 ESG 目标 √ 提供增强的咨询专业知识，以支持客户 ESG 倡议 √ 绿色与健康建筑 √ 净零战略 √ 可持续发展服务产品 √ 气候风险与应变能力 √ 全球可持续发展解决方案战略合作伙伴
社会（S） 创造机会，让所有人都能茁壮成长	√ 优先考虑员工健康和福祉 √ 改善并为员工提供免费的心理健康和身心健康支持 √ 让员工充分发挥他们的潜力 √ 举办多样性峰会 √ 通过加强培训和职业发展增强员工能力 √ 人才与文化

续表

评价维度	目标及行动
社会（S） 创造机会，让所有人都能茁壮成长	√ 多样性、公平性和包容性 √ 供应商多样性 √ 工作场所安全 √ 人权 √ 数据隐私 √ 社区与捐赠
治理（G） 以诚信引领建立信任	√ 零容忍 √ 歧视政策 √ 多样性、平等性和包容性行动承诺 √ 企业治理 √ 企业风险管理 √ 市场责任 √ 道德与合规 √ 网络安全
可持续发展服务	√ 工程咨询 √ ESG 咨询服务 √ 投资管理 √ 资本市场 √ ……

从上述分析中（表2），可以看出ESG评价或是ESG报告中，不仅包括环境、社会、治理，还带有各自企业想强调的核心重点，比如"产品与创新"、数字化转型等，可谓包罗万象。

（二）探索形成中国估价行业 ESG 指标体系

中国估价行业发展30年，在学会的领导下机构百花齐放，遵守《中华人民共和国资产评估法》的基础上，围绕着估价规范、规程、技术标准、指南等，不断在探索创新之路，坚守长期发展主义，结合中国估价行业特点，尝试构建行业的ESG评价体系（表3）：

估价行业 ESG 评价体系构建　　　　　　　　　　表 3

评价维度	指标	行动
环境（E）	节能降废	＞加大无纸化办公、推动电子报告，减少纸张消耗
		＞纸张循环利用
	绿色与健康建筑	＞租赁优先考虑 LEED 认证的绿色建筑
	绿色出行	＞鼓励员工选择更低碳的方式，如轨道交通、新能源工具等
社会（S）	人才	＞多元化人才的吸纳
		＞培训和职业发展
		＞ESG 人才培养
		＞新技能培养
		＞大学生估价技能指导

续表

评价维度	指标	行动
社会（S）	社会责任	➢ 维护行业形象，推进行业在社会地位
	公益慈善	➢ 企业捐赠、扶贫和社会公益活动
治理（G）	内控风险体制	➢ 内部控制体系建立与执行效果反馈、优化
	职业道德与合规	➢ 加强估价人员职业道德教育
	公司治理	➢ 优化组织结构、鼓励估价师合伙制
	数据保密、网络安全	➢ 数据安全、运营系统稳定
	企业文化	➢ 打造良好的企业文化

估价行业 ESG 评价体系的构建应从指标分解、权重设定、指标赋值等多维度系统展开。

三、可持续高质量发展、看见未来

中国正在经历经济增长模式的转型，原来传统增长模式过度依赖基础设施和房地产投资，政策端定向支持新的增长点：科技、绿色、普惠、养老、数字，顺应外部变化，在新增长点方向践行 ESG 理念寻找新的机遇。

（一）数字化转型

2022 年 8 月，工业和信息化部（以下简称工信部）提出"3+1+N"工作机制，通过吸收地方推动中小企业数字化转型的成功经验，工信部总结提炼出了技术赋能、供应链赋能、平台赋能、生态赋能四大模式，以更好带动中小企业进行数字化转型。数字化转型的意义在于通过科技手段提升企业的运营效率和创新能力，实现持续增长和竞争优势。中小企业数字化转型的目标应该是实现业务流程的数字化、数据的智能化分析和利用、提升客户体验和服务质量、构建数字化生态系统等。估价行业除了给客户提供数字资产评估，自动估价、云评估、大数据模型、资产云、投管云等数据服务外，还应加快数字技术提升、加速数据资产沉淀、改变作业模式、以人工智能挖掘客户需求，提升内部效率、创新客户服务产品与模式。

（二）专精主义

传统鉴证性或者证据性评估业务夯实，为金融、国有企业、资本市场、司法拍卖等提供精准估值服务。2021 年 6 月 21 日首批公募 REITs 上市至今已有 29 只发行，市场规模超过千亿，三只消费基础设施 REITs 已获批通过，随着上市后产权类基础设施 REITs 价格波动，越来越多投资者更加关注底层资产估值、参数的合理性、预测未来的模型与依据，在技术过程不断完善与争执讨论中逐步成长，从短平快的思考方式进入深究、细抠、重研究的方式，因此估价师集数据、科学、方法论为一体的专业主义将进一步发展。

（三）平台一体化服务

企业发展围绕着客户需求的转化而转变，单一报告交付的模式正在发生变化，真正解决客户痛点的能力要求更高，由此也滋生出一些新的需求，项目诊断、城市进入性研究、数据服务、工程咨询服务、投后咨询、规划咨询、自然资源类服务，专业链条上的平台化发展，为客户提供真正解决问题的一体化服务。

（四）ESG 咨询服务

加强碳中和影响因素、ESG 因素的研究，建立可量化的估值模型，为客户提供服务，同时估价机构应积极践行 ESG 理念，制定从环境、社会和公司治理的 ESG 报告或标准，以自身行动影响自己的员工和客户。

四、结语

尽管 ESG 理念在中国发展时间不长，对于长期围绕着人才、创新、客户发展的估价行业，尤其有必要践行 ESG 理念，推动估价行业建立 ESG 评价指标的公司治理架构，共同努力提升估价行业地位与形象，将进一步规范公司治理制度和运行机制。基于外部环境的不断变化，提升机构可持续竞争力，实现估价行业的高质量转型来支持经济的高质量发展。

参考文献：

[1] 王琳，方园，汪长英. ESG 表现对企业高质量发展的影响研究[J]. 会计之友，2023（13）：74-81.

[2] 王大地，黄洁. ESG 理论与实践[M]. 北京：经济管理出版社，2021.

作者联系方式

姓　　名：曹亚琨
单　　位：深圳市世联土地房地产评估有限公司，瑞联平台价值研究院
地　　址：上海市静安区恒通东路 69 号龙盛福新汇 8 层 A 单元（06-08 室）
邮　　箱：caoyk@ruiunion.com.cn
注册号：4420000299

姓　　名：张　勇
单　　位：深圳市世联土地房地产评估有限公司
地　　址：上海市静安区恒通东路 69 号龙盛福新汇 8 层 A 单元（06-08 室）
邮　　箱：zhangyong@ruiunion.com.cn
注册号：3120030077

姓　　名：孙　绮
单　　位：深圳市世联土地房地产评估有限公司
地　　址：深圳市福田区卓越梅林中心广场（南区）B 座 B 单元 19 层
邮　　箱：sunq@ruiunion.com.cn

以 ESG 理念赋能房地产估价机构可持续发展

王 霞

摘　要：随着国家持续推进实施"双碳"目标和可持续发展理念，市场对 ESG（环境、社会和治理）的关注程度日益升温，对政府和企业在可持续价值创造过程提出新的要求。基于此，ESG 经营和 ESG 测定准则不但成为企业绩效的重要衡量标准，更是企业融入自身经营战略的基本要求。本文从 ESG 评价体系的内涵入手，探讨房地产估价机构如何践行 ESG 理念的必要性及实践路径，赋能房地产估价机构可持续发展。

关键词：ESG 理念；房地产估价机构；可持续发展

一、ESG 评价体系的内涵

（一）ESG 概述

在"双碳"目标、共同富裕、乡村振兴等国家战略的推动下，可持续发展理念在国内日渐深入人心，追求长期价值增长、兼顾环境、社会效益的 ESG 投资成为中国资本市场的一股新潮流，也成为中国特色估值体系的一种评估方法和投资策略。ESG 是英文 Environmental（环境）、Social（社会）和 Governance（公司治理）的缩写，是非财务效益评价标准，可以使得投资者通过观测企业公布的 ESG 信息和成绩，来评估投资企业在促进可持续发展、履行社会责任等方面的效益。

由于 ESG 评价体系是由商业和非营利组织创建的，所以首先被投资公司用来筛选或评估其各种基金和投资组合中的公司，评价内容涵盖承诺、业绩、商业模式和结构与可持续发展目标是否一致等。但其实，求职者、客户和其他人在评估商业关系时也同样可以使用此标准，而被评级公司也可以通过此评价体系更好地了解自身的优势、劣势、风险和机会。目前，国外评级体系的评级对象覆盖全球数千家不同类型的公司，而国内评级体系的评级对象主要局限于国内公司，且多以 A 股上市公司、中证 800、沪深 300 为主。

（二）ESG 理念的价值内涵

ESG 本质上是一种价值观，强调企业要注重生态环境保护、履行社会责任、提高治理水平。ESG 评价体系作为评估企业综合价值的新工具，主要用于衡量企业在环境、社会和治理中的长期风险。这种评价体系的使用不仅能为投资者衡量企业的非财务风险管理能力和长期价值创造能力提供决策参考，企业自身也能通过对比同行表现提升 ESG 评级以吸引更多资金。ESG 评价体系中的 E、S、G 从理论上说是包含关系，即公司治理包括社会责任，社会责任包括环境保护。

首先排在第一位的是公司治理，这是因为，提高 ESG 水平的关键是提高公司治理水平。公司治理包括很多维度，譬如投资者权益保护、董事会治理、企业家能力及激励、财务治理等。其中，投资者是核心利益相关者；董事会则被视为公司核心治理主体，负责公司的战略决策，并监督经理层落实战略决策，其治理的有效性直接关系着公司发展的正确方向；企业家是一个公司的活力源，作为公司的最高行政长官，是企业高质量发展的灵魂，享有独立的企业经营控制权并独立承担责任；财务治理则体现着公司财务的稳健性和安全性，以及内部控制的有效性，财务治理水平是公司高质量发展的重要保障。

其次是社会责任，这是企业高质量发展的不容忽视的重要方面，企业社会责任可分为义务性和非义务性两种，义务性的社会责任如提供高质量、安全的产品和服务，照章纳税等；非义务性的社会责任如赈灾捐款捐物、资助教育事业等。企业创新之所以被纳入社会责任范畴，在于企业创新具有很强的外溢效应，即创新可以增进市场竞争，提供社会生产力，为社会创造更多的财富。企业创新不仅仅是技术创新，还应该包括制度创新，没有制度创新，技术创新就只是昙花一现，难以为继。为保证社会责任的合规性，除了加强社会责任信息的披露，还要接受公众的监督。概括来说，企业的经济责任、创新责任、对企业利益相关者的责任、社会责任合规及信息披露责任构成社会责任的全部内容。

最后是环境保护，从严格的理论意义上，环境保护属于社会责任范畴，出于 ESG 评价的考虑，把环境保护独立出来，这样有利于企业树立环境保护的意识，也顺应了实现碳中和和碳达峰目标的要求。对企业环境保护的评价比较困难，主要在于不同行业甚至同一行业的不同企业，环境保护的差异性很大。

二、房地产估价机构践行 ESG 理念的重要性

中国房地产估价行业与房地产业相伴相生，已走过快速增长阶段，随着数字化和大数据时代的到来，传统业务下滑，估价市场下行，行业洗牌在所难免。众所周知，市场上行阶段，企业扩大规模、创造财富；市场下行阶段，企业结构优化、产业升级。处于高质量发展阶段的估价机构，需重新调整内部结构，充分调动各层级精英，让善攻者攻城拔寨，毫无后顾之忧，让善守者稳妥经营，确保阵地不失。就房地产估价机构而言，践行 ESG 理念，就是要抓住培育公司未来的重要增长点，调动各层级市场力量，调整分配方式，形成有效配合，分方向分层级营销，充分挖掘客户资源，西瓜要抓，芝麻也要捡，重组整合专业技术团队，提高其综合服务和攻坚能力，借重新定位行业自身之契机，加快房地产估价行业提质升级，为中国经济高质量发展和行业可持续发展提供源源不断的动力。

三、房地产估价机构践行 ESG 理念的实践路径

（一）以 ESG 为立标之心，建立房地产估价机构评价体系

据不完全统计，目前全球 ESG 评级机构有 600 多家，国外比较有名的有明晟、道琼斯、汤森路透、富时罗素等。国内有中财绿金院、商道融绿和社会价值投资联盟、嘉实基金。相较于国际 ESG 评级体系来说，国内的 ESG 评级体系尚在探索阶段，主要以高校和投资机构为主。

鉴于评级标准的侧重点不同，针对同一公司，各评级机构给出的结果会有所不同，这也客观反映了评级者对不同问题的重视程度、对指标选取的独有考量、对定性数据的处理习惯以及对公司风险的思考框架。比如，社会责任说的是企业要诚实守信、规范运作，实践中多

把社会责任纳入公司治理范畴，但在 ESG 评价体系中却将其单列，意味着社会责任对企业可持续发展的重要性。再如，由于每个行业对环境保护的要求不同，难以建立统一的标准。如房地产估价行业虽然也会涉及温室气体效应问题，但相对于其他行业，这种效应无疑小很多，有的房地产估价企业甚至可以忽略不计，但不能由此认为其环境保护相对其他企业更差。因此，尽管环境保护可以找出很多指标，但基于数据的可得性和可比性原则，则可选的环境保护指标就不多。当然，随着环境保护的意识不断加强，越来越多的行业和企业加大对环境保护相关信息的披露，再加上中国 ESG 监管政策和信息披露要求的逐渐趋严，标准体系将进一步完善。

中国的房地产估价活动起步较晚，所运用的估价理论体系基本上是从西方国家引进的，虽然培育和成长过程中和中国国情进行了有效融合，但是在对估价机构的监管上，目前还是政府主管部门和行业协会双线，社会监督这块尚未有第三方评级机构参与。ESG 所倡导的可持续发展理念，是未来包括房地产估价行业在内的各行各业前行的方向，若对估价机构的评价仅停留在行业自律和行政监管上，易造成估价机构在自身受挫时的自我辩解在面对公众时信服度不高。从长远看，房地产业作为国民经济支柱产业地位不会改变，我国房地产行业仍具有良好的发展前景。对大多数中国人来说，房地产还是最重要的家庭资产。作为一个小众行业，房地产估价行业在服务中国经济高质量发展上还有空间，而借鉴 ESG 理念，建立有中国特色的房地产估价机构评价体系，无论是对行业本身还是行业前后端来说都是有积极影响的，毕竟在价值评估时，选择一个专业且被广泛认可的估价机构，意味着对自身资产价值的背书。

（二）以 ESG 为立誓之源，强化 ESG 能力建设

ESG 解释了 ESG 评价、ESG 信息披露、ESG 价值投资。没有科学的 ESG 评价体系，就不可能有好的 ESG 信息披露；没有科学的 ESG 评价，以此为依据的 ESG 投资也就不可能成功。因此，ESG 的核心工作是 ESG 评价，而在 ESG 三个方面中，"G" 是最重要的，是 "E" 和 "S" 的基础，即 ESG 能力建设中，公司治理是关键因素。

公司治理能力的好坏，可以从对客户评价和被客户评价两个维度进行分析。估价机构在从事房地产估价业务时，不可避免地会先对估价委托方进行风险评估，如果是一个公司治理机制良好的公司，其公司的透明度、风险管理能力和合规性水平也该是让人信服的，会增强报告使用人或利害关系人的信心，提高公司的市场价值和社会形象，也间接表明，估价项目风险在可控范围内，项目保值增值不确定性较小。多项研究表明：ESG 表现对企业价值具有显著的正向影响；对于非国有企业，规模较小的企业和非污染行业的企业，ESG 表现对企业价值的提升作用更为明显。同样，在房地产估价市场中，如果客户在筛选估价机构时用 ESG 评价体系进行评价，不单是对估价机构自身治理水平的一次检阅，更是对 ESG 能力建设的认可。

总之，随着全球加速数字化和智能化的转型，商业竞争环境也随之急速变化，ESG 作为激发企业内生动力的重要因素之一，成为商业创新不可或缺的驱动力，对房地产估价机构来说，强化 ESG 能力建设，则意味着为未来找到一片可以避风的港湾。

（三）以 ESG 为立意之本，普及深化 ESG 投资理念

ESG 投资的意思是根据环境、社会和治理这三个指标来挑选合适的企业进行投资。生态环境对人类的生活产生重要影响，一家企业对生态环境的态度也会影响其风险和成就的获得，所以越来越多的投资人把投资行为与企业的社会责任感联系起来，ESG 投资正是在这

种大背景下产生的,其也成为投资行业一种趋势。企业以 ESG 投资的目标要求自身,会对企业的财务产生深远的影响,在帮助企业提高风险抵抗能力的同时,也能帮助企业获得投资人的青睐,让企业有更多募集发展基金的机会,从而保障企业未来发展。ESG 分数越高表示该企业的社会责任感越强,在一定程度上说明该企业具有长久发展的潜力。

ESG 投资是一种价值观的体现,具有中长期性的可持续发展投资,是基于环境、社会和治理风险判断的风险投资。虽然 ESG 投资是在传统投资理念框架上的升级,但在投融资研究过程中,面对重要议题的风险时,风控人员还是会选择用 ESG 来进行计量和分析。在中国,ESG 投资理念作为一种新兴的价值观,符合中国日益增强的国家自信和大国责任。2020 年 11 月,中国政府公布了"十四五"规划,明确阐述了其对推进绿色发展和促进人类与自然和谐共存的承诺,详细提出了加快推动绿色低碳发展、持续改善环境质量、提升生态系统质量和稳定性以及全面提高资源利用效率等目标。普及深化 ESG 投资理念,无论对估价机构自身发展战略,还是估价机构对委托方或评估项目的评价来说,都有较大收益。

总的来说,ESG 是一种强有力的工具,可以推动企业和投资者朝着更加可持续和责任重大的方向发展,在全球范围内,其影响力只会随着时间的推移而增强,而其对中国房地产估价机构的影响会通过机构内外环境的变化不断显现且持续增强。

作者联系方式

姓　　名:王　霞
单　　位:河南鸿业房地产评估有限公司
地　　址:河南省洛阳市洛龙区开元大道 224 号瑞博大厦 605 室
邮　　箱:2770374238@qq.com
注册号:1120100002

房地产估价机构体现 ESG 理念的具体措施

白晓旗

摘　要：本文通过学习公开资料中关于 ESG 理念的内涵与意义，结合国家及省级政策涉及房地产估价内容的相关政策，扩宽贴合 ESG 先进理念的房地产估价业务领域，指出房地产估价机构在日常运营活动和估价业务流程中体现 ESG 理念的具体措施，为房地产估价行业发展提供参考。

关键词：ESG；ESG 具体措施；估价技术

一、ESG 理念的内涵与意义

ESG（环境、社会、治理）理念是一种关注企业环境、社会和治理绩效的投资理念和可持续发展模式。它起源于 20 世纪 60 年代的社会责任投资理念，已成为全球范围内重要的投资理念和企业行动指南。

根据公开资料的内容，ESG 理念的内涵主要包括以下三个方面：

环境（Environment）：关注企业对环境的影响，包括资源能源的高效利用、有毒有害污染物的科学处理、生态保护等方面的表现。通过评估企业在环保方面的投入和成果，推动企业实现绿色发展和可持续发展。

社会（Social）：关注企业在社会责任方面的表现，包括劳动条件、员工福利、消费者权益保护、社区参与等方面的实践。通过评估企业在社会福利、人文关怀等方面的贡献，推动企业积极履行社会责任。

治理（Governance）：关注企业的公司治理结构和管理体系，包括董事会结构、风险管理、信息披露、股东权益保护等方面的合规性。通过评估企业的治理水平，推动企业提升管理水平，实现长期稳定发展。

对于房地产估价企业来说，ESG 理念的意义主要体现在以下几个方面：

（1）促进企业可持续发展：ESG 理念关注企业的环境、社会和治理绩效，有助于企业识别和应对潜在的风险，提高企业的可持续发展能力。

（2）提升企业声誉：积极履行 ESG 责任的企业通常能获得更好的声誉，从而提升企业在投资者、消费者和政策制定者心中的价值。

（3）吸引投资者：越来越多的投资者将 ESG 因素纳入投资决策，关注企业的环境、社会和治理绩效。符合 ESG 标准的企业更容易获得投资者的青睐，从而融资渠道更加畅通。

（4）降低风险：ESG 理念有助于企业提前关注和应对潜在的合规风险、社会风险和环境风险，降低企业的经营风险。

（5）提升员工满意度：关注 ESG 因素的企业通常在员工福利、培训和发展等方面有较好的表现,有助于提高员工的满意度,降低员工流失率,提升企业的竞争力。

(6)推动全球可持续发展:ESG 理念在全球范围内得到广泛推广,有助于引导各国企业共同关注环境、社会和治理问题,推动全球可持续发展。

二、国家及省级政策对房地产估价行业的 ESG 相关政策

在我国,房地产估价行业相关的 ESG 政策法规主要体现在国家层面和地方政府层面。

如国家层面的《绿色建筑评价标准》,该标准对绿色建筑的评定提出了具体要求和指标,包括能源利用、室内环境质量、建筑节能与环保、水资源利用与节材、施工管理等方面的评价内容。《城市房地产开发经营管理条例》规定了房地产开发企业的经营行为要求,包括项目审批、土地使用权取得、工程建设、销售管理等方面的规定。在环境保护、社会效益和公司治理方面提出了相应的要求。

从省级层面方面来看,各省、直辖市也出台了地区适用的相关条例。《浙江省绿色建筑与建筑节能条例》规定了绿色建筑与建筑节能的发展目标、政府职责、产业发展、科技创新、推广应用等方面的内容,强调了绿色建筑在环境保护、能源节约和社会效益方面的作用。《广东省促进绿色建筑发展的条例》明确了绿色建筑发展的政策措施、技术标准、产业发展、监督管理等方面的内容,旨在推动绿色建筑的发展和普及。《上海市绿色建筑三年行动计划》提出了上海市绿色建筑发展的目标、任务、政策措施和重点项目,对绿色建筑的政策支持、技术创新、市场推广等方面进行了详细规划。

从具体条款分析,《上海市房地产估价与经纪管理办法》第二章第九条规定,房地产估价机构应当遵循诚信、公正、公平、透明的原则,遵守国家和本市有关房地产估价的法律、法规和规章,加强行业自律,提高服务质量。《北京市不动产登记条例》第三章第二十条规定,不动产登记机构应当加强对不动产登记代理机构的监督管理,规范其代理行为,保障不动产登记申请人的合法权益。同时,第二十四条要求不动产登记代理人应当具备相关专业知识,遵守法律法规和行业规范,诚实守信,勤勉尽责。《天津市不动产登记条例》第三章第十七条规定,不动产登记机构应当建立健全不动产登记代理机构信用管理体系,对其代理行为进行考核评价,对信用良好的机构予以鼓励,对信用不良的机构进行惩戒。同时,第二十五条要求不动产登记代理人应当遵守国家和本市有关不动产登记的法律、法规和规章,诚实守信,勤勉尽责,保障申请人合法权益。《重庆市不动产登记条例》第三章第十六条规定,不动产登记机构应当加强对不动产登记代理机构的监督管理,规范其代理行为,保障不动产登记申请人的合法权益。同时,第二十四条规定,不动产登记代理人应当具备相关专业知识,遵守法律法规和行业规范,诚实守信,勤勉尽责。

以上法规均体现了对不动产估价行业诚信、公正、公平、透明等 ESG 理念的要求。然而,在这些法规中,ESG 理念的具体落实和操作细节仍有待进一步研究和完善。随着 ESG 理念在我国的推广和实践,未来地方性法规将进一步加强对不动产估价行业的 ESG 要求

需要注意的是,各地的法规政策名称和条款可能略有不同,但总体上都体现了 ESG 理念在房地产行业的应用。企业在遵循这些法规政策的同时,还需关注 ESG 理念的实践,以确保在环境保护、社会效益和公司治理等方面的合规发展。

三、房地产估价行业与 ESG 理念的贴合领域

房地产估价行业与 ESG 内涵是有关联的。在房地产估价过程中，引入 ESG 因素可以帮助评估房地产项目的可持续性、社会影响以及环境友好程度，从而更全面、准确地反映房地产项目的真实价值。

房地产估价过程中，需要关注项目所在地的环境状况，如空气质量、水资源、生态系统等。同时，评估项目本身的环保性能，如能源效率、绿色建筑、污染物排放等。这将有助于评估房地产项目的长期价值和风险。

在房地产估价中，需关注项目所在地的社会因素，如人口结构、社区需求、就业状况等。此外，还需评估项目对当地社会的影响，如是否提供高质量的住房、公共服务和基础设施，以及是否有利于社会公平和弱势群体的福祉。

在房地产估价过程中，需要关注项目的治理结构和管理体系，包括开发商的资质、项目的合规性、土地使用权的透明度等方面。良好的治理结构有助于降低项目的风险，提高项目的长期价值。

将 ESG 因素纳入房地产估价行业，有助于更全面地评估房地产项目的价值，识别潜在的风险，并为投资者、开发商和政策制定者提供更为科学的决策依据。同时，这也有利于推动房地产行业的绿色、可持续发展，提高社会福祉。

在我国，随着 ESG 理念的推广，房地产估价行业也将逐渐重视 ESG 因素的纳入。将 ESG 内涵融入房地产估价，有助于提高行业竞争力，促进房地产市场的健康发展。

四、房地产估价机构在日常运营中遵守 ESG 理念的具体措施

房地产估价行业在执行 ESG 理念的日常运营活动中，可以采取以下具体措施：

（1）制定 ESG 政策：企业应制定明确的 ESG 政策，确保在日常运营中关注环境、社会和治理因素。政策应涵盖企业文化、财务管理、项目管理、投资决策等方面。

（2）培训与宣传：对企业员工进行 ESG 理念和相关知识的培训，使其在日常工作中充分考虑环境、社会和治理因素。同时，加强 ESG 理念的宣传，提升全体员工对 ESG 的认知和重视程度。

（3）融入评估流程：在房地产估价过程中，将 ESG 因素纳入评估体系，对项目所在地的环境、社会和治理状况进行全面评估。在评估报告中明确阐述 ESG 风险和机会，为客户提供全面的决策依据。

（4）建立合作伙伴关系：与具有相同 ESG 理念的企业、机构建立合作伙伴关系，共同推动房地产行业的绿色、可持续发展。

（5）数据管理与分析：利用大数据、人工智能等技术手段，收集和分析房地产市场的 ESG 相关数据，为日常运营提供实时的数据支持。

（6）项目监测与跟踪：对已完成的房地产项目进行 ESG 绩效监测，评估项目在环境、社会和治理方面的实际成效。根据监测结果，不断优化评估方法和策略，提升房地产估价行业的 ESG 水平。

（7）报告与披露：定期发布企业社会责任报告或 ESG 报告，透明地披露企业在环境、

社会和治理方面的表现和成果。

（8）社区参与与公益事业：积极参与社区建设和公益事业，为当地社区提供房地产相关的咨询和服务，助力社区可持续发展。

（9）政策倡导与行业标准：积极参与政策制定和行业标准制定，推动房地产估价行业 ESG 标准的建立和完善。

（10）持续改进与创新：不断学习和借鉴国内外先进的企业 ESG 实践，结合自身情况持续改进和完善，寻求创新性的解决方案和业务模式。

通过以上措施，房地产估价行业可以在日常运营中有效执行 ESG 理念，为绿色、可持续的房地产市场发展贡献力量。同时，这有助于提升房地产估价行业的声誉和竞争力。

五、房地产估价技术体现 ESG 理念

在数字化转型和存量房消化困难的市场环境下，房地产估价技术可以通过以下 7 个方面体现 ESG 理念：

（1）数据驱动：利用大数据、人工智能等先进技术，收集和分析房地产市场的海量信息，为估价提供更精准、实时的数据支持。通过数据驱动的估价方法，可以更好地反映房地产项目的真实价值，降低评估误差。

（2）绿色评估：在房地产估价过程中，关注项目的能源效率、绿色建筑、低碳出行等方面的表现。通过引入绿色评估指标，推动房地产项目朝着绿色、可持续的方向发展。

（3）社会效益评估：在房地产估价中，考虑项目所在地的社会因素，如教育资源、医疗设施、公共交通等。评估项目对社会效益的贡献，以期实现社会公平和福祉的提升。

（4）存量房评估与发展策略：针对存量房消化困难的问题，房地产估价技术可以提供一套科学的评估体系，帮助政府、开发商和投资者了解存量房的市场价值和发展潜力。在此基础上，制定合理的政策和发展策略，促进存量房的合理流通和利用。

（5）风险管理：在房地产估价过程中，利用数字化技术对项目所在地的政策风险、市场风险、环境风险等进行全面评估。通过风险管理手段，保障房地产项目的稳定收益和长期价值。

（6）信息披露与透明度：在数字化转型的背景下，提高房地产估价过程的信息披露和透明度，有助于增强市场参与各方的信任。通过公开、透明的信息披露，推动房地产市场的健康发展。

（7）创新融资方式：在存量房市场背景下，房地产估价技术可以协助政府和开发商创新融资方式，如房地产投资信托基金（REITs）、抵押贷款支持证券（MBS）等。这些创新融资方式有助于盘活存量房市场，为绿色、可持续的房地产项目提供资金支持。

通过以上方式，房地产估价技术在数字化转型和存量房消化困难的市场环境下，可以有效体现 ESG 理念，推动房地产行业的绿色、可持续发展。同时，这有助于解决市场痛点，提高房地产估价行业的竞争力。

六、总结与建议

在市场环境中，ESG 理念是一种涵盖环境、社会和治理等多个方面的综合评价体系，

旨在推动企业实现可持续发展。实施 ESG 理念不仅有助于企业降低风险、提升声誉，还能为企业带来长期的竞争优势。在我国，ESG 理念也逐渐受到企业和政策制定者的重视，有望在未来发挥越来越重要的作用。

在具体实施 ESG 措施时，房地产估价企业应结合自身业务特点，制定相应的 ESG 政策和实施方案，不断优化业务流程，确保 ESG 理念在估价过程中得到贯彻。同时，估价机构内部制度要加强对 ESG 相关知识和技能的培训，提高员工对 ESG 的认识和重视程度，提升整个行业的 ESG 水平。

总之，房地产估价行业在实施 ESG 措施时，应关注环境、社会和治理三个方面，通过改进业务流程、提升服务质量、加强行业自律，为企业创造长期价值，为社会可持续发展贡献力量。

作者联系方式

姓　　名：白晓旗
单　　位：河北中鑫房地产资产评估有限公司
地　　址：河北省保定市高科技开发区天鹅西路茗畅园商务楼 612 室
邮　　箱：15231984812@163.com
注册号：1320130021

浅析《中华人民共和国公司法》修订背景下估价行业践行 ESG 理念的必要性及实践路径

王 凯　龚秋平　柳建林　王鑫国　王 鑫

摘　要：ESG（环境、社会、治理）作为一种关注企业环境、社会、治理绩效的可持续发展的价值观，是将环境保护、企业社会责任及企业治理等因素纳入企业管理运营的实践过程。本文在浅析估价行业践行 ESG 理念的必要性及现阶段实践路径的基础上，结合估价行业的自身特点，在《中华人民共和国公司法》修订背景下提出估价行业进一步践行 ESG 理念的相关建议。

关键词：估价机构；ESG；实践路径

一、估价行业践行 ESG 理念的必要性分析

2004 年，联合国全球契约组织（UN Global Compact）发布报告《Who Cares Wins》，首次明确提出 ESG（环境、社会、治理）的概念。本质上 ESG 体现的是一种兼顾环境（Environmental）、社会（Social）和治理（Governance）的可持续发展的价值观，它鼓励企业在追求经济利益的同时，要积极履行法律规定的义务，努力担负起维护社会公众利益的责任。

（一）估价行业践行 ESG 理念符合我国"硬性法规"的相关规定

2005 年我国对《中华人民共和国公司法》（以下简称《公司法》）进行修订，首次将"社会责任"明确写入法律文本，要求"公司从事经营活动，必须遵守法律、行政法规，遵守社会公德、商业道德，诚实守信，接受政府和社会公众的监督，承担社会责任。" 2014 年党的十八届四中全会审议并通过了《中共中央关于全面推进依法治国若干重大问题的决定》，其中特别指出要"加强企业社会责任立法"，将企业社会责任提升到法治层面。2020 年十三届全国人大三次会议表决通过的《中华人民共和国民法典》专门写入了企业"承担社会责任"的原则性规定，要求"营利法人从事经营活动，应当遵守商业道德，维护交易安全，接受政府和社会的监督，承担社会责任。" 2023 年 12 月 29 日，十四届全国人大常委会第七次会议表决通过了新修订的《公司法》（自 2024 年 7 月 1 日起施行）。新修订的《公司法》在原有基础上新增了条文，要求"公司从事经营活动，应当在遵守法律法规规定的基础上，充分考虑公司职工、消费者等利益相关者的利益以及生态环境保护等社会公共利益，承担社会责任"。新增了"国家鼓励公司参与社会公益活动，公布社会责任报告"等倡导性规定。

（二）估价行业践行 ESG 理念符合我国"软性法规"的相关要求

在我国，国家标准体系及行业协会发布的行业自律管理规范（章程、标准）等是"软性法规"重要组成部分。在国家标准层面，我国现已颁布了《社会责任指南》《社会责任管理体系要求及使用指南》等，上述国家标准给出了社会责任及其相关术语的定义，并按照 ISO

通用的管理结构制定社会责任管理体系标准。我国估价行业协会如中国房地产估价师与房地产经纪人学会在《中国房地产估价师与房地产经纪人学会章程》中明确"遵守宪法、法律、法规和国家政策,践行社会主义核心价值观,弘扬爱国主义精神,遵守社会道德风尚,自觉加强诚信自律建设"。又如中国土地估价师与土地登记代理人协会印发了《土地估价行业评估执业行为准则》和《土地估价行业职业道德准则》,要求评估机构和评估专业人员"珍爱自然资源,对环境珍惜守护""尊老爱幼,关注健康和安全,邻里友善""积极参与行业公益活动"等。

(三)估价行业践行 ESG 理念满足估价机构自身发展的必然要求

随着我国经济进入高质量发展新阶段,尤其在"双碳"目标、共同富裕等国家战略日益凸显的背景之下,估价等中介服务行业也应尽可能考虑自身商业行为对环境和社会造成的影响,通过提升估价产品和服务、创造就业机会和促进经济增长等方式积极履行社会责任、持续创造社会价值。估价机构积极践行 ESG 发展理念,有益于企业品牌建设与形象提升,改善机构经营效率和管理质量,有助于快速适应市场需求,降低企业自身风险、拓宽业务渠道、提高企业综合竞争力和可持续发展能力。例如,注重环境保护,积极参与公益慈善事业等,可以增加客户与企业之间的共鸣,增强客户和投资者对品牌的信任度。又如通过加强法律意识,可降低企业法律风险,增强员工的忠诚度,助力企业实现可持续发展的良性循环。再如企业注重对估价产品和服务的监管和改进,提供更高质量的产品和服务,满足客户的需求和期望,可以增强客户忠诚度,使企业在市场竞争中脱颖而出,并将间接推动所在估价行业的高质量发展(图 1)。

图 1 践行 ESG 理念,提升企业价值,降低企业风险示意图

二、现阶段估价行业践行 ESG 理念的路径分析

ESG 中的"E"聚焦环境,主要关注企业业务活动对环境和资源影响等内容。"S"聚焦社会层面,主要涵盖员工权益、产品责任、社会公益等内容。"G"聚焦治理,主要涉及企业管控等内容。现阶段,随着 ESG 的概念在国内的推广与逐步落地,当前 ESG 实践主要集中在大中型国有企业、上市公司等企业群体,但作为市场绝对多数的中小企业因其业务范围存在明显的差异,且对 ESG 缺乏了解也缺少主动实施的主动性,在 ESG 的领域中也存在认知度低、理解片面等问题。以多为中小企业的估价机构为例,现阶段实践路径主要如下:

在生态环境保护方面,现阶段估价机构多通过使用环保再生纸张出具估价报告,估价报告采用植物油墨印刷,包装选用可降解材料或再生纱线等方式实现节能减排。

在企业社会责任方面,现阶段估价机构主要通过投身公益活动活动来加强社会责任。例如,北京市及成都市等房地产估价机构鼓励员工积极志愿服务社区,投身公益事业,积极开展扶贫帮困、慈善捐助、帮老助残、拥军优属、无偿献血、便民服务、环境卫生清洁、铲冰

除雪、邻里帮扶等公益活动。部分估价机构还充分发挥行业优势，落实就业政策、创造就业岗位，共建大学生实习基地，积极为学生教育实践提供便利条件。

在企业治理方面，现阶段估价机构主要通过建立有效的内部监督机制，按照有关法律、法规、估价技术规范及签订的各项协议规定，依法合规开展估价作业，合法经营并照章纳税，承担合同规定的履约责任和义务，及时结清各项货款，恪守商业信用，反对不正当竞争等，确保估价行业的健康和可持续发展。

三、《公司法》修订背景下估价行业践行 ESG 理念的相关建议

ESG 实践是构建可持续发展的企业成功之路的关键要素，是将环境保护、企业社会责任及企业治理等因素纳入企业管理运营的实践过程。随着市场体系的完善和市场机制的推进，估价行业已成为我国社会主义市场经济不可或缺的重要组成部分。在《公司法》修订背景下，更应结合自身业务领域特点、运营和发展状况，结合估价行业以往实践经验，进一步有针对性地开展 ESG 实践活动，具体建议如下：

（一）行业学/协会及行业主管部门应在全行业普及 ESG 理念，构建估价行业 ESG 体系，制定估价行业 ESG 评级标准与远景规划，鼓励估价行业开展 ESG 创新

估价行业学/协会或行业主管部门应在全行业普及 ESG 理念；结合行业特点，构建估价行业 ESG 体系与远景规划，明确估价行业 ESG 的管理目标，ESG 信息披露措施，在国际公认及国家相关标准基础上设立估价行业 ESG 评估通行标准，以便通过量化指标来评估各机构 ESG 绩效；展开 ESG 培训和教育，鼓励更多机构设立专业的 ESG 部门及组织结构，鼓励估价机构寻求创新解决方案等；督促估价机构严格落实 ESG 战略，设立治理架构、职责分工和工作流程等，定期监测估价行业 ESG 绩效。上述措施不仅有助于监控估价行业的 ESG 发展情况，也使外部利益相关者能更清晰地了解各估价机构的 ESG 表现。

（二）估价机构应重新审视自身的业务战略，制定更为清晰的 ESG 战略及实施路径

估价机构应结合估价行业 ESG 相关评级标准，重新审视自身的业务战略，对自身经营模式进行必要调整，制定更为清晰的 ESG 发展战略，并把 ESG 战略融合到整体估价作业活动中，加强劳动用工合规体系建设，注重产品质量与安全，将社会责任融入企业生产服务当中，承担起对员工、消费者和环境等利益相关者的责任，努力实现企业价值和社会价值最大化。

（三）估价从业人员充分发挥专业优势，积极参与公共事务和公益活动

在既往开展的各项公益性活动同时，估价从业人员更应发挥自身专业优势，积极参与下列公共事务和公益活动：

（1）估价从业人员应积极地参加公开的政府会议和听证会，参与公共事务发展项目，提供专业意见和建议，参与政策制定和决策过程，积极参政议政，建言献策；

（2）估价从业人员应积极参与行业议题的讨论和决策，与其他估价同行共同推动行业的发展和改革；

（3）估价从业人员及所在机构可通过发布行业研究报告等方式，向公众提出估价行业的观点和主张，肩负起应有的社会责任，努力践行应尽的社会义务。

参考文献：

[1] 宋春华. 论房地产估价师的社会责任 [C]// 中国房地产估价师与房地产经纪人学会，国际测量师联合会，香港测量师学会.2005 国际房地产估价学术研讨会论文集. 北京：中国城市出版社，2005：4.

[2] 陆文皓. 浅析 ESG 在中国中小企业中的认知情况与推进路径 [EB/OL].（2023-11-16）[2023-11-16]. https：//mp.weixin.qq.com/s/7ZCOycXHmArGxqdkidPKDw.

作者联系方式

姓　　名：王　凯　龚秋平
单　　位：北京京城捷信房地产评估有限公司
地　　址：北京市朝阳区芍药居甲 2 号内一楼北楼四层 410
邮　　箱：517300972@qq.com
注册号：1120050131/1120000079

姓　　名：柳建林
单　　位：中金招标有限责任公司
地　　址：北京市海淀区西三环北路 21 号久凌大厦南楼 15 层
邮　　箱：21087555@qq.com

姓　　名：王鑫国
单　　位：北京汇诚金桥国际招标咨询有限公司
地　　址：北京市东城区朝内大街南竹杆胡同六号北京 INN3 号楼九层
邮　　箱：710221106@qq.com

姓　　名：王　鑫
单　　位：北京华中兆源房地产土地评估有限公司
地　　址：北京市大兴区黄村镇兴政街甲 23 号 2 幢 5 层 502 室
邮　　箱：xinxinln@sohu.com
注册号：1120080013

基于 ESG 视角展望估价机构的评估咨询业务

李川川 吕晓英

摘 要：ESG 是一种高质量可持续发展的经济模式，本文从 ESG 体系运行机制出发，分析 ESG 投资主体在投资活动中的评估咨询需求，充分发挥估价机构在资产估值、投资尽调咨询、项目评价等方面的优势，通过探索 ESG 因素与项目资产之间的价值及风险传导机制，以期估价机构为 ESG 经济提供专业的评估咨询服务。

关键词：ESG；高质量；可持续发展；评估咨询

在当前市场不断变化，新的监管要求频出，从 ESG 投资和实践来看，对 ESG 因素管理是预防企业因非财务因素导致"黑天鹅"风险的重要解决思路。因此，ESG 投资者和被投资对象都需要将 ESG 因素纳入其长期战略，这推动了 ESG 投资规模的快速增长，使 ESG 成为全球主流资产管理机构的投资策略和投资方法之一。在此背景下，催生了大量的专业化评估咨询服务需求，这为估价机构的业务发展提供了新机遇。

一、ESG 概述

(一) ESG 概念

ESG 即环境（Environmental）、社会（Social）和公司治理（Governance），是兴起于资本市场的一个经济术语，旨在从环境、社会和公司治理三个维度评估企业经营的可持续性与对社会价值观念的影响。ESG 与可持续发展、社会责任投资、环境保护投资、绿色金融等概念的内涵存在交叉部分，ESG 的核心理念是一种可持续发展的价值观或追求长期价值增长的投资理念。ESG 是衡量企业可持续发展能力、应对危急时刻企业容错能力的重要评价体系。

(二) ESG 的发展历程

孕育阶段：ESG 理念最早起源于伦理投资，当时的教会号召其信徒不要让他们的企业污染环境、伤害他们的邻居，不允许自己的信徒经营或投资与教义信仰相违背的行业。

萌芽阶段：20 世纪 60 年代，随着西方国家的人权运动、环保运动和反对种族隔离运动的兴起，促使资产管理领域的人们开始着眼于投资者和社会公众需求，以及与这些运动核心价值观相一致的投资策略，包括聚焦于种族与性别平等、劳动者权益、商业道德以及环境保护等，逐步衍生出社会责任投资，在 ESG 理念流行之前，"社会责任投资"是更为人熟知的概念。

发展阶段：进入 21 世纪，联合国全球契约组织和联合国环境规划署首次提出 ESG 概念，旨在为全球投资者提供一个投资原则框架，将环境、社会和治理（ESG）等因素融合到其投资决策中，降低投资中的非财务风险；并认为 ESG 不仅是衡量公司是否具备足够社会责任感的重要标准，也是影响股东获取长久利益的重要因素，目前，ESG投资理念普遍得到主流资产管理机构的青睐。

（三）ESG体系的概述

1. ESG体系的参与主体

ESG体系的参与主体主要包括：ESG引导者、ESG服务商、ESG投资者、ESG实践者。具体如下：

（1）ESG引导者主要由政府（包括监管机构）、交易所、国际组织构成，是ESG理念的发展与倡导者、ESG政策及标准框架的制定者与引导者。ESG引导者一方面制定相关政策引导投资者积极开展规范的ESG投资活动；另一方面通过制定统一清晰的ESG标准，规范企业经营行为，推动企业进行ESG信息披露，提高ESG数据的规范性与透明度。

（2）ESG服务商主要由ESG数据服务商、ESG指数公司、ESG评级机构、评估咨询公司等构成，负责数据提取与整理、评级体系、运营策略、项目评价与咨询、估值等相关ESG基础设施建设。

（3）ESG投资者是指资金方（投资人），作为资金供给方，他们引领了ESG投资体系的能力建设，带动了ESG投资策略与投资产品的开发，是ESG投资理念的践行者。ESG投资者设计ESG产品的核心思路是：引入ESG因素以覆盖传统财务风险评估中难以涉及的风险，衡量企业稳健经营和抵抗风险的能力，综合判断企业能否实现可持续发展以及收益的稳健性；通过制定有效的ESG投资策略并提供资金，监督被投资对象在经营过程中践行ESG理念，最终使投资者们在较低风险下获取长期的利润回报。

（4）ESG实践者是指实体企业（被投资对象）。由于ESG投资者倾向于在获得回报的同时，尽量减少或避免投资行为产生的负面外部性，甚至希望其投资行为有助于促进正面效应的形成。为了赢得ESG投资者信赖，获得他们的资金、资源支持，ESG实践者会致力于根据ESG理念开展经营活动：一方面，对内降低舞弊、腐败、内控缺失等公司治理风险，促进企业可持续发展，拓展长期盈利空间；另一方面，对外降低违规成本，推进转型发展，防范金融风险，并形成良好的社会声誉与公众形象。

2. ESG体系层次

ESG体系包括三个层次：ESG信息披露、ESG评级、ESG投资与实践。其中：

（1）ESG信息披露是指对环境、社会责任和公司治理的信息披露。公司治理不仅要注意企业的相关财务指标，更要结合新的发展理念，把环境和社会责任等因素纳入公司治理的范畴中去。这一规定不仅突出了上市公司在环境保护、社会责任方面的引导作用，有利于上市公司不断改进公司治理；更有利于我国ESG评级体系的不断完善。

（2）ESG评级是指将环境、社会和公司治理三个方面作为主要考量因素进行评级方式，为衡量企业的ESG绩效提供了评估和比较方法，旨在为利益相关方了解相关企业在ESG领域的优势和弱点。

（3）ESG投资与实践根据其参与主体可以划分为ESG投资者、ESG实践者，其中ESG投资者通过评价被投资对象环境、社会和治理等非财务绩效以指导ESG责任投资的过程，而ESG实践者通过履行环境、社会以及治理责任，实现可持续发展的过程。两个主题并不是简单割裂的关系，而是相辅相成、互相影响的。

3. ESG体系的运行机制

ESG的参与主体和层次共同构成了ESG体系的生态圈，其基本运行机制为：ESG引导者制定 ESG 信息披露政策及标准，企业积极践行 ESG 理念、输出 ESG 数据、披露 ESG 信息，评级机构对企业 ESG 绩效进行评级，投资者根据评级结果确定 ESG 产品策略以及投资者决策，而 ESG 投资行为将会引导企业经营活动的价值取向。ESG 体系运行机制详见下图（图 1）：

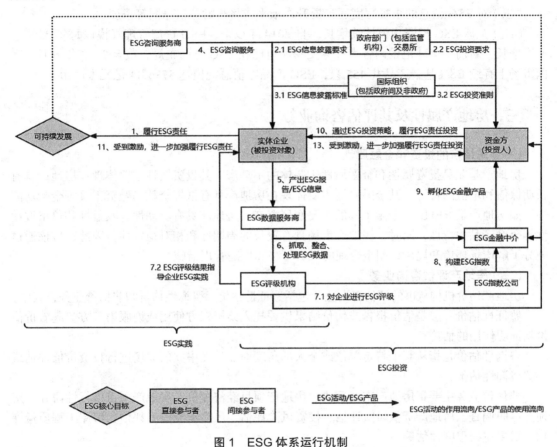

图 1　ESG 体系运行机制

资料来源：华宝证券研究创新部

从 ESG 生态圈来看，ESG 信息披露政策及标准是最关键的，是 ESG 体系良性运转的前提条件。ESG 信息披露政策及标准会影响企业底层 ESG 数据质量，企业底层 ESG 数据质量将影响 ESG 评级体系构建，继而影响 ESG 评级结果合理性；评级结果又会影响 ESG 产品策略以及投资者决策，ESG 投资行为又会反过来影响企业 ESG 实践的方向，进而影响投资收益，该生态圈呈现出一个反复循环的闭环结构。随着市场、资本等各方对 ESG 理念的认同的加强，在一个完善的 ESG 信息披露政策及标准前提下，ESG 生态圈可以实现良性的正循环，即：市场各主体在达成 ESG 目标上不断努力，积极为社会创造长期价值，促进高质量可持续发展目标的实现。

二、ESG 未来发展趋势

（一）未来国内 ESG 信息披露政策强制性程度逐渐加强、覆盖范围不断增加，同时对数据质量将有更高要求。截至 2023 年 6 月，我国已有 1755 家 A 股上市公司披露 2022 年 ESG（环境、社会和治理）相关报告，占全部 A 股公司的 34.32%，涉及金融、ICT、房地产、工业、消费品、医药、原材料等众多行业。

（二）国际 ESG 信息披露标准正趋向统一，行业特定标准将成为趋势。

（三）对 ESG 信息的重视程度逐步提升，未来或将与财务信息同等重要。

（四）全球 ESG 投资规模持续增长。自 2014 年以来，ESG 资产管理规模以每年 25% 的速度增长。目前，全球范围内各大证券交易所也已在 ESG 方面布局，截至 2023 年 6 月，我国市场上存续 ESG 基金产品共 455 只，ESG 产品净值总规模达 5736.44 亿元人民币。

三、房地产属性及其评估咨询业务

（一）房地产的投资和金融属性

房地产是兼具投资属性和金融属性于一体的不动产，其投资属性主要体现在房地产具有长期保值和增值的特性；其金融属性主要体现在房地产具有抵押贷款和融资工具等金融功能性，如房地产是 REITs 等金融工具的主要底层资产。房地产具有流动性、收益性和价格波动性等金融产品的特性，同时，房地产市场具有较长的周期性和相对稳定性。因此，应该通过充分了解市场环境和规律，制定合理的投资策略和风险管理措施。

（二）房地产评估咨询业务

房地产估价机构从事的评估咨询业务包括鉴证性估价、咨询性估价和非估价业务，其中：

鉴证性估价一般是估价报告或估价结果供委托人给第三方使用或说服第三方，起着价值价格证明作用的估价；

咨询性估价是指从某个特定单位或个人的角度而非站在中立的立场进行投资价值评估或某些咨询性估价；

非估价业务主要指房地产市场调研、房地产项目经济评价、房地产项目可行性研究、房地产尽职调查、房地产贷款风险评估、投资风险评估、风险承受能力评估、房屋工程质量评估、房屋完损程度评估等。

四、ESG 评估咨询业务的特点

ESG 体系的运行机制使投资者更加主动地对被投资对象进行价值管理和风险管理，随着 ESG 投资规模的快速增长，ESG 投资者在资产估值、项目咨询、投资尽调等方面有大量的评估咨询业务需求。与传统业务相比，ESG 评估咨询业务主要有以下特点：

（一）ESG 重构资产估值逻辑

随着国内 ESG 信息披露政策强制性程度逐渐加强、覆盖范围拓展、国际 ESG 信息披露标准正趋向统一。再加之，为预防企业因非财务因素导致的"黑天鹅"风险，ESG 投资者也希望将 ESG 因素纳入估值体系，因此，我们在评估中不得不考虑相关 ESG 因素对估值的影响，这在咨询性估价业务表现得更为明显。将 ESG 因素纳入估值体系，可以通过"双重重要性"原则将 ESG 因素区分为"财务重要性"与"影响重要性"两类因素，以区分两者对资产估值影响的传导机制。其中具有财务重要性的 ESG 因素通过影响企业的经营效率、经营成本以及风险控制三种路径直接作用于资产估值端；而具有影响重要性的 ESG 因素基于"回旋镖效应"间接影响资产估值。从长远价值的角度来看，ESG 代表了评估企业长期财务可行性和可持续性的众多因素，是财务业绩的重要先行指标。因此，我们有必要探索将 ESG 的因素转化为价值计量的估值模型，为建立 ESG 因素与房地产价值的传导机制构筑坚实理论基础。

（二）ESG 项目咨询的前瞻性

近年来，我国以 ESG 为重点的房地产基金越发引人注目，有的公司已成功转型为可持续发展的房地产投资管理公司，房地产投资管理公司实施的 ESG 战略将为打造前瞻性企业奠定基础并获得竞争优势。ESG 策略下房地产项目投资咨询业务主要涉及绿色城市更新、绿色去碳化改造、房地产投资方案比选、房地产开发项目可行性研究等。从 ESG 角度看，虽然环境因素在房地产行业特别突出，但行业参与者也不要忽视社会和治理因素，否则将会影响到企业的融资能力、业务运营能力等。因此，建立完善的房地产 ESG 战略是将可持续性转化为房地产价值驱动力的关键。从整个房地产项目来看，估价机构需要在传统的可研等咨询服务中加入 ESG 的衡量因素，从更广阔的视野发现或挖掘房地产项目的价值以及相关风险，以便更加专业地为房地产项目的可行性研究进行系统论证并制定有效的风险管理预案。

（三）ESG 引入新的投资尽调维度

ESG 投资策略逐步成为国内投资的主流，被越来越多的投资者纳入投资决策的考量标准。在并购背景下，ESG 为房地产企业引入了新的交易风险维度，即从合规风险到运营和声誉风险。因此，估价机构应根据项目的特点和业务需求调整现有的尽职调查方法，确立合适的关键绩效指标，审查目标公司并识别 ESG 危险信号。其中：对于开发完成处于使用阶段的房地产项目资产，重点主要是环境关键绩效指标（例如，是否制定环境政策、合规情况、可再生能源的使用、是否定期披露可持续性报告）；对在建的房地产项目则更多地需要额外检查社会和治理关键绩效指标（例如，工人的健康和安全、反洗钱和反贿赂政策）。

五、结语

随着经济发展模式的变更，房地产评估的市场需求日趋多样化和专业化，这种市场需求的分化客观上有利于估价机构业务拓展和创新。在估价机构面临业务发展的新机遇时，除了做好本行业的理论研究基础外，还应当形成跨界思维，储备相关的资产评估、会计、金融等专业理论知识，这是因为评估咨询业务本身就涉及多个专业。估价机构属于知识技术密集型行业，专业的执业能力不仅是估价机构面对挑战的硬实力，更是这个行业发展的基石。

参考文献：

[1] 柴强.房地产估价理论与方法[M].北京：中国建筑工业出版社，2022：20-23.

[2] 张锦，曾文婉.详解 ESG 信息披露，描绘 ESG 数据全貌[R].上海：华宝证券研究创新部，2022：7-10.

[3] 李嘉敏，林晓慧.创造可持续价值：房地产与环境、社会及管治（ESG）[Z].北京：德勤中国，2022.

[4] 黄世忠，叶丰滢.可持续发展报告的双重重要性原则评述[J].财会月刊，2022（10）：12-19.

作者联系方式

姓　　名：李川川　吕晓英

单　　位：中瑞国际房地产土地资产评估有限公司

地　　址：北京市海淀区西直门北大街 32 号枫蓝国际中心 A 座 16 层

邮　　箱：1660142332@qq.com

注册号：李川川（1320110069）；吕晓英（1120060057）

估价机构 ESG 理念践行的必要性及路径浅述

曾锐昭　殷宇霞　陈　平

摘　要：近年来，ESG 理念传播在全球范围内呈现出一片"欣欣向荣"的态势，作为全球最为活跃的经济体之一的中国，作为中国经济体系运行一分子的估价机构，深入理解、践行和落实 ESG 理念，对于企业后续发展愈显关键。虽然我国的 ESG 发展尚处于初级阶段，但相信随着 ESG 理念的主流化，政府相关部门及上游企业的持续关注，理解 ESG 理念、落实 ESG 综合发展观念，是我们无法回避、应及早部署的工作。

关键词：估价机构；ESG 理念践行；可持续发展；路径；发展方向

一、什么是 ESG 理念

ESG 即环境（Environmental）、社会（Social）和公司治理（Governance），在投资层面，ESG 是一种关注企业在环境、社会、治理方面的绩效而非仅关注传统财务绩效的投资理念，而在企业层面，ESG 则是指将环境、社会、治理等因素纳入管理运营流程中的一种实践。ESG 理念最早于 2004 年由时任联合国秘书长安南提出，后经一系列事件的验证，各国逐渐诞生出共识，寄望能通过对 ESG 理念及实践的推广，影响企业、金融机构、监管部门的行为，助力提高各自应对气候变化的能力与水平，顺利实现经济的绿色低碳转型。

二、践行 ESG 理念的必要性

彼得·德鲁克说过，商业公司是逐利的，历史上经济学家围绕"G"的研究很多，而资本在追逐利润过程中与"S"的角力实例也不胜枚举，因此，本文先从 ESG 理念平衡中的一环——"E"开始，侧面论述践行 ESG 理念的必要性。

（一）践行 ESG 理念是时代的任务

2015 年 12 月 12 日第 21 届联合国气候变化大会上，全球 178 个缔约方（基本包含全球所有主要经济体）共同签署了《巴黎协定》，其于 2016 年 11 月 4 日起正式实施。协定可以看作是人类对 2020 年后全球应对气候变化的行动作出的统一安排，长期目标是将全球平均气温较前工业化时期上升幅度控制在 2℃以内，并努力将温度上升幅度限制在 1.5℃以内，而为了实现以上目标，首先需要控制的就是"温室气体"中的主要组成部分——二氧化碳的排放量。

二氧化碳的排放，来源主要是化石燃料的燃烧（石油及其衍生品、煤炭），而化石燃料作为现代社会发展的血液，重要地位不言而喻，因此，限制二氧化碳的排放很大程度上亦是限制了各个利用传统能源进行发展的国家的经济发展（图 1），而且越依赖传统化石能源受到的影响会越大。作为例子：特朗普领导下的美国于 2020 年正式退出《巴黎协定》，当中的一个很重要的原因就是受足以左右政治方向的能源产业资本的影响；而拜登上台后重新加入协定，则有部分出于绿色思潮力量的壮大。可以说，《巴黎协定》是国家生存发展的罗生门。

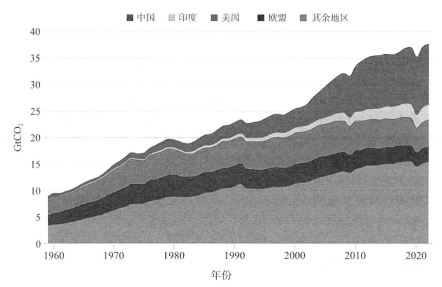

图 1　1959—2022 年各经济体二氧化碳排放量（随经济发展呈现出逐渐增长趋势）

既然《巴黎协定》对作为发展中国家的我们来说有这么大的限制性，我们为什么还要主动加入呢？客观的一面是我国的经济体量及与外部沟通交往的需要让我们不可能"独善其身"，主观的一面则是如果我们想在全球争取更大的话语权、实现民族复兴，《巴黎协定》提供的是一条"新赛道"。

我们是有备而来。环境保护是我国的一项长期基本国策，且近年来科学发展观、可持续发展观已获得很广泛的社会基础，我国构筑了碳核查规范体系、建立了多个碳交易市场，更是出乎欧美国家意料地订立了高于普通标准的"双碳"（碳达峰、碳中和）战略目标，即：

（1）到 2025 年，非化石能源消费比重达到 20% 左右，单位国内生产总值能源消耗比 2020 年下降 13.5%，单位国内生产总值二氧化碳排放比 2020 年下降 18%；

（2）到 2030 年，非化石能源消费比重达到 25% 左右，单位国内生产总值二氧化碳排放比 2005 年下降 65% 以上，顺利实现 2030 年前碳达峰目标；

（3）努力争取 2060 年前实现碳中和。

目前距离 2025 年（实现第一阶段目标）尚余 1 年多，估价机构作为中国国民经济发展中的一员，出于响应国家政策号召、为国家建设"添砖添瓦"的使命感，应该主动学习并践行 ESG 理念。

（二）践行 ESG 理念对企业持续健康发展意义重大

1. 单一效益评价体系已难以满足持续发展要求

得益于近代工业革命，全球经济实现了跨越式发展，但也带来了一系列社会、环境问题，通过 ESG 角度分析如下（表 1）：

单一效益评价体系的 ESG 分析　　　　　　　　　　　　　　　　表 1

归类	事件	原因
E	厄瓜多尔原始雨林破坏事件	忽视环境，德士古公司向原始雨林输送有毒石化废物
	水体富营养化	环境保护意识淡薄，各工业生产企业将未经处理或处理不完全的工业废水和生活污水、有机垃圾和家畜家禽粪直接排向自然水体
S	水俣病事件	缺乏社会责任，将未经任何处理的废水排放到外界
	东津河中溪月红段水污染事件	缺乏社会责任，企业私设暗管排放废水
	长生生物退市事件	忽视社会责任、内部治理存在重大缺陷
G	中石油吉林石化公司双苯厂苯胺车间爆炸事故	内部管理不到位，人员违规操作
	印度博帕尔市农药厂毒气泄漏事件	内部管理不到位，设备维护失当
	ST 康得事件	公司治理出现问题

除此之外，近几年的恒大、融创、奥园、佳兆业等房地产开发企业出现债务违约，究其原因，都是因为企业对实现"自身发展"的评价过于单一、孤立，片面追求最大经济效益、忽视环境整体协调性、忽视公司内部管理。因此，近年来国家及市场参与者逐渐总结出：企业道德、环境等非财务领域的风险是企业稳定发展不可忽视的重要因素，单纯从财务或效益角度出发，确定企业发展策略已难以满足当今的发展要求，运用 ESG 等综合发展理念武装自身势在必行。

2. 企业践行 ESG 理念的实用性

企业依据 ESG 理念分析及确立公司未来经营发展战略有比较强的实用意义。

首先，ESG 理念可以帮助经营者从更全面的维度评估公司的风险和机会。有别于传统的财务分析只能反映出公司的短期财务状况而忽视了公司的长期风险和机会的问题，通过考虑公司的环境、社会和治理绩效，经营者可以更全面地审视自身的行业地位和发展潜力。

其次，ESG 理念可以帮助经营者有效规避风险。目前国家和社会对环境保护、企业社会责任、员工权益保护的重视程度愈发加深，如果公司在环保、社会责任及公司管理方面存在短板，那么公司的未来业绩可能因面临法律或政治风险而得不到保障。

最后，一些研究表明，采取 ESG 发展战略的公司往往会获得更高的长期回报。如在投资方面，援引全球资管巨头贝莱德的一项研究发现，ESG 正面基金的十年平均回报率为 7.4%，而基准指数回报率为 6.2%。该研究还发现，美国的 ESG 正面基金跑赢基准指数 0.5%，而在欧洲得益于强大的公司治理，他们跑赢基准指数 1.1%。

ESG 理念的实践让企业的持续健康发展与商业利益实现了统一。

（三）理解并践行 ESG 理念有助于企业业务发展、改善

目前将 ESG 理念结合到公司治理方面的主要是上市公司，据《中国上市公司 ESG 发展报告（2023 年）》数据，2023 年，有接近 1800 家 A 股上市公司单独发布 ESG 相关报告，披露率超过 35%，相较去年有大幅增长，估价机构虽无 ESG 信息披露要求，但上市公司作为企业发展中的佼佼者，了解 ESG 概念有利于在开拓业务时做到与时俱进，把握先机。

另外，受各种因素影响，目前我国经济发展恢复尚需一定时日，而估价机构竞争日趋激

烈，多数公司业绩承压，其中一个因素是目前估价机构的业务市场更多属于存量市场，零和博弈并无益于行业发展，ESG 理念作为近年来的新热点，其相关业务方兴未艾，作为服务提供者，估价机构应在保障原有业务的基础上，主动研究拓展新型业务，如近年来 ESG 相关的绿色金融业务逐渐增多，但大部分估价机构接触的可能仍然以其中的绿色信贷为主，属于被动参与，原因自然是需求决定供给，但实际上绿色投资、绿色发展基金、绿色保险等业务亦有较为广阔的发展空间，估价机构若能尽早理解 ESG 理念并主动引导 ESG 相关项目落地，提供具有更高附加值的增值服务，可以大大提升企业于当前环境下的竞争力。

三、估价机构践行 ESG 理念的实践路径

前文已对企业践行 ESG 理念的必要性进行了阐述，那么作为估价机构，应该怎样在理解相关理念后，实现 ESG 理念的落地呢？我们认为需要内练硬功，外修形象，下面以图表方式（图 2）列示：

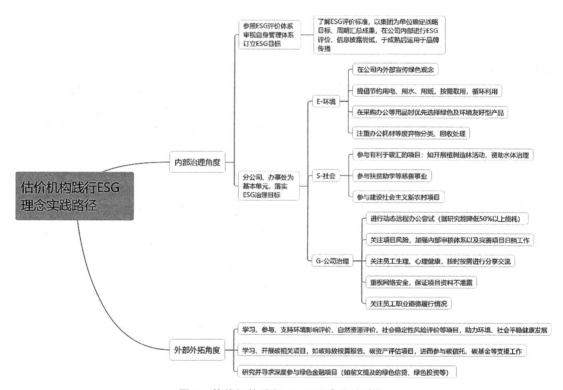

图 2　估价机构践行 ESG 理念实践路径

上述路径实际大部分估价机构都早已在践行，如笔者所在机构早在 2007 年就建立了自身的 OA 智能办公系统，为无纸化办公提供硬件支持；积极承接新农村建设可行性研究项目，为建设社会主义新农村贡献力量；持续进行内部数据库建设，通过数据归集、统计、透视，综合把握项目风险；制定完善的档案管理及信息保密制度；关注员工身心健康发展，定期组织员工进行健康体检及团建等，只是截至目前，我们还没能看到有很多估价机构在订立经营战略及发展路线的时候，将 ESG 的评价标准作为企业运营的基本方针。

种一棵树最好的时间是十年前，其次是现在。ESG 理念的渗透在全球范围内仍处于中前期，但其深刻扎根于未来经济发展的脉络已然明朗，相信各大估价机构、各机构有能之士若能及时跟进参与，估价行业肯定能够乘着这一股东风，实现更高质量的发展。

参考文献：

[1] 杨盈盈. 基于房地产估价风险的研究 [J]. 科技与企业，2014（5）：49.

[2] 黄群慧，钟宏武，张蒽，等. 中国上市公司 ESG 研究报告（2017）[R]// 企业社会责任蓝皮书：中国企业社会责任研究报告（2017）. 北京：社会科学文献出版社，2017：173-211.

[3] 高卫涛，李占宇，李悦. ESG 评级体系研究及企业 ESG 评级表现分析 [R]// 何德旭，毛振华，冯永晟，等. 投资蓝皮书：中国 ESG 投资发展报告（2023）. 北京：社会科学文献出版社，2023：271-307.

[4] 黄速建，王桦，吴若菲. 国内外 ESG 发展进程分析 [R]// 王晓光，肖红军. 企业社会责任管理蓝皮书：中国上市公司 ESG 研究报告（2023）. 中国企业管理研究会社会责任与可持续发展专业委员会，北京融智企业社会责任研究院，2023.

作者联系方式

姓　　名：曾锐昭　殷宇霞
单　　位：深圳市同致诚资产评估土地房地产估价顾问有限公司广州分公司
地　　址：广州市天河区华夏路 30 号富力盈通大厦 3301B
邮　　箱：13609086903@163.com；519343949@qq.com
注册号：曾锐昭（4420190049）；殷宇霞（4420020008）

姓　　名：陈　平
单　　位：深圳市同致诚资产评估土地房地产估价顾问有限公司
地　　址：深圳市福田区侨香路裕和大厦 901 室
邮　　箱：chp@tzcpg.com
注册号：3619970098

睹微知著，做可持续发展的践行者

徐莉娜 杨 诺

摘 要：随着全球范围内日益增长的环境意识和关注，可持续发展已经成为主流趋势，ESG 理念也在国内开始升温，日渐成为行业的热词。来自监管机构的强制要求、投资者的需要及消费者和其他社会群体的期待，使可持续发展成为企业发展和项目评价的一项战略要务。目前，企业管理和金融投资已经较为关注该项理念，作为估价机构也亟需跟紧时代的脚步，调整企业长期发展战略方向，以 ESG 为锚点，在自身管理和项目承做中引入可持续发展的理念，承担社会责任，才能与社会发展相同步，保持长久不衰。

关键词：ESG 理念；高质量可持续发展；社会责任

ESG 是近年来新兴起的一个重要理念。该理念认为，在企业活动和金融投资项目中，不应仅着眼于经济指标，同时应考虑环境保护、社会责任和治理成效等多方面因素，进而实现人类社会的可持续发展。

在以前的市场状况下，评判一个项目是否值得投资，一般要从其财务情况来分析，比如盈利状况、偿债能力、现金流等。但是如果其高利润依靠了对于环境的破坏，比如排放污水、排放废气等，那么这个项目其实是不具备长期可持续发展的条件的。而 ESG 理念认为，一个好的项目不仅要能赚钱，更要有可持续的社会责任感，具体来说，会关注环境 Environmental、社会 Social、治理 Governance 这三个方面做得如何，ESG 理念就是将上面这三个因素纳入项目考评和投资决策的一种方式方法。寻找那些更注重环保、更愿意承担社会责任以及治理更优秀的项目作为投资对象，是当前市场状况的趋势和焦点，也是估价行业未来的发展模式。

一、ESG 理念引导估价行业的可持续性发展

（一）纳入 ESG 理念，提高房地产估值体系质量

随着中国房地产业的高速发展并日趋成熟，房地产业已经成为国民经济的重要增长点，我国的房地产估值体系作为构建现代经济市场中重要的一环，对规范房地产交易市场秩序、促进房地产相关业务发展、确保税收征收的准确性以及解决企业经济行为中房地产的相关问题都具有重要的理论意义和实践价值。

但是随着房地产市场的不断发展，近年来，我国的房地产市场已经从粗放型扩张向集约型保质进行了转变，国家出台了各项政策，都在往绿色发展上大着笔墨，碳中和、碳达峰也被写入了政府工作报告，比如要求住宅项目配建一定比例的装配式结构楼宇以达到减少施工过程中的物料浪费，提高建材重复利用率，减少建筑垃圾的目的，又比如全国各省市致力于

推广绿色建筑,以达到加大建筑节能管理力度,降低建筑的能源消耗的目的。所以,我们也应该顺应时代的发展,在房地产估值体系中纳入 ESG 理念来提高评估质量。

举个例子,在环境保护方面,目前房地产行业是减排的重要主体。根据相关研究,从行业对比来看,房地产行业的间接碳排放量占比最高。《中国建筑能耗研究报告(2020)》显示,2018 年建筑行业全生命周期碳排放占全国碳排放总量的 51%。所以我们在估值体系中,纳入绿色建筑的概念,对于达到《绿色建筑评价标准》的房地产,在比较法修正体系中增加相关的修正因素,对估值结果做正相关的考虑是比较可行的。

那么对于工业房地产的评估,建议可以从企业经营方向入手,采用现场观察,询问调研等方式考察其是否存在排放污水、废气等对环境有影响的行为,对估值结果做负相关的因素修正考虑等。

但是上述行为对于房地产的持有者或者使用者,往往违背"绿色"的概念,才会获取"高额"的利润,所以我们要致力于研究房地产市场的社会问题,不断增强评估准则和估值体系的引领力,才能推动房地产估值体系持续发展。

(二)借鉴 ESG 理念,丰富房地产估价机构咨询业务

我国房地产发展模式已发生改变,党中央也提出构建房地产发展新模式。新模式的提出就是从过去在解决"有没有"时期追求速度和数量的发展模式,变革为解决"好不好"问题、高质量发展阶段的新要求,因此从评价体系上来看我们也应在原有以经济效益为主的评价体系上借鉴 ESG 理念不断丰富和完善,将环境、社会和治理引入实践中以发展估价以外的咨询类业务。

例如在社会责任方面,很多公益项目往往经济评价的各项指数指标是勉强合格的,比如基础设施、水利工程等项目的建设,是不能产生巨大的经济收益的,但是对于造福民众、提升社会形象来讲,却是功不可没,所以对于公益项目的评价体系,引入社会影响因素考核标准和指标体系,笔者认为是必须和必要的。

此外,在治理成效方面,延展到咨询业务中的项目治理更是有必要性的,比如在城市更新项目中,坚持"党建引领、阳光征拆"的概念,运用到实处,摒弃之前的"强拆"理念,采用有效的、看得见的治理手段,让程序更透明,项目更流畅,反而促进了征收工作的顺利进行。在实践中,首佳顾问推出的"云简拆"系统,就考虑到"治理"的理念,在系统上实现可视化操作,公众号给居民推送信息等,摆袖却金,促进项目的推动,切实解决了"征收难"的困境。

所以在现阶段的估价行业中,引入 ESG 理念,可以增强估价机构自身持续发展能力、改善行业产业生态结构、实现中国式现代化治理成效,从而有效推动行业"高质量、可持续"的发展。

二、在项目中引入 ESG 理念的实践经验分享

(一)引入 ESG 理念的意义和作用

在具有社会意义的项目承做过程中,估价机构也需要发挥好专业桥梁作用,顺应国家政策方向、满足社会发展需求,将绿色、ESG 因素纳入项目流程中,引导各方承担各自的社会责任,走可持续发展的道路。

在我司承接的某机场迁建项目的成本测算中,除了考虑到正常征拆项目中的直接成本

（例如：房屋土地价值补偿、搬迁安置费用、停产停业损失等）外，还借鉴ESG理念，从土地资源利用与管理、生态环境、社会稳定、城市规划和发展等角度展开全面分析，为甲方后续协商、谈判提供了有价值的参考依据，对于当地的社会发展、承担社会责任等方面也发挥了重要的作用。

（二）以ESG理念为基础的指标体系构建

2021年全国两会政府工作报告、"十四五"规划和2035年远景目标纲要都提出，"十四五"期间要加快发展方式绿色转型，协同推进经济高质量发展和生态环境高水平保护。为落实规划方案，加快生态转型，某政府在该背景前提下，为达到缓解重要区域的航运压力的目的，拟将现一座机场进行整体搬迁。

由于该项目具有重要的社会意义，所以在本次项目承做中，项目组以ESG理念为指导在标准评价体系之外还进行了特定建设项目的影响分析，在对项目实际情况进行了深入了解后，最终采用定性和定量分析相结合的方法，将特定建设项目的各类动因分类，最终建立了三大指标体系：土地资源管理类、生态环境影响类、社会环境影响类。

首先，土地资源合理规划和统筹管理，是依据经济社会发展需要和土地资源现状状况，对城乡各类土地资源的利用所作的综合协调和统筹安排，以实现土地资源的永续利用，对促进经济、社会、环境协调发展，保持可持续发展具有十分重要的作用。本次建设项目影响分析对机场选址地块、机场选址地块周边噪声区、电磁辐射区等土地资源现状情况和地上物现状情况进行现场踏勘和资料调研，并以此作为对机场区域及周边区域现状土地资源和地上物情况的分析依据。

其次，为了保证生态环境的可持续发展，本次建设项目影响分析对机场周边生态环境的影响作了详细的调研，包括噪声污染、尾气污染、电磁辐射、水污染、水土和植被、预防鸟撞等，是保护机场周围各类生态环境、落实国家生态环境保护规划和生态环境监测规划的需要。

最后，为了当地政府履行公共服务和社会管理职能的需要，本次建设项目影响分析还对征地范围内税收减少、失地农民就业及安置社区管理、保密要求、文物和景观保护等内容做了研究工作，在维护当地社会稳定方面起到了一定的作用。

（三）ESG指标评价的具体实施方案

在环境方面，考虑到了噪声污染，飞机噪声主要是在起飞和降落过程中发动机产生的噪声及各种地面运营设备产生的噪声，不仅对周围生态环境造成影响，限制了各类设施的布局和规划，还对周边居民的健康造成了影响，例如听力受损、专注力降低、情绪烦躁、注意力分散、加速血管及心脏的衰老衰退。同时飞机噪声还会影响家禽产蛋，对周边的家禽养殖场产生经济上的负面影响。因此在本次项目中，项目组根据影响程度不同划分为高噪区、噪声敏感区、降噪区三个区域，并提出了不同的方案措施建议，对高噪区、噪声敏感区以及易产生社会问题的区域采取直接征收模式，对于降噪区进行降噪改造，给予噪声补贴，并对房屋门窗进行隔声改造。

同时在生态环境上还要考虑到预防"鸟击"，鸟类飞入飞机控制系统，会导致飞机坠毁事故，全世界每年大约发生1万次鸟害事件，国际航空联合会已将鸟害升级为A类航空灾难。要保证飞行安全，必须防止在机场和机场附近发生鸟害，不但要控制周边居民豢养家鸽，还需要移除一定范围内的超过标准高度的树木以控制鸟类的活动范围。

在社会责任方面，由于随着土地使用权和所有权的转移，导致了许多失地农民在失去土地的同时也面临着失去源于土地的基本生活保障，如果不妥善处置，便会成为城市中的新贫困群体。所以项目组除了考虑到了正常的社会保障费用外，为了区域的长远计划和合理安排，也提出了增加对失地农民就业问题的考虑，并调研了当地农民就业政策和就业机会及方向（比如当地具有实力的企业、周边居住区的物业公司等），从技能教育、就业培训等方面入手构建了对于失地农民就业问题的评价和建议。

在治理方面，由于该项目某些方面具有特殊性，故考虑到该机场的建设和使用，需要加强机场周边的安全保密工作，安全保密工作的开展在一定程度上会对居民的生产生活产生限制从而带来不良情绪的影响。为了防止不良影响的扩大化，项目组提出了要加强党群工作建设的考虑，从群众思想入手，加强思想教育，普及社会稳定工作的重要性，并对党群工作的组织和人员进行了调研，最终形成符合项目自身特性的党群工作方案及评价。

三、结语

ESG 的可持续发展体系对于企业和社会都具有重要意义。通过关注环境、社会和治理，企业可以实现可持续发展，提高竞争力，降低风险，并为社会和环境做出积极贡献。

估价机构在自己的企业发展中秉承 ESG 的理念，可以推动绿色经济，提高公共服务水平，促进有效治理，提高自身的社会形象，使企业得到长期的可持续发展。在评估项目中引入 ESG 理念，将相关政策、社会责任、治理水平纳入评价体系中，可以使得项目公开透明、更加深入人心，不但能够使项目得以顺利进行，同时也为项目后期的可持续运行夯实了基础。

因此，希望估价机构积极实施 ESG 可持续发展体系，让我们共同迈向一个更加繁荣、公正和可持续的未来。

参考文献：

[1] 李小荣，毕云霄. 体现鲜明中国元素，构建特色估值体系 [J]. 中国资产评估，2023（10）：4-6.

[2] 匡继雄. 七大问题求解，业界建言构建中国特色 ESG 评价体系 [N]. 证券时报，2023-04-19.

[3] 倪欢，唐棣. 可持续投资：ESG 投资与可持续发展目标 [Z]. 澎湃新闻，2023-09-07.

作者联系方式

姓　　名：徐莉娜　杨　诺

单　　位：北京首佳房地产土地资产评估有限公司

地　　址：北京市海淀区紫竹院路 116 号嘉豪国际中心 B 座 7 层

邮　　箱：xulina@shoujia.cn；10461857@QQ.com

注册号：徐莉娜（1120140048）；杨　诺（4420140179）

绿色共生，精铸估价机构 ESG 管理体系

刘小方　胡　晓　李士娜

摘　要：在双碳背景下，ESG 已经成为衡量企业可持续发展性和社会责任的重要指标，本文旨在构建房地产估价机构 ESG 创新实施路径，赋能估价机构高质量发展。

关键词：ESG；赋能；估价机构；高质量发展

在碳达峰、碳中和已成全球共识的当下，社会对可持续发展和环境保护的关注度不断提高，ESG 已经成为衡量企业可持续发展性和社会责任的重要指标。房地产估价行业发展机遇与挑战并存，从单纯关注数量扩张向关注经营理念转变、绿色低碳发展、内部风险防控、业务发展创新、服务质量提升、专业人才培养等内部治理方向转变，以适应新的市场环境。

"双碳"目标的推进也加速驱动着估价机构不断探索特色 ESG 的创新实践路径，对估价机构的专业能力和创新发展提出了更高的要求，本文旨在构建估价机构 ESG 创新实施路径，精铸估价机构 ESG 管理体系，助推估价机构高质量发展。

一、ESG 体系建设实施背景

企业可持续发展的核心是企业价值的重构和商业模式的创新，ESG（环境、社会和治理）理念正成为公司价值重构、引导可持续方向下企业商业模式创新的重要力量。践行 ESG 是新时代下打造精品企业的关键，其中，E（环境）维度代表绿色运营、绿色办公、绿色金融、高效人才培养；S（社会）维度代表产品创新、服务创新、数字化转型发展、生态链培养；G（治理）维度可以理解为企业内部风险管理、道德管理、创新发展、可持续发展等。企业践行 ESG 理念，在 ESG 各维度表现良好才能稳健持续地创造价值，实现经济效益、社会效益、生态效益的共赢，从而实现长期可持续的发展，促进环境友好型社会的发展。

（一）绿色低碳业务发展的需要

当前，房地产业处于深度变革期，低碳发展是当前房地产业发展的新目标和新要求。市场需求方面，逐渐转向环保型产品和生态环境良好的建筑，强调绿色发展，房地产估价行业需要关注绿色建筑和绿色能源等领域，提供符合市场需求的绿色估价服务。

（二）企业提质增效的需要

房地产估价机构需要通过践行 ESG 理念，建立绿色低碳供应链体系降低企业环境风险，关注自身对环境与社会的影响，做到发展与社会环境的相协调，完善估价机构内部治理及创新业务模式，从而提高生产效率、降低企业生产与运营成本，实现企业提质增效，推进企业可持续发展。

(三)提升风险防控的需要

健全企业内控管理体系,落实企业内部治理与外部监管的要求,加强合规性管理,可以帮助房地产估价机构提升风险防控能力。建立涵盖估价业务技术、市场、管理、文化、风控、信息等"六位一体"内部治理体系,健全风险把控和防范、系统管理和控制措施等管理体系,防范实践风险,保障业务活动的正常进行,提升企业竞争力。

(四)维护品牌形象的需要

关注 ESG 因素,加强对环境和社会责任的关注,既可以帮助估价机构维护企业品牌形象并提高市场地位、品牌价值和竞争力,也可以帮助企业吸引高素质人才、吸引新客户并保持老客户的忠诚度。一方面,通过参与估价行业公益援助、爱心捐赠、助农、西部援助计划等公益事业,展示企业的社会责任和积极形象;另一方面,通过积极组织、参与估价行业研讨、业务创新研究,提高企业在行业内的知名度和影响力;同时,通过关注员工权益和福利,提升员工工作积极性及忠诚度,从而为企业创造更大的价值。

二、ESG 管理体系建设实施路径

为更好地回应住建主管部门及行业协会监管要求,估价机构需要构建 ESG 内控治理体系,包含完善的公司治理架构及风险管理内控体系,并基于自身公司情况及外部监管要求,对企业的内控体系进一步优化,逐步推进 ESG 转型,实现可持续性发展。

(一)估价 + 环境责任

估价机构主动响应国家"双碳"目标,与重大国家战略同频共振,将内外部环境变化转化为企业发展的机遇,适应环境变化,守正创新发展。

1. 紧跟国家战略,把握行业转型机遇

党中央、国务院高度重视房地产市场平稳健康发展,多次提及房地产发展新模式。在新模式下,房地产业发展将更加注重绿色、安全和可持续发展,聚焦城市更新、老旧小区改造、城中村改造、保障性住房等领域。这些领域的发展将为房地产相关行业带来新的机遇和挑战,需要行业内的企业密切关注和适应。房地产估价机构可通过关注社会在 ESG 背景下产生的新型产品和服务需求,创新和拓展业务领域,提升市场竞争力,如关注盘活存量空间相关评估咨询、森林碳汇资源价值评估、ESG 评估咨询等业务创新方向,为房地产行业的变革贡献估价力量。

2. 创新合作模式,建立绿色生态伙伴

房地产估价机构可通过业务模式创新,与合作伙伴建立更加紧密的合作关系,实现互利共赢。一方面更好地满足客户 ESG 背景下的新需求,提高合作双方市场竞争力;另一方面,房地产估价机构也可以通过合作,拓展业务范围和市场份额,提高自身的竞争力和盈利能力。比如,通过与银行、保险、基金等金融机构合作,积极探索和创新绿色估价方法和标准,为金融机构开展绿色金融服务提供支持,共同推动绿色金融的发展;与信息科技类公司合作,为房地产数据采集、整理、分析、更新和利用提供专业服务;与地方住建、财政等主管部门合作,提供盘活空间存量的评估咨询服务;与街道社区物业企业合作,开展保障房相关政策培训交流等公益服务。

3. 加强数据沉淀,挖掘绿色资产价值

估价师开展估价工作中除了专业知识、实践经验外,也需要丰富的数据支撑。数据已经

成为新的生产要素，数据资产亦被视为一种重要的绿色资产。房地产估价机构和估价师可借助信息化手段，实现估价技术数据的高效收集、整理、分析和利用，从而实现依靠经验估价向数据估价转型，并逐步形成数据价值链，提升数据价值，助力数据资本积累。提高估价的准确性和可靠性，还可以提升数据价值，助力数据资本积累。

4. 倡导绿色办公，践行绿色节能减排

估价机构可制定《绿色办公管理规定》，对日常运营中能源、资源的采购与使用，以及办公用品循环利用、进行规范管理，对办公产生的废弃物有效管理，减少办公对环境的影响。利用"共享工位"打造移动办公新方式，倡导员工绿色出行，再添绿色力量。

（二）估价 + 社会责任

估价机构积极践行社会责任，将研发创新作为企业发展的内生动力，不断引领行业发展。主要表现在以下方面：

1. 产品创新

积极拥抱城市更新、乡村振兴、生态保护修复、数字经济等政策利好，当前我国处于房地产市场和房地产业转型升级的关键时期，由房地产开发建设、"大拆大建"阶段进入更新改造、盘活存量、投资运营和证券化阶段。关注数字资产评估、存量资产盘活咨询、不良资产处置、自然资源资产评估、保障性住房评估等新型业务。

2. 服务创新

估价机构必须走向多元化发展道路，创新业务模式，积极拓展房地产评估、咨询等相关服务，充分挖掘估价人员职业潜力，积极探索估价在城市资源配置、资产运作等新领域的运用；为不同客户类型、不同层次客户开发和定制服务，提供一站式、场景式、延伸式、自助式、定制化等差异化服务，辅以政策解读、培训交流等增值服务，促进服务模式提档升级。

3. 管理创新

探索产品条线管理，整合现有各类产品，形成产品线条，并以产品条线为主干，对产品进行一对一的定点管理。加强研发统筹管理，建立新业务"四统筹"机制，统一确定研发方向、研发人员、研发管理、研发推广。一方面引入现代化管理理念和技术手段，优化企业内部管理，有效改善股东、董事及管理人员之间的关系，达到技术管理效率和质量显著提升；另一方面，通过践行 ESG 理念，有助于企业与员工、客户、社会公众利益相关者建立共同的价值观念和目标，建立良好的关系，促进企业的可持续发展。

4. 文化创新

结合经营管理工作常态化开展"读书分享"活动；组建各类文化社团，设立专项基金，对困难员工采取紧急救助、定期救助等多种形式的救助活动；完善员工培训和职业发展机制，推行弹性工作制度等，提高员工的获得感和满意度；关心与关爱员工家属，营造家文化氛围。发布企业年度社会责任报告，提升企业社会沟通能力和运营透明度，提高品牌形象和社会认可度，为各利益相关方提供便捷的沟通渠道。

5. 数字化创新

业务信息化方面，搭建档案系统、不动产征收系统、自然资源资产查询系统、项目全过程管理系统等一系列信息化服务平台，强化服务支撑，注入了信息活力；在管理信息化方面，研发上线集技术管理、市场管理、财务管理、人力资源管理、综合管理于一体的信息化平台并及时更新迭代，助力估价机构在探索数字化转型升级的道路上不断前行。

(三)估价+内部治理

内部治理是实现估价机构资源有效配置和可持续发展的关键举措,通过内部治理,确保企业运营规范透明,扎实推进清廉企业建设,着力营造和谐稳定、风清气正的优良发展环境;促进估价机构健康发展,维护公共利益。

1. 加强示范引领

发挥党员、评优评先人员先锋模范作用。以党建为切入点,将制度设计、意识提升、人才选拔作为突破口;通过完善制度设计,常态化开展技术、市场、风控等模块自查自纠工作,提升风险防控能力,助力公司高质量发展;签订《勤勉尽职承诺书》,发出《廉洁自律》倡议,强化廉洁自律意识。开展员工职业道德培训,梳理廉洁风险点,帮助新员工健康成长,引导新员工严守纪律规矩,系好"廉洁扣",客观公正从事估价业务,助力走稳职业道路"第一步"。

2. 完善治理架构

估价机构建立覆盖决策层、监督层、执行层,且权责清晰的风险治理架构,保障ESG相关事项融入不同层级履职尽责中。通过构建高层深度参与、横向协调、纵向联动的ESG管理组织体系,不断完善ESG管理的制度基础;监督考核上,开展跟踪问效、督查督导、诫勉谈话、离任审计等工作,设立内部投诉渠道、调查机制、防腐机制与问责制度,将风险管理执行情况与绩效薪酬挂钩,增强企业"抵抗力量"。

3. 完善风控与民主管理体系

将企业生产经营管理的重大事项、涉及员工切身利益的规章制度和经营管理人员廉洁从业等相关情况,按照程序向员工公开,听取员工意见,接受员工监督;创新公司信息发布载体,建立信息公开栏,发挥微信公众号、微信小程序、云平台、企业微信等渠道简便快捷的作用,确保信息公开实效性,及时公开需员工知情和监督的信息。此外,将风险管控相关措施落实到岗,保证充分落地执行。对相关风险及时预测,发布预警,制定应急预案。

4. 营造"亲清"政商环境

估价机构需牢固树立法治思想,自觉抵制利益输送、权钱交易,恪守市场规则、严守契约精神;参与制定或组织学习行业自律公约,规范估价行业行为。着力营造和谐稳定、风清气正的优良发展环境。

三、ESG理念践行保障措施

(一)加强宣传引导,提升认知水平

估价机构需对ESG的作用与价值有较全面的认知,将ESG因素纳入企业文化建设。在落地环节,通过培训和教育,提高企业内部各业务条线和职能部门对ESG的认知和理解,将ESG具体内容落实到管理与行动,制定ESG实施方案;在具体行动方面,从合规、风险管理、估价业务升级与创新等不同角度,建立激励机制。并兼顾不同的利益相关者之间的需求和权益,实现社会和经济效益上的双赢。

(二)强化规划引领,提升发展韧性

识别业务流程在职能架构、制度、流程、系统人员等方面问题,完善架构、制度、流程等,形成具体的行动计划,落实为ESG流程优化报告。明确时间安排,系统化、体系化推进ESG工作落地;ESG践行是一项长期持续的工程,估价机构以ESG为驱动,并纳入企业

的战略发展、商业模式、运营管理、风险管控、上下游供应链等各个环节，致力成为估价行业低碳高质量发展的引领者。

（三）编制评价规范，提高管理效能

通过编制房地产估价机构ESG评价规范，精细化指导各企业践行ESG理念，促进估价行业高质量、可持续发展，培育有助于绿色转型发展的新生态体系。估价机构按照ESG评价体系的要求，开展ESG信息披露，以缩小监管市场、客户与企业经营者之间的信息差距，提升行业管理效能。

四、结语

ESG理念融入估价机构发展战略，将自身的可持续发展与国家"双碳"目标、社会环境的可持续发展紧密结合，提升企业竞争力，促进企业可持续发展。在环境责任方面，引导估价企业践行绿色发展理念，营造良好行业生态，促进环境友好型社会的发展，实现经济效益、社会效益、生态效益的共赢；在社会责任方面，通过研发创新，引领行业发展，践行社会责任，平衡经济与社会和谐发展；在治理方面，通过完善组织架构、加强风控与民主管理，梳理"亲清"政商环境措施，营造风清气正的优良发展环境；促进估价机构健康发展。

参考文献：

[1] 柴强. 房地产估计要适应环境变化守正创新发展[R]. 中国房地产估价年会主旨演讲，2022.

[2] 陈卫东，叶银丹. 我国房地产企业发展模式转型研究[J]. 西南金融，2023（7）：3-13.

[3] 周怡. ESG理念的底层逻辑解读[EB/OL].（2023-07-12）[2023-10-12]. http://jjtz.cn/achjevement_detail/id-28.html.

[4] 毕马威微信公众号. 企业该如何进行有效的ESG实践[Z].（2022-08-24）[2023-09-10].

作者联系方式

姓　　名：刘小方　胡　晓　李士娜

单　　位：永业行土地房地产资产评估咨询有限公司

地　　址：湖北省武汉市武昌区友谊大道303号武车路水岸国际K6-1栋23层

邮　　箱：274633115@qq.com

注册号：刘小方（4220140025）；胡　晓（4220110057）

第七部分

高质量发展探索及实践

务本求实 循道而行
努力构建房地产估价专业服务型机构

丁金礼

摘　要：近来，诸多领域有关生存的话题又被关注，房地产估价行业也遇到了前所未有的困难，业内同仁对估价市场变化造成的生存危机纷纷提出建议，更多的是基于现实考虑如何适应环境而生存，只有少部分大型机构从行业发展角度思考战略定位，但也遇到一些难以回避的现实问题。本文从机构的现状及房地产估价服务的本质分析，提出构建房地产估价专业服务型机构的浅见，以帮助机构理清行业发展目标，找准机构和估价师的努力方向，促进行业健康发展。

关键词：务本求实；循道而行；构建；估价专业服务机构

我国房地产估价业形成于20世纪90年代初，从政府部门成立估价单位为房地产管理提供估值，发展成为适应市场机制的机构为社会提供全方位的估价服务。三十多年来，与其他行业发展思路相似，关注的重点是围绕发展如何扩大业务领域，还没有静下心来思考估价行业真正的发展方向和目标。2023年受宏观经济形势及房地产市场影响，估价机构真正遇到了严峻的考验，不得不使同行们思考、探索未来的发展之路。

一、当前房地产估价机构存在的主要问题

（一）现实生存困难，经营理念与行业发展目标不匹配

估价行业的职责是提供规范的专业服务，但现实中部分机构考虑更多的是经济利益，片面追求业绩，甚至为了"利益"而不惜采取迎合和公关手段争取市场份额。尤其是当前传统房地产估价业务急剧萎缩的情况下，迫于僧多粥少的竞争压力，更多的机构关注如何生存，并不在意未来行业发展的长远目标。这类机构短期可能获得生存所需的物质条件，但留下了极大的风险，对行业产生了危害，特别是当这种理念成为主流时，势必影响行业的公信力，从而出现现实利益与行业发展目标不匹配的矛盾。

（二）估价技术应用滞后，不能满足高质量估价需求

房地产估价属于应用技术，估价中需要大量的基础数据及估价参数，有赖于机构和估价师从市场资料中分析确定。但是，部分机构经营理念上不重视估价技术应用方面的研发，人员组成上缺少融会贯通的估价人才。同时估价技术应用未有效纳入监管体系，致使估价技术不能满足估价实务需求。具体表现一是传统业务技术报告不规范，报告评审中暴露出诸多问题；二是新增疑难估价项目要么不敢涉足，要么随意应付，严重影响行业整体形象。

（三）惯性思维没有根本改变，不适应日益强化的追责机制

大部分机构诞生于房地产业迅猛发展的时期，当时可观的评估费收入及靠公关拿到业务的便利渠道，加之房地产价格持续上涨冲抵了高估的风险，同时估价监管、追责机制不完善，使部分机构的估价专业服务逐步蜕变成经营牟利的活动，其他机构受其影响或多或少地存在这种思维。客观地说，这种现象不仅仅存在于估价领域。目前形成惯性的执业模式已经不适应日益强化的追责机制，未来一些机构在取得业务方式、估价技术方面摆脱不了被追责的后果，严重的可能造成机构被迫撤销、人员被刑罚的结局。

（四）估价市场急剧萎缩，不能容纳房地产繁荣时期形成的机构规模

估价机构最大的规模出现在房地产市场繁荣时期，目前因少部分机构风险暴露、市场萎缩等原因出现了规模适度缩小，但机构数量仍然庞大。未来市场容量不能满足现有全部机构生存，无情的市场淘汰难以避免。如何不留风险而生存、发展，是一道考验机构决策层智慧、能力的难题。

（五）凭借"大业绩""低"收费等策略入围市场，不利于行业的健康发展

现实中，机构取得业务还要通过各种入围竞争途径才能获得"门票"。能否获得"门票"一般靠两大"法宝"：一是靠机构业绩、规模、体量，以"大"为美；二是拼收费标准，以"低"取胜。入围越多业绩越大，并形成"循环"，至于估价机构应该推崇、信仰的专业服务质量与效率往往不在入围因素考量之内。遴选估价机构时一般会这样考虑：机构大说明综合实力强，凸显公正性；收费低符合自身利益，有的甚至与营商环境评价挂钩。现实一次次告诉机构要重视业绩尽量"大"，收费尽量"低"，长期下去势必影响估价行业的健康发展。

二、估价机构目前的执业现状

目前，房地产估价行业虽遇到业务萎缩的困境，但整体发展基本稳定，一些大型、知名机构在市场变化的情况下依然健康有序发展。部分机构面临较为严重的问题，未来其基本的生存条件会受到影响，主要存在经营理念不明晰、估价师能力未达到应有的水平、估价报告存在低质量操作三个方面。

（一）部分机构经营理念上存在"战略不清、战术不精"的现象

任何一个行业及企业要想在市场竞争中持续健康发展，必须始终保持危机感，对市场变化有敏锐性和洞察力，并做好战略性的前瞻布局。目前，估价机构都有危机感，但多数只是对业务量减少、收入下降产生焦虑，对估价市场变化及走势缺乏判断预测能力，没有可行性应对措施，部分机构基本处于随波逐流状态，存在"战略不清、战术不精"的现象。

1. 部分机构缺乏长远发展理念

由于机构所在地域及负责人素质限制等原因，部分机构把估价当作牟利的工具，只关注短期经济效益，考虑的是如何以最低的成本换取最大的经济利益，缺乏应有的职业操守和长远经营理念，往往重视业务公关、迎合不当需求。从短期局部利益上说，这些机构"目标明确"，但始终处于脆弱、危机状态。从长远发展考虑，属于"战略不清"，很难持续生存。

2. 部分机构缺乏专业技能

部分机构轻视估价人才培养和估价基础工作，没有建立保障估价质量的资料库及估价参数研究体系，缺乏合格的总估价师及执业估价师，不具备解决估价疑难问题的能力，在估价

实务中基本处于简单操作、套版出报告状态，长期处于"战术不精"的技术水平，存在极大的估价技术风险。

（二）部分估价师执业能力未达到应有的要求

目前，各机构专业人员的技术能力仍然参差不齐，大型机构整体水平一般较高。从估价师的执业能力进行分类，估价师可分为"技乏、技能、技巧、技艺"四大类：

1. 技乏——技不如人

房地产估价属于应用技术，涉及知识面广，估价师需要有一定的执业经验且不断接受新的估价思想。新入职或不能及时学习更新知识的估价专业人员，往往缺乏独立执业能力，在估价技术上存在短板、不足，这类专业人员属于"技乏"，可用成语"技不如人"来形容。估价机构中这类人可有但不能多，否则，机构整体技术水平会受到限制，执业风险增加。执业多年的估价师如果不思进取，就会成为"签字估价师"，未来是会被淘汰的。

2. 技能——一技之长

当估价师具备一定的执业经验，并通过不断学习提高估价水平，能熟练解决估价常见问题时，这类专业人员属于合格的估价师，有一定的估价"技能"，可用成语"一技之长"来形容。应该说，每一个估价师都应该达到这样的水平。估价机构中这类人占比越高机构估价能力越强，但只能从事常规业务，创新能力有待提高。

3. 技巧——技高一筹

当具备"技能"水平的估价师通过不断学习提高，能在遵循房地产估价相关法规、规范的前提下有效解决估价疑难问题时，这类专业人员属于优秀的估价师，估价能力达到"技巧"水平，可用成语"技高一筹"来形容。这样的估价师一般是善于学习、有钻研精神的专业人才，数量有限，应予重用。估价机构中如有这样的估价师，并赋予类似总估价师应有的职权和待遇，机构的创新能力一般较强。

4. 技艺——技艺超群

当具备"技巧"水平的估价师通过不断提升估价理论基础和执业能力，能创造性地解决估价疑难问题，分析、研究、建立估价参数体系，这类专业人员属于大师级的估价师，估价能力达到"技艺"水平，可用成语"技艺超群"来形容。这样的估价师一般是善于思考、专业积淀深厚、综合能力突出的专业人才，数量稀缺，不可多得。估价机构中如有这样的估价师，可以绕开同质化竞争激烈的估价业务，更多地关注估价创新，为社会提供高质量的估价服务。

部分机构过去考虑的是业绩和经济效益，现在市场紧缩后要保生存，始终没有把估价专业质量放在首位。客观地说，这是大环境使然，不能强求估价机构都能独善其身，但无疑偏离了估价行业的本质和规律，不是长久之计。

一般机构中起码应该有一个经验丰富的"技能"估价师，合格的估价机构中至少应该有一名具备"技巧"水平的估价师，并由此类专业人员担任机构总估价师，机构部门负责人应达到"技能"水平，新入职或不善自我提高的估价师越少越好。大型机构要培养具备"技艺"水平的估价师，当然，这类人占比不大，依据人力市场规则，需要有独特的企业文化才能"留住"。

（三）部分估价报告质量未达到应有的要求

当前，各机构出具报告的水平也有较大差异，大型机构的报告整体较好，但也分估价项目类型，有的抽查报告并不规范。从估价报告及其结果使用分类，估价报告可分为"形似、正规、领先、创新"四大类：

1. 形似——是个报告。从格式上看是个报告，但不规范，不能通过专业评审、鉴定，甚至存在迎合不当估价需求的问题，使报告承担估价以外的功能和作用，比如抵押估价关注"贷多少"、征收估价考虑"走不走"，存在较大的估价风险。

2. 正规——规范报告。基本符合规范要求，能基本通过专业评审、鉴定，报告可为特定的估价目的服务，能实现估价目的的正当需求。

3. 领先——优质报告。严格遵循估价规范，部分有创新，能通过专业评审、鉴定，可解决报告使用过程存在的相关问题。

4. 创新——创新报告。在遵循规范下有益创新，能解决疑难估价需求，报告使用之后房地产存在的相关问题能在报告特别提示、估价报告使用限制条件中预测披露，甚至对估价对象房地产的有效利用能起到提示作用。

从报告评审、鉴定中发现，"形似"报告不在少数，说明对报告质量的关注度没有对业务取得的关注度高，或者说估价市场上估价质量不是主要生产力，这是行业面临的最大问题，也是机构和估价师未来可能出现的风险点。

三、估价市场淘汰规律已无法回避

房地产估价需求由市场决定，即使研发一些创新项目也要有市场潜在需求的契机。同时估价市场的占有一般有地域性或系统性的特点，相对固定，市场大小决定估价机构的多少。未来，经济发展的红利时代已经过去，估价市场萎缩已是不争的事实，无法容纳房地产蓬勃发展时期诞生的现有机构，估价市场淘汰已不能避免，今年已经看到市场作用的端倪。估价机构被淘汰的情形一般有以下两种，有时甚至两者兼有。

（一）机构入不敷出被迫注销或合并

估价收入骤减无法继续经营，这是机构被迫注销最直接、最简单的原因。在市场萎缩的同时，为了争取仅有的市场份额，恶性竞争会进一步加剧，从而加速淘汰速度。所有机构都知道恶性竞争的危害，明白共同维护市场秩序的重要性，但趋利的本性和生存的欲望会使机构一方面埋怨他人不守规矩，同时自己也在乐此不疲地破坏市场秩序。这样的机构参与市场竞争一般靠公关、迎合、低收费三大法宝，业务公关技巧高于估价专业能力，缺乏真正的竞争力，往往最先被淘汰。淘汰的方式一是注销机构退出估价市场，一般限于非专业人士主导的小型机构，特别是积累风险较大的机构，这种情况下专业人员需要另谋出路；二是注销自身机构与其他机构合并，一般限于专业人士组建的机构，为了减少开支、保持较高估价备案等级继续执业，往往会采取这种模式，但容易出现"人合心不合""搭锅做饭"的现象，持续性不强。

（二）突发风险事件导致机构不能继续执业

今后一个时期，以前积累的估价风险会随着宏观经济趋缓、房价低迷的形势以及受估价行为相关利益方牵连等原因而爆发。部分机构将面临较大的财务风险、公关风险和估价技术风险，甚至会出现叠加风险。机构一旦突发风险事件，被处理后往往会一蹶不振，业务渠道被阻断，原有业务合作单位敬而远之，内部专业人员纷纷辞职脱离，机构不能继续执业，这是粗放型、趋利型机构的一般的结局。

市场淘汰是正常的经济法则，但每一个经济组织都不甘心被淘汰，会在逐步缩减的市场中争取尽可能多的份额。现实中估价委托人包括利害关系人一般只重视估价测算结果，对报告其他内容不关注，只有估价结果不符合期望值时才从报告其他内容上找问题，估价质量不是主要的生产力。部分机构过去为了提高经济效益往往采取公关、低收费、迎合不正当需求的方式抢占市场。现在为了生存更会采用轻车熟路的"方略"，使竞争变本加厉，其他类似机构也会如法炮制，最终导致依法规范执业的机构深受其害，恶性竞争的机构也难逃被淘汰的命运。市场淘汰虽然残酷，但却是机构优胜劣汰的必经之路，有利于估价市场走向规范有序、健康发展的行业目标。

四、房地产估价行业的基本定位及实现途径

（一）务本遵道——确定房地产估价行业的基本定位

1. 从历史文化探索房地产估价行业定位

任何行业都存在一个基本定位问题，或者说长远发展应该达到一个什么目标状态。两千多年前，我国西汉末年学者刘向《说苑》中已经指出"行业定位"的基本判断标准："万物得其本者生，百事得其道者成"。意思是说，世间万物如果依据根本就能生发，一切事情只要符合道义便可圆满。房地产估价行业的"本"和"道"，就是适应房地产估价市场正当需求，利用估价专业技能为社会提供规范的估价服务，促进社会经济发展和社会和谐进步。如果细分，可认为熟练的执业技能是"本"，规范的专业服务是"道"。当然，从两千多年前的中华文化去理解并定位房地产估价，不可避免地会存在一定的局限性。

2. 房地产估价法律、规范对行业的定位

《中华人民共和国资产评估法》总则规定了该法的制定目的：为了规范资产评估行为，保护资产评估当事人合法权益和公共利益，促进资产评估行业健康发展，维护社会主义市场经济秩序。《房地产估价规范》总则规定了该规范的制定目的：为规范房地产估价活动，统一房地产估价程序和方法，保证房地产估价质量。

由此可见，现代的房地产估价相关法律、规范也基本包含了历史文化对行业的定位。因此，无论经济社会、科技水平如何变化，房地产估价行业都应该有一个发展目标，或者说是一种追求、定位，可简述为：适应房地产估价市场正当需求，利用专业技能为社会提供规范的估价服务，促进社会经济和谐发展、不断进步。

（二）循序渐行——房地产估价行业发展目标的实现途径

应当看到，目前部分机构的行为活动与行业发展目标相比还有不小的差距，这与我国房地产估价发展的社会背景有关。现代房地产估价业是伴随改革开放、房地产市场兴起而逐步发展起来的，三十多年间经历了行业诞生、培育发展、高速运行、需求趋缓、市场缩减几个阶段。当前行业处于各种矛盾冲突、生态亟需调整的关键时期，估价机构和估价师既要面对现实努力生存下去，又要展望未来向行业发展目标靠拢，需要一个思想转变的阶段和适应市场的过程，有时甚至是痛苦的抉择，尤其是执业水平不高、缺乏相对稳定业务来源的机构，考虑的第一要务是生存。因此，不能理想地认为行业组织一旦确定发展目标后，大家会立即改掉恶性竞争的陋习，迅速适应高质量估价服务的目标，还会有一个循序渐进的过程。

五、促进估价机构健康发展的几点建议

估价机构要想健康持续执业，必须牢记行业专业服务的本质，努力构建专业服务型机构。具体做到坚持行业发展目标、培养专业人才、不断拓展业务。

各机构因地域差异、成立背景不同，不能盲目学习、照搬外地的"先进经验"和"模式"，而要因地制宜走适合自己发展的道路。

（一）把握估价行业发展目标

目前，要求所有机构都牢固树立专业服务的经营理念是不现实的，原因有三：一是改革开放至今，追求经济利益往往被"推崇"，改变根深蒂固的价值观之难可想而知；二是现实中估价机构的最大问题是专业服务与经营收益常常对立，机构在权衡之下不得不放弃专业服务，这是多数机构经营理念偏离的主要原因；三是估价市场严重萎缩后，机构首先考虑的是现实生存，不能苛求机构在生存不能保障时还关注未来，正像要求一个食不果腹的人追求人生最高理想一样不现实。但并不是说机构可以随波逐流选择利益至上的执业思路，重利益而轻专业是不可能长久的，机构的根本出路在于体现行业本质——专业化服务，或者说，机构要牢牢把握行业的发展目标，即使迫不得已短时偏离航向也要及时调整，最终走向专业服务。

（二）培养人才是提升机构专业水平的关键

在完善的制度下，机构能否实现长远可持续发展目标，关键看从业人员的专业素质和综合能力，当然也与地域、人才分布有关。提高估价师执业能力，主要应从拓展房地产估价知识面、提升适应估价市场的专业素养、具备解决估价疑难问题的创新能力三个方面入手，其中前两项是合格估价师应有的素质，后一项因要求较高，是提倡、鼓励一部分估价师应达到的水平。

1. 估价知识的多元化要求估价师不断学习提高

房地产估价涉及的知识面比较广，刚入职的估价师一般掌握的深度有限，如不继续学习提高很难达到独立执业的水平，从而影响机构正常经营发展，也增加个人和机构的估价风险。未来的估价需求逐步趋向于解决矛盾纠纷，对估价质量的要求会进一步提高，每一个从业人员都需要不断学习专业知识，否则被淘汰的几率会大大增加。

2. 估价市场复杂多样要求估价师及时探索适应

因房地产市场不规范、登记信息缺失或房地信息不一致等原因，给估价带来一定的难度。同时，房地产市场调控及管理政策变化会催生一部分估价业务。都需要估价师不断提升执业水平，增强专业素养及综合能力，以适应房地产估价市场复杂多样化要求。

3. 突破估价疑难问题需要估价师具备创新能力

估价疑难问题一直困扰着大部分机构，估价实务中要么回避、拒绝此类业务，要么一知半解地进行估价，均不利于提高行业公信力和有效解决房地产估价需求。估价疑难问题来源于估价实践活动，由具备创新能力的估价师研究解决实操性较强。

（三）拓展业务是机构生存发展的永恒主题

机构能否在行业长远发展目标下持续健康运营，主要看其适应市场需求的能力，进一步说是否有拓展业务的规划和执业水平。拓展业务不能仅从自身业务面扩大来考虑，因为那不是市场的开拓而是原有业务量的重新调整组合，是相互竞争的结果，甚至会因为恶性竞争人

为地缩小市场。

1. 业务拓展的误区——拓展业务范围不是市场份额的抢占

生存危机时，机构都会想到拓展业务以弥补收入减少。但是，部分机构把业务拓展简单地理解为市场份额的抢占，而不是业务本身在精细化、深度上的探索。比如一个机构原来在三个银行入围，现在为了拓展业务已在五个银行入围，从机构自身看业务面拓展了，但总体市场并没有拓展，服务质量也没有提高，其他机构还会采取类似的措施再夺回甚至多占其入围的银行，这实际是一种恶性竞争，抢占的筹码往往是加大公关力度，这种"拓展"不具有可持续性，对行业危害极大。

2. 业务拓展的渠道——创新业务、传统业务的延伸及精细化

估价业务拓展的判断标准有两个：一是在业务领域创新，提供新的估价产品，解决估价市场新的需求。这种拓展业务在市场上有潜在需求，过去因机构技术能力、水平有限不能满足估价需要，现在通过研发可以提供规范的估价服务。这种拓展对推动估价技术进步有积极的引导作用，比如提供特殊房地产损害赔偿估价，或老旧小区加装电梯可行性分析及损失补偿、成本分摊咨询估价等；二是在传统业务领域延伸及精细化，提高估价的针对性及实用性。在估价前期提供估价咨询，帮助估价委托人有针对性地确定估价目的、价值类型并能够提供完善的资料；在估价成果提交后，报告使用人能根据估价结果及报告使用提示合理、恰当实现估价目的，甚至有助于正确利用房地产。这种拓展对提升估价专业服务质量有积极的推动作用，比如提供房地产价值中房、地分配价值，或只委托评估建筑物时充分与估价委托人进行专业沟通以明确评估范围及价值内涵，提高估价的实用性等。

3. 业务拓展的前提——机构具备战略眼光并拥有创新型人才

机构都清楚业务拓展会带来竞争优势，但部分机构始终不能有所突破，除了地域因素限制外，其原因是决策层没有行业发展的战略眼光并缺乏创新型人才，其中决策层缺乏战略眼光是主因。只有决策层坚持前瞻性的布局，并长期培养、引进创新型人才，才能有效进行业务拓展。

（四）因地制宜走适合机构发展的道路

1. 根据所在地域确定机构执业规模

目前，估价业务急剧萎缩，收费困难，靠单一估价项目难以生存，注册地之外成立分公司的可行性越来越小，异地取得抵押、征收估价业务的难度较大，有创新能力的机构已经在做疑难估价项目，没有创新能力的机构始终不能突破，估价机构业务类型及分布已逐步出现固化现象。估价机构的执业规模主要决定于注册地的城市性质、规模及经济发展水平，机构宜根据所在地域的特点确定自己的规模，不能盲目借鉴外地大型机构的经验。

2. 根据人才组合确定机构发展方向

机构发展方向包括传统业务完善、疑难项目创新、关联业务拓展等，能否付诸实施不是凭负责人志向就能解决的，主要依赖于机构人才构成状况，因为这些工作都需要专业人员脚踏实地去研究、探讨。机构应根据自身人才状况确定机构发展方向，或者先定向引进相关人才再进行业务发展突破。机构未来发展方向是关联专业的综合经营，人才需求趋向是某项专业能力突出或兼有关联执业资格。

六、结语

经济发展红利时代的房地产估价多服务于经济建设,未来估价多为解决矛盾纠纷,服务于经济的估价今后会被询价平台代替,房地产估价将逐步凸显其专业性和实用性。目前机构遇到的生存危机正是估价行业新转折的开始,机构在关注生存的同时不能忘记估价的本质,偏离行业发展规律未来是要付出代价的,持续、健康、安全、专业的执业理念才是我们估价机构应该走的康庄大道。

作者联系方式

姓　名:丁金礼
单　位:河南宏基房地产评估测绘有限公司
地　址:河南省南阳市两相路与明山路口福成商务楼 5F
邮　箱:nydjl@163.com
注册号:4119960016

基于核心竞争力的房地产估价机构发展分析

钟 凤　程殿卿

摘　要：近年来，房地产估价市场业务量不断萎缩、收费持续走低、机构成本支出压力增大，其生存与发展受到了极大的挑战。本文拟从企业文化、战略定位、技术积累与服务能力四角度构建房地产估价机构的核心竞争力模式，以期为机构的未来发展提供借鉴和参考。

关键词：核心竞争力；房地产估价机构；发展

受外部大环境的影响，房地产估价机构业务发展已由传统业务向以房地产估价为依托的综合咨询业务发生转变，房地产估价行业未来高质量的发展必然会对房地产估价机构综合能力提出更高的要求。因此，如何适应新的市场需求、拓展现有的业务范围、提升核心竞争力是房地产估价机构发展首要考虑的问题。

一、核心竞争力概述

（一）核心竞争力内涵

核心竞争力，又称"核心（竞争）能力""核心竞争优势"。1989年普拉哈拉德与哈德尔在《与竞争者合作——然后胜利》首次提到了"核心竞争力"。1990年，他们在《公司核心竞争力》正式提出了"核心竞争力"的概念内涵，即核心竞争力是一种积累性学识，是在不断协调生产组织形式与有机结合多种技术方式过程中积累的一种学识。

随后，很多学者都尝试对其定义，其主要观点可归结为：企业核心竞争力主要由知识、资源、技术能力、运营能力、协调组织能力等构成。

基于对学者研究的总结，作者认为，企业核心竞争力是指企业在发展过程中所特有的、能够经得起时间考验的、具有延展性且难以被竞争对手模仿或超越的独特技术或能力。

（二）核心竞争力特点

1. 核心价值性

即企业能够充分利用有限的资源，将核心竞争力充分发挥并在市场竞争中占据特有的市场份额，体现自身的商业价值，如价格优势、效率优势、服务优势等。

2. 独特性

指企业内在特有的能力，是企业在长期的经营过程中长期积累沉淀而成的，包括企业的技术能力、核心产品、组织运营模式和企业文化，是其他企业难以模仿或替换的。

3. 整合性

核心竞争力是资源、技术、企业管理以及企业人力资源等因素的整合与融合。

4. 动态性

企业核心竞争力的形成要求和过程决定了其是弹性发展的。由于内外部市场环境的变化，企业核心竞争力有所不同；同时，随着外部环境的变化，企业需进行自我调整，核心竞争力也会动态调整以实现企业各要素的协调发展。

5. 稳定性

动态与稳定并存。即企业核心竞争力随企业发展可能会发生一些改变，但在一定程度上又是相对稳定的。稳定意味着其在行业中的技术质量、管理模式以及人才储备相对稳定，有足够能力应对一定的市场突发风险，企业有稳定的发展空间。

（三）核心竞争力与企业发展

企业的竞争力包括资源、知识结构或管理技能等，但这些是否能转化为企业的竞争优势并不确定，只有相对于其他企业高质量的竞争优势才是企业的核心竞争力。企业持续发展的动力来源于其积累的核心竞争力。

二、房地产估价机构发展现状

（一）市场竞争加剧，市场拓展受限

房地产估价机构传统业务主要有抵押、拆迁、司法鉴定及课税类。随着国家政策防止大拆大建，城市更新路径不断实施，估价机构拆迁类业务严重萎缩；随着大数据和信息化高速发展，抵押、司法类项目业务量锐减；随着纳税体系的逐步完善，课税类业务相应减少……市场的不断变化导致房地产估价机构的市场竞争加剧，各类业务收费持续走低。目前，房地产估价机构业务市场已转向以房地产估价为依托的综合咨询业务，其业务内容广泛、专业需求多样，很多以解决企业实际问题为最终目的，估价机构一般很难抓住客源市场的所有需求并针对性进行大规模拓展。

（二）经济效益优先，目标定位不清

大多数房地产估价机构倾向于简单地以经济指标如收入额、利润水平、个人完成经济指标等考核公司发展能力与员工工作能力，进而导致经济效益成为公司发展的主要指标，往往忽略其持续发展进程中其他重要因素。企业未来发展的目标定位不清，员工仅为完成工作量指标，对于企业的未来发展、个人质量及综合能力提升不甚关心。

（三）内部管理欠缺，风险管控不够

由于市场竞争，部分机构存在违规执业（资质、人员或业务操作）的情况；部分业务未经风险控制人员全面衡量便承接或承诺客户；部分业务由于估价人员专业水平受限，未尽调或者未能及时预判项目风险如存在产权瑕疵、存在交易纠纷、存在优先受偿款等；部分业务受如收费限制、客户对成果仅为时效和结果要求等影响，房地产估价机构估价人员业务操作只是简单的套模板凑数等众多由于内部管理的原因，导致企业经营风险和质量管理风险不断增大。

（四）人才培养单一，创新能力不足

估价机构根据多年来传统业务经验，内部组织结构一般分为多个相对独立的业务部门，为提高工作效率（除审核及质控人员外），业务部门间一般独立作业，估价专业技术人员分工明确，以单一的某种业务类型为主。员工一般擅长某一方面的评估业务，由于模板及思维的相对固化，容易形成机械化作业。遇到复杂、综合性强或者扩展型业务时，可能会导致机

构内综合技能和创新能力受限，进而在客户需求发生变化时影响业务的开展。同时，若缺少专业估价人员能力的提升培训体系和针对性的人才梯度建设，专业技术竞争力会大打折扣，导致客户满意度、信任度和忠诚度等都会受到影响。

（五）忽略文化建设，企业发展缺乏动力

文化是一个企业区别于其他企业的重要标志，房地产估价机构文化建设的强弱往往反映在员工沟通、业务操作、服务质量和经营管理的各个环节。文化建设与管理包括精神和行为两方面，精神层面主要是需员工一起树立共同奋斗、同舟共济的理念；行为层面指员工的作业水平、日程行为规范、问题处理反馈路径及方法等是否是对企业文化和企业认同的反应。若房地产估价机构在日常经营管理中忽略文化建设，简单地以效益和工作任务为目标，不注重内部沟通与交流，再加上管理机制缺乏引导、激励和协调各种关系，容易造成员工没有归属感、自豪感甚至优质员工高流失率、离职员工对企业评价较差等众多问题，进而导致企业发展动力缺乏。

三、房地产估价机构核心竞争力模式构建

不同企业其市场核心竞争力不同。对于服务型中介行业来说，竞争力体现在市场及技术服务能力上。房地产估价机构核心竞争力可归纳为：基于资源整合的战略定位、基于技术积累的创新能力、基于客户满意的服务能力以及基于企业文化的管理能力。

（一）基于资源整合的战略定位

基于资源整合的战略定位主要体现在估价机构决策人员的战略眼光与决策的有效性，对于企业的弹性定位紧跟市场需求与经济发展，即有能把握大局的能力和对时事的判断能力。房地产估价机构赖以生存的关键因素之一在于市场，而决定市场占有率高低首先在于对于公司现有和潜在资源的整合能力，如企业资质的数量、范围、等级及资质间的稀缺性与相关性。当综合性业务成为主流业务时，综合资质的重要性凸显。如对于涉及委托的司法鉴定类房地产评估项目，在缺乏成本资料、造价资料、面积资料等情况下很多估价机构一般会选择退件，但若公司兼具有测绘、造价等资质，则可为法院或承办法官提供可供选择的方案，业务范围可同步拓展为造价评估、测绘与房地产估价的综合评估。对于估价机构与法院来说，是共赢的结果。同时，若这些资源合理整合，对于市场人员，可以全方位地拓展业务，保持稳定的或者稳中有升的市场占有率。

（二）基于技术积累的创新能力

技术积累是企业发展的生命力。房地产估价机构业务看似简单，实质是以技术和解决问题能力为先导。当越来越多的传统业务被信息化途径取代时，专业能力和技术创新才是长久发展之道。因此，基于人才培养的技术积累显得尤为重要。房地产估价机构的人才培养应是专业评估人才和复合型人才。复合型人才是创新能力的主力军，这部分人才既有专业评估基础，又有一定的科研能力，同时还能跳出评估的思维束缚提供特殊类型项目的解决思路。如房地产评估业务基本以评估房地产或土地价值为主，如果客户的需求是抽象的价值评估，比如某一条公交线路、某一户外电子媒体、某一候车亭的广告价值、某一外聘专业人才团队的成本价值等，这些价值评估看似类似于房产或资产价值评估，但又不适用于通用的评估准则和方法。这需要跳出思维定式，找到影响这些价值的因素，通过市场调研与科学研究的方法进行定性与定量分析，必要时可能需要数学建模等方式找到价值评估的路径。

(三) 基于客户满意的服务能力

房地产估价机构最重要的服务对象就是客户。客户满意并不是无底线地满足客户的所有需求，而是有效的沟通能力、快速反应的现场应变能力、实用的解决问题能力和一定程度的增值服务能力等。如房地产估价机构业务关系中，打交道较多的有律师或者审计，这些客户除了对应于该项业务的项目外，还有很多其他类型项目，对接业务时展示高质量的专业水平和解决能力（如调取产权登记资料、指出项目关键问题、给出专业建议等），可保持未来友好关系，有需求时可辅助答疑解惑，无形中形成潜在客户。

(四) 基于企业文化的管理能力

良好的企业文化可形成企业强大的向心力和凝聚力，是企业获得竞争优势的重要软实力。房地产估价机构的企业文化包括：人本管理、绩效与晋升管理、内部风险管理等。

人本管理如建立弹性休假制度，确保工资及时发放、社会保险及时缴纳，推动职工福利待遇正常合理增长，让员工共享企业发展成果，有获得感、幸福感和安全感；如由专人对资质、估价辅助业务、服务质量进行专业化高效管理；员工沟通渠道畅通，能有效向上汇报、向下安排，在职责范围内对项目做出决策，并在有特殊需求时及时得到反馈与支持；员工间工作交往不涉及金钱利益，和谐自由等。

绩效与晋升管理主要指估价机构可研究适合自身的激励与绩效考核机制，绩效标准公正公平，绩效考核多元综合，晋升渠道清晰畅通。另外，针对有潜力的专业人才和复合型人才，机构能全面了解并协助做好其职业规划，有针对性的培训提升体系等；还可鼓励专业论文写作，鼓励团队合作、研究创新等，形成企业的中坚技术力量。

内部管理是指估价机构管理层各司其职（高层管理者对公司策略性的目标负责、中层管理者对功能性目标负责、基层管理者对日常操作性的目标负责），内部质量与风险管理制度完善，时刻保持理性应对各类风险挑战的警觉，确保合规合法经营与执业；风险应对措施合理，建立有反应快速、具备弹性的大风险管控体系，对于不同层级的前、中及后期风险有对应的风险识别与处置方案；同时定期对公司经营业务与管理进行风险检查，防微杜渐。如对于内部资质严格管理，不允许多机构执业，不允许挂名执业等；对于司法业务、土地估价业务、抵押业务等从承接、现场、业务操作、提交报告、归档处理等一切需保证程序上严格合规合法等。

四、房地产估价机构核心竞争力模式运行

如图1所示，房地产估价机构的发展需要倚靠核心竞争力的持续运行。和谐向上的企业文化包括员工对企业发展愿景的认同、企业经营与管理的风险完善可控等均可形成强大的向心力与凝聚力，是企业管理团队稳定与员工保持忠诚的基础与重要保障。

战略定位可为技术开展提供资质、资金等各项资源；同时，有利于企业根据客户的需求提供针对性、个性化的服务，为客户解决实际问题或提供可操作的建议。

技术积累是房地产估价机构提供高质量服务的基础和源动力；同时技术积累可提升专业技术水平，有利于形成全员营销的环境，无论是技术人员、市场人员或者是管理人员都可形成开拓业务市场的重要助力。

服务能力是房地产估价机构技术支持的有力表现形式；满意度高的高质量服务可形成稳定的客源关系，并能及时了解市场和客户需求的变化，有利于企业战略定位的弹性调整，形

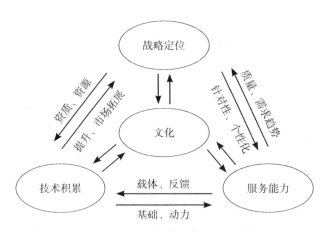

图 1　房地产估价机构核心竞争力运行结构图

成机构发展的良性循环。

综上所述，由于市场环境的变化，房地产估价机构未来的发展不是一蹴而就的事情，需要每一个机构以内部管理为基础，外部拓展为延伸一步步夯实发展之路，进而促进行业未来的高质量与可持续发展。

参考文献：

[1] 李传传. D 科技公司核心竞争力提升策略研究 [D]. 天津：天津师范大学，2022.

[2] 龚思思. JK 公司核心竞争力培育研究 [D]. 宁夏：宁夏大学，2022.

作者联系方式

姓　　名：钟　凤　程殿卿

单　　位：中兴华咨（北京）房地产评估工程咨询有限公司

地　　址：北京市丰台区万泉寺北路 10 号院 4 号楼 2 层 8205 室

邮　　箱：cugzhf@163.com

注册号：钟　凤（1120200038）；程殿卿（1120040179）

新时期下房地产估价机构可持续发展的研究和探索

李 丽　刘永新　张鹏涛

摘　要： 我国房地产评估行业正在逐步发展并走向成熟，但在内部管理方面存在短板和不足，与高效持续增长的业绩规模和服务领域相矛盾，本文对房地产估价机构的现状进行了调查和研究，并从可持续发展的角度出发，对企业管理模式提出了新的思考和看法，供大家参考交流。

关键词： 房地产评估行业；可持续发展；管理模式

2007年以来，我国房地产评估行业正在逐步发展并走向成熟，行业规模不断扩大，服务领域不断拓展。然而，行业也面临着一些困难和挑战，如法律法规制度体系仍需完善，行业创新发展能力仍需提升等，最为突出的矛盾是企业内部管理制度不能与日益增长的业绩规模和服务领域齐头并进。

一、房地产估价机构内部管理现状

近年来，新成立的房地产估价机构如雨后春笋般纷纷探出头来，以西北某省为例，目前共有72家房地产估价机构（省协会备案数量），其中不乏管理制度完善、业绩口碑俱佳的机构，但仍存在不少管理模式如"小作坊"，工作流程似"流水线"的机构，这些机构成立时间有长有短，员工数量有多有少，它们虽然在行业内也取得了一定的成绩，但内部治理存在以下问题。

（一）无部门划分、无职责分工

很多小公司因业务少，未划分部门，员工身兼数职，既是估价助理，也是市场人员，还负责行政事务，领导安排工作不按照岗位职责进行分配，随手抓人，工作职责分工不清，你管他也管，最后导致工作无法落实，找不到责任人。以上方式既有其优势，也存在一些潜在的弊端，优势是短期内能节约人力资源，有效控制成本，但长此以往，弊大于利，表现在以下几个方面：

（1）工作效率下降，很少有员工能够在同一时间内高效地完成多个任务。

（2）会使员工在每个职务中投入的精力不足，导致工作质量下降。

（3）员工的压力增加，尽管某些员工可能享受在压力下工作，但大多数人并不喜欢同时处理过多的任务，长期过度压力会对员工的身心健康产生负面影响。

（4）难以评估员工绩效，如果员工的职务过多，公司无法准确了解员工在各个职务中的表现，就难以对他们进行公正的绩效评估。

（5）员工可能心生不满，只拿一份工资，却干了几份工作，不满情绪积累到一定程度，就会爆发。

（二）无规章制度、无企业文化

（1）公司没有规章制度，员工入职、晋升、离职环节缺少必要的流程，造成"无章可循"。

（2）制度传达不及时、不到位。

（3）执行意识差，执行文化缺失，造成"有章不循"，存在重制度建设、轻制度落实的现象，领导"规则"意识涣散。

（4）制度本身存在严重缺陷，很难有效实施，造成"有章难循"。

（5）制度制定、修改不严谨，朝令夕改。

（6）对制度监督落实不够，造成"违章不究"。

（7）无企业文化，无发展理念，无服务宗旨，只以营利为导向。

（三）无考核体系、无奖罚激励措施

（1）只关注工作成果，不关心员工付出的过程，所有员工食"大锅饭"，造成干多、干少一个样，干优、干差一个样，实现不了"奖优罚劣"。

（2）虽然有些企业实现了"奖优罚劣"，但对员工的考核基于领导"拍脑袋"的形式决定，缺少严谨的考核体系和过程，考核流于形式。

（四）工资实行计件制

评估是一项目技术活儿，不同的项目需制定不同的技术方案，需要符合法律法规、估价规范的规定，必须严格按照估价程序进行，精雕细琢，才能保质保量、合法合规地完成评估项目。而评估过程如生产线，员工如生产线上的工人，机械套用模板，简单实行计件制只会把评估项目产品化，失去了评估本身的意义。

（五）入职门槛低

勘查现场只是简单地拍几张照片，走走过程，未严格按照估价规程履行勘查程序；撰写报告时简单地套用模板，整个过程简单、重复、容易复制，不需要员工发挥太大的主观创造性。所以，在员工招聘时，中专生、高中生，甚至其他行业的销售、导购等均收入囊中，导致员工能力素质良莠不齐。

（六）无晋升机制

员工晋升，旨在量才适用，使人才尽量发挥自身优势，实现自身价值的同时为企业发光发热。有些企业不重视人才培训，不建立人才梯队，很多德才兼备的老员工入职数十年，仍然在基层工作，长此以往，员工的凝聚力和进取心就会降低，影响公司发展。

（七）留不住人才

缺少员工职业发展规划，公司如"菜市场"，员工就职就如去菜市场买菜，快进快出，人员流动大。

（八）办公系统落后

部分公司仍然实行纸质化办公，手工记账，或配备了智能系统但功能不完善，仅有挂号功能和简单查询功能，公司台账全靠手工统计，集各个部门数据汇总而来，各种信息不对称，经常出现遗漏和错误，需要花费大量的时间去核对和校正，耗时耗力，效率低下。

二、新时期下房地产估价机构管理模式探讨及优化路径

我们正处在一个科技不断更新、信息不断传递的时代，在这样的时代背景下，每个企业

管理者都需要不断适应时代的变化，房地产评估机构只有不断实践、不断调整，才能更好地应对市场竞争。企业管理者应从以下几个方面入手，优化房地产估价机构管理模式。

（一）划分部门，明确职责分工

"麻雀虽小，五脏需全"，再小的企业也需要管理，需要分工，通过有效管理使企业的每一位员工在其工作岗位上各负其责，各司其职。

（1）根据业务类型划分部门，确定部门责任人。

（2）明确岗位职责。每个岗位都有其独特的职责和任务，员工需要清楚地知道自己的职责范围和工作目标，才能确保工作顺利开展。

（3）建立明确的工作流程和沟通渠道。一个良好的工作流程可以帮助员工更好地理解他们的工作职责，并确保工作的顺利进行；同时，建立有效的沟通渠道，让上下级之间随时了解工作情况，以便及时解决问题，定期团队会议是沟通的重要方式之一。

（4）进行岗位职责的评估和调整。随着组织的发展和变化，岗位职责也需要进行相应的评估和调整，通过定期的绩效评估和工作分析，确保每个员工的职责与公司的目标和需求相匹配，提高工作效率和质量。

（5）改变管理模式。改变"一人管多人"的模式，分级管控，分组管理，经理抓部长、部长抓组长、组长抓组员，实行"老带新"的模式。

（二）落实规章制度，提高执行力

1. 发挥主管在执行力建设中的作用

无规矩，不成方圆，企业的制度是企业经营管理正常进行的保障。制度是领导组织制定的，领导需要进行充分的调研、论证，避免主观臆断，企业的每一个人都应自觉遵守规章制度。有制度不执行比没有制度更严重，如果领导起着坏的示范作用，势必会上行下效，企业的正常秩序会被扰乱，领导要以身作则，营造按章办事的氛围，也要做好对制度的上传下达。

2. 营造执行文化，提高全员执行意识

在公司内部加强宣传、教育，提高全员对制度执行的认识，形成"人人守制度、事事重执行"的企业文化，并让大家都了解制度的目标和意义，以执行为荣，引导员工自觉、自愿地遵守制度，对违背制度的行为能相互提醒、纠正，达到上下步调一致。

3. 完善制度制定、修改应循的程序和条件

要努力提高制度本身的科学性、可行性，不断完善制度制定、修改应循的程序，同时对已经制定的制度进行定期审核，对过时的、实操性不强的制度进行调整和修订，保证制度与时俱进，保持良好的适用性。

4. 加强监督落实和责任追究，保障制度有效执行

在保障制度科学的前提下，加大对制度执行的监督落实，及时跟踪制度的传达情况，掌握制度的执行情况，对执行中存在的问题认真分析并协调解决，加大对制度执行情况的监督检查，并将制度执行纳入考核体系，重视对违规行为的责任追究和处罚力度，保证制度的有效执行。

5. 维护制度的权威，实现制度面前人人平等。

（三）建立考核体系，制定奖罚激励措施

1. 能者多劳，多劳多得

项目实行分配制，取得项目之后，由部门负责人根据部门员工的综合能力进行分配，使

态度积极、个人能力突出的员工价值最大化。

2. 建立考核体系，制定考核指标

（1）重点落实关键考核指标，划分考核等级，实行差异化表彰、奖励，奖优罚劣，避免员工吃"大锅饭"。

（2）目标管理，结果导向。制定部门"争先创优"计划，月度评优、季度评优、年度评优，部门内部连续三次考核不合格者，开除或降级。

（3）提高劳动生产率。周期短的项目，如宗地评估、房产评估，组织周/月出具报告数竞赛、现场勘查数竞赛、疑难项目完成数量评比等。周期长的项目，如园林草分等定级，开展项目成果评优（数量、质量）活动。

（4）勤复盘、做备忘。重点工作要回忆，找出其中的主要问题和矛盾，成功的经验和失败的教训，并做记录，及时沟通和讨论。

3. 员工利益和公司利益捆绑

激励机制是以人为中心的，其内容也必须以人为中心。目前，大部分估价机构都在"以物为本"的思想指导下进行管理，这就使得激励机制没有"以人为本"的思想作为支撑和指导。这种情况下，企业激励机制在制定、实施等过程中都是以物质利益为导向的，而不是以满足员工需要为导向，很多企业在制定激励机制时就缺乏对员工实际需求的了解和分析，从而导致一些制度无法真正起到激励作用。因此，公司需设计一套科学的激励机制，并与员工近期、中期、长期利益挂钩，给员工一个看得见、摸得到、能感受到的回报。近期和工资挂钩，中期和年度奖金挂钩，长期和人才特殊待遇、分红期权挂钩。用科学的激励机制，留住优秀人才，实现企业与员工"利益共享、风险同担"。

（四）提高入职门槛

（1）从业资格证是一块敲门砖，实行持证上岗，有证优先。

（2）公司判断一个员工有没有能力胜任岗位，工作经验在某些程度上说明了你能做什么，你的能力有多少等，面试时，有工作经验者往往比无工作经验者容易胜出。

（3）不能光看学历，也不能不看学历，尽管我们口头上都认为文凭不能代替能力，但在现实中，文凭已成为就业和升职加薪的"护身符"，同一所大学的本科生和硕士研究生去应聘，一般情况下，招聘单位会选择后者。

（4）个人综合素养是指个人所具有的认识、分析、处理事物的潜能，具体指学识、技能、品格、交际能力、应变能力等，一个综合素质高的人，工作能力也不会太差。

（五）发现人才、重点培养

坚持"内部培训为主，外部引进为辅"的培养原则，秉持专业型培养和综合性培养同步进行的目标，培养一专多能型人才。实施人才甄选，重点培养有潜力，与公司价值观统一、发展理念一致的员工。

（六）建立晋升通道，使晋升制度化

公司想要创造的是绩效文化、可持续发展的文化，那就必须让晋升制度化，人才才有可能与企业凝心聚力、共同进退。

1. 建立岗位定级标准和工资定级标准，岗位分类分级，工资分级

2. 晋升制度化

（1）分类、分级建立晋升标准和通道，进行绩效考核评价。

（2）建立多轨制晋升通道，多条腿走路。如员工工作年限达到一定标准，基本工资升一

级；取得荣誉、嘉奖时，可以在晋升考核时加分；取得房地产评估师资格、资产评估师资格时，升效益绩点等。

（七）实现智能化、数字化办公

1. 应用智能办公软件，如 OA 系统等，使统计、查询、汇总等智能化，用智能化办公软件取代传统的纸质化办公模式，用系统自动生成的报表代替传统手工台账。

2. 利用大数据、人工智能等新的技术手段，优化企业的运营效率，降低企业成本。

（八）加强企业文化建设

企业文化是企业在长期生产经营过程中形成的价值观念、经营思想、群体意识和行为规范的一种综合体。它产生于企业自身，应得到全体管理者和员工的认同与维护。

建立企业文化，强化企业文化，应重视员工心理建设，让员工认同公司的企业文化，提升员工对企业的信念感和归属感，才能使员工把自己的追求融入公司的长远发展之中。公司就是一部大机器，每个员工不应该仅仅是颗螺丝钉，而是一部部小发动机，要上下形成合力一同推动公司前进。

（九）转型与变革

传统的房地产评估机构以土地评估、房地产评估等为主要业务，已经不能适应市场的需求，需要迅速实施转型和变革。随着自然资源部门的成立，国家对八部委的职能进行了整合，统一管理山水林田湖草等全民所有自然资源资产，这对评估机构来讲，是一个契机，也是一个挑战，评估机构应当根据自身的特点和专长，逐步走向多元化发展的道路。

自然资源领域的业务广阔庞杂，需要企业领头人擦亮眼睛，认准方向，转型和变革可以是产品线的调整，也可以是对企业文化和营销策略的重新调整和升级，这种变革和转型并非一蹴而就，它需要企业管理者的勇气和决心，需要不断地实践和总结经验教训。

参考文献：

[1] 小马财经说. 我国资产评估的现状与发展 [EB/OL]. (2023-10-25) [2023-11-23]. https：//baijiahao.baidu.com/s?id=1780699634013799576.

[2] 中华人民共和国中央人民政府. 中华人民共和国民法典 [Z]. 2020-05-28.

作者联系方式

姓　　名：李　丽

单　　位：甘肃国信达土地房地产资产评估有限公司

地　　址：甘肃省兰州市城关区 64 号昶荣大厦 1810 室

邮　　箱：12217038@qq.com

资格证书编号：30520201062919620110（未注册）

"三驾马车"驱动房地产估价机构
持续、健康、高质量发展

牛炬鹏　谷小颖

摘　要：面对当前形势，房地产估价机构持续、健康、高质量发展离不开人才、业务、管理这"三驾马车"驱动。人才是龙头，需起到引领作用，要用人才、聚人才、培养人才、提升人才专业技能；业务是基础，需拓展业务范围，既要挖掘传统业务，也要探索新型业务；管理是保障，需狠抓落实，要健全制度、防范风险、提高效率、控制成本。"三驾马车"共同发展、顺应时势，助力房地产估价机构高质量发展。

关键词：人才；业务；管理；高质量

一、房地产估价机构当前面临的形势

中国房地产估价行业起步较晚，历经数十年的发展，房地产估价机构从脱钩改制的寥寥数家，到后来雨后春笋般迅猛发展，再到如今几无新增，甚至多家机构注销；传统估价业务中的抵押评估大部分已被大数据、云估价等智能评估系统取代，尚未被取代的那部分受银保监发〔2020〕18号文件《银保监会　工业和信息化部　发展改革委　财政部　人民银行　市场监管总局关于进一步规范信贷融资收费、降低企业融资综合成本的通知》谁委托谁付费影响，抵押评估业务的收益逐年走低；受《最高人民法院关于人民法院确定财产处置参考价若干问题的规定》影响，依次采取当事人议价、定向询价、网络询价、委托评估来确定财产处置参考价，并实施先评估后收费，降低涉执类司法鉴定收费标准等措施，司法鉴定评估的数量及收费标准双双下降；房屋征收与城市更新评估受地域政策与经济发展影响，有的缩减了征收规模，有的被老旧小区提升改造取代，数量较之前大幅减少。面对当前严峻形势，房地产估价机构如何实现持续、健康、高质量发展？本文从人才、业务、管理三个方面做出分析。

二、人才驱动是龙头

习近平总书记在党的二十大报告中强调，必须坚持"人才是第一资源"，坚持"人才引领驱动"。估价目的是估价基本事项的龙头，人才在房地产估价机构持续、健康、高质量发展过程中也要起到龙头引领作用，坚持用人才、聚人才、培养人才、提升人才专业技能，这不仅是响亮的口号，更需要狠抓落实。

（一）需要高质量的估价专业人才

人才不等于人员，房地产估价机构实现持续、健康、高质量发展需要挑选和沉淀有知识、懂技术、锐意进取的估价专业人才。当前房地产估价行业对估价从业人员要求门槛不高，专业素质参差不齐，但房地产估价机构为估价委托人提供的是专业技术服务，尤其是新型估价业务，专业的技术与服务凸显重要。估价专业人才要从估价从业人员中挑选和培养，不仅要注重其学历与专业，更要注重工作中的学习、探索、进取意识，不断积累估价实践经验，努力提升专业技术水平，成长为高质量的估价专业人才。

（二）需要制定合理的激励策略

估价专业人才是房地产估价机构发展的基石，而激励策略则是激发人才潜力、培养人才家的意识的关键。然而培养出具有专业技术能力且能够与公司同发展共进退的人才不是一蹴而就的，往往需要机构与个人共同努力，个人为机构谋发展，机构为个人谋福利，个人的价值往往通过机构的人才激励策略来体现。合理的激励策略可以为估价团队或房地产估价机构挖掘人才、留住人才，类似于伯乐与千里马，房地产估价机构与人才也需要双向奔赴，而奔赴的关键就在于合理的激励策略。

（三）需要加强人才储备，实现老中青同堂共济

估价专业人才储备要与房地产估价机构的规模相适应，既要考虑人才储备成本，也要考虑机构发展规划。当机构业务下滑时，通常会出现人才流失；而业务上升时，若无人才储备，则凸显人员不足，突击招聘，未必符合公司要求，所以，房地产估价机构需要加强人才储备。此外，中国房地产估价行业起步较晚，寥寥数十载，年长一代房地产估价师贵在历经估价行业发展之路，实践经验丰富，但受家庭或年龄制约，通常精力有限；中青年房地产估价师目前是估价行业的中坚力量，专业能力及实践经验均得到较好的锤炼；而刚入职的房地产估价师贵在思路新颖、充满工作激情，但估价经验及专业知识略显稚嫩。所以人才储备要老中青三代房地产估价师相结合，实现老带新、新帮老、经验与思路结合、同堂共济、共同助力房地产估价机构持续、健康、高质量发展。

（四）需要估价专业人才知识及技能再提升

房地产估价行业的发展不是一成不变的，《房地产估价规范》的更新、《中华人民共和国资产评估法》的出台、《中华人民共和国民法典》的实施、估价理论及专业技术指标的更迭，都需要估价专业人才知识及技能再提升。如果仅靠套用估价报告模板，流水作业撰写估价报告，缺乏创新思维与探索意识，不仅不能成长为估价专业人才，甚至会被房地产估价机构早早淘汰。所以，估价专业人才要通过继续教育、行业培训、相互交流、估价实践、主动学习等方式对估价专业知识及技能再提升，以期为房地产估价机构持续、健康、高质量发展提供更高、更专业的技术服务。

三、业务拓展是基础

业务是房地产估价机构收益的来源，是机构发展的命脉，是机构持续、健康、高质量发展的基础。只有人才没有业务，好比巧妇难为无米之炊，落到实处，就是既要深挖传统估价业务，也要探索新型估价业务，还要辨识风险、懂得业务取舍。

（一）传统业务深挖掘

中国自20世纪80~90年代实施房地产价格评估以来，逐步形成了抵押评估、课税评估、房屋征收评估、司法鉴定评估、损害赔偿评估、房地产证券化等传统房地产估价业务。随着大数据、云估价等智能评估技术突飞猛进地发展，传统估价业务面临着较大的挑战，但传统估价业务经历几十年的发展，房地产估价机构对其最熟悉、最易于操作，为了提高房地

产估价机构收益能力，可对现存的传统估价业务进行深层次挖掘。

譬如受大数据及云估价等智能系统的影响，房地产抵押贷前评估业务逐步减少，但根据《商业银行押品管理指引》要求，要加强押品存续期管理及押品处置管理。从实际情况来看，押品存续期管理即押品重估数量较大，且需要在贷款存续期内动态评估，故可对其进行深层次挖掘。此外，课税评估中房产税的开征可能会为房地产估价机构带来新的曙光；近年来住房租赁REITs也使资产证券化旧貌换新颜；随着人民权利意识的加强，房地产损害赔偿评估也可通过钻研新技术来挖掘承接。总之，之前觉得是细枝末节、不被重视的传统估价业务，通过深层次业务挖掘，变成房地产估价机构新的收益来源；之前因专业技术能力不足，不能或不会的传统估价业务，通过深层次技术挖掘，提升专业能力与实践经验，继而能够胜任并承接估价业务，实现收益增长。

（二）新型业务勇探索

时代在发展，经济在转型，房地产估价行业也应该适应新形势，涉足新的业务领域，房地产估价机构更应该审时度势，抓住新机遇，开拓新估价业务，实现收益新增长。

譬如房地产租赁评估，随着国家对各类国有资产使用申报逐步规范，各机构部门、国有企业、学校等资产出租时，均要求对出租资产进行评估并向规定机关申报，并且出租资产根据类型及租赁期，往往需要动态评估，开拓此类估价业务可以实现较好的收益增长。再比如不动产项目价值提升方案研究，随着中国城镇化进程的加快，近年来存量房所占比例持续提高，当存量房满足市场基本需求时，通常来说，资金将会逐步投向旧房改造，尤其是一线大城市，城市新增土地供应紧缺，加之当前城市更新已经放缓，提升老旧不动产价值，尤其是商服类不动产价值提升改造评估将成为一种新的咨询服务业务。此外，政府以解决民生问题为目的，对楼盘进行整体收购评估；国有资产平台对大宗房地产投资或融资评估；为纠纷当事人提供诉前估价顾问服务等均可实施新业务探索。

（三）辨识风险、懂得业务取舍

不管是传统估价业务还是新型估价业务，房地产估价机构都应该大力倡导拥抱业务，因为业务是估价机构收益的前提，是估价专业人才实现其价值的途径。但是并非所有估价业务都可大包大揽，还要深入了解拟承接的估价项目，考虑相应的法律、经济等风险。譬如房屋征收、司法鉴定估价业务，对于评估必须而又未定的因素处理，如果没有相应的依据，那么房地产估价机构承担的法律风险极高；再比如因利益驱使或利益输送，要求高估低评、多评漏评等估价业务，对房地产估价机构的风险防范也是一个挑战。诸如此类的估价业务便不是多多益善，一定要施展慧眼、辨识风险、懂得取舍，一旦承接了此类项目，要及时止损，倘若风险外溢，可严重影响房地产估价机构持续、健康、高质量发展。

四、管理落实是保障

管理含义广泛，仁者见仁，智者见智。笔者认为房地产估价机构的管理是广义的、多方面的，除了要建立健全估价机构内部管理制度，还需要识别风险并建立风险防范机制、狠抓落实效率管理和成本管理。

（一）建立健全估价机构内部管理制度

《房地产估价机构管理办法》要求建立健全估价质量管理、估价档案管理、财务管理等各项企业内部管理制度。对于房地产估价从业人员来说，这些内部管理制度早已耳熟能详，但各房地产估价机构的执行力度却参差不齐，甚至在有些机构内部管理制度就是"摆设"，执行的好坏直接影响着风险的高低。譬如估价报告质量控制不扎实，出现错误、虚假、重大遗漏情况；忽视核查验证，导致证件或资料以假乱真造成损失。建立健全完善的内部管理制度并严格执行有助于降低房地产估价机构经营中的风险。

（二）识别风险并建立风险防范机制

1. 法律层面的风险

《中华人民共和国资产评估法》的实施，不仅规范了评估行为，保护了权利人或相关当事人的合法权益和公共利益，也对违法行为进行了较为严厉的处罚，构成犯罪的需要依法追究刑事责任，已然将评估行为提升到了法律层面。所以，房地产估价机构不宜超出资质许可及专业能力胜任范围承揽业务，估价作业过程依据相关法律法规要适宜；房地产估价师要遵守法律法规及政策，规范执业，从而降低房地产估价机构的经营风险。

2. 估价程序层面的风险

房地产估价作业过程应按照《房地产估价规范》对估价程序的要求进行，估价程序不规范可能导致估价结论被推翻，估价报告判定无效，甚至要承担相应的法律及经济责任。事实上，因估价程序错误导致估价项目出现问题的事件层出不穷。譬如估价作业流程不规范造成承接项目不能如期交付；估价委托不清晰造成估价范围出现问题；估价师助理替代房地产估价师进行现场查勘或要求两名房地产估价师到场的项目仅一人到场；现场查勘不认真，造成估价对象错看、漏看、多看情形；估价作业期短，市场调查不充分，搜集资料不齐全，难以保证估价作业质量；房地产估价师现场查勘的估价项目交给估价助理撰写报告；估价报告代替签字等，都在估价程序层面上面临着较高的风险。所以，规范估价程序有利于估价项目顺利进行，从而降低房地产估价机构的经营风险。

3. 估价技术层面的风险

《房地产估价规范》《房地产估价基本术语标准》《涉执房地产处置司法评估指导意见（试行）》等技术标准及指导意见，对估价技术操作均作出了相应的要求与指导。估价技术层面的风险大多体现在估价结论上，譬如估价报告中价值类型明确但价值内涵不清晰；估价方法选取不当、估价结果随意取舍；市场背景分析缺乏调查、分析结论无数据支撑；交易实例的真实性、完整性、可比性等不符合可比实例选取要求；租金调查不客观、未考虑租约限制；房地合估与分估路线中成本费用计算重复或遗漏；假设开发法中估价前提确定不合理；估价参数取值随意、无合理依据等，均为房地产估价机构埋下了隐患和风险的种子。从估价技术层面来看，要建立健全房地产估价总监制度，在各技术标准及指导意见的框架下、范围内，合理制定机构内部估价技术操作标准以及审核标准，统一的标准可以有效降低房地产估价机构的经营风险。

（三）提高效率、提升形象

房地产估价机构提供的是专业技术服务，效率管理要求及时响应估价委托人，并为其提供快速、高效、专业、高质量的估价专业技术服务，这样既可以获得估价委托人的好评与青睐，也有利于提升房地产估价机构形象，更有利于业务承揽。此外，效率管理还要求房地产估价机构能够提供综合性、一站式服务，通过升级机构备案许可、拓展经营许可，延伸专业技术服务。譬如，同时拥有房地产、土地、资产评估备案许可，并将经营范围延伸至中介服务、测绘、造价、安全鉴定、社会稳定风险评估等领域，既提高了机构抗风险能力，展示了机构综合实力，也提升了机构的专业形象。

（四）开源节流、控制成本

开源节流是企业持续发展的不二法宝，开源体现在业务拓展上，而节流则体现在成本管理上。成本管理并非简单地节约、减少费用，而是要综合考虑效益最大化。当前房地产估价机构的成本主要在于人力资源成本，做好人力资源成本管理不能一概而论地降低成本，要与人才储备、人才激励策略相结合，这样既能合理控制成本，又能培养并留住人才，继而促进房地产估价机构持续、健康、高质量发展。

五、结语

在充满变革与发展机遇的当下，房地产估价机构持续、健康、高质量发展确实离不开人才、业务、管理这"三驾马车"的驱动，但又不止于此。本文旨在抛砖引玉，条条大道通罗马，各房地产估价机构及行业同仁可共同研究，探索出一条适合各自机构的持续、健康、高质量发展之路。

作者联系方式

姓　　名：牛炬鹏　谷小颖
单　　位：河南正泰房地产评估咨询有限公司
地　　址：河南省郑州市金水区金水路 226 号楷林国际 B 座 2612 号
邮　　箱：hnztpg@126.com
注册号：牛炬鹏（4120130036）

促进中小估价机构高质量发展的路径研究

舒友林　赵　超

摘　要：针对当前房地产估价行业现状及存在的问题，以常地公司实际管理为例，从建立高效的管理体系、建设企业文化、构建高质量的收入分配体系、提高人才素质、树立良好的企业形象、增强风险管控意识等诸多方面阐释了中小估价机构高质量发展的策略。

关键词：制度建设；内部管理；高质量发展

随着经济的发展和市场的日益完善，估价机构作为市场经济的服务中介，对促进资本流动、保护投资者权益以及提升市场透明度具有重要意义，发挥着越来越重要的作用。中小估价机构作为估价行业的重要组成部分，其发展质量直接影响整个行业的健康发展。在新形势下，房地产估价机构将面临新一轮的挑战与机遇，习近平总书记说过"打铁还需自身硬"，面对各种行业危机与生存挑战，如何加强估价机构内部建设、促进中小估价机构高质量发展尤为重要。

一、房地产估价机构发展现状及存在的问题

（一）行业现状

1. 房产行业低迷，业务大幅萎缩

自房地产估价制度实施以来，大多数房地产估价机构从事的评估业务主要以抵押评估、税基评估、征收评估、司法鉴定评估等为主。随着社会经济的发展及科学技术的进步，很多传统类型的评估开始采取自动评估系统及询价等新型估价模式，造成估价机构业务直线下滑。再加上受疫情及房地产市场增速放缓等因素影响，房地产估价业务呈现大幅度萎缩的迹象。

2. 机构数量增加，内部竞争激烈

我国房地产估价始于20世纪90年代中期，伴随着住房制度的改革和房地产业的蓬勃发展，政府开始实施房地产估价制度，同时开始估价人员的从业资格认证，房地产估价机构和估价师人数快速增长。房地产估价信用档案系统公布的数据显示，截至2020年底，我国拥有71368名持有房地产估价师执业资格证的专业人士。其中，注册执业房地产估价师人数为63772人。从2016年到2020年，注册房地产估价师人数呈现稳步增长的趋势，年均增长率为13.8%[1]。房地产估价行业管理信息平台显示2022年底前取得一级的房地产估价机构共1047家，且数量仍在不断增长中。伴随着机构和从业人员的不断涌入，势必给行业竞争带来更严峻的挑战。

3. 技术研究重视不足，业务能力参差不齐

随着机构数量的增多，特别是既有机构分支机构的增加，很多机构秉持"业务为王"的发展宗旨，把机构发展重心放在了抢占业务上，忽视了对技术的研究、对风险的把控、对从业人员的培训。从而滋生估价机构业务能力参差不齐、恶性竞争的乱象。

（二）存在的问题

近年来，中小估价机构常出现以下问题：因高估低评，出具虚假报告，受到行业监管部门的处罚；劳动合同签订不到位，受离职员工举报，受到劳动监管部门的处罚；因股权纠纷处理不当，进而对簿公堂，造成不必要的经济损失；行业内双随机检查，存在报告质量不合格的问题等。究其原因，除房地产估价机构竞争激烈、发展遇阻以及受技术的变革，社会经济下滑的影响外，中小估价机构内控不足是一个很常见的问题，主要体现在以下几个方面：

1. 制度不健全

一些中小评估机构在内部管理制度上不够完善，缺乏规范的操作流程和标准，导致工作过程中出现混乱。

2. 风险管理不到位

有效的风险管理对于评估机构至关重要，但许多中小机构缺乏对风险的识别、评估和控制机制，增加了运营风险。

3. 监督机制不足

内控的另一个关键环节是监督，但中小评估机构往往缺乏独立的内部监督机制，导致违规行为得不到及时发现和纠正。

4. 人员素质参差不齐

由于资金和规模的限制，中小评估机构在人才引进和培训上可能存在不足，导致员工素质无法满足内控要求。

5. 信息化程度低

一些中小评估机构在信息化建设上滞后，导致信息不透明、不共享，增加了内控的难度。

要解决这些问题，估价企业需要从完善制度建设、强化风险管理、加强内部监督、提高人员素质、推进信息化建设等几个方面加强内控。

二、建立管理高效的制度体系

（一）内部管理制度的作用

企业依法制定的规章制度可以保障企业的运作有序化、规范化，将纠纷降低到最低限度，能有效降低企业的经营运作成本，增强企业的竞争力。可以防止管理的任意性，保护员工的合法权益，对员工来讲服从规章制度，比服从领导任意性的指挥更容易于接受，制定和实施合理的规章制度能满足员工公平感。

（二）内部管理制度的建设

房地产估价机构的管理人员职业前期多从事估价业务，是技术出身，缺乏现代企业管理经验。为了规范管理企业，提高企业的管理水平，江苏常地房地产资产评估勘测规划有限公司（以下简称"常地公司"）经过多年的摸索，根据现代企业管理理论并结合自身特点，建立了一套行之有效的管理制度体系，在日常经营管理中起到了较好效果，在此分享，希望能与同行共勉。

1. 科学制定规章制度

常地公司根据公司实际情况和业务特点,科学制定了《公司章程》(简称"章程")、《公司内部管理规定》(简称"内部管理规定")和《员工手册》等主要规章制度。

《章程》是公司的最高管理制度,是公司组织与行为的基本准则。

《内部管理规定》是公司内部办事流程规定,照章办事的规范性条款,内容包括:总则、管理机构、行政办公制度、财务管理制度、质量控制制度、劳动及人事管理制度、薪酬管理制度、保密制度、劳动纪律等制度。

《员工手册》是员工日常工作中要注意及遵循的事项。内容包括:企业发展历程、劳动关系管理、员工行为规范、薪酬管理、绩效管理、知识产权和保密义务、员工档案管理、奖惩规定、附则等。

公司还根据不断发展的形势和要求对相关制度进行完善,如2021年为了加强数据安全,常地公司《内部管理规定》中添加了第八章《保密制度》,能有效防范因员工泄密而带来的法律风险,一定程度上保障了公司的技术、信息及财产安全。2022年为规范公司员工入、离职管理程序,确保公司和员工的正当权益,在《内部管理规定》第六章《劳动及人事管理制度》中添加了员工入职管理制度和员工离职管理制度等相关制度。

另外,管理制度内容力求全面,在全方位管理中均可做到有章可循。

2. 狠抓贯彻落实

制度的成效,关键在于执行,通过以下几方面的措施,确保制度的落实。

(1) 组织培训学习

常地公司在各项制度相对完善的前提下对员工进行了多元化的培训,让员工了解并掌握公司相关的制度和流程,依照制度进行工作,从而避免出现或降低因工作失误带来的风险。通过新员工培训,让新员工更好地了解公司的基础制度和运作方式,以最快的速度融入工作环境中。

(2) 完善配套措施

公司通过OA系统、钉钉系统的使用,保障制度落实。各类估价设置了固定流程,各项审批也有了固定的流程及辅助审批材料,管理者对项目基本情况、项目进度可以一目了然,简化了操作流程,也实现了办公留痕,能确保风险可控,同时各部门的信息也得到了共享。

(3) 严把执行力度

公司领导层以身作则,按规章制度办事。公司遵循在制度面前管理层和普通员工一律平等的原则,消除制度执行中的权力干预、部门干预和人情干预,解决制度执行不力的问题。

公司制度也对公司人员的职业操守及职业道德方面做出了明确规定,要求公司所有人员不接受相关利益方的礼物、宴请等,同时也注意相关利益方的回避;确保评估结果公平公正。同时欢迎各方监督,如有发现违反廉洁规定的,公司将予以严肃处理。

员工在制度框架内办事,能充分发挥主观能动性,提高了工作效率,减少不必要的内卷;管理层能明确自己的职责边界,边界内决策拍板,边界外向上请示。通过上下联动,管理效率得到了很大提升。

建立管理高效的制度体系,能很好地促进估价机构高质量发展,但其他因素也不能忽略。

三、估价机构高质量发展路径

（一）高质量发展的涵义

中小房地产估价机构需要适应经济转型并抓住机遇，通过提供高质量的服务和优质的估价报告赢得客户的信任，发挥房地产估价在促进公平交易和维护权益方面的作用，助力社会经济高质量发展。建立与完善适合公司情况的创新发展模式与机制，不断强化员工专业素养，提高企业技术水平；不断创新和完善制度体系，提升企业治理能力；防范化解经营与执业风险，促进企业可持续发展。

（二）高质量发展主要路径

1. 企业文化建设

企业文化是指导企业开展生产经营活动的各种行为规范、群体意识和价值观念，集中体现在一个企业独特的、鲜明的经营思想和个性风格，反映着企业的信念和追求，是企业群体意识的集中体现。包括企业核心价值观、企业精神、企业使命、企业愿景等内容，是企业意识形态的总和。常地公司的企业文化：

企业核心价值观：诚实可靠，务实高效，为客户创造价值。

企业精神：诚信，专业，协作，责任。

企业使命：持续不断地为客户提供客观公平的房地产评估咨询服务，为社会作出贡献。

企业愿景：把常地公司打造成一个权威的房地产评估咨询机构。

2. 构建合理分配体系

良好的收入分配机制能提高员工的工作积极性，也是企业维护员工稳定的重要前提。企业应不断完善收入分配体系，保证员工薪酬公平。估价机构是技术密集型行业，人才是估价机构得以健康发展的重要因素之一，只有建立高质量的收入分配体系，充分体现多劳多得的原则，才能有效地提高员工的工作积极性。

3. 注重人才素质教育

房地产估价业务类型多样，且随着社会经济的发展新兴业务不断涌现，这就对我们评估人员提出更高的要求。评估人员不光要对评估基本知识全面掌握，还需了解税收、登记、工程造价等相关业务知识。估价机构需根据自身需求及时输入新鲜血液，做好人才储备。招聘时，估价机构需提高人员准入门槛，确保专业综合素质高的人员进入企业。另一方面，企业要通过不断培育来提高员工的专业理论知识和素养，使其能完全胜任工作；此外，企业还应加强对员工的引导和帮助，切实履行自身在工作中的义务与责任。只有人才的技术水平提高了，机构的业务承接能力才会增强，机构才能更好更快地发展。

4. 树立良好企业形象

一个良好的企业形象不仅可以赢得社会公众的信赖和支持，还可以增强企业内部的凝聚力。反之，则影响公众对企业形象的感知，还会降低员工的士气。企业不仅要提高自身的产品和服务质量，增加社会责任感，还要适时地做好宣传工作，提高公司的知名度。

5. 增强风险管控意识

企业的风险管理对其经营活动起着决定性的作用，为了取得健康、稳定的发展，中小企业需要进一步完善自身的风险管理体系。首先，应提升对风险管理工作的重视程度，增加投入，并吸纳和引进专业高素质的风险管理人才，确保风险管理工作能够有序地进行。其次，需要设立专门的风险评估部门，不断提升企业的风险防范意识和能力，并将风险评估工作常态化运行。此外，中小企业还需建立完善的风险制度，确保风险评估人员能够从专业角度评估各类风险问题，尽量避免受到主观因素的影响。

参考文献：

[1] 中国社会科学院国家未来城市实验室, 中国房地产估价师与房地产经纪人学会. 中国房地产发展报告 No.18（2021）[M]. 北京：社会科学文献出版社，2021.

作者联系方式

姓　名：舒友林　赵　超

单　位：江苏常地房地产资产评估勘测规划有限公司

地　址：江苏省常州市新北区太湖东路 158 号

邮　箱：121788878@qq.com

注册号：舒友林（3220020229）；赵　超（3220100045）

估价机构高质量发展的经验和策略

林子程　林立洲　胡金莉

摘　要：本文探索估价机构高质量发展的实践经验，探讨如何提高估价服务的质量和效率。通过对多个估价机构的案例研究，本文总结了一些关键的经验和策略，包括人才培养、数据管理、内部管理、质量控制、业务开拓及客户服务等方面。这些经验和策略对于估价机构提高自身的竞争力和推动行业的发展具有重要的参考价值。

关键词：估价机构；高质量发展；经验和策略

一、引言

（一）估价机构的发展现状

评估行业经过20多年的不断发展进步，行业规模不断扩大，行业收入稳步增长，行业水平不断提高，行业影响不断增强。估价机构数量持续增长，特别是中小估价机构，数量众多。根据最新数据显示，目前全国共有房地产估价机构近6000家，其中一级机构1047家，房地产估价师人数约7万人，估价机构和从业人员仍在不断发展壮大，行业发展呈现良好态势。估价市场规模逐步扩大的同时，也面临着外部竞争愈发激烈、行业开拓创新能力不足、市场潜在风险加剧等问题。

（二）高质量发展的重要性

我国经济已经由高速增长阶段转变为高质量发展阶段。新的发展阶段，要把高质量发展放在更加突出的位置。估价机构作为市场经济运行的重要参与者，在维护市场秩序、保护资产所有者和投资者权益、促进市场优化资源配置等方面发挥了重要作用，估价机构的高质量发展显得尤为重要。

二、估价机构高质量发展的主要经验和策略

（一）人才培养

人才是行业发展的重要资源，优秀的人才可以推动行业的发展，也是企业成功的关键。构建技术功底扎实的人才队伍，使估价人员有从事各种不同估价业务的能力。估价机构可从下面几个方面进行人才培养。

1. 吸引和留住高素质人才

吸引和留住高素质人才，要为人才提供发展平台，让人才有施展才能的空间，以优秀的事业凝聚人才，要为人才的使用营造良好工作环境，提供具有吸引力的薪酬福利。

2. 建立激励机制

建立合理的激励机制，可以提高员工的积极性和工作效率，使工作达到更高的绩效。可以从薪酬激励、职业发展激励、团队荣耀及合作激励等方面建立合理完善的激励机制。

3. 加强培训和教育

建立严格的用工标准，加强员工的培训和教育。优秀的人才离不开培训和教育，估价行业是比较重视技术的行业，估价人员是估价工作的核心，估价人员的专业知识、估价基本技能、职业素养和人际沟通能力对估价的质量至关重要。估价人员应积极参加估价协会组织的继续教育培训班；估价机构应定期开展各类估价知识培训，分享新的评估案例，新的评估思路；估价人员应多参加培训，提高估价技能，提升估价质量。

（二）数据管理

随着计算机网络建设的深入，企业的运行越来越依赖计算机系统的电子数据，如何有效管理网络系统数据日益成为企业正常运行和提升工作效率的关键环节。特别是估价领域，要依靠大量的数据支撑，高效的数据管理可大幅提升工作的效率、优化估价流程和估价的质量。随着大数据时代的发展，阿里大数据和京东大数据已开始进入房产评估领域，在司法拍卖房地产领域占领了一席之地。估价机构可从下面几个方面进行数据管理。

1. 建立数据仓库和数据管理系统

一些在全国排名领先的估价机构已经建立了自己完善的数据仓库和数据管理系统，并从电脑管理系统发展到手机 App 管理。这些数据仓库和数据管理系统涉及估价资料数据管理、估价技术管理、质量控制管理、审批流程管理、营销管理等。

2. 确保数据的准确性和完整性

确保数据准确性和完整性是高质量估价的重要保障，建立严格的数据录入标准和流程，对数据进行验证和核实，使用安全的数据存储系统和数据库管理工具，确保数据的机密性、完整性和可靠性。还要对收集的信息进行分析整理并持续监测、改进和更新。

3. 数据分析和应用

依赖上述数据库，估价数据分析和应用是利用数据分析技术来评估和预测房地产、资产或其他物品的价值。在实际应用中，估价数据分析通常需要结合多种方法进行综合分析和判断，以获得更准确的估价结果。

（三）加强估价机构内部管理

加强估价机构内部管理是提高估价质量和效率的重要途径。估价机构应该建立科学、规范的管理制度，包括质量控制制度、人员管理制度、财务管理制度等，以确保各项工作的顺利开展。依据规范和标准，对估价过程中的项目接洽、协议签署、现场勘查、估价测算、估价报告编写等进行质量监控、审核。

（四）质量控制

估价机构质量控制可以帮助估价机构提高评估报告的质量和准确性，保护客户的利益，同时也可以提高估价机构的声誉和信誉。主要从以下几个方面进行。

1. 建立质量管理体系

质量管理体系是企业内部建立的、为实现质量目标所必需的、系统的质量管理模式，是企业的一项战略决策。估价机构应该建立完善的质量控制体系，对估价工作进行全过程的质量控制，使估价工作规范化，确保估价结果的准确性和可靠性，防范或减少估价风险事故的发生。

2. 内部审核

内部审核是估价机构内部对评估报告进行审核，以确保评估报告的质量和准确性。内部审核通常由估价机构的专业人员进行多级审核，对评估报告的内容、方法、数据来源等进行详细的审查和核对，以确保估价计算正确，结论合理。

3. 持续改进

持续改进是管理体系自身完善与提高的关键手段，对质量管理中发现的问题，及时提出整改措施，总结经验，弥补不足，持续改进。

（五）业务开拓及客户服务

估价作为专业中介服务行业，要拓宽评估相关业务领域，加强与客户的沟通，了解客户的需求和要求，提供优质的服务，建立良好的客户关系。

1. 业务开拓

估价机构业务拓展是实现企业长期发展和持续竞争优势的重要手段。通过拓展业务，企业能够开拓新的市场、获取新的客户和资源，提升品牌形象，实现多元化发展。巩固与深化传统估价服务，如房地产抵押、房地产征收、房地产投资、房地产转让或处置、涉讼资产价值确认等，积极深化服务内容，拓展新服务领域，向咨询、顾问等领域延伸，如创业投资、社会稳定风险评估、灾害补偿、税基评估等，提供市场所需的各种估价服务。

2. 客户服务

估价机构客户服务要了解客户的需求，提供优质的客户服务。估价前期提供有关房地产估价的咨询服务，专业解答客户的疑问和提供专业建议；估价过程中礼貌沟通，按时进行现场查勘，及时向客户交付估价报告，并对报告内容进行解释和说明；估价后提供后续服务，如解答客户对报告内容的疑问、协助客户解决相关问题等。

（六）合作与交流

通过开展合作交流，估价机构可以拓展业务范围、提升专业水平、增强市场竞争力，并为客户提供更优质的服务。

1. 联合评估

与其他估价机构合作，共同完成大型或复杂的房地产估价项目。

2. 参与行业协会和学术研究

加入房地产估价行业协会，参与行业会议、培训和学术研究交流，与其他估价机构和专业人士建立联系。

3. 行业技术交流

与其他估价机构分享技术经验、研究成果和最佳实践，共同提升行业水平。

4. 业务合作

与相关行业的企业合作，如房地产开发商、银行、政府机构、律师事务所等，共同提供全面的房地产服务。

5. 国际交流与合作

参与国际房地产估价组织，与国际同行进行合作和交流，了解国际市场动态和先进技术。

三、结语

在新时代中国式现代化发展的道路上，越来越多的企业选择了高质量发展，不断增强中国经济实现高质量发展的内生活力,为中国经济稳中求进注入强大动力。

(一)总结估价机构高质量发展的实践经验

估价机构高质量发展的实践经验表明估价机构要有专业的技术人才,提供高质量专业的客户服务;依靠数据库资源、质量管理等,提供准确合理的估价结果;积极开拓估价业务及建立良好的客户关系等,估价机构才能实现高质量发展。

(二)对未来发展的展望和建议

随着中国经济的发展,估价机构的未来发展前景广阔,但也面临着一些挑战。在激烈的市场竞争中,唯有高质量发展的企业才能行稳致远。估价机构只有在不断创新和提升服务质量的基础上,才能适应市场的发展,为客户提供更优质的服务。

作者联系方式

姓　　名:林子程　林立洲　胡金莉
单　　位:深圳市国策房地产土地资产评估有限公司佛山分公司
地　　址:佛山市禅城区祖庙街道城门头西路1号1707、1708
邮　　箱:843576654@QQ.COM
注册号:林子程(30520221144000000053);林立洲(4420180110);胡金莉(4420140126)

房地产机构拓展社会稳定风险评估实践经验分享

迟爱峰

摘　要：当前房地产估价行业遇到困境，估价机构不应仅仅局限于房地产、土地等传统估价领域，应多元化拓展咨询服务业务。社会稳定风险评估与房地产估价机构存在天然的联系，估价机构可将原有的资源、人力、技术等作为基础，拓展社会稳定风险评估业务。本文通过分享拓展社会稳定风险评估实践经验，为房地产估价行业拓展社会稳定风险评估业务提供借鉴参考。

关键词：房地产估价；困境；社会稳定风险评估

一、评估机构面临困境

过去的 30 多年，伴随着我国城镇化的快速发展，房地产估价行业经历了高速发展的红利期。然而，2016 年中央经济工作会议提出"房住不炒"，我国城市建设逐步从"大拆大建"过渡到"精细化"发展阶段，我国城镇化进程速度趋缓。在《第十四个五年规划和 2035 年远景目标纲要》中，中共中央以推动高质量发展为主题，对 GDP 不再设定量化目标，在可预见的未来，保持较低速度的高质量增长将成为我国经济发展的新常态。经济的发展与固定资产投资的快速增长，能够为房地产估价行业提供大量的评估业务，当经济发展进入高质量发展阶段后，传统估价需求日趋减少是大势所趋。同时，伴随我国进入深度老龄化社会，人口红利将加速消失，进一步导致全社会对房地产的有效消费需求下降，房地产估价行业也将面临转型或收缩的压力。

当今世界正在经历百年未有之大变局，中、美之间的竞争逐渐走向明面化，美国及其盟友不断地对我国高科技企业实施不公平的制裁，国际社会"逆全球化"思潮的兴起与地缘冲突的加剧等外部因素都给我国的经济增长造成了极大的压力。疫情全球大流行使这个大变局加速变化，全球经济低迷、国际贸易与投资大幅萎缩，给人类生产生活带来前所未有的挑战与考验。进一步对房地产估价行业产生负面影响。

此外，伴随着房地产估价行业门槛降低，估价机构和估价执业人员数量大幅度增加，在传统业务逐渐萎缩的大环境下，房地产估价行业不良竞争日趋加剧。恶性竞争进一步制约房地产估价质量的提升，由此造成估价风险提高，估价机构传统的发展、竞争模式已缺乏竞争力。

综上，在多重因素影响下，房地产估价行业传统业务逐渐萎缩，恶性竞争日趋加剧、行业风险步入高发期，由于新兴业务后继无力，房地产估价行业发展遇到了前所未有的困境。

二、社会稳定风险评估业务拓展背景

（一）宏观背景

"风险社会"首次出现在1986年德国著名社会学家乌尔里希·贝克在《风险社会》（Risk Society）一书中，同年，疯牛病首次在英国报道，波及法国、爱尔兰、美国、加拿大、日本和德国等20多个国家，"风险社会"理论很快成为关注焦点。随着核电事故、疯牛病、禽流感、SARS、艾滋病、生态环境恶化、恐怖袭击、大规模失业、贫富分化加剧等自然和社会中越来越多的事件和事实似乎表明：我们正在或已经进入了一个贝克所预设的"风险社会"。

党的二十大报告强调：我国仍处于社会主义初级阶段，正在经历广泛而深刻的社会变革，推进改革发展、调整利益关系往往牵一发而动全身。当前，我国发展进入战略机遇和风险挑战并存、不确定难预料因素增多的时期，各种"黑天鹅""灰犀牛"事件随时可能发生。国家安全是民族复兴的根基，社会稳定是国家强盛的前提。必须坚定不移贯彻总体国家安全观，把维护国家安全贯穿党和国家工作各方面全过程，确保国家安全和社会稳定。

新时期，社会稳定风险评估工作的主要目标是防范化解重大矛盾风险，并将提升评估的科学化、专业化、法治化、社会化、智能化水平作为工作重点，实现全面客观、应评尽评、评用并重、全程管控的基本要求。进一步推动稳评工作高质量发展，为新形势下更好统筹发展和安全，建设更高水平的平安中国提供有力支持和保障。

（二）区域背景

2022年11月，江西省成立江西省法学会社会稳定风险评估与治理研究会，同年12月，中共江西省委办公厅、江西省人民政府办公厅发布《关于印发〈江西省重大决策社会稳定风险评估实施办法〉的通知》。2023年9月，江西省政法委发布《江西省重大决策社会稳定风险评估第三方机构从业行为管理办法（试行）》《江西省重大决策社会稳定风险评估专家库管理办法（试行）》。行业管理组织成立、稳评管理相关制度陆续出台。

据江西省2023年8月31日公布首批江西省社会稳定风险评估机构共310家机构，剔除在不同地市重复备案机构，共有297家机构，其中包括咨询类公司、房地产评估公司、律师事务所、勘察设计类公司、设计院等，其中工程咨询类公司最多，约占三分之一，评估公司约占六分之一，专业的稳评公司仅有两家。工程咨询类公司是最早从事社稳评估的机构，在当前仍旧占据市场优势。

自2022年11月1日至2023年11月1日，江西省网上中介服务超市挂网社会稳定风险评估采购项目共482个，其中需要工程咨询资质项目约占70%，房地产、土地、资产评估资质项目占比约10%。可以看出，社会稳定风险评估主要由工程咨询类企业承接，而评估机构承接社稳业务比例相对较少。同时，中介超市挂网社稳业务数量呈逐年上升趋势，2022年、2023年江西省中介超市挂网社稳项目增长率分别为350%、90%左右。此外，中介超市社稳业务采用邀请招标的方式的项目占比约77%。社稳业务当前处于快速发展时期，市场竞争不充分。

通过对江西省稳评相关情况分析，可以看出，稳评业务处于快速发展期，行业治理正走向规范化发展阶段。行业的快速发展，必将带来更大的市场，市场竞争不充分、发育不够成熟且稳评无强制性资质需求，当前是房地产估价机构快速拓展稳评业务的机遇期。

三、社会稳定风险评估实践

江西同致发展社会稳定风险评估业务大致经历三个阶段：探索阶段、专业化转型阶段、快速拓展阶段。

（一）探索阶段

公司于2016年开始接触社会稳定风险评估业务，该阶段主要基于房屋征收评估承接征收类社会稳定风险评估项目。该阶段所承接的社会稳定风险评估以"补程序"为主，社会稳定风险评估流程不规范，调研过程较为简单，稳评报告流于形式，无报告评审等环节。由于整个行业发展不规范，但公司估价人员相对素质较高，在同时期报告质量能够达到行业平均水平。

该阶段自2016年至2020年，承接项目类型单一，评估项目相对较少，且集中为南昌市特定几个区域的征收类社会稳定风险评估，由于市场竞争不激烈，项目收费相对较好，属于大胆吃螃蟹阶段。该阶段，为估价机构从事社会稳定风险评估积累了经验与业绩，培养了第一批社会稳定风险评估人员。但该阶段，仅能为客户解决稳评报告有无问题，为项目完善流程提供服务。

（二）专业化提升阶段

2021年，江西省政法委组织各全省范围内第一次专业化的稳评培训。借此机会，公司派遣专业人员进行学习，并与培训专家、行业专家、政法委相关工作人员建立外部关系，为稳评专业化转型奠定基础。

基于培训，公司大胆承接某学校教育集团化组建稳评项目。该项目周期短、类型新，通过借助外部专家支持、充分调动公司内部力量，发挥团结协作的方式，在规定的时间、按照规范的流程，高质量地完成该稳评项目，顺利完成项目备案，受到业主的好评。该项目成为公司第一个规范的稳评项目，并由此打开教育领域社稳业务的大门。

随后，公司陆续承接教育集团新校区招生、学区划分、幼儿园提升改造工程、智慧平安小区改造、雨污管网改造、集体土地征收及建设类等南昌市区域多种多样的稳评项目，坚持规范的流程、深入分析与研判，切实做实社会稳定风险评估，追求高质量提交稳评成果，尽可能压缩项目周期。

2022年，某教育类稳评报告被中估联行评为创新报告，同时入选全国第二届风险评估与治理创新案例（共入选56个项目）。创新案例的入选，标志着我司稳评业务专业化转型的成功。

该阶段自2020年至2022年，公司通过人才引进、培训学习、规范评估程序、进行风险因素及化解措施等积累工作并借助外部专家力量，进行多样化的社会稳定风险评估项目的落地与实施，实现专业能力的快速提升。通过创新案例申报，进一步展现了公司的专业实力。

（三）全面拓展阶段

自2023年，公司稳评业务进入全面拓展阶段，业务不局限于南昌市，而是将业务拓展至整个江西省，并陆续在宜春、赣州、抚州、上饶等地级市承接稳评业务。

公司内部建立业务流程、质量管理、档案管理等一系列稳评制度，制定标准化的实施方案、建立外部专家合作机制，并进一步制定风险因素库、案例库等一系列技术标准等，进一步引进稳评专业人员，强化梯队建设、细化分工。此外，公司有三人成功入选南昌市社会稳定风险评估库专家。

该阶段，公司注重业务拓展、技术体系建立、专业人员培训并与外部专家建立长期稳定的合作关系，稳评业务全面拓展标志着公司成功打造出新型的业务模块，稳评业务逐渐成为驱动公司转型发展的新业务类型，并在稳评领域逐渐由模仿者、追随者向引领者转变。

四、社会稳定风险评估经验总结

房地产估价公司如何快速拓展社稳业务，根据公司拓展稳评业务实践，总结以下三点经验：

（一）拓展稳评业务思路

估价机构拓展稳评业务起步晚，核心专业人员是关键，可以通过内部选拔学习能力强、综合素质高并具有较好分析能力人员，通过参加外部培训快速提升稳评业务技术能力，根据公司战略发展规划及业务需求引进人才，快速构建稳评队伍。构建核心业务人员＋核心技术人员＋外部专家支持的核心队伍。稳评业务调研环节需要较多人力，可通过调用估价人员配合参与，在兼顾人力成本的基础上，实现高质量跨越式发展。待业务模块发展相对成熟，可搭建相对稳定的稳评团队，实现业务稳步、快速发展。

（二）积极挖掘稳评业务

估价机构拓展稳评业务要重点解决业务从哪里来的问题，稳评如同房地产估价一样，存在特定的业务渠道来源，对应特定的项目类型。凡直接关系人民群众切身利益，且对社会稳定、公共安全等方面可能造成较大影响的重大决策事项，作出决策前应当进行社会稳定风险评估，主要包括涉及民生的教育、住房、就医、就业、养老、食品安全、服务收费等重大政策制定或者调整，涉及人员安置和重大利益调整的事业单位改革、国有企业改制等重大举措出台，涉及征地拆迁、生态环保、资源开发、垃圾处理等容易引发大规模群体性事件的重大项目建设，涉及对群众生产生活秩序造成较大影响的经贸、文旅、体育、民族、宗教类重大活动安排，以及其他涉及群众利益且可能对社会稳定有较大影响的重大决策事项。业务挖掘可关注上述领域进行业务挖掘。

在具体操作层面，估价机构可借助征收评估相关资源，挖掘征收类社稳业务。如没有相关资源，建议避开竞争激励的社稳项目类型，如从教育、住房等重大政策制定或调整等类型进入稳评业务市场，并非所有项目单位都清楚需要进行社稳评估，可通过政策解读、与政法委备案部门沟通等方式，挖掘项目信息，引导项目单位稳评需求，挖掘稳评业务。

（三）勇于承接稳评业务的勇气

由于稳评对核心稳评人员素质要求较高，当前稳评行业专业人员相对缺乏，稳评报告质量良莠不齐，这也为估价机构拓展稳评业务提供了介入机会。估价机构可从区县级项目入手，拓展稳评项目，以此锻炼技术水平、积累经验，然后拓展省、市级重点项目。

目前大多数从事稳评业务的机构，业务类型主要集中在征收类、项目建设类稳评，在重大政策制定与调整等类型稳评方面，积累较少，且相当一部分稳评机构开展稳评流于形式，该类型稳评整体专业性不够高，估价机构拓展该类稳评存在机会，按照规范程序、深入调研、分析且注重质量的机构，容易脱颖而出。

稳评项目较费时间的环节是调研，而估价机构在调研环节具备先天优势，房地产估价机构通过评估业务已经拥有调研人员，且公司通过多年估价业务积累了丰富的客户资源，特别是征收项目与乡镇、街道办等基层组织建立起的业务关系，在调研过程中，借助客户资源及业务关系可大大提升调研效率。报告撰写环节，可通过借助专家的力量、搜集类似稳评案例等方式，压缩报告撰写时间。

估价机构充分认识自身优势，借助专家力量，勇于承接稳评业务，在当前市场环境下可以快速拓展稳评业务。

参考文献：

[1] 侯纯涛.浅议房地产估价行业的现实之困及应对之策[J].上海房地，2023（4）：17-20.

[2] 中国皮书网.中国城镇化发展状况与演进趋势[M].北京：社会科学文献出版社，2015.

[3] 乌尔里希·贝克，王武龙.从工业社会到风险社会（上篇）：关于人类生存，社会结构和生态启蒙等问题的思考[J].马克思主义与现实，2003（3）：26-45.

[4] 郑永年，黄彦杰.风险中国：风险时代的中国社会[J].文化纵横，2012（5）：48-56.

[5] 于静，张翠珍.推进国家安全体系和能力现代化的历史逻辑与实现路径[J].兵团党校学报，2023（2）：29-35.

作者联系方式

姓　　名：迟爱峰
单　　位：江西同致房地产土地资产评估咨询有限公司
地　　址：江西省南昌市红谷滩新区赣江北大道1号中航国际广场1404室
邮　　箱：chiaifeng@163.com
注册号：6120130019

房地产估价机构业务多元化拓展及高质量发展

孟德友 李俊岭

摘 要：针对目前房地产估价机构面临着传统估价业务大幅缩减、行业竞争加剧和估价专业人员队伍薄弱等方面的问题，提出了房地产估价机构业务多元化拓展的方向包括拓展房地产估价新业务、其他估价专业领域业务、房地产咨询及中介服务、大数据信息技术服务以及城市更新服务等，最后指出了房地产估价机构高质量发展的路径和举措。

关键词：房地产估价机构；业务多元化；高质量发展

一、房地产估价机构面临的问题

自我国建立房地产估价制度以来，房地产估价行业先后经历了诞生与起步发展阶段、快速发展壮大阶段和综合化发展阶段。2020年，全国从事房地产估价的机构有5000多家，其中，一级资质500多家，二级资质1700多家，三级资质约3000家。房地产估价行业在机构数量、估价师队伍、业务开展、人才培养、信用体系建设以及学术研究等方面都取得了明显成效。房地产估价行业在全国住房制度改革、房地产交易以及房地产市场发展等方面发挥了积极作用。但随着全国经济由高速增长向高质量发展的转型，传统房地产估价领域在发展中面临着诸多问题和挑战。

（一）传统房地产估价业务前景不容乐观

抵押评估、司法鉴定评估和征收评估被认为是房地产估价行业的三大传统业务，是大多数房地产估价机构生存的基础，且有不少机构仅以某类业务为主。随着经济发展方式的转变和房地产业趋于平稳，传统房地产估价业务逐步萎缩，尤其是抵押评估在全国范围内都出现了下降态势，加之估价方法与技术的成熟和标准化，传统估价业务的准入门槛越来越低，传统业务的利润空间明显压缩。2018年，最高人民法院出台了《最高人民法院关于人民法院确定财产处置参考价若干问题的规定》（法释〔2018〕15号）规定人民法院确定财产处置参考价，可以采取当事人议价、定向询价、网络询价和委托评估等方式。2022年京东、淘宝和工商银行等相继推出网络询价平台，进一步压缩了司法鉴定评估的业务量。城市化进程中的"大拆大建"时代已经过去，城市建设进入有机更新和低效用地再开发的更新调整阶段，征收评估业务大打折扣。另外，评估收费标准的取消和抵押评估业务由客户付费转为银行付费，估价机构与银行双方地位的不均等导致估价费用越来越低。

（二）互联网行业跨界竞争越来越激烈

随着大数据和现代信息技术的发展，互联网信息技术在房地产估价咨询领域的应用广度和深度不断提升，互联网信息技术公司相继推出了网络询价系统、自动估价系统、房地产查勘系统和房屋征收管理信息系统等,这些基于互联网大数据的估价信息系统依托于大数据自动爬取、模型化分析处理与自动估价功能,对推进房地产估价技术创新、估价实务工作效率的提升都有很大的帮助。而这些从事房地产大数据、自动估价信息系统以及询价系统研发设计的大多是互联网企业,而且他们通过移动智能终端 App 的推广使用更增加了与用户的粘合度,这些互联网信息技术企业向估价咨询行业的渗透和扩张对房地产估价机构带来越来越强烈的冲击。

(三)综合性专业技术人员队伍有待提升

房地产估价机构的专业技术人员大多都是以房地产估价师为主,在专业上主要以房地产开发经营、土地资源管理、工程造价以及地理科学等为主,在面对跨领域的新业务时表现出严重的理论知识和技术储备不足,难以满足新业务对技能的需求。综合性专业技术人才队伍建设对房地产估价机构的业务多元化拓展至关重要,尤其是计算机信息技术及软件系统依赖性较强的业务更需要多学科多领域专业人员的综合支撑,诸如计算机、地理信息系统、测绘工程、城乡规划以及建筑学等。近几年受疫情的影响,企业经营效益的下降所造成的专业技术人员待遇降低或裁员,进一步加剧了机构专业技术人员缺失。

二、房地产估价机构业务多元化拓展

随着我国经济的发展方式的转型,市场对房地产估价咨询服务的需求广度、深度和质量要求越来越高;互联网大数据和现代信息技术的发展也为房地产估价行业提供了新的数据支撑、技术支撑和发展机遇。面向国家重大发展战略,服务于"一带一路"建设、乡村振兴和重大基础设施建设以及城市更新,多领域拓展房地产估价咨询业务应该是未来房地产估价机构发展的主旋律和战略选择。房地产估价机构业务多元化拓展的方向大致可分为房地产估价相关业务、其他估价专业服务、房地产咨询及中介服务、大数据及信息技术服务、规划及城市更新服务等。

(一)拓展房地产估价新业务

金融机构和政府部门除了对抵押评估、司法鉴定评估和房屋征收评估等传统估价业务需求之外,也对估价机构提出了新的需求,诸如抵押品价值监测、贷后批量评估、房产税税基评估、企业整体价值评估等。中估联行推出的不动产运营管理系统和贷后信息化管理系统正是开展这类业务的前期探索。随着租赁市场的发展,房地产租赁市场房屋价值评估和市场租金评估也将是一个新的领域。随着房地产投资信托基金(REITs)的兴起,将使房地产评估从传统的价值评估转向更深层次的包括物业状况评价咨询、物业市场调研和物业价值评估咨询等多方面的综合性专业估价咨询服务。区别于传统估价业务,新、特、奇房地产估价业务也是估价业务拓展的一个方向。另外,新型地产价值评估也是房地产估价机构关注的一个新领域,包括产业地产、旅游地产、养老地产、特色小镇的房地产估价等方面。

(二)拓展其他估价专业领域

《中华人民共和国资产评估法》实施之后,包括房地产评估、土地估价和资产评估等领域等机构管理都由行政审批改为备案制,房地产估价资质仍保留了级别备案的管理体制,但其他估价专业领域都取消了等级,房地产估价机构进入其他估价专业的门槛就相对较低。房地产估价机构通过备案土地和资产评估资质可以开展土地估价、资产评估、社会稳定性风险评估等专业的业务。近几年来土地估价领域的新业务也相继显现,集体农用地和集体建设用地基准地价评估、标定地价评估、园地林地草地分等定级估价、自然资源资产价值核算以及征地区片综合地价更新和征收土地地上附着物和青苗补偿标准编制等。近三年来，我公司广泛开展了城镇土地级别及基准地价更新、集体农用地和集体建设用地基准地价、标定地价评估以征收土地地上附着物和青苗补偿标准编制等方面的业务。

（三）拓展房地产咨询及中介服务

从鉴证类估价服务向咨询类服务和中介服务转型也是房地产估价机构业务多元化的重点方向。诸如，房地产投资决策与运营咨询业务包括房地产投资项目可行性研究、市场调查分析、开发咨询、房地产项目开发设计方案策划、投资决策分析、物业服务与资产管理咨询等。房屋征收咨询包括征收前期调查、资金匡算、征收社会稳定性风险评估等。政府决策咨询包括土地和房地产市场分析预测、价格指数编制、市场管理研究、行业标准制定等。中介代理服务包括招标投标代理、房地产经纪服务等。房地产咨询及中介服务的服务对象主要有开发商、政府机构、金融机构、投融资机构以及个人等。

（四）拓展大数据及信息技术服务

近几年一些互联网企业以及房地产估价机构探索建立了自动估价系统、在线查勘系统以及在线智能估价系统等估价信息服务系统。除此之外，通过估价信息大数据的开发、信息数据库的建设和数据挖掘分析还可以带来一些新兴的业务领域。诸如，通过房地产交易信息大数据的采集和结构化处理可为政府部门和银行金融机构提供数据支持以及估价信息系统、网络询价系统的数据更新与维护。通过对抵押品数据的系统化储存和结构化管理，可以实现对抵押品价值的动态监测、统计分析和贷后批量评估等。通过海量房地产交易数据的采集和数据库建设可进行房地产市场监测、市场分析预测、价格指数编制等，为政府部门加强房地产市场管理提供数据支持。

（五）拓展规划及城市更新服务

面向国家新型城镇化和乡村振兴战略，尝试开展国土资源调查评价、国土空间规划、国土综合整治、生态保护修复以及测绘地理信息服务等领域的业务。在这一领域湖北永业行是比较成功的案例，湖北永业行拥有土地规划、测绘和城乡规划等执业资质20多个，形成了资源环境、投资金融和评估咨询三大产业链，是名副其实的综合性评估咨询服务机构。在城市建设和更新改造过程中还涉及土地成片开发、低效用地再开发等方面的业务，诸如，城镇土地成片开发涉及的开发方案编制；低效用地再开发涉及的包括低效用地调查评估以及再开发利用专项规划编制，低效用地调查评估包括城镇低效用地摸底调查和标图建库等专业技术服务。

三、房地产估价机构高质量发展的举措

（一）加强市场研究和估价业务信息收集

房地产估价机构业务多元化拓展首先要对市场保持高度的敏感性和敏锐的洞察力，紧密跟踪估价咨询服务市场走向，收集市场需求信息，加强市场需求研究，密切追寻房地产估价咨询服务需求的新业务爆发点。①加强需求主体研究，包括要加强与政府部门、银行金融机构、房地产开发商等相关需求主体间的合作，跟踪他们的战略重点、管理导向和投资取向等，全面及时地判断各类需求主体在项目谋划与实施中可能会涉及的估价咨询服务。②加强各类新业务相关信息资料的收集和数据库建设，加强与新业务相关的法律、法规、技术标准

和技术规范的研究，明确各类业务处理的工作流程、技术路线、关键技术和主要成果形式等。③加强新业务试点经验和实践经验研究，尤其是发达地区在新业务领域走在前列，估价机构应该不断加强与发达地区城市房地产估价机构的交流，或通过网络、行业研讨会或继续教育等途径加强对新业务的认知和学习以有效把握市场机遇。

（二）提升企业应对新兴业务的技能

房地产估价机构应加强与土地估价、资产评估、房地产经纪机构以及咨询策划机构的合作，利用其他专业估价、经纪机构和咨询策划机构的客户、知识、人才和资金优势等，通过资源共享、技术合作等提高估价机构应对新兴业务的能力。创新是企业良好的品质和推动业务发展的关键动力，房地产估价师应从模板化的业务处理思维中解放出来，研究政策、调查分析市场走向、学习技术标准和规范，开展技术创新应对各种类型的咨询服务业务。建立健全机构内部学习机制，关注行业的理论、方法与技术前沿，通过与综合实力强的企业、互联网信息技术企业或科研院所等加强合作，快速掌握和提升团队应对新业务的技术能力。鼓励技术人员积极参与行业协会举办的继续教育，提升团队成员在市场研究、理论方法、数据分析和技术标准等方面的技能，全面提升应对新业务和新需求的能力。

（三）建立健全多元化的专业人才队伍

多元化拓展估价咨询业务对技术人员提出了更高的要求，技术人员不但要熟练掌握房地产估价理论方法与技术规范，还要掌握房地产开发经营、房地产经济、造价、建筑、城乡规划、法律、经济以及金融等多学科的知识，同时还要全面提升沟通能力、创新意识和应变能力。估价机构应通过人才引进、自主培养和多元化激励，打造综合性、强技能的估价咨询服务人才队伍。房地产估价机构不但要引进房地产估价师，还要注重引进土地估价师、资产评估师、造价工程师以及规划、经济、金融、计算机和大数据技术等领域的技术人员，以应对复杂多样的市场需求。要积极营造学习氛围，打造学习型企业，鼓励技术人员加强学习，通过线上线下、继续教育、培训等多种途径加强技术学习，提升人员的综合技能和素质。加强与高校和科研院所的合作交流，搭建产教融合平台，柔性吸引高层次人才，组建技术咨询专家队伍，吸纳本硕博在读学生到估计机构开展顶岗实习，为机构开展多元化的估价咨询业务提供人才储备。

（四）推进大数据技术在估价中的应用

强大的数据支撑是拓展房地产估价咨询业务的基础，包括新增商品房楼盘交易信息、二手房交易信息、租金信息、土地一级市场成交信息以及基准地价和标定地价成果等。房地产估价机构要积极探索互联网、大数据和现代信息技术在估价咨询服务中的应用，通过购买或自主开发符合业务需要的自动办公系统或数据管理系统，对各种业务的数据信息进行结构化处理，形成机构内部的估价咨询项目数据库和信息管理系统。加强与互联网大数据信息技术机构的交流与合作，整合估价机构的估价咨询服务专业技术优势与互联网信息技术机构的数据信息加工处理优势，共建估价咨询服务信息技术平台，推进房地产估价咨询服务行业的技术革新和业务范围有效拓展。

（五）提升行业话语权和专业影响力

房地产估价机构可尝试探索创建研究机构，打造高端智库，服务于政府决策和地方经济发展，以提升估价机构的话语权和影响力。通过与高校和科研院所合作，共建科研平台参与估价咨询项目和估价咨询课题的研究，打造集专业研究、政策分析、业务实践于一体的高端智库，不仅可以为机构提供技术支持，更能增强机构在服务于地方经济发展的权威性和可信度。估价机构还应当加强与政府机构、行业协会等的联系与合作，参与政府的政策研究和决策制定，为地方经济发展建言献策，提高机构在政府决策中的话语权。积极参与行业标准和规范的编制和修订是展现专业影响力的另一途径，通过参与标准制定，估价机构能够在业内产生更大的话语权，为整个行业发展提供方向。积极参与行业研讨会以及全国及地方协会组织的行业活动，扩大企业在行业内的知名度。

四、结语

随着中国经济由高速增长向高质量发展转型，房地产估价行业也将向高质量发展转型，面对传统估价业务减量，行业竞争日益激烈，房地产估价机构必须走多元化发展的道路，才能保持机构可持续稳定发展。但房地产估计机构业务多元化发展也不是盲目一哄而上的多元化，必须立足自身的优势，明确主攻方向，在某些领域做精做尖，避免大而全、小而全的发展导致各个方面都缺乏特色和竞争力。

参考文献：

[1] 孟德友. 不动产估价理论与技术新探索 [M]. 北京：中国经济出版社，2023：192-202.

[2] 彭靖. 房地产估价机构多元化的方向和路径 [C]// 第二届中韩日估价论坛暨 2015 年房地产估价年会论文集. 2015：93-98.

[3] 杨斌，刘广宜. 新形势下房地产估价机构服务多元化的方向 [J]. 中国房地产估价与经纪，2015（6）：4-7.

作者联系方式

姓　　名：孟德友　李俊岭

单　　位：河南省豫通房地产评估咨询有限公司

地　　址：郑州市金水区农业路东 22 号东单元 18 层 62 号

邮　　箱：mengdeyou01@163.com

注册号：孟德友（4120180061）；李俊岭（4119980023）

高质量发展要求下如何做好涉执房地产司法评估

高 举　张 晔　李 莎

摘　要：本文以评估机构在高质量发展的目标要求下如何更好地开展涉执房地产司法评估业务为主题，通过分析其业务背景、特点和重难点，提出解决思路和方法，旨在引起行业同仁、相关职能部门和各有关方面对涉执类房地产司法评估的重视和思考，为评估机构提升服务质量，实现高质量发展贡献力量。

关键词：高质量发展；涉执房地产；司法评估

一、司法评估的业务背景

从20世纪90年代开始，我国的房地产市场进入了迅速发展的阶段。随着房地产市场的热度不断上升，带动了整个产业链上下游以及相关产业的蓬勃发展。其中，作为中介服务的房地产评估行业也随之兴起。房地产评估行业在房地产交易、开发经营、抵押、税收、诉讼、保险等经济和行政领域发挥着越来越重要的作用。

随着房地产经济活动范围的不断扩大，其经营风险和经济纠纷也随之逐渐增加。1991年颁布的《中华人民共和国民事诉讼法》首次提出，人民法院有权将债务方被抵押、查封的资产强制拍卖，利用拍卖所得的款项解决经济纠纷。通常情况下，人民法院要求债务方将有价值的资产（如房地产、大型设备、专利权等）通过强制拍卖变现，以促使债务人偿还债务。在这个过程中，房地产评估机构的评估结果对于确定房地产拍卖价值起到了关键作用。因此，房地产拍卖估价等类型的房地产司法评估也随之出现。

房地产司法评估主要涉及诉讼和执行两大领域，诉讼类评估是对民事、刑事、行政诉讼案件中涉及的相关资产进行价值评估，为人民法院案件审理提供估价对象市场价值参考依据；执行类评估是对拟处置资产进行价值评估，为人民法院确定财产处置参考价提供参考依据。司法实践中，涉执类评估在司法委托业务中占据了相当大的比重。

目前出台的与司法评估相关的法律法规、行业规章主要针对民事诉讼类和涉执房地产司法评估两大类，这些法律文件对规范房地产评估程序具有相当重要的作用。对许多评估机构而言，司法评估是比较重要的组成部分，不论在传统业务中，还是在进入了新发展阶段，谋求多元化发展的今天，因为其自身的特殊性，依然是评估机构必须关注的重点。

二、涉执房地产评估特点分析

涉执房地产评估的委托人通常为人民法院等司法机关，其主要任务是为人民法院在执行案件中确定财产处置参考价提供参考依据，这就决定了涉执房地产评估区别于一般房地产评

估,具有诸多特点,具体表现为:

(一)涉执房地产评估具有法律性

我国人民法院更多的是执行司法职能,对于经济纠纷中涉及的资产价值评估等经济行为在评估方面自然是不及专业评估机构,因此我国《行政诉讼法》和《民事诉讼法》都有相应规定:即针对涉案资产司法价值的评估时,若是存在司法鉴定部门,人民法院应当首先交给法定鉴定部门鉴定;若是没有单独设立司法鉴定部门,人民法院可以将该项价值评估任务交给具有胜任能力的估价机构,并保证在估价过程中的主导地位。

根据《关于印发〈涉执房地产处置司法评估指导意见(试行)〉的通知》(中房学〔2021〕37号)(以下简称《指导意见》)第三条规定,房地产估价机构及其注册房地产估价师开展涉执房地产处置司法评估业务,应当遵守法律法规和房地产估价标准规范,遵循独立、客观、公正的原则。涉执房地产评估的委托人通常为人民法院,被委托的评估机构需要对执行过程中涉及的拟处置资产做出专业评估,为人民法院确定财产处置参考价提供参考依据,由此看来,相较于一般的房地产评估,涉执房地产评估是一项鉴证性评估,更具有法律性。

(二)涉执房地产评估具有复杂性

司法鉴定评估过程的复杂性源自案件本身和估价对象两方面。一方面,就案件本身而言,司法行为的特点决定了注册房地产估价师在估价目的确定、现场勘察、权属资料取得、异议回复、司法鉴定等过程中必然会受到各种复杂关系的影响和限制;另一方面,就估价对象而言,司法鉴定类估价对象往往面临纠纷种类多、法律关系复杂、房地产权属复杂或不明、历史遗留问题多、牵涉面广等问题,造成估价工作面临的情况较为复杂。

(三)涉执房地产评估必须保证公正性

根据《指导意见》第十一条规定,涉执房地产处置司法评估的价值类型宜为市场价格,难以评估市场价格的,一般评估市场价值。涉执房地产评估,其结果往往作为拍卖底价,必然会引起利益方的高度关注和重视,若估价结果和当事人的预期差异大,常常会对估价结果甚至估价师产生诸多质疑,提起异议申请甚至引起技术评审。鉴于此,涉执房地产评估首先应保证估价师的独立客观、廉洁自律,避免受到各方干扰而影响对估价结果的判断;其次保证评估程序符合规范,严谨的评估程序是评估机构和人员防范执业风险、保护自身合法权益、合理抗辩的重要手段之一;另外评估过程应科学合理,估价依据要充分、真实、可信,评估结论要独立客观公正,在异议回复或者司法技术评审中才能做到有理有据。

(四)涉执房地产评估的独立性和严肃性

无论是涉诉还是涉执房地产评估,其估价目的都是为人民法院办理案件提供重要参考依据,评估结果便具有相应的法律效力。同时作为司法审判和执行的重要依据,直接关系到当事各方的切身利益。司法鉴定评估工作必须建立在对估价目的和估价对象的充分了解上展开,严肃地对待每一个评估环节。估价师除应具备一般的评估知识和能力外,还应该对案件背景有基本了解,搞清楚诉争焦点或者资产处置的要点,时刻牢记自身责任重大,确保评估结果的独立性和严肃性。

(五)涉执房地产评估面临更多的风险挑战

司法实践中,案件在审理或执行过程中当事人通常会聘请专业律师,律师作为专业的法律研究者和实践者,对法律的熟悉程度远高于大多数房地产估价师。在对评估结论产生不满或质疑时,往往会从法律角度对评估报告提出异议。若估价程序不够严谨,适用法规不够准确,估价结论经不起检验,则很容易引起后续法律纠纷,比如评估后提出异议、出庭质证被质疑、技术评审被驳回等，故司法类评估的风险较常规房地产评估更高。

（六）涉执房地产评估对评估结果要求更严谨

司法鉴定类评估所具有的法律效力使得估价结果直接关系到案件办理质量和当事各方的切身利益，估价结果不可避免地要接受各方当事人对其准确性的严格审查。根据现行的司法鉴定评估机构选择程序的规定，网络询价和当事人议价也在一定程度上影响着当事人和法官的判断，从而影响着对评估结论的正确认知，所以评估机构估价结果的偏差更容易引起各方的质疑，故涉执房地产评估结果的准确性和合理性对评估人员提出了更高的要求。

三、房地产司法评估的难点问题和重点问题分析

（一）目前房地产司法评估面临的难点问题

由于房地产司法评估独有的特点，使其相较于常规房地产评估有很大的不同，因涉及司法管理体制、委托程序、当事人利益分歧等诸多方面，估价人员往往会面临更多的困难和挑战。

1. 评估资料不完整或基本信息不全面的问题

搜集评估所需资料是评估工作的重要环节，正常评估由权属方或委托方配合收集资料。而在涉执房地产估价中，有些被执行方对于鉴定估价存有抵触情绪，往往表现为不配合提供资料、所提供的资料不全面或不真实、对于估价基础资料缺失不愿意补充等情况，最终导致估价工作难以顺利开展。

2. 现场查勘受限或不能按计划查勘的问题

涉执房地产评估过程中，一般由人民法院组织相关当事人及估价机构的注册房地产估价师进行现场查勘，估价人员不能自行约看现场。但由于涉执房地产评估的估价目的是处置被执行财产，往往触碰了被执行人的利益，因此相当一部分被执行人会表现出抵触情绪和行为，拖延或阻挠查勘现场是较常见的手段。评估报告出具之后，被申请人又会以估价对象描述与实际有差异或未收到现场查勘通知等理由，对估价报告提出异议甚至申请技术评审。

3. 估价对象状况差异问题

实际工作中，估价对象的资料描述与现状情况不一致问题较多见，如登记用途与现状用途不一致，土地登记用途与地上建筑物规划用途不一致，产权面积与实际面积不一致等问题，这些问题不仅存在于涉执房地产评估，同时也常见于涉诉类房地产评估，有时可能是引起诉讼的焦点，以什么作为评估依据成为评估的重点，也是评估工作的难点。

4. 评估报告出具后面临异议书的问题

由于法律赋予了当事人有依法对评估报告提出异议的权利，所以司法评估业务就不能像一般评估业务，报告出具后就可能要面临接到当事人的异议书或出庭答疑质证的要求。通常情况下，评估机构针对问题明确、态度客观的异议书或当事人都能做好应对和答复，尽可能地阐明评估的客观公正立场，科学合理态度，有理有据地说服当事人。但在实际工作中，仍然会遇到相当数量的异议书是出于当事人拖延案件办理时间、争取利益空间和干扰评估机构和办案法院工作的目的。这类异议书往往会反复提出，给办案法官和评估人员造成一定困扰。

5. 评估人员面临出庭质证引发风险的问题

除了前面提到的异议书回复外，出庭质证和答疑更是给许多评估人员带来了较大挑战。出庭不同于书面的回复，因为要和当事人面对面地解释、争论、辩论，对评估人员的现场应

变能力、逻辑思维能力、语言组织能力和口头表达能力都是一个较大的考验。由于评估人员往往对评估理论和技术较为擅长，多从技术角度思考问题。而对方当事人及其代理律师是出于自身利益的考虑，往往会脱离事实和技术层面，再加上对于涉及法律的问题并不是我们评估人员熟悉的领域，有时会导致评估人员明明技术实力雄厚，评估思路清晰，可是面对律师咄咄逼人的提问和语言陷阱，反而会处于不利局面，导致对评估结论的可信度产生影响，甚至干扰了法官的判断，最终对评估人员和评估机构带来不利后果。

6.涉执房地产处置司法评估指导意见（试行）等文件的规定对评估人员提出了更高要求

中房学于2021年发布了《关于印发〈涉执房地产处置司法评估指导意见（试行）〉的通知》（中房学〔2021〕37号）。该《指导意见》共三十六条内容，较为详细地规定了涉执房地产评估工作的技术操作要求和步骤，可以说是对房地产估价规范进行了很好的补充和延伸。其中许多条款更加明确了以前存在争议或疑问的问题，但同时也给评估人员增加了更多调研、查证、沟通取证的工作内容，还对各个环节的工作时限进行了限定。这些方面内容都对评估机构和人员提出了更高的要求，工作难度明显提升。比如第十七条中，要求"应关注并恰当考虑评估对象被迫转让及处置后被执行人不自愿配合交付因素对评估结果的不利影响，并在评估报告中予以说明"。评估人员如何恰当考虑和关注，对评估价值影响的程度的判断等对评估人员都是不小的技术挑战。

（二）房地产司法评估需要重视的问题列举

由于司法评估自身的特点使得其不但要遵循房地产估价规范的要求，同时还需符合以上列举的针对司法评估的法规和条例要求，在这种情况下，评估人员尤其需要在一些重点环节和步骤更加注意，才能满足司法评估的更高要求，主要表现如下：

1.技术路线的确定

由于司法鉴定评估风险较大，司法鉴定评估相对于常规房地产评估在选择评估方法上更应慎重。正常房地产评估所需要的可能只是一个评估结果，而司法鉴定评估结论有可能对案情发展起到至关重要的作用，故相关当事人会十分重视鉴定结果，继而关注到评估方法、评估依据、评估程序、现场查勘等各个环节，稍有纰漏，就会引起当事人及代理律师的质疑，以法律角度否定评估结论，因此，评估程序合法、评估过程严谨、评估结论公正客观是保证估价报告质量和规避估价风险的必然要求，司法鉴定中的技术路线、估价计算过程和数据来源，必须严格遵循估价规范及相关法律法规的规定，做到有理有据，确保估价计算过程的科学合理。

2.评估参数的选取依据

房地产估价的核心是价值评估，涉执房地产评估的目的是为人民法院确定财产处置参考价提供参考依据，评估活动的目的最终是获得评估价值，房地产评估方法常用的有比较法、收益法、成本法、假设开发法等，在具体测算中，各种方法都需要关注一些重点问题，比如：

比较法中选用的可比实例是否真实可靠。可比实例的选择是比较法的重点，根据《房地产估价规范》GB/T 50291—2015，可比实例应是正常市场状态下的成交价格。但在工作实践中，由于管理体制、业主隐私保护、中介信息垄断等原因，估价师不易从官方渠道获取房产成交价格，这就为获取成交案例的渠道和途径造成了诸多不便。

收益法中参数选取是否合理可信。一般情况下，在评估住宅房地产采用收益法时，由于目前住宅市场租售比的原因，以及老百姓剩余房源收益途径的单一，往往会出现收益价格与市场价值差异较大的问题，尤其建筑物建成年代较早，收益年限较短时，这一差异尤为突出，使评估人员在面对这类情况时较难把握。如何取得合适的参数信息和参数信息的质量水平等因素，是评估人员尤其要重视的问题。

成本法中取值依据问题。使用成本法测算房地产价值时确定建安造价是关键，但由于评估所需的各类房屋重置价标准未必能做到及时更新，建安造价数据亦未公开，这就使建设成本的取值依据缺乏可靠性和时效性。所以评估人员还需要广泛收集各类地区造价定额资料，凡是具备参考价值的技术信息都可以作为辅证资料。

3. 与办案法官和当事人的联系沟通问题

司法类评估因其委托方为人民法院，解决的又是各方当事人的争议矛盾，所以涉及的相关方面比较多，需要做好与法官、原被告、申请人被申请人及代理律师等人的沟通对接工作，这就需要评估人员具备良好的语言表达能力，沟通理解能力，不当的言语表述可能会加大评估工作的难度甚至引起后续纠纷。

4. 异议申请书及技术评审问题

司法类评估结果往往涉及当事人的实际利益问题，出具评估报告后可能会收到评估异议申请书、申请出庭质证或申请技术评审，日常工作中有时会遇到出具一份报告后不久会收到一份异议书的情况。所以对评估人员来说，异议书答复、出庭质证、接受技术评审也是司法鉴定类评估工作的重点和难点所在。

5. 选派评估人员查勘现场的环节

根据中华人民共和国国家标准《房地产估价规范》GB/T 50291—2015 中 3.0.7 条，负责实施实地查勘的注册房地产估价师应当在实地查勘记录表上签名。同时，人民法院对具体承办的评估人员也有具体要求，以笔者所在城市为例，根据西安市中级人民法院司法技术室《中介机构接受对外委托案件须知》第四条，中介机构指派不具有相关执业资格及能力的工作人员从事委托事项的，经查实后，司法技术室撤回对该机构的委托，并责令其退回委托费用，重新选择中介机构。西安市中级人民法院司法技术室《中介机构权利和义务》第二条第四款，中介机构在接受对外委托案件中所指派的鉴定人员、现场勘验人员、出庭质证人员应为同一人，鉴定人员必须亲自勘验现场，出庭质证人员必须是委托报告上署名的专业人员。因此，安排经验丰富的估价人员从事司法鉴定估价，是法律法规、行政管理部门和审判机关的共同要求，现场查勘时应注意留存查勘人员影像资料，以备查阅。

四、涉执房地产处置司法评估重难点解决思路

（一）针对评估资料不全问题

根据《指导意见》第七条的规定，委托评估材料不全而无法进行评估或者对评估结果有较大影响的，房地产估价机构应当及时以书面形式向人民法院提出补充材料申请，由人民法院通知当事人补充。评估所必需的材料无法补充，或者补充后仍然难以满足评估需要，人民法院书面通知根据现有材料进行评估的，房地产估价机构可以根据现有材料进行评估，但应当在评估报告"估价假设和限制条件"的"依据不足假设"中说明因缺少评估所必需的材料可能影响评估结果的风险，并将向人民法院提出的补充材料书面申请及人民法院出具根据现有材料进行评估的书面通知作为评估报告的附件。

在实践中，可能较难获取人民法院书面通知根据现有材料进行评估的文件说明，估价人

员应当与法官充分沟通，协商解决方案，不应擅自做出假设。

（二）现场查勘受限或相关当事人未到现场问题

根据《指导意见》第十八条的规定，涉执房地产处置司法评估应当进行实地查勘。房地产估价机构应当及时要求人民法院组织对估价对象进行实地查勘，并要求人民法院通知当事人到场。当事人不到场的，不影响实地查勘的进行，但应当有见证人见证。对于当事人不到场或不配合进入室内查勘的情况，可根据《指导意见》的要求进行相关的假设或第三人的签字，但应与法官充分沟通获得认可。

（三）估价对象不相一致问题

此类问题在评估中时常遇到，如实际面积与证载面积的差异，登记用途与现状用途的差异，根据《指导意见》第十九条的规定，评估对象状况存在不相一致情形的，应当按照下列方式进行处理，并在评估报告"估价假设和限制条件"的"不相一致假设"中予以说明：（一）实际用途与登记用途不一致的，一般应当按照登记用途进行评估；人民法院书面要求按照实际用途进行评估的，应当关注由登记用途改变为实际用途所需补缴的土地使用权出让金、相关税费等成本费用，考虑其对评估结果的影响，并提示按照实际用途持续使用可能存在的相应风险；（二）房屋登记用途与土地登记用途不一致的，应当按照最高最佳利用分析得出的最佳用途进行评估；（三）实际面积与登记面积不一致的，应当根据人民法院书面明确的面积评估。人民法院不予书面明确的，对实际面积小于登记面积的，按照实际面积评估；对实际面积超出登记面积的部分，按照本意见第二十六条的规定评估。

现实中如果每个案件都要法官书面确认评估依据，一般难以获得，若证载面积小于实际面积而以证载面积作为评估依据，或现状用途价值大于证载用途价值而以证载用途作为评估依据，又会引起当事人的异议，如何确定评估依据是实务中的难点，若当事人没有达成一致意见，极易引起后续异议，所以应在现场与当事人及法官充分沟通，利用现场查勘时相关人员均在场的机会让各方均作出明确表达，把不确定因素尽可能降到最低。

（四）计算过程依据问题

如比较法中的成交案例，需要估价人员进行大量的市场调研，通过公开渠道调查各种司法鉴定评估过程所需的基础数据，如中介机构、法拍成交案例等，并做好底稿的存档工作，对于一些电话咨询、专家咨询等数据应做好书面记录，以备查阅。

收益法通常采用客观收益而非实际收益作为净收益，因为客观收益排除了实际收益中的偶然因素，是房地产在最合理使用状态下所取得的正常收益。就住宅而言，测算中常常将近一年的租金作为收益的主要来源，而实际住宅房地产的收益主要来自二手房交易形成的差价，而并非租金。在使用收益法估算住宅房地产时往往忽略了这部分收益。还有容易忽略土地到期后建筑物余值对价格的影响等，这些都可能是影响收益法估算住宅房地产价值结果偏差的因素。

成本法测算建安成本时，应注重评估依据的可靠性和时效性，在政府公布的官方数据基础上进行适当修正作为评估依据亦可作为一种评估思路。

总之，不论应用哪种评估方法，对各种参数及运算都应该谨慎科学，做到心中有数，以应对日后可能面对的疑问质询。

（五）异议申请书回复、司法鉴定、出庭质证的问题

收到异议书后，首先应分析异议人的异议焦点，针对异议焦点找出法律法规、估价规范作为依据，回复时应客观公正、有理有据、言简意赅、重点突出，同时应注重措辞严谨，不

可留下不当词语,有时当事人为了个人利益可能会继续申请出庭质证、技术评审等,遇到这种情况估价师应做好充分的准备,摸透争论核心,有理有据、冷静客观地回答问题,与当事人保持礼貌克制,切不可因当事人情绪激动而与其发生争执,在技术评审过程中与评审专家沟通也应虚心严谨、不卑不亢,做好相关解释说明工作,如果情况允许最好事前与法官沟通,获得法官的理解和支持。

当然这些工作的前提是要求我们在报告形成过程中做到认真谨慎,数据扎实经得起推敲,技术路线合理规范,评估程序合法合规,否则估价报告很容易被推翻,影响估价机构和估价师的声誉。

(六)培养证据意识问题

无论是司法鉴定评估工作还是其他评估工作都应该树立证据意识,在《指导意见》中,涉及评估机构和法院的沟通联系环节,共出现了 32 次"书面",也就是说口头表述是不被认可的。这就充分说明了留存证据的重要性,无论是申请补充资料、评估范围的确定,或是日常沟通过程中的重要信息,都应该有书面的记载或记录,当事人提供的相关资料和证据均要以书面证据为依据,避免日后因利益纠纷发生翻供甚至诬陷估价人员的情况。

总之,涉执房地产司法评估在评估行业新的发展阶段仍将是评估业务中一个重要类型,努力将该类业务提升到新的水平也是评估机构实现高质量发展的必然需求。房地产评估是科学、艺术与经验的结合。如何在司法评估中将科学、艺术与经验三者更为有机紧密地结合在一起,在满足评估技术规范要求的基础上,同时满足人民法院审判执行工作的需要,更好地服务于我国法治社会的建设,这将是评估从业者需要长期思考,且不断研究突破的重大课题。

参考文献:

[1] 中华人民共和国住房和城乡建设部,中华人民共和国国家质量监督检验检疫总局.房地产估价规范:GB/T 50291—2015[S].北京:中国建筑工业出版社,2015.

[2] 中国房地产估价师与房地产经纪人学会.关于印发《涉执房地产处置司法评估指导意见(试行)》的通知:中房学〔2021〕37 号 [Z]. 2021-08-18.

作者联系方式

姓　　名:高　举　张　晔　李　莎

单　　位:陕西建业房地资产评估测绘(集团)有限公司

地　　址:西安市碑林区东关正街招商局广场写字楼

邮　　箱:494236365@qq.com

注册号:高　举(6119960007);张　晔(6120040058);李　莎(6120190024)

保障性租赁住房租金定价研究

——以北京为例①

易成栋 刘倍彤 袁佳丽

摘 要：2021年起，中国致力于发展保障性租赁住房，缓解新市民和青年的住房压力，但现有的租金定价机制存在一些不足。本文分析了影响租金的因素和定价方法，并以北京市为例，提出结合市场定价法和成本法来设定租金上下限，作为政府的租金定价和价格管控决策的参考。

关键词：保障性租赁住房；租金

一、引言

国务院办公厅发布《国务院办公厅关于加快发展保障性租赁住房的意见》（国发〔2021〕22号），确立了保障性租赁住房的支持政策，旨在解决新市民、青年等群体的住房困难问题，强调以小户型为主，确保租金低于市场水平。作为中国住房保障体系的重要组成部分，保障性租赁住房目前正处于起步阶段，政策和实践仍在探索中。定价方法主要参考市场租赁住房租金，并设有政府限价措施。然而，当前的定价机制存在一些问题。首先，定价标准模糊，市场租金的浮动比例和同品质住房的划分标准尚未明确，导致实际操作中存在不确定性和主观性。其次，由于市场租赁房租金波动较大，以其的一定比例设定保障性租赁住房租金，可能不利于实现保障民生的目标。

本文分析了保障性租赁住房租金定价的目标和影响因素，比较了不同定价方法。以北京市的保障性租赁住房项目为例，提出结合市场法和成本法的定价策略，为政府的价格管控提供决策参考。市场法用于确定租金上限，而成本法则用于确定租金下限，以此保障租户的支付能力、运营机构的可持续性和政府的财政负担，同时促进经济社会发展。

二、保障性租赁住房定价的影响因素和方法

（一）保障性租赁住房定价的影响因素

保障性租赁住房定价受多种因素影响，例如市场住房租金（Turner，2002），收入（孔

---

① 课题名称：国家自然科学基金面上项目"基于城市网络视角的都市圈住房市场时空演化机理、效应和引导策略"（72174220）；教育部人文科学基金一般项目"基于新发展理念的国家城市光荣榜时空演化机理、效应和提升策略研究"（21YJAZH104）资助。

凡文等，2014；卢扬帆等，2019），建设运营成本、区位、房屋特性等（孟卫东、柳歆，2011），税率（Wood，2001），政府财政负担（李悦等，2019）。

政府财政负担能力是关键因素，影响保障性租赁住房的成本和收益。政府提供土地、财税、金融政策支持，为不同类型的保租房项目提供不同政策优惠。例如，非居住存量房屋改建免变更土地用途和补缴土地价款，同时享受税收优惠；集体经营性建设用地可办理抵押贷款并免收城市基础设施配套费等。市场租赁住房租金水平是另一重要因素，直接影响保租房的租金定价。政府需考虑保租房和市场租赁住房的租金关系合理，兼顾社会公平和低收入群体可负担性。项目建设和运营成本同样关键。租金定价需考虑覆盖成本并保持合理利润，同时确保项目长期稳定运营，满足低收入群体住房需求，保持房屋良好状态。

（二）保障性租赁住房定价方法

市场法依据相似物业的特点如户型、面积和位置来设定合理的租金范围。政府或租赁方参考市场租金以确保租金的竞争力和符合住房保障目标。收入法是以承租人收入为基础的租金定价方法，结合物业市场价值和承租人支付能力确定合理租金。成本法通过考虑房地产成本、维护、物业管理、运营管理费用、装修费用及预期回报率来确定保障性租赁住房的租金，提供基于成本和保本微利原则。

相较之下，市场法基于市场供求和相似物业租金水平，确保租金市场竞争力和满足低收入群体需求，但可能导致租金波动大。收入法侧重于承租人的可支付性，但可能运营成本高，财政负担重。成本法可确保企业可持续发展，但可能租户无法负担。

三、保障性租赁住房租金定价的国内外实践

（一）国内实践

中国各地方政府出台的保障性租赁住房实施文件细化了"低租金"的具体标准，但不同地区间存在显著差异（表1）。租金设定标准大致分为三类：一是低于市场租金，二是低于市场租金的5%至10%，三是低于市场租金的15%至20%。

各地区保障性租赁住房租金定价标准　　　　表1

省/市	租金标准
山东省、河北省、湖南省、河南省、江西省、福建省、云南省、广西壮族自治区，以及重庆市、杭州市、石家庄市、邯郸市、天津市、东莞市、太原市、洛阳市	低于同地段同品质市场租赁住房租金
厦门市	不超过同地段、同品质市场租赁住房租金的95%
海南省、吉林省、安徽省，以及上海市、成都市、西安市、青岛市、惠州市、济南市	不超过同地段、同品质市场租赁住房租金的90%
武汉市	不超过同地段、同品质市场租赁住房租金的85%
温州市	不超过同地段、同品质租赁住房市场租金的80%

由于土地、财税、金融等支持政策，保租房项目成本相对普通商品房降低，且不同类别的保租房项目成本存在差异。因此，部分地区对不同来源的保租房项目实施不同的租金标准。如北京市规定保障性租赁住房租金应当低于同地段同品质市场租赁住房租金水平，利用

企事业单位自有土地建设的租金应低于市场租金的 90%；佛山市为财政补贴的保租房项目设定不高于市场租金的 90%，其他项目则仅需低于市场水平。

（二）国外公共住房租金定价经验借鉴

发达国家的公共住房租赁定价通常基于市场租金、家庭收入和建造成本，以平衡政府财政负担和保障对象的支付能力。这些政策通过设置梯度租金标准和定期调整的基准租金计算机制，确保租金合理。租金设定通常不超过家庭可支配收入的 30%，以缓解低收入者住房困难，提高居住水平，为中国住房政策提供借鉴。

德国重视租金合理性和租户权益保护，政府依据建造成本确定社会保障住房的基础租金，并根据房屋特征调整。政府设立"房租合理价格表"，考量地理位置、交通、建筑年份等，制定租金浮动范围。2002 年前建成的公共租赁住房租金按建造成本设定，约为市场租金的 50%～60%，而 2002 年后建成的住房更多参考市场租金。

美国的公共住房租金设定采用控租和补贴相结合的方法，使用公平市场租金进行控制并作为补贴额度的参考。政府设定基准公平市场租金，并依据历史租金变化调整，最终以 90%～110% 的公平市场租金设定支付标准。对低收入租户的补贴方式先后经历了"砖头补贴"、房东补贴、住房券和现金补贴四种形式。其中住房券是主要方式，持券人只需支付不超过收入 30% 的租金，政府补贴剩余部分。

日本的公营住宅，主要面向低收入者和住房困难者，其租金结合家庭收入和住房特征确定。租金计算公式为：房租估算基准价 × 房租调整系数。基准价依据家庭月收入分类制定，而调整系数根据住房的区位、面积、使用年限等量化确定。通过这两个因素的结合，最终确定公营住宅的租金。

四、以北京为例的保障性租赁住房租金定价分析

北京市保障性租赁住房发展迅速，通过引导多渠道供给，共有六种建设筹集方式。北京市对企事业单位自有土地建设的保障性租赁住房租金定价要求不超过同地段同品质市场租金的 90%，而对其他类型的保障性租赁住房，仅作了不高于周边同品质住房的定价要求，尚未出台具体的实施操作细则，难以确保租金的合理性。目前，北京主要采用集体经营性建设用地新建和非居住存量改建方式，本文分析了这两种类型项目的租金定价模式，建议结合公平市场租金和成本法分别确定租金的上限和下限，为政府的租金定价和有效管控提供参考。

（一）集体经营性建设用地新建项目定价和价格管控

以北京市大兴区旧宫镇集体土地建设租赁住房项目为例，由于土地成本较低且有政策补贴，保租房项目的租金较普通商品房低，基于成本法测算集体经营性建设用地新建保租房项目的租金下限。

本项目位于大兴区旧宫镇旧宫村第三村与旧宫第四村交界处，总用地面积约 3.1 公顷。按照成本法测算保租房的租金，将其成本构成分为折旧费、维修费、物业管理费、运营管理费、装修、家具家电费用。

集体经营性建设用地新建项目租金测算　　　　　　　　　　　　　　　　表 2

	项目	大兴区旧宫镇集体租赁住房项目
	总投资（元/m²）	11921.54
	土地成本（元/m²）	6644.33
	建设成本（元/m²）	5277.21
	总建筑面积（m²）	66124.00
	残值率（%）	0.5
	预计使用年限（年）	40
	贷款利率（%）	4.90
1	房地产折旧与摊销（元/m²/月）	57.15
2	维修费（元/m²/月）	1
3	物业管理费（元/m²/月）	2
4	运营管理（元/m²/月）	1
	装修（元/m²）	500
	预计使用年限（年）	5
	贷款利率（%）	4.90
5	装修折旧（元/m²/月）	9.60
	家具（元/m²）	120
	预计使用年限（年）	5
	贷款利率（%）	4.90
6	家具折旧（元/m²/月）	2.30
7	利润（元/m²/月）（按 5% 利润率测算）	3.65
	成本租金（元/m²/月）	73.05
	最低租金（元/m²/月）	76.70

周边市场合租租金水平　　　　　　　　　　　　　　　　表 3

面积（m²）	租金（元/月）	平均租金（元/m²/月）
10~15	1100~1700	98
16~20	1500~2000	91
21~30	1600~2500	77
平均租金水平		95

成本租金 =（1）+（2）+（3）+（4）+（5）+（6），表 2 中的维修费、物业管理费、运营管理费、装修折旧和家具折旧，是根据近年来商品房屋租赁市场和保租房项目的调研得出的经验数据。最低租金 =（1）+（2）+（3）+（4）+（5）+（6）+（7），即在成本租金的基础上，考虑了 5% 的利润。以旧宫区域普通商品房平均租金作为市场租金。由表 2、表 3 可以看出，大

兴区旧宫镇集体租赁住房项目的成本租金为 73.05 元 /m²/ 月，最低租金为 76.70 元 /m²/ 月，为市场租金水平的 80% 左右。

（二）非居住存量房屋改建项目定价和价格管控

以北京市石景山区翡翠山晓 053 地块酒店改建保租房项目为例，非居住存量房屋改建项目节省了土地购置费用，并享受房产税、增值税等税收优惠，同时其改建成本显著低于市场租赁住房新建项目，与同区域的普通商品房市场租金进行对比分析，测算非居住存量房屋改建保租房项目的租金下限。该项目总建筑面积 89618.19m²，工程概算投资额为 1.1 亿元。

计算方法与上文基本一致，但额外考虑了原酒店改造成保租房项目后所存在的机会成本。该项目的成本租金为 76.42 元 /m²/ 月，考虑 5% 的利润，最低租金为 80.24 元 /m²/ 月（表4）。经过市场调研，该区域市场租金平均水平为 103 元 / 月 /m²（表 5）。其最低租金为市场租金水平的 78% 左右。

非居住存量房屋改建项目租金测算　　　　表 4

	项目	石景山翡翠山晓 053 地块酒店改保租房
	总投资（元 /m²）	1227.43
	土地成本（元 /m²）	0
	建设成本（元 /m²）	1227.42
	总建筑面积（m²）	89618.19
	残值率（%）	0.5
	预计使用年限（年）	50
	贷款利率（%）	4.90
1	房地产折旧与摊销（元 /m²/ 月）	5.52
2	维修费（元 /m²/ 月）	1
3	物业管理费（元 /m²/ 月）	2
4	运营管理（元 /m²/ 月）	1
	装修（元 /m²）	500
	预计使用年限（年）	5
	贷款利率（%）	4.90
5	装修折旧（元 /m²/ 月）	9.60
	家具（元 /m²）	120
	预计使用年限（年）	5
	贷款利率（%）	4.90
6	家具折旧（元 /m²/ 月）	2.30
7	机会成本（元 /m²/ 月）	55
8	利润（元 /m²/ 月）（按 5% 利润率测算）	3.82
	成本租金（元 /m²/ 月）	76.42
	最低租金（元 /m²/ 月）	80.42

周边市场合租租金水平　　　　　　　　　　表5

面积（m²）	租金（元/月）	平均租金（元/m²/月）
10～15	1300～1500	117
16～20	1600～1800	94
平均租金水平		103

五、政策建议

为进一步改善保障性租赁住房的租金定价和管控，本文提出以下建议：

第一，细化租金定价和管控措施，目前全国大多数城市的租金标准为不超过同地段、同品质租赁住房市场租金的90%。通过北京案例的研究，可以考虑将租金上下浮动比例调整至80%，并根据各地区和项目的实际情况进行灵活调整，以确保保障性租赁住房的租金水平相对于市场租金更加合理和可承受。第二，建立完善的市场租金监测体系，实时掌握市场价格动态，以便更准确地设定保障性租赁住房的租金水平。清晰界定同地段、同品质住房的划分标准和方法，提高定价过程的公正性和透明度。第三，通过推出相关政策降低建设运营成本，并倡导工业化与模块化建设方式，提升建设效率，从而减轻建设压力。

参考文献：

[1] Turner B，Whitehead C M E. Reducing housing subsidy：Swedish housing policy in an international context[J]. Urban Studies，2002（2）：201-217.

[2] 孟卫东，柳欣. 城市公共租赁房租金定价机制研究[J]. 价格理论与实践，2011（12）：31-32.

[3] 孔凡文，李志辰，麻理. 公共租赁住房差别化租金定价方法理论研究[J]. 价格理论与实践，2014（1）：77-79.

[4] Gavin A Wood. Are There Tax Arbitrage Opportunities in Private Rental Housing Markets?[J]. Journal of Housing Economics，2001，10（1）：1-20.

[5] 卢扬帆，张世龙，缪军翔. 农村集体建设用地建造租赁房市场机制研究[J]. 江苏商论，2019（5）：112-114.

[6] 周小寒. 我国公租房租金定价模式研究：基于层次分析法的探析[J]. 价格理论与实践，2013（6）：58-59.

[7] 李悦，刘铭，叶婕妤. 武汉市集体建设用地建租赁住房的租金定价研究[J]. 当代经济，2019（5）：146-150.

[8] 王琨. 中心城市公共租赁住房实施比较及研究[J]. 建筑经济，2010（7）：17-20.

[9] 刘灵辉，王科宇. 农村集体建设用地建设租赁性住房问题研究[J]. 四川理工学院学报（社会科学版），2019（1）：1-19.

[10] 李克武，聂圣. 我国公租房租金形成机制的现状检讨与完善建议[J]. 湖北社会科学，2017（8）：156-163.

[11] 虞晓芬，李星. 公共租赁住房成本租金与定价研究[J]. 中国房地产，2011（18）：35-40.

作者联系方式
姓　名：易成栋
单　位：中央财经大学
地　址：北京市昌平区中央财经大学沙河校区
邮　箱：chdyi@126.com

招商方案中的底层逻辑分析及租赁咨询服务应用

韩艳丽

摘　要：合理的招商方案设计是实现租赁收益最大化的关键，本文分析了招商方案底层逻辑，具体包括租户组合、租金影响因素、租金承受能力、招商运营中的"租售比"、招商全过程咨询服务及注意事项，旨在厘清租户类型之间的关系，探索租户最优组合配置方式，量化租户承租能力指标，为估价行业参与招商，提供差异化咨询服务助力。

关键词：招商方案；底层逻辑；租户组合；承租能力；咨询服务

一、引言

尽管受疫情影响，全国租赁市场出现了整体萎缩，但重点城市的租金经过短暂调整后依然保持平稳，租赁需求的恢复让租赁服务"蓝海"市场未来可期。

传统租金评估业务仅仅是租赁市场服务链上的一环，而经营性房地产诸如资产数字化、项目全生命周期风险管理、资产证券化评估、可行性研究、招商方案策划等业务，才是未来服务链的纵深发展趋势。估价机构在稳定传统常规房地产租赁评估业务的同时，应及时调整策略，谋求创新转型，将租赁过程中零散的节点串联，从租金评估的单一报告产品进一步延伸，聚焦差异化的租赁咨询服务，提升在租赁市场全链条服务中的关键作用。

二、招商方案底层逻辑及承租能力指标分析

商业房地产招商的底层核心机理是紧紧围绕着租金，实现收益最大化。租金高低受多因素的牵制，包括位置、商业繁华度、交通、环境、建筑形式、业态组合、建筑面积、租户类型、租约长短、租赁形式等。

招商方案一般包含的主要内容有：项目概况、招商目的、招商原则、市场背景调查、目标客户定位、租赁方式（整租、分租）、租金体系设计、联系方式等。其关键部分在于项目定位，分析租户类型、厘清不同租户类型之间的关系，研究承租能力指标，并探索租户类型最优组合配置方式，从而完善租金体系。

（一）租户组合

"租户组合（tenant mix）"是指零售商和服务提供商在某一个商业物业内的集聚和结构化。通过打造最优的租户联合体，满足消费者一站式消费需求，发挥不同种类租户之间的外部性作用，以实现租金收入的最大化[1]。

"租户组合"如同一台精彩大戏中的不同角色，发挥着各自不同的功能，既要有主角（人流贡献型、品牌引领型、租金贡献型、综合功能型租户），又要有配角（面积消化型租户），

还要有跑龙套的（配套功能型租户），他们通过有机组合才会使"剧情"完美呈现（图1）。

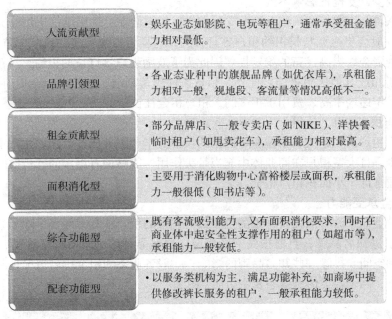

图1 购物中心租户类型

需要说明的是，租户功能很多时候是复合的，比如影院一方面担当人流贡献型的角色，另一方面，由于其体量大，同时也起到了面积消化的功能[2]。

（二）租金影响因素

1. 租户类型

人流贡献型、综合功能型、品牌引领型租户能够产生消费者的溢出效应，共同决定了物业对于其他租户的吸引力。因此，这三类店铺规模效应产生的正外部性对整个商业体租金收入起到了积极作用，正外部性越强，所享受的租金优惠越多。而租金贡献型租户则需要支付较高的租金作为享受上述租户正外部性付出的代价，因此租金贡献型租户租金最高。

配套功能型租户以服务类机构为主，满足商业体的功能补充，需求量较低，租金较低，但也有例外，如银行租金一般会比同类平均租金高10%，某些品牌新能源汽车展位因其广告效应，目前愿意支付的展厅租金也较高。

面积消化型租户以消化富裕楼层或面积为要务，租金较低。

2. 租户位置

位置优劣主要取决于几大因素：楼层状况，沿街状况，是否临出入口，是否临电梯，是否临靠近人流贡献型、综合功能型、品牌引领型租户等。根据消费者行为动线分析，通常位于一楼、沿街、临出入口、靠近电梯的商铺因为便捷易达会优先光顾，因此这几个位置的商铺人流量明显高于其他位置商铺，从而为商铺带来更多的营业额，承租方愿意支付较高的租金。此外，人流贡献型、综合功能型、品牌引领型租户的"号召力"也会为租金贡献型租户带来客流量，因此临近这三类具有正外部效应的商铺也是一项位置优势。

人流贡献型、综合功能型租户在购物中心中所处的位置，对其租金影响就显得并不是那么重要。出行距离的略微增加，并不会影响消费者对其的选择。例如很多商场将大型超市设在地下一楼，影院设于顶层。配套功能型、面积消化型属于购物中心辅助类型租户，基本选择位置余地较少，受位置影响不大。

3. 租赁条件（租期长短、租金押金支付方式、年递增率、费用承担比例等）

经营者一般会更愿意与长租约租户签订合约，这样可以避免签约风险、节省谈判时间、回笼更多投资资金、提高经营的稳定性。因此为了鼓励租户签订长期租约，经营方愿意给予一定的租金折扣或其他优惠措施。此外，租赁条件越苛刻的，如长期租金提前一次性支付、押金比例高、年递增率高、费用承担多的，租户租金往往越低。

4. 租户面积（整租、分租）

实务中，租户面积越大，单位租金的租约议价成本和服务成本会随该租户承租面积的增加而相应减少，且大型租户在商业体中充当带头作用，能够拥有更多的砍价空间，因此大面积租户租金通常低于小面积租户租金。

（三）租金承受能力

各个经营业态中，一般而言，谁的位置最好，谁的租金承受力最强。除了某些时候，一些商场为了引进知名品牌，自愿损失一些租金，这些品牌因为本身知名度高，可以带动客流，存在谈判空间。排除一些知名品牌的影响，一般各业态的租金排名情况是服装、零售类高于餐饮业态，高于各类体验业态及主力店（图2）。

图2 经营业态租金承受能力

现在也有很多其他的业态开始逐渐占据租金头部位置，比如新能源汽车展厅，某些品牌喜欢占据一楼购物中心最好的展面，因其特殊的广告效应而愿意承担更高的租金。

这些承受能力的排序，很多都和这个业态、这个行业本身的毛利率直接正关联。一般毛利率较高的行业，产品溢价能力强，租金承受能力也较高。

（四）招商运营中的"租售比"

招商运营里面的租售比是租管费（租金＋物业管理费）占销售额的比重。租售比越高，说明商户承担的租金压力越大，经营风险也会加大；租售比越低，说明租金收少了，商场有损失，在续约时可以通过谈判提高租金，或者用提点的方式来享受销售的增益。实践中，不同的经营业态租售比差距较大，一般高毛利品类租售比高、承租能力强（图3）。

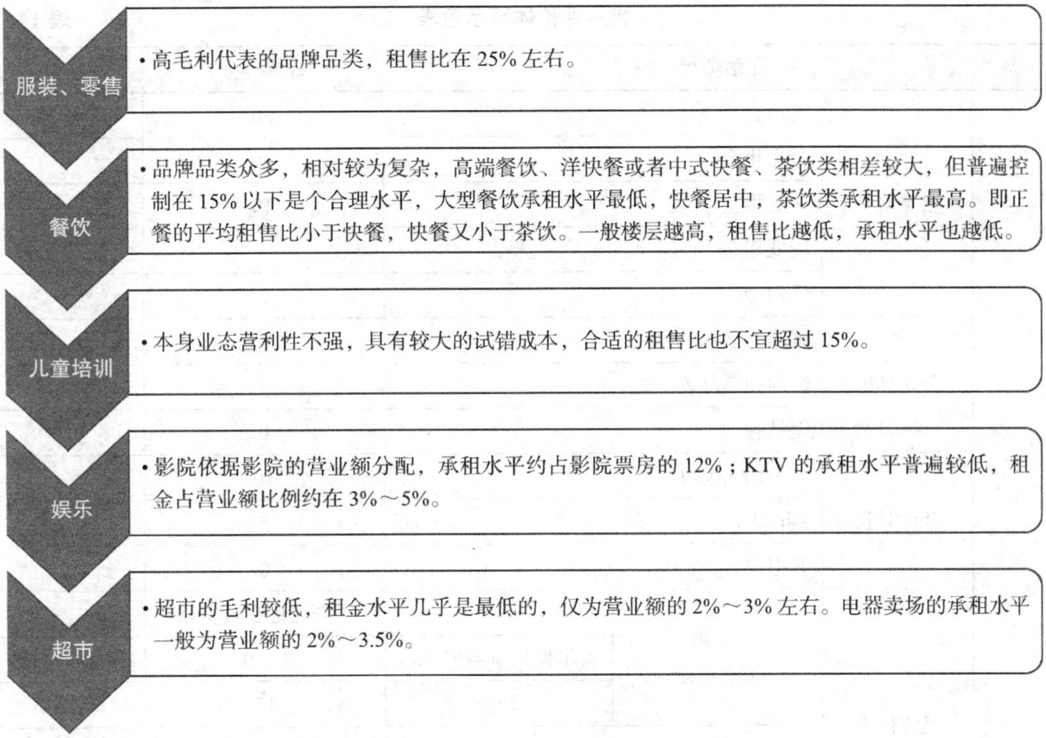

服装、零售	• 高毛利代表的品牌品类，租售比在 25% 左右。
餐饮	• 品牌品类众多，相对较为复杂，高端餐饮、洋快餐或者中式快餐、茶饮类相差较大，但普遍控制在 15% 以下是个合理水平，大型餐饮承租水平最低，快餐居中，茶饮类承租水平最高。即正餐的平均租售比小于快餐，快餐又小于茶饮。一般楼层越高，租售比越低，承租水平也越低。
儿童培训	• 本身业态营利性不强，具有较大的试错成本，合适的租售比也不宜超过 15%。
娱乐	• 影院依据影院的营业额分配，承租水平约占影院票房的 12%；KTV 的承租水平普遍较低，租金占营业额比例约在 3%~5%。
超市	• 超市的毛利较低，租金水平几乎是最低的，仅为营业额的 2%~3% 左右。电器卖场的承租水平一般为营业额的 2%~3.5%。

图3　不同经营业态租售比

三、招商全过程咨询服务及注意事项

（1）通过市场背景调查，目标客户定位，优化配置租户组合并进行合理布局，是使物业实现利益最大化的关键。

首先确定"核心租户"，即项目定位的主要体现者或功能的主要支撑者，如社区型购物中心以大卖场为核心租户，区域购物中心以百货店为核心租户，娱乐中心以娱乐业态为核心租户，重点学区附近以教培业态为核心租户。然后，根据周边有效客户的购买习惯及消费能力水平，配置相对应的品牌、档次、业态的其他租户。

（2）实施阶段通过租售比、意向销售额来判断租户可能承受的租金水平。

洽谈过程中咨询意向租户同类型其他店的月销售额，假设一个 100 平方米的餐饮店，预计月销售额 10 万元，根据上文中，餐饮业态一般能承受的合理的租售比在 15% 以下，按照上限 15%，则 10 万元 ×15%=15000 元，则其可能承受的租金为 15000 元/月，租金单价为 15000/100=150 元/平方米/月，在招商时报价可以大概上浮 10% 进行商务谈判。

（3）后期跟踪运营阶段可利用数字化手段实施监测，利用物元分析法等评价方法对建立的租金体系是否合理进行判定，通过特征因素对租户进行打分（表1），对不匹配的低效租户进行优化调整，为后续整改提升物业租户结构作准备。

租户评价体系示意表　　　　　　　　　　　　　　　表 1

评估项目			标准得分	实际得分
租户评估	租金水平	高租金	30	
		较高租金	20	
		一般租金	10	
		较低租金	5	
		低租金	0	
	公司品牌	国际知名品牌	10	
		国内知名品牌	5	
		无品牌	0	
	合作时长	5～10年以上	10	
		5年以下	5	
		新租户	0	
	经营行为	无欠租、拖租记录　严重	重新考虑租赁资格	
		无欠租、拖租记录　偶尔且只拖不欠	5～10	
		无欠租、拖租记录　无	15	
		无违规、违章、违法经营　严重	重新考虑租赁资格	
		无违规、违章、违法经营　经劝阻立即修正	5～10	
		无违规、违章、违法经营　无	15	
	形象档次	统一专业形象	10	
		整齐观感良好	5	
		杂乱	0	
	消防安全	消防安全防护设备达标	10	
		存在安全隐患，但及时检查维修保养	5	
		不达标，存在严重问题	0	
	总得分合计		100	

四、案例分析——周浦某商办综合楼招商方案

受上海某资产管理有限公司委托，对上海市浦东新区周浦镇 C-06-11 地块商业、办公房地产市场租金价格调研，为后期招商提供价格参考。该地块尚待开发（全自持，可以 100% 商业或者少部分办公），北至 XX 路、西至公共绿地、南至住宅用地、东至住宅用地，土地面积 3757.96 平方米，容积率不高于 1.2。根据委托方提供的初步规划设计方案，建筑形态一幢商业为 2 层（局部 3 层），一幢商办 4 层，总建筑面积为 7024.78 平方米，其中地上建筑面积 4397.78 平方米，地下建筑面积 2627 平方米。建筑结构为钢混结构，玻璃幕墙。建成后委托方自运营对外出租（图 4）。

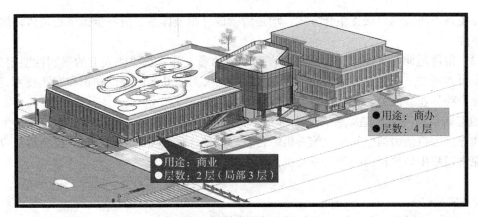

图 4 方案规划设计图

根据委托方的要求，重点需对周边市场背景调研，确定项目定位，并给出目标租户类型、市场租金水平建议。

通过调研，咨询对象 1.5 公里范围内缺乏规模性综合商业，周边主要为无品牌的社区底商，仅能满足基本生活所需。人口支撑上附近以住宅小区为主，户数约 26000 户，多以本地居民为主，入住率较高；商业业态以满足家庭型消费为主。咨询对象附近路网一般，距地铁站步行约 40 分钟，附近公交车线路较少。由于到达咨询对象交通相对不方便，无法实现外部有效客流导入，本项目需活用周边居民，打造社区中心位。

方案核心成果：

咨询对象宜定位为社区型商业综合体，作为区域商业的补缺者。提升本区域的配套水平，满足品质生活客群的需求。项目建议：

（1）餐饮、超市、教培娱乐、小品牌专卖店应作为社区综合商业重点引进的商业资源；

（2）可引进大品牌超市作为主力商业。该业态聚集客户能力较强，有一定的品牌引领作用，可带动商业氛围，一般面积需求较大；

（3）100 平方米以下商业主要以甜品店、奶茶店、小吃店为主，租金水平相对较高；100～300 平方米商业以连锁餐厅、教培娱乐、小品牌专卖店等为主；

（4）不建议做分割办公。

通过对市场数据分析，以及商业综合体自身情况，按各楼层、业态租金提供价格区间，供委托方在后续商务谈判中结合商业品牌、出租面积、位置进行适当调整（具体租金评估不一一赘述）。

五、结论

在政策、市场、融资的风口下，租赁行业未来拥有可预期的"窗口"红利，更多的企业会对新赛道进行探索。笔者认为：

（1）市场新一轮洗牌加速行业分化，资本更加理性。估价机构可以依托专业的数据服务，定制化的项目咨询模式，辅以客户调研等方式补充相关支撑数据，为委托方招商方案提供助力；

（2）商业房地产租户之间相互影响制约关系较为复杂，组合方式千变万化，掌握租户之间主要关系，研究租户最优组合方式，均是后续设计租金体系、进一步提供租赁咨询服务的前置条件；

（3）租赁延伸业务往往带有明显的咨询顾问色彩，并非法律法规上的强制性鉴定估价，客户支付意愿强烈，对专业素养要求更高，除了需要具备扎实的理论知识和专业技术，还需培养融合跨界业务能力。

随着新数据环境日趋完善，数据本身不再冰冷单一，如何将城市中鲜活的人、生动的日常和充满生机活力的空间与设施有机结合，更好地优化商业房地产业态、提高租金收益水平，探索过程中估价机构的新业务商机，势在必行。

参考文献：

[1] 聂冲，贾生华. 城市购物中心不同商铺种类的租户组合优化实证研究 [J]. 浙江大学学报（理学版），2011（1）：101-108.

[2] 杨泽轩. 浅议主力店与次主力店标准 [Z]. 万商俱乐部沙龙专题研讨会，2015.

作者联系方式

姓　　名：韩艳丽

单　　位：上海房地产估价师事务所有限公司

地　　址：上海市黄浦区北京西路 1 号 3 楼 B 座

邮　　箱：48490388@qq.com

注册号：3120060030

城市更新：房地产估价行业的突破与创新
——以上海市某"城中村"改造项目为例

许峰林　赵玉安

摘　要： 随着我国城市化进程的不断推进，城市更新在城市管理中的重要性愈发凸显，房地产估价机构在城市更新咨询领域的优势得以突出，但实际运行过程中也存在着惯性思维、土地估价咨询效应未充分发挥、"城中村"改造项目未达预期等问题。因此，房地产估价行业突破与创新对助推城市更新高质高效发展是十分有必要的。基于此，本文在概述"城中村"改造重点关注内容的基础上，以上海市某"城中村"改造项目为例提出了"城中村"改造项目管理工作中寻求创新和突破的具体路径，以期为城市更新的发展提供参考与借鉴。

关键词： 城市更新；房地产估价行业；专业服务；创新与突破

一、引言

《上海市城市更新条例》（2021年）对城市更新指引、城市更新实施、城市更新保障、城市更新监督等方面做出了具体规定。与2015年的《上海市城市更新实施办法》比较，新版的城市更新条件对城市更新的范围进行了完善和扩大，在原有的旧区改造、"城中村"改造、产业转型升级的基础上，增加了旧住房更新、商业商办设施更新、市政基础设施和公共服务设施更新，上海城市更新体系如图1所示：

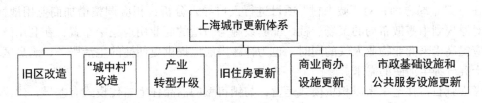

图1　上海城市更新体系

与此同时，上海市政府也于近年陆续出台了一系列"城中村"改造相关政策。尤其是2022年《上海市人民政府关于印发〈上海市助行业强主体稳增长的若干政策措施〉的通知》（沪府规〔2022〕12号），要求全面提速"城中村"改造，编制"城中村"改造规划，将"城中村"改造项目认定中的集体建设用地占比要求从70%以上降至51%以上。另外，2023年《上海市人民政府关于印发〈上海市提信心扩需求稳增长促发展行动方案〉的通知》（沪府规〔2023〕1号）提出，全面提速"两旧一村"改造，落实"两旧一村"改造实施意见和支持政策，优先将零星旧改、小梁薄板房屋改造以及中心城区周边和五个新城等区域的"城中村"纳入改造计划。

2023年7月21日，国务院常务会议审议通过《关于在超大特大城市积极稳步推进城中村改造的指导意见》，提出要科学编制改造规划计划，多渠道筹措改造资金，高效综合利用土地资源，加大对城中村改造的政策支持，积极创新改造模式，鼓励和支持民间资本参与，努力发展各种新业态，实现可持续运营。

由此可见，在此背景下上海市房地产估价行业既迎来了一些新机遇，也将面对一些新的挑战。因此，房地产估价行业必须顺势而为，借势而进，不断创新与突破才能在当今激烈的市场竞争中立于不败之地，实现可持续发展。

二、"城中村"改造重点关注的内容

城中村改造项目主要有土地储备模式、合作开发模式，在保障改造项目整体资金平衡并力争实现利益最大化的前提下，更要关注农村集体经济组织的权益保障，维护村集体组织长远利益及村民的合法权益。应重点关注以下几个方面：

（一）合理划定范围，规划多方案测算比选

"城中村"改造采用以集体经济组织为实施主体，引入合作单位参与，土地定向供应给合作开发公司的模式进行改造开发。改造方案采用一、二级联动开发模式，以二级开发收益来平衡一级土地整理成本、基础设施建设成本和二级开发建设成本。根据项目区实际情况，项目既希望将普通商品房用地带来的土地增值收益最大化，又要考虑改造范围内居民的回迁需求，同时还要兼顾村集体经济组织的可持续发展。

在对改造范围内出让地价评估时，遵循一、二级联动原则，充分发挥规划引领作用，在区、镇总体规划的框架内，结合"城中村"相关政策，在人口导入分析的基础上，合理划定城中村范围，对动迁安置房用地、普通商品房用地、商业用地的面积比例、容积率等规划指标做多方案测算，结合土地前期成本，模拟多种土地一二级联合开发资金平衡模式，为项目公司确定最终方案提供参考依据，并协助规划方案落地。

（二）因地制宜，整合资源，优化布局

在方案布局方面，对"城中村"项目进行人口导入分析，相应调整增加商业用地面积，建议对原规划中零散布局的菜场、社区配套设施与新增的商业用地集中布置，在利用商业聚集效应提高未来商业物业人气的同时，也为社区内居民提供更便捷的生活服务，满足区域内居民十五分钟生活圈的需求。

考虑到自持住宅未来以租赁模式运营，与销售型的商品住宅居住模式有差异，建议将区域内各商品住宅用地的自持住宅部分集中统筹考虑，以租赁住宅模式单独设置，布局上与新增商业用地相邻，既可保证商品住宅居住区的完整有序，又能为租赁住宅共享商业等配套提供保障。

（三）注重村集体经济组织的可持续发展

"城中村"改造项目实施前，村集体经济组织年可支配收入主要来源于改造范围内的物业租赁收入与下属企业上交的利润。"城中村"改造项目的实施会使得年收入大幅减少，根据城中村相关政策，镇级农村集体经济组织全资企业作为代表农村集体经济组织参与"城中村"改造项目的主体，其投资比例不得低于"城中村"项目总投资的10%，改造项目中应留

存给镇级农村集体经济组织一定数量的物业资产用于长期经营，通过收益反哺的方式，保证村集体经济组织年可支配收入在改造项目实施后不低于原有水平，确保村集体经济组织持续发展，维护村集体和村民个人的利益。

三、"城中村"改造项目案例分析

（一）项目概况

上海市某"城中村"改造项目用地约1700亩，其中集体土地面积占比为99.9%。项目改造范围内的地上物主要为村民住房和集体企业厂房，总建筑面积约为70万平方米，涉及农户约700户，村集体企业约90家。

在"城中村"改造前，该村历史遗留问题突出，外来人口聚集、群租转租普遍，同时也存在巨大的消防安全隐患，基础设施落后、生活环境脏乱、城市和社会管理等问题严重，更使得改造难度加大。因此，该村集体内部长期存在影响全村正常发展的不稳定、不和谐因素，使该村成为全市有名的问题村。周边群众的生活安全感和幸福感极低，改造愿望极为迫切。

（二）前期介入，掌握第一手资料，实现高效沟通

1. 开展"城中村"改造政策宣传

由于该项目范围内土地主要为集体所有土地，"城中村"改造工作的主体应是村民和村集体经济组织，应在自愿的基础上实施，项目应以村民权益作为根本出发点和落脚点，充分尊重村民意愿，保障村民的知情权和参与权，以降低征地风险的发生概率，维护社会稳定。因此，房地产估价机构可协助镇、村相关部门，通过召开村民会议、张贴板报、个人访谈等多种形式开展宣传，就"城中村"改造工作的意义、流程、措施及政策向村民讲清、讲透、讲到位，尽可能争取到当地绝大多数村民的支持，为日后"城中村"改造项目的顺利实施打下良好基础。

2. 开展前期摸底工作

在政策宣传的同时，可以成立以资深估价师为核心的项目组，有针对性地组织开展工作。项目组组织安排估价师和测绘人员，以第三次全国国土调查主要数据成果和项目所在区镇提供的资料为基础，利用卫星地图，结合现场查勘，对改造范围内的土地和地面资产进行初步调查和排摸，为后续成本估算工作做好准备。

（三）精确测算成本收益

"城中村"改造项目的咨询估算工作内容包括土地前期开发成本、市政公建配套项目建设费用和开发期间城市管理支出、土地出让收益，最终估算项目的整体收支节余和资金平衡。

1. 土地前期开发成本

土地前期开发成本主要考虑改造过程中发生的征地补偿成本、居住房屋补偿成本、非居房屋补偿成本等各类补偿费用、其他成本支出、管理费和不可预见费等。房地产估价师协同村镇相关部门工作人员，对改造范围内的农民住宅、工业厂房、其他地面资产等状况做进一步查勘和梳理。根据现行有效的法律、行政法规、地方性法规、地方规章、部门规章等法律法规以及《城镇土地估价规程》《上海市征收集体土地房屋补偿规定》《上海市征收集体土地补偿标准》《上海房屋拆迁中建筑物建安重置清单单价清册》等进行评估，确定改造范围内的土地前期开发成本。

2. 市政公建配套项目建设费用

市政公建配套项目建设费用包括市政基础设施建设费、社区级公共服务设施费用和基础教育设施费用。其中，市政基础设施包括道路、环卫设施、停车场、河道工程、结构绿地工程、结构绿地内配套设施（建筑）以及架空线入地等；社区级公共服务设施包括社区管理用房、社区文化活动中心和社区卫生服务点等；基础教育设施包括托儿所、幼儿园、中小学等。项目组人员根据相关的规划资料、设计方案、建设工程造价指标、施工预算等综合估算。

3. 土地出让收益

根据相关控制性详细规划，对改造范围内动迁安置房住宅用地、普通商品房住宅用地、商业用地、产业用地等的市场价格进行评估，遵循一、二级联动原则，参照项目周边土地出让价格及目前政府许可的销售价格和开发商微利原则，根据《城镇土地估价规程》和《国有建设用地使用权出让地价评估技术规范》，采用多种方法，综合估算各类用途经营性用地土地的市场价格。

4. 收支节余和资金平衡

根据土地出让出益、土地前期开发成本、市政公建配套项目建设费用及其他成本开支，结合"城中村"改造相关的政策文件，计算市、区两级各项政策计提及土地出让收益计提和返还，在此基础上估算项目的各级资金收支节余和资金平衡。

（四）提出合理化建议，助力城中村项目加快实施

1. 建议相关部门推进"城中村"改造与市政建设同步进行

改造范围内涉及道路、绿化、河道等基础设施建设，及环卫设施、架空线入地等。在一般情况下，基础设施建设应早于或与经营性用地同步开发建设，经营性建设项目按期交付后方可正常使用。由于市政建设需按相应的年度实施计划进行，建议由"城中村"改造项目资金先行垫付部分市政建设资金。在此期间通过区、镇多部门协调，部分市政建设工作同时进行，既保证了经营性建设项目按期交付后正常使用，又减轻了"城中村"改造项目的资金压力。

2. 协助"城中村"改造项目关联区域的优化组合

随着项目的实施，原城中村周边区域的规划和开发也日益临近。与原城中村紧邻的由村集体经济组织运营的商业物业，存在零星租赁、管理混乱、房屋利用率低等问题。考虑到其建筑形态及建筑质量尚可，故协助村集体先行启动租户的补偿和清退工作，对建筑物进行简单维护后，再由村集体统一租赁管理，既能提高村集体当前一段时间内的经济收益，也可保证未来征收工作如期有序地进行。

3. 解决"城中村"改造范围内的历史遗留问题

在城中村项目实施阶段，遇到农民住宅评估烂尾项目，严重影响"城中村"改造进度。在此情况下，作为第三方鉴证机构的房地产估价机构应当勇于承担重任，利用专业技能和前期排摸的优势，加班加点，按时完成征收评估工作，保证整体项目进度如期完成。

四、结语

当前，上海的城市更新已进入了全新的阶段，面对新趋势，上海以"上下结合、区域统筹、多元主体协商、多种方式实施"为行动理念，积极探索新的城市更新方式。在此机遇下，房地产估价行业应在掌握专业技能的优势下，加强综合服务能力，转换思维角度、重新角色定位、发挥能动性，积极探索估价咨询行业在城市更新领域的发展空间，为城市更新工作的顺利推进，提升城市品质、优化人居环境、实现绿色低碳可持续发展助力。

参考文献：
[1] 上海市人民代表大会常务委员会.上海市城市更新条例[Z]. 2021-09-01.
[2] 上海市人民政府.上海市助行业强主体稳增长的若干政策措施[Z]. 2022-09-26.

作者联系方式
姓　名：许峰林　赵玉安
单　位：上海涌力土地房地产估价有限公司
地　址：上海市虹口区花园路128号7街区A座3111室
邮　箱：yongligujia@163.com
注册号：许峰林（3120000066）；赵玉安（3120040084）

北京市产业类更新中的房地产价值评估探析

何金锋　薛翠翠　姚慧静

摘　要： 本文梳理了北京市城市更新中产业类更新的模式和类别，探讨更新过程中的价值评估问题，研究产业类更新中房地产价值评估技术，包括工业用途认定与评估方法的选择、土地重置成本采用比较法评估及技术处理思路、不同评估方法权重的确定等，为城市更新提供专业意见与价值判断，以期推进产业更新活动开展，促进城市高质量发展。

关键词： 城市更新；产业类；房地产价值；评估

《北京市城市更新条例》于 2023 年 3 月 1 日施行，这是一部在减量发展形势下推动城市高质量发展、在现行法律框架内破解城市发展难题提供顶层设计的法规。该条例明确了北京市城市更新包括居住类、产业类、设施类、公共空间类、区域综合类 5 大类、12 项更新内容。本文在此背景和前提下对产业类更新中的房地产价值进行探析，从评估角度为城市更新提供专业意见与价值判断。

一、产业类更新的类别

产业类城市更新主要包括以推动老旧厂房、低效产业园区、老旧低效楼宇、传统商业设施等存量空间资源提质增效为主要内容的更新活动。

老旧厂房更新改造，一般是在符合街区功能定位的前提下，鼓励用于补充公共服务设施、发展高精尖产业，补齐城市功能短板。在符合规范要求、保障安全的基础上，可以经依法批准后合理利用厂房内部空间进行加层改造。

低效产业园区更新，主要为推动传统产业园区转型升级，重点发展新产业、新业态，聚集创新资源、培育新兴产业，完善产业园区配套服务设施。

老旧低效楼宇更新，主要为优化业态结构、完善建筑安全和使用功能、提升空间品质、拓展新场景等，满足现代商务办公需求。对于存在建筑安全隐患或者严重抗震安全隐患的老旧低效楼宇，物业权利人应当及时进行更新；没有能力更新的，可以向区政府申请收购建筑物、退回土地。

二、产业类更新中的评估问题

（一）老旧厂房改造

老旧厂房用于公共服务设施、加层改造等，产权人可以自主、联营等方式对老旧厂房进行更新改造、转型升级。联合其他主体成立平台公司时，产权人按原使用条件通过土地作价（入股）的形式参与更新改造。或者统一由政府收储，按照规划用途重新进行土地资源配置。

老旧厂房更新改造后，可依法进行转让或出租，也可以建设用地使用权及地上建筑物、构筑物及其附属设施所有权等进行抵押融资。老旧厂房更新改造后抵押、转让、出租涉及相应的价值评估活动。

（二）低效产业园区产业升级

城市更新鼓励低效产业园区通过提容增效进行升级改造，以满足产业升级需求。根据区域配套需求，可以批准土地使用权人配建不超过总建筑面积15%的行政办公及生活服务设施用房。鼓励利用地下空间建设配套设施用房，实现职住平衡、产城融合。配建的办公及生活服务设施用房面积按照房屋用途补缴地价款。

原项目无法继续实施的，则以合理的补偿价格收储回购的方式盘活重新利用。因取消产业园区资格而进行收储回购的，收储回购补偿价格标准为：土地价格按原《土地出让合同》约定的出让地价折算剩余使用年限，可继续使用的房屋按重置价格结合成新程度评估确定。

（三）老旧低效楼宇更新

在符合首都功能定位和规划前提下，北京市鼓励项目实施单位通过自主、联营、租赁等方式对重点区域的腾退低效楼宇等产业空间投资改造，带动区域产业升级。改造后落地项目应当符合区域产业发展定位，重点支持文化、金融、科技、商务、创新创业服务等现代服务业，或者公共服务、宿舍型保障性租赁住房等。

上述产业类更新类型中涉及的房地产价值评估偿主要集中在自我更新改造、合作更新改造和收储三种形式。其中被收储的价值评估已经具备成熟的价值内涵和评估技术路线。自我更新改造和合作更新改造则主要面临更新改造前和更新改造后的价值评判与分析。

产业类城市更新中，非住宅房地产价值的评估有其自身特点。更新类别不同、模式实施各异，各方诉求不同，如加层、功能更新、用途调整等不同更新内容，以及自我更新、作价入股、合作共建等不同方式，都涉及不同权益主体的资源投入，需要站在各自的角度考虑投入产出情况，因此均需对所投资对象的价值进行评判，对更新改造前后的价值进行分析。产权方除了关注不动产保值增值之外，同时也关注其不动产发挥的社会价值；投资方则重点考虑其所投资的价值回报，而价值回报的前提需建立在客观的房地产价值基础上。同时，客观的房地产房屋价值，是有关方案和实施模式的集中承载点，体现了各方的权益价值。

三、非住宅房地产价值评估分析

北京市产业类更新一般涉及非住宅房屋，实践中非住宅房屋价值评估一般依据《房地产估价规范》《城镇土地估价规程》《国有建设用地使用权出让地价评估技术规范》《北京市国有土地上房屋征收评估暂行办法》《关于进一步规范国有土地上非住宅房屋征收评估与补偿工作的通知（试行）》等。

非住宅房屋价值评估主要是基于房屋的市场价值，这与非住宅房屋征收补偿的理论逻辑是相一致的。房屋征收导致其房屋所有权的灭失，且房屋被依法征收，其国有土地使用权也同时被收回。实践中，其他类型的非住宅房屋价值评估一般也参考征收评估与补偿的技术思路与相关规定。

2011年国务院590号令《国有土地上房屋征收与补偿条例》《住房城乡建设部关于印发

〈国有土地上房屋征收评估办法〉的通知》(建房〔2011〕77号)等均对非住宅房屋价值评估作出较为明确的规定。北京市非住宅房屋价值评估,主要依据《北京市国有土地上房屋征评估暂行办法》《北京市住房和城乡建设委员会 北京市规划和自然资源委员会关于进一步规范国有土地上非住宅房屋征收评估与补偿工作的通知(试行)》等。这些规定统一了基本的评估规则,在征收评估的实施中发挥了较好的作用。

《北京市住房和城乡建设委员会 北京市规划和自然资源委员会关于进一步规范国有土地上非住宅房屋征收评估与补偿工作的通知(试行)》于2023年7月1日起实施。该《通知》主要是通过规范非住宅房屋用途认定、评估方法选用、技术路线确定、技术参数细化,进一步优化评估工作。一是明确非住宅房屋用途与基准地价土地用途分类对应。非住宅房屋用途统一与市基准地价土地用途分类相对应,确保房地用途一级、二级分类相统一。二是对于原用途为工业类用途调整的,考虑法理和补偿政策等综合因素,明确具体评估补偿办法。三是明确以划拨方式取得土地使用权的非住宅房屋的价值评估技术路线。依据划拨国有建设用地使用权地价评估相关意见,综合确定其评估技术路线。四是采用比较法评估时,提高可比实例选取的准确度。五是明确非住宅房屋土地重置成本采用比较法评估时选用土地招牌挂成交实例作为可比实例。土地一级市场招牌挂成交实例具有市场、公开、客观等特征,可选可比可操作。六是明确土地重置成本评估选用可比实例时可比实例属同一土地级别和跨土地级别的修正和调整系数标准。

四、产业类更新中的价值评估分析

产业类更新中,自我更新改造主要涉及项目的可持续盈利与发展,涉及房地产价值的分析与判断,本次主要分析产业持续运营中的房地产,研判更新改造价值。自我更新改造和合作更新改造,其核心都在于对非住宅房地产价值的判断。价值评估过程中涉及的较复杂情况主要包括,工业用途认定与评估方法的选择、土地重置成本采用比较法评估及技术处理思路、不同评估方法权重的确定等。

(一)工业用途认定与评估方法的选择

工业非住宅房屋价值,是包含工业用途土地使用权和房屋所有权的整体价值,其评估理论上适用比较法、成本法、收益法等方法。但由于工业非住宅房屋类型多样、市场交易极少,比较法客观上不适用。收益法在具备具有客观收益时可以适用,其适用需具备一定的条件。实践运用也不多。成本法是工业非住宅房屋价值评估的最重要最核心的方法。运用成本法进行房地产估价时,应选择具体估价路径、测算重置成本或重建成本、测算折旧、计算成本价值。

根据《北京市住房和城乡建设委员会 北京市规划和自然资源委员会关于进一步规范国有土地上非住宅房屋征收评估与补偿工作的通知(试行)》,采用成本法按房地分估路径评估非住宅房屋价值时,土地重置成本可采用比较法、成本法、基准地价修正法等方法,其中成本法的权重一般不高于30%,基准地价修正法的权重一般不低于50%。工业用途非住宅房屋一般采用成本法进行评估,同时又由于土地重置成本为其中的重要组成部分和评估难点,因此该文件特别明确,土地重置成本采用比较法、成本法、基准地价修正法中的两种方法进行评估。同时,该文明确"对已经登记的非住宅房屋,改变原用途未补缴土地出让金的,依法按原用途评估,补偿时可结合政策支持等情况认定用途调整"。即当用途调整未补缴土地出让金的，按原用途评估补偿；已经登记的非住宅房屋，用途调整未补缴土地出让金的，当进行用途调整认定时，需符合当时产业政策要求、并有相关政府部门支持等情况。

（二）土地重置成本采用比较法评估及技术处理

土地重置成本采用比较法评估是指采用一级市场招拍挂成交实例。具体是在工业非住宅房屋价值采用房地分估时其土地重置成本中土地取得费，选取土地一级招拍挂市场交易实例。交易实例选取应首先在同一行政区内选用。若无法满足，可适当扩大到同一圈层区域（首都功能核心区、中心城区、城市副中心、平原新城地区、生态涵养区等）选用，也可调整在相邻圈层区域选用，直至满足条件。选用可比实例在同一土地级别的，修正幅度应当参照北京市区片基准地价因素总修正幅度进行。北京市工业招拍挂项目一般位于通州、大兴、亦庄开发区、房山、门头沟、昌平、顺义、密云、平谷等区域，主要位于五环外，级别基准地价为5级别或6级以上。实践中，这些区内工业用途房屋价值评估具有可比实例，可采用比较法评估。

五环内中心城区涉及的工业非住宅房屋，其土地重置成本采用比较法评估时，无工业用途招拍挂可比实例。为解决此问题，《北京市住房和城乡建设委员会 北京市规划和自然资源委员会关于进一步规范国有土地上非住宅房屋征收评估与补偿工作的通知（试行）》明确选用可比实例可以跨土地级别，不过应当参照北京市级别基准地价进行调整。举例说明如下：

案例1位于工业五级05区片。采用基准地价系数修正法，基准地价为3410元/平方米（r<1），经期日、容积率、因素等修正后的楼面地价为4186元/平方米。采用市场招拍挂数据，选择三个工业用地市场招拍挂市场成交实例分别为房山城关街道地面单价1587元/平方米、大兴生物医药基地1138元/平方米、大兴国际机场1349元/平方米。可比实例位于基准地价9级地价区，参考基准地价级别进行级别调整，调整系数为3.63（3450/950）。调整后的价格水平分别约为5761/平方米、4131元/平方米、4897元/平方米，均值约为4930元/平方米。市场数据为基准地价数据1.18倍。

从上述案例来看，经跨级别修正后，与同级别基准地价相比，高了约20%。因此，通过跨级别修正可以解决中心城区可比实例不足的问题。

（三）不同评估方法权重的确定

根据《北京市住房和城乡建设委员会 北京市规划和自然资源委员会关于进一步规范国有土地上非住宅房屋征收评估与补偿工作的通知（试行）》，采用成本法按房地分估路径评估非住宅房屋价值时，土地重置成本可采用比较法、成本法、基准地价修正法等方法，其中成本法的权重一般不高于30%，基准地价修正法的权重一般不低于50%。现举例说明不同权重对结果的影响。

案例2为非住宅征收项目，容积率0.8，基准地价六级10区片，划拨用地。设定容积率为1，运用成本法进行评估测算，其中土地价格分别采用一级开发成本数据、基准地价系数修正法、招拍挂成交实例三种方式。①土地价格采用一级开发成本数据，其非住宅房屋价值为17714元/平方米。②土地价格采用基准地价数据，其非住宅房屋价值为6331元/平方米。③土地价格采用市场招拍挂数据，其非住宅房屋价值为6980元/平方米。如果一级开发成本数据权重70%，基准地价权重30%，结果为14299元/平方米；如果均为50%，则为12022元/平方米；如果一级成本数据权重30%，基准地价权重70%，则结果为9746元/平方米。如果基准地价与市场招拍挂均为50%，结果为6655元/平方米。从结果来看，采用一级开发成本数据，结果远高于其他两种方法数据，因此给予权重不高于 30%。基准地价与招拍挂结果相当，因五环内基本没有工业市场招拍挂数据，中心城区使用需要进行跨级别修正，变动较大；而基准地价各级别均有相应的价格水平，权威且稳定，因此基准地价权重应不低于 50%。

五、结语

实施城市更新行动对提升城市品质、推动城市高质量发展具有重要意义。产业类更新实施中，权益各方对各自的投入产出均高度重视。本文基于评估专业视角，对产业类更新中的房地产价值评估有关问题进行了相关分析和阐述，提供了一个相对客观的价值分析思路，为相关各方基于更新改造的房地产价值开展相关合作提供参考，以期推进产业类城市更新进程。

作者联系方式

姓　　名：何金锋　薛翠翠　姚慧静

单　　位：北京市国盛房地产评估有限责任公司

地　　址：北京市海淀区中关村南大街 2 号数码大厦 A 座 1615

邮　　箱：windxcc@qq.com

注册号：何金锋（1120100025）；薛翠翠（1120180031）；姚慧静（1120180038）

紧抓机遇　笃定创新　专业护航　谋求突破

——浅析估价机构在新一轮城中村改造大势下的新发展

刘　武　刘柏平　陈国庆

摘　要： 积极稳步推进城中村改造，有助于消除安全风险隐患，提高城市基础设施和完善城市公共服务设施，改善居住条件和生态环境，提高居民生活水平，高效综合利用土地资源，促进产业转型升级和城市可持续发展，推进以人为核心的新型城镇化，是一个系统工程。在城中村改造实施进程中，房地产估价机构应充分发挥其特有的专业优势，积极参与城中村改造项目现状调查、信息摸底、项目建库、改造模式、经济平衡测算、征收路径、搬迁补偿安置方案编制、搬迁补偿组织实施、增值收益分享和合理分配、产业搬迁和重新导入、规模化品质化租赁、回迁安置等各个阶段和环节的论证、组织和实施，助力城中村改造高质量发展。估价机构在紧抓机遇开拓新产品提供新服务的同时，也应顺应大势，笃定创新，完善内部治理，提升专业技能，谋求估价机构的高质量、可持续发展。

关键词： 城中村改造；紧抓机遇；笃定创新；内在要求

一、城中村改造的相关背景

（一）新一轮城中村改造政策

2004 年，国务院发布了《城市住房保障和城市住房体系建设规划（2004—2010）》，明确提出城中村改造的任务，这标志着城中村改造正式纳入国家规划。2023 年 4 月 28 日，中共中央政治局召开会议指出"在超大特大城市积极稳步推进城中村改造"；7 月 21 日，国务院常务会议审议通过《关于在超大特大城市积极稳步推进城中村改造的指导意见》；7 月 28 日，在超大特大城市积极稳步推进城中村改造部署电视电话会议在北京召开；8 月 25 日，国务院常务会议审议通过《关于规划建设保障性住房的指导意见》；9 月 5 日，发布《自然资源部关于开展低效用地再开发试点工作的通知》；10 月 12 日，住房和城乡建设部对城中村改造进一步提出具体政策落实措施；10 月 30—31 日召开的中央金融工作会议指出，加快保障性住房、城中村改造、平急两用基础设施三大工程建设，构建房地产发展新模式；11 月 11 日，住房和城乡建设部党组书记、部长倪虹接受媒体专访时指出"在抓落实上，要实施好规划建设保障性住房、城中村改造和平急两用公共基础设施建设三大工程。""城中村改造，是着力解决群众急难愁盼问题的重大民生工程。"

（二）城中村改造的总体要求

按照城市标准有力有序有效推进城中村改造，切实消除安全风险隐患，改善居住条件和生态环境，高效综合利用土地资源，提高土地利用效率，促进产业转型升级，推进以人为核心的新型城镇化，推动超大特大城市加快转变发展方式，建立宜居、韧性、智慧的现代化城市。一是从实际出发，稳中求进，积极稳妥，分拆除新建、整治提升、拆整结合三类实施改造；二是先谋后动，应做好征求村民意见、产业先行搬迁、人员妥善分流安置、历史文化风貌保护、落实征收补偿安置资金等前期工作，成熟一个推进一个，实施一项做成一项，真正把好事办好、实事办实；三是坚持市场在资源配置中的决定性作用，更好发挥政府作用。城中村改造坚持规划先行、依法征收，更好发挥政府作用；坚持公平公开、净地出让，发挥市场的决定性作用。

（三）城中村改造的实施流程

笔者结合实际工作经验，梳理并形成城中村改造的实施流程一般为：①建立项目列表。结合城市体检，在全面摸查辖区城中村总体情况的基础上，初步划定城中村拆除新建、综合整治分区范围，综合考虑消防安全隐患、社区治理安全隐患、建筑安全隐患、地质灾害安全隐患、基础设施和公共服务设施匮乏、公共利益建设项目紧迫性、民众改造呼声等情况初步筛选城中村改造项目纳入后备项目列表。②开展信息摸查和意愿征集。在后备项目列表中，针对性地开展城中村信息摸查和改造意愿征集，拟定搬迁补偿安置原则，结合初步规划研究，开展经济平衡测算和资金筹措方案研究。③申请项目立项。在规划可实施、经济可平衡、群众改造意愿强烈、城市安全和社会治理隐患多、产业能搬迁可转移、人员能分流可安置、权属清晰可辨认、历史遗留问题能梳理可处置等前提下，选定城中村纳入改造项目库并申请项目实施立项。④开展专项研究并报审。开展搬迁补偿安置方案研究、社会稳定风险评估、土壤污染调查、环境影响评价、专项规划编制和历史文化风貌保护研究等工作，做好论证、公示征求意见、听证等工作，并按程序报批报审。⑤开展搬迁补偿协商谈判。开展入户测绘、评估并送达签收、公示，启动搬迁补偿协商谈判，签订附条件生效的搬迁补偿安置协议。⑥启动房屋征收。落实征收补偿资金，视项目进展情况适时启动房屋征收并完成全部搬迁补偿安置协议的签订。⑦开展款项支付、搬迁、房屋拆除、产权注销等相关工作。⑧净地出让，公开选定受让主体，并签订项目实施监管协议。⑨办理用地手续，开发建设，落实回迁安置、产业导入、保障性住房配售、配租。⑩项目实施后评价。对项目实施后的经济效益、社会效益和生态效益、环境影响进行评价，总结项目实施的经验教训，提炼可复制推广的制度、政策、机制性成果。

二、估价机构在城中村改造项目可提供的专业服务

（一）信息摸查和信息核查

城中村改造要求城市人民政府摸清本区域城中村总量、分布、规模等情况。在具体城中村改造项目实施过程中，通过信息摸查和信息核查，充分掌握该城中村范围内的人、房、地的详细信息，包括：房屋的数量、结构、面积、建成时间、建筑层数、层高、用途、现状占有和使用情况、加改扩建情况、临时搭设情况、房屋取得来源、实际控制情况及权益状况等；土地的数量、面积、分宗、取得时间、现状占有和使用情况、开发利用状况和闲置状况、地形地势地质情况、四至情况、开发程度、土地取得来源、实际控制情况及权益状况等；申报人、实际控制人、占有和使用人和其他利益相关人的身份类型、年龄、婚姻状况、教育程度、权益取得情况、享受村集体分红情况、户籍情况、收入状况以及低保享受、身心

健康、工作单位、社保缴纳情况、保障性住房享受情况等。通过无人机拍摄形成影像图、三维立体动态图予以固化现状，现场查勘、上门入户、部门沟通开展信息申报、摸查、核查、公示及信息异议处理等。

（二）改造意愿征集

启动城中村改造应当征求村民意愿，在大部分村民同意的情况下方可实施改造。改造意愿征集工作就是征询城中村改造项目范围内的权益人或实际控制人改造意愿，梳理、分析同意改造及不同意改造的原因，并完成相关数据的汇总、整理，形成最终的改造意愿统计情况及应对策略。一般情况下，应充分关注与改造意愿相关程度较大的搬迁补偿安置标准、城中村改造规模、专项规划、开发建设周期等因素对改造意愿的影响。因此，征询城中村改造意愿时，宜和信息摸查或信息核查工作同步开展，并同时公示前期研究的相关成果，明确城中村改造的预计周期、搬迁补偿安置原则、专项规划的初步研究成果或概念性规划、搬迁补偿安置协议示范文本、前期服务商选取的相关规则等，以便能征询到群众的真实改造意愿，加强政策宣传解读和舆论引导，避免群众误解及群众改造意愿摇摆不定。

（三）房地产市场调研

城中村改造项目从前期研判到具体组织实施再到开发建设、回迁安置、运营管理，周期较长，房地产宏观调控政策、房地产市场状况往往会发生变化。因此，在城中村改造项目研判时，一般也需要对房地产市场进行充分的调研，有目的、有计划、系统地梳理、分析、研究房地产市场过去及现在的各种基本状况及其影响因素，预测未来的发展方向，为全生命周期费用管控提供相应的决策参考。同时，为项目经济可行性测算、敏感性分析提供市场分析及市场数据支撑，也为客观、合理地编制搬迁补偿安置标准及其他补偿补助提供佐证依据。房地产市场调研应做到数据详实、案例可比、分析全面、真实客观、结论明确。

（四）项目可行性研判

城中村改造项目需落实城市人民政府对资金平衡的主体责任，做到改造资金市域内综合平衡、动态平衡。城中村改造项目的可行性研判既包括经济平衡测算，也包含了系统梳理城中村改造项目存在的历史遗留问题、改造的重点难点工作、群众改造意愿强烈程度、城市安全和社会治理隐患情况、基础设施和公共服务设施匮乏水平、房屋质量安全隐患等相关因素的综合权衡，既要考虑经济可行性，也需统筹考虑项目推进实施的可操作性，还需要考虑实施后的效益评价情况。

（五）资金筹措方案研究咨询

在资金平衡措施选择上，会同规划研究单位对合并周边低效用地开发、建设用地之间土地整合腾挪置换、规划指标流转等方式进行联动试算，并进行可行性分析；在净地出让环节，对引入前期服务商的方式、时机、条件进行研究比选；在地方政府专项债券发行、专项借款、引入民间资本参与路径、模式、融资成本等方面，进行经济平衡测算和方案比选。

（六）实施方案研究编制

城中村改造实施方案应明确城中村改造的范围、目标任务、项目组织及实施计划、实施步骤、责任分工、搬迁补偿安置原则、前期服务商选择方案、净地出让的原则性规定、保障措施等。实施方案的研究编制要求用项目整体角度审视并落实项目实施推进过程中的组织机构、实施流程、实施步序、权责分工落实到位，重点工作任务合理分解到位，时间进度计划管控到位，质量保障监管到位，组织保障措施到位，满足目标可确指、任务可分配、责任可到人、进度可跟踪、质量有保证、信息能流转、问题能解决、项目能推进的相关要求。

（七）收益分配机制研究

城中村改造要平衡好村民、村集体、市场实施主体和政府之间的利益分配，统筹处理好各方利益诉求，探索完善增值收益分配机制。政府层面需落实市域内资金综合平衡、动态平衡，综合考虑经济效益、社会效益、生态环境效益；受让主体需协助落实回迁安置、保障性住房建设、配售、配租责任，实现合理的开发建设回报；村集体需落实集体资产保值增值的责任；村民层面需满足其居住条件有改善、生活水平不降低、长远生计有保障的合理利益诉求。通过利益分配机制研究，可以制定更加合理、可行、可信服的专项规划、搬迁补偿安置方案、集体资产处置方案、净地出让方案。

（八）社会稳定风险评估

城中村改造涉及广大人民群众的切身利益，在实施过程中应对可能危及社会稳定和社会秩序的因素开展系统、详细有序地调查，在了解民意、反映民情的基础之上，进行合法性（范围划定、意愿比例、实施程序等）、合理性（补偿方案、签约搬迁时限、回迁安置位置和差价结算等）、可行性（经济效益、社会效益、生态效益之间的综合权衡等）和可控性（不稳定因素的排查、处理措施和应急预案等）评估，对潜在风险进行先期预测、先期介入、先期化解。对有可能发生影响社会稳定的群体性事件进行事前评价，并制订应对预案，以实现科学决策、民主决策、依法决策，切实维护广大人民群众的根本利益，维护社会稳定，保障城中村改造项目顺利推进实施。

（九）全程咨询顾问及谈判顾问

城中村改造项目是一个系统工程，实施周期长，参与人员众多，资金需求巨大，群众利益诉求多样化，历史遗留问题多，经济利益关系复杂，在深圳十几年来的房屋征收、土地整备、城市更新、棚户区改造等土地二次开发的实践中，专业的全程咨询顾问及谈判顾问服务在保障项目顺利推进方面起到了比较重要的专业智库"外脑"作用。全程咨询顾问及谈判顾问服务涵盖了信息核查、信息异议处理、搬迁补偿安置方案研究编制、项目经济测算、利益分配机制研究、专业培训、政策讲解、系统梳理历史遗留问题并提出解决建议、开展疑难复杂重大问题研究、协助开展项目实施管理、制定各类格式文本材料、协助开展宣传、拟定搬迁补偿谈判策略、协助开展搬迁补偿谈判、协助开展搬迁补偿协议签订、房屋腾空交付、款项支付、协议备案、进度统计汇报、档案整理、项目审计等相关联的工作，承上启下，成为信息流交换中枢、前线作战指挥参谋部、冲锋陷阵发起地。

（十）价值评估咨询

城中村改造项目涉及的价值评估咨询主要是对被搬迁房屋的价值、构筑（附属）物及其他地上附着物、青苗花木、室内自行装修装饰、搬迁费、临时安置费、停产停业损失、擅改经营性用途适当补偿，以及产权调换房屋的价值、租户清租清退补偿费用、以租代卖经济利益关系的厘清权益、合作开发和合作建房关系的厘清权益、集体资产处置等进行价值评估咨询，也涉及保障性住房的回购价格、配售价格、配租价格、首期物业专项维修资金核算等价格的评估咨询，还有回迁安置时房屋面积差异结算的评估咨询等。

（十一）集体资产处置咨询顾问

集体资产处置应符合法律法规、属地关于集体资产处置的相关政策规定，系统清分表内资产和表外资产，已办理产权登记和未办理产权登记的资产，自建、集资建设、合作开发、合作建房、以租代卖等情形的资产，厘清集体资产的边界范围以确定项目范围内归属于集体的集体资产，梳理历史遗留问题对集体仍享有的相关权益纳入集体资产范畴，协助做好历史遗留违法用地和违章建筑的认定和处置，编制集体资产处置方案和招商方案，协助做好集体资产处置备案相关手续等。

（十二）企业安置咨询

城中村改造应在摸清城中村产业情况的基础上，安排好产业转移承接园区，先行有序疏解在城中村集聚的产业。在信息摸查或信息核查的过程中，应充分、详细地调查城中村范围内集聚的相关产业现状，在城中村改造项目立项后应进一步调查清楚企业的相关情况，包括但不限于经营状况、注册地、产业类型、产业目录准入和限制情况、是否高新企业、规上企业、产值、税收、房屋使用面积及楼层、员工人数及工龄、房屋使用的来源及租赁合同相关情况（租期、租金、保证金、支付方式、违约责任处理、房屋征收的处理约定、房屋改造和使用的相关约定等）、搬迁诉求、搬迁周期、搬迁导致的停产停业损失、已签订的生产经营合同履约情况、原材料供应方式和供应地、产品销售方式和销售地、异地搬迁用地、用房需求等，在此基础上进行分类，视情况予以辖区范围内搬迁、市域范围内搬迁、就地改造升级、现状保留等，充分发挥龙头企业的示范带头作用，妥善做好人员分流安置、产业转移等工作。

（十三）回迁安置咨询及安置房分配咨询

回迁安置涉及被搬迁人档案整理、被安置人资格确认、回迁安置房源确认、回迁安置意愿及户型组合意见征询、回迁安置需求数据整理分析、编制回迁安置实施方案并协助报批报审、选房顺序的确认和公示及异议处理、协助发布选房通告、选房现场布置、组织参观样板房、选房预演、现场选房、房源销控管理、选房结果公示、差额结算、应急预案编制、协助开展应急处突工作、档案整理完善备案等。

（十四）产业导入及招商运营咨询

结合城中村改造专项规划、产业研究规划、企业安置方案、市场主体运营管理需求等，适时提前启动产业导入和产业招商研究。从政策研究、产业规划、人才需求、资本管理和资金支持、产业载体、产业配套水平、增值服务等角度着手，围绕精准产业链招商、优化营商环境和投资环境、实施预招商+空间定制、政策补贴招商、项目入股招商、多业态招商、配套招商等方面，合理安排产业布局，引入优质产业项目，促进产业转型升级。

三、估价机构提供高质量专业服务的内在要求

估价机构在看到专业服务内容贯穿城中村改造项目全程的同时，也应深刻认识到现在估价行业发展形势不够好、内外部环境已发生重大变化，估价机构要实现高质量可持续发展，还应笃定创新，注重职业道德、提升专业技能、完善内部治理。主要有以下几个方面：

（一）注重职业道德提升

估价机构和估价从业人员应不断提升职业道德素养，在城中村改造项目服务过程中，主动作为，积极协调，规范操作，独立、客观、公正、诚实作业，做到证据固定、程序合法、论证充分，保持应有的谨慎，勤勉尽责，做好政策宣讲员、矛盾调解员、一线信息员、群众服务员、情绪疏解员，严守工作纪律，严禁吃拿卡要，不得索贿、受贿或利用开展估价咨询服务之便谋取不当利益。不信谣、不传谣，不得随意向与城中村改造项目无关的人员谈论项目相关情况，不泄露、不传播获得的被搬迁人个人信息、隐私、商业秘密及其他相关信息。

（二）注重业务开拓

估价机构应紧抓机遇，顺应大势，结合机构自身实际情况不断调整经营方向和优化业务品种，实事求是，立足实际，选择一项或几项服务内容开展针对性的业务开拓，做精做强做细，并在提供城中村改造估价咨询服务过程中，不断挖掘新的服务需求衍生出新的业务点。

（三）注重笃定创新

房地产估价服务产品同质化、模板化、格式化现象比较突出，估价机构应当充分认识到房地产估价行业发展内外环境已发生深刻变化，城中村改造与一般的房屋征收、土地整备存在着本质的区别，应当笃定创新，以全局运营的视角审视项目推进所需求的估价咨询服务，充分考虑不同的城中村改造项目的现状情况、专项规划、权益人和相关利益方、历史成因、改造方向等方面的区别，针对性、建设性、差异性地梳理项目推进可预见的重大问题和难点问题，创新项目论证思路、实施模式、推进策略、处置方式，在实践中不断总结经验教训，优化调整工作实施路径和问题处理方法，走市场化专业化咨询化的发展道路，提供个性化、精细化、高端化、高效值的估价咨询服务。

（四）注重专业高效

城中村改造估价咨询服务具有内容链条化，操作规范化，开展方式多样化，工作时间不固化，成果表现特异化，成果提交随时化等特点，要求估价机构非常熟悉当地的政策演变和现行规定，充分了解城市发展变化的历程，能够梳理历史遗留问题的成因，具有丰富的类似项目实操工作经验，掌握类似情形的历史处置方式，研究新出现疑难复杂问题的解决方案，及时答复相关当事人的突发疑惑问题，具备极强的沟通协调和应变能力，提供高品、高质、高效的专业估价咨询服务。

（五）注重人才培养

城中村改造估价咨询服务主要是依靠估价专业人才提供个性化、精细化、高端化、高效值的专业估价咨询意见，人才是估价机构高质量、可持续发展的第一动力。估价机构应当注重人才培养，加强估价执业人员的不断学习能力，做到与时俱进，充分认识到城中村改造估价咨询服务人才并非一蹴而就速成的，从项目专员、项目主管、项目经理、项目总监直至项目负责人往往需要历经3~5年的时间沉淀和3~5个大型类似项目的历练，还需要过硬的专业技术知识、良好的职业道德，应加强人才梯队培养，设定人才培养目标，制订长期人才培养计划，建立重点人才培养清单，采取传帮带、"一对一"、老带新、拜师授徒、针对性人才培训等人才培养方式，重点领域优先突破、普遍领域着重沉淀，将人才储备作为估价公司的核心竞争力之一。

（六）注重内部治理

城中村改造估价咨询服务要求估价执业人员规范操作，严守纪律。估价机构应不断加强内部控制体系建设，结合城中村改造项目的实际情况，制定切实可行的操作手册、项目管理制度、项目负责人制度、项目问题呈报反馈制度、项目档案管理制度、项目人员绩效考核和激励制度、项目风险管理制度、项目安全生产制度等相关制度体系，估价机构还应建立项目人员调配机制、协同管理机制、人才激励机制、利益合理分配机制，在决策、监督、执行三个层面下功夫，不断优化决策程序、决策方式和决策层级管理，强化指导督促和监督考核作用，抓落实重执行，营造和谐、团结、稳定、积极、乐观、负责的工作氛围，充分调动员工的积极主动性，劲往一处使拧成一股绳，增强团队的稳定性和核心凝聚力。

（七）注重品牌建设

估价机构应适应现时估价执业环境变化，守正创新谋发展，坚持专业主义，坚持长期主义，不应好高骛远，幻想一步登天，尤其是在城中村改造项目领域的专业性估价咨询服务，应当注重品牌建设，注重项目经验沉淀，通过优秀的项目实施团队提供专业的估价咨询服务，通过持续提供高质量的估价咨询服务建立稳定的"人脉关系"和"客户关系"，稳步赢得客户的认可，逐步树立属于自己的估价品牌，专业护航，助力城中村改造高质量发展。

四、结语

新一轮城中村改造正在超大特大城市积极稳步推进，估价机构应把握住机遇，认真分析和自我审视，笃定创新，积极参与到新一轮的城中村改造中来，谋求估价咨询服务业务范围和服务品种的专业性突破，运用专业、高效、优质的估价咨询服务去获取业务，赢得口碑，通过项目沉淀和业绩积累逐步树立属于自己的估价品牌，立足长远，坚持专业主义和长期主义，不断完善内部治理，注重人才培养优化人才储备，加强团队稳定和凝聚力建设，实现估价机构的高质量、可持续地转型发展。

参考文献：

[1] 国务院. 关于规划建设保障性住房的指导意见[Z]. 2023-08-25.
[2] 国务院办公厅. 关于在超大特大城市积极稳步推进城中村改造的指导意见[Z]. 2023-07-21.
[3] 自然资源部. 自然资源部关于开展低效用地再开发试点工作的通知[Z]. 2023-09-05.
[4] 柴强. 房地产估价原理与方法[M]. 北京：中国建筑工业出版社，2022：241-540.
[5] 中华人民共和国住房和城乡建设部，中华人民共和国国家质量监督检验检疫总局. 房地产估价规范：GB/T 50291—2015[S]. 北京：中国建筑工业出版社，2015.
[6] 柴强. 超大特大城市城中村改造需处理好五个关系[J]. 新型城镇化，2024（1）：12.
[7] 柴强. 房地产估价要适应环境变化守正创新发展[C]//2022中国房地产估价年会主旨演讲. 2022.

作者联系方式

姓　　名：刘　武　刘柏平　陈国庆
单　　位：深圳市敏智联和房地产自然资源资产评估咨询有限公司
地　　址：深圳市龙岗区龙城街道京基御景时代大厦北区913-916
邮　　箱：1833425262@qq.com
注册号：刘　武（2320020007）；刘柏平（4420070079）；陈国庆（4420110103）

房地产评估在老旧社区改造中的应用

王 超　王贤兴

摘　要：全面推广老旧小区改造，给评估机构带来了新的业务源。本文结合老旧小区改造的内容，从对老旧小区进行摸底调查、可行性研究、改造后经营权评估三方面阐述房地产评估在老旧小区改造中的应用。

关键词：老旧小区改造介绍；房地产评估在老旧小区改造中应用；摸底调查；可行性研究；经营权评估

一、老旧小区改造的介绍

2020年7月，国务院办公厅印发《国务院办公厅关于全面推进城镇老旧小区改造工作的指导意见》(国办发〔2020〕23号)(下文简称《意见》)，要求按照党中央、国务院决策部署，全面推进城镇老旧小区改造工作，满足人民群众美好生活需要，推动惠民生扩内需，推进城市更新和开发建设方式转型，促进经济高质量发展。

根据《意见》明确，城镇老旧小区是指城市或县城（城关镇）建成年代较早、失养失修失管、市政配套设施不完善、社区服务设施不健全、居民改造意愿强烈的住宅小区（含单栋住宅楼），城镇老旧小区改造内容可分为基础类、完善类、提升类3类。

（1）基础类为满足居民安全需要和基本生活需求的内容，主要是市政配套基础设施改造提升以及小区内建筑物屋面、外墙、楼梯等公共部位维修等。其中，改造提升市政配套基础设施包括改造提升小区内部及与小区联系的供水、排水、供电、弱电、道路、供气、供热、消防、安防、生活垃圾分类、移动通信等基础设施，以及光纤入户、架空线规整（入地）等。

（2）完善类为满足居民生活便利需要和改善型生活需求的内容，主要是环境及配套设施改造建设、小区内建筑节能改造、有条件的楼栋加装电梯等。其中，改造建设环境及配套设施包括拆除违法建设，整治小区及周边绿化、照明等环境，改造或建设小区及周边适老设施、无障碍设施、停车库（场）、电动自行车及汽车充电设施、智能快件箱、智能信包箱、文化休闲设施、体育健身设施、物业用房等配套设施。

（3）提升类为丰富社区服务供给、提升居民生活品质、立足小区及周边实际条件积极推进的内容，主要是公共服务设施配套建设及其智慧化改造，包括改造或建设小区及周边的社区综合服务设施、卫生服务站等公共卫生设施、幼儿园等教育设施、周界防护等智能感知设施，以及养老、托育、助餐、家政保洁、便民市场、便利店、邮政快递末端综合服务站等社区专项服务设施。

二、老旧小区改造的政策背景

2015年,中央城市工作会议提出,要控制城市开发强度,科学划定城市开发的边界,推动城市发展由外延扩张式向内涵提升式转变,标志着我国城镇建设重心已经开始逐步向城市更新及城镇老旧小区改造方面转移。

2017年底,住房和城乡建设部在厦门、广州等15个城市启动了城镇老旧小区改造试点,截至2018年12月,试点城市共改造老旧小区106个,形成了一批可复制可推广的经验,为老旧小区改造的全面推广奠定了坚实的基础。

2019年,住房和城乡建设部会同国家发展改革委、财政部联合印发《关于做好2019年老旧小区改造工作的通知》,全面推进城镇老旧小区改造。主要开展的工作:一是摸排全国城镇老旧小区基本情况;二是指导地方因地制宜提出当地城镇老旧小区改造的内容和标准;三是部署各地自下而上,合理确定2019年改造计划;四是推动地方创新改造方式和资金筹措机制等。

2020年7月,国务院办公厅颁布了《国务院办公厅关于全面推进城镇老旧小区改造工作的指导意见》(国办发〔2020〕23号),要求按照党中央、国务院决策部署,全面推进城镇老旧小区改造工作,满足人民群众美好生活需要,推动惠民生扩内需,推进城市更新和开发建设方式转型,促进经济高质量发展。

2020年1月,武汉市人民政府办公厅印发了《市人民政府办公厅关于印发武汉市老旧小区改造三年行动计划(2019—2021年)的通知》(武政办〔2019〕116号),明确了武汉市城镇老旧小区改造的总体要求、改造主要任务,用3年时间,基本完成全市760个老旧小区(建筑面积约2713.95万平方米、居民约33.46万户)改造工作,基本解决2000年前建成的老旧小区市政基础设施配套不全、共用设施设备破损老化、环境脏乱差、物业管理机制不健全等问题,进一步改善城市人居环境,完善基层治理体系,切实增强群众的获得感、幸福感、安全感。

从以上政策可以看出,从全国范围下达各省及各市,老旧小区改造政策是具有延续性的,老旧小区的改造并不是一时兴起,而是有计划有根据地在全国范围内逐步推行的,《意见》的颁布,以及各地《实施意见》《三年计划》等详细性的文件的印发,标志着我国老旧小区改造即将进入大规模的实施阶段。

三、老旧小区改造实施情况

2020年《政府工作报告》提出,新开工改造城镇老旧小区3.9万个。经汇总各地统计、上报情况,1~7月份,全国新开工改造城镇老旧小区2.22万个,占年度目标任务的56.4%。其中,按小区数计开工进展较快的地区:宁夏107%、河北100%、甘肃100%、安徽92.2%、山东90.4%;开工进展较慢的地区:福建32.3%、四川26.3%、湖北23.0%、吉林19.6%、海南17.4%。

2021年《政府工作报告》提出,新开工改造城镇老旧小区5.3万个。经汇总各地统计、上报情况,1~6月份,全国新开工改造城镇老旧小区3.64万个,占年度目标任务的67.5%,较5月末增加了25.1个百分点。其中,开工进展较快的地区:河北100%、辽宁

99.6%、山东 96.9%、上海 93.0%、贵州 92.6%、江苏 91.8%；开工进展较慢的地区：天津 49.7%、海南 40.7%、福建 39.0%、湖南 38.8%、山西 26.0%、西藏 16.7%。

2022年《政府工作报告》提出，新开工改造城镇老旧小区 5.1 万个。经汇总各地统计、上报情况，1～6 月份，全国新开工改造城镇老旧小区 3.89 万个，占年度目标任务的 76%。其中，开工进展较快的地区：河北 100%、山东 97.7%、湖北 94.2%、贵州 98.3%、安徽 92.6%；开工进展较慢的地区：湖南 48.7%、吉林 48.6%、兵团 35.2%、上海 19.5%、西藏 16.1%。

笔者从 2022 年全市住房保障和房屋管理工作会上了解到，为进一步满足多层次、功能性、品质化的居住需求，今年武汉市将提速推进老旧小区改造，计划开工改造 350 个老旧小区，完成改造 426 个老旧小区，其中江岸区老旧小区改造台北街项目拟对台颐公寓、利源公寓、农资大院、建银小区、莹湖公寓、银城大厦共 6 个小区进行老旧小区改造，涉及改造总建筑面积约 116433.93 平方米、居民 888 户。主要建设内容包括拆除工程、屋面整治、外立面整治、消防改造等；黄陂区 2022 年老旧小区改造工程范围为双凤社区的土地宿舍、水务宿舍、工商宿舍、政府宿舍、财政宿舍及七中宿舍共 6 个小区，杨园社区的前川六小宿舍、老文化局宿舍、老土地局宿舍、原饲料公司宿舍、开发小区、工商银行宿舍、老物流所宿舍、板桥大道西小区共 8 个小区，龙潭社区的前川五小宿舍。改造内容主要包括道路工程、交通工程、附属工程、绿化工程、给排水工程、照明工程、建筑工程及土方消纳等。

四、房地产评估在老旧小区改造中的应用

（一）对老旧小区进行摸底调查，编制计划报告以及实施方案

根据《意见》，各地要结合实际，合理界定本地区改造对象范围，重点改造 2000 年底前建成的老旧小区。

在老旧小区改造中，一方面，由于评估机构常年奔走在现场查勘的第一线，形成了包括有楼栋外观、小区环境、区位配套等庞大的基础数据，评估机构可以借助现代信息技术，以房地产大数据为基础，利用大数据分析、地图空间数据分析等技术手段，通过基层社区组织的配合，对老旧小区进行摸底调查。摸清老旧小区占地面积、建筑面积、基础配套设施、产权情况、人员规模和结构等，在对上述信息进行分析整理后，协助老旧小改造指挥管理部门确定改造对象，对其进行分类管理，编制老旧小区改造的内容与进度计划报告。

另一方面，评估机构可以借助常年的现场查勘工作经验以及房地产方面的专业知识，深入到百姓群众中去，充分了解居民的改造意愿，比如有的居民想要加装电梯、有的居民想要托幼服务、有的居民想要体育文化室……，对小区的现状及配套设施进行详细的评估，充分听取群众的改造意见，进行整理和分析后编制老旧小区的改造实施方案，供老旧小改造指挥管理部门决策。

（二）可行性研究

根据《意见》，"引导专业经营单位履行社会责任，出资参与小区改造中相关管线设施设备的改造提升；改造后专营设施设备的产权可依照法定程序移交给专业经营单位，由其负责后续维护管理"。在引入社会资本投资的环节，评估机构可以凭借在房地产开发投资咨询方面的已有经验，从项目的投资估算、开发模式与方案、融资方案、项目盈利性、投资回收期等方面提供可行性研究咨询服务，编制可行性研究报告。

（三）改造完成后的经营权价值评估

根据《意见》，"通过政府采购、新增设施有偿使用、落实资产权益等方式，吸引各类专业机构等社会力量投资参与各类需改造设施的设计、改造、运营。支持规范各类企业以政府和社会资本合作模式参与改造。支持以'平台 + 创业单元'方式发展养老、托育、家政等社区服务新业态"。在老旧改造项目实施过程中，可以大胆创新，特别是对于一些年老失修的三无小区，在政府资金能力不足时，通过存量项目转 PPP 模式，对于老旧小区的基础设施项目，可以通过转让—运营—移交（TOT）、改建—运营—移交（ROT）、转让—拥有—运营（TOO）、委托运营、股权合作等多种方式，将项目的资产所有权、股权、经营权、收费权等转让给社会资本。在这一过程中，评估机构可以利用自身的经验和房地产方面的大数据，进行改造后项目经营权的价值评估，合理确定老旧小区项目改造后的价值，为社会资本引入的定价提供一个价值参考。

老旧小区改造是一个全国范围内的重大民生工程和发展工程，对满足人民群众美好生活需要、推动惠民生扩内需、推进城市更新和开发建设方式转型、促进经济高质量发展具有十分重要的意义。笔者仅通过自己的理解分析了评估机构可以参与其中的项目，当然这个工程是庞大的和持久的，对于评估机构而言应该是一个十分重要的业务增长点，随着大家更深入地了解和参与其中，肯定能有更多的工作让评估机构参与其中，发挥评估机构的特长，助力国家的社会主义经济发展。

参考文献：

[1] 中华人民共和国国务院办公厅. 国务院办公厅关于全面推进城镇老旧小区改造工作的指导意见 [Z]. 2020-07-20.

[2] 柯亚辉. 物业服务企业参与"旧改"的机遇与挑战 [J]. 现代物业，2020（7）：8-11.

[3] 吴巍. 武汉市老旧小区现状与改造更新涉及策略研究 [J]. 绿色科技，2021（14）：184-186.

作者联系方式

姓　　名：王　超　王贤兴

单　　位：武汉博兴房屋土地评估有限责任公司

地　　址：武昌区和平大道积玉桥万达 SOHO 写字楼 11 号楼 22 层

邮　　箱：3423644350@qq.com；3423644350@qq.com

注册号：王　超（4220160010）；王贤兴（4220180022）

面朝蓝海，内外兼修

——浅谈估价咨询业务的发展模式优化

王晓春

摘　要：伴随着国家经济增长模式的变化与房地产行业的深度转型，估价咨询业务的发展也要转变思路，需要从市场需求出发，转向更加精细化、高质量的发展模式。这一发展模式要求估价机构在咨询业务发展方面注重内外兼修，既要敏锐关注市场变化与业务机会，更要勤练内功，调整并优化与之匹配的业务管理模式，笔者认为可以构建产品力、数据力与人才力"三力"模型，从而更好地助力咨询业务的可持续、高质量发展。

关键词：估价咨询业务；业务管理；模式

一、估价咨询业务发展概况

（一）业务特点

对于估价咨询业务的界定，早在 1995 年，建设部、人事部印发《房地产估价师执业资格制度暂行规定》就明确"房地产估价师的作业范围包括房地产估价、房地产咨询以及与房地产估价有关的其他业务"。房地产咨询业务是对客户的有关房地产问题予以分析、解释、说明，提出解决问题的建议或方案，帮助落实解决方案等[1]。

从最初发展到现在，估价咨询业务内涵在不断丰富，业务类型不断增加，业务规模也在逐步扩大，部分估价机构的咨询业务占比超过三分之一甚至更高。具体来说，呈现出以下几个特点：

1.咨询内涵的丰富性

估价咨询业务是传统估价业务衍生出来的，依托估价，又远超过估价，这类业务是围绕我们的客户，从传统开发商，到金融机构，到政府，再到新兴行业涉及的地产关联业务，其内涵的丰富是市场不断发展变化的结果。我们目前提供的估价咨询业务已经不仅仅是对客户的房地产问题的解决方案，更是对地产＋业务的定制化服务，并从资产端的服务逐步延伸到企业端的咨询服务。

2.业务类型的多样性

从最开始的价值咨询、市场调研、房地产研究到可行性分析，城市更新项目尽调、收并购方案研判，到国企存量资产盘活与价值管理、资产证券化、国企合资合作方案研究、新业务发展的成立公司可研，再到房企业务转型研究；从政府土地出让评估到土地出让方案分析，政企合作谈判顾问、绿色金融及 ESG 框架之下的可持续发展等。业务类型随着市场需求变化不断演变增加，而且这一趋势更加明显，深耕不同市场会有不同的咨询业务需求。

3. 业务服务方式从专题报告到多种服务方式相结合

咨询业务是为了解决特殊房地产及相关问题，提出有针对性的解决方案，强调针对性及落地性，故咨询业务的服务方式从最初专题报告到现在提供驻场顾问服务，再到全流程跟踪服务及落地辅导等。这与服务类型息息相关，也是企业需求个性化和定制化的体现。

在不断的发展过程中，估价咨询业务也面临诸多的挑战与痛点。

（二）当前估价咨询业务的发展痛点

1. 估价咨询产品缺少统一规范

目前，国内综合性评估机构都涉及咨询业务，且不同机构的咨询产品既有共同点，也有差异化的地方，总体呈现出百花齐放的市场特点。作为为解决房地产及相关问题提供的定制化方案，产品的标准较难统一。笔者在为多个企业服务的过程中，客户提出不同估价机构的解决方案水平参差不齐，标准不一，服务报价方面也是各有依据。他们希望对于相对通用的咨询产品是否应该有一个行业规范要求，包括收费依据、产品交付内容、服务水平评价规范等。

2. 估价咨询产品迭代较慢

相比传统估价业务，评估咨询产品的迭代已经相对较快，每家机构投入与能力不同，咨询产品的更新频次也不同。近年来，外部环境一直不断深度调整和变化中，且随着国企改革、存量资产盘活要求、商品房与保障房体系重构、城中村改造、企业转型升级、可持续发展及碳达峰碳中和目标实现等衍生出来的快速变化的市场需求，因咨询产品新产品的研发周期长，客户适用性需要检验，在一定时期内，出现了咨询产品与客户需求的错位，进而错失市场机会的情况。

3. 服务周期相对较长

现有的评估咨询业务服务周期相对较长，短则几个月，长则半年甚至一两年，业务周转率较慢。笔者认为原因有几点：一是现有产品标准与结题要求的差距，由于咨询业务缺少统一的行业规范，部分客户在结题时需要征求各个部门意见；二是咨询产品是为企业提供落地解决方案，客户要看到咨询服务的价值所在，在企业未完成内部决策之前较难提前结束。

4. 内部缺少有效的数据共享平台

与传统评估业务类似，咨询服务的高效输出也需要强大的数据与资源平台作为支撑，且这一要求比评估业务更为重要和迫切。笔者在项目实践中发现，客户对咨询机构的数据平台尤为看中，比如类似案例与数据积累，行业数据及时更新与分析，新产品业务展望与趋势、产业及商业方案落地资源的导入等，但受限于诸多因素影响，数据平台较难搭建，一定程度上限制了咨询业务的发展壮大。

二、外部环境对咨询业务发展的要求

2023年，国内外环境复杂多变，中国经济正在追求高质量增长的路上扬帆起航，开拓与追求适应环境变化的新增长模式。

（一）外部环境的新变化

一是我国的房地产行业出现了重大变化，进入深度转型期，呈现一些新的变化。过往"高杠杆、高负债、高周转"的三高模式主导的房地产开发建设、"大拆大建"阶段基本宣告结束，与之相关联的因房企流动性问题引发的项目纾困、企业重组与转型等需要在新的阶段予以解决。项目纾困不仅仅涉及地产企业,更有众多的金融机构、政府部门等,在重组过程中,不同参与主体都面临新的问题,市场研判、债务重组、财务尽调及规划赋能的经济合理性等,迫切需要综合解决能力较强的第三方机构参与。

二是,成功的运营和服务能力将成为地产存量时代的"新智生产力",中国经济的高质量发展需要加速孕育以产业创新和消费升级为核心的"新智生产力"。对于当前房地产行业而言,从投资建设为主转变为存量改造、价值提升、资产运营为主的存量时代。其"新智生产力"在于通过不断地创新运营模式,提升服务能力,留住和吸引更多的存量用户,通过运营与服务为地产注入兴盛能量,助力房企可持续发展。下一个10年,房企存量资产的盘活与价值提升,将越来越凸显重要性。存量资产的类型从原先的闲置土地,老破小和有瑕疵的物业变成了新建的写字楼、商业、公寓、酒店等经营性资产及文化场馆、体育设施、文旅结合的功能性资产等,不同类型的资产,发展阶段不同,资产管理模式皆不相同。

(二)外部环境对咨询业务的新要求

目前,房地产行业信心仍较脆弱,行业预期仍有待进一步改善。在外部环境的不断变化中,机遇与挑战并存。估价机构需要遵循"适者生存"的法则,探索高质量的发展路径与模式。这要求我们估价咨询机构成为一个学习型组织,适应环境,及时调整,做出应对,需要我们不断培养学习型的技术人才和拓展队伍;要求服务团队能快速响应,高效沟通,读懂应引导客户需求,进而持续推出创新的产品与服务;要能提供全程跟进的综合顾问服务,并在实践中不断保障方案的落地性与可操作性。

三、优化估价咨询业务模式的几点建议

(一)传统估价咨询产品及服务的提质升级

1. 丰富产品:紧跟市场需求与热点,扩大估价咨询业务服务面

估价咨询业务需要密切关注国家宏观政策导向和市场热点内容,结合这几年行业趋势,房地产估价机构可聚焦绿色可持续发展业务,如ESG报告、碳中和专题、绿色环保报告等。国企存量资产价值管理、有机更新、城中村与保租房、乡村振兴、新经济新业态合资合作业务、房企纾困项目综合解决方案、投后管理、委托运营管理等。区域型的估价咨询机构还可以关注诸如工业上楼、轨道及公共设施投融资、低空经济等。

2. 创新服务:全生命周期服务贯穿项目始终

好的产品需要更好更创新的服务模式来匹配,需要我们提供伴随式全生命周期的服务方式。我们可以在传统业务基础上引入全流程服务,比如之前我们当前做项目投资可行性研究,面临市场的巨大变化,可引导企业及时开展投资可研修编工作。此外,项目开发过程中因设计方案重大调整以及定制化企业需求对产品和价格的调整,我们可以提供过程式不间断的测算调整与结果校核等服务。再比如资产证券化服务过程中,除了前期申报阶段的价值评估等工作,还可以提供项目运营过程中绿色产品服务,如GRESB评级,为项目经营加分;还可以提供投后驻场运营管理服务,保障资金的安全性等。

(二)构建高质量的业务管理体系

向咨询顾问方向发展,领导变革是关键、人才培养是核心、制度设计是保障、信息积累是基础[2]。房地产估价行业应积极探索管理创新,构建技术、市场、风控、信息化、组织、文化"六位一体"经营管理体系[3]。从过往研究实践中可以看出,估价咨询业务离不开管理

创新，良好的制度设计和信息数据积累。笔者认为在当前发展背景下，估价咨询业务需要构建"三力"业务管理体系。一是搭建产品研发中心，形成持续的产品力；二是建立数据资源中心，形成有效的数据支持力；三是创新人才培养模式，形成核心人才力。三者缺一不可。

1. 搭建咨询产品研发中心

作为全国性及综合性的评估咨询机构，咨询业务发展早，积累了相对丰富的经验，发展到一定阶段，需要搭建总部产品研发中心。这个研发中心需要由核心技术骨干＋核心拓展人员构成，直接向公司领导汇报。研发中心的核心职能有四个：一是统一咨询报告标准与输出成果要求；二是跟随市场需求变化，不断更新迭代评估咨询业务产品；三是统筹咨询数据库与行业资源的建立与及时更新；四是建立过往案例档案，并结合新的产品线，输出定制化与标准化的推介材料。建立研发中心的根本目标，是保障产品的更新迭代和对市场新需求的引领，同时也是提高咨询顾问业务转化率和效率的重要推动力。

2. 建立评估咨询云数据及资源平台

评估咨询业务由于个案性较强，很难形成统一的数据共享平台。结合现有经验，笔者认为需要对评估咨询业务进行标准化处理，综合不同咨询产品需要的数据共性，提炼可以标准化的数据与资源。数据与资源的来源，一是项目的日常积累，二是负责同事的主动学习与获取，三是客户资源的积累。在此基础上，再借助现有的内外部数据平台，鼓励内部打通数据壁垒，鼓励共享上传，并由专人负责对接数据与资源，进行上传后数据的标准化处理，方便后续提取使用。

3. 创新评估咨询人才培养模式

评估咨询业务对从业者的综合素质与学习能力有较高的要求，高质量的人才是评估咨询机构的核心竞争力。笔者认为，新的人才培养模式，需要从三个方面加强：一是学习型人才的招聘，在入门环节可以通过学习型人才条件的设定，择优录取；二是建立技术与业务人才的互动合作，评估咨询业务的创新一定是源自市场需求的敏锐捕捉及精准营销，所以技术人员需要懂市场，业务人员也需要了解并深入学习技术的思路与逻辑，才能更好地引导客户；三是需要建立内部定期培训及外部专家培训机制。尤其是外部专家培训，包括可持续发展、资产运营与管理实操、税务筹划、财务尽调、新经济发展等相关业务领域的专家培训，提高我们对于业务实操的认识与了解，从而更好地启发未来研究方向、实现产品迭代和效率提升。

综上，结合现有咨询业务发展特点与痛点，为适应内外部环境的不断变化，我们需要注重内外兼修，既要敏锐关注市场变化与业务机会，更要勤练内功，调整并优化与之匹配的业务管理模式，才能推动评估咨询业务的可持续、高质量发展。

参考文献：

[1] 柴强. 房地产估价要适应环境变化守正创新发展 [EB/OL].（2023-02-09）[2023-02-11]. http://www.qhjshyxx.com/index.php?c=show&id=1919.

[2] 黄西勤，江建华，曹彦军. 房地产估价机构开拓咨询顾问业务的困境、方向与建议 [C]// 房地产估价和经纪行业的开拓与创新：房地产咨询业发展论文集. 深圳市天健国众联资产评估土地房地产估价有限公司，2015：4.

[3] 潘世炳. 构建房地产评估行业发展新格局 [EB/OL].（2022-12-07）[2022-12-29]. http://www.hnchuanghong.cn/content/?434.html.

作者联系方式

姓　名：王晓春

单　位：深圳市戴德梁行土地房地产评估有限公司

地　址：深圳市福田区中心四路嘉里建设广场 2 座 5 楼

邮　箱：xiaochun.wang@cushwake.com

注册号：4420140107

房地产评估咨询机构参与新城规划建设的业务思考与措施建议

许峰林　肖　军

摘　要：本文论述了上海市新城规划建设的由来和演变，分析了新城规划建设的参与主体，以及新城规划建设中的房地产估价咨询服务，包括传统估价业务、新型估价业务以及具有前瞻性和创新性的研究咨询业务，并提出了房地产评估咨询机构参与新城规划建设的措施建议。

关键词：新城；规划建设；参与主体；房地产估价咨询服务

一、上海市新城规划建设的由来和演变

新城是上海推动城市组团式发展，形成多中心、多节点、多层级的网络型城市群结构的重要战略空间。新城是上海"中心——外围"空间结构体系和城镇群体系的重要节点，由21世纪初的"一城九镇""1966"四级城镇体系[①]演变而来。结合城市的工业基地布局，21世纪初上海提出九大新城的发展规划。"十二五"期间上海提出要重点建设其中的七大新城。《上海市城市总体规划（2017—2035年）》明确，将位于重要区域廊道上，发展基础较好的嘉定、青浦、松江、奉贤、南汇5个新城，培育成在长三角城市群中具有辐射带动能力的综合性节点城市。2017年12月，国务院批复上海2035总规，批复意见提出要完善新城综合功能，优化城市空间布局，形成"主城区—新城—新市镇—乡村"的市域城乡体系。

从曾经的九大新城，到后来的七大新城，再到今天的五大新城，上海的郊区新城开发已历时20年左右。新城发展演变的历程，是上海城市空间结构演化的重要组成。之前由于定位不清、资源投入不足等原因，上海新城开发的总体效果差强人意，存在的主要问题有：新城的总体定位不高，以卫星城、辅城的角色为主；新城的功能较为单一，多以生产性功能为支撑，自身的服务配套设施很不完善，教育医疗等优质资源投入严重不足，城市功能不全，对中心城区依赖度高；新城的开发建设未能结合毗邻工业园区的发展，园区与新城形成典型的"两张皮"，园区不能为新城的成长提供产业支撑，新城不能为园区的发展提供综合服务，职住分离问题突出；新城发展的眼光向内，没有投向长三角区域，导致新城对外联系比较薄弱，主要是个过境通道，未能形成节点功能，没有融入长三角城市群网络。

2021年1月发布的《上海市国民经济和社会发展第十四个五年规划和二〇三五年远景目标纲要》确立了"中心辐射、两翼齐飞、新城发力、南北转型"的"十四五"市域空间发展新格局。其中，"新城发力"是重中之重。2021年2月，上海市政府公布《关于本市"十四五"

---

① "1966"四级城镇体系：1个中心城、9个新城、60个左右新市镇、600个左右中心村。

加快推进新城规划建设工作的实施意见》,并配套印发了相关支持政策、综合交通、产业发展、空间品质、公共服务、环境品质和新基建等六个重点领域专项工作文件;由各新城所在区政府、管委会牵头制定五个新城"十四五"规划建设行动方案,确定各新城"十四五"规划建设的目标指标、实施策略、重点地区、重大项目和政策机制。形成推进新城规划建设的"1+6+5"总体政策框架。《实施意见》提出,按照产城融合、功能完备、职住平衡、生态宜居、交通便利、治理高效的要求,将新城建设成为独立的综合性节点城市。新城的总体定位为面向长三角的独立的综合性节点城市。五大新城由附属新城变为综合性节点城市,着力打造上海未来发展战略空间和重要增长极,在长三角城市群中更好发挥辐射带动作用。上海市五大新城布局示意图见图1。

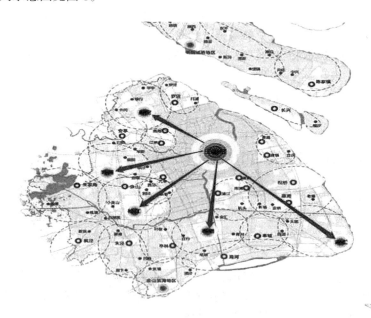

图1 上海市五大新城布局示意图

二、新城规划建设的参与主体

新城规划建设的参与主体主要包括新城所在的各区政府、园区管委会、市区政府部门、产业园区、各街镇、新城开发公司、城市规划与设计单位、建筑设计单位、相关运营单位(如租赁住房中心、城市更新中心、资产管理机构等)、企事业单位、金融机构、其他市场主体等,大体可分为政府组织、基层组织、开发运营机构、产业组织、金融机构、社会组织等。新城规划建设的责任主体为新城所在的各区政府及园区管委会。新城规划建设实行"以区为主、市区联动"的工作机制,市区协同,条块结合,聚焦重点地区建设和重大项目带动,生态环境、基础设施和重大社会事业项目建设先行。建立新城重大项目库,各类市级重大设施和项目优先向新城布局。新城规划建设中应注重发挥不同类别不同层级参与主体的作用,市级发挥支持指导协调功能,制定各类扶持政策,区级落实主体责任和加强统筹管理,强化各街镇及园区基层的执行力,发挥市属国企参与新城建设的推动作用,利用金融资本、鼓励社会资本参与新城发展。上海市五大新城的规划范围和规划面积如图2所示。

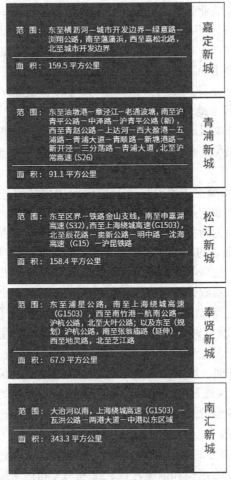

图 2　上海市五大新城规划范围和规划面积图示

来源:《上海市新城规划建设导则》

三、新城规划建设中的房地产估价咨询服务

新城规划建设中涉及房地产估价咨询服务的主要有土地开发与低效建设用地减量化、存量用地盘活与二次开发、区域整体转型、旧改与城市更新、土地收储与土地整治、土地租赁与土地出让、产业用地、基础设施建设、租赁住房运营等，不同的参与主体有不同的估价咨询服务需求。概括起来，主要有下列三个方面的房地产估价咨询服务。

一是传统估价业务的开展，主要有：①低效建设用地的减量化及存量盘活（集建区内或195区域①的土地减量化及存量用地再开发）涉及的评估业务；②重点发展区域（新城中心/城市副中心、公共活动中心、交通枢纽及轨交站点周边、产业转型区域）提高容积率、提升

---

① 集建区、195区域：集建区指城市开发边界内划定的集中建设区；195区域指上海市规划工业区块外、集中建设区内的现状工业用地，因实际面积约为195平方公里而得名，195区域是上海存量用地二次开发的主要区域。

开发强度涉及的补地价等评估业务；③新城地下空间开发涉及的补地价等评估业务；④集中成片的存量工业用地区域整体转型，由原土地权利人或联合体以存量补地价方式实施开发；⑤零星工业用地根据规划和产业导向，提高容积率、调整土地用途，由原权利人实施转型盘活，以存量补地价方式完善用地手续；⑥历史风貌区、产业转型区、城中村等的旧改与城市更新涉及的房屋征收评估等业务；⑦公共租赁住房、园区/企业人才公寓等涉及的租赁评估业务；⑧混合用地实施中因土地用途调整、容积率提高等规划调整涉及的地价评估等业务；⑨新城土地收储（含存量产业用地收储）评估、土地开发及土地整治的前期成本/费用测算；⑩新城土地出让、土地租赁（产业用地试行先租后让或长期租赁）涉及的地价、地租等评估业务。

二是新型估价业务的拓展，主要有：①新城产业用地绩效评价业务，包括低效产业用地认定标准的建立和具体企业的用地绩效评价，前者根据产业准入标准，以产出、税收、能耗、环境、产业能级等方面为衡量基准，并适时动态更新；后者量大面广，房地产评估咨询机构可以参与其中，根据企业的用地绩效评价结果，或调整企业用地，或实施技改、用能、土地、规划、环保、财政、信贷等差别化管理政策，或签订土地出让补充协议，纳入土地全生命周期管理。②新城设立基础设施 REITs 的相关评价和估值服务，可以保障性租赁住房和园区类 REITs 为切入点（此类 REITs 的设立和发行以保障性租赁住房及园区类资产为基础/底层资产），包括信托物业状况评价、信托物业市场调研、信托物业价值评估，可参照中房学发布的《房地产投资信托基金物业评估指引（试行）》。③新城产业转型区（或重点园区、新城大居）土地一级开发整理、城中村改造等的财务大本测算的编制或审核，为开发决策者（各区政府、园区管委会、区域开发建设指挥部、新城开发公司等）提供参考。④新城建设项目投资咨询类业务，包括银行开发贷项目评估、房地产、交通市政及社会事业等建设项目的投资分析与可行性研究等。

三是具有前瞻性、创新性的研究咨询业务，主要有：①通过条块结合的系统性分析，提出新城建设用地潜力挖掘的途径和措施建议；②新城（新区）是破解超大城市人口规模控制难题的有效途径，把新城作为吸纳新增人口，尤其是吸引人才的主战场和蓄水池，同步疏解中心城区功能；③新城重点功能区（新城中心、历史风貌区、产业转型区/整体转型区域、重点园区、新城大居、战略预留区等）的功能定位、启动的规划安排、实施路径等方面的综合性策略建议；④新城要形成多主体供给、多渠道保障、租购并举的住房制度，需探索完善住房供应体系、优化住房空间布局的多种途径，在此过程中为政府部门、园区、企业、住房开发及运营机构等各方提供相关咨询服务；⑤新城规划建设的其他相关课题研究或咨询服务。

四、评估咨询机构参与新城规划建设的措施建议

房地产评估咨询机构根据自身的资源条件、比较优势和人力禀赋，可采取多种措施，积极参与到新城规划建设的发展进程之中。这些措施包括但不限于：①跟踪关注五大新城规划建设的发展动态，包括市区出台的各类扶持政策、各新城发布的行动方案（目标、策略、重点地区、重大项目等）、各重点园区、各街镇、市区级重大建设项目、重点功能区、各类平台（租赁住房中心、城市更新中心、资产管理机构等）的发展动态。②与市区相关管理部门（发改委、规划资源局、房屋管理局、经信委、住建委等）、园区管委会、新城开发公司、各

街镇等保持联系和沟通，聚焦于减量化、存量盘活、土地收储、土地出让、产业用地调整、旧改及城中村改造、公租房租赁、重点项目推进等领域，及时发现需求并提供相关的房地产估价咨询服务。③通过机构内部研讨交流等方式，培养和储备人力资本，提升专业水平，做好承接相关评估咨询业务的准备。有条件的机构可以设立专门小组和人员，借助行业协会的牵头牵线作用，并与其他机构加强人力及业务协作，必要时开展联合课题研究，为新城规划建设提供政策建议和解决方案。

五、小结

综上所述，新城规划建设涉及人口、产业、交通、公共服务、生态环境、新型基建（基础设施）、城市空间、土地、住房、资金等各方面，牵涉面广，复合性强，参与主体类型多样。房地产评估咨询机构可以发挥自身的专业及人力优势，服务于新城规划建设，其作用不可或缺。通过传统估价业务的开展，有利于新城的土地开发整理、项目实施和产业调整；通过新型估价咨询业务的拓展，有利于新城规划建设的深入推进。房地产评估咨询机构应抓住"十四五"期间上海市加快推进五大新城规划建设的机遇，保持关注，积极投入其中，根据不同参与主体的不同需求，提供相应的估价咨询服务和解决方案，在服务新城规划建设的同时，培养和锻炼人才，积累专业资源和能力，壮大机构自身的发展。

参考文献：

[1] 上海市人民政府.上海市城市总体规划（2017—2035年）[Z].2018-01-04.

[2] 上海市人民政府.上海市国民经济和社会发展第十四个五年规划和二〇三五年远景目标纲要[Z].2021-01-30.

[3] 上海市人民政府.关于本市"十四五"加快推进新城规划建设工作的实施意见[Z].2021-02-23.

[4] 夏骥.关于上海（郊区）新城高质量发展指标体系的若干思考[J].科学发展，2020（12）：62-69.

作者联系方式

姓　　名：许峰林　肖　军

单　　位：上海涌力土地房地产估价有限公司

地　　址：上海市虹口区花园路128号7街区A座3111室

邮　　箱：xj9659@163.com

注册号：许峰林（3120000066）；肖　军（4420000003）

把握国有资产盘活新机遇
促进估价机构高质量发展

阮宗斌　张　悦　王旭东

摘　要：盘活国有资产，是落实党中央、国务院部署要求的战略举措，是国有企业更好的服务新发展格局的重大战略举措，也是国企防范债务风险、优化资产结构的重要手段。房地产是国有资产盘活的核心资产，房地产评估是房地产估价机构的优势领域，估价机构应该积极介入国有资产盘活蓝海中。在国有资产盘活中不仅有价值评估的需求，还有房地产盘活过程中的咨询、策划、可研、调查服务、产权代理、系统开发等服务需求，这些都是估价机构可以提供的高质量专业服务。新经济环境、新时代大背景下的国有资产盘活是一个新机遇、新蓝海，估价机构应积极把握时代大机遇，在国有资产盘活过程中积极有为，最终实现高质量发展。

关键词：国有资产；盘活；房地产估价机构；估价业务

一、前言

盘活国有资产，是落实党中央、国务院部署要求的战略举措，是国有企业更好的服务新发展格局的重大战略举措，也是国企防范债务风险、优化资产结构的重要手段。

2022年5月，国务院办公厅发布《国务院办公厅关于进一步盘活存量资产扩大有效投资的意见》国办发〔2022〕19号（以下简称《19号文》）。

2022年10月25日，财政部发布《关于盘活行政事业单位国有资产的指导意见》财资〔2022〕124号（以下简称《124号文》）。

中央部委及各地方政府如天津、安徽、陕西等地纷纷出台了相关政策。在中央政策支持和地方政府、国有企业自身需求牵引下，国有资产盘活进入系统推进的新阶段。

评估机构是国有资产盘活的重要参与者。在国有资产盘活中房地产是占比最高的，对于房地产估价机构而言，房地产评估我们具有先天优势。2022年中房学公布的1047家一级房地产估价机构中60%以上的机构具备资产资质，取得了国有资产盘活这盘棋的入门资格。有些国有企业为了获得更专业的房地产估价服务，专门做了房地产估价机构入围库，这充分体现了房地产估价机构的专业性和不可替代性。国有资产盘活是新蓝海，需要多方面的专业服务，估价机构能够参与的远不仅仅是价值评估工作，还包括提供资产盘活过程中的可行性研究、策划咨询、房地产调查、软件开发等一系列的服务。

二、国有资产盘活的紧迫性和地方积极性

(一) 中央及部委文件密集发布

自财政部《预算草案》以及《19号文》发布以来,国资委、发改委、财政部、自然资源部、证监会分别出台了相关的配套政策,推动资产盘活(表1)。

中央及部委政策文件 表1

序号	时间	部门	文件名称	涉及资产盘活的主要内容
1	2021年3月12日	十三届全国人大四次会议	《中华人民共和国国民经济和社会发展第十四个五年规划和2035年远景目标纲要》	有效盘活存量资产,形成存量资产和新增投资的良性循环
2	2022年3月5日	财政部	《关于2021年中央和地方预算执行情况与2022年中央和地方预算草案的报告》	健全财政支出约束机制,盘活财政存量资金和闲置资产,推进行政事业单位资产共享共用,不断完善过紧日子的制度体系,加强落实情况评估
3	2022年5月19日	国务院办公厅	《国务院办公厅关于进一步盘活存量资产扩大有效投资的意见》(国办发〔2022〕19号)	主要为5方面内容:聚焦盘活存量资产重点方向、优化完善存量资产盘活方式、加大盘活存量资产政策支持、用好回收资金增加有效投资、严格落实各类风险防控举措
4	2022年5月27日	国资委	《提高央企控股上市公司质量工作方案》	分类推进上市平台建设,形成梯次发展格局。调整盘活一批,梳理业务协同度弱、管理链条过长、缺乏持续经营能力、长期丧失融资功能、存在失管失控风险等情况的上市平台,列出清单,因企制宜制定调整计划,2024年底前基本完成调整,支持通过吸收合并、资产重组、跨市场运作等方式盘活,或通过无偿划转、股权转让等方式退出,进一步聚焦主责主业和优势领域
5	2022年6月19日	国家发展改革委	《关于做好盘活存量资产扩大有效投资有关工作的通知》(发改办投资〔2022〕561号)	提出8方面具体要求:建立协调机制,建立盘活存量资产台账、灵活采取多种方式盘活不同类型存量资产、推动落实盘活条件、加快回收资金使用、加大配套政策支持力度,开展试点示范、加强宣传引导和督促激励
6	2022年6月30日	上海证券交易所	《关于进一步发挥资产证券化市场功能支持企业盘活存量资产的通知》(上证函〔2022〕1011号)	四个方面内容:大力支持资产证券化盘活存量资产、创新拓展资产证券化盘活存量方式、加强完善资产证券化投资者保护机制
7	2022年10月25日	财政部	《关于盘活行政事业单位国有资产的指导意见》(财资〔2022〕124号)	要求加快推进行政事业单位各类国有资产盘活利用,建立健全资产盘活工作机制,通过自用、共享、调剂、出租、处置等多种方式,提升资产盘活利用效率

续表

序号	时间	部门	文件名称	涉及资产盘活的主要内容
8	2022年11月24日	自然资源部、国资委	《关于推进国有企业盘活利用存量土地有关问题的通知》	规范相关工作流程及手续支持国有企业盘活利用存量土地；鼓励国有企业以多种方式盘活利用存量土地
9	2023年2月20日	中国证监会	《不动产私募投资基金试点备案指引（试行）》	支持盘活不动产，促进不动产市场平稳健康发展，规范私募投资基金从事不动产投资业务，包括特定居住用房（存量商品住宅、保障性住房、市场化租赁住房）、商业经营用房、基础设施项目等
10	2023年10月21日	中国人民银行	《国务院关于金融工作情况的报告》	推动基础设施领域和住房租赁领域不动产投资信托基金（REITs）市场建设，盘活存量资产

（1）国务院办公厅《19号文》指出资产盘活聚焦重点领域主要包括三类资产：一是规模大、效益好或潜力大的基础设施项目资产，包括交通、水利、清洁能源、保障性租赁住房、水电气热等市政设施、生态环保、产业园区、仓储物流、旅游和新兴基础设施等，该类资产是重点盘活对象；二是存在改扩建机会的项目资产，包括综合交通枢纽工业企业退城进园等；三是长期闲置但有开发利用价值的项目资产，包括老旧厂房、文化体育场馆和闲置土地等，以及国有企业开办的酒店、餐饮、疗养院等非主业资产。

（2）财政部《124号文》提出盘活资产的4项基本原则、6种盘活方式、3项组织实施要求和3项工作要求：

基本原则：要坚持统筹资源、全面覆盖、因地制宜、激励约束。

盘活方式：通过优化在用资产管理、推进资产共享共用、加强资产调剂、实施公物仓管理、开展资产出租处置、探索资产集中运营管理。

组织实施要求：研究制定资产盘活方案、有序组织资产盘活工作、规范资产盘活管理。

工作要求：加强信息技术支撑，建立激励约束长效机制，确保资产盘活工作取得实效。

（二）地方政策积极配合

地方紧随中央而动，纷纷出台了各自的资产盘活的指导意见、政策措施或通知（表2）。总而言之，要积极地推动资产盘活，通过盘活资产来化债、弥补收支缺口，缓解财政压力。

各地方政府出台的盘活国有资产的意见　　　　表2

序号	地方政府	发布时间	文件名称
1	陕西省	2022-07-20	《陕西省人民政府办公厅关于进一步盘活存量资产扩大有效投资的实施意见》
2	江苏南京市	2022-08-08	《关于进一步盘活存量资产、扩大有效投资的政策措施》
3	湖南省	2022-08-10	《关于建立盘活存量资产台账的通知》
4	辽宁省	2022-08-15	《辽宁省推进重点领域盘活存量资产扩大有效投资实施方案》
5	青海省	2022-09-08	《关于印发进一步盘活存量资产扩大有效投资工作方案的通知》
6	江西省	2022-09-27	《江西省人民政府办公厅印发关于加快盘活存量资产扩大有效投资工作方案的通知》

续表

序号	地方政府	发布时间	文件名称
7	北京市	2022-09-30	《关于存量国有建设用地盘活利用的指导意见（试行）》的通知
8	河南省	2022-10-13	《河南省人民政府办公厅关于进一步盘活存量资产扩大有效投资的实施意见》
9	浙江绍兴	2022-10-09	《绍兴市人民政府办公室关于印发绍兴市盘活存量资产扩大有效投资实施方案的通知》
10	天津市	2022-10-28	《天津市进一步盘活存量资产扩大有效投资若干措施的通知》
11	山西省	2022-12-27	《关于进一步盘活存量资产扩大有效投资的实施意见》
12	宁夏回族自治区	2022-12-24	《关于进一步盘活存量资产扩大有效投资行动方案》
13	安徽省	2023-01-28	《安徽省人民政府办公厅关于印发进一步盘活存量资产扩大有效投资实施方案的通知》

资产盘活一城一策，各地方出台的政策有自己鲜明的特点：

（1）盘活方式差异：各地都在突出强调PPP和资产证券化工具，但经济发达省市对Pre-REITs、政府基金模式、国有资本投资和运营公司两类公司模式更积极，三四线城市则更适合出租、出售等传统盘活方式。

（2）盘活资产类型：欠发达省市资产盘活的重点是存量规模较大的土地、房产、闲置或低效无效资产。发达城市盘活的资产类型则更为多样。

三、国有资产盘活的方式、特点

（一）国有资产盘活的方式

不同的盘活方式，有不同盘活程序和不同的评估服务需求。估价机构应了解国有资产的盘活方式，了解可以提供的服务内容，更有针对性地提供专业服务。

1. 国务院办公厅《19号文》提出的7种盘活方式

（1）推动基础设施领域不动产投资信托基金（REITs）；

（2）政府与社会资本合作（PPP）；

（3）存量资产盘活交易；

（4）发挥国有资本投资；

（5）运营公司功能作用；

（6）存量盘活与改扩建有结合；

（7）挖掘闲置低效资产价值和兼并重组。

2. 财政部《124号文》提出的6种盘活方式

（1）优化在用资产管理；

（2）推进资产共享共用；

（3）加强资产调剂；

（4）实施公物仓管理；

（5）开展资产出租处置；

（6）探索资产集中运营管理。

行政事业单位和国有企业资产盘活方式存在不同。行政事业单位资产盘活的方式更偏向内部流通和内部管理，国有企业资产盘活则更偏向于面对社会资本，形式更多样。作为专业服务供应商，我们需要去了解各自地区的主要资产盘活方式，结合估价机构自身的专业力量提供相匹配的服务。

（二）国有资产盘活的特点

此次国有资产盘活是新时代、新发展格局的重大战略举措，具有特殊含义，特点鲜明：

（1）资产盘活是手段，扩大有效投资、盘活资产化解企业债务、缓解财政压力、降低债务风险是主要目的。

（2）统筹谋划、聚焦重点。《19号文》明确了盘活的重点领域、重点区域和重点企业。《124号文》明确资产盘活要全面覆盖：将行政事业单位低效运转、闲置的房屋、土地、车辆、办公设备家具、大型仪器、软件等资产纳入盘活范围，充分发挥资产效能。

（3）既要促盘活又要防风险。不仅仅要盘活，还要防范盘活中的风险。文件提出要依法依规稳妥有序推进存量资产盘活，提升专业机构合规履职能力，严格落实相关中介机构自律规则、执业标准和业务规范，推动中介机构等履职尽责，依法依规为盘活存量资产提供尽职调查、项目评估、财务和法律咨询等专业服务。

（4）盘活方式创新多样。

（5）加强信息技术支撑、强化数字创新赋能。《124号文》提出加快推进资产管理融入预算管理一体化系统，鼓励基于物联网技术开展资产使用管理动态监测，实时掌握资产使用情况，为盘活资产提供更加及时准确的基础信息。

（6）有序推进。《19号文》要求在全国范围内选择不少于30个有吸引力、代表性强的重点项目，并确定一批可以为盘活存量资产、扩大有效投资提供有力支撑的相关机构，开展试点示范，形成可复制、可推广的经验做法。

（7）注重绩效。对盘活存量资产、扩大有效投资工作成效突出的进行奖励，对资产长期闲置、盘活工作不力的，采取约谈、问责。充分说明中央对于此次资产盘活进度的极大关切。

四、估价机构应深度切入到国有资产盘活蓝海中，实现高质量发展

在国有资产盘活过程中，估价机构能够参与的远不仅仅是价值评估工作。价值评估服务只是估价机构最基础的服务。在我们与国有企业交流过程中发现，国有企业存在资产管理水平参差不齐、管理手段落后、权属不完善、专业性差等诸多问题，这些都是市场的潜在需求，给予了房地产估价机构提供更多样专业服务的机会，也是高质量发展的一个机会。

（一）国有资产盘活涉及的资产类型

估价机构最擅长的是对于盘活的资产进行评估，首先我们要了解涉及哪些盘活资产。对于拟盘活的资产，《19号文》是按照盘活领域划分，《124号文》按照拟盘活资产的类型划分。

1.《19号文》提出盘活的重点领域

（1）重点盘活存量规模较大、当前收益较好或增长潜力较大的基础设施项目资产，包括交通、水利、清洁能源、保障性租赁住房、水电气热等市政设施、生态环保、产业园区、仓储物流、旅游、新型基础设施等。

（2）统筹盘活存量和改扩建有机结合的项目资产，包括综合交通枢纽改造、工业企业退

城进园等。

（3）有序盘活长期闲置但具有较大开发利用价值的项目资产，包括老旧厂房、文化体育场馆和闲置土地等，以及国有企业开办的酒店、餐饮、疗养院等非主业资产。

2.《124号文》涉及的资产类型

将行政事业单位低效运转、闲置的房屋、土地、车辆、办公设备家具、大型仪器、软件等资产纳入盘活范围，充分发挥资产效能。

（二）挖掘国有资产盘活中的服务需求，提升服务能力，实现估价机构高质量发展

国有资产盘活是最后一道程序，在盘活之前还有很多的专业服务是估价机构可以提供的，这是估价机构横向多元化的业务。我们应该让自己具备这样的专业服务能力。这要求估价机构提前谋划和布局，在人才引进和培养上进行统筹考虑，针对性提升估价机构解决综合问题的专业能力，实现高质量发展。就目前国有资产管理的现状情况，盘活过程中我们可以提供如下专业服务：

1. 盘活过程中常规的房地产价值评估、租金价格评估服务。这是国有资产盘活中最传统、需求量最大的服务。需要关注的是不同盘活方式估价目的不同，比如出租租金评估、转让价格评估、作价出资评估、城市更新评估、残值评估、并购及融资评估、证券化评估等。

2. 房地产摸底调查服务。国有企业由于专业人员少、管理方式粗犷、管理手段单一，很多低效资产处于无序管理状态，分布广、数量大、种类多且权属不完善等。房地产估价机构可以提供摸底调查服务，协助企业梳理资产情况、建立台账。这是《124号文》的具体要求。

3. 资产盘活咨询、策划服务、可研服务。这是咨询类业务中难度比较高的，但是大型的房地产估价机构是具有这样服务能力的。《19号文》提到积极培育为盘活存量资产服务的专业机构，提高专业化服务水平，这也是估价机构的转型升级契机，应牢牢把握。

4. 产权代理服务。《19号文》提到"对产权不明晰的项目，依法依规理顺产权关系，完成产权界定，加快办理相关产权登记""对项目前期工作手续不齐全的项目，按照有关规定补办相关手续，加快履行竣工验收、收费标准核定等程序"。这是盘活过程中的产权服务需求，也是国有企业自己专业力量难以完成的事情，亟需第三方专业服务。目前已经有部分估价机构开展此类业务。

5. 提供资产管理系统开发和估值接入服务。《124号文》提出"鼓励基于物联网技术开展资产使用管理动态监测，实时掌握资产使用情况，为盘活资产提供更加及时准确的基础信息"。绍兴市明确提出形成"资产一本账"，上线"资产盘活一件事"数字化改革应用。越来越多的国有企业开始重视资产管理系统的建设，这对于一些拥有软件自主研发能力的估价机构，是一个好的契机。此外，部分国有企业已有资产管理系统，但是缺乏估值数据，我们可以通过批量评估的方式为国有企业提供房地产价格监测服务，一些具备标准化条件的房地产可以通过自动估价系统提供估值数据。

五、结语

国有资产盘活是近期各地方政府及国有企业工作的重中之重，是估价机构高质量发展的新机遇、新蓝海。不论是提供房地产估值服务，还是提供策划、可研、咨询以及产权代理、资产管理系统的开发等，房地产估价机构都有着得天独厚的优势，一些估价机构已经开始布局上述领域。《19号文》明确提出"积极培育为盘活存量资产服务的专业机构，提高专业化服务水

平"。不只是国家层面提出培育专业机构，地方城市更是亟需资产盘活服务中的专业机构。比如安徽省在《安徽省人民政府办公厅关于印发进一步盘活存量资产扩大有效投资实施方案的通知》第十八条明确提出："大力培育壮大中介机构。落实双招双引支持政策，鼓励各地出台专项激励措施，加快引进一批高水平、专业性强的服务盘活存量资产的中介机构。依托现有人才计划、人才工程、人才平台，设立绿色通道，招引一批具有丰富从业经验的专业人才。重点支持一批会计师事务所、律师事务所、信托公司、资产估价机构、证券公司等中介机构做大做强，依法依规为盘活存量资产提供尽职调查、项目评估、财税和法律咨询等专业服务。加强行业指导，督促中介机构合规履职、提升能力"。这给了估价机构良好的发展契机。

我们应借力东风，趁机发展，做强专业，蓄势腾飞，最终实现高质量发展。房地产估价机构在国有资产盘活过程中应积极有为，也将大有可为。

参考文献：

[1] 顾弟根，等. 专业、创新：助力国有企业高质量发展 [C]// 中国城市出版社，2022：226-235.

[2] 徐进亮. 国资平台资产管理与评估系统应用 [C]// 中国房地产估价师与房地产经纪人学会. 2020 中国房地产估价年会论文集. 北京：中国城市出版社，2021：3-9.

[3] 宋吟樱. 行政事业单位国有资产盘活路径与绩效评价体系研究 [EB/OL].（2022-11-03）[2023-08-15]. https://business.sohu.com/a/602360919_121123789.

[4] 招商银行研究院. 国资国企研究之资产盘活篇：新征程：把握国有存量资产加快盘活新机遇 [EB/OL].（2023-03-16）[2023-10-23]. https://baijiahao.baidu.com/s?id=1760534195968287983&wfr=spider&for=pc.

作者联系方式

姓　　名：阮宗斌
单　　位：深圳市国策房地产土地资产评估有限公司
地　　址：天津市南开区环球置地广场 2402 室
邮　　箱：ruanzongde@126.com
注册号：1220030010

姓　　名：张　悦
单　　位：天津市房地产估价师协会
地　　址：天津市南开区云际道立达公寓 F 座 7 门 2302 室
邮　　箱：12896619@qq.com
执业资格证书编号：0027173

姓　　名：王旭东
单　　位：深圳市国策房地产土地资产评估有限公司
地　　址：深圳市福田区新闻路 59 号深茂商业中心 16 层
邮　　箱：hzguoce@126.com
注册号：4420090080

浅谈房地产投资决策"算账"咨询服务

——以深圳市某国企上市公司存量产业用地提容扩建项目财务分析为例

程鹏飞 隗晶月

摘　要：中国正在推进高质量发展，近年随着估价机构传统业务营收的下降及结算周期的延迟，估价机构通过业务的深化和拓展推进高质量发展，估价机构输出高质量的服务产品是估价机构在行业市场上的核心竞争力；以房地产投资决策为目的、财务可行性分析"算账"咨询顾问业务市场需求较大，做好该类服务产品有利于树立公司品牌和高质量口碑，提升估价机构的市场竞争力。本文以房地产投资决策"算账"咨询顾问服务为研究对象，以深圳市某国企上市公司存量产业用地提容扩建项目财务分析为例进行说明，重点分析了该类咨询服务的业务分类、服务内容及服务要点。

关键词：房地产投资决策；财务可行性；算账；咨询顾问

一、新形势下的房地产投资决策"算账"咨询顾问类服务

在当前宏观经济下行和房地产开发投资风险增大的大环境下，房地产投资决策也越加谨慎。无论是民营房企开发项目的纾困，国有企业进场项目的收并购，还是房地产项目的常规投资决策，投资者亟需的核心服务是财务可行性分析"算账"服务：包括财务评价、估值服务。除此之外，衍生服务或有如风险研判及应对措施、项目尽调、投后管理、谈判服务等。"算账"相比以往需求更精细化、专业化，投资决策周期也更长、更谨慎。对咨询人员的综合能力、专业能力、学习创新能力也有更高要求。

二、房地产投资决策"算账"咨询顾问业务分类

"算账"咨询顾问业务主要服务对象有企业、村集体股份公司、基金公司、信托公司等，按估价机构承接的经营性房地产项目类别，"算账"咨询顾问业务主要分为：

（一）城市更新类项目

指城市更新、利益统筹、城中村改造等更新类项目的财务可行性分析咨询顾问类业务。如城市更新、利益统筹项目收并购财务可行性分析，城市更新用地规划方案比选的财务可行性分析，成立合资公司从事城中村改造保障性租赁住房的财务可行性分析论证。

（二）自营或经营租赁类项目

指自营或经营租赁加油加气站、水电站、宾馆酒店、影剧院、幼儿园、商场等项目的财务可行性分析咨询顾问类业务。如经营租赁CNC加气站租赁价格评估及财务可行性分析，

某国资平台公司拟收购奢华酒店项目财务可行性分析。

（三）租售类项目

指开发经营住宅、商铺、办公、商务公寓等租售型物业的财务可行性分析咨询顾问类业务。如某基金拟投资 A 公司的在建工程项目，站在投资者角度对 A 公司续投完工后租售的投资进行财务可行性评价。

（四）产业类项目

指以产业发展为导向，匹配用地需求，服务产业客户的财务可行性分析咨询顾问类业务，如新建绿色建材厂项目运营策略及财务可行性分析，存量产业用地提升和空间优化的改扩建项目财务可行性分析。

三、深圳市某国企上市公司存量产业用地提容扩建项目财务分析"算账"案例

（一）项目基本情况

深圳市某科技园占地约 40,200m²，分二期开发，目前地上共建有 4 幢建筑物，建筑面积合计约 109,000m²，现状容积率 2.7；地上建筑物竣工于 2006 年，建筑年限超过 15 年。作为传统的科技园区，目前开发强度不高，园区内部分企业产业结构层次较低，产业空间布局不优，配套设施比较落后，不利于园区内产业升级提升。

深圳市某国企上市公司拟根据《深圳市扶持实体经济发展促进产业用地节约集约利用的管理规定》（深府办规〔2018〕6 号）中产业用地容积率调整规定，利用科技园区的剩余空地新建一幢宿舍塔楼，在拆除 1 幢旧研发综合楼的原址上新建 1 幢新型产业用房塔楼，以满足园区内部空间不足、配套不完善及产业升级的需要，申请容积率从 2.7 调到 4.5。

故由深圳市某国企上市公司牵头，协同建筑设计院、造价咨询公司、产研单位等专业人员组成项目团队，开展项目的开发及规划论证工作。估价机构作为经济分析专业单位参与项目，与其他单位协同合作、优势互补。

（二）项目工作流程

本项目总的工作内容包括：园区现状分析、企业战略规划、园区产业规划、产品定位、建设方案、投资估算、经济测算分析。其中估价机构与其他单位合作，负责经济测算分析；项目参与方工作流程如图 1 所示：

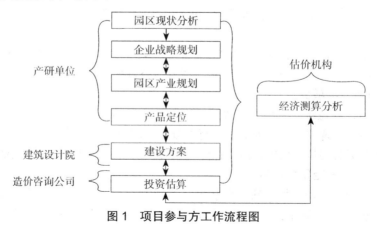

图 1　项目参与方工作流程图

（三）估价机构在项目中的服务内容

1. 物业估值服务

估价机构专长于房地产价值和价格评估，长期致力于数据的整理、收集和分析。在本项目中，通过对片区同类型物业市场调研，结合项目定位、房地产相关政策、区域房地产市场状况，预测项目未来开发完成后物业招商运营的租售价格及去化情况。

2. 方案经济比选

根据企业需求为出发点，确定二种可选方案；以提容新建宿舍楼和研发楼为背景，方案一是物业全部自持租赁，方案二是宿舍出售、其他自持租赁。经测算，最终形成项目前期咨询工作成果，项目财务盈利能力评价指标详见表1。

项目财务可行性分析表 表1

序号	项　目	方案一指标	方案二指标	单位
1	营业收入	271,675	245,299	万元
2	营业利润	143,945	124,798	万元
3	所得税	35,986	31,199	万元
4	税后利润	107,959	93,598	万元
5	财务净现值（FNPV）	6,220	16,027	万元
6	财务内部收益率（FIRR）	6.7%	8.3%	/
7	动态投资回收期	24	18	年
8	静态投资回收期	15	12	年

经财务可行性分析（表1）：方案一全投资内部收益率为6.7%，资本金内部收益率为7.4%（表略）；方案二全投资内部收益率为8.3%，资本金内部收益率为8.9%（表略）。经分析可知，方案一和方案二按财务指标要求均可行，方案二更优。

3. 调容前后对上市公司业绩的影响

根据企业需求，从调容前和调容后的项目利润指标来评价对上市公司业绩的影响，详见项目利润表（表2）。

项目利润表 表2

单位：万元

项　目		建设期	运营期		
		2023—2026年	2027年	2028年	2029年
净利润	方案一（全部自持租赁）	-2,199	-843	1,574	2,318
	方案二（宿舍出售、其他自持租赁）	-2,199	4,273	6,432	9,283
	对比（不拆除）	3,668	917	917	917

从项目利润情况（表2）来看，对比不拆除的持续盈利，建设期2023—2026年对上市公司业绩有不利影响；长期来看，到了运营期则会带来有利影响。扣除息税折旧及摊销后净利润方案一于运营期第三年（2029年）累计转正，方案二于运营期第一年（2027年）累计转正。

4. 提供合理化方案建议

在整个咨询服务过程中，估价机构提供的财务分析在项目方案比选中起着重要作用，一方面，财务分析的结果直接作为方案比选的判据，另一方面，财务分析的结果影响着建设方案、空间布局和产品定位，可以指导方案优化和方案设计，直至项目经济上趋于合理。

四、"算账"咨询顾问服务要点

（一）跨专业相互融合，重视知识学习和研究

"算账"咨询服务涉及会计学、工程造价、税务、建筑设计多学科专业融合，房地估价与工程咨询、工程造价相互应用。"算账"的两项基本指标收入和成本在不同类别项目中算账逻辑不同，如酒店经营项目需依据酒店经营逻辑测算，不同星级、奢侈型酒店的成本比例不同；城市更新、利益统筹、城中村改造项目，需要咨询人员的专业知识和理解相关政策；估价机构咨询人员在实践中需加强知识学习，有接纳新事物的研究意识。

（二）方案选择需以多方案对比为基础

根据企业需求提出合理化可选方案，进行方案对比；选择最优目标方案，方案的选择需以多方案对比为基础；同时方案对比研究体现在多方面，如建设方案、拆赔方案、招商运营方案、资金筹措方案比选等。

（三）站在投资者角度为出发点

房地产投资决策"算账"是站在投资者视角下进行的财务评价，以供决策参考，不以融资方也不以权利方为主。"算账"作为投资者争取利益博弈的模型工具，可以配合投资方谈判，为投资者清晰项目经济平衡的上限和下限；促进谈判双方合作共赢。

（四）计费标准应与投入成本匹配

区别于简单快周期结果式评估咨询业务，房地产投资决策"算账"咨询顾问类业务服务周期较长，并且通常伴随项目阶段决策完结为止，有一定的不可控性；故项目签订合同之前应合理预估项目的工作阶段周期、工作量、人力投入，计费标准应与投入成本匹配；以保证评估机构的收益和发展。

五、结语

"算账"咨询顾问服务的核心是估价机构输出高质量解决问题的能力以帮助企业决策参考。注重的是多方案比选，财务可行性论证的过程；不同于简单快周期结果式报告。咨询人员单一估价知识不足以解决综合化的问题，需丰富自身的知识体系；估价机构创造内部复合型人才培养的环境，推动个人、机构以及估价行业的高质量共同发展。

参考文献：

[1] 全国咨询工程师（投资）执业资格考试参考教材编写委员会. 项目决策分析与评价[M]. 北京：中国统计出版社，2019：123.

作者联系方式

姓　名：程鹏飞　隗晶月
单　位：深圳市国策房地产土地资产评估有限公司
地　址：广东省深圳市福田区新闻路59号深茂商业中心16层
邮　箱：653923294@qq.com；6453457@qq.com
注册号：程鹏飞（4420160131）；隗晶月（4220050050）

经营性物业清退方案的多维度构建

——突破评估咨询服务的"最后一公里"

韩艳丽

摘　要：经营性物业因城市更新或整体转型等多种原因，需要对原有承租户进行清退。由于租赁合同签订的不规范，增加了清退难度。本文通过对上海市多个项目的实例总结，针对经营性物业承租户清退方案进行多维度分析，为估价机构延链服务业务而抛砖引玉。

关键词：城市更新；经营性物业；清退方案；构建；多维度

一、引言

按照更新的"尺度"，上海的城市更新可以划分为大片区更新（大尺度）、小片区更新（中尺度）、单体建筑改造更新（小尺度）三类[1]。无论是大片区的"房屋征收"、小片区的整体转型、甚至于单体建筑升级改造，经常会遇到经营性物业内诸多承租户的清退难点。目前，针对产权人的补偿各地已经出台了较多的技术规范与实施细则，但是对于承租户的清退尚无明确规定。很多以协商为主，协商失败往往进入民事诉讼，矛盾激化甚至引发群访事件，导致交地进度缓慢的同时，也造成了不良的社会反响。

以往估价机构多是参与到针对产权人补偿方案的设计或者具体评估工作中，对于经营性物业存在较多承租户的清退方案，鲜少涉足。后疫情时代，依托传统估价服务，估价机构需要思考如何紧紧围绕客户需求，从"我想作什么报告"转换到"客户需要我提供什么服务"的思考，通过专业领域融合发展，以延链、固链、强链打造估价咨询服务的全产业链，突破评估服务的"最后一公里"，进而寻找到咨询业务的突围之路。

二、经营性物业清退难点及相关政策

（一）经营性物业清退工作的难点及痛点

城市更新改造过程中的焦点就是如何对被改造主体进行补偿以及补偿标准如何确定。对于产权人的补偿，通常有具体的方案，但对于经营性物业的承租户补偿，不仅政策并未规定，方案中也通常未予明确，导致实践中易发生争议，难以定论。其最大的难点在于无法可依。同时因地上房屋的合法性以及经营方式的不同，城市更新过程中各自的立场和诉求不同，合同签订不规范，未约定或者约定不明确，以及错综复杂的转租关系均成为实际操作中的痛点。

实务单位一般直接和产权人接洽谈判，要求产权人负责清退承租人，并按照租赁合同约定或协商确定解除租赁合同的补偿。然而，由产权人（出租人）负责清退承租人通常只是一种理想状态，尤其针对大型经营性房地产（情况复杂、历史遗留问题多），实施效果并不理想。租赁关系不和谐，出租人能力有限，未必能清退承租人。个别情况下，一些项目为了业绩考核，简单地与产权人签署协议并支付补偿款（或者仅保留一点"交钥匙"的奖励费），面对产权人"拿钱走人"的局面，承租人担心自己利益受损，于是更加坚定拒不交房的"钉子户"决心。

（二）相关政策

承租人的法律地位问题一直是实务中争议比较多的焦点问题，承租人是否有资格起诉征收决定、补偿决定？一般主流观点认为承租人与征收决定没有直接利害关系，没有资格起诉征收决定；但承租人与补偿决定有利害关系，有起诉资格。根据最高人民法院在既往案例的裁定书中指出：承租人与房屋征收行为之间不具有利害关系，不能成为行政诉讼的原告。但是如果用于经营的房屋被征收，承租人在行政补偿中提出的室内装修价值、机器设备搬迁、停产停业等损失，与补偿决定之间具有利害关系，此时承租人可以作为原告提起诉讼。

新版《中华人民共和国土地管理法》第四十七条：县级以上地方人民政府拟申请征收土地的，应当开展拟征收土地现状调查和社会稳定风险评估，并将征收范围、土地现状、征收目的、补偿标准、安置方式和社会保障等在拟征收土地所在的乡（镇）和村、村民小组范围内公告至少三十日，听取被征地的农村集体经济组织及其成员、村民委员会和其他利害关系人的意见[2]。

由此可见，承租人作为利害关系人，应当具有相应的法律地位，过于抬高其地位或者忽略其存在，均不利于清退维稳工作的开展。对于出租人无法自行负责清退的情况，补偿也不宜"一刀切"。

理论上，承租人可以获得除房屋价值以外的补偿，如停产停业损失、搬迁补助费等。承租人有权获得停产停业损失，但具体由租赁双方协商。如《广州市国有土地上房屋征收与补偿实施办法》（穗府规〔2021〕2号）第十六条规定[3]："被征收房屋的生产、经营单位或个人不是被征收人的，被征收人负有清退被征收房屋的责任。被征收人与生产、经营单位或个人有合同约定的，依照约定分配停产停业损失补偿；没有约定的，由被征收人与生产、经营单位或个人协商分配。"

三、多维度构建清退方案

结合上海市宝山区、普陀区、黄浦区农产品、花鸟鱼、建材等多个批发零售市场清退项目的经验总结，清退目标与导向、利益主体分类、成本构成、实施中应急预案等多个方面，应成为理解和设计经营性物业清退方案的重要维度。

（一）清退目标与导向

解除租赁合同可以通过两种途径，一是民事诉讼；二是协商补偿。在既往的很多项目中，市场经营方与承租户签订的租赁合同较不规范，很多到期承租户虽没有进行续签，但实际仍在按月交租正常经营；有些对于提前解除租赁合同没有约定。通过民事诉讼方式固然降低成本，但往往时间周期较长。清退方案既应考虑项目前期成本的节约性，又要考虑社会的稳定性、清退时间的风险控制等多方面因素，比选出最优方案（表1）。

清退途径及优缺点对比　　　　　　　　　　　　　　　　　　表1

途径一　民事诉讼	途径二　协商补偿
优点： 1. 清退工作可程序化操作，依法强制进行； 2. 清退费用可控。 缺点： 1. 清退时间周期不可控； 2. 除了涉及的清退直接、间接成本，还涉及民事诉讼等费用； 3. 清退承租户虽然合法，但不一定合理，使承租户对诉讼及结果从内心很难接受，对诉讼的不信任导致矛盾激化易引发群访事件	优点： 1. 与承租户协商，可提高承租户的满意度，加快清退进程，清退时间周期可控； 2. 清退工作中产生的纠纷较少。 缺点： 1. 奖励费设置的比例大小较难把握，易助涨承租户的"心理价位"
清退周期长	清退成本高

（二）利益主体分类

大型经营性物业清退过程中涉及产权人、市场运营方、承租户等众多使用单位或个人，且大承租户继续转租现象普遍。清退方案设计能否成功的关键之一在于对各级利益主体分类。先弄清楚各利益主体涉及哪类补偿费用，才能进而确定补偿标准。一般可利用市场运营方的 ERP 底表数据，或者运营方收缴承租户租金汇总表格中的承租户名单作为被清退对象，至于更底层的转租户，建议先由大承租户清退。在考虑转租清退风险的同时又不宜对更底层的转租承租户"大包大揽"。估价机构可以协助政府部门、各利益主体，对于涉及补偿费用，利用专业优势算好"经济账"；另一方面，积极听取意见建议，针对复杂矛盾的情况，对各方利益主体的诉求、争议焦点进行研判，协调多部门搭建沟通平台。

（三）成本构成

清退方案中的成本构成因实施前提条件的不同，内容也不尽相同。租赁合同有明确约定的，一般按照约定计算；租赁合同无约定的，涉及的费用一般由直接成本和间接成本组成。直接成本中常见的有：停产停业损失补偿、自建或合作开发建筑物补偿、二次装修补偿、机器设备及物资搬迁补偿等。此外，时间节点对清退成本费用的高低影响极大。有时为了项目推进，还要设置一定的速迁等奖励费。中长期合同可能因合同租金低于市场租金水平，存在一定的承租权益补偿。间接成本可能涉及实施单位办公场地租借费、装修费、水电费、信息管理平台费、清退实施单位劳务费、律师工作经费、评估咨询费、不可预计费等。

（四）实施中应急预案

清退方案实施过程中更要注意应急预案的设置。既要充分认识清退工作的重要性，能否按时完成清退工作，关系到利害关系人自身的切实利益；又要充分认识清退工作面临的形势，对于涉及人员多、复杂问题多的，需要高度重视，提前做好研判工作；还要密切关注清退过程中可能出现的不稳定因素，协调公安、应急、综治、执法等相关部门全力配合开展维稳工作，做好租户、企业员工的解释劝导工作，加大政策宣讲力度，耐心听取意见诉求，及时反馈处理决定。

四、清退补偿成本评估方法

(一)停产停业损失补偿

根据上海市国有土地上房屋征收评估技术规范的有关规定,因征收非居住房屋造成被征收人、公有房屋承租人停产停业损失的补偿标准,按照被征收房屋市场评估价的10%确定[4]。上述规定仅对被征收人和公有房屋承租户进行补偿,但未将承租人或实际使用人列入征收当事人的范围内,承租户的停产停业损失并未明确是否补偿。而实际操作中,承租户的损失真实存在。笔者通过查阅相关民事诉讼案例发现:房屋征收过程中,被征收人与承租户就停产停业损失赔偿纠纷中,在合同无约定且协商未果的情况下,法院的判定认为停产停业损失产权人与承租户均有权利分享,但分享比例依具体情况调解结果略有不同,不能一概而论。因此在清退方案设计前期,宜与委托方、产权人沟通,租赁合同有约定的,依合同约定;无约定的,产权人是否愿意分享停产停业损失、分享比例是方案设计的关键要素。

(二)自建或合作开发的建筑物补偿

部分承租户在租借过程中,对建筑物存在一定的改扩建,或是与产权人合作开发的建筑物,在清退过程中若合同无约定,宜根据相关批复、合法性研判,给予承租户一定的补偿。对建筑物补偿是重置价结合成新后全部补偿,或是按照剩余租赁期限作摊销进行部分补偿等均可设计细分的子方案。

(三)二次装修改造补偿

如果二次装修改造行为由承租户发生,若合同无约定,宜给予承租户一定的补偿。对二次装修补偿是按照重置价结合成新后全部补偿,或是按照剩余租赁期限作摊销进行部分补偿等也可以设计细分的子方案。

(四)机器设备、物资等搬迁和安装费用

机器设备、物资等搬迁和安装费用主要包括可恢复使用机器设备的搬迁和安装费用,无法恢复使用机器设备的价值,物资搬迁的费用,评估方法可参照本市国有土地房屋征收中的相关技术规范要求。

(五)奖励费(速迁等)

大型零售、批发市场在清退过程中,为加快实施进度,往往还会设置速迁等奖励费方案。各项奖励补助费可参考本市国有土地上房屋征收与补偿相关标准、各区邻近区域清退补偿现行操作标准,设置分项名目并估算分项费用。

这一部分费用对清退经营性物业承租户虽有积极作用,但奖励费设置的比例大小,宜结合实际情况、时间节点要求,既不高估助长承租户"心理价位",也不低估使项目难以推进。

(六)间接成本

间接成本中实施单位办公场地租借费、信息管理平台费、律师工作经费、办公场地装修费、办公场地水电费等费用是否计算,应根据实际情况,是否可以利用产权人空置的办公场地,是否计提该项费用应与委托方进行沟通。

案例分析:

上海市黄浦区豫园街道××花鸟市场、二手货市场及菜市场清退方案

项目背景:上海市黄浦区豫园街道南阳地块为上海××置业有限公司于2001年9月

28日取得开发建设主体资格，为毛地划拨出让。因资金问题开发搁置，期间部分空地出租作为花鸟市场、二手货市场及菜市场临时使用至今。现项目重启，各方同意由××市场经营管理公司作为清退工作的受托人，同时为稳定、和谐推进清退工作，委托我司制订清退方案，并对市场清退资金总费用进行估算。

实地查勘及调研发现，三个市场存在大量自建房屋近9050.8平方米，根据原批复为临时建筑，且早已超过两年限期，但因历史原因一直未拆除，通过不断维护作为市场使用至今，且均分割租赁开展经营使用（图1）。

图1 三个市场的位置示意图

技术要点：本案中，市场经营公司既是土地的租赁方，又是市场运营方，还是本次清退工作的具体实施方。因历史原因，土地租金远低于正常市场租金水平，其地上自建的临时建筑虽已超限（临时建筑审批一般不超过两年），但多年来一直投入维护。经各方多次沟通，参考周边旧改商业停产停业损失补偿标准对市场经营公司进行补偿（不再计算承租权益补偿），对于租赁合同约定不明确的承租户采用协商补偿为导向方式，同时包括自建建筑物重置价结合成新、二次装修重置价结合成新、可移动设备、物资搬迁费以及速迁等奖励费。

间接成本因本次由市场经营管理公司实施清退工作，利用原有管理用房及信息平台，故仅计算律师工作经费以及委托方给予一定比例的管理费（表2）。

需要注意的是，本案涉及的个体户租赁合同中，后期签约的部分合同明确约定出租方违约按照3倍月租金赔付，考虑到方案的平衡性，对于明确约定的承租户，可根据二次装修改造的规格、标准，在上述方案和3倍月租金两者中，择高选择一种作为最终补偿，本案后续实际操作中对于大部分个体户两者差距不大。

利益主体分类及计费标准 表 2

补偿费用名称			被补偿主体		计费标准
			市场经营公司	个体户	
直接成本	停产停业损失		√		商业内、外铺综合房地产单价的10%，不再计算承租权益补偿
	自建建筑物价值		√		运营方提供了较为完整的原始设计图纸和工程造价资料，故本次评估采用分部分项法；成新率采用成新折扣法（物质折旧根据现场勘查打分）
	二次装修补偿	公共区域	√		实地查勘装饰装修工程各子项目的工程量，清单综合单价参考《上海市建筑和装饰工程预算定额》(2016)，装修成新率根据装修耐用年限结合现场维护状况确定
		承租部分		√	
	可移动设备、物资搬迁费			√	以物资搬迁为主，按车计算，1200元/车
	速迁等奖励费			√	速迁奖20000元/户
间接成本	律师工作经费				15万法律咨询，若后续涉及诉讼根据标的另行协商
	管理费				一般按照直接成本计提管理费率协商确定，包含维稳经费

五、结论

经营性物业承租户清退方案作为平衡各方利益主体的核心手段，也是延链服务的"最后一公里"，其编制有利于后续项目建设的快速推进，更有利于社会的安定团结、和谐进步，意义深远。笔者认为：

（1）清退方案编制既要科学性、准确性，也要兼顾保密性与社会的稳定性，注意查勘、调研、沟通的方式方法；

（2）清退方案应结合租赁合同的约定。以协商补偿为导向的方案，直接成本与间接成本的测算应结合区域现行实施政策、操作口径；

（3）清退工作受双方谈判地位、期望值、是否急于达成协议等多方面因素限制，实施过程中内、外部环境条件难免会发生变化，应适度控制，作好应急预案；

（4）清退方案宜从目标导向、利益主体分类、成本、时间节点、社会稳定等多方面考虑，科学研判多维度的关系，"分而治之"，构建和谐的沟通平台。

后疫情时代，激烈的市场竞争对估价机构应对客户需求变化的能力提出了挑战，如何提高机构的"柔性"，组织资源向客户提供有别于传统估价报告的服务，值得业内人不断思索，其实机遇就在当下。

参考文献：

[1] 张铠斌. 上海城市更新制度建设的思考 [R]. 上海中创研究，2020-10-12.

[2] 十三届全国人大常委会第十二次会议. 中华人民共和国土地管理法 [Z]. 2019-08-26.

[3] 广州市人民政府. 广州市国有土地上房屋征收与补偿实施办法：穗府规 [2021]2 号 [Z]. 2021-06-16.

[4] 上海市房屋管理局. 上海市国有土地上房屋征收评估技术规范：沪房规范 [2018]6 号 [Z]. 2018-07-04.

作者联系方式

姓　　名：韩艳丽

单　　位：上海房地产估价师事务所有限公司

地　　址：上海市黄浦区北京西路 1 号 3 楼 B 座

邮　　箱：48490388@qq.com

注册号：3120060030

探讨评估行业新业务发展助力乡村振兴

杜 刚

摘 要：本文简述乡村振兴战略的提出与过程中亟需解决的问题，探索利用房地产评估行业所具备的相关理论和实务经验、掌握的技术、拥有的软实力，创新业务类型，提升综合服务能力，为乡村振兴提供支持。同时，从供、需端分析房地产评估行业业务延伸面临的挑战，并提出业务延伸的相关建议，助力房地产评估行业业务向乡村延伸。

关键词：评估行业；业务延伸；乡村振兴

党的二十大报告指出，全面推进乡村振兴，扎实推动乡村产业、人才、文化、生态、组织振兴。为了维护乡村振兴进程中的安全性、有序性、合法性，亟需技术赋能，为推动乡村产业、制度、集体经济等协调发展提供支持。

一、乡村振兴简述

（一）乡村振兴战略的提出

2018年，中共中央、国务院出台的《中共中央 国务院关于实施乡村振兴战略的意见》，提出乡村振兴的内容与要求，对统筹推进农村政治、经济、文化、社会、生态文明和党的建设作出的全面部署[1]。

（二）乡村振兴亟需解决的问题

实现乡村振兴，首先要解决乡村存在的各类问题。本研究主要梳理了房地产评估行业可以助力解决的问题，具体如下：

1. 土地权属认知模糊

土地管理法明确了农村除由法律规定属于国家所有的以外，属于农民集体所有。而很多村民对所有权归属并不明晰，导致由谁负责的认知错误。很多农户会认为应由村委会一手包办，无需集体协商。也有农户认为是乡镇的决策，是上级政策引导。更有农户认为乡镇政府的政策是国家政策。这表明农民对所有权权属认知的混乱[2]。

2. 农村集体资产利用率低

农民集体所有的土地利用存在低效、闲置现象，有的土地还存在法律纠纷。有的集体建设用地上的企业产业结构老化，经营状况差，土地利用效率低，无法履行联营协议等协议。集体建设用地无法产生应有的效益，集体经济组织无法获得应有的收益。此外，除村民自用的土地外，大部分土地一般由村集体统一招商，出租企业经营。一方面，缺乏专业团队的运营，无法根据市场行情确定合理的租金和承包经营期限，导致租金收益低。另一方面，承租户或企业契约精神水平参差不齐，导致很多村集体经济组织无法收足租金。这种现象在较为偏远的村集体尤为显著。类似情形一般会进行法律诉讼，但诉讼成本高、耗时长、执行难。

有的集体土地地上物早年被集中征收，但因建设用地指标不足等问题，土地一直未征。这导致农村集体经济组织的土地利用效率低，也会形成历史遗留问题。

二、评估行业延伸乡村业务的必要性和具备的优势

（一）业务延伸的必要性

随着国内经济由高速发展向高质量发展转变，市政、房地产开发等建设速度放缓，商品房交易量走低，加上自动估价和互联网估价的挤压等原因，导致传统的估价业务萎缩，估价行业面临着迫切的转型需求。而随着城乡一体化发展，乡村振兴战略的进程加快，估价行业顺势而为，利用行业价值促进乡村振兴，可以为行业谋求更大的发展空间。

（二）评估行业优势

评估行业既有技术储备，又有经验积淀。不仅拥有专业人才资源，他们精通土地相关理论、法律法规、房地产开发经营等理论，而且具备先进的技术，例如不少机构建立的数据库、掌握的gis分析、无人机技术等。合理利用好现有人力、技术，可以更好地服务于乡村，为村集体经济组织、村民提供集体资产运营方案、村务治理可视化等服务，帮助乡村高效率、高质量振兴。

评估行业市场化已有近三十年的发展历史，在发展过程中，不仅为维护飞速发展的经济平稳有序作出了重要的贡献，自身也积累了诸如国企、政府部门等客户和合作伙伴，这些合作关系可以让评估机构掌握更多的政策、市场信息。合理利用这些信息，可以为乡村谋求更多的发展机会，助力乡村经济增长。

三、助力乡村振兴的延伸业务

（一）服务于宅基地上房屋租赁

2023年2月1日起施行的《上海市住房租赁条例》明确，宅基地房屋出租用于居住的，鼓励农村集体经济组织自行或者通过与住房租赁企业合作等方式，引导村民统一出租，实行统一管理。

房地产评估机构对房屋租金评估有优势，对房地产开发经营和投资运营、咨询也有充足的理论储备和实务经验。利用好行业优势，可以为农村集体经济组织或者住房租赁企业提供价格咨询服务，也可以借助企业公众号等宣传推广平台对相关目标群体进行推送，促成房屋租赁交易。这有利于集体经济组织或者村民自有房屋获取更高收益，保护农民的钱袋子，让乡村迸发更多的经济活力。

2023年3月，深圳正式开启城中村的租赁改革。由政府平台进行城中村保障性住房品质化安全改造提升，通过统租的方式进行供给。推进城中村保障性住房规模化、品质化改造提升，在相同房屋不涨价的前提下，改善了乡村的环境，稳定了乡村收入。有利于提升整体租赁市场品质水平，让利给城市建设青年，留住人才。有利于乡村反哺城市，加快城乡融合发展。

（二）服务于乡村数字化治理

对村级事务的治理、集体资产的运营历来是依靠"人治"，很多乡村存在闲置土地多、

招商难的问题。这就迫切需要宏观整合乡村资源并能够对可投资资产进行推介宣传的平台，助力乡村治理、盘活闲置资源，让"技治"代替"人治"（图1）。

图1　可视化平台概念图

利用 argis 软件、无人机航拍、VR 等技术，打造360°可视化治理平台，构建区—镇—村—组（队）四级联动村务综合治理平台，台账信息与空间位置信息整合关联，实现村级资源与地图、全景图之间的交互式查询。提升四级联合村务工作的带图治理的水平，为乡村闲置土地、房屋等资源提供可视化、可查阅、可对比的宣传管理平台。助力乡村盘活利用闲置资源，更好地服务农村集体经济组织和村民（图2）。

图2　可视化平台概念图—村土地房屋总览

可视化的土地、房屋利用、招商信息可以在政府、政府相关平台进行展示推广，起到宣传、招商的作用，吸引投资者。评估协会、机构、从业人员可通过官网、微信客户端等对目标群体进行推介，搭建起桥梁的作用，让更多投资人关注到乡村这块隐藏的宝藏，促成投资交易，真正让绿水青山变成金山银山（图3）。

图3 可视化平台概念图—土地房屋利用信息

（三）服务于乡村单元规划落地

乡村规划若无法落到实处，会成为一纸空文，造成资源的浪费。以上海市为城市代表的乡村规划以郊野单元规划为主，上一版的郊野单元规划形成于2017年，以2022年为中期规划目标实现年。但经调查发现，很多村庄的规划任务基本无法向下落实，只有在"美丽乡村"建设过程中，落实局部规划。而新一轮的规划又将启动，这就造成上一轮的规划已失去其价值，形成投入的浪费。

可以借助 arcgis 软件，将卫星图、土地利用现状调查图和乡村规划进行叠加，判断规划落实进度，对规划落实动态进行监测（图4）。

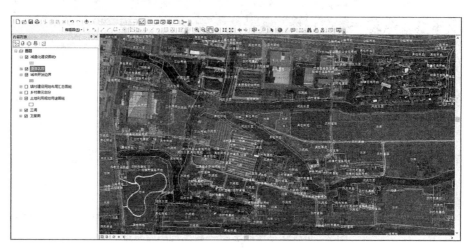

图4 郊野单元规划落地进度 GIS 工作平台

以上海某村为例，计划2022年前完成的减量任务，截至目前基本未启动。图4中蓝线和蓝色字体为乡村规划地块的范围和用途，白线和白色字体为第三次全国土地利用现状调查地块的范围和用途，底图为卫星图，红底范围为规划减量地块。

图5　郊野单元规划对比图

如图5所示，最大块红底地块规划用途为有林地，但卫星图显示建有建筑物，三调显示地块用途为工业用地、交通服务站用地。综合结果表明这宗地尚未进行减量化。

根据分析出的规划落地进度、比例和宗地的建成情况，结合实地查勘信息，对规划落实情况进行监测，定期提供规划落地进度和相关建议的报告。根据报告内容，推进后续工作。综合的报告也可为下一轮的规划提供参考。让乡村振兴蓝图真正能够落到实处，提高"美丽乡村"的"硬环境"和"软实力"，促进城乡协同发展。

（四）服务于维护农民集体和农民的合法权益

《中华人民共和国土地管理法》（第三次修正）及《中华人民共和国土地管理法实施条例》（第三次修订），从立法的层面明确了县级以上地方人民政府拟申请征收土地，应当开展拟征收土地社会稳定风险评估，听取被征地的农村集体经济组织及其成员、村民委员会和其他利害关系人的意见。

以上海市为例，上海市规划和自然资源局先后于2020年3月27日发布了《关于开展征地社会稳定风险评估工作的指导意见》[沪规划资源施〔2020〕130号]，于2022年4月27日发布了《关于开展征地社会稳定风险评估工作的指导意见（修订）》（沪规划资源施〔2022〕122号），与时俱进地对征地社会稳定风险评估工作提出具体的要求。

中国房地产估价师协会组织了有关培训，为征地社会稳定风险评估工作提供了技术支持。上海市土地学会等机构也对征地社会稳定风险评估进行课题研究，制定了相关导则，提供理论、方法的支持。

很多评估机构积极开展征地社会稳定风险评估业务，负责征地社会稳定风险评估的评估机构和团队应下沉到基层，尽责调查土地历史遗留问题、地上附着物补偿情况，深入访谈利益相关群体和相关部门，客观公正地评估风险，提出针对性强、切实可行的预防化解措施。切忌人浮于事、形式主义。促进在合法前提下阳光透明地进行征地，为政府相关部门把控风险，切实维护农民集体经济组织、农民、利益相关方的合法权益。

四、业务拓展面临的挑战

评估行业在乡村振兴方向的业务拓展面临的主要挑战集中在以下两个方面。

（一）评估行业规模小，社会认可度低

评估行业作为中立的第三方，为维护国民经济有序发展作出了不可或缺的贡献。在支持国有企业改革、维护土地市场稳定、促进司法公正、协助土地房屋依法公正合理征收等方面都展现出应有的担当作为。但是，因为各种原因，仍有很多人对这个行业不是很了解。甚至有各种误解。

（二）乡村需求尚未激发

因为农民集体经济组织和农民对土地权属认知模糊，加之信息不对称等原因，乡村对评估行业的需求一般由镇政府或者区级政府或相关部门采招评估机构后形成名单供村委会选择。传统的估价机构服务于乡村主要也集中在征地、减量化方面。由于接触少、不信任、没有聘用专业机构协助发展的思维习惯等因素，导致真正的需求还未激发。只有激发乡村对技术需求的内生动力，乡村的需求才是被真正地激发。在城乡协同发展的政策背景下，乡村振兴对评估行业的需求将会逐步被激发，从而可为行业带来更大的发展空间。

五、结论建议

对于评估行业来说，除了巩固现有的成果外，我们还可从以下几个方面进行努力：

（一）积极宣传，扩大行业认可度

网络技术的支持、社交平台的发展、自媒体爆发式增长让获取信息的便利性极大地提升。我们估价行业不能原地踏步，应积极响应时代号角，借助网站、官微、公众号、快手、小红书等平台，发布宣传相关政策、行业、技术等方面的文案，进行推送推广，扩大公众尤其是农村地区群众对评估行业的知晓度、认可度、信任度。

（二）投身公益，展现行业担当

"美丽乡村"建设过程中，文化建设是必不可少的一环。评估协会、机构可定期组织图书捐赠等活动，扩大相关群体的认知，让他们了解法律、了解权益、了解评估。这不仅有利于维护他们的合法权益，也有利于估价行业、机构展现社会担当，提升知名度。

评估行业、机构、从业人员还可以通过报名志愿者的方式参与乡村治理，通过上门服务、美化环境、集中授课等方式，为特殊群体送去温暖，为改善乡村环境作出贡献，为乡村群体带来先进的理论。拉近与村民的距离，发现村集体经济组织或者村民的需求，以需求为导向提供相应的服务。

（三）借力传统业务，推广评估品牌

评估行业和机构在乡村业务拓展方面有着先天的优势，一方面行业内有对土地权属的理解比较深刻、相关法律素养高的人才，有利于合法提供解决方案。另一方面，很多机构深耕远郊业务，对接的部门多，接触的相关利益群体多。传统业务的发展为新兴业务的发展提供了基础保障，应善于利用这些优势。在开展传统业务时，一方面，要发挥优势，用专业的知识和能力为村集体和村民谋取更多的收益。另一方面，要多听、多看、多提中肯意见，拉进与村集体经济组织和村民的关系，赢得信任。从而促进业务延伸，促发滚雪球效应，促进业务规模壮大。

（四）坚持创新驱动，用高质量发展激发乡村活力

应积极拥抱新思想、新理论、新技术，以信息化为抓手，提供更优质的服务。以高质量发展为导向，围绕乡村振兴战略，将工作实务与乡村发展相衔接，充分发挥协会、机构以及从业人员人缘、地缘和渠道优势，主动对标高质量发展，以高质量发展助推乡村振兴。

参考文献：

[1] 中国政府网.中共中央 国务院关于实施乡村振兴战略的意见[EB/OL].（2018-02-04）[2023-01-12]. https://www.gov.cn/zhengce/2018-02/04/content_5263807.htm.

[2] 曲福田,等.中国工业化、城镇化进程中的农村土地问题研究[M].北京：经济科学出版社，2010：435.

作者联系方式

姓　名：杜　刚

单　位：上海八达国瑞房地产土地估价有限公司

地　址：上海市静安区江宁路 212 号 11 楼

邮　箱：77841870@qq.com

注册号：3120170024

熟悉"两旧一村"新变化 拓展咨询服务新领域

穆春生

摘 要：上海市城市更新工作从成片二级旧里以下房屋改造迈向了"两旧一村"的新阶段，任务更加艰巨，上海市政府践行人民城市理念，计划用10年左右时间完成这一工作。作为专业从业人员，我们要充分认识"两旧一村"的重要意义，学习相关制度政策，掌握相关工作流程，全面拓展全方位全链条的综合服务，城市更新工作要求专业评估师提供更多支持，我们要勇于担责，为该项工作的顺利实施提供支持，并在其中实现企业和个人的更大发展。

关键词：两旧一村；城市更新；制度政策；工作流程；咨询服务

2022年7月，上海最后一个成片二级旧里以下房屋改造征收项目——建国东路68街坊及67街坊东块征收方案生效，标志着中心城区成片二级旧里改造工作历经30年终于完成，宣告了上海大规模旧改的胜利收官。

2022年10月，上海印发了《关于加快推进旧区改造、旧住房成套改造和"城中村"改造工作的实施意见》；2022年11月底，上海"两旧一村"改造工作推进会召开；2023年1月，龚正市长在上海市第十六届人民代表大会第一次会议的政府工作报告指出：进一步改善市民居住条件，实施城市更新行动，全面推进"两旧一村"改造，坚持房子是用来住的、不是用来炒的定位，促进房地产市场平稳健康发展，并提出用10年时间来完成这一任务。上海市的城市更新进入了以"两旧一村"改造为代表的新篇章。

一、充分认识"两旧一村"的重要意义

（一）"两旧一村"是践行人民城市理念的重要举措

2019年11月习近平总书记考察上海时提出"人民城市人民建，人民城市为人民"的重要理念，深刻阐释城市发展依靠谁、为了谁的核心问题。上海成片二级旧里以下房屋改造完成意味着上海的城市更新工作进入了更加严峻的"深水区"，上海还有许多零星二级旧里以下房屋、不成套旧住房以及"城中村"，居住其中的市民改造意愿强烈，但这些改造布局散、任务重，改造难度甚至高于成片旧改。需要以更高站位、更大力度、更强合力提高居民老百姓的获得感和满足感。

（二）"两旧一村"是上海市城市更新发展的必然选择

以城市更新为主要脉络，上海市的旧区改造主要经历过三个阶段。

第一阶段，集中在1992年到2000年左右，是以"拆旧建新"为代表的365危棚简屋改造。该阶段也是上海市旧区改造较快推进的10年，全面实现拆除365万平方米的预定目标。

第二阶段，集中在 2001 年到 2016 年左右，是以"拆改留并举"为代表的成片二级旧里以下房屋改造工作。2011 年发布的《国有土地上房屋征收与补偿条例》代表了旧区改造从"拆迁"全面迈入了"征收"这一阶段，根据不完全统计数据，15 年间，全市共改造二级旧里以下房屋近 1,500 万平方米，受益居民户数约 80 万户。

第三阶段，集中在 2017 年到 2022 年，上海市委、市政府提出旧区改造由"拆改留并举，以拆除为主"调整为"留改拆并举，以保留保护为主"的方式，上海的城市更新进入了"有机更新"的新阶段，各项制度政策逐渐建立完善，历史街区得以保护更新，累计实施改造约 330 万平方米，16.5 万户居民受益。

第四阶段，我们认为也就是 2022 年开始的"两旧一村"为代表的攻坚阶段，"两旧一村"包括零星二级旧里以下房屋改造、不成套旧住房成套改造和城中村，涉及范围广，改造难度大，预计将通过 10 年左右时间完成，这也是上海市阶段性城市更新的核心工作。

(三)"两旧一村"是提振信心促进经济增长的重要方式

2023 年 1 月，上海市人民政府印发《上海市提信心扩需求稳增长促发展行动方案》的通知，方案要求贯彻落实党的二十大和中央经济工作会议精神，全面落实市第十二次党代会和十二届市委二次全会部署，抓牢高质量发展首要任务，大力提振市场预期和信心，推动经济社会发展开好局起好步，实现质的有效提升和量的合理增长，努力实现全年经济发展主要预期目标，以新气象新作为推动高质量发展取得新成效。

方案将全面提速"两旧一村"改造作为扩大有效投资行动的重要组成部分，要求落实"两旧一村"改造实施意见和支持政策，优先将零星旧改、小梁薄板房屋改造以及中心城区周边和五个新城等区域的"城中村"纳入改造计划，2023 年完成中心城区零星旧改 12 万平方米。

二、深入学习"两旧一村"的制度政策

(一)两旧一村的组织架构

围绕着"两旧一村"的工作目标，上海市不断在组织架构和工作制度上做出创新，坚持市、区、街道/镇三级联动，在市一级成立"两旧一村"改造工作专班统筹管理全市范围的城市更新相关工作，在区一级成立配套的两旧专班。

(二)相关的制度政策

"两旧一村"的相关制度政策在延续以往旧区改造的基础上又加以迭代精进，配套制度更加全面系统、针对性强、适用性高，重要的制度政策罗列如下（表1）：

"两旧一村"配套政策一览表　　　　　　　　　　　　　　　　　表 1

序号	名称	发布单位	发布时间
1	《关于加快推进本市旧住房更新改造工作的若干意见》	上海市政府办公厅	2021 年 1 月
2	《关于修改并重新发布〈关于支持旧区改造土地管理有关工作意见〉的通知》	上海市建委、旧改总办	2021 年
3	《上海市城市更新条例》	上海市人大	2021 年 8 月

续表

序号	名称	发布单位	发布时间
4	《关于贯彻执行〈上海市国有土地上房屋征收与补偿实施细则〉的若干意见》	上海市房管局	2022年6月
5	《关于印发〈本市建设项目涉及土地房屋征收工作程序〉的通知》	上海市规资局	2022年8月
6	《关于加快推进旧区改造、旧住房成套改造和"城中村"改造工作的实施意见》	上海市委、市政府	2022年10月
7	《上海市旧住房更新有关行政调解和决定的若干规定》	上海市房管局	2022年11月
8	《关于印发加快推进旧区改造、旧住房成套改造和"城中村"改造工作支持政策的通知》	上海市委、市政府	2022年11月
9	《上海市旧住房成套改造和拆除重建实施管理办法（试行）》	上海市住建委、房管局	2023年1月
10	《上海市城市更新行动方案（2023—2025年）》	上海市政府办公厅	2023年3月
11	《关于进一步明确旧改项目土地出让涉及相关建设管理要求的通知》	上海市住建委、旧改总办	2023年

三、熟练掌握"两旧一村"的工作流程

根据上海市的相关政策规定，以当前比较常见的零星旧改项目为例，按照"政企合作、银团支持"的形式实施一二级联动开发，主要流程罗列如下：

（1）需要列入国民经济计划、土地储备计划工作。

（2）对征收范围进行认定，一般需根据市住建委和区政府两级文件，认定项目列入上海市旧区改造房屋征收范围，并明确具体四至。

（3）明确实施主体和实施方案，需经市区两级批准确认项目实施主体，明确本项目属于一二级联动开发的模式。

（4）进行一轮意愿征询，第一轮征询同意率需达到95%。

（5）权属调查和控规调整，一般需要编制权属调查报告书，对控规进行调整。

（6）编制旧改项目投资估算报告，实施主体根据房屋征收补偿方案和两清数据等委托专业机构编制旧改项目投资估算报告。

（7）投资估算审核，区发改委会同各主管部门对投资估算进行评审并出具意见。

（8）预供地，在旧区改造房屋征收范围已确认、地块纳入年度旧区改造计划的旧改项目、实施主体已确认且满足一轮征询95%的基础上，由市区相应主管部门出具预供地意见书。

（9）资金筹措，两旧一村的改造难度高，资金压力大，在满足资本金要求的基础上多通过银团贷款等渠道筹措资金。

（10）二轮征询，公示征收方案并在满足同意率的基础上，发布征收决定，进行分别签约。

（11）拆房及管线搬迁方案，相关方案一般需论证评审后执行。

（12）土地平整，完成拆除搬迁工作后进行土地平整工作，并负责出让前的土地日常管

理工作。

（13）前期成本认定，鉴于项目的特殊性质，由区主管部门对前期成本联合会审后出具认定意见。

（14）正式供地，旧改项目完成一级征收安置工作形成"净地"出让条件后，由规自局根据相关规定，对本地块以定向挂牌、协议出让等方式实施出让，签署国有建设用地使用权出让合同，正式供地。

（15）二级开发建设，建设单位取得土地后，严格按照项目建设流程进行项目的开发建设。

（16）竣工交付，项目将严格按照规定进行竣工备案后并予以交付，办理产证。

（17）后续运营，项目交付后建设单位将根据上级管理要求做好包括自持商业部分在内的后续运营工作。

四、全面拓展"两旧一村"的服务领域

包括房地产估价机构在内的专业机构是"两旧一村"城市更新的重要参与者，可全力挖掘并为全链条全流程提供服务。

（一）编制改造项目实施方案

专业机构在充分熟悉政策、了解工作路径的基础上，通过对拟改造"两旧一村"项目的摸底，协助当地政府或主管部门编制项目实施方案，主要内容包括开发模式、征收考虑、规划设计、资金方案等内容。

（二）编制旧改项目投资估算报告

具备相应专业和能力的工程咨询、估价类机构可为旧改实施主体提供《旧改项目投资估算报告》编制服务，编制依据为市区两级关于前期土地成本认定的相关办法，政策性和地域性较强。

（三）编制项目融资可行性研究报告

"两旧一村"项目普遍改造难度大，资金自平衡困难，多需要银团贷款等专业支持。专业机构可协助实施主体编制可行性研究报告用于银团贷款融资，该报告更关注项目前后脉络、程序合规以及项目的偿债能力及安排等方面。

（四）房屋征收相关

房地产估价机构可积极参与到房屋征收相关工作中，包括但不限于征收评估、安置房价格评估、房屋残值评估等多项工作内容。

（五）前期成本认定

具有专业审价审计资质或能力的单位可参与前期成本认定工作，通过审查资金使用是否符合投资估算、手续是否齐全、材料是否齐备等对前期成本认定。

（六）供地价格评估

正式供地阶段，一般需以定向挂牌和协议出让形式实施出让，当前口径是需要按照市场价格进行评估。

（七）资金监管服务

专业机构可为项目提供建设资金监管、预售资金监管等过程服务。

2023年8月25—27日，上海市规划资源局牵头召开专家咨询会，对上海市城市更新中

开展包含责任评估师在内的"三师联创"工作机制进行研讨，将专业评估师推向了上海城市更新领域的更大舞台。

面临着"两旧一村"这一新形势新变化，广大从业机构和人员唯有充分认识其重要意义，深入学习制度政策，熟练掌握工作流程，才能有的放矢地实施拓展和服务，为上海的城市更新工作作出更大贡献，也实现企业和个人的更大发展。

作者联系方式

姓　　名：穆春生

单　　位：建银（浙江）房地产土地资产评估有限公司上海分公司

地　　址：上海市徐汇区虹梅路 2007 号远中产业园三期 7 号楼 3 楼

邮　　箱：13817793377@163.com

注册号：房地产（3120090005）；土地（2009310035）

后 记

本论文集由中国房地产估价师与房地产经纪人学会主编。在论文征集及编辑过程中，柴强会长提出年会主题、核心内容及征文方向与要求；赵鑫明副会长兼秘书长进行统筹指导及大力支持；王霞副秘书长指导文章编目并对全书进行了审定；研究中心负责此次征文活动及论文集编辑工作，其中程敏敏进行了整体安排，马骐麟、宋梦美承担了具体编校工作，王明珠、梁宇宇、王佳、郑萍、涂丽、陈胜棋等对论文集的部分文章作了文字加工处理，并对本论文集的具体编辑出版工作提供了许多帮助。

在本论文集编辑过程中，江西省房协房地产估价分会会长陶满德、河南省房地产估价师与经纪人协会会长丁金礼、中国人民大学公共管理学院副教授张秀智、江西师范大学城市建设学院教授胡细英、山西财经大学公共管理学院副教授郝俊英、天津国土资源和房屋职业学院副教授赵曦、浙江工业大学管理学院讲师任天舟、北京康正宏基房地产评估有限公司副董事长梁津、上海百盛房地产估价有限责任公司总经理杨斌、北京华信房地产评估有限公司正高级经济师聂燕军、浙江恒基房地产土地资产评估有限公司总估价师韩宣伟、辽宁诚信房地产土地评估有限公司总顾问王洪明等专家学者和专业人士对部分文章进行了审阅。

本论文集凝聚了各位作者的才智和心血，还有许多人士为其编辑出版付出了辛勤劳动，在此一并表示感谢。

编者对部分论文的题目、格式、文句、内容等做了适当修改，并予以分类编排。由于文稿数量较多、内容较专业，编辑工作量较大，且编者水平有限，如有不当之处，敬请读者指正。

中国房地产估价师与房地产经纪人学会

2024 年 10 月